Betriebswirtschaftliche Abhandlungen

Neue Folge
Band 93

SCHÄFFER
POESCHEL

Axel v. Werder

Unternehmungsführung und Argumentationsrationalität

Grundlagen einer Theorie der abgestuften Entscheidungsvorbereitung

1994
Schäffer-Poeschel Verlag Stuttgart

Verfasser:
Prof. Dr. Axel v. Werder
Technische Universität Berlin

Die Deutsche Bibliothek – CIP-Einheitsaufnahme

Werder, Axel v.:
Unternehmungsführung und Argumentationsrationalität :
Grundlagen einer Theorie der abgestuften
Entscheidungsvorbereitung / Axel v. Werder - Stuttgart :
Schäffer-Poeschel, 1994
(Betriebswirtschaftliche Abhandlungen; N.F., Bd. 93)
ISBN 3-7910-0791-2
NE: GT

Gedruckt auf säure- und chlorfreiem alterungsbeständigem Papier

ISBN 3-7910-0791-2

Druck: Franz Spiegel Buch GmbH, Ulm
Printed in Germany

Schäffer-Poeschel Verlag Stuttgart

Ein Tochterunternehmen der Verlagsgruppe Handelsblatt
und der Spektrum Fachverlage GmbH

VORWORT

Vorworte wissenschaftlicher Arbeiten - so zeigt ihre stets reizvolle Durchsicht - erfüllen im wesentlichen zwei Funktionen. Zum einen kann - unter Ausnutzung der bekannten Neigung des Durchschnittslesers, (neben dem Literaturverzeichnis) zunächst dem Vorwort seine Aufmerksamkeit zu widmen - die Kernbotschaft der jeweiligen Schrift formuliert und damit ein Anreiz für die eingehendere Lektüre geschaffen werden. Zum anderen lassen sich die zur Verfügung stehenden Zeilen für die persönlichen Bemerkungen nutzen, die im wissenschaftlichen Teil der Arbeit nicht ihren Platz haben und doch mit der Arbeit (oder genauer: ihrer Entstehung) auf das Engste verbunden sind. Da der einführende und der zusammenfassende Abschnitt der vorliegenden Abhandlung eine rasche Orientierung über Anliegen und Aussagen dieser Untersuchung erlauben, kann ich mich auf die zweite und weitaus erfreulichere Vorwortfunktion beschränken.

Die hier vorgelegte Publikation beruht auf meiner Habilitationsschrift, die im Sommersemester 1993 von der Wirtschafts- und Sozialwissenschaftlichen Fakultät der Universität zu Köln angenommen worden ist. Die Anfertigung einer solchen Schrift stellt zwar primär eine höchstpersönliche Herausforderung dar, deren Bewältigung ohne Hilfestellung durch Dritte aber letztlich nicht gelingen kann. Es ist mir daher ein aufrichtiges Anliegen, zunächst meinem akademischen Lehrer und Mentor, Herrn Prof. Dr. Erich Frese, für die nachhaltige Unterstützung und Förderung herzlich zu danken. Nur wer selbst den Kurs zum Hochschullehrer mit seinen wissenschaftlichen und wissenschaftsbetrieblichen Klippen eingeschlagen hat, vermag wohl wirklich die Bedeutung eines verläßlichen Lotsen zu ermessen. Mein besonderer Dank gilt ferner Herrn Prof. Dr. Werner Delfmann. Er hat sich der Mühe des Zweitgutachtens unterzogen und trotz der Belastungen der heutigen Massenuniversität einen optimalen zeitlichen Ablauf des Verfahrens ermöglicht. Dankbar bin ich auch meinen - für eine namentliche Nennung zu zahlreichen - Kollegen am Kölner Organisationsseminar, die mir gerade in der Zeit des Schlußspurts durch ihr großes Entgegenkommen bei der Arbeitsverteilung den Rücken von den Tagespflichten des Assistenten freigehalten haben. Einen maßgeblichen Beitrag haben schließlich über die Jahre auch die studentischen Hilfskräfte mit ihrem großen Engagement bei der operativen Unterstützung geleistet. Die Mitglieder des engeren Teams der Endphase, Herr Wilhelm Breuer, Frau Oda Schliebusch und Herr Oliver Sommerfeld, seien hier stellvertretend für alle beteiligten Amanuenses genannt.

Ein zweijähriges Stipendium der Deutschen Forschungsgemeinschaft, das auch einen sehr fruchtbaren Aufenthalt am M. I. T. als Visiting Scholar ermöglichte, hatte entscheidenden Anteil daran, daß die Arbeit an dieser Habilitationsschrift innerhalb eines vertretbaren Zeitraums fertiggestellt werden konnte. Ich bin der DFG hierfür zu großem Dank verpflichtet. Die freundliche Aufnahme dieser Untersuchung in die Schriftenreihe "Betriebswirtschaftliche Abhandlungen" durch den Schäffer-Poeschel-Verlag und das kompetente Zeitmanagement von Frau Ass. jur. Marita Rollnik-Mollenhauer bei der Betreuung der Veröffentlichung eröffnen nun die willkommene Gelegenheit, die angestellten Überlegungen einem breiteren Publikum ohne größeren Time-Lag vorzustellen.

Meine Frau hat die Höhen der mehrjährigen Forschungsarbeit stets aufgeschlossen miterlebt und die zwangsläufigen Tiefen verständnisvoll mitertragen. Ihr widme ich daher diese Schrift.

Berlin, im Dezember 1993 Axel v. Werder

INHALTSVERZEICHNIS

Seite

Seite

Seite

Seite

ABBILDUNGSVERZEICHNIS

Seite

Seite

ABKÜRZUNGSVERZEICHNIS

AG	Aktiengesellschaft
AktG	Aktiengesetz
Anm.	Anmerkung
ASQ	Administrative Science Quarterly
AtomG	Atomgesetz
BB	Der Betriebs-Berater
BBiG	Berufsbildungsgesetz
Bd.	Band
BetrVG	Betriebsverfassungsgesetz
BFuP	Betriebswirtschaftliche Forschung und Praxis
BGB	Bürgerliches Gesetzbuch
BGH	Bundesgerichtshof
BImSchG	Bundesimmissionsschutzgesetz
BImSchV	Bundesimmissionsschutzverordnung
CA	California
CEO	Chief Executive Officer
CFO	Chief Financial Officer
CT	Connecticut
DB	Der Betrieb
DBW	Die Betriebswirtschaft
Diss.	Dissertation
EStG	Einkommensteuergesetz
et v. v.	et vice versa
FAZ	Frankfurter Allgemeine Zeitung
FN	Fußnote
FS	Festschrift
GA	Georgia
GenG	Genossenschaftsgesetz
GerätesicherheitsG	Gerätesicherheitsgesetz
GewO	Gewerbeordnung
GG	Grundgesetz
GmbH	Gesellschaft mit beschränkter Haftung
GmbHG	GmbH-Gesetz
HausTWG	Gesetz über den Widerruf von Haustürgeschäften und ähnlichen Geschäften
HBd.	Halbband
HBR	Harvard Business Review
HdSW	Handwörterbuch der Sozialwissenschaften
HGB	Handelsgesetzbuch

h. M.	herrschende Meinung
HWB	Handwörterbuch der Betriebswirtschaft
HWFü	Handwörterbuch der Führung
HWO	Handwörterbuch der Organisation
HWPlan	Handwörterbuch der Planung
HWRev	Handwörterbuch der Revision
IL	Illinois
i. V. m.	in Verbindung mit
KSchG	Kündigungsschutzgesetz
MA	Massachusetts
Marketing ZFP	Marketing Zeitschrift für Forschung und Praxis
MIS Quarterly	Management Information Systems Quarterly
M.I.T.	Massachusetts Institute of Technology
MN	Minnesota
m. N.	mit Nachweisen
MS	Management Science
m. w. N.	mit weiteren Nachweisen
NC	North Carolina
NJ	New Jersey
NY	New York (Staat)
PublG	Publizitätsgesetz
SG-DGfB	Schmalenbach-Gesellschaft-Deutsche Gesellschaft für Betriebswirtschaft e. V.
SprengG	Sprengstoffgesetz
UWG	Gesetz gegen den unlauteren Wettbewerb
vs.	versus
WPg	Die Wirtschaftsprüfung
ZfB	Zeitschrift für Betriebswirtschaft
ZfbF	Zeitschrift für betriebswirtschaftliche Forschung
ZfhF	Zeitschrift für handelswissenschaftliche Forschung
ZFO	Zeitschrift Führung und Organisation
ZGR	Zeitschrift für Unternehmens- und Gesellschaftsrecht

1. Kapitel: Grundlegung

A. Gegenstand und Gang der Untersuchung

I. Unternehmungsführung zwischen Wirklichkeit und Wirklichkeitskonstruktion, Fakten und Feeling

Unstrukturierte Managementprobleme wie etwa Akquisitionen neuer Tochtergesellschaften, tiefgreifende Reorganisationen und strategische Kurswechsel zeichnen sich durch die Vielzahl und Vernetzung der potentiell problemrelevanten Einflußfaktoren, die Zukunftsbezogenheit und zeitliche Reichweite der Konsequenzen sowie die regelmäßig existenten Zielkonflikte aus. Als Folge dieser Komplexität können die Einsichten in die Zusammenhänge derartiger Problemstellungen zwangsläufig nur unvollkommen sein. Im Unterschied zu strukturierten Aufgaben lassen sich unstrukturierte Probleme daher keiner vollständig exakten Lösung im Sinne einer zwingend abgeleiteten, einzig richtigen Problembewältigung zuführen[1)]. Anders gewendet und in der Sprechweise der späteren argumentationstheoretischen Präzisierung ausgedrückt, können im Fall unstrukturierter Problemstellungen die Aussagen über die mutmaßlichen Konsequenzen der empfohlenen Maßnahmen nicht wahr oder (statistisch) bewährt, sondern allenfalls plausibel begründet werden.

Der Strukturmangel aller wichtigen Aufgaben der Unternehmungsführung und die hieraus resultierenden Grenzen der vollständigen Problembeherrschung sind in der Betriebswirtschafts- und Managementlehre schon früh erkannt worden[2)] und heute Allgemeingut. In der Auseinandersetzung mit dieser Schwierigkeit lassen sich gegenwärtig im wesentlichen drei Strömungen identifizieren. Die erste Richtung anerkennt zwar die grundsätzlichen Schranken der Problemdurchdringung bzw. die Notwendigkeit, die Komplexität durch Strukturierungsakte 'kleinzuarbeiten', die nicht vollumfänglich durch zweifelsfreie Einsichten gedeckt sind und somit eine Stringenzlücke aufweisen[3)]. Sie ist aber gleichwohl der Maxime verpflichtet, unstrukturierte manageriale Aufgaben auf der Grundlage einer Problemanalyse anzugehen und in diesem Sinne rational zu handhaben[4)]. Dieses Programm einer wenn auch *begrenzt*, so doch zumindest *intendiert-rationalen* Bewältigung komplexer Managementprobleme darf ohne Zweifel als das bislang überwiegend geteilte Paradigma der Betriebswirtschaftslehre gelten[5)]. Diese Einschät-

---

1) Siehe allgemein zum Begriffspaar der unstrukturierten und strukturierten Probleme, das in den Details allerdings nicht einheitlich verwendet wird, hier nur SIMON/NEWELL 1958, S. 4 f.; SIMON 1973; MINSKY 1963, S. 408; FRESE 1971a, S. 286; KIRSCH 1977b, S. 141 ff.; EUL-BISCHOFF 1987, S. 54 ff., sowie näher zu den Merkmalen komplexer Managementprobleme S. 134, 373 f. und 377 f. m. w. N.

2) Vgl. etwa BARNARD 1938, S. 302 f.

3) Zu beachten ist somit, daß unstrukturierte Probleme zwar durch Akte der Strukturierung handhabbar bzw. entscheidbar gemacht werden (siehe auch FRESE 1971a, S. 284 f.; ders. 1988, S. 188; WITTE 1979, S. 2 und passim; BRETZKE 1980, S. 34 ff.; BÄUERLE 1989, S. 179 f.). Sie werden hierdurch aber gleichwohl nicht zu strukturierten Problemen im technischen Sinne, bei denen die (irgendwann vorangegangene) Strukturgebung auf vollkommenen Problemkenntnissen fußt.

4) Der Rationalitätsbegriff ist außerordentlich facettenreich und strittig, und wird daher auf S. 49 ff. noch eingehend erörtert werden. Im übrigen sei zur Vermeidung von Mißverständnissen angemerkt, daß in dieser Arbeit die Ausdrücke *Bewältigung*, *Handhabung* und *Lösung* von Problemem synonym verwendet werden. Wir nehmen somit keine terminologische Unterscheidung etwa zwischen der Handhabung unstrukturierter und der Lösung strukturierter Probleme (vgl. KIRSCH 1988, S. 10) vor.

zung erhellt schon aus der Anlage und Intention der meisten objektwissenschaftlichen Beiträge, die die zentralen Aspekte der jeweils gewählten Themenstellungen analytisch herauszuarbeiten suchen und damit (u. a.) auch das betriebliche Gestaltungshandeln anleiten wollen[6)].

Der intendiert-rationale Ansatz sieht sich in jüngster Zeit zwei prinzipiellen Herausforderungen gegenüber, die zum einen von der intuitiven und zum anderen von der interpretativen Richtung ausgehen. Der Fokus des *intuitiven Managements* liegt zwar im Kern ebenfalls auf einer erfolgreichen Bewältigung unstrukturierter Aufgaben der Unternehmungsführung. Er plädiert aber - mehr oder weniger rigoros - für einen gegensätzlichen Problemlösungsmodus. Unstrukturierte Entscheidungen sind danach nicht primär auf der Basis ausgedehnter Analysen, sondern gefühlsmäßig 'aus dem Bauch' erfahrener Experten heraus zu treffen[7)]. In Anbetracht der ohnehin eingreifenden grundsätzlichen Analyseschranken bei komplexen Aufgaben, des zudem häufigen Zeitdrucks und des Untersuchungsaufwands, sowie aufgrund der These eines überlegenen Problemlösungspotentials der Intuition nimmt dieser Ansatz eine mangelnde Erklärbarkeit und damit intersubjektive Nachvollziehbarkeit solcher Entschlüsse bewußt in Kauf[8)].

Die *interpretative Richtung* mit ihrem prominenten Teilgebiet der Organisationskultur-Forschung stellt - wie die beiden anderen Perspektiven natürlich auch - kein in sich geschlossenes Theoriegebilde dar, sondern tritt in vielfältigen Varianten auf[9)]. Sie markiert im Kern jedoch eine in gewissem Sinne noch grundlegendere Gegenposition[10)]. Sowohl das intendiert-rationale als auch das intuitive Konzept gehen im Grundsatz von der Vorstellung einer zwar nur bruchstückhaft erfahrbaren, aber doch objektiv gegebenen Wirklichkeit aus und nehmen damit in ontologischer Hinsicht die Position des Realismus ein[11)]. Die 'weiche' Theorie des interpretativen Managements tendiert hingegen zu einer idealistischen (bzw. nominalistischen) Grundhaltung. Die Gemeinsamkeit der Beiträge

---

5) Nachrichtlich sei angemerkt, daß das wegweisende Konzept der "bounded rationality" von SIMON (hierzu ausführlich S. 75 ff.) zwar im Prinzip auf dieser Linie liegt. Es weist aber (schon aufgrund seines Charakters als primär denkpsychologischer Problemlösungstheorie) doch seine Besonderheiten auf, so daß hier der Begriff der *intendierten Rationalität* bevorzugt wird.

6) Vgl. zum technologischen Gestaltungsinteresse, das die Betriebswirtschaftslehre nach allgemeiner Auffassung neben dem theoretischen Erklärungsinteresse als (pragmatisches) Wissenschaftsziel verfolgt, für viele KOSIOL 1964, S. 745; STÄHLIN 1973, S. 9 ff.; CHMIELEWICZ 1979, S. 11 und 17; NIENHÜSER 1989, S. 20 ff.

7) Hierzu näher insb. S. 58 f. m. z. N.

8) Siehe auch noch S. 118 f. dieser Schrift.

9) Vgl. näher MORGAN 1980; JELINEK/SMIRCICH/HIRSCH 1983; SMIRCICH 1983a; ALLAIRE/FIRSIROTU 1984; EBERS 1985; SCHEIN 1985; DILL 1986; DIERKES 1988; SANDNER 1988; SCHOLZ 1988; WEBER/MAYRHOFER 1988; WOLLNIK 1992, sowie auch die Beiträge in PONDY u. a. (Hrsg.) 1983; FROST u. a. 1985 ; KILMANN u. a. 1986; SIMS u. a. (Hrsg.) 1986; HEINEN u. a. 1987; DÜLFER (Hrsg.) 1988.

10) So ausdrücklich z. B. MORGAN 1980, S. 605; CLARK 1985, S. 68 ff.; WOLLNIK 1992, Sp. 1778. Aufschlußreich auch der Untertitel von LINCOLN (Hrsg.) 1985: "The Paradigm Revolution".

11) In der Ontologie - also der Lehre vom Sein - stehen sich seit der Antike mit der eher objektivistischen Ansicht (Dinge existieren bewußtseinsunabhängig) und der eher subjektivistischen Auffassung (Dinge als Konstrukte des Bewußtseins) zwei Grundpositionen gegenüber, die bis heute strittig sind und mit verschiedenen Bezeichnungen wie Objektivismus oder Realismus auf der einen Seite und Subjektivismus, Idealismus oder Nominalismus andererseits adressiert werden. Vgl. GETHMANN 1973,

dieser Strömung besteht somit in dem - mehr oder weniger konsequent durchgehaltenen - Zweifel, daß es objektiv-reale, also 'harte' Fakten und Gegebenheiten in 'der' Welt gibt, die von den Wahrnehmungen und Interpretationen des Menschen unabhängig sind. Die (soziale) Welt wird hiernach durch intrapersonale Vorgänge - z. B. Perzeptions- und Denkprozesse - und interpersonale Abläufe - etwa Sozialisations- und Kommunikationsprozesse - hergestellt und fortlaufend weiterentwickelt. Die menschliche Lebenswelt ist folglich als Produkt des individuellen Bewußtseins und der sozialen Interaktion nicht real existent, sondern subjektiv verankert und im Fluß[12)]. Vor diesem Hintergrund besagt das interpretative Managerbild zusammengefaßt, daß das manageriale Wirken im Bereich der substantiellen Handlungen - etwa bei personellen Maßnahmen oder Ressourcenzuweisungen im Rahmen der Budgetierung - von eher untergeordneter Bedeutung ist[13)]. Die maßgebliche Funktion (erfolgreicher) Manager besteht nach dieser Sichtweise vielmehr in der Konstruktion der (sozialen) Wirklichkeit[14)] und in der Vermittlung von Handlungs- und Lebenssinn für die Gemeinschaft der Unternehmungsmitglieder[15)]. Diese Wirklichkeitskonstruktion und Sinnstiftung erfolgt durch symbolische Akte, dramaturgische Inszenierungen, Rituale, Zeremonien und ähnlich magisch-kultische Handlungen[16)]. Pointiert bringt beispielsweise WEICK das hier angesprochene Verständnis vom Manager mit der Formel zum Ausdruck: "the appropriate role for the manager may be evangelist rather than accountant"[17)].

Die drei skizzierten Managementansätze bilden die Folie für die bemerkenswert konträren gegenwärtigen Entwicklungen in der Betriebswirtschaftslehre, die zunehmend auseinanderdriften und in ihren extremen Ausläufern von Anklängen einer managerialen Mystik[18)] bis zu Automatisierungsversuchen des Managementhandelns[19)] reichen. Ein entscheidender Grund für die Koexistenz so kontroverser und doch ernstgenommener Konzeptionen für die Auseinandersetzung mit dem Problem unstrukturierter Managementprobleme liegt nach unserem Dafürhalten (neben wissenschaftsbetrieblichen Erklärungen)

S. 1169; BURRELL/MORGAN 1979, S. 4; MUSGRAVE 1989a; POSER 1989, S. 213; STACHOWIAK 1989, S. 64.

12) Vgl. zum Ganzen PONDY/MITROFF 1979, S. 28; MORGAN 1980, S. 608 ff.; PFEFFER 1981, S. 9 ff.; SMIRCICH 1983a, S. 353; dies. 1985, insb. S. 63; GIOIA 1986, S. 51; SANDNER 1988, S. 654; WOLLNIK 1992, Sp. 1784 ff.

13) Vgl. exemplarisch MEYER/ROWAN 1977, S. 352; PFEFFER 1978, S. 16 f., 30 f.; ders. 1981, S. 5; LOUIS 1981, S. 250; DACHLER 1985, S. 229 f.

14) Vgl. z. B. SMIRCICH/MORGAN 1982, S. 257 f.; PFEFFER 1981, S. 9 ff.; WOLLNIK 1992, Sp. 1784 f.

15) Vgl. etwa WEICK 1979a, insb. S. 147 ff.; RANSON/HININGS/GREENWOOD 1980, insb. S. 4 ff., 7; PFEFFER 1981, S. 4 f.; DAFT/WEICK 1984, S. 294; DACHLER 1985, S. 229; GRAY/BOUGON/DONNELLON 1985, S. 89.

16) Vgl. z. B. PETTIGREW 1979, S. 574; WEICK 1979b, S. 42; DANDRIDGE/MITROFF/JOYCE 1980, S. 77; PFEFFER 1981, S. 1; SMIRCICH/MORGAN 1982, S. 262; JELINEK/SMIRCICH/HIRSCH 1983, S. 331; SMIRCICH 1983b, S. 55; NEUBERGER/KOMPA 1987, S. 57 ff.

17) WEICK 1979b, S. 42.

18) Auf die Gefahr der Mythologisierung des Managementhandelns durch den interpretativen Ansatz, die selbst grob-irrationale Handlungsweisen als sakrosankte Rituale verklären könnte, weist auch SCHREYÖGG 1985, S. 160 ff. nachdrücklich hin.

19) Im Rahmen überzogener Konzeptualisierungen informationstechnologischer Management-Unterstützungssysteme. Siehe hierzu noch näher sogleich (S. 8 f.).

darin, daß im Kern pauschal *der* intendiert-rationalen Problemlösungsmethode *das* intuitive bzw. interpretative Vorgehen gegenübergestellt wird. Abgesehen von der hiermit häufig einhergehenden Überzeichnung der 'gegnerischen' Auffassung[20] wird so letztlich ein Zwang suggeriert, zwischen unvereinbaren Grundsatzpositionen wählen zu müssen[21]. Die (präskriptive) Frage, ob manageriale Problemstellungen rational, intuitiv oder interpretativ zu handhaben sind, ist u. E. aber falsch gestellt, da sie mögliche und nötige Differenzierungen verdeckt. Geht man vom Standpunkt der analytisch fundierten Problembewältigung aus, so ist nämlich zunächst zu beachten, daß einerseits zwar die Vorstellung ungefilterter Wirklichkeitserfahrungen bzw. 'absoluter Wahrheiten' in der Tat naiv wäre. Auf der anderen Seite ist aber die Realität keineswegs beliebig konstruierbar, so daß durchaus ein sinnvoller Wahrheitsbegriff formuliert werden und als regulative Idee der Gewinnung von Problemeinsichten fungieren kann[22]. 'Der'[23] interpretative Ansatz vermag somit durchaus die Aufmerksamkeit auf die fundamentalen (namentlich ontologischen, anthropologischen und epistemologischen[24]) Fragen der managerialen Problemhandhabung zu lenken. Er setzt aber insoweit schon durch die pointierte Diktion (Symbole; Rituale; Zeremonien) - ihrerseits ein symbolischer Akt - einen irreführenden Akzent[25]. Da soziale Phänomene einerseits in gewissem Ausmaß beeinflußbar, der 'Wirklichkeitskonstruktion' andererseits aber Grenzen gezogen sind, muß vielmehr differenziert gefragt werden, unter welchen Bedingungen Manager in welchem Ausmaß Einfluß auf das Realitätsverständnis Dritter nehmen können.

Ferner und vor allem aber können Problemanalysen ganz unterschiedlich intensiv ausfallen. Die rationale Vorgehensweise deckt somit bei Lichte besehen ein breites Kontinuum ab. Seine beiden Eckpole bilden die kaum nennenswerte, bloß oberflächlich-überschlägige Problemdurchsicht auf der einen Seite und die vollständige Ausschöpfung sämtlicher Möglichkeiten zur Gewinnung von Problemeinsichten am anderen Ende des Spektrums. Dieser Tatbestand liegt eigentlich auf der Hand, ist jedoch bislang nicht eingehend aufgearbeitet worden[26]. Seine Thematisierung ist aber grundlegend für die Einschätzung der drei angesprochenen Ansätze wie auch für die Klärung zahlreicher weite-

---

20) So gehen nach BECHTLER 1986, S. 21 f. Vertreter wissenschaftlicher bzw. rationaler Problemlösungen angeblich von der Möglichkeit einer zwingenden Beweisführung aus (siehe im einzelnen das auf S. 58 in FN 42 der vorliegenden Arbeit wiedergegebene Zitat). Vor einem solchen Hintergrund haben die regelmäßigen Hinweise der Verfechter aller drei Richtungen auf die ergänzende Bedeutung der jeweils anderen Problemlösungsverfahren wohl eher exkulpierenden Charakter.

21) Vgl. an dieser Stelle nur nochmals die von LINCOLN (Hrsg.) 1985 verkündete "Paradigm Revolution".

22) Diese Behauptung wird auf S. 219 ff. dieser Schrift ausführlich begründet werden.

23) Daß auch wir an dieser Stelle zwangsläufig zuspitzen und zuspitzen müssen, ist offensichtlich, aber auch unschädlich, da es in der vorliegenden Arbeit nicht um eine vorbehaltlose Propagierung einer der genannten Richtungen geht, sondern um Abstufungen (der rationalen Vorgehensweise), die Gedanken aller drei Konzeptionen aufnehmen.

24) Vgl. zu diesem Katalog auch die viel beachtete Klassifikation von BURRELL/MORGAN 1979, S. 1 ff., die sozialwissenschaftliche Theorien anhand ihrer diesbezüglichen Standpunkte einordnet.

25) Vgl. zu dieser Einschätzung speziell für die Organisationskultur-Forschung auch KÜPPER/ORTMANN 1986, S. 597 ("phänomenologische Überzeichnung") und ausführlicher EBERS 1985, S. 185 ff.

26) Diese Feststellung gilt auch für die informationsökonomischen Beiträge, die Forschungen zum Informationsverhalten und die Untersuchungen zur Plaungseffizienz, die dem Gedanken einer unter-

rer zentraler betriebswirtschaftlicher Fragen[27]. Erst wenn die Möglichkeiten (und Grenzen) der analytischen Druchdringung unstrukturierter Managementprobleme im Detail offengelegt und die Anstrengungen zur Problemanalyse überzeugend differenziert werden, können beispielsweise sinnvolle Anschlußuntersuchungen darüber angestellt werden, ob und ab welcher Analyseintensität rationale Problemlösungen im Durchschnitt größere Erfolge[28] versprechen als intuitive Entschlüsse oder aber - wie häufig behauptet, jedoch kaum untermauert wird - zu zeitaufwendig und kostspielig sind[29]. Anderenfalls läßt sich über die Zweckmäßigkeit der verschiedenen Lösungsverfahren zwar trefflich, aber ohne echten Erkenntnisfortschritt streiten.

II. Anliegen und Bedeutung der Untersuchung

Vor dem Hintergrund des soeben umrissenen Forschungsstandes verfolgt die hier vorgelegte Schrift zur Hauptsache das Ziel, den bei der Bewältigung unstrukturierter Managementprobleme vorhandenen Spielraum für die analytische Vorbereitung bzw. Fundierung von Problemlösungen grundlegender auszuloten und theoretisch begründet abzustufen. Im Zentrum dieser Arbeit steht m. a. W. die Entwicklung eines konzeptionellen Instrumentariums für die - interpersonell nachvollziehbare[30] - (ordinale) Messung der (kognitiven) Rationalität managerialer Problemlösungen. Es soll zum einen eine differenzierte(re) Bestimmung des Rationalgehalts konkreter Entscheidungen erlauben und zum anderen mit den einzelnen Stufen der Rationalskala eine detaillierte(re) Auskunft über die vorhandenen Rationalitätspotentiale geben. Dabei schlägt sich die Rationalität, genauer die *Argumentationsrationalität* managerialer Problemlösungen - wie hier schon zur Erleichterung der Orientierung vorweggenommen sei - nach dem Verständnis dieser Abhandlung im Kern darin nieder, inwieweit die im Rahmen des Problemlösungsprojekts getroffenen (bewußten) Entscheidungen über die Projektziele und Projekthandlungen - gemessen am Stand des zugänglichen Wissens - fundiert vorbereitet und auf Nachfrage legitimierter Rationalgutachter authentisch kommentiert werden[31].

---

schiedlichen Analyseintensität im Rahmen der Problembewältigung noch am ehesten nahestehen. Sie erfolgen aber sämtlich nicht dezidiert unter erkenntnistheoretischen Gesichtspunkten, die in diesem Zusammenhang auch und insbesondere von Bedeutung sind. Siehe hierzu kurz sogleich (S. 6 ff.) sowie näher S. 70 f., S. 119 f. und S. 117, jeweils m. z. N.

27) Die Bedeutung der Problemstellung dieser Arbeit wird im folgenden Gliederungsabschnitt noch ausführlicher dargelegt.

28) Vgl. zum hier verwendeten Begriff des *(unmittelbaren) Fundierungserfolgs*, der über die ex post-Sicherheit der Zielsetzungs- und Handlungskonsequenzen bestimmt ist, S. 113 ff.

29) Ganz in dieser Richtung auch die Forderung von HAUSCHILDT 1977b, S. 185 nach einer Handlungstheorie, die "die Verbindung zwischen dem einen Extrem 'vollkommener' Rationalität und dem anderen Extrem 'begrenzter' Rationalität ... *stufenweise* herstellen würde."

30) Es geht uns also nicht lediglich um die Einführung eines bloß formalen Maßes, wie es etwa in der Entscheidungstheorie zur kardinalen Nutzenmessung (siehe S. 423 f.) oder in der Erkenntnistheorie zur 'Berechnung' der Plausibilität (siehe S. 189 FN 99) verwendet wird. Das Hauptmanko solcher Maßgrößen liegt u. E. darin, daß sie - wenn auch mit mathematischer Präzision - letztlich nur subjektive, interpersonell also nicht überprüfbare (Nutzen-, Plausibilitäts- etc.) Urteile abbilden.

31) Siehe im einzelnen S. 81 ff.

Die Untersuchung geht davon aus, daß - wie auch immer gewonnene - Ideen über mögliche Projektziele und Projekthandlungen vorliegen, die in Hinblick auf ihre Vorzugswürdigkeit bzw. Erfolgsträchtigkeit hinterfragt werden. Sie blendet damit den eher im Zeichen der Kreativitätsproblematik stehenden 'Entdeckungszusammenhang' aus und konzentriert sich auf den 'Begründungszusammenhang', um einer berühmten Unterscheidung von REICHENBACH zu folgen[32]. Die Arbeit greift mit der Fundierung von Problemlösungsvorschlägen ein Thema auf, das im weiteren Sinne vor allem dem Gebiet der betriebswirtschaftlichen Planungs- und Entscheidungstheorie zuzuordnen ist. Sie unterscheidet sich vom Gros der bisherigen einschlägigen Beiträge aber durch ihre dezidierte Fokussierung auf den kognitiven Aspekt des Problemwissens. Während die (präskriptive) Entscheidungstheorie das Problem der (Handlungs-)Auswahl bei gegebenen Informationen thematisiert und sich damit ganz auf den Abschlußakt der Problemlösung beschränkt[33], steht die Theorie der - als gedanklicher Simulation zukünftiger Entwicklungen verstandenen[34] - Planung zwar dem Aspekt der Gewinnung und Vermehrung von Problemeinsichten näher. Ihr Hauptaugenmerk liegt aber weniger auf der Auseinandersetzung mit den Fragen der differenzierten Erfassung sowie Abstufung des planungsrelevanten und planungsgeborenen Problemwissens, sondern auf den prozessuralen, institutionellen und instrumentalen Aspekten[35] der Planungsabläufe und Planungssysteme[36].

Im Unterschied hierzu werden in der vorliegenden Schrift unter Rückgriff auf die Erkenntnis- und die Argumentationstheorie Merkmale der Problemlösungsfundierung erarbeitet werden, die sich auf die kognitive Struktur und Substanz der Fundierungsaussagen beziehen und letztlich als Indikatoren für das Ausmaß dienen sollen, mit dem die erwarteten Konsequenzen entsprechend fundierter Entscheidungen im Durchschnitt tatsächlich eintreten. Die Messung der Lösungsrationalität soll also kurz gesprochen anhand der erkenntnis- und argumentationstheoretisch bestimmten Ex-ante-Qualität der Entscheidungsfundierung mit Blick auf die mutmaßliche Ex-post-Zuverlässigkeit der Fundierungsaussagen erfolgen. Auf der Grundlage einer prinzipiellen Erfolgshypothese zugunsten analyti-

---

32) REICHENBACH 1938, S. 6 f., der vom "*context of discovery*" und vom "*context of justification*" spricht.

33) Siehe im einzelnen S. 19 ff.

34) Vgl. für viele HAHN 1985, S. 29 f.; ders. 1992, Sp. 1978; FRESE/MENSCHING/v. WERDER 1987, S. 169; RÜHLI 1989a, Sp. 566.

35) Diese Einteilung von Planungsgesichtspunkten nach RÜHLI 1989a, Sp. 568 ff.

36) Aufschlußreich ist beispielsweise, daß etwa HAHN/KLAUSMANN 1989 in ihrem Überblicksartikel zur Entwicklung der betriebswirtschaftlichen Planung auf eine Reihe von Nachbardisziplinen (wie Operations Research, Systemtheorie und Verhaltenswissenschaften) hinweisen, denen die Planungstheorie fruchtbare Impulse verdankt (siehe insb. Sp. 415), hierbei wie auch beim Ausblick auf mögliche zukünftige Entwicklungen der Planungsforschung aber die Erkenntnistheorie nicht ansprechen. Erwähnenswert ist ferner z. B. die Habilitationsschrift von GRÜNIG 1990 über "Verfahren zur Überprüfung und Verbesserung von Planungskonzepten", die sich in gleichem Sinne nur mit Konzeptparametern befaßt, die die Systematik, Methodik und Organisation der Planung betreffen (siehe insb. S. 107 ff.) und kaum kognitive Aspekte berühren. Vgl. schließlich zu den Schwerpunkten der betriebswirtschaftlichen Planungstheorie noch WILD 1974; KOCH 1982; HAHN 1985; HAMMER 1985; WELGE/RÜTH 1985; KREIKEBAUM 1987; HOMBURG 1991, sowie die Forderung nach einer verstärkten Auseinandersetzung mit den erkenntnistheoretischen Fragen der Planung von LENK 1972b, S. 72 ff. und SIKORA 1989, Sp. 1960 ff., insb. Sp. 1960 f. und 1966.

scher Problemlösungen wird dabei davon ausgegangen, daß die Ex-post-Zuverlässigkeit mit der Ex-ante-Qualität tendenziell steigt und (ex ante) fundierteren Lösungen daher ein höheres Maß an Argumentationsrationalität zuzusprechen ist. In Anbetracht dieser spezifischen Akzentuierung ist das hier verfolgte Vorhaben genaugenommen nicht als planungs- oder entscheidungstheoretischer Beitrag (im engeren Sinne), sondern als ein - erster - Ansatz zur Grundlegung einer *Theorie der Entscheidungsvorbereitung* einzuordnen. Um eine zu sterile Terminologie zu vermeiden, soll im weiteren allerdings der Gegenstand der Fundierung bzw. Rationalitätsmessung nicht ausschließlich nur als Entscheidungsvorbereitung, sondern auch synonym als Entscheidung, Problemlösung oder Planung bezeichnet werden, sofern keine Mißverständnisse zu befürchten sind.

Im Rahmen ihrer kognitiven Ausrichtung legt die Untersuchung ihren Schwerpunkt auf die - erkenntnis- und argumentationstheoretisch fundierte - Ausdifferenzierung des Spielraums für die Vorbereitung von Entscheidungen in unterschiedliche Rationalitätsstufen, die eine präzisere Feststellung des Rationalgehalts managerialer Problemlösungen gestattet. Die Entwicklung eines solchen Meßinstrumentariums ist bisher - soweit wir sehen - noch nicht in Angriff genommen worden[37]. Wie eingangs schon angedeutet, ist sie aber für zahlreiche wichtige Fragestellungen der Betriebswirtschaftslehre von Bedeutung. Exemplarisch sei nur auf die folgenden ausgewählten und noch offenen Probleme hingewiesen. Zunächst ist die schon angesprochene Frage zu nennen, ob und inwieweit sich analytische Entscheidungsvorbereitungen - namentlich im Vergleich zu intuitiven Entschlüssen - 'lohnen'. Da man offensichtlich davon ausgehen kann, daß die Höhe einer eventuellen 'Rationalitätsrendite'[38] nicht unabhängig von der Analyseintensität sein wird, aber z. B. aus Zeit- und Kostenerwägungen auch nicht stets die maximal mögliche Ausschöpfung der Rationalpotentiale in Betracht kommen kann, ist schon aus diesen Gründen eine zufriedenstellende Antwort hierauf ohne vorherige Abstufungen der Rationalität schlechterdings unmöglich.

Die Implikationen der Vorteilhaftigkeitsfrage berühren allerdings weit über die Wahl einer erfolgversprechenden Problemlösungsmethode im managerialen Einzelfall hinaus im Grunde genommen das Selbstverständnis einer anwendungsorientierten Betriebswirtschaftslehre insgesamt. Ihr Anspruch, im Wege einer wissenschaftlichen Untersuchung (auch unstrukturierter) betrieblicher Themen und damit gewissermaßen einer 'Vor-Fundierung' (u. a.) praktisches Gestaltungshandeln unterstützen zu können, läßt sich letzten Endes nur dann und insofern aufrechterhalten, wenn und soweit die Fruchtbarkeit

---

37) So enthält beispielsweise auch das umfangreiche Werk von MASON/SWANSON (Hrsg.) 1981 über "Measurement for Management Decision" keinen Beitrag zur Messung der kognitiven Rationalität bzw. Fundierungsgüte von Problemlösungen im hier verstandenen Sinne. Gleiches gilt mit einer geringfügigen Einschränkung (siehe zum Meßkonzept von GZUK näher S. 119 FN 70 dieser Arbeit) auch für den Sammelband von PHOHL/RÜRUP (Hrsg.) 1977 über "Wirtschaftliche Meßprobleme". Vgl. ferner auch die Feststellung von CHURCHMAN 1973, S. 43, "daß die Wissenschaft bisher unfähig ist, eine adäquate Management-Wissenschaft zu entwickeln, einfach weil sie keine Basis oder Technik hat, mit deren Hilfe sie in angemessener Weise den Unterschied zwischen guten und schlechten, gesunden und ungesunden Verhaltensweisen des Managers beurteilen kann."

38) Dieser Ausdruck ist nur methaphorisch gemeint, da die (eventuellen) Vorteile rationaler Problemlösungen ganz unterschiedlicher Natur sein können. Siehe im einzelnen S. 113 ff.

fundierter Problemanalysen einsichtiger gemacht werden kann als die intuitiven und interpretativen Herausforderungen.

Neben der Auseinandersetzung mit der Grundsatzfrage nach den Erfolgsimplikationen der Rationalität, die als eine der schwierigsten wissenschaftlichen Aufgaben überhaupt angesehen werden kann[39], sind ferner beispielsweise auch Fortschritte bei den konkreten Problemen der informationstechnologischen Unterstützung der Unternehmungsführung, der Delegation und des managerialen Rationalverhaltens auf eine detailliertere Ausmessung und Abstufung der Rationalitätsmöglichkeiten angewiesen. Die jüngsten Fortschritte der modernen Informations- und Kommunikationstechnologien stellen unbestritten enorme neue Potentiale zur Übertragung, Speicherung und Verarbeitung von Informationen zur Verfügung[40]. Fraglich ist aber nach wie vor[41], ob und inwieweit mit Hilfe technischer Entscheidungs-Unterstützungssysteme tatsächlich neue Problemeinsichten gewonnen und die herkömmlichen Grenzen rationaler Lösungen in unstrukturierten Situationen hinausgeschoben werden können. Symptomatisch für den unbefriedigenden Forschungsstand ist der Tatbestand, daß in der Literatur mehr oder weniger euphorischen Einschätzungen[42] ebenso engagierte Stimmen gegenüberstehen, die das effektive Unterstützungspotential als vergleichsweise gering einschätzen[43]. Die Ursache hierfür ist wiederum u. a. darin zu suchen, daß kaum eingehende erkenntnistheoretische Überlegungen zur Struktur von Problemeinsichten und insbesondere zu den abgestuften Möglichkeiten ihrer schrittweisen Verbesserung angestellt werden[44]. Ungeachtet der sich im einschlägigen Schrifttum einbürgernden anschaulichen Charakterisierung von Informatio-

---

39) Vgl. auch BRETZKE 1977, S. 260.

40) Siehe an dieser Stelle nur FRESE/v. WERDER 1992, Sp. 376 ff. m. w. N.

41) Erwartungen gewaltiger Umwälzungen der managerialen Aufgaben und Aufgabenerfüllung durch den Computer haben Tradition, wie etwa die folgende von SIMON 1960, S. 21 geäußerte (und in der Neuauflage von 1977 auf S. 63 nur marginal veränderte) Prognose belegt: "the processes of nonprogrammed decision making will soon undergo as fundamental a revolution as the one which is currently transforming programmed decision making in business organizations. Basic discoveries have been made about the nature of human problem solving. While these discoveries are still at the stage of fundamental research, the first potentialities for business application are beginning to emerge." Vgl. ferner auch den Titel von BURCK 1964: "Management Will Never Be the Same Again", sowie noch ANSOFF 1965, S. 162 m. w. N.

42) Vgl. neben den Quellen in der voranstehenden Fußnote als Auswahl aus der kaum mehr überschaubaren Wissenschafts- und Praktikerliteratur LUCAS 1975, S. 2; KEEN/SCOTT MORTON 1978, S. 1; LITTLE 1979; ALTER 1980, S. 1 ff.; KINGSTON 1981, S. 7; MASON 1981; WAGNER 1981, S. 77 f.; ROCKART/TREACY 1982; ROCKART/DeLONG 1988; o. V. 1983; WATSON/HILL 1983, S. 85 ff.; BJORN-ANDERSEN 1984, S. 99 f.; DAVIS 1984; OTWAY/PELTU 1984, S. 9; PHILLIPS 1984; EL SAWY 1985, S. 53, 58 f.; FRIEND 1986; ders. 1987, S. 14; MÜLLER-MERBACH 1989, S. 1024 ff.; MURDICK/MUNSON 1986, S. 6 ff.; PROBST/VALICEK 1986; PROBST/VALICEK/BECKER 1986, S. 225 f.; HEILMANN 1987; HUSCHKE 1987, S. 70 f.; KEEN 1987; MACIEJEWSKI 1987; YOO/DIGMAN 1987, insb. S. 119; BRINKMANN 1988; BUZZELL 1988, S. 8 ff.; WALLACE 1988, S. 62; HUBER 1990, S. 62 ff.

43) So z. B. ACKOFF 1967; MINTZBERG 1972, S. 92; NAYLOR 1982; DEARDEN 1983; ETZIONI 1983; KIECHEL 1983; SALERNO 1985, insb. S. 129 f.; BARTMANN 1989, S. 327 ff.

44) Vgl. zum Stand der insoweit noch vergleichsweise fortgeschrittenen Forschungen im Bereich der Künstlichen Intelligenz bzw. Expertensysteme, die sich aber primär mit den Problemen der Formalisierung der Wissensrepräsentation und der (deduktiven wie nicht-deduktiven) inferentiellen Verknüpfung von Wissenselementen befassen, v. ZELEWSKI 1985, insb. S. 178 ff. und S. 342 ff.; FRANK 1988, S. 29 ff. Um die Unterschiede im Untersuchungsdesign noch zu verdeutlichen: Während v. ZELEWSKI 1985, S. 896 FN 2 die eventuellen Wissensdefizite bezüglich des Istzustands, des Zielzustands und der Transformationsregeln bei der Erörterung der Grenzen der Leistungsfähigkeit von Expertensystemen als "Detailaspekte" ausklammert, steht die differenzierte Beurteilung solcher Defizite -

nen als 'viertem Produktionsfaktor'[45] liegt somit ihre Wirkungsweise im Rahmen der Faktorkombination noch sehr im Dunkeln[46].

In delegationstheoretischer Hinsicht können Erkenntnisse über die verschiedenen Fundierungsschritte einer Entscheidungsvorbereitung offenkundig fruchtbar sein, um diejenigen Informationsarbeiten näher zu spezifizieren, die Entscheidungsträger sich selbst vorbehalten sollten oder aber auf Assistenzeinheiten übertragen können. Nur wenn genauere Vorstellungen über die unterschiedlichen Rationalitätsstufen existieren, kann m. a. W. konkreter als bisher herausgearbeitet werden, bis zu welcher Detaillierungsebene Entscheider persönlich - wenn auch eventuell nur kontrollierend bzw. rationalgutachtend - in eine Problemanalyse einsteigen müssen, um ihrer Steuerungs- und Überwachungsfunktion gerecht zu werden.

In Hinblick auf das manageriale Rationalverhalten bietet eine Abstufung der Analyseintensität zum einen ein Fundament für die Untersuchung, unter welchen Kontextbedingungen (wie Rechtfertigungszwänge[47] oder aber Zeitdruck) Manager ihre kognitiven Rationalitätsspielräume in welchem Umfang nutzen. Im Vergleich zu den bisher meist nur pauschalen Behauptungen gravierender Abweichungen der Praxis von den Postulaten der Rationalität[48] werden sich so erheblich differenziertere Einblicke in das vermutlich situativ geprägte Rationalverhalten gewinnen lassen. Zum anderen können aus präskriptiver Sicht auch Überlegungen über die Ausgestaltung der Aufgabenumgebung angestellt werden, sofern die Erreichung bestimmter Rationalitätsstufen als zweckmäßig angesehen und durch das 'natürliche' Rationalverhalten nicht sichergestellt wird.

Die beiden zuletzt angesprochenen Gestaltungsfragen leiten über zu dem letzten Problem, das hier zur Veranschaulichung der Themenrelevanz angeschnitten werden soll und auf juristisches Gebiet führt. Rechtsnormen verpflichten die Mitglieder von Unter-

---

genauer komplementär: entsprechender Wissenspotentiale - im Zentrum der vorliegenden Arbeit. Vgl. zur Notwendigkeit, den "Zuverlässigkeitsgrad" des gespeicherten Wissens zu bestimmen, und zu ersten diesbezüglichen Überlegungen auch ders. 1985, S. 1166 f. bzw. S. 383 ff. Bei dem auf S. 388 f. erörterten "Evidenzwert" handelt es sich allerdings um den Ausdruck einer subjektiven Einschätzung und nicht wie bei dem hier später eingebrachten Vorschlag um den objektiv nachvollziehbarer Beurteilungen des kognitiven Gehalts von Kenntnissen. FRANK 1988 schließlich wählt schon mit der Prämisse, daß Expertensysteme manageriales Handeln in unstrukturierten Situationen automatisieren sollen, einen verfehlten, da überzogenen Standpunkt zum Gegenstand seiner Untersuchungen und Grundsatzkritik (so auch MANS 1989; MERTENS, P. 1989; SCHMITZ/LENZ/NÖCKER 1989, S. 264).

45) Vgl. nur PICOT 1988, S. 4; ders. 1990, S. 6; WENDORFF 1988, S. 32.

46) FRESE/v. WERDER 1992, Sp. 380. Vgl. ferner z. B. auch den Literaturüberblick bei SHARDA/ BARR/McDONNELL 1988, S. 139 ff. Insofern ist also auch heute noch die von WILD 1971, S. 317 formulierte Fragestellung offen, "wie man eigentlich den Nutzen einer Information messen müßte und aus welchen Gründen eine solche Messung ggf. nicht möglich ist und welche Ersatzverfahren in Frage kämen." WILD weist im übrigen auch auf einige interessante erkenntnistheoretische Aspekte in diesem Zusammenhang hin wie namentlich die Bedeutung der kognitiven Informationsgüte ("Wahrheit"; "Bestätigungsgrad"; "Wahrscheinlichkeit", siehe insb. S. 326 ff., sowie ferner auch ders. 1974, S. 124 ff.) Er konstatiert aber selbst, daß noch "eine nähere Analyse der verschiedenen Wirkungskomponenten, d. h. insbesondere der Wirkung der Informationseigenschaften in den einzelnen Informationsprozessen(-phasen)" erforderlich ist (WILD 1971, S. 334).

47) Zur Relevanz dieses Situationsmerkmals für den Einsatz von Planungshilfen KÖHLER 1972, S. 21 ff.; ders. 1989, Sp. 1536.

48) Siehe m. N. S. 149 f. und S. 294 f.

nehmungsleitungen unter Haftungsandrohung mit unterschiedlichen Formulierungen zur Anwendung der "Sorgfalt eines ordentlichen und gewissenhaften Geschäftsleiters"[49]. Die dabei zu beachtenden 'Grundsätze ordnungsmäßiger Unternehmungsführung' (GoU) werden zwar in den rechtswissenschaftlichen Kommentierungen dieser Vorschriften bisweilen erwähnt[50], aber kaum näher spezifiziert[51]. Konkret geht es etwa um die Frage, ob ein Leitungsgremium bereits nach einer rund 2-stündigen Beratung den Verkauf des eigenen Unternehmens im Prinzip beschließen darf oder - wie der Supreme Court von Delaware im aufsehenerregenden Trans Union-Fall Smith vs. Van Gorkom urteilte - hiermit seine Sorgfaltspflicht verletzt[52].

Den bislang vorhandenen Auslegungen läßt sich zwar schon heute entnehmen, daß manageriale Entscheidungen im Grundsatz auf zumindest flankierende Problemanalysen zu stützen sind[53]. Die erforderliche Analyseintensität ist aber wenigstens für den deutschen Rechtskreis bislang völlig unklar und kann auch erst dann überzeugend herauskristallisiert werden, wenn genauere Erkenntnisse über die Möglichkeiten und Stufen der Problemlösungsrationalität vorliegen. Diesbezügliche Untersuchungen der Betriebswirtschaftslehre erscheinen gegenwärtig um so dringlicher, als angesichts der generell zunehmenden 'Verrechtlichung' und der einschlägigen Entwicklungen in den USA[54] mit einer wachsenden praktischen Relevanz der entsprechenden Haftungsregeln zu rechnen ist[55]. Bei mangelnder Einbringung des betriebswirtschaftlichen Sachverstands aber bleibt die inhaltliche Ausfüllung der GoU allein der juristischen Disziplin überlassen.

---

49) So für den Vorstand der AG § 93 Abs. 1 Satz 1 AktG. Nahezu gleichlautend für die GmbH-Geschäftsführung § 43 Abs. 1 GmbHG.

50) Vgl. z. B. den Hinweis von SCHNEIDER 1988, § 43 Anm. 70 auf die Relevanz der "methodischen Grundregeln ordnungsgemäßer Unternehmensführung" für die Auslegung der Haftungsnorm des § 43 GmbHG. Siehe ferner aus Sicht der Geschäftsführungsprüfung beispielsweise SCHEDLBAUER 1981, S. 550.

51) Vgl. auch POTTHOFF 1982, S. 19; MÜLLER-MERBACH 1983, S. 814; SAAGE 1983, Sp. 480 f.; SCHEDLBAUER 1984, S. 317; THEISEN 1987, S. 238 f.; ders. 1992, Sp. 657 ff.

52) DELAWARE SUPREME COURT 1985. Siehe zur ausführlicheren Darstellung des Sachverhalts dieses Falls S. 141 f.

53) Siehe im einzelnen S. 110 f. m. N.

54) Siehe zur Managerhaftung in den USA, die zwischenzeitlich eine solche Brisanz entwickelt hatte, daß häufig keine Board-Mitglieder mehr gewonnen werden konnten, BISHOP 1978; MATTAR/HILSON 1979; BLEICHER/PAUL 1986, S. 284; CONARD 1987, S. 210; GOERDELER 1987, S. 228 ff.; o. V. 1987, sowie die in FN 31 auf S. 141 der vorliegenden Arbeit angegebenen Quellen.

55) Vgl. näher v. WERDER 1987, S. 2265.

III. Plan der Untersuchung

Die Auseinandersetzung mit der dargelegten Thematik gliedert sich im Kern in drei Teile. Zunächst erfolgt ein kurzer Exkurs zum Stellenwert der (hier als Sammelbezeichnung für die themenrelevanten Bereiche der Philosophie, Wissenschafts- und Erkenntnistheorie verstandenen) Methodologie, der u. a. das naheliegende Problem der Dilettantismusgefahr erörtert, die einem Betriebswirt auf diesem Gebiet droht. Im Anschluß hieran werden mit dem Modell der präskriptiven Entscheidungstheorie, der Systemtechnik und des ganzheitlichen Managements die gegenwärtig vorherrschenden Konzeptionen des intendiert-rationalen Ansatzes aufgearbeitet und zu einem Integrationsmodell zusammengeführt. Dieses Modell gibt Auskunft über die prinzipiellen Aspekte, auf die sich die - hinsichtlich ihrer Argumentationsrationalität zu beurteilenden - managerialen Problemlösungsüberlegungen nach dem gegenwärtigen (integrierten) betriebswirtschaftlichen Forschungsstand richten sollten. Es bildet damit in - recht - allgemeingültiger Form den Gegenstand der Rationalbegutachtung strukturell ab.

Im zweiten Kapitel wird sodann der hier vorgeschlagene Begriff der Argumentationsrationalität expliziert[56)]. Da der Rationalitätsbegriff wie kaum ein anderer schillernd und Anlaß heftiger Kontroversen ist, müssen die im Schrifttum geäußerten verschiedenen Begriffsverständnisse zu diesem Zweck sorgfältig herauspräpariert und die Ursachen der Meinungsverschiedenheiten transparent gemacht werden. Nur auf dieser Basis können anschließend die Merkmale unseres eigenen - keineswegs 'exotischen', aber präzise gefaßten und zu verwendenden - Rationalitätsbegriffs so ausreichend geklärt werden, daß grundlegende Mißverständnisse, die sich letztlich auf das gesamte Projekt übertragen würden, ausgeschlossen sein sollten. Ferner ist angesichts der erheblichen Einwände, die der Rationalitätsidee als solcher entgegengehalten werden, zu diskutieren, ob die Argumentationsrationalität im hier verstandenen Sinne diesen Bedenken standhält.

Kapitel 3 als Hauptteil der Arbeit ist der Entwicklung des Meßinstrumentariums gewidmet. In der Sprechweise der Theorie der Begriffsformen handelt es sich hierbei um eine Überführung des qualitativen Begriffs der Argumentationsrationalität aus Kapitel 2 in einen komparativen Begriff[57)]. Um diese Transformation nicht mehr oder weniger willkürlich, sondern theoretisch geleitet durchzuführen, werden zunächst Aussagen als 'beobachtbare' Repräsentanten der Entscheidungsvorbereitung identifiziert und ein größerer Kreis einschlägiger Ansätze auf ihre Eignung zur Aussagenbeurteilung hin untersucht. Dabei erweist sich die - vor allem mit dem Namen TOULMIN verbundene[58)] - Argu-

56) In der Methodologie wird zwischen der Explikation und der Definition von Begriffen unterschieden. Dabei meint die *Explikation* die Überführung eines ungenaue(re)n Begriffs (Explikandum) in einen exakteren Begriff (Explikat). Ein Beispiel bildet die Explikation des Begriffs *Wärme* mit Hilfe des thermodynamischen Temperaturbegriffs (vgl. CARNAP 1962, S. 12 ff.; RADNITZKY 1989b, S. 73 und 76 ff. sowie auch ESSLER 1970, S. 56). Bei der *Definition* wird demgegenüber auf einen Ausdruck (Definiendum) die Bedeutung anderer Begriffe (Definiens) übertragen. Beispiel: Schimmel = weißes Pferd (siehe hierzu SEIFFERT 1983a, S. 36 ff.; RADNITZKY 1989a, S. 27; ESSLER 1970, S. 56). Der betriebswirtschaftlichen Sprachgepflogenheit folgend, die häufig auch bei Explikationen von 'Definitionen' im Sinne einer Begriffserläuterung spricht, soll diese Trennung hier allerdings nicht immer streng durchgehalten werden.

57) Siehe näher S. 468 f. m. N.

mentationstheorie als besonders fruchtbares konzeptionelles Fundament für die Analyse des kognitiven Gehalts komplexer Aussagensysteme. Hieran anschließend werden mit fünf verschiedenen Aussagendimensionen und den drei grundsätzlichen Komponenten eines Argumentationsmoduls (*Behauptung*; *Begründung*; *Beleg*) die Basiskategorien argumentativer Gedankenführungen herauskristallisiert und erörtert. Schwerpunkte bilden dabei u. a. die Auseinandersetzung mit der Wahrheits- und der Werturteilsproblematik, die Analyse der Überzeugungskraft plausibler Begründungen, die Untersuchung der Möglichkeiten zur rationalen Handhabung von Begründungskonflikten (genauer: von Konzept-, Argument- und Zielkonflikten) sowie die Erarbeitung von Kriterien, die eine vernünftige Begrenzung der Breite und Tiefe entscheidungsstützender Argumentationen erlauben.

Auf dieser Grundlage aufbauend wird sodann das eigentliche Meßinstrumentarium ausgearbeitet. Dabei werden zum einen mit der *unbegründeten*, der *globalbegründeten*, der *detailbegründeten* und der *qualifizierten Problemlösung* 4 Hauptstufen rationaldifferenter Entscheidungsvorbereitungen und für die - mit Abstand wichtigste - Stufe der detailbegründeten Lösung weitere Detailstufen eingeführt, deren Zahl sich nach dem Ausmaß des Strukturmangels der jeweils betrachteten Probleme richtet. Zum anderen werden Maßgrößen für die stufeninterne Rationalgehaltsbestimmung herausgearbeitet. Die Trennung zwischen den (Haupt- und Detail-)Stufen der Rationalität auf der einen und den stufeninternen Maßgrößen auf der anderen Seite beruht darauf, daß heute noch bestimmte, namentlich empirische Erkenntnisse über den kognitiven Trade-off zwischen der Breite und der Tiefe von Argumentationen fehlen und eine streng ordinale Messung des Rationalniveaus daher gegenwärtig erst auf der Ebene der Rationalitätsstufen möglich ist. Mit Hilfe der stufeninternen Rationalmaße lassen sich aber darüber hinaus weitere wertvolle Aufschlüsse über die Argumentationsrationalität konkreter Entscheidungen gewinnen, bis Folgeuntersuchungen eine noch feinere Rationalitätsmessung gestatten. Die Diskussion des Meßinstrumentariums, eine (überschlägige) Demonstration des Instrumenteinsatzes an einem aktuellen Fall aus der Praxis (Fusion Krupp-Hoesch) sowie ein Ausblick auf Implikationen für zukünftige Forschungen runden die Untersuchung ab.

Um keine falschen Erwartungen zu wecken, sei zum Abschluß dieser Einführung noch eine wichtige Warntafel angebracht. Ungeachtet des bereits beträchtlichen Umfangs der vorliegenden Arbeit, der uns aber schon in Anbetracht der für betriebswirtschaftliche Leser wohl kaum durchgängig vertrauten Materie unerläßlich erscheint, kann diese Schrift selbstredend nicht sämtliche aufgeworfenen und noch aufzuwerfenden Fragen abschließend beantworten. Bei realistischer Betrachtung kann es vielmehr allein darum gehen, das komplexe Feld der Entscheidungsvorbereitung aus einer primär kognitiven Perspektive heraus grundlegend zu strukturieren, die zentralen Kategorien einzuführen, ihre theoretischen Verbindungslinien klarzumachen und die schon angedeuteten ersten Abstufungen des Rationalgehalts managerialer Problemlösungen - fundiert - vorzuschlagen. Im übrigen müssen 'konzeptionelle Anschlußstellen' für Folgeuntersuchungen genügen.

---

58) TOULMIN 1958 bzw. ders. 1975; TOULMIN/RIEKE/JANIK 1979.

B. Stellenwert der Methodologie

Mit der Frage nach der Rationalität und namentlich der kognitiven Qualität von Aussagen spricht die vorliegende Schrift Aspekte an, die - z. T. seit der Antike[59] - auf zentralen Feldern der Philosophie (einschließlich Logik und Ethik) sowie der Wissenschafts- und Erkenntnistheorie diskutiert werden. Es handelt sich hierbei um Gebiete, die insgesamt die Gewinnung und Überprüfung von Einsichten in Zielsetzungs- und Handlungszusammenhänge thematisieren und hier kurz unter der Bezeichnung *Methodologie* zusammengefaßt werden sollen[60]. Zur Behandlung der in dieser Arbeit aufgegriffenen Fragestellung ist eine Auseinandersetzung mit den einschlägigen Erkenntnissen der genannten Wissenschaftszweige unter Heranziehung der fachspezifischen Literatur schon angesichts des sich teilweise über Jahrtausende erstreckenden Forschungsvorlaufs und der damit verglichen kaum nennenswerten Anstrengungen der bisherigen Managementtheorie unerläßlich. Sie bringt allerdings aufgrund der disziplinären Eigenständigkeiten und Eigenarten gesonderte Komplikationen für eine betriebswirtschaftlich orientierte Untersuchung mit sich, die sich mit den drei Stichworten Sprachbarriere, Dilettantismusgefahr und Themenbezug umreißen lassen und im folgenden kurz erörtert werden sollen.

Die 'Inkommensurabilität der Sprachspiele der verschiedenen wissenschaftlichen Gemeinschaften'[61], schlichter formuliert: der mehr oder weniger mühsame Zugang zur Fachsprache einer Wissenschaft durch Außenstehende (*Sprachbarriere*), ist grundsätzlich als Vorbedingung des Erkenntnisfortschritts zu akzeptieren und daher per se kein triftiges Argument gegen die Nutzung fachfremder Forschungsergebnisse. Übersetzungsleistungen zur Herstellung von Verständigungsmöglichkeiten zwischen den Disziplinen haben im Gegenteil als unabdingbare Voraussetzungen des interdisziplinären Austausches einen erheblichen Eigenwert und sind daher mit Nachdruck zu betreiben[62]. Im Fall der oben angesprochenen Nachbardisziplinen kann die "Qual des Übersetzens"[63] mitunter jedoch ein solches Ausmaß erreichen, daß sich die Frage nach den noch

59) Für alle SIMON 1964, S. 573 f. mit besonderem Hinweis auf ARISTOTELES

60) Die Wahl des Ausdrucks *Methodologie* als Sammelbezeichnung für die einschlägigen Überlegungen der genannten Disziplinen ist nicht ganz unproblematisch, da der Methodologiebegriff in der Literatur nicht einheitlich verwendet wird (so versteht man unter Methodologie teils ein Synonym für Wissenschaftstheorie und teils ein wissenschaftstheoretisches Untergebiet, vgl. SCHREYÖGG/STEINMANN 1980, Sp. 2394 bzw. WILD 1975, Sp. 2654), da auch die Abgrenzung der Disziplinen als solche nicht unstrittig ist (dies gilt insbesondere für die Wissenschaftstheorie, vgl. nur RISSE 1969, Sp. 685 f.; SEIFFERT 1989a), und da sich ein Terminus für das Gebiet der philosophisch-erkenntnistheoretischen Grundlagen managerialer Problemlösungen - anders als der Ausdruck Wissenschaftstheorie - bislang noch nicht herausgebildet hat. Gleichwohl erscheint uns das Wort Methodologie zur Bezeichnung der genannten Gebiete noch am treffendsten zu sein, zumal natürlich die spezifischeren Disziplinnamen gewählt werden können, wenn nur ein bestimmter Zweig (wie namentlich die Erkenntnistheorie) gemeint ist. Vgl. im übrigen allgemein zum Gegenstand der *Philosophie* hier nur RISSE 1969, Sp. 685; SEIFFERT 1989a, S. 1 f., zur *Erkenntnistheorie* als "Lehre vom Wesen und den Voraussetzungen von Erkenntnis" RÖD 1989 (Zitat auf S. 52) und zur *Wissenschaftstheorie* neben den schon genannten Quellen noch SCHANZ 1975, S. 11 ff.; ALBERT 1976, Sp. 4674 ff. RADNITZKY 1989e.

61) Zum "Sprachspiel" allgemein WITTGENSTEIN 1977, S. 19 ff., und zur Bedeutung der Inkommensurabilitäts-Problematik für die Bewältigung unstrukturierter Managementprobleme näher S. 406 f. der vorliegenden Arbeit.

62) Vgl. auch zu einer entsprechenden Forderung für das gemeinsame Feld von Organisationstheorie und Rechtswissenschaft v. WERDER 1992, Sp. 2172.

vertretbaren 'terminologischen Rüstkosten' stellt. Da der leichtfertige Umgang mit dem terminologischen Rüstkostenargument schnell zu einer vorzeitigen Abschottung mißraten und das mangelnde Verständnis auch auf der Ignoranz des Fachfremden beruhen kann, sollen an dieser Stelle zwei ausgewiesene Fachvertreter zu Wort kommen[64]. STEGMÜLLER konstatiert für den Bereich der Metaphysik, "daß es sowohl Einzeläußerungen wie ganze Bücher gibt, die kaum mehr als eine *amorphe Masse* darstellen, so daß jeder einigermaßen rationale Interpretationsversuch scheitern muß (Beispiele wären etwa *gewisse* Äußerungen von Mystikern, die Hegelsche *Naturphilosophie* .., verschiedene *Orakelsprüche* HEIDEGGERs seit 1945)"[65]. PUNTEL zitiert zur Wahrheitsauffassung von GADAMER u. a. den Satz: "Wir sind als Verstehende in ein Wahrheitsgeschehen einbezogen und kommen gleichsam zu spät, wenn wir wissen wollen, was wir glauben sollen"[66], und kommentiert den Stil dieser Ausführungen wie folgt: "Diese großen Intuitionen mögen ihr gutes, ja notwendiges Recht haben; sie können aber in philosophischer Hinsicht nur dann ernst genommen werden, wenn sie '*zur Darstellung*' gebracht, d. h. u. a.: wenn sie *präzisiert* werden"[67].

Mit diesen Hinweisen soll über den Aspekt der Kommunizierbarkeit hinaus kein Urteil über die inhaltliche Güte der betreffenden (z. T. weltberühmten) Werke gefällt werden[68]. Die Überlegungen sollen vielmehr zum einen demonstrieren, daß sich die Erkenntnisse der philosophischen Disziplinen teilweise nur mit einem erheblichen Übersetzungsaufwand für die hier verfolgte Fragestellung fruchtbar machen lassen. Ein Ziel der nachfolgenden Untersuchungen besteht somit darin, die notwendigen Übersetzungen zu leisten und hierdurch insbesondere den philosophisch ungeübteren Leser mit betriebswirtschaftlichem Hintergrund in die Lage zu versetzen, die Einarbeitung der Forschungs-

---

63) So im Zusammenhang mit der Inkommensurabilitäts-Problematik allgemein HABERMAS 1977, S. 252, ihm folgend KIRSCH 1981a, S. 660.

64) Bei dieser Argumentationsfigur der 'Berufung auf Experten' ist selbstredend zu berücksichtigen (und berücksichtigt), daß auch in der Philosophie verschiedene 'Schulen' existieren und die Strenge der folgenden Zitate daher eventuell in gewissem Ausmaß zu relativieren sein mag.

65) STEGMÜLLER 1970, S. 368. Zur Naturphilosophie von HEGEL liefert STEGMÜLLER ein illustratives Textbeispiel und schließt hieran eine plausible Bemerkung an: "'Die Elektricität ist der reine Zweck der Gestalt, der sich von ihr befreit: die Gestalt, die ihre Gleichgültigkeit aufzuheben anfängt; denn die Elektricität ist das unmittelbare Hervortreten, oder das noch von der Gestalt herkommende, noch durch sie bedingte Daseyn, - oder noch nicht die Auflösung der Gestalt selbst, sondern der oberflächliche Prozeß, worin die Differenzen die Gestalt verlassen, aber sie zu ihrer Bedingung haben, und noch nicht an ihnen selbständig sind,' HEGEL, System der Philosophie, II. Teil: Die Naturphilosophie, § 323. J. HABERMAS fordert, daß die 'Strategie des Achselzuckens' zwischen den philosophischen Richtungen aufhören müsse. Ich würde gern wissen, was für eine *andere* sinnvolle Reaktion als die des Achselzuckens gegenüber dieser Hegelschen Definition möglich ist." (STEGMÜLLER 1970, S. 368 FN 45).

66) GADAMER 1975, S. 465.

67) PUNTEL 1983, S. 20.

68) Im übrigen sei darauf hingewiesen, daß eine nebulöse Sprache keineswegs eine exklusive Spezialität der philosophischen Literatur ist. Zur Diskussion um einen Paradigmawechsel in der Betriebswirtschaftslehre schreibt etwa ROSENTHAL 1983, S. 416: "Nunmehr steht die Betriebswirtschaftslehre selbst: wieder in-frage. Und wieder erscheint die Frage nach dem Grund der Bewegung im Schein der Selbst-bewegung, die im Augenblick erscheint. Aber das Selbst -: in der Bewegung ist durch den Schein der Selbst-bewegung wesentlich verborgen. Es erscheint nur als Gestimmtheit des 'Drehmoments[8] im jeweils sich zeigenden Augenblick. In der Erscheinung des jeweils sich zeigenden Augenblicks erscheint, mithin nur das scheinbare, augenblickliche Selbst. Und dieses nur augenblicklich

ergebnisse der Nachbardisziplinen nachvollziehen zu können[69]. Zum anderen soll der Verweis auf die 'Sperrigkeit' der Nachbardisziplinen anzeigen, daß eine flächendeckende Ausschöpfung ihrer Potentiale schon aus forschungsökonomischen Gründen im Rahmen eines Projektes nicht geleistet (und erwartet) werden kann.

Die Feststellung zwangsläufiger Grenzen bei der Heranziehung einschlägiger Beiträge aus Philosophie sowie Wissenschafts- und Erkenntnistheorie leitet über zum *Dilettantismusproblem*. Auf die Gefahr, jenseits der Grenzen des eigenen Fachs vergleichsweise laienhaft zu operieren, wird allenthalben - etwa im Zusammenhang mit der verhaltenswissenschaftlichen Öffnung der Betriebswirtschaftslehre[70] - hingewiesen[71]. Diese Gefahr ist - schon vor dem Hintergrund der vorangegangenen Bemerkungen - durchaus nicht von der Hand zu weisen und daher ernst zu nehmen. Zu beachten ist hierbei allerdings, daß auch Forschungen im eigenen Fachgebiet keineswegs a priori mit einer Qualitätsgarantie ausgestattet sind. Infolgedessen ist zunächst zu präzisieren, in welcher spezifischen Form die Gefahr des Dilettantismus bei der Ausschöpfung fachfremder Erkenntnisse akut ist. Sie resultiert nach unserer Einschätzung vor allem daraus, daß eine vergleichsweise weniger intensive Beschäftigung mit einer benachbarten Disziplin den Überblick über den Gesamtbestand der einschlägigen Forschung beeinträchtigen kann, und Einzelaussagen(-komplexen) daher nicht mit der gleichen kritischen Distanz wie im eigenen Fach begegnet wird. Die Hauptgefahr ist m. a. W. darin zu sehen, aufgrund unzureichender Kenntnis widerstreitender Auffassungen und mangels ausreichender eigener Reflexion den Bewährungsgrad bestimmter Forschungsergebnisse zu überschätzen. Hält man sich diese Gefahr bei der Rezeption fachfremder Beiträge jedoch beständig vor Augen, so sind andererseits als Aktivposten die Anregungen zu bilanzieren, die aus einem Erkenntnisvorsprung benachbarter Disziplinen für die eigenen Untersuchungen gewonnen werden können. In diesem Sinne soll die Auswertung des methodologischen Schriftums Impulse für die Erörterung der hier verfolgten Fragestellung geben, zugleich aber auch die entsprechenden Beiträge kritisch in Hinblick auf ihren diesbezüglichen Erkenntniswert hinterfragen.

Diese 'Selbstverpflichtung zur wohlwollenden Reserve' stellt ihrerseits den Übergang her zu der dritten Herausforderung, den *Themenbezug* des eingearbeiteten methodologischen Gedankenguts sicherzustellen. Angesprochen ist hiermit das Feld der in den fraglichen Disziplinen so zahlreichen Aporien, Dilemmata und Paradoxien, die den philosophischen Denker nicht selten vor ernste theoretische Schwierigkeiten stellen, sich im managerialen Kontext aber schnell skurril ausnehmen können. Zur Illustration seien hier drei prominente Beispiele angeführt:

Sich-zeigende ist wieder Anlaß der Frage, die im Augenblick bewegt." (in der Fußnote dieses Zitats wird auf ein Vorlesungsmanuskript von KAPPLER hingewiesen).

69) Es wird daher in Kauf genommen, daß 'Eingeweihte' bestimmte Erläuterungen möglicherweise als redundant empfinden werden.

70) So z. B. CHMIELEWICZ 1979, S. 26 f.; SCHNEIDER 1985, S. 193.

71) Vgl. für die eigenen Arbeiten z. B. auch BRETZKE 1980, S. 5; ETZIONI 1988, S. 15 f.

(*) Die berühmte Antinomie des Lügners, der den Satz spricht: «Ich lüge immer»[72], hat die Philosophie seit der Antike beschäftigt[73]. Sie konnte erst in unserem Jahrhundert von TARSKI mit Hilfe seiner semantischen Wahrheitstheorie, die zwischen Objektsprache und Metasprache trennt, zufriedenstellend gelöst werden[74]. Hiernach kann (nur) in der Metasprache sinnvoll über die Wahrheit/Falschheit einer objektsprachlichen Aussage geredet werden[75]. So scharfsinnig diese Überlegungen sind[76], so offenkundig dürfte sein, daß ihr Gegenstand nicht den Kern der Wahrheitsfrage im betriebswirtschaftlichen Problemlösungszusammenhang trifft. Die Fragestellung, welche Sprachebene widerspruchsfreie Urteile über die Wahrheit von Aussagen zuläßt, tritt hier vielmehr deutlich hinter der Problematik zurück, z. B. die Stichhaltigkeit von 'Business Gossip'[77] und die Ernsthaftigkeit des bekundeten Kaufinteresses eines Kunden abzuschätzen.

(*) GOODMAN hat im Zusammenhang mit der Abgrenzung zwischen gesetzmäßigen und nicht-gesetzmäßigen Allaussagen[78] auf eine Paradoxie aufmerksam gemacht, die generelle Zweifel am Sinn erfahrungsgestützter Prognosen aufkommen läßt[79]. Der Satz «Alle Smaragde sind grün» kann als empirische Hypothese aufgefaßt werden, die durch zahlreiche Beobachtungen in der Vergangenheit bestens bestätigt worden ist. Infolgedessen gibt es gute Gründe für die prognostische Annahme, daß auch alle in Zukunft gefundenen Smaragde von grüner Farbe sein werden. Gleichwohl läßt sich mit GOODMAN zeigen, daß die bisherigen empirischen Befunde ebensogut die Voraussage stützen können, daß sämtliche zukünftig überprüften Smaragde rot sein werden. Zur Inszenierung dieser Paradoxie ist lediglich das Prädikat *grün* in der Gesetzesaussage «Alle Smaragde sind grün» durch ein geeignet geändertes und passend definiertes Prädikat zu ersetzen. GOODMAN führt hierzu den Terminus *grot* ein, der besagen soll, daß entweder ein Smaragd in der Vergangenheit auf seine Farbe hin kontrolliert worden ist und sich als grün erwiesen hat, oder bislang noch nicht untersucht wurde und sich bei einem Test in der Zukunft als rot herausstellt. Die modifizierte Hypothese «Alle Smaragde sind grot» mit der Konsequenz, daß in Zukunft nur noch rote Smaragde gefunden werden, wird nun durch die gleiche (große) Zahl gemachter Beobachtungen gestützt wie die Vorgängerhypothese von den stets grünen Smaragden: Alle bisher beobachteten Smaragde waren

72) Diese Äußerung führt auf den ersten Blick stets zu einem Widerspruch: Ist die Aussage richtig, d. h. sagt der Lügner stets die Unwahrheit, so hat er sich (diesmal) selbst widerlegt, et v. v.

73) Einzelheiten hierzu z. B. bei KEUTH 1978, S. 31 f.; ESSLER/BRENDEL/MARTINEZ CRUZADO 1987, S. 274 ff.; ANDERSSON 1989c, S. 371 f.

74) Vgl. nur TARSKI 1972, S. 64 ff., und hierzu auch ANDERSSON 1989c, S. 371 f.

75) Etwa in der Form: «**Der Satz** 'Ich lüge immer' **ist falsch**». Dabei gehören die fett gedruckten Worte der Ebene der Metasprache an.

76) Bereits an dieser Stelle sei ausdrücklich betont, daß den Ausführungen keine polemische Absicht zugrunde liegt (vgl. noch eingehender S. 18).

77) Zur großen Bedeutung von Gerüchten für die manageriale Aufgabenerfüllung MINTZBERG 1971, S. B-105; ders. 1975, S. 52; ders. 1976, S. 54; HUBER 1984, S. 947; ISENBERG 1986, S. 239; SCHREYÖGG/HÜBL 1992, S. 87, sowie allgemein auch schon MAYNTZ 1958, S. 46 f.

78) Eine nicht-gesetzmäßige, sog. akzidentelle Allaussage lautet z. B.: «Alle Kugeln in dieser Urne sind weiß». Siehe Einzelheiten hierzu und zum Gesetzesbegriff unten, S. 192 ff.

grün und bestätigen damit zum einen die Vorgängerhypothese. Aufgrund ihrer Farbe (grün) waren sie aber definitionsgemäß auch *grot*, so daß sich die modifizierte Hypothese bislang im gleichen Umfang bewährt hat. Prognosen nach Maßgabe der beiden (gleich gut bestätigten) Hypothesen über die Farbe zukünftig untersuchter Smaragde aber führen offensichtlich zu logisch unvereinbaren Ergebnissen[80].

Die Auflösung dieser Paradoxie erfordert nach GOODMAN die Einführung eines trennscharfen Abgrenzungskriteriums für die Unterscheidung von Gesetzesaussagen und nichtgesetzmäßigen (akzidentellen) Allaussagen, da logisch einwandfreie Schlußfolgerungen nur auf gesetzmäßigen, nicht aber auf akzidentellen Allaussagen aufbauen können[81]. Die Formulierung eines solchen Kriteriums ist bislang jedoch noch nicht gelungen[82].

Auf die Erörterung des Paradoxons von GOODMAN im philosophischen Schrifttum muß hier nicht näher eingegangen werden. An dieser Stelle genügt der Hinweis, daß das Fehlen einer erkenntnistheoretisch zufriedenstellenden Bestimmung des Gesetzesbegriffs - wie sich später zeigen wird - das Vorhaben, die (Abstufungen der) Rationalität betriebswirtschaftlicher Schlußfolgerungen näher herauszuarbeiten, keineswegs von vornherein ad absurdum führt. Das GOODMAN-Paradoxon repräsentiert vielmehr einen der (recht zahlreichen) Fälle, bei denen im Rahmen der hier verfolgten Fragestellung 'Begriffe mit verschwommeneren Rändern'[83] vollauf ausreichen. Eine präzisere Begriffsexplikation ist daher m. a. W. in diesen Fällen nur zur Ausschaltung der spezifisch philosophischen Schwierigkeiten erforderlich und liegt folglich außerhalb der Themenstellung der vorliegenden Arbeit.

(*) Für die erkenntnistheoretische Auseinandersetzung mit den Möglichkeiten und Grenzen rationaler Schlußfolgerungen sind Resümees nicht untypisch, die auf den ersten Blick verblüffen müssen. Ein Beispiel bildet etwa die folgende Feststellung: ".. *wir können für ein indeterministisches System, selbst bei Kenntnis aller für das System geltender Gesetze, keine Erklärungen von bekannten Tatsachen geben.*"[84]. Dieses kontraintuitive und daher besonders vielversprechende Forschungsresultat beruht allerdings im Kern nur auf den besonderen Merkmalen des erkenntnistheoretischen Erklärungsbegriffs, auf die später noch einzugehen ist[85]. Die Unmöglichkeit, Erklärungen im strengen Sinne zu

---

79) Vgl. GOODMAN 1975, S. 98 f., sowie auch die Darstellung des GOODMAN-Paradoxons bei STEGMÜLLER 1983, S. 322 ff.

80) Nämlich *grün* nach der Vorgängerhypothese und *rot* nach der modifizierten Hypothese.

81) Vgl. STEGMÜLLER 1983, S. 326.

82) Siehe STEGMÜLLER 1983, S. 320; JAMMER 1989, S. 116, sowie auch unten (S. 193 m. w. N.).

83) Vgl. WITTGENSTEIN 1977, S. 60.

84) STEGMÜLLER 1973b, S. 356.

85) Siehe S. 340 ff.

geben, bedeutet daher keinesfalls, daß sich das Zustandekommen bekannter Tatsachen unter den angegebenen Bedingungen nicht plausibel nachvollziehen läßt[86].

Es sei an dieser Stelle mit Nachdruck hervorgehoben, daß der vorstehenden Schilderung philosophischer Schwierigkeiten keinerlei polemische Absicht unterliegt. Die Berechtigung der betreffenden Überlegungen im philosophischen Kontext soll somit nicht etwa mit dem Vorwurf unergiebiger Spitzfindigkeit und Sophistik in Frage gestellt werden. Die Darstellung hat vielmehr die Aufgabe, deutlich zu machen, daß nicht selten erkenntnistheoretisch-philosophische Erwägungen zwar beim ersten Hinsehen interessante Anregungen für die Frage nach den managerialen Rationalitätsmöglichkeiten versprechen, sich bei näherer Analyse aber für diese Zwecke als relativ 'harmlos' erweisen. Wie namentlich das zuletzt angeführte Beispiel zeigt, wird das Interesse vor allem dann geweckt, wenn die zentralen Worte in den philosophischen Auseinandersetzungen (z. B. *Wahrheit*; *Erklärung*; *Prognose*) der Alltagssprache entnommen sind und daher auch den Fachfremden unmittelbar 'ansprechen'. Vor diesem Hintergrund soll die Auseinandersetzung mit den benachbarten Disziplinen im Rahmen der folgenden Erörterungen nicht ausschließlich auf die Einarbeitung (themenbezogen) fruchtbarer Erkenntnisse beschränkt werden. Um den Leser über die Bedeutung der entsprechenden Forschungen nicht im unklaren zu lassen (und mitunter auch bestimmte Überzeichnungen philosophisch-erkenntnistheoretischer Komplikationen in der betriebswirtschaftlichen Literatur zu relativieren), erscheint es vielmehr ebenfalls aufschlußreich, in wichtigen Fällen durch Hinweise auf vordergründig relevant erscheinende, letztlich jedoch genuin philosophische Komplikationen auch Anhaltspunkte über die Grenzen zu vermitteln, jenseits derer die fachinternen methodologischen Problemstellungen beginnen.

---

86) Dies wird im übrigen von STEGMÜLLER auch nicht behauptet, vgl. nur STEGMÜLLER 1973b, S. 356 f.

C. Integrationsmodell der managerialen Problemlösung

I. Vorherrschende präskriptive Modelle

1. Entscheidungstheoretisches Modell

Der entscheidungsorientierte Ansatz repräsentiert ohne Zweifel eine der zentralen Richtungen, wenn nicht gar das (immer noch) dominierende Paradigma der Betriebswirtschaftslehre[1]. In der Sichtweise dieses Ansatzes läßt sich die Funktion des Managers auf die Steuerung der Unternehmungsaktivitäten durch Entscheidungen zurückführen. Kernanliegen des Forschungsinteresses ist daher zum einen die deskriptive Erklärung von praktischen Entscheidungsabläufen und zum anderen die präskriptive Anleitung zu (im weiteren Sinne) optimalen betriebswirtschaftlichen Entscheidungen. Zur Verfolgung der an dieser Stelle interessierenden zweiten Perspektive wird auf die präskriptive Entscheidungstheorie zurückgegriffen, die allgemeine, d. h. von spezifischen Entscheidungsobjekten unabhängige Aussagen zur rationalen Wahl unter verschiedenen Handlungsalternativen macht[2].

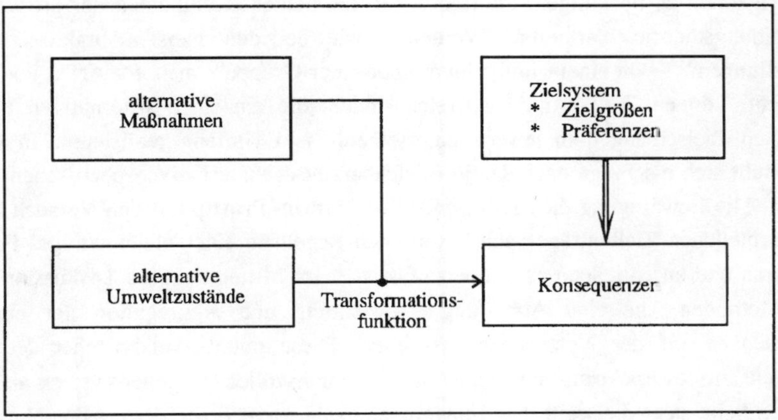

Abb. 1: Grundmodell der Entscheidungstheorie

Das Grundmodell der Entscheidungstheorie umfaßt - bei allen Unterschieden der Formulierungen im Detail - mit den Zielen, den Alternativen, den Umwelteinflüssen und den Konsequenzen im wesentlichen vier Komponenten (vgl. Abb. 1)[3]. Die *Ziele* bringen zum Ausdruck, welche Ergebnisse der Entscheidungsträger anstrebt. Sie dienen als Kriterien der Alternativenbeurteilung. Zielergebnisse können inhaltlich verschiedener Art sein, in unterschiedlicher Intensität bzw. Höhe angestrebt werden und zu verschiedenen

1) Vgl. nur RÜHLI 1989b, S. 101, 114; WÖHE 1990, S. 232; KOCH 1974a, S. 76; SCHAFFITZEL 1982, S. 342.

2) Vgl. zum Paradigma des entscheidungsorientierten Ansatzes HEINEN 1969; ders. 1971, sowie zur Thematik der präskriptiven Entscheidungstheorie LAUX 1991, S. 3 f. und 10 ff.; SIEBEN/SCHILDBACH 1990, S. 1 ff.; BAMBERG/COENENBERG 1991, S. 2 ff.

3) Siehe hierzu und zum folgenden SZYPERSKI/WINAND 1974, S. 40 ff.; BITZ 1977, S. 65 ff.; RIEPER 1979, S. 94 ff.; SIEBEN/SCHILDBACH 1990, S. 15 ff.; BAMBERG/COENENBERG 1991, S. 14 ff.; LAUX 1991, S. 21 ff.

Zeitpunkten sowie mit unterschiedlicher Sicherheit realisierbar sein[4]. Dementsprechend sind zur Formulierung eines vollständigen Zielsystems auch Arten-, Höhen-, Zeit- und Risikopräferenzen anzugeben. Sie legen die Vorzugsrelationen zwischen den diversen Ausprägungen dieser vier Ergebnismerkmale fest.

Die *Alternativen* stellen die möglichen Maßnahmen oder Aktionen dar, die dem Entscheidungsträger in mehr oder weniger großer Zahl zur Verfügung stehen. In der *Umweltkomponente* sind diejenigen Faktoren zusammengefaßt, die das Ergebnis einer Handlung beeinflussen, sich aber einer (vollkommenen) Beherrschung durch den Entscheidungsträger entziehen. Die *Konsequenzen* schließlich verkörpern die Handlungsergebnisse, die sich aus der Wahl einer bestimmten Alternative und den jeweils wirksamen Umwelteinflüssen nach Maßgabe der zugehörigen Transformationsfunktion ergeben.

Das Entscheidungsproblem besteht nun in der Bestimmung und Auswahl derjenigen Alternative, die den gesetzten Zielen - je nach Präferenz z. B. in befriedigendem oder optimalem Ausmaß - gerecht wird. Bei der Lösung dieses Problems sind vor allem zwei Schwierigkeiten zu bewältigen, die traditionell die beiden Kernthemen der präskriptiven Entscheidungstheorie markieren. Werden - wie bei den meisten praktischen Problemstellungen[5] - von einem Individuum oder einer Gruppe[6] mehrere Arten von Zielen angestrebt, können Zielkonflikte auftreten, indem die einzelnen Alternativen die verschiedenen Zielsetzungen in jeweils unterschiedlichem Umfang realisieren. In solchen Fällen stellt sich die Frage nach der Vergleichbarkeit der alternativenspezifischen Konsequenzen. Die Bewältigung dieser Komplikation läuft im Prinzip auf den Versuch hinaus, die verschiedenen Zielbeiträge nach bestimmten Regeln in eine 'gleichnamige' Form zu überführen und anschließend zusammenzufassen[7]. Im Mittelpunkt der Diskussion stehen dabei Methoden, die eine Abbildung, Gewichtung und Aggregation der einzelnen Konsequenzen auf der Nutzenebene vorsehen. Diese nutzwertanalytischen Verfahren decken ein breites Spektrum unterschiedlich anspruchsvoller Vorgehensweisen ab[8]. Auf der einen Seite steht die weitgehend ungeregelte subjektive Einschätzung der Nutzenstiftung und Bedeutung der verschiedenen Zielbeiträge. Am anderen Ende des Spektrums finden sich mathematisch-formalisierte Ansätze, die die Bewältigung von Zielkonflikten auf einer axiomatisch fundierten Basis angehen. Sie unterstützen die explizite Repräsentation der Präferenzen des Entscheidungsträgers in Form von Teil-Nutzenfunktionen und Zielgewichten durch bestimmte Techniken (z. B. Lotteriesimulationen) und erzeugen auf

---

4) Vgl. zur Struktur von Zielen allgemein auch HEINEN 1966, S. 59 ff.; HAUSCHILDT 1973, S. 710 ff.; ders. 1977a, S. 7 ff. m. w. N.

5) Vgl. hier nur WEBER 1983, S. XIII; BAMBERG/COENENBERG 1991, S. 43, sowie auch die in FN 38 auf S. 431 angegebene Literatur.

6) Zur engen Beziehung zwischen der Problematik von Mehrfachzielsetzungen und den (präskriptiven) Besonderheiten von Gruppenentscheidungen auch BAMBERG/COENENBERG 1991, S. 49.

7) Vgl. auch MAG 1977, S. 32, sowie zur Bewältigung von Zielkonflikten eingehender S. 431 ff. m. N.

8) Vgl. auch WEBER 1992, Sp. 1436, 1440.

der Grundlage dieser Präferenzabbildungen konsistente Aggregationsfunktionen, die die Ermittlung des Gesamtnutzens jeder Alternative erlauben[9].

Das zweite entscheidungstheoretische Kernproblem resultiert aus dem zumeist unvollkommenen Stand der Informationen über den zukünftigen Zustand der Umwelt[10]. Aufgrund dieser Unkenntnis des anzusetzenden Umwelteinflusses lassen sich die Konsequenzen der einzelnen Alternativen im Entscheidungszeitpunkt nicht mit Sicherheit einschätzen. Der Grundansatz zur Überwindung dieser Problematik besteht darin, wenigstens die verfügbaren Informationen möglichst weitgehend und in Übereinstimmung mit den Präferenzurteilen des Entscheidungsträgers auszuschöpfen[11]. Dabei wird grundlegend zwischen zwei verschiedenen Situationen unvollkommener Information differenziert. In der *Risikosituation* liegen (objektive oder subjektive) Anhaltspunkte für die Wahrscheinlichkeit des Eintritts der diversen Umweltzustände vor. Bei *Entscheidungen unter Ungewißheit* sind demgegenüber nicht einmal derartige Wahrscheinlichkeitsverteilungen bekannt[12]. Für beide Situationen werden nun jeweils eine große Zahl unterschiedlicher Entscheidungsregeln formuliert, wobei auch insoweit wiederum erhebliche Differenzen im theoretischen Entwicklungsstatus bestehen. Die Regeln reichen von einfachen Faustformeln wie dem Minimax-Prinzip für Ungewißheitslagen[13] bis hin zur axiomatisch fundierten Modellierung von Präferenzfunktionen für die Risikosituation. Ein bekanntes Beispiel bildet die von v. NEUMANN/MORGENSTERN axiomatisierte Erzeugung von Risikonutzenfunktionen zur Auswahl unterschiedlich wahrscheinlicher Alternativen nach ihrem Nutzenerwartungswert (Bernoulliprinzip)[14].

Die Auflösung von - intra- oder interpersonellen - Zielkonflikten sowie der Umgang mit unvollkommenen Einsichten in die zukünftige Entwicklung der Umwelt bilden somit die beiden Domänen der präskriptiven Entscheidungstheorie. Dabei stehen Fragen adäquater Axiomatisierungen und Formalisierungen der Abbildung und Weiterverarbeitung von Erwartungen und Präferenzen des Entscheidungsträgers zur Herausfilterung der optimalen Aktion im Vordergrund der aktuellen Diskussion[15]. Hingegen werden die Probleme der Begründung von Zielaussagen des Entscheidungsträgers, der Generierung alternativer Maßnahmen sowie der Herausarbeitung der möglichen Umweltzustände, der Verläufe der alternativenspezifischen Transformationsfunktionen und der Konsequenzen nicht näher thematisiert. Vielmehr werden die - entweder unmittelbar oder mit entscheidungs-

---

9) Siehe zu konkreten Verfahren exemplarisch ZANGEMEISTER 1971; DREYER 1974; KEENEY/RAIFFA 1976.

10) Strenggenommen können auch die Informationen über die Ziele, die Alternativen, die Transformationsfunktionen und die möglichen Konsequenzen unzureichend sein. In der entscheidungstheoretischen Literatur wird jedoch regelmäßig unterstellt, daß nur die Umweltinformationen unvollkommen sind. Vgl. näher S. 218 f., insb. FN 19.

11) Vgl. zum Problem der Entscheidungen bei unvollkommener Information näher RAIFFA 1973; SIEBEN/SCHILDBACH 1990, S. 51 ff.; BAMBERG/COENENBERG 1991, S. 66 ff.

12) Siehe zu dieser Unterscheidung näher S. 218 f. m. N.

13) Siehe statt vieler SIEBEN/SCHILDBACH 1990, S. 51 f.; BAMBERG/COENENBERG 1991, S. 107.

14) Siehe v. NEUMANN/MORGENSTERN 1947 und hierzu näher WEBER 1990, S. 22 ff.; LAUX 1991, S. 167 ff.; BAMBERG/COENENBERG 1991, S. 70 ff., sowie zu den neueren Entwicklungen auch WEBER/CAMERER 1987.

technischer Unterstützung - artikulierten subjektiven Ziele des Aktors als Datum hingenommen und die offenstehenden Maßnahmen, möglichen[16] Entwicklungen der Umwelt, Transformationsfunktionen und Konsequenzen als bekannt unterstellt[17]. Mit dieser Fokussierung grenzt die präskriptive Entscheidungstheorie einen beachtlichen Teil des managerialen Problembestandes aus ihrem Untersuchungsgegenstand aus[18]. Unstrukturierte Managementprobleme zeichnen sich typischerweise dadurch aus, daß Zielsetzungen kritisch hinterfragt werden, praktikable Problemlösungen erst erarbeitet werden müssen, die Art der problemlösungsrelevanten Umweltzustände nicht vollumfänglich bekannt ist und sich die Auswirkungen der einzelnen Maßnahmen auch bei unterstelltem Zustand der Umwelt mangels vollständiger technologischer Kenntnisse der Transformationsfunktionen nicht deterministisch ableiten lassen[19]. Die präskriptive Entscheidungstheorie konzentriert sich folglich auf das Abschlußstadium eines Problemlösungsprozesses, der in seiner Gesamtheit deutlich komplexer ist. Sie vermag daher auch nur die (praktische[20]) Rationalität des Wahlaktes anzuleiten. Für die Informationsarbeiten in den vorgelagerten Prozeßphasen und ihre (kognitive) Rationalbeurteilung stellt sie hingegen kein aussagekräftiges konzeptionelles Modell zur Verfügung[21].

2. Systemtheoretisches Modell

Der Systemansatz als zweite große Denkrichtung der Betriebswirtschafts- und Managementlehre tritt in vielfältigen Facetten auf[22]. Ihre Verbindung erhalten die verschiedenen Beiträge durch das gemeinsame konzeptionelle Fundament in Form der Allgemeinen Systemtheorie, die sich mit der generellen Struktur und Verhaltensweise von Systemen befaßt[23]. Dabei erfolgt im allgemeinen Systembegriff eine vollständige Abstraktion von der konkreten materiellen Art der betrachteten Komplexe[24]. Ein *System* wird vielmehr rein formal als eine Menge von Merkmalsträgern bzw. Elementen definiert, die durch Beziehungen miteinander verknüpft sind und von einer Systemgrenze umschlossen

---

15) Vgl. EISENFÜHR 1978, S. 435 f., sowie auch FISHBURN 1989, S. 387.

16) Nicht hingegen: Die tatsächlichen Entwicklungen.

17) Vgl. z. B. SIEBEN/SCHILDBACH 1990, S. 1; BAMBERG/COENENBERG 1991, S. 2; WEBER 1992, Sp. 1435 f.

18) In diesem Sinne auch HEINEN/DIETEL 1976, S. 105; WITTE 1979, S. 11; STÄUDEL 1983, S. 100 (zusammenfassend); STÜDEMANN 1990, S. 89 f.

19) Vgl. zur Charakterisierung unstrukturierter Managementprobleme noch näher S. 134 m. N.

20) Zur Unterscheidung zwischen der praktischen Rationalität von Auswahlentschlüssen und der kognitiven Rationalität von Entschlußvorbereitungen unten (S. 66 f.).

21) Es sei noch einmal betont, daß mit dem präskriptiven entscheidungstheoretischen Modell nur ein Teilbereich des insgesamt weitergreifenden entscheidungsorientierten Ansatzes der Betriebswirtschaftslehre behandelt wurde.

22) Zum Überblick GROCHLA/LEHMANN 1980, Sp. 2206 ff.

23) Siehe zur Allgemeinen Systemtheorie hier nur v. BERTALANFFY 1949; FUCHS 1969; KOSIOL/SZYPERSKI/CHMIELEWICZ 1972.

24) Vgl. zum Systembegriff neben den schon zitierten Quellen noch ACKOFF 1971, S. 662; RIEPER 1979, S. 23; v. WERDER 1986, S. 23 ff. m. w. N.

werden. Die Systemgrenze trennt das Insystem vom Umsystem, wobei die Grenzziehung allerdings nur relativ zu verstehen und in Abhängigkeit vom Untersuchungsinteresse vorzunehmen ist. Die Relativität des Systembegriffs schlägt sich nicht zuletzt darin nieder, daß ein System intern wiederum in Subsysteme untergliedert und seinerseits als Element übergeordneter Suprasysteme (unterschiedlicher Ordnung) aufzufassen sein kann. Sofern zwischen dem System und seiner Umwelt Beziehungen vorliegen, wird von einem offenen, anderenfalls von einem geschlossenen System gesprochen.

Unter den verschiedenen Spielarten des systemtheoretischen Ansatzes sind aus präskriptiver Sicht vor allem zwei Varianten von Interesse. Sie setzen für die Konzeptualisierung der Managementfunktion jeweils unterschiedliche Akzente. Im Mittelpunkt der *Systemtechnik*[25)] steht die konstruktive Entwicklung komplexer Systeme bzw. die Generierung von Problemlösungen. Die gegenwärtig unter der Bezeichnung *ganzheitliches Management* aktuelle Variante hingegen interpretiert die Unternehmung insgesamt als offenes System und thematisiert die Möglichkeiten und Grenzen einer zielgerichteten Systemlenkung. Die beiden Konzepte werden im folgenden näher charakterisiert.

a) Systemtechnik

Das Anliegen der Systemtechnik besteht in einer methodischen Unterstützung der Lösung unstrukturierter Probleme[26)]. Dabei wird unter einem *unstrukturierten Problem* allgemein eine mehr oder weniger vage empfundene Desorientierung bzw. Soll-Ist-Differenz verstanden, bei der die Möglichkeiten zum Differenzabbau nicht ohne weiteres auf der Hand liegen. Eine *Lösung* ist gefunden, wenn ein gangbarer sowie möglichst vorteilhafter Weg zur Überführung des unbefriedigenden Istzustands in einen angestrebten Folgezustand erarbeitet worden ist[27)].

Die systemtechnische Unterstützung der Lösung unstrukturierter Problemstellungen erfolgt im wesentlichen in zwei Bahnen. Zum einen wird der Prozeß der Problemlösung als solcher in Form der theoretischen Unterscheidung verschiedener Prozeßphasen generell vorstrukturiert. Zum anderen werden eine Vielzahl von Methoden und Techniken zur Bewältigung der in den einzelnen Prozeßphasen anfallenden Aktivitäten bereitgestellt.

---

25) Synonym finden u. a. die Bezeichnungen *Systemanalyse* und *Systems Engineering* Verwendung.

26) Vgl. nur HABERFELLNER 1973, S. 373; BÜCHEL 1976, S. 4; PATZAK 1982, S. 15.

27) Diese Auffassungen von Problem und Problemlösung sind nicht nur auf den Bereich der Systemtechnik (vgl. exemplarisch BÜCHEL 1976, S. 4) beschränkt, sondern darüber hinaus (insbesondere in der Individualpsychologie) weit verbreitet. Vg. etwa ANSOFF 1969, S. 107 ff.; KLIX 1976, S. 639 ff.; NEWELL/SIMON 1972, S. 72 f.; DÖRNER 1976, S. 10 f.; BRETZKE 1980, S. 34; BRAUCHLIN 1984, S. 23; FRESE 1988, S. 173.

In der Literatur[28] sind zahlreiche *Phasenmodelle* des Problemlösungsprozesses entwikkelt worden, die sich allerdings nur in den Details der Phasenabgrenzungen unterscheiden[29]. Die vorgeschlagenen Gliederungen lassen sich prinzipiell durch eine Prozeßeinteilung in drei Hauptphasen mit jeweils mehreren Teilaktivitäten abdecken. Es handelt sich hierbei um die Orientierungsphase, die Entwicklungsphase und die Beurteilungsphase. In der *Orientierungsphase* wird das Problem - zunächst meist nur unscharf - als Spannungszustand wahrgenommen und durch eine überschlägige Sammlung von Informationen so weit konkretisiert, daß sich die grundlegenden Zielsetzungen der Problemlösung formulieren lassen. In der *Entwicklungsphase* werden die möglichen Maßnahmen zur Überführung der gegenwärtigen Situation in den angestrebten Folgezustand mehr oder weniger kreativ entworfen und ausgearbeitet. In die *Beurteilungsphase* schließlich fällt die Bewertung der einzelnen Konsequenzen der alternativen Transformationswege und die Auswahl der vergleichsweise günstigsten Alternative[30]. Der Systemgedanke kommt in diesen Phasenmodellen darin zum Tragen, daß der Problemlösungsprozeß selbst als ein System von (Prozeß-)Elementen interpretiert wird[31]. Dabei dient die Prozeßgliederung einerseits als gedankliche Hilfskonstruktion zur komplexitätsreduzierenden Strukturierung des Lösungsvorgangs. Zugleich wird aber auch unterstrichen, daß zwischen den einzelnen Teilschritten vielfache Beziehungen in Form von Interdependenzen und Rückkopplungen existieren, die bei der Bewältigung unstrukturierter Probleme nicht außer Acht gelassen werden dürfen[32]. Ein wichtiges Beispiel bildet die iterative Schärfung der Konturen von Zielen und Maßnahmen im Zuge wachsender Einsichten in die Problemstruktur[33]. Eine Vernachlässigung dieses Abgleichs von Realisationswünschen und Realisierungsmöglichkeiten kann zur Formulierung wirklichkeitsfremder Zielsetzungen oder aber zur Entwicklung vergleichsweise anspruchloser Maßnahmen führen, die die vorhandenen Potentiale mangels ambitionierterer Zielvorgaben nicht vollständig ausschöpfen.

Die systemtechnischen Verfahren zur Unterstützung der Problemlösung sind in ihrer Fülle kaum mehr überschaubar. Einschlägige Methoden und Techniken stehen für sämtliche drei Prozeßphasen zur Verfügung, wobei der originäre Schwerpunkt allerdings deutlich auf dem Gebiet der Problemkonkretisierung und der Entwicklungsphase liegt[34]. Es handelt sich hierbei insgesamt im Kern um Kreativitätstechniken und (andere)

28) Auch die Formulierung von Phasenmodellen bildet keine exklusive Spezialität der Systemtechnik, sondern ist auch in zahlreichen anderen, insbesondere deskriptiv orientierten Ansätzen geläufig. Vgl. auch die Quellenangaben in den beiden sogleich folgenden Fußnoten.

29) Überblicke geben SZYPERSKI/WINAND 1974, S. 6 ff.; GOMEZ/MALIK/OELLER 1975, S. 629 ff.; GREINKE 1986, S. 11 ff.

30) Ähnliche Schemata finden sich z. B. bei WITTE 1968, S. 626 f.; EMERY 1969, S. 131 ff.; HABERFELLNER 1976, S. 40 ff.; WITTE 1979, S. 86 f.

31) In diesem Sinne auch WITTE 1979, S. 14; BRAUCHLIN 1984, S. 138 f.

32) Vgl. exemplarisch SZYPERSKI/WINAND 1974, S. 8; HABERFELLNER 1976, S. 38. Die Wechselbeziehungen und mitunter fließenden Übergänge zwischen den einzelnen Teilaktivitäten werden auch in der empirischen Entscheidungsforschung nachdrücklich betont, vgl. nur WITTE 1968, insb. S. 644 ff.; ders. 1992, Sp. 554 m. w. N.

33) Siehe hierzu noch näher S. 294 m. N.

Heuristiken zur Problemanalyse und -synthese. Sie führen zwar (im Gegensatz zu Algorithmen) nicht stets zum Erfolg und garantieren insbesondere keine optimale Lösung, weisen jedoch häufig und in vergleichsweise kurzer Zeit den Weg zu einer wenigstens zufriedenstellenden Maßnahme[35]. Im Rahmen dieser Verfahren nimmt das Prinzip der Problemzerlegung eine zentrale Stellung ein[36]. Dieses Grundprinzip jeder Bewältigung unstrukturierter Probleme beruht auf dem Gedanken, durch eine Aufgliederung des Gesamtproblems in mehrere kleinere Probleme Komplexität zu reduzieren (vgl. Abb. 2). Das Gesamtproblem wird m. a. W. durch seine Zerlegung strukturiert und in

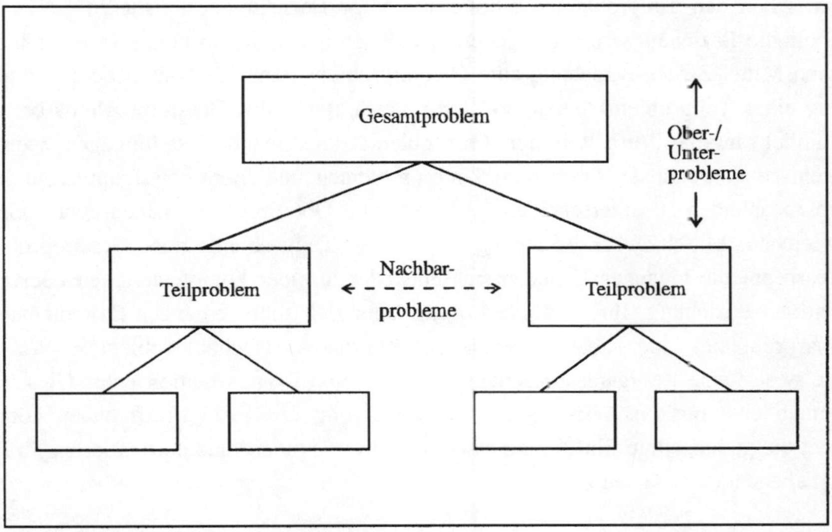

Abb. 2: Problemzerlegung im systemtechnischen Modell

überschaubarere Teilprobleme aufgespalten, die aufgrund ihrer geringeren Komplexität eher lösbar sind. Konkret soll die Zerlegung bis zur Gewinnung von Teilproblemen erfolgen, für die Lösungen bereits bekannt sind oder zumindest ohne weiteres - also routinemäßig - entwickelt werden können[37]. Zu beachten ist, daß die systemtechnische Pro-

34) Für die Beurteilungsphase werden demgegenüber weitgehend (einfachere) Verfahren der Entscheidungstheorie übernommen.

35) Zum Begriff der Heuristik NEWELL/SHAW/SIMON 1957, S. 220; TONGE 1961, S. 231; FRESE 1971a, S. 286, und zum Überblick über die verschiedenen Kreativitätstechniken SCHLICKSUPP 1977, S. 67 ff.; PATZAK 1982, S. 186 ff.

36) In diesem Sinne auch PFOHL 1977, S. 205; PATZAK 1982, S. 198 f.; BRAUCHLIN 1984, S. 88. Vgl. allgemein zur Dekomposition als Grundprinzip der Komplexitätsbewältigung ferner MARCH/SIMON/GUETZKOW 1958, S. 151 f.; SIMON 1965b, S. 64, 72; LUHMANN 1968, S. 126 ff.; BENDIXEN/KEMMLER 1972, S. 14 f.; RIEPER 1979, S. 1 ff. und 120 ff.; WITTE 1979, insb. S. 92 ff.; GAGSCH 1980, Sp. 2156; FRESE 1988, S. 187 f.; BÄUERLE 1989, S. 187.

37) Vgl. auch MARCH/SIMON/GUETZKOW 1958, S. 191; PFOHL 1977, S. 202; WITTE 1979, S. 40, 43, 97, 99, sowie noch eingehender unten (S. 77 f.).

blemzerlegung keine logisch zwingende Ableitung von Teilproblemen darstellt[38]. Es handelt sich vielmehr um eine heuristische Vorgehensweise, die sich zwar an bestimmten Prinzipien orientieren kann[39], in ihrem konkreten Ablauf aber in hohem Maße von den Eigenschaften der zu lösenden Problemstellung (sowie auch vom Problemlöser) abhängt.

Der systemtheoretische Akzent der Problemzerlegung liegt vor allem auf den Beziehungen der abgeleiteten Teilprobleme untereinander und zum Gesamtproblem[40]. Zur Erleichterung der - intra- oder interpersonell arbeitsteiligen - Komplexitätsbewältigung fordert zunächst ein allgemeines systemtechnisches Prinzip, die Zerlegung so vorzunehmen, daß zwischen den Teilproblemen möglichst wenige Beziehungen existieren[41]. In Hinblick auf die Beziehungsarten gilt generell, daß sämtliche Teilprobleme in einer hierarchischen Mittel-Zweck-Beziehung zum Gesamtproblem stehen[42]. Das bedeutet, daß die Lösung eines Teilproblems intendiert[43] zur Bewältigung des Gesamtproblems beiträgt. In Hinblick auf das Verhältnis der Teilprobleme untereinander ist hingegen zwischen hierarchisch verbundenen Ober- und Unterproblemen und hierarchisch unverbundenen Nachbarproblemen zu unterscheiden[44]. Unter- und Oberprobleme stehen zueinander in der gleichen Mittel-Zweck-Beziehung wie jedes Teilproblem zum Gesamtproblem. Nachbarprobleme hingegen befinden sich entweder in einer komplementären oder einer alternativen Beziehung. Ihre additive Lösung kann sich somit ergänzen (komplementäre Nachbarprobleme) oder aber ausschließen (alternative Nachbarprobleme). Während beispielsweise eine Reorganisationsmaßnahme und eine Diversifikation unter Umständen zusammen eine positive Wirkung auf die Steigerung der Ertragskraft haben können, scheidet die gleichzeitige Einführung einer sparten- und einer kundenorientierten Struktur aus naheliegenden Gründen aus.

In der Systemtechnik (und darüber hinaus) dient das Prinzip der Problemzerlegung primär der Generierung der Gesamtproblemlösung. Gegenstand der vorliegenden Untersuchung ist zwar die Rationalbeurteilung vorgeschlagener oder beschlossener Lösungen und nicht das Thema ihrer Entwicklung. Gleichwohl ist der Zerlegungsgedanke auch für die Beurteilung der Lösungsfundierung von großer Bedeutung. Die mit der Zerlegung einhergehende schrittweise Formulierung und Lösung eines Systems von Teilproblemen zeigt die charakteristische Detailstruktur eines zentralen Abschnitts der Entscheidungsvorbereitung auf[45]. Das Zerlegungsprinzip kann daher nicht nur zur effektiven Lösungsgewinnung herangezogen werden. Es vermittelt vielmehr auch ein gedankliches Ra-

---

38) Vgl. hierzu auch WITTE 1979, S. 98 f., 114 f., 119 f.

39) Siehe als Beispiel das sogleich erörterte Prinzip der beziehungsarmen Zerlegung sowie ferner nur die bei BRAUCHLIN 1984, S. 90 ff. behandelten alternativen Zerlegungsstrategien.

40) Vgl. zur systemtheoretischen Betonung des Ganzheitsgedankens bei der Problemzerlegung auch BEER 1967, S. 115; PFOHL 1977, S. 162.

41) Siehe MARCH/SIMON/GUETZKOW 1958, S. 191; BRAUCHLIN 1984, S. 91.

42) Vgl. auch WITTE 1979, S. 117, 120, sowie zur Mittel-Zweck-Beziehung FRESE 1971a, S. 293 ff.; KLEIN 1971, S. 103 ff.; KIRSCH 1977b, S. 173 ff.; PFOHL 1977, S. 205.

43) Ob die Lösung eines Teilproblems tatsächlich zur Gesamtproblemlösung beiträgt, hängt von der Zuverlässigkeit der unterstellten Mittel-Zweck-Relation ab. Siehe hierzu auch FRESE 1971a, S. 294, und näher S. 78 f. der vorliegenden Arbeit.

ster für die nachträgliche detaillierte Beschreibung der problemlösenden Maßnahme und der zu ihrer Fundierung durchgeführten Informationsarbeiten. Dieses Raster kann somit bei der Konzeptualisierung der managerialen Problemlösung die entscheidungstheoretische Modellierung des Auswahlaktes ergänzen[46].

b) Ganzheitliches Management

In der Sichtweise des ganzheitlichen Managementansatzes stellt die Unternehmung ein komplexes offenes System dar, das intern in die verschiedensten Subsysteme ausdifferenziert ist und zu seiner Umwelt in vielfältigen Beziehungen steht[47]. Gegenstand des Interesses dieser Richtung sind im Kern das Verhalten des Systems und seiner Teilglieder sowie die Möglichkeiten intendiert problemlösender Systemveränderungen[48]. Anders als bei der Systemtechnik liegt die Aufgabe des Managements nach dieser Perspektive somit nicht so sehr in der von Grund auf durchgeführten Konstruktion eines Systems (bzw. einer isolierten Problemlösung), sondern in der evolutionären Systemlenkung[49]. Einzelproblemlösungen sind daher 'ganzheitlich' mit Blick auf die Systemanforderungen insgesamt zu entwickeln und in die Bemühungen zur Aufrechterhaltung der Existenz- und Fortschrittsfähigkeit der Unternehmung einzubetten[50].

Die grundlegenden Herausforderungen für ein ganzheitliches Management finden in den drei zentralen Stichworten der Kompliziertheit, Vernetzung und Dynamik ihren komprimierten Ausdruck. Die *Kompliziertheit* bzw. *Mächtigkeit* beruht auf der Vielzahl von Elementen im Unternehmungssystem und in der relevanten Umwelt, die ihrerseits häufig wiederum hoch-komplexe Subsysteme darstellen[51]. Die Elemente, die ganz unterschiedlicher Natur sein können[52], lassen sich nicht sämtlich manipulieren. Vielmehr existieren neben (mehr oder wengier) beeinflußbaren auch (mehr oder weniger) un-

---

44) Vgl. auch die Trennung zwischen System- und Ebenenhierarchien bei RIEPER 1979, S. 123 f., und zwischen Unter- und Teilproblemen bei WITTE 1979, S. 113.

45) Und zwar des Abschnitts der Problemkonkretisierung und der Entwicklungsphase.

46) Ausführlicher hierzu S. 33 ff.

47) Vgl. auch schon Abb. 3 (S. 28). Siehe zur Systeminterpretation der Unternehmung namentlich EMERY/TRIST 1960; GROCHLA 1966, insb. S. 75 f.; ders 1978, S. 8 ff.; ULRICH 1970, sowie zum Ansatz des ganzheitlichen Managements v. a. ULRICH/PROBST 1988; PROBST/GOMEZ (Hrsg.) 1989; BLEICHER 1991a.

48) Vgl. z. B. PROBST/GOMEZ 1989, insb. S. 3 f.

49) Zur Managementaufgabe der Systemevolution z. B. BLEICHER 1991a, S. 34 ff., sowie auch KIRSCH 1984, S. 605 ff.

50) Siehe speziell zum Konzept der "fortschrittsfähigen Organisation" KIRSCH 1981b, S. 39 ff.; ders. 1984, insb. S. 275 ff. und S. 505 ff.

51) Vgl. etwa ULRICH/PROBST 1988, S. 57 ff., insb. S. 61; PROBST/GOMEZ 1989, S. 3. Die *Kompliziertheit* eines Problems ist von seiner *Komplexität* zu trennen. Vgl. ebenda sowie näher zum Komplexitätsbegriff, der im Schrifttum keine einheitliche Verwendung findet und in der vorliegenden Arbeit als Synonym für den aus Vernetzung, Zukunftsbezug und Zielkonflikten resultierenden Strukturmangel unstrukturierter Managementprobleme steht, S. 134 m. N. in FN 6.

52) Hierauf wird auf S. 44 f. noch eingegangen werden.

beeinflußbare Variablen[53)], so daß auch schon aus diesem Grund eine vollständige Systembeherrschung ausgeschlossen ist.

Der Tatbestand der *Vernetzung* besagt, daß zwischen den (zahlreichen) Elementen vielfältige Verknüpfungen existieren (vgl. Abb. 3)[54)]. Auch die Beziehungen können ganz unterschiedlichen Charakter haben[55)]. Dabei nehmen Wirkungsbeziehungen im Systemansatz allerdings eine herausgehobene Stellung ein[56)]. Bei dieser Relationsart gehen von den Merkmalsausprägungen bestimmter Elemente Einflüsse auf die Merkmalsausprägungen anderer Elemente aus. Die Wirkeinflüsse selbst lassen sich nach ver-

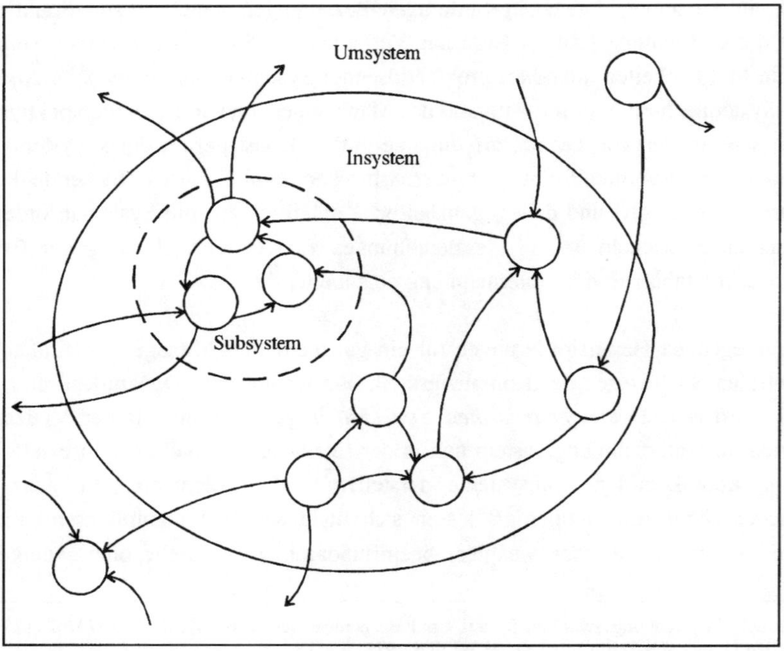

Abb. 3: Netzwerk im ganzheitlichen Modell

schiedenen Kriterien klassifizieren. Zu den wichtigsten formalen Merkmalen zählen die Abhängigkeit (dependente vs. interdependente Wirkungen), die Strenge (deterministische vs. stochastische Wirkungen), die Richtung (positive, verstärkende vs. negative, abschwächende Wirkungen) sowie die Zahl der einflußnehmenden und beeinflußten Elemente (bilaterale vs. multilaterale Wirkungen)[57)].

53) Vgl. nur PROBST/GOMEZ 1989, S. 15.

54) Zum Phänomen der Vernetzung für viele ULRICH/PROBST 1988, S. 36 ff.

55) Siehe hierzu näher S. 45.

56) Vgl. exemplarisch PROBST/GOMEZ 1989, S. 9.

57) Vgl. zu diesen Beziehungstypen DÖRNER 1983a, S. 26 f.; PROBST/GOMEZ 1989, S. 9 ff.

Als Folge der ausgeprägten Vernetzung hat jeder Systemeingriff nicht nur lokale Auswirkungen, sondern pflanzt sich in dem weitverzweigten Netz der Elementbeziehungen fort. Dabei lassen sich die durch eine Variablenmanipulation ausgelösten Effekte aufgrund der großen Zahl miteinander verknüpfter Elemente und der verschlungenen Beziehungsverläufe nicht voll überschauen. Einen besonderen Akzent setzt ferner die Systemvernetzung mit der Umwelt. Da die Unternehmung von den Umweltentwicklungen nicht abgeschottet ist, können auch ohne aktive Eingriffe des Managements Änderungen des Systemverhaltens bewirkt werden, die sich wiederum einer vollständigen Gegensteuerung entziehen.

Die aus der Kompliziertheit und Vernetzung resultierenden Schranken der Systemlenkung werden schließlich durch den dynamischen Wandel von System und Umwelt verstärkt. Unter *Dynamik* wird dabei das Phänomen verstanden, daß sich die (systeminternen wie externen) Elemente und Beziehungen im Zeitablauf mehr oder weniger rasch autonom[58)] verändern[59)]. Die Crux hoher Änderungsraten liegt darin, daß für die Konzipierung managerialer Aktionen und Reaktionen nur eine knappe Zeitspanne zur Verfügung steht. Problemlösungskonzepte können daher zum Zeitpunkt ihrer Implementierung bereits durch die mittlerweile eingetretenen Veränderungen überholt sein[60)].

Vertreter des ganzheitlichen Managementansatzes weisen häufig mit Nachdruck auf die gegenwärtig stark steigende Kompliziertheit, die zunehmend dichter werdende Vernetzung und die sich rasant beschleunigende Dynamik von Unternehmungen und Umwelt hin. Sie fordern vor diesem Hintergrund vehement die Abkehr vom 'linearen Denken' in einfachen Ursache-Wirkungs-Ketten zugunsten einer verstärkten Berücksichtigung der vielfältigen Einflußfaktoren und Ausstrahlungseffekte managerialer Problemlösungen[61)]. Inwieweit der merkliche Anstieg von Kompliziertheit, Vernetzung und Dynamik allein ein Kennzeichen heutiger Tage ist oder die Entwicklung seit Jahrzehnten, wenn nicht Jahrhunderten prägt[62)], soll an dieser Stelle nicht näher untersucht werden[63)]. Ferner kann dahinstehen, ob der naive Glaube an eine binäre Steuerungsmöglichkeit von Unternehmungen heute in der Managementpraxis (noch?) dominiert. Zu beachten ist immerhin, daß auch das entscheidungstheoretische Modell mit der Thematisierung von Mehrfachzielsetzungen und (demzufolge) mehreren zielrelevanten Konsequenzen durchaus von einer komplexeren Auswahlsituation ausgeht. Fest steht aber zumindest, daß die sy-

---

58) Also nicht aufgrund einer direkten Steuerung durch das Management.

59) Vgl. PFOHL 1977, S. 41; DÖRNER 1983a, S. 31; PROBST/GOMEZ 1989, S. 3.

60) Vgl. für viele BLEICHER 1991a, S. 19.

61) Vgl. z. B. PROBST/GOMEZ 1989, S. 3 f.; BLEICHER 1991a, S. 5 ff.

62) Aufschlußreich ist in diesem Zusammenhang, daß in der Betriebswirtschaftslehre eine Zunahme der Umweltdynamik und der Komplexität der Unternehmungsführung bereits seit geraumer Zeit konstatiert wird. Vgl. exemplarisch ANDERSEN u. a. 1959, S. 24: "The highly dynamic nature of the U.S. economy ..." und WHEATON 1959, S. 18 ("Dynamik des betrieblichen Geschehens"; "Notwendigkeit, sich den laufenden Veränderungen der technischen und wirtschaftlichen Situation schnell anzupassen")

63) Bei der Würdigung der Managementherausforderungen ist auch das mittlerweile beachtlich gestiegene Know-how und Informationspotential in Rechnung zu stellen, das die Bewältigung von Managementproblemen durchaus eventuell erleichtern (und folglich strukturieren) kann (siehe zu den Rationalitätspotentialen eingehender S. 376 ff.).

stemlenkende Überführung einer Unternehmung in einen angestrebten Folgezustand ein Unterfangen darstellt, das eine Fülle von Aspekten zu berücksichtigen hat und nur partiell beherrschbar ist. Die Schwierigkeit dieser Zustandsänderung wird im Modell der Entscheidungstheorie schon durch die Prämisse der bekannten Transformationsfunktionen und möglichen Umweltzustände nur unzulänglich konzeptualisiert.

Die ganzheitliche Forderung, die problemlösungsrelevanten Elemente möglichst vollständig zu erfassen und keine wesentlichen Beziehungen 'abzukappen', wirft allerdings ihr eigenes Problem auf. Da sich auf der einen Seite letztlich zwischen sämtlichen Elementen in der Welt gedankliche Verknüpfungen herstellen lassen[64)] und andererseits die Managementkapazitäten begrenzt sind, stellt sich die Frage, auf welche Art und Weise die unvermeidliche Selektion vorzunehmen ist. Abgesehen von eher unverbindlichen Wendungen, die die Auswahl im Kern der Einsicht und Intuition des Problemlösers überantworten[65)], erfolgt aber insoweit zur Hauptsache nur ein Rückgriff auf gewisse Verfahren und Prinzipien, die aus der Allgemeinen Systemtheorie und Systemtechnik stammen und die Selektion der thematisierten Elemente und Beziehungen unterstützen können. Neben der Einführung von Ziel- oder Zwecksetzungen zur Konturierung der Systemgrenze[66)] erscheint dabei noch am ehesten die Idee der 'Black-Box' überzeugend[67)]. Unter einer *Black-Box* wird ein (Sub-)System verstanden, bei dem lediglich die Input- und Outputbeziehungen, nicht aber die interne Systemstruktur betrachtet werden. Die Black-Box wird somit als einfaches Element des zu lenkenden Systems oder seiner Umwelt behandelt, obwohl es intern unter Umständen hoch-komplex sein kann. Da und sofern die Input-Output-Relation hinreichend genau bekannt ist, lassen sich die subsysteminternen Elemente und Beziehungen aber ohne Verlust an lenkungsrelevanten Informationen vernachlässigen.

---

64) Zur Überkomplexität der Welt und den hieraus resultierenden Abstraktionsproblemen ausführlich S. 225 ff.

65) Ganz ohne Polemik seien exemplarisch drei diesbezügliche Statements aus dem Abschnitt "Unternehmungsführung als Komplexitätsbewältigung" eines der Hauptwerke zum ganzheitlichen Management (ULRICH/PROBST 1988, S. 255 ff.) wiedergegeben: "Je grösser die Eigendynamik sowohl der Unternehmung wie namentlich auch ihrer Umwelt ist, umso mehr wird man diese nicht mehr rückgängig zu machenden Beschlüsse jedoch erst im letztmöglichen Zeitpunkt treffen, um sie in Kenntnis der aktuellen Rahmenbedingungen treffen zu können." (S. 257). "Dynamik und Komplexität der Unternehmung fordern von der Unternehmung eine hohe Flexibilität, das heisst die Fähigkeit, kurzfristig rasch auf veränderte Anforderungen zu reagieren." (S. 258). "Phasen der gedanklichen Reduktion der bestehenden Komplexität der Problemsituation wechseln ab mit solchen, in denen bewusst Komplexität erzeugt wird, um sicher zu gehen, dass nicht zu früh möglicherweise erfolgreiche Handlungsalternativen beiseite geschoben werden." (S. 258 f.). Vgl. ferner noch die Empfehlung von PROBST/GOMEZ 1989, S. 9, "möglichst keine relevanten Einflüsse zu unterschlagen oder zu vergessen", sowie zu weiteren Quellenangaben S. 447 FN 14.

66) Siehe an dieser Stelle nur GOMEZ/MALIK/OELLER 1975, S. 611 ff. m. w. N., die selbst allerdings die Strukturierungswirkung der Ziele am Anfang eines Problemlösungsprozesses recht zurückhaltend einschätzen, sowie eingehender S. 37 f.

67) Zur Black-Box und ihrer zentralen systemtheoretisch-kybernetischen Bedeutung ASHBY 1961, S. 86 ff.; NAGEL 1976, S. 15; PFOHL 1977, S. 66; BRAUCHLIN 1984, S. 155. Als Selektionsmodelle, die - im Gegensatz etwa zum Inkrementalismus (hierzu S. 133 FN 3 m. N.) - mit dem ganzheitlichen Grundprinzip der Erfassung möglichst aller nennenswerten Problemaspekte in Einklang stehen, können ferner z. B. die ABC-Analyse und die Sensitivitätsanalyse angesehen werden (vgl. zu diesen Verfahren nur BRAUCHLIN 1984, S. 153 ff.; PATZAK 1982, S. 273 f.). Zur Anwendung dieser Verfahren

Als Resümee kann festgehalten werden, daß der Ansatz des ganzheitlichen Managements vor allem die aus der Kompliziertheit, Vernetztheit und Dynamik des Geschehens in Unternehmung und Umwelt resultierenden Anforderungen an die Lösung von Managementproblemen thematisiert. Der Manager stellt sich in dieser Sicht eher als Moderator der Systemevolution ('Systempfleger') denn als 'Macher' dar, der aus einem gegebenen Bündel an Alternativen die beste auswählt oder eine erfolgreiche Problemlösung zielstrebig konstruiert. Das ganzheitliche Modell konzeptualisiert somit detaillierter als die beiden anderen präskriptiven Ansätze die nur partielle Beherrschbarkeit von Systemen und damit die prinzipiellen Schwachstellen jeder Lösung unstrukturierter Managementprobleme. Für die Selektion der konkret zu betrachtenden Elemente und Beziehungen lassen sich aus der Ganzheitsidee als solcher allerdings kaum weiterführende Anhaltspunkte gewinnen.

II. Integration der vorherrschenden Modelle

1. Vorbereitungen

a) Überblick und Referenzbeispiel

Der vorstehende Durchgang durch die wichtigsten präskriptiven Ansätze zur Modellierung des rationalen Umgangs mit unstrukturierten Managementproblemen mußte sich zwangsläufig auf die charakteristischen Grundzüge konzentrieren. Der Überblick macht aber hinreichend deutlich, daß die verschiedenen Konzepte jeweils bestimmte thematische Schwerpunkte besitzen. Während die Entscheidungstheorie den Akt der formalisierten Alternativenbewertung und Auswahl in den Mittelpunkt stellt, bilden der Prozeß der Generierung von Lösungen sowie die in Form von Kompliziertheit, Vernetzung und Dynamik auftretenden Barrieren der Systembeherrschung die Domänen von Systemtechnik und ganzheitlichem Managementmodell. Aufgrund und entsprechend ihrer Schwerpunktbildungen decken die diversen Konzepte den Gesamtkomplex der managerialen Problemlösung jeweils nur partiell ab und blenden die übrigen Aspekte mehr oder minder rigoros aus. So abstrahiert die Entscheidungstheorie mit der Prämisse bekannter Alternativen und Transformationsfunktionen von den Detailproblemen der Überführung eines Ist- in einen Folgezustand, sensibilisiert die 'ingenieure' Systemtechnik eher beiläufig für die Grenzen der Beherrschung unstrukturierter Managementprobleme, und leistet die Ganzheitsidee kaum konkrete Hilfestellungen zur Komplexitätsreduktion. Bemerkenswert ist ferner, daß sich die behandelten Modelle nicht eingehender mit der Konzeptualisierung der (ethischen) Beurteilung von Zielen auseinandersetzen[68].

---

bedarf es allerdings bereits gewisser Informationen über die später ausgeklammerten Elemente und Beziehungen.

68) Im Kreis der betrachteten Ansätze werden ethische Fragestellungen noch am ehesten vom ganzheitlichen Managementkonzept angesprochen, vgl. exemplarisch ULRICH/PROBST 1988, S. 119 f.; BLEICHER 1991a, S. 73 ff. Siehe allgemein zur bisher weitgehenden Ausklammerung ethischer Fragestellungen aus dem Untersuchungsgegenstand der Wirtschaftswissenschaften eingehender S. 67 und S. 201 m. z. N.

In Anbetracht ihrer jeweiligen Fokussierungen kann keiner der angesprochenen Ansätze unbesehen als Modell der managerialen Problemlösung übernommen werden. Die Bewältigung unstrukturierter Managementprobleme als Gegenstand der Rationalitätsmessung wäre anderenfalls nur unzulänglich erfaßt. Die Ansätze lassen sich allerdings auch nicht problemlos als Module nebeneinander verwenden, da sie keine ausgearbeiteten konzeptionellen Anschlußstellen zur gegenseitigen Verbindung aufweisen. Im folgenden ist vielmehr der Versuch einer Zusammenführung der verschiedenen Perspektiven zu unternehmen. Dieser Versuch ist auf die Zwecke der vorliegenden Untersuchung ausgerichtet und zielt darauf ab, die vorherrschenden präskriptiven Ansätze zur managerialen Problemlösung möglichst weitgehend zu harmonisieren. Das hieraus resultierende Konzept, das als *Integrationsmodell* bezeichnet wird, soll und kann damit aufzeigen, in welchen konzeptionellen Grundkategorien und Bahnen nach dem gegenwärtigen betriebswirtschaftlichen Forschungsstand Argumentationen über manageriale Problemlösungen verlaufen (sollten). Die Bestimmung des Rationalgehalts unterschiedlich fundierter Argumentationen im Rahmen dieses Modells ist sodann Aufgabe des später zu entwickelnden Meßinstrumentariums. Um den Konnex zwischen dem Integrationsmodell und der Rationalitätsmessung unter Vorgriff auf die noch folgenden Untersuchungen an einem Beispiel zu verdeutlichen: Die Empfehlung, eine kundenorientierte Organisationsstruktur einzuführen, kann beispielsweise damit begründet werden, daß eine solche Reorganisation zur Steigerung der Ertragskraft der Unternehmung beitragen wird. Diese Begründung bewegt sich im konzeptionellen Rahmen des Integrationsmodells, daß (u. a.) auf Mittel-Zweck-Beziehungen abstellt. Die Aussage über den Gewinnbeitrag der Kundenorganisation, also die Erwartung einer effektiven Ertragserhöhung, kann aber ganz unterschiedlich fundiert und daher mehr oder weniger argumentationsrational sein.

Die nachfolgenden theoretischen Überlegungen zur Entwicklung des Integrationsmodells sollen zur Erleichterung des Verständnisses von einem Beispiel begleitet werden. Es wird im Verlauf dieser Arbeit in unterschiedlichen Abwandlungen noch häufig zur Veranschaulichung herangezogen werden und daher *Referenzbeispiel* genannt. Das exemplarische Managementproblem geht von einer Situation aus, in der die Entwicklung der Unternehmungserträge als unbefriedigend wahrgenommen und eine Stärkung der Ertragskraft angestrebt wird. Dieses Problem darf ohne Zweifel als unstrukturiert gelten. Zur Realisierung des gesetzten Ziels wird daran gedacht, durch eine Änderung der derzeitigen, weitgehend funktional geprägten Organisationsstruktur die 'Schlagkraft der Unternehmung am Markt' zu erhöhen[69)]. Im einzelnen mögen die Problemlösungsüberlegungen wie folgt lauten:

«Die Ertragslage der Unternehmung hat sich verschlechtert, weil wir heute auf einem Käufermarkt operieren und auf dessen Anforderungen nicht eingestellt sind. Die Einführung einer kundenorientierten Organisationsstruktur wird (u. a.[70)]) die Kundennähe der Unternehmung erhöhen[71)]. Dabei ist unter Kundennähe vor allem die Fä-

69) Vgl. zu den gegenwärtig besonders aktuellen markt- und kundenorientierten Organisationsformen hier nur die Beiträge in FRESE/MALY (Hrsg.) 1989 sowie KRÜGER 1984, S. 100 ff.; GAITANIDES/ WESTPHAL/WIEGELS 1991; BLEICHER 1991b, S. 265 ff.; DILLER 1991, S. 158, 161 f., und zur

higkeit zu verstehen, den Bedarf der Marktpartner rasch, individuell sowie kompetent befriedigen und Änderungswünsche bezüglich bereits bestellter Produkte noch kurzfristig berücksichtigen zu können[72]. Da diese Fähigkeit einen Vorteil für die Kunden darstellt, werden sie die Produkte der Unternehmung bei unveränderten Preisen wahrscheinlich (p = 0,7) stärker nachfragen und damit unsere Erlöse nachhaltig (um ca. 20 Gewinneinheiten GE) steigern. Allerdings kann auch nicht ausgeschlossen werden (p = 0,3), daß der Markt die erhöhte Kundennähe nicht honoriert und die Erlöse daher unverändert bleiben. Ferner ist zu beachten, daß mit der Einführung einer Kundenorganisation nicht unerhebliche Kosten verbunden sind (in Höhe von 10 GE). Sie resultieren vor allem aus der Notwendigkeit, zur Gewährleistung der kundennahen Flexibilität der marktbezogenen Organisationseinheiten informationstechnologische Unterstützungssysteme aufzubauen.»

b) Konzeptualisierung des Referenzbeispiels aus Sicht der vorherrschenden Problemlösungsmodelle

Anhand des skizzierten Beispiels soll nun im folgenden gezeigt werden, wie ein Managementproblem und seine Bewältigung in der Perspektive der erörterten Ansätze konkret zu erfassen ist, und auf welchem Weg eine Integration der verschiedenen Sichtweisen erfolgen kann. Dabei werden zunächst die Perspektiven des entscheidungstheoretischen, des ganzheitlichen und des systemtechnischen Modells jeweils isoliert eingenommen und anschließend ineinandergeführt.

Zur Darstellung des Managementproblems aus entscheidungstheoretischer Sicht seien in Ergänzung der bisherigen Angaben zum Referenzbeispiel linear ansteigende Höhen- und Risikopräferenzen unterstellt. Der Entscheidungsträger verbindet also mit steigenden Gewinnen einen proportional wachsenden Nutzen und verhält sich risikoneutral. Unter diesen Voraussetzungen ist die Entscheidung nach dem Erwartungswertprinzip zu treffen, wobei zwischen dem Erwartungswert des Gewinns und dem Nutzenerwartungswert nicht differenziert werden muß[73]. Unter Rückgriff auf das allgemeine Schema des ent-

---

Einordnung grundlegender Reorganisationen als unstrukturierte Problemstellungen FRESE 1992a, S. 359 f.

70) Es sei ausdrücklich darauf hingewiesen, daß mit der Einführung des Referenzbeispiels nicht der Ehrgeiz verbunden ist, die bei der Lösung des angesprochenen Problems anzustellenden Überlegungen im Detail vollständig zu erfassen. Vielmehr wird das Beispiel für die hier allein interessierenden Veranschaulichungszwecke bewußt einfach gehalten.

71) Vgl. zu den folgenden organisationstheoretischen Gedanken zur Einführung kundenorientierter Strukturen auch FRESE/v. WERDER 1989, S. 18 ff.

72) Zum Begriff der Kundennähe vgl. FRESE/v. WERDER 1989, S. 19, sowie die Auswertung des Begriffsverständnisses in der Praxis bei v. WERDER/GEMÜNDEN 1989, S. 168 ff. m. w. N.

73) Vgl. BAMBERG/COENENBERG 1991, S. 79 f.

scheidungstheoretischen Grundmodells[74)] läßt sich die so spezifizierte exemplarische Problemstellung als Entscheidungsproblem wie folgt abbilden:

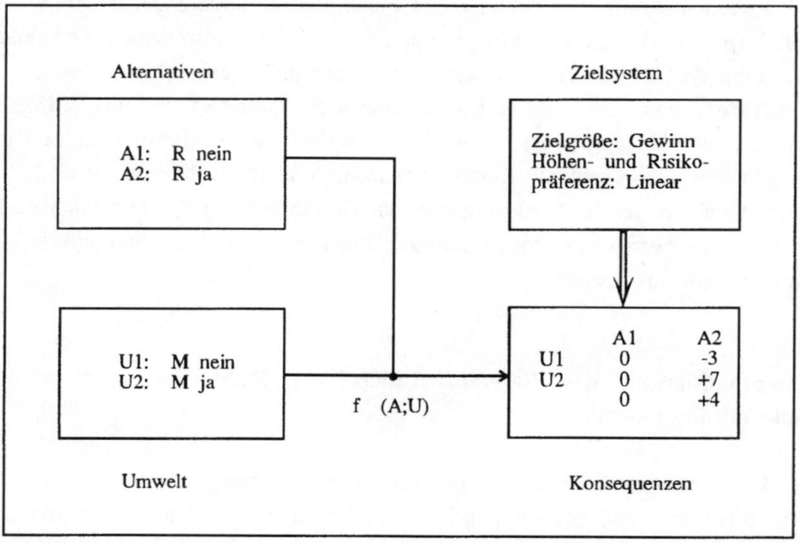

Legende: R = Durchführung einer Reorganisation
M = Markt honoriert Kundennähe

Abb. 4: Managementproblem aus entscheidungstheoretischer Sicht

Die aufgeführten Konsequenzen in der Ergebnismatrix geben die Erwartungswerte der nachhaltigen Gewinnänderungen[75)] durch die einzelnen Alternativen in Abhängigkeit von den jeweiligen Umweltzuständen wieder. Die Änderung in Höhe von 7 bei Alternative A2 und Umweltzustand U2 errechnet sich beispielsweise wie folgt: [Kosten der Reorganisation (-10) + Erlössteigerung durch Kundennähe (+20)] x [p = 0,7 für M ja] = 10 x 0,7 = 7.

Aus ganzheitlichem Blickwinkel stellt sich das exemplarische Managementproblem im Prinzip wie in Abb. 5 illustriert dar[76)]. In dieses Schaubild sind über die bisherigen Angaben hinaus noch einige weitere naheliegende Elemente und Beziehungen aufgenommen worden, um die Ganzheitsidee deutlich zum Ausdruck zu bringen.

---

74) Siehe Abb. 1. (S. 19).

75) Im Referenzbeispiel soll zur Vereinfachung die Größe *Ertragskraft* mit dem *nachhaltigen Gewinn* identifiziert werden.

76) Vgl. auch die Darstellungsbeispiele bei ULRICH/PROBST 1988, passim (z. B. S. 177 ff.), und in PROBST/GOMEZ (Hrsg.) 1989.

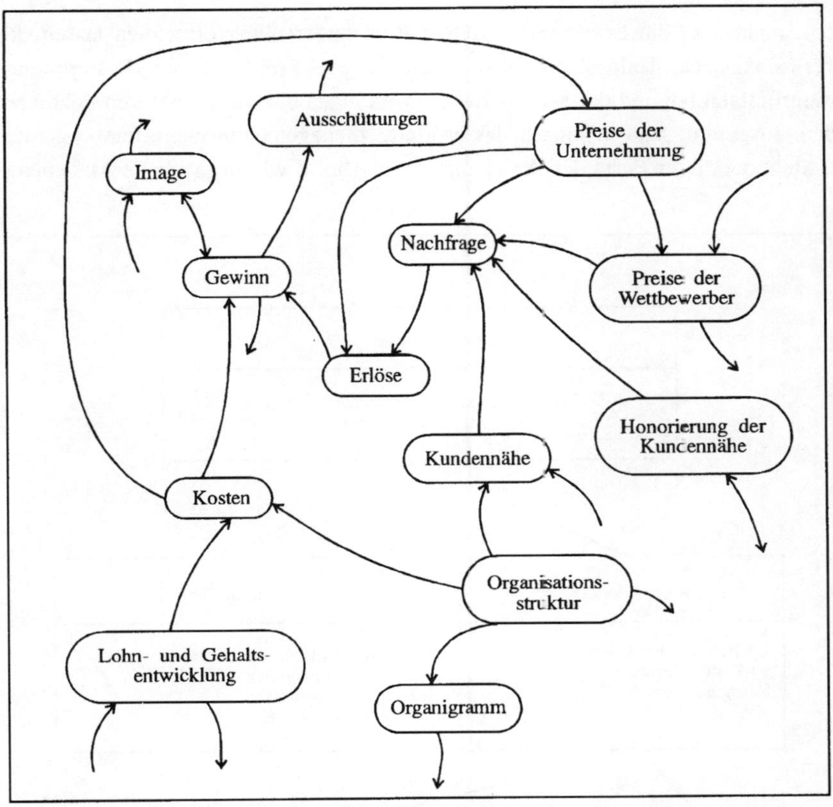

Abb. 5: Managementproblem aus ganzheitlicher Sicht

Betrachtet man das Managementproblem schließlich aus systemtechnischer Sicht, so ist eine Zerlegung des Gesamtproblems in Teilprobleme vorzunehmen. Das Gesamtproblem läßt sich vereinfacht formulieren als 'Ermittlung eines zufriedenstellenden Wegs zur nachhaltigen Gewinnsteigerung'[77]. Nach dem Prinzip, möglichst beziehungsarme Teilprobleme abzuleiten, könnte es z. B. in die beiden Nachbarprobleme der Ermittlung der Erlös- und Kostenwirkungen einer kundenorientierten Reorganisation untergliedert werden[78]. Geht man davon aus, daß sich in den Augen des Entscheidungsträgers[79] die

77) In seiner ausführlichen Formulierung lautet das Gesamtproblem wie folgt: 'Ermittlung eines Wegs zur Überführung des gegenwärtigen Istzustands einer unbefriedigenden Gewinnsituation in den angestrebten Sollzustand einer nachhaltig verbesserten Gewinnsituation.' Da sich die jeweiligen Ist- und Sollzustände auch ohne ausdrückliche Nennung unschwer erschließen lassen, sollen das Gesamt- und die Teilprobleme zur Vereinfachung der Darstellung im folgenden allerdings nicht in dieser ausführlichen Strukturform angeschrieben werden.

78) In Hinblick auf unsere spätere Verwendung des systemtechnischen Gedankengutes im 'Begründungszusammenhang' (siehe S. 6) wird an dieser Stelle davon ausgegangen, daß die grundsätzliche Lösungsidee (Reorganisation) bereits vorliegt und nur hinsichtlich ihrer Konsequenzen weiter ausgearbeitet wird. Bestünde noch keinerlei Vorstellung über einen möglichen Weg zur Problemlösung, so wäre aus der Perspektive der Systemtechnik im Rahmen der Teilproblembildung etwa zu untersuchen, welche Ansatzpunkte zur Ertragssteigerung die Erlös- und die Kostenseite bieten.

79) Ein Gesamtproblem ist nach einer Maxime der Systemtechnik bis zur Ebene der Teilprobleme zu zerlegen, für die aus Sicht des Akteurs eine Lösung bekannt ist (siehe S. 25). Dabei kann die systemtechnisch eingeforderte Kenntnis allerdings nicht generell mit wahren Einsichten in die Teilproblemzusammenhänge gleichgesetzt werden (siehe hierzu näher S. 47 f.). Die - eventuell nur geringe -

Kosten, nicht aber die Erlöse ohne weitere Problemzerlegung errechnen lassen, könnte das erlösbezogene Teilproblem etwa noch in die Probleme der Bestimmung der Erlöseinflußfaktoren und der Maßnahmenauswirkungen auf diese Faktoren dekomponiert werden. Insgesamt hätte demnach das erörterte Managementproblem aus systemtechnischer Sicht bei dieser Form der Zerlegung das in Abb. 6 wiedergegebene Aussehen.

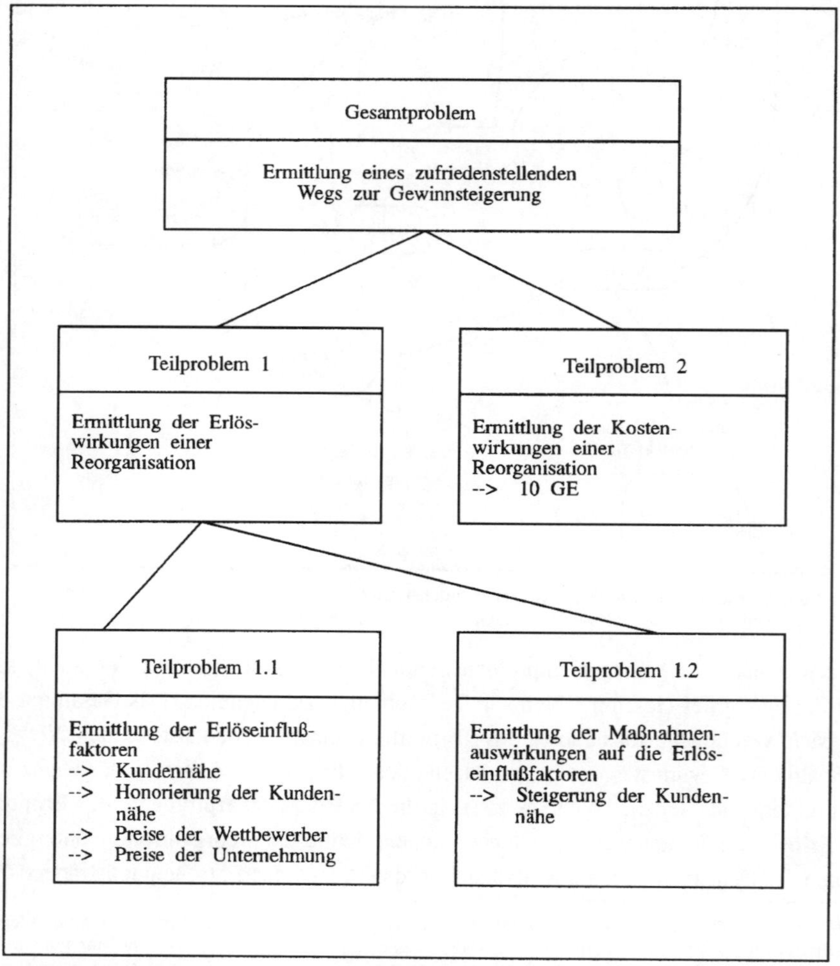

Abb. 6: Managementproblem aus systemtechnischer Sicht

Die drei Schaubilder lassen die charakteristischen Profile der verschiedenen Konzepte deutlich hervortreten. Augenfällig ist vor allem die erhebliche Informationsverdichtung

Zuverlässigkeit der Annahmen über die Kostenwirkungen (wie auch der übrigen Überlegungen des hier unterstellten Problemlösers) muß daher für dieses Beispiel nicht problematisiert werden.

bezüglich der Problemzusammenhänge im entscheidungstheoretischen Modell[80], die aufgrund der Vernetzung der verschiedensten Phänomene (zunächst[81]) kaum mögliche Problembegrenzung im ganzheitlichen Modell, sowie die (bei der gewählten Zerlegungsform[82]) naheliegende Vernachlässigung der Interdependenzen zwischen der Erlös- und der Kostenseite[83] im systemtechnischen Modell. Legt man nun - wie in Abb. 7 demonstriert - das entscheidungstheoretische Schema als Folie über das ganzheitlich modellierte Managementproblem, so lassen sich vor allem drei gegenseitige konzeptionelle Befruchtungen der beiden Ausgangsmodelle feststellen[84].

Auf der einen Seite erlaubt die Einführung von Zielsetzungen eine 'gezielte' Selektion von betrachteten Elementen und Beziehungen. Ziele gleichen mithin einem 'Scheinwerfer', der thematisierte Problemzusammenhänge anstrahlt und andere potentielle Problemaspekte ausblendet[85]. So werden im konkreten Beispielsfall zunächst die direkten Beziehungen zwischen dem Gewinn und den Ausschüttungsmöglichkeiten sowie dem Image der Unternehmung 'abgekappt'. Ferner stellen auch die Auswirkungen einer Änderung der Organisationsstruktur auf das - neu zu zeichnende - Organigramm aufgrund ihrer mangelnden Zielrelevanz[86] keine zu beachtenden Konsequenzen dar[87]. Die Zielsetzung vermag allerdings nicht sämtliche problemrelevanten Elemente und Beziehungen zu selektieren. So läßt sich beispielsweise aus dem formulierten Ziel der Gewinnverbesserung allein nicht ableiten, ob die Entwicklung der Arbeitsentgelte bei der Problemlösung zu berücksichtigen ist. Zielsetzungen klammern vielmehr nur die von den Zielgrößen ausgehenden Einflüsse[88] und die nicht in Beziehung zu den Zielgrößen stehenden Handlungseffekte[89] aus. Für diese Problemaspekte geht die Frage nach der zweckmä-

80) Zu beachten ist, daß die Informationen über die alternativenspezifischen Änderungen des Gewinns von der Entscheidungstheorie als gegeben angenommen werden und die oben vorgenommene explizite Ermittlung der Gewinnänderungen somit außerhalb ihres Betrachtungsfeldes liegt.

81) Es sei zur Vermeidung von Mißverständnissen noch einmal betont, daß im Rahmen des ganzheitlichen Managementansatzes selbstverständlich auch Überlegungen zur Komplexitätsbegrenzung angestellt werden. Diese Überlegungen sind jedoch nicht in der Ganzheitsidee angelegt, sondern - wie sich sogleich zeigen wird - letztlich auf entscheidungstheoretisches und systemtechnisches Gedankengut zurückzuführen.

82) Die Interdependenzen lassen sich natürlich auch systemtechnisch berücksichtigen, indem beispielsweise ein drittes Teilproblem 'Ermittlung der Beziehungen zwischen Kosten- und Erlösentwicklung' formuliert und gelöst wird. Zu beachten ist jedoch, daß die 'Entdeckung' der Abhängigkeiten zwischen beiden Gewinneinflußfaktoren nicht selbstverständlich ist und im systemtechnischen Ansatz nicht so nachdrücklich gefördert wird wie im ganzheitlichen Modell.

83) Zu denken ist z. B. an die möglichen Implikationen steigender Kosten für die Absatzpreis-Gestaltung.

84) Vgl. in diesem Zusammenhang auch die systemtheoretische Interpretation des Entscheidungsmodells bei SALIGER 1990, S. 14 ff.

85) Vgl. auch FRESE 1971a, S. 289 ("Lichtkegel einer Taschenlampe"); GOMEZ/MALIK/OELLER 1975, S. 611 ff.; ULRICH/PROBST 1988, S. 121, sowie SALIGER 1990, S. 17, der den zeitlichen Begrenzungseffekt der Einführung des Konstrukts 'Endzustand' bzw. 'Ziel' hervorhebt.

86) Die Kosten der Neuzeichnung seien als vernachlässigbar und damit nicht (gewinn-)zielerheblich anzusehen.

87) Die Auswirkungen auf das Organigramm werden in Abb. 7 den Aktionsparametern zugeordnet, da das Organigramm durch die Unternehmung grundsätzlich beeinflußbar ist und unter Konsequenzen hier nur zielrelevante Auswirkungen verstanden werden. Siehe auch unten (S. 44 f.).

88) Im Beispiel: Ausschüttungsmöglichkeiten; Image.

89) Im Beispiel: Organigramm.

ßigen Selektion von Elementen und Beziehungen m. a. W. in die Frage nach der Auswahl von Zielen über[90]. Sollen beispielsweise auch die Reorganisationskonsequenzen für das Unternehmungsimage - bei unterstellter (weitgehender) Gewinnneutralität des Image - Berücksichtigung finden, so wäre ein zweites Ziel (Imageverbesserung) neben dem Gewinnziel zu formulieren.

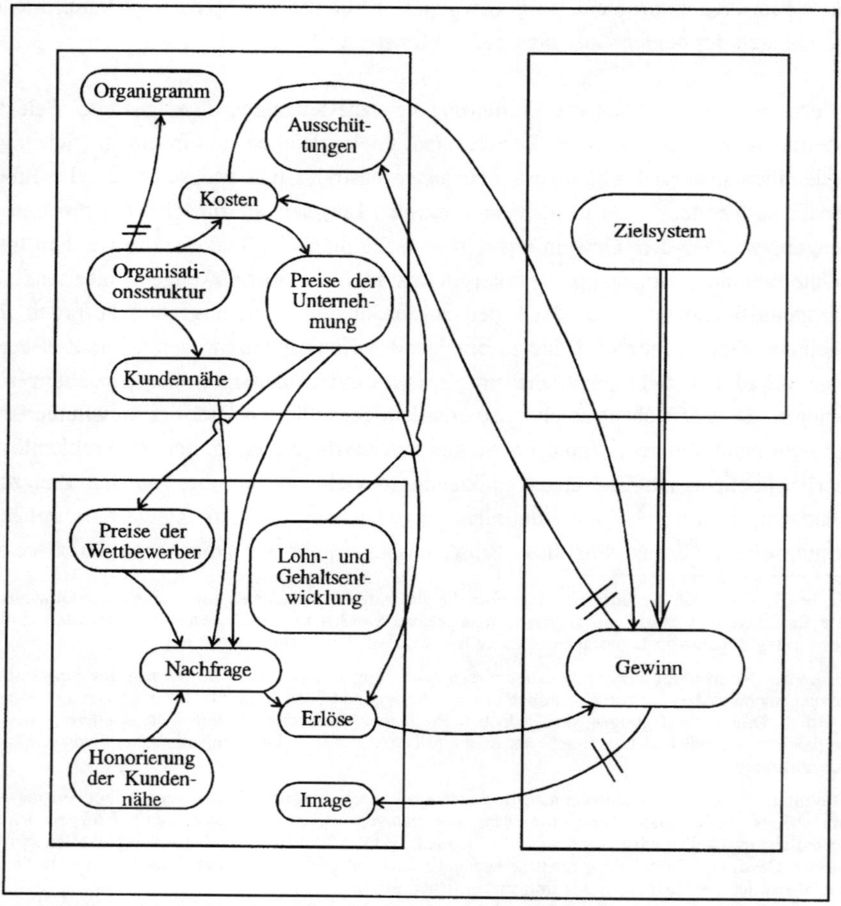

Abb. 7: Managementproblem aus entscheidungstheoretisch-ganzheitlicher Sicht

Auf der anderen Seite wird die Transformationsfunktion des entscheidungstheoretischen Modells in das komplexe Netz der Problemzusammenhänge aufgelöst. Diese ganzheitli-

90) Vgl. in diesem Zusammenhang auch ULRICH/PROBST 1988, S. 119 f.

che Darstellungsweise läßt sich als (verbales) Erklärungs- bzw. Prognosemodell[91] interpretieren, das zum einen die Annahmen über den Transformationsprozeß im Detail transparent macht. Damit zeigen sich zugleich auch die Ansatzpunkte für mangelnde Problemeinsichten, die auch jenseits der Ungewißheit über 'den' zukünftigen Umweltzustand (hier: Honorierung der Kundennähe) durch Kenntnislücken hinsichtlich der relevanten Einflußfaktoren und tatsächlichen Beziehungsverläufe möglich sind. Zum anderen verdeutlicht das ganzheitliche Konzept, daß die entscheidungstheoretische Einteilung in wählbare Alternativen und autonome Umweltzustände durchaus problematisch und in Grenzfällen nur willkürlich sein kann. Zu beachten ist nämlich die Existenz von Restriktionswirkungen der Umwelt (z. B. über den umweltabhängigen Gewinn auf das Ausschüttungspotential) und indirekten Einflußmöglichkeiten (z. B. über die Kundennähe auf die Nachfrage). Vor diesem Hintergrund erscheint weniger die Gestaltbarkeit als vielmehr die Direktheit der Einflußnahmemöglichkeit als Kriterium für die Abgrenzung von Handlungs- und Umweltparametern sinnvoll[92].

Die in Abb. 8 dargestellte Projektion der systemtechnischen Perspektive auf das ganzheitlich abgebildete Managementproblem läßt ebenfalls mögliche wechselseitige Ergänzungen der beiden Konzepte erkennen. Das Modell der Systemtechnik trägt zur weiteren[93] Strukturierung der Problemstellung bei, indem das Gesamtproblem auf die Ebene von Teilproblemen bzw. Subsystemen heruntergebrochen wird, die durchschaubar(er) bzw. beherrschbar(er) sind. Dabei erfolgt aus Gründen der Komplexitätsreduktion eine zumindest vorläufige (bewußte oder unbewußte) Vernachlässigung von Beziehungen zwischen Nachbarproblemen[94]. Diese zerlegungsbedingte Selektion ist im Grundsatz durch den praktisch unverrückbaren Tatbestand gerechtfertigt, daß man zwar prinzipiell jeden Aspekt eines Problemzusammenhangs untersuchen kann, aber zumindest nicht jeden zur gleichen Zeit. Welche Problemaspekte analysiert werden, wird durch das generelle Zerlegungsprinzip allerdings nicht determiniert. Die Abgrenzung der Teilprobleme und die damit einhergehende Auswahl betrachteter Elemente und Beziehungen kann vielmehr mehr oder weniger sachgerecht bzw. fundiert erfolgen.

---

91) Zu diesen Modelltypen KÖHLER 1975, Sp. 2711; EICHHORN 1979, S. 90 ff., und zur (epistemischen) Struktur von Erklärungen bzw. Prognosen eingehend S. 338 ff. dieser Arbeit.

92) Siehe hierzu auch S. 43 f.

93) Also über die durch die Zielvorgaben bewirkte Selektion hinaus.

94) Im Beispiel die von der Organisationsstruktur über die Kosten gehenden möglichen Implikationen für die Absatzpreise.

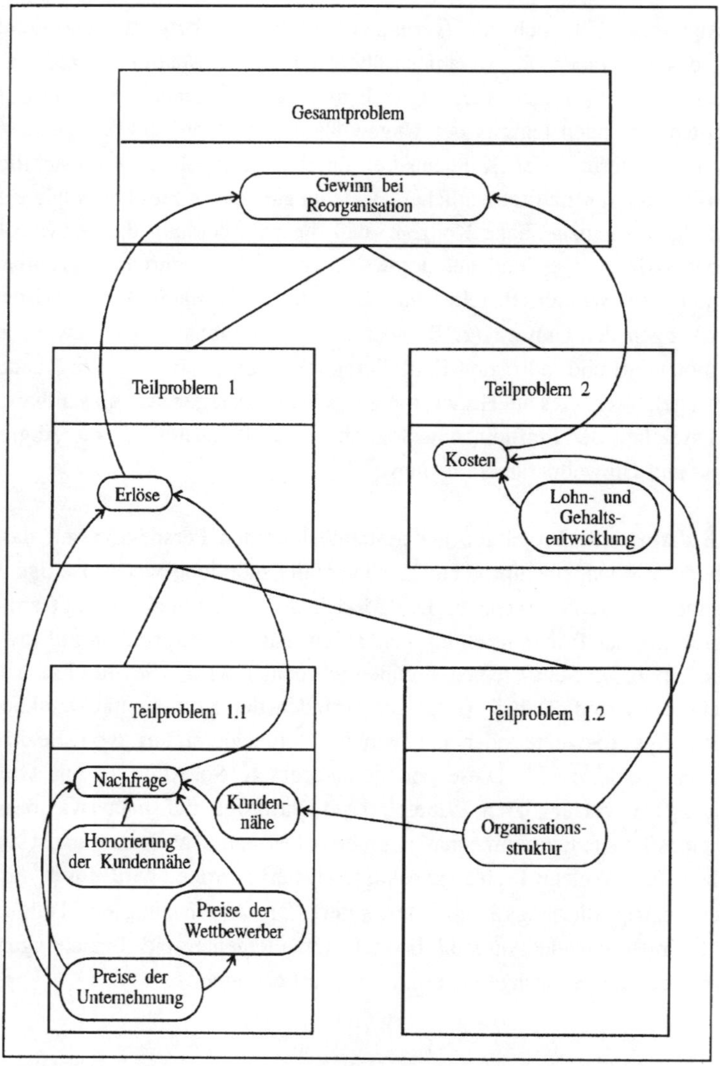

Abb. 8: Managementproblem aus systemtechnisch-ganzheitlicher Sicht

In entgegengesetzter Richtung zur Problemstrukturierung durch das systemtechnische Modell gibt die ganzheitliche Perspektive den Anstoß, gegebenenfalls die zunächst vernachlässigten Abhängigkeiten zwischen Nachbarproblemen vor der endgültigen Problemlösung noch in die Betrachtung einzubeziehen. Mit einer gewissen Überspitzung läßt sich somit zusammenfassend formulieren, daß die Systemtechnik (eher) der Komplexitätsreduktion und die Ganzheitsidee der Komplexitätserhöhung dient[95)].

95) Vgl. zum für die Lösung unstrukturierter Problemstellungen erforderlichen Wechselspiel zwischen Erhöhung und Reduzierung von Komplexität ULRICH/PROBST 1988, S. 255 ff.

2. Formulierung des Integrationsmodells

Ausgehend von den herausgearbeiteten Zusammenhängen zwischen den vorherrschenden Problemlösungskonzepten wird im folgenden nun das hier verwendete Integrationsmodell der managerialen Problemlösung entwickelt. Um zunächst seinen Stellenwert noch einmal zu rekapitulieren: Das Integrationsmodell zeigt - wie im übrigen die drei Ausgangskonzepte auch - methodisch-konzeptionelle Kategorien und Denkmuster für die Bewältigung komplexer Managementprobleme, oder kurz: eine allgemeine Struktur der managerialen Probemlösung auf[96]. Seine Besonderheit liegt dabei in der integrativen Zusammenführung der spezifischen Stärken der verschiedenen Ausgangskonzepte. Auf diese Weise wird den weiteren Untersuchungen zur Beurteilung der Fundierung von Managemententscheidungen ein Problemlösungskonzept zugrundegelegt, das nach dem gegenwärtigen Forschungsstand seinerseits als besonders 'fundiert' gelten darf.

Das Integrationsmodell baut zur Hauptsache auf drei gedanklichen Pfeilern auf, und zwar auf

* der Selektion betrachteter Problemaspekte durch Zielsetzungen,
* der Abbildung von Transformationen von Ist- in Folgezustände mit Hilfe von Erklärungs- bzw. Prognosemodellen sowie
* der hierarchischen Problemzerlegung zum Zweck der Komplexitätsreduktion.

Das Modell sieht zunächst ganz konventionell zwei grundlegende Komponenten jeder Lösung unstrukturierter Managementprobleme vor (siehe Abb. 9). Aktiviert durch die Wahrnehmung einer Soll-Ist-Differenz ist zum einen das konkrete Zielsystem zu formulieren, das die Überwindung der Differenz leiten soll[97]. Zum anderen muß eine Reihe von alternativen Wegen oder zumindest ein gangbarer Weg zum Differenzabbau (Zustandstransformation) entwickelt werden. Auf dieser Grundlage ist sodann die vergleichsweise erfolgversprechendste Transformationsalternative auszuwählen bzw. ein Entschluß zu fassen, ob dieser eine Weg tatsächlich beschritten werden soll. Zwischen der Ziel- und der Alternativenbestimmung können durchaus Iterationen ablaufen. Sie sollen hier jedoch nicht explizit konzeptualisiert werden, da im Rahmen der Rationalbeurteilung nicht der Prozeß der Entstehung von Zielen und Lösungsideen, sondern die Begründung gegebener Zielsetzungen und Handlungsvorschläge von Interesse ist.

---

96) Diese strukturelle Sichtweise der managerialen Problemlösung darf nicht verwechselt werden mit der inhaltlichen Problemlösung im Einzelfall, die sich in den konkreten Ziel- und Handlungsempfehlungen (siehe S. 291 f.) niederschlägt und auf ihre Argumentationsrationalität hin zu beurteilen ist. Der Begriff *Problemlösung* weist somit zwei Dimensionen auf und wird in struktureller Hinsicht durch das Integrationsmodell und in materieller Hinsicht durch die jeweiligen Ziel- und Handlungsempfehlungen ausgefüllt.

97) Während der Ausdruck *Soll-Ist-Differenz* dem noch recht unbestimmten Gefühl eines gewissen Handlungsbedarfs vorbehalten bleiben soll, bezeichnen *Ziele* in dieser Schrift konkrete Vorstellungen über den angestrebten Folgezustand. Vgl. im übrigen zur Auseinandersetzung mit dem Argument der deskriptiven Entscheidungstheorie, daß Zielsetzungen in der Praxis häufig nicht (zumindest nicht vor Handlungsdurchführung) oder nur vage formuliert werden, S. 54 f. und S. 294 f.

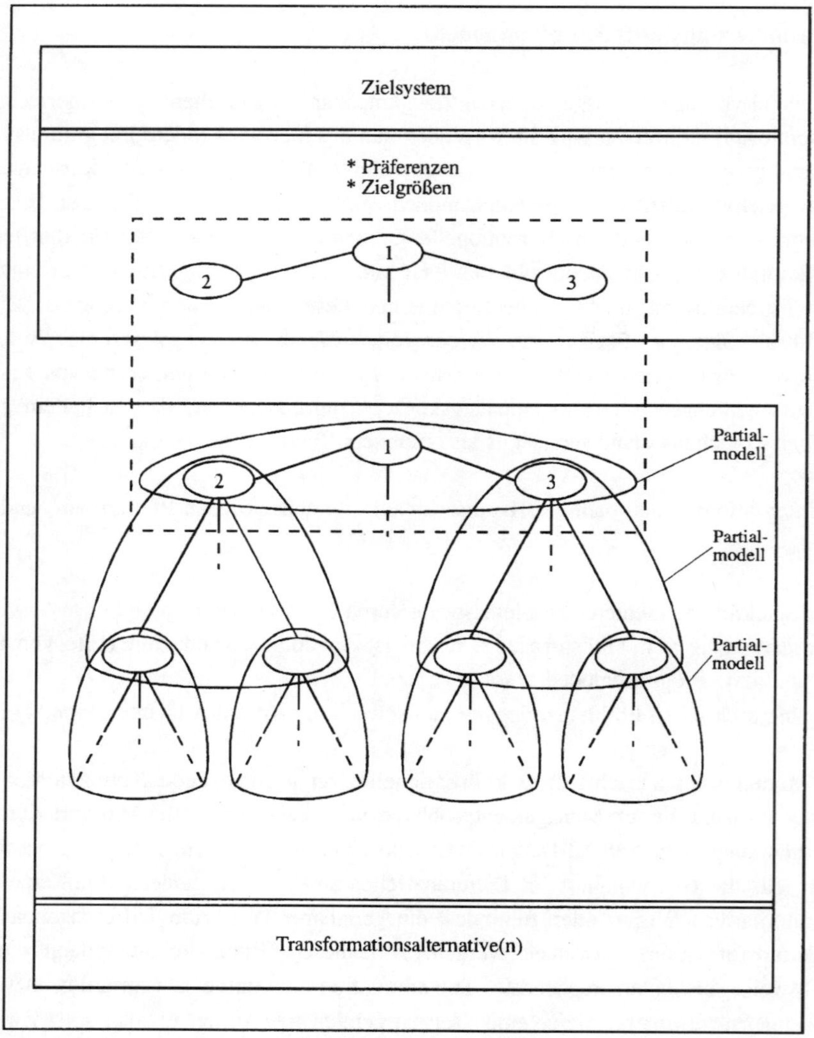

Abb. 9: Integrationsmodell der managerialen Problemlösung

Das Zielsystem setzt sich im Integrationsmodell aus Zielgrößen sowie Präferenzen zusammen, und entspricht in seiner Struktur somit der gängigen entscheidungstheoretischen Konzeptualisierung. Infolgedessen sind an dieser Stelle nur zwei ergänzende Bemerkungen erforderlich. Als *Zielgrößen*, auf die sich die Präferenzen des Entscheidungsträgers richten, kommen im Prinzip alle und damit die verschiedensten Problemaspekte bzw. Elemente eines (problembeschreibenden) Systems oder Modells[98)] in Betracht. Konkret können Ziele managerialer Problemlösungen beispielsweise an Größen wie Durch-

98) Da die Problemzusammenhänge in der Vorstellung des Integrationsmodells durch ein System von Elementen beschrieben werden und Modelle ebenso wie Systeme einen Komplex von Elementen und Beziehungen darstellen (vgl. z. B. KÖHLER 1975, Sp. 2706 f.; BRETZKE 1980, S. 8; KREISEL 1980, S. 438, sowie auch STACHOWIAK 1973, S. 131), können (u. a.) die Ausdrücke *Problemaspekt*, *Systemelement* und *Modellbestandteil* synonym verwendet werden. Siehe zu weiteren Synonyma FN 105.

laufzeiten, Fertigungskosten, Gerechtigkeit, Gewinn, Image, Kundennähe, Lagerbeständen, Nutzen, sozialer Verantwortung, Spezialisierung, Steuerzahlungen, Umweltbelastung, Unternehmensinteresse u. v. a. m. anknüpfen[99]. Nicht etwa ein wie auch immer gearteter inhärent-normativer Charakter, sondern allein die Selektion durch das Zielsystem verleiht bestimmten Systemelementen somit ihre Zieleigenschaft. Es gibt anders gewendet keine 'Ziele an sich', sondern nur problem- und präferenzabhängig als Zielsetzungen selektierte Größen[100]. Zielgrößen lassen sich daher allgemeingültig nicht inhaltlich, sondern nur formal definieren als diejenigen Systemelemente, deren eigene Einflüsse auf andere Elemente im oben beschriebenen Sinne ausgeblendet werden.

Die zweite Bemerkung betrifft das Thema der Mehrfachzielsetzungen. Das Integrationsmodell ist (selbstverständlich) offen für die Wahl auch mehrerer Systemelemente zu Zielgrößen. Wie an diesem Punkt der Untersuchung nur festgestellt und erst später eingehender erörtert werden kann[101], ist zur (argumentationsrationalen) Auflösung der eventuell eintretenden Zielkonflikte allerdings die Bestimmung einer übergeordneten Zielsetzung notwendig (und auch möglich). Im Fall von Mehrfachzielsetzungen stellt das Zielsystem somit einen Komplex selektierter Systemelemente dar, bei dem letztlich nur eine Zielgröße an der Spitze des Systems steht[102]. Ein Beispiel bildet etwa das Zielsystem mit den (annahmegemäß) konfliktären Zielsetzungen *Gewinn* und *Arbeitsplatzerhaltung* sowie der übergeordneten Zielsetzung *Wahrung des Unternehmensinteresses*.

Die eigentlichen Besonderheiten des Integrationsmodells liegen - namentlich im Vergleich zum Konzept der Entscheidungstheorie - auf dem Gebiet der Transformationsalternativen. Die *Transformationsalternativen* oder synonym *Handlungen* im Sinne des Integrationsmodells[103] umfassen die durch die Alternativen-, Umwelt- und Konsequenzenkomponente des entscheidungstheoretischen Modells abgedeckten Problemaspekte und beschreiben jeweils die Art einer bestimmten Maßnahme und ihre Auswirkungen auf die Merkmalsausprägungen der Zielgrößen. Dabei wird das Zustandekommen der zielrelevanten Konsequenzen bzw. Handlungsergebnisse durch ein System hierarchisch vermaschter Partialmodelle dargestellt. Ein *Partialmodell* besteht prinzipiell aus einem beeinflußten (passiven) Element und einem oder mehreren beeinflussenden (aktiven) Elementen, wobei die letzteren entweder Handlungs- oder Umweltparameter repräsentieren können. Wie oben schon angedeutet wurde[104], sind *Handlungs- oder Aktionspara-*

99) Eine argumentationstheoretisch orientierte Systematisierung der verschiedenen Zielsetzungen erfolgt auf S. 312 ff.

100) Dieser Tatbestand ist - wie sich später zeigen wird - für die Frage nach der Begründungsmöglichkeit von Zielen sehr bedeutsam (siehe S. 309 ff.). Vgl. im übrigen auch die aus Mittel-Zweck-Betrachtungen bekannte Relativität der - nur für ein gegebenes Entscheidungsproblem gültigen - Rollenverteilung zwischen Mitteln und Zwecken (hierzu statt vieler PFOHL 1977, S. 33 f.).

101) Siehe S. 431 ff.

102) Vgl. auch nochmals Abb. 9.

103) Wo keine Mißverständnisse zu befürchten sind, sollen im weiteren Transformationsalternativen auch kurz als Alternativen bezeichnet werden.

104) Siehe S. 39.

meter in gewissen Grenzen direkt vom Entscheidungsträger beeinflußbar, während auf *Umweltparameter* bzw. *-faktoren* allenfalls indirekt und mit mehr oder weniger geringer Aussicht auf Erfolg Einfluß genommen werden kann. Jedes Partialmodell gibt Auskunft über die zu bestimmenden Ausprägungen der Merkmale des passiven Modell- bzw. Systemelements in Abhängigkeit von den Merkmalsausprägungen und Einflußbeziehungen der aktiven Elemente. Bei den Partialmodellen handelt es sich m. a. W. je nach dem Zeitbezug der Bestimmungen um Erklärungs- oder Prognosemodelle, die Beziehungen zwischen abhängigen und unabhängigen Variablen[105)] angeben[106)]. Da in jedem Partialmodell nach Definition nur einstufige Beziehungen zwischen aktiven Parametern und passiven Elementen existieren, sind mehrstufige Einflußbeziehungen über eine Verkettung der entsprechenden Modelle darzustellen. Abb. 10 zeigt eine solche Modellverkettung oder Vermaschung für den Einfluß der Kundenorganisation auf die Erlössituation als Ausschnitt aus dem Referenzbeispiel.

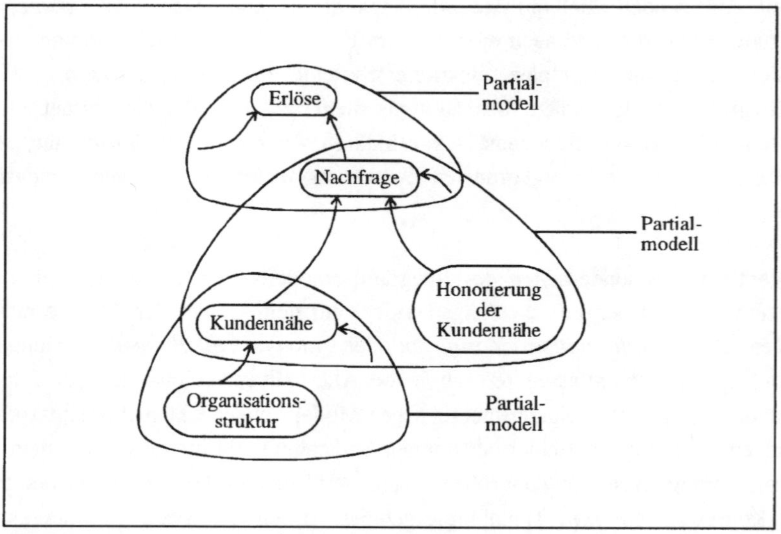

Abb. 10: Beispiel einer Partialmodell-Vermaschung

Die in Partialmodellen enthaltenen Elemente und Beziehungen können ganz unterschiedlicher Natur sein, wobei insoweit an dieser Stelle die folgenden Hinweise genügen. Bei

105) Zwischen den Ausdrücken *Parameter*, *Faktor*, *Variable* und *Element* soll in der vorliegenden Arbeit terminologisch nicht differenziert werden. Ferner sei darauf hingewiesen, daß nach unserem Sprachgebrauch *Wert* und *Ausprägung* synonym zur Bezeichnung des Status dieser Größen Verwendung finden, ein Wert somit nicht stets numerisch sein muß.

106) Im folgenden soll zur Vereinfachung nicht stets zwischen der Erklärung und der Prognose von Merkmalsausprägungen der abhängigen Modellelemente unterschieden sowie gelegentlich auch neutraler von *Bestimmung* gesprochen werden. Vgl. zu den Strukturgemeinsamkeiten von Erklärungen und Prognosen näher S. 338 ff. Im übrigen sei darauf hingewiesen, daß es sich bei den Partialmodellen nur in Ausnahmefällen um ökonometrische Modelle handelt, da Partialmodelle nicht wie ökonometrische Modelle statistisch spezifiert sein müssen, sondern auch auf schwächeren (nämlich bloß plausiblen) Beziehungen aufbauen können. Vgl. zum Begriff des ökonometrischen Modells hier nur SCHNEEWEISS 1978, S. 22; GOLLNICK/THIEL 1980, S. 11; LESERER 1980, S. 9 f.

dem oder den beeinflußten Element(en) an der Spitze der Systemhierarchie[107] handelt es sich um die Zielgröße(n) bzw. die letztlich interessierende(n) Handlungskonsequenz(en)[108], während sich die übrigen Elemente mit ihren Merkmalsausprägungen und Beziehungseffekten als Mittel zur Bestimmung der Zielgrößenwerte interpretieren lassen. Bezüglich der Beziehungen ist vor allem deutlich zu betonen, daß die Elementverknüpfungen in Partialmodellen der hier angenommenen Art keineswegs immer, und nicht einmal zumeist, kausale Ursache-Wirkungsverhältnisse repräsentieren[109]. Der Begriff der *Einflußbeziehung* ist vielmehr sehr weit zu verstehen und bezeichnet sämtliche Relationen, die Rückschlüsse von den Ausprägungen der Merkmale der beeinflussenden Variablen auf die Merkmalsausprägungen der beeinflußten Elemente erlauben. Hierzu zählen neben der kausalen Verursachung beispielsweise auch Indikatorrelationen und definitorische Beziehungen[110]. Die Begründung für diese weite Fassung des Beziehungsbegriffs liegt vor allem darin, daß auf der einen Seite bei unstrukturierten Managementproblemen nur selten streng kausale Wirkungsverknüpfungen zwischen Variablen bestehen oder bekannt sind, andererseits aber auch nicht-kausale Relationen durchaus problemlösungsrelevante Informationen liefern können. Um exemplarisch den möglichen Informationsgehalt von Indikatorbeziehungen an einem plastischen Beispiel aus dem nicht-managerialen Bereich zu demonstrieren: Der Anstieg des Barometers ist nach aller meteorologischer Erkenntnis nicht ursächlich für das Wettergeschehen der nächsten Tage, gleichwohl aber insoweit bemerkenswert informativ[111].

3. Integrationsmodell und Rationalitätsmessung

Das soeben entwickelte Integrationsmodell stellt - wie schon mehrfach hervorgehoben wurde - ein konzeptionelles Grundschema der Bewältigung unstrukturierter Managementprobleme dar, das nach derzeitigem Stand der verschiedenen präskriptiven Problemlösungsansätze eine zweckmäßige Vorgehensweise abbildet. Sein besonderes Charakteristikum liegt in der Erfassung der einzelnen Transformationsalternativen mit ihren

---

107) Im Beispiel der Abb. 9 die Elemente 1, 2 und 3. Zu beachten ist, daß die Elemente 2 und 3 im obersten Partialmodell zwar beeinflussende Variablen verkörpern, in den nächst niedrigeren Partialmodellen aber ihrerseits abhängig sind und daher ebenfalls als beeinflußte Elemente angesprochen werden können.

108) Vgl. zur dualen Interpretation von Handlungsergebnissen als Zielgrößen und als Konsequenzen auch v. WERDER 1986, S. 50 f.

109) Zum Kausalitätsbegriff und seinen philosophisch-erkenntnistheoretischen Komplikationen, die im Rahmen dieser Arbeit nicht ausdiskutiert werden können, z. B. SCHÖPF 1973b; STEGMÜLLER 1983, S. 501 ff.; BUNGE 1987; SPAEMANN 1989.

110) Vgl. zu den verschiedenen Relationsarten in Modellen und den zwischen ihnen mitunter bestehenden Überschneidungen insb. HANSSMANN 1985, S. 80 f., sowie auch BRETZKE 1980, S. 147 ff.; SALIGER 1990, S. 17, und ferner noch S. 197 f. der vorliegenden Arbeit.

111) Dieses Beispiel wird auf S. 341 f. noch einmal aufzugreifen sein. Vgl. in diesem Zusammenhang auch allgemein zur Notwendigkeit bzw. Möglichkeit, die Anforderungen an die Strenge der Beziehungen zwischen den Elementen in (namentlich praktisch einzusetzenden) betriebswirtschaftlichen Modellen gegenüber wissenschaftstheoretischen Idealvorstellungen zu lockern, MATTESSICH 1969, S. 24 ff.; BÖHME/van den DAELE/KROHN 1973, S. 134; KÖHLER 1975, Sp. 2711; BRAUN 1979, S. 475 f.; ZWICKER 1978, S. 289; BRETZKE 1980, S. 175; ZIMMERMANN 1981, S. 292, sowie ferner unten (S. 196 FN 31).

Konsequenzen durch je ein System vermaschter Partialmodelle. Es nimmt damit den zentralen Problemlösungsgedanken der Zerlegung des Gesamtproblems auf, der im Kreis der vorgestellten Ansätze vor allem von der systemtechnischen Sichtweise betont wird. Während die Problemzerlegung dort jedoch der Generierung gangbarer Wege zur Überführung von Ist- in Folgezustände dient und damit primär dem kreativen 'Entdeckungszusammenhang' zuzuordnen ist, soll das System vermaschter Partialmodelle für unsere Zwecke im 'Begründungszusammenhang' Verwendung finden. Da das Integrationsmodell auf der einen Seite die Lösungsgenerierung anleiten kann, repräsentiert es nämlich andererseits zugleich auch ein allgemeines Raster der im Zuge einer Problemlösung anzustellenden Überlegungen, die auf ihre Fundierung bzw. Rationalität hin zu begutachen sind. Das Integrationsmodell bildet somit kurz gesprochen den Gegenstand der Rationalitätsmessung in seiner generellen Grundstruktur ab.

Die Bestimmung des Rationalgehalts einer Problemlösung erfolgt - wie unten im einzelnen herausgearbeitet werden wird - nach Maßgabe der kognitiven Qualität der zugrundegelegten Problemeinsichten bzw. Kenntnisse. Eine Problemlösung bzw. Entscheidung ist danach tendenziell als um so rationaler einzustufen, je fundierter die (Aussagen über die) im Lösungsmodell angesetzten Parameter und Parameterbeziehungen sind. Die differenzierte Beurteilung dieses kognitiven Aspekts der Entscheidungsvorbereitung, die im Mittelpunkt des Anliegens dieser Schrift steht, kann nun allerdings nicht allein aus der Logik des problemlösungstheoretisch gewonnenen Integrationsmodells heraus bewältigt werden. Der problemlösungstheoretische Ansatz spricht das kognitive Thema der Problemkenntnisse vielmehr im Kern nur durch das Grundprinzip an, durch Zerlegung eines undurchschaubaren Gesamtkomplexes in bekannte(re) Teilkomplexe die Einsichten in die Problemzusammenhänge insgesamt zu erhöhen[112]. Dieser kenntnisförderliche Effekt der Problemzerlegung läßt sich mit Hilfe der Konzeption des Integrationsmodells leicht demonstrieren. In jedem Partialmodell können sich (anfangs) mangelnde Kenntnisse - bei gegebenem Kreis der relevanten Parameter[113] und gesuchtem Wert des passiven Elements - zum einen auf die Ausprägungen der aktiven Parameter und zum anderen auf den Verlauf der Parameterbeziehungen erstrecken. Bedenkt man, daß die Werte aktiver Parameter ihrerseits von den Einflüssen anderer Variablen abhängen, so leuchtet unmittelbar ein, daß durch die Formulierung jeweils weiterer Partialmodelle - mithin also durch eine weitere Problemzerlegung - Anhaltspunkte für die (mehr oder weniger zuverlässige) Abschätzung der interessierenden Parameterausprägungen gewonnen werden können. Das Zustandekommen dieser Ausprägungen ist somit - salopp formuliert - bloß näher zu 'durchdenken'. Liegen etwa im Referenzbeispiel keine Informationen über das tatsächliche Niveau der Nachfrage vor, kann der Versuch unternommen werden, diese Merkmalsausprägung auf der Grundlage eines (partiellen) Nachfragemodells mit den relevanten Einflußfaktoren (wie Kundennähe, Höhe der eigenen Preise und der Wettbewerbspreise etc.) und mutmaßlichen Variablenbeziehungen zu schätzen. Die Güte

---

112) Diesen Gedanken spricht klar auch DÖRNER 1983b, S. 39 aus: "Unkenntnis, die handlungsrelevant wird, ist immer 'zu globale Kenntnis', 'Kenntnis mit zu niedrigem Auflösungsgrad'".

113) Auf die Problematik der Parameterabgrenzung wird sogleich (S. 47) noch eingegangen werden.

dieser Nachfragebestimmung richtet sich naturgemäß wiederum nach der kognitiven Qualität des verwendeten Partialmodells.

In prinzipiell gleicher Weise lassen sich auch zunächst unbekannte Parameterbeziehungen eingehender analysieren. Die Einführung weiterer Partialmodelle dient hier der Zerlegung der fraglichen Einflußbeziehung in Teilabschnitte, über die größere Klarheit herrscht. Es werden m. a. W. zusätzliche Einflußfaktoren als 'Zwischenstationen' bzw. 'intervenierende Variablen' auf dem Weg zwischen dem ursprünglich betrachteten aktiven Parameter und dem eigentlich interessierenden beeinflußten Element eingeführt[114]. Ist beispielsweise nicht direkt bekannt, wie sich eine kundenorientierte Reorganisation auf die Erlöse auswirkt, kann versucht werden, die diesbezüglichen Reorganisationskonsequenzen mit Hilfe von Partialmodellen zu erhellen, die etwa den Einfluß einer kundenorientierten Organisationsstruktur auf die Kundennähe, den Einfluß der Kundennähe auf die Nachfrage und den Einfluß der Nachfrage auf die Erlöse beschreiben. Auch für diese Mikroanalysen gilt selbstverständlich der Grundsatz, daß die Qualität der gewonnenen Einsichten in die ursprüngliche Einflußbeziehung[115] von der Güte der formulierten Partialmodelle abhängt.

Schon an diesen Beispielen für die Gewinnung zerlegungsgeborener Problemeinsichten läßt sich allerdings ablesen, daß die kognitive Seite der Entscheidungsvorbereitung zahlreiche Fragen aufwirft und von der Problemlösungstheorie nur rudimentär abgedeckt wird. Angesichts der prinzipiellen Vernetzung und damit potentiellen Problemrelevanz aller Entitäten der Welt ergibt sich zunächst die Schwierigkeit der fundierten Auswahl der pro Partialmodell zu berücksichtigenden, 'wirklich' relevanten Parameter, die wie gezeigt noch keine befriedigende Antwort gefunden hat. Ferner läßt sich gegenwärtig auch nicht klar genug angeben, bis zu welchem Punkt Probleme 'herunterzubrechen' sind. Die problemlösungstheoretische Maxime, unstrukturierte Aufgaben so lange zu detaillieren, bis bekannte bzw. routinemäßig lösbare Teilprobleme vorliegen[116], scheint zwar eine operationale Bestimmung der Zerlegungsgrenze zu liefern. Die Abgrenzung zwischen noch 'unbekannten' und schon 'bekannten' Teilproblemzusammenhängen ist aber bei Lichte besehen außerordentlich schwierig und wird von den Problemlösungskonzepten nicht geleistet. Die Schwierigkeiten beruhen darauf, daß es mehrere Stufen der Zuverlässigkeit von Kenntnissen gibt. Nach dem später unterbreiteten Vorschlag dieser Arbeit etwa lassen sich die Verläßlichkeitsstufen der Wahrheit, Bewährung, (unterschiedlich großen) Plausibilität und theoretischen Möglichkeit unterscheiden[117]. Es könnte nun daran gedacht werden, daß die Problemlösungstheorie bekannte Einsichten generell mit wahren Kenntnissen identifiziert. Da eine solche Gleichsetzung bei unstruk-

---

114) Siehe hierzu noch näher S. 394 ff., sowie zur Funktion 'intervenierender Variablen' im (organisations-)wissenschaftlichen Erklärungszusammenhang allgemein auch FRESE 1988, S. 382.

115) Im Beispiel: Zwischen Reorganisation und Erlösen.

116) Siehe nochmals S. 25.

117) Siehe S. 219 ff., S. 256 ff. und S. 279 ff.

turierten Managementproblemen aber als zu eng abgelehnt werden muß[118], bleibt der anzustrebende Detaillierungsgrad letztlich offen.

Neben diesen ungelösten Begrenzungsfragen stellt die Problemlösungstheorie aber auch und vor allem keine Kategorien zur Verfügung, um den kognitiven Gehalt managerialer Entscheidungen messen und in Abhängigkeit von bestimmen Merkmalen der Entscheidungsfindung überzeugend abstufen zu können. Konkret fehlen u. a.

* theoretisch fundierte Differenzierungen der Zuverlässigkeit von Modellannahmen,
* Anleitungen zur vernünftigen Handhabung divergierender Überlegungen in Hinblick auf relevante Parameter und Parameterbeziehungen sowie
* eingehendere Untersuchungen des Informationsgehalts von Analysen, die - mehr oder weniger weitgehend - über mehrere Analyse- bzw. Partialmodellstufen laufen und demzufolge auf jeder Stufe Irrtumsrisiken unterliegen.

Um einen Zugang zur Thematisierung und - mitunter natürlich noch nicht endgültigen - Beantwortung dieser Fragestellungen zu gewinnen, ist daher ein anderer theoretischer Bezugsrahmen heranzuziehen. Die späteren Untersuchungen werden zeigen, daß neben der Erkenntnistheorie namentlich die Argumentationstheorie hierfür fruchtbare Ansatzpunkte liefert[119]. Zusammenfassend läßt sich somit festhalten, daß das Integrationsmodell mit der Ziel- und der Transformationskomponente sowie insbesondere dem System vermaschter Partialmodelle aus Parametern und Parameterbeziehungen die probemlösungstheoretische Struktur entscheidungsvorbereitender Überlegungen abbildet, die einer Rationalbeurteilung zu unterziehen sind. Die Rationalitätsmessung selbst, also die Beurteilung der kognitiven Fundierung einer konkreten Modellierung, erfolgt hingegen auf der noch zu erarbeitenden Grundlage einer erkenntnistheoretisch flankierten Argumentationstheorie. Knapper formuliert beschreibt das Integrationsmodell, was Manager im Rahmen einer Problemlösung prinzipiell analysieren. Das Instrumentarium der Rationalitätsmessung soll dagegen die Feststellung erlauben, wie fundiert sie solche Analysen durchführen und durchführen können.

118) Zu den managerialen Rationalitätspotentialen im einzelnen S. 376 ff.

119) Siehe S. 152 ff.

2. Kapitel: Rationalitätsbegriff und Argumentationsrationalität

A. Begriffsproblematik

Der Begriff *Rationalität* stellt einen wissenschaftlichen (sowie praktischen) Schlüsselbegriff par excellence dar. Dies gilt in besonderem Maße z. B. für die Philosophie, wo die Rationalitätsdebatte seit der Antike geführt wird und nach wie vor aktuell ist[1], für die Soziologie[2] und für die Ökonomie, die zu großen Teilen schlechthin auf dem Rationalitätskonzept aufbaut[3]. So zweifelsfrei die zentrale Bedeutung des Rationalitätsbegriffs ist, so uneinheitlich und problematisch ist allerdings auch seine Verwendung. Übereinstimmung besteht lediglich insofern, als mit der Auszeichnung 'rational' ein Urteil ausgesprochen wird[4]. Hinsichtlich der Kriterien und des Tenors der Urteile herrscht aber keine Einigkeit. Die Vielfalt und Gegensätzlichkeit der vertretenen Auffassungen stiften vielmehr erhebliche Konfusion und geben Anlaß zu heftigen (normativen) Kontroversen, die schnell den Charakter anthropologischer und weltanschaulicher Dispute annehmen. So sieht eine Position beispielsweise in einer rationalen Lebensführung den (einzigen) Ausdruck menschlicher Vollkommenheit[5]. Für die entsprechende Gegenseite steht Rationalität dagegen allenfalls auf der Stufe einer 'Sekundärtugend'[6], die inhuman, psychologisch verhängnisvoll und politisch gefährlich sein kann[7].

Angesichts dieser semantischen Vorgeschichte des Rationalitätsbegriffs fällt der Entschluß nicht leicht, ihn als Kernbegriff dieser Untersuchung zu verwenden. Die Gefahr grundlegender Mißverständnisse über die angestellten Überlegungen und ihrer vorschnellen Einsortierung in eine bestimmte (unpassende) 'Schublade' ist groß. Der Gedanke liegt daher nahe, durch die Wahl eines weniger vorbelasteten Ausdrucks das 'Kommunikationsrisiko' zu mindern. Als Alternative käme - wie die noch folgenden Ausführungen verständlich machen werden - insbesondere der Terminus *Fundierung* in Betracht. Unterschiedlich *rationale* Lösungen von Managementproblemen könnten demnach auch als mehr oder weniger *fundierte* Problemlösungen bezeichnet werden.

Zu bedenken ist allerdings, daß die Thematik der vorliegenden Arbeit in Wissenschaft und Praxis ganz überwiegend unter dem Stichwort 'Rationalität' (mit-)diskutiert wird. Die Entscheidung für einen anderen, neutraleren Terminus würde somit den direkten Bezug unserer Untersuchungen zur Rationalitätsdebatte weniger deutlich werden lassen.

---

1) Siehe aus der jüngsten Zeit nur NATHANSON 1985; CHERNIAK 1986; FOLEY 1987; BROWN 1988; RESCHER 1988; SCHEFFCZYK (Hrsg.) 1989.

2) Vgl. exemplarisch nur die berühmten Untersuchungen von Max WEBER zur Rationalität von Institutionen und Gesellschaften (WEBER 1980), sowie LUHMANN 1968; HABERMAS 1981a.

3) Vgl. SCHANZ 1979b, S. 257; CLEVER 1980, S. 725; SCHMIDT/SCHIRMEISTER 1989, Sp. 1478.

4) Vgl. nur KEKES 1976, S. 93; GETHMANN 1978a, Sp. 474.

5) So schon ARISTOTELES (siehe WILLIAMS 1978, S. 64 ff.; NATHANSON 1985, S. 3). Vgl. ferner z. B. auch RESCHER 1988, S. 14.

6) Vgl. zu einem Katalog von Sekundärtugenden etwa LAY 1990, S. 22.

7) Vgl. zur Auflistung von Vorwürfen an die Adresse der Rationalität auch KEKES 1976, S. 164, und zur Erörterung der Rationalitätsprobleme im einzelnen S. 106 ff. der vorliegenden Schrift.

Zudem ließe sich das Terrain der Rationalitätsproblematik letztlich doch nicht umgehen, da das Verhältnis des gewählten Ausdrucks zum Literaturbegriff der Rationalität und seinen zahlreichen Interpretationsfacetten zu klären wäre. Es erscheint daher im Interesse der Forschungskontinuität nach allem doch geboten, auch terminologisch an die einschlägige Diskussion anzuknüpfen und primär auf den etablierten, wenn auch nicht unverfänglichen Rationalitätsbegriff zurückzugreifen.

Um den drohenden Mißverständnissen zu begegnen, müssen allerdings einige Vorkehrungen getroffen werden. Zunächst ist die unter dem Rationalitätsetikett geführte Auseinandersetzung eingehender aufzuarbeiten. Im folgenden werden daher die wesentlichen Begriffsdimensionen aus der im Schrifttum geführten Diskussion herauspräpariert und die Quellen der bisweilen heftigen Meinungsverschiedenheiten lokalisiert. Hiermit wird eine Basis geschaffen, um die Rationalitätsdebatte transparenter zu machen und zu versachlichen. Vor diesem Hintergrund wird sodann das den weiteren Untersuchungen zugrundegelegte Begriffsverständnis erläutert und in den Gesamtzusammenhang der Rationalitätsproblematik eingeordnet. Im Zuge dieser Begriffsfestlegung ergibt sich zugleich die Gelegenheit, die Fragestellung (und Themenabgrenzung) dieser Arbeit noch weiter zu präzisieren.

Die Erarbeitung des Rationalitätsbegriffs dieser Untersuchung wird einerseits zeigen, daß die hier als *rational* bezeichneten Sachverhalte durchaus im Schnittfeld zahlreicher Begriffsinterpretationen liegen, die sich in der Literatur finden lassen. Die vorliegende Arbeit wird m. a. W. keineswegs einen 'exotischen' Begriff der Rationalität formulieren. Andererseits wird allerdings auch deutlich werden, daß die Beachtung der vorgenommenen Begriffsfassung für die Analyse der managerialen Rationalalternativen wichtig ist. Abweichende Rationalitätsauffassungen könnten somit unter Umständen durchaus konträre Untersuchungsergebnisse implizieren. Ungeachtet der nachfolgenden Anstrengungen zur Klarstellung unserer - nicht ungewöhnlichen, aber präzisierten - Begriffsauffassung kann infolge der verwickelten Biographie des Rationalitätsbegriffs aber nicht ausgeschlossen werden, daß seine Verwendung beim Leser Assoziationen hervorruft, die mit den hier gewählten Begriffsmerkmalen nicht vereinbar sind. Dies gilt namentlich in 'kritischen' Verwendungszusammenhängen wie der Analyse des unterschiedlichen Rationalgehalts alternativer Problemlösungsprozeduren. Das Verständnis der vorgetragenen Untersuchungsergebnisse soll daher über die Bereitstellung einer klaren Rationalitätsdefinition hinaus ergänzend dadurch erleichtert werden, daß unsere Begriffsfassung nicht mit der pauschalen Vokabel *Rationalität* belegt, sondern spezifischer als *Argumentationsrationalität* bezeichnet wird. Dies gilt namentlich dann, wenn ihr besondere Bedeutung für das Verständnis zukommt[8]. Die Eignung des Terminus Argumentationsrationalität

8) Sofern keine Mißverständnisse zu befürchten sind, soll hingegen zur sprachlichen Entlastung des Textes häufig auch bloß der Kernausdruck *Rationalität* gewählt werden.

zur Bezeichnung des hier zugrundegelegten Begriffsverständnisses kann im einzelnen erst mit Hilfe der noch anstehenden Untersuchungen einsichtig gemacht werden. Zur Vermittlung eines gewissen Vorverständnisses sei aber bereits an dieser Stelle die Grundüberlegung für die getroffene terminologische Wahl skizziert. Danach soll mit der Entscheidung für den Begriffsnamen 'Argumentationsrationalität' zum Ausdruck gebracht werden, daß die erkennbare kognitive Qualität der Bewältigung unstrukturierter Managementprobleme im Mittelpunkt des Rationalinteresses der vorliegenden Arbeit steht. Dabei ist die erkennbare kognitive Qualität bzw. der argumentationsrationale Gehalt einer Problemlösung um so höher einzuschätzen, je intensiver die Entscheidungsvorbereitung ausfällt (Fundierung) und durch vorgetragene Begründungen oder präsentierte Belege intersubjektiv nachvollziehbar offengelegt wird (Kommentierung).

B. Rationalitätsauffassungen

I. Begriffskern: Zweckmäßigkeit

Die zahlreichen Varianten des Rationalitätsbegriffs, die das Schrifttum hervorgebracht hat, gehen im Grundsatz von einem gemeinsamen Kernaspekt der Rationalität aus. Die Grundcharakteristik der Rationalität besteht danach in der Verwendung zweckmäßiger Mittel zur Erreichung von Zielen. Rationale Sachverhalte zeichnen sich m. a. W. durch Merkmale aus, die einen Beitrag zur Zielrealisation leisten. Um Mißverständnissen vorzubeugen, sei darauf aufmerksam gemacht, daß mit der Grundformel von der zielorientierten Mittelverwendung z. B. noch nichts darüber ausgesagt wird,

* wer die Ziele setzt und die Mittel verwendet (Individuen, Gruppen oder Institutionen),
* ob die Ziele oder die Mittel der Rationalitätsbeurteilung unterzogen werden,
* ob ein bewußter Einsatz von Mitteln oder eine un(ter)bewußte Mittelanwendung erfolgt und
* ob handlungsleitende Vorstellungen offenbart werden.

In diesen und weiteren Fragen liegen vielmehr die weiter unten darzustellenden Differenzen zwischen den verschiedenen Rationalitätsbegriffen begründet. Entscheidend ist an dieser Stelle allein die prinzipielle Vorstellung von der zielorientierten Funktionalität rationaler Sachverhalte. Und dieser Gedanke der Zweckmäßigkeit findet sich durchgängig in philosophischen Rationalitätsinterpretationen[9)], in den soziologisch prominenten Begriffen der Zweckrationalität[10)] und der Systemrationalität[11)] sowie in der Rationalitätsauffassung der Entscheidungstheorie[12)], die insoweit als paradigmatisch für den Bereich der Wirtschaftswissenschaften gelten darf. Aber auch Rationalitätsbegriffe, die vordergründig von dem skizzierten Grundverständnis abzuweichen scheinen, thematisieren letztlich doch diesen Gesichtspunkt der Zweckmäßigkeit. Dies kann am besten an-

---

9) Vgl. exemplarisch KEKES 1976, S. 7; NATHANSON 1985, S. 83; RESCHER 1988, S. 7.

10) Siehe zu diesem von Max WEBER eingeführten Begriff sogleich.

11) LUHMANN 1968. Vgl. ferner die Ausführungen zur Rationalität bei HABERMAS 1981a, S. 25 ff.

hand von zwei bekannten Begriffspaaren demonstriert werden, die mit ihrer Gegenüberstellung konträrer Rationalitätskonzeptionen Unterschiede im Grundverständnis vermuten lassen. Angesprochen sind die beiden Begriffe der "Zweckrationalität" und "Wertrationalität", die Max WEBER im Rahmen seiner einflußreichen Typologisierung sozialer Handlungen entwickelt hat[13]), sowie die auf MARCH zurückgehende Unterscheidung zwischen einer "kalkulierten Rationalität" und einer "systemischen Rationalität"[14]).

Handlungen werden nach WEBER *zweckrational* in Hinblick auf ein angestrebtes Handlungsziel bzw. Zielsystem vorgenommen, wenn die Ziele und die zielrelevanten Konsequenzen der offenstehenden Handlungsalternativen einschließlich ihrer sekundären Nebenwirkungen in Betracht gezogen und gegeneinander abgewogen werden[15]). Zweckrationalität entspricht damit in klassischer Weise der rationalen Grundformel. Die Besonderheit dieser Rationalitätsform liegt darin, daß sie auch die Auswahl des Zielsystems und die relative Gewichtung konfliktärer Einzelziele nicht der kritisch-abwägenden - also zweckrationalen - Beurteilung entzieht[16]).

Wertrationale Handlungen sind demgegenüber darauf angelegt, ein bestimmtes Ziel ohne Rücksicht auf die übrigen Handlungskonsequenzen möglichst vollkommen zu erreichen[17]). Anwendungsfälle der Wertrationalität finden sich z. B. in politischen und in religiösen Kontexten. Sie erscheinen Außenstehenden - aufgrund der Verabsolutierung eines einzigen Ziels - leicht als Sache 'irrationaler' Eiferer. Gleichwohl folgen auch wertrationale Handlungen der prinzipiellen Rationalitätsidee, da durchaus der beste Weg zur Zielerreichung überlegt ausgewählt wird[18]). Nur besteht das Gütekriterium für die beste Handlungsalternative allein aus dem Realisationsgrad des absoluten Ziels. Soweit sich dieser Realisationsgrad durch eine Alternative steigern läßt, werden 'negative' andere Konsequenzen unbegrenzt in Kauf genommen[19]).

Die von MARCH unterschiedenen beiden Grundkonzeptionen der kalkulierten und der systemischen Rationalität treten jeweils in mehreren Unterformen auf, die zusammen einen Großteil der vertretenen Rationalitätsinterpretationen insgesamt abdecken (vgl. Abb. 11).

---

12) Vgl. für viele SIEBEN/SCHILDBACH 1990, S. 5 f.; BAMBERG/COENENBERG 1991, S. 3.

13) WEBER 1980, S. 11 ff., hier insb. S. 12 f.

14) MARCH 1978, S. 591 ff.

15) WEBER 1980, S. 12, 13.

16) Vgl. ebenda. Dieser Rationalitätsbegriff steht nicht im Widerspruch zu WEBERs 'Wertfreiheitspostulat' für die Wissenschaften, das im übrigen zumeist überinterpretiert wird. Siehe hierzu näher S. 200 ff. und S. 306 ff., dort insb. S. 318 FN 74.

17) Vgl. WEBER 1980, S. 12, 13. Der Begriff der Wertrationalität wird von WEBER nur recht vage erläutert, dürfte aber in der hier dargelegten Weise zu interpretieren sein. Siehe zu Schwierigkeit und Auslegung des Begriffs auch SCHLUCHTER 1979, S. 191 ff., und die Anmerkung von PARSONS in der amerikanischen Übersetzung (PARSONS 1964, S. 115 FN 38).

18) Vgl. auch WEBER 1980, S. 13.

19) In der entscheidungstheoretischen Terminologie könnte man insoweit von einer Zielkonfliktlösung nach dem Prinzip der "Zieldominanz" sprechen (MAG 1977, S. 37, im Original fett).

Rationalitätsformen

Kalkulierte Rationalität

* Begrenzte Rationalität
* Kontextabhängige Rationalität
* Spiel-Rationalität
* Prozeß-Rationalität

Systemische Rationalität

* Adaptive Rationalität
* Selektive Rationalität
* Posteriore Rationalität

Abb. 11: Rationalitätsformen nach MARCH (1978, S. 591 ff.)

Zu den Varianten der *kalkulierten Rationalität* zählt MARCH die begrenzte Rationalität, die kontextabhängige Rationalität, die Spielrationalität und die Prozeßrationalität[20]. Das gemeinsame Merkmal dieser Rationalitätskonzeptionen besteht in der Annahme, daß Individuen zielorientiert handeln und bei ihren Wahlhandlungen die Konsequenzen der verschiedenen Alternativen bewußt in Rechnung stellen[21]. Die getroffenen Entscheidungen finden also ihre Begründung in der Analyse und Bewertung der jeweiligen Handlungsfolgen. Auch die kalkulierte Rationalität kann damit ohne weiteres der dargelegten rationalen Grundphilosophie zugerechnet werden.

Handlungs- und Verhaltensweisen im *systemischen Rationalitätsmodus* werden dagegen von einem Komplex ('System') von Regeln geleitet, die sich im Laufe der Zeit über Personen und Organisationen (im institutionellen Sinne) hinweg herausgebildet haben. Aufgrund ihrer evolutionären Entwicklung, deren Ursprünge weit in die Vergangenheit zurückreichen können, ist die Begründung ("justification") dieser Regelsysteme den Akteuren nicht (mehr) unmittelbar präsent. Der systemische Rationalitätsgedanke liegt nach MARCH dem adaptiven, dem selektiven und dem posterioren Rationalmodell zugrunde[22].

Adaptive Rationalität entwickelt sich aus individuellen und kollektiven Lernprozessen[23]. Die Auswertung von Rückkopplungen über die Ergebnisse durchgeführter Maßnahmen erlaubt nach diesem Modell bei genügend langer Lernzeit und ausreichend stabilen Bedingungen eine schrittweise Annäherung an die optimalen Maßnahmen. Die so gewonnenen Erfahrungen werden mit der Zeit in einfachen Verhaltensregeln kondensiert. Diese Regeln informieren nicht mehr im Detail über den Wirkungsmechanismus der einzelnen Maßnahmen, sondern programmieren nur noch die situationsadäquaten Verhal-

20) MARCH 1978, S. 591 f.

21) MARCH 1978, S. 591 f. Siehe speziell zu den Begriffen der begrenzten Rationalität und der Prozeßrationalität auch noch näher S. 75 ff. der vorliegenden Arbeit.

22) MARCH 1978, S. 592 f.

23) Vgl. hierzu und zum folgenden neben MARCH 1978, S. 592 f., auch CYERT/MARCH 1963, S. 99 ff.; DAY 1975.

tensweisen. Infolgedessen kann ihre Funktionalität bzw. Zweckmäßigkeit vom Regelanwender nicht mehr explizit nachvollzogen werden.

Aufgrund ihrer Tendenz zur Empfehlung der approximativ, wenn nicht sogar der am besten geeigneten Maßnahmen spiegelt auch die adaptive Rationalität die prinzipielle Maxime der günstigen Mittelverwendung wider. Nicht mangelnde Zielorientierung und Zielwirksamkeit[24)] machen folglich das Spezifikum des adaptiv-rationalen Verhaltens aus. Das charakteristische Kennzeichen der adaptiven Rationalität liegt vielmehr in der (angeblich[25)]) fehlenden Fähigkeit der Akteure zur Erläuterung der Zweckmäßigkeit ihrer Maßnahmen, also im un(ter)bewußten Status dieser Rationalitätsform.

Das *selektive Rationalitätsmodell* beruht im Kern auf einer darwinistischen Argumentation[26)]. Verhaltensregeln beziehen in diesem Ansatz ihren Rationalgehalt aus dem Umstand, daß Individuen und Institutionen, die die entsprechenden Regeln beachten, im Gegensatz zu ihren Wettbewerbern überleben und wachsen. Diese Rationalitätsform ist im Vergleich zur adaptiven Rationalität durch die determinierenden Selektionseffekte der Umwelt noch stärker entindividualisiert. Sie teilt mit der Adaptionsrationalität aber den Gedanken, Maßnahmen nicht als Ergebnis bewußter Kalkulationen von Handlungskonsequenzen aufzufassen, sondern als Resultat einer mehr oder weniger unreflektierten Befolgung von Regeln. Ferner enthält auch das Konzept der Selektionsrationalität eine Hypothese über die zielbezogene Funktionalität dieser Rationalitätsform. Es bewegt sich damit ebenfalls in der Tradition des rationalen Grundverständnisses.

Die *posteriore Rationalität* scheint mit einem zentralen Pfeiler der prinzipiellen Rationalitätsauffassung zu brechen - dem zeitlichen Vorlauf der Ziel-Setzung vor der Alternativenbewertung und Alternativenauswahl. Diese Sequenz ist deshalb von zentraler Bedeutung, weil die Bewertung und Auswahl nach rationalem Grundverständnis nur mit Hilfe von Kriterien - eben Zielen - bewerkstelligt werden kann. Nach dieser Logik sind somit zwangsläufig zunächst die Ziele zu formulieren und erst anschließend die Alternativen zu betrachten[27)]. Im Gegensatz hierzu propagiert das Modell der posterioren Rationalität die umgekehrte Reihenfolge. Danach werden Maßnahmen zunächst "exogen"[28)] (?) ergriffen

---

24) Die vom Modell unterstellte Zielwirksamkeit der adaptiven Rationalität muß an dieser Stelle nicht in Zweifel gezogen werden, da die in den Modellannahmen zum Ausdruck kommenden Intentionen für die Einordnung dieser Rationalitätskonzeption entscheidend sind.

25) Siehe zur Frage, ob und inwieweit die erfahrungsgeborene Intuition nicht doch artikuliert werden kann, S. 146 f.

26) Vgl. zum folgenden MARCH 1978, S. 593, sowie speziell zur evolutionstheoretischen Richtung der Organisationstheorie unten (S. 404).

27) Vgl. zur Steuerungsfunktion von Zielen für die Alternativensuche und -betrachtung schon oben, S. 19, 37 f., sowie auch unten, S. 293 f. m. N.

28) MARCH 1978, S. 593.

und erst nachträglich im Lichte von Präferenzen, die sich im Zuge der Maßnahmendurchführung allmählich herauskristallisieren, möglichst stimmig interpretiert[29].

Die Häufigkeit dieser auch als (Ex-post-)Rationalisierung bekannten Verhaltensweise, die in zahlreichen Disziplinen und dementsprechend unterschiedlichen Spielarten thematisiert wird[30], wird häufig eher postuliert als empirisch belegt[31], so daß sein Verbreitungsgrad zumindest für den Bereich managerialer Problemlösungen nicht als rigoros überprüft gelten kann. Ganz abgesehen davon läßt sich jedoch auch in den verschiedenen Konzepten der posterioren Rationalität durchaus das Grundmuster der Mittel-Zweck-Beziehung wiedererkennen. Nur liegt die Zweckmäßigkeitsrelation hier auf einer anderen Ebene, und zwar nicht zwischen der zuerst durchgeführten (Objekt-)Handlung und den nachträglich formulierten Zielen, sondern zwischen der nachträglichen Zielformulierung (als Meta-Handlung) und den übergeordneten Zielsetzungen beispielsweise, emotionale Spannungen bzw. kognitive Dissonanzen abzubauen[32] oder aber legitimationsnotwendigen Rechtfertigungsverpflichtungen nachzukommen[33].

Als Resümee der voranstehenden Untersuchungen kann festgehalten werden, daß die rationale Grundformel von der zielgerichteten Mittelverwendung in der Tat eine gemeinsame Plattform der wichtigen Rationalitätsbegriffe bildet. Mit dieser Formel ist die Kategorie *Rationalität* allerdings noch wenig spezifiziert. Sie steht in dieser Fassung letztlich nur synonym für das Plädoyer zugunsten einer Zielorientierung und Zielwirksamkeit des Handelns und Verhaltens. Lediglich die Absolvierung zielloser Vorgänge und die Verwendung zielneutraler oder gar zielkonträrer Mittel werden hiernach aus der Sphäre der Rationalität ausgeschlossen und als irrational beurteilt. Im übrigen bestehen für die Rationalitätsqualifikation von Sachverhalten aber noch keine nennenswerten Restriktionen.

---

29) So die Essenz der Charakterisierung der posterioren Rationalität bei MARCH 1978, S. 593, 601. Vgl. zur näheren Darstellung verschiedener Varianten dieses Konzeptes die sogleich folgenden Ausführungen.

30) Vgl. zur Rationalisierung im (individual-)psychologischen Sinne FESTINGER 1962; FISCHHOFF 1975, S. 297 f.; MANN/JANIS 1982, S. 352 f., aus argumentationstheoretischer und aus juristischer Sicht AUDI 1985, S. 159 ff. bzw. ESSER 1970, S. 7, sowie aus dem Bereich der Theorien organisationaler und politischer Entscheidungsprozesse CYERT/DILL/MARCH 1958, insb. S. 339 f.; MINTZBERG/RAISINGHANI/THÉORET 1976, S. 258 f.; WEICK 1979a, S. 194 ff., 239; PERROW 1978, S. 106; STARBUCK 1983, S. 94 ff.; TÜRK 1989, S. 35 f.

31) Eine Ausnahme bilden Untersuchungen von WITTE, die auf einer umfangreichen empirischen Erhebung innovativer Entscheidungsprozesse (über die Anschaffung - seinerzeit - neuartiger EDV-Anlagen) beruhen. Die mangelnde Zielklarheit zu Beginn der Entscheidungsüberlegungen führt WITTE allerdings nicht primär auf eine bewußte Rationalabweichung zurück, sondern auf die erst im Zuge der Vorbereitung des endgültigen Entschlusses wachsenden Einsichten in die Handlungsmöglichkeiten und damit auf einen Lernprozeß. Siehe hierzu WITTE 1971, S. 384 ff.; ders. 1992, Sp. 558 f., sowie auch unten, S. 294 m. w. N.

32) Vgl. nur FESTINGER 1962, S. 3, 73 f. und passim, sowie zu den Weiterentwicklungen der Theorie der kognitiven Dissonanz FREY 1981.

33) Zum Legitimationsaspekt von (selbst nachträglichen) 'rationalen' Rechtfertigungen im arbeitsteilig-gesellschaftlichen Kontext z. B. MEYER/ROWAN 1977, S. 343 ff.; PERROW 1978, S. 106; PFEFFER 1981, S. 5. Vgl. auch die etwas anders akzentuierte Argumentation von SALANCIK/MEINDL, wonach Manager Erklärungen des Unternehmungsergebnisses (etwa in Geschäftsberichten) mit dem Ziel abgeben, zu demonstrieren, daß sie die Unternehmungsaktivitäten ungeachtet turbulenter Umwelteinflüsse unter Kontrolle haben (SALANCIK/MEINDL 1984, hier insb. S. 239).

Die Konturen der Kategorie Rationalität treten erst dann stärker in Erscheinung, wenn die jeweils betrachteten Modalitäten der Rationalitätsgewinnung näher präzisiert werden. Diese Präzisierung führt - ausgehend von der gemeinsamen Plattform - zur Ausdifferenzierung der verschiedenen Rationalitätsbegriffe. Sie läßt sich in den sechs Begriffsdimensionen festmachen, die in Abb. 12 zusammengestellt sind[34].

Rationalitäts-dimensionen	Ausprägungen		
Modus	analytisch		synthetisch
Kommentierung	entbehrlich	authentisch	taktisch
Subjekt	Individuum	Gruppe	Institution
Objekt	Wissen	Handlungen	Werte
Maßstab	absolut	objektiv	subjektiv
Ziel	neutral	ökonomisch	außerökonomisch

Abb. 12: Dimensionen der Rationalität

Abb. 12 enthält das Raster für die folgende Analyse der Differenzen des Schrifttums zur Rationalitätsinterpretation. Der dimensionalen Aufarbeitung der Rationalitätsdebatte wird hier der Vorzug vor ermüdenden aufeinanderfolgenden Einzeldarstellungen der vertretenen Begriffe gegeben, da sich so die Strukturen der Auseinandersetzung klarer aufdecken lassen. Dies gilt um so mehr, als die konkreten Rationalitätsbegriffe der Literatur - infolge ihrers mehrdimensionalen Charakters - selten überschneidungsfrei sind und sich daher kaum trennscharf sortieren lassen. Die verschiedenen Rationalitätsbegriffe sollen (und müssen) somit im weiteren nur insoweit erläutert werden, wie es zum Verständnis der Dimensionen und zum Nachweis der tatsächlichen Besetzung der einzelnen Ausprägungsfelder erforderlich ist. Der für die weiteren Teile dieser Arbeit verwendete eigene Begriff der Argumentationsrationalität muß anschließend natürlich in sämtlichen sechs Dimensionen eingeordnet werden.

---

34) Die Ausprägungen der einzelnen Dimensionen stellen teils einander ausschließende und teils kombinierbare Alternativen zur Formulierung eines Rationalitätsbegriffs dar. So ist in der Subjekt- und in der Objektdimension die gleichzeitige Aufnahme mehrerer Ausprägungen in ein Rationalitätskonzept nicht ausgeschlossen. Beispiele bilden die reduktionistische Modellierung der Gruppen- oder Institutionenrationalität mit Hilfe der individuellen Rationalitäten der Gruppen- bzw. Institutionsmitglieder (vgl. hierzu näher S. 63 f.) bzw. die Zusammenführung von kognitiven (Daten), praktischen (Handlungen) und evaluativen (Werte) Aspekten in ein entsprechend ausgreifendes Rationalitätskonzept (siehe auch unten, S. 86 ff.). Ferner können in einem Rationalkonzept explizit auch ökonomische und außerökonomische Ziele gemeinsam angesetzt werden. Transdimensional sind die Ausprägungen im Regelfall frei kombinierbar, stehen teilweise allerdings auch in einem starren Zusammenhang. So ist beispielsweise das Rationalobjekt 'Wissen' allein für die Form der bewußten, also analytischen Rationalität relevant. Vgl. im übrigen auch die (in Details und Differenzierungsgrad abweichenden)

II. Begriffsdifferenzierung: Rationalitätsdimensionen

1. Modus

Nach dem geforderten Modus der Durchführung rationaler Aktionen[35] und der Formulierung von Zielsetzungen[36] lassen sich zwei alternative Rationalitätsinterpretationen unterscheiden. Die eine Auslegungsvariante erkennt nur Situationen als rational an, in denen der Einsatz der Mittel durch 'intelligente' Überlegungen bewußt fundiert wird[37]. Leitidee dieser Einschränkung auf den reflektierten bzw. *analytischen* Mitteleinsatz bildet die Annahme, daß sich die Zielerreichung am besten dann bewerkstelligen läßt, wenn der Aktionsraum der möglichen Handlungsweisen sorgfältig ausgelotet und eine umfassende Untersuchung der alternativen Konsequenzen vorgenommen wird[38]. Zielverwirklichungen ohne vorangehende Analysen markieren nach dieser Auffassung Glücks- und Zufälle, aber keine Anwendungsfälle von Rationalität[39].

Die Forderung nach bewußter Mittelverwendung ist offensichtlich Ausdruck desjenigen Rationalitätsverständnisses, das von der präskriptiven Entscheidungstheorie prototypisch verkörpert und von der Begriffsfamilie der kalkulierten Rationalität geteilt wird. Diese Interpretation rationalen Handelns als analytische Deliberation kann als die klassische Rationalitätsauffassung angesehen werden[40]. Diese Auszeichnung bedeutet allerdings nicht, daß über das Ausmaß der zur Erreichung der Rationalitätsschwelle erforderlichen Handlungsfundierung Einigkeit besteht. Zwar wird die jeweils als notwendig angesehene Intensität der handlungsvorbereitenden Überlegungen - schon durch das bisherige Fehlen eines Meßinstrumentariums bedingt - nicht genau angegeben. Immerhin lassen sich aber doch grobe Unterschiede erkennen, die erste Abstufungen erlauben. Aufgrund ihrer großen Bedeutung für die Erklärung der verschiedenen Auffassungen zur bewußten Rationalität werden diese Unterschiede in einer eigenen Begriffsdimension (Maßstab) erfaßt und dementsprechend erst weiter unten näher behandelt.

Für die Gegenposition in der modalen Dimension bilden bewußte Überlegungen dagegen kein begriffsnotwendiges Merkmal rationaler Mittelverwendungen. Diese Konzeption hält die Rationalqualifikation vielmehr auch für unreflektierte und mitunter sogar unter-

---

Klassifikationen verschiedener Rationalitätsbegriffe bei SIMON 1964, S. 573 und GÄFGEN 1974, S. 26 ff., S. 86 ff.

35) Aktionen umfassen nach der hier verwendeten Terminologie auf der einen Seite bewußte (anlytische oder emotionale) Handlungen und auf der anderen Seite das unbewußte (mechanische oder habituelle) Verhalten. Dementsprechend lassen sich die Akteure in Handlungs- und Verhaltensträger einteilen. Sofern es auf den Unterschied nicht ankommt, werden der Handlungs- und der Verhaltensbegriff im folgenden aber aus sprachlichen Gründen mitunter auch synonym verwendet.

36) Um die Darstellung nicht zu überfrachten, wird im folgenden explizit zumeist nur von den Aktionen die Rede sein. Die Ausführungen gelten jedoch für die Formulierung von Zielen analog.

37) So z. B. RESCHER 1988, S. 1: "Rationalität besteht in der intelligenten Verfolgung angemessener Ziele." (Übersetzung durch v. W.).

38) Diese Annahme wird auf S. 113 ff. eingehender diskutiert werden.

39) Vgl. z. B. RESCHER 1988, S. 4.

40) Zur Dominanz dieses Standpunktes auch MARCH 1978, S. 592.

bewußte Aktionen offen, sofern sie nur zielführend sind. Die Zweckmäßigkeit solcher Aktionen kann dabei vor allem auf persönlichen und institutionellen Erfahrungen beruhen, die sich mit der Zeit vom Wissen um die technologischen Zusammenhänge ablösen und in Handlungs- bzw. Verhaltensschablonen gerinnen. Mit deren Hilfe werden dann bei gegebenem Handlungsbedarf Maßnahmen ohne Einstieg in Detailanalysen der relevanten Wirkungsbeziehungen sowie im Vertrauen auf die 'Intelligenz von Evolution und Emotion' spontan und ganzheitlich ('holistisch') ergriffen, so daß hier von einem *synthetischen* Modus der Rationalität gesprochen werden kann.

Unreflektiert-synthetische Aktionen werden z. B. in den bereits beschriebenen Modellen der adaptiven und der selektiven Rationalität thematisiert. Sie stehen ferner im Mittelpunkt des Interesses der eingangs schon angesprochenen betriebswirtschaftlichen Richtung, die als *intuitiver Managementansatz* bezeichnet werden kann und sich gegenwärtig - vor allem in den USA - großer Popularität erfreut[41)]. Das (erfolgreiche) intuitive Vorgehen beim Management unstrukturierter Probleme wird hier allerdings nicht als Unterfall einer 'rationalen' Handlungsweise aufgefaßt, sondern (zumindest terminologisch) geradezu als Kontrastprogramm zur Rationalitätsidee konzipiert. Dabei ist freilich zu beachten, daß der Intuitionsbegriff in der einschlägigen Literatur sehr vielschichtig und schillernd ist. Teilweise fungiert er als Komplement zu einem schon bizzar verengten Rationalitätsbegriff und deckt dann über weite Bereiche Handlungen ab, die - aufgrund ihrer analytischen Basis und Zielorientierung - ohne weiteres als rational einzuordnen sind[42)]. Im Kern werden unter intuitiven Problemlösungen aber übereinstimmend Entschlüsse verstanden, die - je nach anatomischen Vorlieben der Autoren in unterschiedlichen Körperregionen verortet - 'aus dem Bauch heraus' oder in der rechten Hemisphäre des Hirns[43)], nach "'gut-feel'"[44)] oder Fingerspitzengefühl erfolgen und ohne langes Nachdenken rasch, holistisch, engagiert, mit großem Zutrauen und letztlich unerklärlich gefaßt werden[45)]. Da die Auseinandersetzung mit dieser Richtung aus

41) Siehe als Auswahl ohne Vollständigkeitsanspruch z. B. MINTZBERG 1976; ders. 1989, S. 43 ff.; AGOR 1984; ders. 1986; HURST 1984; McGINNIS 1984; BECHTLER (Hrsg.) 1986; DREYFUS/DREYFUS/ATHANASIOU 1986; BIEDERMANN/MÜLLER 1988; QUINN 1989; ROWAN 1989; BLATTBERG/HOCH 1990; MÜRI 1990.

42) Vgl. exemplarisch die völlig überzogene Definition von BECHTLER 1986, S. 21: "Das *wissenschaftliche Denken* geht analytisch, rational und systematisch vor; es basiert auf der Annahme, daß für jedes Problem nach ausreichender Analyse und Würdigung der Fakten sowie Berücksichtigung der Theorien, Lösungen logisch abgeleitet und auch abschließend begründet werden können." Welcher Wissenschaftler und welcher rationale Manager vertritt eigentlich für die Bewältigung unstrukturierter Themen- und Problemstellungen diese Auffassung? Daß sich im übrigen bei solch engem Rationalitätsverständnis trefflich geeignete Felder für den Einsatz des 'intuitiven Denkens' propagieren lassen, liegt auf der Hand. Selbst "sittliche Fragestellungen", die BECHTLER wohl für die Intuition reserviert (a. a. O., S. 23, Flexion geändert), lassen sich aber durchaus reflektiert und damit (argumentations-) rational angehen (hierzu näher S. 306 ff. der vorliegenden Arbeit). Ähnlich wie BECHTLER z. B. auch ETZIONI 1990, S. 21: "Das Rationalmodell der Entscheidungsfindung setzt Unmögliches voraus - vollständiges Wissen." Mitnichten! Vgl. schließlich auch noch McGINNIS 1984, S. 48 f., der innovative, proaktive und risikoreiche Aktionen primär dem Bereich der Intuition zuschlägt. Neuartig und riskant sind aber bis zu einem gewissen Grade alle (gleichwohl fundierbaren) Lösungen unstrukturierter Managementprobleme.

43) Vgl. zu letzterem z. B. MINTZBERG 1976, S. 51 f.; AGOR 1984, S. 1 f.; TRUX/KIRSCH 1979, S. 229; KIRSCH 1984, S. 197 ff. Kritisch zu dieser Lokalisierung vor dem Hintergrund der bislang vorliegenden spärlichen gehirnphysiologischen Forschungsresultate SIMON, H. A. 1987, S. 58 f.

44) Für viele BLATTBERG/HOCH 1990, S. 888.

Gründen des inneren Zusammenhangs sinnvollerweise auf mehrere Abschnitte dieser Untersuchung verteilt wird[46], ist an dieser Stelle nur eine terminologische Anmerkung erforderlich. Der intuitive Managementansatz repräsentiert gegenwärtig ohne Zweifel die prominenteste Konzeption, die von der Sache her unter das Modell der synthetischen Rationalität subsumiert werden kann. Der sprachlichen Übung der Literatur folgend sollen daher von nun an synthetisch-rationale Verhaltensweisen häufig auch als intuitive Problemlösungen bezeichnet werden.

2. Kommentierung

In der Begriffsdimension der Kommentierung geht es um die Frage, ob und wie Aktionen und/oder Zielsetzungen[47] nach dem jeweiligen Rationalitätsverständnis Dritten gegenüber zu erläutern oder zu rechtfertigen sind. Dabei lassen sich die beiden Grundpositionen unterscheiden, daß derartige Kommentierungen entbehrlich bzw. erforderlich sind. Die zweite Auffassung tritt ihrerseits in zwei Varianten auf, indem einmal authentische Kommentierungen gefordert und andererseits taktische Kommentare toleriert werden.

Eine Offenlegung verhaltensleitender Überlegungen erweist sich als *entbehrlich*, wenn unkommentierte und selbst unkommentierbare[48] Aktionen als prinzipiell rationalitätsfähig gelten. Diese Position ist offensichtlich charakteristisch für die synthetische Rationalitätskonzeption, die auch zweckmäßige, aber unreflektierte Verhaltensweisen ohne weiteres als rational einstufen[49]. Wird dagegen eine Erklärung oder wenigstens Erklärbarkeit als typisches Kennzeichen rationaler Handlungen angesehen, so ist zwischen authentischen und taktischen Kommentierungen zu differenzieren.

Aktionen werden (mehr oder weniger[50]) *authentisch kommentiert*, wenn der Akteur selbst oder ein von ihm benannter Experte auf Nachfrage die Zielwirksamkeit der betreffenden Maßnahmen durch Darlegungen ihrer Wirkungsmechanismen (mehr oder weniger[51] fundiert) erläutert. Das spezifische Merkmal der authentischen Kommentierung

---

45) Vgl. schon BARNARD 1938, S. 302, sowie z. B. MINTZBERG 1976, S. 51 f.; SIMON, H. A. 1987, S. 57 f.; BLATTBERG/HOCH 1990, S. 888.

46) Siehe v. a. S. 107 ff. und S. 128 ff.

47) An FN 36 auf S. 57 wird erinnert.

48) Da Aktionen bei ausreichender Phantasie stets taktisch kommentierbar sind, ist hier die authentische Begründbarkeit gemeint. Siehe zur Unterscheidung zwischen taktischen und authentischen Kommentaren sogleich und zur Frage, inwieweit Aktionen stets auch authentisch begründbar sein können, S. 146 f.

49) Vgl. an dieser Stelle nur noch einmal die im intuitiven Ansatz meist angenommene Unerklärlichkeit der Problemlösungshintergründe.

50) Die Abstufungen der authentischen Kommentierung gehen Hand in Hand mit den Rationalitätsabstufungen und bilden damit den Kern der noch folgenden Untersuchungen. Siehe auch S. 83.

51) Diese strenggenommen jeweils erforderliche Abstufungsformel wird im folgenden zur Entlastung des Textes nicht mehr stets ausdrücklich hinzugenommen.

liegt darin, daß der Akteur oder sein Experte[52] Überlegungen vortragen, die dem Stand ihres aktuellen zugänglichen Wissens[53] entsprechen und von denen sie daher auch selbst tatsächlich überzeugt sind. Unter einer *taktischen Kommentierung* wird hier demgegenüber die Abgabe von Erläuterungen zu durchgeführten oder geplanten Maßnahmen verstanden, die nicht den persönlichen Überzeugungen des Akteurs entsprechen. Sie vermitteln seiner Kenntnis nach somit keine verläßlichen Einblicke in die tatsächlichen Zusammenhänge, befriedigen jedoch die unabweisbaren Informationsbedürfnisse der Adressaten und sind daher im Sinne seiner eigenen (taktischen) Ziele nützlich[54].

<table>
<tr><th>Fundierte Einsichten des Akteurs vorhanden / Wahrhaftigkeit der Kommentierung</th><th>Ja</th><th>Nein</th></tr>
<tr><td>Ja</td><td>Authentische Kommentierung</td><td>./.</td></tr>
<tr><td rowspan="2">Nein</td><td>Pseudo-Kommentierung</td><td>Fiktiv-Kommentierung</td></tr>
<tr><td colspan="2">Taktische Kommentierung</td></tr>
</table>

Abb. 13: Kommentierungsformen

Taktische Kommentierungen können sowohl an Stelle als auch in Ermanglung fundierter Einsichten des Akteurs geliefert werden. Im ersten Fall lassen sie sich als *Pseudo-Kommentare* bezeichnen, die losgelöst von den tatsächlichen Kenntnissen des Handlungsträgers vorgeschoben werden, im zweiten Fall dagegen als *fiktive Kommentare*, die für unreflektierte Verhaltensweisen nachgeschoben werden[55]. In Abhängigkeit von den vorhandenen Einsichten des Akteurs und seiner Wahrhaftigkeit lassen sich damit insgesamt die in Abb. 13 zusammengestellten Kommentierungsformen unterscheiden.

52) Auch der explizite Hinweis auf die Expertenalternative der Kommentierung soll im folgenden zur Vereinfachung regelmäßig entfallen.

53) Siehe hierzu S. 90 ff.

54) Zu denken ist namentlich an die Ziele der externen Rechtfertigung und Legitimation, siehe hierzu auch nochmals S. 55.

55) Nachgeschoben bezogen auf den Zeitpunkt, zu dem eine Fundierung vorzunehmen gewesen wäre, nicht notwendigerweise (bei angekündigten Maßnahmen) auf den Zeitpunkt der Ausführung der Maßnahme selbst. Emotionale Festlegungen auf bestimmte Maßnahmen z. B. können somit durchaus 'ex post' noch vor (und zur Sicherstellung) ihrer offiziellen Genehmigung fiktiv begründet werden. Der nachgeschobene Fiktiv-Kommentar als Angabe inauthentischer, wenn auch für die Adressaten möglichst überzeugend erscheinender Gründe darf im übrigen nicht verwechselt werden mit der ernstgemeinten nachträglichen Erklärung intuitiver Aktionen und kreativer Einfälle. Während Fiktiv-Kommentare ausschließlich taktischen Zwecken (etwa der externen Rechtfertigung und Legitimation) dienen, können Erläuterungen intuitiver und kreativer Ideen nach unserer Konzeption durchaus auf das Ziel der Handlungsfundierung verpflichtet sein. Siehe hierzu näher S. 121, insb. FN 76.

Die Forderung nach einer authentischen Kommentierung stellt eine Voraussetzung für die Rationalitätsqualifikation von Aktionen dar, die im Kern lediglich im Zusammenhang mit dem analytischen Rationalmodell aktuell ist. Allerdings wird diese Spezifikation auch von den Anhängern der analytischen Rationalität häufig nicht ausdrücklich vorgenommen[56)] und bisweilen nur eher beiläufig erwähnt[57)]. In bestimmten Ansätzen steht sie jedoch auch ganz im Vordergrund und gibt dem Rationalitätsverständnis dann insgesamt das Gepräge. Zu dieser Richtung zählen vor allem Beiträge aus den Bereichen des Konstruktivismus und der Kritischen Theorie[58)]. Das Gewicht, das diese Arbeiten dem Kommentierungsaspekt beimessen, läßt sich schon daran ablesen, daß handlungserläuternde Aussagen, die von den Teilnehmern eines "idealen"[59)] Diskurses akzeptiert werden, hier nicht nur als rational, sondern als wahr gelten[60)].

Taktische Kommentierungen werden dagegen vor allem in den Konzepten der posterioren Rationalität thematisiert. Aussagen über Beweggründe, die zu den ausgeführten oder angekündigten Aktionen nachträglich 'passend' formuliert werden, und über die hinsichtlich solcher maßgeschneiderten Zielsetzungen vorteilhaften Wirkungsweisen der Aktionen sind nicht authentischer Natur. Sie können daher nur Gegenstand von Pseudo- oder fiktiven Kommentaren sein.

Die beiden Dimensionsausprägungen der authentischen und der taktischen Kommentierung haben für die Rationalitätsdebatte ganz unterschiedliche Implikationen. Die Einforderung authentischer Kommentare fungiert dabei als die strengere Restriktion der Rationalitätsqualifikation. Sie schränkt den Kreis potentieller Rationalkandidaten auf Aktionen ein, die analytisch vorbereitet und auf der Grundlage dieser Vorbereitungen erläutert werden. Da im Falle authentisch begründeter Handlungen die Maßnahmen bewußt fundiert und die dabei angestellten Analysen offengelegt werden, können Handlungsfundierung und Kommentierung hier auf der anderen Seite aber als bloß 'zwei Seiten einer Medaille' angesehen werden, die einmal den substantiellen Aspekt der Rationalitätsgewinnung und einmal den kommunikativen Aspekt der Rationalitätsvermittlung repräsentieren. Die Zusatzforderung nach einer authentischen Kommentierung berührt somit nicht den substantiellen Gehalt an Rationalität der fraglichen (analytischen) Handlungen, sondern ermöglicht nur seine interpersonelle Feststellung.

Die Zulassung auch taktischer Kommentare bewirkt dagegen - vom Standpunkt authentisch erläuterter Handlungen aus betrachtet - eine Erweiterung des Rationalitätsfeldes. Sie bietet die Möglichkeit, auch Aussagen über Aktionen, die von den tatsächlich angestellten oder aber unterlassenen Überlegungen zur Handlungsfundierung ablenken, das Etikett

56) So namentlich in der präskriptiven Entscheidungstheorie.

57) Vgl. beispielsweise NATHANSON 1985, S. 4; RESCHER 1988, S. 3 f. und S. 158.

58) Siehe zu diesen beiden Richtungen näher S. 240 f. m. N.

59) Die Kennzeichen der "idealen Sprechsituation" (HABERMAS 1971, S. 136) werden auf S. 241 f. näher beschrieben.

60) Zur Konsenstheorie der Wahrheit und ihrer Problematik eingehend S. 240 ff.

der Rationalität zu verleihen, sofern sie nur (vordergründig) überzeugend gerechtfertigt werden.

Im Gegensatz zur Forderung nach authentischen Kommentaren hat die Tolerierung taktischer Erläuterungen damit für die Rationalbeurteilung deutlich gravierendere Implikationen. Sie basieren darauf, daß sich diese Kommentierungsform von den (eventuellen) Analysen im Vorfeld der Aktionen lösen. Sehr bzw. wenig überzeugend anmutende Rechtfertigungen können folglich im taktischen Fall durchaus mit einer geringen bzw. intensiven Maßnahmenvorbereitung einhergehen. Taktische Kommentare geben m. a. W. keinen zuverlässigen Aufschluß über die Fundierung der begründeten Aktionen. Die hieraus für die praktische Rationalitätsmessung resultierende Problematik der Identifizierung authentischer und Enttarnung taktischer Kommentierungen liegt auf der Hand, kann aber erst in einem späteren Untersuchungsstadium eingehender erörtert werden[61)].

3. Subjekte

Mit dem Attribut *rational* werden in der Literatur (und in der Alltagssprache) zahlreiche und ganz unterschiedliche Entitäten bewertet[62)]. Sie sollen für unsere Zwecke zu den beiden Gruppen der Rationalitätssubjekte und der Rationalitätsobjekte zusammengefaßt werden. Bei den Subjekten der Rationalität handelt es sich um natürliche Einzelpersonen oder Personengesamtheiten. Sie fungieren als Zuordnungseinheiten für die rationalitätsrelevanten Merkmale - namentlich Aktionen und Eigenschaften der Merkmalsträger -, die nach der jeweiligen Konzeption der einzelnen Modelle Rationalität hervorbringen. Dabei wird die Rationalität der betreffenden Merkmale zumeist begrifflich auch auf die Subjekte übertragen. Merkmalsträger, die im Sinne der jeweiligen Auffassungen rationale Aktionen ausführen oder rationale Eigenschaften besitzen, gelten danach ihrerseits als rational[63)]. Im Rahmen der diversen Rationalitätsauffassungen werden als Subjekte im wesentlichen - geordnet nach ihrer Komplexität - Einzelpersonen (Individuen) sowie (kleinere) Personengruppen und Organisationen (im institutionalen Sinne) thematisiert. Gruppen und Institutionen sollen im weiteren gemeinsam auch als Systeme bezeichnet werden.

Individualentscheidungen bilden bekanntlich den Ausgangspunkt der präskriptiven Entscheidungstheorie, so daß die Einzelperson auch das (Basis-)Subjekt der entscheidungstheoretisch-analytischen Rationalität verkörpert. Die zentrale Rolle kommt Individuen ferner beispielsweise auch in Konzepten der Mikropolitik und der Spielrationalität zu. Beide Ansätze führen das organisationale Geschehen auf Prozesse zurück, in denen

---

61) Siehe S. 148 f. und S. 508 f.

62) Statt vieler GETHMANN 1978a, Sp. 474; ELSTER 1983, S. 1; BROWN 1988, S. 5.

63) So z. B. ausdrücklich RESCHER 1988, S. 3.

Einzelpersonen isoliert oder in (temporären) Koalitionen ihre persönlichen Interessen verfolgen[64].

Zu den Ansätzen, die die Rationalität auf der Ebene von Gruppen untersuchen, zählen beispielsweise die präskriptiven Theorien der Mehrpersonen-Wahlhandlungen bei konfliktären Individualinteressen der Gruppenmitglieder[65] sowie die Teamtheorie, die organisatorisch akzentuiert ist und von harmonischen Zielsetzungen der Teammitglieder ausgeht[66]. Die Rationalität von Institutionen schließlich wird vor allem in organisationalen und soziologischen Theorien behandelt. Ein prominentes Beispiel bildet etwa der Ansatz von LUHMANN zur "Systemrationalität"[67], die er im Kern in der Absorption von Komplexität und Dynamik - dem Grundproblem jedes sozialen Systems - durch die Verfolgung bestimmter Reduktionsstrategien wie der "Subjektivierung, Institutionalisierung, Umweltdifferenzierung, Innendifferenzierung und Unbestimmtheit der Systemstruktur" sieht[68].

Bedeutung erlangt die Wahl des betrachteten Rationalitätssubjekts vor allem durch ihre Interdependenzen zum Modus und zur Zieldimension der Rationalität. Eine Betrachtung der Rationalität auf Individualebene trifft in Hinblick auf den Modus noch keine Vorentscheidung, da Individuen sowohl analytisch als auch synthetisch vorgehen können. Konzepte der Individualrationalität lassen sich also zwanglos mit beiden Ausprägungen der Modaldimension kombinieren. Sofern der Rationalitätsbegriff dagegen auf der Ebene von Gruppen oder Institutionen aufsetzt, wird das Verhältnis zur modalen Dimension - zumindest auf den ersten Blick - komplizierter.

Namentlich in der Soziologie wird eine bisweilen leidenschaftliche Auseinandersetzung zwischen Vertretern des methodologischen Individualismus und des methodologischen Kollektivismus um das richtige Basisbezugsobjekt sozialwissenschaftlicher Forschung geführt. Nach der individualistischen Auffassung sind Systemerscheinungen auf (letztlich individualpsychologische) Regularitäten in den Aktionen der Systemmitglieder zurückzuführen, kurz also "Makroprozesse durch Mikrogesetzmäßigkeiten"[69] zu erklären.

64) Siehe zum mikropolitischen Ansatz vor allem CROZIER/FRIEDBERG 1979; BOSETZKY 1977; KÜPPER/ORTMANN 1986; dies. (Hrsg.) 1988, und für die "game rationality" MARCH 1978, S. 592 m. w. N. Um Irritationen zu vermeiden, sei angemerkt, daß namentlich der mikropolitische Ansatz aufgrund der Thematisierung organisationaler Phänomene natürlich auch enge Systembezüge hat. Er wird hier aber den Konzepten der Individualrationalität zugerechnet, da der strategische Machteinsatz der einzelnen Akteure im Vordergrund steht.

65) Vgl. exemplarisch die berühmte Studie zur Sozialwahlfunktion von ARROW (siehe ARROW 1963) sowie die Analysen der Konsequenzen alternativer kollektiver Entscheidungsregeln für den Wahlausgang bei unterschiedlichen Abstimmungsreihenfolgen (hierzu LAUX 1979b, insb. S. 51 ff.), und zum Überblick BAMBERG/COENENBERG 1991, S. 198 ff.; FRESE 1992a, S. 393 ff.; SCHAUENBERG 1992.

66) Siehe MARSCHAK 1954; ders. 1959; MARSCHAK/RADNER 1972, sowie auch die Darstellung der Teamtheorie bei FRESE 1992a, S. 399 ff.; SCHÜLER 1992, Sp. 1807 f. m. w. N. zu neueren Entwicklungen.

67) LUHMANN 1968.

68) Ebenda, S. 123 ff. (wörtliches Zitat auf S. 163). Vgl. ferner z. B. auch den evolutionstheoretischen Ansatz der Organisationstheorie, der - im Sinne des selektiven Rationalmodells - Populationen organisierter Institutionen untersucht (siehe S. 54 FN 26 sowie unten, S. 404 m. N.).

Hingegen läßt sich nach kollektivistischer Auffassung - in den berühmten Worten DURKHEIMs - 'Soziales nur durch Soziales'[70] einsichtig machen. Bei einer Entscheidung für den methodologischen Individualismus ergeben sich naturgemäß auch bei einer Ansiedlung des Rationalitätsbegriffs auf der Systemebene keine Schwierigkeiten in der modalen Dimension, da die letztendlich relevanten Systemmitglieder als Individuen analytisch oder synthetisch agieren können. Im Fall der kollektiven Perspektive stellt sich demgegenüber die Frage nach dem möglichen Modus von Systemaktionen. Ohne in die traditionsreiche und verwickelte Auseinandersetzung um den methodologischen Individualismus an dieser Stelle näher eintreten zu müssen[71], kann für unsere Zwecke insoweit zumindest festgestellt werden, daß die hier betrachteten Sozialgebilde als solche - d. h. losgelöst von ihren Mitgliedern - über keine Vorrichtungen für 'selbstbewußte' Handlungen verfügen und damit auch nicht selbst deliberieren können[72]. Gruppen und Institutionen stellen virtuelle Systeme dar und können sich daher auch - anders als materialisierte Apparate[73] - im strengen Sinne (der Beobachtbarkeit) nicht einmal selbst 'verhalten'. Sie treten vielmehr erst über ihre Mitglieder real in Erscheinung. Die Vorstellung von Systemaktionen mag daher zwar ihre unbestreitbaren analyseökonomischen und erkenntnisfördernden Vorzüge haben[74]. Sie darf jedoch nicht derart reifiziert, also verselbständigt werden, daß ihr metaphorischer Charakter in Vergessenheit gerät. Von Systemaktionen kann vielmehr nur im übertragenen Sinne gesprochen werden, indem die Aktionen eines oder mehrerer (im Extremfall: aller) Repräsentanten des betrachteten Sozialgebildes dem Konstrukt 'System' zugerechnet werden. Dabei versteht sich von selbst, daß diese Aktionen neben persönlichkeitsbedingten Einflußfaktoren auch und gerade vom jeweiligen institutionell-sozialen Kontext ihr Gepräge erhalten[75].

Wird dieser Zusammenhang beachtet, so kann durchaus sinnvoll von *Systemaktionen* gesprochen und eine Einteilung in Systemhandlungen und Systemverhaltensweisen (im übertragenen Sinne) vorgenommen werden[76]. *Systemhandlungen* bezeichnen dabei in abgekürzter Sprechweise bewußte Individualaktionen von Systemmitgliedern, die (gegebenenfalls in aggregierter Form) als repräsentativ für das System angesehen werden. Das *Systemverhalten* resultiert demgegenüber aus den unbewußten Verhaltensweisen der relevanten Personen im System. Damit läßt sich festhalten, daß auch die Wahl eines (Gruppen- oder Institutionen-)Systems zum Rationalsubjekt stets sowohl mit dem ana-

---

69) SCHANZ 1977, S. 67 (im Original kursiv).

70) Siehe DURKHEIM 1968, S. 89 ff., hier insb. S. 109, sowie S. 147 (zusammenfassend): "Les faits sociaux ne peuvent être expliqués que par des faits sociaux."

71) Siehe zu einer ausführlicheren Orientierung hier nur VANBERG 1975; SCHANZ 1977, S. 67 ff.; KIRCHGÄSSNER 1991, S. 98 ff.

72) Dabei braucht auf das 'Wesen' der Künstlichen Intelligenz und ihre Abgrenzung zur Intelligenz des Menschen hier gar nicht näher eingegangen zu werden, da diese Debatte bisher nur Computer betrifft und eine selbständige Denkfähigkeit der hier behandelten Sozialsysteme - soweit wir sehen - noch nicht ernsthaft reklamiert worden ist.

73) Beispiel: Programmierte Maschinen.

74) Vgl. auch SCHANZ 1977, S. 91.

75) Vgl. auch SCHANZ 1977, S. 85; POPPER 1992b, S. 114; SCHREYÖGG 1992b, Sp. 1747 f.

lytischen als auch mit dem synthetischen Modus in einer konkreten Rationalitätskonzeption kombiniert werden kann. Ferner gilt als Annex zur modalen Offenheit, daß auch Konzeptionen der Systemrationalität durchaus die Thematik authentischer und taktischer Kommentierungen einbeziehen können.

Die Klärung der Interdependenzen zwischen der Wahl des Subjekts der Rationalität und der Zieldimension kann an die rationale Grundformel anknüpfen. Rationalität besteht nach dieser Formel in der Verwendung zweckmäßiger Mittel zur Erreichung von Zielen. Die Zweckmäßigkeit der Mittel und damit der Rationalgehalt einer Entität hängen folglich von den jeweils zugrundegelegten Zielen ab. Die Beziehung zwischen Subjekt- und Zieldimension beruht nun darauf, daß das Rationalsubjekt im Regelfall den Kristallisationspunkt der Ziele markiert, die für die Rationalitätsbeurteilung maßgeblich sind. Aktionen, die sich aus der Sicht von Individuen als rational darstellen, fördern danach die Verwirklichung von Individualzielen, rationale Aktionen aus Gruppensicht dienen der Realisierung gruppenbezogener Zielsetzungen und Aktionen der institutionalen Rationalität tragen zur Erreichung der Ziele von Organisationen bei. Hält man sich vor Augen, daß Individuen, Gruppen und Institutionen jeweils unterschiedliche und nicht selten unvereinbare Ziele verfolgen können[77)], so lassen sich die Tragweite und Brisanz der Subjektwahl für das jeweilige Rationalitätsverständnis kaum überschätzen. Legt man beispielsweise im Rahmen einer institutionalen Rationalitätskonzeption die Systemziele (Beispiel: Gewinnerzielung) als Beurteilungsmaßstab zugrunde, so können Handlungen von Systemmitgliedern (Beispiel: Ausbau von Stäben) mitunter durchaus als wenig rational - da gewinnschmälernd - erscheinen, obwohl sie aus Sicht der Individualrationalität als (etwa zur Förderung der Karriereziele) zweckmäßig zu beurteilen wären. Stehen nicht einmal Hypothesen über die (verborgenen) Individualziele zur Verfügung, gehen die Urteile umgangssprachlich nicht selten von den «wenig rationalen Handlungen» zur «Irrationalität des betreffenden Handlungsträgers» über.

Rationalitätsurteile werden somit regelmäßig aus der Sicht (nur) des jeweils betrachteten Subjekts der Rationalität abgegeben und können mit der Wahl des Rationalsubjekts erheblich variieren. Allerdings gibt diese Wahl noch keine definitiven Auskünfte über die konkreten Zielinhalte, die für die Beurteilung maßgeblich sind. Vielmehr können auch für gleiche Subjektkategorien[78)] unterschiedliche Zielsetzungen zugrundegelegt werden[79)], wie schon der Hinweis auf die ausdifferenzierten Kataloge möglicher Unternehmungsziele belegt[80)]. Da den Differenzen in den Zielannahmen der verschiedenen Ra-

76) Vgl. auch die von SCHANZ 1977, S. 290 geprägten Begriffe der "'Quasihandlungen'" und des "'Quasiverhaltens'" von Organisationen.

77) Gruppen und Institutionen können als Systeme natürlich wiederum nur im übertragenen, d. h. zugerechneten Sinne, Ziele verfolgen. Im übrigen sei darauf hingewiesen, daß zwischen den Subjektebenen selbstverständlich auch Zielharmonien existieren können. So können sich insbesondere Systemmitglieder Ziele des Systems als individuelle Ziele für das System (vgl. ähnlich KIRSCH 1969, S. 668 ff.) zueigen machen, indem sie etwa eine angemessene Gewinnerzielung als Voraussetzung für ihr Arbeitseinkommen akzeptieren. Die entsprechenden Zielsetzungen bilden dann die Schnittmenge von Individual- und Systemzielen.

78) Individuen, Gruppen, Institutionen.

79) Sowie für unterschiedliche Subjektkategorien auch - wie in FN 77 schon erläutert - identische Ziele.

tionalmodelle ein erhebliches Gewicht für das Verständnis der gegensätzlichen Begriffsauffassungen zukommt, werden sie in einer eigenen (Ziel-)Dimension erfaßt.

4. Objekte

Die Objektdimension nimmt Bezug auf eine Klassifikationsmöglichkeit für Rationalitätskonzeptionen, die besonders klar z. B. bei RESCHER zum Ausdruck kommt. RESCHER sieht im Vollzug optimaler Wahlakte die Essenz von Rationalität[81], und unterscheidet - einer seit Kant gepflegten philosophischen Tradition folgend - zwischen drei Wahlproblemen: Dem Auswahlproblem der Wissensbasis (choice of "*belief*"), dem Problem der Auswahl von Handlungen (choice of "*action*") und dem Problem der Wahl von Wertvorstellungen (choice of "*evaluation*")[82]. Dementsprechend trennt er zwischen den drei Rationalitätskonzepten der kognitiven Rationalität, der praktischen Rationalität und der evaluativen Rationalität[83]. Diese drei unterschiedlichen Rationalmodelle lassen sich in einer disziplinären Charakterisierung im Kern der Erkenntnistheorie (kognitive Rationalität), der Entscheidungstheorie (praktische Rationalität) und der Ethik (evaluative Rationalität) zuordnen.

Modelle der *kognitiven Rationalität* thematisieren vor dem Hintergrund der regelmäßigen Lücken im Kenntnisstand über faktische Gegebenheiten die Aussagefähigkeit des jeweils vorliegenden Wissens. Sie gehen der Frage nach, welche Annahmen ("beliefs"[84]) unter unvollkommenen Informationsbedingungen rationalerweise - und das heißt hier: erkenntnistheoretisch - Vertrauen genießen dürfen[85]. Problemgegenstand kognitiver Rationalmodelle sind damit epistemische Entscheidungen über die (vorläufige) Annahme oder Ablehnung von Hypothesen zur Fakten- bzw. Wissensbasis. Dementsprechend wird insofern mitunter auch von einer *epistemischen Rationalität* gesprochen[86].

---

80) Vgl. hier nur HEINEN 1966, S. 59 ff.; HAMEL 1992, Sp. 2639.

81) RESCHER 1988, S. 7.

82) Ebenda, S. 2.

83) Ebenda, S. 3. Vgl. ferner auch die Unterscheidung zwischen dem "theoretischen Räsonieren" und dem "praktischen Deliberieren", die STEGMÜLLER 1973a, S. X (im Original kursiv, Flexion geändert) auf die Nikomachische Ethik von ARISTOTELES zurückführt, sowie die Differenzierung zwischen der theoretischen, der praktischen, der ästhetischen, der therapeutischen und der explikativen Argumentation bei HABERMAS 1981a, S. 39 ff. Hier und im folgenden ist somit zu beachten, daß das Begriffspaar *praktisch* und *theoretisch* im methodologischen Zusammenhang also nicht etwa den Gegensatz von (Management-)Praxis und Wissenschaft oder von Wirklichkeit und Gedankenwelt bezeichnet, sondern die Gegenüberstellung von wertender Handlungsauswahl und kognitiver Problemdurchdringung.

84) Die Übersetzung des englischen Wortes *beliefs* bereitet im managerialen Zusammenhang gewisse Schwierigkeiten, da der provisorische Akzent der beliefs im deutschen Terminus *Glauben* überbetont wird, in Worten wie *Kenntnis* oder *Wissen* dagegen eigentlich zu schwach zum Ausdruck kommt. Für die weiteren Überlegungen erscheint aber gleichwohl eine Übersetzung mit den stärker kognitiv geprägten Ausdrücken wie Annahmen, Überzeugungen, Kenntnissen und Wissen eher geeignet, wenn stets berücksichtigt wird, daß es sich hierbei um prinzipiell vorläufige bzw. fallible Einsichten handelt.

85) Kurz: "*What to believe or accept?*" RESCHER 1988, S. 3.

86) FOLEY 1987.

Konzepte der *praktischen Rationalität* zielen auf die Bestimmung derjenigen Handlungen, die den vergleichsweise größten Handlungserfolg versprechen[87]. Ihr Anliegen ist im Unterschied zur kognitiven Rationalperspektive nicht eine möglichst gesicherte Wahrheit, sondern eine größtmögliche Wirksamkeit der gewählten Alternative[88]. Die praktisch-rationale Sichtweise entspricht damit dem Rationalitätsverständnis der (präskriptiven) Entscheidungstheorie, deren Grundthematik bereits oben dargelegt worden ist. Die Problematik der praktischen Rationalität resultiert danach im Kern aus den beiden Komplikationen unsicherer Handlungskonsequenzen sowie konfliktärer Zielsetzungen und lautet, wie aus einem Kreis gegebener alternativer Handlungsmöglichkeiten bei Unsicherheit und Zielkonflikten die optimale Maßnahme bestimmt werden kann.

Die *evaluative Rationalität* schließlich befaßt sich mit der Frage, welche Wertvorstellungen akzeptabel sind, und wie sich solche 'wertvollen Werte' auf rationaler Grundlage ermitteln lassen[89]. Im Kern geht es hier somit um die prinzipielle Begründbarkeit von Zielen und um die (soziale, humane, moralische, ethische usw.) Reputation konkreter Ziele, wie sie beispielsweise gegenwärtig unter dem Stichwort 'Unternehmensethik' diskutiert werden[90].

Das Modell der praktischen Rationalität kann derzeit wohl ohne Zweifel als die dominierende Deutung des Rationalitätsbegriffs in den Wirtschaftswissenschaften angesehen werden. Dies zeigt neben der soeben schon hervorgehobenen Parallele zwischen praktisch-rationalen und entscheidungstheoretischen Überlegungen auch die Analyse der übrigen im Rahmen der modalen Dimension, der Kommentierungs- und der Subjektdimension erörterten Konzeptionen. Diese Konzepte, die bereits einen großen Teil der insgesamt vertretenen Auffassungen abdecken, identifizieren Rationalität übereinstimmend primär mit der Effektivität von bestimmten Aktionen oder Eigenschaften der betrachteten Subjekte. Im Vergleich hierzu sind evaluativ-rationale und namentlich kognitiv-rationale Untersuchungen in der Management- und Betriebswirtschaftslehre deutlich in der Minderheit[91]. Während Fragen der evaluativen Rationalität erst in jüngster Zeit vor allem im unternehmensethischen Zusammenhang (wieder[92]) verstärkt diskutiert werden[93],

---

87) Kurz: "*What to do or perform?*" RESCHER 1988, S. 3.

88) Vgl. hierzu auch HABERMAS 1981a, S. 26.

89) Kurz: "*What to prefer or prize?*" RESCHER 1988, S. 3.

90) Siehe zur Diskussion um die Unternehmensethik später (insb. S. 317 ff. m. N.). Von der hier angesprochenen Thematik der Zielbeurteilung zu unterscheiden ist die Aufnahme bestimmter konkreter Zielsetzungen in eine Rationalitätskonzeption, die den Gegenstand der noch zu erörternden Zieldimension bildet.

91) In der Bewertung ähnlich LENK 1972b, S. 72 ff.; SIKORA 1989, Sp. 1960 ff.

92) Daß sich die Betriebswirtschaftslehre durchaus schon früher und früh des Themas der Ziele und Werte angenommen hat, sei hier nur am Rande erwähnt. Vgl. zum Überblick KRÖGER 1981, S. 81 ff.

93) Siehe nochmals FN 90.

findet eine intensive erkenntnistheoretische Auseinandersetzung mit der Wissensbasis managerialer Problemlösungen bislang nur vereinzelt statt[94].

Legt man die Struktur der geläufigen Entscheidungsmodelle zugrunde, so ist die praktische Rationalität mit ihren Handlungsempfehlungen dem Bereich der 'normalen' Entscheidungen, also der Objektentscheidungen zuzuordnen. Oder anders gewendet: Probleme, die mit Hilfe von Objektentscheidungen gelöst werden, repräsentieren praktisch-rationale Entscheidungsprobleme. Wahlakte unter den Maximen der kognitiven und der evaluativen Rationalität stellen dagegen Metaentscheidungen über die den Objektentscheidungen zugrundezulegenden Kenntnisse und Ziele dar[95]. Objekt- und Metaentscheidungen können formal zwar durch identische Entscheidungsmodelle erfaßt werden. Die Pointe der dargestellten Klassifikation von Rationalitätsobjekten bzw. -problemen ist aber materieller Natur und besagt, daß für die drei Problemkomplexe jeweils spezifische Entscheidungs- bzw. Rationalkriterien gelten[96]. Beurteilungsmaßstab der kognitiven Rationalität ist danach der *epistemische Gehalt* der alternativen Annahmen ("substantiation"[97]), Beurteilungsmaßstab der praktischen Rationalität die *Erfolgsträchtigkeit* der Handlungsalternativen bei gegebenen Kenntnis- und Zielbedingungen ("effectiveness"[98]), und Beurteilungsmaßstab der evaluativen Rationalität die *Vorzugswürdigkeit* der in Frage kommenden Ziele ("preferability"[99]). Diese Ausdifferenzierung der Beurteilungskriterien läßt sich unter Bezugnahme auf die rationale Grundformel von der Zweckmäßigkeit auch so formulieren, daß zweckmäßige Aussagen kognitiv gehaltvoll sind bzw. sein müssen, zweckmäßige Handlungen erfolgversprechend und zweckmäßige Ziele vorzugswürdig. Als Folge der divergierenden Maßstäbe können Maßnahmen aus kognitiv-rationaler, praktisch-rationaler und evaluativ-rationaler Perspektive nun häufig konträr zu beurteilen sein. Besonders fundierte Maßnahmen beispielsweise müssen nicht zwangsläufig die größten Handlungserfolge versprechen[100], und - im Sinne der jeweils gültigen Zielsetzungen - besonders erfolgreiche Handlungen können aus Sicht der Evaluation der erreichten Ziele durchaus fragwürdig erscheinen. Mit der Erweiterung der Rationalitätsproblematik um die Aspekte der Kenntnis- und der Zielrationalität steht folglich die Zweckmäßigkeit praktisch-rationaler Wahlakte als solcher nicht mehr außer Frage, da die Rationalitätsurteile aus kognitiver, praktischer und evaluativer Sicht wie dargelegt divergieren können. Damit wird - wenn man so will - die Rationalität der (praktischen) Rationalität selbst zum Problem. Die Objektdimension bietet damit erneut

---

94) Exemplarisch sind etwa die Untersuchungen von GÄFGEN 1974, insb. S. 486 ff.; BRETZKE 1978a; ders. 1980; MITROFF/MASON/BARABBA 1982; KIRSCH 1984 und KLEIN 1989 zu nennen. Vgl. ferner auch nochmals S. 6, insb. FN 36.

95) Zur Unterscheidung zwischen Objekt- und Metaentscheidungen allgemein z. B. MITROFF/BETZ 1972, S. 11 ff.; PFOHL 1977, S. 216.

96) Siehe auch RESCHER 1988, S. 22.

97) RESCHER 1988, S. 22 (im Original kursiv).

98) Ebenda (im Original kursiv).

99) Ebenda (im Original kursiv).

100) Z. B. bei einer 'Netto-Rechnung', wenn die Fundierungskosten den Fundierungsnutzen übersteigen (siehe eingehender S. 115 f.).

Ansatzpunkte für gravierende Konflikte zwischen verschiedenen Rationalitätsauffassungen.

5. Maßstab

Eine Konzeption der Handlungsrationalität muß u. a. festlegen, welcher Informationsstand den jeweils relevanten Maßstab der Rationalbeurteilung bilden soll[1]. Die Maßstabdimension thematisiert gewissermaßen den kognitiven Aspekt der praktischen Rationalität, indem die Anforderungen an die der Handlungsauswahl zugrundezulegenden Kenntnisse fixiert werden[2]. Dabei lassen sich mit der absoluten, der objektiven und der subjektiven Handlungsfundierung insgesamt drei (grobe) Anforderungsklassen unterscheiden, die in der Literatur bisher von Belang sind[3].

Das Modell der *absoluten Rationalität* tritt in den beiden Versionen 'ohne Informationskosten' und 'mit Informationskosten' auf. Nach den Forderungen der ersten Version ist die Berücksichtigung sämtlicher relevanter Informationen über alle zur Verfügung stehenden Handlungsalternativen und ihre Zielwirkungen geboten. Absolut rationale Handlungen gestatten somit letztlich keinerlei Lücken und Unsicherheiten in der zugrundeliegenden Wissensbasis. Auf dieser Rationalitätsvorstellung basieren Ansätze, die mit idealisierten Akteuren wie dem LAPLACEschen 'Dämon'[4] oder dem 'homo oeconomicus'[5] arbeiten[6].

Die zweite Version des absoluten Rationalmodells führt den Wirtschaftlichkeitsgedanken in die Formulierung der Anforderungen an die handlungsleitenden Kenntnisse ein. Sie berücksichtigt explizit, daß Zusatzinformationen von unterschiedlich großem Wert sein können und Informationsaktivitäten Kosten verursachen[7]. Diese Modellversion ersetzt daher die Informationsmaximierung als Leitvorstellung durch die Optimierung der Wissensbasis. Dabei liegt das Optimum nach dem Grundgedanken dieser z. T. sehr ausdiffe-

---

1) Die Festlegung des Rationalmaßstabs im hier verstandenen Sinne kann zwar - wie unsere eigenen Untersuchungen zur Argumentationsrationalität noch zeigen werden (siehe insb. S. 333 ff. und S. 471) - auch für die Formulierung von Zielen erfolgen und damit auch die evaluative Rationalität betreffen. Sie spielt in der Literatur aber nur im Zusammenhang mit der Handlungsrationalität eine nenneswerte Rolle und soll daher an dieser Stelle auch zunächst nur im praktisch-rationalen Kontext erörtert werden.

2) Da der Akzent zumindest in den Literaturbeiträgen primär auf dem Auswahlaspekt und nicht auf eingehenden erkenntnistheoretischen Erwägungen liegt, spricht die Maßstabsdimension eher eine Frage der praktischen Rationalität als den praktischen Aspekt einer genuin kognitiven Rationalität an. Allerdings sind der kognitive und der praktische Rationalaspekt in einem Konzept der Problemlösungsrationalität, das auch die Wissensbasis einbezieht, natürlich verschränkt (siehe S. 84 f., 325 ff.).

3) Vgl. auch die sich mit unserer Klassifikation nicht ganz deckende Unterscheidung zwischen einer radikal-objektiven, einer epistemischen und einer radikal-subjektiven Rationalitätsauffassung bei FOLEY 1987, S. 131.

4) Siehe hierzu PÄHLER 1989b, S. 378.

5) Vgl. zu den Informationsprämissen der klassischen Ökonomie z. B. KIRSCH 1977a, S. 27 ff.; TIETZEL 1981, S. 123; KIRCHGÄSSNER 1991, S. 66 ff.

6) Ferner werden Konzepte einer (überzogenen) absoluten Rationalität auch nicht selten nur als 'Zielscheibe' von Ansätzen aufgebaut, die sich als reformerisch bis anti-rational verstehen und im Lichte einer Absolutismus-Kritik überzeugender darstellen lassen. Vgl. exemplarisch das Zitat von BECHTLER in FN 42 auf S. 58 der vorliegenden Arbeit.

7) Vgl. z. B. TEICHMANN 1971; zur NIEDEN 1972; REHBERG 1973; DRUKARCZYK 1974; ALTROGGE 1975; BITZ 1975; WENZEL 1975; BAMBERG/COENENBERG/KLEINE-DOEPKE 1976; SCHINDEL 1979; GLASER 1980.

renzierten und mathematisierten Ansätze dann vor, wenn der Saldo aus dem Bruttowert der Information[8)] und den Informationskosten sein Maximum erreicht[9)].

Die informationsökonomischen Modelle reduzieren im Vergleich zur ersten Version des absoluten Rationalkonzepts zwar die Anforderungen an die Datenbasis der Objektentscheidungen, da nicht sämtliche, sondern nur die ökonomisch vertretbaren Informationen zu beschaffen sind. Sie stellen aber ihre eigenen kognitiven Ansprüche auf der 'Metaebene', da zur Optimumsbestimmung die Bruttowerte und Kosten der Informationen über alle relevanten Informationsaktivitäten zu ermitteln sind. Abgesehen davon, daß der Optimierungsgedanke ein Regreßproblem aufwirft[10)], bedeutet die vorgeschriebene Ermittlung dieser Größen aber wiederum eine Überforderung realer Handlungsträger[11)].

Die Informationsbedingungen der absoluten Rationalität lassen sich somit nach beiden Versionen schlechterdings nicht erfüllen. In Anbetracht dieser empirischen "'Tatsachen des Lebens'"[12)] werden die Anforderungen in alternativen Rationalitätskonzeptionen zurückgenommen und auf die Informationsmöglichkeiten hin relativiert. Diese *relativen Modelle* können ihrerseits in Konzepte der objektiven und der subjektiven Rationalität eingeteilt werden[13)]. Die praktische Einordnung konkreter Rationalitätsauffassungen, die im Schrifttum geäußert werden, in eine dieser beiden Untergruppen bereitet zwar zuweilen erhebliche Schwierigkeiten, da die diesbezüglichen Erläuterungen häufig vage und ambivalent sind[14)]. Theoretisch läßt sich jedoch eine vergleichsweise eindeutige Trennlinie ziehen.

Modelle der *objektiven Rationalität* erkennen einerseits die realen Kenntnisrestriktionen prinzipiell an; sie halten aber andererseits ein gewisses Mindestmaß an Handlungsfundierung als Rationalitätsvoraussetzung aufrecht. Das Informationsideal der absoluten Rationalität fungiert hier gewissermaßen noch als regulative Idee, indem es als in der Ten-

8) Gemessen durch die Differenz zwischen dem Erwartungswert der Zielbeiträge der bei dem jeweiligen Informationsstand günstigsten Handlung und dem Erwartungswert bei vollkommen fehlender Information.

9) Statt vieler GLASER 1980, Sp. 939.

10) Da auch die Informationsaktivitäten auf der Metaebene (zur Bestimmung des Informationsoptimums für die Objektebene) Kosten verursachen, ist hier strenggenommen abermals eine Optimierung vorzunehmen usf. Vgl. zur analogen Regreßproblematik des Versuchs einer entscheidungstheoretischen Optimierung von Entscheidungsmodellen S. 449 m. N.

11) Ähnlich z. B. SIMON 1979, S. 503 f.

12) RESCHER 1988, S. 28 (Übersetzung durch v. W., Flexion geändert).

13) Vgl. zur Unterscheidung zwischen einer objektiven und einer subjektiven Rationalität schon WEBER 1917, S. 74 f., sowie auch HARTFIEL 1968, S. 56 ff.; GÄFGEN 1974, S. 32 ff.; SCHMIDT/SCHIRMEISTER 1989, Sp. 1481 f.

14) Vgl. z. B. die folgenden Ausführungen bei RESCHER 1988, S. 8: "Es muß darauf hingewiesen werden, daß mit der Rationalitätsforderung 'unser Bestes zu tun' '*unser* Bestes' gemeint ist. Es handelt sich nicht um 'das Beste, das überhaupt getan werden kann', sondern um 'das Beste, das von uns bei den gegebenen Kapazitäten und Ressourcen getan werden kann'". Und: "Selbstverständlich ist Rationalität nicht nur eine passive Angelegenheit der Verwendung des direkt verfügbaren Materials - in kognitiven Fragen etwa der offensichtlichen Befunde. Es ist auch eine Angelegenheit des aktiven Versuchs, dieses Material zu verbessern" (Übersetzung durch v. W.). Die ersten beiden Sätze setzen eher

denz[15] erstrebenswert, aber nur unvollkommen erreichbar angesehen wird. Die vorausgesetzte Intensität der Fundierung wird dabei allerdings im Regelfall entweder offengelassen[16] oder nur wenig präzisiert. Sofern die Rationalitätsschwelle der Handlungsvorbereitung ausnahmsweise detaillierter bestimmt wird, fallen die Angaben - wie die noch folgende Darstellung dreier ausgewählter Rationalmodelle im einzelnen zeigen wird - recht unterschiedlich aus.

Konzepte der *subjektiven Rationalität* entfernen sich am weitesten von den absoluten Informationsanforderungen und akzeptieren sämtliche Handlungen, die dem individuellen Kenntnisstand des betrachteten Rationalsubjekts gerecht werden. Die subjektive Rationalität fordert den Handlungsträger somit nicht grundsätzlich auf, (größere[17]) Anstrengungen zu unternehmen, um zusätzliches Wissen zu erwerben und etwa den Kenntnisstand der Forschung unmittelbar oder mittelbar über Experten auszuschöpfen. Maßgeblich für die Beurteilung der Zweckmäßigkeit subjektiv rationaler Handlungen ist vielmehr prinzipiell nur diejenige Informationsbasis, die dem Handlungsträger selbst zur Verfügung steht[18]. Um die Konzeptunterschiede an einem einfachen Beispiel zu verdeutlichen: Medizinische Laien, die ihre Krankheiten nach bestem Wissen selbst kurieren, handeln nur subjektiv rational[19]. Nach dem Konzept der objektiven Rationalität sind sie demgegenüber gehalten, einen kompetenten Arzt zu konsultieren[20].

Die Konzeption der subjektiven Rationalität liegt im Prinzip der präskriptiven Entscheidungstheorie zugrunde, da und soweit diese die jeweiligen Kenntnisse (und Präferenzen) des individuellen Entscheidungsträgers zum Zweck der optimalen Wahl 'weiterverarbeitet'[21]. Sie spielt ferner vor allem als kritischer Gegenpol zum herkömmlichen Rationalmodell eine Rolle[22]. Schließlich hat die subjektive Rationalitätsvorstellung - im Verein mit der Relativierung der Rationalität auf Individualziele[23] - enge Berührungs-

---

einen subjektivistischen Akzent, während die beiden anschließend zitierten Aussagen eher der objektiven Rationalitätsvorstellung folgen.

15) Dabei kann die Stärke dieser Tendenz von Modell zu Modell durchaus unterschiedlich ausfallen.

16) So z. B. NATHANSON 1985, S. 42, der in Ablehnung des HUMEschen Skeptizismus (hierzu S. 108 FN 12 dieser Arbeit) Handlungen, für die gute Gründe ins Feld geführt werden können, als rational einstuft und dann ausdrücklich fortfährt: "This position does raise problems of its own - for example, about the criteria of reasonable belief and about the notion of 'availability' of evidence. I cannot pretend to have a solution to these problems."

17) Was unter dem 'individuellen Kenntnisstand' genau zu verstehen ist, wird regelmäßig nicht näher definiert.

18) Aufgrund der Zweckmäßigkeits-Komponente handelt es sich aber gleichwohl noch um einen präskriptiven Rationalitätsbegriff und nicht um einen deskriptiven Begriff zur Beschreibung tatsächlicher Aktionen.

19) Dies schließt - wie die Diskussion der Zweckmäßigkeit der Rationalität noch zeigen wird - nicht aus, daß sie dabei (zufällig) Behandlungserfolge erzielen.

20) Ähnlich BROWN 1988, S. 185 f. Die absolute Rationalität stünde Patienten dagegen nur offen, wenn sie einen allwissenden 'Gott in Weiß' zu Rate ziehen könnten.

21) Vgl. auch GÄFGEN 1974, S. 488.

22) Vgl. hierzu auch COHEN 1980, S. 532 ff., der insoweit von einer "*anti-traditionalistischen Schule*" spricht (S. 532, Flexion geändert). Siehe ferner auch die von SCHAFFITZEL 1982, S. 357 erhobene Forderung nach einer handlungstyp- und problemsituationsabhängigen fallweisen Explikation des

punkte mit einer genuin sozialwissenschaftlichen Methode, die das Handeln von Personen durch Analyse ihrer individuellen Situationen zu 'verstehen' sucht und unten noch ausführlicher erörtert wird[24]. Verstehbare Handlungen sind demnach solche Aktionen, die relativ zur Wissens- und Zielbasis der betrachteten Handlungsträger einsichtig erscheinen. Sie können damit zugleich auch den Anspruch erheben, zumindest[25] subjektiv rational zu sein.

Um einen konkreten Eindruck vom gegenwärtigen Stand der Arbeiten zu geben, werden im folgenden kurz drei Konzeptionen skizziert, die unter dem Maßstabaspekt zu den ausgebautesten Modellen der Rationalität zählen. Sie neigen teils mehr der objektiven und teils mehr der subjektiven Auffassung zu.

Modell der minimalen Rationalität von CHERNIAK

Als Reaktion auf die Realitätsferne der absoluten Rationalitätsvorstellung entwickelt CHERNIAK ein Modell der "minimalen Rationalität"[26]. Der spezifische Akzent seines Ansatzes besteht in der expliziten Formulierung bestimmter Bedingungen, die der minimal rationale Handlungsträger erfüllen muß. Zentral sind dabei die "Bedingung der minimalen generellen Rationalität", die "Bedingung der minimalen Inferenz" und die "Bedingung der minimalen Konsistenz"[27].

Die minimale generelle Rationalitätsbedingung lautet wie folgt:

> "Wenn A über einen bestimmten Bestand an Kenntnissen und Zielen verfügt, so führt A einige, aber nicht notwendigerweise alle Handlungen durch, die zweckmäßig erscheinen."[28]

Die minimale Inferenzbedingung, die noch weiter aufgespalten werden kann[29], lautet:

Begriffs der praktisch-instrumentellen Vernunft, die KIRSCH 1984, S. 444 als Konzept einer "okkasionellen Rationalität" bezeichnet.

23) Siehe hierzu die nachfolgenden Ausführungen zur Zieldimension (S. 79 ff.).

24) Siehe S. 165 f. und S. 380 FN 38.

25) Sofern der (für das Verstehen ausschlaggebende) individuelle Kenntnisstand dem tatsächlich zugänglichen Wissen entspricht, können natürlich auch 'verstandene' Handlungen einen höheren als den bloß subjektiven Rationalitätsanspruch erheben.

26) Siehe CHERNIAK 1981; ders. 1986.

27) CHERNIAK 1986, S. 9 f. und S. 16 (Übersetzung durch v. W.).

28) CHERNIAK 1986, S. 9 (Übersetzung durch v. W.).

29) Vgl. CHERNIAK 1986, S. 11 f.

"Wenn A über einen bestimmten Bestand an Kenntnissen und Zielen verfügt, so zieht A einige, aber nicht notwendigerweise alle vernünftigen Schlußfolgerungen aus den Kenntnissen, die zweckmäßig erscheinen."[30)]

Und die minimale Konsistenzbedingung schließlich fordert:

"Wenn A über einen bestimmten Bestand an Kenntnissen und Zielen verfügt, und Inkonsistenzen zwischen den Kenntnissen auftreten, so wird A manchmal einige von ihnen eliminieren."[31)]

Faßt man die Bedingungen der minimalen Rationalität zusammen, so bestehen die Einschränkungen gegenüber der idealen Rationalität lediglich darin, daß anstelle aller nur einige Handlungen, Schlußfolgerungen und Konsistenzanstrengungen vorausgesetzt werden. Da die Spanne "einiger" Informationsaktivitäten aber sehr weit ist[32)], ist die Präzisierung der Rationalitätsschwelle mit dem Ansatz von CHERNIAK noch nicht weit fortgeschritten.

Modell der neuen Rationalität von BROWN

BROWN geht davon aus, daß nach klassischer Auffassung Problemlösungen nur dann als rational eingestuft werden können, wenn sie unter Einsatz algorithmischer Regeln erzielt werden, die den Übergang von den Ausgangsprämissen zur Konklusion strikt reglementieren und für jedermann nachvollziehbar gestalten[33)]. Da Algorithmen nur in wohlstrukturierten Problemsituationen verfügbar sind, können unstrukturierte Probleme folglich im strengen Sinne der Klassik nicht rational gelöst werden. Nach BROWN stellt aber der Common Sense auch an die Bewältigung unstrukturierter Probleme gewisse Rationalitätsansprüche[34)]. Vor diesem Hintergrund entwickelt er das Konzept einer 'neuen Rationalität'[35)], das für eine nach dem Kenntnisstand abgestufte Vorgehensweise plädiert[36)]. Solange Algorithmen zur Verfügung stehen, müssen sie auch nach Ansicht von BROWN zur Gewährleistung rationaler Problemlösungen eingesetzt werden. Ist diese Voraussetzung nicht erfüllt, so bleibt aber immer noch Raum für (neue) Rationalität. Sie liegt vor, wenn die Handlungsvorbereitung auf informierte und ausdiskutierte Urteile von Experten ("judgements") zurückgreift. Rationalitätszugelassene Expertenurteile sind nach BROWN somit auf der einen Seite nicht algorithmisch zwingend, andererseits aber auch keineswegs willkürlich oder unbegründet[37)]. Sie beruhen vielmehr zum einen auf der

30) CHERNIAK 1986, S. 10 (Übersetzung durch v. W.).

31) Ebenda, S. 16 (Übersetzung durch v. W.).

32) Sie erstreckt sich strenggenommen über das Intervall von '2' bis 'alle-1'.

33) Vgl. die Rekonstruktion der klassischen Rationalitätsauffassung bei BROWN 1988, S. 3 ff., hier insb. S. 23.

34) BROWN 1988, S. 183 f.

35) BROWN spricht genaugenommen von einem "new model of rationality", siehe z. B. BROWN 1988, S. 185.

36) Siehe zum folgenden insb. BROWN 1988, S. 185 ff.

Kenntnis der verfügbaren Informationen und den eigenen Erfahrungen des zur Problemlösung hinzugezogenen Experten. Zum anderen setzt ihre Rationalität eine "soziale"[38] Kontrolle voraus. Das fragliche Expertenurteil muß danach der Gemeinschaft von Personen, die in der betreffenden Angelegenheit über den erforderlichen Sachverstand verfügen, zur Kenntnisnahme und Kritik unterbreitet werden. BROWN führt damit ein konsenstheoretisches Element in sein Rationalmodell ein. Im Unterschied zu strengeren Ansätzen der Konsenstheorie aus dem methodologischen Umfeld des Konstruktivismus und der Kritischen Theorie[39] setzen rationale Expertenurteile nach seiner Auffassung aber nur die Eröffnung eines Diskussionsforums und die ernsthafte Würdigung der Diskussionsbeiträge voraus. Der problemlösende Experte muß sich somit gewissermaßen vor Abgabe seiner endgültigen Stellungnahme mit den kompetenten Kollegen ins Benehmen setzen. Ein effektiver (gar einstimmiger) Konsens ist nach BROWN dagegen weder Bedingung noch Garant für Rationalität[40].

Das skizzierte Konzept von BROWN läßt sich im Prinzip auf zwei Kernthesen zurückführen. Die erste These besagt, daß die Rationalitätsidee auch jenseits der algorithmischen Problemlösung nicht suspendiert ist bzw. suspendiert werden muß. Die zweite These schließt hieran an und erachtet qualifizierte Expertenurteile als den vergleichsweise erfolgversprechendsten Ersatz für fehlende Algorithmen. Damit wird in anderen Worten letztlich der 'Stand der Forschung' zum Maßstab der (neuen) Rationalität erklärt. Die beiden Thesen sind durchaus plausibel und werden später wieder aufzugreifen sein[41]. In Hinblick auf die Rationalitätsabstufung unternimmt aber auch das Konzept von BROWN nur einen Schritt. Es stellt der strengen algorithmisch-klassischen Rationalität die neue expertengestützte Rationalität gegenüber. Hierbei bleiben aber zum einen Struktur und Ausmaß der fachlichen Möglichkeiten von Experten offen, so daß der neue Rationalitätsmaßstab noch wenig konkret ist. Zum anderen wird nicht berücksichtigt, daß Handlungen auch unterhalb des Levels der maximal möglichen Fundierung verschieden intensiv vorbereitet werden können (und in der Praxis - schon aus Kostengründen - werden). Die möglichen und relevanten Abstufungen der Handlungsfundierung - und d. h.: der Argumentationsrationalität - sind damit noch nicht hinreichend ausgelotet.

<u>Modell der begrenzten Rationalität von SIMON</u>

Das traditionsreichste und nach wie vor wohl ohne Zweifel einflußreichste Forschungsprogramm zur Rückführung der Rationalitätsanforderungen steht unter der Überschrift "bounded rationality". Es ist vor allem mit dem Namen SIMON verbunden[42], aber auch

---

37) Vgl. die ausführliche Auseinandersetzung mit dem Konstrukt des *Judgement* bei BROWN 1988, S. 137 ff.

38) BROWN 1988, S. 187.

39) Siehe hierzu näher S. 240 ff.

40) BROWN 1988, S. 192. A fortiori gibt der Konsens nach BROWN auch keine Wahrheitsgarantie ab. Nach Auffassung der Konsenstheorie der Wahrheit dagegen dürfen Aussagen, über die in einem (freilich 'idealen') Diskurs Einigkeit erzielt wird, als wahr gelten. Siehe S. 240 ff.

41) Siehe insb. S. 90 ff.

von anderen Mitgliedern der 'Pittsburgher Schule' maßgeblich mitgeprägt und weiterentwickelt worden[43]. Die Konzeption der begrenzten Rationalität versteht sich zwar primär als deskriptive Theorie von Entscheidungsprozessen[44]. Sie hat aber zumindest in dem Sinne auch präskriptiven Charakter, als sie die theoretisch beschriebenen und erklärten Prozesse unter den realen Entscheidungsbedingungen (allein) als zweckmäßig ansieht[45].

Ausgangspunkt und Kritikobjekt der Theorie bildet die von SIMON als "substantiell" bezeichnete Rationalitätsauffassung der Ökonomie[46]. Die substantielle Rationalität fragt nach derjenigen Entscheidung, die in Hinblick auf die gegebenen Handlungsalternativen und Zielsetzungen optimal ist[47]. Sie stellt damit auf das Entscheidungsresultat ab[48] und beurteilt den Rationalgehalt einer Entscheidung nach der Differenz zwischen der gewählten Lösung und dem Optimum[49]. Die Problematik dieses substantiellen Rationalmodells liegt in den strengen Informationsprämissen, die die Alternativen, Konsequenzen und Ziele als bekannt unterstellen[50]. Diese Annahmen können allenfalls bei wohl-strukturierten Routineproblemen erfüllt sein. Neuartige und komplexe Problemstellungen bereiten hingegen die Schwierigkeit, daß die Handlungsmöglichkeiten mit ihren Konsequenzen (sowie realistische Ziele[51]) nicht von vornherein gegeben sind. Dem eigentlichen Wahlakt muß hier folglich zunächst die Suche nach realisierbaren Alternativen und die Ermittlung ihrer Konsequenzen vorgeschaltet werden. Dieser Suchprozeß steht nun im Zentrum der Theorie der begrenzten Rationalität. Sie geht davon aus, daß die Problemlösungskapazitäten von Entscheidungsträgern angesichts der Komplexität unstrukturierter Probleme nicht ausreichen, um sämtliche möglichen Lösungsalternativen mit ihren Konsequenzen zu ermitteln. Hieraus folgt aber, daß die optimale

---

42) Vgl. namentlich SIMON 1957, S. 196 ff., und die in SIMON 1982 gesammelten Aufsätze.

43) Zu nennen wären v. a. MARCH und CYERT. Vgl. zur 'Historie' der bounded rationality auch SIMON 1979, S. 499 ff.

44) Vgl. nur SIMON 1979, S. 500.

45) Vgl. SIMON 1979, S. 509 ff., und zu den Konvergenztendenzen zwischen einer realistischen präskriptiven und einer deskriptiven Entscheidungstheorie auch S. 499. Auf den evaluativen Gehalt des Modells der begrenzten Rationalität wird auf S. 78 f. dieser Arbeit noch näher eingegangen.

46) SIMON 1976, S. 130 f. Die Theorie der bounded rationality hat sich ab Ende der 40er Jahre über einen Zeitraum von mehreren Jahrzehnten entwickelt, so daß einige Theoriebausteine und Begriffe erst im Laufe der Zeit präziser herausgearbeitet wurden. Ein Beispiel bildet die von SIMON erst um 1964 entwickelte Gegenüberstellung von substantieller und prozeduraler Rationalität (vgl. SIMON 1982, S. 402). Die folgende Darstellung lehnt sich daher v. a. an den vergleichsweise späten Beitrag von 1979 an, in dem SIMON aus Anlaß der Verleihung des Nobelpreises eine Bilanz der Untersuchungen zur Prozeßrationalität und zur "behavioral theory of the firm" (SIMON 1982, S. 403) zieht. Vgl. zu SIMONs Unterscheidung einer substantiellen und einer prozeduralen Rationalität z. B. auch DELFMANN 1989a, S. 91 ff.

47) SIMON 1976, S. 130 f.

48) SIMON 1978, S. 2.

49) Damit keine Mißverständnisse aufkommen, sei angemerkt, daß aber auch im Bereich der substantiellen Rationalität noch kein Instrumentarium zur differenzierten Messung der Ist- und Soll-Rationalität einer Handlung entwickelt worden ist.

50) Speziell hierzu auch SIMON 1965a, S. 80 ff.

Alternative nicht nur nicht ex ante in einem gegebenen Alternativenbündel enthalten ist, sondern auch nur (mehr oder weniger) zufällig generiert wird. Selbst dann kann sie jedoch als solche nicht erkannt werden, da infolge der lückenhaften Alternativensuche keine abschließende Enumeration der Konkurrenzalternativen vorliegt. Die Optimierungsmaxime der substantiellen Rationalität muß unter diesen Umständen zwangsläufig aufgegeben werden.

Um einen Ersatz für das elegante, aber unanwendbare Kriterium der substantiellen Optimalität anzubieten, wendet sich die begrenzte Rationalität dem Entscheidungsprozeß[52] selbst zu. Als "prozedurale Rationalität"[53] richtet sie ihr Augenmerk auf Prozeßmerkmale, die eine zweckmäßige Vereinfachung der Alternativensuche gestatten. Dabei sind zweckmäßig vereinfachte Suchvorgänge durch die Eigenschaft charakterisiert, die Entwicklung praktikabler und zufriedenstellender Problemlösungen im Rahmen der Suchkapazitäts-Restriktionen zu ermöglichen. Vor diesem Hintergrund werden Prozeßmerkmale betrachtet, die zum einen die Struktur und zum anderen die Beendigung der Suche nach Problemlösungen steuern.

Prozeßrationale Suchvorgänge weisen zwei strukturelle Kerneigenschaften auf. Sie bestehen in der anfänglichen Komplexitätsreduktion durch eine (vereinfachende) Problemdefinition und der anschließenden hierarchischen Problemzerlegung, die eine sequentielle Entwicklung von Lösungen nach dem Gedanken der Mittel-Zweck-Analyse ermöglicht[54]. Diese beiden zentralen Vorschriften der begrenzten Rationalität zur Prozeßdurchführung werden von zahlreichen Detailregeln flankiert, die bereits früher in anderem Zusammenhang angesprochen wurden[55]. Es handelt sich insgesamt um Heuristiken, die einerseits die Suchaktivitäten begrenzen, andererseits aber die Chance zur Generierung akzeptabler Problemlösungen wahren sollen.

Die Beendigung einer begrenzt rationalen Problemlösungssuche richtet sich nach zwei Stoppkriterien, die sich einmal auf die Zerlegung und zum anderen auf die Zahl der (per Zerlegung) zu gewinnenden Alternativen beziehen. Die hierarchische Zerlegung des Ausgangsproblems in zunehmend konkretere Teilprobleme kann abgebrochen werden, sobald die entstehenden Teilprobleme mit Hilfe existierender Handlungsprogramme gelöst werden können[56]. Die Teilprobleme müssen m. a. W. so weitgehend strukturiert

---

51) Die Zieldimension wird im Modell der begrenzten Rationalität im wesentlichen nur über das *Anspruchsniveau* angesprochen, wobei die Suche nach einer angemessenen Niveauhöhe aber kaum problematisiert wird. Siehe hierzu näher unten (S. 78).

52) SIMON 1978, S. 2.

53) SIMON 1976, S. 131 f. mit dem Hinweis, daß die prozedurale Rationalitätsauffassung v. a. der kognitiven Individualpsychologie entstammt. Es sei an dieser Stelle nur zur Klarstellung darauf hingewiesen, daß der Begriff der "*process rationality*" bei MARCH 1978, S. 592 insofern einen abweichenden Akzent setzt. Eigenschaften von Entscheidungsprozessen fungieren dort als unmittelbare Nutzenspender für die Prozeßbeteiligten ["human pleasures (and pains) found in the ways we act while making decisions"] und sind somit nicht nur mittelbar zur Gewährleistung fundierter Entscheidungsergebnisse von Bedeutung.

54) Siehe hierzu auch MARCH/SIMON/GUETZKOW 1958, insb. S. 138 f., 151 ff. und 190 f.

55) Siehe S. 24 ff.

sein, daß die Klärung der verbleibenden Detailfragen Routine ist. Ist diese Voraussetzung erfüllt, so liegt eine operationale bzw. technologisch praktikable Problemlösung vor. Praktikable Problemlösungen sind nach der Konzeption der begrenzten Rationalität allerdings nicht ohne weiteres wählbar. Die Problemlösungssuche (mit eventuell mehreren Zerlegungsdurchläufen) kann vielmehr erst dann eingestellt werden, wenn die Zielbeiträge einer entwickelten praktikablen Lösung dem Anspruchsniveau des Entscheidungsträgers gerecht werden[57)]. Die begrenzte Rationalität führt mit diesem zweiten (hinreichenden) Stoppkriterium der befriedigenden (und praktikablen) Lösung somit ebenfalls gewisse Anforderungen an die Güte der Problemlösung ein. Im Unterschied zum substantiellen Modell lautet das generelle Ziel aber nicht *Optimierung*, sondern *Satisfizierung* ("'satisficing'"[58)]).

Die Theorie der begrenzten Rationalität legt einen geschlossenen Erklärungsansatz für die Frage vor, wie unstrukturierte Probleme bei limitierten Problemlösungskapazitäten grundsätzlich bewältigt werden und werden sollen. Sie läßt aber weitgehend offen, inwieweit die Problemlösungen unter diesen Bedingungen begrenzt rational sein können und sollen. Der Ansatz beruht auf den beiden grundlegenden Prinzipien der Vereinfachung des Suchvorgangs und der Zufriedenheit mit anspruchsniveaukonformen Lösungen. Er nimmt aber weder zum notwendigen Ausmaß der Vereinfachung noch zur angemessenen Höhe des Anspruchsniveaus Stellung. Der Theorie läßt sich insofern zunächst nur entnehmen, daß das Anspruchsniveau die letztlich entscheidende Steuergröße für den Suchvorgang darstellt. Je höher das Anspruchsniveau ist, desto ausgedehnter wird tendenziell[59)] die Suche sein[60)]. Ferner werden - unter vornehmlichem Rückgriff auf individualpsychologische Erkenntnisse von LEWIN[61)] zur Anpassung des Anspruchsniveaus - Einflußfaktoren der Niveauregulierung herausgearbeitet[62)]. Es erfolgen aber keine eingehenderen Untersuchungen darüber, welche Anspruchsniveaus bei verschiedenen Problemstrukturen und Kapazitätsbedingungen realisierbar (und erstrebenswert) sind. 'Begrenzt rational' können damit sowohl äußerst anspruchsvolle Lösungen als auch Problemhandhabungen genannt werden, die gerade den geringsten Ansprüchen genügen.

Aber selbst wenn man eine ausgeprägte (und nach Maßgabe der jeweiligen Problem- und Kapazitätsumstände eventuell gar nicht erforderliche) Anspruchslosigkeit der Problemlösung hinnimmt, weist die Theorie der begrenzten Rationalität - zumindest aus präskriptiver Sicht - noch Defizite auf. Gerade bei unstrukturierten Problemen stellt sich die Frage, ob (begrenzt rational) entwickelte Lösungsvorschläge tatsächlich auch tragfähige

---

56) MARCH/SIMON/GUETZKOW 1958, S. 191. Siehe hierzu auch schon oben, S. 25.

57) Vgl. auch SIMON 1955, insb. S. 104 f. und 110 f.; ders. 1976, S. 136.

58) SIMON 1956, S. 136. Vgl. dort auch S. 129.

59) Selbstverständlich ist nicht ausgeschlossen, daß auch bei hohen Ansprüchen 'per Zufall' rasch eine befriedigende Problemlösung gefunden wird, und daß die erstbeste Lösung sogar die (unerkannt) optimale Maßnahme anzeigt.

60) "The amount of *search* .. decreases as *satisfaction* .. increases". MARCH/SIMON/GUETZKOW 1958, S. 173 f. Man könnte hinzufügen: 'and as *aspiration* decreases'.

61) Siehe SIMON 1979, S. 503.

Lösungen darstellen, ob also beispielsweise eine vorgeschlagene Diversifikationsmaßnahme in der Tat zur Überwindung einer gegenwärtigen Ertragsschwäche führt. Das Streben nach einer wenn schon nicht anspruchsvollen, so doch wenigstens (möglichst) sicheren Problemlösung beeinflußt aber offensichtlich ebenfalls den Umfang der durchzuführenden Informationsaktivitäten. Neben dem Anspruchsniveau hängt das Ausmaß der Suche folglich auch vom angestrebten Grad an 'Funktionssicherheit' der generierten Lösungen ab. Die Theorie der begrenzten Rationalität spricht diesen Zusammenhang zwar durchaus auch selbst an, indem sie das Streben nach Abbau eventueller Unsicherheiten im Rahmen der Entscheidungskonfliktlösung als gesonderten Einflußfaktor des Suchumfangs ausweist[63)]. Auch insoweit beschränken sich die Überlegungen aber wiederum nur auf eine Erklärung des prinzipiellen Prozeßablaufs und nehmen zum Ausmaß der möglichen und nötigen Unsicherheitsreduktion nicht Stellung[64)].

Zusammenfassend läßt sich feststellen, daß die Konzeption der begrenzten Rationalität zwar die Kombination der Prinzipien 'Vereinfachung' und 'Zufriedenheit' als zweckmäßig zur Problemlösung ansieht, im übrigen aber kaum ausgeprägte präskriptive Elemente enthält[65)]. Sie läßt im wesentlichen offen, mit welchem Ehrgeiz und mit welcher Zuverlässigkeit unstrukturierte Probleme gelöst werden können. Es fehlt m. a. W. ein System dedizierter Prozeßregeln, die den Maßstab zur <u>differenzierten Beurteilung</u> der Angemessenheit des Anspruchsniveaus und der Erfolgssicherheit von Lösungsvorschlägen liefern. Die Grundfragen der vorliegenden Arbeit nach den realistischen Möglichkeiten und sinnvollen Abstufungen der Handlungsfundierung werden somit auch von dieser Theorie nicht beantwortet.

6. Ziele

Rationalität zeigt sich nach der Grundformel im Einsatz zweckmäßiger Mittel. Die jeweiligen Zwecke bzw. Ziele sind folglich von fundamentaler Bedeutung dafür, welche Urteile über Maßnahmen gesprochen werden. Aktionen, die aus Sicht bestimmter Zielsetzungen als hochgradig rational einzustufen sind, können bei Zugrundelegung anderer Ziele als völlig un- bzw. irrational erscheinen[66)].

---

62) Vgl. hierzu MARCH/SIMON/GUETZKOW 1958, S. 182 ff.; SIMON 1979, S. 503.

63) Siehe MARCH/SIMON/GUETZKOW 1958, S. 112 ff., hier insb. S. 115 f.

64) So explizit MARCH/SIMON/GUETZKOW 1958, S. 114: "Die kritischen Werte für u und w (die Wahrscheinlichkeiten für positive bzw. negative Konsequenzen) sind subjektiv bestimmt und variieren von einem Individuum zum anderen" (Klammerzusatz und Übersetzung v. v. W.).

65) Die Entfernung von der klassischen Rationalitätsvorstellung kommt z. B. auch deutlich in der folgenden Feststellung von SIMON 1979, S. 510 zum Ausdruck: "Es können nicht länger Zweifel daran bestehen, daß ... die Annahmen der perfekten Rationalität .. den Tatsachen widersprechen. Es ist keine Frage der Approximation; sie beschreiben nicht einmal entfernt die Prozesse, die Menschen bei Entscheidungen in komplexen Situationen durchführen." (Übersetzung durch v. W.). Es kann damit wohl kaum davon gesprochen werden, daß das absolute Rationalmodell SIMON noch als 'regulative Idee' (siehe S. 71 f. dieser Arbeit) vorschwebt.

66) Siehe auch schon S. 65 f. sowie zu einem konkreten Beispiel sogleich (S. 81).

Für den konzeptionellen Umgang mit der Zielabhängigkeit der Rationalität bieten sich prinzipiell zwei Alternativen an. Die Zielsetzungen können in den Rationalmodellen entweder offengelassen oder konkret formuliert werden. Der erste Fall bildet das Pendant zur subjektiven Relativierung des Rationalitätsmaßstabs, indem zur Beurteilung von Maßnahmen allein auf die im Einzelfall gültigen Zielsetzungen der Rationalsubjekte abgestellt wird. Beispiele derartig *neutraler Konzepte* bilden die Zweckrationalität und die Wertrationalität im Sinne von WEBER[67)]. Beide Konzeptionen beinhalten den Gedanken der zweckmäßigen Mittelverwendung, spezifizieren aber nicht, welche Ziele unter Abwägung der Zielbeziehungen (Zweckrationalität) bzw. absolut (Wertrationalität) verfolgt werden sollen[68)].

Die Zielsetzungen, auf denen Rationalmodelle der zweiten Alternative im Schrifttum aufbauen, lassen sich für den managerialen Kontext in ökonomische und außerökonomische Ziele einteilen. Zur Gruppe der *ökonomischen Ziele* zählen der Gewinn im technischen Sinne des Rechnungswesens und die hieraus ableitbaren gewinnorientierten Subziele[69)]. Die *außerökonomischen Zielsetzungen* umfassen dagegen die breite Palette der sozialen, ästhetischen[70)] und moralisch-ethischen Ziele. Die dezidierte Verknüpfung des Rationalitätsbegriffs mit ökonomischen oder anderen 'technokratischen' Zielen findet sich in der Literatur am ehesten in Form einer gegnerischen Position, die eigens zum Zweck der anschließenden 'vernichtenden' Kritik aufgebaut wird[71)]. Dabei wird das kritisierte Rationalitätsverständnis entweder um die soziale und ethische Dimension erweitert[72)] oder aber durch einen alternativen Begriff wie namentlich den der Intuition ersetzt[73)].

An der großen Bedeutung, die dem Gewinn und gewinnverwandten Zielen in der Betriebswirtschafts- und Managementlehre zukommt, kann zwar selbstredend kein Zweifel bestehen. Gleichwohl muß die nonchalante Gleichsetzung von Rationalität und Gewinnstreben - spätestens seit Entdeckung der multidimensionalen Zielfunktion[74)] - als eine problematische Verkürzung angesehen werden[75)], die eher zur Profilierung 'alternativer' Ansätze als zur ausgewogenen Würdigung des Konstrukts Rationalität angetan

67) Siehe hierzu m. N. S. 52.

68) Auch das Modell der Wertrationalität ist somit zielneutral!

69) Beispiele derartiger Subziele bilden etwa die Reduzierung von Beständen und die Erhöhung von Durchlaufzeiten im Produktionsprozeß.

70) Vgl. speziell zur "ästhetisch-praktischen Rationalisierung" der Unternehmung KIRSCH 1984, S. 1018 ff. (Zitat auf S. 1018, im Original z. T. unterstrichen).

71) Bezeichnend hierfür ist, daß zumeist keine Vertreter des angegriffenen Standpunkts zitiert werden, sondern ohne Quellenangaben nur von der "herkömmlicherweise verstandenen" Rationalität gesprochen wird (so beispielsweise ULRICH 1983, S. 70, Flexion geändert).

72) Siehe exemplarisch ULRICH 1983, der die Hinterfragung und Diskussion der von der Unternehmung verfolgten Ziele als "zweite Dimension rationaler Unternehmensführung" (so im Titel seines Beitrags) einfordert. Vgl. ähnlich STEINMANN 1985, S. 224, sowie auch PETERS/WATERMAN 1984, S. 53 ff.

73) So etwa BECHTLER 1986, S. 23.

74) Vgl. HEINEN 1966, S. 59 ff.; BIDLINGMAIER 1964, S. 44 f.; ders. 1968, S. 24 ff., 43 ff.

75) Ganz in diesem Sinne - im unternehmensethsichen Kontext - auch SCHNEIDER 1990, S. 876.

ist. Dementsprechend bereitet auch der Nachweis genereller Rationalitätskonzeptionen, die für sich selbst die Maßnahmenbeurteilung aus Prinzip ausschließlich auf den Gewinnaspekt reduzieren, Schwierigkeiten[76].

Wie bereits angedeutet wurde, bietet auch die Zieldimension Ansatzpunkte für gravierende Rationalitätsdifferenzen. Sie weisen enge Beziehungen zu den in der Subjektdimension angelegten Konfliktpotentialen auf. Während die subjektbedingten Auffassungsunterschiede aber zwischen den (Betrachtungen verschiedener) Subjektebenen bestehen[77], werden durch unterschiedliche Zielformulierungen pro Subjektebene neue Anlässe konträrer Rationalitätsurteile geschaffen. Die Konfliktpotentiale werden durch die Zieldimension somit vervielfacht und verschärft. Selbst bei Einigung auf ein gemeinsames Rationalsubjekt können sich die Beurteilungen folglich noch diametral gegenüberstehen. Wählt man beispielsweise als Rationalsubjekt das System *Unternehmung* aus, so kann je nachdem, ob der Unternehmung ausschließlich ein strenges Gewinnziel oder ein soziales Ziel verordnet wird, entweder die Vornahme oder aber die Unterlassung einer Betriebsstillegung als allein (gewinn- bzw. sozial-)rational erscheinen[78]. Vor diesem Hintergrund nimmt es nicht wunder, wenn bei zunehmender Härte der Auseinandersetzung brisante Maßnahmen (wie eben Betriebsstillegungen) schnell von der einen Seite als Ausfluß der "Irrationalität bestimmter Formen und Folgen ökonomischen Handelns"[79] und die Forderung nach ihrer Unterlassung von der Gegenposition als 'irrationaler Sozialklimbim'[80] denunziert werden.

C. Argumentationsrationalität

I. Begriffsprofil

1. Analytischer Modus, authentische Kommentierung und Zielneutralität

Die vorstehende Analyse der Rationalitätsdebatte konnte trotz ihres schon beträchtlichen Umfangs lediglich die wesentlichen Grundlinien der im Detail äußerst komplexen Auseinandersetzungen herauspräparieren. Sie hat aber deutlich gemacht, daß und warum das Konstrukt *Rationalität* so unterschiedlich interpretiert werden kann und in so hohem Maße strittig ist. Das Resümee der Analyse lautet, daß lediglich die Grundformel von der zweckmäßigen Mittelverwendung als prinzipiell[81] akzeptiert gelten darf[82]. Diese

76) Vgl. nochmals FN 71.

77) Beispiel: Karriererationalität aus individueller Sicht vs. Gewinnrationalität aus Unternehmungssicht.

78) Auf die Komplikationen aus der Frage, ob die Betriebsstillegung bzw. ihre Unterlassung tatsächlich zum gewünschten Gewinn- bzw. Sozialziel beiträgt, muß hier nicht näher eingegangen werden, da es lediglich um die Verdeutlichung des Prinzips geht.

79) ULRICH 1983, S. 71.

80) Die drastische Terminologie sei an dieser Stelle erlaubt, um die Konsequenzen unterschiedlicher Zielformulierungen für die Rationalitätsdebatte eindringlich vor Augen führen zu können.

81) Eine Ausnahme bildet die philosophisch-methodologische Fundamentalkritik der Rationalitätsskeptiker, auf die erst in Abschnitt II. (S. 106 ff.) näher einzugehen ist.

82) Vgl. auch noch den Hinweis von NATHANSON 1985, S. 84, daß die Rationalitätskritiker nicht das Mittel-Zweck-Schema als solches, sondern die (analytisch-rationale) Art der Zweckverfolgung angreifen. Siehe ferner RESCHER 1988, S. 154, wonach die ethnologische These von den 'anderen

Formel ist aber für sich genommen wenig aussagekräftig und zur Gewinnung eines gehaltvollen Begriffs in den einzelnen Rationalitätsdimensionen zu spezifizieren. Die hierfür offenstehenden zahlreichen Alternativen und die häufige Unterlassung einer expliziten Klarstellung der Merkmale des jeweils verwendeten Begriffs - kurz: die Multidimensionalität der Rationalität und ihre mangelnde Beachtung - bilden die Ursache für die erheblichen Auffassungsdifferenzen und Mißverständnisse.

Als Fazit der durchgeführten Untersuchungen und Ausgangspunkt für die nachfolgende Formulierung des argumentationsrationalen Begriffsverständnisses läßt sich damit konstatieren, daß Rationalität nicht als universelles Beurteilungskonzept verstanden werden darf. Ein fraglicher Sachverhalt ist m. a. W. nicht stets und unter allen Bedingungen rational oder unrational. Die Rationalurteile hängen vielmehr davon ab, welche Subjekt- und Objektperspektiven eingenommen, welcher Modus und welche Begründungsform mit rationalen Sachverhalten verbunden, welcher Maßstab angelegt und welche Zielvorstellungen artikuliert werden. Diese Abhängigkeit der Rationalbeurteilungen von den jeweils vorgenommenen Spezifizierungen ist in Rechnung zu stellen, wenn Diskussionen über Rationalität im allgemeinen geführt und Aussagen im Rahmen bestimmter Rationalmodelle gewürdigt werden.

Der in dieser Schrift vorgeschlagene und im folgenden zu explizierende Begriff der Argumentationsrationalität trifft nun in drei Begriffsdimensionen (Modus; Kommentierung; Ziele) Festlegungen, die vor dem Hintergrund des gängigen betriebswirtschaftlichen Rationalitätsverständnisses keiner eingehenden Erläuterungen bedürfen und daher an dieser Stelle gemeinsam dargelegt werden können. Mehr oder weniger[83)] *argumentationsrationale Problemlösungen* bestehen danach zunächst aus den jeweils verfolgten Zielsetzungen und den zu ihrer Erreichung geplanten oder durchgeführten Transformationsmaßnahmen[84)], wobei die Ziele und die Handlungen fundiert gesetzt bzw. vorbereitet und auf dieser Basis bei Bedarf authentisch kommentiert werden[85)].

In Hinblick auf den Modus werden folglich nur analytische, also bewußt reflektierte Handlungen und Zielsetzungen als argumentationsrational angesehen, nicht dagegen unreflektiert-unterbewußte Verhaltensweisen[86)]. Zu beachten ist, daß die Forderung nach

---

Rationalitäten' fremder Kulturkreise strenggenommen nur besagt, daß diese Kulturen abweichende Ziele verfolgen und/oder andersgelagerte Problemlösungstechniken einsetzen.

83) Dieser Zusatz ist im weiteren stets mitzudenken.

84) Zum Integrationsmodell der Problemlösung S. 41 ff.

85) Siehe zur Veranschaulichung auch bereits an dieser Stelle Abb. 17 zum Begriffsprofil der Argumentationsrationalität auf S. 104.

86) Mechanische Routineaktionen, die grundsätzlich unterbewußt ablaufen, auf Nachfrage aber erläutert werden können (Beispiel: Schalten des geübten Autofahrers), können zwar durchaus erfolgreich und damit im weiteren Sinne rational sein. Ihre hier vorgenommene Ausklammerung aus dem Kreis der argumentationsrationalen Handlungen ist aber einerseits unschädlich, da sie für die in dieser Arbeit interessierenden unstrukturierten Managmentprobleme nicht in Betracht kommen und unbewußte unstrukturierte Lösungen als intuitiv zu qualifizieren sind. Die Ausblendung trägt andererseits erheblich zur Vereinfachung bei, da anderenfalls strenggenommen von den argumentationsrationalen Vorgängen als 'analytischen oder aber unterbewußten, auf Nachfrage jedoch kommentierbaren' Aktionen zu sprechen wäre.

einem analytischen Modus nicht zwangsläufig langwierige Überlegungen verlangt. Sie kann unter Umständen und namentlich hinsichtlich der Zielsetzungen auch durch eine recht kurze Analyse erfüllt werden[87]. Die prinzipielle Einschränkung auf analytische Handlungen und Zielsetzungen ergibt sich zwangsläufig aus dem Anliegen dieser Untersuchung, die Möglichkeiten und Abstufungen der fundierten Bewältigung unstrukturierter Managementprobleme differenzierter herauszuarbeiten, als dies bislang geschehen ist. Sie entspricht im übrigen auch dem vorherrschenden Rationalitätsverständnis der Betriebswirtschafts- und Managementlehre.

Die Einbeziehung des Kommentierungselements in das Konzept der Argumentationsrationalität dient der praktischen Durchführbarkeit der Rationalitätsbeurteilung durch Dritte (Rationalgutachter[88]). Legt der Handlungsträger auf Nachfrage seine im Rahmen der Problemlösungsvorbereitungen angestellten Überlegungen nicht offen, so können die Güte der Fundierung und damit der Rationalgehalt der fraglichen Lösung von dritter Seite kaum eingeschätzt werden. Da das zu entwickelnde Meßinstrumentarium nach der Zielsetzung dieser Arbeit aber auch und gerade interpersonelle Rationalbeurteilungen ermöglichen soll[89], bilden Auskünfte über die durchgeführten Analysen eine begriffskonstituierende conditio sine qua non der Argumentationsrationalität. In dieser kommunikativen Funktion erschöpft sich allerdings auch ihre konzeptionelle Bedeutung. Dem Informationsaustausch zwischen Rationalsubjekten und Gutachtern kommt somit kein originärer Rationalitätswert zu, wie er in manchen konsenstheoretischen Ansätzen der Übereinstimmung von Diskursteilnehmern zugesprochen wird[90]. Die Auskunftерteilung ist in unserer Konzeption vielmehr nur als kommunikationsfunktioneller Annex der Fundierung relevant, wobei eine strenge Korrelation zwischen der Güte der Vorbereitung und der Überzeugungskraft der Kommentare angenommen wird[91]. Angesichts der hier etablierten (ausschließlichen) Kommunikationsrolle von Begründungen versteht sich die Forderung nach authentischen Auskünften von selbst.

In der Zieldimension schließlich verhält sich das Konzept der Argumentationsrationalität durch die Bezugnahme auf die im jeweiligen Einzelfall gültigen Zielsetzungen neutral. Es plädiert zwar aus den später noch darzulegenden Gründen wie namentlich der Erfolgsverbeserung für die Befolgung der Fundierungsmaxime und ist in diesem Sinne (naturgemäß[92]) nicht ziellos[93]. Die Idee der Argumentationsrationalität wird aber nicht auf bestimmte konkrete Handlungsziele festgelegt, um ihre universelle Einsetzbarkeit zu ge-

87) Zu denken ist beispielsweise an das Gewinnziel, dessen prinzipielle Geltung (im Gegensatz zu seiner Gewichtung) im marktwirtschaftlichen Umfeld kaum einer eingehenderen Fundierung und Kommentierung bedarf. Vgl. hierzu auch S. 288. In der Tendenz wird allerdings - im Fall unstrukturierter Problemstellungen - der Rationalgehalt mit zunehmender Analysedauer steigen.

88) Zum Begriff des Rationalgutachters näher S. 93.

89) Vgl. nochmals S. 7 ff., insb. S. 10.

90) Dort indiziert Konsens Wahrheit, vgl. zu Einzelheiten S. 240 ff. m. N.

91) Hierzu näher S. 147 f.

92) Als Beurteilungskonzept muß die Argumentationsrationalität selbstverständlich gewisse Beurteilungskriterien (Fundierung) und Beurteilungsziele (Erfolgsverbesserung) formulieren.

währleisten. Eine argumentationsrationale Vorgehensweise kann demnach sowohl für Problemlösungen mit rein ökonomischen Zielsetzungen als auch für solche mit rein außerökonomischen oder gemischten Zielen gewählt und in Hinblick auf ihren jeweiligen Rationalgehalt beurteilt werden. So lassen sich beispielsweise Maßnahmen zur Kostensenkung grundsätzlich[94)] in gleicher Weise fundieren wie Aktionen zur Emanzipation der Mitarbeiter.

Mit dieser Zielneutralität bewegt sich das hier vorgeschlagene Rationalmodell wiederum in der Tradition der Problemlösungs- und Entscheidungstheorie, die gleichermaßen nicht auf spezielle Zielsetzungen abonniert ist. Eine Besonderheit liegt allerdings darin, daß - nach der noch folgenden Präzisierung unseres Rationalitätsbegriffs in der Objektdimension - bei Bedarf auch die Handlungsziele einer argumentationsrationalen Beurteilung unterzogen werden können. Diese Ausdehnung der Rationalitätsidee über den Alternativenbereich hinaus auf die Zielkomponente bedeutet jedoch ebenfalls keine Aufgabe der Zielneutralität im Sinne der Vorgabe konkreter Zielsetzungen, da ökonomische Ziele ebenso wie außerökonomische Werte nach dem Grad ihrer Fundierung bewertet werden können. Die Konzeption der Argumentationsrationalität ist demnach kurz gesprochen gegenüber den konkreten Handlungszielen bzw. Erfolgsmaßstäben, nicht aber gegenüber der Vorgehensweise zur Erfolgserzielung und Zielformulierung indifferent.

2. Primär kognitive Perspektive

Manageriale Problemlösungen bestehen im Kern aus zwei Komponenten, nämlich der Bestimmung der relevanten Zielsetzungen und der Bestimmung der zielführenden Transformationsalternative[95)]. Nach den Ausführungen zur Objektdimension bildet das Problem der Alternativenauswahl den Gegenstand praktisch-rationaler Überlegungen, die im Mittelpunkt der Entscheidungstheorie stehen. Danach ist die optimale Handlungsmöglichkeit im Kreis der insgesamt offenstehenden Alternativen nach Maßgabe des Kriteriums der Erfolgsträchtigkeit auszuwählen. Dabei ergibt sich die *Erfolgsträchtigkeit* aus dem Ausmaß und dem (Un-)Sicherheitsgrad der Beiträge der verschiedenen Alternativen zur Erreichung der einzelnen Ziele (*Handlungskonsequenzen*), kurz formuliert also aus der alternativenspezifischen *Leistungsfähigkeit* (Ausmaßaspekt) und *Zuverlässigkeit* (Sicherheitsaspekt)[96)]. Die wesentlichen theoretischen Herausforderungen dieses Aus-

---

93) Siehe hierzu näher S. 107 ff.

94) D. h. abgesehen von eventuellen, problemtypbedingten Unterschieden in den jeweiligen Fundierungspotentialen.

95) Siehe zum Integrationsmodell S. 41 ff.

96) Strenggenommen muß begrifflich sowohl zwischen den Konsequenzen und den Aussagen über die Konsequenzen als auch zwischen der ex ante erwarteten und der sich ex post erweisenden Sicherheit der Konsequenzen und Zuverlässigkeit der Aussagen unterschieden werden. Infolgedessen müßte bei genauer Beachtung der Terminologie daher hier von der 'ex ante angenommenen Sicherheit der Konsequenzen der Alternativen' oder von der 'ex ante angenommenen Zuverlässigkeit der Aussagen über die (Konsequenzen der) Alternativen' gesprochen werden. Zur Entlastung des Textes soll auf diese umständliche Form sowie die angesprochenen Differenzierungen jedoch meist verzichtet werden und damit vereinfacht auch von der Zuverlässigkeit von Alternativen die Rede sein, wenn das Gemeinte aus dem Zusammenhang ausreichend klar hervorgeht und es auf die Unterschiede (anders als z. B. bei den Untersuchungen zur Erfolgsbeurteilung auf S. 113 ff.) nicht ankommt.

wahlaktes, der die erforderlichen Informationen über die Ziele und die Konsequenzen als gegeben unterstellt, liegen in der Handhabung des Problems mehr oder weniger unsicherer Konsequenzen sowie der Auflösung von Zielkonflikten einschließlich des Trade-offs zwischen Ausmaß und (Un-)Sicherheit der Zielbeiträge. Um eine Hilfestellung für die (praktisch-)rationale Bewältigung dieser Komplikationen zu bieten, werden diverse Entscheidungsregeln wie etwa das Erwartungswert- und das Nutzenprinzip formuliert und (häufig axiomatisch) begründet[97].

Die Festlegung der Ziele fällt demgegenüber in den Bereich der evaluativen Rationalität und ist nach der Vorzugswürdigkeit der in Betracht kommenden Zielsetzungen vorzunehmen. Die *Vorzugswürdigkeit* bestimmt sich - wie unsere späteren Untersuchungen zur Begründung evaluativer Aussagen im einzelnen zeigen werden - analog zur Erfolgsträchtigkeit von Handlungen nach dem Umfang und (Un-)Sicherheitsgrad der Beiträge der zu beurteilenden Ziele zur Erfüllung übergeordneter Zielsetzungen oder Normen (*Zielkonsequenzen*) bzw. kurz nach ihrer *Nützlichkeit* (Ausmaßaspekt) und *Zuverlässigkeit*[98] (Sicherheitsaspekt)[99]. Neben den wiederum analogen Komplikationen der eventuellen Ungewißheit der Zielkonsequenzen und der möglichen (Ober-)Zielkonflikte stellt sich hier zusätzlich das Problem der Letztbegründung ein. Da auch die zur Zielbeurteilung angesetzten Oberziele oder Normen zu evaluieren sein können, droht im Rahmen der Zielfestlegung nämlich ein prizipiell unendlicher Rechtfertigungsregreß.

Die Einschätzung der Informationsgrundlagen der Handlungsauswahl und Zielfestlegung, namentlich also der dort mit ihrer jeweiligen Verläßlichkeit hingenommenen und weiterverarbeiteten Annahmen über die (Handlungs- wie Ziel-)Konsequenzen ist das Thema der kognitiven Rationalität. Hier geht es zur Hauptsache um die Frage, wie die Zuverlässigkeit von (Konsequenz-)Aussagen[100] kognitiv-rational bzw. erkenntnistheoretisch bemessen werden kann, und bis zu welchem Grade sie sich prinzipiell steigern läßt.

Vor dem Hintergrund dieser mit der Bewältigung managerialer Probleme verbundenen Teilaspekte sollen in dieser Arbeit nun Problemlösungen (oder u. a. synonym Entscheidungen) als - mehr oder weniger - argumentationsrational angesehen werden, wenn neben der Rechtfertigung der Auswahl (und bei der Zielbestimmung auch des Rechtfertigungsendes) anhand akzeptabler Auswahl- bzw. Entscheidungsregeln auch und insbesondere die Annahmen über die Handlungs- und Zielkonsequenzen - mehr oder weniger - zuverlässig untermauert werden. Die Argumentationsrationalität einer Problemlösung setzt sich damit grundsätzlich aus der evaluativen Rationalität der Bestimmung und Ge-

---

97) Vgl. S. 20 ff.

98) FN 96 gilt hier analog.

99) Siehe eingehend S. 306 ff., hier insb. S. 333 ff.

100) Die späteren Untersuchungen werden zeigen, daß sich der kognitive Gehalt der zur Handlungs- und Zielfundierung herangezogenen Kenntnisse letztlich in der Zuverlässigkeit der *globalen Konsequenzaussagen* in den jeweiligen Handlungs- und Zielbegründungen niederschlägt. In Hinblick auf das Beurteilungskriterium der kognitiven Rationalität kann daher alternativ vom *epistemischen Gehalt* des gesamten zugrundegelegten Wissens (so z. B. auf S. 68) oder - wie hier - von der *Zuverlässigkeit* der (globalen) Konsequenzaussagen gesprochen werden.

wichtung der verfolgten Zielsetzungen, der praktischen Rationalität der Handlungsauswahl und der kognitiven Rationalität der hierbei zugrundegelegten Kenntnisse zusammen[101]. Im Mittelpunkt der weiteren Überlegungen stehen allerdings der bislang weitgehend vernachlässigte kognitive Aspekt sowie die - in der Betriebswirtschaftslehre - erst in jüngster Zeit verstärkt thematisierten speziellen Fragen der Zielevaluation. Bezüglich der praktisch-rationalen Probleme der Handlungsauswahl und ihrer Lösungsmöglichkeiten, insbesondere auch der Aggregation der Leistungsfähigkeit und der - von der kognitiven Fundierung abhängigen - (Un-)Sicherheit der Alternativen, kann und muß dagegen auf die umfangreiche entscheidungstheoretische Literatur verwiesen werden. Um die Untersuchung in vertretbaren Grenzen zu halten, werden ferner die Komplikationen der Zusammenfassung der drei Rationalitätsaspekte zu einem Gesamtindex der Argumentationsrationalität in dieser Arbeit noch ausgeklammert. Vielmehr soll hier zunächst nur ein Instrumentarium für die Messung der kognitiven Fundierung entwickelt werden, wobei die Handlungsfundierung, genauer die Fundierung der Aussagen über die Handlungskonsequenzen im Zentrum der expliziten Ausführungen stehen[102]. Sofern im folgenden von (unterschiedlich) argumentationsrationalen Problemlösungen die Rede ist, wird somit im wesentlichen nur der Einfluß der kognitiven Fundierung auf den Rationalgehalt betrachtet[103]. Für die Akte der Handlungs- und Zielauswahl als solche werden hingegen nur die für unsere Zwecke unbedingt erforderlichen Grundprinzipien herausgearbeitet[104]. Im übrigen wird unterstellt, daß sie praktisch- bzw. evaluativ-rationalen Auswahlregeln folgen, die nach dem Stand von Entscheidungstheorie und Ethik akzeptabel sind.

Mit dem Konzept der Argumentationsrationalität sollen dem schon jetzt eindrucksvollen Bestand an speziellen Entscheidungsregeln für die Auswahl gegebener Alternativen somit keine neuen Vorschläge hinzugefügt werden. Neben der Fülle der auf diesem Gebiet bereits vorhandenen Literatur stehen die thematische Fokussierung und der mittlerweile übliche Formalisierungsaufwand der einschlägigen Forschung nach unserem Dafürhalten in einem gewissen Mißverhältnis zur Problemlage des praktisch tätigen Managers[105]. Diese Einschätzung sei am Beispiel einer Fragestellung verdeutlicht, die in zahlreichen

---

101) Zur Klarstellung sei angemerkt, daß die Rationalität einer Problemlösung auch noch nach der Zahl der betrachteten Alternativen beurteilt werden kann (vgl. hierzu nur HAUSCHILDT 1983a). Da in dieser Untersuchung aber die Frage der Generierung von Lösungsideen aus Platzgründen ausgeklammert ist (siehe S. 6), wird auch der Rationalaspekt der Alternativenanzahl hier nicht explizit behandelt.

102) Das Meßinstrumentarium läßt sich allerdings prinzipiell auch für die Bestimmung des Rationalgehalts von Aussagen über Zielkonsequenzen einsetzen (siehe hierzu näher S. 471). Die Vereinfachung besteht insoweit zur Hauptsache also nur darin, daß in den Ausführungen neben den Handlungen nicht jeweils auch die Ziele ausdrücklich erwähnt werden.

103) Zur sprachlichen Vereinfachung wird im weiteren auch häufig nicht ausführlich vom 'Rationalgehalt der Fundierung/Vorbereitung/Kommentierung einer Problemlösung', sondern kurz vom 'Rationalgehalt einer Problemlösung' gesprochen.

104) Auch dieses begrenzte Anliegen erfordert aber aufgrund der strittigen Frage einer 'objektiven' oder gar 'wissenschaftlichen' Begründbarkeit von Zielen und Werten recht umfangreiche Untersuchungen. Siehe im einzelnen S. 306 ff. und S. 431 ff.

105) Vgl. auch die Reserve von SIMON 1979, S. 504 gegenüber der Überbetonung des mathematischen Apparats in der ökonomischen Entscheidungs- und Spieltheorie. Ähnlich zurückhaltend auch GÄFGEN 1974, S. III und S. IV f.

Variationen zum zentralen Problembestand der Theorie der Entscheidungen unter Risiko zählt[106]. Es handelt sich um das in Abb. 14 veranschaulichte Problem der Wahl zwischen zwei Lotterien (oder Handlungsalternativen) A und B. Während A einen sicheren, aber kleinen Gewinn verspricht, sieht B einerseits größere Gewinnchancen, andererseits aber auch die Möglichkeit eines Gewinnausfalls vor.

Lotterie A	Lotterie B
p = 1 500 DM	p = 0,7 1.000 DM p = 0,3 0 DM

Abb. 14: Entscheidungsproblem zwischen Lotterien

Es ist keine Frage, daß die Formulierung und axiomatische Rechtfertigung einer rationalen Regel für die Bewältigung dieses Trade-offs zwischen Ausmaß und Sicherheit der Konsequenzen namentlich bei zusätzlichen Komplikationen[107] eine intellektuelle Herausforderung darstellt[108]. Ebenso unstrittig dürfte aber auch sein, daß sich unstrukturierte Managementprobleme nicht auf Lotterien der beschriebenen Art zurückführen lassen. In der typischen managerialen Entscheidungssituation geht es nicht um die streng definierte Wahl zwischen einem sicheren geringen Gewinn und unsicheren höheren Gewinn- und Verlustchancen, bei der die Wahrscheinlichkeiten und möglichen Ergebnisausprägungen der verschiedenen Handlungsmöglichkeiten exakt bekannt sind. Der Manager stellt vielmehr regelmäßig (anfangs) vor Alternativen mit jeweils unsicheren und darüber hinaus vagen[109] Konsequenzen. Unter diesen Bedingungen liegen die Herausforderungen nicht so sehr im bewertenden Vergleich von - zunächst gar nicht zuverlässig bekannten - Alternativenunterschieden, sondern in der eingehenderen Ermittlung dieser Unterschiede.

---

106) Vgl. zum folgenden für viele MAG 1977, S. 60 ff.; SCHNEIDER 1985, S. 237 ff; BAMBERG/COENENBERG 1991, S. 70 ff., sowie auch unten, S. 422 f. m. w. N.

107) Der Leser denke nur an die Situation, die dem ALLAIS-Paradoxon (ALLAIS 1953) zugrundeliegt.

108) Die entsprechenden Forschungsbemühungen sollen aus diesem Grund hier auch keineswegs geringschätzig abgetan werden. Sie liegen nur nicht im Kernbereich der mit dieser Untersuchung verfolgten Fragestellung.

109) Die Unsicherheit bezieht sich auf den Eintritt der Konsequenzen, die Vagheit auf die Art der - nicht mit Sicherheit eintretenden - Konsequenzen. Vgl. hierzu auch die Abgrenzung zwischen der Zuverlässigkeit und der Präzision von Aussagen auf S. 217 f.

Die Konzeption der Argumentationsrationalität setzt daher primär an diesem vorgelagerten Schritt der Festigung des Problemlösungsfundaments an und versteht sich damit als eine Ergänzung der herkömmlichen Entscheidungstheorie um eine Theorie der Entscheidungsvorbereitung. Dabei umfaßt die Entscheidungsvorbereitung nach dem hier vertretenen Verständnis - im Gegensatz zur entscheidungstheoretischen Fokussierung auf die Maßnahmenauswahl und in Übereinstimmung mit der jüngst angelaufenen Ethikdiskussion in den Wirtschaftswissenschaften[110] - sowohl die Fundierung von (Konsequenzaussagen über) Handlungen als auch die Fundierung von (Konsequenzaussagen über) Zielsetzungen[111].

Die Idee der Argumentationsrationalität zielt somit nicht in erster Linie auf die Auswahl ungewißheitsbehafteter und zielkonfliktärer Alternativen, sondern auf die Reduzierung von Ungewißheit und Konfliktstoff durch Fundierung. Während die Unsicherheit tendenziell durch eine analyse- bzw. fundierungsbedingte Erhöhung der Zuverlässigkeit von Konsequenzaussagen abgebaut werden kann[112], lassen sich Zielkonflikte vor allem dadurch entschärfen, daß die Implikationen anfangs eher emotional gesetzter oder abgelehnter Ziele für die Erfüllung übergeordneter Zielsetzungen und Normen transparent gemacht und die entsprechenden Ziele daraufhin zurückgenommen bzw. eher akzeptiert werden[113]. Mit dieser Verlagerung der Schwerpunktsetzung von den (bereits in hohem Maße entwickelten) Präzisionsinstrumenten für den Wahlvorgang, die häufig nur auf grob bearbeitete Alternativen Anwendung finden, zum Komplex der vorzuschaltenden intensiveren Bearbeitung von Handlungen und Zielen greift das argumentationsrationale Konzept eine bislang zu kurz gekommene Thematik auf[114]. Daß die Fragen der Entscheidungsvorbereitung bisher nicht nur vergleichsweise peripher, sondern gelegentlich auch etwas abschätzig behandelt worden sind, belegt eine - sicher nicht ganz ernst gemeinte - Passage aus einem von uns ansonsten hoch geschätzten und in dieser Arbeit schon häufig zitierten Lehrbuch zur Entscheidungstheorie. Im Zusammenhang mit den Regeln für Entscheidungen unter Risiko weisen BAMBERG und COENENBERG auf die Überlegung von BORCH hin, "daß sich die Unternehmensleitung mit einer rationalen Analyse des Entscheidungsproblems oft nicht zufrieden geben will, vor allen Dingen dann nicht, wenn sie einen hochbezahlten Unternehmensberater engagiert hat. Vielmehr will die Unternehmensleitung die Risikosituation auf eine Gewißheitssituation reduziert haben, d. h. sie will wissen, welcher Umweltzustand eintreten wird."[115] Sie fügen dann

---

110) Siehe nur die in FN 79 auf S. 319 und FN 39 auf S. 431 angegebenen Quellen.

111) Um Mißverständnissen zu begegnen, sei hervorgehoben, daß sich die Entscheidungstheorie zwar mit der (praktisch-rationalen) Lösung von Zielkonflikten auseinandersetzt und insofern auch die Zieldimension tangiert. Sie geht dabei aber von den gegebenen Präferenzen des jeweiligen Entscheidungsträgers aus und thematisiert damit nicht den evaluativ-rationalen Problemkern der Ziel- und Zielgewichtungsrechtfertigung. Siehe hierzu auch unten, S. 423 f.).

112) Zu Einzelheiten ausführlich S. 361 ff.

113) Siehe näher insb. S. 309 ff.

114) Vgl. auch die ganz auf unserer Linie liegende Kritik von BRETZKE 1980, S. 143 FN 2 an der Vernachlässigung des Aspekts des Unsicherheitsabbaus durch die Entscheidungstheorie (siehe auch ebenda, S. 193). Vgl. ferner auch GÄFGEN 1973, S. 456; MINTZBERG/RAISINGHANI/THÉORET 1976, S. 254; GÄRDENFORS 1979, S. 159, sowie zum Aussagenbestand der Planungstheorie nochmals S. 6.

selbst die ironische Bemerkung an: "Dieser Wunsch ist zwar natürlich, kann aber ex ante höchstens von Astrologen befriedigt werden."[116] Diese Aussage ist in dieser Form zwar nicht zu bestreiten, trifft aber auch nicht den Kern des Problems. Wenngleich sich die Unsicherheit zukünftiger Ereignisse selbstverständlich durch noch so intensive Analysen (und auch durch Astrologen) nicht vollständig ausschalten läßt, kann sie durch Fundierungsanstrengungen doch in gewissen Grenzen dosiert und damit auch reduziert werden. Die nähere Begründung dieser hier in Übereinstimmung mit der ganz herrschenden Auffassung in der Betriebswirtschaftslehre vertretenen Erfolgshypothese zugunsten fundiert-rationaler Problemlösungen muß einem späteren Untersuchungsabschnitt vorbehalten bleiben[117].

Zusammenfassend läßt sich die Argumentationsrationalität mit Blick auf die Objektdimension als Konzept charakterisieren, das keines der drei mögliche Rationalobjekte (Wissen; Handlungen; Werte) völlig ausklammert. Es stellt in seinem Schwerpunkt als Folge der Konzentration auf die Fundierung jedoch ein kognitives Rationalmodell dar. Im Zentrum der Argumentationsrationalität steht m. a. W. das Wahlproblem der Wissensbasis. Insoweit fordert die argumentationsrationale Maxime - mit den noch nachzuliefernden Begründungen[118] - zur Auswahl bzw. Gewinnung möglichst fundierter Kenntnisse auf. Die verschiedenen, im einzelnen ebenfalls noch zu erarbeitenden Fundierungsstufen repräsentieren folglich insofern die originären Alternativen der argumentationsrationalen Vorgehensweise.

Schon aufgrund der Verwendung der Wissensbasis zur Fundierung der Auswahl von Handlungen und Zielen weist die Argumentationsrationalität aber auch praktisch-rationale und evaluativ-rationale Bezüge auf. Darüber hinaus bezieht sie die Wahlaspekte selbst auch ausdrücklich durch die Forderung nach vertretbaren Auswahlakten ein. Sie ist insoweit aber jenseits der unten herausgearbeiteten diesbezüglichen Grundprinzipien - in der hier vorgestellten Form noch - offen für Entscheidungsregeln, die nach dem Stand der einschlägigen Literatur akzeptabel sind[119].

---

115) BAMBERG/COENENBERG 1991, S. 72 mit Bezugnahme auf BORCH 1969, S. 34.

116) Ebenda. Ähnlich im übrigen auch BORCH selbst (BORCH 1969, S. 34).

117) Siehe S. 113 ff.

118) Siehe S. 107 ff.

119) Zur Abrundung sei noch darauf hingewiesen, daß das argumentationsrationale Modell infolge seiner Fokussierung auf die Vorgehensweise bei der Entscheidungsvorbereitung primär prozedurale Züge aufweist, aufgrund der Einbeziehung der Auswahlaspekte aber auch durch ein substantielles Element gekennzeichnet ist. Das prozedurale und das substantielle Rationalmodell (siehe oben, S. 76 ff.) lassen sich somit auch grob als Konzeptionen für die Phase der Entscheidungsvorbereitung bzw. Entscheidung interpretieren.

3. Stand des zugänglichen Wissens als Maßstab

In den vier bislang behandelten Dimensionen läßt sich das Konzept der Argumentationsrationalität problemlos anhand der aus dem Schrifttum herausdestillierten Dimensionsausprägungen einordnen. Die Rationalitätsbegriffe der Literatur enthalten insoweit - wenn auch in anderen Kombinationen - Merkmale, die sich ohne weiteres zur Charakterisierung des Begriffs der Argumentationsrationalität eignen. Hingegen erweisen sich die im Schrifttum bisher thematisierten Maßstäbe (sowie die später anzusprechenden Subjekte) der Rationalität für unsere Fragestellung als noch nicht ausreichend spezifiziert, so daß insoweit ausführlichere Präzisierungen erforderlich sind.

Unter dem Aspekt des Rationalmaßstabs nimmt die argumentationsrationale Konzeption prinzipiell eine Mittelstellung ein zwischen dem unrealistischen absoluten Rationalmodell auf der einen Seite und den in der Maßstabsfrage zu anspruchslosen Konzepten der subjektiven Rationalität andererseits. Sie verkörpert damit im Grundsatz ein objektives Rationalitätsverständnis, das nicht die praktisch unerfüllbare Forderung nach einer kompletten Berücksichtigung sämtlicher problemrelevanter Informationen aufstellt, sich aber auch nicht mit der Einbringung beliebig eingeschränkter oder gar subjektiv relativierter Kenntnisse begnügt. Dabei wählt die Argumentationsrationalität mit dem sogleich genauer zu bestimmenden *Stand des zugänglichen Wissens* einen recht anspruchsvollen Referenzpunkt der Beurteilung und fordert Rationalsubjekte, die nicht auf der Höhe des zugänglichen Wissensstandes sind, dazu auf, die fehlenden Kenntnisse entweder unmittelbar selbst oder mittelbar durch Einschaltung von Experten zu erwerben. Das argumentationsrationale Begriffsverständnis stellt somit in seiner spezifischen objektiven Ausformung, wie sie hier vorgeschlagen und im folgenden eingehender erläutert wird, eine Konzeption dar, die im Vergleich zu den eingeschränkten und subjektiven Modellen dezidiert hohe Rationalanforderungen stellt, aber anders als die absolute Rationalität zugleich auch realisierbar ist.

Die realistisch-objektive Ausgestaltung des Begriffs der Argumentationsrationalität ergibt sich zwanglos aus den Zielsetzungen der vorliegenden Arbeit. Auf der einen Seite richtet sich das angestrebte Instrumentarium zur Rationalitätsmessung nicht an idealisierte Wesen wie Dämone und homines oeconomici, sondern an Manager mit begrenzten Kapazitäten zur Informationsarbeit. Die Beurteilung der Entscheidungsfundierung nach Maßgabe eines absolut vollkommenen Wissensstandes scheidet daher von vorneherein aus. Auf der anderen Seite folgt die Ablehnung weniger ambitionierter Rationalmaßstäbe aus der argumentationsrationalen Grundidee, durch Fundierung zur Erfolgsverbesserung beizutragen. Diese Maxime legt es zweifelsohne nahe, zur Vorbereitung von Entscheidungen nicht lediglich auf die direkt verfügbaren eingeschränkten oder subjektiven Kenntnisse zurückzugreifen, sondern das gesamte zugängliche Wissen auszunutzen[120].

Bei der Aufgabe, den Stand des zugänglichen Wissens näher abzugrenzen, kann es im Rahmen dieser Untersuchung naturgemäß nicht um eine konkrete Bestandsaufnahme der heute offenstehenden Kenntnispotentiale gehen, sondern allein darum, das Konstrukt durch generelle Merkmale abstrakt zu charakterisieren. Dabei muß es das Ziel der Charakterisierung sein, den Weg zur konkreten Ermittlung des für die Bewältigung eines bestimmten Problems - legal[121] - zugänglichen Wissens so deutlich vorzuzeichnen, daß im einzelnen Problemfall eine interpersonell (ausreichend) einheitliche Anwendung des argumentationsrationalen Maßstabs gewährleistet ist.

Der Maßstab 'Stand des zugänglichen Wissens' nimmt offensichtlich Anleihen bei den vor allem rechtlich geläufigen Generalklauseln wie dem "Stand von Wissenschaft und Technik"[122], den "allgemein anerkannten Regeln der Technik"[123] und den "gesicherten arbeitswissenschaftlichen Erkenntnissen"[124] auf[125]. Er erfährt hier allerdings eine Ausprägung, die speziell auf den Gegenstand der vorliegenden Untersuchung zugeschnitten ist. Danach wird der *Stand des zugänglichen Wissens* in dieser Arbeit allgemein definiert als (1.) Gesamtheit der zum Referenzzeitpunkt (2.) in dem Rationalsubjekt offenstehenden Quellen bereits vorhandenen sowie auf dieser Grundlage erschließbaren, (3.) vergleichsweise zuverlässigsten und (4.) ohne prohibitiv hohe Kosten zu gewinnenden Kenntnisse zu (5.) einem bestimmten Problem.

Die Bezugnahme auf den Erkenntnisstand im Referenzzeitpunkt (1.) stellt auf den zeitlichen Ablauf von Fundierung, Durchführung und Beurteilung einer Entscheidung und die in diesem Zeitraum nicht selten eintretenden Änderungen der verfügbaren Informationen ab (vgl. Abb. 15).

In Hinblick auf den Zeitablauf gilt, daß sich die Rationalität einer Entscheidung entweder vor (ex ante) oder nach (ex post) ihrer Durchführung begutachten läßt. Dabei kann die Begutachtung jeweils entweder nach Maßgabe der zur Zeit der Fundierung zugänglichen Kenntnisse (ex tunc) oder im Lichte der zum Beurteilungszeitpunkt (eventuell) verbesserten Einsichten (ex nunc) erfolgen[126]. Kombiniert man diese Zeitkriterien, so

---

120) Die sich hier sofort stellende Frage nach den Fundierungskosten wird noch eingehend diskutiert werden (siehe S. 135 ff.).

121) Als *zugänglich* sind Kenntnisse nach dem hier vertretenen argumentationsrationalen Verständnis aus Prinzip nur dann anzusehen, wenn die Einsichtnahme der Quellen rechtlich-zulässig erfolgen kann. Diese Legalitätsbedingung versteht sich für ein präskriptives Konzept nach Ansicht des Verfassers auch ohne eine (argumentationsrational) fundierte Begründung der untersuchungsleitenden Wertvorstellungen (zum Problem der Basiswertungen in wissenschaftlichen Arbeiten näher S. 202 ff.) von selbst.

122) Siehe z. B. § 24 Abs. 4 Satz 2 GewO; §§ 4 Abs. 2 Nr. 3, 5 Abs. 1 Satz 2 AtomG.

123) Siehe z. B. § 3 Abs. 1 GerätesicherheitsG; § 17 Abs. 2 Nr. 1 SprengG.

124) Siehe z. B. § 91 Satz 1 BetrVG.

125) Zu derartigen Standards näher NICKLISCH 1983; JARASS 1987.

ergeben sich vier zeitliche Begutachtungskonstellationen, die sämtlich praktisch relevant sind. Ex tunc ausgesprochene Urteile über die Fundierungsgüte spielen vor allem bei der Verhaltenskontrolle eine wichtige Rolle und haben beispielsweise bei Sorgfaltsprüfungen der Entscheidungsvorbereitung (ex tunc-ex ante) und im Rahmen der nachträglichen Re-

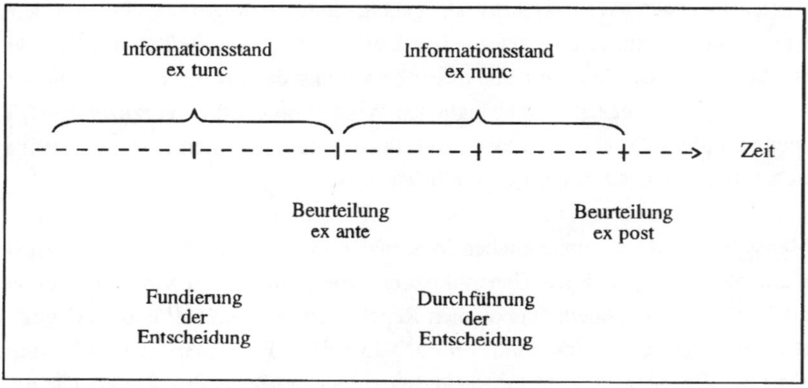

Abb. 15: Zeitkonstellationen der Argumentationsrationalität

vision durchgeführter Maßnahmen (ex tunc-ex post) ihren Platz[127]. Ex nunc ausgerichtete Begutachtungen dienen demgegenüber eher direkt Steuerungszwecken, indem z. B. bereits verabschiedete Maßnahmen noch vor ihrer Durchführung aufgrund neu gewonnener Problemeinsichten gestoppt (ex nunc-ex ante)[128] oder bislang gefahrene Handlungsprogramme als Konsequenz von Lerneffekten modifiziert werden (ex nunc-ex post)[129].

Die Grundkonzeption der Argumentationsrationalität eignet sich in den genannten Fällen gleichermaßen zur Entscheidungsbeurteilung. Sie wird daher insoweit durch den definitorischen Rückgriff auf den *Referenzzeitpunkt* als Sammelbezeichnung für die vier Zeitkonstellationen offengehalten. Sofern die Beurteilungsumstände nicht bereits eindeutige

---

126) Zur Verdeutlichung sei betont, daß der Beurteilungszeitpunkt zwar sehr nahe am Zeitpunkt der Fundierung liegen kann, zwischen beiden Ereignissen aber strenggenommen stets eine zeitliche Differenz besteht.

127) Vgl. in diesem Zusammenhang auch die Formen der 'verfahrensorientierten Kontrolle' bei FRESE 1968, S. 61 f., und der 'Metakontrolle' der Planung bei FRESE/MENSCHING/v. WERDER 1987, S. 189 f.

128) Vgl. auch die 'Prämissenkontrollen' der Planung bei FRESE/MENSCHING/v. WERDER 1987, S. 189 und 193 ff.

129) Daß der zuletzt genannte Fall auch als ex ante-Beurteilung einer neuen Maßnahme - nämlich der Programmänderung - interpretiert werden kann, sei hier nur vermerkt, muß aber nicht näher problematisiert werden.

Hinweise geben, ist somit im Einzelfall zu spezifizieren, aus welcher zeitlichen Perspektive[130)] die Rationalbewertung erfolgt.

Die Bestimmung der relevanten Kenntnisquellen und Kenntnisarten (2.) wird von dem Gedanken geleitet, den Wissensstand zugleich umfassend und realistisch zu definieren. Dabei wird je nachdem, welcher Sphäre die Quellen zuzuordnen sind, zwischen internen und externen Kenntnissen, und nach dem Status des Wissens zwischen aktuellen und potentiellen Kenntnissen unterschieden. Die Differenzierung zwischen internen und externen Kenntnissen zielt auf die Verschiedenartigkeit möglicher Beurteilungssituationen ab (siehe Abb. 16). Sie berücksichtigt, daß die Personen bzw. Personengruppen, die die Rationalität einer fraglichen Entscheidung beurteilen (*Rationalgutachter*), nicht mit den jeweiligen Entscheidungsträgern identisch sein müssen. Rationalbewertungen können vielmehr auch und gerade durch Dritte vorgenommen werden, die entweder hierzu besonders legitimiert sind[131)] oder zu deren Unterrichtung sich die Entscheidungsträger (etwa im Rahmen von Kreditverhandlungen mit den Hausbanken) 'aus freien Stücken' veranlaßt sehen. Sofern nun die Rationalitätsbeurteilung nicht durch die jeweiligen Rationalsubjekte selbst [*interne (Eigen-)Beurteilung*], sondern durch Dritte erfolgt [*externe (Fremd-)Beurteilung*], werden die zugänglichen Kenntnisse des Rationalsubjekts und des Rationalgutachters mehr oder weniger weit auseinanderklaffen. Um diese Informationslücken zu präzisieren, ist eine Differenzierung zweckmäßig zwischen den drei Kenntniskategorien des veröffentlichten *allgemein-zugänglichen Wissens*, des dem Rationalsubjekt und eventuell einigen weiteren, aber nicht allen Dritten offenstehenden *privilegiert-zugänglichen Wissens*[132)] sowie des *exklusiv-zugänglichen Wissens*, zu dem das Rationalsubjekt den alleinigen Zutritt hat[133)].

130) Also ex tunc-ex ante, ex tunc-ex post, ex nunc-ex ante oder ex nunc-ex post.

131) Zu denken ist nur an die arbeitsrechtlichen Informationsverpflichtungen gegenüber 'vorgesetzten' Entscheidungsträgern sowie an die Auskunftsrechte des Aufsichtsrats der AG nach §§ 90, 111 Abs. 2 AktG und des Betriebsrats nach z. B. §§ 90, 111 BetrVG.

132) Neben den Erkenntnissen, die wie etwa unternehmensinterne Dokumente der originären Informationshoheit eines Rationalsubjekts unterliegen, sollen zum privilegiert-zugänglichen Wissen in dieser Arbeit auch die dem Rationalsubjekt bekannten Kenntnisse gezählt werden, die in vollkommen entlegenen ('exotischen') Quellen publiziert worden sind und daher auch für Experten auf dem betreffenden Gebiet nicht zum Allgemeinwissen gehören.

133) Hierzu zählen vor allem die 'im Kopf' des Rationalsubjekts gespeicherten und selbst auf Nachfrage nicht offenbarten Informationen.

<table>
<tr><td colspan="2">Situationen</td><td colspan="2">Konkretisierung des Rationalmaßstabs

Stand des zugänglichen Wissens</td></tr>
<tr><td colspan="2">Interne (Eigen-) Beurteilung

[Rationalgutachter
=
Rationalsubjekt]</td><td colspan="2">SZW = internes und externes Wissen

= exklusiv-, privilegiert- und allgemeinzugängliches Wissen</td></tr>
<tr><td rowspan="2">Externe (Fremd-) Beurteilung

[Rationalgutachter
≠
Rationalsubjekt]</td><td>Privilegierte (externe Fremd-) Beurteilung [mit Zugangsprivilegien]</td><td rowspan="2">SZW = externes Wissen</td><td>Externes Wissen = privilegiert- und allgemein-zugängliches Wissen</td></tr>
<tr><td>Allgemeine (externe Fremd-) Beurteilung [ohne Zugangsprivilegien]</td><td>Externes Wissen = allgemein-zugängliches Wissen</td></tr>
</table>

Legende: SZW = Stand des zugänglichen Wissens

Abb. 16: Situationen und Konkretisierung des Maßstabs der Rationalitätsmessung

Anhand dieser Kategorien lassen sich die Begriffe der internen und der externen Kenntisse nun näher präzisieren, wobei nach den Zugangsbefugnissen des Rationalgutachters zwischen zwei Varianten der externen Beurteilung zu trennen ist. Sofern Rationalgutachtern unveröffentlichte Informationen offenstehen, die auch dem Rationalsubjekt bekannt sind oder bekannt sein können [*externe Beurteilung mit Zugangsprivilegien* bzw. *privilegierte (externe Fremd-)Beurteilung*], umfassen die *externen Kenntnisse* neben dem allgemein-zugänglichen auch das privilegiert-zugängliche Wissen, während das Dritten definitionsgemäß verschlossene exklusiv-zugängliche Wissen des Rationalsubjekts hier allein die *internen Kenntnisse* bildet. Verfügen Rationalgutachter hingegen nicht über entsprechende Vorrechte *[externe Beurteilung ohne Zugangsprivilegien* bzw. *allgemeine (externe Fremd-)Beurteilung*], so bestehen die *externen Kenntnisse* aus dem allgemeinzugänglichen Wissen und die *internen Kenntnisse* aus dem privilegiert- und dem exklusiv-zugänglichen Wissen.

Nach der argumentationsrationalen Grundmaxime, Entscheidungen so intensiv wie möglich zu fundieren, ist der Stand des zugänglichen Wissens grundsätzlich mit der Gesamtheit der internen und externen Kenntnisse gleichzusetzen. Diese Definition bereitet im Fall der Eigenbewertung (durch das Rationalsubjekt bzw. den Entscheidungsträger selbst) auch keine Schwierigkeiten, bedeutet hier aber auch lediglich einen Appell an das Rationalsubjekt ohne interpersonelle Sanktionsabsicht. Für die externe Begutachtung durch Dritte ist hingegen zu beachten, daß die Berücksichtigung der internen Kenntnisse zwar (ebenfalls) eingefordert, letztlich aber nicht überprüft werden kann. Um diesen praktischen Grenzen der Rationalitätsmessung durch Dritte Rechnung zu tragen, muß daher hier der Stand des zugänglichen Wissens hilfsweise mit den externen Kenntnissen identifiziert werden. Anders gewendet und präziser formuliert bilden somit je nach vorhandenen oder fehlenden Zugangsprivilegien des Rationalgutachters das allgemein- und das privilegiert-zugängliche Wissen oder nur das Allgemeinwissen den Maßstab der (externen) Rationalitätsbeurteilung.

Kenntnisse, die nach dem jeweils relevanten Stand des Wissens zugänglich sind, können entweder bereits vorhanden (aktuelles Wissen) oder aber erst noch zu erarbeiten sein (potentielles Wissen). Mit der Einbeziehung des potentiellen Wissens neben den aktuellen Kenntnissen in den Rationalmaßstab findet der Tatbestand Berücksichtigung, daß zur fundierten Bewältigung unstrukturierter Probleme nicht nur auf bereits vorliegende Einsichten zurückgegriffen werden kann, sondern auch und gerade 'innovative' Überlegungen anzustellen und Felduntersuchungen durchzuführen sind[134]. Im einzelnen zählen zum *aktuellen Wissen* alle Kenntnisse, die dem Rationalsubjekt bereits bekannt sind oder aber von ihm aus einer zugänglichen Informationsquelle ohne weiteres abgerufen werden können. Diese Kenntnisse umfassen neben den konkreten Informationen[135] auch das Know-how über die Möglichkeiten der Gewinnung neuer Einsichten, also die Aktivierung der Wissenspotentiale. So gehören beispielsweise außer der Erkenntnis, daß bei der Bewertung gewinnorientierter Maßnahmen u. a. die Kostenkonsequenzen in Rechnung zu stellen sind, auch die diversen Verfahren der Kostenschätzung[136] zum heute zugänglichen aktuellen betriebswirtschaftlichen Allgemeinwissen[137]. Der Bereich des *potentiellen Wissens* hingegen wird durch diejenigen Kenntnisse abgegrenzt, die auf der Grundlage des aktuellen Wissens gewonnen werden können. Die Einführung dieses Konstrukts wirft natürlich sofort die Frage nach den (argumentationsrationalen) Grenzen der Erarbeitung zusätzlicher Informationen und damit des Wissenspotentials auf, die erst in einem späteren Stadium dieser Untersuchung beantwortet werden kann[138]. Unter Vorgriff auf die dortigen Überlegungen sei an dieser Stelle aber schon zur Vermittlung eines gewissen Vorverständnisses angemerkt, daß die nach dem (aktuellen) Stand des zugänglichen Wissens relevanten Problemaspekte das Feld der potentiellen Kenntisse abstecken und eine ausreichende Bearbeitung dieses Feldes durch eine qualifizierte Verläßlichkeit der gewonnenen Kenntnisse angezeigt wird.

Die Orientierung der Rationalitätsbeurteilung an den Kenntnissen mit der vergleichsweise größten Zuverlässigkeit (3.) tariert zwei verschiedene Tatbestände aus. Die Forderung

---

134) Lösungen unstrukturierter Managementaufgaben stellen eben - in den Worten von MINTZBERG/RAISINGHANI/THÉORET 1976, S. 251 - keine Konfektionsware (*"ready-made"*) dar, sondern Maßarbeit (*"custom-made"*).

135) Beispiel: Publizierte Daten der statistischen Bundes- und Landesämter.

136) Vgl. statt vieler MÄNNEL 1981, S. 133 ff.; BUSSE v. COLBE/LASSMANN 1988, S. 209 ff.; KILGER 1988, insb. S. 135 ff. und S. 241 ff.; KLOOCK/SIEBEN/SCHILDBACH 1991, S. 186 ff.

137) Die (mehr oder weniger zuverlässige) Kenntnis der einzelfallbezogenen Höhe der Kosten selbst hingegen zählt zum Bereich des potentiellen Wissens, siehe hierzu sogleich im Text.

nach einer möglichst großen Verläßlichkeit folgt aus der später eingehender erläuterten Kopplung der Fundierungsgüte an die Qualität der problemlösungsbezogenen Aussagen. Da die Güte der Fundierung mit der Aussagenqualität tendenziell[139)] steigt, liegt die Wahl der relativ besten Informationen zum Beurteilungsmaßstab auf der Hand. Nach der weiter unten eingeführten Abstufung der *Zuverlässigkeit* kann es sich bei den 'relativ besten Informationen' um wahre, aber auch um bewährte, plausible oder gar nur theoretisch-mögliche Aussagen handeln[140)]. Die im 'Stand des zugänglichen Wissens' enthaltenen Kenntnisse erheben somit nicht den Anspruch, wahr zu sein. Die in dieser Arbeit verwendete Terminologie weicht damit von einer in der Literatur verbreiteten Sprachgewohnheit ab, mit den Begriffen *Wissen* und *Kenntnissen* einen Wahrheitsanspruch zu verbinden[141)]. Während die Verwendung von Ausdrücken wie Wissen und Kenntnissen zur Bezeichnung auch qualitativ minderwertige(re)r Einsichten aber nur eine Frage der sprachlichen Konvention darstellt, ist die Zulassung auch bloß bewährter, plausibler oder möglicher Propositionen zum Maßstab der Argumentationsrationalität substantieller Natur. Sie beruht auf dem Tatbestand, daß einerseits - beim heutigen Stand des zugänglichen Wissens - 'Wahrheiten' im Kontext unstrukturierter Managementprobleme nur vergleichsweise selten bekannt sind, auf der anderen Seite aber namentlich bewährte und plausible Aussagen einen durchaus nicht zu vernachlässigenden Erkenntniswert haben[142)]. Eine ausschließliche Beschränkung auf den 'Stand des wahren Wissens' würde somit den Maßstab unnötig verkürzen und den vorhandenen Potentialen zur Entscheidungsfundierung nicht gerecht. Das argumentationsrationale Konzept folgt daher der von RESCHER ausgegebenen Rationalitätsdevise, 'das Beste aus den verfügbaren Kenntnissen zu machen'[143)].

Die Ausklammerung von Informationen, die nur zu unverhältnismäßig hohen (Ressourcen-)Kosten[144)] erschlossen werden könnten (4.), aus dem Stand des zugänglichen Wissens dient wiederum dem Ziel, einen realistischen Maßstab zu formulieren. Sie fügt zur juristischen Voraussetzung des zulässigen Zutritts eine zweite, ökonomische Realisierbarkeitsbedingung hinzu. Zu beachten ist allerdings, daß lediglich Kenntnisse ausgeschlossen werden, deren Gewinnung prohibitiv hohe Kosten verursachen würde. Die Ar-

---

138) Siehe v. a. S. 445 ff.

139) Die Tendenzeinschränkung soll auf die im einzelnen noch zu erarbeitenden feineren Differenzierungen der Fundierungsstufen hinweisen.

140) Siehe S. 214 ff.

141) So schon PLATON, der 'Kenntnis' als erklärbares wahres Wissen definiert (siehe hierzu NATHANSON 1985, S. 57; MUSGRAVE 1989b, S. 387). Wie hier aber bereits WITTMANN 1959, S. 14 ff., sowie - nach der sogenannten 'pragmatisch-epistemischen Wende' - auch die moderne Wissenschafts- und Erkenntnistheorie, vgl. nur STEGMÜLLER 1983, S. 6 ff., 957 ff.; SCHURZ 1988b, S. 302 f. m. w. N.

142) Der Erkenntniswert dieser Aussagen wird im einzelnen auf S. 389 ff. näher analysiert.

143) RESCHER 1988, S. 7: "Rationality is a matter of doing things in the best (most intelligent) way one can manage in the circumstances." Und S. 8: "rationality requires us 'to do our very best'".

144) In der Terminologie der vorliegenden Arbeit umfassen die *Fundierungskosten* die *Fundierungsressourcenkosten*, die aus dem Einsatz von Personal und Sachmitteln resultieren, und die mit dem fundierungsbegleitenden Ablauf der Kalenderzeit verbundenen *Fundierungszeitkosten* (siehe näher S. 135). Da an dieser Stelle lediglich der Ressourceneinsatz gemeint ist und keine Unklarheiten zu be-

gumentationsrationalität bildet in ihrem Schwerpunkt ein kognitives Rationalmodell und beantwortet die Frage nach den Fundierungsmöglichkeiten daher grundsätzlich nicht nach wirtschaftlichen, sondern nach erkenntnistheoretischen Kriterien[145]. Sie trennt m. a. W. den Aspekt der Fundierungskosten konzeptionell von den Fundierungspotentialen ab und behandelt die ökonomische Abwägung zwischen dem Nutzen und den Kosten der Fundierung prinzipiell als eine Frage der Effizienz argumentationsrationaler Entscheidungen[146]. Lediglich im Ausnahmefall prohibitiv hoher Aufwendungen wird die Möglichkeit einer Entscheidungsfundierung bereits aus Kostengründen verneint, um die zwar (erkenntnis-)theoretisch möglichen, von vornherein aus Wirtschaftlichkeitsüberlegungen aber ohne Zweifel (!) praktisch undurchführbaren Informationsmaßnahmen auszublenden.

Die genaue Bestimmung des Punktes, an dem Fundierungskosten - unter Umständen in Abhängigkeit von situativen Einflußfaktoren - *prohibitiv hoch* werden, und die Entwicklung von Methoden zur praktischen Identifizierung dieser Informationsschwelle erfordern offensichtlich noch eigenständige Untersuchungen, die den Rahmen dieser Schrift sprengen würden[147]. Für die Zwecke der vorliegenden Arbeit genügt aber ein Begriff mit 'unscharfen Rändern'. Als prohibitiv hoch sollen Fundierungskosten danach spätestens dann gelten, wenn sie den gesamten Bestand der Ressourcen des Rationalsubjekts aufzehren oder den Informationsnutzen mit Sicherheit bei weitem übersteigen. Unter diesen Voraussetzungen dürfte die praktische Undurchführbarkeit der entsprechenden Maßnahmen zum Erwerb von Wissen unstrittig sein. Im ersten Fall zerstören die Anstrengungen zur Entscheidungsvorbereitung die Existenzgrundlage des Rationalsubjektes[148]. Bei der Würdigung des zweiten Definitionsmerkmals ist zu beachten, daß die Sicherheitsbedingung - aufgrund des Überraschungsmoments noch unbekannter Informationen[149] - im managerialen Kontext nur relativ selten erfüllt sein wird. Insgesamt bildet die Barriere der prohibitiv hohen Informationskosten somit eine Fundierungsrestriktion, die nur in Ausnahmefällen eingreifen wird. Sie wird hier mit Bedacht so niedrig angesetzt, um die Herausarbeitung der (erkenntnistheoretisch realisierbaren) Rationalitätspotentiale - und ihre Nutzung in der Managementpraxis - nicht durch eine vorschnelle Zulassung des ökonomischen 'Killerarguments' zu unterbinden. Hintergrund hierfür ist die *Transparenzthese*, daß klare Vorstellungen über die tatsächlich existierenden (abgestuften) Fundierungsmöglichkeiten ganz anders als dumpfe Vermutungen über «viel zu teure» Informationen im Zuge der Effizienzbetrachtung nachdenklich stimmen und die Kosten-

---

fürchten sind, soll hier zur sprachlichen Vereinfachung aber auch kurz von Kosten oder Fundierungskosten gesprochen werden.

145) Siehe auch nochmals S. 85 ff.

146) Die *Effizienz* der Fundierung ist ihrerseits von deren *Effektivität* zu unterscheiden. Siehe zu Einzelheiten S. 113 ff., zur ersten Orientierung hier aber schon Abb. 19 (S. 114).

147) Die zahlreichen informationsökonomischen Beiträge (vgl. nur die in FN 7 auf S. 70 zitierten Quellen) geben für diese Abgrenzung schon deshalb nichts her, weil sie das Informationsoptimum bestimmen und damit gerade der Nutzen-Kosten-Abwägung gewidmet sind.

148) Vgl. in diesem Zusammenhang auch KOCH 1974b, S. 309.

149) Vgl. auch GLASER 1980, Sp. 940.

Nutzen-Abwägung zugunsten einer intensiveren Entscheidungsvorbereitung beeinflussen können[150)].

Die Einschränkung des maßgeblichen Wissensstandes auf die problemrelevanten Kenntnisse (5.) schließlich bedarf im Prinzip keiner eingehenden Erläuterung. Zunächst macht die Einbeziehung irrelevanter Wissensbestandteile in die Rationalitätsbeurteilung keinen Sinn. Ferner wäre eine konkrete Beurteilung angesichts der Fülle des heute vorhandenen Wissens praktisch auch nicht durchführbar, wenn der Beurteilungsmaßstab nicht jeweils auf die relevanten Kenntnisse begrenzt würde.

Die Einfügung eines realistisch-anspruchsvollen Maßstabs zwischen die beiden Extreme absoluter und eingeschränkt-subjektiver Erkenntnis bildet nur den ersten Schritt auf dem Weg zur detaillierteren Feststellung des Rationalgehalts managerialer Problemlösungen. Der hier zu unternehmende Versuch einer abgestuften Rationalitätsmessung kann es folglich nicht damit bewenden lassen, zwar einen fruchtbaren objektiven Maßstab heranzuziehen, im übrigen aber wiederum nur dichotom zwischen (argumentations-)rationalen und nicht-rationalen Lösungen zu unterscheiden. Um ein präziseres Meßinstrumentarium entwickeln zu können, müssen vielmehr (entscheidende) weitere Differenzierungen innerhalb des objektiv ausgelegten argumentationsrationalen Konzepts erfolgen. Die Erarbeitung dieser Abstufungen im einzelnen ist Gegenstand des nachfolgenden dritten Kapitels. Die Quintessenz der dort angestellten Überlegungen lautet, daß Entscheidungen bei einer vollständigen Ausschöpfung des zugänglichen Wissensbestandes bzw. Rationalitätspotentials[151)] als vollkommen argumentationsrational anzusehen sind, während eine nur partielle Nutzung dieses Wissens den Rationalgehalt absenkt. Zur differenzierten Bestimmung des argumentationsrationalen Gehalts einer Problemlösung werden daher Maßgrößen für das jeweilige Niveau der tatsächlichen Nutzung des zugänglichen Wissens formuliert werden.

4. Projektteam als Rationalsubjekt

Die hier vorgestellte Konzeption der Argumentationsrationalität muß und soll nicht a priori auf die ausschließliche Betrachtung einer bestimmten Kategorie von Rationalsubjekten festgelegt werden. Individualentscheidungen und (zugerechnete) Problemlösungen der verschiedenen Systeme können vielmehr im Grundsatz gleichermaßen (unterschiedlich intensiv) fundiert und jeweils aus der Perspektive sowohl individueller als auch systemischer Subjekte der Rationalität beurteilt werden. Eine generelle konzeptio-

---

150) Vgl. in diesem Zusammenhang auch den psychologisch bekannten Mechanismus der Verhaltensänderung durch Bewußtmachung (hierzu etwa SCHEIN 1975, S. 129, 132 ff.; GALTUNG 1978, S. 102 ff.; BAZERMAN 1986, insb. S. 104; BAYER/STÖLTING 1989, S. 303)

151) Um sprachliche Ungetüme wie das 'Argumentationsrationalitätspotential' zu vermeiden, wird in den zusammengesetzten Begriffen des argumentationsrationalen Konzepts meist vereinfacht nur von 'Rationalität' gesprochen. Die Bezugnahme auf das hier eingeführte Rationalmodell ergibt sich jeweils unmißverständlich aus dem Zusammenhang der Ausführungen.

nelle Konzentration auf Individuen oder spezifische Systeme würde daher den Einsatzbereich des hier zu entwickelnden Modells unnötig verengen. Um das Spektrum der möglichen Modellanwendungen nicht ohne Grund zu begrenzen, wird somit in der Subjektdimension keine prinzipielle Spezifizierung vorgenommen. Da das argumentationsrationale Konzept folglich prinzipiell allen Rationalsubjekten offensteht, ist im Rahmen der einzelnen Konzeptanwendung die jeweils gewählte Subjektperspektive anzugeben.

Die vorliegende Arbeit verwendet das Konzept der Argumentationsrationalität zur Analyse managerialer Problemlösungen und muß daher ebenfalls das untersuchungsadäquate Subjekt der Rationalität näher bestimmen. Zu diesem Zweck sei kurz rekapituliert, daß das Rationalsubjekt nach seiner Definition als Träger der rationalitätsgenerierenden Merkmale und Kristallisationspunkt der handlungsleitenden Ziele fungiert. Ausgangspunkt der Bestimmung eines adäquaten Subjekts bilden daher die bei der gewählten Thematik als rationalrelevant anzusehenden Merkmale und Zielsetzungen.

Gegenstand dieser Untersuchung sind die Möglichkeiten (und Grenzen) einer fundierten Bewältigung unstrukturierter Managementprobleme. Dabei werden die Anstrengungen zur Vorbereitung der Problemlösungen als (primär[152)]) relevante Rationalmerkmale und die im einzelnen Problemfall verfolgten Zwecke als maßgebliche Zielsetzungen[153)] betrachtet. Vor diesem Hintergrund stellt sich die Frage, welche Akteure normalerweise an den Fundierungsanstrengungen beteiligt sind und welche Zielsetzungen der Bewältigung von Managementproblemen im allgemeinen zugrunde liegen. Zur Wahrung der Allgemeingültigkeit der nachfolgenden Untersuchungen ist diese Frage selbstverständlich nicht materiell - etwa durch Angabe konkreter Zielinhalte - zu beantworten. Es bietet sich vielmehr an, die Bestimmung des adäquaten Rationalsubjekts an einer organisatorischen Grundform der Bewältigung komplexer Managementprobleme auszurichten, die als ebenso praktisch relevant wie zweckmäßig gelten kann.

Typische unstrukturierte Problemkomplexe wie Akquisitionen neuer Tochtergesellschaften, tiefgreifende Reorganisationen der Gesamtunternehmung und Desinvestitionen ganzer Geschäftsfelder werden im Normalfall der Unternehmungspraxis nicht (mehr) ausschließlich von einem Individuum allein vorbereitet[154)]. Allerdings sind regelmäßig auch nicht sämtliche Mitglieder der Unternehmung mit der Bewältigung derartiger Probleme befaßt. Problemstellungen der genannten Größenordnung und Komplexität werden vielmehr zumeist als Projekte formuliert[155)], die von einer begrenzten Anzahl von Unternehmungsmitgliedern arbeitsteilig abgewickelt werden. Dabei sind zur Koordination der Problemlösungsbeiträge der einzelnen Projektmitglieder und zur Beurteilung des Projekterfolgs jeweils bestimmte Projektziele (mehr oder weniger präzise) zu definie-

152) Zur Dominanz des kognitiven Aspekts S. 84 ff.

153) Zur Zielneutralität des argumentationsrationalen Konzepts S. 83 f.

154) Vgl. hierzu und zum folgenden auch CYERT/MARCH 1963, S. 4; CARTER 1971, insb. S. 421; MINTZBERG 1973, S. 77 ff.; NUTT 1984, S. 416 ff.; HICKSON u. a. 1986, insb. S. 44 f., 92 ff.; WITTE 1992, Sp. 553.

ren[156]. Diese *Projektziele* - z. B. die Sicherung langfristiger Erfolgspotentiale bei Akquisitionen, die Steigerung der Mitarbeitermotivation und der Kundennähe der Unternehmungsaktivitäten bei Reorganisationen und die Gewährleistung von Verlustabbau und Sozialverträglichkeit bei Desinvestitionen - müssen sorgfältig sowohl von den persönlichen Zielsetzungen der Mitglieder des Projektteams als auch von den Zielen der Gesamtunternehmung unterschieden werden, da diese von den Projektzielen durchaus abweichen können[157].

Betrachtet man diese organisatorische Grundform der Bewältigung komplexer managerialer Probleme, so müssen sowohl das 'Individuum' als auch die 'Unternehmung' als wenig fruchtbare Subjekte der Rationalität angesehen werden[158]. In beiden Fällen wären zum einen die Gruppe der tatsächlich mit der Entscheidungsvorbereitung befaßten Unternehmungsmitglieder und der Kreis der als Rationalsubjekt abgegrenzten Personen prinzipiell nicht deckungsgleich. Zum anderen können die der Bewältigung unstrukturierter Managementprobleme zugrundegelegten (Projekt-)Ziele wie gesagt nicht ohne weiteres mit den Individualzielen sowie den Zielsetzungen der Gesamtunternehmung gleichgesetzt werden. Es bietet sich vielmehr an, prinzipiell auf der Gruppenebene aufzusetzen und mit dem *Projektteam* ein Rationalsubjekt zu wählen, das speziell auf die Bedingungen der managerialen Aufgabenerfüllung zugeschnitten ist[159]. Diese Subjektwahl bedeutet, daß die (rationalrelevanten) arbeitsteiligen Anstrengungen zur fundierten Bewältigung eines Managementproblems als Entscheidungsvorbereitungs- und Entschlußaktivitäten oder kurz Entscheidungen eines Projektteams aufgefaßt werden und die Beurteilung der Erfolgsträchtigkeit der verschiedenen Transformationsalternativen bzw. *Projekthandlungen* aus der Sicht der jeweiligen Projektziele[160] erfolgt. Die konkrete

---

155) Ob sie nach dem hausinternen Sprachgebrauch tatsächlich mit dem Wort *Projekt* belegt werden, ist dabei unerheblich.

156) Vgl. allgemein zum Projektmanagement für viele HABERFELLNER 1992 m. w. N. Da nicht selten die Auffassung vertreten wird, daß Ziele in der Praxis häufig bewußt unklar gehalten oder nur nachträglich zur Ex-post-Rationalisierung bereits gefaßter Beschlüsse formuliert werden (siehe schon S. 54 f. sowie auch unten, S. 294 f.), sei hervorgehoben, daß zumindest aus präskriptiver Sicht eine Zielvorgabe in Anbetracht der anderenfalls eintretenden Orientierungslosigkeit des Handelns als unverzichtbar angesehen werden muß. Vgl. nur HAMEL 1992, Sp. 2634 f., sowie die in FN 66 auf S. 294 angegebene Literatur.

157) Siehe allgemein auch nochmals oben (S. 65), sowie auch die nachfolgende FN 167 auf S. 102. Zur Abrundung sei noch erwähnt, daß der organisatorische Prozeß der Zielbildung als solcher, der je nach den unternehmungsinternen Gepflogenheiten (und dem gewählten theoretischen Ansatz zur Beschreibung dieser Gepflogenheiten, vgl. nur die drei alternativen Modelle zur Konzeptualisierung organisatorischer Entscheidungsprozesse - 'Organisatorische Differenzierung'; 'Politischer Prozeß'; 'Organisierte Anarchie' - im Überblicksartikel von SCHREYÖGG 1992b, Sp. 1748 ff.) sehr unterschiedliche Formen annehmen und z. B. durch direktoriale Weisung, aber auch beispielsweise im Rahmen politischer Aushandlungsprozesse zwischen diversen Interessengruppen erfolgen kann, für die Zwecke dieser Untersuchung nicht thematisiert werden muß. Vgl. zur späteren Ausklammerung der organisatorischen Fragen auch noch näher S. 102 f.

158) Inwieweit dieser Sachverhalt für die erheblichen Verwicklungen der Rationalitätsdebatte verantwortlich zu machen ist, soll an dieser Stelle nicht im Detail untersucht werden.

159) Es sei schon an dieser Stelle klargestellt, daß wir aber keine Variante einer (informationsökonomischen) Teamtheorie im Sinne von MARSCHAK (hierzu S. 63) vorlegen werden.

160) Aus später noch einsichtig werdenden konzeptionellen Gründen wird in dieser Arbeit - soweit nicht ausdrücklich etwas anderes gesagt ist - die spezifische Zielsetzung, den Nutzen und die Kosten der Fundierung zu optimieren, nicht zu den Projektzielen gerechnet. Die Projektziele sind somit grundsätzlich 'exklusive Fundierung' definiert.

Grenze eines Projektteams ergibt sich zwanglos aus der Problemformulierung bzw. den Zielsetzungen eines betrachteten Projekts. Den Projektzielen kommt damit neben ihrer Beurteilungsfunktion auch die Rolle des Abgrenzungskriteriums für die Teammitglieder und Teamaktivitäten zu. Die Teamgrenze umschließt danach als Mitglieder diejenigen Personen der Unternehmung, die an der Definition und Verwirklichung der jeweiligen Projektziele beteiligt sind. Sie werden im folgenden insgesamt auch als *Projekt-Entscheidungsträger* oder - sofern keine Unklarheiten zu befürchten sind - vereinfachend nur als *Entscheidungsträger* bezeichnet[161]. Die Teamaktivitäten oder synonym *(Team-)Entscheidungen* setzen sich zusammen aus den Maßnahmen der Mitglieder des Teams zur Entscheidungsvorbereitung und Beschlußfassung, soweit sie der Formulierung und Realisation der Projektziele gewidmet sind.

Nach den in der Objektdimension getroffenen Differenzierungen ist bei der Beurteilung der Teamaktivitäten zwischen der Bewertung der jeweils gewählten Projekthandlungen und Projektziele und der Messung des Rationalgehalts der Fundierung der Handlungs- und Zielbeschlüsse zu trennen[162]. Die Erfolgsträchtigkeit der Handlungen - bzw. bei Ausblendung des Zuverlässigkeitsaspekts ihrer Leistungsfähigkeit[163] - bemißt sich wie schon ausgeführt nach den jeweiligen Projektzielen[164]. Zur Beurteilung der Vorzugswürdigkeit bzw. Nützlichkeit der Projektziele können die Zielsetzungen des Rationalsubjekts (eben die Projektziele) hingegen aus Gründen der Beurteilungslogik nicht herangezogen werden. Vielmehr muß hier eine Orientierung an übergeordneten Bewertungskriterien erfolgen, die nach unseren späteren Untersuchungen zur Evaluation von Zielsetzungen letztlich dem 'Bestand der akzeptablen Normen' zu entnehmen sind[165].

Der kognitive Gehalt der (Aussagen über die) Handlungen und Ziele, der im Mittelpunkt des Interesses der Argumentationsrationalität steht, resultiert im einzelnen aus der Qualität der in die Problemlösung eingehenden Aussagen der Teammitglieder. Die Fundierung der individuellen Problemlösungsbeiträge zusammengenommen bestimmt somit

---

161) Es sei noch einmal daran erinnert, daß der Entscheidungsbegriff (ebenso wie das Synonym Problemlösung) in der vorliegenden Untersuchung anders als in der präskriptiven Entscheidungstheorie weit gefaßt wird und sowohl die Vorbereitung der Auswahl (von Transformationsmaßnahmen bzw. Handlungen und von Zielen) als auch den Auswahlakt selbst abdeckt (siehe S. 7). Infolgedessen kann hier auch dann von 'Entscheidungsträgern' gesprochen werden, wenn speziell die kognitiven Aktivitäten der Fundierung gemeint sind und daher präziser, aber auch ungleich umständlicher von 'Entscheidungsvorbereitungsträgern' oder 'Fundierungsträgern' zu sprechen wäre. Neben dem sprachlichen Entlastungseffekt entspricht unsere Terminologie wohl auch eher dem Sprachgebrauch der Praxis, die unter managerialen Entscheidungsträgern ('Executives') kaum nur die formal beschlußfassenden Personen versteht. Im übrigen ist zu beachten, daß aber selbst dann, wenn der Entscheidungsbegriff allein auf den Auswahlakt verengt würde, der Terminus Entscheidungsträger für unsere Zwecke nicht (zu) irreführend wäre, da zwischen Alternativen in ihrer jeweiligen Fundierung zu wählen ist.

162) Hiervon wiederum zu unterscheiden ist die Einschätzung der Effektivität und der Effizienz der Fundierungsanstrengungen selbst, die sich aus dem Nutzen (Effektivität) bzw. der Nutzen-Kosten-Abwägung (Effizienz) der Entscheidungsvorbereitung ergeben und im folgenden (auf S. 113 ff.) noch eingehender diskutiert werden.

163) Siehe S. 84.

164) Nachrichtlich sei hier schon angemerkt, daß die Erfolgsträchtigkeit bzw. die Leistungsfähigkeit als formale und die jeweiligen konkreten Projektziele als materielle Kriterien der Handlungsbeurteilung anzusehen sind. Einzelheiten hierzu finden sich auf S. 330.

tendenziell[166] die Argumentationsrationalität der Teamentscheidungen selbst[167]. Betrachtet man als Beispiel etwa eine Handlungsfundierung in Form der Erarbeitung der jeweiligen Vorteile und Nachteile der offenstehenden Transformationsalternativen, so werden die Auflistungen und eventuellen näheren Erläuterungen der alternativenspezifischen Konsequenzen zumeist in einem iterativen Prozeß aus den Äußerungen verschiedener Teammitglieder gewonnen. Der Rationalgehalt der Einzelaussagen, die in dem vom Projektteam letztlich verabschiedeten Katalog der Vor- und Nachteile enthalten sind, macht dann 'in der Summe'[168] das Ausmaß der Alternativenfundierung aus.

Wenngleich mit der Wahl des Projektteams zum Subjekt der Rationalbeurteilung managerialer Problemlösungen dem Umstand Rechnung getragen wird, daß unstrukturierte Managementprobleme im Regelfall arbeitsteilig erfüllt werden und sich ihr argumentationsrationaler Gehalt daher aus den Fundierungsbeiträgen der einzelnen Teammitglieder zusammensetzt, muß im folgenden der multipersonale Teamcharakter und die arbeitsteilige Natur der Teamaktivitäten aber nicht explizit thematisiert werden. Vielmehr kann durchaus von einer homogenen, wenn auch natürlich - bedingt durch den unstrukturierten Problemcharakter - nicht unstrittig-zweifelsfreien - Entscheidungsvorbereitung und Beschlußfassung ausgegangen werden, da der Prozeß des Zustandekommens der Argumentationsrationalität hier nur unter erkenntnis- und argumentationstheoretischen Aspekten interessiert und nicht aus organisatorisch-gruppenpsychologischer Sicht. So spielt es im Beispiel der Fundierung einer Teamhandlung durch die Erstellung eines Vorteils-Nachteils-Katalogs der Alternativen für die Beurteilung der kognitiven Argumentationsrationalität prinzipiell keine Rolle, welche Teammitglieder auf welche Vor- und Nachteile hingewiesen haben[169]. Beurteilungsgegenstand ist vielmehr die Gesamtheit der individuellen Problemlösungsbeiträge, wie sie etwa in einem (ausführlichen) Projektreport ihren Niederschlag finden würde. Die Wahl des Projektteams zum Subjekt der Rationalität hat somit zum einen den Vorzug einer realitätsgerechten Entität, indem es die

---

165) Siehe näher S. 306 ff., hier insb. S. 312 ff.

166) Auf die noch vorzunehmenden Verfeinerungen der Rationalitätsabstufungen sei noch einmal hingewiesen.

167) Die Entscheidungen der einzelnen Teammitglieder, ihre Aussagen mehr oder weniger intensiv zu fundieren und vorzugswürdige Ziele eines Projekts sowie - an den Projektzielen gemessen - erfolgversprechende Transformationsalternativen zu generieren, können ihrerseits ohne Zweifel ebenfalls einer Rationalanalyse unterzogen werden. Diese Analyse betrifft aber nicht das Thema der Möglichkeiten einer fundierten Bewältigung von Managementproblemen, das nach unserem Vorschlag als Frage nach der Argumentationsrationalität einer Teamentscheidung, oder kurz: nach der *Projektrationalität* aufzufassen ist. Sie spricht vielmehr die Rationalität der Lieferung mehr oder weniger projektrationaler Lösungsbeiträge aus der Sicht des jeweiligen Entscheidungsträgers an. Es handelt sich somit um die Frage nach der *Individualrationalität* der einzelnen Beiträge zur Teamaktivität, die mit einem Wechsel des Rationalsubjekts verbunden ist. Anstelle des Projektteams gibt nunmehr das einzelne Teammitglied die Betrachtungsperspektive vor. Siehe zur Verwendungsmöglichkeit unseres Meßinstrumentariums im Rahmen der differenzierten Erklärung und Prognose sowie Beeinflussung des individuellen Rationalverhaltens von Managern auch nochmals S. 9 f.

168) Diese Formulierung ist nicht streng mathematisch, sondern nur bildlich zu verstehen, wie bei der Erarbeitung des Meßinstrumentariums noch deutlich werden wird.

169) Anders läge der Fall dagegen dann, wenn auch nicht-kognitive Fragen wie z. B. die nach dem Einfluß der individuellen Glaubwürdigkeit und rhetorischen Brillianz der einzelnen Teammitglieder auf die Teamentscheidungen und ihre Beurteilung thematisiert würden. Sie sind in dieser Arbeit aber ausgeklammert. Siehe zur konzeptionellen Behandlung der Rhetorik noch näher S. 147 f. und S. 167 f.

tatsächlich agierenden und die im Rationalsubjekt zusammengeschlossenen Personen synchronisiert. Zugleich neutralisiert es aber auch den für die Rationalbeurteilung der Problembewältigung unerheblichen Aspekt der Arbeitsteilung und trägt damit zu einer bedeutenden Vereinfachung der Analyse bei.

Neben der adäquaten Erfassung der rationalitätsrelevanten Personen weist das Rationalsubjekt *Projektteam* ferner erhebliche Vorteile in Hinblick auf die Zielproblematik auf. Mit der Zugrundelegung der Projektsicht erhält man eine Betrachtungsperspektive, die nicht die situativ bestimmten Ziele der Problembewältigung (Projektziele) mit den allenfalls mittelbar relevanten Zielsetzungen der Einzelpersonen oder der Unternehmung vermischt. Die Figur des Projektteams erscheint daher auch in besonderem Maße qualifiziert, den vor allem zielbedingten Mißverständnissen in den Ausenandersetzungen über Rationalität zu begegnen und damit zu einer Versachlichung von Rationalbewertungen beizutragen.

5. Zusammenfassende Definition

Zieht man ein Resümee der voranstehenden Ausführungen zum Begriffsprofil der Argumentationsrationalität, so lassen sich (mehr oder weniger) argumentationsrationale manageriale Problemlösungen im Kern als bewußte Entscheidungen über Projekthandlungen und Projektziele definieren, die - gemessen am Stand des zugänglichen Wissens - (mehr oder weniger) fundiert vorbereitet und getroffen sowie bei Bedarf authentisch kommentiert werden. Wie Abb. 17 unter Rückgriff auf die herausgearbeiteten Dimensionen der Rationalität und ihre Ausprägungen veranschaulicht, handelt es sich hierbei um einen Rationalbegriff, der den analytischen Modus mit der Forderung nach authentischen Kommentaren verbindet, die primär kognitive Orientierung mit praktischen und evaluativen Elementen der Objektdimension kombiniert, einen objektiven Rationalmaßstab bei gleichzeitiger Zielneutralität wählt und für die hier verfolgte Fragestellung auf das Projektteam als spezieller Gruppenform bezogen wird.

Rationalitäts-dimensionen	Ausprägungen		
Modus	analytisch		synthetisch
Kommentierung	entbehrlich	authentisch	taktisch
Subjekt	Individuum	Projektteam	Institution
Objekt	Wissen	Handlungen	Ziele
Maßstab	absolut	objektiv	subjektiv
Ziel	neutral	ökonomisch	außerökonomisch

Abb. 17: Begriffsprofil der Argumentationsrationalität

Die hier formulierte Konzeption der Argumentationsrationalität, deren zentrale Termini aufgrund der doch nicht unbeträchtlichen Komplexität des begrifflichen Instrumentariums in Abb. 18 zusammengestellt sind[170)], ist als Folge der vorgenommenen Spezifikationen als Rationalmodell anzusehen, das in dieser Form (der Präzisierung und Kombination dimensionaler Merkmale) bislang - soweit ersichtlich - noch nicht vorgeschlagen worden ist. Sie bewegt sich aber durchaus im Rahmen der Familie gängiger Rationalitätsbegriffe, die den analytischen Einsatz zweckmäßiger Mittel ungeachtet aller unterschiedlichen Schattierungen im Detail als generelle Leitmaxime der Problemlösung versteht. Die Rationalitätsidee als solche ist allerdings keineswegs unumstritten, sondern sieht sich in der Literatur zahlreichen prinzipiellen Einwänden ausgesetzt. Bevor das argumentationsrationale Modell mit der Entwicklung der Rationalitätsstufen weiter ausgearbeitet wird, soll daher zunächst untersucht werden, inwieweit die im Schrifttum diskutierten Grundprobleme der Rationalität das hier vorgestellte Konzept berühren. Bezüglich der konzeptrelevanten Probleme wird sodann aufgezeigt, welche Wege die vorliegende Arbeit zu ihrer Bewältigung einschlägt. Um keine falschen Vorstellungen zu wecken, sei aber ausdrücklich betont, daß es sich angesichts der Komplexität der Materie hierbei selbstredend nicht um eine abschließende Abhandlung (oder gar Auflösung) aller Rationalitätsprobleme handeln kann. Das Anliegen besteht vielmehr 'nur' darin, die (immerhin schon sehr zahlreichen) zentralen Probleme transparent zu machen und zu zeigen, daß und warum sie (nach Ansicht des Verfassers) das argumentationsrationale Konzept nicht grundsätzlich in Frage stellen. Durch die Einordnung und Diskussion der Einwände lassen sich zudem die Begriffskonturen der Argumentationsrationalität noch weiter schärfen.

---

170) Zur Klarstellung sei noch einmal ausdrücklich betont, daß wie schon zuvor auch im folgenden im Interesse einer flüssigeren Darstellung häufig auch sprachliche Abkürzungen Verwendung finden werden, da und sofern keine Mißverständnisse drohen. Dies betrifft infolge der Konzentration dieser Arbeit auf die Frage der Vorbereitung von Handlungen und Zielsetzungen insbesondere die Differenzierung zwischen der kognitiven, phasenbezogenen und materiellen Ebene von Projektaktivitäten. So wird meist z. B. nicht in der Langform von der 'Zuverlässigkeit der Fundierung der Vorbereitung von Handlungen', sondern kurz von der 'Zuverlässigkeit der Handlungsvorbereitung' oder auch bloß von der 'Handlungsfundierung' gesprochen werden.

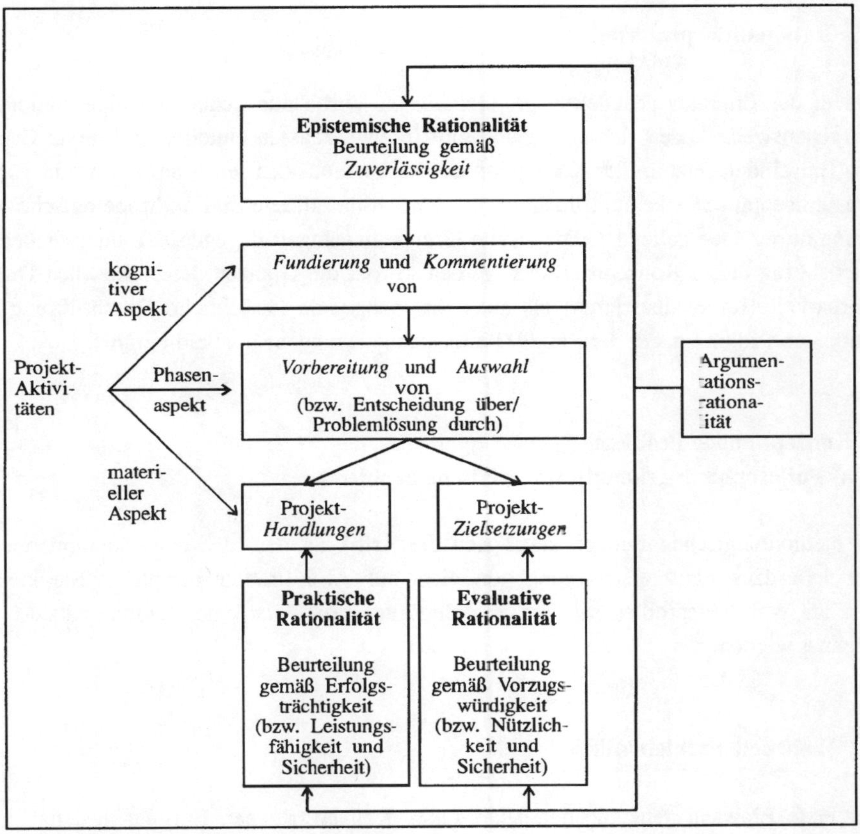

Abb. 18: Kernbegriffe der Argumentationsrationalität

II. Rationalitätsprobleme

Die in der Literatur geäußerten grundsätzlichen Vorbehalte gegenüber einer rationalen Vorgehensweise lassen sich cum grano salis in zwei Klassen einteilen. Die erste Gruppe von Einwänden setzt an der Konzeption der Rationalitätsidee selbst an und macht vor allem philosophisch-erkenntnistheoretische, ethisch-moralische und anthropologische Probleme dieser Idee geltend[1]. Die zweite Gruppe bemängelt dagegen den unzureichenden Praxisbezug dieses Konzepts. Dabei werden sowohl die Grenzen der praktischen Durchführbarkeit (Rationalbarrieren) als auch die mangelnde tatsächliche Durchführung des rationalen Programms in der Praxis (Rationalabweichungen) ins Feld geführt.

1. Konzeptionelle Probleme

a) Philosophisch-erkenntnistheoretische Probleme

Im methodologischen Bereich stützt sich die Kritik an der Idee eines kenntnisreichen Mitteleinsatzes zur Zielerreichung vor allem auf zwei Problemkomplexe. Sie können kurz als Wahrheitsproblematik und Rechtfertigungsproblematik der Rationalitätsidee bezeichnet werden.

aa) Wahrheitsproblematik

Der erste Einwand geht von der heute kaum noch bestrittenen Einsicht aus, daß 'die' Realität in Kenntnissen nicht originalgetreu abgebildet werden kann[2]. Kenntnisse beziehen sich vielmehr stets auf spezifische Ausschnitte der Realität und können diese Realitätsausschnitte nur durch Filter der Abstraktion und Perzeption erfassen. Hieraus folgt, daß die Vorstellung von der Existenz 'absoluter Wahrheiten' fehlgeht und die Auszeichnung von Kenntnissen als *wahr* letztlich von Konventionen über die Voraussetzungen einer wahrheitsfähigen Realitätserfassung abhängt. Die Frage nach den 'richtigen' Kriterien der Wahrheit ist aber bis heute noch nicht abschließend beantwortet. Diese Schwierigkeit der Bestimmung des Wahrheitsbegriffs trifft natürlich das Fundament der rationalen Maxime, zur zielgerichteten Lösung von Problemen möglichst zutreffende Kenntnisse über die Problemzusammenhänge auszunutzen. Da nicht einmal die Idee der Wahrheit über alle Zweifel erhaben ist, wird bisweilen mit der Existenz absolut-unstritti-

---

1) Das Arsenal rationalitätskritischer Bedenken ist hiermit noch nicht erschöpft. Die übrigen Grundlagenprobleme der Rationalität, etwa ihre 'politischen Gefahren' (vgl. hierzu z. B. KEKES 1976, S. 164, 184 ff.; ETZIONI 1988, S. 138) müssen hier aber ausgeblendet werden, da ihre Behandlung im Rahmen dieser Arbeit zu weit führen würde.

2) Vgl. zur Wahrheitsproblematik m. z. N. eingehend S. 219 ff.

ger Kenntnisse auch aus Prinzip[3)] die Möglichkeit einer rationalen Vorgehensweise der Problemlösung verneint[4)].

Nach der in dieser Arbeit vorgestellten argumentationsrationalen Konzeption bilden nicht 'absolute Wahrheiten' den Maßstab der Rationalität, sondern der Stand des zugänglichen Wissens. Dabei können die einzelnen Bestandteile des maßgeblichen Wissensstandes unterschiedliche Qualitäten aufweisen. Es handelt sich somit präziser formuliert um ein objektives Rationalmodell, das zwar auch wahre Aussagen kennt, daneben aber auch bewährte, plausible und theoretisch-mögliche Problemeinsichten zuläßt. Die Argumentationsrationalität setzt demnach zum einen nicht etwa wahre und rationale Problemlösungen gleich. Zum anderen wird weiter unten eine Definition wahrer Aussagen erarbeitet werden, die sowohl eine unnötig resignative Relativierung des Wahrheitsbegriffs im Sinne eines (extremen) Nominalismus[5)] als auch die Zugrundelegung eines naiven Wahrheitsideals vermeidet. Die Problematik des Konstrukts *Wahrheit*, die somit im späteren Verlauf dieser Arbeit wieder aufgegriffen und dann eingehend diskutiert wird, kann damit nach unserer Auffassung für betriebswirtschaftliche Zwecke[6)] zufriedenstellend bewältigt werden und folglich die Rationalitätsidee letztlich nicht erschüttern.

bb) Rechtfertigungsproblematik

Die zweite philosophische Kernherausforderung liegt in einer einwandfreien Rechtfertigung der rationalen Vorgehensweise und kommt in der Formel "Why be rational"[7)] prägnant zum Ausdruck. Diese Frage nach der 'Rationalität der Rationalität' spricht eines der zentralen philosophischen 'Anfangsprobleme' an[8)], das in strukturell gleicher Weise z. B. auch bei der Wahrheitsdefinition auftritt. Das charakteristische Kennzeichen derartiger Anfangsprobleme besteht darin, daß sie letztlich in einer von drei 'methodologischen Sackgassen' enden[9)]. Eine überzeugende Rechtfertigung der Rationalitätsidee kann nur mit Hilfe rationaler Argumente gelingen, da ein Rationalitätsplädoyer mit irrationalen Aussagen einen Widerspruch in sich bildet[10)]. Die Rationalität der vorgebrachten Argumente kann aber ihrerseits hinterfragt werden und damit ebenfalls zu begründen

---

3) Zu unterscheiden hiervon sind die angesichts der praktischen Barrieren geäußerten Zweifel an der rationalen Lösungsmöglichkeit unstrukturierter Managementprobleme, die in Abschnitt 2 (S. 133 ff.) erörtert werden.

4) Vgl. hierzu auch BROWN 1988, S. 38 ff. Auf der gleichen Argumentationslinie liegt auch der interpretative Ansatz, wenn er von der managerialen 'Konstruktion der Wirklichkeit' spricht und davon ausgeht, daß die symbolischen Handlungen des Managers weit wichtiger sind als seine rational-betriebswirtschaftlichen Aktivitäten. Siehe nochmals S. 2 f. m. z. N.

5) Siehe m. N. S. 2 FN 11.

6) Der Anspruch, eine auch philosophisch befriedigende oder gar abschließende Lösung des Wahrheitsproblems anbieten zu können, soll und muß hier natürlich nicht erhoben werden.

7) RESCHER 1988, S. vii; BROWN 1988, S. 34 f.

8) Für viele BROWN 1988, S. 38 ff., und zum Anfangsproblem allgemein den Überblick bei THIEL 1989.

9) Vgl. auch den hierfür von ALBERT 1968, S. 13 geprägten Begriff des "Münchhausen-Trilemmas" (im Original kursiv, Flexion geändert), das unten (S. 220) noch behandelt wird.

sein. Die Rechtfertigung des Rationalitätsgedankens mit Hilfe rationaler Argumente führt nun in einen logischen Zirkel, wenn die Rationalität der Argumente mit Hilfe einer Rationalkonzeption begründet wird, die ihrerseits Gegenstand der Rechtfertigung ist. Die Begründung der Rationalität der rechtfertigenden Argumente durch Rückgriff auf andere Rationalmodelle hingegen erfordert immer neue Begründungsschleifen und hat damit einen unendlichen Regreß zur Folge. Um nicht ad infinitum im logischen Zirkel oder unendlichen Regreß gefangen zu sein, bleibt als Ausweg nur der methodologisch unbefriedigende Abbruch der Rechtfertigung durch eine Entscheidung über die prinzipielle Akzeptanz oder Ablehnung der Rationalitätsvorstellung. Diese Entscheidung kann mehr oder weniger nachvollziehbar - also eher begründet oder eher dogmatisch - sein, läßt sich aber aufgrund der Zirkel- und Regreßproblematik letztlich nicht abschließend rechtfertigen[11].

Durch ihre Unfähigkeit, den selbst postulierten Gedanken einer rationalen Rechtfertigung von Aktionen erfolgreich auf die Einnahme der eigenen Position ('rationales Vorgehen') anwenden zu können, richtet sich die Rationalitätsidee nach Ansicht ihrer Gegner selbst. Diese bereits von den antiken Skeptikern vertretene[12] Meinung hat bis heute nichts von ihrer Anziehungskraft verloren. So ist gerade in der von Stichworten wie 'Sinnkrise', 'Orientierungsverlust' und 'Wertewandel' begleiteten Gegenwart (wieder einmal) von einer aktuellen "'Krise der Rationalität'"[13] die Rede[14]. Die skeptische Auffassung[15] weist entweder den rationalen Standpunkt als unbegründbar zurück oder läßt auch alle anderen Positionen als gleich (gut) begründet zu[16].

Ohne die einschlägigen philosophischen Diskussionen an dieser Stelle im Detail nachzeichnen zu können, mögen zwei exemplarische Diskussionsausschnitte einen Eindruck von der Konsequenz (um nicht zu sagen: Radikalität) einer strikt durchgehaltenen Ra-

10) Vgl. auch KEKES 1976, S. 16; RESCHER 1988, S. 45 f.

11) Vgl. zum Ganzen nur KEKES 1976, insb. S. 16; FEYERABEND 1989b; BARTLEY 1989, sowie auch die unten (S. 109) zitierte Auffassung von RESCHER über die Fruchtlosigkeit des Versuchs, dezidierte Rationalitätsskeptiker zu überzeugen.

12) BARTLEY 1989, S. 283 f. Berühmt für seine Skepsis ist unter den früheren Denkern ferner z. B. HUME (siehe TOULMIN 1975, S. 145 ff.; KEKES 1976, S. 8 ff.; ALBERT 1989, S. 178 f., sowie speziell zur 'HUMEschen Herausforderung' im Zusammenhang mit der Induktionsmethode unten, S. 341 FN 25).

13) SCHEFFCZYK 1989, S. 9. Ähnlich MENSCHING 1987, S. 136.

14) Pointiert in dieser Richtung z. B. auch die Ansicht von KEKES 1976, S. 3, daß die auf Selbstzufriedenheit der (vorherrschenden) Philosophie beruhende mangelnde ernsthafte Auseinandersetzung mit der skeptischen Herausforderung "beiträgt zum Gedeihen solcher Blüten der Unvernunft wie Existenzialismus und Mystizismus, Drogenkult und transzendentale Meditation, Ideologien und Dogmen höheren Bewußtseins, Astrologie und Handwahrsagerei, Fundamentalismus und Jesus freaks, Kierkegaardischer Wiedergeburt und Pascal'scher Logik des Herzens" (Übersetzung durch v. W.).

15) Die Gegenposition zur Rationalitätsidee wird in der Literatur mit unterschiedlichen und bisweilen temperamentvollen Bezeichnungen wie z. B. 'Relativismus', 'Fideismus' und 'Irrationalismus' belegt (siehe etwa BARTLEY 1989, S. 284; SCHEFFCZYK 1989, S. 10). In der vorliegenden Untersuchung sollen die im einzelnen recht heterogenen Auffassungen unter der - soweit möglich - vergleichsweise neutralen Bezeichnung *skeptische Auffassung* bzw. *Skeptizismus* zusammengefaßt werden.

16) Als prominenter Skeptiker der Moderne ist z. B. FEYERABEND zu nennen, der im Rahmen seiner "anarchistischen Erkenntnistheorie" (so der Untertitel von FEYERABEND 1976, der in der 2. Aufl. von 1983 gestrichen ist) die berühmte Losung "Anything goes" (ebenda, S. 35) ausgibt.

tionalitätsskepsis vermitteln. Eine (vordergründig ein-)gängige Verteidigung des Rationalitätsgedankens lautet, daß bereits die Sicherung der menschlichen Existenz ein Mindestmaß an Rationalität - in Form zielgerichteter Anstrengungen zur Befriedigung der Grundbedürfnisse - voraussetzt. Diesem Argument wird nach skeptischer Ansicht jedoch dadurch der Boden entzogen, daß schon das Ziel einer erfolgreichen Lebensbewältigung fraglich und nicht besser begründbar als die Hinnahme der Selbstzerstörung durch irrationale Maßnahmen ist[17].

Nach einem zweiten Gedankengang enthält der Skeptizismus "ein Element leichtfertiger Unaufrichtigkeit"[18], indem er die Idee der Rationalität mit rationalen Argumentationen angreift und somit selbst die (Begründungs-)Mittel einsetzt, die er bekämpft. Auch dieser Vorwurf aber verfängt in den Augen der Skeptiker nicht. Da sie jede Position als gleich (un-)begründet betrachten, sehen sie sich zum einen nicht gehindert, 'probeweise' auch den rationalen Standpunkt einzunehmen und von hieraus die Schlüssigkeit eben dieser Position zu untersuchen (und zu verwerfen)[19]. Zum anderen haben sie als Skeptiker keinen Anlaß, ihre eigene Auffassung (der Rechtfertigungsskepsis) zu rechtfertigen[20].

Nach RESCHER handelt es sich bei dem Versuch, einen dezidierten Anhänger des Skeptizismus von der Idee der Rationalität überzeugen zu wollen, um ein letztlich hoffnungsloses Unterfangen[21]. Nach unserer Ansicht würde ferner auch das Anliegen, einen in hohem Maße noch unentschlossenen Leser für diese Idee gewinnen zu wollen, den Rahmen der vorliegenden, betriebswirtschaftlichen Arbeit sprengen. Von einer großangelegten Auseinandersetzung mit den fundamentalskeptischen Rationalitätsvorbehalten muß daher Abstand genommen werden. Mit Blick auf die Themenstellung dieser Untersuchung soll der Vorgang der Rechtfertigung des Gedankens der Rationalität an sich (und damit mittelbar des argumentationsrationalen Konzepts) somit vergleichsweise frühzeitig, allerdings nicht dogmatisch abgebrochen werden. Vielmehr sei die Entscheidung zugunsten einer prinzipiell rationalen Vorgehensweise kurz erläutert. Sie beruht zum einen auf der Anerkennung des soziokulturell-juristischen Umfeldes managerialer Problemlösungen und zum anderen auf einer im Pragmatismus verwurzelten Rechtfertigung durch eine positive Erfolgshypothese.

Die vorliegende Arbeit betrachtet die Unternehmung als den Ort der Bewältigung unstrukturierter Managementprobleme und geht davon aus, daß Unternehmungen - namentlich[22] - in den westlichen Industrienationen in einen sozio-kulturellen Kontext ein-

---

17) Vgl. hierzu KEKES 1976, S. 57.

18) RUSSELL (o. J.), S. 9.

19) KEKES 1976, S. 19.

20) Vgl. auch KIRSCH 1984, S. 1116 f., wonach als Alternative zur rationalen Argumentation die Argumentationsverweigerung im Stile des Dadaismus bleibt.

21) RESCHER 1988, S. 45 f.

22) Es kann im Rahmen der vorliegenden Arbeit nicht weiter untersucht werden, inwieweit die v. a. im Zuge der 'Japan-Welle' populär gewordenen Managementphilosophien fernöstlicher Unternehmungen (vgl. nur OUCHI 1981) tatsächlich von dem hier vertretenen Rationalverständnis abweichen. Angemerkt sei an dieser Stelle nur, daß z. B. auch KIRSCH, der im übrigen ein entschiedener Vertre-

gebunden sind, der im Anschluß an Max WEBER gemeinhin als okzidentaler Rationalismus bezeichnet wird[23]. Sein Kernmerkmal liegt in der 'Entzauberung' der mythologisch-religiös geprägten frühen Weltbilder durch eine moderne Weltauffassung, die Ein- und Ansichten nicht mehr für extern gegeben und gerechtfertigt, sondern prinzipiell kritikzugänglich und revidierbar hält[24]. Diese Grundorientierung impliziert für den Bereich des (gesellschaftlichen) Handlungszusammenhangs die Forderung nach einem objektiv begründbaren und effizienten ('zweckrationalen') Einsatz von Mitteln zur Erreichung von Zielen[25].

Die im okzidentalen Rationalismus angelegten Anforderungen an Problemlösungen, zielgerichtet-erfolgreich und intersubjektiv nachvollziehbar zu sein, treten im managerialen Kontext nicht nur in der diffusen Form gemeinsam getragener gesellschaftlicher Werte auf. Dieses 'Kulturgut' schlägt sich vielmehr in Deutschland und anderen Staaten[26] auch konkret(er) in gesetzlichen Bestimmungen nieder. § 93 Abs. 1 Satz 1 AktG beispielsweise verpflichtet den Vorstand der AG zur Anwendung der "Sorgfalt eines ordentlichen und gewissenhaften Geschäftsleiters" und normiert damit das generelle Ziel einer erfolgreichen Problembewältigung[27]. Aus der Vorgabe allein, Managementprobleme möglichst mit Erfolg zu handhaben, läßt sich zwar noch nicht unmittelbar ein rechtliches Plädoyer zugunsten der analytischen Rationalität herleiten, da synthetisch-intuitive Vorgehensweisen der analytischen Problemlösung überlegen sein können. Zumindest un- und irrationale Aktionen aber, die im Geiste einer fundamentalskeptischen Rationalitätsaversion der Grundformel vom zweckmäßigen Mitteleinsatz ohne Not zuwiderlaufen, werden durch die angesprochenen Vorschriften untersagt[28].

Die zahlreichen unternehmensrechtlichen Regeln zur Berichterstattung[29] sind von dem Gedanken getragen, durch die Erteilung von Informationen an Anteilseigner, Arbeitnehmer und andere Adressaten[30] Maßnahmen der Unternehmung transparent zu machen[31]. Die Interpretation dieser Normen in Hinblick auf den notwendigen Informationsumfang

ter der These von der Inkommensurabilität der diversen Lebensformen (und Theorien) ist (hierzu näher z. B. S. 158 FN 29), eine "bemerkenswerte Öffnung (der Japaner) gegenüber Teilaspekten okzidentaler rationaler Tradition" konstatiert (KIRSCH 1984, S. 676; Klammerzusatz v. v. W.).

23) Siehe WEBER 1980 und hierzu die Rekonstruktionen von SCHLUCHTER 1979; HABERMAS 1981a, S. 225 ff., sowie noch SCHAFFITZEL 1982, S. 90 ff.; KIRSCH 1984, S. 651 ff.

24) Siehe WEBER 1980, hier insb. S. 308, sowie zu dieser Kurzcharakterisierung auch KIRSCH 1984, S. 653 f.

25) Vgl. WEBER 1980, S. 13, sowie auch SCHAFFITZEL 1982, S. 91 f.

26) Vgl. für das Gebiet der Europäischen Gemeinschaft nur die Untersuchung von THEISEN 1987, S. 89 ff. zu den Rechenschaftsverpflichtungen der Unternehmungsleitungen gegenüber ihren Kontrollorganen.

27) Stellvertretend für viele HEFERMEHL 1973, § 76 Anm. 8; MERTENS, H.-J. 1989, § 93 Anm. 29. Daß nicht jeder unternehmerische Fehlschlag einen Verstoß gegen diese Zielsetzung bildet, dürfte sich von selbst verstehen.

28) Vgl. nur HEFERMEHL 1973, § 76 Anm. 8; MEYER-LANDRUT 1973, § 84 Anm. 59.

29) Siehe als Auswahl der wichtigsten Vorschriften §§ 90, 111 Abs. 2, 131 AktG; §§ 325 ff. HGB; §§ 1 ff. PublG und §§ 43 Abs. 2 Satz 3, 90, 106, 110, 111 BetrVG.

30) Zu denken ist insbesondere an die Gläubiger und die 'Öffentlichkeit'.

ist im einzelnen natürlich heftig umstritten. Ohne an dieser Stelle in eine Detailanalyse der herrschenden Meinung zur Auslegung eintreten zu können, läßt sich aber immerhin feststellen, daß sich die Unternehmungsleitung ihrer gesetzlichen Verpflichtungen zur Begründung von Maßnahmen unbestritten nicht durch bloß (betriebswirtschaftlich) unfundierte Floskeln entledigen darf[32]. Der Vorstand etwa, der in einer Beratung mit dem Betriebsrat nach § 111 Satz 1 BetrVG die Begründung einer Teilbetriebs-Stillegung auf Ausführungen zum 'unternehmerischen Fingertip-Feeling' und Kontemplationen über den (freizusetzenden) Menschen als "'Gefäß des Göttlichen'"[33] aufbaut, wird somit seinen Gesetzespflichten nicht gerecht[34]. Gefordert sind vielmehr - nach Adressatenkreis und Berichtsgegenstand gestaffelte - authentische Erklärungen der entscheidungsrelevanten Problemaspekte[35]. Geht man von der Prämisse der juristisch korrekt geführten Unternehmung[36] sowie davon aus, daß die genannten Bestimmungen auch in der überschaubaren Zukunft noch Gültigkeit haben werden, so spricht für die hier getroffene Entscheidung zugunsten der Rationalität schon das Gesetz. Die Unternehmungsleitung kann ihre rechtlich verankerten Verpflichtungen zur Berichterstattung über getroffene und geplante Maßnahmen nur dann erfüllen, wenn sie selbst über Einsichten in die fraglichen Problemzusammenhänge verfügt. Analysen zur Entscheidungsfundierung sind folglich - zumindest parallel zur intuitiven Entschlußidee-Entwicklung - schon aus Rechtsgründen durchzuführen.

---

31) Vgl. z. B. für Aufsichtsrats-Unterrichtung HEFERMEHL 1973, § 90 Anm. 1; LUTTER 1984, S. 1.

32) Siehe speziell für die Auskunftserteilung an den Aufsichtsrat und die Hauptversammlung der AG ausdrücklich §§ 90 Abs. 4, 131 Abs. 2 AktG, die von den "Grundsätzen einer gewissenhaften und getreuen Rechenschaft" sprechen. Zur Auslegung dieser Generalkausel (ganz in unserem Sinne) z. B. MEYER-LANDRUT 1973, § 90 Anm. 13; MERTENS, H.-J. 1989, § 90 Anm. 4, 22; ECKARDT 1974, § 131 Anm. 1, 73.

33) KIRSCH 1984, S. 672, der im Rahmen seiner Untersuchungen zum 'evolutionären Management' (ebenda, S. 605 ff.) die kosmozentrische Weltauffassung referiert, daß der Mensch nicht - wie im theozentrisch-okzidentalen Weltbild - "Werkzeug Gottes", sondern "'Gefäß des Göttlichen'" sei.

34) Am Rande sei nur bemerkt, daß nicht ganz einleuchten will, wie sich ein - freilich ausdrücklich vorsichtig-spekulatives - Eintreten für eine stärkere Hinwendung zu orientalisch-intuitiven Managementphilosophien (KIRSCH 1984, S. 651 ff.) mit dem gleichzeitigen Plädoyer für eine "fortschrittsfähige Organisation" verträgt, die sich u. a. durch ihre "Erkenntnisfähigkeit" auszeichnet, also die Fähigkeit, "zu validen Erkenntnissen über sich und über das relevante Umfeld zu gelangen" (KIRSCH 1984, S. 22, Flexion im ersten Zitat geändert). Eine solche Fähigkeit setzt doch wohl u. a. auch voraus, daß eine - einmal unterstellt - erfolgreiche intuitive Problembewältigung verstanden und damit intersubjektiv nachvollziehbar, also letztlich rational erklärt werden kann. Siehe hierzu auch noch S. 118 und S. 146 f.

35) Die Unternehmungsleitung ist zwar mitunter rechtlich gehalten, im Rahmen der Auskunftserteilung keine Betriebs- und Geschäftsgeheimnisse zu offenbaren (siehe exemplarisch § 43 Abs. 2 Satz 3 BetrVG; § 131 Abs. 3 Nr. 1 AktG). Zu beachten ist jedoch zum einen, daß (nicht-geheime) Auskünfte, wenn sie erteilt werden, nicht taktischer oder floskelhafter Natur sein dürfen, sondern - wie §§ 90 Abs. 4, 131 Abs. 2 AktG für die Unterrichtung von Aufsichtsrat und Hauptversammlung formulieren - "den Grundsätzen einer gewissenhaften und getreuen Rechenschaft zu entsprechen" haben. Zum anderen gilt der Geheimnisvorbehalt gegenüber bestimmten Adressaten wie insbesondere den Überwachungsorganen grundsätzlich nicht, so daß hier die Einrede der Unzulässigkeit authentischer Kommentare von vornherein abgeschnitten ist. Vgl. z. B. die Informationsrechte des Aufsichtsrats nach §§ 90, 111 Abs. 2 AktG und hierzu näher LUTTER 1984 mit der griffigen Formel: "... alles was der Vorstand weiß, darf auch der Aufsichtsrat wissen ..." (S. 2, ähnlich S. 27); HEFERMEHL 1973, § 90 Anm. 32 f.; MEYER-LANDRUT 1973, § 90 Anm. 9, 13, sowie aus betriebswirtschaftlicher Sicht THEISEN 1991, insb. S. 58 ff.

36) Siehe auch nochmals S. 91 FN 121.

Neben der Rücksichtnahme auf die sozio-kulturellen und juristischen Rahmenbedingungen, denen sich die Bewältigung unstrukturierter Managementprobleme gegenübersieht, liegt der Thematisierung der managerialen Rationalmöglichkeiten in dieser Arbeit ein Argument zugrunde, das dem philosophischen Pragmatismus entlehnt ist. Es unternimmt keine theoretische Rechtfertigung der Rationalität, sondern zieht zur Begründung das praktische Kriterium des Erfolgs bei der Daseinsbewältigung heran[37)]. Die rationale Vorgehensweise kann danach als begründet angesehen werden, falls und soweit sie (in der Tendenz) größere Erfolge verspricht als synthetisch-intuitive[38)] Prozeduren. Die Bewältigung der Rechtfertigungsschwierigkeit läuft damit letztlich auf die Frage hinaus, welche der beiden Grundmethoden die zweckmäßigere Problemlösungs-Technologie darstellt.

Der Pragmatismus, der in der philosophischen Diskussion (natürlich) nicht unwidersprochen geblieben ist[39)], verkörpert in seiner hier verstandenen Form eine Position, die der betriebswirtschaftlichen, auf den optimalen Einsatz knapper Ressourcen gerichteten Grundperspektive ohne Zweifel in hohem Maße entgegenkommt. Er leidet somit für unsere Zwecke nicht an einem Mangel grundsätzlicher Anziehungskraft. Problematisch ist vielmehr die tatsächliche Durchführung seines Rechtfertigungsprogramms, da die Frage nach der Zweckmäßigkeit mehr rationaler oder mehr synthetischer Problemlösungen beim heutigen Stand der Forschung nicht zufriedenstellend beurteilt werden kann. Um diese Feststellung einsichtig zu machen, ist nun zunächst der Begriff des fundierungsbedingten Erfolgs näher zu präzisieren. Dabei wird es sich nicht ganz vermeiden lassen, gelegentlich auf die später folgenden Untersuchungen zur Messung der Argumentationsrationalität vorzugreifen.

Die Bewältigung unstrukturierter Managementprobleme schlägt sich in der Formulierung von Projektzielen und der Wahl einer Projekthandlung nieder[40)]. Während Handlungen nach ihrer Erfolgsträchtigkeit auszuwählen sind, die sich aus dem Ausmaß (Leistungsfähigkeit) und der Sicherheit der Projektzielerreichung ergibt, sind die Projektziele nach Maßgabe ihrer Vorzugswürdigkeit als Resultante des Ausmaßes (Nützlichkeit) und der

---

37) Vgl. hierzu KEKES 1976, S. 25, sowie zum Zusammenhang verschiedener Begründungsformen auch CARNAP 1950, hier insb. S. 21-23; SEEL 1987, S. 42 f. Pragmatische Rechtfertigungen der Rationalitätsidee finden sich außer bei KEKES z. B. bei NATHANSON 1985, S. 57 ff. (siehe insb. S. 60-62 und S. 65) und RESCHER 1988, S. 33 ff. Siehe zur Philosophie des Pragmatismus mit ihren vielfältigen Schattierungen hier nur den Überblick von HOCHKEPPEL 1989, sowie im Zusammenhang mit der pragmatischen Wahrheitstheorie auch unten (S. 235 ff.). Um keine Mißverständnisse aufkommen zu lassen, sei hier schon ausdrücklich betont, daß wir pragmatisches Gedankengut nur für bestimmte Fragen (wie eben die Begründung des Rationalgedankens) heranziehen und z. B. dem Wahrheitsbegriff des Pragmatismus keineswegs vorbehaltlos zustimmen.

38) Die un- und irrationalen 'Technologien' können bei Zweckmäßigkeitsanalysen ex definitione ausgeschlossen werden, da sie nicht zielgerichtet sind.

39) Vgl. zur Kritik z. B. KEKES 1976, S. 25 ff. Ein Haupteinwand lautet z. B., daß sich die zur Messung des Erfolgs einer Handlung notwendigen Handlungsziele nicht ebenfalls pragmatisch begründen lassen (siehe KEKES 1976, S. 37 f.). Abgesehen davon, daß sich Ziele strukturell in grundsätzlich gleicher Weise wie Handlungen in Hinblick auf ihre Implikationen für die Erfüllung übergeordneter Ziele oder Normen beurteilen lassen (siehe näher S. 333 ff. der vorliegenden Arbeit), ist zu beachten, daß das pragmatische Argument hier lediglich zur Rechtfertigung einer Handlungsweise ('rationales Vorgehen') bei gegebenem Ziel ('Problemlösungserfolge erzielen') verwendet wird.

Sicherheit der Oberziel- bzw. Normerfüllung zu setzen[41]. Vor diesem Hintergrund können problembezogene Analysen zunächst gedanklich zwei verschiedenen Ebenen zugeordnet werden, nämlich einmal der Suche nach Zielen und Handlungen mit einer (möglichst) hohen Nützlichkeit bzw. Leistungsfähigkeit und zum anderen der Untermauerung von Aussagen über Ziele und Handlungen (mit einer gegebenen, bei Vorschlägen vergleichsweise hohen Nützlichkeit bzw. Leistungsfähigkeit)[42]. Da hier die Generierung von Zielen und Handlungen mit einer bestimmten (hohen) Nützlichkeit bzw. Leistungsfähigkeit dem kreativen 'Entdeckungszusammenhang' zugeordnet und aus dem Gegenstand dieser Arbeit ausgeklammert ist, m. a. W. also von inhaltlich gegebenen Konsequenzaussagen ausgegangen wird, betrifft die Fundierung in unserem Sinne und ihre Erfolgsbeurteilung nur den Aspekt der Sicherheit der Konsequenzen bei gegebenem Ausmaß der angenommenen (Ober-)Zielerreichung[43].

In Hinblick auf die Beurteilung der Vorteilhaftigkeitsbeziehungen zwischen der Fundierung und dem Sicherheitsaspekt sind die (konzeptionell zugerechneten) Fundierungseffekte von den für die Rechtfertigung der Rationalität letztlich ausschlaggebenden (empirischen) Fundierungserfolgen zu trennen[44] (vgl. Abb. 19). Während sich die Fundierungseffekte auch im Einzelfall und vor der Durchführung einer Entscheidung (ex ante) feststellen lassen, können die Fundierungserfolge lediglich ex post bestimmt sowie auf der Grundlage einer größeren Anzahl von Problemlösungsfällen eingeschätzt werden[45]. Die (vorteilhaften) *Fundierungseffekte* sind im einzelnen zunächst darin zu sehen, daß der Anspruch der jeweils fraglichen (zu fundierenden) Konsequenzaussagen auf Gültigkeit durch Analysen überprüft und - bei positivem Analyseresultat - erhärtet wird. Über diesen Einfluß auf die Glaubwürdigkeit der einzelnen zur Kommentierung einer

---

40) Siehe S. 41 sowie auch noch S. 291.

41) Siehe nochmals S. 84.

42) In der Praxis sind diese beiden Ebenen natürlich nicht unabhängig voneinander. So können entwickelte Handlungsalternativen überhaupt nur dann ernsthaft als (im jeweils behaupteten Ausmaß) leistungsfähig angesehen werden, wenn die zugrundeliegenden Aussagen nicht völlig aus der Luft gegriffen sind. Theoretisch läßt sich aber gleichwohl sinnvoll eine Trennlinie ziehen zwischen der - u. U. noch so unfundierten - Entwicklung von Lösungsideen und ihrer kritischen Untermauerung bzw. Hinterfragung. Der Leser denke zur Veranschaulichung nur an den berühmten 'plötzlichen Einfall', der anschließend auf seine Realisierbarkeit hin abgeklopft wird (siehe hierzu auch unten, insb. S. 121 FN 76).

43) Ausgeblendet werden somit (vorteilhafte) 'Nebeneffekte' der Fundierung in Form der Entdeckung leistungsfähigerer bzw. nützlicherer Alternativen, die im Zuge der Untermauerung von Aussagen über die gerade betrachteten Handlungsmöglichkeiten und Zielsetzungen 'zufällig' gemacht wird.

44) Vgl. in diesem Zusammenhang auch die im Grundansatz ähnlichen Überlegungen zur Qualitätsbeurteilung von Entscheidungen bei GZUK 1975, insb. S. 36-38.

45) Da nicht davon ausgegangen werden kann, daß die sogleich näher präzisierten Fundierungserfolge stets in jedem Einzelfall eintreten, lassen sich Aussagen zur Vorteilhaftigkeit der Fundierung bzw. Rationalität nur auf eine Durchschnittsbetrachtung stützen. Aus der Natur der Fundierungserfolge ergibt sich damit auch, daß im Einzelfall ein (ex ante) Entschluß zugunsten der Problemlösungsfundierung nur unter Rückgriff auf allgemein gute Erfahrungen mit fundierten (sowie schlechte Erfahrungen mit unfundierten Lösungen) rational getroffen bzw. praktisch gerechtfertigt werden kann.

Problemlösung vorgetragenen Aussagen[46] wirken sich die Fundierungsanstrengungen sodann auch auf die Argumentationsrationalität der Lösung insgesamt aus, wie im 3. Ka-

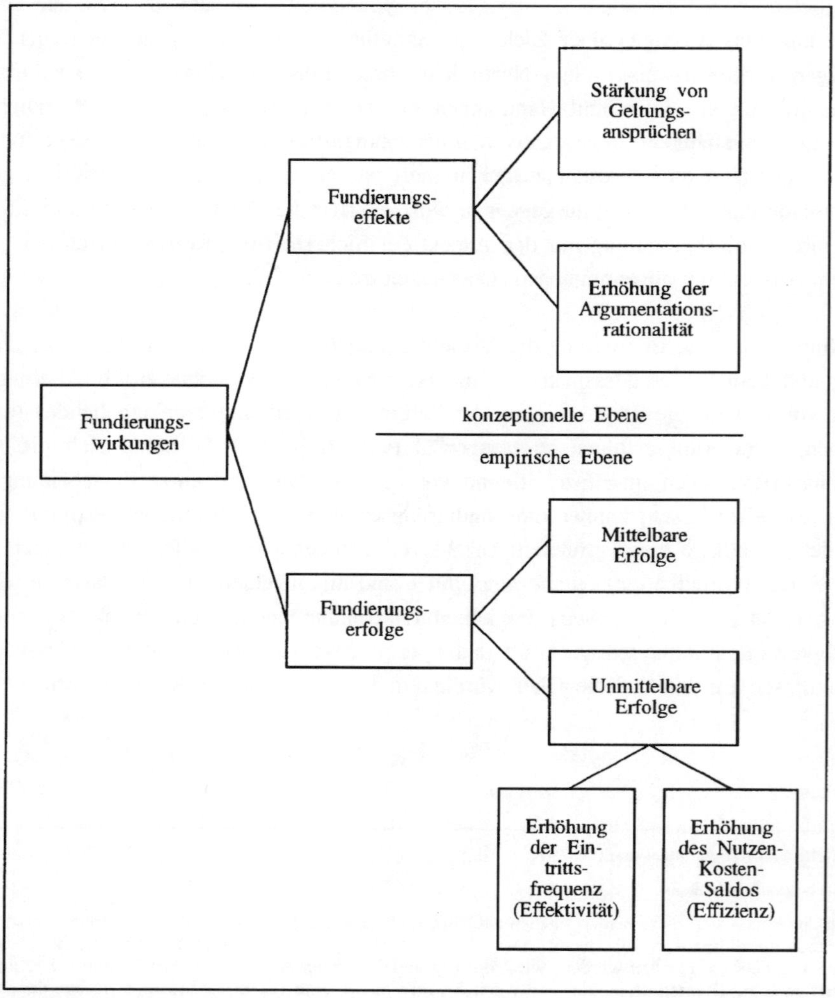

Abb. 19: Fundierungswirkungen

pitel noch eingehend dargelegt werden wird. Die Fundierungseffekte sind insofern konzeptioneller Natur, als die Stärke von Geltungsansprüchen und die hierauf aufbauende Höhe des argumentationsrationalen Gehalts einer Entscheidung unten auf der Grundlage der dort angestellten, vor allem erkenntnis- und argumentationstheoretischen Überlegungen an die jeweils durchgeführten Fundierungsmaßnahmen[47] gekoppelt werden[48]. Die

46) Diese Glaubwürdigkeit wird unten durch den *Verläßlichkeitswert* der Aussagen erfaßt, wobei synonym auch die Ausdrücke *Ex-ante-Zuverlässigkeit* oder - wenn keine Unklarheiten drohen - auch kurz *Zuverlässigkeit* bzw. *Verläßlichkeit* Verwendung finden.

47) Genauer: An die Struktur und Substanz der präsentierten Begründungen und Belege.

Fundierungseffekte stellen sich also kurz gesprochen in Abhängigkeit von den (rationalrelevanten Merkmalen der) unternommenen Fundierungsanstrengungen gleichsam 'definitionsgemäß' - genauer: explikationsgemäß ein[49].

Die *Fundierungserfolge* basieren demgegenüber auf dem Zusammenhang, der (möglicherweise) zwischen der Fundierungsintensität und dem durchschnittlichen tatsächlichen Eintreffen der behaupteten Konsequenzen besteht. Danach ist die Problemlösungsmethode 'Fundierung' als solche im Grundsatz dann als erfolgreich einzuschätzen, wenn die erwarteten Konsequenzen von Zielen[50] und Handlungen, die auf der Basis und als Ergebnis intensiver Entscheidungsvorbereitungen gesetzt bzw. durchgeführt werden, im Durchschnitt (einer ausreichend großen Zahl von Problemlösungsfällen) ex post eher eintreffen als die vermuteten Konsequenzen unfundiert-intuitiv beschlossener Zielsetzungen und Maßnahmen. Zu beachten ist, daß die so verstandenen Fundierungserfolge im Prinzip nicht durch einen direkten Einfluß der Fundierungsanstrengungen auf die tatsächlich eintretenden Konsequenzen effektiv gesetzter Ziele und durchgeführter Handlungen hervorgerufen werden[51]. Ausnahmen hiervon können sich nur dann ergeben, wenn der Verlauf der zukünftigen Entwicklungen von Tatbestand seiner gedanklichen Antizipation als solchem abhängt[52]. Ansonsten beruhen die empirischen Erfolge der Fundierung darauf, daß als Folge der entscheidungsvorbereitenden Analysen Ziel- und Handlungsvorschläge, die sich bei entsprechendem Resultat der Sicherheitsprüfung und nach seiner Abwägung mit der Nützlichkeit bzw. Leistungsfähigkeit als wenig zweckmäßig erweisen, ausgesondert und nur solche Ziele gesetzt und Handlungen durchgeführt werden, die mit der vergleichsweise hohen Vorzugswürdigkeit bzw. Erfolgsträchtigkeit tendenziell auch eine relativ ausgeprägte Konsequenzsicherheit versprechen. Oder anders gewendet: Fundierungsanstrengungen nehmen im Grundsatz keinen Einfluß auf die eintreffenden (oder eben nicht eintreffenden) Konsequenzen, falls bestimmte Ziele gesetzt oder Handlungen ergriffen werden. Sie können (und sollten) sich aber sehr wohl darauf auswirken, ob bestimmte Ziele und Handlungen (mit mehr oder weniger sicheren Konsequenzen) gewählt werden, und können damit indirekt über die Aussortierung riskanter Kandidaten die Eintrittsfrequenz erhöhen.

Der Fundierungserfolg im soeben präzisierten Sinne einer tatsächlichen Realisierung der angenommenen (Ober-)Zielbeiträge kann entweder in einer Bruttobetrachtung ohne oder

48) Die unten geschaffenen Maßgrößen stellen also im Kern 'nichts anderes' dar als die komprimierte Abbildung und (ordinale) Ordnung der jeweiligen Fundierungsmaßnahmen in erkenntnis-argumentationstheoretisch gewonnenen Kategorien.

49) Diese Zuordnung zwischen Fundierung, Anspruchsstärke und Argumentationsrationalität ist allerdings infolge der zugrundeliegenden erkenntnis-, argumentations- und meßtheoretischen Erwägungen, also der Explikation der Zuordnung, alles andere als willkürlich oder 'unfundiert'. Siehe zur Natur der Fundierungseffekte auch noch die später folgende FN 77 auf S. 121.

50) Zur Veranschaulichung ist nur an Prognosen positiver Auswirkungen der Erreichung von Subzielen für die Verwirklichung eines Oberziels wie den Gewinn zu denken.

51) Betrachtet man etwa ein und dieselbe Handlung H, so wird ihre effektive Durchführung grundsätzlich unabhängig davon bestimmte Konsequenzen haben (oder nicht haben), ob zuvor eine rationale Analyse oder eine intuitive Schätzung ihrer Folgen vorgenommen worden ist.

in einer Nettobetrachtung unter Berücksichtigung der Fundierungskosten beurteilt werden, so daß sich eine Differenzierung zwischen der Effektivität und der Effizienz der Fundierung anbietet[53]. Als *effektive* Maßnahmen (zur Risikoreduzierung) können Fundierungsanstrengungen dann gelten, wenn und soweit erwartete Konsequenzen, die wohl-fundiert prognostiziert werden, im Durchschnitt tatsächlich (also ex post betrachtet) häufiger eintreten als solche Konsequenzerwartungen, die bloß unfundiert behauptet werden. Als *effizient* oder synonym auch *wirtschaftlich* sind Fundierungen dagegen insoweit einzustufen, als der Fundierungsnutzen aus der (angenommen) erhöhten Eintrittsfrequenz fundiert prognostizierter Konsequenzen die Fundierungskosten[54] durchschnittlich übersteigt.

Die soeben aufgezeigten Vorteile der Entscheidungsvorbereitung bilden die *unmittelbaren Fundierungserfolge*. Sie sind von den mittelbaren Erfolgen zu trennen und bisher sowie im weiteren - sofern nicht ausdrücklich etwas anderes gesagt wird - gemeint, wenn ohne weiteren Zusatz vom Fundierungserfolg die Rede ist. Die *mittelbaren Fundierungserfolge* markieren diejenigen Vorbereitungsvorteile, die sich im Einzelfall oder generell sowie als Folge oder in Ergänzung der Fundierungseffekte und unmittelbaren Fundierungserfolge einstellen und ganz unterschiedlicher Natur sein können. Zu denken ist vor allem an (eventuelle) positive Verhaltenswirkungen wie

* den fundierungsbedingten Abbau des Spielraums für politische (Macht-)Prozesse[55],
* die bessere Akzeptanz (tolerierbar) begründeter Zielsetzungen und Zielkonfliktlösungen[56] und

---

52) Vgl. zu diesen mittelbaren Fundierungsauswirkungen, die bis zur berühmten Selbsterfüllung bzw. Selbstzerstörung von Prognosen (siehe hierzu S. 238 f. m. N.) reichen können, S. 116 f.

53) Das Begriffspaar *Effektivität* und *Effizienz* hat in der Literatur eine wechselvolle Geschichte erlebt und wird auch heute nicht einheitlich verwendet (vgl. zum Überblick hier nur WELGE/FESSMANN 1980, Sp. 577 f.; SCHOLZ 1992, Sp. 533, beide m. z. N.). Dabei sind im wesentlichen zwei Stoßrichtungen dieser begrifflichen Unterscheidung auseinanderzuhalten. Zum einen zielt die Trennung zwischen Effektivität und Effizienz auf die Gegenüberstellung 'Bruttobetrachtung vs. Nettobetrachtung', wobei Effektivität dann als Brutto-Maßgröße für den Output und Effizienz als Netto- bzw. Relations-Maßgröße für das Output:Input-Verhältnis angesetzt wird. Zum anderen wird die Unterscheidung mit Blick auf die Güte der Ausführung und Art von Handlungen getroffen. Sie kommt hier anschaulich in den beiden Formeln 'doing things right' (Effizienz) sowie 'doing the right things' (Effektivität) zum Ausdruck und weist damit darauf hin, daß die noch so 'effiziente' Durchführung von Maßnahmen im Lichte übergeordneter Zielsetzungen falsch, also ineffektiv sein kann. Die zweite Akzentuierung bietet sich somit an, wenn Beurteilungskonzepte auch die jeweils verfolgten Zielsetzungen in die Betrachtung einbeziehen bzw. problematisieren sollen (in diesem Sinne findet die Effizienz-Effektivitäts-Unterscheidung z. B. auch bei FRESE/v. WERDER 1992, Sp. 380 ff. Verwendung). Sofern hingegen wie an dieser Stelle das Ziel bzw. der angestrebte Output (hier: Fundierungserfolg) unproblematisch ist, kann das Begriffsverständnis im Sinne der Brutto-Netto-Gegenüberstellung als fruchtbarer angesehen werden (vgl. auch den Effizienzbegriff bei FRESE/v. WERDER 1993, S. 24 ff.). Eine (Fundierungs-)Maßnahme kann danach zwar zur Erreichung eines Ziels (hier: Risikoabbau) effektiv sein, muß sich aber unter Beachtung der Kosten noch lange nicht als wirtschaftlich effizient erweisen.

54) Gemeint sind die Fundierungsgesamtkosten, die sich aus den Fundierungsressourcen- und den Fundierungszeitkosten zusammensetzen. Siehe S. 135.

55) Vgl. zu diesem Argument zugunsten analytischer Problemlösungen z. B. GÄFGEN 1974, S. 490 f.; TRUX 1985, S. 67, sowie auch PETERS/WATERMAN 1984, S. 55. Skeptisch KIESER 1984, S. 37.

56) Zu denken ist nur an die gegenwärtig in der unternehmensethischen Diskussion erhobene Forderung nach einer konsensorientierten Begründung der maßgeblichen Unternehmungsziele und Normen. Siehe an dieser Stelle für viele STEINMANN/LÖHR 1989a, S. 11 f., sowie zur Begründung und Tole-

* die möglichen Motivationswirkungen akzeptierter Ziele auf den Handlungserfolg[57),]

aber beispielsweise auch an das (zum Teil rechtlich relevante) Legitimations- und Entlastungspotential der fundierten Entscheidungsvorbereitung.

Analysiert man nun auf der Grundlage dieser begrifflichen Klärungen die einschlägigen Aussagen der Literatur über die komparativen Erfolgswirkungen mehr rationaler und mehr intuitiver Problemlösungen, so zeigt sich, daß bislang keine theoretische, geschweige denn empirisch gesicherte Einigkeit über diese Frage herrscht. Vielmehr sind bisher im wesentlichen erst Kataloge von Vorteilen und Nachteilen der beiden methodischen Grundalternativen ('rational' vs. 'intuitiv') aufgestellt worden, ohne ein abschließendes Urteil zu fällen bzw. fällen zu können[58)]. Diese Vor- und Nachteile, die sowohl die unmittelbaren als auch die mittelbaren Fundierungserfolge im Sinne unserer Abgrenzung betreffen, werden teilweise nur behauptet, teils aber auch etwas ausführlicher begründet. Empirische Untersuchungen, die Aufschluß über den durchschnittlichen Erfolg der Entscheidungsvorbereitung geben könnten, finden sich hingegen selbst dann nur sporadisch, wenn man auf Studien über Aktivitäten zurückgreift, die - wie insbesondere die formalisierte Planung - das Arsenal der Fundierungsbemühungen nur teilweise abdecken[59)]. Auch die Befunde dieser Erhebungen sind aber nicht einheitlich und schon deshalb ungesichert[60)].

Konzentriert man sich auf die hier primär interessierenden unmittelbaren Fundierungserfolge in Form der tatsächlichen Konsequenzsicherheit bzw. Aussagenzuverlässigkeit, so führen Befürworter der rationalen Methode als Kernargument die Begründung an, daß die gedankliche Durchdringung der Problemzusammenhänge, also die Analyse der maßgeblichen Problemparameter und Parameterbeziehungen, Einsichten in den mutmaßlichen Ablauf der zukünftigen Entwicklungen vermittelt und damit die Chance auf zutreffende Konsequenzprognosen erhöht[61)]. Paradigmatisch ist hier die Situation voll-

---

rierbarkeit von Normen einschließlich weiterer Hinweise auf die Literatur zur Unternehmensethik S. 306 ff. Vgl. ferner generell für die Erläuterung von Plänen DELFMANN 1989b, Sp. 1373.

57) Erinnert sei in diesem Zusammenhang an das Führungskonzept 'Management by Objectives', das in hohem Maße auf der Annahme eines positiven Motivationseffekts nicht-autoritär vereinbarter Ziele beruht (vgl. FRESE 1971b, S. 232 f.; FRESE/MENSCHING/v. WERDER 1987, S. 279 ff.; STAEHLE 1991, S. 785 ff.).

58) Zu Argumenten für und gegen analytische (bzw. auch spezieller planende oder quantifizierende) sowie intuitive Vorgehensweisen der Problemlösung BÖSSMANN 1968, S. 242 ff.; GÄFGEN 1974, S. 490 f.; PEISL/LÜTTGE 1975, S. 351 f.; KOCH 1982, S. 7 f.; TRUX 1985, S. 65 ff.; ARMSTRONG 1986, S. 99; DUNCAN 1989, S. 82 ff.; MINTZBERG 1989, S. 69 ff.; SALIGER 1990, S. 4 f.

59) Zu berücksichtigen ist nämlich, daß Fundierungsmaßnahmen keineswegs nur im Rahmen formalisierter Planungssysteme stattfinden können, sondern z. B. auch in Gruppendiskussionen durch Entwicklung und Kritik von Argumenten für und gegen bestimmte Vorschläge.

60) Vgl. zu dieser Einschätzung der Befunde (namentlich zum Zusammenhang zwischen Planung und Unternehmungserfolg) z. B. PICOT/LANGE 1979, S. 589 f.; POENSGEN/HORT 1981, S. 4; LEDERMAN 1984, S. 48; JAVIDAN 1985, S. 89; GREENLEY 1986, S. 101; VENKATRAMAN/RAMANUJAM 1987, S. 687; WELGE/RÜTH 1985, S. 563 ff., hier v. a. S. 599; dies. 1989, insb. Sp. 356, sowie für die eher individualpsychologischen Untersuchungen zur Erfolgswirkung des persönlichen Problemlösungsstils GEMÜNDEN 1992, Sp. 1021, 1023.

61) Vgl. hier nur aus der Planungsliteratur etwa KÖHLER/UEBELE 1981, S. 116; KOCH 1982, S. 8; HAHN 1992, Sp. 1978; ARBEITSKREIS INTEGRIERTE UNTERNEHMUNGSPLANUNG 1991, S.

kommener Kenntnisse bzw. strukturierter Probleme, in der die Ausschöpfung des vorhandenen Wissens unbestritten[62] den angestrebten Problemlösungserfolg verbürgt. Diese Erfolgsthese wird für unstrukturierte Problemlagen in Anbetracht der dort verminderten Kenntnisse abgeschwächt, im Prinzip aber aufrechterhalten.

Rechtfertigungen der intuitiven Vorgehensweise sind dagegen weniger eindeutig zu fassen. Nicht selten findet das Plädoyer für die Intuition lediglich als Reaktion auf die - zweifelsfrei vorhandenen - Schwierigkeiten und Grenzen der analytischen Problemdurchdringung statt, ohne allerdings die Erfolgsvermutung zugunsten intuitiver Entschlüsse argumentativ zu erhärten. Mitunter werden auch parapsychologische Erklärungsskizzen ins Feld geführt, die erfolgreiche Intuitionen mit außersinnlichen Wahrnehmungen in Verbindung bringen[63]. Diejenige Begründung aber, die heute unter den Vertretern intuitiver Vorgehensweisen vorherrschen dürfte und uns am ehesten einleuchtet, läßt sich kurz mit der brillianten Formel von SIMON umschreiben, daß erfolgreiche Intuitionen "simply analyses frozen into habit"[64] sind. Intuitive Problemlösungseinfälle mit Erfolgsaussicht beruhen danach im Kern auf früheren Erkenntnissen und Erfahrungen des Problemlösers, die im Unterbewußtsein sublimiert und bei der Bewältigung eines Problems unmittelbar wirksam sind, ohne explizit ins Bewußtsein gerufen, also 'aufgetaut' zu werden[65]. Sie gründen damit durchaus auf Wissen und sind folglich vor allem von Experten zu erwarten.

In die hier nur überschlägig skizzierten Rechtfertigungsversuche des rationalen und intuitiven Vorgehens kann und muß im Rahmen der vorliegenden Arbeit nicht tiefer eingestiegen werden. Angemerkt sei auf der einen Seite lediglich, daß die geschilderte Grundüberlegung zum Erfolg des rationalen Vorgehens zwar - wie sich unten näher zeigen lassen wird - für Entscheidungen, die vollständig auf wahre oder wenigstens (statistisch) bewährte Einsichten gestützt werden können, durchaus überzeugen kann[66]; für bloß plausibel begründete Problemlösungen, die in unstrukturierten Problemsituationen nach Definition das Maximum der (Argumentations-)Rationalität markieren, verliert sie hingegen zumindest prima facie an Stichhaltigkeit, da solche Lösungen bloß durch ein mehr oder weniger engmaschiges Netz von Kenntniselementen gesichert sind und diese Absicherung 'im Ernstfall' - d. h. bei der Entscheidungsumsetzung - prinzipiell schon bei Brüchigkeit (sprich: Unzuverlässigkeit) oder Vernachlässigung eines einzigen zentralen

---

812 und 818 f., sowie auch das von WITTE 1972, S. 11 geprägte Wort von der "*Baustein-Erklärung*" des Zusammenhangs zwischen Informationsumfang und Entscheidungsqualität.

62) So auch SCHAFFITZEL 1982, S. 106, der den Rationalitätserfolg im übrigen sehr skeptisch beurteilt.

63) Siehe MINTZBERG 1989, S. 58 ff. und 68 f., der zu seinen von ihm selbst als noch spekulativ ausgewiesenen, aber gleichwohl engagiert vorgetragenen Überlegungen zur Bedeutung der 'ESP' (Extrasensory Perception) verdienstvollerweise auch einen interessanten Schriftwechsel mit SIMON publiziert, der insoweit höchst skeptisch ist (ebenda, S. 58-61).

64) SIMON, H. A. 1987, S. 63.

65) Siehe näher SIMON, H. A. 1987, S. 59 ff., sowie auch schon BARNARD 1938, insb. S. 302, und die Theorie von POLANYI zum 'tacit knowing' (POLANYI 1985, S. 13 ff.). Vgl. ferner z. B. DREYFUS/DREYFUS/ATHANASIOU 1986, S. 19 ff.; BROWN 1988, S. 137 ff., sowie auch die in der kognitiven Individualpsychologie verbreitete 'Inkubationstheorie' zur Erklärung plötzlicher Einfälle (hierzu DÖRNER 1976, S. 91 ff.).

Elements zerreißen kann. Andererseits ist zu beachten, daß der zuletzt beschriebene Erklärungsansatz erfolgreich-intuitiver Entschlüsse für die Bewältigung unstrukturierter Managementprobleme ebenfalls an Grenzen stößt, weil und soweit hier auch neue Einsichten gewonnen und getestet[67] werden müssen[68].

Im übrigen sind aber vor allem zwei miteinander verwobene Forschungsdefizite festzuhalten. Zum einen kann heute keine der beiden methodischen Grundalternativen für sich in Anspruch nehmen, vergleichsweise größere Probemlösungserfolge zu garantieren[69]. Zum zweiten ist die Frage nach den Erfolgsimplikationen unterschiedlich rationaler Problemlösungen, also nach dem Zusammenhang zwischen abgestufter Fundierungsintensität und Fundierungserfolg, bis heute kaum einmal rigoros gestellt worden, geschweige denn geklärt[70]. Bereits angesichts der (unten mit dem System der Rationalitätsstufen genauer ausgeloteten) großen Spannweite der Ausdehnung und Qualität entscheidungsvor-

---

66) Siehe auch nochmals FN 62.

67) Speziell den Vorteil rationaler Problemanalysen, einen systematischen Lernprozeß zu ermöglichen, hebt z. B. auch TRUX 1985, S. 62 hervor.

68) Infolgedessen gehen auch die (v. a. in populärwissenschaftlichen Beiträgen) beliebten Analogien zwischen körperlich-sportlichen Fertigkeiten und managerialen Problemlösungs-Fähigkeiten fehl. Vgl. als illustratives Beispiel ROWAN 1989, S. 58: "Sich zu konzentrieren oder das Bewußtsein so weit auszuschalten, daß automatisch Handlungen folgen, spielt eine besondere Rolle im Getümmel des Footballfeldes. Die besten Spieler behaupten, daß sie am meisten leisteten, wenn sie nicht bewußt daran denken, ihre Leistung erbringen zu müssen. Begeisterndes Football spiele man ihrer Meinung nach nur mit Spontaneität, wenn jahrelange Erfahrung und Training zu einer Entscheidung komprimiert würden, die im Bruchteil einer Sekunde gefällt wird." Und weiter: "Es ist in der Vorstandsetage ebenso wichtig wie auf dem Tennis- oder Fußballplatz, den bewußten Teil (Intellekt) davon abzuhalten, vom unbewußten, spontanen Teil (Gefühl) Besitz zu ergreifen." (ebenda, S. 59 f.). Es mag durchaus erwiesen sein, "daß ein losgelöster Geisteszustand für eine perfekte Koordination von Auge und Hand notwendig ist" (ebenda, S. 59). Über die Erfolgsaussichten mehr rationaler oder mehr intuitiver Entscheidungen über die Akquisition einer Tochtergesellschaft etwa ist damit aber noch nichts ausgesagt.

69) So plädieren denn auch die Vertreter des 'intuitiven' Ansatzes zumeist explizit für eine Kombination des analytischen und des synthetischen Problemlösungsmodus, vgl. exemplarisch DREYFUS/DREYFUS/ATHANASIOU 1986, S. xiv; MINTZBERG 1989, S. 61. Umgekehrt wird auch von Anhängern rationaler Methoden die Bedeutung der Intuition - namentlich für den Entdeckungszusammenhang - nicht verkannt. Siehe für viele KOCH 1982, S. 6; TRUX 1985, S. 66. Wie wenig die Problematik bisher allerdings auch konzeptionell durchdrungen ist, wird sichtbar, wenn im gleichen Atemzug "Intuition, Kreativität, ganzheitliches Denken, Realitätssinn und Professionalität" als Pfeiler des strategischen Entscheidungsprozesses genannt werden (HINTERHUBER 1992, S. 20, Flexion geändert) und in einem Lehrbuch zur Methodik der strategischen Unternehmungsführung festgestellt wird: "Der Zweck, der eine Strategie sinnvoll macht, entzieht sich der betriebswirtschaftlichen Erkenntnis." (ebenda, S. 21).

70) Diese Feststellung gilt schon deshalb auch für die bisherigen Untersuchungen zum Zusammenhang zwischen der Informationsnachfrage und der Entscheidungseffizienz, weil diese Studien die Nachfrageaktivitäten häufig nur 'zählen' (siehe hierzu auch HAUSCHILDT 1983b, S. 10; GROTZ-MARTIN 1983, S. 146) und zumindest die nachgefragten bzw. erhaltenen Informationen nicht konsequent nach ihrem kognitiven Gehalt abstufen. Vgl. exemplarisch für das von WITTE geleitete umfangreiche empirische Forschungsprojekt "Columbus" WITTE 1972, hier insb. S. 50 i. V. m. GRÜN/HAMEL/WITTE 1972, S. 150 ff.; WITTE 1988, S. 229 ff., sowie zu einer umfassenderen Auswertung der einschlägigen Untersuchungen GEMÜNDEN 1986, S. 117 ff. Ansätze zu einer Berücksichtigung des kognitiven Gehalts der Nachfrage finden sich - neben der Thematisierung der "Informations-Nachfrage-Breite" durch BRONNER/WITTE/WOSSIDLO 1972, S. 186 ff. - bei GZUK. Er arbeitet unter dem Titel der "Messung der Effizienz von Entscheidungen" zahlreiche Merkmale des Entscheidungsprozesses (als Effizienzindikatoren) heraus, von denen einige auch die kognitive Dimension betreffen. Siehe GZUK 1975, S. 105 ff., und als Beispiele die Indikatoren "Problemlösungsumsicht" (S. 187), "Problemlösungsausgewogenheit" (S. 188 ff.) und "Gründlichkeit" (S. 204 f.). Die vorgenommenen Operationalisierungen dieser Größen (siehe S. 293 ff., 301 ff. und S. 326 f.) sind allerdings noch weit von einer erkenntnistheoretischen Fundierung entfernt. Vgl. schließlich noch die Feststellung von PUTZ-OSTERLOH 1985, S. 205, daß eine befriedigende Operationalisierung des

bereitender Analysen, die von der ganz oberflächlichen Konsequenzabschätzung bis zur vollständigen Ausschöpfung des zugänglichen Wissens in wohl-detaillierten Untersuchungen reicht (und z. B. wie gezeigt insgesamt vom Begriff der 'bounded rationality' abgedeckt wird), kann aber mit gutem Grund davon ausgegangen werden, daß die Überlegenheit der rationalen oder intuitiven Methode nicht vom jeweiligen Fundierungsniveau unbeeinflußt ist. Kann also die Erfolgsfrage gar nicht pauschal für 'die' rationale Vorgehensweise, sondern nur in Abhängigkeit vom jeweiligen Rationalgehalt beantwortet werden[71)], so ist eine tiefschürfendere Auseinandersetzung mit den globalen Vor- und Nachteils-Katalogen entbehrlich. Vielmehr ist zunächst ein Instrumentarium zu schaffen, das eine differenzierte generelle Beschreibung und individuelle Bestimmung unterschiedlich intensiver Fundierungen managerialer Problemlösungen erlaubt[72)]. Erst wenn solche Rationalitätsstufen theoretisch entwickelt worden sind und praktisch erkannt werden können, lassen sich sinnvoll Detailhypothesen darüber formulieren und testen, ob und ab welchem Rationalgehalt fundierte Entscheidungen mehr Vertrauen genießen dürfen als unfundiert-intuitive Entschlüsse[73)].

---

problemrelevanten (Vor-)Wissens als Einflußgröße individueller Problemlösungsleistungen bislang nicht gelungen ist.

71) Ganz in diesem Sinne auch BRETZKE 1980, S. 99.

72) An dieser Stelle empfiehlt sich der Hinweis, daß bei genauer Betrachtung zwischen der (im Rahmen der meßinstrumentellen Normierung) deskriptiven *Bestimmung* des Rationalitätsniveaus einer Problemlösung und der evaluativen *Bewertung* eines in einer gewissen Höhe gemessenen Rationalgehalts in Hinblick auf bestimmte Zielsetzungen (wie z. B. der Erhöhung der Konsequenzsicherheit oder der Vermittlung von Legitimationspotentialen) zu trennen ist. Da es aber in den nachfolgenden Abschnitten dieser Untersuchung grundsätzlich um die (deskriptive) Messung des rationalen Gehalts geht und daher kein Anlaß für Mißverständnisse besteht, soll in der vorliegenden Arbeit (in 'unkritischen' Zusammenhängen außerhalb der hier angestellten Untersuchungen zur Rationalitätsrechtfertigung) nicht nur von der *Feststellung*, *Bestimmung* oder *Messung*, sondern auch von der *Beurteilung* oder *Bewertung* der Fundierung bzw. Argumentationsrationalität einer Lösung gesprochen werden, wenn strenggenommen die Ermittlung der Höhe des Rationalniveaus gemeint ist. Die aus sprachlichen Gründen erfolgende Verwendung dieser evaluativ gefärbteren Ausdrücke ist im übrigen auch deshalb unschädlich, weil wir aufgrund der sogleich formulierten Erfolgshypothese mit einer gemessenen hohen Argumentationsrationalität eine prinzipiell positive Einschätzung verbinden.

73) Daß die Entwicklung und insbesondere die empirische Überprüfung solcher Hypothesen bereits aufgrund der zahlreichen Einflußfaktoren des Erfolgs unstrukturierter Problemlösungen und der bis zu einem gewissen Grade gegebenen Einzigartigkeit jeder unstrukturierten Problemsituation ihre eigenen theoretischen und praktischen Fallstricke bereithält, liegt auf der Hand, kann und muß an dieser Stelle aber nicht im einzelnen diskutiert werden (vgl. zu diesen Schwierigkeiten beispielsweise auch GÄFGEN 1974, S. 489 f.; SCHAFFITZEL 1982, S. 109 f. m. w. N.). Hingewiesen sei hier nur auf drei Aspekte. Zunächst stellen die Phänomene der Multikausalität und Individualität keine spezifischen Komplikationen der Untersuchung von Fundierungsauswirkungen dar. Sie sind vielmehr generell für (unstrukturierte) betriebswirtschaftliche Fragestellungen charakteristisch und verhindern dort wie hier nicht prinzipiell die Gewinnung (mehr oder weniger zuverlässiger) Einsichten (siehe zu den faktischen Fundierungsmöglichkeiten in unstrukturierten Problemsituationen noch näher S. 376 ff. dieser Arbeit). Ferner erscheint (vor dem Hintergrund der sogleich im Text formulierten Erfolgshypothese zugunsten detaillierter Analysen) die Annahme gerechtfertigt, daß sich Erkenntnisse über den Zusammenhang zwischen Fundierung und Erfolg eher dann gewinnen lassen, wenn die Entscheidungsvorbereitung durch ihre Abstufung differenzierter betrachtet und nicht pauschal 'die' rationale 'der' intuitiven Vorgehensweise gegenübergestellt wird. So werfen unsere späteren Untersuchungen zur Entwicklung des Meßinstrumentariums z. B. die konkrete Frage auf, ob breite, aber flache Begründungen Aussagen im Durchschnitt zuverlässiger stützen können als schmale, aber tiefgehende Argumentationen. Schließlich ist zu beachten, daß solche Erkenntnisse auch dann schon eine wertvolle heuristische Handlungshilfe bieten können, wenn sie noch nicht rigoros im Sinne der Statistik gesichert, aber doch im Lichte praktischer Erfahrungen plausibel begründbar sind. Vgl. zu letzterem auch die positive Einschätzung von Fallstudien [wie den in FRESE/MALY/v. WERDER (Hrsg.) 1993 publizierten Fir-

Vor diesem Hintergrund wird nun in der vorliegenden Schrift als Ausgangspunkt für die anschließende Entwicklung des Meßinstrumentariums der Argumentationsrationalität eine prinzipielle Erfolgshypothese zugunsten (argumentations-)rationaler Problemlösungen vertreten. Sie steht in Übereinstimmung mit der ganz vorherrschenden Auffassung in der Betriebswirtschafts- und Managementlehre, deren Streben nach wissenschaftlicher Durchdringung managerialer Problemkomplexe schon nicht anders als im Sinne einer solchen These interpretiert[74] und daher hier - als Heuristik[75] - herangezogen werden kann, um die Aufnahme unseres eigentlichen Projekts - nämlich der Rationalabstufung - zu begründen. Die *Erfolgshypothese* besteht im einzelnen aus einer Effektivitäts- und einer Effizienzhypothese. Die *Effektivitätshypothese* besagt, daß in Anbetracht der zu befürchtenden Mißerfolgsrisiken rein intuitiver Problemlösungen auf eine zumindest flankierende[76] analytische Lösungsfundierung nicht verzichtet werden kann (1. Teil), und daß die tatsächliche Sicherheit von Konsequenzen bzw. Zuverlässigkeit von Aussagen mit der Fundierungsintensität bis zum Eingreifen der erkenntnistheoretischen Rationalitätsgrenzen tendenziell steigt (2. Teil)[77]. Der erste Teil der Hypothese betrifft die Entscheidung zwischen den Basismethoden 'Rationalität' und 'Intuition'. Der zweite Hypothesenteil spricht dagegen den Zusammenhang zwischen der Dosierung der Fundierungsanstrengungen und der Effektivität bei einer Grundsatzentscheidung für die (zumindest auch) rationale Vorgehensweise an und geht davon aus, daß die Anhebung des Rationalniveaus grundsätzlich effektiv im oben erläuterten Sinne ist. Die Effizienzhypo-

---

menberichten] zur Gewinnung und Prüfung organisatorischer Einsichten bei KRÜGER/v. WERDER 1993, S. 279 f.

74) Dies gilt auch für die (ernsthaften) Bemühungen um eine Erhärtung und Erklärung der Überlegenheit intuitiver Problemlösungen, da diese Bemühungen ihrerseits ja - schon aus Gründen der Akzeptanz in der wissenschaftlichen Gemeinschaft - auf möglichst zuverlässige und objektiv-nachvollziehbare, also (argumentations-)rationale Überlegungen angewiesen sind. Siehe ferner auch nochmals FN 69.

75) Ein zwingendes Argument gibt eine Berufung auf die herrschende Meinung im hier verhandelten Zusammenhang natürlich nicht ab. Ganz in unserem Sinne im übrigen für den Einsatz von Planungs- und Entscheidungstechniken in der Praxis KÖHLER/UEBELE 1981, S. 128, die hierin einen Ausdruck für "gewisse *erfahrungsgestützte* Effizienz-Vermutungen" sehen.

76) Dieser Zusatz erfaßt v. a. die vermutlich nicht seltenen Situationen, in denen intuitiv gewonnene Problemlösungsideen aus dem Entdeckungszusammenhang ('Geistesblitze' und 'Visionen') im Begründungszusammenhang auf ihre Realisierbarkeit und Erfolgsaussichten hin überprüft werden. Wichtig ist also, daß das argumentationsrationale Konzept keineswegs gegen die Einbringung kreativer Einfälle Stellung bezieht, sondern nur ihre kritische Prüfung bzw. kognitive Fundierung fordert. Die Frage, wie im durchaus denkbaren Konflikt zwischen intuitiver Einschätzung und konträrem fundierten Analyseresultat zu entscheiden ist, sei hier zwar angesprochen, muß als Problem der praktischen Rationalität aber an Folgeuntersuchungen verwiesen werden.

77) Nachrichtlich sei vermerkt, daß die unten zur Messung des Fundierungsniveaus herangezogenen Stärken der Geltungsansprüche ('Verläßlichkeitswerte') der Aussagen über eine Problemlösung konzeptionell abgeleitete Kategorien der Ex-ante-Betrachtung darstellen (siehe nochmals S. 84 FN 96 und S. 113 ff.) und nicht mit der ex post festgestellten Konsequenzsicherheit bzw. tatsächlichen Aussagenzuverlässigkeit verwechselt werden dürfen. Da die (über die Verläßlichkeitswerte gemessenen) konzeptionellen Fundierungseffekte und die (per tatsächlicher Konsequenzsicherheit bestimmten) empirischen Fundierungserfolge also streng zu trennen sind, ist die (erfolgsbezogene) Effektivitätshypothese auch keineswegs trivial. Im übrigen sei zur Vermittlung eines tieferen Vorverständnisses schon hier darauf hingewiesen, daß die Effekte und Erfolge der Fundierung zwar zu unterscheiden sind, die Konzeptualisierung der Effekte aber (selbstverständlich) mit Blick auf die mutmaßlichen (unmittelbaren Brutto-)Erfolge vorzunehmen ist. Problemlösungen sollen also mit Hilfe des zu entwickelnden Meßinstrumentariums prinzipiell ex ante als um so fundierter einzustufen sein, je größere Ex-post-Erfolge sie im Sinne des tatsächlichen Konsequenzeintritts aufgrund epistemischer Überlegungen versprechen. Infolgedessen ist die Schaffung eines (fruchtbaren!) Meßinstrumentariums letztlich auch auf empirische Befunde über die Korrelation von Fundierungsmaßnahmen und Fundierungserfolgen ange-

these baut hierauf auf, berücksichtigt aber die informationsökonomische Überlegung, daß es nicht unbedingt wirtschaftlich sein muß, der Effektivitätstendenz folgend stets das höchstmögliche Fundierungsniveau anzustreben. Bei der Wahl der Problemlösungsmethode bzw. der Rationalitätsstufe kann die Nutzen-Kosten-Abwägung der Fundierungsanstrengungen vielmehr durchaus auch ergeben, daß ein bestimmter 'mittlerer' Grad an Rationalität einerseits bereits eine deutlich höhere Konsequenzsicherheit mit sich bringt als unfundiertere Vorgehensweisen, andererseits aber auch gravierend kostengünstiger ist als eine höhere Stufe der Rationalität. Angesichts dieser Zusammenhänge besagt die *Effizienzhypothese* konkret, daß die Fundierungseffizienz als Saldo zwischen Fundierungsnutzen und Fundierungskosten zunächst mit zunehmender Fundierung wächst, unter Umständen aber auch schon vor Erreichen des größtmöglichen (kognitiven) Rationalniveaus wieder absinken kann[78)].

Zusammenfassend läßt sich festhalten, daß die Rationalitätsidee für den managerialen Kontext sowohl soziokulturell-juristisch als auch pragmatisch gerechtfertigt werden kann. Dabei steht die pragmatische Begründung allerdings auf dem heute noch nicht abschließend gesicherten Fundament der Erfolgshypothesen, wonach Fundierungsanstrengungen im Durchschnitt tendenziell (Effektivitätshypothese) bzw. wenigstens bis zu einem bestimmten Grade (Effizienzhypothese) vorteilhaft sind. Fortschritte bei der Ausführung des pragmatischen Rechtfertigungsprogramms setzen aber als Vorstufe die Entwicklung operationaler Maßgrößen voraus, die die abgestufte Bestimmung des Rationalgehalts managerialer Problemlösungen erlauben. Ihre Erarbeitung ist Anliegen und Kern dieser Schrift.

---

wiesen. Soweit diese Befunde unabdingbar und noch nicht verfügbar sind, kann die Instrumententwicklung erst tentativ und in Detailfragen auch aufzuschieben sein. Siehe zum Ganzen näher S. 468 ff.

78) Siehe zu dieser Effizienzhypothese auch noch die folgenden Untersuchungen zur ökonomisch-zeitlichen Barriere der Rationalität auf S. 135 ff.

b) Ethisch-moralische Probleme

In ethisch-moralischer Hinsicht begegnet die Rationalitätsidee drei wesentlichen Bedenken. Sie stellen Spielarten einer Grundkritik dar, die die rationalbedingte Vernachlässigung sittlicher Aspekte rügt. Die vorgetragenen Einwände sollen im folgenden kurz als Technokratie-, Indifferenz- und Ignoranzkritik bezeichnet werden.

aa) Technokratieproblematik

Nach Auffassung der ersten Kritikversion werden analytisch-rationale Handlungen einseitig von technokratischen Zielsetzungen beherrscht. So wird analytischen Problemlösungen beispielsweise angelastet, der "Kostensenkung . .. oberste Priorität" einzuräumen, "einer abstrakten Philosophie ohne Herz" der Führung Vorschub zu leisten und "das Gewicht von Wertvorstellungen (zu) unterschätzen"[1)]. In gleichem Sinne erfolgt etwa auch ein Plädoyer zugunsten intuitiver Vorgehensweisen anstelle rationaler Analysen bei unstrukturierten Managementproblemen, da "Entscheidungen bei diesen Problemarten nicht selten eine sittliche Fragestellung beinhalten"[2)]. Sofern die Verknüpfung von Rationalität und technokratischer Orientierung nicht nur das Resultat einer definitorischen Festlegung ist[3)], wird sie vor allem damit begründet, daß nur technokratische Größen wie Kosten (oder Leichen[4)]) als 'harte Fakten' erfaßbar und damit einer Analyse zugänglich seien. Ethische und moralische Werte ließen sich demgegenüber nur als 'weiche Daten' ausdrücken und gerieten daher bei analytischen Entscheidungen schnell ins Hintertreffen oder gar in Vergessenheit[5)].

In welchem Umfang die analytische Vorgehensweise in der Praxis tatsächlich bewirkt, daß technokratische Ziele den Ausgang von Entscheidungsprozessen dominieren, kann und muß hier nicht beantwortet werden. Zu untersuchen ist an dieser Stelle vielmehr le-

---

1) Siehe exemplarisch PETERS/WATERMAN 1984, S. 69 (1. Zitat), S. 71 (2. Zitat) und S. 77 (3. Zitat) (im Original kursiv, Flexion z. T. geändert, Klammerzusatz v. v. W.). Ihnen folgend BECHTLER 1986, S. 29. Vgl. ferner beispielsweise auch MINTZBERG 1989, S. 63 ff.

2) BECHTLER 1986, S. 23 (Satzstellung verändert).

3) Siehe nochmals S. 80 f.

4) Die Bezugnahme auf die von McNAMARA forcierte analytisch-rationale Entscheidungsfindung im Zusammenhang mit dem Vietnam-Krieg (vgl. HALBERSTAM 1972) spielt im Rahmen der Rationalitätskritik eine große Rolle. Vgl. z. B. PETERS/WATERMAN 1984, S. 71, sowie MINTZBERG 1989, S. 63 ff., insb. S. 63: "Vietnam repräsentierte einen kritischen Wendepunkt in der Einstellung von vielen von uns gegenüber der Analytik. Es wäre abgegriffen zu sagen, daß eine Lektüre von Halberstam's *The Best and the Brightest* signalisierte, daß die Flitterwochen mit der Analytik vorüber waren. Ihre Beziehung zum Management, die in der Fabrik mit Frederick Taylor begann, im Büro mit der Einführung von Operations Research aufblühte und in Robert McNamara's Anwendung des Hitch und McKean Vorschlags für PPBS und Kosten-Nutzen-Analysen auf der politischen Ebene kulminierte, begann sich in den Reisfeldern von Vietnam aufzulösen." (Übersetzung durch v. W.).

5) Siehe PETERS/WATERMAN 1984, S. 69 ff.; MINTZBERG 1989, S. 63 f. Vgl. auch die selbst für den Bereich insgesamt ökonomischer Zielsetzungen geäußerte Kritik, daß die rigoros-rationalen Verfahren der Investitionsrechnung erfolgversprechende Vorhaben wie z. B. den strategischen Einsatz der Informationstechnologie aufgrund der Unterschätzung der qualitativen Vorteile systematisch 'kaputtrechnen' (siehe zur Auseinandersetzung mit diesem Argument hier nur FRESE/v. WERDER 1992, Sp. 383 f. m. N., sowie auch die später folgende FN 15).

diglich, ob die vorgestellte Konzeption der Argumentationsrationalität zwangsläufig zu 'herzlos-kalten'[6] Problemlösungen führt. Insofern ist zunächst daran zu erinnern, daß das argumentationsrationale Modell dezidiert zielneutral angelegt ist[7]. Im Rahmen dieses Modells können folglich die Konsequenzen von Transformationsalternativen in Hinblick auf die verschiedensten Zielsetzungen analysiert werden. Eine (argumentationsrationale) Beurteilung auch unter ethisch-moralischen Gesichtspunkten ist damit keineswegs aus Prinzip ausgeschlossen.

Allerdings stellt sich die Frage, ob ungeachtet der grundsätzlichen konzeptionellen Offenheit gegenüber den verfolgten Zielsetzungen 'weiche' Konsequenzen aufgrund ihrer Sperrigkeit gegen Analysen im Rahmen der Alternativenbewertung systematisch benachteiligt sind. Zur Beantwortung dieser Fragestellung muß die Bedeutung der im Schrifttum verbreiteten[8], jedoch meist nicht eingehender präzisierten Einordnung von Konsequenzen bzw. Fakten als 'hart' oder 'weich' näher umrissen werden. Zu harten bzw. weichen Fakten unternehmerischer Maßnahmen werden z. B. Auswirkungen auf die Kosten, Gewinne und Marktanteile bzw. die Produktqualität, die Mitarbeiterzufriedenheit und den Schutz der Umwelt gezählt[9]. Schon diese Beispiele lassen erkennen, daß die Trennung im Kern nach Maßgabe der Konkretisierung der betreffenden Problemaspekte erfolgt. Unter *harten Konsequenzen* können danach diejenigen Handlungsauswirkungen verstanden werden, die infolge (hinreichend) eindeutiger Vorschriften zur Operationalisierung der entsprechenden Ziele eindeutig bestimmt und letztlich auch empirisch erhoben werden können. *Weiche Konsequenzen* stellen demgegenüber Alternativenfolgen dar, für die noch keine hinreichenden Meßvorschriften vorliegen. Sie betreffen somit Zielsetzungen in Form vager Konstrukte bzw. theoretischer Begriffe, die noch nicht ausreichend (in Beobachtungsbegriffen) interpretiert sind und daher bei der Zielrealisationsbestimmung vergleichsweise große Schwierigkeiten aufwerfen[10].

Sofern nicht aus bestimmten Zweckmäßigkeitserwägungen auf eine präzise Interpretation theoretischer Begriffe verzichtet wird, bringen mangelnde oder mangelhafte Operationalisierungen zum Ausdruck, daß über die Bedeutung der fraglichen Konstrukte und ihre Beziehung zu empirisch beobachtbaren Erscheinungen noch keine ausreichende Klarheit besteht[11]. Der Sonderstatus 'weicher' Auswirkungen von Problemlösungen hat damit insofern letztlich seinen Grund in (vorläufig) unzureichenden Kenntnissen über die Struktur und den empirischen Niederschlag dieser Konsequenzarten. Es soll an dieser

---

6) Vgl. auch ETZIONI 1988, S. ix, der rationale Menschen als "'cold' calculators" einstuft, sowie mit gleichem Tenor NATHANSON 1985, S. 161.

7) Siehe S. 83 f.

8) Für viele PETERS/WATERMAN 1984, S. 70; MINTZBERG 1989, S. 49 und passim; BLEICHER 1991a, S. 40.

9) Vgl. exemplarisch nur MINTZBERG 1989, S. 64.

10) Vgl. zum Begriff der Operationalisierung sowie der Trennung zwischen Begriffen der theoretischen und der empirischen Sprache näher m. N. S. 227 f.

11) Siehe zur Funktion theoretischer Begriffe eingehender S. 228 m. N.

Stelle nicht eingehender diskutiert werden, inwieweit die genannten Literaturbeispiele weicher Konsequenzen - etwa über meßbare Qualitätsmerkmale (Produktqualität)[12], psychometrische Variablen (Mitarbeiterzufriedenheit)[13] und schadstoffspezifische Emissionswerte (Umweltschutz)[14] - bereits heute zufriedenstellend operationalisiert werden könnten. Die gegenwärtig noch unzulängliche intellektuelle Durchdringung zahlreicher theoretischer Konstrukte ist unbestritten. Wichtig ist allerdings, auf den fehlenden prinzipiellen Zusammenhang zwischen Operationalisierungsdefizit und Konsequenzart hinzuweisen. Bei den ungenügend interpretierten Konstrukten handelt es sich zwar häufig, aber keineswegs nur um Größen aus dem Bereich sozialer, ethischer, moralischer und sonstiger humanitärer Zielsetzungen. Gerade bei strategischen Managementproblemen haben vielmehr auch die gewinnorientierten (Sub-)Ziele wie z. B. *Kundennähe* überwiegend noch den Status theoretischer Begriffe, für die erst (mehr oder weniger) explorative Operationalisierungsversuche vorliegen[15]. Insofern steht die (argumentationsrationale) Analyse 'technokratischer' Entscheidungskonsequenzen somit vor den strukturell[16] gleichen Operationalisierungsanforderungen wie die Aufdeckung ethisch-moralischer Auswirkungen von Problemlösungen. Umgekehrt lassen sich ethische und moralische Konstrukte - etwa 'Fairness in Kunden- und Zuliefererbeziehungen'[17] - grundsätzlich ebenso operationalisieren wie gewinnorientierte Größen[18]. Auf eine Kurzformel gebracht, geht eine technokratische Orientierung nicht zwingend mit einer Operationalisierung (und damit 'Härte') einher, und steht der humane Gehalt einer Zielsetzung ihrer Operationalisierung nicht prinzipiell im Wege.

Faßt man die angestellten Überlegungen zusammen, so kann festgehalten werden, daß das entwickelte argumentationsrationale Modell einem systematischen technokratischen 'Bias' keinen Vorschub leistet. Es ist vielmehr eine empirische Frage der Konzeptan-

---

12) Vgl. zu den Detailaspekten der Produktqualität hier nur v. WERDER/KLINKENBERG/FRESE 1990, S. 98 ff. m. N.

13) Vgl. zur Messung der Arbeitszufriedenheit die Überblicksartikel von RÜHL 1980 und NEUBERGER 1992.

14) Vgl. nur die auf der Grundlage des Bundes-Immissionsschutzgesetzes (BImSchG) erlassenen Rechtsverordnungen, die wie z. B. § 4 der 7. BImSchV für Holzbearbeitungsanlagen und § 3 der 8. BImSchV für Rasenmäher konkrete Grenzwerte der erlaubten Emissionen festlegen.

15) Siehe an dieser Stelle nur die teils theoretisch, teils empirisch gestützten Überlegungen zur Konkretisierung des Kundennäheziels bei FRESE/v. WERDER 1989, S. 19 und v. WERDER/GEMÜNDEN 1989, S. 168 ff., sowie ferner noch LINGENFELDER/SCHNEIDER 1991, und eingehender SCHÜTZE 1992, S. 120 ff. Ungeachtet ihrer noch nicht abschließenden Interpretation können solche gewinnorientierten 'weichen' Subziele aber durchaus schon sinnvoll zur Beurteilung betriebswirtschaftlicher Maßnahmen herangezogen werden, wie z. B. die jüngeren methodischen Entwicklungen bei der Bewertung 'strategischer' Informationssysteme zeigen (vgl. FRESE/v. WERDER 1992, insb. Sp. 384).

16) Daß die betriebswirtschaftlichen Anstrengungen zur Operationalisierung gewinnorientierter Subziele faktisch bisher vergleichsweise weiter fortgeschritten sind, kann durchaus zugegeben werden.

17) Vgl. zu diesen und weiteren Beispielen kodifizierter ethischer Grundsätze der Praxis die empirische Untersuchung von SCHLEGELMILCH 1990, S. 370 ff.

18) Hierauf wird auch bei den Untersuchungen zur Begründung von Zielsetzungen und Normen noch eingegangen werden, siehe insb. S. 436 f.

wendung im praktischen Fall und nicht konzeptimmanent, ob und in welchem Ausmaß humane Ziele angesetzt und bei der Entscheidungsfundierung beachtet werden.

bb) Indifferenzproblematik

Die Technokratiekritik bemängelt an rationalen Handlungen die Vernachlässigung ethischer Werte durch die Voreingenommenheit für bestimmte andere (z. B. gewinnorientierte) Zielsetzungen. Der Einwand ethischer Indifferenz gibt demgegenüber zu bedenken, daß - zielneutrale - Rationalkonzepte den im Einzelfall jeweils verfolgten Zwecken teilnahmslos gegenüberstehen und daher auch die erfolgreiche Realisierung moralisch verwerflicher Ziele als rational qualifizieren[19]. Diese Position lehnt es somit ab, neben zweckmäßigen Maßnahmen zur Steigerung von Gewinn oder Mitarbeiterzufriedenheit beispielsweise gleichermaßen auch der wirkungsvollen Verfolgung von Selbsttötungs- oder Racheabsichten die Rationalitätsauszeichnung zu verleihen[20].

Legt man das Konzept der Argumentationsrationalität zugrunde, so geht die Indifferenzkritik von einer nur teilweise zutreffenden Prämisse aus und gelangt auf dieser Basis zu einer nicht zwingenden, zumindest aber mißverständlichen Schlußfolgerung. Richtig ist, daß bei Zielneutralität in unserem Verständnis die Zielsetzungen des Einzelfalls relevant sind. Sie bilden aber lediglich den Maßstab der Handlungsbeurteilung und sind ihrerseits einer argumentationsrationalen Bewertung nicht entzogen. Das hier vorgestellte Konzept trennt bekanntlich zwischen der praktisch-rationalen Beurteilung von Handlungen nach Maßgabe ihrer Erfolgsträchtigkeit und der evaluativen Rationalbewertung von Zielen nach dem Ausmaß ihrer Vorzugswürdigkeit. Da nur die Handlungsalternativen an den jeweiligen Einzelfallzielen gemessen werden[21], gilt zum einen die eventuelle Hinnahme unmoralischer Zielsetzungen lediglich für einen Teilkomplex der argumentationsrationalen Begutachtung. Zum anderen stellt das Konzept mit der Analyse der (Fundierung der) Vorzugswürdigkeit durchaus auch ein Instrumentarium zur Rationalitätsprüfung von Zielen zur Verfügung. Unter entsprechenden Umständen kann somit auf argumentationsrationaler Grundlage zwar die Erfolgsträchtigkeit einer Handlung (in Hinblick auf annahmegemäß unmoralische Ziele) zu bejahen sein, die Vorzugswürdigkeit der dabei zugrundegelegten Zielsetzungen aber verneint werden.

Der im Indifferenzeinwand zum Ausdruck kommende Wunsch, ethisch oder moralisch fragwürdige Handlungsziele 'rational' verurteilen zu können, läßt sich folglich im Rahmen der hier vorgestellten Konzeption durchaus verwirklichen. Die Frage dagegen, ob und mit welcher Konsequenz dieses Anliegen auch tatsächlich realisiert wird, mar-

---

19) Vgl. z. B. NATHANSON 1985, S. 101 ff.; ETZIONI 1988, S. 138.

20) So explizit für den Freitod z. B. NATHANSON 1985, S. 106 und passim.

21) Für die Bewertung der Ziele ist hingegen - zumindest im managerialen Kontext - nach dem später erläuterten argumentationsrationalen Vorschlag letztlich der 'Bestand der akzeptablen Normen' ausschlaggebend, siehe schon S. 101 und ausführlicher S. 312 ff.

kiert wiederum ein Problem der praktischen Anwendung des Konzepts und bildet den sachgerechten Ansatzpunkt für den eventuellen Vorwurf sittlicher Gleichgültigkeit.

cc) Ignoranzproblematik

Der dritte Vorbehalt mit ethisch-moralischem Hintergrund lautet, daß Rationalmodelle Handlungen als prinzipiell wertfreie 'Mittel zum Zweck' ansehen. Diese Mittel werden danach allein in Hinblick auf die fallweise angesetzten Ziele beurteilt und nach Maßgabe ihres Beitrags zur Erreichung dieser Ziele - kurz: ihrer Erfolgsträchtigkeit - ausgewählt. Aufgrund dieser Definition der Erfolgsträchtigkeit und ihrer exklusiven Stellung als alleinigem Auswahlkriterium können rationale Entscheidungen unter Umständen auch zugunsten einer Handlung fallen, die zwar die größte Zielwirksamkeit verspricht, jedoch mit ethisch oder moralisch unerträglichen 'Nebenwirkungen' verbunden ist[22]. Ein Beispiel bildet der ökonomisch begründete Verzicht auf eine kostspielige Rückrufaktion trotz bekannter lebensgefährlicher Risiken eines Produkts[23].

Dieser Argumentation ist zuzugeben, daß - z. B. auch in unserem Rationalmodell - lediglich die jeweils formulierten Zielsetzungen maßgeblich für die Beurteilung und Auswahl von Handlungsalternativen sind. Sie umgrenzen m. a. W. das Bündel der entscheidungsrelevanten Konsequenzen[24]. Die angesprochene Kritik verkennt jedoch, daß 'Nebenwirkungen' nichts anderes als vernachlässigte Konsequenzen verkörpern und konzeptionell nichts dagegen spricht, derartige Handlungsfolgen ebenfalls als relevant zu erklären und diesbezügliche Ziele festzulegen. Um es anders zu wenden: Sofern Nebenwirkungen als beachtlich angesehen werden, können sie bei entsprechender Reformulierung des Zielkatalogs durchaus konzeptionsgerecht im Entscheidungsprozeß Beachtung finden. Die Ignoranzkritik trifft damit bei Lichte besehen nicht die Rationalitätsidee der zielgerichteten Alternativenwahl, sondern den eventuell zu schmal gehaltenen Umfang des Katalogs der Ziele.

Die Aufstellung von Zielkatalogen ist allerdings mit der Schwierigkeit konfrontiert, daß aus Gründen der übergroßen Komplexität unstrukturiert-vernetzter Managementaufgaben nicht alle 'irgendwie' interessierenden Handlungsfolgen in die Liste der relevanten Ziele aufgenommen werden können. Insofern lassen sich 'Nebenwirkungen' in Form vernachlässigter Konsequenzen praktisch nicht vermeiden. Die Problematik der notwendigen Zielselektion stellt sich aber für sämtliche Zielarten in gleicher Weise. Ethische und moralische Werte sind folglich aus konzeptioneller Sicht nicht per se eher von einer Aufnahme in den Kreis der Handlungsziele ausgeschlossen als gewinnorientierte Zielgrö-

---

22) Vgl. zu diesem Einwand schon MYRDAL 1933, S. 309 ff. (siehe auch ders. 1975, S. 79 f.), sowie ferner z. B. KAPPLER 1976, S. 109; ULRICH 1986, S. 200; ETZIONI 1988, S. 13; SCHREYÖGG 1989b, S. 252 m. w. N.

23) Vgl. in diesem Zusammenhang etwa den produkthaftungsrechtlich berühmten Fall des Ford Pinto (hierzu SPIELBERGER 1984).

24) Siehe S. 37 f., 42 f. und 83 f.

ßen, und Nebenwirkungen nicht konzeptbedingt vornehmlich ethisch-moralischer Natur. In welcher Relation ökonomische und außerökonomische Beurteilungskriterien im System der relevanten Ziele enthalten sind, ist vielmehr erneut eine empirische Frage.

c) Anthropologische Probleme

Die anthropologischen Schwierigkeiten der Rationalität beruhen auf möglichen Interdependenzen zwischen der psychisch-mentalen Verfassung menschlicher Problemlösungsträger und der zum Einsatz gelangenden Methode der Problemlösung. Problematisch ist dabei vor allem das Spannungsverhältnis zwischen einer eventuellen individuellen Veranlagung zur intuitiven Problemhandhabung und dem Rationalplädoyer für die analytische Vorgehensweise (Stilproblematik). Ferner ist der mitunter vorgetragene Einwand zu berücksichtigen, daß Rationalität Gefühle unterdrückt und damit eine emotionale Verkümmerung der Entscheidungsträger bewirkt (Emotionsproblematik).

aa) Stilproblematik

Nach den Erkenntnissen der Individualpsychologie können Akteure über einen eher analytischen oder einen eher intuitiven Problemlösungsstil verfügen. Der analytische Stil korrespondiert - ungeachtet aller Besonderheiten der verschiedenen Stilkonzepte im Detail[25] - im Grundsatz mit der (argumentations-)rationalen Lösungsmethode und verursacht daher keine gesonderten Komplikationen. Persönliche Veranlagung und methodische Empfehlung gehen hier gewissermaßen konform. Demgegenüber gerät die intuitive Disposition in einen prinzipiellen Gegensatz zur Forderung der Rationalität, Problemlösungen analytisch vorzubereiten. Diese Konfliktlage kann aus den beiden Perspektiven des Erfolgs der Fundierung und der emotionalen Befindlichkeit der problemlösenden Akteure betrachtet werden.

Unter dem Gesichtspunkt des Fundierungserfolgs stellt sich die Frage, ob der persönliche Problemlösungsstil einen maßgeblichen Einfluß auf die Qualität einer (argumentations-) rationalen Entscheidung ausübt[26]. Geht man von der plausiblen These aus, daß im Fall eines prinzipiell existierenden Einflusses eine Harmonie zwischen Stil und Methode grundsätzlich erfolgsförderlich ist[27], so lautet diese Fragestellung präziser formuliert, ob

25) Vgl. zu einer eingehenderen Bestandsaufnahme der verschiedenen kognitiven Stile, die sich nicht nur in den beiden Alternativen 'analytisch' und 'intuitiv' erschöpfen, DOKTOR/HAMILTON 1973, S. 885 f.; DRIVER/MOCK 1975, S. 496 ff.; FINK 1987, S. 13 ff.; ROWE/MASON 1987, S. 18 ff.

26) Diese Frage nach dem Stileinfluß auf die Güte rationaler Problemlösungen darf nicht verwechselt werden mit der hier nicht weiterverfolgten Frage nach den Implikationen des persönlichen Stils für den grundlegenden Vorteilhaftigkeitsvergleich der beiden Basisalternativen Rationalität und Intuition. Zu beachten ist nämlich, daß bei diesem Grundvergleich nicht nur wie schon herausgearbeitet nach den jeweiligen Rationalitätsstufen, sondern auch nach dem Problemlösungsstil des jeweils betrachteten Entscheidungsträgers zu differenzieren sein könnte. Hinter dieser Überlegung steht der Gedanke, daß eventuell Analytiker die rationale Methode erfolgreicher anwenden können als intuitiv disponierte Entscheidungsträger, und letztere sich eher auf ihre Intuition verlassen können als Problemlöser mit analytischer Prägung.

intuitiv veranlagte Entscheidungsträger tendenziell eher inferiore rationale Lösungen vorlegen werden als Problemlöser mit analytischer Prägung. Falls ein derartiger Zusammenhang bestehen sollte, läge es nahe, zur Förderung hochwertiger Lösungen einen 'fit' zwischen Stil und Methode herbeizuführen. Zu denken wäre dabei hauptsächlich an Personalentwicklungsmaßnahmen zur Stärkung analytischer Fähigkeiten[28] oder eine stil- bzw. methodenadäquate Stellenbesetzung.

Die bisherige Methoden- und Stilforschung stellt allerdings gegenwärtig noch keine verläßlichen Antworten zu der aufgeworfenen Frage bereit. Sie leidet zunächst daran, daß bereits gesicherte Erkenntnisse über den Tatbestand eines Einflusses persönlicher Stilmerkmale auf den Erfolg der Bewältigung unstrukturierter Managementprobleme an sich bislang fehlen[29]. Hinzu kommt das für unsere Zwecke besonders gravierende Defizit, daß die erforderlichen Abstufungen 'der' rationalen Vorgehensweise schon aufgrund des fehlenden Meßinstrumentariums bislang vernachlässigt worden sind. Vor diesem Hintergrund läßt sich hier lediglich festhalten, daß zur Zeit zumindest keine robusten Anhaltspunkte für die Annahme einer systematisch-zwingenden Unterlegenheit intuitiver Persönlichkeitstypen beim (argumentations-)rationalen Vorgehen vorliegen. Anders gewendet kann wenigstens bis auf weiteres davon ausgegangen werden, daß intuitiv veranlagte Akteure die rationale Methode im Prinzip ebenso erfolgreich anwenden können[30] wie Analytiker. Liegt eine ausreichende Anleitung und Motivation 'intuitiver Typen' zur Überwindung ihrer eigenen Rationalitätsaversion vor, so läßt sich aus dem individualpsychologischen Phänomen persönlicher Stile unter dem Erfolgsaspekt somit kein stichhaltiger Einwand gegen das Konzept der Argumentationsrationalität herleiten.

Der Konflikt zwischen (intuitivem) Stil und (rationaler) Methode kann allerdings nicht nur unter dem Aspekt der potentiellen Lösungsqualität diskutiert werden. Im Hinweis auf die notwendige Motivation von Entscheidungsträgern mit intuitiver Disposition zur Anwendung rationaler Lösungsmethoden klingt bereits an, daß die Art der Vorgehensweise neben den Erfolgskonsequenzen auch Rückwirkungen auf die emotionale Befindlichkeit der Methodenanwender haben kann. Nach einer nicht selten vertretenen Auffassung bereiten intuitive Formen der Aufgabenbewältigung geringere mentale Mühen als die Versuche der analytischen Problemdurchdringung[31]. Das 'Arbeitsleid'[32] aus den Anstrengungen zur Entscheidungsfundierung kann gerade von intuitiven Akteuren als so belastend empfunden werden, daß sie sich der (argumentationsrationalen) Methoden-

27) Vgl. in diesem Sinne in einem verwandten Zusammenhang z. B. auch McKENNEY/KEEN 1974, S. 82 und GEMÜNDEN 1986, S. 113.

28) Vgl. zur Entwicklungsfähigkeit der informationsverhaltensrelevanten Persönlichkeitsmerkmale auch GEMÜNDEN 1992, Sp. 1019 f.

29) Wir stützen uns hier auf die ausführliche Literaturauswertung bei GEMÜNDEN 1986, S. 83 ff. Siehe dort insb. die Zusammenfassung auf S. 111 ff. sowie ferner noch FINK 1987, S. 34 ff.

30) Hiervon zu unterscheiden sind die beiden Probleme, ob sie es auch wollen (hierzu sogleich) und tatsächlich tun (siehe hierzu S. 149 ff.).

31) Vgl. z. B. TRUX 1985, S. 62 (bezogen auf die "Mühsal des Einsatzes von quantitativen Methoden"); REASON 1987, S. 18 ff.; PUTZ-OSTERLOH 1992, Sp. 593.

empfehlung verschließen und in nennenswertem Umfang "Fehler der 'sich sträubenden' Rationalität"[33] begehen. Sofern Personalentwicklungsmaßnahmen zum Abbau der individuellen 'Rationalitätssperren' hier versagen oder aus Gründen der persönlichen Entfaltungsfreiheit abgelehnt werden, bleibt unter diesen Bedingungen letztlich nur die Wahl zwischen einer Modifikation des Aufgabenbereichs der betreffenden Manager oder - bei Gültigkeit der Vorteilhaftigkeitshypothese zugunsten analytischer Lösungen - der Hinnahme stilbedingter Erfolgseinbußen durch ein intuitives Vorgehen.

Das Problem einer Beeinträchtigung der Gefühlslage intuitiv disponierter Entscheidungsträger, die gleichwohl rationale Prozeduren durchführen, leitet über zu dem allgemeineren Einwand, wonach Rationalität 'unglücklich' macht. Seine Lösung wird daher sogleich im Kontext der Emotionsproblematik diskutiert werden.

bb) Emotionsproblematik

Nach einer zweiten anthropologisch motivierten Kritik unterdrückt eine streng analytische Lebensführung, die sämtliche Betätigungen bis hin zu den zwischenmenschlichen Beziehungen unter das Diktat des Rationalkalküls stellt[34], das emotionale Element humaner Wesen. Sie wird der Natur des Menschen nicht gerecht und führt nach dieser Ansicht auf Dauer zu seelischen Schäden[35].

Bei der Würdigung dieses Gedankengangs aus der Sicht der Argumentationsrationalität ist zunächst die thematische Begrenzung des Einsatzfeldes dieser Konzeption zu beachten. Die vorliegende, betriebswirtschaftliche Arbeit plädiert nicht für die durchgängige argumentationsrationale Vorbereitung sämtlicher Entscheidungen in allen Lebensbereichen. Sie sieht vielmehr von der Privatsphäre vollständig ab und konzentriert sich allein auf das berufliche Segment der Bewältigung unstrukturierter Managementaufgaben. Die eventuellen psychischen Auswirkungen der 'privaten Rationalität' müssen daher hier nicht näher diskutiert werden. Festzuhalten ist lediglich, daß das argumentationsrationale Konzept insoweit nicht 'zuständig' ist; es redet folglich auch der im Schrifttum mitunter beklagten Geringschätzung der "positiven Rolle von Affekten, wie zu lieben und geliebt zu werden"[36] (jenseits managerialer Problemlösungsbemühungen) nicht das Wort.

---

32) Wie es beispielsweise auch einen zentralen Aspekt in der Principal-Agent-Beziehung darstellt, vgl. nur HARTMANN-WENDELS 1992, Sp. 74.

33) PUTZ-OSTERLOH 1992, Sp. 593 (im Original kursiv) mit Bezug auf die von REASON 1987, S. 18 eingeführte Fehlerkategorie der "reluctant rationality".

34) Ein rational handelndes Familienoberhaupt etwa "would read in bed at night only if the value of reading exceeded the value (to him) of the loss in sleep suffered by his wife" (BECKER 1974, S. 1078).

35) Vgl. zur Emotionsproblematik der Rationalitätsidee KEKES 1976, S. 1 f., 164 und 170 ff.; RESCHER 1988, S. 210 ff.

36) ETZIONI 1988, S. 90 (Übersetzung durch v. W.).

Soweit ersichtlich, liegen nun bislang noch keine eingehenderen empirischen Studien darüber vor, inwieweit analytische Anstrengungen im hier betrachteten Teilausschnitt des Daseins die emotionale Entfaltung von Managern nachhaltig behindern, und in welchem Ausmaß sie durch gefühlsbetontere Aktivitäten außerhalb der professionellen Aufgabenerfüllung kompensiert werden können. Es ließen sich insofern mithin derzeit nur Plausibilitätsüberlegungen anstellen. Dabei wäre u. a. in Rechnung zu stellen, daß die Emotionseffekte von der Analyseintensität (und damit von den hier zu entwickelnden Rationalitätsstufen) abhängen können, daß sich die rationalitätsbedingten Beeinträchtigungen vermutlich auch nach den psychologischen Dispositionen der Betroffenen richten und daher Analytiker weniger treffen als intuitiv veranlagte Persönlichkeiten, und daß die zuverlässige Fundierung gewichtiger Maßnahmen die verantwortlichen Entscheidungsträger (namentlich bei analytischer Veranlagung) auch 'glücklich'[37] machen kann.

Diese theoretischen Spekulationen müssen hier allerdings nicht weiterverfolgt werden. Selbst gesicherte empirische Befunde über nennenswerte Beeinträchtigungen der Befindlichkeit würden nach unsere Auffassung im Prinzip nicht gegen den Vorschlag eines argumentationsrationalen Verfahrens sprechen. Entscheidungen zur Bewältigung komplexer Managementprobleme strahlen zumeist auf zahlreiche Interessengebiete aus und schlagen sich dort häufig mit einschneidenden Konsequenzen nieder. So nehmen strategische Neuausrichtungen von Großunternehmungen, etwa Diversifikationen, nicht selten eine Größenordnung an, bei der ein Fehlschlag das finanzielle Fundament der Gesamtunternehmung erschüttern, Tausende von Arbeitsplätzen gefährden und die Prosperität ganzer Regionen in Mitleidenschaft ziehen kann. Solange die oben begründeten Erfolgshypothesen zugunsten der Argumentationsrationalität nicht widerlegt sind, erscheint es angesichts der gravierenden Bedeutung involvierter Interessen bei Managementproblemen der angesprochenen Art geboten, nicht aus Gründen der seelischen Verfassung auf die Chance größerer Lösungserfolge durch Entscheidungsfundierung zu verzichten. Unter den genannten Voraussetzungen muß es vielmehr grundsätzlich als zumutbar angesehen werden, entweder emotionale Belastungen der Entscheidungsträger - sei es aus Gefühlsdefiziten, sei es aus Arbeitsleid - in Kauf zu nehmen oder aber gegebenenfalls mental stabilere und analytisch disponierte Persönlichkeiten mit der Bewältigung derartiger Probleme zu betrauen. M. a. W. und als Tendenzaussage formuliert, erscheinen danach die skizzierten (eventuellen!) Emotionsprobleme der Rationalität um so akzeptabler, je gewichtiger die zur Lösung anstehenden Managementaufgaben sind. Um die Überlegung an einem Bild mit Bezug zur aeronautischen Forschung zu verdeutlichen: Beim Instrumentenflug ohne optische Referenzpunkte ('Blindflug') widersprechen sich häufig die interpretierten Wahrnehmungen der Sinnesorgane und die Anzeigen der Fluglageinstrumente. Geräusche können beispielsweise ein Steigen des Flugzeugs suggerieren, obwohl es sich tatsächlich - und korrekt angezeigt - im Sinkflug befindet. Die psychologisch tief verankerte Neigung des Menschen, im Zweifel den eigenen Sinnesorganen zu glauben und ein Versagen technischer Geräte anzunehmen, hat zur Folge, daß Pi-

37) Für die "reflective happiness" (im Unterschied zur "affective happiness") auch RESCHER 1988, S. 210 ff. (Zitat auf S. 211 und passim). Erinnert sei ferner noch einmal daran, daß schon

loten ohne Instrumentenflugerfahrung nach Einflug in Wolken nur eine durchschnittliche Lebenserwartung von 178 Sekunden haben[38]. Ein erheblicher Teil der Ausbildung zum Erwerb der Instrumentenflug-Berechtigung wird daher auf das - letztlich mentale - Training verwendet, den intuitiven Hang zur Fehlreaktion auszumerzen und den Instrumenten kontraintuitiv zu vertrauen. Als Passagier wird der Leser kaum zögern, der Cockpit-Crew (Projektteam) diese anstrengende, aber 'erfolgsförderliche' mentale Konzentrationsleistung abzuverlangen.

ARISTOTELES in einer rationalen Lebensweise den (einzigen) Ausdruck menschlicher Vollkommenheit sah (siehe S. 49 FN 5).

38) So das Resultat eines an der Universität Illinois durchgeführten Simulationsexperiments, siehe o. V. 1981, S. 7.

2. Praktische Probleme

Die zweite Gruppe der hier betrachteten Einwände stellt nicht primär die theoretische Attraktivität der Rationalitätsidee in Frage, sondern bezweifelt ihren prinzipiellen Praxisbezug. Die einschlägige Kritik, die z. B. im Mittelpunkt der betriebswirtschaftlichen Rationaleinwände steht, führt beispielsweise auf, daß Akteure in der Praxis häufig keine präzisen Ziele formulieren, nicht selten spontan handeln und ihre Maßnahmen unter taktischen Gesichtspunkten kommentieren[1)], daß intensive Entscheidungsvorbereitungen zu kostspielig und zeitaufwendig sind und zudem von den dynamischen Umweltentwicklungen zu schnell überholt werden[2)]. Aufgrund dieser mangelnden Rücksichtnahme auf die Problemlösungsrealität ist das Rationalprogramm nach dieser Auffassung mehr oder weniger nutzlos oder zumindest ergänzungsbedürftig[3)].

Hält man eine praktische Umsetzung des rationalen Programms - mit den oben dargelegten Begründungen[4)] - für prinzipiell erstrebenswert, so ist zu fragen, ob das genannte Rationalitätsdefizit der Praxis auf zwingende Restriktionen zurückzuführen ist oder nicht. Während zwangsläufige Schranken der Praktikabilität auch aus der präskriptiven Sicht des Programmvorschlags problematisch sind, haben 'ungezwungene' Verstöße gegen Rationalität eine andere Qualität. Sie lassen sich prinzipiell beheben. Vor diesem Hintergrund trennt die folgende systematische Diskussion der Zweifel, die an der praktischen Anwendbarkeit und Anwendung des Gedankens der Rationalität geäußert werden, zwischen Rationalbarrieren und Rationalabweichungen. *Rationalbarrieren* ergeben sich aus der Natur unstrukturierter Managementprobleme. Sie stehen der reibungslosen Verwirklichung des argumentationsrationalen Konzepts im Wege, erfordern daher gewisse Anstrengungen zu ihrer Überwindung und setzen mitunter 'auch beim besten Willen' der Fundierung und Kommentierung gewisse Grenzen. *Rationalabweichungen* beruhen dagegen nicht auf zwingenden Restriktionen der Entscheidungsvorbereitung und ihrer Offenlegung, sondern bringen einen bewußten oder unbewußten, im Grundsatz aber 'freiwilligen' Verzicht auf Argumentationsrationalität zum Ausdruck.

a) Rationalbarrieren
aa) Fundierungsbarrieren

Einer praktischen Umsetzung der Empfehlung, Lösungen komplexer Managementaufgaben zu fundieren, können aufgabenstrukturelle, ökonomische, zeitliche und psychologische Rationalbarrieren entgegenstehen.

1) Siehe hierzu näher S. 149 ff. m. N.

2) Zu diesen Kritikpunkten eingehender S. 133 ff. m. N.

3) Vgl. etwa LINDBLOM 1959, der für unstrukturiert-politische Entscheidungen das inkrementale "Durchwursteln" für erfolgversprechender hält als eine synpotisch-rationale Vorgehensweise, COHEN/MARCH/OLSEN 1972, die dem rationalen Problemlösungsparadigma ihr "Mülleimer-Modell" gegenüberstellen, sowie PERROW 1978, der die Vorstellung rationaler Organisationen als Mythos (S. 105) und allenfalls einer "Fußnote" wert (S. 111) einschätzt.

4) Siehe S. 107 ff.

a' Aufgabenstrukturelle Barrieren

Die aufgabenstrukturellen Rationalbarrieren sind das Spiegelbild der Charakteristik unstrukturierter Managementprobleme. Diese Probleme zeichnen sich nach den einschlägigen Beschreibungen im Schrifttum im Kern durch die unüberschaubare Vielzahl relevanter interdependenter Einflußfaktoren und Handlungskonsequenzen (Vernetzung), die Schwierigkeiten der Prognose von Entwicklungen in dynamischen Umwelten (Zukunftsbezug) sowie die regelmäßige Existenz widerstreitender und schwer zu aggregierender Interessen (Zielkonflikte) aus[5)]. Die Merkmale Vernetzung, Zukunftsbezug und Zielkonflikte, die insgesamt die *Komplexität* unstrukturierter Managementprobleme ausmachen[6)], bilden damit die Hauptrepräsentanten der strukturimmanenten Rationalbarrieren dieser Aufgabenkategorie. Sie verhindern mit der zwangsläufigen Vernachlässigung von Problemaspekten, dem irreduziblen Risiko fehlerhafter Prognosen und den Komplikationen objektiver Zielgewichtungen das Auffinden eines vollkommen exakten, lückenlos nachvollziehbaren und in diesem Sinne einzig 'richtigen' Wegs zur Problemlösung[7)]. Die aufgabenstrukturellen Barrieren stehen dabei jenseits der methodologischen Aporien von Wahrheit und Wissen, da sie die praktische Gewinnung epistemologisch vorab (wie auch immer) definierter Problemkenntnisse blockieren. Hat man sich beispielsweise auf ein bestimmtes Wahrheitsverständnis festgelegt, so kann die Prognoseproblematik gleichwohl noch - in diesem Sinne verstandene - wahre Vorhersagen vereiteln[8)].

Es kann nicht ernsthaft angezweifelt werden, daß die genannten strukturellen Hindernisse dem argumentationsrationalen Anliegen im Wege stehen und nicht zur Gänze überwunden werden können. Vollständige Einblicke in die Wirkungszusammenhänge unstrukturierter Managementaufgaben lassen sich (definitionsgemäß) auf keinem methodischen Weg erzielen. Fraglich ist allerdings, ob die Wirksamkeit der Barrieren so einschneidend ist, daß angesichts der zu erwartenden strukturellen Fundierungswiderstände von der Idee analytischer Entscheidungsvorbereitungen insgesamt Abstand genommen werden sollte. Anders gewendet lautet die Fragestellung, welche Möglichkeiten zur Entscheidungsfundierung unter Berücksichtigung der Rationalbarrieren tatsächlich existieren. Nur wenn die realistisch mögliche Vorbereitung von Entscheidungen hinreichend bekannt ist, läßt sich fundiert(er) angeben, ob auch bei unstrukturierten Problemen die Maxime, 'das Beste aus den verfügbaren Kenntnissen zu machen'[9)], gemessen am Fundierungserfolg

5) Vgl. z. B. THOMPSON 1964, S. 335 ff.; MITROFF/EMSHOFF/KILMANN 1979, S. 583; MINTZBERG/RAISINGHANI/THÉORET 1976, S. 250 f.; KIRSCH 1981a, S. 664; ders. 1984, S. 190 ff.; GRANDORI 1984, S. 193 ff.; HILL 1984, S. 3, 6 ff.; NUTT 1989, S. 3 ff.; PROBST/GOMEZ 1989, S. 3; RÜEGG 1989, S. 18.

6) Der Komplexitätsbegriff wird in der Literatur nicht einheitlich verwendet (vgl. nur BEER 1966, S. 247; v. HAYEK 1972, S. 12; ULRICH/PROBST 1988, S. 57 ff.). Er soll hier die auf den genannten und weiteren Faktoren beruhende begrenzte Durchschaubarkeit unstrukturierter Phänomene, also den Strukturmangel insgesamt bezeichnen.

7) In den Worten der später folgenden erkenntnis- und argumentationstheoretischen Untersuchungen ist somit eine Problemlösung mit wahr- oder bewährt-begründeten globalen Konsequenzaussagen ausgeschlossen (siehe im einzelnen insb. S. 373 f.).

8) Im Fall der Rationalbarriere *Vernetzung* ist die Beziehung zur Wahrheitsproblematik zwar enger; sie widerspricht aber der im Text formulierten Grundaussage nicht und soll an dieser Stelle nicht vertieft

sinnvoll praktiziert werden kann oder nicht. Die somit vorgelagerte Frage nach dem Ausmaß der möglichen Fundierung bzw. Rationalitätspotentiale stellt das Pendant zur Entwicklung des Meßinstrumentariums dar, da die verschiedenen Rationalitätsstufen, die zur Ermittlung des jeweiligen Rationalgehalts einer begutachteten Problemlösung herangezogen werden, zugleich auch die (abgestuften) Fundierungsmöglichkeiten markieren[10]. Ihre Beantwortung bildet damit den Schwerpunkt dieser Arbeit und kann folglich erst später erfolgen[11].

b' Ökonomische Barriere

Anstrengungen zur Entscheidungsvorbereitung erfordern den Einsatz von Personal und Sachmitteln (z. B. Informationstechnologie), und werden von einem Ablauf der Kalenderzeit begleitet[12]. Der Einsatz von Personal- und Sachressourcen verursacht (je nach Bewertungsmethode pagatorische oder wertmäßige[13]) Kosten, die hier als *Fundierungsressourcenkosten* bezeichnet werden sollen. Der Ablauf der Kalenderzeit hingegen bewirkt eine tendenzielle Verzögerung von Beschlüssen und kann beim Verstreichen festgesetzter Fristen auch zum gänzlichen Wegfall der Handlungsgelegenheit führen. Auch die Nachteile des reinen Zeitablaufs lassen sich in (Opportunitäts-)Kostengrößen erfassen, die in dieser Arbeit *Fundierungszeitkosten* heißen sollen[14]. Die Summe der Fundierungsressourcen- und Fundierungszeitkosten bildet die *Fundierungsgesamtkosten* oder auch kurz *Fundierungskosten* der Entscheidungsvorbereitung.

Die mit der Fundierung verbundenen Kosten können Schwierigkeiten für die Realisierung des Rationalgedankens mit sich bringen, die hier aus Darstellungsgründen in die ökonomische und die zeitliche Barriere der Rationalität ausdifferenziert werden. Die an dieser Stelle zu erörternde ökonomische Rationalbarriere tritt in Form der Fundierungsressourcenkosten in Erscheinung und greift ein, wenn diese Kosten vom Nutzen der Fundierung nicht kompensiert werden. Sie wird - gerade im betriebswirtschaftlichen Kontext - als einer der häufigsten Gründe gegen ausgedehnte entscheidungsvorbereitende Analysen[15] ins Feld geführt[16]. Dabei erfolgen allerdings keine eingehenderen Wirt-

werden. Vgl. zu den vernetzungs- bzw. komplexitätsbedingten Abstraktionsproblemen der Wahrheit näher S. 225 ff.

9) Siehe S. 96.

10) Der Leser denke zur Veranschaulichung an dieser Stelle nur an ein auf Kelvin-Grade geeichtes Thermometer (= Meßinstrument), das mit dem untersten Skalenabschnitt (= Rationalitätsstufe) zugleich auch Auskunft über die niedrigst-mögliche Temperatur (= Rationalpotential) gibt.

11) Siehe insb. S. 376 ff. und S. 468 ff.

12) Vgl. hierzu und zum folgenden auch die analogen Überlegungen zum Begriff der "Abstimmungskosten" im organisationstheoretischen Beurteilungskonzept von FRESE/v. WERDER 1993, S. 26 ff.

13) Zu dieser Unterscheidung und ihrer Bedeutung hier nur KLOOCK/SIEBEN/SCHILDBACH 1991, S. 29 ff. Bezüglich der Opportunitätskosten ist z. B. an den Gewinn zu denken, der aufgrund der Aufschiebung bzw. Vernachlässigung anderer Aktivitäten durch die mit der zu fundierenden Entscheidung befaßten Problemlöser entgeht.

schaftlichkeitsanalysen. Intensivere Fundierungsbemühungen werden vielmehr nur lapidar als 'zu teuer' abgelehnt. Da die Kosten des Ressourceneinsatzes im Vergleich zu dem beschwerlich abzuschätzenden Nutzen analytischer Anstrengungen deutlich merklicher sind, kann das ökonomische 'Fallbeil' allerdings (namentlich in der Praxis) Entscheidungsvorbereitungen schnell und vordergründig relativ überzeugend stoppen.

Der wirtschaftliche Zwang zur Kosten-Nutzen-Abwägung der Fundierung kann selbstverständlich nicht leichtfertig von der Hand gewiesen werden. Eine sachgerechte Kalkulation setzt allerdings voraus, daß sowohl die Ressourcenkosten von Entscheidungsvorbereitungen als auch deren Implikationen für die Konsequenzsicherheit (als Fundierungsnutzen) zutreffend in Ansatz gebracht werden können. Fundierungsressourcenkosten wie Sicherheitsimplikationen lassen sich jedoch erst dann näher bestimmen, wenn die kognitiv-rationalen Möglichkeiten der Fundierung und ihre sinnvollen Abstufungen offenliegen. Erst unter dieser Bedingung kann systematisch untersucht werden, welcher Ressourceneinsatz auf bestimmten Rationalitätsstufen anfällt, und wie sich die Eintrittsfrequenz der erwarteten Konsequenzen in Abhängigkeit von der Fundierungsintensität verändert. Die Durchführung derartiger Studien erfordert aber ihrerseits, daß die Entwicklung der notwendigen Meßinstrumente nicht bereits im Vorfeld zum Erliegen kommt, weil der Rationalitätsidee unter Hinweis auf angebliche 'Sachzwänge' mangelnde Praktikabilität angelastet wird. Anderenfalls müssen in der Kalkulation unsichere Vorstellungen über Ressourcenkosten der Fundierung mit unbekannten (Erfolgs-)Größen konfrontiert werden - ein für den Betriebswirt unbefriedigendes Verfahren der Investitionsrechnung. Es verstellt den Blick dafür, daß selbst hohen Fundierungskosten höhere Fundierungserfolge gegenüberstehen können.

Um die Auslotung der Fundierungsmöglichkeiten nicht von vornherein zu behindern, wurde mit den *prohibitiv hohen Kosten* im argumentationsrationalen Maßstab die ökonomische Rationalbarriere bewußt weitgehend neutralisiert. Ressourcenkosten unterhalb dieser Schwelle schränken den *Stand des zugänglichen Wissens* nicht ein und bilden daher auch keine Restriktion der Argumentationsrationalität. Bei der Würdigung dieser Feststellung muß wiederum die Existenz verschiedener Rationalitätsobjekte genau beachtet werden. Die konstatierte geringe Bedeutung der ökonomischen Rationalbarriere bezieht sich auf die kognitiven Möglichkeiten der Fundierung, die sich primär an epistemischen Kriterien der Kenntnisqualität orientieren und im Zentrum der Argumentationsrationalität stehen. Die Zweckmäßigkeit der Ausschöpfung dieser kognitiven Potentiale ist dagegen eine praktisch-rationale Frage, die (u. a.) nach Wirtschaftlichkeitsgesichtspunkten zu beurteilen ist. Diese wirtschaftlichen Fundierungsmöglichkeiten werden von der ökonomischen Barriere natürlich eher in Frage gestellt. Wann analytische Entschei-

---

14) Beispiel: Der dadurch entstandene Gewinnentgang, daß ein zur Übernahme angebotenes Unternehmen zwischenzeitlich bzw. nach Fristablauf einem schneller entschlossenen Interessenten verkauft worden ist. Siehe hierzu noch näher S. 141 f.

15) Die ökonomische wie auch die später behandelte zeitliche Rationalbarriere wird in der Literatur im wesentlichen nur im Zusammenhang mit der Handlungsfundierung thematisiert, so daß im weiteren auf ihre analoge Erörterung für die Fundierung von Zielsetzungen verzichtet werden kann.

dungsvorbereitungen aber aus Gründen der Wirtschaftlichkeit nicht mehr vertretbar sind, läßt sich infolge der noch mangelhaften Erkenntnisse über die Kosten- und Erfolgskomponente der Fundierung gegenwärtig nicht näher angeben. Berücksichtigt man die gravierenden Konsequenzen unternehmerischer Entscheidungen, so sprechen allerdings gute Argumente für die Annahme, daß die tatsächlichen Erfolgsimplikationen der Entscheidungsvorbereitung das nicht seltene (Vor-) Urteil revidieren können, intensive Analysen würden sich im Prinzip 'nicht rechnen'. Ein solches Umdenken setzt allerdings - um es zu wiederholen - gerade in der Managementpraxis klarere Vorstellungen über die Kosten-Nutzen-Relation von Fundierungsaktionen voraus[17]. Grundlagen hierfür sollen in der vorliegenden Schrift erarbeitet werden.

c' Zeitliche Barriere

Ausgedehnte Problemanalysen zur Entscheidungsvorbereitung können in der Praxis ferner nach einer wiederum häufig vertretenen Ansicht auch an ihrem übergroßen Zeitbedarf scheitern[18]. Die Kritik findet in durchaus flotten Formulierungen Ausdruck, wenn beispielsweise die Befürchtung einer drohenden "'Paralyse durch Analyse'"[19] geäußert wird. Wie im Fall des Ressourcenkosten-Vorbehalts wird sie jedoch ebenfalls nicht auf profunde (Zeit-)Studien gestützt, sondern bloß pauschal und apodiktisch vorgetragen.

Für die Präzisierung und Diskussion der Wirksamkeit der zeitlichen Rationalbarriere ist es notwendig, zwischen Entscheidungsaufgaben ohne konkret terminierten Entscheidungszeitpunkt und Problemen zu differenzieren, für deren Lösung eine bestimmte Frist gesetzt worden ist. Zu beachten ist nämlich, daß bei Aufgaben ohne festen Abschlußtermin für die Aufgabenbewältigung das Vorrücken der Kalenderzeit für sich genommen ohne prinzipielle Bedeutung ist. Der Zeitaspekt schlägt sich hier vielmehr nur in dem in Manntagen, Betriebsstunden oder ähnlichen Maßeinheiten bestimmten temporalen Einsatz von Managern und Sachmitteln nieder, der eine Komponente der Fundierungsressourcenkosten bildet. Er betrifft unter diesen Bedingungen somit die ökonomische Barriere, so daß die zuvor angestellten Überlegungen hier insoweit ebenfalls gelten.

Im Fall terminierter Managementprobleme mit fest vorgegebenem Lösungszeitraum spielt der Zeitablauf hingegen eine originäre Rolle[20]. Zur genaueren Klärung dieser Bedeutung des Zeitaspekts ist zunächst zwischen der Fundierung der Erwartungen über

---

16) So auch TRUX 1985, S. 66. Vgl. zu diesem Argument ferner z. B. BECHTLER 1986, S. 26 f.; MINTZBERG 1989, S. 70.

17) Zur Transparenzthese S. 97 f.

18) Vgl. stellvertretend für viele LENZ/LYLES 1985, S. 65; BECHTLER 1986, S. 26 f.; ROWAN 1989, S. 153 f.

19) KAST/ROSENZWEIG 1979, S. 371 (Übersetzung durch v. W.) Der Fairness halber sei angemerkt, daß sie auch für die Gefahren der intuitiven Vorgehensweise mit der "'extinction by instinct'" (ebenda) eine griffige Formel parat haben.

20) Zur Vereinfachung soll an dieser Stelle nur der Fall fester Abschlußtermine ausdrücklich behandelt werden. Die Untersuchungen lassen sich problemlos auf die Situationen übertragen, in denen mit zunehmender Zeitdauer der Entscheidungsvorbereitung tendenziell wachsende Nachteile eintreten

die Konsequenzen der aktiven Durchführung einer Maßnahme (*Aktivitätskonsequenzen*) und derjenigen der Konsequenzaussagen für die passive Maßnahmenunterlassung bzw. 'Nullalternative' (*Passivitätskonsequenzen*) zu differenzieren und zu beachten, daß der Zeitdruck für die Analyse von Aktivitäts- und Passivitätskonsequenzen unterschiedlich ausfallen kann. Wenngleich auch die fundierte Prognose von Passivitätskonsequenzen selbstverständlich erheblich zeitaufwendig sein kann - zu denken ist beispielsweise nur an die detaillierte Ermittlung der mutmaßlichen Gewinnentwicklung bei Beibehaltung der gegenwärtigen Organisationsstruktur trotz geänderter Umweltbedingungen -, kann davon ausgegangen werden, daß die Fundierung von Aktivitätskonsequenz-Prognosen tendenziell eher zeitkritisch sein wird. Als typisch dürfte etwa der Akquisitionsfall anzusehen sein, in dem ein Unternehmen zum Kauf angeboten wird, das Kaufangebot allerdings mit einer knapp bemessenen Frist versehen ist[21]. Die Bestimmung der Passivitätskonsequenzen[22] ist unabhängig von aktuellen Kaufgelegenheiten und kann daher auch gewissermaßen prophylaktisch durchgeführt werden und abgeschlossen sein, bevor überhaupt ein Kaufangebot eingeht. Die Abschätzung der (Aktivitäts-)Konsequenzen einer Übernahme des Unternehmens erfordert dagegen die Analyse der individuellen Unternehmenssituation und ist daher auf den kurzen Zeitraum der Kaufoption verwiesen. Vor diesem Hintergrund erscheint die Annahme vernünftig, daß es bei präziser Betrachtung die Fundierung der Aktivitätskonsequenzen ist, die im Normalfall von der Terminierung einer managerialen Problemlösung betroffen sein wird.

Sofern die gesetzte Frist auch bei Ausschöpfung aller Möglichkeiten zur intensitäts- und kapazitätsmäßigen Anpassung[23] den für eine voll-rationale Fundierung von Aktivitätskonsequenzen benötigten Zeitbedarf übersteigt und zur Fristwahrung ein entsprechend unvorbereiteter Beschluß zugunsten der fraglichen Maßnahme (im Beispiel: Unternehmensübernahme) gefaßt wird, greift nun die *zeitliche Barriere* der Argumentationsrationalität im eigentlichen Sinne ein. Unter diesen Voraussetzungen scheitert in der Tat eine im Rahmen des erkenntnistheoretisch Möglichen liegende Fundierung der Aktivitätskonsequenz-Prognosen und damit die vollständige Nutzung des kognitiven Rationalitätspotentials. Dabei erweist sich die zeitliche Hürde der Argumentationsrationalität als um so restriktiver, je knapper die Termine gesetzt sind. Muß beispielsweise gleichsam 'über's Wochenende'[24] entschieden werden, ob ein Unternehmen erworben werden soll, so verbleibt für eingehendere Bilanzanalysen, für Untersuchungen zur strategischen Konsistenz der Akquisition und ähnliche Fundierungsaktivitäten naturgemäß nur wenig Raum.

[Beispiel: Abwanderung einer kontinuierlich steigenden Zahl von Kunden bei sinkender (Dispositions-) Fähigkeit der Unternehmung, mit raschen Entscheidungen auf Kundenwünsche zu reagieren. Vgl. hierzu auch nochmals S. 32 f. sowie unten, S. 251 ff.].

21) Vgl. zu einem konkreten spektakulären amerikanischen (Rechts-)Fall, in dem der Board of Directors eine Entscheidungsfrist für den Verkauf des Unternehmens von 3 Tagen (Freitag bis Sonntag abend) hatte und innerhalb einer 2-stündigen Boardsitzung dem Verkauf prinzipiell zustimmte, S. 141 f.

22) Also der mit einem Kaufverzicht verbundenen Konsequenzen.

23) GUTENBERG 1976, S. 355 f. Im Rahmen der Anpassungsmöglichkeiten existieren somit Interdependenzen zwischen dem ökonomischen und dem zeitlichen Aspekt bzw. den Fundierungsressourcen- und den Fundierungszeitkosten.

Unbestritten werden manageriale Entscheidungen - auch zu komplexen Problemen - in der Praxis häufig von der Kalamität knapper Fristen bedrängt. Gerade im Beispiel der Übernahme von Unternehmen, für die mehrere Interessenten existieren, aber z. B. auch bei der plötzlichen Öffnung neuer Märkte[25] sind die zur Verfügung stehenden Reaktionszeiten selbst für strategische Weichenstellungen nicht selten empfindlich kurz. Der Termindruck der Managementrealität vermag somit auf den ersten Blick die Rationalitätsidee durchaus zu erschüttern. Beim näheren Hinsehen ergibt sich jedoch ein differenzierteres Bild von den zeitbedingten Restriktionen der Rationalität.

Entscheidungsfristen schränken zunächst die praktischen Möglichkeiten der Fundierung nicht generell ein, sondern nur in den speziellen Fällen ihrer Wirksamkeit. Wäre die Frist zur Bewältigung eines eng terminierten Problems großzügiger bemessen, könnten somit aus erkenntnistheoretischer Sicht (bis zur Grenze des zugänglichen Wissensstandes) durchaus fundiertere Problemeinsichten gewonnen werden. Fristsetzungen lassen somit die kognitiven Fundierungsmöglichkeiten unberührt[26]. Sie stellen daher auch das Konzept der argumentationsrationalen Entscheidungsvorbereitung nicht allgemein in Frage, sondern sprechen allenfalls gegen die Möglichkeit einer Umsetzung dieses Programms im befristeten Fall. Unter geänderten Terminbedingungen kann der praktische Fundierungsspielraum bei der ansonsten gleichen Aufgabenstellung hingegen deutlich größer sein und unter Umständen eine volle Ausschöpfung des zugänglichen Wissens erlauben.

Selbst im Fall existierender enger Entscheidungsfristen muß ferner die praktische Durchführung argumentationsrationaler Entscheidungsvorbereitungen nicht zur Gänze ausgeschlossen sein. Vielmehr ist in Rechnung zu stellen, daß der Zeitaufwand vorbereitender Untersuchungen in der Tendenz von der Rationalitätsstufe der Fundierung abhängen wird. Terminierte Managementprobleme gestatten daher unter Umständen zwar keine vollkommen argumentationsrationale Vorbereitung, können aber eventuell durchaus eine gewisse Mindestrationalität in Form von Grobanalysen erlauben. Solange sachgerechte Abstufungen der Analyseintensität bzw. Argumentationsrationalität mit ihrem jeweiligen Zeitbedarf noch unbekannt sind und über die konkreten Fristen in der Praxis keine klareren Vorstellungen bestehen, können über das Ausmaß der bei Terminierungen durchschnittlich möglichen Rationalität naturgemäß keine Angaben gemacht werden. Die fristenbezogene Rationalitätskritik liefert aber geradezu ein Argument, das die Dringlichkeit der Herausarbeitung alternativer Rationalitätsstufen nachdrücklich unterstreicht. Erst wenn solche Abstufungen konzipiert worden sind und Erkenntnisse über die Erfolgsimplikationen der einzelnen Stufen im Vergleich zum völligen Rationalitätsverzicht vorlie-

---

24) So im wegweisenden Trans Union-Fall Smith vs. Van Gorkom, siehe FN 21 und näher S. 141 f.

25) Die jüngste deutsche Geschichte liefert hierfür reiches Anschauungsmaterial.

26) Infolgedessen wurde auch die zeitliche Rationalbarriere - anders als die ökonomische Fundierungsschranke der prohibitiv hohen Kosten - nicht in die Definition des zugänglichen Wissens aufgenommen.

gen, läßt sich abgewogener die Frage beantworten, ob unter Zeitdruck zumindest eine gewisse Minimal-Rationalität möglich und zugleich erfolgversprechend ist.

Für den Fall extrem knapper Entscheidungstermine, die nicht einmal vorbereitende Analysen auf dem Niveau einer solchen Mindestrationalität zulassen, ist schließlich zu bedenken, daß hier nicht als einzig gangbarer Weg der intuitive Entschluß zur Durchführung einer bestimmten Maßnahme verbleibt. Typische zeitbezogene Rationalitätsvorbehalte befürchten etwa die bereits erwähnte "Paralyse durch Analyse"[27)] oder fordern Freiräume für unternehmerische Visionen in zeitkritischen Situationen ein[28)]. Sie suggerieren damit - schon vor dem Hintergrund der berühmten 'zunehmend dynamischer werdenden Umwelt' - einen angeblichen Sachzwang, bei zeitlichen Fundierungsrestriktionen auf Basis der Intuition aktiv werden zu müssen. Je nach Macht- und Marktverhältnissen können jedoch grundsätzlich 3 Reaktionsweisen auf (anfänglich) enge Fristen in Betracht kommen. Zunächst ist der Versuch zu nennen, auf eine Verlängerung der gesetzten Termine hinzuwirken. Die Erfolgsaussichten dieser Bemühung hängen zwar selbstverständlich in hohem Maße von den jeweiligen Einflußkonstellationen ab. Immerhin kann aber auf der Grundlage der Transparenzthese[29)] begründet vermutet werden, daß der Versuch eher überhaupt erst gestartet sowie mit größerem Nachdruck betrieben wird, wenn schon bei relativ geringfügigen Fristverlängerungen mit einem bedeutenden Fundierungsvorteil zu rechnen ist. Welche zeitlichen Zugeständnisse bereits ausreichen würden, kann aber wiederum erst deutlicher vor Augen geführt werden, wenn - heute noch fehlende - Kenntnisse über die Erfolgsimplikationen selbst niedriger Rationalitätsstufen und ihren Zeitbedarf vorliegen.

Zum zweiten können (zu) knappe Termine für die Problemlösung akzeptiert und der hieraus resultierende Entscheidungsdruck in dem bereits behandelten Sinne hingenommen werden, daß innerhalb des gesetzten Zeitraums der positive Beschluß zugunsten einer bestimmen aktiven Maßnahme gefaßt wird. Diese Situation der Entfaltung unternehmerischer Aktivitäten trotz mangelnder analytischer Vorbereitung schwebt den rationalitätskritischen Vertretern des intuitiven Managements zur Hauptsache vor. Wie bereits angedeutet, lösen Fristsetzungen jedoch keine Handlungsautomatik aus. Sie erzwingen m. a. W. nicht mit unausweichlicher Notwendigkeit positive Entscheidungen. Abgesehen von Krisensituationen, die ein aktives Eingreifen erfordern, steht vielmehr grundsätzlich auch die Option einer negativen Entscheidung zugunsten der Unterlassung einer Maßnahme offen. Besinnt man sich auf diese Nullalternative, so können enge Fristen folglich drittens auch zum Anlaß genommen werden, von aktiven Engagements wie dem Kauf des Unternehmens oder dem Eintritt in den neuen Markt Abstand zu nehmen.

Gelungene Fristverlängerungen können aus Sicht der Argumentationsrationalität ohne Frage als die dominante Alternative im Umgang mit knappen Entscheidungsterminen

---

27) Siehe FN 19.

28) Vgl. nur ROWAN 1989, S. 153 f.

29) Siehe S. 97 f.

gelten. Sie entziehen dem Einwand der fristbezogenen Rationalbarriere sozusagen das Fundament. Sofern diese elegante Methode an mangelnder Durchsetzbarkeit scheitert, ist hingegen eine Entscheidung zwischen der zweiten und der dritten Reaktionsweise zu treffen, die deutlich problematischer ist. Der Manager steht hier vor der Wahl, entweder auf Anstrengungen zur Fundierung der Aktivitätskonsequenzen (weitgehend) zu verzichten oder aber den Termin verstreichen zu lassen und sich damit für die Nullalternative zu entscheiden. Bei extrem knapper und unverrückbarer Fristsetzung scheint er somit gefangen zwischen der Skylla des Rationalitätsverzichts und der Charybdis der Passivität. Diese Problemlage spricht eine Entscheidung zwischen Handlungsalternativen (Aktivität vs. Unterlassung) an und ist daher nach dem praktisch-rationalen Kriterium der alternativenspezifischen Erfolgsträchtigkeit zu bewältigen.

Wird der Weg der Maßnahmenunterlassung beschritten, so steht einer diesbezüglichen Ausschöpfung des Rationalitätspotentials prinzipiell nichts entgegen, da die Passivitätskonsequenzen wie gezeigt durchaus fundiert ermittelt worden sein können. Allerdings ist dieser Weg mit eventuellen Fundierungszeitkosten aus verpaßten Gelegenheiten verbunden, über die aber - mangels fundierterer Analyse der Aktivitätskonsequenzen - keine zuverlässigen Angaben gemacht werden können. Umgekehrt hat eine Entscheidung für die Maßnahmendurchführung - bei Gültigkeit der Erfolgshypothesen für rationale Problemlösungen - ein deutlich höheres Risiko zur Folge, dem allerdings die Ausnutzung einer eventuellen Chance gegenübersteht. Angesprochen ist damit letztlich eine spezielle Variante des Grundvergleichs zwischen den Basisalternativen 'Rationalität' und 'Intuition'. Sie läßt sich auf die Formel von der Wahl zwischen einer Alternative mit intuitiv abgeschätzten Konsequenzen (Maßnahmendurchführung) und einer Alternative mit fundiert prognostizierten Konsequenzen (Maßnahmenunterlassung) bringen. Der hier zu fassende Methodenentschluß setzt nach der oben durchgeführten Analyse zur Fundierungserfolgs-Bestimmung Erfahrungswissen voraus und kann daher im Rahmen dieser Arbeit nicht abschließend 'vorbereitet' werden. An dieser Stelle sollen nur die zeitspezifischen Gefahrenpotentiale einer Überhastung von positiven Entscheidungen bzw. Geschäftsabschlüssen eindringlich vor Augen geführt werden. Diese Risiken lassen sich im Prinzip bereits an der Problematik der bekannten 'Haustürgeschäfte' demonstrieren, für die der Gesetzgeber angesichts der psychologisch-zeitlichen Streßsituation Ausnahmevorschriften zum Rücktrittsrecht erlassen hat[30)]. Auch Top Manager sind nicht eo ipso vor der Gefahr gefeit, Beschlüsse - selbst zu Grundlagengeschäften - bei 'günstigen Gelegenheiten' übereilt zu treffen. Indizien hierfür liefert beispielsweise die amerikanische Gerichtspraxis. Im berühmten Trans Union-Fall Smith vs. Van Gorkom etwa, der für die dortige Verschärfung der Haftung des Top Managements bahnbrechend gewesen ist[31)], hat der Board of Directors dem Verkauf des eigenen Unternehmens infolge des vom Kaufinteressenten ausgeübten Zeitdrucks[32)] nach nur rund 2-stündiger Beratung im

30) Siehe § 1 Abs. 1 HausTWG und zum Normzweck nur die Kommentierung von PUTZO 1993, insb. Anm. 2 der Einleitung und Anm. 5 zu § 1 HausTWG.

31) Vgl. hierzu und zur Management-Haftung in den USA allgemein CLARK 1986, S. 123 ff., hier insb. S. 128 f.; OLSON 1986, insb. S. 38; SCHIFF 1988, hier v. a. S. 55; BALOTTI/FINKELSTEIN 1990, S. 4-74 ff., insb. S. 4-77.

Prinzip zugestimmt (und damit nach richterlicher Ansicht eine Verletzung seiner Sorgfaltspflichten begangen)[33]. Auf die geringe Fundierung dieser Entscheidung lassen neben der kurzen Dauer der - an einem Samstag abgehaltenen - Boardsitzung u. a. auch die Tatbestände schließen, daß

* 8 der 10 Directors über den Gegenstand dieser außerordentlichen Sitzung nicht vorab informiert waren,
* keine Zeit zum Studium der zu Sitzungsbeginn verteilten Unterlagen zur Verfügung stand,
* der CEO Van Gorkom, der den Verkauf initiiert und verhandelt hatte, in einer nur 20-minütigen mündlichen Präsentation die wesentlichen Bedingungen der Transaktion erläuterte und
* eine eingehendere (kritische) Stellungnahme des anwesenden Finanzchefs (CFO) Romans, der sich in einer am gleichen Tag zuvor abgehaltenen Konferenz des Senior Managements ablehnend gezeigt hatte, nicht erfolgte[34].

Vor dem Hintergrund der hier mehr angedeuteten Risiken rein-intuitiver Beschlüsse und der oben begründeten Erfolgshypothese zugunsten der Fundierung sowie unter Berücksichtigung der Tragweite unternehmerischer Aktivitäten müssen Beschlüsse zur Ergreifung von Maßnahmen ohne jegliche vorbereitende Analysen - also aktive Reaktionen auf enge Fristen - als prinzipiell problematisch eingestuft werden. Selbst extrem knappe Termine sprechen damit auch nicht grundsätzlich gegen das Konzept der Argumentationsrationalität. Die Befristungsproblematik macht im Gegenteil gerade auf die Notwendigkeit analytischer Entscheidungsvorbereitungen aufmerksam. Läßt der für die Problemlösung zur Verfügung stehende Zeitraum nicht einmal überschlägige Analysen auf der Stufe einer noch näher zu bestimmenden Mindestrationalität zu, so ist nicht Zuflucht bei intuitiven Entschlüssen zu suchen, sondern auf den unvorbereiteten Einsatz von Produktionsfaktoren zu verzichten. Die Übergänge zwischen managerialer Problemlösung und va banque-Spiel werden sonst fließend.

d' Psychologische Barrieren

Nach den Erkenntnissen der Psychologie können schließlich sowohl individual- als auch gruppenpsychologische Phänomene eine zuverlässige Entscheidungsvorbereitung unterminieren. Die individualpsychologischen Hürden sind teils allgemeinerer Natur (Bias-Barriere), teils sind sie stärker personengebunden (personale Barriere).

---

32) Am Donnerstag, dem 18.9.1980 wurde eine 3-tägige Entscheidungsfrist vereinbart, die dann von Freitag, dem 19.9.1980 bis Sonntag, dem 21.9.1980 lief.

33) DELAWARE SUPREME COURT 1985.

34) Siehe zur (im Vergleich zu deutschen Gerichtsentscheidungen ungewöhnlich) ausführlichen Sachverhalts-Darstellung DELAWARE SUPREME COURT 1985, S. 864 ff.

Kognitive Problemlösungsprozesse des Menschen unterliegen generell der Gefahr, Informationen systematisch verzerrt aufzunehmen und auszuwerten[35]. Diese als *Biases* bezeichneten 'Defekte' der Informationsarbeit können von zahlreichen und ganz unterschiedlichen Faktoren ausgelöst werden. Beispiele bilden der Erinnerungs-, der Präsentations- und der Verankerungseffekt. Im Fall des Erinnerungseffekts und des Präsentationseffekts erfahren die zuletzt bzw. besonders eindrucksvoll artikulierten Informationen eine zu starke Gewichtung im Rahmen der Problemlösung[36]. Der Verankerungseffekt ("anchoring"[37]) bezeichnet den systematischen Einfluß einer willkürlich gewählten Referenzgröße auf das Ergebnis von Schätzungen. Typische Versuchsanordnungen zur Demonstration dieses Effekts beinhalten etwa die Aufgabe, prozentuale quantitative Größen unter Orientierung an einer vorgegebenen Zahl zu schätzen. TVERSKY/KAHNEMAN beispielsweise berichten von einem Experiment, bei dem der relative Anteil der afrikanischen Staaten in den Vereinten Nationen anzugeben war[38]. Die Probanden wurden zunächst um ihre Einschätzung gebeten, ob der Anteil kleiner oder größer als eine vor ihren Augen mit einem Glücksrad ermittelte Zahl sei. Anschließend waren die ihrer Ansicht nach zutreffenden konkreten Prozentsätze zu nennen. Die mittleren Schätzungen des afrikanischen Länderanteils durch zwei Gruppen von Versuchspersonen, denen als Zufallszahl eine 10 bzw. 65 vorgegeben wurde, lagen bei 25% bzw. 45%.

Es dürfte heute unbestritten sein, daß auch Prozesse der managerialen Problembewältigung - als menschliche Informationsarbeiten - dem Risiko eines Bias ausgesetzt sind[39]. Allerdings gestaltet sich die treffsichere Identifizierung einer Informationsverzerrung im Kontext unstrukturierter Managementaufgaben aufgrund der Unvollständigkeit und Ambiguität der problemrelevanten Kenntnisse ungleich schwieriger als bei den vergleichsweise simplen Denksport- und Wissensfragen, die in der Bias-Forschung typischerweise Verwendung finden. Dieser Besonderheiten der Situation des Managers werden in den einschlägigen Beiträgen häufig nicht mit ausreichender Klarheit zum Ausdruck gebracht. Steigt beispielsweise infolge der zufälligen Beobachtung einer Serie von Verkehrsunfällen die Wahrscheinlichkeits-Schätzung des Augenzeugen, selbst in einen Unfall verwikkelt zu werden, vorübergehend sprunghaft an[40], so fällt der Nachweis einer 'schiefen Wahrnehmung' relativ leicht. Mehren sich dagegen die Zeichen eines Konjunkturabschwungs, so läßt sich deutlich schwerer feststellen, ob es sich hierbei um einen bedeutungslosen Zufall handelt und die Prognose einer Rezession daher von einem 'Erinnerungseffekt' gefärbt ist, oder ob ein stabiler Trend vorliegt und die Rezessionsprognose folglich eine kenntnisreiche Einschätzung darstellt. Gleichwohl stellt schon der Umstand,

---

35) Vgl. hierzu z. B. TVERSKY/KAHNEMAN 1974; EINHORN/HOGARTH 1978; KAHNEMAN/SLOVIC/TVERSKY (Hrsg.) 1982; SCHWENK 1985; BAZERMAN 1986; v. WINTERFELDT 1988, S. 464 ff.

36) Vgl. BAZERMAN 1986, S. 18 f. m. w. N.

37) TVERSKY/KAHNEMAN 1974, S. 1128.

38) Ebenda.

39) Vgl. auch STAGNER 1969, S. 2; SCHWENK 1985, S. 74.

40) Vgl. zu diesem Befund TVERSKY/KAHNEMAN 1974, S. 1127.

daß selbst im Rahmen unstrukturierter Managementprobleme zumindest in Hinblick auf bestimmte Problemaspekte durchaus auch wahre oder statistisch bewährte Erkenntnisse gewonnen werden können[41], die Relevanz des Bias-Phänomens für manageriale Problemlösungen her.

Die gravierenden Folgen für die (mangelhafte) Realisation von Projektzielen, die ein vor die Informationssichtung und -würdigung geschobener psychologischer Zerrfilter haben kann, liegen auf der Hand und müssen folglich kaum besonders betont werden. Aus Sicht des Problemlösungserfolgs (ohne Fundierungskosten) kann daher nicht zweifelhaft sein, daß Informationsverzerrungen der genannten Art soweit möglich aufzuspüren und abzubauen sind. Im Schrifttum sind bereits eine Reihe von Techniken zum Abbau von Biases vorgeschlagen worden, die etwa die Etablierung eines 'Advocatus Diaboli'[42] und die Durchführung von Entscheidungsanalysen[43] vorsehen. Sie können hier nicht im Detail erörtert werden. Immerhin läßt sich aber die Grundphilosophie dieser Verfahren festhalten, zum Zweck der psychologischen Entzerrung von Problemeinschätzungen die Wirkungszusammenhänge der vorliegenden Probleme zu untersuchen und die in die Problemlösung einfließende Annahmen möglichst mit der Realität zu konfrontieren. Vor diesem Hintergrund bedarf es keiner näheren Begründung mehr, daß die hier diskutierte Rationalbarriere keineswegs gegen das Konzept der Argumentationsrationalität spricht. Die Risiken individualpsychologischer Informationsverzerrungen legen es im Gegenteil dezidiert nahe, Entscheidungen nicht 'nach Gefühl' zu treffen, sondern den biasgefährdeten Unschärfebereich der Entscheidungsgrundlagen nach Möglichkeit durch Fundierung zu verengen[44].

Personale Barrieren als zweite Form individualpsychologischer Schranken der Rationalität liegen vor, wenn ein Akteur nur über (weit) unterdurchschnittliche intellektuelle Fertigkeiten verfügt[45] oder seine eventuelle dispositionsbedingte Rationalaversion mental nicht zu überwinden vermag[46]. Diese - hier nur der Vollständigkeit halber aufgeführte, für die Praxis aber vermutlich wenig relevante[47] - Schranke spricht allerdings nicht prinzipiell gegen die Realisierbarkeit des (argumentations-)rationalen Konzepts. Sie zeigt vielmehr ein Problem der Personalausstattung an, das im Sinne der bereits zur

41) Siehe hierzu näher S. 376 ff.

42) SCHWENK 1985, S. 79. Zum Devil's Advocate-Ansatz näher S. 459 FN 70.

43) BAZERMAN 1986, S. 112 ff.

44) Ist beispielsweise im Rahmen von Globalisierungsüberlegungen der Anteil eines potentiellen Domizillandes am Welthandel relevant, so sollte diese Größe danach nicht 'aus dem hohlen Bauch' geschätzt, sondern wenn möglich entsprechenden Statistiken entnommen werden.

45) Es handelt sich also nicht um den 'Normalfall' der stets begrenzten Informationsverarbeitungskapazitäten von Handlungsträgern.

46) Zu unterscheiden hiervon ist der emotionsbedingt-freiwillige Verzicht auf Analyseanstrengungen, der ein Thema der Rationalabweichungen (hierzu S. 149 ff.) bildet. Ferner sei zur Klarstellung noch vermerkt, daß die oben behandelte, ebenfalls psychologisch unterlegte Stil- und Emotionsproblematik (S. 128 ff.) die Rationalitätsidee als solche betrifft, während es an dieser Stelle um die (eventuellen) Grenzen der praktischen Umsetzung dieses (als solchen) grundsätzlich akzeptierten Gedankens geht.

47) Noch einmal ist der Unterschied zwischen intellektuell-mentalem Unvermögen (hier) und mangelndem Wunsch nach Rationalität (S. 128 ff., 149 ff.) hervorzuheben.

Emotionsproblematik vorgetragenen Überlegungen durch Umsetzungen zu lösen ist. Ihre Dringlichkeit wächst mit der Bedeutung der zu bewältigenden Aufgaben[48].

Die individuellen Verzerrungen der Aufnahme und Auswertung von Informationen in Form eines Bias werden im Fall der multipersonalen Entscheidungsfindung nicht selten durch spezifisch *gruppenpsychologische Rationalbarrieren* verstärkt oder überlagert. Je nach den Bedingungen der Gruppenarbeit können die Situationsanalyse und Meinungsbildung in Projektteams eine problematische Eigendynamik zur Informationsselektion entwickeln, die ausgewogene Urteile nicht mehr zuläßt. Zu den rationalitätsschädlichen Arbeitsbedingungen zählen vor allem die starke Abschottung der Gruppe von der Umwelt und kraftvolle gruppeninterne Normen. Zu erinnern ist in diesem Zusammenhang namentlich an die berühmte Studie von JANIS zum "Groupthink"[49], das sich im Führungszirkel um Kennedy in der Entscheidungsphase der Schweinebucht-Operation einstellte (und eine bekannt fatale Fehl-Fundierung zur Folge hatte). Aber auch im zivilen - und gerade im zivilisierten - Kontext der Unternehmungsführung kann der von Gruppennormen ausgehende Zwang zur Konformität abweichende Problemsichten als aus Prinzip nicht verhandlungsfähig ausschließen und schon das Aufwerfen kritischer Fragen im Keim ersticken. Dies gilt insbesondere dann, wenn die ungeschriebenen Gesetze der Zusammenarbeit das Anschneiden solcherart 'indiskutabler' Themen - wie etwa die Hinterfragung strategischer Weichenstellungen - als Loyalitätsverstoß gegenüber dem Gesamtgremium oder seinem Vorsitzenden erscheinen lassen[50]. Praxisberichte aus amerikanischen Boards of Directors belegen eindrucksvoll die mitunter geradezu tragisch fundierungshinderliche Kohäsionswirkung eines solchen Esprit de corps[51].

Es sind durchaus Zielkonstellationen vorstellbar, unter denen die geschilderten gruppenpsychologischen Phänomene positiv zu bewerten sind. Zu denken ist nur an die Motivationswirkungen, die ein enges Einvernehmen der Gruppe nach innen und außen entfalten kann. Aus der hier zugrundegelegten Sicht der Projektziele sind rein gruppenbedingte Analyse- und Urteilsschwächen jedoch als Erscheinungen anzusehen, die im Interesse des Projekterfolgs grundsätzlich zu eliminieren sind[52]. Dabei gelten die zur individuellen Informationsverzerrung vorgenommenen Relativierungen bezüglich der Erkennbarkeit solcher Schwächen bei unstrukturierten Managementaufgaben analog. Auf Gruppenebene

---

48) Die hier vorgeschlagene Handhabung der personalen Rationalbarriere mag in hohem Maße 'technokratisch' klingen. Bevor aber der Vorwurf der Inhumanität erhoben wird, sollten die humanitären und sozialen Folgen unternehmerischer Fehlentscheidungen bedacht werden. Die Metapher vom ungeschulten Piloten (S. 131 f.) kann dabei vielleicht erneut behilflich sein.

49) JANIS 1972. Siehe auch ders. 1989, S. 56 ff., sowie zu einer Erweiterung WHYTE 1989.

50) Zum Phänomen der "undiscussability" ARGYRIS 1985, S. 5 ff. (Zitat auf S. 6), und zu seiner großen Bedeutung für die praktische Arbeit amerikanischer Boards of Directors LORSCH/MacIVER 1989, S. 91 ff. Vgl. auch die ähnlich gelagerte Selektionswirkung starker Unternehmungskulturen (hierzu SCHREYÖGG 1989a, S. 99 ff.)

51) Siehe LORSCH/MacIVER 1989, insb. S. 141 ff. Angemerkt sei in diesem Zusammenhang, daß die vorliegenden Befunde über die Vorstandsarbeit in Deutschland auf eine ebenfalls hohe Konsensorientierung hindeuten. So fällen nach BLEICHER/PAUL 1986, S. 274, 70% aller befragten Vorstände formale Beschlüsse einstimmig. Vgl. zu ähnlichen Einschätzungen auch schon DOSE 1975, S. 118; TRENKLE 1983, S. 107 ff.

wiederholt sich damit die zum Bias-Phänomen herausgearbeitete Einschätzung der Barrierenbedeutung. Auch die gruppenpsychologischen Hürden lassen sich nicht als Kritik an der Argumentationsrationalität ins Treffen führen. Sie geben vielmehr Veranlassung, Mechanismen - etwa Mindeststandards der Entscheidungsfundierung - zu installieren, die auch unter Gruppendruck die Bewahrung einer kritischen Distanz zur Problemlösung unterstützen.

bb) Kommentierungsbarrieren

Die konzeptionelle Forderung der Argumentationsrationalität, herangezogene Entscheidungsgrundlagen auf Nachfrage offenzulegen, kann bei ihrer praktischen Verwirklichung im wesentlichen auf 3 Schwierigkeiten stoßen. Sie sind in den vorangegangenen Untersuchungen teilweise bereits angeklungen und sollen hier nun unter den Bezeichnungen der artikulativen, der konviktiven und der taktischen Rationalbarriere zusammengefaßt behandelt werden.

a' Artikulative Barriere

Die Annahme einer artikulativen Barriere der Kommentierung wird durch das Phänomen des 'stummen Wissens' nahegelegt[53)]. Menschen können danach häufig durchaus erfolgreich handeln, ohne zugleich in der Lage zu sein, ihre Handlungsweise im Detail zu beschreiben und zu erläutern, warum sie zum Erfolg führt. Als Beispiel dieser 'sprachlosen Kunstfertigkeit' wird etwa auf die Situation des typischen Fahrrad-Fahrers hingewiesen. Er kann im Normalfall zwar durchaus saubere Kurven fahren, ohne aus dem Gleichgewicht zu geraten; zur detaillierten Schilderung des Bewegungsablaufs (Pedaldruck, Lenkereinschlag, Schräglage) und zur Erklärung des balance-sichernden Zusammenspiels der Kräfte ist er aber kaum imstande[54)].

Die Artikulationsbarriere der Rationalität stellt eines der zentralen Argumente der Vertreter des intuitiven Managementansatzes dar[55)]. Schon angesichts der üblicherweise angeführten Beispiele, die der allgemeinen Lebenserfahrung entsprechen, erscheint dieser Einwand auf den ersten Blick auch recht plausibel[56)]. Bei genauerem Hinsehen zeigt sich allerdings, daß sich für die hier verfolgten Zwecke eine ausführlichere Auseinander-

---

52) Hierbei ist unterstellt, daß eine steigende Fundierungsintensität die Implementierung einer Handlung allenfalls erleichtert, nicht aber erschwert (siehe auch nochmals S. 116 f. im Text zu FN 56 und 57). Ferner sei noch darauf hingewiesen, daß gruppeninterne Diskussionen ein geschlossenes Auftreten der Gruppe nach außen keineswegs ausschließen. Vgl. zur 'Außenwirkung einer einheitlichen Unternehmungsführung' als maßgeblicher Begründung der meist einstimmigen Vorstandsbeschlüsse trotz eventueller innerer Vorbehalte einzelner Vorstandsmitglieder DOSE 1975, S. 118; v. WERDER 1987, S. 2270.

53) Zum 'tacit knowing' POLANYI 1985, S. 13 ff.

54) In ähnlichem Sinne auch POLANYI 1958, S. 49 f., ihm folgend z. B. BRAYBROOKE/LINDBLOM 1963, S. 44 f.; MINTZBERG 1989, S. 70 f.

55) Vgl. nochmals S. 118 m. N.

setzung mit der Frage erübrigt, ob und mit Hilfe welcher Techniken die 'eingefrorenen Erfahrungen'[57] - um im Bilde zu bleiben - nicht doch 'aufgetaut' werden können[58]. Argumentationsrationale Problemlösungen beruhen auf analytischen Überlegungen, die zumindest flankierend zu (eventuell unerklärlichen) intuitiven Einfällen angestellt bzw. angesichts der Erfolgshypothese eingefordert werden. Sie lassen sich daher als bewußte Fundierungsanstrengungen ex definitione in Form von Kommentaren offenlegen.

b' Konviktive Barriere

Mit der konviktiven Rationalbarriere soll hier auf ein spezifisches Problem des argumentationsrationalen Modells eingegangen werden, das möglicherweise ebenfalls gegen die Praktikabilität dieser Konzeption eingewendet werden könnte. Die interpersonale Bewertung der Rationalität einer Problemlösung, die im arbeitsteiligen Unternehmungskontext die typische Begutachtungssituation repräsentieren dürfte, kann nicht nach Maßgabe der Fundierung selbst, sondern nur anhand der Offenlegung der Entscheidungsgrundlagen erfolgen. Sie findet in Form eines Urteils der Gutachter über den Rationalitätsgrad der Lösung ihren Abschluß. Das hier vorgeschlagene Konzept geht nun von einer starren Beziehung zwischen der Intensität der Fundierung und der Überzeugungskraft der Kommentierung aus. Werden Entscheidungen auf dem Niveau einer bestimmten Rationalitätsstufe vorbereitet, so wird ihnen diese Fundierungsintensität bei authentischer Erläuterung annahmegemäß auch bescheinigt.

Die strenge Kopplung der Überzeugungskraft der (authentischen) Kommentierung an die Stufe der Fundierung muß in der Praxis jedoch nicht durchgängig gelten. Vielmehr können kommunikationspsychologische Faktoren intervenieren und den Konnex zwischen Fundierung und Konviktion auflösen. Zu denken ist beispielsweise an rhetorische Ungeschicklichkeiten bei der Präsentation der Entscheidungsgrundlagen. Sie können die Fundierungsanstrengungen aus Sicht der Gutachter als 'nicht überzeugend' erscheinen lassen und daher zu einer niedrigen Rationaleinstufung der Lösung führen.

Der praktische Einfluß der Rhetorik auf die Beurteilung vorgetragener Problemlösungen kann sicher nicht geleugnet werden. Wie unten noch ausführlicher dargelegt wird, be-

---

56) In die gleiche Richtung zielen ferner beispielsweise auch die Hinweise auf die im Rahmen der Entwicklung von Expertensystemen auftretenden Schwierigkeiten, das in solchen Systemen zu repräsentierende Wissen durch Befragung von Experten zu gewinnen. Vgl. exemplarisch FRANK 1988, S. 138 ff.; KIM/COURTNEY 1988, S. 272; FELGENTREU/KRASEMANN/MESSING 1989, S. 37.

57) Siehe S. 118 im Text zu FN 64.

58) Erwähnt sei nur der uns interessant erscheinende Gedanke von TRUX/KIRSCH 1979, S. 229, zur Unterstützung der Artikulation des Expertenwissens von Seiten der Wissenschaft begriffliche und konzeptionelle Kategorien zur Verfügung zu stellen. Zur Veranschaulichung denke der Leser an dieser Stelle nur an die im Vergleich zu 'Anfängern' ungleich differenzierteren Möglichkeiten von Weinkennern, ihren Urteilen (unter Fachleuten nachvollziehbaren) Ausdruck zu verleihen. Ferner erscheint bemerkenswert, daß die Schwierigkeiten der Wissensextraktion nach Erfahrungen der Praxis dann deutlich geringer sind, wenn der Fachexperte zugleich informationstechnologisch bzw. der Knowledge-Ingenieur auch auf dem betreffenden Gebiet fachlich ausgebildet ist. Siehe hierzu näher SCHWEITZER/v. WERDER 1993, S. 131. Vgl. schließlich noch die interessenorientierten Argu-

deutet eine solche Intervention der Redekunst allerdings, daß die Urteilsbildung nicht mehr (nur) nach kognitiven Kriterien erfolgt, sondern (auch) von Emotionen geleitet wird[59)]. Gegenstand der vorliegenden Untersuchung sind aber die Möglichkeiten der kognitiv-rationalen Fundierung von Entscheidungen und nicht die von psychologischen Parametern beherrschten Mechanismen der Gewinnung von Zustimmung. Hintergrund dieser thematischen Festlegung ist die Hypothese, daß die Konsequenzsicherheit mit der Fundierungsintensität tendenziell steigt[60)]. Sofern diese Annahme zutrifft und ein Interesse an einem derartigen Fundierungserfolg besteht, darf die (Rational-)Qualität einer Problemlösung nur nach der (möglichst) objektiven Zuverlässigkeit ihrer Aussagen bemessen werden und nicht nach der subjektiven Meinung des Betrachters. Infolgedessen soll hier - auf einer argumentationsrationalen, nicht rhetorischen Basis - mit dem System der Rationalitätsstufen ein Instrumentarium zur objektiven Ermittlung der Zuverlässigkeit bzw. des Rationalniveaus angeboten werden. Inwieweit Rationalbeurteilungen in der Praxis dieses Angebot nutzen oder für rhetorische Appelle empfänglich bleiben, kann letztlich nur die Empirie zeigen. Immerhin ist in diesem Zusammenhang der Versachlichungseffekt in Rechnung zu stellen, der intersubjektiv nachvollziehbaren Richtlinien der Urteilsfindung auch von grundsätzlich rationalitätskritischen Stimmen durchweg zugesprochenen wird[61)]. Es läßt sich daher begründet vermuten, daß ein ausgearbeitetes Instrument zur Rationalitätsmessung den Raum für Rhetorik reduziert[62)].

c' Taktische Barriere

Kommentierung im Sinne der Argumentationsrationalität ist an Authentizität gebunden. Entscheidungsträger können aber de facto von einer wahrheitsgemäßen Offenlegung der zur Fundierung ihrer Beschlüsse herangezogenen Einsichten absehen und aus taktischen Gründen andere Erläuterungen vorschieben oder erst nachträglich formulieren[63)]. Aus Sicht der Entscheidungsträger liegt hiermit ein Fall der 'freiwilligen' Rationalabweichung vor, die im nächsten Abschnitt behandelt wird. Mit der an dieser Stelle erörterten taktischen Rationalbarriere wird dagegen noch eine letzte konzeptimmanente Komplikation des argumentationsrationalen Modells angesprochen. Sie ist mit einem Perspektivenwechsel der Praktikabilitätsbetrachtung vom entscheidungsvorbereitenden Akteur (Projektteam; Teammitglied) zum Gutachter der Rationalitätsbeurteilung verbunden. Da die Möglichkeit mangelnder Wahrhaftigkeit der Akteure nie von vornherein auszu-

---

mente, die v. ZELEWSKI 1985, S. 1160 ff. für eine gewisse Reserve von Experten gegenüber der Offenlegung ihres statusdienlichen Wissens anführt.

59) Siehe S. 167 f.

60) Ausführlich zur Erfolgshypothese der Rationalität S. 113 ff.

61) Vgl. an dieser Stelle nochmals S. 116 im Text zu FN 55.

62) Der Vollständigkeit halber sei erwähnt, daß rhetorisch beeinflußte Gutachter letztlich eine unbewußte, aber nicht zwingende Rational<u>abweichung</u> begehen. Die konviktive Hürde wird hier aber gleichwohl den Rational<u>barrieren</u> zugeordnet, da sie aus der Sicht des entscheidungsvorbereitenden Projektteams betrachtet wird. Sie verhindert, daß die geleisteten Fundierungsanstrengungen tatsächlich auch als rational gewürdigt werden.

63) Siehe zum Problemaufriß taktischer Kommentierungen näher m. N. S. 54 f. und S. 60.

schließen ist, steht jeder Empfänger von Entscheidungskommentierungen vor der Aufgabe, die Authentizität der Erläuterungen einzuschätzen und eventuelle taktische Kommentierungen zu 'enttarnen'.

Entscheidungen lassen sich bei ausreichender Phantasie stets auf mehrfache Weise zumindest konsistent rechtfertigen[64]. Da zudem eine Zuflucht bei technischen Apparaturen ('Lügendetektoren') selbst bei erwiesener Verläßlichkeit dieser Geräte grundsätzlich[65] nicht in Betracht käme, markiert die notwendige Authentizitätsprüfung ohne Zweifel eine gravierende Herausforderung an die praktische Rationalbewertung. Zum weiteren Ausbau des argumentationsrationalen Konzepts ist daher zu untersuchen, ob und mit welchen Prüfungsmethoden diese praktische Schwierigkeit der Konzeptanwendung hinreichend reduziert werden kann. Die Beantwortung dieser Frage ist allerdings auf die vorherige Analyse der Möglichkeiten und Abstufungen von Fundierungsaktivitäten angewiesen. Sie kann daher erst im Rahmen der Ausführungen zur konkreten Rationalitätsmessung stattfinden. Dabei wird sich zeigen, daß durchaus Überlegungen angestellt werden können, die die Komplikation der taktischen Barriere zwar nicht vollkommen ausräumen, aber eine zufriedenstellende Handhabung dieser Schwierigkeit in Aussicht stellen[66].

b) Rationalabweichungen

Nach den Befunden der deskriptiven Theorie individueller und organisationaler Entscheidungsprozesse verhalten sich problemlösende Akteure in der Praxis häufig nicht (projekt-)rational. Sie setzen im vorhinein keine Ziele, handeln ohne lange Nachzudenken, analysieren allenfalls eine Handlungsalternative, liefern taktische Kommentierungen ab und begehen viele weitere Verstöße gegen die Regeln der Rationalität[67]. Die präskriptiven Rationalmodelle greifen vor diesem Hintergrund nach Ansicht der Kritiker zu kurz, da sie die Realität nicht zutreffend beschreiben und erklären[68].

Die statistische Güte der bislang vorgelegten Forschungsergebnisse muß an dieser Stelle nicht hinterfragt werden. Wichtiger ist die Einordnung dieser - bis zu einem bestimmten Grade vermutlich durchaus zutreffenden - Resultate. Die Diskussion der nennenswerten Rationalbarrieren hat gezeigt, daß die Fundierung und glaubhafte Kommentierung von

---

64) Nach v. BECKERATH/KLOTEN/KUHN 1965, S. 302 hat bereits PARETO nachdrücklich betont, daß es "'keine Behauptung auf der Welt' (gebe), die man nicht beweisen könne, wenn die Hypothesen demgemäß fixiert werden" (Klammerzusatz v. v. W.). Vgl. näher zur Möglichkeit der Formulierung alternativer Aussagensysteme, die in sich stimmig, untereinander aber widersprüchlich sind, S. 231 f. m. N.

65) Mögliche Ausnahmen könnten sich z. B. bei amerikanischen Verfahren ergeben.

66) Siehe S. 508 f.

67) Siehe z. B. LINDBLOM 1959, insb. S. 81; COHEN/MARCH/OLSEN 1972, insb. S. 16; MINTZBERG/RAISINGHANI/THÉORET 1976, insb. S. 258; FELDMAN/MARCH 1981, hier insb. S. 174; ETZIONI 1988, S. 14 f.; WITTE 1992, Sp. 554 f., sowie auch die in FN 69 und FN 71 auf S. 294 angegebene Literatur.

68) Vgl. für viele PERROW 1978, insb. S. 105, 111; ETZIONI 1988, S. 91, sowie oben, S. 133 FN 3.

Problemlösungen in der Praxis durchaus an gewisse, im einzelnen noch auszumessende Grenzen stoßen können[69]. Gleichwohl kann die Grundidee der Argumentationsrationalität nach dem Fazit dieser Analysen als prinzipiell praktikabel angesehen werden. In der Praxis können durchaus Ziele formuliert, Problemanalysen durchgeführt, mehrere Handlungsalternativen betrachtet und authentische Erläuterungen abgegeben werden[70]. Eklatante Abweichungen der Praxis von einer realistischen Konzeption wie dem argumentationsrationalen Modell, nicht natürlich von einem utopischen Konzept der absoluten Rationalität, werden folglich nicht von der 'Natur der rationalen Sache' erzwungen. Sie können vielmehr - bis zum unüberwindbaren Teil der Rationalbarrieren - als fakultativer Verzicht auf Rationalität gedeutet werden. Dieser Verzicht kann unbewußt sein, sofern die Möglichkeiten und Vorteile der Rationalität nicht hinreichend bekannt sind. Auf Fundierungsanstrengungen und authentische Erläuterungen kann aber auch bewußt verzichtet werden, weil ihre Nachteile - aus der Sicht des Aktionsträgers - überwiegen. Exemplarisch sei an dieser Stelle nur noch einmal das analysebedingte 'Arbeitsleid' sowie die Existenz persönlicher Ziele von Projektteam-Mitgliedern in Erinnerung gerufen, die taktische Kommentierungen durchaus als opportun erscheinen lassen können. Der bewußte Verzicht ist hier somit Ausdruck des individuell kalkulierten Rationalverhaltens, auf das bereits kurz eingegangen worden ist[71].

Folgt man der oben ausgearbeiteten Rechtfertigung des Rationalitätsgedankens, so können gravierende Rationalabweichungen bei managerialen Problemlösungen größerer Tragweite nicht toleriert werden. Angesichts der sozio-kulturellen und rechtlichen Rahmenbedingungen der Unternehmungsführung sowie der begründeten Erfolgshypothese zugunsten der Rationalität sind eventuelle kontrarationale Verhaltensweisen vielmehr nach unserer Auffassung grundsätzlich zu ändern. Die entsprechenden Verhaltensmodifizierungen lassen sich in der Praxis zwar selbstredend nicht problem- und reibungslos herbeiführen. Immerhin werden in der verhaltenswissenschaftlichen Literatur aber Verfahren diskutiert, die eine gewisse Wirksamkeit versprechen. Zu denken ist etwa an Transformations- und Transaktionsmechanismen[72], die Akteure über unbewußte Rationaldefizite 'aufklären'[73] und bei bewußter Umgehung von Rationalität mit Anreizsystemen gegensteuern.

Welche Maßnahmenschritte zur Modifizierung des Verhaltens im einzelnen geeignet sind, ist eine noch ebenso offene Frage wie die nach dem Niveau der anzustrebenden Rationalität. Das in der vorliegenden Arbeit zu entwickelnde System der Rationalitätsstufen legt für ihre Beantwortung nur ein Stück des Fundaments. Zumindest aber kann festgestellt werden, daß sich aus deskriptiv ermittelten Rationalabweichungen nach allem

---

69) Für die Fundierung ist namentlich die aufgabenstrukturelle Rationalbarriere und für die Kommentierung die taktische Hürde zu nennen.

70) Vgl. an dieser Stelle exemplarisch für die Zielformulierung auch schon die Nachweise in FN 68 auf S. 294. Ob in den dort zitierten Quellen die tatsächlich entscheidungstragenden Zielsetzungen artikuliert wurden, ist allerdings natürlich nicht mit letzter Sicherheit feststellbar.

71) Siehe S. 102 FN 167.

kein trifftiger Einwand gegen die Argumentationsrationalität ableiten läßt. Vorbereitungen und authentische Erläuterungen von Lösungen unstrukturierter Managementprobleme sind nach den durchgeführten Untersuchungen im Grundsatz sowohl praktikabel als auch notwendig. Vor diesem Hintergrund ist der Hinweis auf tatsächliche Defizite der Problemlösungspraxis als fundamentalistische Rationalitätskritik nicht tauglich. Er begeht einen naturalistischen Fehlschluß vom Sein aufs Sollen[74)].

III. Zwischenresümee und weiteres Vorgehen

Die Untersuchungen sind mittlerweile so weit fortgeschritten, daß sich eine kurze Orientierung anbietet. Die bisherigen Überlegungen haben nach einer Aufarbeitung der verschiedenen Dimensionen des Konstrukts Rationalität zunächst den hier vorgeschlagenen Begriff der Argumentationsrationalität expliziert[75)]. Durch eine Analyse der wesentlichen Rationalprobleme haben sie sodann gezeigt, daß im argumentationsrationalen Sinne verstandene analytische Entscheidungsvorbereitungen bzw. Problemlösungen mit guten Gründen als zweckmäßig und praktikabel angesehen werden können. Da die Idee der Argumentationsrationalität somit den diskutierten Bedenken standhält, kann mit dem Programm dieser Schrift fortgefahren und die Entwicklung des Meßinstrumentariums in Angriff genommen werden. Hierdurch soll die Spanne argumentationsrationaler Entscheidungsvorbereitungen, die von der kaum fundierten bis zur qualifiziert-fundierten, alle Vorbereitungspotentiale ausschöpfenden Lösung reicht, differenzierter abgestuft werden. Der Kerngedanke dieser Stufenbildung liegt darin, kognitive Merkmale der (ex ante vorzunehmenden) Entscheidungsvorbereitung herauszuarbeiten, die Aufschluß über den zu erwartenden (ex post eintretenden) Lösungserfolg geben und damit als sinnvolle Maßgrößen der Argumentationsrationalität fungieren können.

---

72) Zu diesen beiden Formen der Verhaltenssteuerung allgemein BURNS 1978, S. 4; BASS 1985, S. 11 ff.; FRESE/MENSCHING/v. WERDER 1987, S. 217 f., 278 ff.

73) Durchaus im Sinne KANTs. Vgl. nochmals die allgemeine Transparenzthese auf S. 97 f. dieser Arbeit.

74) Zur "'naturalistic fallacy'" allgemein MOORE 1968, S. 10 und passim; ALBERT 1968, S. 57, sowie im Zusammenhang mit der Erforschung des zweckmäßigen Einsatzes von Planungstechniken auch KÖHLER/ UEBELE 1981, S. 153.

75) Siehe die zusammenfassende Definition auf S. 103 ff. dieser Arbeit.

3. Kapitel: Stufen der Argumentationsrationalität

A. Argumentationstheorie als konzeptionelle Basis der Rationalabstufung

I. Aussagen als Repräsentanten der Entscheidungsvorbereitung

Bei der Entwicklung eines Instrumentariums, das eine genauere Bestimmung des Rationalgehalts von Problemlösungen erlaubt, kann es beim gegenwärtigen Stand der Forschung nur um eine ordinale Messung gehen, da die Voraussetzungen für eine kardinale Rationalitätsmessung heute noch nicht erfüllt und erfüllbar sind[1]. Die Entwicklung des Meßinstruments ist daher gleichbedeutend mit der Überführung des zuvor eingeführten, zwar in seinen Grundzügen präzisierten, bislang aber erst qualitativen Begriffs der Argumentationsrationalität in einen komparativen Begriff[2]. Er erlaubt die Ordnung von Problemlösungen nach ihrem Rationalgehalt und schlägt sich in einer Skala von Rationalitätsstufen nieder, die die von der gänzlich unfundierten bis zur vollständig fundierten Problemlösung reichende Bandbreite methodischer Alternativen feiner unterteilt[3].

Um die Schritte und Schwierigkeiten, die bei der Erarbeitung eines Instrumentariums zur Rationalitätsmessung zu bewältigen sind, zu veranschaulichen und die Orientierung in den folgenden Untersuchungen zu erleichtern, mag eine Analogie zum Problem der Temperaturmessung bei Flüssigkeiten[4] hilfreich sein (vgl. Abb. 20).

Aspekte der Messung	Temperaturmessung	Rationalitätsmessung
Meßobjekt	Wasser	Entscheidungsvorbereitung (repräsentiert durch Projektaussagen)
Meßeigenschaft	Temperatur	Rationalgehalt
Meßtheorie	u. a. Thermodynamik	(erweiterte) Argumentationstheorie
Meßinstrument	Thermometer	Skala der Rationalitätsstufen
Meßvorgang	Eintauchen	Subsumtion

Abb. 20: Analogie der Temperatur- und Rationalitätsmessung

---

1) Vgl. hierzu und zum folgenden eingehender unten, S. 468 ff.

2) Vgl. zum komparativen Begriff und seinen erkenntnistheoretischen Vorteilen an dieser Stelle nur STEGMÜLLER 1970, S. 27 ff.; ESSLER 1971, S. 67 ff. Zu den verschiedenen Begriffsformen näher S. 468 f.

3) Vgl. zur Veranschaulichung bereits hier Abb. 58 (S. 497), sowie zum Zusammenhang zwischen Begriffsform und Skalenart auch CHMIELEWICZ 1979, S. 66 ff., und unten, S. 468 f.

4) Vgl. hierzu STEGMÜLLER 1970, S. 61 ff.

Betrachtet man beispielsweise die Messung einer Wassertemperatur, so handelt es sich bei dem Wasser um ein (physisches) Objekt, an dem eine Eigenschaft - eben die Temperatur - gemessen werden soll. Die Messung erfolgt gewöhnlich durch Eintauchen eines Meßinstruments (Thermometer), bei dem beispielsweise die Ausdehnung einer Flüssigkeit (etwa Quecksilber) Auskunft über die Temperatur gibt. Die Konstruktion solcher Thermometer setzt u. a. präzise Kenntnisse über das Verhalten einer Quecksilbersäule voraus, die mit unterschiedlich warmem Wasser in Berührung gebracht wird (Meßtheorie). So muß beispielsweise bekannt sein, daß die geographische Herkunft des Wassers oder das Wasservolumen keinen Einfluß auf die temperaturabhängige Reaktion des Quecksilbers im Thermometer ausüben[5)].

Überträgt man diese Schritte auf die Messung der Rationalität einer managerialen Problemlösung, so entspricht dem betrachteten Meßobjekt *Wasser* die Problemlösung - genauer: die *Vorbereitung* der Lösung bzw. Entscheidung[6)] - und der zu messenden Objekteigenschaft *Temperatur* der *Rationalgehalt* dieser Vorbereitung. Zur Entwicklung des Meßinstruments bzw. der Skala der Rationalitätsstufen ist ferner analog zur Thermodynamik eine konzeptionelle Basis (in Form der unten vorgestellten Argumentationstheorie) heranzuziehen und auszubauen, die Veränderungen bestimmter Problemlösungsmerkmale (analog zu den Bewegungsänderungen der Wassermoleküle) überzeugend zu einer Änderung des rationalen Gehalts der betreffenden Lösung (Temperaturänderung) in Beziehung setzen kann. Der Meßvorgang als solcher schließlich besteht sodann aus der Ermittlung der rationalitätsrelevanten Merkmale einer konkreten Problemlösung und deren Subsumtion unter die Merkmalsanforderungen einer möglichst hohen Rationalitätsstufe.

Im Vergleich zur Messung der Temperatur ergibt sich nun die erste Schwierigkeit der Rationalitätsmessung daraus, daß das Meßobjekt *Vorbereitung einer Problemlösung* im Gegensatz zum physischen Gegenstand *Wasser* nicht unmittelbar mit Hilfe der Sinne wahrgenommen werden kann[7)]. Der Ausdruck *Entscheidungsvorbereitung* bezeichnet vielmehr einen theoretischen Begriff (Konstrukt), der für Zwecke der Wahrnehmung bzw. 'Erfahrung' durch Beobachtungsbegriffe zu interpretieren ist (Operationalisierung)[8)].

Bei einer Operationalisierung ist generell darauf zu achten, daß eine möglichst geringe Verschiebung der Bedeutung des theoretischen Konstrukts eintritt. Als wahrnehmbare

---

5) STEGMÜLLER 1970, S. 65.

6) Es sei daran erinnert, daß die Ausdrücke *Entscheidungsvorbereitung*, *Vorbereitung einer Problemlösung* oder auch kurz bloß *Entscheidung* und *Problemlösung* in dieser Arbeit synonym verwendet werden.

7) Von dem Objekt *Vorbereitung* ist die Eigenschaft *Rationalgehalt* streng zu unterscheiden. Die im Text angesprochene Beobachtungsproblematik bezieht sich nur auf die Objektebene. Da die Eigenschaft Temperatur ebenso wie der Rationalgehalt nicht direkt beobachtet werden kann, bestehen insoweit auf der Ebene der Eigenschaften keine prinzipiellen Unterschiede zwischen der Temperatur- und der Rationalitätsmessung.

8) Zur Charakterisierung von theoretischen Begriffen und Beobachtungsbegriffen, die unmittelbar wahrnehmbare Phänomene bezeichnen, sowie zum Vorgang der Operationalisierung eingehender S. 227 ff. m. N.

Repräsentanten der *Entscheidungsvorbereitung* sind daher empirische Phänomene zu wählen, in denen sich der semantische Inhalt dieses theoretischen Begriffs so weit wie möglich 'originalgetreu' widerspiegelt[9)]. Zu Beginn der Operationalisierung ist daher zu klären, was mit der *Vorbereitung einer Problemlösung* genau gemeint ist. Da dieses Konstrukt für Zwecke der Rationalitätsmessung eingeführt wird, ist hierzu auf den in dieser Schrift verwendeten und oben näher explizierten Begriff der (Argumentations-) Rationalität zu rekurrieren[10)]. Nach diesem Begriff zeigt sich die Rationalität einer Problemlösung im Kern darin, inwieweit der Stand des zugänglichen Wissens zur Gewinnung von Einsichten in die Problemzusammenhänge ausgewertet wird (Fundierung) und eine authentische Offenlegung der Entscheidungsgrundlagen gegenüber legitimierten Interessenten erfolgt (Kommentierung)[11)]. Vor diesem Hintergrund können unter der *Vorbereitung von Problemlösungen* Akte der Aufnahme, Verarbeitung, Speicherung und Übermittlung von Informationen verstanden werden, die der Gewinnung und Mitteilung von Problemeinsichten gewidmet sind[12)]. Entscheidungsvorbereitungen lassen sich somit zum einen aus Prozeßsicht und zum anderen aus der Perspektive ihrer Ergebnisse charakterisieren. In prozessuraler Hinsicht stellen sie sich - für unsere Zwecke[13)] - als Informationsarbeiten dar, als deren Resultat problemrelevante Kenntnisse vorliegen und auf Nachfrage an Dritte vermittelt werden.

Nach dieser (hinreichenden) Klärung des theoretischen Begriffs lautet nun die eigentliche Operationalisierungsfrage, an welchen wahrnehmbaren Erscheinungen sich diese informationellen Aktivitäten am zweckmäßigsten festmachen lassen. Die mentalen Prozesse und im Gedächtnis gespeicherten Problemkenntnisse der Mitglieder des Projektteams sind einer direkten Beobachtung kaum zugänglich. Informationsarbeiten und ihre Resultate können aber ersatzweise an den schriftlichen und mündlichen *Aussagen* der Teammitglieder zum Problem 'abgelesen' bzw. 'abgehört' werden. Die arbeitsteiligen Anstrengungen des Projektteams treten somit nach unserem Dafürhalten am deutlichsten und praktikabelsten wahrnehmbar durch das System von Propositionen[14)] in Erscheinung, das die Mitglieder des Teams bei ihrer internen Kommunikation und externen

---

9) Auf die erkenntnistheoretische Problematik, inwieweit Konstrukte inhaltsgerecht interpretiert werden können oder aber 'irreduzibel' sind (vgl. STEGMÜLLER 1970, S. 280, 314 und passim), soll an dieser Stelle nicht näher eingegangen werden. Siehe auch S. 228 FN 85 dieser Arbeit.

10) Vgl. zur Abhängigkeit der Operationalisierung bzw. Interpretation von der jeweiligen Theorie, in die der fragliche Begriff eingebettet ist, STEGMÜLLER 1970, S. 265 f., 276 f. und passim. Zur Vermeidung von Mißverständnissen sei im übrigen darauf aufmerksam gemacht, daß sich der Begriff der Entscheidungsvorbereitung somit zwar am Rationalitätsbegriff orientiert, hiermit aber keineswegs identisch ist. Die Entscheidungsvorbereitung stellt ein Meßobjekt mit einer bestimmten Eigenschaft (Rationalität) dar. Um über diese Eigenschaft verfügen zu können, muß das Objekt bestimmte Voraussetzungen erfüllen. Und diese Voraussetzungen ergeben sich aus dem Begriff der Argumentationsrationalität.

11) Die Kommentierung kann auch nach Vornahme einer problemlösenden Handlung stattfinden (vgl. S. 91 ff. dieser Arbeit). Der Terminus *Vor*bereitung stellt somit auf den Zeitpunkt der Fundierung ab.

12) Vgl. auch die allgemeine Charakterisierung von Entscheidungsprozessen bei WITTE 1992, Sp. 553 f. und 560, sowie zu den einzelnen Haupttätigkeiten der Informationsarbeit statt vieler GEMÜNDEN 1992, Sp. 1011.

13) Akte der Entscheidungsvorbereitung lassen sich selbstverständlich durch weitere Aspekte kennzeichnen, die hier aber ausgeblendet werden können. Beispiele bilden etwa der mit Vorbereitungshandlungen verbundene Einsatz von Ressourcen und die jeweilige Phase der Vorbereitung.

Kommentierung formulieren. Die *Projektaussagen* verkörpern somit bildlich gesprochen das 'Wasser' Entscheidungsvorbereitung, in das das Meßinstrument der Rationalität einzutauchen ist. Konkret ist beispielsweise an die von den einzelnen Teammitgliedern erstellten Unterlagen und Dokumente, an Diskussionsbeiträge im Zuge der Teamarbeit, an Präsentationen des Teams vor einem übergeordneten Gremium (z. B. der Unternehmungsleitung) und an ausführliche Projektberichte zu denken.

Gegen die vorgeschlagene Form der Operationalisierung des Konstrukts *Entscheidungsvorbereitung* mit Hilfe der *Projektaussagen* scheint ein grundlegender Einwand unmittelbar auf der Hand zu liegen. In realen Aussagen bzw. Sprechhandlungen[15)] werden aus Prinzip nie sämtliche vorhandenen Kenntnisse des Aussagenträgers artikuliert. Sprachliche Äußerungen - seien sie schriftlicher oder mündlicher Natur - sind vielmehr stets mit *Präsuppositionen* verbunden[16)]. Hierbei handelt es sich um Annahmen und Kenntniselemente, die zur Aufrechterhaltung der praktischen Verständigungsmöglichkeit stillschweigend als bekannt unterstellt werden. Die Zwangsläufigkeit elliptischer - den vorhandenen Kenntnisstand nur unvollständig wiedergebender - Aussagen läßt sich leicht schon daran erkennen, daß die Kenntnisse eines Aussagenträgers u. a. auch die (mehr oder weniger präzisen) Definitionen der verwendeten Begriffe und die ihm bekannten zulässigen Schlußfolgerungen aus der getroffenen Aussage einschließen. Jede Einzelaussage steht damit letztlich in Beziehung zum gesamten Wissen eines Sprechers[17)]. Die vollständige Artikulation dieses Wissens ist jedoch - beim üblichen Umfang des Wissens zivilisierter Personen und angesichts der Zeitrestriktionen einer Aussage - selbst bei Beschränkung auf die problemrelevanten Kenntnisse ausgeschlossen. Aber auch über das notwendige Mindestmaß hinaus erfolgt aus Gründen der Sprachökonomie häufig ein Verzicht auf eine ausdrückliche Erwähnung von Hintergrundwissen. Das Ausmaß der unter Wahrung der Kommunikationsfähigkeit möglichen Verkürzung richtet sich dabei nach den kontingenten Umständen der jeweiligen Sprechsituation, insbesondere nach dem voraussetzbaren Vorverständnis der Adressaten. Während beispielsweise in einer universitären Einführungsveranstaltung zur Bilanzanalyse die Definitionen der einzelnen Positionen einer Bilanz zunächst eingehend zu erklären sind, werden und müssen entsprechende Erläuterungen im Rahmen einer Bilanzpressekonferenz aufgrund der fachlichen Vorbildung des Publikums normalerweise nicht gegeben werden. Diese zielgruppenspezifische Abkürzung der Aussagen kann im managerialen Kontext z. B. bis zu den

---

14) Die Ausdrücke *Aussage* und *Proposition* werden in dieser Untersuchung synonym verwendet.

15) Auch die Ausdrücke *Aussage* und *Sprechhandlung* werden in dieser Arbeit synonym verwendet und bezeichnen sowohl schriftliche als auch mündliche Formen der Artikulation. In diesem Sinne stehen ferner die Termini *Aussagenträger* und *Sprecher* für Einzelpersonen oder Personengruppen, die sich schriftlich oder mündlich äußern. Unter einem *Sprecher* wird somit nicht nur der mündlich vortragende Redner verstanden.

16) Vgl. zum Begriff der Präsuppositionen, der in der Linguistik allerdings nicht einheitlich und teils in einem recht speziellen Sinne verwendet wird, hier nur STALNAKER 1973, v. a. S. 447; WUNDERLICH 1974, S. 271 ff., 350 f.; ders. 1989, S. 324; GÖTTERT/HERRLITZ 1977, S. 112 ff.; SOAMES 1989, hier insb. S. 556.

17) Analog zur Vernetzung aller Elemente des objektiven Wissens, siehe hierzu nur die Kohärenztheorie der Wahrheit und dazu näher S. 229 ff. der vorliegenden Arbeit. Vgl. ferner auch die später (S. 225) erläuterte Notwendigkeit der Abstraktion, die bereits bei der Beschreibung einfachster Sachverhalte erforderlich ist.

Kürzeln der hausinternen 'Unternehmenssprache' reichen, die für (selbst betriebswirtschaftlich ausgebildete) Außenstehende nicht mehr verständlich ist.

Aufgrund der mit Notwendigkeit oder aus sprachökonomischen Gründen erfolgenden Präsuppositionen schlagen sich die Informationsarbeiten und Resultate der Entscheidungsvorbereitung folglich nie vollständig in Aussagen der Teammitglieder nieder. Dieses Phänomen spricht aber bei näherem Hinsehen nicht gegen die Wahl der Projektaussagen als Repräsentanten der Vorbereitungsaktivitäten. Im Zuge der Operationalisierung geht es darum, theoretische Konstrukte in Begriffen auszudrücken, die empirisch beobachtbare Erscheinungen bezeichnen. Als Teil der Problemkenntnisse lassen sich auch die Präsuppositionen nicht unmittelbar wahrnehmen. Wahrnehmbar sind lediglich - aber eben auch durchaus - die Aussagen der Mitglieder des Projektteams. Die stillschweigend mitgedachten Kenntnisse ermöglichen und erfordern daher keine andersgeartete Operationalisierung. Sie sind vielmehr bei der Bestimmung des Rationalgehalts der Aussagen in Rechnung zu stellen[18].

II. Konzeptionelle Ansätze zur Analyse und Beurteilung von Aussagensystemen

1. Vorbereitungen

Im vorangegangenen Untersuchungsabschnitt wurden mit den Projektaussagen die empirisch wahrnehmbaren Repräsentanten der Entscheidungsvorbereitung bestimmt. Die Rationalität einer Problemlösung ist danach anhand des Systems der zum Projekt formulierten Aussagen zu beurteilen. Die Aufgabe der nachfolgenden Überlegungen besteht nun in der Auswahl eines geeigneten theoretischen Ansatzes, der einen Zugang zur Beurteilung von Aussagensystemen eröffnet. Orientierungspunkt dieser Wahl der Meßtheorie muß die inhaltliche Bedeutung der zu messenden Aussageneigenschaft - also der Rationalität - sein. Wie oben dargelegt wurde, versteht diese Arbeit unter rationalen Aussagen zuverlässige Propositionen, die zur Entscheidungsvorbereitung formuliert (Fundierung) und auf Nachfrage gegenüber Dritten artikuliert werden (Kommentierung). Der auszuwählende Ansatz muß somit - auf eine Kurzformel gebracht - die Feststellung der Aussagenzuverlässigkeit erlauben.

Einzelaussagen und Aussagensysteme bilden den Untersuchungsgegenstand zahlreicher Disziplinen und Theoriekonzepte. Sie nähern sich diesem Thema teilweise von ganz unterschiedlichen Richtungen. Dabei stellt das Wort *Aussage* durchaus nicht immer den terminologischen Grundbegriff der einschlägigen Beiträge dar. In vielen Fällen ist vielmehr eher von *Sprache* und *Sprachen* die Rede, wobei allerdings wiederum mannigfaltige Fragestellungen verfolgt werden und ganz verschiedenartige Untersuchungsmethoden zur Anwendung gelangen. Da ein generell akzeptiertes Ordnungsschema der einzelnen Richtungen fehlt[19] und schon angesichts der divergierenden Sprachgepflogenheiten

---

18) Den konzeptionellen Ansatzpunkt zur Berücksichtigung der Präsuppositionen bildet die unten erläuterte Aussagendimension *Evidenz*, siehe S. 285 ff.

nicht ohne weiteres als bekannt unterstellt werden kann, was sich hinter den jeweiligen Disziplinbezeichnungen verbirgt, erfordert die Auswahl des theoretischen Konzepts der Rationalitätsmessung eine gewisse Vorbereitung. Um die Konzeptauswahl begründen und einsichtig machen zu können, ist zunächst ein kurzer Überblick über Forschungsansätze zu geben, die sich mit sprachlichen Äußerungen im engeren und weiteren Sinne befassen. Hierdurch werden die diversen Konzepte, die infolge ihrer Sprach- und Aussagenbezogenheit bei oberflächlicher Sichtung sämtlich als relevant erscheinen könnten, hinsichtlich ihrer Thematik transparent. Auf dieser Basis kann dann anschließend ein für unsere Zwecke tatsächlich fruchtbarer Ansatz überzeugend bestimmt werden.

Die nachfolgende Vorstellung sprach- und aussagenbezogener Forschungsrichtungen kann und muß nicht nach lückenloser Vollständigkeit streben. So bedarf z. B. die Ausblendung der Philologie und Linguistik bei den nachfolgenden Untersuchungen keiner eingehenden Begründung[20)]. Ferner dürfen keine Detailausführungen zu den vielfältigen Varianten und Facetten einzelner Theoriegruppen erwartet werden, die den Rahmen dieser Untersuchung sprengen würden. Die Ausführungen haben vielmehr nur eine Orientierungfunktion und sollen ein Vorverständnis für die anschließend getroffene Konzeptauswahl vermitteln. Infolgedessen werden als Ansätze, die später ausgeblendet werden, im wesentlichen nur solche Richtungen berücksichtigt, deren Charakterisierung zugleich - durch Gegenüberstellung - zur Schärfung des Profils der ausgewählten Theorie geeignet ist. Dabei richtet sich die Einbeziehung z. T. auch an der gegenwärtig aktuellen Diskussion aus. Durch Hinweise auf derzeit populäre Konzepte im Umfeld der Problemlösungs- und Managementforschung, die hier nicht als theoretisches Fundament für die Entwicklung des Meßinstrumentariums herangezogen werden, soll Mißverständnissen über den Gang der nachfolgenden Untersuchungen begegnet werden[21)]. Ferner werden bestimmte Richtungen mitunter auch - mit einem entsprechenden Vermerk - nur partiell vorgestellt. Denkt man beispielsweise an die inhaltliche Spannweite der Dialektik, die von der Thematisierung eines einfachen Gesprächsmodells über die HEGELsche Philosophie bis zum Neomarxismus der Kritischen Theorie reicht[22)], so dürfte der Zwang zu dieser Selbstbeschränkung unmittelbar einleuchten.

---

19) Vgl. nur die Debatte um die Abgrenzung von Linguistik und philosophischer Sprachanalyse [siehe hierzu die einschlägigen Aufsätze in GREWENDORF/MEGGLE (Hrsg.) 1974 sowie WUCHTERL 1987, S. 87; WREDE 1989, S. 523 f.].

20) Für die Linguistik ergibt sich eine gewisse Ausnahme in Hinblick auf die Semiotik. Semiotische Forschungen bilden einerseits einen wichtigen Komplex innerhalb der Linguistik, reichen andererseits aber auch deutlich über die Sprachwissenschaft hinaus (vgl. an dieser Stelle nur RODI 1989, S. 296 f. und 299 f.; WUNDERLICH 1989, S. 321 ff., sowie näher S. 162 f. dieser Arbeit). Da die Semiotik in einer engeren Beziehung zu unserer Analyse von Aussagensystemen steht, wird sie hier als eigenständige Richtung behandelt und bei der Konzeptauswahl näher angesprochen. Erwähnt sei ferner, daß auch auf eine Erörterung der informationstechnischen Ansätze zur Repräsentation von Wissen und Inferenzen verzichtet wird (vgl. zu diesen namentlich für die Konstruktion wissensbasierter Expertensysteme relevanten Ansätzen hier nur HARMON/KING 1987, S. 40 ff.; PUPPE 1989). Die Domäne dieser Beiträge liegt eher im Bereich der maschinengerechten und gleichwohl komfortablen Speicherung, Änderung, Verknüpfung und Abfrage von Aussagen, nicht aber in ihrer Rationalbeurteilung.

21) Dies gilt beispielsweise für die sprachphilosophischen Erkenntnisse, auf denen eine Reihe von Beiträgen der interpretativen Organisationstheorien fußt. Siehe hierzu sogleich im Text (S. 158).

22) Siehe SEIFFERT 1983b, S. 273 ff.; WUCHTERL 1987, S. 105 ff.; SIMON-SCHAEFER 1989a.

Bezüglich der vorgenommenen Klassifikation der Disziplinen und Konzepte schließlich ist ebenfalls eine wichtige Warntafel zu beachten. Als Folge der Überschneidungen zwischen den einzelnen Forschungsrichtungen in der Wissenschaftspraxis und der zunehmend interdisziplinär angelegten Arbeiten auf diesen Gebieten lassen sich Grauzonen der Einordnung nicht vermeiden[23)]. Die Einteilung zielt daher auch nicht primär auf die Bildung möglichst disjunkter Klassen. Sie ist vielmehr speziell auf unsere Zwecke abgestimmt und soll somit vor allem erkennen lassen, welche Forschungskomplexe sich gänzlich ausklammern lassen, welche Richtungen eine 'Hilfsfunktion' bei den Untersuchungen zur Rationalitätsabstufung übernehmen können, und welche Theoriefamilie sich als Ausgangpunkt dieser Untersuchungen anbietet.

Im Sinne der vorstehenden Überlegungen erscheinen insgesamt 6 Disziplinen und Forschungsansätze erwähnenswert. Hierbei handelt es sich um die Gebiete Sprachphilosophie, Semiotik, Hermeneutik, Rhetorik, Logik und den Komplex der Argumentationstheorien. Während sich die Sprachphilosophie, die Semiotik und die Hermeneutik als eher lose mit unserer Themenstellung verbunden erweisen werden, haben die Rhetorik, die Logik und namentlich die Argumentationstheorie - als dezidierte Konzeptionen für die Beurteilung von Aussagen - einen engeren Themenbezug. Die 6 Ansätze werden im folgenden jeweils kurz vorgestellt und in Hinblick auf ihre Fruchtbarkeit für unser Vorhaben diskutiert.

2. Ansätze mit loserem Themenbezug

a) Sprachphilosophie

Die Auseinandersetzung mit der Verwendungs- und Wirkungsweise von Sprache[24)] hat in der Philosophie der letzten Jahrzehnte eine zentrale Stellung eingenommen[25)]. Ausgehend von den wegweisenden Untersuchungen von WITTGENSTEIN, RYLE und AUSTIN[26)] gewann diese Strömung enorm an Boden und führte die "linguistische Wende"[27)] der Philosophie herbei. Die Dominanz war zwischenzeitlich so groß, daß sogar die Gesamtdisziplin schlechthin mit philosophischen Sprachanalysen gleichgestellt wurde[28)].

Im einzelnen werden unter dem sprachphilosophischen Etikett sehr heterogene Untersuchungen angestellt. Da die Sprachphilosophie in die derzeit aktuellen Modelle der interpretativen Organisations- und Managementforschung hineinspielt[29)], soll sie - wenn auch

---

23) Vgl. nochmals FN 19.

24) Unter *Sprache* sind hier nicht konkrete Nationalsprachen wie Deutsch, Englisch und Französisch zu verstehen, sondern die Verbalisierung im allgemeinen.

25) Statt vieler STEGMÜLLER 1979, S. XXIV und 343; RUNGGALDIER 1990, S. 20.

26) Nach WUCHTERL 1987, S. 81 "das große Dreigestirn der sprachanalytischen Philosophie".

27) Der "*linguistic turn*" (STEGMÜLLER 1979, S. 343) ist mittlerweise von einer 'pragmatischen Wende' der Philosophie abgelöst worden, vgl. SEIFFERT 1983a, S. 13; WUCHTERL 1987, S. 231; SCHURZ 1988b, S. 296, sowie die Beiträge in RIEDEL (Hrsg.) 1972; ders. (Hrsg.) 1974.

notgedrungen immer noch skizzenhaft und vergröbernd - etwas ausführlicher behandelt werden. Ihre Bedeutung für das hier verfolgte Projekt läßt sich so besser einschätzen.

Die Bandbreite sprachphilosophischer Forschungen reicht von logischen Sprachanalysen (analytische Sprachphilosophie) über die Heranziehung des Sprachverhaltens zur Klärung zentraler Philosophieprobleme (semantische Sprachphilosophie) bis hin zur Auseinandersetzung mit den philosophischen Implikationen des Phänomens Sprache überhaupt (transzendentale Sprachphilosophie)[30)]. Im Rahmen der auch als Sprachanalyse bezeichneten *analytischen Sprachphilosophie* erfolgen logische Betrachtungen zum Aufbau einer natürlichen Sprache. Sie befassen sich z. B. mit dem Charakter und der Funktion von Satzelementen wie Prädikatoren, Eigennamen und Indikatoren sowie mit Aussagenarten[31)], und weisen eine große Nähe zur Linguistik und Semiotik auf. Nach Auffassung der *semantischen Sprachphilosophie* erfordern die typischen philosophischen Fragestellungen - etwa nach dem 'Wesen' fundamentaler Kategorien wie *Verstehen*, *Geist*, *Handlung* und *Willen* - keine tiefschürfend-metaphysischen Betrachtungen. Der Sinn solcher Begriffe erschließt sich vielmehr aus ihrer üblichen Verwendungsweise in sprachlichen Gemeinschaften bzw. "Sprachspielen"[32)]. Während beispielsweise das geisteswissenschaftlich berühmte *Verstehen* aus phänomenologischer Sicht als geistig-seelischer Vorgang ausgedeutet wird, reduziert sich der Inhalt dieses Begriffs für die Normalsprachphilosophie[33)] auf die Kenntnis von Sprachregeln[34)]. Das Wort *Fluß* 'verstehen' heißt danach, über die gewöhnliche Verwendung dieses Ausdrucks im jeweiligen sprachlichen Umfeld Bescheid zu wissen. Vor diesem Hintergrund besteht das Kernanliegen der semantischen Philosophie in einer möglichst präzisen Herausarbeitung der Sprachgewohnheiten von Kommunikationsgemeinschaften. Nach einer extremen Ausformung dieses Standpunkts erweisen sich die Kardinalfragen der Philosophie dann als bloße Schimären: "Eine ganze Wolke von Philosophie kondensiert zu einem Tröpfchen Sprachlehre."[35)]

---

28) Vgl. RUNGGALDIER 1990, S. 20; WREDE 1989, S. 523.

29) Vgl. oben (S. 2 f.), sowie ferner auch KIRSCH, der wiederholt auf die 'Inkommensurabilität der Sprachspiele' im Rahmen der wirtschaftlichen Veranstaltung Unternehmung hinweist (z. B. KIRSCH 1981a, S. 656 ff.; ders. 1984, S. 169, 243, 603 ff.).

30) Vgl. den Überblick bei WUCHTERL 1987, S. 69 ff.; SEIFFERT 1989b. Für die Benennung der drei Varianten hat sich im Schrifttum noch keine gefestigte Terminologie herausgebildet. Die Kurzbezeichnungen *analytische*, *semantische* und *transzendentale* Sprachphilosophie treffen u. E. noch am besten den hier skizzierten Kern der Ansätze.

31) Statt vieler SEIFFERT 1989b, S. 314 f. und exemplarisch KAMLAH/LORENZEN 1967, S. 23 ff.; RUNGGALDIER 1990, insb. S. 140 ff.

32) WITTGENSTEIN 1977, S. 19 und passim.

33) Die Normalsprache umfaßt die alltägliche Umgangssprache und die wissenschaftliche Episprache. Vgl. hierzu und zur Bezeichnung "Normalsprachphilosophie" v. SAVIGNY 1969, S. 7 ff.; WUCHTERL 1987, S. 69.

34) Vgl. im einzelnen WUCHTERL 1987, S. 69 ff.

35) WITTGENSTEIN 1977, S. 356.

Die semantisch-philosophische Gedankenführung wird in der transzendentalen Sprachphilosophie aufgegriffen und ausgebaut[36]. In der Tradition von KANT und deutschem Idealismus[37] wird hier das Verhältnis zwischen erkennendem Subjekt und erkannter Wirklichkeit thematisiert und um das Sprachphänomen erweitert. Im Mittelpunkt steht dabei die These von der Sprachvermitteltheit aller Erkenntnis. Das Subjekt kann danach 'die' Wirklichkeit nicht unmittelbar erfassen. Es befindet sich vielmehr hinter einer 'linguistischen Trennwand' und kann daher die Welt nur in Formen der Sprache (be-) greifen. Die Sprache ist m. a. W. nicht hintergehbar und Realität nur sprachlich konstituiert[38]. Als Konsequenz dieses "linguisitschen Relativitätsprinzips"[39] gibt es 'so viele Welten wie Sprachen'[40].

Die Sprachphilosophie eignet sich u. E. kaum als theoretische Basis der Rationalitätsmessung. In der philosophischen Sprachanalyse spielt die Beurteilung von Aussagen nach Maßgabe ihrer kognitiven Qualität bzw. Zuverlässigkeit keine nennenswerte Rolle. Diese Richtung kann lediglich Anregungen für die Unterscheidung von Aussagenarten und -strukturen vermitteln[41]. Ferner ist die Klärung 'letzter Wesensfragen' im Sinne der semantischen Sprachphilosophie für unsere Zwecke entbehrlich. Aber auch in ihrer transzendentalen Ausrichtung ist die Sprachphilosophie für eine Abstufung der Rationalität nur wenig fruchtbar. Dabei darf der Kerngedanke von der sprachlichen Verfaßtheit und Prägung des Denkens keineswegs von vornherein als esoterisch abgetan werden, wie sich selbst an Beispielen aus dem managerialen Kontext leicht veranschaulichen läßt. Wer etwa auf dem Gebiet der Massenwerbung heute noch von 'Reklame'[42] anstatt von 'Werbung als Teil der Kommunikations- oder Informationspolitik'[43] spricht, stammt in den Augen professioneller Marketingspezialisten der Gegenwart wohl zweifelsohne hoffnungslos aus einer antiquierten 'anderen Welt'. Auch der Gesetzgeber macht sich die transzendental-philosophische Spracheinsicht offenbar zu eigen. Die Ablösung des Lehrlings durch den "Auszubildenden"[44] gibt hiervon Zeugnis. Einblicke in die Wirksamkeit der linguistischen Denkgerüste und Erkenntnisfilter tragen aber nicht als theoretisches Fundament für eine abgestufte Rationalbeurteilung von Problemlösungen. Das Sprachphänomen verkörpert vielmehr z. T. eine Komponente der Wahrheitsproblematik

36) Die folgende Darstellung lehnt sich v. a. an WUCHTERL 1987, S. 72 ff. an.

37) Siehe hierzu auch STEGMÜLLER 1989, S. XXVII ff.; WUCHTERL 1987, S. 73, 105 f.; RUNGGALDIER 1990, S. 18.

38) Schon nach v. HUMBOLDT gelingt kraft der Sprache die "Verwandlung der Welt in Gedanken" (v. HUMBOLDT 1836, S. 35).

39) WHORF 1963, S. 12 f. Siehe auch WREDE 1989, S. 528 und passim.

40) So auch WHORF 1963, S. 13, wonach "Sprachen die Natur in vielen verschiedenen Weisen aufgliedern".

41) Vgl. z. B. die Unterscheidung zwischen elementaren Aussagen und zusammengesetzten Schlußfolgerungen sowie zwischen evaluativen und deskriptiven Sätzen.

42) So noch bedenkenlos SCHNUTENHAUS 1961, S. 330; SEYFFERT 1962, Sp. 6268 (bereits mit Hinweis auf den sich abzeichnenden Wandel der Begriffsverwendung); KARP 1963, S. 11; WÖHE 1975, S. 442: "Ein Betrieb macht Reklame, wenn er sich mit einem Inserat oder einem Plakat an die Allgemeinheit wendet".

43) Vgl. z. B. KÖHLER 1991, S. 298 ff.; STEFFENHAGEN 1991, S. 145 ff.; MEFFERT 1986, S. 443 ff.; KOPPELMANN 1991, S. 75 ff.

und z. T. ein rhetorisches Problem. Zunächst ist zu beachten, daß Sprache den Bezug zur 'tatsächlichen' Welt keineswegs vollkommen aufhebt oder genauer: aufheben muß[45]. So weisen denn beispielsweise auch die semantischen Referenztheorien auf die durchaus bestehende (und zu beachtende) Verknüpfung sprachlicher Ausdrücke mit den Dingen der Wirklichkeit hin[46]. Die Funktion der Sprache kann somit auch lediglich darin gesehen werden, die bei der Betrachtung der wirklichen Dinge notgedrungen vorzunehmenden Abstraktionen[47] - ganz im direkten Sinne des Wortes - 'zum Ausdruck' zu bringen. Dabei können unterschiedliche Ausdrücke nun entweder ungleichartige oder aber identische Abstraktionen bezeichnen. Im ersten Fall ist die linguistisch berücksichtigte Perspektivenvielfalt der Weltbetrachtung Spiegelbild des Fehlens 'absoluter Wahrheiten' und folglich wie das Wahrheitsproblem selbst zu behandeln. Was den später zu erarbeitenden Kriterien der Wahrheitsdefinition genügt, repräsentiert damit auch in sprachlicher Fassung die Wirklichkeit. Im zweiten Fall der divergierenden Bezeichnungen übereinstimmender Sachverhalte geht es hingegen im Kern um ein Problem der Rhetorik. Die Artikulationsfunktion der Sprache wird hier von persuasiven Momenten überlagert, die Adressaten emotional ansprechen und z. B. auf die wortspezifischen Konnotationen setzen[48]. Die Rhetorik ist aber - wie spätere Untersuchungen noch zeigen werden - als konzeptionelle Grundlage der Rationalitätsmessung ebenfalls ungeeignet.

Unsere Einordnung des transzendentalen Sprachphänomens sei am Beispiel der Werbemaßnahmen verdeutlicht. Soweit sich die frühere *Reklame* und die heutige *kommunikationspolitische Werbung* - z. B. in ihrer Aufmachung und im Stil der Botschaften - unterscheiden, kann die terminologische Entwicklung als Ausdruck der Modifikationen und Akzentverschiebungen bezüglich der Frage betrachtet werden, wie absatzwirtschaftliche Instrumente mittlerweile 'gesehen' werden. Wären die Maßnahmen hingegen bis auf die Bezeichnung vollkommen identisch, läge nur eine rhetorische Sprachkosmetik vor. Die Bestimmung im Einzelfall, ob sich Abstraktionen bzw. Sichtweisen der Dinge im Vorfeld oder Gefolge sprachlicher Umbenennungen tatsächlich gewandelt haben oder nicht, kann selbstverständlich gravierende Schwierigkeiten bereiten. Aus Platzgründen kann diese Problematik hier nicht weiter vertieft werden. Immerhin läßt sich aber festhalten, daß mit Hilfe von Begriffsanalysen und Interpretationen, die unter Umständen bis zu den konzeptionellen Grundlagen von Aussagensystemen gehen müssen[49], die Bedeutungen unterschiedlicher Ausdrücke zumindest für managementpraktische Zwecke meist ausreichend geklärt und in Hinblick auf ihre Kongruenz beurteilt werden können[50]. Infolgedessen wird sich im Zusammenhang mit der Lösung von Managementproblemen bei entsprechenden Interpretationsanstrengungen zum einen im Regelfall ent-

---

44) § 3 Abs. 1 BBiG.

45) Sprachliche Phantasien, die sich von der Realität vollständig lösen und beispielsweise über den 'beim Loslassen stets aufschwebenden Stein' fabulieren, sind natürlich möglich, nach unserem Verständnis aber nicht (projekt-)rational.

46) Hierzu RUNGGALDIER 1990, S. 19; WUCHTERL 1987, S. 96, sowie exemplarisch QUINE 1986, S. 10 f.

47) Siehe hierzu und zum folgenden näher unten, S. 225 ff. und Abb. 28 (S. 255).

48) Hierzu näher S. 167.

scheiden lassen, ob terminologische Unterschiede substantiell sind oder nicht[51)]. Zum anderen folgt hieraus die Konsequenz, daß die 'Inkommensurabilität der Sprachspiele'[52)] bei der managerialen Problemlösung nicht unüberbrückt bleiben muß[53)]. Sie kann vielmehr in ganz erheblichem und prinzipiell hinreichendem Ausmaß überwunden werden[54)]. Manager sind folglich nicht zwingend in einem linguistischen Käfig gefangen, der sie in einer zutreffenden Sicht der Dinge behindert und vor der Forderung nach Rationalität abschirmt.

b) Semiotik

Die Semiotik kann kurz als Wissenschaft von den Zeichen charakterisiert werden[55)]. Da Sprache das kompletteste System von Zeichen repräsentiert, spielen Sprachbetrachtungen im Rahmen der Semiotik eine gewichtige Rolle. Daneben richten sich die semiotischen Forschnungsinteressen allerdings auch auf nicht-sprachliche Zeichen wie z. B. Signale, Markierungen und Ikonen.

Nach einer Einteilung von MORRIS, die sich heute allgemein durchgesetzt hat, werden in der Semiotik das Zeichen (genauer: Zeichenträger), das bezeichnete Objekt (Designat) und der Zeichenempfänger (Interpret) als Grundbestandteile eines Zeichenvorgangs unterschieden. Aus dieser Differenzierung ergibt sich ein systematischer Aufbau der Semiotik mit den drei Gliedern Syntaktik, Semantik und Pragmatik, die die genannten 3 Komponenten stufenweise einbeziehen[56)]. Gegenstand der *Syntaktik* sind die formalen Beziehungen zwischen den Zeichen, wobei von dem semantischen Gehalt und pragmatischen Bezug der Zeichen abstrahiert wird. Eine typische syntaktische Fragestellung betrifft z. B. die grammatikalischen Regeln der verschiedenen Sprachen zum korrekten Aufbau von Sätzen[57)], deren Beachtung das Verständnis des Zeichensystems erleichtert bzw. überhaupt erst ermöglicht[58)]. Die *Semantik* erweitert die Betrachtung um die Relation zwischen Zeichen und Designaten und richtet damit das Augenmerk auf den Problemkom-

---

49) Vgl. zur Theorieabhängigkeit von Wortbedeutungen hier nur STEGMÜLLER 1970, S. 265 f., 276 f. und passim, sowie auch S. 406, insb. FN 18.

50) Vgl. auch die diesbezüglichen Ergebnisse der einschlägigen Semantikforschung, die auf S. 163 kurz angerissen werden.

51) Der Verfasser stützt sich bei dieser Feststellung u. a. auf seine Erfahrungen in einem Arbeitskreis der Schmalenbach-Gesellschaft, der Praktiker aus verschiedenen Unternehmen und Wissenschaftler mehrerer Universitäten zusammenführt. Die verschiedenen Firmen- und Fachsprachen lassen sich zumeist nach einigen (allerdings nicht zu vernachlässigenden) Übersetzungsarbeiten durchaus problemlos assimilieren.

52) Vgl. nochmals FN 29 (S. 159).

53) Mit diesem Tenor aber z. B. KIRSCH 1984, S. 169 und 243.

54) Vgl. hierzu auch noch S. 406 f. der vorliegenden Arbeit.

55) Vgl. eingehender RODI 1989; WUNDERLICH 1989, S. 321 ff.; ECO 1987; WALTHER 1979.

56) MORRIS 1975, S. 20 ff. Siehe hierzu statt vieler RODI 1989, S. 298 f.

57) Konkret etwa zur Satzstellung von Subjekt, Verb und Objekt.

58) Vgl. WUNDERLICH 1989, S. 321 f.

plex der Zeichenbedeutungen. Untersuchungsgegenstände bilden dabei z. B. lexikalische Ordnungen zwischen verschiedenen Worten wie die Synonymie (Fernsprecher - Telefon) und die Antonymie (warm - kalt)[59]. Ferner erfolgt beispielsweise eine Auseinandersetzung mit der regelmäßigen semantischen Unbestimmtheit normalsprachlicher Ausdrücke, die als Mehrdeutigkeit oder Vagheit mit jeweils zahlreichen Unterarten auftreten kann. Nach den Erkenntnissen der semantischen Forschung behindert diese Unbestimmtheit aber entweder von vornherein oder aber nach entsprechender Klarstellung (bei Mehrdeutigkeit) bzw. Präzisierung (bei Vagheit) die Verständigung zumeist nicht[60].

Der thematische Einzugsbereich der *Pragmatik* schließlich erfaßt auch den Adressaten der Zeichenbotschaft und rückt damit die kontextuelle Kommunikationsrolle der Zeichenverwendung in den Mittelpunkt der Untersuchungen. Zu diesem Themenberich zählen u. a. die verschiedenen Theorien über Sprechakte, die den zielgerichteten Handlungscharakter sprachlicher Interaktionen hervorheben und Sprechhandlungen nach diversen Kriterien klassifizieren. Zu den bekanntesten Sprechakttheorien zählen die Ansätze von AUSTIN und SEARLE[61]. In seiner Theorie der lokutionären und illokutionären Sprechakte trennt AUSTIN zwischen der sprachlichen Äußerung, die einen bestimmten Inhalt hat (lokutionärer Akt), und der beabsichtigten Rolle dieser Äußerung, die z. B. in einer Drohung, einer Mahnung oder einem Scherz liegen kann[62]. In prinzipiell ähnlicher Form umfaßt die Typologie von SEARLE assertive (Darstellungen), direktive (Aufforderungen), commissive (Selbstverpflichtungen), expressive (Kundgebungen) sowie deklarative Sprechakte, die Fakten (wie die Rechtsfähigkeit juristischer Personen) schaffen[63].

Angesichts der Breite ihres thematischen Spektrums ist die Semiotik im Kern als eine Querschnittsdisziplin zu qualifizieren, die eine Fülle von Einzelthemen 'im Zeichen des Zeichens' systematisch ordnet und entweder selbst oder über Impulse für andere Disziplinen vorantreibt[64]. Wie die späteren Untersuchungen noch zeigen werden, deckt sie auch eine Reihe von Aspekten ab, die bei der Entwicklung der Rationalitätsstufen relevant sind. Aufgrund ihrer 'Sammelbeckenfunktion' ist die Semiotik als theoretischer Ausgangspunkt dieser Entwicklungsarbeiten aber wenig geeignet.

---

59) Siehe hierzu und zu weiteren Beispielen nur WUNDERLICH 1989, S. 323.

60) Vgl. WUNDERLICH 1989, S. 324, und zur semantischen Unbestimmtheit näher PINKAL 1980.

61) Vgl. STEGMÜLLER 1979, S. 64 ff.; WUCHTERL 1987, S. 84 f.; ZIMMERLI 1989, S. 95, sowie als Vorläufer auch schon das "Organon-Modell" von BÜHLER, der mit der expressiven, der appelativen und der kognitiven Absicht drei elementare Sprechfunktionen unterscheidet, die darauf abzielen, Einstellungen des Sprechers (bloß) kundzutun, Verhaltensweisen der Adressaten zu beeinflussen und Sachverhalte darzustellen (siehe BÜHLER 1934, S. 24 ff., hier insb. S. 28).

62) Siehe AUSTIN 1972, S. 110 ff., hier insb. S. 110 und S. 114.

63) SEARLE 1990, S. 31 ff.

64) Vgl. hierzu auch WALTHER 1979, S. 145 f.

c) Hermeneutik

Mit der Hermeneutik ist erneut eine Richtung angesprochen, die zahlreiche Varianten umfaßt und daher hier keineswegs flächendeckend abgehandelt werden kann. So reichen hermeneutische Ansätze von den kanonischen Regelwerken der theologischen und juristischen Auslegung bis zu den existenzialphilosophischen Reflexionen HEIDEGGERs und JASPERS'[65]. Gemeinsam ist diesen heterogenen Beiträgen lediglich das Anliegen, nach dem *Sinn* betrachteter Phänomene zu forschen. Und dieses spezifisch hermeneutische Interpretationsinteresse kann sich eben neben vielem anderen z. B. auf den Sinn von Aussagen und nicht-sprachlichen Manifestationen oder auf den "Sinn des Seins"[66] richten.

Für die Rationalbeurteilung bedürfen vor allem zwei Themenkomplexe der Hermeneutik einer näheren Erwähnung. Bei dem ersten handelt es sich um die bereits angesprochene Interpretation von Aussagen, die hier als *Auslegung* im eigentlichen Sinne aufgefaßt wird. Im Rahmen der Rationalitätsmessung kann sich unter Umständen durchaus die Aufgabe stellen, herauszufinden, was mit den zu begutachtenden Projektaussagen tatsächlich gemeint ist. Nach den Ausführungen zu den zwangsläufigen Präsuppositionen[67] und den sprachphilosophischen sowie semantischen Überlegungen[68] betreffen diese Interpretationsanstrengungen die Schließung der Artikulationslücken elliptischer Aussagen[69] und die Klärung mehrdeutiger oder vager Äußerungen. Dabei geht es keineswegs etwa um eine interpretative Selbstfindung des Interpreten im existenzialhermeneutischen Sinne[70]. Ziel dieser - möglichst in Zusammenarbeit mit den Projektmitgliedern erfolgenden - Bemühungen ist es vielmehr, ein möglichst authentisches Bild von den Problemeinsichten des Entscheidungsträgers zu gewinnen.

Die Auslegung der Projektaussagen, die namentlich bei bestehender Diskussionsmöglichkeit mit den Teammitgliedern vermutlich eher selten problematisch ist[71], bildet ein Element der Feststellung der Entscheidungsvorbereitung, nicht aber ihrer Rationalbeurteilung. Als konzeptionelle Grundlage für die Entwicklung der Rationalitätsstufen führen Auslegungsüberlegungen daher nicht weiter.

---

65) Zum Überblick WUCHTERL 1987, S. 162 ff.; GELDSETZER 1989, und speziell zu HEIDEGGER und JASPERS STEGMÜLLER 1989, S. 135 ff.

66) HEIDEGGER 1986, S. 27.

67) Siehe S. 155 f.

68) Siehe S. 159 ff. bzw. S. 163 f.

69) Beispiel: Aus der Aussage «Der $-Kurs beträgt 1,60 DM, so daß unsere $-Bestände 1,6 Mio DM wert sind» kann beispielsweise zwanglos gefolgert werden, daß sich der Sprecher auf einen Bestand von 1 Mio $ bezieht und die Formel für die Währungsumrechnung kennt. Solche expliziten Exegesen sind allerdings normalerweise überflüssig.

70) Vgl. hierzu WUCHTERL 1987, S. 168 und 177 f.

71) Hiervon zu unterscheiden ist die Problematik der Wahhaftigkeitsprüfung von Aussagen mit einem bestimmten (und klaren) Sinn, die im Text noch angesprochen wird.

Die zweite hier zu behandelnde hermeneutische Thematik kreist um die berühmte Operation *Verstehen*, die insbesondere seit DILTHEY und WEBER im Brennpunkt der methodologischen Gegenüberstellung von Natur- und Geisteswissenschaften steht[72]. Ausgehend von der programmatischen These "Die Natur erklären wir, das Seelenleben verstehen wir"[73] werden zwei Verfahren zur Erkenntnisgewinnung diskutiert, die sich kurz wie folgt kennzeichnen lassen. In der Fassung des nach HEMPEL und OPPENHEIM benannten 'H-O-Schemas'[74] liegt eine *Erklärung* vor, wenn ein Sachverhalt (Explanandum) aus singulären Antecedens- bzw. Randbedingungen und allgemeinen Gesetzmäßigkeiten abgeleitet werden kann. Die Methode des *Verstehens*, die in zahlreichen und mitunter recht schillernden Facetten auftritt, besteht prinzipiell in der Deutung einer Handlung durch Nachvollzug der Motive des Handlungsträgers[75]. Die Pointe liegt dabei im Vergleich zur Erklärung außeranthropologischer Sachverhalte in der Natur des Handlungsträgers und des verstehenden Handlungsinterpreten. Im Unterschied zu den übrigen, namentlich anorganischen Dingen der Welt ist beim menschlichen Handlungsträger ein bewußtseinsmäßiges 'Inneres' gegeben. Da der Interpret als selbst handelnder Mensch seine eigenen Überlegungen bei der Durchführung von Maßnahmen kennt, kann er sich vergleichsweise einfach in die Lage des fraglichen Akteurs hineinversetzen bzw. 'einfühlen'. Das Innere des Handlungsträgers steht also beim Verstehen als zusätzliche Erkenntnisquelle zur Verfügung und ist - über die eigenen Erfahrungen des Handlungsinterpreten - indirekt zugänglich.

Es soll nun nicht in die lebhafte und vielschichtige Auseinandersetzung um diese beiden Methoden eingetreten werden, sondern nur eine Einordnung des Methodenproblems in unser Untersuchungsprogramm erfolgen. Die Erklären-Verstehen-Kontroverse berührt die Rationalitätsmessung in zweifacher Weise. Zunächst könnte die Unterscheidung zwischen dem Verstehen menschlicher Handlungen und dem Erklären des Restes der belebten und unbelebten Natur unmittelbar für die Entwicklung von Rationalitätsstufen relevant sein, da zwischen beiden Erkenntnismethoden häufig ein Zuverlässigkeitsgefälle der Erkenntnis konstruiert wird[76]. Jeder Mensch hat ein exklusives Zugangsprivileg zu seiner Bewußtseins- und Motivlage, und verfügt - in gewissen Grenzen - über die Freiheit, seine Motive handlungswirksam zu ändern. Einblicke Dritter in den Sinn durchgeführter fremder Aktionen sowie Handlungsprognosen erscheinen daher mit einem strukturellen Qualitätshandikap gegenüber Kenntnissen behaftet, die sich auf Erklärungen stützen lassen[77]. Da sich Einsichten in die Wirkungszusammenhänge von Managementproblemen

---

72) Zu Historie und Überblick ABEL 1953; ders. 1975; v. WRIGHT 1974a, S. 18 ff.; APEL 1979, S. 15 ff.; STEGMÜLLER 1983, S. 414 ff; WUCHTERL 1987, S. 162 ff.; ZIMMERLI 1989, S. 89 ff.

73) DILTHEY 1982, S. 144.

74) Siehe hierzu m. z. N. eingehend S. 339 ff. und bereits an dieser Stelle zur Veranschaulichung die dortige Abb. 36 (S. 340).

75) Unser Verständnis des Verstehens folgt damit STEGMÜLLER 1983, insb. S. 415-417.

76) Vgl. nur die Identifizierung der Erklärungsmethode mit den (eher) exakten Naturwissenschaften sowie exemplarisch KIRSCH 1984, S. 177-179. Auf die mangelnde Eignung der Erklären-Verstehen-Dichotomie zur Trennung von Natur- und Geisteswissenschaften weist aber z. B. auch ZIMMERLI 1989, S. 97 hin.

offensichtlich sowohl auf menschliche als auch auf andere (z. B. technische) Sachverhalte erstrecken, könnte somit daran gedacht werden, für Zwecke der Rationalabstufung zwischen Problemeinsichten zu differenzieren, die auf einem Verstehen oder aber auf Erklärungen beruhen. Bei näherer Betrachtung zeigt sich allerdings, daß eine Abstufung des Rationalgehalts nach der Maßgabe, ob Problemaspekte erklärt oder bloß verstanden werden, nur wenig fruchtbar ist. Sie wäre zunächst sehr grob und daher nur wenig aussagekräftig. Zudem ist zu berücksichtigen, daß zwischen Problemeinsichten über den humanen und den außerhumanen Sektor keineswegs ein systematisches Zuverlässigkeitsgefälle liegt. Je nach Problemtyp und Forschungsstand können Einsichten in Humanphänomene auch zuverlässiger sein als das Wissen über naturwissenschaftliche Sachverhalte. Ein Beispiel bildet die relativ gut bewährte Hypothese, daß Autofahrer (u. a. in Deutschland) im Regelfall Ampelsignale an Kreuzungen zu beachten versuchen[78)], im Vergleich zu den heute noch recht spekulativen Erklärungsskizzen der Ursachen des Ozonlochs[79)]. Schließlich ist zu beachten, daß sich das Verstehen einer menschlichen Handlung - wie unten noch an einem Beispiel veranschaulicht werden wird - durchaus auch in Form einer Erklärung rekonstruieren läßt[80)]. Zu diesem Zweck sind lediglich die individuellen Situations- und Motivlagen als singuläre und bekannte Verhaltensregularitäten als generelle Erklärungskomponente aufzufassen[81)].

Der zweite Berührungspunkt zwischen Verstehen und Rationalitätsmessung ergibt sich aus der Wahrhaftigkeitsproblematik. Jede Begutachtung des Rationalgehalts einer Problemlösung geht mit der Aufgabe einher, die Authentizität der von den Projektmitgliedern abgegebenen Kommentierungen zu prüfen. Zwei Hauptstrategien zur Bewältigung dieser Aufgabe lassen sich nun auf den Grundgedanken des Verstehens zurückführen. Es handelt sich dabei zum einen um den Versuch, sich in die Interessenlage des Projektteams hineinzuversetzen und auf diese Weise eventuelle Motive für taktische Kommentierungen zu erkennen. Zum anderen können die Projektaussagen mit den eigenen Erfahrungen der Gutachter konfrontiert und so auf taktische Komponenten hin 'abgeklopft' werden. Wie der Komplex der Wahrhaftigkeitsprüfung insgesamt, gehören diese Überlegungen jedoch nicht in den Themenbereich der Entwicklung der Rationalitätsstufen. Sie betreffen vielmehr ihre Anwendung im Rahmen des Meßvorgangs[82)].

---

77) Zu den Irrtumsrisiken der Motivinterpretation auch HEMPEL 1965, S. 257 f.; STEGMÜLLER 1983, S. 417 f.

78) Der Bewährungsgrad dieser Hypothese ist für jeden verkehrsteilnehmenden Leser evident. Zum Evidenzbegriff dieser Arbeit S. 285 ff. und zu diesem Beispiel noch näher S. 380.

79) Zum Überblick über den Forschungsstand hier nur MRASEK 1992.

80) Siehe S. 380, insb. FN 38.

81) So betrachtet auch STEGMÜLLER 1983, S. 416 die Gegenüberstellung von Erklärung und Verstehen im Sinne einander ausschließender Alternativen als eine "gänzlich schiefe Konstruktion". Ganz in unserem Sinne dann auch die Ausführungen bei KIRSCH 1984, S. 179 f.

82) Siehe daher hierzu auch unten, S. 508 f., insb. FN 4.

3. Ansätze mit engerem Themenbezug

a) Rhetorik

Die Rhetorik hat im Laufe der Jahrhunderte eine wechselvolle Geschichte erlebt[83]. Sie erstreckt sich von der honorigen Stellung in der aristotelischen Philosophie, in der sie die Theorien der Argumentation, der Beredsamkeit und des Redeaufbaus umfaßt[84], bis zu ihrem Verfall zu einer bloßen Rede<u>kunst</u> im Sinne einer selbstgenügsamen poetischen Übung. Vor allem als Folge der Forschungen von PERELMAN hat sie als "Neue Rhetorik"[85] inzwischen wieder einen gewissen Aufschwung genommen. Zu beachten ist allerdings, daß die PERELMANsche Rhetorik sowie die in dieser Tradition stehenden neueren Beiträge auch Gebiete einbeziehen, die hier zum Komplex der Argumentationstheorie gezählt werden.

Die vorliegende Schrift versteht unter *Rhetorik* eine Disziplin, die sich mit der persuasiven Dimension von Aussagen beschäftigt. Dabei werden sowohl schriftliche als auch mündliche Äußerungen als Gegenstand rhetorischer Untersuchungen angesehen. Im einzelnen geht es vor allem um die verschiedenen Techniken wie den gekonnten Einsatz von Stilmitteln und Redefiguren oder die Ausnutzung von Konnotationen[86], die im Kern über einen Appell an Emotionen eine Verhaltensbeeinflussung der Adressaten herbeizuführen suchen[87]. Kriterium der rhetorischen Güte ist danach ihre emotionale Gefälligkeit, die sich letzten Endes im Grad der Zustimmung des Auditoriums widerspiegelt. Die kognitive Stützung der Aussagen, die tendenziell im Projekterfolg ihren Niederschlag findet, spielt demgegenüber keine (positive) Rolle. Vielmehr könnte geradezu die These einer inversen Beziehung zwischen der rhetorischen Brillianz und der kognitiven Qualität von Aussagensystemen vertreten werden. Die rhetorische Leistung, Anklang zu finden, ist im sozio-kulturellen Kontext okzidentaler Unternehmungen[88] in der Tendenz um so höher einzustufen, je weniger tragfähig das Fundament der vorgebrachten Argumente ist.

Rhetorik ist somit letztlich nicht auf kognitive *Überzeugung*, sondern persuasive *Überredung* angelegt[89]. Ein rhetorischer Ansatz ist daher als konzeptionelle Basis für die Entwicklung von Rationalitätsstufen offensichtlich nicht geeignet. Die Rationalität einer Problemlösung äußert sich nach der hier zugrundegelegten Perspektive in der Zuverlässigkeit der gewonnenen Erkenntnisse über die Wirkungszusammenhänge, nicht aber in der Eloquenz und Präsentationsgeschicklichkeit des Projektteams. Zwischen Rationalität

---

83) Vgl. zum folgenden nur PERELMAN 1980, S. 1 ff. m. w. N.; KOPPERSCHMIDT 1973, S. 10 ff.

84) RICOEUR 1975, S. 13.

85) Siehe hierzu PERELMAN/OLBRECHTS-TYTECA 1976 (mit dem Untertitel "La nouvelle rhétorique") sowie die Bibliographie von OLBRECHTS-TYTECA/GRIFFIN-COLLART 1979.

86) Also emotional (positiv oder negativ) ansprechende Schattierungen inhaltlich verwandter Ausdrücke (z. B. Gewinn vs. Profit).

87) Vgl. hierzu etwa LEMMERMANN 1962, insb. S. 50 ff.; SCHLÜTER 1975, S. 22 ff.; LANGE (Hrsg.) 1976, S. 15 ff., sowie die Beiträge und die umfangreiche Bibliographie in BAUSCH/GROSSE (Hrsg.) 1985.

88) Siehe hierzu S. 109 ff.

und bloßer Rhetorik besteht im Gegenteil ein gewisses Substitutionsverhältnis, auf das auch weiter oben schon hingewiesen wurde[90]. Je fundierter Problemlösungen sind, desto geringer wird vermutlich auch in der managerialen Praxis tendenziell die Notwendigkeit sein, zur Gewinnung von Zustimmung auf rein rhetorische Mittel zu setzen. Je fundierter Problemlösungen (nach den Untersuchungsergebnissen dieser Arbeit) bekanntermaßen sein können, desto geringer wird ferner in der Tendenz die Chance sein, Rationalitätslücken durch Rhetorik zu schließen. Geschliffene Formulierungen im Rahmen der Entscheidungskommentierung bieten somit nach allem zwar einen ästhetischen Genuß, tangieren den Rationalgehalt der Fundierung aber nicht.

b) Logik

Die Logik läßt sich in einer ersten Annäherung als 'Lehre des gültigen Schließens'[91] charakterisieren, die über die Merkmale logisch korrekter Aussagensysteme informiert. Das Gebiet der Logik greift allerdings mittlerweile so weit aus, daß eine allgemein akzeptierte Abgrenzung ihres Untersuchungsgegenstands heute weniger als je zuvor existiert[92]. Insbesondere seit den mathematischen Grundlegungen durch FREGE, RUSSELL und WHITEHEAD[93] wurde das Feld logischer Untersuchungen so stark ausgedehnt, daß nicht ohne weiteres von der Logik gesprochen werden kann[94]. In der vorliegenden Arbeit sollen zu dieser Disziplin Ansätze gezählt werden, die auf einer axiomatischen Basis in mathematisch-formalisierter Weise Aussagensysteme analysieren und Prinzipien für korrekte (schlüssige) Aussagen formulieren (symbolische Logik)[95]. Auf dieser Grundlage lassen sich die verschiedenen Einzellogiken nach der Reichhaltigkeit der Ausdrucksmöglichkeiten der von ihnen untersuchten Aussagensysteme differenzieren[96]. Die am wenigsten ausdrucksfähigen Systeme bilden den Gegenstand der Aussagenlogik (Junktorenlogik) und der Prädikatenlogik erster Ordnung (Quantorenlogik), die gemeinsam die klassische oder elementare Logik verkörpern[97]. Im aussagenlogischen Rahmen lassen sich nur Systeme von Aussagen über bestehende bzw. nicht

---

89) Zur Gegenüberstellung von "überzeugen" und "überreden" z. B. AHLBORN 1975, insb. S. 8 ff. und S. 54 ff.; GEISSNER 1977, S. 233 ff.; VÖLZING 1979, S. 130 ff.

90) Siehe S. 148.

91) Vgl. BOCHENSKI/MENNE 1973, S. 11; STEGMÜLLER 1983, S. 40; LICHTENBERG 1989, S. 189.

92) Siehe auch KREISER/GOTTWALD/STELZNER (Hrsg.) 1988, S. 1.

93) Vgl. hierzu CARNAP 1977, S. 75; LICHTENBERG 1989, S. 189.

94) Vgl. zum Überblick über die Gebiete der modernen Logik, die nicht einmal die philosophischen Logiken i. e. S. wie etwa die transzendentale Logik von KANT oder die dialektische Logik von HEGEL (hierzu BOCHENSKI/MENNE 1973, S. 11; WUCHTERL 1987, S. 49) umfassen, GABBAY/GUENTHNER (Hrsg.) 1983/89; KREISER/GOTTWALD/STELZNER (Hrsg.) 1988; LICHTENBERG 1989; STEGMÜLLER 1979, S. 147 ff.

95) Ähnlich LICHTENBERG 1989, S. 189 f.; BOCHENSKI/MENNE 1973, S. 11 ff.

96) Vgl. auch STEGMÜLLER 1979, S. 149.

97) Siehe statt vieler KREISER/GOTTWALD/STELZNER (Hrsg.) 1988, S. XI; WUCHTERL 1987, S. 50 f; ESSLER/MARTINEZ CRUZADO 1983, S. 22. Der Sprachgebrauch ist allerdings nicht ganz

bestehende Sachverhalte analysieren. Dabei bilden die einzelnen, durch Junktoren[98)] miteinander verknüpften Aussagen die elementaren, nicht weiter zerlegten Analyseeinheiten[99)]. Diese Restriktion wird in der Prädikatenlogik aufgehoben, indem Aussagen in Individuen, Prädikate und Quantoren aufgespalten werden. Hierdurch lassen sich auch Aussagen über Zuordnungen von Beschaffenheiten, Quantifikationen[100)] und komplexere Schlußfolgerungen berücksichtigen[101)]. Die nicht-klassischen Logiken erweitern jeweils partiell die Art der Sachverhalte, die die analysierbaren Aussagen zum Ausdruck bringen können. Wichtige Beispiele bilden die Modallogiken, die deontischen Logiken und die mehrwertigen Logiken. In den Modallogiken werden Aussagen über zwingende, mögliche und unmögliche Sachverhalte betrachtet[102)]. Gegenstand der deontischen Logiken bilden normative Aussagen wie Gebote, Verbote und Erlaubnisse[103)]. Mehrwertige Logiken schließlich rücken von dem klassischen Satz vom ausgeschlossenen Dritten ab, wonach Aussagen entweder nur wahr oder falsch sein können. Sie führen über diese beiden Wahrheitswerte der zweiwertigen Logik hinaus einen dritten Wert (z. B. 'unbestimmt') oder mehrere (etwa graduell abgestufte) weitere Werte ein[104)].

Logische Kalküle erlauben im Rahmen ihrer Voraussetzungen eine im Prinzip zweifelsfreie Beurteilung von Aussagensystemen. In der elementaren Logik beispielsweise führt kein Weg an der Gültigkeit des folgenden Schlusses vorbei: «Alle Menschen sind sterblich. Sokrates ist ein Mensch. Also ist Sokrates sterblich.» Diesem Vorzug der Logik, ihre Urteile exakt beweisen zu können, stehen allerdings für unsere Zwecke erhebliche Einschränkungen der Aussagefähigkeit solcher Kalküle gegenüber. Zu beachten ist nämlich, daß logische Betrachtungen vom jeweiligen konkreten[105)] Inhalt der analysierten Aussagen abstrahieren und nur der <u>formalen</u> Korrektheit von Schlußfolgerungen gelten[106)]. Aus der formalen Folgerichtigkeit lassen sich allerdings lediglich geringfügige

---

einheitlich. Mitunter wird auch bloß die antike und scholastische Logik als klassisch bezeichnet (so z. B. von BOCHENSKI/MENNE 1973, S. 11).

98) Die wichtigsten Junktoren sind die Negation *nicht*, die Konjunktion *und*, die Adjunktion *oder*, das Konditional *wenn..., dann* und das Bikonditional *dann und nur dann, wenn*, vgl. nur STEGMÜLLER 1983, S. 45 ff.

99) Vgl. LICHTENBERG 1989, S. 191; BOCHENSKI/MENNE 1973, S. 27; STEGMÜLLER 1983, S. 44.

100) Also Existenz- und Allsätze.

101) Vgl. BOCHENSKI/MENNE 1973, S. 67; STEGMÜLLER 1983, S. 52 f.; LICHTENBERG 1989, S. 192 f.

102) Vgl. BOCHENSKI/MENNE 1973, S. 112; LICHTENBERG 1989, S. 196; STEGMÜLLER 1979, S. 152 f.

103) Vgl. v. WRIGHT 1974b, S. 25 ff.; STEGMÜLLER 1979, S. 156 f.; AQVIST 1984, S. 607.

104) Zur mehrwertigen Logik LICHTENBERG 1989, S. 198; STEGMÜLLER 1979 S. 182 ff.; URQUHART 1986, und speziell zur in der Betriebswirtschaftslehre v. a. bekannten Fuzzy-Logik ZADEH 1965; ZIMMERMANN 1975; ders. 1979; MILLING 1982, sowie unten, S. 170.

105) Hiervon streng zu unterscheiden ist die Frage, ob Logikkalküle überhaupt auf den Sinn von Aussagen Bezug nehmen. Für die elementare Logik ist allein der Wahrheitswert einer Aussage, nicht aber ihr Sinn relevant. Die Wahrheit von Aussagensystemen ändert sich nicht, wenn Aussagen (mit gleichen Wahrheitswerten) ausgetauscht werden. Sie wird daher auch als extensionale Logik bezeichnet. Bei der Konstruktion intensionaler Logiken wie der Modallogik z. B. ist hingegen zu beachten, daß Aussagen prinzipiell einen Sinn haben. Vgl. STEGMÜLLER 1983, S. 94; RAUTENBERG 1979, S. 8 ff.

Rückschlüsse auf die kognitive Qualität der Konklusion ziehen. So ist die nachstehende Argumentation prädikatenlogisch völlig korrekt, inhaltlich aber ebenso offensichtlich falsch: «Alle Menschen sind unsterblich. Sokrates ist ein Mensch. Also ist Sokrates unsterblich.»[107]. Analoges gilt beispielsweise für die Fuzzy-Logik. Sie beruht im Kern auf der Formulierung von Funktionen, die den Grad der Zugehörigkeit bestimmter Ausprägungen eines Phänomens zu einem unscharfen Begriff ausdrücken. Das vage Konstrukt eines «angemessenen Lagerbestands» etwa kann danach z. B. als unscharfe Menge [100 Einheiten, 0.7; 150 Einheiten, 0.3] ausgedrückt werden, wenn ein Bestand von 100 Einheiten (mit 0.7) als angemessener eingeschätzt wird als (mit 0.3) ein Bestand von 150 Einheiten[108]. Auf der Grundlage der vom Entscheidungsträger vorgegebenen Zugehörigkeitsfunktion kann nun durchaus eine fuzzylogisch optimale Entscheidung berechnet werden[109]. Über den Rationalgehalt ihrer Fundierung ist damit aber schon deshalb nur wenig gesagt, weil die subjektive Einschätzung des Entscheidungsträgers über die Zugehörigkeit völlig falsch sein kann (da z. B. bei einem durchschnittlichen Lagerbestand von 100 Einheiten aufgrund der starken Bedarfsschwankungen häufig Engpässe auftreten). Die Fuzzy-Logik reduziert somit nicht die Vagheit von Informationen, wie dies die Entscheidungsvorbereitung im hier verstandenen Sinne intendiert. Sie verarbeitet vielmehr auf präzise Weise ungenaue Daten[110].

Bei der Beurteilung der Rationalität managerialer Problemlösungen nach Maßgabe der kognitiven Qualität ihrer Fundierungsaussagen könnten logische Kalküle somit allenfalls herangezogen werden, um Aussagen zu identifizieren, die schon aufgrund formaler Ableitungsfehler als falsch einzustufen sind. Für die bei unstrukturierten Managementproblemen hauptsächlich interessierende Bewertung der Zuverlässigkeit von Schlußprämissen und von Konklusionen aus Prämissen mit Verläßlichkeitswerten unterhalb der Wahrheit (aber oberhalb der offensichtlichen Falschheit) ist die Logik hingegen nur wenig fruchtbar[111]. Da im Vergleich zur Beantwortung dieser Kernfragen die Feststellung logischer Fehler in der Praxis kaum gravierende Probleme bereiten wird, soll im weiteren auf eine nähere Herausarbeitung der logischen Gültigkeitsbedingungen korrekter Schlußfolgerungen verzichtet werden. Anderenfalls wäre in Anbetracht des Umstandes, daß die Korrektheitsurteile namentlich im Bereich der nicht-elementaren Logik nur jeweils inner-

---

106) Vgl. auch v. SAVIGNY 1984, S. 19; TOULMIN 1975, S. 13, sowie noch PATZIG 1974, S. 1252 f. mit der Unterscheidung zwischen dem (logischen) "*Schluß im engeren Sinne*" und dem (inhaltlichen) "*Schluß im weiteren Sinne*" (Zitat auf S. 1252).

107) Vgl. auch ANDERSSON 1989a, S. 24; PERELMAN 1980, S. 11; TOULMIN 1975, S. 153 f.; v. SAVIGNY 1984, S. 41, sowie ferner - für die Implikation im aussagenlogischen Fall - KAMLAH/LORENZEN 1967, S. 155 f. Damit keine Mißverständnisse entstehen: Die Logik selbst betrachtet die angeführte Konklusion natürlich ebenfalls nicht als inhaltlich wahr. Sie nimmt zur Wahrheitsfrage vielmehr nur wie folgt Stellung: Wenn die Prämissen wahr sind, dann ist auch - infolge der Korrektheit der Deduktion - die Konklusion wahr.

108) Vgl. nur ZIMMERMANN 1975, S. 786.

109) Siehe ebenda, S. 788 ff., sowie auch MILLING 1982, S. 724 ff.

110) Vgl. hierzu nur die Ausführungen bei MILLING 1982, S. 717 f.

111) Vgl. allgemein zur Kritik an der geringen Eignung der formalen Logik für die Beurteilung der Überzeugungskraft praktisch relevanter Gedankenführungen auch FISHER 1978, S. 377; BERK 1979, S. 26 f.; BLAIR/JOHNSON (Hrsg.) 1980, S. X; JOHNSON/BLAIR 1980a, S. 5; KOPPERSCHMIDT 1980, S. 12 ff.; HABERMAS 1981a, S. 46; ESSLER/MARTINEZ CRUZADO 1983, S.

halb der sehr spezifischen Kalkülregeln bzw. Axiomatisierungen gelten und dort zudem häufig konkurrierende Logiken vorliegen[112)], ein Einstieg in den formaltechnischen Apparat der verschiedenen Ansätze unvermeidlich, der durch die eventuellen Vorteile eines Zugewinns an formaler Exaktheit nicht gerechtfertigt ist[113)]. Das Ziel der vorliegenden Arbeit liegt nicht in der Vertiefung enger Teilausschnitte aus dem Bereich der Managementrationalität, sondern in der Erarbeitung eines geschlossenen Bezugsrahmens zur Rationalbeurteilung insgesamt. Angesichts der inhaltlichen Spannweite dieser Thematik muß - für unsere Zwecke weniger schmerzlich - darauf verzichtet werden, in einigen Details mathematische Präzisierungen anzustreben. Die Beachtung fruchtbarer Grundgedanken aus dem Bereich der Logik bei der Entwicklung der Rationalitätsstufen wird hierdurch natürlich nicht ausgeschlossen.

c) Argumentationstheorie

aa) Überblick

Mit der Argumentationstheorie ist keine bereits konsolidierte Disziplin angesprochen[114)]. Es handelt sich hierbei vielmehr um eine Reihe von Ansätzen, die in der Literatur nicht selten noch unter andere Forschungsrichtungen subsumiert werden[115)]. Die Beiträge verbindet jedoch eine gemeinsame Perspektive, die für die vorliegende Arbeit von Interesse ist. Diese Gemeinsamkeit liegt in der Auseinandersetzung mit Gedankenführungen, die keine zwingenden Schlußfolgerungen im logisch-deduktiven Sinne hervorbringen, sondern nur mehr oder weniger überzeugende Aussagen. Dabei beruht die Überzeugungskraft - anders als die Überredungskraft im Fall der Rhetorik - nicht auf psychologischen Faktoren, sondern auf Momenten der Vernunft. Aussagen sind danach im Kern zu akzeptieren, wenn sie sich kognitiv - also durch Erkenntnisse - vergleichsweise gut stützen lassen und daher nicht mehr mit stichhaltigen Gegenargumenten angegriffen werden können.

Die Grundideen der so verstandenen Argumentationstheorie lassen sich bis in die Antike zurückverfolgen. So findet sich bei ARISTOTELES die Unterscheidung zwischen analytischen und dialektischen Schlüssen[116)]. Bei analytischen Schlußfolgerungen verkörpern die Prämissen Wahrheitskandidaten und die Konklusionen unwiderlegbare Konsequenzen

---

7; KIRSCH 1984, S. 568 f., sowie speziell für das Feld der elementaren Logik auch noch näher die unten (S. 175 ff.) eingehender referrierte Kritik von TOULMIN 1975.

112) Vgl. nur die zahlreich entwickelten Modallogiken und hierzu BULL/SEGERBERG 1984, insb. S. 20 ff; STEGMÜLLER 1979, S. 151, 153 ff.; RAUTENBERG 1979, S. 161 ff.

113) Ganz in diesem Sinne auch ESSLER/MARTINEZ CRUZADO 1983, S. 7: "Ist der Gegenstandsbereich des logischen Schließens ... unscharf, ... so wird die Anwendung eines Präzisionsinstruments der Logik keinen zusätzlichen Erkenntnisgewinn, sondern höchstens zusätzliche Anwendungsschwierigkeiten mit sich bringen." Ähnlich KLEINKNECHT 1989, S. 19.

114) Vgl. zur Entwicklung der neueren Argumentationstheorie ab ca. 1970 den Rückblick bei VÖLZING 1980.

115) So ordnet beispielsweise WUCHTERL 1987, S. 181, 183 ff. die Argumentationstheorie von TOULMIN der Hermeneutik zu.

116) Hierzu PERELMAN 1980, S. 11 f. Vgl. auch TOULMIN 1986, S. 57 ff.

der Ableitung. Dialektische Schlüsse gehen demgegenüber von gemeinhin als zutreffend erachteten Meinungen aus und versuchen, durch wenn nicht zwingende, so doch immerhin akzeptable Argumentationsschritte strittige Thesen zu begründen und durchzusetzen. Bei dieser Gegenüberstellung steht somit die Differenzierung nach dem kognitiven Status der argumentativen Basis (Wahrheitskandidaten vs. Meinungen) und der Strenge der Folgerungsbeziehung (zwingend vs. akzeptabel) im Vordergrund. Ferner ist auch die auf SOKRATES und PLATON zurückgehende Dialektik im argumentationstheoretischen Zusammenhang zu sehen[117)]. Der Dialektikbegriff wird heute angesichts der Anlagerungen kritischer Gesellschaftstheorien seit dem 19. Jahrhundert[118)] mitunter als eines "der massivsten Reizwörter innerhalb der philosophischen Diskussion"[119)] tituliert. In ihrer ursprünglichen Bedeutung bezeichnet Dialektik allerdings bloß ein Gesprächsmodell, das den Austausch von Argumenten nachzeichnet. Mit einer anderen Akzentuierung als bei ARISTOTELES dient dabei die Gesprächsführung der Wahrheitsfindung[120)]. In der bekannten dialektischen Abfolge von These, Antithese und Synthese soll durch die Konfrontation von Behauptungen und Einwänden ein Erkenntnisfortschritt erzielt werden, der beiden Positionen Rechnung trägt. Wichtig und insoweit wieder analog zu den dialektischen Schlüssen bei ARISTOTELES ist dabei, daß die Formulierung der Synthese keine deduktive Ableitung darstellt, sondern eine 'wahrheitserweiternde'[121)] Operation. Die Übergänge von der These und Antithese sind somit nicht bloß formaler Natur, sondern substantiell. Sie lassen zusätzliche Annahmen und Erkenntniselemente einfließen und setzen die Bereitschaft voraus, auf vollkommene Stringenz zu verzichten. In Dialogen werden somit zur Integration gegensätzlicher Positionen[122)] unter Umständen mehr oder weniger robuste - bei Einhaltung bestimmter Regeln[123)] aber nicht willkürliche (!) - Argumentationssprünge vollzogen.

In ihrer modernen Form treten Argumentationstheorien auf verschiedenen Gebieten in Erscheinung, wobei auch alternative Bezeichnungen wie Neue Rhetorik[124)], Diskurstheorie[125)] und Informale Logik[126)] Verwendung finden. Da sich die Beiträge in Hin-

---

117) Zur Dialektik hier nur SIMON-SCHAEFER 1989a; WUCHTERL 1987, S. 105 ff.

118) Vor allem Marxismus und Neomarxismus.

119) WUCHTERL 1987, S. 105. Vgl. ferner auch SIMON-SCHAEFER 1989a, S. 34.

120) Vgl. hierzu und zum folgenden SIMON-SCHAEFER 1989a, S. 33 ff.

121) In Anlehnung an die geläufige Charakterisierung induktiver Schlüsse, vgl. an dieser Stelle nur ESSLER/MARTINEZ CRUZADO 1983, S. 2, sowie zur induktiven Schlußfolgerung näher unten (insb. S. 390 f.).

122) Die Harmonisierung kann entweder durch beständige Verbesserung eines Standpunktes oder durch einen übergreifenden Entwurf erfolgen, der die These und Antithese als Spezialfälle enthält. Vgl. auch SIMON-SCHAEFER 1989a, S. 34 f. mit einem Hinweis auf die Parallele zum Programm des Kritischen Rationalismus.

123) Hierzu sogleich im Text (S. 173 f.).

124) Siehe namentlich PERELMAN/OLBRECHTS-TYTECA 1976 und PERELMAN 1980 sowie auch KOPPERSCHMIDT 1973.

125) Vgl. z. B. HABERMAS 1973, S. 238 ff.; ALEXY 1978; APEL 1989, insb. S. 14 f. und 19.

126) Vgl. etwa den Untertitel von FOGELIN 1978 ("An Introduction to Informal Logic"), die Beiträge im Tagungsband BLAIR/JOHNSON (Hrsg.) 1980 sowie die Bibliographie JOHNSON/BLAIR 1980b.

blick auf ihren Ausbaustand und die verfolgten Intentionen z. T. erheblich unterscheiden, können sie nur bezüglich der thematischen Verwandtschaft einer Auseinandersetzung mit substantiellen Gedankenführungen unter einem gemeinsamen Etikett zusammengefaßt werden[127]. Die einschlägigen Ansätze sind teilweise auf bestimmte Argumentationsgebiete wie ethische[128] oder juristische[129] Diskurse spezialisiert, z. T. formalisiert[130], und bilden mitunter lediglich ein Element im Rahmen größerer konzeptioneller Entwürfe[131], um nur die augenfälligsten Kontraste zu nennen.

Thematisch lassen sich u. a. zwei große Untersuchungsfelder unterscheiden, auf denen einmal die soziologische und philosophische Rolle der Argumentation für die Interaktion von Personen[132] bzw. die Klärung von Lebens- und Sinnfragen[133] herausgearbeitet wird und zum anderen eine Analyse der aufbau- und ablaufstrukturellen Funktionsbedingungen von Argumentationen[134] erfolgt. Im Mittelpunkt unseres Interesses stehen die Untersuchungen der zweiten Gruppe, die im einzelnen vor allem Analysen der Komponenten argumentativer Gedankenführungen und ihres Zusammenspiels im Dialogablauf sowie Formulierungen von Regeln für die 'vernünftige'[135] Dialogführung umfassen. Nach dem später ausführlich vorgestellten Schema von TOULMIN beispielsweise setzen sich Argumentationen strukturell aus Behauptungen mit Geltungsansprüchen (claims), Gründen (grounds), Übergangsberechtigungen (warrants), Stützungswissen (backing), Modalitäten der Geltungsansprüche (modalities) und Ausnahmebedingungen (rebuttals) zusammen[136]. Die verschiedenen Dialogregeln bestimmen z. B. die Voraussetzungen zulässiger Argumente, kanalisieren den Ablauf ihrer Einbringung und Infragestellung,

---

127) Mit diesem Vorbehalt lassen sich - selbstredend ohne Anspruch auf Vollständigkeit - in alphabetischer Reihenfolge die folgenden Arbeiten der argumentationstheoretischen Richtung zurechnen: ALEXY 1978; ANTAKI (Hrsg.) 1988; APEL 1989; BAIER 1974; BERK 1979; BLAIR/JOHNSON (Hrsg.) 1980; BUBNER 1986; FOGELIN 1978; GEACH 1976; GEIER u. a. 1977; GÖTTERT 1978; GREWENDORF 1975; GRÖSCHNER 1982; HABERMAS 1971; ders. 1973; HAMELIN 1970; HARE 1973; JOHNSON/BLAIR 1983; KOHLHASE 1980; KOPPERSCHMIDT 1973; ders. 1980; KUHLMANN 1989; LORENZEN 1962; METZING 1975; MÜLLER 1989; NAESS 1975; PERELMAN 1979a; ders. 1979b; ders. 1980; PERELMAN/OLBRECHTS-TYTECA 1976; RESCHER 1976; ders. 1977b; v. SAVIGNY 1976; SCRIVEN 1976; SEEL 1987; SCHECKER (Hrsg.) 1977; SCHWEMMER 1976; STÜBEN 1981; TOULMIN 1950; ders. 1975; TOULMIN/RIEKE/JANIK 1979; VÖLZING 1979; WOODS/WALTON 1977.

128) Vgl. exemplarisch TOULMIN 1950; HARE 1973; BAIER 1974.

129) So insb. ALEXY 1978. Siehe ferner z. B. auch GRÖSCHNER 1982.

130) Siehe z. B. LORENZEN 1962; RESCHER 1977b; ALEXY 1978.

131) So stellen die argumentationstheoretischen Analysen von LORENZEN und SCHWEMMER Teil des konstruktivistischen Programms dar. Bei HABERMAS, der sich insoweit an die Untersuchungen von TOULMIN anlehnt, bildet die Argumentationstheorie nur einen Bestandteil seiner "Theorie des kommunikativen Handelns" (siehe nur HABERMAS 1981a, S. 38 ff.).

132) Vgl. exemplarisch HABERMAS 1981a; ders. 1981b.

133) Siehe stellvertretend KUHLMANN 1989.

134) Für viele TOULMIN 1975; TOULMIN/RIEKE/JANIK 1979; NAESS 1975.

135) Dabei spielen natürlich die jeweils eingenommenen philosophisch-theoretischen Standpunkte (z. B. Konstruktivismus; Kritische Theorie) bei der Definition von 'Vernunft' eine nicht unerhebliche Rolle. Hierauf muß im vorliegenden Zusammenhang aber nicht näher eingegangen werden.

136) Siehe m. N. S. 180 ff. und zur Veranschaulichung bereits an dieser Stelle die dortige Abb. 21 auf S. 181.

und regeln die Terminierung der Argumentation. Konkrete Beispiele solcher Dialogvorschriften bilden etwa

* die Forderung, nur Begründungen vorzutragen, die man auch selbst akzeptiert[137)],
* das Prinzip, lediglich Zweifel an Behauptungen zuzulassen, die ihrerseits begründet sind[138)], sowie
* der Grundsatz, daß der Proponent zum Dialoggewinn alle Einwände widerlegen muß und bei schon einem offengebliebenen Argument des Opponenten verliert[139)].

Auf eine eingehendere Charakterisierung der verschiedenen argumentationstheoretischen Konzeptionen in ermüdenden Einzeldarstellungen kann und soll an dieser Stelle verzichtet werden. Es erscheint vielmehr zweckmäßiger, einen speziellen Entwurf detaillierter vorzustellen, der sich für das Anliegen der Rationalitätsmessung als grundlegend und besonders fruchtbar herausstellen wird. Es handelt sich um den Ansatz von TOULMIN, der im Konzert der Argumentationstheorien wohl ohne Zweifel das prominenteste Konzept repräsentiert[140)]. Die Gedanken von TOULMIN stehen auch mit Abstand im Vordergrund des Interesses der betriebswirtschaftlichen Autoren, die bislang auf die Argumentationstheorie aufmerksam geworden sind[141)]. Neben ihrem vergleichsweise hohen Entwicklungsstand weist die TOULMINsche Theorie den Vorteil auf, (auch) die feldinvarianten Struktureigenschaften einer Gedankenführung aufzudecken, die vom konkreten Gebiet der Argumentation unabhängig sind. Im Anschluß an die Darstellung des Ansatzes von TOULMIN werden die für unsere Zwecke erforderlichen Erweiterungen der Theorie aufgezeigt und die eigentlichen Arbeiten zur Entwicklung der Rationalitätsstufen aufgenommen. Im Zuge dieser Untersuchungen zur Rationalabstufung erfolgt (natürlich) auch die Einbeziehung von Ergebnissen weiterer argumentationstheoretischer Forschungen.

---

137) Für viele SCHWEMMER 1974, S. 83; ALEXY 1978, S. 234 und 236 m. w. N.

138) Siehe zu diesem argumentationstheoretisch zentralen 'Prinzip der Beweislastumkehr' näher S. 460 dieser Schrift m. z. N.

139) RESCHER 1977b, S. 44 f.

140) So auch KOHLHASE 1980, S. 29; VÖLZING 1980, S. 227 f. ("Toulmins Schema" als "Ausgangspunkt jeglicher Diskussion um ein Argumentationsmodell", S. 227) und 230 (m. z. N. zu Arbeiten, die auf dem TOULMIN-Konzept aufsetzen); HABERMAS 1981a, S. 46 ("bahnbrechend", Flexion geändert).

141) Vgl. v. a. die Arbeiten von MASON und MITROFF (MITROFF/MASON 1980, S. 332 ff.; MASON/MITROFF 1981, S. 211 ff.; MITROFF/MASON/BARABBA 1982, S. 1392 ff.) sowie SCHMIDT 1983b, S. 511; KIRSCH 1984, S. 569 ff.; ZACHARIAS 1988, S. 40 ff.; KLEIN 1989, S. 216 ff.; SIKORA 1989, Sp. 1960 und 1964.

bb) Grundzüge des argumentationstheoretischen Ansatzes von TOULMIN

a' Konzeptionelle Kernelemente: Logikkritik und Differenzierungsthese

Dem mit dem Namen TOULMIN verbundenen argumentationstheoretischen Konzept[1] liegen zwei wesentliche Kernüberlegungen zugrunde, die sich mit einem Schlagwort als Logikkritik und Differenzierungsthese umreißen lassen. Der erste Grundgedanke besagt, daß die formale Logik nicht in der Lage ist, praktische Argumentationen adäquat zu beurteilen[2]. Dabei wird unter einer *Argumentation* der gesamte Disputationsvorgang verstanden, der mit der Aufstellung einer Behauptung beginnt, durch die Infragestellung dieser Behauptung seitens des Dialogpartners am Leben gehalten wird und sich über Behauptungsbegründungen, Begründungskritiken, Kritikwiderlegungen etc. fortsetzt[3]. Für die Beurteilung derartiger Argumentationen wählt die Logik nach TOULMIN einen sehr anspruchsvollen und zugleich praktisch kaum relevanten Vergleichsmaßstab, nämlich die Stringenz deduktiver Ableitungen. Sämtliche Schlußfolgerungen, die den Anforderungen der logischen Deduktion nicht genügen, werden induktiv genannt und als minderwertig behandelt[4]. Die Deduktion-Induktion-Dichotomie faßt nun aber zunächst simplifizierend vier wichtige Unterscheidungen zusammen. Es handelt sich um die Gegensatzpaare analytischer und substantieller, formal gültiger und formal ungültiger, schlußregelverwendender und schlußregelbegründender sowie notwendiger und tentativer Argumentationen[5].

Analytische Gedankenführungen liegen vor, wenn der Inhalt der Konklusion bereits vollumfänglich in dem vorausgesetzten Hintergrundwissen enthalten ist[6]. Ein einfaches Beispiel bildet etwa die folgende Argumentation:

> "Anne ist eine Schwester von Jack;
> Jede Schwester von Jack hat (wie eine einzeln durchgeführte Prüfung ergab) rote Haare;
> Deshalb hat Anne rote Haare."[7]

Der Schluß von Anne's familiärer Beziehung zu Jack auf ihre Haarfarbe erfolgt über das Hintergrundwissen, daß jede von Jack's Schwestern rothaarig ist. Da zur Gewinnung dieses Wissens aber u. a. auch die Haarfarbe von Anne beobachtet werden mußte, ver-

1) Siehe namentlich TOULMIN 1958 bzw. ders. 1975 und TOULMIN/RIEKE/JANIK 1979. Entsprechend der üblichen Praxis im Schrifttum soll im folgenden ungeachtet der Co-Autorenschaft von RIEKE und JANIK im Text meist nur TOULMIN genannt werden, der das Grundkonzept (1958) allein entwickelt hat.

2) Vgl. TOULMIN 1975, insb. S. 9 ff., 126 ff. und 131 ff.

3) TOULMIN/RIEKE/JANIK 1979, S. 13.

4) Siehe z. B. TOULMIN 1975, S. 147, 150.

5) Hierzu und zum folgenden TOULMIN 1975, S. 111-130 und 133 f. Die von TOULMIN ebenfalls - aber mehr beiläufig - angesprochene Trennung nach Maßgabe der Verwendung logischer Worte (vgl. S. 122) kann hier vernachlässigt werden.

6) TOULMIN 1975, S. 113 und 119.

7) Ebenda, S. 112.

körpert die Konklusion keinen zusätzlichen Erkenntnisgewinn. Die 'gefolgerte' Information steht vielmehr bereits im Hintergrundwissen zur Verfügung[8]. Demgegenüber sind *substantielle Argumentationen* durch einen Erkenntniszuwachs charakterisiert, den TOULMIN als "'Typensprung'" bezeichnet[9]. Er führt als Beispiel die Berechnung der Länge des von einer Mauer geworfenen Schattens aus den konkreten Angaben über den aktuellen Sonnenstand und die Höhe der fraglichen Mauer sowie den allgemeinen Regeln der geometrischen Optik an[10].

Formal gültige Argumentationen zeichnen sich dadurch aus, daß ein Übergang von Daten zur Konklusion mit Hilfe einer Übergangsberechtigung[11] erfolgt. Die Ableitung besteht hierbei lediglich aus einer syntaktischen Umgruppierung der in den Prämissen enthaltenen Informationen[12]. Bei *formal ungültigen Schlußfolgerungen* wird dagegen (allenfalls) das Stützungswissen zum Übergang herangezogen[13]. Nach diesem Begriffsverständnis ist beispielsweise folgende Schlußfolgerung formal gültig: «Harry hat die britische Staatsangehörigkeit (Behauptung), weil Harry auf den Bermudas geboren wurde (Grund), und weil alle auf den Bermudas Geborenen die britische Staatsbürgerschaft erhalten (Schlußregel)»[14]. Formal ungültig wäre dagegen eine Begründung, die anstelle der Schlußregel auf das Stützungswissen für diese Übergangsberechtigung in Form der Kenntnisse der einschlägigen Gesetze zurückgreifen würde.

Schlußregelverwendend sind Argumentationen dann, wenn die Ableitung - wie etwa der Schluß auf Harry's Staatsbürgerschaft - auf einer bereits akzeptierten Übergangsberechtigung beruht. *Schlußregelbegründende Gedankenführungen* stellen demgegenüber erst eine Berechtigung zum Übergang her. So könnte aus dem Befund, daß alle bisher angetroffenen Personen, die auf den Bermudas geboren wurden, britische Staatsangehörige waren, die Schlußregel formuliert werden: «Von einem auf den Bermudas Geborenen darf angenommen werden, daß er die britische Staatsangehörigkeit besitzt»[15]. *Notwendige Argumentationen* schließlich führen zu zwingenden Konklusionen, während die gezogenen Schlüsse bei *tentativen Gedankenführungen* nur mehr oder weniger wahrscheinlich sind[16].

---

8) Siehe auch TOULMIN 1975, S. 112.

9) Ebenda, S. 145 und 149.

10) Ebenda, S. 123. Damit wird schon deutlich, daß auch substantielle Argumentationen i. S. v. TOULMIN zwingend sein können. Siehe hierzu näher S. 177.

11) Zu den Argumentationskomponenten der *Übergangsberechtigung* und des sogleich angesprochenen *Stützungswissens* schon S. 173 dieser Arbeit und ausführlich unten, S. 183 f.

12) TOULMIN 1975, S. 107 ff. hier insb. S. 108 und 133. Beispiel: 'A ist ein B. B ist ein C. Deshalb ist A ein C.'

13) Ebenda.

14) Siehe zu TOULMINs berühmten Begründungsbeispiel für Harrys Staatsbürgerschaft TOULMIN 1975, S. 91 ff.

15) Vgl. TOULMIN 1975, S. 122 und 133.

16) TOULMIN 1975, S. 122 ff. und 133.

Zwischen den Ausprägungen der vier Gegensatzpaare bestehen keine starren Korrelationen. Vielmehr sind prinzipiell sämtliche Kombinationen möglich[17]. So können insbesondere Argumentationen aus allen Bereichen formal gültig formuliert werden und substantielle Gedankenführungen auch zwingend sein[18]. Ungeachtet dessen legt sich die Logik mit der Deduktion aber auf eine einzige Kombination als Idealbild schlüssiger Ableitungen fest. Nach TOULMIN lassen sich deduktive Schlußfolgerungen im logischen Sinne als analytische, formal gültige, schlußregelverwendende zwingende Argumentationen kennzeichnen[19]. Sie repräsentieren damit eine Art der Gedankenführung, die in der Praxis nur in Ausnahmefällen relevant ist. Schon die Voraussetzung der Analytizität ist praktisch so gut wie nie zu erfüllen[20]. Aus logischer Sicht müssen daher die meisten Argumentationen unvollkommen erscheinen. Die pauschale Verurteilung als mängelbehaftete induktive Ableitungen erscheint TOULMIN jedoch als wenig aussagekräftig und irreführend. Zunächst werden Anforderungen gestellt, deren Erfüllung teils kaum, teils regelmäßig möglich, im Prinzip aber beidesmal nichtssagend ist. Sofern ausnahmsweise analytische Argumentationen möglich sind, ist der Ableitungsschritt als solcher unproblematisch und daher nur von geringem Interesse[21]. Ferner läßt die jederzeit herbeizuführende formale Gültigkeit keine näheren Rückschlüsse auf die Stichhaltigkeit der Argumentation zu, da diese nicht aus der Form, sondern den zur Stützung vorgetragenen (kognitiven) Gründen resultiert[22]. Während somit der analytisch-formal gültige Charakter logischer Deduktionen nur einen geringen Eigenwert hat, wird bei anderen Beurteilungsaspekten nicht ausreichend differenziert. Die bloße Trennung zwischen deduktiven und induktiven Schlüssen verdeckt vor allem, daß auch eine bestimmte Kategorie 'induktiver' Argumentationen - nämlich substantiell-definitive Ableitungen - zwingend und damit vollkommen zuverlässig sein können[23]. Daneben verhindert die Orientierung an der reinen Deduktion eine Offenlegung der verschiedenen Stellen, an denen sich die Überzeugungskraft eines praktischen (substantiellen) Gedankengangs tatsächlich entscheidet[24]. Die Logik stellt somit für die effektiv maßgeblichen Faktoren der Qualität einer Argumentation keine geeigneten Kategorien bereit. Eine informative Beurteilung von Aussagensystemen ist damit ausgeschlossen[25].

Da die formale Logik einerseits zu hohe Anforderungen an Argumentationen stellt und logische Argumentationsbeurteilungen auf der anderen Seite nur eine geringe Aussagefähigkeit besitzen, wählt TOULMIN einen anderen Weg zur Würdigung von Schlußfolgerungen. Als Ansatzpunkt der Bewertung fungieren in seiner Theorie nicht syntaktisch-formale Beziehungen zwischen Aussagen, sondern die Untermauerung einer aufgestellten

---

17) TOULMIN 1975, S. 121 ff.

18) Ebenda, S. 121 bzw. 122 ff.

19) Ebenda, S. 129 f. und 133 f.

20) Ebenda, S. 114, 137 f., 149.

21) Vgl. TOULMIN 1975, S. 114 und 153 f.

22) TOULMIN 1975, S. 128.

23) Vgl. ebenda, S. 122 ff. und 145.

24) Siehe zur Gewinnung eines Vorverständnissen an dieser Stelle auch schon Abb. 21 (S. 181).

Behauptung[26]. Beurteilungsrelevant ist damit die Qualität des Hintergrundwissens, das den Geltungsanspruch einer Aussage erhärten soll. Es geht m. a. W. um die "Art des Beweismaterials, das wir zur Verteidigung unserer Behauptungen angeben"[27]. Mit dieser Formulierung führt TOULMIN das Leitbild seiner Argumentationstheorie ein - die Jurisprudenz. Analog zur Verhandlung angemeldeter Rechtsansprüche in einem Prozeß sollen Argumentationen "vor dem Gerichtshof der Vernunft"[28] die Haltbarkeit einer Behauptung erweisen[29].

Die Jurisprudenzanalogie darf nicht in dem Sinne mißverstanden werden, daß TOULMIN nur eine Theorie für bestimmte - nämlich rechtliche und ihnen nahestehende - Argumentationen entwirft. Der Rekurs auf das prozeßtypische Vorbringen und Verhandeln von Beweismitteln gibt vielmehr nur ein allgemeines Denkmodell vor für die Beurteilung von Gedankenführungen aus den verschiedensten Lebensbereichen. Als Beispiel nennt TOULMIN u. a. Diskussionen über die richtige Mannschaftsaufstellung im Sport, Expertisen über den ästhetischen Wert von Kunstwerken und die Kritik wissenschaftlicher Theorien[30]. Diese Heterogenität der angezielten Argumentationsbereiche[31] bildet nun den Anknüpfungspunkt für den zweiten Kerngedanken seines Konzepts. Nach der Differenzierungsthese ist es fruchtbar, bei der Beurteilung der Stichhaltigkeit von Argumentationen aus unterschiedlichen Bereichen zwischen einer bereichsindifferenten und einer bereichsspezifischen Dimension zu trennen[32].

Unabhängig vom Bereich läßt sich zunächst eine bestimmte Grundform ausmachen, die jede überzeugende Argumentation aufweisen muß[33]. Sie wurde oben bereits kurz angesprochen und wird im nächsten Gliederungsabschnitt ausführlich dargestellt werden[34]. Bereichsindifferent ist darüber hinaus die *Rolle* der verschiedenen Beurteilungsterme (Modalitäten), mit denen Schlußfolgerungen als *möglich*, *zwingend*, *unwahrscheinlich*, *plausibel*, *ausgeschlossen* etc. eingeordnet werden können[35]. So führt beispielsweise

---

25) Vgl. TOULMIN 1975, S. 127, 128 und 156.

26) Siehe TOULMIN 1975, S. 13 f.

27) TOULMIN 1975, S. 14.

28) Ebenda, S. 15.

29) Vgl. auch die pointierte Formulierung bei TOULMIN 1975, S. 14, wonach (nicht-formale) "Logik verallgemeinerte Jurisprudenz ist".

30) Vgl. TOULMIN 1975, S. 18.

31) Die Definition des *Argumentationsbereichs* bei TOULMIN ist nicht ganz klar. Auf der einen Seite stellt er auf den logischen Typ von Sätzen ab, wobei er beispielsweise "Berichte ..., Voraussagen ..., Schuldsprüche, ästhetische Empfehlungen, geometrische Axiome und so weiter" unterscheidet (TOULMIN 1975, S. 19). Zwei Argumentationen zählen danach zum gleichen Bereich, "wenn die Daten und Schlußfolgerungen dieser beiden Argumentationen jeweils demselben logischen Typ angehören" (ebenda). Auf der anderen Seite hebt die Rede von "Recht und Medizin, Wissenschaft und Ästhetik, Sportjournalismus und Politik" (TOULMIN/RIEKE/JANIK 1979, S. 195, Übersetzung durch v. W.) als besonderen Argumentationsfeldern auf eine disziplinäre Abgrenzung ab. Im folgenden wird der Begriff des Argumentationsbereichs im Sinne der neueren Publikation verwendet (so offensichtlich auch KIRSCH 1984, S. 572).

32) Siehe TOULMIN 1975, S. 15, 18 ff.; TOULMIN/RIEKE/JANIK 1979, S. 7 ff., 14 ff.

33) TOULMIN 1975, S. 40, 94; TOULMIN/RIEKE/JANIK 1979, S. 195.

34) Siehe S. 173 bzw. S. 180 ff. dieser Arbeit.

eine Qualifizierung als 'unmöglich' generell zur Zurückweisung der entsprechenden Behauptung[36]. Dies gilt unabhängig davon, ab die fragliche Aussage z. B. eine bestimmte Person als Mitglied einer aufzustellenden Mannschaft empfiehlt oder die Erklärung eines naturwissenschaftlichen Phänomens vorträgt. Wird beispielsweise behauptet, Kissinger sei als Mitspieler im amerikanischen Davis Cup-Team bestens geeignet[37] bzw. das Haushaltsdefizit kausale Ursache des sauren Regens, so hat das Urteil, beides sei nicht möglich, jeweils den gleichen vernichtenden Effekt. Den aufgestellten Thesen wird ihr Anspruch auf Geltung abgesprochen.

Die *Kriterien* bzw. Gründe, auf denen die Thesenbewertung basiert, hängen demgegenüber nun weitgehend vom betreffenden Argumentationsbereich ab[38]. Bei der Ablehnung Kissingers als Davis Cup-Spieler werden etwa Aspekte wie Kondition, schlagtechnische Brillianz und Spielwitz ausschlaggebend sein[39]. Die Gegenargumentation zur finanzwissenschaftlichen Erklärung des sauren Regens wird dagegen u. a. auf die mangelnde unmittelbare Verkopplung monetärer und meteorologischer Kreisläufe hinweisen. Neben den Bewertungskriterien sind ferner auch Details des Argumentationsprozesses durch ihre Bereichsabhängigkeit gekennzeichnet. Hierzu zählen beispielsweise der Grad der Formalisierung und Präzision, die Art der Zielsetzung und des Abschlusses sowie die Bedingungen (z. B. Zeitdruck) einer Argumentation[40].

Die Arbeiten TOULMINs umfassen Untersuchungen zu beiden Dimensionen der Beurteilung argumentativer Gedankenführungen. So behandelt er gemeinsam mit RIEKE und JANIK explizit Besonderheiten juristischer, wissenschaftlicher, kunstkritischer, managerialer und ethischer Argumentationen[41]. In Hinblick auf Systematik und Tiefgang haben diese Überlegungen im Vergleich zu den bereichsindifferenten Analysen allerdings eher akzessorischen Charakter. Im fruchtbaren Zentrum der Argumentationstheorie von TOULMIN steht ohne Zweifel die Herausarbeitung struktureller Kategorien zur generellen Beschreibung und Bewertung gedanklicher Ableitungen. Hiermit wird ein erfolgversprechender Weg gewiesen zu einer aussagekräftigen Würdigung von Argumentationen jenseits der Logik. Im folgenden soll daher (nur) das Grundschema einer Argumentation nach TOULMIN ausführlicher dargelegt werden. Die Ergebnisse der bereichsbezogenen Untersuchungen werden hingegen bei der Skizzierung des mit Blick auf die geplante Rationalabstufung noch vorhandenen Forschungsbedarfs mit angesprochen.

---

35) Vgl. TOULMIN 1975, S. 21 ff., insb. S. 32 (mit der Unterscheidung zwischen der "*Rolle*" modaler Terme und den "*Kriterien*" der Bewertung) und S. 37.

36) Vgl. zum Ganzen auch TOULMIN 1975, S. 26 ff.

37) Dieses Beispiel nach TOULMIN 1975, S. 37 f.

38) TOULMIN 1975, S. 32 ff., insb. S. 32 (mit synonymer Verwendung der Ausdrücke "Kriterien", "Gründe" und "Standards") und S. 37-39.

39) Vgl. auch TOULMIN 1975, S. 37 f.

40) Siehe v. a. TOULMIN/RIEKE/JANIK 1979, S. 195 ff.

41) Ebenda, S. 203-337.

b' Grundstruktur einer Argumentation

Argumentationen repräsentieren einen speziellen Typus sprachlicher Handlungen. Die Besonderheit liegt darin, daß im Argumentationskontext Behauptungen nicht als kritikimmune Äußerungen in den Raum gestellt werden. Sie können vielmehr von einem Opponenten[42)] in Zweifel gezogen werden und sind daraufhin vom Proponenten durch Angabe von Gesichtspunkten zu untermauern, die den Anspruch der Behauptung auf Geltung stützen[43)]. Die argumentative Einlösung des Geltungsanspruchs kann allerdings mehr oder weniger überzeugend sein. Für eine Argumentationstheorie stellen sich damit die Fragen,

* wodurch Argumentationen generell Überzeugungskraft gewinnen,
* welche Überzeugungskraft einer bestimmten Argumentation konkret beigemessen werden kann und
* welche Mindestanforderungen eine überzeugende Argumentation erfüllen muß[44)].

Als Grundlage für die Untersuchung dieser Fragestellungen arbeitet TOULMIN ein bestimmtes Strukturschema heraus, dem alle akzeptablen Argumentationen genügen[45)]. Es umfaßt 6 Kernelemente, die wie in Abb. 21 dargestellt zusammenhängen. Am Anfang jeder Argumentation steht eine *Behauptung*, die nach Ansicht ihres Proponenten zutreffend ist und daher allgemeine Anerkennung verdient[46)]. Argumentationsinitiierende Behauptungen können die verschiedensten Inhalte haben und ganz unterschiedlicher Natur sein. Exemplarisch führen TOULMIN/RIEKE/JANIK u. a. die Prognose an: "Die Oakland Raiders werden dieses Jahr ... den Super Bowl gewinnen."[47)] Beispiele aus dem managerialen Bereich bilden etwa die beiden Aussagen, daß bestimmte Unternehmungsziele verfolgt werden sollten und eine gewisse Maßnahme den besten oder einzigen Weg zur Zielerreichung darstellt[48)]. Inwieweit der erhobene Geltungsanspruch der Behauptung tatsächlich gerechtfertigt ist, muß sich gegebenenfalls durch die argumentativen Begründungsschritte herausstellen. Die anfangs isolierte Behauptung (Anfangsaussage) wird demnach im Laufe einer Argumentation in ein zunehmend enger geknüpftes Netz von

---

42) TOULMIN/RIEKE/JANIK 1979 selber verwenden die Bezeichnungen 'Frager' ("*questioner*") und 'Behaupter' ("*assertor*") als Bezeichnungen für die beiden Argumentationsparteien (siehe z. B. S. 24 bzw. S. 23). In der vorliegenden Arbeit werden aber im Anschluß an LORENZEN 1962, S. 21 die sprachlich gefälligeren Ausdrücke *Opponent* bzw. *Proponent* sowie im managerialen Kontext auch die hier eingeführten Bezeichnungen *Rationalgutachter* bzw. *Rationalsubjekt* oder *Projektteam* bevorzugt.

43) Vgl. TOULMIN/RIEKE/JANIK 1979, S. 6, 8, 9.

44) Vgl. ebenda, S. 9 und 23.

45) Vgl. TOULMIN 1975, S. 86 f.; TOULMIN/RIEKE/JANIK 1979, S. 9, 12 f., 23 ff. Die Terminologie hat sich in der Veröffentlichung von 1979 gegenüber 1975 zum Teil geändert. Im folgenden wird - sofern nicht anderes gesagt wird - vom neueren Sprachgebrauch ausgegangen.

46) Hierzu und zum folgenden v. a. TOULMIN/RIEKE/JANIK 1979, S. 29 ff. Unsere Darstellung des argumentativen Grundschemas lehnt sich hauptsächlich an die neuere Publikation TOULMIN/RIEKE/JANIK 1979 an. Vgl. ferner aber auch TOULMIN 1975, S. 86 ff.

47) TOULMIN/RIEKE/JANIK 1979, S. 29 (Übersetzung durch v. W.). Die Originalfassung ("The Oakland Raiders are a certainty for the Super Bowl this year.") wurde hier etwas modifiziert, da mit der "certainty" bereits zusätzlich eine Modalität der Behauptung angegeben wird (siehe hierzu S. 184 dieser Arbeit).

Aussagen eingebettet. Nach Abschluß der Gedankenführung läßt sich die Behauptung folglich auch als Schlußfolgerung der vorgetragenen Begründungen interpretieren. Dabei kann sie je nach Ausgang der Argumentation entweder als akzeptable Konklusion etabliert oder als unhaltbar diskreditiert sein.

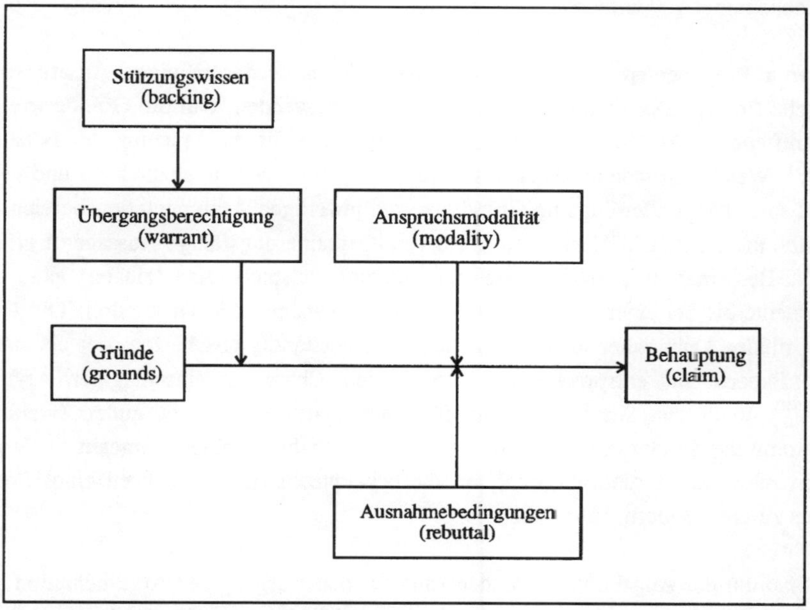

Abb. 21: Grundstruktur einer Argumentation
(in Anlehnung an TOULMIN/RIEKE/JANIK 1979, S. 78)

An die Aufstellung einer Behauptung können sich zunächst klärende Fragen des Opponenten anschließen, die verständnishemmende Mehrdeutigkeiten und Vagheiten der ursprünglichen Äußerung des Proponenten ausschalten[49]. Solche Verständnisfragen liegen noch im Vorfeld der eigentlichen Behauptungskritik. Diese setzt ein, falls die Anfangsaussage nicht ohne weiteres akzeptiert wird, und ist in die Frage nach dem 'warum' gekleidet. Sie fordert den Proponenten auf, Argumente zugunsten seiner Äußerung anzuführen. Als Reaktion hierauf wird nach TOULMIN zunächst auf die *Gründe* verwiesen, die für die fragliche Behauptung sprechen[50]. Gründe bezeichnen dabei die spezifischen Umstände einer Situation ("facts"[51]), die auf die Geltung der aufgestellten Behauptung hindeuten. So könnte im Beispiel des Football-Matches etwa die im Vergleich zu den anderen Teams einzigartige Kombination defensiver und offensiver Stärken der Mannschaft aus Oakland als Grund für die getroffene Siegprognose angegeben wer-

48) Siehe hierzu näher unten (S. 291 f. dieser Arbeit).

49) Vgl. TOULMIN/RIEKE/JANIK 1979, S. 31 f.

50) Zum folgenden TOULMIN/RIEKE/JANIK 1979, S. 32 ff.

51) Ebenda, S. 33.

den[52]. Wichtig für das Verständnis der Gründe im TOULMIN-Schema (und für ihre Abgrenzung zu den Übergangsberechtigungen) ist der dezidierte Situationsbezug dieses Argumentationselements. Mit den Gründen werden nicht generelle Erkenntnisse wie allgemeine Theorien und Gesetzmäßigkeiten ins Treffen geführt, sondern Informationen über den konkreten Einzelfall[53]. Sie können z. B. in Form von Statistiken[54] und Einzelbeobachtungen[55] anfallen.

Die vom Proponenten vorgebrachten Gründe bieten wiederum einen Ansatzpunkt für kritische Fragen. Der Opponent kann namentlich einwenden, daß die Gründe irrelevant, unzutreffend, nicht zahlreich genug oder zu schwach für die Stützung der Behauptung sind[56]. Welche Gründe akzeptabel und stichhaltig, und welche abzulehnen und unzureichend sind, hängt allerdings im Grundsatz vom jeweiligen Argumentationsbereich ab, so daß sich nach TOULMIN insoweit kaum verallgemeinerungsfähige Aussagen treffen lassen[57]. Bei einer juristischen Auseinandersetzung beispielsweise 'ziehen' ganz andere Argumente als bei einer wissenschaftlichen oder managerialen Diskussion. Die Qualität von Gründen kann daher letztlich nur derjenige verständig abschätzen, der als ausgebildeter Experte im entsprechenden Bereich den Charakter einschlägiger Argumente kennt[58]. In diesem Sinne steht dann für einen Sportkenner z. B. außer Zweifel, daß astronomische Sondererscheinungen wie das Herannahmen eines Kometen im Regelfall keinen relevanten Grund abgeben, um die behaupteten Gewinnchancen eines Football-Teams zu untermauern.

Das Stadium der Angabe von Gründen kann für den Ausgang der Argumentation bereits entscheidend sein. Der Geltungsanspruch einer Behauptung hat überhaupt nur dann Aussicht auf Anerkennung, wenn der Proponent hier seiner "Beweislast"[59] zufriedenstellend nachkommt. Er muß somit in der Lage sein, zumindest einige Gründe zur Stützung seiner Behauptung zu benennen, die der Opponent als stichhaltig akzeptieren und der weiteren Debatte fortan als Daten zugrundelegen kann. Anderenfalls endet die Argumentation mit der Zurückweisung der aufgestellten Behauptung. Auch das Mindestmaß der Überzeugungskraft, die Argumente für eine Weiterführung der Diskussion aufweisen müssen, bleibt allerdings vage. TOULMIN/RIEKE/JANIK sprechen lediglich von "mi-

---

52) TOULMIN/RIEKE/JANIK 1979, S. 32.

53) Vgl. ebenda, S. 33.

54) Beispiel: «Die Raiders hatten in diesem Jahr bisher im Durchschnitt 5 Touch Downs pro Spiel».

55) Beispiel: «Im letzten Spiel konnte die Verteidigung der Raiders kaum überwunden werden.»

56) Vgl. TOULMIN/RIEKE/JANIK 1979, S. 33 ff.

57) TOULMIN/RIEKE/JANIK 1979, S. 34: "There are very few 'conditions of relevance' of an entirely general kind...". Vgl. auch ebenda, S. 37-39.

58) Vgl. ebenda, S. 34 f.

59) Ebenda, S. 36 (Übersetzung durch v. W., im Original kursiv).

nimalen Gründen ... in Form eines ersten Sets unbestrittener Fakten, der weder hoffnungslos schmächtig ist noch auf unverbesserlich wackligen Beinen steht'[60].

Sofern die erste Hürde genommen worden ist und ernstzunehmende Gründe präsentiert wurden, verlagert sich das kritische Interesse des Opponenten auf den argumentativen Schritt, der von den Gründen zur Behauptung führt[61]. Während die vorangehende Diskussionsphase der Vorklärung dient, ob angeführte Gründe eventuell schon auf den ersten Blick ausscheiden, lautet die Frage nun, ob der Übergang von den akzeptierten Daten zur Konklusion auch beim näheren Hinsehen berechtigt ist. Zur Ausräumung der diesbezüglichen Zweifel hat der Proponent eine 'Folgerungslizenz'[62] vorzulegen, die den betreffenden Argumentationsschritt authorisiert. Eine solche *Übergangsberechtigung* bringt somit zum Ausdruck, daß unter den gegebenen Umständen[63] der Schluß auf die fragliche Behauptung erlaubt ist. Sie hat die Form genereller Aussagen, die im Gegensatz zu den Gründen unabhängig von der spezifischen Situation (mehr oder weniger strikt) gelten[64]. So läßt sich beispielsweise der Schritt von der konstatierten blendenden Form der Oakland Raiders zur Prognose ihres diesjährigen Sieges dadurch legitimieren, daß nicht nur in dem nun aktuell anstehenden Spiel um den Super Bowl, sondern stets im Football defensive und offensive Stärken die Gewinnchancen erhöhen[65].

Entsprechend der Vielschichtigkeit denkbarer Argumentationsbereiche kann es sich bei den Übergangsberechtigungen im einzelnen z. B. um naturwissenschaftliche Gesetzmäßigkeiten, Rechtsnormen, moralische Prinzipien, medizinische Erfahrungsregeln, ästhetische Interpretationsschemata und psychologische Verhaltensmuster handeln[66]. Schon diese Aufstellung deutet darauf hin, daß die Zuverlässigkeit bzw. Vertrauenswürdigkeit solcher Legitimationen zur Schlußfolgerung recht unterschiedlich ausgeprägt sein kann. Sofern die Zulässigkeit des gezogenen Schlusses nicht zum unbestrittenen Allgemeingut gehört, besteht der nächste Schritt des Proponenten zur Überzeugung des Opponenten daher im Nachweis der Zuverlässigkeit und Anwendbarkeit der Übergangsberechtigung. Zu diesem Zweck hat er das im Hintergrund der angewandten Schlußregel stehende *Stützungswissen* darzulegen. Im Fall der Super Bowl-Prognose könnten etwa die Aufzeichnungen der bisher veranstalteten Begegnungen herangezogen werden, aus denen (gegebenenfalls) hervorgeht, daß sämtliche früheren Siegerteams ebenfalls sowohl defensiv als auch offensiv besonders stark waren[67]. Generell läßt sich das Stützungswissen charakterisieren als Gesamtheit aller Erkenntnisse, die für den propagierten Zusammenhang

60) TOULMIN/RIEKE/JANIK 1979, S. 36 (Übersetzung durch v. W.).

61) Zum Nachstehenden vgl. ebenda, S. 43 ff.

62) TOULMIN/RIEKE/JANIK interpretieren den Ausdruck "warrant" u. a. als "*license or permit*" (S. 45), die deutsche Fassung TOULMIN 1975 verwendet insoweit den Terminus "Schlußregel" (S. 89 und passim).

63) Also den Gründen bzw. Daten.

64) Siehe auch TOULMIN/RIEKE/JANIK 1979, S. 44.

65) Vgl. auch TOULMIN/RIEKE/JANIK 1979, S. 44.

66) Vgl. ebenda, S. 47 ff.

67) Siehe TOULMIN/RIEKE/JANIK 1979, S. 57, 60.

zwischen den vorgegebenen Daten und der hieraus gefolgerten Konklusion sprechen. Die Ausbreitung des Stützungswissens erfordert damit erheblich komplexere Ausführungen des Proponenten als die Nennung der Übergangsberechtigung. Dabei richtet sich auch hier die jeweilige Art der Aussagen wiederum nach dem betroffenen Argumentationsbereich. So sind beispielsweise im wissenschaftlichen Bereich Schlußfolgerungen zur Stützung in umfassendere Theorien und Hypothesenkomplexe einzubetten und durch positive empirische Befunde zu bestätigen. Im juristischen Feld kommt es demgegenüber für die Anwendbarkeit einer Rechtsnorm vor allem auf die einschlägigen Kommentierungen und die ergangene Rechtsprechung an[68)].

Das vorhandene Stützungswissen bestimmt letztlich, über welches Maß an Zuverlässigkeit eine herangezogene Übergangsberechtigung verfügt[69)]. Diese Vertrauenswürdigkeit der Schlußregel überträgt sich auf die Behauptung und beeinflußt damit die Stärke ihres Geltungsanspruchs[70)]. Daneben übt auch die Glaubwürdigkeit der Daten bzw. Gründe, auf denen die Argumentation basiert, einen Einfluß auf die Überzeugungskraft der Anfangsaussage aus. Aufgrund dieser beiden Einflußfaktoren kann somit der Nachdruck, mit dem Behauptungen Geltung beanspruchen (können), von Fall zu Fall variieren. Nach Abschluß der Präsentation der Gründe, der Übergangsberechtigung und des Stützungswissens besteht daher für den Opponenten in einer weiteren Argumentationsphase die Möglichkeit, nach dem Überzeugungsgrad zu fragen, mit dem der Proponent seine Behauptung vertritt. Die angenommene Stärke des Geltungsanspruchs bzw. *Modalität* seiner Anfangsaussage kann der Proponent mit Hilfe modaler Terme qualifizieren, die umgangssprachlich in großer Zahl zur Verfügung stehen. Als Beispiele listen TOULMIN/RIEKE/JANIK die Modalausdrücke "notwendig", "sicher", "vermutlich", "aller Wahrscheinlichkeit nach", "soweit, wie die Beweislage reicht", "nach allem, was man sagen kann", "sehr wahrscheinlich", "durchaus möglich", "vielleicht", "scheinbar", "triftig" und "es scheint so" auf[71)]. Sie illustrieren hiermit das umfangreiche Arsenal linguistischer Mittel zur nuancierten Abstufung der Strenge der erhobenen Geltungsansprüche. Die Verwendungsvoraussetzungen der verschiedenen Terme und die Glaubwürdigkeitsabstände zwischen den unterschiedlichen Modalausdrücken bleiben allerdings ebenfalls weitgehend offen. Lediglich die Bedeutungen von "certainly", "probably" und "presumably" werden etwas näher präzisiert[72)].

Sofern die Argumentation bis zum Stadium der modalen Qualifizierung vorgedrungen ist, verbleibt dem Opponenten noch eine letzte Kritikmöglichkeit[73)]. Es stellt sich an diesem Punkt die Frage, ob die im Prinzip durchaus stichhaltige Gedankenführung des Proponenten durch besondere Umstände des konkret angesprochenen Falls untergraben und damit hinfällig wird. Der Proponent muß diesen Einwand eventueller *Ausnahmebe-*

---

68) Vgl. auch TOULMIN/RIEKE/JANIK 1979, S. 59 f.

69) Siehe TOULMIN/RIEKE/JANIK 1979, S. 45.

70) Hierzu und zum folgenden ebenda, S. 61 und 69 ff.

71) TOULMIN/RIEKE/JANIK 1979, S. 70 f. (Übersetzung durch v. W.).

72) Siehe TOULMIN/RIEKE/JANIK 1979, S. 71 (im Original kursiv).

dingungen aufnehmen und die wesentlichen Einschränkungen und Voraussetzungen der Gültigkeit seiner Behauptung nennen. So kann unser Football-Fan beispielsweise zur Ausräumung letzter Zweifel an der Durchdachtheit seiner Siegprognose explizit auf die Bedingung hinweisen, daß keine Unfälle, Verletzungen oder schweren Spielfehler passieren[74].

Mit der zur Vervollständigung einer Argumentation erforderlichen Angabe von Ausnahmebedingungen sind zwei Probleme verbunden, die zum einen das Verhältnis von Regel und Ausnahme und zum anderen den Umfang der zu nennenden Ausnahmebedingungen betreffen. In Hinblick auf die Abgrenzung zwischen Normal- und Sonderfall ergibt sich die Frage, bis zu welchem Ausmaß besondere Umstände noch als Ausnahmen zu einer ansonsten geltenden Regel anzusehen sind und damit 'Rebuttals' im eigentlichen Sinne repräsentieren. Je häufiger 'Sonder'-Faktoren die Gültigkeit der aufgestellten Behauptung erschüttern können, desto eher geht die Angabe von Ausnahmebedingungen in generelle Fallunterscheidungen über mit der Folge, daß sich die Ausgangsaussage als solche ändert. Aus einer grundsätzlich geltenden und nur in außergewöhnlichen Situationen unhaltbaren Behauptung entstehen dann parallele Argumentationslinien, die für die unterschiedenen Fälle jeweils verschiedene Aussagen begründen[75]. Der Punkt des Übergangs einer Ausnahme in eine Situation von beachtlicher Häufigkeit läßt sich nach TOULMIN/RIEKE/JANIK jedoch nicht allgemeingültig bestimmen. Er ist vielmehr pragmatisch im Zusammenwirken der Experten des betreffenden Argumentationsfeldes festzulegen[76].

Während das Abgrenzungsproblem zwischen Regel und Ausnahme eher für die Art der Formulierung und die Strenge der modalen Qualifizierung einer Behauptung von Bedeutung ist, berührt das Umfangsproblem unmittelbar die Beurteilungsfrage, ob eine Anfangsaussage vollständig durchdiskutiert ist. Einerseits resultiert aus dem Streben nach einer weitgehenden Absicherung der aufgestellten Behauptung die Forderung, die eventuellen Ausnahmen möglichst lückenlos aufzuführen. Auf der anderen Seite ist der Umstand zu beachten, daß aus kommunikationspraktischen Gründen nicht sämtliche im entferntesten denkbaren Ausnahmen benannt werden können[77]. Vielmehr müssen - letzten Endes zahlreiche - Sonderumstände auch dann unerwähnt bleiben, wenn ihr behauptungsdiskreditierender Eintritt nicht gänzlich ausgeschlossen werden kann. Ein für die weitaus meisten Diskussionen extremes Beispiel bildet etwa die Prämisse vom Fortbe-

73) Zum Folgenden ebenda, S. 75 ff.

74) Siehe auch TOULMIN/RIEKE/JANIK 1979, S. 75.

75) Vgl. TOULMIN/RIEKE/JANIK 1979, S. 78 f., die folgendes Beispiel bringen. Sind nur wenige Menschen gegen Penicillin allergisch, so läßt sich die Behauptung aufstellen: «Penicillin eignet sich regelmäßig zur Bekämpfung von Entzündungen, sofern ein Patient nicht ausnahmsweise auf Penicillin allergisch reagiert.» Steigt der prozentuale Anteil allergischer Menschen in der Bevölkerung deutlich an, liegt hingegen die folgende Formulierung näher: «Bei nicht-allergischen Patienten eignet sich Penicillin zur Bekämpfung von Entzündungen; bei Patienten mit einer Penicillin-Allergie sollte dagegen ein anderes Antibiotikum verschrieben werden.»

76) TOULMIN/RIEKE/JANIK 1979, S. 79.

77) Vgl. zur Notwendigkeit stillschweigender Voraussetzungen in Sprechhandlungen allgemein auch schon oben, S. 155 f.

stand der Erde innerhalb des relevanten Argumentationshorizonts[78]. Welche Ausnahmen stillschweigend unterstellt werden können, ohne die Stichhaltigkeit der Argumentation zu gefährden, entzieht sich nach TOULMIN/RIEKE/JANIK 1979 allerdings ebenfalls einer generellen Präzisierung. Über die Grenze zwischen wesentlichen und unwesentlichen Ausnahmen kann vielmehr nur im konkreten Fall entschieden werden, wobei namentlich der Kenntnisstand der Argumentationsteilnehmer (Experten vs. Laien) sowie der Bereich und das Ziel der Argumentation in Rechnung zu stellen sind[79].

Die Strukturüberlegungen der Theorie von TOULMIN sind für unsere Zwecke nun ausreichend transparent und können wie folgt zusammengefaßt werden. Eine "wohl-begründete"[80] Behauptung liegt vor, wenn sie sich aus einer hinreichenden Zahl adäquater Gründe mit Hilfe einer Übergangsberechtigung, deren Zuverlässigkeit und Anwendbarkeit durch das dargelegte Stützungswissen untermauert ist, folgern läßt. Dabei ist die Strenge des Geltungsanspruchs der aufgestellten Behauptung durch modale Terme auszuzeichnen und unter die Voraussetzung zu stellen, daß die als wesentlich explizit ausgewiesenen Ausnahmebedingungen nicht intervenieren[81].

cc) Eignung der Argumentationstheorie und Forschungsbedarf

Die Argumentationstheorie hat in der Betriebswirtschaftlehre bislang noch keine durchschlagende Resonanz gefunden[82]. Als Ansatz, der gewissermaßen in der Mitte zwischen formaler Logik und psycho-logischer Rhetorik steht, stellt sie aber eine besonders fruchtbare meßtheoretische Basis für die Rationalbeurteilung managerialer Problemlösungen zur Verfügung[83]. Die spezifische Eignung ergibt sich aus der engen Verknüpfung der argumentationstheoretischen Kategorien mit der Erkenntnis, konkreter formuliert aus der Thematisierung der kognitiven Qualität der Schlußprämissen und der Konklusion. Die Güte einer Schlußfolgerung wird somit nicht nur - und nicht einmal primär - nach syntaktischen Kriterien bemessen. Zur Beurteilung kann vielmehr insbesondere auch die Verläßlichkeit der Argumentationsgrundlage herangezogen werden. So ist im TOULMIN-Schema beispielsweise die Untermauerung der Übergangsberechtigung ei-

78) Vgl. auch die drei von TOULMIN/RIEKE/JANIK 1979, S. 80 angeführten Beispiele: "'Vorausgesetzt, der Erlaß des Congresses ist noch gültig ...'"; "'Vorausgesetzt, die Phänomene der Natur folgen weiterhin regulären Gesetzen ...'"; "'So lange, wie Menschen bleiben, was sie jetzt sind ...'" (Übersetzung durch v. W.).

79) TOULMIN/RIEKE/JANIK 1979, S. 81.

80) TOULMIN/RIEKE/JANIK 1979, S. 27 sprechen von "*well founded*".

81) Siehe auch die Zusammenfassung bei TOULMIN/RIEKE/JANIK 1979, S. 27.

82) Vgl. zu betriebswirtschaftlichen Arbeiten, die sich mit der Argumentationstheorie beschäftigen, die Quellenangaben in FN 141 auf S. 174. Zu beachten ist, daß die Feststellung im Text nicht für die Diskurstheorie im weiteren Sinne des Konstruktivismus und der Kritischen Theorie gilt, die heute das wohl vorherrschende Konzept im Rahmen der Diskussion um die Unternehmungsethik darstellt (hierzu S. 319 m. z. N.).

83) Auf das (noch kaum ausgeschöpfte) Potential der Argumentationstheorie für die Auseinandersetzung mit Fragen der Bewältigung unstrukturierter Managementprobleme weisen u. a. auch MITROFF/MASON 1980, S. 335; MITROFF/MASON/BARABBA 1982, S. 1392; SCHMIDT 1983b,

gens durch eine gesonderte Strukturkomponente in Form des Stützungswissens konzeptualisiert[84]. Die Argumentationstheorie eröffnet damit einen Zugang zur epistemischen Beurteilung von Aussagen und folglich auch von Problemlösungsbehauptungen jenseits der bloß formal-syntaktischen Dimension[85]. Der Vorteil dieser konzeptionellen Erweiterung läßt sich leicht am Beispiel der kontrafaktischen Sokrates-Argumentation[86] einsichtig machen. Die mangelnde Überzeugungskraft des formallogisch korrekten Schlusses auf den unsterblichen Sokrates kann nun innerhalb des argumentationstheoretischen Bezugsrahmens lokalisiert und erklärt werden: Der Übergang von dem Datum «Sokrates ist ein Mensch» zur Konklusion ist abzulehnen, da die in Anspruch genommene Übergangsberechtigung («Alle Menschen sind unsterblich») nicht hinreichend gestützt ist.

Durch die Einbeziehung der kognitiven Aussagenfundierung und die Herausarbeitung von Determinanten für Stichhaltigkeitsunterschiede von Argumentationen lassen sich auch[87] und gerade 'weiche' Schlußfolgerungen konzeptionell erfassen, also Schlüsse, die nicht zwingend deduzierbar sind, sondern nur mit mehr oder weniger guten Gründen einsichtig gemacht werden können. Derartige Folgerungsbeziehungen stehen aber angesichts der diversen Rationalbarrieren bei unstrukturierten Managementproblemen definitionsgemäß im Mittelpunkt. Dabei erscheint die spezifisch argumentationstheoretische Dialogstruktur zudem als besonders adäquat für die Abbildung fundierter Entscheidungsvorbereitungen in Projektteams der Managementpraxis[88]. Der Austausch von Pro- und Contra-Überlegungen bildet im Vergleich zur deduktiven Aneinanderreihung von Ableitungsschritten geradezu die prototypische Form für das praktische 'Ringen' um den besten Weg, unstrukturierte Probleme zu bewältigen[89].

Als Zwischenresümee kann somit konstatiert werden, daß sich die Perspektive der Argumentationstheorie in hohem Maße als meßtheoretische Basis für die Rationalbeurteilung managerialer Problemlösungen im Sinne des oben entwickelten Integrationsmodells[90] anbietet. Ungeachtet seiner prinzipiellen Eignung bedarf dieser Ansatz allerdings

---

S. 511; KIRSCH 1984, S. 567; ZACHARIAS 1988, S. 103; KLEIN 1989, S. 223 und SIKORA 1989, Sp. 1964 hin.

84) Vgl. ferner auch exemplarisch die Kriterien, die RESCHER (1977b, S. 37 ff.; ders. 1976, S. 111) im Rahmen seiner Argumentationstheorie für die Überzeugungskraft von Aussagen formuliert (z. B. Integrierbarkeit in den kohärenten Bestand des Wissens; Zuverlässigkeit der Quellen; Bewährungsgrad der zugrundeliegenden Theorie).

85) Vgl. TOULMIN 1975, S. 13 f., 17. Prägnant auch RESCHER 1977b, S. xiii: "Dialektik (gemeint ist die Argumentationstheorie in unserem Sinne) ist für unser *faktisches* Wissen, was Logik für unser *formales* Wissen ist: Ein Mechanismus der rationalen Gültigkeitsbeurteilung" (Übersetzung durch und Klammerzusatz v. v. W.).

86) Siehe S. 170.

87) Selbstverständlich deckt der argumentationstheoretische Rahmen auch stringent abgeleitete Aussagen ab.

88) Siehe hierzu sowie zum Strukturierungseffekt einer mehrstufigen argumentationstheoretischen Konzeption noch näher S. 400 ff. dieser Arbeit.

89) Hiermit ist nicht gesagt, daß praktisch auch stets eine entsprechende Abwägung vorgenommen wird. Wenn allerdings Entscheidungen intensiver vorbereitet werden, erfolgt dies namentlich bei multipersonaler Teamarbeit regelmäßig in Form von Debatten, die sich als Vorteils-Nachteils-Untersuchungen oder Konfrontationen von Argument und Gegenargument rekonstruieren lassen.

auch in der von TOULMIN vorgelegten Fassung noch in zentralen Punkten einer Erweiterung. Zunächst deckt das TOULMIN-Schema im Kern nur einen einzigen Argumentationsschritt ab, der durch Gründe, Übergangsberechtigungen und Stützungswissen eine Behauptung einsichtig machen soll. Zu beachten ist jedoch, daß die Gründe bzw. Datenangaben wie auch die Aussagen zum Stützungswissen ihrerseits problematisch und daher zu begründen sein können, und daß hierzu komplementär eine begründete Behauptung als Grund oder Stützungswissen in einen weiteren Argumentationsschritt eingehen kann. Konkrete Argumentationen können folglich m. a. W. aus mehrstufigen Begründungsketten bestehen[91)]. TOULMIN selbst spricht diese Möglichkeit zwar am Rande an[92)], führt die Konzeptualisierung der mehrstufig-verketteten Argumentationen jedoch nicht durch. Mehrstufige Begründungskomplexe lassen sich aber - wie unsere späteren Untersuchungen im einzelnen noch zeigen werden - nicht durch eine bloße Aneinanderreihung des Strukturschemas von TOULMIN überzeugend modellieren. Analysiert man das Zusammenspiel der Begründungsaussagen in Argumentationen mit mehreren Begründungsebenen, so erweist sich vielmehr eine alternative Konzeption als zweckmäßig, bei der z. B. neben Behauptungen auch Datenangaben und Übergangsberechtigungen durch Argumente gestützt werden, die jeweils singuläre und reguläre Aussagen umfassen[93)].

Das zweite Defizit besteht darin, daß die Theorie von TOULMIN mit der von überzeugungskräftigen Argumentationen einzuhaltenden Grundstruktur zwar auch die Ansatzpunkte zur kognitiven Beurteilung von Gedankenführungen offenlegt, für die Bewertung selbst allerdings nur wenig Hilfestellung bietet[94)]. Wie auch bereits im Zuge der Vorstellung des Strukturschemas anklang, wird die Lösung der epistemisch zentralen Probleme etwa, welche Gründe akzeptabel und ausreichend sind[95)], in welchem Umfang Stützungswissen eingebracht werden muß[96)] und welche Annahmen stillschweigend getroffen werden dürfen[97)], zur Hauptsache der Expertenentscheidung im Einzelfall überlassen. Damit bleibt u. a. auch die wichtige Frage offen, welche generellen Prinzipien eine vernünftige Begrenzung der Breite und des Tiefgangs von Argumentationen steuern können. Gerade bei Einführung des Gedankens mehrstufiger Begründungen kann die Bedeutung dieser Fragestellung kaum überschätzt werden. Die Argumentationstheorie von TOULMIN ist somit gewissermaßen 'erkenntnistheoretisch anzureichern', um eine Be-

---

90) Das Integrationsmodell kann somit im Sinne der Differenzierungsthese von TOULMIN (siehe S. 178 f. dieser Arbeit) als argumentationsbereichsspezifische Konzeptualisierung des Meßobjekts (Problemlösung) interpretiert werden.

91) Hierauf weisen auch ALEXY 1978, S. 116 f., 123 f.; KIRSCH 1984, S. 572; VOSS/TYLER/YENGO 1983, S. 210 und VOSS 1988, S. 77 hin.

92) Vgl. TOULMIN 1975, S. 86, 97; TOULMIN/RIEKE/JANIK 1979, S. 33 f.

93) Die Strukturkomponente 'Stützungswissen' von TOULMIN wird somit nach unserer Konzeption ebenfalls als Argument bzw. Ansammlung von Argumenten aufgefaßt. Vgl. zur hier vorgeschlagenen Konzeptualisierung mehrstufiger Begründungen im einzelnen S. 325 ff., insb. S. 331 ff. und S. 354 ff.

94) Vgl. auch ZACHARIAS 1988, S. 52; KLEIN 1989, S. 222; ZELEWSKI 1991, S. 70 f. (der das Entwicklungspotential des TOULMIN-Ansatzes allerdings unterschätzt).

95) Siehe S. 182 f. dieser Arbeit.

96) Vgl. S. 183 f.

urteilung des Rationalgehalts managerialer Empfehlungen zur Problemlösung und eine (argumentations-)rationale Limitierung von Empfehlungsbegründungen zu ermöglichen.

Das dritte wesentliche Manko schließlich liegt in der noch fehlenden (ordinalen) Abstufung unterschiedlich rationaler Problemlösungen, die im Mittelpunkt des Interesses der vorliegenden Schrift steht. TOULMIN begnügt sich insoweit im Kern lediglich mit einer Auflistung zahlreicher Formulierungsvarianten für die modale Qualifizierung des Geltungsanspruchs von Behauptungen[98]. Eine systematische Beziehung zwischen den einzelnen Modalitäten der Anspruchsstärke und der Güte des kognitiven Fundaments der fraglichen Behauptung - geschweige denn eine Skala verschiedener Rationalitätsstufen - stellt er jedoch nicht her.

Zur Schließung der aufgezeigten Lücken des Ansatzes von TOULMIN kann selbstverständlich teilweise auf die übrigen schon vorliegenden argumentationstheoretischen Forschungsergebnisse sowie die erkenntnistheoretische Literatur zurückgegriffen werden. Eine geschlossene Konzeption, die (u. a.) die drei angesprochenen Erweiterungen vornimmt und namentlich auch in die Entwicklung eines Instrumentariums zur differenzierten Messung des Rationalgehalts managerialer Problemlösungen mündet, ist bislang jedoch - soweit wir das Schrifttum übersehen können - noch nicht erarbeitet worden[99]. Vor diesem Hintergrund sollen im folgenden die argumentations- und erkenntnistheoretische Basis der Rationalitätsmessung geschaffen und ein konkretes Meßinstrumentarium in seinen Grundzügen vorgestellt werden. Um die Orientierung zu erleichtern, geben wir an dieser Stelle einen kurzen Überblick über den Ablauf der weiteren Untersuchungen. Dabei sollen die wesentlichen Untersuchungskategorien angesprochen und ins Verhältnis zueinander gesetzt, naturgemäß aber noch nicht eingehender erläutert werden.

Nach dem erarbeiteten Begriff der Argumentationsrationalität bemißt sich der Rationalgehalt managerialer Problemlösungen nach dem Ausmaß der nachvollziehbaren Güte der Fundierung, wie sie in den kommentierenden Aussagen des Projektteams zum Ausdruck kommt. Diese Fundierungsgüte hängt aus dem Blickwinkel einer argumentations- und erkenntnistheoretischen Perspektive bei genauerer Betrachtung[100] von der Struktur und

---

97) Siehe S. 186.

98) Siehe hierzu oben, S. 184.

99) Dies gilt z. B. auch für die Überlegungen von RESCHER und MANOR zur Einführung eines "Plausibilitätsindexes" für alternative, in sich jeweils konsistente, miteinander aber unvereinbare Aussagensysteme (siehe RESCHER/MANOR 1970; RESCHER 1976, S. 40 ff.). Der Ansatz sieht im Kern vor, die von der Zuverlässigkeit ihrer Herkunftsquellen bestimmte Plausibilität der einzelnen Aussagen in einer numerischen Größe zu erfassen, aus der Gesamtheit der vorliegenden Aussagen die Menge der jeweils "*maximal consistent subsets*" (RESCHER/MANOR 1970, S. 182) zu bilden und nach bestimmten axiomatischen Regeln die Aussagen-Teilmenge mit der größten Plausibilität zu berechnen. Das Verfahren hat nach unserer Auffassung v. a. den Nachteil, daß die kardinale Meßbarkeit der Plausibilität - ganz analog zur quantitativen Nutzenmessung (vgl. hierzu auch S. 423 dieser Arbeit) - durch die mehr oder weniger große Willkürlichkeit der Zahlenzuordnung zu den verschiedenen, kaum näher präzisierten Zuverlässigkeiten der Quellen und damit der Aussagen erkauft wird (siehe die rein formale Festlegung der Wertebereiche der Plausibilitätsziffern bei RESCHER/MANOR 1970, S. 197 f.; RESCHER 1976, S. 11). Nach dem in dieser Arbeit vorgeschlagenen Ansatz hingegen wird die Plausibilität von Aussagen (als wesentlicher Determinante der Rationalbeurteilung von

Substanz der Projektaussagen ab. Zunächst sind daher die zur Erfassung der Aussagenstruktur und Aussagensubstanz erforderlichen Basiskategorien einzuführen. Sie gehen aus Präzisierungen und Modifikationen von in der Literatur gebräuchlichen Kategorien hervor, die den geplanten konzeptionellen Erweiterungen (Mehrstufigkeit; epistemische Anreicherung; Rationalgehaltsabstufung) dienen. Bei den Basiskategorien handelt es sich zum einen um fünf Arten, genauer: Dimensionen von Aussagen und zum anderen um drei Argumentationskomponenten (vgl. Abb. 22).

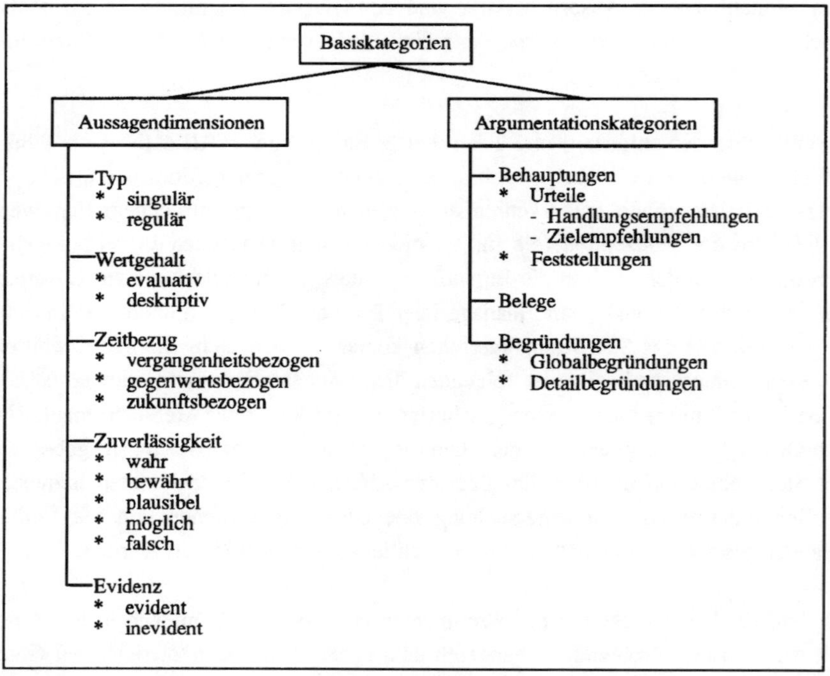

Abb. 22: Basiskategorien der Rationalitätsmessung

Als *Aussagendimensionen* werden der *Typ* (singuläre und reguläre Aussagen), der *Wertgehalt* (evaluative und deskriptive Aussagen), der *Zeitbezug* (vergangenheits-, gegenwarts- und zukunftsbezogene Aussagen), die *Zuverlässigkeit* (wahre, bewährte, plausible, mögliche und falsche Aussagen) und die *Evidenz* (evidente und inevidente Aussagen) herausgestellt. Die *Argumentationskomponenten* umfassen die Behauptungen, die Begründungen und die Belege. *Behauptungen* stellen evaluative (*Urteile*) oder deskriptive (*Feststellungen*) Aussagen über die Vorteilhaftigkeit bzw. Existenz von Phänomenen dar. Im Fall der managerialen Problemlösung handelt es sich bei den Anfangsbehauptungen konkret um *Handlungsempfehlungen* und/oder *Zielempfehlungen*. Ist die

---

Problemlösungen) inhaltlich nach Maßgabe der Struktur und Substanz der Aussagenbegründungen gemessen, wobei insbesondere auch mehrstufige Begründungen in die Betrachtung einbezogen werden.

100) Während bislang aus Gründen der sprachlichen Vereinfachung häufig nur von der 'Zuverlässigkeit' der (Konsequenz-)Aussagen die Rede war (vgl. auch nochmals FN 100 auf S. 85), ist mit Beginn der

Fundierung einer Behauptung - wie bei Handlungsempfehlungen zur Bewältigung von unstrukturierten Managementproblemen zu Anfang definitionsgemäß der Fall - nicht offensichtlich, wird ihr Anspruch auf Geltung also in Frage gestellt und damit problematisch, so ist die Behauptung zu untermauern. Je nach Wertungsgehalt der aufgestellten Behauptung kommen dabei verschiedene Stützungsformen in Betracht. Während Urteile eine evaluative *Globalbegründung* erfahren, lassen sich Feststellungen entweder durch deskriptive *Detailbegründungen* oder aber *Belege* erhärten.

Eine *Begründung* besteht aus einem Argument oder mehreren Argumenten bzw. Gründen, wobei sich jeder *Grund* aus einer oder mehreren singulären Aussage(n) und einer regulären Aussage zusammensetzt. Die Überzeugungskraft evaluativer Globalbegründungen läßt sich (für unsere Zwecke) im Kern auf die Stichhaltigkeit deskriptiver Detailbegründungen zurückführen, die ihrerseits von der Zuverlässigkeit und Zahl der vorgebrachten Argumente abhängt[101]. Dabei richtet sich die Zuverlässigkeit eines Arguments nach seiner *Tragfähigkeit* und *Triftigkeit*, die von der Verläßlichkeit der argumentimmanenten Daten bzw. Regel bestimmt wird.

Im Mittelpunkt der Überlegungen zu den Basiskategorien steht neben der Explikation wahrer und bewährter Aussagen die Analyse von Begründungen. Ihre Überzeugungskraft bestimmt den jeweiligen Verläßlichkeitswert der (begründeten) plausiblen Aussagen, die bei der Fundierung bzw. Kommentierung unstrukturierter Problemlösungen im Vordergrund stehen. Wichtige Untersuchungskomplexe bilden dabei die Formalstruktur evaluativer und deskriptiver Argumente, die allgemeinen Determinanten der Begründungsstichhaltigkeit, die spezifische Stichhaltigkeit mehrstufiger Argumentationen, die argumentationsrationale Bewältigung von Begründungskonflikten und die Begrenzung der Breite und Tiefe von Begründungen. Auf diesen Grundlagenarbeiten aufbauend kann sodann das angestrebte Instrumentarium für die Messung der Argumentationsrationalität entwickelt und einer Diskussion hinsichtlich der Möglichkeiten und (noch vorhandenen) Grenzen der Rationalitätsmessung unterzogen werden. Orientierungsleitlinie der Rationalgehaltsabstufung bildet dabei die Frage, in welchem Ausmaß die nach dem Stand des zugänglichen Wissens vorhandenen Fundierungspotentiale ausgeschöpft worden sind. Die Hauptkomplikation einer solchen Rationalitätsmessung resultiert aus dem Vergleich von Argumentationen mit divergierenden Breite-Tiefe-Mischungen. Eine vollkommene Aggregation des Rationalgehalts von unterschiedlichen Argumentationsbreiten und -tiefen setzt letztlich eine kardinale Rationalitätsmessung voraus, die gegenwärtig - vor allem auch aufgrund ausstehender empirischer Forschungen - noch nicht möglich ist.

---

eigentlichen Entwicklungsarbeiten am Meßinstrumentarium nun präziser zwischen den diversen Einflußfaktoren der kognitiven Qualität der Fundierung und damit der Rationalität zu differenzieren.

101) Um Irritationen entgegenzuwirken, sei darauf hingewiesen, daß wir mit der Rückführung der Stichhaltigkeit von Globalbegründungen auf die Überzeugungskraft von Detailbegründungen keineswegs für einen evaluativen Naturalismus plädieren, siehe im einzelnen unten, S. 306 ff.

B. Basiskategorien rationaldifferenter Argumentationen

I. Aussagendimensionen

Der rationale Gehalt von Vorschlägen und Beschlüssen zur Lösung unstrukturierter Managementprobleme ist nach der Struktur und Substanz der Aussagen zu bemessen, mit denen die (Vor-)Entscheidungen vom Projektteam kommentiert werden. Um Problemlösungen bzw. ihre Kommentierungen einer solchen Rationalbeurteilung unterziehen zu können, sind zunächst mehrere Dimensionen von Aussagen zu unterscheiden. Aussagen können offensichtlich unter mannigfaltigen Gesichtpunkten beschrieben und klassifiziert werden. Infolgedessen muß es hier darum gehen, ein System von Einteilungen einzuführen, das einerseits eine hinreichend differenzierte Analyse der Projektaussagen erlaubt, ohne andererseits zu fein und damit unhandlich zu sein. Bei dieser Maxime erweist sich eine Unterscheidung von drei artbezogenen Dimensionen und zwei Gütedimensionen als gleichermaßen notwendig und ausreichend. Die Trennung der Aussagenarten[1)] nimmt Bezug auf die prinzipielle Detailstruktur von Begründungen (*Aussagentyp*), das Wertgefälle zwischen Vorteilhaftigkeitsurteilen auf der einen Seite und Feststellungen im Rahmen der Urteilsuntermauerung andererseits (*Wertgehalt*) sowie den Tatbestand, daß manageriale Problemlösungsempfehlungen in die Zukunft weisen, zugleich aber (auch) durch vergangenheits- oder gegenwartsbezogene Stützungsaussagen zu untermauern sind (*Zeitbezug*). Die beiden Dimensionen der Aussagengüte resultieren aus unserem Begriffsverständnis der Argumentationsrationalität, die die nachvollziehbare Qualität der Fundierung einer Problemlösung zum Maßstab nimmt. Die Dimension der *Zuverlässigkeit* einer (deskriptiven[2)]) Aussage stellt dabei auf einen wesentlichen Einflußfaktor der Fundierungsqualität und die *Evidenzdimension* auf die Erkennbarkeit der Qualität durch Dritte (Rationalgutachter) ab. Im folgenden werden die einzelnen Dimensionen näher charakterisiert und die Komplikationen erörtert, die mit den getroffenen Unterscheidungen verbunden sind.

1. Dimensionen der Aussagenart

a) Typ: Singuläre und reguläre Aussagen

Aussagen lassen sich nach ihrem Typ in singuläre und reguläre Propositionen einteilen. Während singuläre Aussagen Auskunft über individuelle Situationsdaten geben, handeln reguläre Aussagen von generellen Gesetzmäßigkeiten. Der Abgrenzung zwischen den beiden Aussagentypen kommt eine erhebliche methodologische Bedeutung zu. Sie ist z. B. - wie im weiteren noch deutlich werden wird - für die Explikation der Struktur von Erklärungen und Prognosen (und damit von Begründungen) unentbehrlich[3)]. Ferner wird

1) Aus Gründen der sprachlichen Vereinfachung soll in Hinblick auf die artbezogenen Aussagendimensionen kurz, wenn auch strenggenommen nicht ganz korrekt, auch von Aussagenarten gesprochen werden.

2) In der vorliegenden Arbeit werden nur deskriptive Aussagen unmittelbar nach dem Kriterium der Zuverlässigkeit beurteilt, evaluative Aussagen hingegen (mittelbar) nach Maßgabe der Zuverlässigkeit ihrer deskriptiven Basis. Vgl. näher S. 216 f.

vor dem Hintergrund dieser Unterscheidung bisweilen sogar eine Trennlinie zwischen ganzen Wissenschaftsfeldern gezogen: Den nomothetischen Naturwissenschaften mit ihrer generalisierenden Suche nach vorgegebenen Gesetzen werden dabei die idiographischen Kulturwissenschaften mit ihrem individualisierenden Interesse an motivgeleiteten Handlungszusammenhängen gegenübergestellt[4)].

Die Abgrenzung zwischen singulären und regulären Aussagen erscheint schon angesichts der unbesehenen Begriffsverwendung im einzelwissenschaftlichen Sprachgebrauch auf den ersten Blick unproblematisch zu sein. Tatsächlich ist es aber ungeachtet intensiver Forschungsbemühungen bis heute nicht gelungen, ein präzises und komplikationsfreies Abgrenzungskriterium anzugeben[5)]. Aus der Fülle der Schwierigkeiten und Lösungsversuche, die um die Definition des Gesetzesbegriffs kreisen, seien hier nur zwei Beispiele zur Problemsensibilisierung angeführt. Aussagen mit unstreitig gesetzesartigem[6)] Charakter lauten etwa «Alle Metalle leiten elektrischen Strom» oder «Alle Massen üben aufeinander Gravitationskräfte aus». Eine durchaus prominente Begriffsfassung knüpft an die spezifische Satzgestalt derartiger Propositionen an und kennzeichnet Gesetzesaussagen syntaktisch als Allaussagen[7)]. Bei näherem Hinsehen zeigt sich allerdings, daß mit dieser Eigenschaft nur eine notwendige und keine hinreichende Bedingung der Gesetzesartigkeit benannt wird. Es lassen sich nämlich beliebig viele Allaussagen formulieren, die nach dem üblichen Vorverständnis nicht gesetzmäßiger Natur sind. Ein Beispiel für diese *akzidentell* oder auch *kontingent* genannten Aussagen bildet der vielzitierte Satz: "'Alle Äpfel in diesem Korbe sind rot.'"[8)] Der mangelnde Gesetzescharakter akzidenteller Aussagen beruht auf der Endlichkeit der erfaßten Phänomene[9)]. So bezieht sich die Farbinformation im Beispielsfall eben nur auf die in dem betreffenden Korb befindlichen Früchte.

In Anbetracht des zu weiten Begriffs der Allaussage liegt die bekannte Einschränkung gesetzmäßiger Propositionen auf Allaussagen mit räumlich und zeitlich unbegrenztem Geltungsbereich nahe[10)]. Auch dieser 'Rettungsversuch' ist jedoch genaugenommen zum

---

3) Siehe an dieser Stelle nur STEGMÜLLER 1983, S. 320; JAMMER 1989, S. 115 f., sowie näher S. 194 f. und insb. S. 304 ff.

4) Hierzu SCHANZ 1975, S. 31; WEINGARTNER/DORN 1980, S. 758; DIEMER/SEIFFERT 1989a, S. 346 f. (alle m. w. N.), sowie auch unten, S. 377 ff.

5) Vgl. LENK 1972a, S. 29; KANITSCHEIDER 1980, S. 264 f.; STEGMÜLLER 1983, S. 319 f.; JAMMER 1989, S. 116.

6) Nach einer auf GOODMAN zurückgehenden Einteilung kann zwischen Gesetzesaussagen und gesetzesartigen Aussagen unterschieden werden. Die gesetzesartigen Aussagen weisen mit einer Ausnahme sämtliche Eigenschaften von Gesetzesaussagen auf: Sie müssen nicht unbedingt wahr sein (vgl. GOODMAN 1947, S. 125). Diese Unterscheidung wird jedoch im folgenden nicht getroffen. Reguläre Aussagen können vielmehr nach den späteren Untersuchungen (siehe S. 214 ff.) unterschiedlich zuverlässig (also wahr, bewährt, plausibel oder gar bloß theoretisch-möglich) sein, so daß hier synonym von gesetzmäßigen und gesetzesartigen Propositionen gesprochen werden kann.

7) Hierzu und zum folgenden STEGMÜLLER 1983, S. 346 ff.; JAMMER 1989, S. 116 f.

8) JAMMER 1989, S. 117. Ähnlich z. B. KANITSCHEIDER 1980, S. 258; STEGMÜLLER 1983, S. 321, 346. Das Attribut *akzidentell* erklärt sich daraus, daß die gemeinsame Eigenschaft (hier: die rote Farbe) nicht zwingend, sondern zufällig ist. Im angesprochenen Korb könnten sich auch gelbe und grüne Äpfel befinden. Vgl. hierzu auch ACHAM 1983, S. 174.

Scheitern verurteilt. Berücksichtigt man die lokalen und temporalen Grenzen, die das Universum und seine nach heutigem Forschungsstand anzunehmende endliche Existenzdauer ziehen, so muß letztlich jeder Aussage der Gesetzescharakter mangels uneingeschränkter Gültigkeit abgesprochen werden[11]. Aber selbst wenn man sich nicht an den kosmischen Begrenzungen stößt, schließt das Raum-Zeit-Kriterium namhafte Aussagen, die nach ganz herrschendem Verständnis als nomologisch anzusehen sind, vom Gesetzesstatus aus. Als Beispiele können die Kepplerschen Gesetze der Planetenmechanik dienen, die wesentlich auf unser konkretes Sonnensystem Bezug nehmen[12]. Die in der Betriebswirtschaftslehre (und auch darüber hinaus) nicht seltene nonchalante Definition von - und Hochachtung vor - Gesetzen als raum-zeitlich unlimitiert gültigen Aussagen[13] ist somit bei näherem Hinsehen nicht haltbar und zumindest ohne nähere Zusätze irreführend[14].

Die Schwierigkeiten, die mit dem Gesetzesbegriff verbunden sind, lassen sich an dieser Stelle nicht bis ins Detail weiterverfolgen. Unter Hinweis auf die ungelöste Begriffsproblematik kann hier vielmehr nur eine Definition singulärer und regulärer Aussagen gegeben werden, die zwar nicht vollkommen immun gegen (philosophische) Einwände ist, für unsere Zwecke aber ausreicht. Den Ausgangspunkt dieser Begriffsbestimmung bildet die Funktion von Gesetzesaussagen. Gesetze bringen (mehr oder weniger stabile[15]) Beziehungen zwischen verschiedenen Phänomenen zum Ausdruck[16]. Sie stellen einen systematischen Zusammenhang her zwischen der Zugehörigkeit einer Entität zu einer bestimmten Klasse von Entitäten und gewissen Eigenschaften der klassenzugehörigen Entität. Anders gewendet sind bei Erfüllung der gesetzlichen Voraussetzungen mit (mehr oder weniger strenger) Notwendigkeit bestimmte Erscheinungen zu verzeichnen[17]. Aufgrund dieser Beschaffenheit können Gesetze u. a. dem theoretischen Erkenntnisinteresse dienen, zunächst geheimnisvolle Phänomene durch Rückführung auf bekannte Erscheinungen zu erklären und zukünftige Ereignisse durch Fortschreibung bisheriger Phänomene zu prognostizieren[18]. Erklärungs- wie Prognosekraft setzen allerdings voraus,

---

9) Siehe auch STEGMÜLLER 1983, S. 321 f.

10) Vgl. auch STEGMÜLLER 1983, S. 348 ff.; JAMMER 1989, S. 117; KANITSCHEIDER 1980, S. 264.

11) Speziell hierzu KANITSCHEIDER 1975, S. 128 f.; ders. 1980, S. 262 f.; JAMMER 1989, S. 117, 118; STEGMÜLLER 1983, S. 350 f.

12) STEGMÜLLER 1983, S. 350; JAMMER 1989, S. 117.

13) Vgl. exemplarisch NEUHAUSER 1967, S. 107; WILD 1976, Sp. 3899 ff.; SCHANZ 1979a, S. 2; EICHHORN 1979, S. 79 f.; SCHREYÖGG/STEINMANN 1980, Sp. 2399.

14) Daß bereits der - häufig übersehene - Tatbestand, daß selbst physikalische Gesetze aus Prinzip nur beschränkt gültig sind, die Überzeugungskraft der mitunter vehementen Ablehnung des 'naturwissenschaftlichen Forschungsideals' für sozialwissenschaftliche Fragestellungen schwächt, soll hier nur am Rande vermerkt werden. Siehe zum Vergleich der natur- und der sozialwissenschaftlichen Erkenntnismöglichkeiten näher unten (S. 376 ff.).

15) Gesetze müssen nicht deterministisch sein, wie sogleich (S. 198) noch näher ausgeführt wird.

16) Vgl. zum folgenden v. a. ACHAM 1983, S. 173 ff., sowie noch MÜLLER 1973, S. 569 ff.; HAHN/MEDER 1978; KANITSCHEIDER 1980, S. 266; JAMMER 1989, S. 113.

17) Also: «Wenn A, dann immer/in x% der Fälle B».

daß die Gültigkeit einer herangezogenen (All-)Aussage nicht auf eine geschlossene Klasse von Entitäten beschränkt ist, die betroffenen Entitäten somit nicht von vornherein bekannt sind und abschließend einzeln aufgezählt werden können. In diesen Fällen erschließt die Aussage nämlich letztlich keine zusätzlichen Informationen[19]. Der Anwendungsbereich muß sich vielmehr auf eine offene Klasse erstrecken, so daß die Zahl der potentiell erfaßten Entitäten zwar nicht unendlich[20], aber doch immerhin unbestimmt ist[21]. Hierdurch wird sichergestellt, daß die Aussagen die bisherigen Beobachtungen transzendieren und auch für Ereignisse gelten können, die noch der Erklärung oder Prognose harren[22]. Um dieses Kernmerkmal von Gesetzen am Beispiel zu verdeutlichen: Die oben zitierte Farbaussage gilt nur für die abzählbar vielen Früchte in dem betreffenden Korb und gibt daher für die Erklärung und Prognose der farblichen Zusammensetzung anderer Apfelkörbe im Grundsatz[23] nichts her. Die gesetzmäßigen Zusammenhänge zwischen Massen lassen sich hingegen beliebig oft reproduzieren, so daß die Zahl der möglichen Instanzen[24] des Gravitationsgesetzes nicht von vornherein festliegt. Infolgedessen können auf seiner Grundlage z. B. nicht nur die bisher vorgekommenen, sondern auch alle zukünftigen Fallbewegungen losgelassener Gegenstände auf der Erde enträtselt und vorhergesagt werden.

Jenseits der grundsätzlichen Charakterisierung gesetzmäßiger Aussagen über die Unbestimmtheit der Anzahl ihrer Anwendungsfälle hinaus lassen sich nur graduelle Abstufungen nach dem Ausmaß der Allgemeingültigkeit vornehmen[25]. So können etwa grob Gesetze geringer, mittlerer und großer Reichweite unterschieden werden, die sich auf eng begrenzte raum-zeitliche Ausschnitte der Welt, weitergesteckte Anwendungsfelder oder nahezu unbeschränkte Geltungsbereiche erstrecken[26]. Derartigen Einteilungen könnte auch terminologisch Ausdruck verliehen werden, indem nach der Weite des Anwendungsbereichs etwa zwischen Universal-Gesetzen und 'Quasigesetzen'[27] differenziert

---

18) Eine ausführliche Erörterung des Mechanismuses von Erklärungen und Prognosen erfolgt später (auf S. 338 ff.)

19) Vgl. auch den auf S. 175 f. dargelegten, bloß analytischen Schluß auf die Haarfarbe von Jacks Schwester Anne. Die Feststellung über den mangelnden Informationsgehalt darf im übrigen nicht dahingehend mißverstanden werden, daß geschlossene Aussagen für keinen Adressaten interessant sein können. Personen, die über die Haarfarbe von Jacks Schwestern bislang nicht Bescheid wußten, kann die entsprechende Mitteilung durchaus Aufschluß geben. Sie drückt eben nur keine gesetzmäßige Regel, sondern eine individuelle Situationsbeschreibung aus.

20) Als Folge der strenggenommen zu beachtenden Grenzen des Universums.

21) Vgl. auch KRÖBER 1968, S. 182; ACHAM 1983, S. 174 f.

22) Vgl. in diesem Zusammenhang auch das Merkmal der induktiven Bestätigungsfähigkeit, das gesetzesartige vor akzidentellen Aussagen u. a. auszeichnet (hierzu STEGMÜLLER 1983, S. 323, 326; JAMMER 1989, S. 117).

23) Die Aussage könnte zwar z. B. als Hinweis darauf aufgefaßt werden, daß die Äpfel nach ihrer Farbe sortiert und sämtliche Körbe der betrachteten Art nur mit roten Früchten gefüllt werden. Diese Annahme ist aber ohne entsprechende Zusatzinformationen nur wenig plausibel und kann daher hier vernachlässigt werden. Vgl. in diesem Zusammenhang auch STEGMÜLLER 1983, S. 323 FN 3.

24) *Instanzen* bezeichnen im wissenschaftstheoretischen Sprachgebrauch die einzelnen konkreten Anwendungsfälle eines Gesetzes. Vgl. nur HEMPEL 1977, S. 10; JAMMER 1989, S. 116.

25) Vgl. an dieser Stelle nur noch KANITSCHEIDER 1980, S. 265, wonach sich der Gesetzesbegriff nicht vollständig präzisieren, sondern nur in seinem "Vagheitsspielraum ... etwas einschränken" läßt.

würde. Da die Grenzziehungen nach raum-zeitlichen Aspekten im Grunde aber willkürlich bleiben muß[28)], soll dieser Sprachgebrauch hier nicht streng durchgehalten werden. Vielmehr wird nur als Mindestbedingung vorausgesetzt, daß der gesetzmäßige Zusammenhang wenigstens bis zum jeweiligen zeitlichen und räumlichen *Behauptungshorizont* Bestand hat, also zumindest für den von der fraglichen Aussage abgedeckten Bereich gilt. Solche Gesetze sollen sodann einheitlich - und weniger verfänglich - als *Regelmäßigkeiten*, *Regularitäten* oder kurz *Regeln* angesprochen werden. Wichtiger als terminologische Konventionen ist hier die Feststellung, daß Allgemeingültigkeit ein dezidiert relatives Kriterium ist und Regeln sich im Grad ihrer Universalität daher ganz erheblich unterscheiden können[29)]. Vor allem ist im Auge zu behalten, daß auch geringe Reichweiten den Regelcharakter von Propositionen keineswegs ausschließen. Die Aussage etwa: «Unser Produktpreis beträgt in 1992 100 DM» ist zwar lokal und temporal beträchtlich eingeschränkt, kann aber gleichwohl als reguläre Proposition fungieren[30)]. Da (genauer: sofern) die Zahl der Kunden, die zu diesem Preis Produkte von der Unternehmung erwerben, nicht von vornherein festliegt, kann mit Hilfe dieser Preisregel z. B. die Höhe unbestimmt vieler Zahlungsverpflichtungen von Abnehmern der Unternehmung 'erklärt' oder vorausgesagt werden. Die Erklärungs- und Prognosekraft dieser 'Gesetzes'-Aussage trägt aber natürlich - wie zur Vermeidung von Mißverständnissen ausdrücklich betont sei - nicht sehr weit[31)].

Neben der großen Spannweite der Allgemeingültigkeit als Kriterium der Gesetzesartigkeit ist ferner zu berücksichtigen, daß der reguläre Charakter einer Proposition durchaus auch von der jeweiligen Fragestellung bzw. Aussagenverwendung abhängen kann[32)]. Auch diese Form der Relativität des Gesetzes- bzw. Regelbegriffs läßt sich am Beispiel der Absatzpreis-Aussage demonstrieren. Wird die Preisinformation im Rahmen einer

26) Vgl. auch den auf MERTON zurückgehenden Begriff der "*theories of the middle range*" (MERTON 1951, S. 5; ders. 1967, S. 39 ff.).

27) ALBERT 1964, S. 40; ders. 1972a, S. 132.

28) Etwa 3 Tage, 3 Jahre, 3 Jahrhunderte, 3 Jahrmillionen?

29) Vgl. auch STÄHLIN 1973, S. 49, sowie STEGMÜLLER 1983, S. 365: "Gesetzeshypothesen verschiedenster Allgemeinheitsstufe".

30) Der gesetzmäßige Charakter tritt in der folgenden Formulierungsvariante der inhaltlich unveränderten Proposition deutlicher zu Tage: «Alle Produkteinheiten werden von uns in 1992 zum Stückpreis von 100 DM verkauft».

31) Mit der (möglichen, siehe sogleich im Text) Qualifikation der Preisaussage als Regularität wird das übliche Vorverständnis von Gesetzen ohne Zweifel strapaziert. Zu beachten ist aber, daß auch im Fachschrifttum unterschiedlich weite Begriffsfassungen vertreten werden, und selbst als nur gesetzesähnlich eingestuften Propositionen ein universellerer Erkenntniswert zugestanden wird. So stellt nach ACHAM 1983, S. 175 FN 29 der unserer Preisaussage vergleichbare Satz: "'Jeder Soldat der napoleonischen Armee erhielt Sold'" für "eine Reihe von Methodologen" zwar nur eine historische Verallgemeinerung dar. Ihr theoretischer Wert sollte seiner Ansicht nach aber gleichwohl nicht unterschätzt werden. Im übrigen zeigt sich in unserer weiten Fassung des Regelbegriffs die gezielte Ausrichtung der Basiskategorien an den Besonderheiten der hier interessierenden managerialen Problemlösungssituation. Die hohen Anforderungen an die raum-zeitliche Geltung von Gesetzen, die die Literatur durchwegs stellt, orientieren sich primär an den Belangen der wissenschaftlichen Erkenntnisgewinnung, für die möglichst uneingeschränkt gültige Gesetze natürlich wünschenswert sind. Demgegenüber reicht es für Zwecke der Lösung von Managementproblemen vollkommen aus, wenn die angesetzten Regeln nur bis zum Problemlösungshorizont gelten. Vgl. zu letzterem auch KÖHLER 1975, Sp. 2711; BRETZKE 1978a, S. 230; ders. 1980, S. 175. In diesem Sinne ferner auch ZWICKER 1978, S. 289.

Umsatzplanung verwendet, geht sie gemeinsam mit der Mengenerwartung als singuläres Datum in die allgemeingültige ('gesetzmäßige') Umsatzformel «Menge x Preis» ein. Der Typuswechsel der Information über den Absatzpreis von einer regulären zu einer singulären Aussage beruht darauf, daß der Preis im ersten Fall bei sämtlichen (unbestimmt vielen) Transaktionen zwischen Unternehmung und ihren Kunden gilt (bzw. für die Erklärung und Prognose dieser Transaktionen unbestimmt oft verwendet wird), im zweiten Fall dagegen nur für die eine individuelle Unternehmung Gültigkeit hat (bzw. einmalig Anwendung findet)[33].

Regeln können inhaltlich ganz verschiedenartige Phänomenbeziehungen beschreiben. Zu den wichtigsten Einteilungen zählen die Unterscheidungen zwischen Human- und Naturgesetzen, zwischen Zustands- und Ablauf- bzw. Koexistenz- und Sukzessionsgesetzen, zwischen kausalen und nichtkausalen, zwischen qualitativen, komparativen und quantitativen, theoretischen und empirischen sowie deterministischen und stochastischen Gesetzen[34]. *Humangesetze* beziehen sich auf den Bereich der (individuellen und sozialen) menschlichen Handlungen und Verhaltensweisen, während *Naturgesetze* den Rest der belebten sowie die unbelebte Welt betreffen. Die Bedeutung dieser Unterscheidung liegt vor allem darin, daß Humanregularitäten zwar unter Umständen durchaus auch über lange Zeiträume Gültigkeit haben können, gleichwohl aber aufgrund der prinzipiellen Freiheit des Menschen zur Änderung seiner Handlungs- und Verhaltensweisen willentlich modifiziert oder sogar ganz außer Kraft gesetzt werden können. Naturregeln wie das Gravitationsgesetz entziehen sich hingegen einer Beeinflussung durch den Willen des Menschen[35].

Koexistenzgesetze und *Sukzessionsgesetze* beschreiben reguläre Zusammenhänge zwischen gleichzeitigen bzw. zeitlich aufeinanderfolgenden Phänomenen. Diese Gesetzeseinteilung darf nicht verwechselt werden mit der Gegenüberstellung von kausalen und nichtkausalen Gesetzen. *Kausalgesetze* bringen spezifische[36] Ursache-Wirkungsbeziehungen zum Ausdruck und grenzen sich dadurch von den übrigen *nichtkausalen Regularitäten* ab. Dabei können durchaus auch nichtkausale Gesetze - wie z. B. die wichtige Gruppe der Indikatorbeziehungen[37] - zeitliche Abläufe darstellen.

---

32) Vgl. zur Schwierigkeit der Grenzziehung zwischen singulären und generellen Aussagen im vorliegenden Zusammenang auch HEMPEL 1977, S. 30 f.

33) Der Typuswechsel kann auch so interpretiert werden, daß die Übergänge zwischen singulären und regulären Aussagen mit wachsender Eingrenzung des Anwendungsbereichs der Regeln zunehmend fließend werden.

34) Hierzu FEIGL 1953, S. 409 f.; ACHAM 1983, S. 178 ff.; STEGMÜLLER 1983, S. 525 ff. und passim; JAMMER 1989, S. 118.

35) Siehe hierzu m. N. noch näher S. 377 ff.

36) Der Kausalitätsbegriff stellt im einzelnen ein äußerst vielschichtiges Konstrukt dar und bietet Anlaß zu heftigen wissenschafts- und erkenntnistheoretischen Kontroversen. Insoweit muß hier aber auf die einschlägige Literatur verwiesen werden, vgl. etwa SCHÖPF 1973b; STEGMÜLLER 1983, S. 501 ff.; BUNGE 1987; SPAEMANN 1989.

37) Siehe hierzu schon oben, S. 45, sowie auch unten, S. 341 f.

Die Klassifikation von *qualitativen, komparativen* und *quantitativen* sowie *theoretischen* und *empirischen Gesetzen* stellt darauf ab, welche Begriffsformen[38)] in den betreffenden Regelaussagen Verwendung finden. Gesetze mit bloß qualitativen (bzw. komparativen) Begriffen gestatten nur weniger präzise Aussagen als solche Regularitäten, die komparativ oder gar quantitativ (bzw. quantiativ) formuliert sind. Theoretische Gesetze gehen entsprechend über nicht-beobachtbare und empirische Gesetze über beobachtbare Phänomene. *Deterministische* oder synonym *nomologische Gesetze* schließlich gelten stets und ohne Ausnahme, *statistische Gesetze* hingegen nur mit einer bestimmten Wahrscheinlichkeit.

Zusammenfassend lassen sich *reguläre Aussagen* somit als Propositionen über Gesetz- bzw. Regelmäßigkeiten charakterisieren, die von ganz unterschiedlicher Reichweite und inhaltlicher Ausformung sein können, aber stets für eine nicht abgezählte Menge von Anwendungsfällen gelten. Komplementär hierzu bringen *singuläre Aussagen* Daten eines einzigen Sachverhalts oder einer konkret bestimmten Anzahl einzelner Sachverhalte zum Ausdruck.

b) Wertgehalt: Deskriptive und evaluative Aussagen

aa) Grundlagen und Problemaufriß

Die Modalitäten der Qualitätsbeurteilung von Aussagen hängen maßgeblich davon ab, ob die betrachteten Propositionen in einem noch näher zu qualifizierenden Sinne wertfrei sind oder aber Wertungen enthalten[39)]. Im ersten Fall handelt es sich um *deskriptive Aussagen*, während im zweiten Fall *evaluative Aussagen* vorliegen[40)]. Die deskriptiven Aussagen sollen im weiteren auch als *Feststellungen*, die evaluativen Aussagen hingegen als *Urteile* bezeichnet werden. Wertungen sind nach üblichem Verständnis Stellungnahmen, die festgestellte Sachverhalte mit Präferenzattributen auszeichnen. Sie bringen - wie beispielsweise die Urteile gut und vorteilhaft, schlecht und nachteilig - Wünsche und Vorlieben, Abneigungen und Mißbilligungen zum Ausdruck[41)]. Im einzelnen können sich Wertungen auf die unterschiedlichsten Phänomene beziehen und nach den verschiedensten Kriterien weiter untergliedert werden[42)]. Besonders fruchtbar im Zusammenhang mit der Analyse managerialer Problemlösungen ist vor allem die Trennung zwischen präskriptiven und normativen Urteilen, die auf die Intensität der Wertung abstellt[43)].

---

38) Vgl. zu den verschiedenen Begriffsformen v. a. S. 468 f. dieser Schrift m. z. N.

39) Vgl. näher S. 306 ff. und S. 338 ff.

40) Im einzelnen sind die Terminologien nicht einheitlich. Vgl. zur Unterscheidung von wertfreien und werthaltigen Aussagen z. B. ALBERT 1972b, S. 183 f.; Schanz 1973, S. 591; HEINEN/DIETEL 1976, S. 17 f.

41) Vgl. für viele ALBERT 1967a, S. 107; SCHANZ 1973, S. 592; HEINEN/DIETEL 1976, S. 18. Angemerkt sei, daß Urteile sprachlich sehr unterschiedliche Formen annehmen können und keineswegs immer deutlich artikuliert sein müssen. Im Einzelfall kann die Isolierung des Wertgehalts einer Aussage daher erhebliche Schwierigkeiten bereiten. Siehe hierzu auch ALBERT 1967a, S. 100; SCHANZ 1973, S. 592; MONTEFIORE 1980, S. 706 f., sowie unten (S. 212).

42) Vgl. nur die Unterscheidung zwischen resolutiven, optativen, valuativen, performativen, imperativen und normativen Aussagen bei ALBERT 1972b, S. 184, sowie ferner noch v. WRIGHT 1979, S. 79 ff.

Präskriptive Aussagen bewerten die Zweckmäßigkeit bestimmter Mittel oder Handlungen in Hinblick auf (extern) vorgegebene Zielsetzungen[44]. Das evaluative Element dieser Urteilskategorie beschränkt sich auf das Bekenntnis zur Bewertungsmaxime der entscheidungstheoretischen bzw. praktische Rationalität und ist damit vergleichsweise unproblematisch[45]. Präskriptive Aussagen stufen danach Alternativen um so positiver ein, je mehr sie zur Erreichung der gesetzten Ziele beitragen, und empfehlen die Alternative mit dem relativ größten Zielbeitrag zur Wahl. *Normative Aussagen* nehmen demgegenüber auch zur Vorzugswürdigkeit der Zielsetzungen wertend Stellung[46]. Sie beurteilen somit nicht nur Mittel bzw. Handlungen als mehr oder weniger zweckmäßig, sondern sprechen auch Empfehlungen über die anzustrebenden Ziele aus. Die Reichweite ihrer Wertungen ist somit deutlich größer, da Ziele, Normen und andere Beurteilungskriterien[47] in unterschiedlich wertvolle Handlungsleitlinien eingeteilt werden.

Die Gegenüberstellung von deskriptiven und evaluativen Aussagen erfolgt in der Betriebswirtschaftslehre und vor allem in der Entscheidungstheorie häufig ohne eingehendere Problematisierung[48]. Von dieser Warte aus gesehen scheint sie daher kaum mit nennenswerten Fallstricken verbunden zu sein. Ein Blick in die wissenschaftstheoretisch orientierte Literatur zeigt allerdings ein völlig anderes Bild. Hier stehen die genannte Unterscheidung und ihre Implikationen im Brennpunkt lebhafter Auseinandersetzungen, die unter dem Stichwort 'Werturteilsproblem' geführt werden. Im Rahmen dieser sehr vielschichtigen und verwickelten Diskussionen sind die Begriffe deskriptiver und evaluativer Aussagen aufgrund gewichtiger Einwände erheblich vorbelastet. Vor diesem Hintergrund ist es unumgänglich, die Werturteilsdebatte näher zu betrachten und im Lichte der vorgetragenen Argumente die Abgrenzung zwischen wertfreien und wertenden Aussagen noch präziser zu charakterisieren. Nur so kann verhindert werden, daß entweder naive Vorstellungen über diese beiden Aussagenarten bestehen oder aber grundlegende Mißverständnisse aus den Auseinandersetzungen um die Werturteilsproblematik auf die Einschätzung unseres Meßinstrumentariums durchschlagen.

---

43) Auf die gesonderte Herausstellung ästhetischer Urteile (so z. B. KIRSCH 1984 S. 1016 in seiner Konzeption der "fortschrittsfähigen Organisation") soll hier in Anbetracht der (noch?) geringen Relevanz dieser Aussagenart in der Unternehmungspraxis verzichtet werden. Vgl. aber zur Begründungsfähigkeit auch ästhetischer Wertungen zumindest SEEL 1987; MÜLLER 1989.

44) Siehe zu den auch als praktisch-normativ bezeichneten präskriptiven Aussagen WÖHE 1959, S. 101 ff., insb. S. 107 m. w. N.; SIEBEN/SCHILDBACH 1990, S. 2; BAMBERG/COENENBERG 1991, S. 1 ff.

45) HOERSTER 1989, S. 233 spricht in diesem Zusammenhang von einer "fundamentalen Forderung praktischer Vernunft" (Flexion geändert). Vgl. ferner auch KIRSCH 1972, S. 175; GÄFGEN 1974, S. 90.

46) Die normativen Aussagen im Sinne unserer Terminologie werden im Schrifttum bisweilen auch normativ-wertend oder bekennend-normativ genannt, vgl. nur WÖHE 1959, S. 107 bzw. SIEBEN/SCHILDBACH 1990, S. 2.

47) Zur näheren Abgrenzung verschiedener Arten von Beurteilungskriterien S. 312 ff.

48) Vgl. exemplarisch BAMBERG/COENENBERG 1991, S. 2 ff.

Die moderne[49] 'Werturteilsdiskussion' hat sich an Max WEBERs Forderung entzündet, daß Erfahrungswissenschaften[50] die Feststellung empirischer Tatsachen und wertende Stellungnahmen zu diesen Tatsachen streng auseinanderhalten müssen, da sie niemanden lehren können, "was er *soll*, sondern nur was er *kann* und - unter Umständen - was er *will*"[51]. Die Debatte um dieses 'Wertfreiheitspostulat' ist in der Folgezeit in den Wirtschafts- und Sozialwissenschaften immer wieder aufgelebt[52] und zuweilen mit erheblicher Verve[53] geführt worden. Zur Schärfe der Auseinandersetzung mag nicht zuletzt beigetragen haben, daß unter das Etikett 'Werturteilsproblematik' zahlreiche (verwandte) Einzelprobleme subsumiert werden, deren undifferenzierte Vermengung Mißverständnissen Vorschub leistet[54]. Infolgedessen sind die angesprochenen Einzelprobleme sorgfältig zu sortieren.

Zur Strukturierung der Gesamtproblematik können zunächst 3 Dimensionen der Werturteilsdebatte unterschieden werden, die sich durch folgende Fragen umreißen lassen[55]:

1. Können wissenschaftliche Aussagen Wertungen argumentativ rechtfertigen (Rechtfertigungsfrage)?
2. Sollen wissenschaftliche Aussagen selbst Wertungen aussprechen (Normativitätsfrage)?
3. Müssen wissenschaftliche Aussagen zwangsläufig Wertungen enthalten (Abgrenzungsfrage)?

Unter wissenschaftlichen Aussagen werden im allgemeinen nach der Minimaldefinition[56] Propositionen verstanden, die Anspruch auf (bestmögliche Annäherung an die) Wahrheit erheben und diesen Anspruch objektiv, d. h. interpersonell überprüfbar untermauern[57]. Wissenschaftliche und argumentationsrationale Aussagen sind hinsichtlich der hier interessierenden Kernmerkmale - Zuverlässigkeit und Nachvollziehbarkeit - somit in

49) Als Vorläufer sind v. a. Überlegungen von David HUME anzusehen, vgl. MONTEFIORE 1980, S. 703.

50) Zu Begriff und Abgrenzung der Erfahrungswissenschaften RISSE 1969, Sp. 684; WEINGARTNER/DORN 1980, S. 759.

51) WEBER 1904, S. 27 (kursive Worte im Original gesperrt). Siehe auch ders. 1919, S. 584 ff.

52) Vgl. zum Überblick nur die Beiträge in ALBERT/TOPITSCH (Hrsg.) 1971 und ADORNO u. a. 1984, sowie noch KEUTH 1989 und die im folgenden zitierte Literatur.

53) Vgl. etwa die Einbettung der Werturteilsproblematik in den Kontext der Studentenbewegung bei LOITLSBERGER 1971, S. 79 f.

54) Hierauf weisen auch KIRSCH 1972, S. 176; HEINEN/DIETEL 1976, S. 17 und SCHNEIDER 1985, S. 173 hin.

55) Eine einflußreiche, für unsere Zwecke aber weniger zweckmäßige Gliederung der Werturteilsproblematik findet sich bei ALBERT 1967b, S. 151; ders. 1972b, S. 189, der zwischen Wertungen in der Wertbasis einer Wissenschaft ("Basisentscheidungen"), Wertungen im Objektbereich einer Wissenschaft (Urteile der untersuchten Meinungsträger) und Wertungen in wissenschaftlichen Aussagen selbst (dem 'eigentlichen' Werturteilsproblem) differenziert. Vgl. ferner auch die Trennung zwischen Selektivitäts- und Objektivitätsproblemen bei HEINEN/DIETEL 1976, insb. S. 101 ff.

56) Im Detail weichen die Auffassungen v. a. hinsichtlich des zugrundegelegten Wahrheitsbegriffs und der Modalitäten des Überprüfungsverfahrens voneinander ab.

hohem Maße verwandt[58], so daß sich die drei Fragenkomplexe zwanglos auf die Lösung unstrukturierter Managementprobleme übertragen und unter Berücksichtigung der unterschiedlichen Zwecksetzungen wissenschaftlicher und wirtschaftlicher Veranstaltungen diskutieren lassen. Im Zentrum der Untersuchungen dieses Abschnitts steht allerdings die Analyse des Abgrenzungsproblems. Die Rechtfertigungsfrage (für manageriale Wertungen) umschreibt einen wesentlichen Komplex der Begründungsthematik, die erst in einem späteren Untersuchungsstadium erörtert wird[59]. Sie stellt sich vor dem Hintergrund der weithin geteilten, wenn auch nicht unstrittigen Auffassung, daß nur Tatsachen, nicht aber Normen 'wahrheitsfähig' sind[60]. Das Kriterium für die Qualitätsbeurteilung von Normen und anderen Werturteilen ist daher nicht Wahrheit, sondern Akzeptanz, über die letztlich die Nutzenvorstellungen der Normadressaten oder Urteilsträger entscheiden[61]. Da Präferenzen im interpersonellen Vergleich ganz unterschiedlich ausgeprägt sein können, lassen sich Werturteile folglich nicht objektiv, d. h. unabhängig von subjektiven Wertorientierungen allgemeingültig 'beweisen'[62]. Evaluative Aussagen werden daher häufig - zumindest irreführend[63] - aus dem Bereich der Propositionen ausgegrenzt, die sich wissenschaftlich rechtfertigen lassen[64]. Unsere späteren Untersuchungen werden insoweit allerdings zu einem differenzierteren Ergebnis kommen. Evaluative Aussagen können danach durchaus nachvollziehbar begründet, im Gegensatz zu deskriptiven Aussagen jedoch nicht unmittelbar durch empirische Befunde belegt werden.

Ferner ist eine tiefschürfende Auseinandersetzung mit der Normativitätsfrage für die Zwecke der vorliegenden Schrift nicht erforderlich. Die diesbezüglichen Diskussionen sind besonders heftig und durch Vokabeln wie "Ideologisierung"[65] der Wissenschaft einerseits sowie "Produktion von Herrschaftswissen"[66] auf der anderen Seite gekenn-

---

57) Vgl. HELMER/RESCHER 1960, S. 25; STEINMANN u. a. 1976, S. 822; DIEMER/SEIFFERT 1989b, S. 392; RADNITZKY 1989d, S. 402; zu Einzelheiten WEINGARTNER 1978, S. 11 ff.

58) Der wesentliche Unterschied besteht insoweit darin, daß wissenschaftliche Aussagen nach der angeführten Definition stets nach der höchsten Zuverlässigkeit (Wahrheit) streben (sollten), während Aussagen im Kontext managerialer Problemlösungen unterschiedlich argumentationsrational und damit auch weniger zuverlässig sein können.

59) Siehe S. 306 ff.

60) Vgl. z. B. CHMIELEWICZ 1979, S. 216 m. z. w. N.; WILD 1975, Sp. 2671; ähnlich RAFFÉE/SPECHT 1974, S. 373; HEINEN/DIETEL 1976, S. 17 f.; ABEL 1979, S. 217. Nach anderer Auffassung hingegen sind die Begründungsverfahren für Tatsachenbehauptungen und Urteile im Prinzip deckungsgleich. Siehe aus konstruktivistischer Sicht etwa KAMBARTEL 1974, S. 60 f., 66; ders. 1978, S. 61. Zum Konstruktivismus der 'Erlanger Schule' näher S. 241.

61) Vgl. nur CHMIELEWICZ 1979, S. 217 f.; WILD 1975, Sp. 2671 f.

62) So schon SOMBART 1930, S. 83: "Für Werte *lebt* man, für Werte *stirbt* man, wenn es notwendig ist. Werte aber *beweist* man nicht." (kursive Stellen im Original gesperrt). Siehe ferner auch CHMIELEWICZ 1979, S. 217; MOLITOR 1989, S. 5.

63) Sofern ein spezifischer, enger Wissenschaftsbegriff gewählt wird. Vgl. z. B. RADNITZKY 1989d, S. 404, für den Normen zwar nicht wissenschaftlich, wohl aber rational diskutierbar sind. Siehe in diesem Zusammenhang auch SCHNEIDER 1985, S. 175.

64) Vgl. z. B. HEINEN/DIETEL 1976, S. 21 f.; RICH 1985, S. 73 f., und die drastische Auffassung von POPPER 1992a, S. 293, daß "die 'wissenschaftliche' Ethik .. in ihrer absoluten Unfruchtbarkeit eines der erstaunlichsten sozialen Phänomene" sei. Speziell zur Ausgrenzung von Wertungen aus dem Bereich der Wirtschaftswissenschaften NEUHAUSER 1967, S. 104; STIGLER/BECKER 1977, S. 76;

zeichnet. Ob wissenschaftliche Propositionen Wertungen aussprechen sollten, kann hier jedoch dahingestellt bleiben. Fest steht, daß zumindest im Rahmen der managerialen Problemlösung auf die Abgabe von Werturteilen weder verzichtet werden kann noch darf. Die Aufgabe, Ziele zu formulieren und Entscheidungen zu treffen, ist für die Rolle des Managements geradezu konstitutiv[67]. Zur Aufgabenerfüllung gehören somit zwangsläufig auch evaluative Aussagen.

bb) Die Abgrenzungsfrage der Werturteilsdebatte

Mit der Abgrenzungsfrage ist die von den Gegnern des Wertfreiheitspostulats vertretene These angesprochen, daß wissenschaftliche (und alle anderen) Aussagen aus zwingenden Gründen nie wertneutral sein können. Die Unterscheidung zwischen deskriptiven Feststellungen und evaluativen Urteilen ist nach dieser Auffassung folglich unhaltbar und täuscht nur die Möglichkeit wertfreier Propositionen vor. Zur Stützung dieser These werden zahlreiche Hindernisse der Wertneutralität ins Feld geführt. Sie lassen sich in Selektivitätsprobleme, Standardprobleme und Konzeptualisierungsprobleme einteilen[68].

a' Selektivitätsprobleme der Wertneutralität

Die Selektivitätsprobleme der Wertneutralität entstehen durch die Auswahl der Gegenstände, der Zielsetzungen und der Verwertungsmodalitäten von Forschungsarbeiten[69]. Die Auswahl von Forschungsgegenständen beginnt strenggenommen mit der Entscheidung, im Bereich einer oder - interdisziplinär - mehrerer Wissenschaften zu arbeiten, und schreitet mit der zunehmenden Präzisierung der Fragestellung fort. Über die Zielsetzung kann nach einer geläufigen Unterscheidung eine Grundsatzentscheidung zwischen dem theoretischen und dem technologischen Wissenschaftsziel gefällt werden[70]. Wäh-

---

HOMANN u. a. 1988, S. 10 f.; KOSLOWSKI 1988, S. 17; STAFFELBACH 1988, S. 33; MOLITOR 1989, S. 1; STEINMANN/LÖHR 1989a, S. 5.

65) So z. B. HEINEN/DIETEL 1976, S. 22. Vgl. auch schon GEIGER 1953, S. 53 ff., insb. S. 64 f.

66) HUNDT/LIEBAU 1972, S. 234.

67) Vgl. HEINEN 1966, S. 17; SZYPERSKI 1971b, insb. S. 651 ff.; MINTZBERG 1973, S. 72 ff.; GUTENBERG 1976, S. 135; KOTTER 1982a, S. 12 f.

68) Diese Aufstellung deckt die wesentlichen kognitiven Probleme der Wertneutralität ab. Auf weitere, v. a. emotive Schwierigkeiten kann hier aus Gründen des Umfangs nicht näher eingegangen werden. Zu denken ist beispielsweise an die linguistischen Probleme der Wertneutralität, die aus der Verwendung positiv oder negativ besetzter Ausdrücke resultieren. Sie lassen sich nach unserer Einschätzung im übrigen durch die sorgfältige Wahl von Worten mit neutrale(re)n Konnotationen, insbesondere durch den Verzicht auf die Verwendung "'semantischer Kampfmittel'" (LENK 1989, S. 352, Flexion geändert), weitgehend entschärfen.

69) Vgl. auch die von ALBERT 1972b, S. 189 ff. erörterten, etwas anders gefaßten "Basisentscheidungen" (S. 189), sowie die von HEINEN/DIETEL 1976, S. 101 ff. behandelten - mit den hier angesprochenen Einzelproblemen ebenfalls nur partiell kongurenten - Probleme der Selektivität. Um einfacher an die Werturteilsdebatte anschließen zu können, werden die Selektivitätsprobleme im folgenden zunächst im wissenschaftlichen Kontext dargestellt und sodann in Hinblick auf die Besonderheiten der managerialen Problemlösungssituation diskutiert.

70) Zu dieser Unterscheidung oben, S. 2 FN 6 m. N.

rend Arbeiten, die dem zuerst genannten Wissenschaftsziel verpflichtet sind, den Entwurf von Theorien für Zwecke der Erklärung und Prognose von Phänomenen in den Vordergrund stellen, zielen technologisch orientierte Forschungen auf die Entwicklung von Instrumentarien für die zweckmäßige Gestaltung von Lebenssachverhalten. Bei der Verwertung der Arbeitsergebnisse ist vor allem das 'Ausmaß an Öffentlichkeit' zu wählen, das die erzielten Forschungsresultate erhalten sollen. Dieses Ausmaß hängt neben anderen Einflußfaktoren wie etwa den sprachlichen Transferaspekten[71)] maßgeblich davon ab, ob die Ergebnisse in allgemein zugänglichen Publikationen veröffentlicht oder nur einem exklusiven Adressatenkreis zur Verfügung gestellt werden[72)].

Wertungscharakter nehmen die genannten Auswahlentscheidungen bereits dadurch an, daß sie - in den durch die forschungsinstitutionellen 'Spielregeln' gezogenen Grenzen[73)] - die Forschungsinteressen der jeweiligen Wissenschaftler widerspiegeln[74)]. Bedeutung erhalten diese hier als *Basisurteile* bezeichneten Wertungen aber vor allem erst durch die gesellschaftlichen Wirkungen, die der Wissenschaftsbetrieb entfaltet. Die Formulierung von Forschungsgegenständen bestimmt, welche Probleme analysiert werden, und welche anderen Themen (noch) keine nähere Beachtung erfahren. Namentlich in Verbindung mit einer technologischen Wissenschaftsorientierung können hiervon Interessengruppen profitieren, deren Probleme bevorzugt untersucht und damit - eventuell - einer Bewältigung nähergebracht werden. Dieser Effekt kann noch verstärkt werden, falls die Veröffentlichung der Forschungsresultate restriktiv gehandhabt wird[75)] und die Verwertung der Erkenntnisse gezielt erfolgt.

Über den Tatbestand an sich, daß wissenschaftliche Aussagen interessenrelevant sind und daher wertend im soeben erläuterten Sinne wirken[76)], sind sich die Verfechter und Gegner des Wertfreiheitspostulats im Prinzip einig[77)]. Strittig ist allerdings, wie gravierend diese Wertungen sind, und welche Konsequenzen aus dem Wertungscharakter zu ziehen sind. Die Einschätzung der wertenden Kraft der bisherigen betriebswirtschaftlichen Forschungsbemühungen reicht auf der einen Seite bis zum Vorwurf an die Gesamtdisziplin, als "Waffe zur Verteidigung bestehender Herrschaftsstrukturen"[78)] zu dienen. Dem steht auf der anderen Seite u. a. das Argument entgegen, daß durch eine pluralistische Wahl von Forschungsgegenständen Untersuchungen sehr unterschiedlicher Probleme angestellt

71) Fachjargon versus allgemeinverständliche(re) Umgangssprache.

72) Vgl. hierzu auch KOERTGE 1989, S. 407 f.

73) Siehe auch S. 207 f.

74) Vgl. zum folgenden statt vieler RAFFÉE/SPECHT 1974, S. 373 ff.; HEINEN/DIETEL 1976, S. 23 ff.; STEINMANN u. a. 1976, S. 825 ff.

75) Allerdings kann eine Veröffentlichung wissenschaftsethisch auch fragwürdig sein, sofern die Forschungsresultate (überwiegend) nur zu verwerflichen Zwecken verwendet werden können, vgl. näher KOERTGE 1989, S. 407 f., sowie auch KÜPPER 1988, S. 323 ff.

76) Dies gilt für Aussagen aus sämtlichen Wissenschaften und damit auch für den naturwissenschaftlichen Bereich, vgl. hier nur für die Atomphysik HEISENBERG 1969, S. 262 ff.; v. WEIZSÄCKER 1957, insb. S. 15 ff.; LENK 1982, S. 233 ff., hier insb. S. 237 f.

77) Vgl. nur ALBERT 1972b, S. 189 f.; SCHANZ 1973, S. 590; HEINEN/DIETEL 1976, S. 23.

und damit verschiedene Interessengruppen angesprochen werden können[79]. Ferner wird hervorgehoben, daß veröffentlichte Forschungsresultate hinsichtlich ihrer praktischen Verwertbarkeit ambivalent und folglich für gegenläufige Interessen zugleich nützlich sein können[80].

Aus dem geschilderten Wertungscharakter wissenschaftlicher Aussagen ziehen Kritiker des Wertfreiheitspostulats die Konsequenz, daß die Auswahlentscheidungen nicht in das Belieben des einzelnen Forschers gestellt werden dürfen, sondern zu begründen sind. Sie verweisen dabei vor allem auf die regelmäßigen Engpässe bei den Forschungskapazitäten, die (vernünftige) Entscheidungen über die Ressourcenallokation verlangen, und auf die Aufgabe der Wissenschaft, zur Bewältigung von Problemen der Lebenspraxis beizutragen, die sich "gerechtfertigt stellen"[81]. Gegen die Einforderung einer Rechtfertigung von Auswahlentscheidungen wird argumentiert, daß sich Wertungen letztlich nicht wissenschaftlich begründen ließen. Unter Hinweis auf die Ideologisierungsgefahren wissenschaftlicher Wertediskussionen werden als Alternativen zur Milderung der Selektivitätsprobleme z. B. ein Transparenzprinzip und ein Toleranzprinzip vorgeschlagen[82]. Nach dem Transparenzprinzip sollen die Basiswertungen und ihre Konsequenzen für eventuell tangierte Interessen offengelegt werden. Das Toleranzprinzip fordert dazu auf, die jeweiligen Auswahlentscheidungen zu akzeptieren und einer Tabuisierung bestimmter (Forschungs-)Fragen entgegenzutreten.

Die kontroversen Auffassungen zu den empirischen Effekten und zur Handhabung der wissenschaftlichen Selektivitätsprobleme müssen hier - mit Ausnahme der Frage nach der Begründungsfähigkeit von Wertungen - nicht näher diskutiert werden. Als Aspekte der Praxis und Organisation des Wissenschaftsbetriebes liegen sie außerhalb der Themenstellung der vorliegenden Arbeit. An dieser Stelle ist vielmehr zum einen zu untersuchen, ob und in welcher Bedeutung trotz des Selektivitätseinwands weiterhin von deskriptiv-wertfreien Aussagen gesprochen werden kann. Zum anderen ist die Relevanz des Auswahlproblems für die manageriale Situation zu analysieren.

Als Folge der Selektivität von Untersuchungen haben wissenschaftliche Aussagen in einem bestimmten Sinne notwendig Wertungscharakter, über dessen Art kein grundsätzli-

---

78) HUNDT/LIEBAU 1972, S. 235. In der Tendenz ähnlich STAEHLE 1973, S. 185; KROEBER-RIEL 1974, S. 295 f.

79) Vgl. auch die sogleich dargelegte Toleranzforderung von HEINEN/DIETEL 1976, S. 116 f.

80) Vgl. zur Möglichkeit der "*praktischen Ambivalenz*" z. B. SCHANZ 1973, S. 591 (Flexion geändert), und zu ihren Grenzen namentlich RAFFÉE/SPECHT 1974, S. 376 f.; HEINEN/DIETEL 1976, S. 24 f. Um ein Beispiel anhand der vorliegenden Arbeit zu geben: Erkenntnisse über die Rationalitätsmöglichkeiten bei der Lösung unstrukturierter Probleme können beispielsweise einerseits dem Management - bei entsprechenden Zielsetzungen (!) - helfen, zuverlässigere Grundlagen für die eigenen Problemlösungen zu erarbeiten. Andererseits können sie aber z. B. auch von den Vertretern der Anteilseigner und Arbeitnehmer in einem Aufsichtsrat herangezogen werden, um begründet eine stärkere Fundierung strategischer Weichenstellungen anzumahnen und die Zuflucht des Vorstands zur 'unternehmerischen Intuition' zu erschweren.

81) STEINMANN 1978, S. 92 f. (wörtliches Zitat S. 92). Vgl. ferner STEINMANN u. a. 1976, S. 825 ff.

82) HEINEN/DIETEL 1976, S. 116 f.

cher Dissens besteht. Die unvermeidlichen Wertungen liegen darin, daß die einzelne Forschungsaktivität die verschiedenen Gruppen einer Gesellschaft je nach ihrer Thematik in unterschiedlichem Maße interessieren kann und damit faktisch (mit mehr oder minder gravierenden Auswirkungen) Stellung zur Rangordnung der diversen Gruppeninteressen nimmt. Diese Form der Interessenbezogenheit bzw. Wertung bei der Themenauswahl ist jedoch von der Frage eventueller Werturteile im Rahmen der Themenbearbeitung zu trennen[83]. Die persönlichen Neigungen des Wissenschaftlers können somit als Basisurteile bei den Auswahlentscheidungen seiner Arbeit zweifelsohne eine wichtige Rolle spielen und unter Umständen von erheblicher gesellschaftlicher Brisanz sein. Dieser unbestrittene Tatbestand impliziert aber nicht, daß seine Werthaltungen aus prinzipiellen Gründen auch in den Analysen selbst ihren Niederschlag finden müssen[84]. Die Selektivitätsproblematik hindert vielmehr nicht, konkret gestellte Forschungsfragen unvoreingenommen zu untersuchen. Vor diesem Hintergrund erscheint die Rede von der zwangsläufigen "Parteilichkeit"[85] wissenschaftlicher Aussagen zumindest sprachlich unglücklich. Sie ruft die Assoziation hervor, daß nicht nur die Wahl des Themas eine Wertung im Sinne der Interessenrelevanz (Basisurteil) verkörpert, sondern daß auch die Themenbearbeitung selbst notwendigerweise zu einem mehr oder weniger gefälligen Gutachten entarten muß. Demgegenüber ist die grundsätzlich gegebene Möglichkeit[86] zu betonen, daß die Ergebnisse wissenschaftlicher Untersuchungen nicht von den Präferenzen für bestimmte Forschungsresultate gesteuert werden, sondern im Kern[87] von der Sorgfalt der Analyse und dem Stand der Erkenntnisse abhängen[88]. Zwischen einer präferenzgeleiteten und einer im soeben beschriebenen Sinne unvoreingenommenen Behandlung einer gegebenen Themenstellung aber liegt eine gravierende Wertdifferenz. Infolgedessen wäre es unzweckmäßig, schon aufgrund des wertenden Charakters der Auswahl des Themas die Unterscheidung zwischen deskriptiven und evaluativen Aussagen auch für die Themenbearbeitung aufzugeben.

---

83) Für die folgenden Überlegungen muß nicht mehr explizit zwischen theoretisch und technologisch ausgerichteten Forschungsaktivitäten differenziert werden. Ferner kann die Art ihrer Verwertung hier zur Vereinfachung vernachlässigt werden.

84) So auch KIRSCH 1972, S. 176: "Trotz einer solchen letztlich unvermeidlichen Parteilichkeit der wissenschaftlichen Aussagen, die die subjektiven Werte des Forschers (bei den Auswahlentscheidungen, v. W.) widerspiegelt, sind die wissenschaftlichen Aussagen selbst durchaus wertneutral." Vgl. ferner z. B. auch ALBERT 1967b, S. 153; ders. 1972b, S. 191; FISCHER-WINKELMANN 1974, S. 57.

85) KIRSCH 1972, S. 175 ff., ihm folgend z. B. RAFFÉE/SPECHT 1974, S. 383.

86) Mit welchem Engagement diese Möglichkeit in der Wissenschaftspraxis ausgeschöpft wird, ist eine hier nicht zu diskutierende empirische Frage. Vgl. zur Notwendigkeit, die theoretische Möglichkeit von der praktischen Handhabung strikt zu trennen, auch unten (S. 212).

87) Auf weitere Einflußfaktoren des Forschungsprozesses wie den 'Zufall' braucht hier nicht näher eingegangen zu werden.

88) Auch die intendiert wertneutrale Themenbehandlung ist zwar im Detail noch mit Standard- und Konzeptproblemen konfrontiert, die den deskriptiven Charakter von Aussagen aber ebenfalls nicht in Frage stellen müssen. Siehe hierzu näher die beiden folgenden Gliederungsabschnitte (S. 207 f. bzw. S. 208 ff.).

Die Ergebnisse zur wissenschaftlichen Selektivitätsproblematik lassen sich im Prinzip[89)] ohne weiteres auf die Managementebene übertragen. Auf der einen Seite werden auch und gerade im managerialen Bereich Basisurteile im hier verstandenen Sinne gefällt. Nach den vorliegenden empirischen Befunden reichen die zur Verfügung stehenden Managementkapazitäten oft, wenn nicht sogar zumeist nicht aus, um sämtliche offenen Probleme ohne Verzögerung zu bewältigen[90)]. Die manageriale Tätigkeit steht somit häufig unter einem Zeitdruck, der die Setzung von Prioritäten für die vorrangig zu lösenden Probleme erzwingt. In derartigen Engpaßsituationen werden folglich Entscheidungen zur Allokation knapper Managementressourcen getroffen, die nichts anderes als Wertungen über die Dringlichkeit und Gewichtigkeit der Problemkandidaten repräsentieren[91)]. Aber auch unabhängig von eventuellen Kapazitätsengpässen können aus den unterschiedlichsten Motiven Entscheidungen vertagt und Probleme 'ausgesessen' werden. Die Brisanz dieser Wertungen für das Unternehmungsgeschehen läßt sich anhand konkreter Beispiele leicht klarmachen. Zu denken ist beispielsweise an die unternehmungspolitischen Priorisierungsfragen, in welcher Reihenfolge und zu welchen Zeitpunkten Beschlüsse zur Stillegung von Betrieben, zur Besetzung wichtiger Führungspositionen, zum Ausbau des Umweltschutzes sowie zur Einstellung profitabler, aber gesundheitsgefährdender Produktlinien vorbereitet und gefaßt werden. So kommt es auch nicht von ungefähr, daß die 'Hoheit über die Tagesordnung' zu den wichtigen Regelungsaspekten der Gremienorganisation gehört[92)]. Die Steuerung der Themen, die auf die Agenda eines Projektteams oder auch des gesamten Managements gesetzt werden, stellt eine der subtilsten Formen der Entscheidung und damit Wertung dar[93)].

Auf der anderen Seite ist jedoch auch im Managementbereich zwischen der Auswahl der zu lösenden Probleme und der Problemlösung selbst zu differenzieren. Eine aus Kapazitätszwängen oder freien Stücken vorgenommene Problemselektion hat zweifelsohne Wertungscharakter. Die insoweit auftretenden Fragen - etwa nach der Begründung und Transparenz der Selektion - müssen hier allerdings nicht weiter vertieft werden, da die vorliegende Schrift die Rationalbeurteilung der Bewältigung und nicht der Auswahl unstrukturierter Probleme untersucht[94)]. Trotz der selektierenden Basisurteile kann aber die Lösung der jeweils thematisierten Probleme durchaus unvoreingenommen angegangen werden. Allein durch die Basisurteile werden die Bemühungen zur Problemlösung folglich nicht derart mit Wertungen infiziert, daß im Rahmen der Fundierung bzw.

---

89) Aufgrund der Besonderheiten der managerialen Situation spielen die Entscheidungen über eine theoretische oder technologische Orientierung und über die Form der Veröffentlichung grundsätzlich keine Rolle.

90) Vgl. zur managerialen Arbeitsbelastung z. B. CARLSON 1951, S. 68 ff., insb. S. 75 f.; MINTZBERG 1973, S. 29 f.; KOTTER 1982b, S. 159; KURKE/ALDRICH 1983, S. 978.

91) Vgl. auch MINTZBERG 1973, S. 86; McCALL/KAPLAN 1985, S. 36 ff.

92) Vgl. in diesem Zusammenhang REDEL 1982, S. 386; SEIDEL 1992, Sp. 721, sowie z. B. auch die regelungsdichten aktienrechtlichen Vorschriften zur Tagesordnung der Hauptversammlung (siehe insb. § 124 AktG, v. a. Abs. 4 Satz 1, sowie ECKARDT 1974, § 124 Anm. 11, 14).

93) Nur zur Verdeutlichung: Auch die Vertagung eines (positiven) Beschlusses ist eine (vorläufige) Entscheidung (zugunsten der 'Nullalternative'). Vgl. im übrigen allgemein zur Managementaufgabe des "*Agenda Setting*" KOTTER 1982a, S. 60 ff. (Zitat auf S. 60).

94) Vgl. S. 6.

Kommentierung nicht mehr sinnvoll zwischen unparteiisch-deskriptiven und präferenzgeleitet-evaluativen Aussagen getrennt werden kann und sollte.

b' Standardprobleme der Wertneutralität

Die Standardprobleme der Wertneutralität beruhen auf der Bedeutung von Maßstäben bzw. Standards für die Beurteilung und die Formulierung von Aussagen. Die *Aussagenbeurteilung* kann stets nur anhand eines Maßstabes erfolgen, wobei in der Festlegung dieser Beurteilungsstandards ein wertendes Urteil zu sehen ist[95)]. Zu denken ist beispielsweise an die Bestimmung der Kriterien wahrer oder bewährter Aussagen, die letztlich auf eine (wenn auch mehr oder weniger begründete) Konvention bzw. Entscheidung hinausläuft[96)]. Da in Beurteilungsstandards somit unbestreitbar Wertungen eingehen, sind Aussagen, die diesen Standards genügen, in gewisser Weise ebenfalls wertbeladen. Diese Konsequenz läßt sich im Fall der Wertneutralitätsbeurteilung selbst als Aporie auf die Spitze treiben: Aussagen können danach in diesem Sinne nicht wertfrei sein, weil die Festlegung der Kriterien für Wertneutralität selbst Wertungscharakter hat, der sich auf die kriteriengerechten Aussagen überträgt.

Bei der *Formulierung von Aussagen* ergeben sich die Standardprobleme dadurch, daß Propositionen häufig (und dann zumeist implizit) auf bestimmte Maßstäbe Bezug nehmen. Sie akquirieren damit gewissermaßen den Wertungsgehalt dieser Standards. Ein Beispiel bildet die Aussage, daß zwischen zwei betrachteten Größen ein bestimmter, statistisch signifikanter Zusammenhang besteht. Diese Feststellung macht sich mit der Qualifizierung des betrachteten Zusammenhangs als «statistisch signifikant» die jeweiligen (wertenden) Konventionen über das Signifikanzniveau zu eigen.

Auch als Folge dieses Einflusses von Wertungen, die mit der Festlegung von und der Bezugnahme auf Qualitätsmaßstäbe einhergehen und hier als *Standardurteile* bezeichnet werden sollen, können Aussagen nicht als vollkommen wertfrei angesehen werden. Gleichwohl gibt auch das Phänomen der Standardurteile ebenfalls noch keinen Anlaß, von der Unterscheidung zwischen deskriptiven und evaluativen Propositionen Abstand zu nehmen. Der Grund liegt darin, daß auch in dem von den Standards gezogenen Rahmen durchaus noch sinnvoll zwischen emotional unvoreingenommenen und präferenzgeleiteten Aussagen differenziert werden kann. Es ist eben - bei gegebenen Signifikanzstandards - ein gewichtiger Unterschied, ob die erwähnte statistische Korrelation aufgrund von Messungen festgestellt wurde oder aber erwünscht ist.

In Anbetracht der Standardproblematik ist es allerdings erforderlich, die Begriffskonturen deskriptiver und evaluativer Aussagen noch weiter zu schärfen; anderenfalls würde die Abgrenzung aufgrund der Formel von 'dem durch die Standards gezogenen Rahmen'

95) Vgl hierzu und zum folgenden (für wissenschaftliche Aussagen) auch ALBERT 1972b, S. 189; ders. 1967b, S. 152 f.; HEINEN/DIETEL 1976, S. 20, 109 f.; LAUDAN 1984, insb. S. 33 ff.

fließend. Für präskriptive Aussagen beispielsweise gilt der praktisch-rationale Standard, Alternativen nach Maßgabe ihrer Zielbeiträge zu bewerten. Eine Aussage, die diese Maxime befolgt und die Alternative mit dem höchsten Zielbeitrag empfiehlt, wäre somit durch den Rahmen dieses Standards determiniert und nicht im eigentlichen Sinne von einer Präferenz (nämlich für die beste Alternative) geleitet. Sie könnte daher auf dieser Basis nicht trennscharf von deskriptiven Aussagen unterschieden werden[97)].

Erforderlich ist somit ein Kriterium für die Trennung von Standardurteilen, die den deskriptiven Feststellungscharakter einer Aussage erhalten, und solchen, die ihren evaluativen Wertgehalt begründen. Das hier gewählte Abgrenzungsmerkmal stellt auf die empirische Überprüfbarkeit von Propositionen ab. Aussagen sind demnach auch unter Einfluß von Standardurteilen als deskriptiv zu qualifizieren, solange sie wahrheitsfähig sind und daher prinzipiell bei entsprechenden Kenntnissen belegt werden können. Standardurteile verleihen Aussagen hingegen evaluativen Charakter, wenn diese allenfalls noch begründbar, aber aus Prinzip nicht mehr belegbar sind. Wie eingangs dieses Gliederungsabschnitts schon erwähnt, befindet sich diese Kriterienwahl in Übereinstimmung mit einer weithin geteilten Auffassung, die allerdings nicht unbestritten ist. Die Aufbereitung und Diskussion der einschlägigen Argumente ist jedoch einem späteren Teil dieser Arbeit vorbehalten[98)].

c' Konzeptualisierungsprobleme der Wertneutralität

Die Konzeptualisierungsprobleme der Wertneutralität betreffen ebenfalls die Behandlung des ausgewählten Themas. Sie umfassen die Schwierigkeiten bei der Modellierung des konzeptionellen Bezugsrahmens der Themenbehandlung (Theorieprobleme) und die Komplikationen bei der Überführung theoretischer Konstrukte des Konzepts in empirische Begriffe (Operationalisierung). Da diese Probleme im Kontext der Wahrheitsproblematik noch ausführlich diskutiert geschildert werden[99)], sollen sie hier nur kurz angerissen werden.

Sowohl bei der Durchführung innovativer Forschungsprojekte als auch bei der Lösung unstrukturierter Managementprobleme herrschen zum einen als Folge der Intransparenz der behandelten Themen keine vollkommenen Kenntnisse über die Problemzusammenhänge. Es liegen vielmehr nur mehr oder weniger ausgereifte, teilweise auch miteinander konkurrierende Theorieansätze und Erkenntnisfragmente vor, die als Basis für die Konzipierung des Untersuchungsmodells dienen können. Zum anderen erzwingt die Komplexität solcher Fragestellungen stets Vereinfachungen beim Modellentwurf. Vor dem Hin-

---

96) Siehe hierzu näher S. 219 ff. und S. 260 ff.

97) Analoge Beispiele lassen sich auch für normative Aussagen konstruieren. Sie bilden den Kern der Auseinandersetzung um eine besondere Begründungstheorie für Wertungen, die als Naturalismus bezeichnet und unten (S. 308 f.) noch näher erörtert wird.

98) Siehe S. 306 ff.

99) Siehe S. 226 ff.

tergrund dieser beiden definitorischen Eigenschaften unstrukturierter wissenschaftlicher wie managerialer Probleme repräsentiert jedes Untersuchungskonzept eine spezielle 'Sicht der Dinge'. Die Aufnahme bestimmter Komponenten und Komponentenbeziehungen in den theoretischen Bezugsrahmen der Themenbehandlung bedeutet immer auch die gleichzeitige Ausblendung anderer Aspekte. Das zugrundegelegte Konzept bzw. Modell bringt somit (implizit) auch Wertungen über relevante und weniger bedeutsame Gesichtspunkte des betrachteten Problems zum Ausdruck[100]. Analog - wenn auch nicht selten in abgeschwächterer Form - haben auch die jeweiligen Operationalisierungen theoretischer Konzeptbegriffe Wertungscharakter, wenn und soweit sie mit Bedeutungsverschiebungen oder Bedeutungsparzellierungen verbunden sind[101].

In Hinblick auf die Werturteilsproblematik stellt sich wiederum die Frage, ob und in welchem Sinne man auch angesichts dieser Relevanz- und Interpretationswertungen[102], die hier *Konzepturteile* genannt werden, noch von deskriptiven Aussagen sprechen kann. Zur Veranschaulichung der speziellen Problematik der Konzepturteile ist zunächst ein Vergleich zwischen den Selektivitäts- und den Konzeptualisierungsproblemen hilfreich. Die beiden Problemgruppen weisen gewisse Parallelen, letztlich aber doch einen entscheidenden Unterschied auf. Gemeinsam ist ihnen ein Moment der inhaltlichen Konzentration. Die Themenauswahl[103] beruht auf einer unabdingbar zu treffenden Selektionsentscheidung, die ein Forschungsvorhaben oder Managementprojekt insgesamt fixiert. Dabei sind zwar Restriktionen des Entscheidungsspielraums - etwa in Form von institutionellen 'Spielregeln' der Forschung und Engpässen bei den Managementkapazitäten - zu berücksichtigen. Gleichwohl kann diese Entscheidung aber prinzipiell frei in dem Sinne getroffen werden, daß je nach Forschungs- bzw. Managementinteresse höchst unterschiedliche Themenstellungen zur Bearbeitung gelangen können. Die inhaltliche Fokussierung der Bearbeitung des gewählten Themas selbst durch Konzeptualisierung ist demgegenüber gewissermaßen als 'Notlösung' anzusehen, da sich hierbei unsichere Überbrückungen von Erkenntnislücken und Vereinfachungen nicht vermeiden lassen. Diese Konzeptentscheidungen können nun allerdings mehr oder weniger ausgewogen sein. Ein Untersuchungskonzept kann demnach als um so wertneutraler angesehen werden, je weniger emotiv einseitig die Auswahl der betrachteten Problemaspekte ausfällt. Dabei bedeutet *emotive Einseitigkeit*, daß die Konzeptentscheidungen nach 'subjektiven Vorlieben' und nicht vorurteilsfrei gefällt werden[104]. Die Bestimmung der Eigenschaften, die ausgewogene Konzepte zur Bewältigung unstrukturierter Probleme auszeichnen, gehört zu den schwierigsten Fragen der Rationalproblematik überhaupt und

100) Vgl. auch ALBERT 1967b, S. 152; ders. 1972b, S. 190; STAEHLE 1973, S. 189.

101) Siehe hierzu auch HEINEN/DIETEL 1976, S. 109.

102) Im folgenden wird zur Vereinfachung nicht mehr stets zwischen den Theorieproblemen der Auswahl der relevanten Konzeptkomponenten sowie Komponentenbeziehungen und den Operationalisierungsproblemen der Interpretation theoretischer Konstrukte differenziert.

103) An FN 89 auf S. 206 wird erinnert.

104) Von der emotiven, letztlich willentlich-manipulativen Einseitigkeit eines Untersuchungskonzepts ist die kognitive Unausgewogenheit einer Konzeptualisierung zu unterscheiden, die auf mangelnde Fundierungsanstrengungen zurückzuführen ist und den Gegenstand der Rationalbeurteilung im engeren Sinne bildet. Siehe hierzu eingehend S. 404 ff., 447 ff. und 479 ff.

kann erst unten detailliert angegangen werden[105]. An dieser Stelle sollen nur die wesentlichen Ergebnisse der späteren Untersuchungen dargelegt werden, um den Begriff der deskriptiven Aussage weiter klären zu können.

Die Idee des ausgewogenen bzw. (vollständig) argumentationsrationalen Konzepts geht von dem Tatbestand aus, daß in unstrukturierten Problemsituationen nicht alle 'richtigen' Modellkomponenten und Komponentenbeziehungen bekannt sind. Soll unter diesen Voraussetzungen ein 'anything goes' der Konzepturteile vermieden werden, ist ein Ersatzmaßstab für die Ausgewogenheit des Untersuchungsmodells erforderlich. Die Rationalitätsmaxime, 'das Beste aus den verfügbaren Informationen zu machen', prädestiniert vor allem den Stand des zugänglichen Wissens als einen solchen Maßstab. Wie unten noch näher erläutert wird, ist die Konzeptualisierung nach Maßgabe des zugänglichen Wissensstands durch das Prinzip charakterisiert, die verschiedenen theoretischen Ansätze soweit wie möglich zu integrieren und unter den unvereinbaren Theorieelementen eine begründete Auswahl zu treffen[106]. Bei dieser Charakteristik können Untersuchungskonzepte, die dem Stand des bislang zugänglichen Wissens entsprechen oder diesen Stand erfolgreich modifizieren[107], (noch am ehesten) als wertneutral in dem Sinne gelten, daß subjektive Vorlieben keinen Einfluß auf die Konzeptualisierung nehmen. Sie fällen m. a. W. bloß die objektiv unvermeidlichen und begründeten Konzepturteile. Je stärker sich ein Modell hingegen willentlich vom zugänglichen Wissensstand entfernt, desto höher ist sein Gehalt an Wertungen im Sinne subjektiver Konzepturteile. Um diese Überlegung am Beispiel einer wissenschaftlichen Analyse zu verdeutlichen: Ein Forschungsprojekt mit dem Thema «Die Auswirkungen der Mitbestimmung» etwa, das aufgrund entsprechender Präferenzen allein den Einfluß der Mitbestimmung auf die Motivation des Top Managements untersucht, müßte sich schon von seinem Untersuchungsdesign her mangelnde Wertneutralität vorhalten lassen. Wichtige andere Konsequenzen, die nach dem heutigen Forschungsstand ebenfalls mit der Mitbestimmung verbunden sein können (z. B. Auswirkungen auf die Zufriedenheit nachgeordneter Arbeitnehmer), werden hier durch den gewählten theoretischen Bezugsrahmen von vornherein ausgeblendet.

Konzepturteile können im Prinzip durch eine Spezifizierung der Themenstellung in transparente Basisurteile überführt werden[108]. Wird etwa im Mitbestimmungsbeispiel das engere Thema formuliert: «Die Auswirkungen der Mitbestimmung auf die Motiva-

105) Siehe nochmals die Verweise in FN 104.

106) Siehe näher S. 404 ff.

107) Selbstverständlich können innovative Konzepte oder Theorien in Konflikt mit dem bisherigen Wissensstand stehen und trotzdem akzeptiert werden. Nach Präsentation neuer Ansätze ist der Stand des zugänglichen Wissens stets neu zu definieren, wobei das Prinzip von Integration und begründeter Auswahl jeweils Anwendung findet. Erweist sich die neue Theorie als überlegen, wird sie in den Wissensbestand unter Eliminierung der nun unverträglichen alten Bestandteile aufgenommen. Vgl. ausführlicher unten, hier insb. S. 462.

108) Eine absolute Grenzziehung zwischen der Auswahl und der Spezifizierung eines Themas ist strenggenommen nicht möglich, da sich beide Vorgänge nur relativ in ihrem Grad der Themenstrukturierung unterscheiden. Die Abgrenzung kann daher nur in Bezug auf eine konkrete Fragestellung vorgenommen werden. Dabei ist als ausgewähltes Thema die generelle Frage anzusehen, die sich unmittelbar an die Wahrnehmung eines zu behandelnden Sachverhalts bzw. einer zu überwindenden

tion des Top Managements», so kann zumindest der Vorwurf einer parteiischen Auswahl bestimmter Konsequenzen im Rahmen der Themenbehandlung nicht länger aufrechterhalten werden. Das Urteil wird in den Bereich der Auswahlentscheidungen ausgeklammert und 'über den Titel' publik gemacht, die Untersuchung selbst also wertmäßig 'bereinigt'[109]. Sieht man von dieser - praktisch nur begrenzt einsetzbaren - Substitutionsstrategie ab, so ist die Bewältigung unstrukturierter Themen- bzw. Problemstellungen aber zumindest mit objektiven Konzepturteilen sowie bei emotiv einseitiger Ausschöpfung des Wissensstandes auch mit subjektiven Konzepturteilen behaftet. Objektive Konzepturteile sind im Kern unvermeidlich und nehmen - wie bereits begründet - den Forschungs- oder Managementaktivitäten nicht den Charakter einer ausgewogenen Problembehandlung. Subjektive Konzepturteile hingegen unterminieren mit wachsender Entfernung vom Stand des zugänglichen Wissens zunehmend die Wertneutralität der Untersuchungsergebnisse bzw. Problemlösungen[110]. Selbst innerhalb extrem einseitiger Konzeptualisierungen sind nun aber deskriptive Einzelaussagen keineswegs ausgeschlossen. So könnten beispielsweise durchaus auch im Rahmen des thematisch unspezifizierten und mit der Beschränkung auf das Top Management konzeptionell unausgewogenen Mitbestimmungsprojekts die tatsächlichen managementbezogenen Motivationseffekte vorurteilsfrei festgestellt werden. Das Gesamtergebnis des Projekts mag aufgrund der wertungsreichen Konzeption insgesamt diskreditiert sein. Erst dann, wenn die untersuchten Konsequenzen der Mitbestimmung als Ausfluß entsprechender Präferenzen verfälscht dargestellt oder aber bewertet würden, könnte nicht einmal mehr insoweit von werturteilsfreien Einzelaussagen gesprochen werden.

Als Fazit der durchgeführten Untersuchungen, die trotz ihres schon beträchtlichen Umfangs selbstverständlich nicht alle Details der Werturteilsproblematik ausloten konnten, ergibt sich, daß Aussagen stets in einen Rahmen eingebettet sind, der durch Basisurteile, Standardurteile und Konzepturteile gezogen ist. In Anbetracht dieses Urteilskontextes darf keine Aussage in einem naiven Verständnis als vollkommen wertfrei angesehen werden. Jenseits dieser Mindestwertungen können Aussagen allerdings entweder auf die Abgabe weiterer Werturteile (im engeren Sinne) verzichten oder aber zusätzliche Wertungen vornehmen. Infolgedessen ist - wenn auch nur in einem qualifizierten Sinne - die Unterscheidung zwischen deskriptiven und evaluativen Aussagen durchaus haltbar. *Deskriptive Aussagen* liegen danach vor, wenn die Propositionen den durch die Basis- und Konzeptentscheidungen abgegrenzten Realitätsausschnitt nach den festgelegten Standards emotional unvoreingenommen beschreiben und wahrheitsfähig sind. Sie sind somit vor allem nicht einseitig-parteiisch im alltagssprachlichen Verständnis. Bei dieser Begriffsfassung haben selbstverständlich z. B. auch neutrale Bestandsaufnahmen der in einer bestimmten Situation verfolgten Zielsetzungen als sogenannte 'normbeschreiben-

---

Soll-Ist-Differenz (Beispiel: Überwindung eines Gewinnrückgangs) ergibt. Die Grenze der Spezifizierung ist dann erreicht, wenn die Themenbehandlung aufgrund der Enge des betrachteten Problems keinen relevanten (wissenschaftlichen bzw. managerialen) Nutzen mehr mit sich bringt.

109) In diesem Sinne wohl auch ALBERT 1972b, S. 191.

de'[111] Aussagen deskriptiven Charakter. *Evaluative Aussagen* beurteilen hingegen die betrachteten Sachverhalte nach Maßgabe bestimmter (impliziter oder expliziter) Präferenzen. Sie sind begründbar, können aber als nicht wahrheitsfähige Propositionen nicht unmittelbar durch empirische Befunde belegt werden.

Es bedarf keiner näheren Erläuterung, daß die Trennung zwischen deskriptiven und evaluativen Aussagen in der Praxis schwerfallen kann[112] (und auch in den Wissenschaften nicht immer strikt befolgt wird). Vor allem bei der Konzeptualisierung können die Übergänge zwischen der bewußt wertend-manipulativen Entwicklung einseitiger Untersuchungsmodelle und der unbewußten Vernachlässigung (nach dem zugänglichen Wissensstand bekannter) relevanter Problemaspekte fließend sein. Trotzdem oder gerade deshalb erscheint die theoretische Differenzierung zwischen den beiden Aussagenarten und ihren Intentionen - hier Werturteil, dort Zuverlässigkeit - als regulative Idee im Rahmen der Rationalbeurteilung außerordentlich bedeutsam. Sie weist auf den fundamentalen Unterschied zwischen Willen und Wissen bei der Problembewältigung hin.

c) Zeitbezug: Gegenwarts-, vergangenheits- und zukunftsbezogene Aussagen

Deskriptive wie evaluative Aussagen können sich auf die Gegenwart, die Vergangenheit und die Zukunft beziehen. Beispiele bilden etwa Feststellungen über die derzeitigen, früheren und zukünftigen Absatzpreise der Unternehmung sowie Urteile über aktuelle, abgeschlossene und angedachte Maßnahmen. Die weiteren Überlegungen zum Zeitbezug können sich allerdings auf die deskriptiven Aussagen konzentrieren. Bei unserem Thema - der Lösung unstrukturierter Probleme - gelten die evaluativen Managementurteile in Form der Ziel- und Handlungsempfehlungen prinzipiell der Zukunft.

Der Versuch, die Zeitsphären Vergangenheit, Gegenwart und Zukunft exakt voneinander abzugrenzen, sieht sich gravierenden Schwierigkeiten ausgesetzt. Dies gilt nicht zuletzt deshalb, weil sich die Übergänge strenggenommen bereits in (Bruchteilen) einer 'logischen Sekunde' vollziehen[113]. Die exakte Abgrenzung kann für unsere Zwecke jedoch offenbleiben. Es genügt hier, unter Appell an das sprachliche Vorverständnis Aussagen über Sachverhalte, die zum Zeitpunkt der Äußerung vorliegen, als gegenwartsbezogen zu bezeichnen. Vergangenheitsaussagen und Zukunftsaussagen betreffen demgegenüber Phänomene, die vor bzw. nach diesem Zeitpunkt datieren.

---

110) Darüber hinaus reduziert ein (emotiv wie kognitiv bedingtes) Zurückbleiben der Konzeptualisierung hinter dem zugänglichen Wissensstand die Argumentationsrationalität einer Probemlösung, siehe hierzu S. 479 ff.

111) Zur Unterscheidung zwischen normdeskriptiven (normbeschreibenden) und normexpressiven (normausdrückenden) Sätzen hier nur ALBERT 1967b, S. 153; HOERSTER 1989, S. 232.

112) Vgl. auch LENK 1972c, S. 559 f.; HEINEN/DIETEL 1976, S. 18 m. w. N.

113) So auch WILD 1971, S. 332: "die Gegenwart ist ja bekanntlich nur eine gedankliche Zäsur zwischen Vergangenheit und Zukunft". Eine weitere, spezifisch sprachlogische Komplikation wird im Anschluß an HEMPEL von STEGMÜLLER 1983, S. 243 ff. geschildert.

Wichtiger als eine weitere Präzisierung dieser Einteilung[114)] ist ihre Bedeutung für die Struktur der Fundierung bzw. Kommentierung von Problemlösungen. Gegenwarts- und Vergangenheitsaussagen lassen sich prinzipiell nicht nur begründen, sondern bei entsprechendem Wissen und seiner Dokumentation auch belegen. Prognosen sind demgegenüber nicht unmittelbar (!)[115)] belegfähig, da die vorhergesagten Ereignisse zum Äußerungszeitpunkt noch nicht eingetreten sind. Zukunftsaussagen sind daher im ersten Argumentationsschritt stets mit Hilfe einer Begründung zu kommentieren. Ferner weist die Begründung von Prognosen - und in geringerem Maße von Vergangenheitsaussagen (Rekonstruktion) - im Vergleich zur Erklärung gegenwärtiger Sachverhalte eine Reihe von Besonderheiten auf. Diese Sonderprobleme können jedoch erst im Anschluß an die Erörterung der prototypischen Erklärung im Rahmen der späteren Untersuchungen zur Begründung vertieft werden[116)].

114) Etwa in Form einer Gegenwartsdefinition nach dem Muster: Gegenwart = Äußerungszeitpunkt t_0 +/- z Zeiteinheiten.

115) Nur die Begründungsaussagen im Rahmen der Prognosebegründung können belegbar sein.

116) Siehe S. 338 ff.

2. Dimensionen der Aussagengüte

a) Zuverlässigkeit: Wahre, bewährte, plausible, mögliche und falsche Aussagen

aa) Grundlegung

Mit der Erörterung der Zuverlässigkeit wechselt die Betrachtungsperspektive von der Differenzierung verschiedener Aussagenarten zu den beiden Dimensionen der Güte von Aussagen (unterschiedlicher Art). Dabei erfaßt der Zuverlässigkeitsaspekt das Maß an Geltung, das eine bestimmte Proposition beanspruchen kann. Die Evidenzdimension bezieht sich demgegenüber auf die Frage, inwieweit der Inhalt und die Zuverlässigkeit von Propositionen für die Aussagenadressaten (hier: die Rationalgutachter) erkennbar sind.

In einer ersten Begriffsbestimmung kann eine Aussage als um so zuverlässiger angesehen werden, je eher ihr Inhalt zutrifft, je mehr sie also nachweisbar der Wirklichkeit entspricht. Zuverlässigkeit im hier verstandenen Sinne ist somit eine Funktion der Realitätsnähe der betreffenden Proposition. Dabei wird eine Aussage lediglich in dem Ausmaß als zuverlässig eingestuft, das sich auf Anfrage[1)] nach dem Stand des zugänglichen Wissens gerade noch untermauern läßt. Danach wäre beispielsweise eine Aussage, die tatsächlich wahr ist, ohne daß dies nach dem zugänglichen Wissensstand bekannt wäre, nicht als besonders zuverlässig zu qualifizieren. Diese Einschränkung des Zuverlässigkeitsbegriffs durch die Forderung des potentiellen Nachweises ist - zumindest für Zwecke der Rationalbeurteilung - ohne Zweifel erforderlich. Ohne entsprechende Kenntnisse existiert schlechterdings keine Rechtfertigungsgrundlage für eine höhere Einstufung einer Aussage auf der Skala der Zuverlässigkeit[2)].

Das Aussagenmerkmal Zuverlässigkeit hat nach der eingeführten Begriffsfassung keine direkt erkennbaren, wohl-unterscheidbaren Ausprägungen. Es stellt sich daher das Problem, verschiedene Zuverlässigkeitsniveaus voneinander abzugrenzen bzw. zu messen. In der Literatur werden Aussagen nach Maßgabe ihrer kognitiven Qualität zumeist nur sehr grob in zwei oder drei Klassen eingeteilt[3)]. Eine entwickelte Meßtheorie zur inhaltlich gehaltvollen[4)] Abstufung der Aussagenqualität liegt somit derzeit noch nicht vor.

---

1) Falls die Zuverlässigkeit also nicht evident ist.

2) Vgl. auch die analogen Überlegungen zur Kommentierungsbedingung der Argumentationsrationalität (S. 83).

3) So differenzieren z. B. CARNAP 1960a, S. 10 (im Einklang mit der klassischen zweiwertigen Logik, siehe S. 168 f. der vorliegenden Arbeit) und HABERMAS 1973, S. 242; ders. 1981a, S. 39 - hinsichtlich der deskriptiven Propositionen - nur zwischen wahren und falschen Aussagen. HECKMANN 1981, S. 40 spricht als unterschiedlich starke Geltungsansprüche die Wahrheit, Wahrscheinlichkeit und Plausibilität an, ohne allerdings eine genauere Abgrenzung dieser Verläßlichkeitswerte vorzunehmen. Vgl. ferner auch die spärlichen Ausführungen zur "Qualitätsmessung" von Aussagen bei NIENHÜSER 1989, S. 135 f. (Zitat auf S. 135). Die differenziertesten Überlegungen zur Abstufung der Aussagenzuverlässigkeit dürften noch von RESCHER stammen, der die Bedeutung unterschiedlicher kognitiver Schichten von Aussagen ("*epistemic stratification*") betont (siehe v. a. RESCHER 1977a, S. 113 f., wörtliches Zitat auf S. 113, und hierzu auch COOMANN 1983, S. 99 ff., insb. S. 101), und neben wahren, wahrscheinlichen und möglichen Propositionen namentlich auch die plausiblen Aussagen thematisiert (siehe insb. RESCHER 1976; ders. 1987, S. 23 ff., und auch die Unterscheidung verschiedener Wahrheitsgrade bei RESCHER 1973, S. 197 ff., sowie unten, S. 279). Die von RESCHER vorgeschlagene 'Berechnung' der Plausibilität von Aussagen leidet allerdings - wie oben (in FN 99 auf S. 189) schon ausgeführt wurde - an der weitgehenden Beliebigkeit der Ziffernzuordnung zu den unterschiedlich glaubwürdigen Aussagenquellen.

Vor dem Hintergrund dieses Forschungsstandes kann es im Rahmen dieser Arbeit nur um einen ersten Ansatz zu einer feineren Differenzierung von Aussagen nach dem Maß ihrer Zuverlässigkeit gehen, wobei offensichtlich lediglich eine ordinale Abstufung und nicht etwa eine Kardinalskalierung in Betracht kommen[5]. Diese Stufenbildung darf auf der einen Seite nicht zu grob sein, damit die Zuverlässigkeitsbeurteilung eine gewisse Aussagefähigkeit besitzt. Andererseits ist aber auch die Handlichkeit der Klassifikation im Auge zu behalten. Unter Berücksichtigung dieser Randbedingungen sollen im folgenden in einem ersten Schritt zur Klassenbildung in Anlehnung an die Differenzierungen des Schrifttums mit den wahren, den bewährten, den plausiblen, den möglichen und den falschen Aussagen fünf prinzipielle Zuverlässigkeitsstufen unterschieden werden (vgl. Abb. 23). In einem späteren Stadium dieser Untersuchung wird sodann die Klasse der plausiblen Aussagen, die für die Lösung unstrukturierter Managementprobleme besonders charakteristisch sind, noch weiter ausdifferenziert werden[6].

Die Zuverlässigkeit nimmt von den wahren über die bewährten, die plausiblen und die möglichen Aussagen bis zu den falschen Propositionen hin tendenziell ab[7]. *Wahre* bzw. *bewährte Aussagen* liegen vor, wenn sie nach dem zugänglichen Wissen der Realität in dem unten näher zu präzisierenden Sinne tatsächlich voll bzw. mit einer wahrscheinlichkeitstheoretisch-statistischen Absicherung entsprechen. Bei *plausiblen Aussagen* ist demgegenüber nicht bekannt, ob sie tatsächlich zutreffen. Es lassen sich hier lediglich - aber auch immerhin - Gründe für die vorläufige Annahme ihrer Gültigkeit (Wahrheit oder Bewährung[8]) anführen. *Mögliche Aussagen* sind in ihrem Geltungsanspruch zwar ebenfalls nich definitiv entscheidbar, erfahren aber keine gesonderte Untermauerung. Den Propositionen dieser ersten vier Zuverlässigkeitskategorien, die aus Sicht der (abgestuften) Argumentationsrationalität insgesamt als *zulässige Aussagen* anzusehen sind, stehen die *falschen Aussagen* gegenüber, die nach zugänglichem Wissensstand effektiv nicht mit der Wirklichkeit übereinstimmen und daher im Rahmen der argumentationsrationalen Problemlösungsfundierung *unzulässig* sind. Zu beachten ist, daß die zulässigen Aussagen nach der hier vorgeschlagenen Klassifikation jeweils nach ihrem aktuell gültigen Verläßlichkeitswert einzustufen sind. Da die Stärke des Geltungsanspruchs von Aussagen aber durch entsprechende Fundierungsanstrengungen im Rahmen der vorhandenen Kenntnispotentiale gesteigert werden kann, bildet die Zuverlässigkeit kein unabänderliches Merkmal einer Proposition. Vielmehr können theoretisch-mögliche Aussagen im Prinzip durch Begründungen in plausible Aussagen[9] sowie niedrig-plausible Aussagen

---

4) Also nicht im Sinne der Entwicklung eines bloß mathematisch-formalen Gerüsts zur Berechnung von Verläßlichkeitswerten, wie es etwa die Plausibilitätstheorie von RESCHER (siehe hierzu die voranstehende FN) oder die Fuzzy-Theorie (siehe nochmals S. 170) zur Verfügung stellen.

5) Vgl. auch allgemein zum gegenwärtig möglichen Skalenniveau der Rationalitätsmessung unten, S. 469.

6) Vgl. insb. S. 365 ff. und S. 486 ff.

7) Diese Verläßlichkeitstendenz gilt zumindest dann, wenn sich die fünf verschiedenen Zuverlässigkeiten auf den gleichen Sachverhalt beziehen und auch tatsächlich alternativ in Betracht kommen. Anderenfalls können sich dagegen u. U. Einschränkungen ergeben. So ist ein Zuverlässigkeitsvergleich etwa zwischen einer (wahr-begründeten) plausiblen Prognose und einer bewährten Gegenwartsaussage nicht ohne weiteres möglich. Er ist für unsere Zwecke aber auch entbehrlich, siehe hierzu näher S. 494.

8) Bei plausiblen Aussagen soll zur Vereinfachung nicht danach unterschieden werden, ob sie Anspruch auf potentielle Wahrheit oder Bewährung erheben. Siehe hierzu auch noch näher S. 279 FN 3.

durch fundiertere Begründungen in hoch-plausible Aussagen, und unter Umständen auch mögliche oder plausible (bzw. bewährte) Aussagen durch Erarbeitung entsprechender Belege in bewährte oder wahre (bzw. wahre) Aussagen überführt werden.

Zulässige Aussagen	Wahre Aussagen Bewährte Aussagen Plausible Aussagen Mögliche Aussagen
Unzulässige Aussagen	Falsche Aussagen

Abb. 23: Klassen der Aussagenzuverlässigkeit

Die Konturen der Zuverlässigkeitsstufen werden in den nachfolgenden Abschnitten näher herausgearbeitet. Zur Abrundung der Vorüberlegungen sollen vorab an dieser Stelle noch der Geltungsbereich der Klassifikation, die Beziehungen zwischen der Zuverlässigkeit und der Präzision von Aussagen sowie das Verhältnis der hier vorgenommenen Abstufung der Zuverlässigkeit zur entscheidungstheoretisch geläufigen Unterscheidung von Sicherheit, Risiko und Ungewißheit geklärt werden.

Geltungsbereich der Klassifikation

Das Merkmal der Zuverlässigkeit stellt darauf ab, inwieweit eine Aussage der Realität entspricht. Bei dieser Begriffsfassung können unmittelbar nur deskriptive Aussagen zuverlässig sein, nicht aber evaluative Aussagen. Wie bereits im Zusammenhang mit der mangelnden Wahrheitsfähigkeit von Urteilen angedeutet wurde und später noch näher auszuführen ist, bildet die Vorzugswürdigkeit eines Phänomens nicht einen Aspekt der (erfahrbaren) Realität. Sie wird vielmehr durch die präferenzgeleitet-wertende Stellungnahme eines Urteilsträgers zu dem betrachteten Phänomen konstituiert. Wertungen lassen sich demzufolge m. a. W. nicht empirisch erheben, sondern nur (mehr oder weniger begründet) zusprechen. Infolgedessen können urteilsausdrückende[10)], also evaluative Aussagen nicht unmittelbar der Wirklichkeit (in unterschiedlichem Maße) ent-

9) Voraussetzung ist lediglich eine ausreichende Phantasie bzw., daß die betreffende theoretisch-mögliche Aussage nicht völlig aus der Luft gegriffen ist. Läßt sich eine mögliche Aussage hingegen (ausnahmsweise) nicht einmal durch irgendwelche Überlegungen stützen, so kann sie - als mögliche Proposition - zwar nicht endgültig zurückgewiesen werden, als Konsequenz der mangelnden Begründung aber auch nur einen sehr geringen Geltungsanspruch erheben.

10) Anders selbstverständlich urteilsbeschreibende, also normdeskriptive Propositionen.

sprechen und damit als (unterschiedlich) zuverlässig eingeordnet werden. Sie lassen sich allerdings nach der Qualität ihrer deskriptiven Aussagenbasis abstufen[11].

Verhältnis von Zuverlässigkeit und Präzision

Die Aussagenzuverlässigkeit im hier zugrundegelegten Verständnis ist zu unterscheiden von der Präzision einer Aussage. Die Zuverlässigkeit erfaßt das Maß an Gültigkeit einer Proposition, die Präzision dagegen den Grad der Genauigkeit. Im ersten Fall wird somit die Korrektheit und im zweiten Fall die Konkretheit gemessen. Unterschiedlich präzise Aussagen mit abnehmender Genauigkeit liegen beispielsweise vor, wenn der Absatzpreis für ein Produkt mit «5,23 DM zuzüglich Umsatzsteuer», «zwischen 4 und 7 DM» oder «niedrig» angegeben wird.

Präzision kann in einem gewissen Sinne ebenfalls als ein Gütekriterium von Aussagen gelten. Es stellt sich daher die Frage, in welchem Verhältnis die Gültigkeit und die Genauigkeit einer Proposition zueinander stehen, und welche prinzipielle Bedeutung diese beiden Eigenschaften für die Rationalbeurteilung haben. Zwischen Zuverlässigkeit und Präzision besteht auf der einen Seite keine starre Korrelation. So können beispielsweise hoch-präzise Aussagen ebenso wie äußerst vage Propositionen wahr oder falsch sein. Auf der anderen Seite liegt aber nicht selten auch ein Substitutionsverhältnis (Trade-off) zwischen der Korrektheit und der Konkretheit vor. Die Zuverlässigkeit läßt sich in diesen Fällen auf Kosten der Präzision erhöhen et v. v.[12]. Aus Sicht der Argumentationsrationalität hat eine Steigerung der Zuverlässigkeit und der Präzision nun unterschiedliche Effekte. Dabei ist in Hinblick auf die Zuverlässigkeit zusätzlich danach zu trennen, ob die Steigerung auf Maßnahmen der Informationsgewinnung oder eine Reduzierung der Präzision zurückzuführen ist. Eine Anhebung der Zuverlässigkeit durch Zusatzinformationen bei konstantem Präzisionsgrad wirkt sich stets positiv auf die (kognitive!) Argumentationsrationalität aus. Eine Erhöhung der Zuverlässigkeit durch Ausnutzung der Interdependenz zwischen Gültigkeit und Genauigkeit ist demgegenüber nur so lange rationalitätsförderlich, wie die Aussage nicht aufgrund einer zu großen Unschärfe ihren Informationswert verliert. Die Feststellung etwa, daß die Stückpreise der angebotenen Produkte zwischen 1 Pfennig und 10 Mio. DM liegen, wird für jeden Lebensmittel-Einzelhändler in Deutschland wahr, für die weitaus meisten Fragestellungen aber auch ebenso nutzlos sein.

Im Unterschied zur Zuverlässigkeit bringt eine zunehmende Präzisierung selbst bei konstanter Gültigkeit der Aussage nicht stets kognitiv hochwertigere Propositionen mit sich. Ein Zuwachs im relevanten Informationsgehalt stellt sich vielmehr nur bis zur Grenze der problemnotwendigen Genauigkeit ein[13]. Die *problemnotwendige Genauigkeit* ist

---

11) Vgl. hierzu näher unten (S. 361 ff., hier insb. S. 368 und S. 496 ff.).

12) Vgl. speziell für Intervallschätzungen (als Variante bewährter Aussagen) auch den inversen Zusammenhang zwischen der Höhe der Irrtumswahrscheinlichkeit und der Breite des Konfidenzintervalls (hierzu nur BAMBERG/BAUR 1991, S. 161 f.; KREYSZIG 1977, S. 183).

13) Vgl. hierzu v. a. MARSCHAK 1963; FRESE 1988, S. 177 ff.

dann erreicht, wenn eine weitere Konkretisierung keinen (kognitiven) Einfluß auf die Überlegungen zur Problemlösung mehr ausübt[14]. Wann diese Bedingung erfüllt ist, hängt von einer Reihe problemspezifischer Momente wie z. B. der Zahl der Alternativen und der Existenz von Zielkonflikten[15] ab. Diese Faktoren müssen hier nicht im einzelnen herausgearbeitet werden. Wichtig ist an dieser Stelle vielmehr zum einen, daß sich das Maß an Präzision einer Aussage anders als ihre Zuverlässigkeit grundsätzlich nicht sinnvoll losgelöst vom jeweiligen Problem beurteilen läßt[16]. Infolgedessen wird der Aspekt der Genauigkeit hier nicht in einer allgemeinen Aussagendimension erfaßt, sondern im Rahmen der späteren Detailanalysen von Aussagensystemen (mit-)behandelt[17]. Zum anderen ist zu beachten, daß ohne die für das betrachtete Problem erforderliche Genauigkeit informative Aussagen nicht möglich sind und Abstufungen der Gültigkeit insoweit leerlaufen. Bei der Beurteilung der Zuverlässigkeit von Propositionen ist daher stets unterstellt, daß sie das problemnotwendige Maß an Präzision aufweisen.

Zuverlässigkeitsabstufung und Entscheidungssituationen

In der präskriptiven Entscheidungstheorie wird klassischerweise zwischen Wahlakten unter Sicherheit, unter Risiko und unter Ungewißheit getrennt[18]. Entscheidungen unter Sicherheit zeichnen sich dadurch aus, daß neben den verfolgten Zielen und den offenstehenden Alternativen auch die eintretenden Umweltzustände bekannt sind[19]. Bei Ent-

---

14) Vgl. auch das Konzept der problemgerechten Informationsstruktur von MARSCHAK 1963, dessen technische Strenge hier allerdings nicht übernommen wird.

15) Steht beispielsweise nur eine Handlungsalternative zur Wahl und liegen keine Zielkonflikte vor, so genügt zur Entscheidung eine Tendenzaussage, ob die Alternative Zielbeiträge leistet oder nicht. Im Fall von Zielkonflikten oder mehreren Alternativen ist dagegen auch das Ausmaß der jeweiligen Zielbeiträge zu präzisieren. Vgl. näher S. 416 ff. und S. 431 ff.

16) Eine Ausnahme gilt für die ausdrückliche Angabe der Stärke eines Geltungsanspruchs einer Aussage (Modalisierung), die als eine spezifische Form der Präzisierung angesehen werden kann (siehe zur Modalisierung S. 184). So kann die Prognose über den Ausgang eines Würfelexperiments unterschiedlich präzise z. B. lauten, daß «der nächste Wurf keine 2 ergibt», daß «der nächste Wurf wahrscheinlich keine 2 ergibt» oder daß «der nächste Wurf mit einer Wahrscheinlichkeit von 5/6 keine 2 ergibt». Schon eine überschlägige Durchsicht von Praktikerbeiträgen und Geschäftsberichten ergibt gute Gründe für die Annahme, daß die Praxis häufig auf eine explizite Modalisierung verzichtet [vgl. nur die Firmenberichte in FRESE/MALY (Hrsg.) 1989 und FRESE/MALY/v. WERDER (Hrsg.) 1993 sowie exemplarisch die uneingeschränkte Prognose des Vorstands von Daimler-Benz auf der ordentlichen Hauptversammlung 1986: "Seit einiger Zeit verfolgt Daimler-Benz ein Konzept zur Verbreiterung der unternehmerischen Basis um weitere Felder der Hochtechnologie. ... Dabei sollen die gegenseitigen Synergieeffekte genutzt werden, um neue Produkte und Verfahren zu entwickeln, die ohne ein solches Zusammenwirken nicht oder nicht in so hoher Qualität, so kostengünstig oder so schnell entstehen würden." (o. V. 1986, S. 34)]. Infolgedessen wird eine ausdrückliche Angabe zur Stärke des Geltungsanspruchs bzw. Modalität hier nicht zur problemnotwendigen Präzisierung gerechnet. Damit erfolgt auch die Zuverlässigkeitseinstufung von Propositionen unabhängig davon, ob eine Modalisierung vorgenommen wurde oder nicht. Anderenfalls müßte z. B. die soeben zitierte Daimler-Prognose von vornherein als falsch eingestuft werden, da sie nach dem heute zugänglichen Stand des betriebswirtschaftlichen Wissens nicht uneingeschränkt bzw. mit Sicherheit gültig ist.

17) Vgl. insb. S. 293 ff. und S. 416 ff.

18) Vgl. für viele GÄFGEN 1974, S. 107 f.; EISENFÜHR 1978, S. 438; BAMBERG/COENENBERG 1991, S. 17, 36.

19) Vgl. auch MAG 1977, S. 17, 20; SIEBEN/SCHILDBACH 1990, S. 26; BAMBERG/COENENBERG 1991, S. 17. Neben den Zielen, Alternativen und Umweltzuständen bilden auch die Handlungskonsequenzen eine Komponente jedes Entscheidungsmodells. Strenggenommen sind Entscheidungssituationen folglich auch danach zu differenzieren, inwieweit die Konsequenzen bekannt sind. Hierauf soll an dieser Stelle jedoch zur Vereinfachung verzichtet werden, da die Literatur meist davon ausgeht, daß die Konsequenzen durch die ergriffene Alternative und den eintretenden Umweltzustand determiniert sind.

scheidungen unter Risiko liegen dagegen lediglich (objektive oder subjektive) Wahrscheinlichkeitsverteilungen der zu erwartenden Umweltzustände vor[20]. Im Fall von Entscheidungen unter Ungewißheit schließlich existieren nicht einmal Vorstellungen über die Wahrscheinlichkeit der verschiedenen möglichen Umweltzustände[21]. Diese Einteilung von Aussagen über die Umwelt[22] betrifft wie die hier eingeführte Abstufung der Zuverlässigkeit den Aspekt der Gültigkeit (und nicht der Genauigkeit) von Propositionen. Zwischen den beiden Klassifikationen bestehen jedoch eine Reihe von erheblichen Divergenzen. Während sich die entscheidungstheoretische Untergliederung pauschal auf sämtliche Umweltaussagen einer Situation bezieht, findet die hier vorgeschlagene Abstufung auf jede (deskriptive) Einzelaussage Anwendung, die im Rahmen der Fundierung bzw. Kommentierung geäußert wird. Die Bedeutung dieses Unterschieds zeigt sich schon daran, daß z. B. das Vorkommen einer (einzigen) wahren Proposition im Bestand der Fundierungsaussagen noch keineswegs zu einer 'sicheren' Problemlösung führt.

Ferner findet die entscheidungstheoretische Einteilung verschiedener Informationssituationen hauptsächlich nur für die Umweltkomponente Anwendung[23]. Im Gegensatz hierzu werden mit Hilfe der Zuverlässigkeitsstufen hier sämtliche Aussagen zur Fundierung bzw. Kommentierung von Problemlösungen in Hinblick auf ihre Gültigkeit beurteilt werden. Schließlich sind auch die Stufenabgrenzungen als solche nicht miteinander kompatibel, wie schon die in dieser Arbeit vorgenommene Differenzierung zwischen fünf Verläßlichkeitsklassen erhellt. So werden denn auch die nachfolgenden Detaildarstellungen noch zeigen, daß hier an bewährte bzw. plausible Propositionen höhere Anforderungen als an Umweltaussagen bei Risiko bzw. Unsicherheit gestellt werden. Zum einen reichen subjektive Wahrscheinlichkeiten für die Bewährung unter Umständen nicht aus. Zum anderen muß ein Anspruch auf Plausibilität durch Gründe gestützt werden.

bb) Wahre Aussagen

a' Wahrheitsproblematik

a'' Problemaufriß

Die Frage nach der Wahrheit einer Aussage[24] erscheint auf den ersten Blick trivial und durch Formulierungen der folgenden Art ohne weiteres beantwortbar zu sein:

Siehe etwa MAG 1977, S. 59; FRESE 1988, S. 175; SIEBEN/SCHILDBACH 1990, S. 26; BAMBERG/COENENBERG 1991, S. 23.

20) Vgl. nur SIEBEN/SCHILDBACH 1990, S. 26; BAMBERG/COENENBERG 1991, S. 17, 66.

21) Für viele SIEBEN/SCHILDBACH 1990, S. 26; BAMBERG/COENENBERG 1991, S. 104.

22) An dieser Stelle interessiert nur die entscheidungstheoretische Differenzierung der Umweltaussagen und nicht der Entscheidungen als solchen, da die letzteren evaluativer Natur sind.

23) Vgl. nochmals FN 19.

24) Sofern im folgenden nichts anderes gesagt wird, sind mit 'wahren' Aussagen stets *empirisch wahre* und nicht (nur) *logisch wahre* Propositionen gemeint, da das Wahrheitsproblem ganz eindeutig v. a. die empirisch wahren Aussagen betrifft. Das Thema der logischen Wahrheit wird im Kern lediglich im Zusammenhang mit dem Kohärenz- bzw. Konsistenzaspekt der Wahrheit (siehe S. 234 f. und S. 256)

* Eine Aussage ist wahr, wenn sie der Wirklichkeit entspricht.
* Eine Aussage ist wahr, wenn sie dem vorhandenen Wissen nicht widerspricht.
* Eine Aussage ist wahr, wenn Handlungen auf ihrer Grundlage das erwartete Ergebnis herbeiführen.
* Eine Aussage ist wahr, wenn ihr alle zustimmen können.

Das Wahrheitsproblem zählt aber zu den Kardinalfragen von Philosophie und Methodologie schlechthin, und ist bis heute nicht befriedigend gelöst[25)]. So scheitert insbesondere der naheliegende Versuch, die effektive Wahrheit von Aussagen zweifelsfrei zu begründen, an dem berühmten "*Münchhausen-Trilemma*"[26)]: Die Begründungen, die ihrerseits zur Ausräumung der Zweifel gesicherte, also wahre Aussagen enthalten müssen, können letztlich nur (durch Rückgriff auf frühere Aussagen) in einen Zirkel oder (durch Einführung immer neuer Aussagen) in einen unendlichen Regreß führen. Sie sind daher praktisch an einer bestimmten Stelle und daher mehr oder weniger dogmatisch abzubrechen[27)].

Als Reaktion auf diese Schwierigkeiten stehen im Grundsatz nur zwei Möglichkeiten offen. Zum einen kann die weitere Beschäftigung mit der Wahrheitsproblematik eingestellt werden, wobei sich für diese 'Verzichtslösung' zwei konträre Begründungen konstruieren lassen. In der resignativen Variante der Skeptiker[28)] ist der Verzicht damit zu begründen, daß man angesichts des ungeklärten Wahrheitsmaßstabes strenggenommen keinerlei Wissen erlangen kann. Die ignorierende Variante, die mit der Redundanztheorie der Wahrheit verbunden ist[29)], leugnet hingegen die Existenz eines ernsthaften Problems überhaupt und geht ohne nähere Erläuterung des Wahrheitsbegriffs zur erkenntnistheoretischen Tagesordnung über. Die Rückzugsalternative ist in ihren beiden Varianten für die vorliegende Untersuchung jedoch nicht akzeptabel. Dies erhellt schon die bei der Skizzierung der interpretativen Organisations- und Managementforschung herauskristallisierte Aufgabe, die (realistische) Spanne zwischen vollkommener Wirklichkeitskonstruktion[30)]

---

berührt. Vgl. zur Unterscheidung zwischen logischer (oder auch formaler) und empirischer (oder auch faktischer) Wahrheit hier nur CHMIELEWICZ 1979, S. 90 ff. m. w. N.

25) Vgl. PUNTEL 1974, S. 1649; SKIRBEKK 1977, S. 8; RÖD 1989, S. 55.

26) ALBERT 1968, S. 13. Vgl. zur Begründungsaporie der Wahrheit auch POPPER 1989, S. 60; KERN 1979, S. 16 ff.

27) Zur Klarstellung sei noch angemerkt, daß sich das Trilemma nicht etwa dergestalt auflösen läßt, daß die Definition des Wahrheitsbegriffs als nicht-wahrheitsfähige Konvention angesehen und die Begründung der tatsächlichen Wahrheit einer Aussage auf die Feststellung reduziert wird, daß die betreffende Proposition die Definitionsmerkmale erfüllt. Abgesehen davon, daß fruchtbare Begriffsbildungen durchaus auch auf die Empirie Bezug nehmen (STEGMÜLLER 1970, S. 17 f. und passim; WEINGARTNER 1980, S. 687 f.), die mangelnde Wahrheitsfähigkeit von Definitionen (also) keineswegs von vornherein als ausgemacht gelten kann (siehe näher WEINGARTNER 1965) und zumindest bei der Rechtfertigung der Fruchtbarkeit der gewählten Konvention das Begründungstrilemma ebenfalls auftritt, werden Zirkularität oder Regreß spätestens dann zum Problem, wenn die Wahrheit der Feststellung über die Erfüllung der Wahrheitsmerkmale ihrerseits begründet werden soll.

28) Vgl. zum Wahrheitsstreit zwischen den antiken Dogmatikern und Skeptikern hier nur MUSGRAVE 1989, S. 387 f.

29) Zur Redundanztheorie hier nur WEINGARTNER 1980, S. 682, und ausführlicher FRANZEN 1982, S. 84 ff.

30) Als Pendant zur resignativen Einschätzung der Chance, objektive Erkenntnis zu gewinnen.

und positivistischer Erkenntnisgewißheit[31)] näher auszuloten[32)]. Wird diese Aufgabe nicht angegangen, kann die Wahrheitsproblematik von einer (vermeintlichen) Fundamentalkritik zu einfach gegen die gesamten Überlegungen zur möglichen Managementrationalität ins Feld geführt werden[33)], ohne daß die (begrenzte) Tragweite und Stichhaltigkeit des nominalistischen Arguments im managerialen Zusammenhang aufgedeckt wird. Diese Gefahr ist um so größer, als die Kritik aufgrund der geschilderten Zugangsschwierigkeiten zu ihren methodologischen Wurzeln[34)] vordergründig leicht beeindrucken kann.

An dieser Stelle soll daher ein zweiter Weg beschritten werden, der eine eingehendere Analyse der Wahrheitsproblematik vorsieht, zugleich aber auf eine 'elegante' endgültige Lösung verzichtet (weil verzichten muß). Zunächst werden aus dem Kreis der in großer Zahl entworfenen, bislang aber noch kaum integrierten Wahrheitstheorien[35)] diejenigen Ansätze erörtert, die sich für die vorliegende Arbeit als besonders ergiebig erweisen. Es handelt sich hierbei um die Korrespondenztheorie, die Kohärenztheorie, die pragmatische Theorie und die Konsenstheorie der Wahrheit[36)]. Die Untersuchung wendet sich zuerst der Korrespondenztheorie zu, die gewissermaßen das Fundament des alltäglichen wie des wissenschaftlichen Wahrheitsverständnisses bildet und auch für die Konkurrenztheorien den Anknüpfungspunkt (der Kritik) markiert[37)]. Die Analyse konzentriert sich dabei im ersten Schritt auf die Darlegung der Kernaussagen dieser Wahrheitskonzeption und die hiergegen erhobenen Einwände. In Anbetracht der nicht unbeachtlichen Probleme der Korrespondenztheorie werden sodann die drei alternativen Theorien skizziert und in Hinblick auf die Frage diskutiert, ob sie jeweils als alleinige Grundlage für die Formung des Wahrheitsbegriffs ausreichend geeignet oder wenigstens fruchtbarer als der Korrespondenzansatz sind. Die Untersuchungen werden zeigen, daß auch die Konkurrenzkonzeptionen jeweils erhebliche Schwächen aufweisen und sich daher keine von ihnen als exklusive Begriffsbasis anbietet, daß die verschiedenen Theorien andererseits aber jeweils durchaus fruchtbare Merkmale der Wahrheit thematisieren[38)]. Vor diesem Hintergrund wird dann der in dieser Arbeit verwendete, zumindest für un-

31) Mit der mangelhaften Problematisierung der Wirklichkeits- und Wahrheitsfragen.

32) Siehe S. 2 ff.

33) Vgl. auch nochmals oben, S. 18 und S. 49 f. i. V. m. S. 106 f.

34) Siehe S. 13 ff.

35) Überblicke und Diskussionen der diversen Wahrheitstheorien finden sich z. B. bei SKIRBEKK (Hrsg.) 1977; GETHMANN 1978b; HECKMANN 1981; WEINGARTNER 1980; FRANZEN 1982; PUNTEL 1983; ANDERSSON 1989c.

36) Mit diesen vier Wahrheitstheorien wird ein wesentlicher Teil der insgesamt diskutierten Ansätze abgedeckt, wie den in der vorstehenden Fußnote angegebenen Quellen entnommen werden kann. Von den prominenten Wahrheitstheorien werden hier nur die schon angesprochene Redundanztheorie (siehe S. 220 und dort FN 29), die sprachanalytisch angelegte semantische Wahrheitstheorie von TARSKI (vgl. hier nur TARSKI 1972), die nach der herrschenden Interpretation eine formale Präzisierung der Korrespondenztheorie der Wahrheit leistet (siehe hierzu WEINGARTNER 1980, S. 685; HECKMANN 1981, S. 84 f.; FRANZEN 1982, S. 258 FN 5; PUNTEL 1983, S. 46 f., 63 f.; POPPER 1989, S. 219 FN 1; ders. 1984, S. 336 f., sowie auch CHMIELEWICZ 1979, S. 94; abweichend etwa STRASSER 1980, S. 124), und die v. a. mit den Namen HUSSERL, HEIDEGGER und GADAMER verknüpften phänomenologisch-hermeneutischen Ansätze nicht näher behandelt. Vgl. zu einer kurzen Darstellung und Kritik der zuletzt genannten, z. T. auch als Evidenztheorien bezeichneten Richtung PUNTEL 1983, S. 17 ff., sowie ausführlicher HECKMANN 1981, S. 148 ff.

sere (nicht-philosophischen) Zweck ausreichend geeignete Begriff wahrer Aussagen präzisiert, indem Elemente sämtlicher vier Wahrheitstheorien kombiniert werden[39]. Es handelt sich dabei im Kern um ein nicht-naives korrespondenztheoretisches Wahrheitsverständnis, dessen Bedeutung und Berechtigung mit Hilfe der von den übrigen drei Theorien in den Vordergrund gestellten Aspekte einsichtig gemacht und im Kern auf einer pragmatischen Grundlage gerechtfertigt wird.

b'' Wahrheitstheorien

(1) Korrespondenztheorie

Die Korrespondenztheorie der Wahrheit sieht in der Übereinstimmung einer Aussage mit der Wirklichkeit[40] das entscheidende Wahrheitsmerkmal[41]. In dieser Vorstellung bildet die Aussage gleichsam als Kopie (mit hinreichender Ähnlichkeit) ein Original 'der' Welt ab. Sie geht auf ARISTOTELES zurück[42], wurde von TARSKI formal präzisiert[43] und dürfte noch heute dem Alltagsverständnis der Wahrheit am nächsten kommen. Die korrespondenztheoretische Wahrheitsauffassung herrscht auch in der Betriebswirtschaftslehre vor, da sie vom Kritischen Rationalismus als der verbreitetsten Grundposition[44] rezipiert worden ist[45]. Die nähere Bestimmung der Korrespondenz von

---

37) Zu dieser Sonderstellung der Korrespondenztheorie auch PUNTEL 1983, S. 8 f.

38) In der wahrheitstheoretischen Literatur wird durchwegs großer Wert auf die Trennung der Wahrheits*definition* (was sind wahre Aussagen?) von den Wahrheits*kriterien* (wie kann man feststellen, ob Aussagen wahr sind?) gelegt (vgl. z. B. SKIRBEKK 1977, S. 11 ff.; COOMANN 1983, S. 87 ff.; PUNTEL 1983, S. 3 f.; ANDERSSON 1989c, S. 370). Bei näherem Hinsehen zeigt sich allerdings, daß diese Grenzziehung im Fall der konkret thematisierten Wahrheits-"Kriterien" (wie etwa Kohärenz) keineswegs unproblematisch ist und namentlich bei 'garantierenden' Wahrheitskriterien fließend wird (vgl. auch COOMANN 1983, S. 88 FN 3 und S. 89, sowie zur Differenzierung zwischen "garantierenden" und "berechtigenden" Kriterien RESCHER 1973, S. 4). Infolgedessen soll in dieser Arbeit unverfänglicher von (Begriffs-)*Merkmalen* der Wahrheit sowie der Feststellung der Merkmalserfüllung gesprochen werden. Die nachfolgenden Detailuntersuchungen zum Wahrheitsbegriff werden zeigen, daß die im Schrifttum erörterten 'Kriterien' im wesentlichen als Merkmale der Wahrheit (in unserem Sinne) zu verstehen sind und nicht etwa die Feststellung der diesbezüglichen Merkmalsausprägungen von Aussagen betreffen.

39) Vgl. auch RESCHER 1973, S. 2 f., 9 und 23 f., der die Korrespondenztheorie als Wahrheitsdefinition und die Kohärenztheorie als Wahrheitskriterium auffaßt. Ähnlich RUSSELL 1977b, S. 66; SELLARS 1977, S. 301.

40) Die Begriffe *Wirklichkeit* und *Realität* werden in dieser Arbeit synonym verwendet.

41) Vgl. zur Korrespondenztheorie HECKMANN 1981, S. 99 ff.; FRANZEN 1982, S. 35 ff.; PUNTEL 1983, S. 26 ff.; ANDERSSON 1989c, S. 370 ff.

42) Für viele HECKMANN 1981, S. 99; FRANZEN 1982, S. 41.

43) Siehe nochmals m. N. FN 36 auf S. 221.

44) Vgl. BARTEL 1990, S. 58; SCHREYÖGG/STEINMANN 1980, Sp. 2397; HEINEN/DIETEL 1976, S. 9; STEINMANN/LÖHR 1989a, S. 5. Daß die kritisch-rationale Grundposition im einzelnen höchst variantenreich weiterentwickelt wird und daher in den Details durchaus auch Unterschiede in den wissenschaftstheoretischen Standorten der einzelnen betriebswirtschaftlichen Beiträge auftreten, muß wohl nicht besonders betont werden.

45) Siehe POPPER 1989, S. 219 FN 1; ders. 1984, S. 336 f.; RAFFÉE/ABEL 1979, S. 6; ANDERSSON 1989c, S. 370, sowie zu der von POPPER begründeten und in Deutschland namentlich auch durch die Arbeiten von ALBERT verbreiteten Richtung des Kritischen Rationalismus allgemein hier nur den Überblick von ALBERT 1989. Aufschlußreich ist auch die gängige Definition des (Erklärungs-,

Aussage und Wirklichkeit wirft jedoch ein ganzes Bündel von gravierenden Problemen auf[46]. Die für unsere Zwecke vor allem relevanten Schwierigkeiten[47] lassen sich zu den beiden Gruppen der sensoriell-affektiven Perzeptionsprobleme und der kognitiven Abstraktionsprobleme zusammenfassen (vgl. Abb. 24).

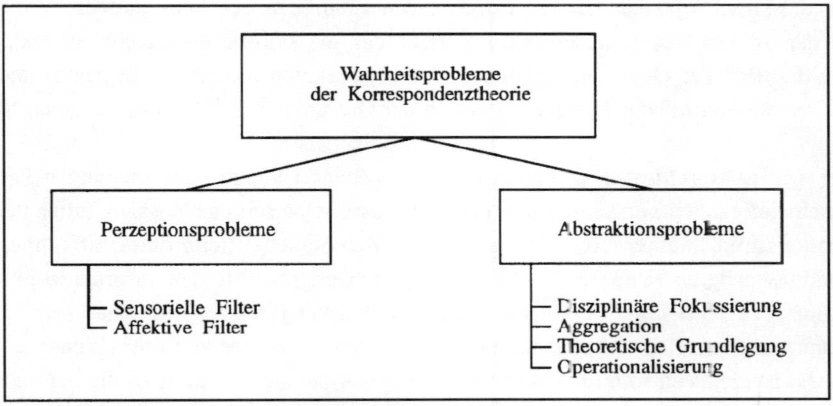

Abb. 24: Hauptprobleme der Korrespondenztheorie

Die *Perzeptionsprobleme* der 'exakten' Erfassung der Realität beruhen auf der Wirksamkeit von physiologisch-technischen (Sensorprobleme) und psychologisch-emotionalen (Affektionsprobleme) Wahrnehmungsfiltern. *Sensorprobleme* sind auf die Relaisfunktion zurückzuführen, die Sinnesorgane und Meßinstrumente bei der Realitätserfassung übernehmen[48]. Sie bestehen darin, daß die von den Sensoren[49] vermittelten Eindrücke

---

Problemlösungs- usw.)Modells als vereinfachtes Abbild der komplexeren Realität, vgl. z. B. KOSIOL 1964, S. 754; BAMBERG/COENENBERG 1991, S. 12 f., und hierzu auch unten, S. 450 f.

46) Vgl. zu den Einwänden gegen die Korrespondenztheorie der Wahrheit v. a. HECKMANN 1981, S. 99 ff.; FRANZEN 1982, S. 49 ff.; PUNTEL 1983, S. 29 ff.; ANDERSSON 1989c, S. 370 ff.

47) Als spezifisch philosophisches Problem, das für unser Anliegen nicht weiter vertieft werden muß, ist die umstrittene Frage nach dem 'Wahrheitsträger' anzusehen. Als Hauptalternativen werden *Sätze*, *Sachverhalte* und *Propositionen* bzw. *Aussagen* diskutiert, vgl. FRANZEN 1982, S. 50 ff. Im folgenden werden sowohl Aussagen als auch Sachverhalte und Kenntnisse unter den entsprechenden Voraussetzungen als wahr bezeichnet. Siehe zu einer weiteren, für unsere Zwecke ebenfalls wenig gravierenden, für den Tenor der methodologischen Auseinandersetzung aber illustrativen Komplikation S. 298 FN 91.

48) Vgl. zur sensoriellen Wahrnehmung und Wahrnehmungsfilterung NEISSER 1976, S. 15 ff.; PALMER 1978, S. 281 f., 295 ff.; ZIMAN 1982, S. 79 ff.; BEHRENS 1983, S. 83 ff.; CHALMERS 1986, S. 26 ff.; DELBRÜCK 1986, S. 134 ff. und passim; STAEHLE 1991, S. 179 ff.

49) Da die Übergänge zwischen der Wahrnehmung mit Hilfe der natürlichen Sinnesorgane und der gerätetechnisch unterstützten Perzeption letztlich fließend sind (Beispiel: Sehen 'mit Brille') und für unsere Zwecke nur geringe Bedeutung haben, wird hier zwischen den beiden Erfassungsformen nicht weiter differenziert. Vgl. zum breiten Spektrum der Wahrnehmungsvorgänge und zum Moment der Konvention bei der Abgrenzung zwischen beobachtbaren und nicht-beobachtbaren Sachverhalten auch STEGMÜLLER 1970, S. 190, sowie unten (S. 299).

verfälscht, widersprüchlich, ungenau oder sonst mangelhaft sein können. Dabei lassen sich personengebundene und überindividuelle Probleme unterscheiden. Zu den prominenten Beispielen zählen etwa die möglicherweise unterschiedlichen Farbempfindungen verschiedener Menschen bei der Betrachtung eines bestimmten - anhand seiner Spektralfrequenz definierten - Farbtons[50)] einerseits und die (zumindest wohl bei den meisten Menschen) einander widersprechenden Eindrücke des Seh- und des Tastsinns über den (geknickten bzw. geraden) Verlauf des ins Wasser eingetauchten Ruders[51)] sowie die nach der HEISENBERGschen Unschärferelation theoretisch begründ- und berechenbaren Grenzen der Meßgenauigkeit in der Quantenphysik[52)] auf der anderen Seite.

Unter *Affektionsproblemen* werden in der vorliegenden Untersuchung diejenigen Perzeptionsschwierigkeiten verstanden, die durch die psychologisch-emotionalen Filter der Informationsaufnahme hervorgerufen werden[53)]. Zur breiten Palette dieser affektiven Informationsbarrieren zählen z. B. die Neigung, lebhaft präsentierten Informationen eher Beachtung zu schenken[54)] sowie der Hang, zur Stärkung des Selbstwertgefühls[55)] bzw. in Anpassung an einen Gruppendruck[56)] bevorzugt bestätigende Informationen zu suchen. Es handelt sich somit im Kern um - emotional bedingte - 'Biases', die bereits oben ausführlicher vorgestellt worden sind[57)].

Die diversen Perzeptionsprobleme der Wahrheit werden im Rahmen der Bewältigung unstrukturierter Managementprobleme einen unterschiedlichen Stellenwert haben. Namentlich die Sensorprobleme bereiten vermutlich nur ausnahmsweise ernsthafte Schwierigkeiten bei der Erfassung der Realität[58)]. Schon die unbestreitbar möglichen affektiven Informationsfilterungen[59)] weisen aber darauf hin, daß das vermeintlich wahre Bild, das man sich von 'der' Realität macht, subjektiv geprägt und erheblich verzerrt sein kann. Die somit kaum von der Hand zu weisende Wahrnehmungsproblematik richtet allerdings bei näherem Hinsehen die Wahrheitsidee der Korrespondenztheorie keineswegs. Die Vorstellung sensoriell-affektiver Filter und Informationsverzerrungen setzt vielmehr geradezu das Konstrukt einer objektiv erfahrbaren Wirklichkeit im Sinne einer interpersonell übereinstimmend beschriebenen Realität voraus[60)]. Die Perzeptionsprobleme mar-

50) Erinnert sei nur an die Farbblindheit. Vgl. im übrigen auch das Phänomen der Vexierbilder und hierzu STRASSER 1980, S. 32 f.

51) LAY 1971, S. 57 f. m. w. N.; PERELMAN 1980, S. 130; RESCHER/MANOR 1970, S. 181 FN 2.

52) Siehe hierzu STEGMÜLLER 1983, S. 565 f.

53) Vgl. hierzu STAEHLE 1991, S. 182 f.; GEMÜNDEN 1992, Sp. 1021 f.; SCHOLL 1992, Sp. 903 ff.

54) Vgl. nur BAZERMAN 1986, S. 18 f.

55) Hierzu SWANN 1985, S. 105 f.

56) Zum Phänomen des "Groupthink" JANIS 1972.

57) Siehe S. 142 ff.

58) Ein - zugegebenermaßen etwas konstruiertes - Beispiel wäre folgende Situation: Zwei Manager des Personalwesens mit unterschiedlichem audiometrischen Hörvermögen empfinden die Stimme eines Kandidaten für die Stelle des Pressesprechers der Unternehmung als (zu) laut bzw. (zu) leise.

59) Siehe hierzu auch schon oben, S. 143 m. N.

60) Ganz in diesem Sinne z. B. die Unterscheidung zwischen der "objektiven oder vorgegebenen Situation (Wirklichkeit, Realität)" und der "subjektiv wahrgenommenen Situation" bei STAEHLE 1991, S. 179

kieren damit bei Lichte besehen keine Komplikation der (wie im einzelnen auch immer[61]) objektiv definierten Wahrheit, sondern der individuellen oder kollektiven Wahrheitsfeststellung[62]. Sie können daher in den weiteren Überlegungen zum Wahrheitsbegriff ausgeklammert werden und sind erst im Rahmen der Untersuchungen zu den Belegen noch einmal anzusprechen[63]. Belege stellen Resultate von Realitätsbeobachtungen dar, die den Geltungsanspruch wahrer Aussagen stützen sollen. Ihre Erarbeitung bildet daher den zutreffenden Ansatzpunkt für die Verortung und Ausschaltung der Perzeptionsprobleme.

Die *Abstraktionsprobleme* der Wahrheit sind auf das Phänomen zurückzuführen, daß sich Aussagen aufgrund der begrenzten kognitiven Kapazität des Menschen zwangsläufig nur auf einen Teilausschnitt aus der überkomplexen Welt beziehen können. Schon der Versuch, ein noch so einfaches Element dieser Welt lediglich vollständig zu beschreiben, muß notwendig scheitern, da hierzu die Darstellung sämtlicher Aspekte des fraglichen Elements sowie all seiner Beziehungen zu den anderen Weltelementen (und deren Aspekten) erforderlich und somit letztendlich doch die gesamte Weltkomplexität mitzubeschreiben wäre[64]. Aufgrund der genannten Kapazitätsgrenzen ist die Erfüllung dieser Aufgabe aber 'undenkbar'.

Zur Isolierung des betrachteten Segments können nun ganz unterschiedliche 'Schnitte' durch das komplexe Gebilde *Welt* gelegt werden. Ohne Anspruch auf Vollständigkeit lassen sich dabei vor allem vier Abstraktionsschritte unterscheiden, nämlich die Wahl der disziplinären Perspektive, des Aggregationsgrads und der theoretischen Basis sowie die Operationalisierung. Diese Schritte sind im einzelnen durchaus nicht unabhängig voneinander und können in Grenzbereichen auch ineinander übergehen. Sie unterscheiden sich aber gleichwohl ausreichend deutlich in der jeweiligen Reichweite der Abstraktion, die von der disziplinären Fokussierung bis zur Operationalisierung abnimmt.

Die *Auswahl der disziplinären Perspektive* legt den ersten groben kognitiven Rahmen fest, in dem eine Aussage formuliert wird. Aufgrund der zahlreichen Möglichkeiten zur disziplinären Fokussierung lassen sich die Phänomene der Welt aus ganz unterschiedlichen Blickwinkeln betrachten. So kann etwa das sozio-technische[65] System *Betrieb* z. B. aus ökonomischer Sicht als eine wirtschaftliche Veranstaltung zum optimalen Einsatz knapper Ressourcen, aus biologischer Sicht als eine Begegnungsstätte diverser Mikro-

---

(im Original z. T. fett, Flexion geändert). Vgl. ferner auch GRUNWALD 1983, S. 103, wonach der unbestritten selektive, strukturierende, akzentuierende und bewertende Charakter von Wahrnehmungsprozessen "nicht zu einem erkenntnistheoretischen Relativismus oder gar Agnostizismus führen" darf.

61) Siehe hierzu sogleich sowie v. a. S. 256.

62) Vgl. auch noch einmal FN 38 (S. 222).

63) Siehe S. 298 f.

64) Vgl. zur Vernetztheit letztlich aller Phänomene der Realität, die in unserer Terminologie die *Überkomplexität* der Welt ausmacht, HEMPEL 1977, S. 137; STEGMÜLLER 1983, S. 295, sowie aus problemlösungstheoretischer Sicht auch HAX 1965, S. 105 f.; BITZ 1977, S. 102; BRETZKE 1980, insb. S. 131 und 133.

und Makroorganismen, aus architektonischer Sicht als ein Komplex unterschiedlich ästhetischer Gebäude oder aus chemischer Sicht als eine Ansammlung verschiedener Substanzen aufgefaßt und damit zum Gegenstand entsprechend divergierender Propositionen gemacht werden.

Die disziplinäre Fokussierung bewirkt, daß Aussagen zwingend von Aspekten absehen, die den betrachteten Sachverhalten auch zueigen sind. Sie können nie sämtlichen Sachverhaltsfacetten gerecht werden. Diese Feststellung gilt im Prinzip in gleicher Weise auch für interdisziplinär angelegte Aussagen, die ebenfalls stets in einem gewissen Sinne unvollständig - weil immer noch Abstraktionen - sein müssen. Bereits die zwangsläufige Wahl einer disziplinären Perspektive hat somit zur Konsequenz, daß die phänomenologische Vorstellung vom Zugang zum 'Ding an sich'[66] und dem 'wahren Wesen eines Phänomens'[67], daß kurz also ein naiver Realismus problematisch ist. Die Beschaffenheit der 'tatsächlichen' Realität, an der Aussagen zur Überprüfung ihres Wahrheitsgehalts zu spiegeln sind, ist zunächst gar nicht ohne weiteres klar. So läßt sich denn auch kaum abschließend entscheiden, ob der Betrieb aus dem obigen Beispiel 'in Wahrheit' eine ökonomische, biologische, architektonische oder chemische Entität ist.

Der *Aggregationsgrad* einer Aussage bestimmt, auf welcher Detaillierungsebene ein Sachverhalt betrachtet wird[68]. Im Referenzbeispiel der Einführung einer kundennahen Organisationsstruktur etwa kann die Analyse alternativ z. B. auf der Ebene der einzelnen Mitarbeiter, auf Gruppenebene oder auf Teilbereichsebene aufsetzen. Die Festlegung des Aggregationsgrads weist eine enge Beziehung zur disziplinären Fokussierung auf, da mit der Wahl einer bestimmten Betrachtungsebene nicht selten auch die Entscheidung für eine bestimmte disziplinäre Betrachtungsperspektive fällt et v. v. Knüpft beispielsweise eine Analyse der Verhaltenswirkungen einer Reorganisation an der Ebene der einzelnen Mitarbeiter an, so stehen eher individualpsychologische Überlegungen im Mittelpunkt, während die Betrachtung der Gruppenebene sozialpsychologische und soziologische Momente in den Vordergrund rückt.

Da sich bei jeder Themenstellung jeweils eine (oder mehrere) 'Mikro- und Makroebenen' der Betrachtung unterscheiden lassen[69], bringt die Wahl des Aggregationsgrads wiederum eine Entscheidung für eine bestimmte, spezifische Sichtweise der Wirklichkeit

65) Hierzu EMERY/TRIST 1960.

66) Diese Vorstellung hat v. a. schon KANT problematisiert (RESCHER 1973, S. 9; FLEISCHER 1984, S. 92 ff.). Siehe näher zum 'Ding an sich' ebenda sowie RÖD 1989, S. 53, und zur Phänomenologie mit ihren zahlreichen Varianten LAY 1971, S. 52 ff.; WUCHTERL 1987, S. 201 ff.; ORTH 1989.

67) Zum (Parteilichkeits-)Problem der Rede vom 'wahren Wesen' eines Sachverhalts HEINEN/DIETEL 1976, S. 104.

68) Vgl. hierzu z. B. auch ACHAM 1983, S. 80 ff.

69) Dies gilt angesichts der heute schon unterscheidbaren (kosmologischen) Makro- und (subatomaren) Mikroebenen zumindest für die im managerialen Problemlösungskontext relevanten Fragen. Konkret würde beispielsweise eine Mikroperspektive zur individuellen Verhaltenswirkung des Reorganisationsfalls bei einer Analyse neurophysiologischer Prozesse eingenommen, eine Makroperspektive zur Analyse der Organisationsstruktur der Gesamtunternehmung dagegen z. B. bei Zugrundelegung ei-

zum Ausdruck. Die Brisanz dieser Entscheidung kann bereits anhand der heftigen Diskussionen belegt werden, die unter dem Stichwort 'Reduktionismus' um den adäquaten Aggregationsgrad soziologischer und betriebswirtschaftlicher Untersuchungen geführt werden[70].

Die *theoretischen Grundlagen* einer Aussage füllen den durch die disziplinäre Fokussierung und die Aggregationsentscheidung abgesteckten Rahmen weiter aus, indem die relevanten Größen im betrachteten Realitätsausschnitt herausgestellt und zueinander in Beziehung gesetzt werden[71]. Der Theoriebegriff ist dabei weit zu fassen, so daß hierunter - je nach Gegenstandsbereich und Entwicklungsstand - z. B. Fundamentaltheorien[72], in sich geschlossene Ansätze[73] und theoretische Bezugsrahmen[74] zu verstehen sind. Illustriert man die theorievermittelte Abstraktion am Beispiel der kundenorientierten Reorganisation, so lenkt z. B. ein entscheidungslogischer Ansatz die Analyse im Kern auf die unternehmungsinterne Regelung von Kompetenzen und Kommunikationsbeziehungen[75], während nach evolutionstheoretischem Verständnis vor allem den Selektionswirkungen der Umwelt[76] Aufmerksamkeit zu widmen wäre. Die Wahrheitsproblematik der Entscheidung für eine bestimmte theoretische Basis besteht ganz offensichtlich darin, daß Aussagen zu einem bestimmten Sachverhalt je nach der getroffenen Theorieauswahl inhaltlich ganz unterschiedlich ausfallen können.

Bei den in der theoretischen Basis ausgewiesenen Größen handelt es sich meist[77] um gedankliche Konstrukte bzw. theoretische Begriffe. *Theoretische Begriffe* bezeichnen Sachverhalte, die in der Realität nicht unmittelbar beobachtet werden können[78]. Beispiele aus dem Bereich der organisatorischen Gestaltung stellen etwa die Terme *Organi-*

---

nes situativen oder evolutionstheoretischen Ansatzes (vgl. zu den beiden zuletzt genannten organisationstheoretischen Konzepten näher S. 404 m. N.).

70) Vgl. hierzu, namentlich zur Kontroverse um den methodologischen Individualismus schon oben, S. 63 f., die Beiträge in O'NEILL (Hrsg.) 1973, sowie SCHANZ 1977, S. 66 ff.; ACHAM 1983, S. 64 ff., und speziell für die Organisationstheorie noch KIMBERLY 1981, S. 421.

71) Vgl. zum Tatbestand des 'theoretischen Filters' jeder Aussage, für den so unterschiedliche, die beiden zuvor erörterten Abstraktionsschritte teilweise ebenfalls berührenden Begriffe wie "Weltanschauung" (CHURCHMAN 1970; ACHAM 1983, S. 310 f. und passim), "Grammatik" (WHORF 1963, S. 20), "'Paradigmata'" (KUHN 1976, S. 25), 'konzeptionelle Raster' (McCASKEY 1982, S. 17: "'conceptual map'"; vgl. ferner WEICK/BOUGON 1986, S. 104 ff.) und "mentale Bilder" (MINTZBERG 1973, S. 71) Verwendung finden, neben den soeben zitierten Quellen noch ALBERT 1967b, S. 152; BRETZKE 1980, S. 40 ff.; FRANZEN 1982, S. 61 ff., insb. S. 65; KIRSCH 1984, S. 165 ff. und passim; CHALMERS 1986, S. 32 ff.

72) Im Bereich der Naturwissenschaften etwa die Relativitätstheorie von EINSTEIN.

73) Beispiele für das Gebiet der Organisationstheorie bilden etwa die in FN 69 angeführten Richtungen. Vgl. zu weiteren organisationstheoretischen Ansätzen unten, S. 404 m. N.

74) Zum *Bezugsrahmen* für viele KIRSCH 1984, S. 751 ff.; GROCHLA 1978, S. 61 ff.; ders. 1980, Sp. 1796 f.

75) Siehe FRESE 1988, S. 165 ff.

76) HANNAN/FREEMAN 1977; dies. 1984.

77) Vgl. allgemein auch STEGMÜLLER 1970, S. 217, sowie speziell für betriebswirtschaftliche Theorien CHMIELEWICZ 1979, S. 66.

78) Siehe eingehender zu den Kategorien der theoretischen und empirischen Begriffe und ihren Problemen CARNAP 1958; ders. 1960b; STEGMÜLLER 1970, S. 181 ff.; ESSLER 1971, S. 108 ff.

sationsstruktur und *Motivationswirkung* dar. Die Verwendung theoretischer Begriffe kann neben den sprachökonomischen Vorteilen des Gebrauchs (mehr oder minder präzise) definierter Kurzbezeichnungen[79)] z. B. der Erkenntnisgewinnung durch begriffliche Idealisierungen[80)] und der Formulierung gewonnener Erkenntnisse[81)] dienen. Ferner können theoretische Begriffe mit vagen Inhalten Verwendung finden, falls präzisere Definitionen mangels ausreichender Einsichten in Problemzusammenhänge (noch) ausgeschlossen sind. Als mehrdeutiger 'Ambiguitätsspeicher' in diesem Sinne kann beispielsweise das bislang noch nicht abschließend erforschte Konstrukt der *Organisationskultur*[82)] angesehen werden.

Da theoretische Begriffe nicht direkt beobachtbare Phänomene bezeichnen, die Korrespondenztheorie aber auf die Übereinstimmung von Aussage und Realität abhebt, ist zur Bestimmung des Wahrheitsgehalts einer Proposition (mit theoretischen Begriffen) eine Verbindung zwischen der Ebene der Konstrukte[83)] und der Realität herzustellen. Diese *Operationalisierung* erfolgt durch die Interpretation bzw. Definition der Konstrukte mit Hilfe von Beobachtungsbegriffen, die direkt wahrnehmbare Sachverhalte zum Ausdruck bringen[84)]. Die Problematik dieses Abstraktionsschritts liegt nun darin, daß sich die 'exakte' Bedeutung der Konstrukte hierbei zumeist[85)] nicht vollständig konservieren läßt[86)]. Ein krasses Beispiel ist die bekannte Operationalisierung des theoretische Begriffs der *Mitarbeiterzufriedenheit* über die real beobachtbare Fluktuationsrate[87)], die der Intention dieses Konstrukts allenfalls partiell gerecht wird. Dieses Wahrheitsproblem gewinnt

---

79) Beispiel: Das handelsrechtlich definierte Konstrukt *Jahreserfolg* als Konzentrat der zugrundeliegenden Bilanzierungs- und Bewertungsvorgänge.

80) Beispiel: Der Idealtyp der *reinen Organisationsform* (z. B. reine Funktionalorganisation) im Rahmen der organisationstheoretischen Analyse. Vgl. allgemein STEGMÜLLER 1970, S. 253; CHALMERS 1986, S. 175 f.

81) Beispiele bilden das Konstrukt *Schwerkraft* zur Erklärung der vertikalen Bewegungsrichtung von Körpern und die *Zerbrechlichkeit* als dispositionelle Eigenschaft von Glas. Vgl. speziell zu den Dispositionsbegriffen STEGMÜLLER 1970, S. 213 ff.

82) Zum Stand der Kulturforschung SCHREYÖGG 1992a, hier insb. Sp. 1526, 1529 m. w. N.

83) Diese Ebene wird auch als die der 'theoretischen Sprache' bezeichnet und von der Ebene der 'Beobachtungssprache' unterschieden, vgl. CARNAP 1958, S. 236; STEGMÜLLER 1983, S. 131.

84) Zu diesem Begriffsverständnis der Operationalisierung WITTE, E. 1980, Sp. 615; KUBICEK/KIESER 1980, Sp. 1538 f. Im einzelnen können sich bei der Abgrenzung zwischen theoretischen Begriffen und Beobachtungsbegriffen erhebliche Schwierigkeiten einstellen, vgl. hierzu nur ESSLER 1971, S. 110 ff.; STEGMÜLLER 1983, S. 131.

85) Die Frage, ob sämtliche theoretischen Begriffe zwingend 'irreduzibel' und damit nur partiell interpretierbar sind (vgl. nur STEGMÜLLER 1970, S. 280, 314 und passim), kann hier offen bleiben. Für unsere Zwecke (der Problematisierung der Korrespondenztheorie) reicht der Befund, daß zumindest viele theoretische Terme faktisch (noch) nicht voll gedeutet werden können. Ferner ist für die Zielsetzung der vorliegenden Untersuchung eine eingehendere Erörterung des neueren "strukturalistischen" Verständnisses von Theorien ("non-statement view"), das auch Implikationen für die Auffassung von der Rolle theoretischer Begriffe hat, nicht erforderlich. Siehe zum Überblick STEGMÜLLER 1983, S. 1034 ff., und näher SNEED 1979; STEGMÜLLER 1973c, S. 27 ff.; ders. 1980.

86) Vgl. STEGMÜLLER 1970, S. 213 ff., sowie auch HEINEN/DIETEL 1976, S. 109; BRETZKE 1980, S. 85 ff. Auch die Operationalisierung ist somit ungeachtet der 'Konkretisierung' des Begriffsinhalts als Abstraktionsvorgang anzusprechen, da und soweit sie einen theoretischen Begriff nur partiell interpretiert und damit von bestimmten Begriffsfacetten absieht.

87) Vgl. die Literaturauswertung bei FRESE 1988, S. 384 ff., hier insb. S. 396.

naturgemäß mit abnehmenden Einsichten in die Begriffsbedeutung an Gewicht und ist daher bei den 'ambiguitätsspeichernden' Konstrukten im Regelfall besonders gravierend.

Faßt man die - aus Platzgründen notgedrungen nur grob skizzierten - Abstraktionsprobleme des korrespondenztheoretischen Wahrheitsverständnisses zusammen, so ist festzuhalten, daß neben sensoriell-affektiven Filtern auch kognitive Barrieren einer unzweideutigen Erfassung der Wirklichkeit entgegenstehen. Je nach disziplinärer Fokussierung, Aggregation, theoretischer Grundlegung und Operationalisierung können die gleichen Sachverhalte vielmehr völlig unterschiedlich 'gesehen' werden. Da Abstraktionen unhintergehbar sind, kann letztlich nicht zweifelsfrei festgestellt werden, wie der thematisierte Sachverhalt 'in Wirklichkeit' aussieht und welche der alternativen Sichtweisen tatsächlich wahr ist. Je nach Sichtweise können folglich durchaus unterschiedliche Aussagen mit 'der' Realität übereinstimmen. Da eine unverrückbare Überprüfungsinstanz somit nicht zur Verfügung steht, droht der Vorgang der Korrespondenz- bzw. Übereinstimmungsprüfung einen gewissen Anstrich von Beliebigkeit anzunehmen. Die Korrespondenztheorie der Wahrheit ist damit zumindest in dem naiven Verständnis einer Gewinnung 'absoluter Gewißheiten' nicht haltbar. Als Folge der Abstraktionsprobleme ist vor allem der Gedanke aufzugeben, unter wahren Aussagen solche Propositionen zu verstehen, deren Geltungsanspruch an einer eindeutigen Realität überprüft und damit unter keinen (Abstraktions-)Umständen angezweifelt werden kann. Damit stellt sich die Frage, ob und in welchem Sinne man überhaupt noch vernünftigerweise von wahren Aussagen sprechen kann. Zur Klärung dieser Fragestellung sollen im folgenden drei Konkurrenzansätze zur Korrespondenztheorie erörtert werden, um weitere Einsichten in den Wahrheitsbegriff zu gewinnen.

(2) Kohärenztheorie

Die Kritik an der Korrespondenztheorie der Wahrheit lautet zusammengefaßt, daß reale Sachverhalte nur mit Hilfe von Aussagen dargestellt werden können, daß diese 'Protokollsätze'[88] aber schon infolge der Abstraktionseinflüsse stets nur spezifisch geprägte Sichtweisen der Wirklichkeit vermitteln. Als Überprüfungsinstanz für Geltungsansprüche steht daher 'die' Realität in ungefilterter Form gar nicht zur Verfügung.

Als Reaktion auf diese Schwierigkeit der Korrespondenztheorie wird vorgeschlagen, anstelle der Übereinstimmung von Aussage und (per Aussage beschriebener) Realität direkt die Vereinbarkeit von Aussagen untereinander als Wahrheitskriterium zu wählen. Dieser kohärenztheoretische Ansatz hat sowohl Wurzeln im Idealismus[89] als auch eine logisch-

88) So der Terminus technicus im Programm des logischen Empirismus bzw. Positivismus des 'Wiener Kreises' um CARNAP, NEURATH und SCHLICK. Vgl. statt vieler SCHNÄDELBACH 1989, S. 268, und exemplarisch NEURATH 1933, insb. S. 207.

89) Zu nennen sind insb. BRADLEY und BLANSHARD, vgl. PUNTEL 1983, S. 173 ff.

empiristische Tradition[90)], und ist namentlich von RESCHER[91)] ausgebaut worden[92)]. Im einzelnen wird der Begriff *Kohärenz* teils weiter, teils enger ausgelegt[93)]. Nach der schwachen Version der Kohärenztheorie ist eine Aussage dann als wahr einzustufen, wenn sie sich widerspruchslos in einen Bestand von bis dato als gültig angenommenen Propositionen einfügen läßt. Die stärkere Theorievariante hingegen verlangt, daß ein Wahrheitskandidat aus dem bisher akzeptierten Aussagenbestand logisch deduziert werden kann. Sind die genannten Bedingungen nicht erfüllt, wird eine Aussage nach dem Kohärenzansatz im Regelfall als falsch verworfen. Eine Ausnahme ergibt sich lediglich bei 'revolutionären' Erkenntnissen, die Anlaß geben, das System der bislang 'wahren' Aussagen zu revidieren und in Einklang mit den neuen Einsichten zu bringen[94)].

Die Kohärenztheorie der Wahrheit ist wie das Korrespondenzmodell einer Reihe von Einwänden ausgesetzt (vgl. Abb. 25). Sie betreffen im wesentlichen das Problem 'paralleler Kohärenzen', das Interpretationsproblem sowie die Schwierigkeit, den (zwingenden) Anlaß einer grundlegenden Revision eines bislang akzeptierten Aussagensystems zu identifizieren.

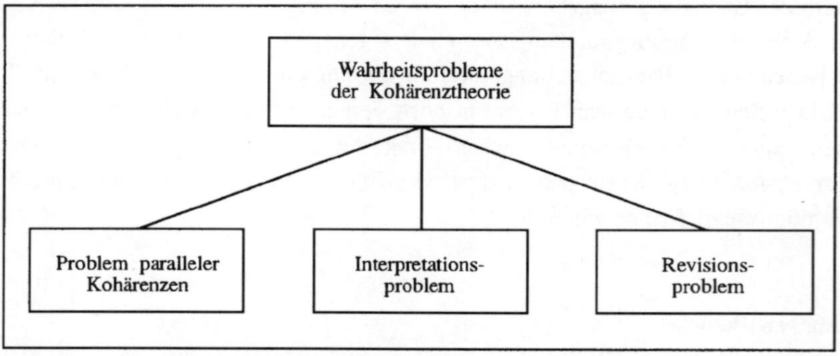

Abb. 25: Hauptprobleme der Kohärenztheorie

---

90) Vgl. v. a. NEURATH 1931, insb. S. 403; ders. 1934, v. a. S. 348 f.; HEMPEL 1935a, v. a. S. 53 ff.

91) RESCHER 1973. Zu beachten ist, daß die spezifische "Kohärenztheorie" von RESCHER durchaus auch Elemente der Korrespondenztheorie der Wahrheit enthält, da RESCHER an den Korrespondenzgedanken als Wahrheitsdefinition anknüpft und mit der Kohärenz nur ein Wahrheitskriterium expliziert (siehe RESCHER 1973, S. 2 f., 9, 23 f., sowie auch COOMANN 1983, S. 95 ff.). Die folgenden Einwände gegen die allgemeine Grundidee der Kohärenztheorie treffen daher keineswegs immer auch den RESCHERschen Ansatz in seiner konkreten Ausarbeitung. Da es uns an dieser Stelle aber nur um eine Diskussion des kohärenztheoretischen Grundgedankens gehen kann, muß hierauf nicht immer explizit hingewiesen werden.

92) Zur Historie PUNTEL 1983, S. 172 f.; HECKMANN 1981, S. 130.

93) Siehe zum Überblick über die Kohärenztheorie HECKMANN 1981, S. 130 ff.; PUNTEL 1983, S. 172 ff.; ANDERSSON 1989c, S. 372 f.

94) Vgl. auch NEURATH 1931, S. 403.

Der Hinweis auf die *Möglichkeit paralleler Kohärenzen* markiert den Standardeinwand[95] gegen das kohärenztheoretische Konzept. Er besagt, daß Aussagen sich unter bestimmten Bedingungen zu unterschiedlichen Aussagensystemen zusammenfügen lassen, die jeweils in sich konsistent sind, einander aber widersprechen[96]. Voraussetzung ist, daß zumindest teilweise konträre Aussagen gegeben sind[97]. Diese Möglichkeit paralleler Kohärenzen leuchtet unmittelbar ein und soll hier nur an einem simplen Beispiel verdeutlicht werden. Gegeben seien die folgenden Propositionen:

(1) «Wenn eine kundenorientierte Organisationsstruktur eingeführt wird, steigt der Gewinn.»
(2) «Wenn eine kundenorientierte Organisationsstruktur eingeführt wird, sinkt der Gewinn.»
(3) «Die Unternehmung führt eine kundenorientierte Organisationsstruktur ein.»

Offensichtlich können auf der Grundlage der 3 vorliegenden Aussagen folgende konsistente Aussagensysteme formuliert werden:

(I) «Die Unternehmung führt eine kundenorientierte Organisationsstruktur ein. Wenn eine kundenorientierte Organisationsstruktur eingeführt wird, steigt der Gewinn. Also steigt der Gewinn der Unternehmung.»

(II) «Die Unternehmung führt eine kundenorientierte Organisationsstruktur ein. Wenn eine kundenorientierte Organisationsstruktur eingeführt wird, sinkt der Gewinn. Also sinkt der Gewinn der Unternehmung.»

Die zwei Schlußfolgerungen über den steigenden bzw. sinkenden Gewinn sind jeweils logisch korrekt, so daß die beiden Aussagensysteme (I) und (II) in sich ohne Widerspruch sind. Die Unvereinbarkeit ihrer Implikationen aber ist evident. Akzeptiert man das klassische logische "Prinzip vom ausgeschlossenen Widerspruch"[98], wonach eine von zwei kontradiktorischen Aussagen wahr bzw. falsch sein muß, so kann nur eine der beiden Implikationen als gültig angenommen werden[99]. Die *Gültigkeit* - als Synonym für Wahrheit - ist somit von der *Schlüssigkeit* - als Ausdruck logischer Korrektheit - zu unterschieden.

Das anhand des vorstehenden, bewußt einfach gehaltenen Beispiels demonstrierte Phänomen paralleler Kohärenzen mag auf den ersten Blick trivial erscheinen. Zu beachten ist aber, daß sich bei einer größeren Zahl widersprüchlicher Aussagen, wie sie für komplexere Argumentationssituationen charakteristisch ist, durchaus praktische Grenzen des

---

95) Siehe auch RESCHER 1973, S. 29.

96) Vgl. nur RUSSELL 1977b, S. 65 f.; AYER 1977, S. 292; COOMANN 1983, S. 128; ANDERSSON 1989c, S. 373.

97) Vgl. hierzu auch WIENER 1944, S. 264. Aus einer abgeschlossenen Menge miteinander verträglicher Aussagen läßt sich hingegen nur 1 widerspruchsfreies Aussagensystem konstruieren, vgl. RESCHER/MANOR 1970, S. 182.

98) LICHTENBERG 1989, S. 191 (im Original kursiv).

99) Die denkbare zusätzliche Aussage, daß der Gewinn von der gewählten Organisationsstruktur unberührt bleibt, bedeutet lediglich eine Erweiterung der Menge (konträrer) Propositionen, aus der sich in

Kohärenztests ergeben[100]. Die Formulierung und Prüfung kohärenter Aussagensysteme kann somit unter realistischen Argumentationsbedingungen bereits zu einer eigenen Herausforderung werden. Hinzu tritt allerdings das in prinzipieller Sicht viel gravierendere Problem, das allein als gültig zu akzeptierende System - sofern vorhanden - aus dem Kreis der kohärenten Systemalternativen auszuwählen. Dieses Problem kann nicht unter Rückgriff auf den Kohärenzgedanken bewältigt werden, sondern erfordert zusätzliche Auswahlprinzipien[101].

Die soeben erörterte Fallkonstellation paralleler Kohärenzen mit gegebenen, aber (teilweise) konträren Propositionen weist unter dem Aspekt der Aussagengewißheit noch den Vorteil auf, daß die Widersprüche der vorliegenden Aussagen die Existenz eines Wahrheitsproblems offen ankündigen. Unter diesen Voraussetzungen wird somit gleichsam automatisch eine gewisse Zurückhaltung bei der Einschätzung des Wahrheitswertes der fraglichen Aussagensysteme nahegelegt. Präkerer ist demgegenüber die Situation zu beurteilen, in der die vorliegenden Aussagen zwar miteinander verträglich sind (und im übrigen durchaus unbestritten sein können), einen gegebenen Sachverhalt aber nur partiell abdecken. In derartigen Fällen müssen Informationslücken durch Interpretationsbrükken überwunden werden[102], wobei nur die Grenzen der menschlichen Phantasie den Entwurf kohärenter Aussagensysteme einschränken[103]. Auch dieses Kohärenzproblem der fehlerhaften Interpretation des Zusammenhangs für sich zutreffender, aber unvollständiger Aussagen (*Interpretationsproblem*) sei an einem einfachen Beispiel illustriert: Aus dem publizierten Jahresabschluß lasse sich unstrittig[104] entnehmen, daß der Gewinn des Wettbewerbers W im abgelaufenen Geschäftsjahr gestiegen ist (symbolisiert: GW). Zusätzlich sei als Tatsache bekannt, daß der Wettbewerber im vergangenen Jahr die Einführung einer kundenorientierten Organisationsstruktur abgeschlossen hat (symbolisiert: KOW). Die Informations- bzw. Argumentationslücke zwischen den beiden wahren Aussagen (GW; KOW) kann angesichts der vorhandenen 'Indizien' nun z. B. zwanglos durch Rückgriff auf die organisationstheoretisch plausible[105] Annahme geschlossen werden, daß die Enführung einer kundenorientierten Struktur den Gewinn steigert (KO --> G). Auf der Grundlage der bekannten Fakten (GW; KOW) und der

---

gleicher Weise parallel kohärente Aussagensysteme konstruieren lassen. Sie kann daher hier zur Vereinfachung ausgeklammert werden.

100) Nach CHERNIAK 1986, S. 93, ist die Grenze computergestützter Konsistenztests selbst bei optimistischsten Annahmen über die Leistungsfähigkeit von Rechnern und einer unterstellten Rechenzeit von 20 Mrd. Jahren bei 138 logisch voneinander unabhängigen Aussagen erreicht.

101) Vgl. hierzu auch RESCHER 1973, S. 98 ff.

102) Vgl. zur interpretierenden Auffüllung partieller Informationen zur Gewinnung sinnvoller Situationsverständnisse und ihren Gefahren auch WEICK 1979a, S. 171 ff.; ISENBERG 1984, insb. S. 85; ders. 1986, S. 242 und 257; GIOIA/SIMS 1986, S. 2; IYER/ADAMS 1987, S. 406.

103) An diese Fallkonstellation dachte offenbar schon SCHLICK 1934, S. 86 in seiner Auseinandersetzung mit NEURATH: "Wer es ernst meint mit der Kohärenz als alleinigem Kriterium der Wahrheit, muß beliebig erdichtete Märchen für ebenso wahr halten wie einen historischen Bericht oder die Sätze in einem Lehrbuch der Chemie, wenn nur die Märchen so gut erfunden sind, daß nirgends ein Widerspruch auftritt." Vgl. ferner auch RESCHER 1973, S. 28 f. selbst.

104) Die effektive Wahrheit der folgenden Aussage muß an dieser Stelle nicht problematisiert werden und kann im Sinne des Abschnitts c'' unterstellt werden.

Interpretationsbrücke (KO --> G) läßt sich nunmehr der Gewinnanstieg des Wettbewerbers wie folgt erklären:

«Der Wettbewerber hat eine kundenorientierte Organisationsstruktur eingeführt. Wenn eine kundenorientierte Organisationsstruktur eingeführt wird, steigt der Gewinn. Also ist der Gewinn gestiegen.»

Diese Gedankenführung, die möglicherweise Konsequenzen für die eigenen organisatorischen Entscheidungen hat, ist nicht nur schlüssig, sondern wird im Ergebnis scheinbar auch von dem tatsächlichen Gewinnanstieg des Wettbewerbers empirisch gestützt. Daß sie trotzdem falsch sein kann, liegt schon angesichts der zahlreichen weiteren Einflußfaktoren des Gewinns auf der Hand und bedarf keines eingehenderen Beweises.

Die dargelegte Argumentation mag - aufgrund der Überschaubarkeit des gewählten Beispiels - als naiv verurteilt werden. Sie repräsentiert aber das Grundmuster des Fehlers, der interpretierenden Aussagen anhaften kann und in komplexen Argumentationen leicht verborgen bleibt. Praktisch relevante Formen, in denen dieser Fehler auftritt, sind beispielsweise neben den berühmten Deutungsversuchen in Kunst und Literatur, deren Gedankenführung den interpretierten Künstler und Autor selbst am meisten überrascht, der berüchtigte Justizirrtum bei reinen Indizienprozessen, die Akzeptanz statistischer Scheinkorrelationen[106)], die Billigung in sich geschlossener, aber erfolgloser unternehmungsstrategischer Gesamtkonzepte und nachträgliche Pseudo-Rationalisierungen 'gewollter' Entscheidungen[107)]. So unterschiedlich diese konkreten Fehlerformen im einzelnen auch sind, so sehr stimmt das Grundprinzip der falschen Ergänzung lückenhafter Aussagen zu in sich geschlossenen Aussagensystemen bei ihnen überein. Dabei liegt die Crux im Fall der Interpretation verträglich-partieller Ausgangsdaten vor allem darin, daß die Sensibilität für das möglicherweise schwache Fundament einer Aussage zu gering ausgeprägt sein oder ganz fehlen kann. Oder anders gewendet: Die Aufmerksamkeit für eventuelle Wahrheitsprobleme wird hier systematisch nur dann geweckt, falls mehrere kohärente Aussagensysteme parallel entworfen werden und damit Widersprüche zwischen interpretierenden Aussagen überhaupt erst zu Tage treten.

Die Probleme der parallelen Kohärenzen und der fehlerhaften Interpretation betreffen Situationen, in denen konträre oder partielle Aussagen vorliegen, zu einem oder mehreren Aussagensystemen zusammengefügt werden, und gegebenenfalls das gültige System auszuzeichnen ist. Der dritte Haupteinwand gegen die Kohärenztheorie führt demgegenüber das *Revisionsproblem* ins Treffen und hat den Fall vor Augen, daß ein Bestand vorläufig akzeptierter Aussagen als Prüfungsinstanz zur Verfügung steht und eine neue Proposition als Kandidat zur Wahrheitsprüfung antritt. In diesem Fall ergeben sich angesichts des mittlerweile beachtlich angewachsenen Wissens[108)] zunächst wiederum die

105) Vgl. zu den für eine Kundenorganisation sprechenden Argumenten hier nur FRESE/v. WERDER 1989, S. 18 ff.; GAITANIDES/WESTPHAL/WIEGELS 1991.

106) Siehe hierzu näher unten, S. 258.

naheliegenden Praktikabilitätsprobleme der Kohärenzprüfung. Ferner stellt sich hier die spezielle Frage, unter welchen Voraussetzungen ein unverträglicher Wahrheitskandidat abzulehnen oder das System der bislang akzeptierten Aussagen einer Revision zu unterziehen ist[109)]. Die Problematik dieser Entscheidung wird besonders dadurch verschärft, daß das Referenzsystem - wie aus der Wissenschaftsgeschichte hinlänglich bekannt[110)] - durch Einführung passender ad hoc-Aussagen gegen einen als solchen kaum ignorierbaren Geltungsanspruch einer neuen Aussage immunisiert werden kann[111)]. Die Entscheidung zwischen Ablehnung und Revision läuft - außer in 'klaren' Fällen mit offensichtlich inakzeptablen Wahrheitskandidaten - letztlich auf den Entwurf und Vergleich alternativer Aussagensysteme unter Aus- bzw. Einschluß der fraglichen Proposition hinaus. Sie kann daher ebenfalls nicht innerhalb des Rahmens der Kohärenztheorie der Wahrheit getroffen werden.

Die Kohärenz bzw. Konsistenz[112)] von Propositionen untereinander gestattet somit keine endgültige Entscheidung darüber, ob eine vorliegende Aussage tatsächlich wahr ist bzw. welches von mehreren konsistenten Aussagensystemen die alleinige Wahrheit für sich in Anspruch nehmen darf. Damit ist selbst bei erfüllter Konsistenzbedingung insbesondere nicht ausgeschlossen, daß wahre Aussagen - aufgrund der Entscheidung für ein anderes, zwar ebenfalls konsistentes, aber falsches Aussagensystem - abgelehnt und falsche Aussagen akzeptiert werden[113)]. Konsistenz mit anderen akzeptierten Propositionen kann damit nicht als hinreichendes Merkmal wahrer Aussagen angesehen, die Grundidee der Kohärenztheorie[114)] somit auch nicht als alleinige Basis für eine Bestimmung des Wahrheitsbegriffs herangezogen werden. Zumindest nach abendländischem Rationalitätsverständnis bildet sie aber eine unbestrittene conditio sine qua non der Wahrheit[115)]. Diese Auffassung läßt sich von ARISTOTELES[116)] über KANT[117)] bis zu den modernen Wahrheitstheorien verfolgen, die sämtlich die Aussagenkonsistenz voraussetzen[118)]. An

107) Hierzu näher S. 54 f. und S. 60 f. dieser Arbeit.

108) Als Synonym für den Bestand der vorläufig akzeptierten Aussagen.

109) Vgl. hierzu auch COOMANN 1983, S. 126 ff. und S. 185 ff.

110) Vgl. zur Immunisierung von Aussagen ALBERT 1968, S. 34 und passim; RADNITZKY 1989d, S. 402 ff., sowie auch die Differenzierung zwischen dem "'*hard core*'" und dem "*protective belt*" von Forschungsprogrammen bei LAKATOS 1970, S. 133.

111) Beispiel: Erklärung als solcher unbestreitbarer Tatsachen, die einem angenommenen gesetzmäßigen Zusammenhang widersprechen, mit Hilfe situativer Sondereinflüsse.

112) Im weiteren werden die Begriffe *Kohärenz* und *Konsistenz* synonym verwendet. Bei RESCHER bildet die Kohärenz dagegen den Oberbegriff für "comprehensiveness", "consistency" und "cohesiveness" [RESCHER 1973, S. 168 ff. (Zitate auf S. 169, im Original kursiv), und hierzu COOMANN 1983, S. 121 ff.; PUNTEL 1983, S. 191 ff.].

113) Vgl. zu diesen beiden, auf die statistische Testtheorie von NEYMAN/PEARSON 1933a, S. 493; dies. 1933b, S. 296, zurückgehenden 'Fehler vom Typ I und II' auch RESCHER 1973, S. 18; COOMANN 1983, S. 92 ff., 136 f. und 242 ff.

114) An die unvermeidliche Ausblendung der Details konkreter kohärenztheoretischer Entwürfe wie etwa der Theorie von RESCHER (siehe FN 91 und 112) wird erinnert.

115) Nach KEKES 1976, S. 138 ff., verhalten sich die Nuer - ein Stamm am Nil - angeblich unlogisch, aber rational, wenn sie nach den Befunden ethnologischer Studien etwa 'Krokodile' und 'Geist' zugleich als unterschiedliche und identische Phänomene behandeln und mit dem klassischen Identitätsprinzip der Logik auch die Konsistenzbedingung verletzen. Schon die Zweifel, die sich hinsichtlich der Frage aufdrängen, ob die Intentionen der Nuer von den Ethnologen tatsächlich zutreffend er-

der Notwendigkeit der Aufnahme des Konsistenzkriteriums in unseren späteren Begriff wahrer Aussagen kann daher kein ernsthafter Zweifel bestehen.

(3) Pragmatische Wahrheitstheorie

Nach Ansicht der pragmatischen Wahrheitstheorie ist eine Aussage dann wahr, wenn sie sich praktisch bewährt[119)]. Diese Auffassung ist vor allem mit den Namen JAMES, DEWEY und PEIRCE verbunden[120)], und findet ihre Begründung einerseits im Utilitarismus[121)] und andererseits im Verifikationsgedanken. Die utilitaristische Position stellt auf den Gebrauchsnutzen der Wahrheit ab und postuliert, daß man über eine wahre Vorstellung alternativ sagen kann, "daß 'sie nützlich ist, weil sie wahr ist', oder daß 'sie wahr ist, weil sie nützlich ist'"[122)]. Kriterium der Wahrheit einer Aussage ist danach die auf ihrer Grundlage realisierte Bewältigung lebenspraktischer Problemstellungen. Aus verifikationeller Sicht sind wahre Propositionen hingegen dadurch gekennzeichnet, daß die von ihnen implizierten Konsequenzen tatsächlich eintreten bzw. (re-)produziert werden können. Leitidee dieses Standpunkts ist die (natur-)wissenschaftliche Hypothesenprüfung mit Hilfe intersubjektiv nachzuvollziehender und wiederholbarer Experimente[123)]. Dabei wird die Hypothese (vorläufig) angenommen, falls die Befunde ihren Implikationen entsprechen, und anderenfalls verworfen.

Der pragmatische Ansatz wird unter Wahrheitstheoretikern gegenwärtig nur wenig geschätzt[124)]. Ursächlich dürfte hierfür in erster Linie die in zahlreichen Formulierungen von JAMES aufscheinende Verquickung von Präferenz und Wahrheit sein, die in seinen metaphysischen Betrachtungen zum Gottesbeweis kulminiert: "wenn die Hypothese von Gott im weitesten Sinne des Wortes zufriedenstellend funktioniert, ist sie wahr"[125)]. Da sich Befriedigung nur in Relation zu bestimmten Zielvorstellungen bemessen läßt, können Aussagen nach dieser Konzeption bei entsprechenden Zielsystemen als wahr, bei anderen Zielen dagegen als falsch gelten. Im Sinne des Gegenbeispiels der "'bitteren

---

faßt worden sind, machen eine eingehendere Auseinandersetzung mit der These von KEKES entbehrlich.

116) BERKEMANN 1974, S. 166.

117) HECKMANN 1981, S. 42.

118) PUNTEL 1983, S. 191.

119) Vgl. zum Überblick HECKMANN 1981, S. 144 ff.; ANDERSSON 1989c, S. 374 f.; HOCHKEPPEL 1989.

120) Siehe PUNTEL 1983, S. 16; ANDERSSON 1989c, S. 375. HECKMANN 1981, S. 144 nennt als Vorläufer auch NIETZSCHE.

121) Zum Utilitarismus, der Handlungen nach ihrem Nutzen beurteilt, näher unten, S. 321.

122) JAMES 1928, S. 204 (Übersetzung durch v. W.).

123) ANDERSSON 1989c, S. 375. Vgl. auch AYER 1970, S. 130.

124) In den Augen von HECKMANN 1981, S. 144 ist er "der am wenigsten erfolgversprechende von allen", nach PUNTEL 1983, S. 16 kann eine pragmatische Theorie der Wahrheit (TW) "kaum noch mit den anderen TW konkurrieren".

125) JAMES 1928, S. 299 (Übersetzung durch v. W.). Vgl. hierzu auch RUSSELL 1977a.

Wahrheit'"[126)] kann folglich die Präferenzabhängigkeit des Wahrheitswertes einer Aussage gegen diesen Ansatz ins Feld geführt werden.

Zu beachten ist allerdings, daß der Vorgang der Zielerreichung neben dem voluntativen Aspekt auch eine technologische Dimension hat, die den Mechanismus der Transformation von Ausgangs- in Folgezustände[127)] betrifft. Sie wird von JAMES im übrigen ebenfalls angesprochen[128)]. Legt man die Transformationsperspektive zugrunde, so kann das Merkmal wahrer Aussagen darin liegen, daß mit ihrer Hilfe angestrebte Handlungskonsequenzen uneingeschränkt zuverlässig herbeigeführt werden können[129)]. Allgemeiner ausgedrückt zeichnen sich danach wahre Aussagen dadurch aus, daß die Implikationen bzw. Konsequenzen der Akzeptierung ihres Geltungsanspruchs stets und ohne Ausnahme eintreten. Dieses Merkmal soll im folgenden als *Konsequenzsicherheit* von Propositionen bezeichnet werden[130)].

Interpretiert man den pragmatischen Ansatz in der zuletzt erläuterten Weise, wonach wahre Aussagen konsequenzsicher sind, so erscheint er gerade für unsere Zwecke keineswegs von vornherein indiskutabel[131)] zu sein. Denn die Nutzung (möglichst) zuverlässiger Einsichten in den Transformationsprozeß bildet das Kennzeichen einer argumentationsrationalen Lösung unstrukturierter Managementprobleme schlechthin. Allerdings ist auch die so verstandene pragmatische Wahrheitstheorie nicht frei von Problemen. Hierbei handelt es sich im wesentlichen um das Verifikationsproblem, das Problem der sich selbst erfüllenden Prognosen und das Approximationsproblem (siehe Abb. 26).

Die *Verifikationsproblematik* resultiert aus den Schwierigkeiten der Anwendung des Kriteriums der Konsequenzsicherheit auf bestimmte Propositionsarten. Aussagen über (auch zukünftig geltende[132)]) Regelmäßigkeiten können nicht endgültig verifiziert werden, da

---

126) HECKMANN 1981, S. 147 (Flexion geändert).

127) Siehe S. 41 ff.

128) Siehe z. B. die Bemerkung, "daß der Besitz wahrer Gedanken überall den Besitz wertvoller Instrumente zum Handeln bedeutet." JAMES 1928, S. 202 (Übersetzung durch v. W.).

129) Bei dieser Akzentuierung nähert sich der utilitaristische Gedankengang der Nutzenbeurteilung von (zuverlässigen) Handlungen somit der Verifikationsposition an, die den Eintritt von Ereignissen nur unter dem Aspekt der Aussagenwahrheit zur Kenntnis nimmt, ohne ihre Nützlichkeit zu kommentieren.

130) Zur Erleichterung des Verständnisses sei ausdrücklich darauf hingewiesen, daß auch singuläre Aussagen nicht nur einmalige, sondern wiederholt feststellbare Konsequenzen haben können. Ein einfaches Beispiel bildet die (in Anlehnung an den Reisenden SCHLICK, siehe näher S. 298 FN 91) formulierte Proposition: «In Köln gibt es einen Dom.» Eine Konsequenz dieser Aussage ist, daß in Köln - von geeigneten Standorten aus - ein Dom betrachtet werden kann. Ungezählte Touristen können sich hiervon täglich überzeugen. Unter Vorgriff auf unsere späteren Untersuchungen zur Struktur von Begründungen läßt sich die angesprochene Aussagenkonsequenz bzw. -implikation als Schlußfolgerung aus der singulären Datenaussage «In Köln gibt es einen Dom» und etwa der Regelaussage «Wenn es irgendwo einen Dom gibt, dann kann man ihn von geeigneten Standorten aus betrachten» rekonstruieren.

131) PUNTEL 1983, S. 16 hingegen schließt die pragmatische Wahrheitstheorie im wesentlichen mit der in FN 124 zitierten Begründung von einer eingehenderen Darstellung aus.

132) Für bloß vergangenheits- oder gegenwartsbezogene Regelaussagen stellt sich das Verifikationsproblem dagegen nicht zwingend, siehe hierzu auch S. 301 und S. 379.

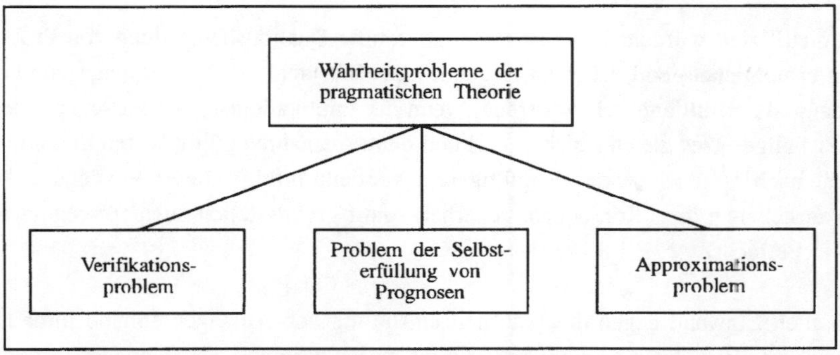

Abb. 26: Hauptprobleme der pragmatischen Wahrheitstheorie

sich Abweichungen von den bislang bekannten regulären Zusammenhängen nicht für alle Zukunft ausschließen lassen[133)]. So liefert die vielzitierte bisherige Beobachtung ausschließlich weißer Schwäne keine Garantie, daß in Zukunft nicht doch auch schwarze Schwäne angetroffen werden[134)]. Die Aussage «Alle Schwäne sind weiß» kann somit nicht abschließend überprüft werden. Fordert man als Nachweis der Konsequenzsicherheit aber eine endgültige Verifikation, so werden strenggenommen reguläre Aussagen, die auch für die Zukunft gelten sollen, insgesamt per se aus dem Kreis der potentiell wahren Propositionen ausgegrenzt[135)].

Wenngleich sich reguläre Propositionen ohne Zweifel aufgrund der mangelnden Voraussicht in die Zukunft strenggenommen nicht abschließend verifizieren lassen, ist auf der anderen Seite jedoch zu beachten, daß es unbestreitbar Regelaussagen gibt, die bislang in zahllosen Fällen getestet und nicht ein einziges Mal falsifiziert worden sind. Als Prototyp für bisher uneingeschränkt zutreffende Propositionen kann beispielsweise die Aussage des Gravitationsgesetzes angesehen werden, wonach unter Schwerkraftbedingungen losgelassene Gegenstände zu Boden fallen. Stellt man - unter Vorgriff auf noch folgende Untersuchungen[136)] - in Rechnung, wie gering im Normalfall der Bewährungsgrad regulärer Aussagen zur Lösung von Managementproblemen ist, so muß es zumindest im managerialen Kontext unzweckmäßig (und gekünstelt) erscheinen, wenn auch die angesprochenen Naturgesetze nicht als wahr, sondern lediglich als (außerordentlich gut) be-

133) Vgl. POPPER 1933; ders. 1989, S. 14, 35 und passim. Siehe auch MENNE 1974, S. 67, sowie im Zusammenhang mit der pragmatischen Wahrheitstheorie HECKMANN 1981, S. 147. Singuläre Aussagen hingegen sind vom Verifikationsproblem nicht betroffen, da sie zwar wiederholt beobachtbare Konsequenzen haben können (siehe FN 130), wiederholte Beobachtungen zur Überprüfung ihrer Wahrheit aber gar nicht erforderlich sind.

134) POPPER 1989, S. 3.

135) Eine ähnlich gelagerte Problematik, die hier nicht vertieft werden soll, ergibt sich für vergangenheitsbezogene Aussagen, sofern sie sich anhand des pragmatischen Kriteriums der Konsequenzsicherheit nicht (mehr) auf ihre Wahrheit hin testen lassen. Vgl. in diesem Zusammenhang auch noch RUSSELL 1977a, S. 61.

136) Siehe S. 376 ff.

währt qualifiziert würden. Um eine feiner abgestufte Qualitätsbeurteilung von Propositionen zu ermöglichen, soll daher im folgenden das Merkmal der Konsequenzsicherheit bereits dann als erfüllt angesehen werden, wenn die Implikationen von Aussagen - denjenigen des Fallgesetzes gleich - bisher stets und ohne Ausnahme gültig waren und aller Voraussicht nach[137)] auch zukünftig gültig sein werden. Infolge dieser Festlegung kommt das Wahrheitsmerkmal Konsequenzsicherheit somit grundsätzlich auch für reguläre Aussagen in Betracht.

Als zweiten Einwand gegen die Wahrheitseinstufung von Aussagen anhand ihrer Konsequenzsicherheit ist ein eigentümlicher Effekt zu diskutieren, den Aussagen im sozialen Kontext hervorrufen können. Dieser Effekt ist als *Phänomen der sich selbst erfüllenden Prognose* bekannt[138)]. Er besteht darin, daß Aussagen unter Umständen erst kraft der Reaktionen, die sie bei ihren Adressaten auslösen, die ausgesagten Sachverhalte herbeiführen und in diesem Sinne ein Stück 'Wirklichkeit konstruieren'. Bekannte Beispiele hierfür sind die Eigendynamik von Gerüchten[139)], trendverstärkende und trendwendende Marktprognosen von anerkannten 'Autoritäten'[140)] und die der selbstsicher-charismatischen Führungspersönlichkeit zugeschriebenen (Motivations-)Erfolge bei der Überwindung von Krisensituationen[141)]. In derartigen Fällen werden anscheinend Aussagen 'wider besseres Wissen' - über die Haltlosigkeit der kolportierten Gerüchte, die Brüchigkeit der Prognosebasis und den 'Ernst der Lage' - durch die eintretenden Entwicklungen bestätigt, und demzufolge unwahre Propositionen nach der pragmatischen Konzeption zu Unrecht als gültig angenommen.

Analysiert man den skizzierten Vorgang allerdings näher, so zeigt sich, daß hier zwischen der artikulierten Aussage und den Einsichten in Problemzusammenhänge, die die Aussage motivieren, zu differenzieren ist. Ein Beispiel für den 'Gerüchtefall' soll diese Überlegung verdeutlichen: Die Mitteilung «Man weiß, daß der Mitarbeiter M unser Unternehmen verlassen möchte und schon in Verhandlungen mit Wettbewerbern steht» ist unwahr, falls M seine Stelle beibehalten möchte und daher auch keine untrüglichen Anzeichen dafür vorliegen können, daß M konsequent an einen Stellenwechsel denkt. Unter dieser Voraussetzung ist die artikulierte Aussage auch nicht aufrichtig bzw. wahrhaftig. Unabhängig hiervon kann sich aber die (perfide) Überlegung als mehr oder weniger zuverlässig erweisen, daß M aufgrund seiner angeblichen anderweitigen Ambitionen keine weitere Förderung mehr erfährt und 'von sich aus' wechselt, nachdem er der Unterbrechung seiner Karriere gewahr wird. Sofern - was nach allen bislang vorliegen-

137) Es dürfen m. a. W. keinerlei Anhaltspunkte dafür vorliegen, daß sich in Zukunft Abweichungen vom ausgesagten regulären Zusammenhang einstellen.

138) Vgl. zur berühmten "Self-Fulfilling-Prophecy" MERTON 1951, S. 179 ff., sowie noch WATZLAWICK 1982, S. 224 f.

139) Siehe zur Bedeutung von Gerüchten für die Unternehmungsführung auch noch einmal FN 77 auf S. 16.

140) Z. B. für Aktien- und Devisenmärkte.

141) Zur Darstellung und Kritik entsprechender Führungstheorien STAEHLE 1991, S. 305 ff. und S. 799 ff.

den Anzeichen nicht anzunehmen ist - die Lancierung derartiger Gerüchte stets uneingeschränkt 'erfolgreich' (im Sinne des Ausscheidens) wäre, erschiene es unproblematisch, dieses Know-how über personalwirtschaftliche Regelmäßigkeiten als wahr auszuzeichnen. Das Problem der sich selbst erfüllenden (oder auch zerstörenden) Prognose betrifft somit bei präziser Fassung öffentlich artikulierte und zugleich unwahrhaftige Aussagen. Es schränkt dagegen die Eignung des pragmatischen Kriteriums zur Qualitätsbeurteilung von wahrhaftigen Aussagen zunächst nicht prinzipiell ein.

Die praktische Eignung setzt im Fall der Beurteilung von Aussagen Dritter allerdings voraus, daß unwahrhaftige von wahrhaftigen Aussagen zuverlässig unterschieden werden können. Die Wahrhaftigkeit der von dritter Seite geäußerten Propositionen läßt sich aber nicht mit letzter Sicherheit feststellen[142]. Insoweit scheidet das pragmatische Kriterium also aufgrund seiner mangelnden Praktikabilität zumindest als hinreichende Wahrheitsbedingung aus.

Das *Approximationsproblem* der pragmatischen Wahrheitskonzeption läßt sich ebenfalls aus der Beobachtung herleiten, daß falsche Kenntnisse bzw. Aussagen praktisches Handeln unter bestimmten Bedingungen durchaus erfolgreich anleiten können. Im Unterschied zur Problematik der Selbsterfüllung von Prognosen ist hier die mangelnde Wahrheit jedoch entweder auch dem Handelnden unbekannt oder aber für Dritte ebenfalls erkennbar. Es handelt sich somit nicht um einen Fall fehlender Wahrhaftigkeit. Vielmehr weist das Problemlösungswissen selbst Mängel auf, die unerkannt sind oder bewußt in Kauf genommen werden (können). Die Zweckdienlichkeit dieses Know-hows ist darauf zurückzuführen, daß es die relevanten Problemzusammenhänge zwar nicht exakt (und mithin falsch) erfaßt, der Wahrheit aber in einem hohen Maße nahekommt. Die Approximation ist dabei so groß, daß die Ungenauigkeiten unterhalb der Wahrnehmungs- oder Relevanzschwelle bleiben[143]. Um ein Beispiel mit zweifelsfreiem Handlungserfolg zu geben: Die für die Mondlandungen erforderlichen Manöver konnten auf der Basis der Gravitationstheorie von Newton ausreichend genau kalkuliert werden, obwohl die klassische Physik durch EINSTEINs Relativitätstheorie widerlegt worden ist[144].

Infolge des Approximationsproblems können unerkannt oder nachweislich falsche Kenntnisse bzw. Aussagen bei alleiniger Verwendung des pragmatischen Wahrheitskriteriums als gültig einzustufen sein. Angesichts der Möglichkeit dieses Irrtums (vom Typ II) kann folglich auch der pragmatische Ansatz mit seinem Maßstab der Konsequenzsicherheit keine Garantie für die Wahrheitsbeurteilung übernehmen.

Als Folge der aufgezeigten, wenn auch teilweise relativierten Probleme insgesamt muß die Eignung des pragmatischen Kriteriums als hinreichende Wahrheitsbedingung verneint werden. Als notwendiger Indikator der Wahrheit erscheint die Konsequenzsicherheit aber

---

142) Siehe hierzu S. 148 f., S. 166 und S. 468 f.

143) Vgl. BUNGE 1967, S. 125 ff.; ALBERT 1972c, S. 9; KÖHLER 1976b, S. 314; WILL 1985, S. 115; NIENHÜSER 1989, S. 103 ff. m. w. N.

gerade im Zusammenhang mit der Lösung von Managementproblemen unverzichtbar[145]. Zum einen können Aussagen, deren Konsequenzen nicht mit Sicherheit eintreten, schlechterdings nicht (vollständig) wahr sein[146]. Zum anderen ist die praktische Wahrheitsbeurteilung - wie auch die spätere Präzisierung des Begriffs wahrer Aussagen noch deutlich machen wird[147] - häufig darauf angewiesen, zur Begründung der Wahrheitsqualifikation einer Aussage den Eintritt ihrer Implikationen heranzuziehen. Betroffen sind hiervon vor allem die regulären Aussagen, deren Regelcharakter als solcher auch bei präziser Operationalisierung nicht direkt, sondern nur über die (wiederholte) Realisierung ihrer Implikationen beobachtet werden kann[148].

(4) Konsenstheorie

Wie die Kohärenztheorie rückt auch die Konsenstheorie von 'der' Realität als Wahrheitsmaßstab ab[149]. Kriterium der Wahrheit einer Proposition ist hier aber nicht die Übereinstimmung bzw. Kohärenz von Aussagen, sondern die Übereinstimmung bzw. der Konsens zwischen den Teilnehmern eines Diskurses[150]. Auch dieser Ansatz klingt bereits bei ARISTOTELES an[151] und hat in PEIRCE einen wichtigen Vorläufer[152]. In der heute diskutierten Form wurde die Konsenstheorie aber vor allem einerseits von HABERMAS[153] und andererseits im Rahmen des Konstruktivismus der sogenannten Erlanger Schule[154] formuliert[155]. Sie darf - gemessen an der veröffentlichten Diskussion - als die gegenwärtig aktuellste Wahrheitstheorie angesehen werden[156].

---

144) Vgl. auch SCHANZ 1973, S. 595 FN 50; BROWN 1988, S. 199 f.; BÜCHEL 1989, S. 224.

145) Vgl. in diesem Zusammenhang auch die pragmatische Rechtfertigung seiner Kohärenztheorie durch RESCHER (siehe RESCHER 1973, S. 232 ff. und S. 238 ff., und hierzu COOMANN 1983, S. 140 ff.; PUNTEL 1983, S. 198 ff.).

146) Vgl. auch STÄHLIN 1973, S. 23 m. w. N.

147) Siehe S. 247 ff.

148) Vgl. auch HEMPEL 1935a, S. 52 und WEINGARTNER 1978, S. 158 f., wonach die universellen Sätze anhand ihrer singulären Konsequenzen überprüft werden bzw. über die Basissätze mit der Erfahrung verbunden sind. Zu denken ist ferner an singuläre Aussagen mit theoretischen Begriffen wie etwa der einfachen Proposition: «Dieses Glas ist zerbrechlich.» Die Wahrheit dieser Aussage kann man nicht unmittelbar, sondern nur indirekt durch ein entsprechendes Experiment anhand der Scherben (als implizierten Konsequenzen der Zerbrechlichkeit) bestimmen.

149) "Begründungen haben nichts mit der Relation zwischen einzelnen Sätzen und der Realität zu tun, sondern zunächst einmal mit der Kohärenz zwischen Sätzen innerhalb eines Sprachsystems." HABERMAS 1973, S. 245.

150) Zu den (engen) Beziehungen zwischen der Kohärenz- und der Konsenstheorie der Wahrheit PUNTEL 1983, S. 163 f.; ANDERSSON 1989c, S. 374.

151) ARISTOTELES bezeichnet einen Schluß, der auf 'allgemein gültigen' Meinungen beruht, als dialektisch und definiert allgemein gültige Meinungen als "die in der Gesamtheit, der Mehrheit oder bei den Philosophen verbreiteten Meinungen, das heißt die von allen, von der Mehrzahl oder von den Bekanntesten und Berühmtesten unter ihnen geteilten Meinungen" (zitiert nach PERELMAN 1980, S. 12). Vgl. auch KOPPERSCHMIDT 1980, S. 129, sowie oben, S. 171 f.

152) Vgl. PUNTEL 1983, S. 142 f.; HECKMANN 1981, S. 12 f.

153) HABERMAS 1971; ders. 1973.

154) Siehe etwa LORENZ 1972; KAMLAH/LORENZEN 1967, S. 116 ff.

Entsprechend den verschiedenartigen wissenschaftstheoretischen Ausgangspositionen ihrer beiden Hauptquellen ist die Herleitung des Konsensmodells unterschiedlich akzentuiert[157]. Vor dem Hintergrund der Kritischen Wissenschaftsauffassung[158] bettet HABERMAS seine Wahrheitskonzeption in eine "Theorie der kommunikativen Kompetenz"[159] ein. Gegenstand dieser Theorie sind die Strukturen emanzipierter Sprechhandlungen und die mit ihnen verbundene Verpflichtung, die sprechakttypischen Geltungsansprüche auf Nachfrage einzulösen[160]. Dabei ist der Anspruch auf "Wahrheit von Propositionen" neben der "Richtigkeit von Handlungsnormen", der "Angemessenheit von Wertstandards", der "Wahrhaftigkeit von Expressionen" und der "Verständlichkeit bzw. Wohlgeformtheit symbolischer Konstrukte" einer von fünf fundamentalen Geltungsansprüchen[161].

Das konstruktivistische Fundament der Konsenstheorie geht demgegenüber von dem Prinzip aus, daß man letztlich nur das verstehen kann, was man selbst auch herstellen kann[162]. Der Aufbau eines verständlichen Aussagensystems läßt sich nach diesem Prinzip nur bewerkstelligen, wenn die Grundbegriffe exemplarisch mit Hilfe der Umgangssprache eingeführt und die weiteren Begriffe bzw. Aussagen auf dieser Basis sukzessiv entwickelt werden. Dabei darf - um die Verständniskette nicht zu unterbrechen - bei der Konstruktion stets nur auf bereits geklärte Begriffe und Aussagen zurückgegriffen werden. Bezogen auf die Wahrheitsproblematik folgt aus diesen Überlegungen, daß sich auch der Begriff der Wahrheit sowie die im Einzelfall postulierte Wahrheit konkreter Aussagen nur im Zuge eines derartigen intersubjektiv nachvollziehbaren Konstruktionsvorgangs einsichtig machen lassen[163].

Die hier nur in groben Zügen darstellbaren kommunikationstheoretischen und konstruktivistischen Gedankenführungen münden in ein im Kern übereinstimmendes Wahrheitskriterium ein: Wahr sind danach diejenigen Aussagen, über die sich alle[164] Sachkundigen und Vernünftigen[165] im 'unvoreingenommenen Diskurs' bzw. in der 'idealen Sprechsituation' verständigen können[166]. Sowohl an die Diskursteilnehmer als auch an

---

155) PUNTEL 1983, S. 143 f.

156) Vgl. auch PUNTEL 1983, S. 144.

157) Vgl. zu den theoretischen Entwicklungslinien der auch als intersubjektiv-sprachpragmatische Theorie(n) eingestuften Konsenstheorie(n) hier nur PUNTEL 1983, S. 142 ff.

158) Die Kritische Theorie der Frankfurter Schule um HORKHEIMER, MARCUSE, ADORNO und HABERMAS kann im Rahmen unserer Themenstellung nicht näher dargestellt und diskutiert werden. Vgl. zu einer ersten Orientierung van REIJEN 1984; GMÜNDER 1985; SIMON-SCHÄFER 1989b.

159) So im Titel von HABERMAS 1971. Siehe ferner auch HABERMAS 1981a; ders. 1981b.

160) Vgl. hier nur HABERMAS 1971, insb. S. 102, 117 ff.

161) HABERMAS 1981a, S. 45.

162) LORENZEN 1968, S. 43. Vgl. zum Konstruktivismus hier nur LORENZEN 1974; ders. 1987; KIRCHGÄSSNER 1989.

163) Vgl. zur konstruktivistischen Herleitung der konsensuellen Wahrheitsbegriffs auch KAMLAH/LORENZEN 1967, S. 116 ff.

164) KAMLAH/LORENZEN 1967, S. 118: "jeder andere".

165) Vernünftig ist nach KAMLAH/LORENZEN 1967 derjenige, der "'weder böswillig noch schwachsinnig ist'" (S. 118), sondern "dem Gesprächspartner und den besprochenen Gegenständen

den Diskurs selbst werden somit bestimmte Anforderungen gestellt. Die Voraussetzung der Sachkunde trägt dem Umstand Rechnung, daß über komplizierte Aussagen (z. B. wissenschaftliche Theorien) nur Experten kompetent befinden können[167]. Der exklusive Zutritt vernünftiger Teilnehmer zum wahrheitsfindenden Diskurs soll vorsätzliche, emotionale und behinderungsbedingte Konsensstörungen unterbinden[168]. Der mit solchen (sachkundigen und vernünftigen) Teilnehmern durchzuführende Diskurs bzw. die ideale Sprechsituation zeichnen sich dadurch aus, daß die Beratungen "unvoreingenommen, zwanglos und nicht persuasiv" erfolgen[169], die Diskursteilnehmer also über gleiche Redechancen (für Fragen, Rechtfertigungen, Problematisierungen etc.) verfügen und keinen (asymmetrischen) Sanktionsdrohungen unterliegen[170]. In der Summe sollen die genannten Anforderungen an den Diskurs und die Beteiligten letztlich gewährleisten, daß der Konsens eine begründete Übereinstimmung ist und weder zu einer Abstimmung entartet noch zu einem Kompromiß verkümmert[171].

Die Schwachstellen der Konsenstheorie liegen auf der Hand und werden von ihren Vertretern selbst auch mehr oder weniger intensiv problematisiert. Sie sollen im folgenden als Prämissen- und als Irrtumsproblem bezeichnet und erörtert werden (vgl. Abb. 27).

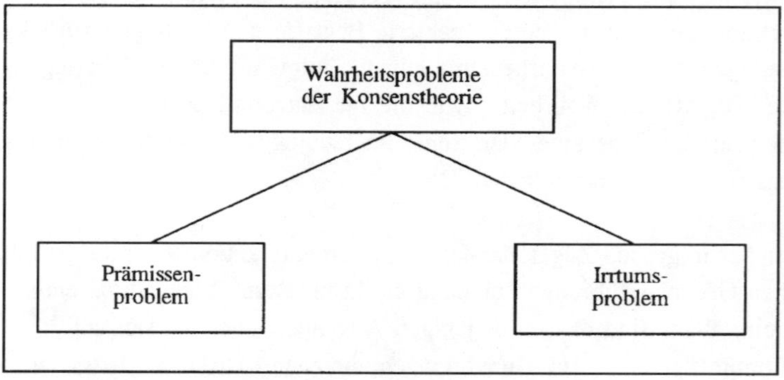

Abb. 27: Hauptprobleme der Konsenstheorie

Die vorausgesetzten Merkmale der Diskursteilnehmer und der idealen Sprechsituation sind - für die bekannten historischen und zeitgenössischen Gesellschaftsformen unstrit-

aufgeschlossen ist, der ferner sein Reden nicht durch bloße Emotionen und nicht durch bloße Traditionen und Gewohnheiten bestimmen läßt" (ebenda).

166) Vgl. KAMLAH/LORENZEN 1967, S. 118; KAMBARTEL 1974, S. 66 f.; HABERMAS 1971, S. 136 ff.; ders. 1973, insb. S. 240 und S. 255 ff.

167) Vgl. KAMLAH/LORENZEN 1967, S. 118.

168) Vgl. ebenda.

169) KAMBARTEL 1974, S. 66 (im Original z. T. kursiv; Flexion geändert).

170) Zu den Bedingungen der idealen Sprechsituation im einzelnen KAMBARTEL 1974, S. 66 f.; HABERMAS 1973, S. 255 f.; ders. 1971, S. 122 ff.

171) Vgl. KAMLAH/LORENZEN 1967, S. 120, 123; HABERMAS 1973, S. 251.

tig[172)] - kontrafaktischer Natur. Ein tragender Pfeiler der Konsenstheorie muß daher als problematisch angesehen werden[173)]. Zur Bewältigung dieses *Prämissenproblems* wird zum einen eine hinreichende Approximation der realisierten (oder realisierbaren) Kommunikationsbedingungen an die idealen Verhältnisse nicht ausgeschlossen[174)]. Zum anderen wird in der "formalen Vorwegnahme des idealisierten Gesprächs (als einer in Zukunft zu realisierenden Lebensform?)"[175)] die alleinige Gewähr dafür gesehen, daß ein faktisch zustandegekommener Konsens den Anspruch auf Vernunft erheben darf.

Beide Lösungsansätze können jedoch - zumindest für den managerialen Kontext - nicht überzeugen. Das Ausmaß der gegenwärtigen Approximation der realen an die idealen Kommunikationsverhältnisse läßt sich zwar strenggenommen erst anhand eingehenderer empirischer Studien beurteilen. Schon auf der Grundlage der vorliegenden Kenntnisse über die praktischen Lösungsbedingungen unstrukturierter Managementprobleme[176)] darf aber als gesichert gelten, daß bereits das Ausmaß der Restriktionen für den Zutritt 'aller' Sachkundigen und Vernünftigen zum Diskurs[177)] auch eine nur hinreichende Annäherung zwischen realer und (konsenstheoretisch) idealer Sprechsituation als unhaltbare Fiktion ausweist[178)]. Sofern ausschließlich das Kriterium des begründeten Konsenses als Maßstab zugelassen wird, können manageriale Problemlösungsbeiträge strenggenommen nicht wahr sein, da sich ein "wahrheitsverbürgender Konsensus"[179)] mangels Voraussetzung nicht erzielen läßt. Die Prämissen der Konsenstheorie und ihre Realitätsferne zwingen bei Exklusivität des Konsensmerkmals m. a. W. dazu, die Wahrheit problemlösungsbezogener Aussagen systematisch anzuzweifeln und zu verneinen.

Da die Frage der zukünftig realisierbaren und zu realisierenden Lebensformen das Thema der vorliegenden Arbeit sprengt, beschränkt sich die Auseinandersetzung mit der zweiten Lösungsidee auf die These von der sprachpragmatischen Notwendigkeit einer Vorwegnahme der idealen Sprechsituation. Wie erst unten[180)] näher gezeigt werden kann, bildet diese Antizipation keineswegs die alleinige Gewähr und notwendige Bedin-

172) Für HABERMAS 1973, S. 258 ist "die ideale Sprechsituation .. weder ein empirisches Phänomen noch bloßes Konstrukt, sondern eine in Diskursen unvermeidliche reziprok vorgenommene Unterstellung". Vgl. zum kontrafaktischen Charakter auch HABERMAS 1981a, S. 71.

173) Vgl. zur Problematik des idealen Diskurses mit unterschiedlichen Akzentuierungen im Detail auch eingehender BECKERMANN 1972, S. 77 ff.; HÖFFE 1976, S. 329 ff.; SCHEIT 1987, S. 258 ff.; RESCHER 1988, S. 172 ff., sowie auch die vorsichtige Distanzierung bei HABERMAS 1981a, S. 47: "Dieser Vorschlag (die Bestimmungen der idealen Sprechsituation, v. W.) mag im einzelnen unbefriedigend sein; ...".

174) HABERMAS 1973, S. 257.

175) Ebenda, S. 258 (Flexion geändert).

176) Zu denken ist nur an die arbeits- und unternehmensrechtlichen Schranken für den Diskurszutritt.

177) Also zu Planungssitzungen, Strategiegesprächen usw.

178) KAMLAH/LORENZEN 1967, S. 123 weisen ausdrücklich darauf hin, daß ein Satz auch dann wahr sein kann, wenn ihm überhaupt oder noch niemand zustimmt, er aber bei jedem, der sach- und sprachkundig ist, Zustimmung finden "*würde*" (im Original gesperrt). Ähnlich HABERMAS 1971, S. 124 f. Es drängt sich dann aber die Frage nach der zuverlässigen (!) Feststellungsmethode für die konjunktivischen Zustimmungen auf. Die Antwort auf diese Frage führt im Rahmen der Konsenstheorie notgedrungen in einen Zirkel.

179) HABERMAS 1973, S. 240.

gung dafür, mit realen Sprechhandlungen erzielte faktische Übereinstimmungen als vernünftig oder gar wahr anzusehen. Vielmehr kann diese Funktion unter entsprechenden Bedingungen auch von anderen Wahrheitsmerkmalen allein oder gemeinsam übernommen werden. In diesen Fällen ist es damit auch durchaus sinnvoll, selbst ohne (hinreichende) Erfüllung der idealen Kommunikationsbedingungen von der Möglichkeit gültiger Aussagen auszugehen und wahre Propositionen als solche zu kennzeichnen.

Aus dem Prämissenproblem der Konsenstheorie wurde soeben eine systematisch angelegte Wahrheitsskepsis abgeleitet. In die entgegengesetzte Richtung zielt der Einwand einer eventuell vorschnellen bzw. irrtümlichen praktischen Verständigung über Aussagen (*Irrtumsproblem*)[181]. Von den zahlreichen Faktoren, welche die Konformitätstendenzen in kleinen wie in großangelegten Diskursen fördern können, sollen nur das anthropologische Harmoniebedürfnis des Menschen[182] und die Mittel der Rhetorik erwähnt werden. Eine unter realistischen Bedingungen[183] erzielte Einigung bürgt folglich auch dann nicht für die Wahrheit einer in Rede stehenden Aussage, wenn sie nicht unter dem Druck von Machtmitteln zustande gekommen ist oder den Charakter einer Abstimmung oder eines Kompromisses trägt. Für organisatorisch relativ abgeschlossene Zirkel ist insoweit vor allem an die Tendenz zur Uniformität der Meinungen zu denken, wie sie nicht selten bei Gruppenentscheidungen zu beobachten ist[184] und die sozialpathologischen Ausmaße eines "Groupthink"[185] annehmen kann. Aber auch die potentielle Meinungspluralität in größeren Diskursgemeinschaften bietet offensichtlich keinen sicheren Irrtumsschutz. So haben sich nicht zuletzt auch schon weitverbreitete wissenschaftliche Theorien, die über lange Zeitspannen hinweg akzeptiert wurden, zur Bestürzung der Forscher (und der restlichen Öffentlichkeit) als frappierend falsch herausgestellt. Die kopernikanische Wende ist nur ein berühmtes von vielen Beispielen[186].

Vor dem Hintergrund der möglichen Konformitätstendenzen muß es als problematisch angesehen werden, den Gleichklang von Meinungen zum dominierenden oder gar exklusiven Merkmal der Wahrheit[187] zu wählen. Die Gefahr ist zu groß, daß sich die Teilnehmer eines realen Diskurses zu rasch und voraussetzungswidrig verständigen und

---

180) Siehe S. 247 ff.

181) Vgl. hierzu auch HECKMANN 1981, S. 19; CHMIELEWICZ 1978, S. 145; ders. 1979, S. 99; KIRCHGÄSSNER 1989, S. 167, sowie auch HABERMAS selbst (z. B. HABERMAS 1973, S. 239 f.; ders. 1981a, S. 53).

182) Zur konsenstheoretischen Problematisierung dieser Neigung KAMLAH/LORENZEN 1967, S. 123.

183) Welche Wahrheitsgarantien ein unter (hinreichend) idealen Bedingungen erzielter Konsens abzugeben vermöchte, muß hier aus den zuvor dargelegten Gründen nicht weiter untersucht werden. Die folgenden Überlegungen sollen herausfinden, inwieweit ein - angesichts der unerfüllten idealen Voraussetzungen ersatzweise - unter realistischen Bedingungen gefundener Konsens als Wahrheitsindikator dienen kann.

184) Siehe nur WISWEDE 1992, Sp. 749 ff. m. w. N., sowie auch schon S. 145 der vorliegenden Arbeit.

185) JANIS 1972.

186) Daß sich die Kommunikationsverhältnisse vor und zu der Zeit von Kopernikus vermutlich dramatisch von den Bedingungen der idealen Sprechsituation unterschieden haben, wird hier gar nicht bezweifelt, ändert aber an dem Ergebnis (der Unzuverlässigkeit des realen Konsenses als Wahrheitskriterium) nichts.

eventuelle Vorbehalte schnell als "'böswillig'"[188] oder "'schwachsinnig'"[189] diskreditieren[190]. Trotz gerade gegenteiliger theoretischer Intention[191] unterliegt daher besonders das Konsensmodell dem Risiko, praktisch einer Dogmatisierung Vorschub zu leisten[192] und den Blick für die Außenwelt der Diskursgemeinschaft zu verbauen. Dem Konsens als alleinigem Kriterium fehlt damit wie der Kohärenz ein systematischer 'Realitätsanker'.

Die skizzierte Problematik der Konsenstheorie insgesamt markiert somit eine paradoxe Situation. Auf der einen Seite ist aus theoretischer Sicht eine prinzipielle Wahrheitsskepsis gegenüber managerialen Aussagen geboten, die - wie die weiteren Analysen noch zeigen werden - in diesem Maße unnötig ist. Auf der anderen Seite steht zu befürchten, daß die Praxis nicht selten der Gefahr einvernehmlicher Irrtümer erliegt. Dem Konsenskriterium ist daher - in Wahrheitsfragen[193] - mit einer erheblichen Reserve zu begegnen.

Zu beachten ist allerdings, daß sich die Wahrheit einer Aussage im Fall der multipersonalen Wahrheitsbeurteilung, bei der die Entscheidung über die Gültigkeit einer Proposition also nicht in der Hand nur einer einzelnen Person liegt, letztlich erst über die Zustimmung der beurteilungsbefugten Aussagenadressaten 'materialisiert'[194]. Eine Proposition, die zwar tatsächlich wahr ist, jedoch keine Zustimmung findet, kann m. a. W. nicht - als Auslöser von Maßnahmen - wirksam werden[195]. Der Konsens ist daher aufgrund seiner Rolle als 'Gate-Keeper' der effektiven Handlungswirksamkeit wahrer Aussagen insofern unentbehrlich. Vor diesem Hintergrund erscheint es sinnvoll, den Kon-

---

187) Die Problematik wird auch dadurch verschärft, daß im Rahmen der Konsenstheorie nicht zwischen verschiedenen Stärken der Zuverlässigkeit einer Aussage differenziert wird. Ein Konsens ist daher im Grunde genommen immer gleich als Bürge für Wahrheit und nicht eventuell nur für Bewährung oder Plausibilität zu deuten. Vgl. in diesem Zusammenhang auch HECKMANN 1981, S. 39 f.

188) KAMLAH/LORENZEN 1967, S. 118 (siehe nochmals das Zitat in FN 165 auf S. 241 der vorliegenden Arbeit).

189) Siehe die vorangehende FN. In der Diktion ähnlich ("Idiot") HABERMAS 1971, S. 129.

190) Namentlich die konsequent zu Ende gedachte Vorstellung eines Diskursforums, das über die Normal- oder Schwachsinnigkeit eines Teilnehmers per Übereinstimmung befindet, muß angesichts der dezidierten konsenstheoretischen Infragestellung 'der' Realität bedenklich stimmen. Über die keineswegs polemisch gemeinte Besorgnis können auch stilistische Verdienste wie die berühmte Sentenz vom "eigentümlich zwanglosen Zwang des besseren Argumentes" (HABERMAS 1973, S. 240) nicht hinweg helfen.

191) Vgl. (auch für den Bereich der Normenbegründung) v. a. KAMBARTEL 1976, insb. S. 83; ders. 1978, S. 61; STEINMANN 1978, S. 89, insb. FN 84, sowie auch die von HABERMAS durchaus vorgenommene Unterscheidung zwischen Gültigkeit und bloß sozialer Geltung (z. B. HABERMAS 1981a, S. 53).

192) Zur Dogmatisierungsgefahr (für die Normenbegründung) ganz in unserem Sinne auch CHMIELEWICZ 1978, S. 157.

193) Anders dagegen in Fragen der Gültigkeit von evaluativen Aussagen bzw. Urteilen. Siehe unten, S. 314 ff.

194) Zu denken ist beispielsweise an Diskussionen alternativer Erklärungen für Planabweichungen, die letztlich mit einer Entscheidung für eine bestimmte Erklärungsvariante enden müssen, falls anschließend und hierauf aufbauend gezielte Gegenmaßnahmen entwickelt werden sollen. Daß es im Rahmen solcher Diskussionen häufig nicht um die Identifizierung der (einzig) wahren, sondern nur der plausibelsten Erklärung geht und gehen kann, spielt im vorliegenden Zusammenhang keine Rolle.

sens zwar nicht als originäres, wohl aber als ein bestätigendes Merkmal der Wahrheit aufzufassen[196]. Wahrheitsrelevant ist die Übereinstimmung zwischen den Teilnehmern der Diskussion danach (nur), falls sie besteht, weil die fraglichen Aussagen die im einzelnen noch zu spezifizierenden (übrigen) Eigenschaften wahrer Propositionen aufweisen[197]. Unter Vorgriff auf die sogleich folgende Herausarbeitung der originären Wahrheitsmerkmale läßt sich diese Position wie folgt präzisieren: Der wahrheitsbestätigende Konsens muß - und darf lediglich - nach unserem Verständnis darauf beruhen, daß die in Rede stehenden Aussagen nach den Befunden aller (vernünftigen[198]) Diskussionsteilnehmer, die die erforderlichen Prüfungen[199] durchgeführt haben, realitätskonform, konsistent und konsequenzsicher sind.

---

195) Vgl. auch KAMLAH/LORENZEN 1967, S. 142 f., wonach nicht die Wirklichkeit, sondern die darüber redenden Personen über die Wahrheit einer Aussage befinden, da die Wirklichkeit "nicht redet, sondern schweigt" (wörtliches Zitat S. 142).

196) Die Bedeutung dieser Einordnung des Konsensmerkmals wird im Zuge der Präzisierung des Wahrheitsbegriffs noch deutlicher werden, siehe insb. S. 252 f.

197) In dieser Richtung auch WUCHTERL 1987, S. 277, wonach die wissenschaftstheoretischen Kriterien der logischen Konsistenz und des empirischen Bezugs mögliche Orientierungspunkte für einen vernünftigen Konsens bilden. Vgl. im übrigen auch HABERMAS selbst, der - im Gegensatz zu seinen zumindest mißverständlichen Feststellungen über den mangelnden Realitätsbezug der Wahrheit (siehe FN 149 auf S. 240) an anderer Stelle durchaus recht konventionell auf Beobachtungs- und Befragungsergebnisse zur Wahrheitsbestimmung abstellt und lediglich die Zuverlässigkeitsbeurteilung dieser Befunde an den Konsens in der kontrafaktisch unterstellten idealen Sprechsituation bindet (HABERMAS 1971, S. 125 ff.).

198) Die Vernünftigkeitsbedingung ist nun auch praktisch weniger problematisch, da die Beurteilungskriterien der Wahrheit durch die anschließenden Präzisierungen objektiviert werden.

199) Siehe hierzu S. 299.

c'' Definition wahrer Aussagen

Wie die durchgeführten Untersuchungen zeigen, sind alle erörterten Wahrheitstheorien erheblichen Bedenken ausgesetzt. Die Einwände müssen jeweils als so schwerwiegend angesehen werden, daß sich keiner der vier Ansätze als alleinige Grundlage für die Bestimmung des Wahrheitsbegriffs bzw. die Beurteilung der Wahrheit von Aussagen eignet. Die Bedenken würden sich anderenfalls ungehindert von dem ausgewählten Wahrheitskriterium auf die Qualifikation der Aussagen übertragen und damit letztlich auch das gesamte Instrumentarium für die Rationalitätsmessung belasten.

Analysiert man den Charakter der vorgebrachten Einwände, so heben sich die Probleme der Korrespondenztheorie von den Schwierigkeiten der drei anderen Konzepte ab[1]. Mit der Problematisierung des Korrespondenzmodells wird der ontologische Status der Wirklichkeit prinzipiell hinterfragt. Die Korrespondenzproblematik stellt daher in gewissem Sinne die fundamentalste Herausforderung des Versuchs dar, die Wahrheit einer Aussage zu bestimmen. Die drei entwickelten alternativen Theorien, die 'die' Realität hinter sich lassen (Kohärenz- und Konsenstheorie) oder nicht grundlegend problematisieren (pragmatische Theorie), stehen im Kern dagegen gemeinsam vor einer andersgelagerten Grundproblematik. Sie sind mit der Gefahr konfrontiert, Aussagen infolge der Erfüllung des jeweiligen Kriteriums als wahr einzustufen, obwohl sie 'in Wirklichkeit' falsch sind[2]. Für die Kohärenz- und die Konsenstheorie ist darüber hinaus auch die umgekehrte Problemlage der Ablehnung eines tatsächlich wahren Geltungsanspruchs nicht ausgeschlossen[3]. In Anbetracht dieser unterschiedlichen Problemakzente läßt sich feststellen, daß der Korrespondenzgedanke auch für die (Identifizierung der Probleme der) übrigen Theorien den prinzipiellen Bezugspunkt bildet und damit nach wie vor den Kern des Wahrheitsverständnisses markiert. Die Präzisierung des Begriffs wahrer Aussagen muß daher an der Frage ansetzen, ob und in welchem Sinne man ungeachtet der Abstraktionsprobleme dieses Ansatzes[4] gleichwohl vernünftigerweise an der Vorstellung von 'Wahrheit' festhalten kann. Diese Analyse ist an dieser Stelle nun durchführbar, da jetzt auch die Erkenntnisse der anderen Wahrheitstheorien als fruchtbare Argumentationsstützen herangezogen werden können.

Die Abstraktionsprobleme der Korrespondenztheorie der Wahrheit beruhen auf dem Zwang zur disziplinären Fokussierung, Aggregation, theoretischen Grundlegung sowie Operationalisierung und bestehen darin, daß in Abhängigkeit von der jeweiligen Art der Abstraktion ganz unterschiedliche Sichtweisen der Realität möglich sind. Damit können je nach Sichtweise auch Aussagen mit ganz unterschiedlichen Inhalten mit der (unter-

1) Vgl. auch nochmals die wahrheitstheoretisch geläufige Unterscheidung zwischen der Definition und den Kriterien der Wahrheit (hierzu S. 222 FN 38).

2) Siehe für die Kohärenztheorie S. 231 ff., für die pragmatische Theorie S. 239 und für die Konsenstheorie S. 244 f.

3) Siehe S. 234 für die Kohärenztheorie und S. 242 ff. für die Konsenstheorie. Nach dem pragmatischen Wahrheitskriterium kommt dieser Fehlertyp dagegen nicht in Betracht, da vollkommen wahres Wissen stets zum Handlungserfolg führt.

schiedlich gesehenen) Wirklichkeit übereinstimmen, so daß der Wahrheitstest der Korrespondenzprüfung beliebig zu werden scheint. Zur Analyse und Beurteilung der Tragweite dieser Problematik ist es zweckmäßig, bezüglich der Abstraktionsschritte zwischen der Auswahl des Themas einer Aussage oder Aussagengesamtheit bzw. des zu bewältigenden Problems (Selektion) und der Bearbeitung des ausgewählten Themas bzw. Problems (Konzeptualisierung) zu differenzieren[5]. Mit der *Selektion* wird der Gegenstand einer Aussage bzw. eines größeren Komplexes zusammenhängender Aussagen fixiert. Entsprechend legt die *Problemselektion* - ausgehend von einer durch die Wahrnehmung von Problemsymptomen hervorgerufenen Desorientierung - den (groben) thematischen Rahmen der Problembewältigung fest. Wird beispielsweise[6] ein Übergang von Verkäufer- zu Käufermarktverhältnissen beobachtet und (was keineswegs selbstverständlich ist) als Symptom für die Existenz einer Soll-Ist-Differenz aufgefaßt, so könnte z. B. als Problem das Thema formuliert werden, die Gestaltung der organisatorischen Grundstruktur der Unternehmung zu überdenken und gegebenenfalls an die veränderten Marktbedingungen anzupassen. Diese Themenselektion käme umgangssprachlich etwa in der Formulierung zum Ausdruck, daß es sich bei der erforderlichen Reaktion auf die Marktveränderungen «um ein organisatorisches Problem» handelt. Sie würde bedeuten, daß das Augenmerk der Überlegungen z. B.[7] auf unternehmungsinterne Kompetenz- und Kommunikationsregelungen und nicht etwa auf die Wohlfahrtsverschiebungen zwischen Produzenten und Konsumenten (wie bei Auswahl eines makroökonomischen Themas) gerichtet würde[8].

Mit der *Konzeptualisierung* werden die Parameter (bzw. Systemelemente) und Parameterbeziehungen (bzw. Elementverknüpfungen) herausgestellt, die die innerhalb des selektierten Realitätsausschnitts als relevant erachteten Themen- bzw. Problemzusammenhänge näher beschreiben (*Modellierung*), und die dabei verwendeten theoretischen Begriffe operationalisiert. Die konkrete Konzeptualisierung kann und wird sich zunächst an vorhandenen, vergleichsweise abstrakten Konzepten wie Theorien, Ansätzen und theoretischen Bezugsrahmen orientieren. So kann den Organisationsüberlegungen z. B. das schon mehrfach erwähnte entscheidungslogische Konzept zugrundegelegt werden, daß grundlegend zwischen der Koordinations- und der Motivationsdimension von Orga-

4) Die Perzeptionsprobleme können aus den oben genannten Gründen im folgenden ausgeklammert werden (siehe S. 224 f.).

5) Wenngleich die vier herausgestellten Abstraktionsschritte ihre Domäne jeweils entweder im Bereich der Selektion oder der Konzeptualisierung haben, lassen sie sich doch (mit Ausnahme der Operationalisierung) schon aufgrund ihrer eigenen fließenden Übergänge im Grenzbereich (siehe S. 225) ohne eingehendere Untersuchungen nicht eindeutig diesen beiden Aspekten zuordnen. Eine präzise Zuordnung ist allerdings - wie die weiteren Überlegungen zeigen werden - für unsere Zwecke auch nicht erforderlich.

6) Im folgenden soll zur Entlastung des Textes nicht stets parallel die Abstraktion bei der Aussagenformulierung und der Problembewältigung behandelt werden. Das Augenmerk konzentriert sich vielmehr zumeist auf die Problemebene, da in dieser Arbeit Aussagenkomplexe für Zwecke der Lösung von Managementproblemen im Mittelpunkt stehen.

7) Bei Konzeptualisierung nach Maßgabe eines entscheidungslogischen Organisationsansatzes, siehe hierzu sogleich.

8) Natürlich wäre auch die Formulierung (mehr oder weniger sinnvoller) Themen aus nicht-ökonomischen Disziplinen denkbar, etwa die medizinische Frage nach den psychosomatischen Auswirkungen der gestiegenen Nachfragemacht auf die gesundheitliche Verfassung der Verkäufer und Käufer.

nisationsproblemen trennt und unter dem koordinativen Aspekt auf Fragen der Kompetenzverteilung und Kommunikationsregelung abstellt[9]. Die Konzeptualisierung ist aber im praktischen Regelfall über solche Konzepte hinaus zu detaillieren und für das jeweilige Thema 'maßzuschneidern'[10].

Analysiert man die Implikationen der beiden Abstraktionsarten für die Wahrheitsidee der Korrespondenztheorie, so zeigt sich zunächst, daß der Tatbestand der Selektion den Korrespondenzgedanken nicht grundsätzlich erschüttert. Es muß nicht aus Prinzip als wahrheitsschädlich angesehen werden, wenn zu bestimmten Phänomenen in der Welt unterschiedliche Themen bzw. Problemstellungen formuliert werden. In unserem Beispiel des Betriebs etwa[11] ist m. a. W. - zumindest außerhalb der Philosophie - die Beantwortung der Frage nach dem 'wahren Wesen' dieses sozio-technischen Systems gar nicht erforderlich. Vielmehr kann es durchaus toleriert werden, wenn jeweils zutreffende Aussagen über ökonomische, biologische, architektonische oder chemische Eigenschaften des Systems gemacht werden und dergestalt 'mehrere Wahrheiten' nebeneinander existieren. Solche selektionsbedingten Wahrheitsparallelen bilden also keinen Anlaß für eine fundamentale Wahrheitsskepsis, die zur nominalistischen Ablehnung eines objektiven Realitätsverständnisses[12] berechtigt. Der Grund hierfür liegt ganz einfach darin, daß sich die diversen Aussagen - sofern sie wirklich (im noch weiter zu präzisierenden Sinne) zutreffen - in ihrer kognitiven Qualität deutlich von weniger zuverlässigen Propositionen zu entsprechenden Realitätsaspekten unterscheiden und damit insbesondere auch vergleichsweise erfolgreich Handlungen fundieren können. Ihre Auszeichnung als 'wahr' ist daher informativ.

Welche Selektion im einzelnen vorgenommen wird, ist keine Frage der Wahrheit, sondern der Zweckmäßigkeit[13]. Betrachtet man etwa speziell die Problemselektion, so wird hierdurch derjenige Teil der Wirklichkeit umgrenzt, in dem eine über Symptome angedeutete Soll-Ist-Differenz vermutet wird. Selektionen können daher als zweckmäßig angesehen werden, wenn und soweit die ausgewählten Realitätsausschnitte problemhaltig sind, also tatsächlich diejenigen Phänomene umfassen, die die Desorientierung verursachen und die zu ihrer Überwindung führen können. Anders gewendet können Selektionen als um so fruchtbarer gelten, je größere Verbesserungen gegenüber dem Status quo bei einer Beschäftigung mit den entsprechenden Segmenten der Realität zu erwarten sind. Da

9) FRESE 1988, S. 165 ff.

10) Vgl. als Beispiele etwa die Konzeptualisierungen von Untersuchungen über die Implikationen der modernen Technologien für die Kundennähe von Unternehmungen sowie über die Bildung und Auflösung von Zentralbereichen auf der Grundlage eines entscheidungslogischen Ansatzes bei FRESE/v. WERDER 1989 und FRESE/v. WERDER 1993. Die von BRETZKE 1980, S. 224 f. der wissenschaftlichen Modellbildung unterstellte Ansicht, der "Praktiker hätte nicht mehr zu tun als sein jeweiliges konkretes Problem als besondere Realisation eines schon vorgedachten allgemeinen Strukturtypus wiederzuerkennen, die Leerstellen des entsprechenden Modells mit den konkreten Daten seiner Situation zu füllen und über einen geeigneten Algorithmus die Lösung zu ermitteln", wird hier somit nicht geteilt.

11) Siehe S. 225 f.

12) Zum Nominalismus der interpretativen Organisations- und Managementtheorie S. 2 ff.

13) Siehe zur 'Basisentscheidung' der Themen- bzw. Problemwahl auch schon oben, S. 202 ff. Vgl. ferner im betriebswirtschaftlichen Problemlösungszusammenhang noch BRETZKE 1978a, S. 219 f.

sich Zustandsverbesserungen nur in Hinblick auf gegebene Zielsetzungen bestimmen lassen, kann die Fruchtbarkeit einer Problemauswahl konkret nur im Lichte der jeweils verfolgten Ziele entschieden werden[14]. Wird beim Übergang vom Verkäufer- zum Käufermarkt beispielsweise eine Sicherung der Ertragskraft angestrebt, so werden Selektionen betriebswirtschaftlicher Themen (im weitesten Sinne) regelmäßig zweckmäßiger sein als etwa rein medizinische Fragestellungen (wie die in Fußnote 8 auf S. 248). Antworten auf letztere können allenfalls bei entsprechender Vermarktung (und d. h. eben Thematisierung ihrer betriebswirtschaftlichen Aspekte) profitabel sein. Da sich die vorliegende Schrift auf die Bewältigung gegebener Managementaufgaben konzentriert, muß auf die spezifischen Fragen der fruchtbaren Problem- bzw. Themenselektion im weiteren nicht detaillierter eingegangen werden.

Die Selektion eines Themas bzw. Problems fixiert gewissermaßen einen kognitiven Rahmen in der überkomplexen Welt, der durch die Konzeptualisierung[15] auszufüllen ist. Bei der Analyse der Wahrheitsimplikationen dieses Abstraktionsvorgangs ist wie bei der Selektion streng zwischen der Beurteilung eines Konzepts als solchem und der Beurteilung von Aussagen, die auf der Grundlage eines bestimmten Konzepts formuliert werden, zu trennen. Während die Beurteilung von Selektionen wie gezeigt nach Maßgabe ihrer Zweckmäßigkeit für die jeweils verfolgten Zielsetzungen erfolgt, sind Konzeptualisierungen gemäß ihrer Zweckmäßigkeit für eine möglichst erfolgreiche Bearbeitung des jeweils selektierten Themas bzw. Problems einzuschätzen. Das Beurteilungskriterium für Konzepte lautet somit ebenfalls nicht Wahrheit, sondern Fruchtbarkeit[16]. Dabei resultieren die besonderen Schwierigkeiten der Bewertung der Konzeptfruchtbarkeit und damit der Konzeptualisierung selbst vor allem daraus, daß - zumindest im Rahmen der Lösung unstrukturierter Managementprobleme - aus prinzipiellen Kapazitätsgründen nicht sämtliche potentiell relevanten Parameter ins Modell aufgenommen werden können, zudem häufig konträre Konzeptionsmöglichkeiten bekannt sind und folglich Entscheidungen über die tatsächlich zu betrachtenden Größen getroffen werden müssen. Da die (Abstraktions-)Fragen der fruchtbaren Konzeptualisierung zu den zentralen Schwierigkeiten

---

14) Daß umgekehrt natürlich auch die Zielbildung von der jeweiligen Sichtweise der Realität abhängen kann, braucht hier nur erwähnt, aber nicht näher ausgeführt zu werden.

15) Also die Herausstellung der relevanten Parameter und Parameterbeziehungen des Untersuchungs- bzw. Problemlösungsmodells und die eventuelle Operationalisierung.

16) Die Fruchtbarkeit eines Problemlösungskonzepts beispielsweise zeigt sich konkret v. a. darin, daß auf seiner Grundlage eine möglichst zuverlässige und weitgehende Realisation der gesetzten Ziele erreicht wird. Siehe zum Ganzen eingehend S. 407 ff. m. z. N. An dieser Stelle sei nur zur Vermeidung von Irritationen noch darauf hingewiesen, daß als Beurteilungskriterium für Erklärungs- und Prognosekonzepte, also Theorien im weiteren Sinne, zwar häufig die Wahrheit genannt wird (siehe exemplarisch OPP 1976, S. 369 ff.). Bei näherem Hinsehen zeigt sich allerdings, daß die 'Wahrheit' von Theorien v. a. über die Wahrheit der aus ihr abgeleiteten Aussagen beurteilt wird (vgl. ebenda, insb. S. 369, 371, 377 ff.) und 'wahre' Theorien somit solche sind, die als Grundlage wahrer (Erklärungs- und Prognose-)Aussagen geeignet, also in diesem Sinne fruchtbar sind.

der argumentationsrationalen Problembewältigung zählen, werden sie unten noch eingehend erörtert[17].

Im Unterschied zur Konzeptbeurteilung stellt sich für die auf der Basis bestimmter Konzeptionen formulierten Aussagen dagegen durchaus die Frage, ob sie als Folge des zwangsläufigen 'Blicks durch die konzeptionelle Brille' ihre Wahrheitsfähigkeit verlieren. Fraglich ist also anders ausgedrückt, ob aufgrund der Abstraktionen im Zuge der Bearbeitung von Themen und Problemen die Realität als bloß kognitiv hergestellte Illusion verstanden werden muß, oder ob die Idee von 'der' Wirklichkeit in einem bestimmten Sinne doch aufrechterhalten werden kann. Diese Fragestellung läßt sich am besten vor dem Hintergrund eines konkreten Beispiels verhandeln.

Zum Gegenstand eines Aussagenkomplexes sei das Thema der «Auswirkungen einer kundenorientierten Reorganisation auf den Erfolg der Unternehmung» gewählt. Zur Bearbeitung dieses Themas bzw. Problems sei exemplarisch eine Konzeption zugrundegelegt, die ihr Augenmerk im Kern auf die Konsequenzen lenkt, die eine Änderung der Kompetenz- und Kommunikationsbeziehungen zwischen organisatorischen Einheiten für die Verwirklichung der Subziele Wirtschaftlichkeit, Bereichsabstimmung, Dispositionsfähigkeit und Motivation hat[18]. Die Operationalisierung der gedanklichen Konstrukte kann entweder allgemeingültig[19] oder im Zuge der Feinabstimmung des Konzepts auf das konkrete Thema erfolgen. So läßt sich beispielsweise die Dispositionsfähigkeit speziell für die gewählte Thematik anhand des zeitlichen Spielraums operationalisieren, der den Kunden eröffnet wird, um ihre Bestellungen vor der Auslieferung eventuell noch zu modifizieren. Eine Verkürzung der Zeitspanne zwischen der letztmöglichen Änderung und dem Auslieferungszeitpunkt[20] entspricht somit einer Steigerung der Dispositionsfähigkeit.

Das hier aufgeworfene Wahrheitsproblem, ob Aussagen im Rahmen dieser Sichtweise noch prinzipiell wahr sein können oder aber durch die vorgenommenen Abstraktionen wahrheitsschädlich infiziert sind, stellt sich nun konkret z. B. für Propositionen wie das folgende reale Statement: "Bei Einspritzpumpen etwa beträgt die Zeitspanne zwischen endgültiger Bestellung und Auslieferung heute noch neun Monate"[21]. Wir zögern trotz HUMEscher Verunsicherung[22] nicht, die gestellte Frage nach der grundsätzlichen Wahrheitsfähigkeit dieser Aussage zu bejahen. Um das hierbei zugrundeliegende Verständnis von Wahrheit zu erläutern, ist das Zitat zunächst näher zu interpretieren und in

17) Siehe v.a. S. 407 ff. und S. 453 ff.

18) Näheres bei FRESE/v. WERDER 1989, S. 4 ff.

19) Ein Beispiel bildet die generelle Definition einer Entscheidungskompetenz bei FRESE 1988, S. 201.

20) So nach NILSSON/GRAPATIN 1989, S. 78, eine konkrete Zielsetzung der Klöckner-Humboldt-Deutz AG.

21) NILSSON/GRAPATIN 1989, S. 78.

22) "Es bleibt uns also nur die Wahl zwischen falscher Erkenntnis oder gar keiner." HUME 1978, S. 346.

Hinblick auf seine interpretationsabhängigen Wahrheitsvoraussetzungen zu analysieren. Dabei sollen zwei verschiedene Interpretationsmöglichkeiten betrachtet werden.

In der ersten Interpretation markiert der Zeitpunkt der endgültigen Bestellung den Termin, ab dem der Kunde seinen Auftrag nicht mehr modifizieren darf, ohne seinen (Rechts-)Anspruch auf fristgerechte Auslieferung zu verlieren. Voraussetzung für die Wahrheit der so verstandenen Aussage ist nach hier vertretener Auffassung lediglich, daß die vereinbarten Geschäftsbedingungen einen entsprechenden Passus enthalten, wobei die Zeitpunkte der endgültigen Bestellung und der Auslieferung an den Kunden sowie die Regeln für die Berechnung der Frist (ausreichend) exakt zu definieren sind. Zur genauen Definition kann beispielsweise der endgültige Bestellzeitpunkt mit dem Moment des zivilrechtlichen Zugangs der letzten Änderungsmitteilung und der Auslieferungszeitpunkt mit dem Zeitpunkt der Übergabe gem. §§ 433 Abs. 1 Satz 1, 929 Satz 1 BGB gleichgesetzt werden, und für die Fristberechnung ein Verweis auf §§ 186-193 BGB erfolgen.

Die zweite Interpretation geht davon aus, daß die genannte Zeitspanne die bislang zu verzeichnende Durchlaufzeit eines jeden[23)] Auftrags widerspiegelt[24)]. Dabei wird - um Schwankungen der Durchlaufzeiten aufzufangen - angenommen, daß die Angabe «neun Monate» das Zeitintervall [8,5 Monate; 9,5 Monate] abdeckt. Bei dieser Auslegung verlangen die Wahrheitsvoraussetzungen zunächst wiederum die genaue Definition der Zeitpunkte von Auftragserteilung (an die Produktion) und Auslieferung sowie der Fristberechnung. Darüber hinaus ist erforderlich, daß im Rahmen der Meßtoleranzen[25)] keine Erhebungsfehler unterlaufen sind. Als Erhebungsfehler sind vor allem Irrtümer bei der Zeitaufnahme und der Addition der benötigten Durchlaufzeiten auszuschließen.

Unter den genannten Bedingungen repräsentiert die zitierte Aussage nach dem Verständnis der vorliegenden Arbeit jeweils die Wirklichkeit, und kann somit auch sinnvoll als wahr qualifiziert werden. Im Fall der ersten Interpretationsvariante kann die Wahrheit durch einfaches Nachlesen der Geschäftsbedingungen festgestellt und interpersonell überprüft werden. Nach aller Lebenserfahrung kommen Personen, soweit sie überhaupt

---

23) Bei der Zeitangabe handelt sich somit annahmegemaäß nicht nicht um einen Durchschnittswert. Die zitierte Aussage wäre im übrigen auch dann wahrheitsfähig, wenn die Zeitangabe einen deskriptiv-statistischen (siehe S. 270) Mittelwert repräsentieren würde. Aus Platzgründen soll auf eine nähere Erläuterung dieses Falls aber verzichtet werden.

24) In einer dritten Interpretation könnte die zitierte Aussage so verstanden werden, daß die genannte Zeitspanne die durch den Produktionsprozeß bedingte Durchlaufzeit eines Auftrags angibt. Bei dieser Auslegung wird mit der Aussage ein streng regelmäßiger Geltungsanspruch erhoben. Er besagt, daß die Auftragserledigung für eine Einspritzpumpe unter den gegebenen Prozeßbedingungen stets rund 9 Monate erfordert und in keinem einzigen Fall um mehr als einen halben Monat (vgl. zum Toleranzbereich sogleich im Text) verkürzt bzw. verlängert werden kann. Die effektive Wahrheit dieser Aussage setzt eine vollkommene Beherrschbarkeit des Produktionsprozesses im Rahmen der Toleranzgrenzen voraus und muß angesichts der Unwägbarkeiten komplexer Prozesse aller Voraussicht nach praktisch verneint werden. Die dritte Interpretationsalternative kann daher vernachlässigt werden.

25) Das Zugeständnis von Meßtoleranzen ist unabdingbar, da vollkommen exakte Messungen auch für quantitative Größen generell ausgeschlossen sind. So läßt sich auch die Zeit nur näherungsweise messen, da die Meßskala theoretisch immer feiner abgestuft werden kann. Das Ausmaß der zulässigen Toleranzen hängt von der konkreten Thematik ab. Im vorliegenden Fall bestehen angesichts der recht

lesen können, hierbei zu dem gleichen Ergebnis[26]. Nominalistische Skeptiker mögen sich als Hilfestellung das Bild einer Auseinandersetzung zwischen den Vertragsparteien über die Verzögerung einer Auslieferung vor Augen halten. Die Parteien werden bei identischen Vertragsdokumenten nicht über den Wortlaut der fraglichen Klausel streiten, sondern allenfalls über ihre Auslegung[27] und den tatsächlichen Sachverhalt. Die Wahrheit der Aussage wird besonders dann spürbar, wenn der Streit eskaliert und vor Gericht getragen wird. Spätestens dann wird sich herausstellen, daß die Frist 'wirklich' vereinbart worden ist und beispielsweise bei tatsächlicher Überschreitung der 9 Monate von der Unternehmung nicht 'interpretativ' verlängert werden kann. Entsprechende Versuche einer 'Wirklichkeitskonstruktion' werden im Zweifel höchst reale Konventionalstrafen nicht verhindern. Die Gültigkeit der zitierten Aussage zeigt sich somit letztlich - ganz im Sinne der pragmatischen Wahrheitstheorie - im tatsächlichen Eintritt der Rechtsfolgen, die bei Erfüllung der entsprechenden Voraussetzungen zu erwarten sind.

Die Wahrheit der zweiten Aussagenversion unter den genannten Bedingungen liegt darin, daß bis dato nicht nur in einigen, vielen oder den meisten Fällen, sondern ausnahmslos Auslieferungen innerhalb von rund[28] 9 Monaten nach Auftragserteilung zu beobachten waren, und jede nachträgliche Modifizierung eine Auslieferungsverzögerung zur Folge hatte. Auch hier kann nicht zweifelhaft sein, daß die Befunde verschiedener Beobachter bei korrekten Erhebungen identisch ausfallen (müssen). Die angegebene Durchlaufzeit der Aufträge kann unter den vorausgesetzten Bedingungen somit nach unserem Wahrheitsverständnis als Teil der Realität[29] aufgefaßt werden, und ist ungeachtet der Konzeptualisierungsvorgänge wirklichkeitsgetreu darstellbar. Die 'Wirklichkeit' der Durchlaufzeiten läßt sich vielleicht auch wie folgt plausibel machen: Selbst wenn eine eventuelle Überschreitung der 9-Monats-Frist (bei Unwahrheit der Aussage) aufgrund einer psycho-emotionalen Ausfilterung von den Mitarbeitern der Unternehmung (Meister, Kundenmanager usw.) nicht wahrgenommen worden sein sollte, wäre die Unternehmung im Zweifel vom Unmut eines ungeduldigen Kunden getroffen worden.

---

groben Maßeinheit für die kritische Zeitspanne insgesamt (Monate) keine Bedenken, wenn die Zeitangaben zu den einzelnen Produktionsschritten 'auf die Minute genau' erfolgen.

26) Vgl. allgemein auch STAEHLE 1991, S. 179: "Von einer **objektiven** oder **vorgegebenen Situation** (Wirklichkeit, Realität) kann dann gesprochen werden, wenn sie von mehreren Personen unabhängig voneinander (also intersubjektiv) identisch beschrieben wird (consensual reality)." An dieser Stelle zeigt sich also exemplarisch die wahrheitsbestätigende Rolle des Konsenskriteriums (siehe nochmals S. 245 f.).

27) Wobei der Interpretationsspielraum angesichts der vorgenommenen Spezifikationen (siehe S. 252) bereits - für Rechtsangelegenheiten im allgemeinen untypisch - so eng ist, daß eine weitere Präzisierung der Klausel nicht mehr erforderlich scheint, um ernsthafte Streitigkeiten über die Auslegung zu verhindern. Sie könnte allerdings jederzeit vorgenommen werden, so daß die Auslegungsproblematik nicht prinzipiell gegen die Möglichkeit der interpersonell akzeptierten Wahrheit der zitierten Aussage spricht.

28) Die Toleranzen werden im folgenden aus Vereinfachungsgründen implizit mitgedacht

29) Der Realitätscharakter schließt selbstverständlich Realitätsveränderungen nicht aus, wie unten (S. 254) näher erläutert wird.

Drei weitere Beispiele, in denen die einzelnen Abstraktionen nicht mehr explizit benannt werden, mögen noch zusätzlich verdeutlichen, wann eine Aussage nach hier vertretener Ansicht der Realität entspricht und damit das Korrespondenzkriterium erfüllt.

* Die Aussage «In der Portokasse befinden sich 75 Münzen» stimmt mit der Realität überein, sofern 75 Münzen gezählt werden. Sie entspricht dagegen nicht der Wirklichkeit, falls beim Nachzählen z. B. 76 Münzen festgestellt werden.

* Die Aussage «Der Wettbewerber W senkt die Absatzpreise» stimmt mit der Realität überein, sofern die Produkte von W tatsächlich zum niedrigeren Preis erworben werden können. Sie entspricht dagegen nicht der Wirklichkeit, falls die Produkte von W nur zum bisherigen oder gar erhöhten Preis abgegeben werden.

* Die Aussage «Mitarbeiter M trägt sich mit dem Gedanken, eine neue Stelle anzutreten» stimmt mit der Realität überein, wenn M tatsächlich einen Stellenwechsel in Erwägung zieht. Sie entspricht dagegen nicht der Wirklichkeit, wenn M gar nicht daran denkt, seine bisherige Stelle aufzugeben.

So banal diese Beispiele anmuten mögen[30)], so eindringlich sollen sie zum einen demonstrieren, daß die Realität nicht beliebig konstruiert werden kann. Angesichts der namentlich in der interpretativen Forschung mitunter anzutreffenden Formulierungen über die 'Konstruktion der Wirklichkeit'[31)] erscheint es notwendig, diesen Tatbestand nachdrücklich zu betonen. Natürlich ist es nicht ausgeschlossen, daß der Portokasse beim Nachzählen eine Münze entnommen, der Wettbewerber zu einer Preissenkung veranlaßt und der Mitarbeiter zu einer Reflexion über seine Karriere animiert wird. Derartige Eingriffe in die Realität[32)] setzen aber einen ausreichenden (rechtlichen und faktischen) Einfluß auf den entsprechenden Gebieten der physischen, sozialen und individuellen Welt voraus[33)]. Wo dieser Einfluß fehlt, werden Versuche der Wirklichkeitskonstruktion merklich real scheitern. Bereits ein Blick auf die zahlreichen Fehlschläge strategischer Vorhaben belegt die 'Sperrigkeit' der Realität gegenüber eigenwilligen Konstruktionsversuchen. "Anything goes"[34)] eben nicht.

---

30) Die Beispiele bewegen sich im übrigen durchaus auf dem Niveau der methodologischen Fachliteratur, vgl. exemplarisch nur POPPER 1972, S. 224 (weißer Schnee; rotes Gras).

31) Vgl. z. B. PONDY/MITROFF 1979, S. 28; PFEFFER 1981, S. 9; SMIRCICH/MORGAN 1982, S. 257 f., sowie ferner auch noch die erstaunliche Auffassung von SCHIRN 1975, S. 187: "So wenig wie es die Tatsache, daß alle Planeten des Sonnensystems sich in Ellipsen bewegen, in deren einem Brennpunkt die Sonne steht, schon gegeben hat ..., bevor sie von Kepler sprachlich artikuliert ... wurde ...". Siehe zur Kritik an SCHIRNs Auffassung auch FRANZEN 1982, S. 187.

32) Vgl. auch das von DAFT/WEICK 1984, S. 288 thematisierte Eindringen ("intrusiveness") einer Unternehmung in ihre Umwelt.

33) Vgl. auch speziell zu den (objektiven) Grenzen der unternehmenskulturellen Wirklichkeitskonstruktion EBERS 1985, S. 189; HOLLEIS 1987, S. 295, 298 f.; NORD 1985, S. 193; HARTFELDER 1984, S. 388 f.; KAHLE 1988, S. 1236.

34) So die berühmte Formel in der bewußt provokativ formulierten "anarchistischen Erkenntnistheorie" von FEYERABEND (siehe FEYERABEND 1976, S. 35; ders. 1989a, hier insb. S. 59).

Zum zweiten verdeutlichen die Beispiele, daß die Realität unter Umständen durchaus objektiv beschrieben und damit auch zur Wahrheitsprüfung von Aussagen herangezogen werden kann. Die unbestritten ablaufenden Vorgänge der Abstraktion bewirken somit nicht zwingend, daß Aussagen den Kontakt zur Realität verlieren. Sie geben zwar nur einen Teilausschnitt der Wirklichkeit zur Betrachtung frei. Dabei ist es letztlich zweitran-

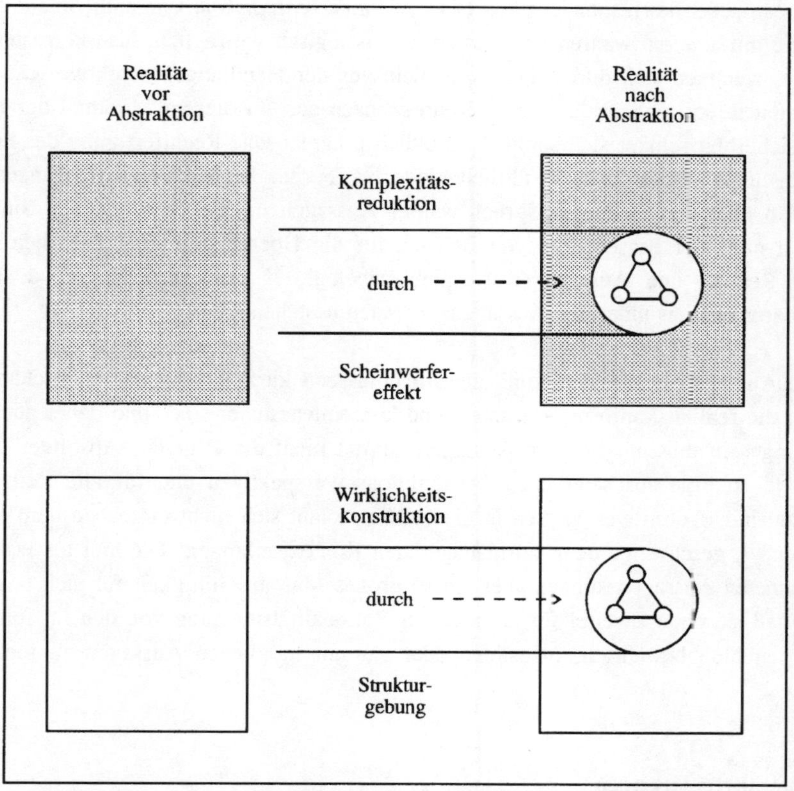

Abb. 28: Alternative Deutung der Abstraktion als Komplexitätsreduktion und als Wirklichkeitskonstruktion

gig, ob man die Abstraktion metaphorisch eher als Scheinwerfer deutet, der zur Komplexitätsreduktion nur einige Aspekte in der überkomplexen und daher zunächst dunklen Welt anstrahlt und damit sichtbar werden läßt[35], oder aber als wirklichkeitskonstruierenden Akt, der der Realität erst Struktur gibt[36] (vgl. Abb. 28). In beiden Fällen sind die hervorgehobenen Aspekte nicht bloß imaginäre Einbildungen, sondern teils greifbar und

35) Vgl. zu dieser Metapher für die vergleichbare heuristische Wirkung von Zielen FRESE 1971a, S. 289.

36) Vgl. aus Sicht der interpretativen Organisations- und Managementtheorie etwa SMIRCICH/MORGAN 1982, S. 257 f., 261 f.

teils über ihre Implikationen spürbar. Mit den durch Abstraktion geleiteten Betrachtungen handelt man sich folglich nicht bloß Illusionen ein.

Faßt man das soeben erläuterte Wahrheitsverständnis dieser Arbeit zusammen, so lassen sich *wahre Aussagen* präziser als Propositionen verstehen, die mit der Realität in der durch die jeweilige Abstraktion kognitiv konturierten Form übereinstimmen und in diesem spezifischen korrespondenztheoretischen Sinne *realitätskonform* sind. Solche Aussagen, die mit anderen wahren Propositionen stets logisch verträglich, also konsistent sein müssen, zeichnen sich durch die - vor allem aus der Handlungsperspektive relevante - Sicherheit ihrer Implikationen bzw. Konsequenzen aus. In diesem Merkmal der Konsequenzsicherheit schlägt sich somit die letztlich pragmatische Rechtfertigung des hier zugrundegelegten Begriffs der Wahrheit nieder[37]. Ferner kann davon ausgegangen werden, daß über den Geltungsanspruch wahrer Aussagen im hier verstandenen Sinne zumindest nach der Präsentation von Belegen für die Übereinstimmung zwischen konturierter Realität und Aussage (Korrespondenzbelege)[38] kein vernünftiger, d. h. begründbarer Dissens unter den Aussagenadressaten bestehen kann.

Wahre Aussagen lassen sich somit zusammenfassend kurz als Propositionen charakterisieren, die realitätskonform, konsistent und konsequenzsicher sind, und daher auch konsensfähig sein müssen. Solchen Aussagen kommt nicht die Dignität 'Absoluter Gewißheiten'[39] zu, die aus sämtlichen (Abstraktions-)Perspektiven und für alle Zeit unverrückbar sind. Definitives Wissen in diesem Sinne läßt sich nicht einmal in den Wissenschaften[40], geschweige denn im managerialen Kontext erlangen. Die hier als wahr ausgezeichneten Aussagen können aber ein so großes Maß an Gültigkeit für sich beanspruchen, daß sie ohne Zweifel für Zwecke der Rationalitätsmessung von den im folgenden erörterten bloß bewährten, plausiblen oder gar nur möglichen Aussagen zu separieren sind.

cc) Bewährte Aussagen

a' Überblick

Bewährte Aussagen nehmen nach unserer Zuverlässigkeitsabstufung eine mittlere Position ein zwischen den wahren und den plausiblen Propositionen. Es handelt sich hierbei um Aussagen, die in einem noch näher zu spezifizierendem Sinne auf das Gebiet von Wahrscheinlichkeitstheorie und Statistik führen. In einer ersten Begriffsfassung können sie als Propositionen gekennzeichnet werden, die zwar keine Sicherheit (wie die wahren

---

37) Vgl. auch nochmals S. 240 FN 145.

38) Siehe hierzu näher S. 300 ff.

39) Wie sie beispielsweise noch DESCARTES suchte (vgl. nur SCHÖPF 1973a, S. 588 f.).

40) "Versteht man unter Wissen eine definitive Erkenntnis, so ist es eine der bemerkenswertesten Feststellungen, die man über die Wissenschaft machen kann, *daß die Wissenschaft nicht zum Wissen führt.*" STEGMÜLLER 1967, S. 4.

Aussagen) verbürgen, aber immerhin (anders als die plausiblen Aussagen) eine wahrscheinlichkeitstheoretisch-statistisch abgesicherte Güte aufweisen. Diese Aussagenklasse wirft spezifische Probleme auf, die eine andere Akzentuierung der nachfolgenden Erläuterungen als bei den wahren Aussagen erfordern. Auf der einen Seite ist die Frage nach (den Grenzen) der grundsätzlichen Aussagefähigkeit von Propositionen, die über stochastische Phänomene gehen, weit stärker als die Wahrheitsproblematik auch in den Einzelwissenschaften (und damit der Betriebswirtschafts- und Managementlehre) bekannt. Angesichts dieser verbreiteten Problemsensibilisierung ist eine ausgreifende Auseinandersetzung mit den prinzipiellen Zuverlässigkeitslücken bewährter Aussagen im Rahmen der vorliegenden Arbeit nicht notwendig (und aus Platzgründen auch nicht möglich). Insoweit müssen vielmehr einige wenige Hinweise genügen. Auf der anderen Seite und als Folge der bekannten Grundsatzprobleme und Grenzen der Verläßlichkeit diese Aussagenkategorie liegt ihr kognitives Potential weniger eindeutig als bei den wahren Aussagen auf der Hand. Infolgedessen ist an dieser Stelle näher zu diskutieren, inwieweit bewährte Aussagen zur Steigerung der Argumentationsrationalität von Problemlösungsfundierungen und Kommentierungen überhaupt beitragen können. Es ist m. a. W. die Frage zu beantworten, warum es aus Sicht der Rationalitätsmessung sinnvoll ist, bewährte Aussagen von den plausiblen Propositionen abzuheben bzw. im Kreis der nicht nachweisbar wahren Aussagen gesondert auszuzeichnen. Im Anschluß an diese grundlegenden Untersuchungen zur Stufe der bewährten Aussagen ist sodann die Klassenabgrenzung präziser zu fassen. Dabei wird sich zeigen, daß die Klasse der bewährten Propositionen sehr viel facettenreicher ist als die der wahren Aussagen. Eine generelle Stufenbeschreibung kann daher (zumindest beim gegenwärtigen Forschungsstand von Wahrscheinlichkeitstheorie und Statistik) nur auf einem recht hohen Abstraktionsniveau erfolgen.

b' Problematik und prinzipielle Rationalbedeutung bewährter Aussagen

Die Zuverlässigkeit bewährter Aussagen wird sowohl durch mehr vordergründig-technische Probleme als auch durch grundlegendere erkenntnistheoretische Grenzen prinzipiell beeinträchtigt. Die eher technischen Qualitätseinschränkungen beruhen darauf, daß für die Formulierung von wahrscheinlichkeitstheoretisch-statistisch fundierten Aussagen zahlreiche Entscheidungen im Rahmen der Erhebung und Auswertung von Daten zu fällen sind. Diese Entscheidungen betreffen z. B. den Umfang von Stichproben, die Auswahl von Schätzfunktionen oder die Zugrundelegung bestimmter Testtheorien[41]. Sie geben den entsprechenden Aussagen zumindest ein bestimmtes Gepräge[42]. Nicht selten sind sie aber auch mit mehr oder weniger offensichtlichen und gravierenden Fehlern behaftet, die z. B. aus Vereinfachungsgründen in Kauf genommen werden[43]. Die Pro-

---

41) Vgl. hierzu näher S. 271 ff.

42) So kann beispielsweise das Ergebnis statistischer Tests in hohem Maße davon beeinflußt werden, ob die zu überprüfende Hypothese als Null-Hypothese oder als Gegenhypothese formuliert wird. Vgl. nur HENN/KISCHKA 1981, S. 106; BAMBERG/BAUR 1991, S. 182; MARTIN 1989, S. 105 ff.

blematik derartiger "'Schatten'"[44], die - wenigstens beim derzeitigen Forschungsstand - letztlich nicht vollständig zu unterbinden sind, kommt überspitzt in der landläufigen (und auch in einschlägigen Lehrbüchern zitierten) despektierlichen Vorsichtsregel zum Ausdruck: "'Trau keiner Statistik, die du nicht selbst gefälscht hast'"[45].

Aus erkenntnistheoretischer Perspektive beruht die generelle Grenze der Zuverlässigkeit im Kern auf dem Tatbestand, daß probabilistisch-statistische Propositionen (nach ihrer im einzelnen noch zu erarbeitenden Definition) zwar häufig bzw. mit einem bestimmten Grad an Gewißheit zutreffen, aber eben nicht stets oder ohne jede Einschränkung. So tritt bekanntermaßen auch Höchstwahrscheinliches nicht zwingend ein[46] und kommt auch Unwahrscheinliches - wie beispielsweise Lottomillionäre bestätigen können - gelegentlich sehr wohl vor[47]. Erinnert sei ferner etwa an die berühmten Schein- und Nonsensekorrelationen, die z. B. zwischen der Geburtenrate und der Zahl der besetzten Storchennester einer bestimmten Region einen statistisch signifikanten Zusammenhang nachweisen[48].

Diese Schranken der Verläßlichkeit gehören zu den Binsenwahrheiten von Wahrscheinlichkeitstheorie und Statistik und müssen daher an dieser Stelle nicht weiter vertieft werden. Gleiches gilt im Prinzip für die möglicherweise fatalen Folgen etwa in Form von Pseudoerklärungen und Fehlprognosen, die die Verwendung solcherart unzuverlässiger Kenntnisse im Rahmen von Schlußfolgerungen haben kann. Insoweit sei daher nur auf eine besondere Komplikation hingewiesen, die beim Rückgriff auf Wahrscheinlichkeitsaussagen zur Stützung von Folgerungsbeziehungen auftreten kann. Sie wird in der methodologischen Literatur als Problem der 'Mehrdeutigkeit statistischer Systematisierungen' bezeichnet[49] und besteht darin, daß kontradiktorische Aussagen unter bestimmten Umständen übereinstimmend als hochwahrscheinlich einzustufen sein können. Dieses Dilemma für sich jeweils überzeugender, aber widersprüchlicher Schlußfolgerungen läßt sich am einfachsten an einem Beispiel demonstrieren[50]. Ist etwa bekannt, daß weniger als 2 % aller Schweden römisch-katholischer Konfession sind, und daß Petersen ein Schwede ist, so kann mit großer Wahrscheinlichkeit gefolgert werden, daß Petersen nicht katholisch ist. Ist jedoch ferner bekannt, daß weniger als 2 % aller Menschen, die nach Lourdes pilgern, nicht römisch-katholisch sind, und daß Petersen nach Lourdes gepilgert

---

43) Ein Beispiel bildet die Annahme einer Standardnormalverteilung zur Approximation der Verteilung der Gauß-Statistik bei einem Stichprobenumfang von $n > 30$ (hierzu BAMBERG/BAUR 1991, S. 145).

44) MENGES 1982, S. V.

45) BAMBERG/BAUR 1991, S. 1.

46) Vgl. in diesem Zusammenhang auch das HUMEsche Induktionsproblem, auf das unten noch näher eingegangen wird (S. 341 FN 25).

47) Zu letzterem auch STEGMÜLLER 1973b, S. 281 ff. und 311 ff.; LENZEN 1980b, S. 663.

48) Speziell zu dieser Scheinkorrelation für das Einzugsgebiet von Bremen CLAUSS/EBNER 1977, S. 104.

49) Siehe hierzu HEMPEL 1977, S. 76 ff.; STEGMÜLLER 1973b, S. 286 f.; ders. 1983, S. 774 ff., insb. S. 781 ff., und zum Begriff der Systematisierung näher S. 304 FN 6.

ist, so kann mit der gleich hohen Wahrscheinlichkeit davon ausgegangen werden, daß Petersen Katholik ist. Da sich die Prämissen der beiden Schlußfolgerungen in ihrer Zuverlässigkeit nicht unterscheiden, scheitert (vordergründig[51]) der Versuch, Petersens Konfession auf der Grundlage von Wahrscheinlichkeitsbetrachtungen herauszufinden. Es stellt sich hier gewissermaßen eine "Paralysierung mittels rivalisierender Argumente"[52] ein.

Schon diese nur überschlägige Skizzierung der Schranken, die einer vollkommenen Verläßlichkeit probabilistischer und statistischer Aussagen entgegenstehen, unterstreicht die Vorsicht, die bei der Verwendung von Propositionen dieser Kategorie im Rahmen der Fundierung von Problemlösungen angebracht ist. Auf den ersten Blick könnte es daher naheliegen, auf die gesonderte Bildung einer entsprechenden Zuverlässigkeitsstufe zu verzichten und die bewährten Aussagen bei den übrigen nicht als wahr nachweisbaren Propositionen einzureihen. Bei näherer Überlegung zeigt sich allerdings die Unangemessenheit einer derart weitreichenden Skepsis gegenüber Wahrscheinlichkeitstheorie und Statistik. Zu denken ist nur daran, daß Kenntnisse über stochastische Zusammenhänge u. a. die Existenzgrundlage für ganze (florierende) Branchen wie die Versicherungswirtschaft oder das Spielbanken- und Lotteriegeschäft abgeben. Bereits angesichts dieser Beispiele für einen im Durchschnitt erfolgreichen Rückgriff auf statistisches Wissen kann nicht ernsthaft zweifelhaft sein, daß zumindest bestimmte probabilistische Aussagen trotz ihrer systematischen Qualitätshandikaps gegenüber wahren Propositionen ein ganz anderes Zuverlässigkeitsniveau verkörpern können als etwa bloße Vermutungen, die nur durch lose Plausibilitätsüberlegungen gestützt werden[53]. Demzufolge ist es auch als tendenziell rationalitätsförderlich anzusehen, soweit verfügbar nicht bloß plausible, sondern statistisch abgesicherte Aussagen im Zuge der Problemlösungsfundierung zu verwenden. Bei genauerer Betrachtung geht es somit nicht um die Frage, ob überhaupt, sondern nur welchen Aussagen das Bewährungsetikett zuzusprechen ist. Bevor sich die diesbezüglichen Abgrenzungsmerkmale formulieren und begründen lassen, müssen zuvor allerdings die hierfür erforderlichen Grundlagen aus der Wahrscheinlichkeitstheorie und Statistik aufbereitet werden.

---

50) Siehe zu diesem Beispiel, das kritisch auf eine von TOULMIN 1958, S. 108 ff. exemplarisch vorgeführte statistische ("quasi-syllogistische", S. 109) Schlußfolgerung Bezug nimmt, COOLEY 1959, S. 305; STEGMÜLLER 1983, S. 784.

51) Zur rationalen Bewältigung dieses Dilemmas S. 410 ff. dieser Arbeit.

52) STEGMÜLLER 1983, S. 784.

53) Die Mindestanforderungen an plausible Aussagen werden im folgenden Abschnitt herausgearbeitet. Vgl. im übrigen zur herausgehobenen Stellung statistisch gesicherter Aussagen auch STEGMÜLLER 1973a, S. 81: Ablehnung des "Humeschen Irrationalismus".

c' Abgrenzung bewährter Aussagen

In den voranstehenden Überlegungen wurde das Gebiet von Wahrscheinlichkeitstheorie und Statistik ohne eingehendere Differenzierung angesprochen. Dieses Feld bildet zwar einen zusammenhängenden Komplex, der aber unter thematischen und methodischen Aspekten im Detail sehr heterogen ist. Zur näheren Präzisierung des Charakters bewährter Aussagen ist es nunmehr zweckmäßig, zunächst zwischen den zwei großen Bereichen der Wahrscheinlichkeitstheorie bzw. -rechnung und der Statistik zu unterscheiden.

a'' Wahrscheinlichkeitstheorie

Die Wahrscheinlichkeitstheorie befaßt sich mit den 'zufälligen Ereignissen' und versucht, die Chance des Eintritts derartiger Phänomene quantitativ zu bemessen[54)]. Dabei werden als zufallsabhängig oder stochastisch solche Ereignisse[55)] verstanden, deren Zustandekommen sich (noch[56)]) einer vollständigen theoretischen Erklärung bzw. technologischen Beherrschung entzieht[57)]. Die mathematische Charakterisierung der Eintrittsneigung erfolgt in Form von Wahrscheinlichkeitsfunktionen, die jedem möglichen Ereignis einen bestimmten Wahrscheinlichkeitswert zuordnen[58)].

Die Themen aus dem Problembestand der Wahrscheinlichkeitstheorie, die für die spätere Charakterisierung der bewährten Aussagen unter dem Verläßlichkeitsaspekt von Interesse sind, lassen sich in den drei Fragestellungen ausdrücken, (1) wie der Begriff der Wahrscheinlichkeit zu interpretieren ist und wie sich Wahrscheinlichkeitswerte ermitteln lassen, (2) welchen Regeln die Wahrscheinlichkeitsrechnung folgen soll, und (3) ob Wahrscheinlichkeiten für ihre Verwendung zur Problemlösungsfundierung eine bestimmte Höhe aufweisen müssen.

---

54) Zum Gegenstand der Wahrscheinlichkeitsrechung BAMBERG/BAUR 1991, S. 75; CLAUSS/EBNER 1977, S. 129 f.; WETZEL 1973, S. 13.

55) Strenggenommen muß bei der Beschreibung von Zufallsvorgängen zwischen elementaren und zusammengesetzten Ereignissen sowie ihrer quantifizierten Abbildung in Form von Zufallsvariablen getrennt werden, vgl. BAMBERG/BAUR 1991, S. 77 ff., 93; CLAUSS/EBNER 1977, S. 16 f.; HENN/KISCHKA 1979, S. 93. Da es hier auf die technischen Details aber nicht ankommt, werden diese Unterschiede zur Entlastung des Textes im weiteren vernachlässigt.

56) Es ist hier nicht der Platz für eine Diskussion der Frage, ob bestimmte Gesetzmäßigkeiten, wie heute z. B. für quantenphysikalische Zusammenhänge teilweise angenommen wird (hierzu STEGMÜLLER 1983, S. 559 ff.; DELBRÜCK 1986, S. 264 ff., hier insb. S. 281), in ihrem stochastischen Charakter prinzipiell irreduzibel sind (vgl. zur Problematik nur ESSLER 1973, S. 109 ff.; STEGMÜLLER 1983, S. 559 ff. und 787 f.). Fest steht zumindest, daß im natur- wie humanwissenschaftlichen Bereich statistische Gesetze häufig als Ersatz für noch unbekannte deterministische Zusammenhänge herangezogen werden, vgl. auch STEGMÜLLER 1983, S. 563.

57) Vgl. auch WETZEL 1973, S. 13; CLAUSS/EBNER 1977, S. 130.

58) In der wahrscheinlichkeitstheoretischen Fachterminologie wird der Begriff der Wahrscheinlichkeitsfunktion überlicherweise für die Charakterisierung diskreter Zufallsvariablen reserviert und das Pendant für die stetigen Zufallsvariablen als Dichtefunktion bezeichnet (vgl. nur BAMBERG/BAUR 1991, S. 98 und 104; CLAUSS/EBNER 1977, S. 147 und 150). Da wir im folgenden nicht zwischen diskreten und stetigen Zufallsvariablen unterscheiden müssen, kann auf diese Differenzierung hier ebenfalls zur Vereinfachung verzichtet werden.

Begriff und Ermittlung von Wahrscheinlichkeiten

Für die Interpretation des Wahrscheinlichkeitsbegriffs liegen eine Reihe von konkurrierenden Ansätzen vor, von denen sich bislang jedoch noch keiner allgemein durchsetzen konnte[59)]. Zunächst sind die nicht-mathematischen von den mathematischen Wahrscheinlichkeitsbegriffen zu unterscheiden[60)]. Die nicht-mathematischen Begriffe genügen nicht einem geschlossenen axiomatischen System und sind daher nicht im strengen, technischen Sinne probabilistisch. Zu dieser Begriffsfamilie zählen zum einen die umgangssprachlichen Verwendungsweisen des Ausdrucks 'Wahrscheinlichkeit'[61)]. Zum anderen sind hier die diversen wissenschaftstheoretischen Begriffe für den Grad der Bewährung oder Bestätigung von Hypothesen einzuordnen, soweit sie nicht-probabilistischer Natur sind[62)]. Sofern nicht ausdrücklich etwas anderes gesagt wird, sind im folgenden mit dem Ausdruck 'Wahrscheinlichkeit' diese nicht-mathematischen Begriffe nicht gemeint.

Bei der semantischen Deutung des mathematischen Wahrscheinlichkeitsbegriffs[63)] stehen sich mit der objektiven und der subjektiven Interpretation zwei Hauptlager gegenüber. Bereits diese allenthalben anzutreffende Grundsatzdifferenzierung wird in der Literatur allerdings mit zwei verschiedenen Akzenten vorgenommen. Auf der einen Seite werden objektive "als in der Sache begründete" und subjektive "als im Wissen um die Sachen begründete" Wahrscheinlichkeiten verstanden[64)]. In dieser Unterscheidung werden somit objektive Wahrscheinlichkeiten als eine ontologische Kategorie und subjektive Wahrscheinlichkeiten als eine epistemologische Kategorie aufgefaßt[65)]. Analog zur oben erfolgten Festlegung, nur solche Aussagen als wahr zu bezeichnen, deren Wahrheit (nachweisbar) bekannt ist, kann allein die epistemologische Variante für die Begriffsbestimmung der bewährten Aussagen von Interesse sein. Da sich unerkannte bzw. bloß ontologische Wahrscheinlichkeiten ganz einfach nicht zur nachvollziehbaren Fundierung von Problemlösungen heranziehen lassen, kommen als bewährt nur solche Aussagen in Betracht, die über nicht nur (ontologisch) bestehende, sondern auch (epistemologisch) bekannte Wahrscheinlichkeiten berichten.

---

59) Vgl. nur MAJER 1978, Sp. 653, wonach das Interpretationsproblem bisher ungelöst ist.

60) Die hier zugrundegelegte Systematik der verschiedenen Wahrscheinlichkeitsinterpretationen folgt STEGMÜLLER 1973a, S. 129 ff. (insb. der Übersicht auf S. 133) und ders. 1983, S. 792 ff. Andere, aber vergleichbare Einteilungen finden sich beispielsweise bei MAJER 1978; WEINGARTNER 1978, S. 227 ff.

61) STEGMÜLLER 1973a, S. 133 nennt als Beispiel die "an Sicherheit grenzende Wahrscheinlichkeit" (Flexion geändert) der juristischen Terminologie.

62) Nach STEGMÜLLER 1973a, S. 133 zählen hierzu beispielsweise die Begriffe der Hypothesen-"Bewährung" von POPPER und des "bestätigenden Datums" von HEMPEL sowie das "Likelihood-Kriterium" von HACKING. Vgl. zu diesen Bewährungs- und Bestätigungsbegriffen auch LENZEN 1980a, S. 81 ff.

63) Wie er heute zumeist durch die KOLMOGOROFF-Axiome formalisiert ist, siehe hierzu S. 266 f.

64) So exemplarisch ESSLER 1980b, S. 690.

65) Vgl. auch PÄHLER 1989b, S. 380.

In ihrer zweiten Akzentuierung zielt die Gegenüberstellung von objektiven und subjektiven Wahrscheinlichkeiten auf die Frage, inwieweit die jeweiligen Wahrscheinlichkeitswerte gesichert und von persönlichen Einschätzungen unabhängig sind[66]. *Objektive Wahrscheinlichkeiten* liegen danach vor, falls sachliche und interpersonell eindeutige Anhaltspunkte für ihre Gültigkeit existieren. Diese Anhaltspunkte können entweder auf den (vorausgesetzten) Eigenschaften des betrachteten Zufallsvorgangs beruhen und dann logisch ermittelt werden. Das Lehrbuchbeispiel hierfür bilden die Glücksspiele wie etwa das Würfeln mit einem fairen Würfel. Hier lassen sich die Wahrscheinlichkeiten der Ergebnisse unter Annahme der Gleichwahrscheinlichkeit der Elementarereignisse und mit Hilfe der Kombinatorik als Quotienten der günstigen zu den insgesamt möglichen Ereignisse berechnen (*logische Wahrscheinlichkeiten*)[67].

Sofern sich der betrachtete Zufallsprozeß mangels Voraussetzung[68] nicht zur Berechnung logischer Wahrscheinlichkeiten eignet, kann auch die Beobachtung des Ausgangs häufiger Wiederholungen des fraglichen Vorgangs Indikatoren für objektive Eintrittswahrscheinlichkeiten liefern. Derartige *statistische Wahrscheinlichkeiten* werden als relativer Anteil der jeweils interessierenden Ereignisse an der Gesamtmenge der Ereignisse ausgedrückt. Beispiele bilden etwa die aus Sterbetafeln ermittelten Überlebenswahrscheinlichkeiten oder die aus Versicherungsstatistiken berechneten Wahrscheinlichkeiten für den Eintritt von Schadensfällen[69].

Die Idee der (entweder logisch abgeleiteten oder empirisch gewonnenen) objektiven Wahrscheinlichkeiten geht insgesamt von einer Deutung der Wahrscheinlichkeit als relativer Häufigkeit aus, wobei (mindestens) drei Untervarianten der Häufigkeitsinterpretation vertreten werden[70]. Die erste Variante versteht die Wahrscheinlichkeit als mathematischen Grenzwert der relativen Häufigkeit eines Ereignisses, der sich bei über alle Maßen wachsender Anzahl von Wiederholungen des Zufallsvorgangs einstellt[71]. Die zweite Version faßt Wahrscheinlichkeit als ein theoretisches Konstrukt auf, das eine Disposition ('Propensity') des betrachteten Phänomens oder Vorgangs beschreibt und durch beobachtete Ereignisrealisationen (nur) erfahrbar wird[72]. Die dritte Spielart der Häufigkeitsinterpretation ist (vor allem im Vergleich zur Limesvariante) vager gehalten und besagt lediglich, daß die relative Häufigkeit eines Ereignisses in einer großen Serie von Wiederholungen des Zufallsvorgangs approximativ gleich der Wahrscheinlichkeit

---

66) Vgl. für viele HAX 1974, S. 41 ff.; BAMBERG/COENENBERG 1991, S. 66 f.; MENGES 1982, S. 36 ff.; BAMBERG/BAUR 1991, S. 91.

67) Siehe zu diesem auf BERNOULLI und LAPLACE zurückgehenden Wahrscheinlichkeitsbegriff hier nur HAX 1974, S. 41 f.; PÄHLER 1989b, S. 378; MENGES 1982, S. 36 f.

68) Falls also insbesondere die Gleichwahrscheinlichkeitsbedingung und/oder die Voraussetzung der Kenntnis der Menge der möglichen Elementarereignisse nicht erfüllt sind.

69) Vgl. zu den u. a. auch als empirisch bezeichneten Wahrscheinlichkeiten MENGES 1982, S. 37; BAMBERG/COENENBERG 1991, S. 66.

70) Hierzu und zum folgenden namentlich STEGMÜLLER 1983, S. 792 ff.

71) Diese klassische Häufigkeitsinterpretation wurde z. B. durch v. MISES (siehe v. MISES 1951, insb. S. 33 f.) und REICHENBACH (siehe REICHENBACH 1949, S. 68 f.) formuliert.

ist[73]. Die mathematischen und erkenntnistheoretischen Probleme dieser Standpunkte müssen hier nicht weiter vertieft werden. Zur prinzipiellen Deutung des Wahrscheinlichkeitsbegriffs können wir uns für die Zwecke der vorliegenden Arbeit der dritten Variante anschließen, die in der statistischen Praxis dominiert und auch im Schrifttum häufig vertreten wird[74]. Die eigentlichen Schwierigkeiten stellen sich erst bei der Präzisierung dieses Wahrscheinlichkeitsbegriffs - z. B. bezüglich der Anzahl der erforderlichen Wiederholungen - ein. Das Kernproblem besteht somit darin, zu bestimmen, unter welchen Voraussetzungen Wahrscheinlichkeiten als objektiv im Sinne dieser Interpretation gelten können, wie sich anders gewendet objektive Wahrscheinlichkeiten also ermitteln lassen[75].

Bei der Beantwortung dieser Frage ist zwischen den logischen und den empirischen Wahrscheinlichkeiten zu differenzieren. Logische Wahrscheinlichkeiten lassen sich definitionsgemäß aus den getroffenen Annahmen zum jeweils betrachteten Zufallsvorgang schlüssig ableiten, so daß ihre Ermittlung vergleichsweise unproblematisch ist[76]. Demgegenüber ergibt sich bei den für praktische (manageriale) Problemstellungen ungleich wichtigeren empirischen Wahrscheinlichkeiten die grundlegende Komplikation, daß die theoretisch erforderliche Zahl an Wiederholungen bzw. Beobachtungen faktisch nicht erreichbar ist[77]. Die zwangsläufig endliche Anzahl beobachteter Vorgänge kann allerdings als Stichprobe aus der Grundgesamtheit sämtlicher Vorgänge dieses Typs, die zur exakten Wahrscheinlichkeitsermittlung zu betrachten wären, aufgefaßt werden. Damit ist es möglich, unter Zuhilfenahme der statistischen Schätz- und Testmethoden Hypothesen über die exakt nicht erkennbaren Wahrscheinlichkeiten in der Grundgesamtheit zu generieren und zu überprüfen. Die Anforderungen, die diese statistischen Verfahren ihrerseits (und damit indirekt die stichprobenbasierte Ermittlung empirischer Wahrscheinlichkeiten) an das Datenmaterial stellen, sowie die Zuverlässigkeitsgrenzen statistischer Aussagen können erst weiter unten eingehender erörtert werden[78]. Unter Vorgriff auf diese Untersuchungen läßt sich an dieser Stelle jedoch schon festhalten, daß hier nur solche empirischen Wahrscheinlichkeiten als objektiv eingestuft werden, die nach dem 'Stand des zugänglichen statistischen Wissens' ermittelt worden sind. Diese Wahrscheinlichkeiten zeichnen sich dadurch aus, daß ihre Bestimmung auf nach dem jeweiligen statistischen Forschungsstand vertretbaren Methoden beruht und die Grenze ihrer Zuverlässigkeit systematisch abschätzbar ist.

---

72) Zu namhaften Vertretern dieser Position zählen z. B. CARNAP/STEGMÜLLER 1959, S. 5 f., 21; POPPER 1957; SUPPES 1973.

73) Vgl. zu dieser von STEGMÜLLER 1983, S. 794 als "*Vagheitsinterpretation*" bezeichneten Auffassung CRAMÉR 1946, S. 148 ff.; HEMPEL 1977, S. 67 f.

74) So STEGMÜLLER 1983, S. 794.

75) Zur bislang fehlenden endgültigen Lösung dieses Problems ESSLER 1980b, S. 695.

76) Vgl. zur Berechnung auch WETZEL 1973, S. 33 ff.

77) Vgl. hierzu und zum folgenden auch HAX 1974, S. 43; BAMBERG/BAUR 1991, S. 91.

78) Siehe S. 270 ff.

Subjektive Wahrscheinlichkeiten bringen persönliche Erwartungen von Akteuren über die Chancen des Eintritts bestimmter Ereignisse zum Ausdruck[79]. Während verschiedene Personen bei Erfüllung der einschlägigen Voraussetzungen aus Prinzip zu übereinstimmenden Aussagen über objektive Wahrscheinlichkeiten gelangen (müßten), sind unterschiedliche individuelle Wahrscheinlichkeitsschätzungen mit der subjektiven Begriffsauffassung zunächst durchaus vereinbar. Allerdings tritt auch dieser Interpretationszweig in mehreren Variationen auf, die hier als Konzepte der ungebundenen und der gebundenen subjektiven Wahrscheinlichkeiten bezeichnet werden sollen.

Ungebundene subjektive Wahrscheinlichkeiten resultieren aus höchstpersönlichen Schätzungen, die zwar eventuell durch Erfahrungen oder gedankliche Ableitungen untermauert sein können, als solche aber nicht systematisch kontrolliert werden[80]. Sie werden vielmehr hingenommen und wie objektive Größen z. B. im Rahmen der entscheidungstheoretischen Beurteilung von Handlungsalternativen 'weiterverarbeitet'. *Gebundene subjektive Wahrscheinlichkeiten* müssen demgegenüber bestimmten normativen Bedingungen genügen[81]. Sie sind mit Hilfe von fairen Wettquotienten zu messen und auf die jeweils verfügbaren Erfahrungsdaten zu relativieren[82]. Hieraus folgt, daß bei sich ändernden bzw. zunehmenden Beobachtungsbefunden die (gebundenen) subjektiven Wahrscheinlichkeitsschätzungen dem gewachsenen empirischen Wissen anzupassen sind. Für diese Anpassung existiert ein geregeltes Verfahren, welches das "*Lernen aus der Erfahrung*" zu einem methodisch geleiteten Vorgang werden läßt[83]. Es schreibt im Kern vor, daß die (neue) aposteriori-Wahrscheinlichkeit gemäß dem Theorem von BAYES aus der (vor dem neuen Befund) angenommenen apriori-Wahrscheinlichkeit und der 'Likelihood'[84] berechnet wird[85].

Die - z. T. recht polarisierten[86] - Auseinandersetzungen zwischen der objektiven und der subjektiven Auffassung sind im Detail sehr verwickelt[87]. Zu den wesentlichen Argumenten der subjektiven Position gehört u. a. der Einwand, daß (genaue) objektive Wahrscheinlichkeiten praktisch (aufgrund der stets begrenzten Zahl von Vorgangswie-

79) Vgl. zu den subjektiven Wahrscheinlichkeiten STEGMÜLLER 1973a, S. 129 ff.; HAX 1974, S. 43 ff.; SCHNEIDER 1979; PÄHLER 1989b, S. 379, sowie die im folgenden zitierten Quellen.

80) Ein Vertreter dieser Interpretationsrichtung ist z. B. MENGES 1982, S. 38, für den subjektive Wahrscheinlichkeiten auf der "Intuition, Introspektion oder dem persönlichen Dafürhalten eines Menschen" beruhen.

81) Der im folgenden geschilderte Ansatz geht v. a. auf de FINETTI und SAVAGE zurück (vgl. STEGMÜLLER 1973a, S. 66; PÄHLER 1989b, S. 379).

82) Vgl. auch ESSLER 1980b, S. 696; PÄHLER 1989b, S. 379, sowie speziell zum Meßkonzept der fairen Wette (und seinen Problemen) RAMSEY 1926, S. 172 ff., hier insb. S. 179 f.; de FINETTI 1937, S. 6 ff.; SCHNEIDER 1979, S. 109 ff.

83) Vgl. zu diesem für die subjektive Wahrscheinlichkeitstheorie charakteristischen Lernprozeß STEGMÜLLER 1973b, S. 117 ff. (v. a. S. 124 f., Zitat auf S. 124 und passim) und S. 363 ff. (insb. S. 375 f.).

84) Unter der Likelihood $P(B|A)$ ist die bedingte Wahrscheinlichkeit für B unter der Voraussetzung eines gegebenen A zu verstehen (MENGES 1982, S. 46).

85) Hierzu näher HAX 1974, S. 46 ff.; STEGMÜLLER 1973b, hier insb. S. 378.

86) So bezeichnet MENGES 1982, S. 38 Methoden, die auf subjektiven Wahrscheinlichkeiten aufbauen, schlicht als "universell und billig, aber unwissenschaftlich".

derholungen) grundsätzlich unbekannt sind und daher allenfalls durch Wahrscheinlichkeitshypothesen fingiert werden können[88]. Hingegen bemängelt die objektive Interpretationsrichtung vor allem die fehlende interpersonelle Nachvollziehbarkeit und Willkürfreiheit subjektiver Wahrscheinlichkeiten[89]. In die Einzelheiten kann und muß im Rahmen der vorliegenden Arbeit jedoch nicht näher eingestiegen werden. Für die hier allein interessierende Frage, welche Wahrscheinlichkeitstypen zur Bewährung von Aussagen führen können, reichen die bisherigen Darlegungen aus. Objektive Wahrscheinlichkeiten, die durch logische Berechnungen ermittelt oder auf der Grundlage empirischer Häufigkeitsbefunde nach den jeweiligen Regeln statistischer Schätzungen und Tests gewonnen worden sind, können - wie auch die bereits zitierten Beispiele der Versicherungen und Glücksspiele belegen - als vergleichsweise zuverlässig angesehen werden. Diese Zuverlässigkeit besteht darin, daß die Eintrittserwartungen und Ereignisrealisationen bei großen Massen oder 'auf lange Sicht' näherungsweise konvergieren und sich zudem das Irrtumsrisiko interpersonell überprüfbar abschätzen läßt. Derartige Wahrscheinlichkeiten bilden daher den probabilistischen Prototyp, auf den sich bewährte Aussagen nach unserem Begriffsverständnis gründen können[90].

Offen ist damit nur noch die Frage, ob eventuell auch subjektive Wahrscheinlichkeiten als Basis bewährter Aussagen in Betracht kommen. Zur Beantwortung dieser Frage sind die beiden Varianten der subjektiven Interpretation des Wahrscheinlichkeitsbegriffs auseinanderzuhalten. Ungebunden subjektive Wahrscheinlichkeiten können durchaus einen gewissen Informationswert haben, der im Rahmen der Entscheidungsvorbereitung nicht zu ignorieren ist[91]. Da und soweit sich ungebunden-subjektiv geschätzte Wahrscheinlichkeiten nicht auf systematisch kontrollierte Anhaltspunkte im Sinne der objektiven Auffassung - insbesondere also durch zahlreiche Beobachtungen - stützen lassen, können sie aber nicht in gleichem Maße wie die statistisch gestützten Wahrscheinlichkeiten Anspruch auf nachvollziehbare Verläßlichkeit erheben. Aussagen, die lediglich solcherart ungebunden subjektive Wahrscheinlichkeitsschätzungen beinhalten, werden daher in dieser Arbeit nicht als bewährt eingestuft. Es kann sich hierbei vielmehr allenfalls (aber auch immerhin) um plausible Propositionen handeln. Voraussetzung hierfür ist allerdings, daß die subjektiven Meinungen über die Wahrscheinlichkeiten nicht ausschließlich auf einem 'Fingerspitzengefühl' oder (sonstiger) reiner Intuition beruhen, sondern auf Nachfrage plausibel begründet werden können. Unter dieser Bedingung kann somit auch die Einbringung subjektiver Wahrscheinlichkeiten in eine Problemlösung die Argumentationsrationalität - wenn auch in geringerem Maße als der Rückgriff auf objektive Größen - fördern.

---

87) Vgl. zu einem ausführlichen Überblick hier nur STEGMÜLLER 1973b, S. 117 ff. und 220 ff.

88) Vgl. STEGMÜLLER 1973b, insb. S. 123 und 223 f.

89) Vgl. ebenda, insb. S. 230, sowie nochmals FN 86.

90) Diese Auszeichnung der objektiven Wahrscheinlichkeiten dürfte auch zumindest in der betriebswirtschaftlichen Entscheidungstheorie, die subjektive Wahrscheinlichkeiten eher als Notlösung ansieht, der ganz herrschenden Meinung entsprechen. Vgl. z. B. GÄFGEN 1974, S. 332; HAX 1974, S. 43 ff.; BAMBERG/BAUR 1991, S. 90 ff., insb. S. 92.

In Hinblick auf die gebunden subjektiven Wahrscheinlichkeiten ist demgegenüber differenzierter vorzugehen. Zu beachten ist nämlich, daß die objektive und die gebunden-subjektive Wahrscheinlichkeitsauffassung ungeachtet aller mathematisch-erkenntnistheoretischen Kontroversen und jenseits der technischen Details bei näherem Hinsehen zumindest für die praktische Anwendung gar nicht so fundamental divergierende Konsequenzen haben. Die Begründung hierfür liegt in dem geschilderten Verfahren der geregelten Wahrscheinlichkeitsanpassung an neue empirische Befunde. Diese 'Lernmethode' bewirkt zum einen, daß anfangs unterschiedliche Wahrscheinlichkeitsschätzungen verschiedener Personen mit zunehmenden Beobachtungsdaten konvergieren[92]. Zum anderen pendeln sich bei Anwendung dieses Verfahrens die subjektiven Wahrscheinlichkeiten bei hinreichender Zahl der Iterationen in der Nähe der faktischen relativen Häufigkeiten ein[93]. Die anfangs rein subjektiven Wahrscheinlichkeitsschätzungen werden m. a. W. durch das wachsende Datenmaterial sukzessiv objektiviert[94]. Vor diesem Hintergrund erscheint es angebracht, auch Wahrscheinlichkeitswerte, deren Ausgangspunkt subjektive Schätzungen gebildet haben, ab einer ausreichenden Modifizierung bzw. Objektivierung als Grundlage bewährter Aussagen zuzulassen. Dabei ist eine ausreichende Objektivierung erreicht, sobald die modifizierten subjektiven Wahrscheinlichkeiten die Informationsanforderungen - namentlich also die Zahl an Beobachtungen - erfüllen, die (auch) an die Bestimmung von objektiven Wahrscheinlichkeiten gestellt werden. Unter dieser Bedingung reduzieren sich die Unterschiede zwischen der objektiven und der gebunden-subjektiven Wahrscheinlichkeitsinterpretation im Kern[95] darauf, daß sich (empirische) objektive Wahrscheinlichkeiten überhaupt erst nach einer hinreichenden Zahl von Beobachtungen und nach bestandenen statistischen Tests angeben lassen (und dann aber auch stets zur Bewährung von Aussagen führen); (gebunden) subjektive Wahrscheinlichkeitsvermutungen können demgegenüber zwar bereits ab ovo geäußert werden, aber erst ab einer hinreichenden Objektivierung Basis bewährter Aussagen sein[96].

Regeln der Wahrscheinlichkeitsrechnung

Während die Meinungen über die Interpretation des Wahrscheinlichkeitsbegriffs wie gezeigt erheblich auseinandergehen, herrscht hinsichtlich der Regeln für das Rechnen mit Wahrscheinlichkeiten weitgehende Einigkeit. Diese Rechenregeln sind aufgrund ihrer formalen Natur von einem bestimmten semantischen Wahrscheinlichkeitsverständnis unabhängig. Sie können daher auf alle wie auch immer gedeuteten und ermittelten Wahrscheinlichkeiten angewendet werden, sofern diese gewisse formale Mindestanforderungen erfüllen[97]. Die einzelnen Anforderungen und Regeln ergeben sich aus dem jewei-

91) Vgl. auch HAX 1974, S. 44 ff.; SCHNEIDER 1979, insb. S. 89.

92) Vgl. hierzu SAVAGE 1962, S. 14, und v. a. STEGMÜLLER 1973b, S. 125 und 231.

93) Vgl. HINTIKKA 1972, S. 337 sowie STEGMÜLLER 1973b, S. 231 und 395.

94) Siehe auch STEGMÜLLER 1973b, S. 231.

95) Es sei noch einmal betont, daß wir in Anbetracht des hier gewählten Themas v. a. hinsichtlich der mathematischen Details vergröbern müssen (und können).

ligen System von Axiomen, auf dem eine Wahrscheinlichkeitsrechnung aufgebaut wird. Obgleich verschiedene Axiomensysteme vorgelegt worden sind[98], kann die Axiomatik von KOLMOGOROFF[99] heute als allgemein akzeptiert gelten[100]. Ihre drei grundlegenden Axiome lauten vereinfacht wie folgt[101]:

I. Die Wahrscheinlichkeit des Ereignisses A wird durch eine Zahl p(A) ausgedrückt, die die Bedingung $0 \leq p(A) \leq 1$ erfüllt.

II. Die Wahrscheinlichkeit des sicheren Ereignisses p(E) beträgt 1.

III. Die Wahrscheinlichkeit der Vereinigung von einander wechselseitig ausschließenden Ereignissen ist gleich der Summe der Einzelwahrscheinlichkeiten.

In Hinblick auf die formalen Anforderungen an Wahrscheinlichkeiten und ihre mathematischen Transformationen ist die Bestimmung des Bewährungsbegriffs somit vergleichsweise unproblematisch. Der unstrittigen wahrscheinlichkeitstheoretischen Konvention folgend können nur solche Wahrscheinlichkeitsgrößen und -berechnungen Grundlage bewährter Aussagen im Sinne dieser Untersuchung sein, die den KOLMOGOROFF-Axiomen und den hieraus hergeleiteten Rechenregeln genügen.

Höhe von Wahrscheinlichkeiten

Wie bereits im Rahmen der Vorüberlegungen angesprochen und im Verlauf der Untersuchungen zum Wahrscheinlichkeitsbegriff präzisiert wurde, bieten Wahrscheinlichkeitsmaße der hier vorausgesetzten Qualität zwar keine Garantie, jedoch einen methodisch fundierten und in seiner Verläßlichkeit interpersonell einschätzbaren Anhaltspunkt für den anzunehmenden Verlauf bzw. Ausgang von Zufallsvorgängen. Die Verwendungsmöglichkeiten solcher Informationen zur Fundierung von Problemlösungen werden noch näher in einem späteren Untersuchungsabschnitt analysiert werden[102]. An dieser Stelle soll in Hinblick auf die vorher zu leistende Präzisierung des Begriffs bewährter Aussagen lediglich untersucht werden, ob als Bewährungsvoraussetzung bestimmte Grenzwerte für die Wahrscheinlichkeiten festzulegen sind.

Wahrscheinlichkeitsaussagen der Art P(A, B) = p stellen reguläre Propositionen dar, die behaupten, daß ein B in p Prozent aller Fälle zugleich auch ein A ist[103]. Ein einfaches

96) Ob sie vorher Aussagen Plausibilität verleihen, hängt davon ab, ob sie den noch zu formulierenden Anforderungen an plausible Propositionen genügen.

97) Vgl. BAMBERG/BAUR 1991, S. 91; STEGMÜLLER 1973a, S. 129; WETZEL 1973, S. 22.

98) Nach PÄHLER 1989b, S. 376 z. B. von JEFFREYS, KEYNES, KOOPMANN, MAZURKIEWICZ, POPPER und v. WRIGHT.

99) KOLMOGOROFF 1933.

100) Vgl. auch PÄHLER 1989b, S. 376; MENGES 1982, S. 30; BAMBERG/BAUR 1991, S. 89; MAJER 1978, Sp. 651 m. w. N.

101) Vgl. näher KOLMOGOROFF 1933, S. 2 ff., sowie MENGES 1982, S. 32 ff.; CLAUSS/EBNER 1977, S. 132 ff.; BAMBERG/BAUR 1991, S. 80 f., 84 f.; WETZEL 1973, S. 22 ff.

102) Siehe S. 390 f.

103) Vgl. (mit abweichender Notation) auch HEMPEL 1977, S. 55; STEGMÜLLER 1983, S. 778.

Beispiel bildet die bekannte Aussage, daß die Wahrscheinlichkeit, beim Wurf mit einem fairen Würfel (B) eine Eins (A) zu erzielen, 1/6 (p) beträgt. Solche Wahrscheinlichkeitsaussagen lassen sich nun prinzipiell zu Prognosen[104)] von Einzel- oder von Massenereignissen heranziehen. So kann mit Hilfe der soeben betrachteten Proposition z. B. entweder prognostiziert werden, daß man beim nächsten Wurf vermutlich nicht bzw. nur mit einer Wahrscheinlichkeit von 0,167 die Augenzahl Eins erhalten wird, oder aber, daß rund 50 der nächsten 300 Würfe eine Eins ergeben werden.

In Hinblick auf die erforderliche Höhe von Wahrscheinlichkeiten ist nun zu beachten, daß bei Schlußfolgerungen, die Einzelereignisse betreffen, keine Gelegenheit besteht, vom 'Gesetz der großen Zahl'[105)] zu profitieren. Infolgedessen kommen als Grundlage[106)] solcher Schlußfolgerungen nur Wahrscheinlichkeiten in Betracht, die eine vergleichsweise hohe 'Trefferquote' versprechen. Bezüglich der Festlegung eines entsprechenden Grenzwertes läßt sich aus der Logik der Wahrscheinlichkeit lediglich ableiten, daß ein Wert von knapp über 0,5 die absolute Untergrenze für (positive[107)]) Schlüsse darstellt, da anderenfalls der Nichteintritt dieses Ereignisses wahrscheinlicher ist[108)]. Um wieviel größer als 0,5 der bewährungstaugliche Wahrscheinlichkeitswert anzusetzen ist, kann dagegen letztlich nicht ohne ein konventionelles Moment bestimmt werden[109)]. Zu denken wäre beispielsweise an eine Anlehnung an das üblicherweise geforderte Konfidenzniveau statistischer Schätzungen und Tests, das in der Praxis zumeist zwischen 0,90 und 0,99 eingestellt wird[110)]. Dabei ist allerdings zu bedenken, daß Wahrscheinlichkeitswerte in Höhe von p = 0,95 oder gar p = 0,99 einerseits 'fast an Sicherheit grenzende Wahrscheinlichkeiten' repräsentieren[111)] und daher nur einen relativ geringen Abstand zu den wahren Aussagen herstellen würden. Ferner werden derart hohe

104) Aus Platzgründen konzentrieren wir uns hier auf den vergleichsweise bedeutsamsten Fall der Verwendung für zukunftsbezogene Schlußfolgerungen und lassen damit vergangenheitsbezogene Rekonstruktionen und gegenwartsbezogene Erklärungen, für die im übrigen die folgenden Überlegungen analog gelten, außer Betracht.

105) Hier nicht im streng technischen Sinne der Wahrscheinlichkeitstheorie, die im übrigen mehrere Gesetze der großen Zahl kennt (vgl. nur WETZEL 1973, S. 131 ff.), zu verstehen.

106) Um keine Irritationen aufkommen zu lassen, sei an dieser Stelle schon darauf hingewiesen, daß in der vorliegenden Arbeit die Schlüsse, die auf der Basis bewährter Propositionen gezogen werden, selbst nicht als bewährte, sondern plausible, genauer: bewährt-begründet plausible Aussagen eingestuft werden (zu Einzelheiten S. 386 f. m. N.). Infolgedessen muß hier das wahrscheinlichkeitstheoretisch umstrittene Problem, ob sich Einzelereignissen sinnvoll Wahrscheinlichkeiten zuordnen lassen, nicht näher erörtert werden (siehe zu dieser Problematik nur STEGMÜLLER 1983, S. 1019; PÄHLER 1989b, S. 380). Wenn im folgenden mitunter etwas salopp von der 'Wahrscheinlichkeit eines (Einzel-)Ereignisses' gesprochen wird, so ist hierunter nur eine vereinfachende Abkürzung für die präzisere Formulierung 'Wahrscheinlichkeitsangabe in einer Regelaussage, auf deren Grundlage die Aussage über das (Einzel-)Ereignis abgeleitet ist' zu verstehen.

107) Dieser Zusatz soll bedeuten, daß die Schlußfolgerung den tatsächlichen Eintritt des fraglichen Ereignisses prognostiziert. Er ist erforderlich, da aus niedrigen Wahrscheinlichkeiten (z. B. p = 0,01) natürlich jederzeit mit hoher Zuverlässigkeit das Nicht-Eintreten des betrachteten Phänomens gefolgert werden kann.

108) Vgl. auch STEGMÜLLER 1983, S. 833, der unter Bezugnahme auf RESCHER im Fall von Wahrscheinlichkeiten über 0,5 von probabilistischen Prognosen "*im starken Sinn*" spricht. Prognosen "*im schwachen Sinn*" liegen dagegen vor, wenn die Wahrscheinlichkeit des betrachteten Ereignisses kleiner als 0,5, aber größer als die der Konkurrenzereignisse ist.

109) Vgl. zu diesem Problem auch HOWSON 1988, S. 121.

110) Für viele WETZEL 1973, S. 174; BAMBERG/BAUR 1991, S. 161 und 180.

Wahrscheinlichkeiten bei unstrukturierten Managementproblemen nur vergleichsweise selten zur Verfügung stehen, so daß es auch aus diesem Grund wenig sinnvoll wäre, bloß hoch-wahrscheinliche Propositionen zur Kategorie der bewährten Aussagen zu zählen.

Wie diese skizzenartigen Überlegungen bereits andeuten, ist die Grenzwertfestlegung im Kern an dem Ziel auszurichten, eine trennscharfe und zweckmäßig abgestufte Rationalitätsmessung zu ermöglichen. Hierfür sind jedoch u. a. auch empirische Erkenntnisse über die Höhe der in der Praxis erreichbaren Wahrscheinlichkeitswerte erforderlich, damit - gemessen an den praktischen Möglichkeiten - nicht zu hohe oder zu geringe Bewährungsanforderungen gestellt werden. Da entsprechende Detailuntersuchungen den Rahmen dieser Arbeit sprengen würden, soll im folgenden auf eine genauere Fixierung des Grenzwertes verzichtet[112] und lediglich verlangt werden, daß die Wahrscheinlichkeit einen Wert in Höhe von $p \geq 0{,}5 + a$ annimmt. Dabei bezeichnet a eine Zahl mit dem Wertebereich $0 < a < 0{,}5$, die in späteren Nachfolgeuntersuchungen über realistische und zweckmäßige Richtwerte zu konkretisieren ist[113].

Für den Fall der Schlußfolgerungen über Massenereignisse dagegen müssen an die Höhe der Wahrscheinlichkeitswerte nicht prinzipiell besondere Anforderungen gestellt werden. Hier können vielmehr auch Kenntnisse selbst kleiner und kleinster Eintrittswahrscheinlichkeiten für positive Prognosen wertvoll sein. Zu denken ist nur an die Wahrscheinlichkeitsaussage über den zu erwartenden, etwa im Promille-Bereich liegenden Anteil fehlerhafter Stücke in einem bestimmten Produktionsprozeß, der für das Qualitätsmanagement große Bedeutung zukommen kann.

---

111) Siehe auch STEGMÜLLER 1983, S. 832 f., der für den von CRAMÉR 1946, S. 150 herausgestellten Fall einer Wahrscheinlichkeit in Höhe von p mit $1 - p < e$ für eine sehr kleine Zahl e (im Original z. T. abweichende Notation) von einer probabilistischen Prognose "*im scharfen Sinn*" spricht, bei der "*mit praktischer Sicherheit*" die Realisation des betreffenden Ereignisses zu erwarten ist.

112) So auch das Schrifttum. Vgl. exemplarisch STEGMÜLLER 1983, S. 832-834, der im Anschluß an CRAMÉR und RESCHER nur zwischen den vier Fällen der probabilistischen Prognose "im *scharfen Sinn*" (siehe FN 111), "*im starken Sinn*" und "*im schwachen Sinn*" (siehe FN 108) sowie der "*Gleichverteilungsprognose*" trennt (ähnlich, wenn auch mit anderen Literaturbezügen, S. 954 f.).

113) Ergänzend sei noch angemerkt, daß bei der Wahl eines Grenzwertes der kognitive Aspekt der Aussagenzuverlässigkeit (und ihrer Abstufung) vom praktischen Aspekt der hierauf gegründeten Entscheidung bzw. Handlung zu trennen ist. Zu bedenken ist m. a. W., daß auch hoch-wahrscheinliche Erwartungen nicht zwangsläufig zu Entscheidungen führen müssen, die vom tatsächlichen Eintritt des erwarteten Ereignisses ausgehen. Unter dem Gesichtspunkt der praktischen (Entscheidungs-)Rationalität sind vielmehr nicht nur die Wahrscheinlichkeiten, sondern auch die materiellen Inhalte der Konsequenzen einer Maßnahme in Rechnung zu stellen. Infolgedessen kann auch dann, wenn ein bestimmtes Ereignis mit größter Wahrscheinlichkeit (etwa $p = 0{,}99$) zu erwarten (bzw. nicht zu erwarten) ist, die Handlung gleichwohl (praktisch-rationalerweise) auf den unwahrscheinlichen Fall des Nichteintritts (bzw. Eintritts) einzurichten sein. Solche Situationen liegen v. a. dann vor, wenn dieser unwahrscheinliche Fall mit ruinösen Folgen verbunden ist, und bilden beispielsweise auch die Begründung für die praktisch-rationale Vernünftigkeit einer Versicherung gegen seltene Ereignisse. Aufgrund des Unterschieds zwischen der kognitiven und der praktischen Perspektive kann daher u. U. auch die Wahl eines vergleichsweise niedrigen (allerdings $> 0{,}5$ liegenden) Grenzwertes in Betracht kommen, da die praktischen Entscheidungsfolgen bei der Abwägung zwischen Zuverlässigkeit sowie Art und Ausmaß der Konsequenzen berücksichtigt werden können. Siehe hierzu auch S. 325 ff. dieser Arbeit und zum Unterschied zwischen dem erkenntnistheoretischen und dem entscheidungstheoretischen Aspekt von statistischen Aussagen allgemein auch STEGMÜLLER 1973b, S. 79 ff. und 194 ff.

b'' Statistik

Auf dem statistischen Gebiet ist zur Bestimmung des Begriffs der bewährten Aussagen zunächst eine grundlegende Trennung vorzunehmen zwischen der deskriptiven und der induktiven Statistik. Die *deskriptive* oder *beschreibende Statistik* umfaßt Verfahren zur übersichtlichen Darstellung und reinen Charakterisierung erhobener empirischer (Massen-)Daten[114]. Dabei können deskriptiv-statistisch zu bearbeitende Daten sowohl aus einer Stichprobe als auch aus einer Vollerhebung der Grundgesamtheit stammen. Die zu ihrer Charakterisierung verwendeten Kennziffern dienen 'lediglich' dazu, den Informationsgehalt des erhobenen Urmaterials zu verdichten und in einer handlich-konzentrierten Form zum Ausdruck zu bringen. Beispiele bilden etwa die bekannten Lage- und Streuungsparameter (wie Mittelwert und Varianz) als univariate Maßzahlen und die bivariaten Korrelations- und Regressionskennziffern[115].

Deskriptiv-statistische Feststellungen können unter den entsprechenden Voraussetzungen den gleichen Anspruch auf Geltung erheben wie (andere) wahre Aussagen auch. Sie beschreiben die Realität nicht mit einem wie auch immer eingeschränkten Grad an Zuverlässigkeit, sondern auf eine andere - komprimierte - Art und Weise. So ist etwa der arithmetische Mittelwert einer Menge n von Zahlen x_i eben nicht nur mit einer bestimmten Wahrscheinlichkeit, Plausibilität oder einem ähnlichen Zuverlässigkeitsindex, sondern exakt gleich der durch n dividierten Summe der Zahlenwerte. Die auf Verfahren der deskriptiven Statistik beruhenden Informationsumformungen liegen somit auf einer anderen Ebene als die Zuverlässigkeitsabstufung[116]. Sie modifizieren nicht aus sich heraus die Gültigkeit einer Feststellung und können daher als solche auch nicht etwa zu bewährten Aussagen führen. Deskriptiv-statistische Propositionen sind vielmehr entweder wahr oder falsch je nachdem, ob die zugrundeliegenden Urdaten wahr oder falsch sind und die Transformationsregeln der deskriptiven Statistik beachtet worden sind oder nicht.

In der *induktiven Statistik*[117] werden von Stichprobendaten ausgehend Schlüsse[118] auf die Verhältnisse in der Grundgesamtheit gezogen[119]. Im Gegensatz zu den deskriptiven Verfahren beschränken sich Inferenzmethoden damit nicht auf eine informationelle Aufbereitung vorliegender Daten. Sie führen vielmehr zu Aussagen, die über den erhobenen Realitätsausschnitt hinausgehen. Aufgrund dieser Transzendenz des Urmaterials ist der

---

114) Vgl. hierzu und zum folgenden nur BAMBERG/BAUR 1991, S. 3; CLAUSS/EBNER 1977, S. 43 f.; KREYSZIG 1977, S. 20.

115) Statt vieler BAMBERG/BAUR 1991, S. 11 ff.; WETZEL 1971, S. 31 ff.; MENGES 1982, S. 167 ff., der auch auf die Zwitterstellung bestimmter Verfahren im Grenzbereich zwischen deskriptiver und induktiver Statistik hinweist (S. 205).

116) Und zwar strenggenommen auf der Ebene der Konzeptualisierung.

117) Die induktive Statistik wird auch als analytische, beurteilende, schließende oder inferentielle Statistik bezeichnet, siehe nur BAMBERG/BAUR 1991, S. 133 FN 1.

118) Diese methodeninternen 'statistischen Schlüsse' dürfen nicht mit den Schlußfolgerungen bzw. Begründungen verwechselt werden, die auf der Basis induktiv-statistischer Aussagen vorgenommen werden (siehe hierzu schon oben, S. 268 FN 106, sowie auch unten, S. 386 f.).

119) Zum Aufgabenbereich der induktiven Statistik GLÖCKL 1978, Sp. 561; KLEITER 1980, S. 605; BAMBERG/BAUR 1991, S. 133.

Zuverlässigkeitsaspekt bei induktiv gewonnenen Aussagen unmittelbar berührt. Da nur über einen Teil des Aussagenbereichs - nämlich den Stichprobenteil - genaue Informationen vorliegen[120], können inferentielle Aussagen zwangsläufig nicht den Anspruch erheben, mit Sicherheit gültig zu sein[121]. Sie weisen aber unter Umständen eine vergleichsweise hohe sowie durch die Nachvollziehbarkeit des Ermittlungsverfahrens systematisch abschätzbare[122] Verläßlichkeit auf, die ihre Auszeichnung (als bewährt) vor anderen (plausiblen) Propositionen rechtfertigt.

Der Versuch, diese Bewährungsvoraussetzungen zur Präzisierung der hier betrachteten Aussagenkategorie konkret zu bestimmen, steht allerdings zwei gravierenden Schwierigkeiten gegenüber. Zum einen umfaßt der induktive Zweig der Statistik zahlreiche Untergebiete mit einer kaum noch zu überschauenden Vielfalt von Verfahren[123]. Eine flächendeckende Analyse, welche Verfahren unter welchen Bedingungen welches Maß an Zuverlässigkeit bieten und damit eventuell bewährungstauglich sind, wäre folglich allein schon aus Gründen der 'Masse' von vornherein zum Scheitern verurteilt. Zum zweiten ist beim gegenwärtigen Stand der statistischen Forschung noch in hohem Maße ungeklärt, welche Verfahren für bestimmte Inferenzprobleme theoretisch als (einzig) 'richtig' anzusehen sind, und wie sich von einer konkreten Problemstellung ausgehend adäquate Methoden auswählen lassen[124]. Zur Durchführung induktiv-statistischer[125] Untersuchungen müssen vielmehr zahlreiche Prämissen gesetzt und Entscheidungen getroffen werden, für die die statistische Theorie derzeit nur partielle und teils widersprüchliche Hilfestellungen bietet. Zum Problem der Masse tritt somit die Komplikation, daß sich die Zuverlässigkeit im Einzelfall nicht einmal stets ohne weiteres eindeutig beurteilen läßt, da entsprechende Qualitätsanalysen im Fachschrifttum entweder bislang noch nicht durchgeführt worden sind oder aber in ihren Ergebnissen vom jeweils vertretenen statistischen Standpunkt abhängen[126]. Vor diesem Hintergrund kann es im Rahmen der vorliegenden Arbeit lediglich darum gehen, zunächst die Grundstruktur induktiver Methoden herauszuarbeiten und dabei die nennenswerten Einbruchstellen für zuverlässigkeitsrele-

120) Die Wahrheit der Stichprobendaten selbst ist dabei unterstellt. Vgl. zu den Möglichkeiten und Grenzen wahrer Erhebungsbefunde näher S. 297 ff.

121) Diese Feststellung schließt nicht aus, daß in der Praxis stichprobenbasierte Aussagen exaktere Informationen liefern als Aussagen auf der Grundlage von Vollerhebungen, wenn etwa bei letzteren aufgrund des Erhebungsaufwands die Sorgfalt nachläßt (vgl. hierzu nur MENGES 1982, S. 101). Für Zwecke der Zuverlässigkeitsabstufung ist jedoch aus Normierungsgründen zu unterstellen, daß die Qualität des Urmaterials vom Erhebungsumfang unabhängig ist. Im übrigen sei klargestellt, daß wahre reguläre Aussagen mit Zukunftsbezug zwar ebenfalls über den Bereich bisheriger Befunde hinausgehen (siehe oben, S. 237 f.), jedoch deterministische Zusammenhänge und keine stochastischen Zufallsvorgänge (mit entsprechenden Schwankungen) beschreiben, und zudem hier nur dann als wahr klassifiziert werden, wenn sie bislang über alle Maßen bestätigt worden sind.

122) Die Verläßlichkeitsabschätzung kann bis zur expliziten Bezifferung der Irrtumswahrscheinlichkeit gehen, siehe hierzu sogleich (S. 273 und 274). Vgl. zur Aufgabe der Fehlerabschätzung in der Statistik auch EHRENBERG 1976, S. 373; GLÖCKL 1978, Sp. 561; MENGES 1982, S. 445.

123) So allein schon für den Bereich der Teststatistik auch MENGES 1982, S. 322.

124) Vgl. auch STEGMÜLLER 1973b, S. 220; MENGES 1982, S. 14 und 49 f., 266; MARTIN 1989, S. 1.

125) Sofern im folgenden nichts Gegenteiliges vermerkt ist, wird der Terminus *statistisch* im Sinne von *induktiv-statistisch* verwendet.

vante Prämissen und Entscheidungen offenzulegen. Die so geschaffene Transparenz vermittelt eine gewisse Vorstellung vom prinzipiellen Ausmaß der Verläßlichkeit inferentieller Aussagen. Auf dieser Grundlage ist sodann eine allgemeingültige (und daher allerdings auch recht abstrakte) Bestimmung der Bedingungen vorzunehmen, unter denen induktiv-statistisch fundierte Propositionen als bewährt gelten dürfen.

Die prinzipiell als bewährungstauglich anzusehenden Verfahren der induktiven Statistik bauen auf der Wahrscheinlichkeitstheorie auf[127]. Dabei können mit einer gewissen Vereinfachung im Kern Schätzmethoden und Testmethoden unterschieden werden[128]. Bei der Anwendung von Schätzverfahren werden auf der Grundlage von Stichprobendaten anfangs unbekannte Eigenschaften der Grundgesamtheit wie z. B. die Werte von Verteilungsparametern ermittelt[129]. Statistische Tests dienen demgegenüber dazu, vorgegebene[130] Hypothesen über bestimmte Eigenschaften der Gesamtpopulation am Datenmaterial einer Stichprobe zu überprüfen[131]. Diese beiden Verfahrensweisen umfassen jeweils mehrere Schritte, die im folgenden kurz zu skizzieren sind.

Statistische Schätzungen beruhen auf dem einfachen Grundgedanken, daß eine Stichprobe in gewisser Weise ein typisches Abbild der Gesamtpopulation darstellt und daher recht gute Aufschlüsse über ihre Eigenschaften zu geben vermag. Die theoretische Ausführung und praktische Umsetzung dieser Idee erfordert allerdings zumindest auf fünf Ebenen bestimmte Festsetzungen[132]. Zunächst ist auf der wahrscheinlichkeits- und erkenntnistheoretischen Ebene die Grundphilosophie der Schätzung festzulegen[133]. Dabei herrscht über diese Grundlagen keineswegs Einigkeit. Vielmehr sind eine Reihe von konkurrierenden Schätztheorien vorgeschlagen worden, von denen das BAYES-Modell[134], das Maximum-Likelihood-Modell[135] und das Konfidenzmodell[136] zu den bekanntesten und ausgearbeitetsten Ansätzen gehören. Die Theorien weichen u. a. in den Fragen voneinander ab, was prinzipiell unter der Güte einer Schätzung zu verstehen ist[137], ob ne-

126) Zur Illustration sei hier exemplarisch schon auf die rivalisierenden Testtheorien von NEYMAN/PEARSON und FISHER hingewiesen, die unten (S. 273 f.) näher behandelt werden.

127) Zur Wahrscheinlichkeitstheorie als Basis der Inferenzstatistik für viele KLEITER 1980, S. 604.

128) Vgl. auch STEGMÜLLER 1973b, S. 15, 176.

129) Vgl. statt vieler WETZEL 1973, S. 146; BAMBERG/BAUR 1991, S. 133.

130) Die Hypothese darf somit nicht etwa aus den Stichprobendaten 'herausgerechnet' werden, vgl. nur BAMBERG/BAUR 1991, S. 179.

131) Für viele WETZEL 1973, S. 195; MENGES 1982, S. 303; BAMBERG/BAUR 1991, S. 173.

132) Die Festsetzungen auf den einzelnen Ebenen beeinflussen sich teilweise gegenseitig. So wird beispielsweise mit der Wahl der Maximum-Likelihood-Theorie zugleich auch die relevante Schätzfunktion festgelegt (vgl. auch BAMBERG/BAUR 1991, S. 153). Da es an dieser Stelle jedoch nur um eine generelle Problematisierung statistischer Aussagen geht und eine Aufdeckung der einzelnen Interdependenzen den Rahmen dieser Arbeit sprengen würde, soll hierauf im weiteren nicht eingegangen und eine isolierte Betrachtung der einzelnen Ebenen angestellt werden.

133) Vgl. hierzu auch STEGMÜLLER 1973b, S. 176 ff.; MENGES 1982, S. 266 ff.

134) Siehe hierzu nur MENGES 1982, S. 266 f.; BAMBERG/BAUR 1991, S. 156 ff.

135) Siehe hierzu MENGES 1982, S. 272 ff.; HARTUNG/ELPELT/KLÖSENER 1986, S. 126 ff.; BAMBERG/BAUR 1991, S. 153 ff.

136) Siehe hierzu MENGES 1982, S. 275 f.; HARTUNG/ELPELT/KLÖSENER 1986, S. 129 ff.; BAMBERG/BAUR 1991, S. 161 ff.; KREYSZIG 1977, S. 182 ff.

ben den Stichprobendaten ergänzende subjektive Vorinformationen zur Schätzung herangezogen werden sollten[138] und ob das Ziel in einer möglichst präzisen Punktschätzung[139] oder einer Intervallschätzung (mit quantifizierbarer Irrtumswahrscheinlichkeit)[140] bestehen sollte.

Auf den vier weiteren Ebenen ist sodann zu klären,

* welche Annahmen über die Grundgesamtheit (z. B. bezüglich des Wertes bestimmter anderer[141] Parameter oder den Verteilungstyp) getroffen werden können oder sollen[142],
* welche aus den Stichprobendaten berechenbaren Kennziffern bzw. Schätzfunktionen zur Ermittlung der interessierenden Größen geeignet sind[143],
* nach welchen Verfahren die Stichprobe gezogen werden soll und welcher Stichprobenumfang zur Erzielung einer bestimmten Zuverlässigkeit der Schätzung erforderlich ist[144] und
* welche Irrtumswahrscheinlichkeit gegebenenfalls[145] toleriert wird.

Die *Testmethoden* folgen ebenfalls einer im Grunde einfachen Logik. Ihr Kerngedanke lautet, daß eine Hypothese über - parametrische oder nichtparametrische - Eigenschaften der Grundgesamtheit kaum haltbar ist, wenn die Daten einer Stichprobe ihr deutlich widersprechen bzw. bei Gültigkeit der Hypothese unwahrscheinlich sind[146]. Wie im Fall der Schätzungen ergeben sich allerdings auch hier bei der Detaillierung wiederum erhebliche Schwierigkeiten und Meinungsverschiedenheiten, die sich cum grano salis wie die entsprechenden Probleme der Schätzverfahren schichten lassen[147]. Zunächst existieren auch über die wahrscheinlichkeits- und erkenntnistheoretischen Fundamente statistischer Tests rivalisierende Auffassungen. Dabei stehen analog zum Bereich der Schätzungen Testtheorien im Vordergrund, die auf BAYES (Bayes-Tests), FISHER (Likelihood-Tests) und NEYMAN/PEARSON (Signifikanz-Tests) zurückgehen[148]. Dementspre-

137) Eine möglichst große Nähe des geschätzten zum wahren Wert (Güte "*auf lange Sicht*") oder aber möglichst gute Gründe für die Annahme einer möglichst großen Nähe zum wahren Wert (Güte nach Maßgabe der "*Stützung*"). Siehe speziell hierzu STEGMÜLLER 1973b, S. 192 f. (wörtliche Zitate auf S. 193).

138) Hierin liegt eine Spezialität des BAYES-Modells, vgl. nur BAMBERG/BAUR 1991, S. 156; MENGES 1982, S. 267.

139) So die Maximum-Likelihood-Theorie, vgl. BAMBERG/BAUR 1991, S. 153 ff.

140) So das Konfidenzmodell, vgl. nur MENGES 1982, S. 275 f.

141) Also nicht der zu schätzenden Größe(n).

142) Vgl. hierzu auch STEGMÜLLER 1973b, S. 179.

143) Vgl. zur Schätzfunktion und dem Problem ihrer Auswahl WETZEL 1973, S. 147 ff.; MENGES 1982, S. 279 ff.; BAMBERG/BAUR 1991, S. 147 ff. und S. 161 ff. (für die entsprechenden Stichprobenfunktionen im Konfidenzfall).

144) Vgl. hierzu nur MENGES 1982, S. 102 ff.; CLAUSS/EBNER 1977, S. 176 ff.

145) Sofern die Verfahren - wie beim Konfidenzmodell - den expliziten Ausweis des wahrscheinlichen Fehlerrisikos vorsehen.

146) Vgl. BAMBERG/BAUR 1991, S. 173; WETZEL 1973, S. 195; STEGMÜLLER 1973b, S. 145, der bereits auf die Problematik dieser einfachen Formulierung aufmerksam macht.

chend unterscheiden sich auch diese Grundpositionen beispielsweise in ihrem prinzipiellen Verständnis von der Güte eines Tests[149] sowie darin, welche Informationen beim Hypothesentest zu verarbeiten sind[150]. Ferner sind bei der Anwendung von Testverfahren die auch bei den Schätzungen relevanten Fragen über die Annahmen zur Grundgesamtheit, über Art und Umfang einer adäquaten Stichprobe, und über die Höhe der akzeptablen Fehlerwahrscheinlichkeit (Signifikanzniveau) zu klären[151].

Bereits diese wenigen Striche, mit denen die Detailproblematik statistischer Schätz- und Testmethoden hier nur angedeutet werden konnte, vermitteln ein hinreichendes Bild von den zahlreichen Entscheidungen, die beim Methodeneinsatz zu fällen sind. Aus den bereits genannten Gründen können diese Methodenentscheidungen im Rahmen dieser Schrift nicht näher diskutiert werden, also etwa Untersuchungen darüber angestellt werden, ob und unter welchen Voraussetzungen die Likelihood-Testtheorie oder der Ansatz von NEYMAN/PEARSON vorzuziehen ist[152], und welchen Stichprobenumfang signifikante Befunde verlangen. Vielmehr lassen sich die Schätz- und Testverfahren, die nach der hier vertretenen Auffassung als taugliche Grundlage bewährter Aussagen gelten dürfen, nur durch eine abstrakte Formel umreißen. Danach sind diejenigen Methoden und methodischen Detailentscheidungen als *bewährungstauglich* anzusehen, die für die jeweilige Fragestellung nach dem *Stand des zugänglichen statistischen Wissens* anderen Verfahren nicht eindeutig unterlegen und in diesem Sinne *vertretbar* sind. Propositionen auf der Grundlage dieser Methoden sollen in dieser Arbeit als *statistisch gestützte* oder kurz *statistische Aussagen* bezeichnet werden. Dabei sei noch einmal ausdrücklich die kritische Distanz unterstrichen, die gegenüber statistischen Schätzungen und Hypothesentests zu wahren ist. Sie haben jedoch zumindest den Vorteil, auf Informationen über eine größere Zahl vergleichbarer empirischer Fälle zu beruhen und hieraus wahrscheinlichkeitstheoretisch-methodisch fundierte Schlüsse zu ziehen.

c'' Definition bewährter Aussagen

Auf der Grundlage der vorangegangenen Vorbereitungen lassen sich nun die bewährten Aussagen im Sinne der hier vorgeschlagenen Zuverlässigkeitsabstufung wie folgt näher

---

147) Vgl. zur Verwandtschaft von Schätz- und Testmethoden auch MENGES 1982, S. 303.

148) Vgl. zu dieser Einteilung WITTE, E. H. 1980, S. 44, und zu Einzelheiten näher ebenda, S. 22 ff.; STEGMÜLLER 1973b, S. 142 ff.; MARTIN 1989, S. 88 ff.

149) Beispielsweise verfolgt die Testtheorie von NEYMAN/PEARSON die (gewissermaßen entscheidungstheoretische) Leitidee, die Wahrscheinlichkeit von Fehlern (der Verwerfung einer wahren und der Nicht-Ablehnung einer falschen Hypothese) im Laufe zahlreicher Testwiederholungen möglichst gering zu halten. Vgl. KALBFLEISCH 1979, S. 151; MENGES 1982, S. 306 f.

150) So verarbeiten BAYES-Tests auch Vorinformationen, vgl. BAMBERG/BAUR 1991, S. 212 m. w. N.

151) Vgl. auch die Zusammenfassung bei BAMBERG/BAUR 1991, S. 214.

152) Die Literatur gibt wie gesagt insoweit nur bedingt Hilfestellung. Symptomatisch für den defizitären Forschungsstand ist nicht zuletzt, daß selbst die Meinungen darüber weit auseinandergehen, welche Theorien in der Praxis dominieren. Während MENGES 1982, S. 306 im Modell von NEYMAN/PEARSON das praktisch vorherrschende Konzept für den Hypothesentest sieht, hält MARTIN

präzisieren. *Singuläre bewährte Aussagen* stellen statistische Propositionen dar, die auf der Basis von Stichproben über den vermutlichen Zustand bzw. charakteristische Zustandsmerkmale (Parameter; Verteilungsformen) einer Grundgesamtheit informieren. Ein Beispiel bildet die Feststellung, daß nach einer stichprobenbasierten Schätzung oder dem erfolgreichen Test einer entsprechenden Hypothese 63% der gegenwärtigen Kunden der Unternehmung die Einräumung größerer Dispositionsspielräume zur nachträglichen Modifizierung von Aufträgen gutheißen und durch einen entsprechend höheren Preis honorieren würden. Zu beachten ist, daß es bei der Bewährungsqualifikation von (singulären wie regulären) Aussagen auf die kognitive Qualität der über den interessierenden Ausschnitt der Realität gehenden, problemlösungsrelevanten Informationen ankommt und nicht etwa auf die - im Zweifel zu belegende[153)] - Zuverlässigkeit der statistischen Aussage als solcher. Die Feststellung über den Hypothesentest beispielsweise mag zwar für sich genommen durchaus in dem Sinne wahr sein, daß die Hypothese tatsächlich auf dem erforderlichen Signifikanzniveau gegen die Nullhypothese erfolgreich getestet wurde. Dies ändert jedoch nichts daran, daß sie als Folge ihrer statistischen Natur keine wahre Auskunft über den eigentlich interessierenden Realitätsausschnitt - die Präferenzen sämtlicher Kunden - geben kann. Ihr Informationsgehalt ist vielmehr lediglich bewährt, da Aussagen auf der Basis von Testmethoden mit den vorausgesetzten Qualitätsmerkmalen nur in (abschätzbar) vielen Fällen gültig sind.

Unter *regulären bewährten Aussagen* sind Propositionen über den Zusammenhang zwischen zwei oder mehreren Phänomenen zu verstehen, der entweder offenkundig stochastisch ist oder im deterministischen Fall mangels einer über alle Maßen großen Stichprobe nicht ausnahmsweise als stets wahr anerkannt werden kann. Der Bewährungscharakter der Propositionen beruht im ersten Fall, der die (zumeist statistisch gestützten) Wahrscheinlichkeitsaussagen über Phänomenbeziehungen im engeren Sinne betrifft, bereits auf der probabilistischen Natur der betrachteten Zusammenhänge. Im zweiten Fall hingegen resultiert er daraus, daß die Anzahl der Erhebungen - gemessen an den regelspezifisch hohen Wahrheitsanforderungen[154)] - den Charakter einer Stichprobe nicht übersteigt und die betreffende Aussage daher als statistisch einzustufen ist[155)]. Im Unterschied zu weiten Teilen der Literatur stellen wir somit hier auch bei regulären Aussagen auf den problemlösungsrelevanten Informationsgehalt ab und trennen daher nicht zwischen der (epistemologischen) Zuverlässigkeit der Propositionen und der (ontologischen) 'Zuverlässigkeit' der Realität[156)]. Gesetzesaussagen müssen nach dem üblichen Verständnis des Schrifttums einerseits wahr sein[157)]. Auf der anderen Seite erfolgt

---

1988, S. 88 die Theorie von FISHER für denjenigen Ansatz, an den sich die Forschungspraxis "fast ausschließlich" anlehnt (abschwächend allerdings wieder in FN 271).

153) Siehe hierzu näher S. 302.

154) Siehe nochmals S. 237 f. sowie auch unten (S. 301 f.).

155) Anders gewendet sind also wahre Regelaussagen mit Zukunftsbezug, die dem Fallgesetz gleich auf einer über alle Maßen großen Zahl von Beobachtungen (Quasi-Totalerhebung) beruhen, nicht mehr als stichprobenbasiert-statistisch im engeren Sinne anzusprechen.

156) Vgl. in diesem Zusammenhang auch die Unterscheidung zwischen dem "*Gesetz*$_1$" als "objektiver Gestalt .. auf der Seinsebene" und dem "*Gesetz*$_2$" als "wissenschaftlichem Gesetz ... auf der Erkenntnisebene" bei BUNGE 1987, S. 277 (Flexion z. T. geändert), sowie zur 'doppelten Wahrscheinlichkeit' stochastischer Aussagen, wobei die "Ereigniswahrscheinlichkeit" die Probabilitätszif-

regelmäßig eine Unterscheidung zwischen deterministischen und stochastischen Gesetzen, deren Implikationen bei Erfüllung der entsprechenden Voraussetzungen stets bzw. nur in einem bestimmten Prozentsatz der Fälle eintreffen[158]. Wird diese Terminologie konsequent durchgehalten, ist folglich von 'wahren Aussagen über deterministische bzw. stochastische Zusammenhänge' zu sprechen[159]. Eine Trennung (der Zuverlässigkeit) der Aussagenebene und der Strenge der Gesetzmäßigkeit (deterministisch vs. stochastisch) erscheint aber für unsere Zwecke nicht sinnvoll. Sie kann allenfalls dann von Nutzen sein, wenn auch für die Aussagenebene (im Literatursinn) weitere Verläßlichkeitsabstufungen eingeführt und zusätzlich etwa jeweils Schätzungen oder bloße Vermutungen über deterministische und stochastische Zusammenhänge unterschieden würden[160]. Eine solche weitere Differenzierung der Aussagenebene (im Literatursinn) nach der Zuverlässigkeit bzw. unserer Zuverlässigkeitsabstufung nach der Gesetzesstrenge würde allerdings das begriffliche Instrumentarium unnötig aufblähen. Gemäß dem Leitprinzip, die Verläßlichkeitsqualifikation nach dem Ausmaß der problemlösungsrelevanten Kenntnisse vorzunehmen, können vielmehr sowohl 'wahre'[161] Aussagen über stochastische Gesetzmäßigkeiten als auch wahrscheinlichkeitstheoretisch-statistisch gestützte Propositionen über deterministische oder stochastische Zusammenhänge unter die Kategorie der bewährten Aussagen subsumiert werden. In allen drei Fällen ist das Realitätsverhalten nicht genau (aber auch mit einer mehr als plausiblen Zuverlässigkeit) bekannt. Während bei (vollständig oder mit hinreichender Absicherung erkannten) stochastischen Gesetzen die Gesetzesimplikationen nicht stets eintreten, ist die ausnahmslose Gültigkeit bei wahrscheinlichkeitstheoretisch-statistisch gestützten Aussagen

---

fer in der Aussage (z. B. «80% aller Kunden bevorzugen niedrige Preise») und die "Hypothesenwahrscheinlichkeit" die Zuverlässigkeit dieser Aussage betreffen, POPPER 1989, S. 201 ff.; CHMIELEWICZ 1979, S. 96.

157) Vgl. nur STEGMÜLLER 1983, S. 319; JAMMER 1989, S. 117. Auf die Verifikationsproblematik von Gesetzen muß an dieser Stelle nicht eingegangen werden.

158) Zur Unterscheidung zwischen determinisischen und stochastischen bzw. statistischen Gesetzen für viele ESSLER 1979, S. 55 f.; ACHAM 1983, S. 189 ff.; STEGMÜLLER 1983, S. 121, 525. Es handelt sich im stochastischen Fall in dem Sinne um eine ontologische 'Unzuverlässigkeit', als der betrachtete Zusammenhang 'wenn A, dann B' tatsächlich nur mit einer bestimmten Frequenz gilt. Die Stochastik dieses Zusammenhangs resultiert somit nicht aus mangelnden Kenntnissen. Dies schließt allerdings nicht aus, daß die ontologische 'Unzuverlässigkeit' durch Gewinnung zusätzlicher Kenntnisse über weitere Einflußfaktoren in dem Sinne reduzibel sein kann, daß ein anderer Zusammenhang 'wenn A und C, dann B' immer gilt. Nur wenn kein denkbares Kenntniswachstum solche modifizierten Regelmäßigkeiten zu Tage treten lassen kann, ist auch die ontologische Stochastik irreduzibel. Dies wird gegenwärtig z. B. teilweise für bestimmte quantenphysikalische Grundgesetze angenommen, vgl. oben, S. 260 FN 56.

159) Eine 'wahre stochastische Gesetzesaussage' läge dann vor, wenn sich die Gesetzesimplikationen tatsächlich stets in einem bestimmten Prozentsatz der voraussetzungskonformen Fälle einstellen. Beispiel: Bei jeder Preisänderung um x % ändern genau y % der Kunden ihr Kaufverhalten.

160) Plausible Vermutungen über deterministische (stochastische) Zusammenhänge lägen etwa vor, wenn gewisse Gründe für die Annahme vorgetragen werden könnten, daß ein bestimmter Zusammenhang in allen (einem prozentualen Anteil von) Fällen gilt, die den Gesetzesvoraussetzungen genügen.

161) Im Literatursinn.

über deterministische Zusammenhänge nicht mit wahrheitsgenerierender Gewißheit bekannt[162].

In Hinblick auf ihre Verwendung im Rahmen von Begründungen, namentlich Prognosen, sollen bewährte reguläre Aussagen dagegen hier nach Maßgabe der Höhe der jeweils ausgesagten (Ereignis-)Wahrscheinlichkeit in konsequenzbewährte und konfidenzbewährte Regularitäten eingeteilt werden. *Konsequenzbewährte* reguläre Aussagen liegen dabei vor, wenn eine Wahrscheinlichkeit in Höhe von mindestens $p \geq 0{,}5 + a$ behauptet wird (und auf Nachfrage belegt werden kann). Konsequenzbewährte Regelaussagen gelten somit in der Mehrzahl aller gleichgelagerten Fälle und eignen sich damit auch als Grundlage für Prognosen über Einzelereignisse[163]. *Konfidenzbewährte* reguläre Aussagen stellen demgegenüber diejenigen Propositionen dar, die über Wahrscheinlichkeiten in Höhe von $p < 0{,}5 + a$ berichten und damit nur als Basis für Konklusionen über Massenereignisse dienen können.

Sowohl singuläre als auch reguläre bewährte Aussagen müssen wie die wahren Propositionen der Konsistenzbedingung genügen und folglich im Einklang mit dem - gegebenenfalls modifizierten - Stand des zugänglichen[164] Wissens stehen. Ferner kann - wiederum im Sinne eines bestätigenden Merkmals - davon ausgegangen werden, daß über die Bewährung zumindest nach Vorlage der entsprechenden Belege vernünftigerweise Konsens herrschen wird. Die Konsistenzforderung besagt konkret, daß die fragliche Proposition den akzeptierten wahren Aussagen nicht widerspricht, mit den anderen bewährten Aussagen entweder von vornherein vereinbar oder aber ihnen an Überzeugungskraft deutlich überlegen ist, und sich keinerlei (plausiblen) Anhaltspunkten gegenübersieht, die ihre Gültigkeit zumindest in der betreffenden Situation in Frage stellen[165]. Solche Indizien, die gegen die Geltung einer grundsätzlich bzw. ansonsten bewährten Aussage in dem speziellen Einzelfall sprechen, können sich z. B. auch aus den Implikationen von Aussagen ergeben, die für sich zunächst nicht unverträglich und daher im Prinzip durchaus bewährungstauglich sind. Ein Beispiel bildet die bereits näher geschilderte Situation der 'mehrdeutigen statistischen Systematisierung'[166]. Während im Normalfall auf der Grundlage der statistischen Information über die Konfessionsverteilung der Schweden

162) Der letzte Fall liegt m. a. W. vor, wenn noch nicht alle Zweifel ausgeräumt sind, daß die nach den bisherigen Befunden ausnahmslose Gültigkeit der betrachteten Gesetzmäßigkeit auf einem Zufall beruht.

163) Vgl. auch nochmals S. 267 ff.

164) Da für die Rationalitätsmessung allein das dem Rationalsubjekt zugängliche Wissen ausschlaggebend ist, wird hierdurch nicht ausgeschlossen, daß die Wahrheit oder Fehlerhaftigkeit der betreffenden Proposition anderen Personen nach deren Informationsstand bekannt ist. So werden etwa die nichtbefragten Kunden im Dispositionsbeispiel (S. 275) ihre Präferenzen jeweils kennen. Es besteht hier also insofern ein Unterschied zu den wahren Aussagen, als deren Wahrheit nach dem Wissensstand des Rationalsubjekts bereits bekannt ist und sich die Verläßlichkeitseinstufung daher bei einer Öffnung des Zugangs zu den Informationsständen anderer Personen nicht mehr verändern kann.

165) Vgl. zur Aussetzung einer Regel durch situationsspezifische 'Rebuttals' auch TOULMIN (hierzu S. 184 ff. dieser Arbeit m. N.) sowie ferner die in der Statistik gängige Erkenntnis, daß statistische Ergebnisse nur im Lichte des vorhandenen Hintergrundwissens (einigermaßen) zutreffend interpretiert werden können (stellvertretend für viele MENGES 1982, S. 303; MARTIN 1989, S. 58 f. m. w. N.). Eine explizite Begründung bewährter Aussagen wird allerdings - wie später noch erläutert wird (S. 302 f.) - hier nicht vorausgesetzt.

bewährt-begründet[167] auf das mutmaßlich nicht-katholische Glaubensbekenntnis eines Schweden geschlossen werden kann, liefert im 'Spezialfall Petersen' die Kenntnis seiner Lourdes-Reise und der überwiegend katholischen Konfession der Pilger beachtliche Indizien dafür, daß sich die Regel «Wenn jemand ein Schwede ist, dann ist er wahrscheinlich nicht-katholisch» hier nicht bewährt. Dabei sind die beiden Regelaussagen «Ein Schwede ist wahrscheinlich nicht-katholisch» und «Ein Lourdes-Pilger ist wahrscheinlich katholisch» für sich genommen durchaus nicht miteinander unverträglich. Die Inkonsistenz der Schwedenregel (oder genauso der Pilgerregel) mit dem Stand des zugänglichen Wissens im Zusammenhang mit einem Schluß speziell auf Petersens Konfession ergibt sich erst über ihre Konklusion, die im Widerspruch zur Implikation der Pilgerregel (bzw. Schwedenregel) steht.

Zusammenfassend lassen sich bewährte Aussagen somit als Propositionen definieren, die auf einer methodisch vertretbaren induktiv-statistischen Basis über die Parameter- und sonstigen Verteilungsmerkmale von Grundgesamtheiten informieren (bewährte singuläre Aussagen) bzw. Feststellungen über den stochastischen oder noch nicht als wahr gesicherten deterministischen Zusammenhang verschiedener Phänomene treffen (bewährte reguläre Aussagen), sich in den unter Umständen modifizierten Bestand des zugänglichen Wissens konsistent einfügen und daher bezüglich ihrer Bewährungsqualifikation konsensfähig sind oder zumindest sein sollten.

---

166) Siehe S. 258 f.

167) Im folgenden wird unterstellt, daß es sich bei der oben ohne nähere Spezifizierung verwendeten Information über die Konfession der Schweden um eine induktiv-statistisch gewonnene reguläre Aussage der Form «Wenn jemand ein Schwede ist, dann ist er mit über 98% Wahrscheinlichkeit nicht-katholisch» handelt. Alternativ ist auch denkbar, daß sie eine induktiv-statistisch gewonnene singuläre Aussage der Art «Über 98% aller Schweden sind nach einer Stichprobenschätzung nicht-katholisch» darstellt. In diesem Fall könnte eine Schlußfolgerung (zur Begründungsstruktur allgemein eingehend S. 338 ff.) etwa wie folgt aufgebaut werden: «Über 98% aller Schweden sind nicht-katholisch (Datum). Wenn man aus einer Grundgesamtheit zufällig ein Element zieht, dann zieht man ein Element mit bestimmten Eigenschaften mit einer der Häufigkeitsverteilung entsprechenden Wahrscheinlichkeit (Regel). Also wird man bei einer Zufallsauswahl mit über 98% Wahrscheinlichkeit auf einen nicht-katholischen Schweden treffen». Schließlich kann es sich bei der Information auch um eine deskriptiv-statistische (singuläre) Aussage aus einer Vollerhebung handeln, mit deren Hilfe eine strukturell identische Argumentation geführt werden könnte. Sofern das Datum und die Regel wahr wären, läge allerdings keine bewährt-begründet, sondern eine wahr-begründet plausible Konklusion vor.

dd) Plausible und mögliche Aussagen

Gemessen an der kaum überschaubaren Fülle von Beiträgen zur Wahrheit und Wahrscheinlichkeit sind Propositionen, die in dieser Arbeit als plausible und mögliche Aussagen eingestuft werden sollen, bislang in der methodologischen Literatur weitgehend vernachlässigt worden[1]. Diese Abstinenz ist um so bemerkenswerter, als - wie die späteren Untersuchungen noch zeigen werden[2] - namentlich plausible Propositionen geradezu prototypisch für die Fundierung und Kommentierung unstrukturierter Problemlösungen sind. Wenngleich sie unter den Aussagen der hier unterschiedenen Verläßlichkeitsstufen nur die beiden schwächsten Geltungsansprüche erheben können, dürfen plausible und mögliche Propositionen somit für Zwecke der Rationalitätsmessung nicht außer Acht gelassen werden.

Die hier angesprochenen Aussagen zeichnen sich dadurch aus, daß die Frage nach ihrer effektiven Gültigkeit beim jeweiligen aktuellen Stand des zugänglichen Wissens nicht entscheidbar ist. Die Ursache hierfür liegt darin, daß sich weder die Erfüllung der Wahrheits- oder Bewährungsmerkmale noch die effektive Fehlerhaftigkeit der fraglichen Propositionen nachweisen lassen. Aussagen dieser beiden Verläßlichkeitsstufen können vielmehr lediglich für sich beanspruchen, potentiell wahr bzw. bewährt[3] zu sein. Sie bilden also bloße Wahrheits- oder Bewährungskandidaten[4], die provisorisch akzeptiert werden und sich im Lichte neu hinzutretender Erkenntnisse auch als vollkommen falsch herausstellen können[5]. Dabei weist der potentielle Geltungsanspruch plausibler und möglicher Aussagen eine unterschiedliche Stärke auf.

Theoretisch-mögliche oder kurz *mögliche Aussagen* erfüllen lediglich die Bedingung einer spezifischen Konsistenz mit dem Stand des zugänglichen Wissens. Danach darf die Gültigkeit einer Äußerung nicht schon aufgrund der im zugänglichen Wissensbestand enthaltenen wahren Kenntnisse ausgeschlossen, ihre Fehlerhaftigkeit also nicht schon von vornherein erkennbar sein. Ferner müssen mögliche Aussagen auch mit den bislang als bewährt oder plausibel angesehenen Propositionen in Einklang stehen oder aber den Stand des zugänglichen Wissens insoweit erfolgreich modifizieren können. Da bewährte bzw. plausible Aussagen den Vorteil empirischer Belege bzw. einer näheren Begrün-

---

1) Eine wichtige Ausnahme bilden v. a. Arbeiten von RESCHER, der sich intensiv auch mit plausiblen Schlußfolgerungen auf der Basis unvollständiger und widersprüchlicher Informationen beschäftigt hat. Vgl. insb. RESCHER 1976; ders. 1977a, S. 28 f.; ders. 1987, insb. S. 23 ff. und RESCHER/MANOR 1970. In einer engeren Beziehung zur Plausibilität stehen ferner auch die Beiträge aus dem Bereich der Argumentationstheorie, da und soweit sie nach der kognitiven Überzeugungskraft von Argumenten fragen, die nicht offensichtlich wahr oder wahrscheinlich sind.

2) Siehe S. 376 ff.

3) Unter plausiblen bzw. möglichen Propositionen mit dem Geltungsanspruch der potentiellen Bewährung sind zur Hauptsache reguläre Aussagen zu verstehen, die nicht den ausnahmslosen, sondern den mit einer bestimmten Häufigkeit auftretenden Zusammenhang zwischen bestimmten Phänomenen (mehr oder weniger begründet bzw. nicht eindeutig widerlegbar) behaupten. Da die folgenden Ausführungen für potentiell wahre und potentiell bewährte (plausible oder mögliche) Aussagen im Grundsatz gleichermaßen gelten, sollen zur Entlastung des Textes im folgenden nicht stets beide Geltungsansprüche parallel erwähnt werden.

4) So - allerdings nur für die Wahrheitskandidatur - RESCHER 1977a, S. 28.

dung[6] auf ihrer Seite haben, wird eine erfolgreiche Modifikation allerdings nur ausnahmsweise und bezüglich plausibler Propositionen gelingen, wenn die möglichen Aussagen und hierauf aufbauenden Schlußfolgerungen den Plausibilitätsanspruch ernsthaft erschüttern. Während mögliche Aussagen demnach stets mit allen wahren und im Normalfall auch mit den bewährten und plausiblen Propositionen im zugänglichen Wissensbestand verträglich sein müssen, können sie mit anderen möglichen Aussagen durchaus in Widerspruch stehen. Bei genügender Phantasie lassen sich nämlich für ein gegebenes Ausgangswissen zahllose theoretisch mögliche Aussagen formulieren[7].

Konsistenz mit dem Stand des zugänglichen Wissens im soeben geschilderten Sinne erlaubt nur einen vergleichsweise schwachen Geltungsanspruch. Er besagt, daß die fragliche Aussage - in der Sprache der Modallogik ausgedrückt - in irgendeiner nach dem zugänglichen Wissensstand konstruierbaren 'möglichen Welt' zutrifft[8]. Infolgedessen müssen Propositionen neben der reinen Konsistenzbedingung noch weitere Anforderungen erfüllen, um nicht nur möglich, sondern auch plausibel zu sein.

Wie bereits eingangs ausgeführt wurde, läßt sich die effektive Wahrheit oder Bewährung plausibler Aussagen nicht empirisch nachweisen, so daß die Forderung nach derartigen Gültigkeitsbelegen von vornherein nicht in Betracht kommt. Zu denken wäre allenfalls an einen Beleg der Plausibilität selbst durch empirische Beispiele (im Unterschied zu statistisch gesicherten Befunden), die ein Indiz dafür liefern, daß die Aussage nicht bloß eine theoretische Möglichkeit behauptet. So könnte etwa die Aussage aus unserem Referenzbeispiel «Die Einführung einer kundenorientierten Organisationsstruktur steigert den Gewinn» mit dem Hinweis 'belegt' werden, daß ein Wettbewerber eine entsprechende Reorganisation durchgeführt und seinen Gewinn erhöht hat. Beispiele - namentlich aus 'exzellenten' Unternehmen - spielen in der managerialen Argumentationspraxis ohne Zweifel eine wichtige Rolle und üben dabei eine große, Überzeugungen stiftende Faszination aus[9]. Unternehmen, die eine bestimmte ungewöhnliche Maßnahme ergreifen und zugleich (aber nicht zwingend: deshalb!) erfolgreich sind, werden häufig 'beispielgebend' und mitunter im Zuge von 'Managementmoden' vielfach kopiert[10]. Nicht zuletzt die nachweislichen Mißerfolge von Unternehmungen, die schon auf solchen 'Wellen' mitgeschwommen sind[11], deuten aber an, daß die bloße Existenz eines Falles, in dem

---

5) Im Extremfall kann das Letztere allerdings auch für bewährte Aussagen gelten.

6) Siehe hierzu sogleich.

7) Siehe hierzu auch nochmals S. 229 ff.

8) Vgl. zu dem auf LEIBNITZ zurückgehenden modallogischen Konzept möglicher Welten hier nur LICHTENBERG 1989, S. 196; RAUTENBERG 1979, S. 168.

9) Der Hinweis auf den beeindruckenden Markterfolg von PETERS/WATERMAN 1984 mag in diesem Zusammenhang zur Veranschaulichung genügen.

10) Siehe auch die evolutionstheoretische Auffassung, daß Änderungen des Verhaltens der Unternehmungen in einer Population in hohem Maße auf die Vorbildfunktion einzelner weniger richtungsweisender Populationsmitglieder zurückzuführen sind (vgl. McKELVEY/ALDRICH 1983, S. 113 ff.; KIESER 1992, Sp. 1762), sowie allgemein zum Phänomen der Managementmoden NEUBERGER 1987, Sp. 1495 ff.

die aufgestellte Behauptung prima facie gilt, erkenntnistheoretisch kaum ins Gewicht fällt. Die Möglichkeiten für eine nur zufällige oder scheinbare Übereinstimmung zwischen Aussage und Beispiel sind so groß, daß eine vorläufige Akzeptierung der fraglichen Proposition allein auf dieser Grundlage nicht in Betracht kommen sollte. Erforderlich erscheint vielmehr auch eine gewisse kognitive Untermauerung des Geltungsanspruchs in Form einer theoretischen Begründung[12)]. Eine Begründung besteht grundsätzlich in der Herstellung einer theoretisch schlüssigen Beziehung zwischen der fraglichen Proposition und anderen[13)] Aussagen im Stand des zugänglichen Wissens[14)]. Sie verleiht der betrachteten Aussage durch den Nachweis Plausibilität, daß die Aussage sich zwanglos in einen größeren (zumindest vorläufig akzeptierten) Aussagenbestand einpassen läßt und folglich keinen offensichtlich ungewöhnlich-unglaubwürdigen Inhalt hat[15)]. Eine Begründung deutet m. a. W. darauf hin, daß die Aussage im Lichte dieses Hintergrundwissens auch 'Sinn macht'.

Plausibilität setzt somit nach unserem Begriffsverständnis eine - gewisse - theoretische Begründung voraus, die durch Beispiele zwar illustriert, aber nicht substituiert werden kann[16)]. Angesichts der heute noch großen Lücken im betriebswirtschaftlichen Know-how zur Bewältigung unstrukturierter Managementprobleme dürfen die Begründungsanforderungen für die Zwecke der Rationalitätsmessung allerdings nicht zu hoch angesetzt werden. Als weiteres Plausibilitätskriterium soll daher hier lediglich verlangt werden, daß der Anspruch der Aussage auf vorläufige Geltung zumindest mit einem 'guten Grund' konkret[17)] untermauert werden kann. *Gute Gründe* bzw. *überzeugende Argumente* im Sinn der vorliegenden Arbeit zeichnen sich dadurch aus, in einem bestimmten Mindestmaß triftig und tragfähig zu sein. Die eingehende Auseinandersetzung mit der Triftigkeit und Tragfähigkeit von Argumenten muß auf einen späteren Untersuchungsabschnitt[18)] verschoben werden, so daß an dieser Stelle nur ein gewisses Vorverständnis hergestellt werden kann. Eine (deskriptive) Begründung ist *triftig*, wenn der vorgetragene Grund für die Gültigkeit der fraglichen Aussage etwas austrägt, also relevant ist. *Tragfähig* ist eine (deskriptive) Begründung demgegenüber dann, wenn der Grund als solcher haltbar ist. Die Verdeutlichung dieser beiden Begriffe und ihres Unterschieds kann ohne einen hier noch verfrühten Einstieg in die argumentinterne Aussagenstruktur

---

11) So dürfte es heute herrschende Meinung in Betriebswirtschaftslehre und Praxis sein, daß sich das lebhafte Diversifikationsfieber der vergangenen Jahre für die Mehrzahl der beteiligten Unternehmen als verlustreiche Erfahrung herausgestellt hat. Siehe hierzu S. 520 f. dieser Arbeit m. z. N. in FN 49.

12) Ganz in diesem Sinne wird häufig (allerdings nicht in dieser Untersuchung, siehe S. 297 f.) selbst bei wahren Aussagen nur dann von 'Wissen' oder 'Erkenntnis' gesprochen, wenn die Wahrheit auch begründet werden kann. Vgl. nur ALBERT 1989, S. 178.

13) Nicht notwendig: Allen anderen Aussagen, da der zugängliche Wissensstand auch konträre (plausible oder mögliche) Aussagen enthalten kann (siehe schon S. 280 sowie sogleich, S. 284).

14) Zu Begriff und Struktur von Begründungen ausführlich S. 304 ff.

15) Vgl. zum Mechanismus der Plausibilitätsgenerierung durch Begründungen näher S. 304 f. und S. 361 ff m. N.

16) Vgl. auch SCHANZ 1975, S. 46, der "begründete, bislang aber ungeprüfte Hypothesen" als plausibel bezeichnet.

17) Eine konkrete Begründung darf nicht mit einer ausdrücklichen Begründung verwechselt werden, da (konkrete) Begründungen auch evident sein können. Siehe hierzu den nächsten Gliederungsabschnitt.

am einfachsten anhand eines Beispiels erfolgen. Als Aussage, die auf Plausibilität zu prüfen ist, sei wiederum die Proposition aus unserem Referenzbeispiel betrachtet: «Die Einführung einer kundenorientierten Organisationsstruktur wirkt sich positiv auf den Gewinn aus.» Diese Aussage kann nach dem gegenwärtigen Stand der Organisationstheorie weder als wahr noch als bewährt belegt werden und daher allenfalls den Anspruch erheben, plausibel zu sein. Eine plausibilitätsgenerierende Begründung könnte nun beispielsweise wie folgt lauten: «Die Einführung einer kundenorientierten Organisationsstruktur wirkt sich positiv auf den Gewinn aus, da eine Kundenorganisation die Dispositionsfähigkeit der Unternehmung erhöht.»[19] Das Argument der steigenden Dispositionsfähigkeit ist triftig, sofern eine positive Beziehung zwischen der Dispositionsfähigkeit und dem Gewinn einer Unternehmung angenommen werden kann. Nur unter dieser Voraussetzung ist die organisationsbedingt steigende Dispositionsfähigkeit überhaupt gewinnrelevant. Die Tragfähigkeit des vorgebrachten Arguments kann insoweit bejaht werden, als von einer Förderung der Dispositionsfähigkeit durch kundenbezogene Strukturen ausgegangen werden kann. Die Begründung wäre anders gewendet nicht haltbar, wenn kundenorientiert organisierte Unternehmungen bekanntermaßen nicht dispositionsfähiger oder gar inflexibler als Unternehmungen mit anderen Organisationsstrukturen wären.

Die Problematik der Präzisierung des erforderlichen 'Mindestmaßes' an Triftigkeit und Tragfähigkeit läßt sich an dem voranstehenden Beispiel ebenfalls leicht veranschaulichen. Sie ist in diesem konkreten Fall gleichbedeutend mit der Frage, unter welchen Voraussetzungen eine positive Beziehung zwischen Dispositionsfähigkeit und Gewinn bzw. zwischen kundenorientierter Organisationsstruktur und Dispositionsfähigkeit 'angenommen' werden darf. Da Begründungen ihrerseits aus Aussagen bestehen[20], läßt sich diese Fragestellung in allgemeiner Fassung als Problem der erforderlichen Zuverlässigkeit plausibilitätsgenerierender Begründungsaussagen formulieren. An Begründungsaussagen können prinzipiell die alternativen Anforderungen gestellt werden, wahr, bewährt, plausibel oder theoretisch-möglich zu sein. In Anbetracht des geringen Kenntnisstands bei unstrukturierten Managementproblemen muß eine Forderung nach Wahrheit oder Bewährung der Begründungsaussagen allerdings von vornherein als überhöht angesehen werden. Fraglich ist daher allenfalls, ob Aussagen, die die Plausibilität einer bestimmten Proposition begründen sollen, ihrerseits zumindest plausibel sein müssen, oder ob die theoretische Möglichkeit ihrer Gültigkeit genügt. Die Entscheidung zwischen diesen beiden Alternativen fällt allerdings bei Lichte besehen leicht. Im ersten Fall würde die Plausibilitätsprüfung einer Proposition in einen mehr oder weniger langwierigen Regreß führen, da die Plausibilität der Begründungsaussagen selbst nur durch eine erneute Argumentationsrunde untermauert werden kann. Diese 'Argumentationsspirale' wäre - von evidenten Begründungen abgesehen - erst dann gestoppt, wenn wahre oder bewährte Begründungsaussagen vorgetragen werden könnten[21]. Infolgedessen soll es für die Ab-

---

18) Siehe S. 331 ff.

19) Vgl. zu diesem Argument auch nochmals S. 32 f.

20) Im Beispiel: «Eine steigende Dispositionsfähigkeit erhöht den Gewinn» bzw. «Eine kundenorientierte Organisationsstruktur steigert die Dispositionsfähigkeit».

grenzung plausibler Aussagen als ausreichend angesehen werden, wenn die plausibilitätsgenerierenden Begründungsaussagen selbst bloß theoretisch-möglich und folglich konsistent mit dem Stand des zugänglichen Wissens sind.

Eine spezielle Variante plausibler Aussagen, die aufgrund ihrer Bedeutung hier gesondert angesprochen werden soll, stellen reguläre Propositionen dar, die einen nur unter der ceteris-paribus-Bedingung geltenden Zusammenhang verschiedener Größen beschreiben. Ein Beispiel bildet die Aussage, daß der Gewinn mit steigenden Kosten sinkt. Analysiert man diese - auf den ersten Blick hinsichtlich ihrer Zuverlässigkeit völlig unproblematisch erscheinende - Regel näher, so zeigt sich, daß die negative Gewinnentwicklung bei steigenden Kosten tatsächlich nur dann eintritt, wenn zugleich die Leistungen konstant bleiben oder abnehmen. Die Aussage «Wenn Kostensteigerung, dann Gewinnrückgang» ist daher keineswegs wahr und wohl auch kaum bewährt[22], sondern lediglich plausibel, wobei ihre Plausibilität etwa wie folgt begründet werden kann: «Der Gewinn ist definiert als Differenz zwischen Leistungen und Kosten. Wenn der Subtrahend größer wird (und der Minuend konstant bleibt oder kleiner wird), dann wird die Differenz kleiner. Also geht bei steigenden Kosten der Gewinn (tendenziell bzw. ceteris paribus) zurück».

Die Besonderheit der hier exemplarisch betrachteten Regelaussage aus Sicht der Zuverlässigkeit liegt darin, daß die (definitorisch festgelegten) Einflußfaktoren (Leistungen; Kosten) der ausgesagten Konsequenz (Gewinnentwicklung) vollständig bekannt sind. Infolgedessen kann die plausible Regel «Wenn Kostensteigerung, dann Gewinnrückgang» vergleichsweise stichhaltig, nämlich mit einer wahren[23] Regelaussage begründet oder aber auch in eine wahre Regel transformiert werden[24]. Hieraus erklärt sich letztlich, warum die Proposition «Wenn Kostensteigerung, dann Gewinnrückgang» unter dem Verläßlichkeitsaspekt zunächst komplikationsfrei erscheint[25]. Sind hingegen die Einflußfaktoren weniger eindeutig bekannt, so sinkt dementsprechend auch die Überzeugungskraft eventueller Begründungen und damit die Plausibilität der begründeten Propo-

21) Vgl. hierzu näher S. 463 ff.

22) Eine Bewährung würde voraussetzen, daß realiter bei steigenden Kosten zugleich die Leistungen in der Mehrzahl aller Fälle (Konsequenzbewährung) oder wenigstens mit einem statistisch gesicherten Prozentsatz (Konfidenzbewährung) konstant bleiben oder sinken.

23) Auf die Frage, ob der angeführte mathematische Zusammenhang zwischen Differenz, Minuend und Subtrahend tatsächlich eine wahre Regularität repräsentiert oder aber - als menschliche Konvention - doch nicht dem Fallgesetz gleich für alle Zeiten unverrückbar und daher nur bewährt ist, muß an dieser Stelle nicht eingegangen werden, da er zumindest für überschaubare Problemlösungshorizonte gelten wird.

24) Nämlich: «Wenn Kostensteigerung und konstante oder sinkende Leistungen, dann Gewinnrückgang». Für die Berechtigung des Wahrheitsanspruchs dieser Aussage gilt die vorstehende Fußnote analog.

25) Anders gewendet läßt sich die prima facie unproblematische Zuverlässigkeit darauf zurückführen, daß die evidente Zusatzbedingung der Wenn-Komponente, daß neben den steigenden Kosten die Leistungen konstant bleiben oder sinken, mitgedacht wird. Wenngleich - wie im sogleich folgenden Gliederungsabschnitt eingehender dargelegt wird - evidente Aussagen(-bestandteile) prinzipiell bei der Rationalitätsmessung und damit auch bei der Verläßlichkeitseinstufung mit zu berücksichtigen sind, ist die Kosten-Gewinn-Regel aber gleichwohl im Normalfall nicht als (zumindest innerhalb des Problemlösungshorizonts) wahre Regelaussage einzustufen. Dies gilt zumindest dann, wenn der Proponent keine expliziten Angaben zur erwarteten Entwicklung der Leistung macht und daher nicht 'problemlos erschließbar' (hierzu S. 285 ff.) ist, ob er diesen Gewinneinflußfaktor überhaupt berücksichtigt hat.

sitionen. Zu denken ist namentlich an Aussagen mit einer vollkommen unspezifizierten und unspezifizierbaren pauschalen ceteris-paribus-Klausel, bei denen außer den explizit genannten Variablen keinerlei konkrete Anwendungsbedingungen mehr transparent sind[26)].

Als Folge der vergleichsweise besseren kognitiven Stützung können plausible Propositionen einen stärkeren Geltungsanspruch als bloß mögliche Aussagen erheben und damit nicht nur ausnahmsweise die Gültigkeit (anderer) plausibler Aussagen in Frage stellen, sondern durchaus auch den Bewährungsanspruch von Propositionen zumindest für spezielle Einzelfälle außer Kraft setzen[27)]. Die entsprechend modifizierte Konsistenzbedingung für plausible Propositionen lautet daher konkret, daß plausible Aussagen nicht im Widerspruch zum wahren Wissen stehen dürfen und entweder mit bislang bewährten Aussagen verträglich sein oder aber deren Geltungsanspruch erfolgreich erschüttern können müssen. Eine Inkonsistenz mit anderen plausiblen Aussagen ist dagegen keineswegs ausgeschlossen und für plausible Propositionen geradezu typisch[28)]. Solche Konflikte zwischen konträren, für sich je plausiblen Aussagen lassen sich nicht nach dem Prnzip der Dominanz der höheren Zuverlässigkeitsstufe[29)] lösen, sondern nur nach Maßgabe der komparativen Stichhaltigkeit der jeweiligen (plausibilitätsgenerierenden) Begründungen der einzelnen Aussagen. Den Fragen der Überzeugungskraft von Begründungen und damit auch der Konfliktbewältigung kann allerdings erst in einem späteren Stadium dieser Untersuchung nachgegangen werden[30)].

Generell ist in Hinblick auf die Konsistenzforderung auch und gerade bei plausiblen und möglichen Aussagen wiederum zu beachten, daß für die Rationalitätsmessung stets derjenige Stand des zugänglichen Wissens maßgeblich ist, zu dem das betrachtete Rationalsubjekt Zugang hat. Nach dem Wissensstand anderer Akteure kann die Wahrheit, Bewährung oder Fehlerhaftigkeit plausibler oder möglicher Aussagen hingegen durchaus bekannt sein[31)]. Zu denken ist beispielsweise an den Fall bereits getroffener, aber geheimgehaltener Strategieentscheidungen eines Wettbewerbers, über die das betreffende Rationalsubjekt lediglich mehr oder weniger plausible Vermutungen anzustellen vermag.

Wie bei den wahren und den bewährten Aussagen kann ferner auch im Fall der Plausibilität und der bloßen Möglichkeit davon ausgegangen werden, daß über die Verläßlicheitseinstufung keine ernsthaften Meinungsverschiedenheiten herrschen werden. Im

---

Siehe zur Abgrenzung der vom Proponenten vermutlich in Rechnung gestellten Einflußfaktoren bzw. Wenn-Bedingungen von Regeln auch unten, S. 346.

26) Siehe zur erkenntnistheoretischen Problematik von ceteris-paribus-Klauseln auch BRETZKE 1980, S. 167 ff. m. w. N.

27) Vgl. auch schon oben, S. 277 f.

28) Vgl. auch zur eventuellen Unvereinbarkeit der Prämissen plausibler Schlußfolgerungen RESCHER/MANOR 1970, S. 180 und passim; RESCHER 1976, S. 2 ff.; MITROFF/MASON 1980, S. 335 ff.

29) Im Sinne der Abstufung wahre, bewährte, plausible, mögliche Aussagen.

30) Siehe S. 361 ff. und S. 412 ff.

Sinne eines bestätigenden Konsenses werden somit die (vernünftigen) Argumentationsteilnehmer die fraglichen Aussagen als plausibel bzw. möglich einschätzen, wenn und weil die Aussagen sich im erläuterten Sinne konsistent in den Stand des zugänglichen Wissens einfügen und - im Fall der plausiblen Propositionen - durch mindestens einen guten Grund konkret untermauert sind. Ausdrückliche Belege der Konsistenz wie der Konsensfähigkeit sind allerdings - wie hier bereits angemerkt sei und für die wahren und bewährten Aussagen unten noch näher begründet wird[32] - auch für eine Qualifikation als plausible bzw. mögliche Proposition keine Voraussetzung. Vielmehr wird lediglich verlangt, daß keinerlei Indizien auf eine unzulässige Inkonsistenz bzw. einen vernünftigen, weil begründbaren Dissens hindeuten.

Zusammenfassend lassen sich plausible und mögliche Aussagen somit in einer Kurzformel als Propositionen kennzeichnen, die konsistent und konkret begründet bzw. bloß konsistent und insoweit konsensfähig sind. Daß derartige Aussagen sowohl singulärer als auch regulärer Natur sein und sich auf die Gegenwart, Vergangenheit oder Zukunft beziehen können, ist offensichtlich und muß daher aus Gründen der Vollständigkeit nur erwähnt, aber nicht weiter ausgeführt werden.

b) Evidenz: Evidente und inevidente Aussagen

aa) Funktion und Definition (in)evidenter Aussagen

Der Evidenzbegriff hat in Philosophie und Methodologie eine große Tradition, so daß zunächst eine Klarstellung angebracht erscheint. Evidenz wird in der vorliegenden Arbeit nicht im philosophischen Sinne verstanden, wie er etwa für die Evidenztheorien der Wahrheit charakteristisch ist[33] oder in der Philosophie HUSSERLs seine spezifische phänomenologische Ausprägung gefunden hat[34]. Die hier betrachtete Aussagendimension stellt vielmehr auf einen Aspekt von Argumentationen ab, der sich kurz mit dem linguistischen Stichwort der Präsuppositionen umreißen läßt[35].

Wie unten näher ausgeführt wird, setzt die Erreichung einer hohen Rationalitätsstufe die Erfüllung bestimmter Anforderungen an die Struktur und Substanz des Aussagenkomplexes voraus, der zur Kommentierung einer Problemlösung vorgetragen wird. Ohne Berücksichtigung des Evidenzgedankens wäre es zur Erfüllung der Strukturanforderungen u. a. erforderlich, jeweils sowohl Daten als auch Regeln zur Formung der einzelnen Begründungsmodule anzuführen[36]. Ferner wären - um den Anforderungen an die Substanz

---

31) Vgl. auch die analoge Situation bei den bewährten Aussagen (hierzu S. 277 FN 164)

32) Siehe S. 300 f.

33) Evidente Sätze stehen hier für die unhintergehbar letzten Wahrheiten, die ohne weitere Begründung einsehbar sind. Vgl. zu diesem schon von ARISTOTELES angesprochenen Gedanken hier nur ANDERSSON 1989c, S. 370; APEL 1989, S. 16 und 17; WUCHTERL 1987, S. 203.

34) "Evidenz ist in einem allerweitesten Sinne eine *Erfahrung* von Seiendem und So-Seiendem, eben ein Es-selbst-geistig-zu-Gesicht-bekommen." (HUSSERL 1950, S. 52).

gerecht zu werden - die Wahrheit bzw. Bewährung der angeführten Daten- und Regelaussagen stets durch Belege nachzuweisen und die Plausibilität entsprechender Propositionen durchgängig mit mindestens einem guten Grund zu untermauern. Praktische Argumentationen werden diesen Forderungen jedoch kaum vollständig gerecht werden können. Sie artikulieren - schon aus sprachökonomischen Gründen - im Regelfall nicht stets explizit komplette Begründungsmodule[37)] und verzichten häufig auf konkrete Belege oder Begründungen ihrer Aussagen. Durch diese Verkürzungen büßen Argumentationen aber nicht zwangsläufig an Informationsgehalt ein. Ihr informationeller Wert bleibt vielmehr unberührt, sofern es sich bei den Auslassungen um stillschweigende Voraussetzungen des Aussagenträgers (*Präsuppositionen*) handelt, die der Aussagenempfänger problemlos nachvollziehen kann. Ungeachtet der elliptischen Aussagenform weiß der Adressat in diesen Fällen somit ohne weiteres, 'was gemeint ist' bzw. welche Begründungen und Belege zur Untermauerung der expliziten Aussagen ins Feld geführt werden können. Wird beispielsweise die Existenz des Kölner Doms behauptet, so müssen im Normalfall (in Deutschland) keine Belege angeführt werden, um die Anerkennung des Wahrheitsanspruchs dieser Aussage zu gewinnen.

Aussagenkomplexe, die - wie in der Praxis stets - Präsuppositionen enthalten, weisen somit keine informationellen Defizite auf, da und soweit offensichtlich ist, wie die Argumentationslücken aufzufüllen sind. Da die Messung der Argumentationsrationalität sinnvollerweise am Informationsgehalt und nicht an dem eher vordergründigen Aspekt der Formulierung einer Argumentation auszurichten ist, sind somit auch implizite, aber problemlos mitzudenkende Argumentationsbestandteile bei der Rationalbeurteilung zu berücksichtigen. Infolgedessen sollen (Beleg- und Begründungs-)Aussagen, die vom Rationalsubjekt nicht explizit artikuliert worden sind, deren Inhalt für Rationalgutachter jedoch ohne weiteres nachvollziehbar ist, wie ausdrücklich formulierte und gestützte Propositionen behandelt werden. Diese stillschweigenden Aussagen werden hier als evident bezeichnet. *Evidente Aussagen* bilden somit zusammengefaßt Propositionen, deren Inhalt zwar nicht explizit formuliert, aber zweifelsfrei erkennbar ist. Dementsprechend sollen Aussagen, die fehlen und nicht ohne weiteres ergänzt werden können, hier *inevident* heißen.

bb) Maßstab und Erscheinungsformen (in)evidenter Aussagen

Die Definition evidenter Aussagen wirft die Anschlußfrage auf, unter welchen Voraussetzungen der Inhalt impliziter Aussagen für Rationalgutachter 'zweifelsfrei erkennbar'

35) Vgl. allgemein zum Phänomen der Präsuppositionen auch schon oben, S. 155 ff. und die dort in FN 16 angegebenen Quellen.

36) Zur Struktur von Begründungen näher S. 304 ff.

37) So lautet beispielsweise eine Begründung der praktisch gebräuchlichen Weil-Form, etwa «Eine kundenorientierte Reorganisation steigert den Gewinn, weil die Kundenorganisation die Dispositionsfähigkeit erhöht» in ihrer Vollstruktur wie folgt: «Eine Kundenorganisation erhöht die Dispositionsfähigkeit (Datum). Wenn die Dispositionsfähigkeit erhöht wird, steigt der Gewinn (Regel). Also wird durch die kundenorientierte Reorganisation der Gewinn steigen (Konklusion)». Siehe näher S. 343 ff.

ist. Problematisch erscheint dabei insbesondere die Entscheidung, ob an die Rationalgutachter selbst bestimmte fachliche Anforderungen zu stellen sind. So könnten implizite Aussagen beispielsweise bereits dann als evident angesehen werden, wenn sie für Experten auf dem entsprechenden Gebiet offensichtlich sind, oder aber auch erst dann, wenn ihr Inhalt einem durchschnittlich gebildeten Laien ohne weiteres einleuchtet. Bei näherem Hinsehen entpuppt sich diese Problematik allerdings als nicht so gravierend. Die Zuordnung einer Argumentation zu einer bestimmten Rationalitätsstufe hängt - wie sich später zeigen wird - nicht davon ab, ob ihre Aussagen direkt evident oder erst auf Nachfrage formuliert bzw. untermauert worden sind. Sofern eine Möglichkeit offensteht, zusätzliche Auskünfte vom Rationalsubjekt einzuholen, müssen daher an die Fachkompetenz der Rationalgutachter nicht aus Prinzip spezifische Bedingungen geknüpft werden. Die Evidenzeinschätzung kann insoweit vielmehr dem konkreten Urteil der Gutachter und damit ihrem jeweiligen Kenntnisstand überantwortet werden[38)].

Anders ist die angesprochene Problematik hingegen aufzulösen, falls das Rationalsubjekt für Nachfragen nicht zur Verfügung steht[39)]. Um dem tatsächlichen Informationsgehalt einer Argumentation soweit wie möglich gerecht werden zu können, sind die Fachanforderungen an die Rationalgutachter für diesen Fall höher anzusetzen. Orientierungsmaßstab bilden dabei je nach Begutachtungssituation[40)] die allgemein-zugänglichen und gegebenenfalls zusätzlich auch die privilegiert-zugänglichen Kenntnisse, über die nicht zum Rationalsubjekt zählende Experten auf dem fraglichen Gebiet regelmäßig verfügen. Als Konsequenz dieser Festlegung können eventuell auch solche impliziten Argumentationsbestandteile noch als evident anzusehen sein, die den zitierten Laien nicht mehr verständlich sind[41)]. Die 'problemlose Erschließbarkeit' im Sinne unseres Evidenzbegriffs bedeutet somit keineswegs, daß die entsprechenden Beleg- und Begründungsaussagen jedermann schnell und mühelos präsent sind. Gemeint ist vielmehr lediglich, daß ihr Inhalt zumindest für Experten auf dem Stand des externen Wissens ohne (nennenswerte) Interpretationsspielräume erkennbar ist, wobei mehr oder weniger aufwendige Recherchen (bis an die Grenze der Erschließung 'exotischer' Quellen[42)]) durchaus erforderlich sein können.

Zu beachten ist in Hinblick auf den gesetzten Standard ferner, daß die Expertenkenntnisse zumeist nicht dem Stand des zugänglichen Wissens der Rationalsubjekts entsprechen, da das exklusiv-zugängliche Wissen des Rationalsubjekts definitionsgemäß und das

---

38) Rationalgutachter, die implizite Aussagen als evident einstufen, müssen im Zweifel ihrerseits gegenüber Dritten diese Propositionen formulieren, insbesondere also die entsprechenden Belege oder Begründungen anführen können.

39) Solche Fälle liegen v. a. dann vor, wenn schriftliche Aussagenkomplexe durch externe Dritte in Hinblick auf ihre Rationalität beurteilt werden, wie dies exemplarisch auf S. 517 ff. dieser Arbeit geschieht. Bei internen Rationalbeurteilungen - z. B. der Begutachtung von Problemlösungsvorschlägen eines Projektteams durch einen übergeordneten Entscheidungs- oder Überwachungsträger - besteht hingegen regelmäßig eine Zugriffsmöglichkeit auf ergänzende Kommentierungen.

40) Siehe oben, S. 93 f.

41) FN 38 gilt hier entsprechend.

42) Siehe S. 93 FN 132.

privilegiert-zugängliche Wissen insoweit externen Experten verborgen ist, als sie nicht ebenfalls (ausnahmsweise) entsprechende Zugangsprivilegien besitzen. Hieraus folgt, daß die Argumentationsrationalität einer Problemlösung bei Präsuppositionen und mangelnder Nachfragemöglichkeit aus interner und externer Sicht durchaus unterschiedlich zu beurteilen sein kann. Aus der internen, besser informierten Perspektive des Rationalsubjekts können sich Problemlösungen unter Umständen als in vergleichsweise hohem Maße fundiert darstellen. Soweit die Informationen aber nicht aufgedeckt werden oder - wie soeben erläutert teilweise zwangsläufig - nicht evident sind, fehlt den Lösungen jedoch aus externer Sicht die Nachvollziehbarkeit und damit das entsprechende Maß an Argumentationsrationalität.

Zwischen der Evidenzdimension und den übrigen in dieser Untersuchung unterschiedenen Aussagendimensionen bestehen keine starren Kombinationsbeziehungen. Sämtliche Aussagenarten[43)] sowie Aussagen aller Zuverlässigkeitsstufen können evident, aber auch inevident sein[44)]. Diese Evidenzcharakteristik liegt auf der Hand und muß daher nicht im einzelnen begründet oder belegt werden. Insoweit reicht vielmehr eine Anmerkung aus.

Ungeachtet ihres Gehalts an Wertungen kann auch bei evaluativen Propositionen eine explizite Untermauerung entbehrlich sein. So bedarf beispielsweise die normative Zielaussage «Wir sollten nach einem angemessenen Gewinn streben» im Kontext einer marktwirtschaftlich eingebetteten Unternehmung normalerweise keiner eingehenderen Rechtfertigung[45)]. Aus der prinzipiellen Evidenzfähigkeit evaluativer Aussagen und Argumente darf allerdings nicht geschlossen werden, daß auch die Handlungsempfehlung zur Lösung eines unstrukturierten Managementproblems[46)] und ihre Begründung evident sein kann. Die Einsichten in die Zusammenhänge unstrukturierter Probleme sind nach Definition zunächst unzureichend, so daß die zweckmäßigste Form der Problembewältigung nicht ohne weiteres offensichtlich ist. Handlungsempfehlungen in diesem Bereich müssen daher - nicht als Folge ihres evaluativen Charakters, sondern als Konsequenz ihrer unstrukturierten Materie - stets explizit artikuliert und untermauert werden, sofern ein gewisses Mindestmaß an Argumentationsrationalität erreicht werden soll.

---

43) Also singuläre und reguläre, deskriptive und evaluative sowie gegenwarts-, vergangenheits- und zukunftsbezogene Propositionen.

44) Die eventuell mangelnde Evidenz auch von wahren und bewährten Aussagen ergibt sich schon aus der Möglichkeit exklusiv-zugänglicher Kenntnisse.

45) Zur Verbindung von marktmäßig verfaßter Wirtschaftsordnung und Gewinnprinzip für viele GUTENBERG 1976, S. 464 ff.; STEINMANN/LÖHR 1988, S. 308; dies. 1989a, S. 7.

46) Siehe hierzu näher S. 291.

II. Strukturkomponenten

1. Behauptungen

a) Argumentationstheoretische Grundlegung

Ausgangspunkt jeder Argumentation ist eine aufgestellte Behauptung[47)]. Behauptungen sind Aussagen, die im Regelfall einen nichttrivialen Inhalt haben[48)] und daher durchaus legitim angezweifelt werden können. Sofern ihr Geltungsanspruch vom Adressaten tatsächlich in Zweifel gezogen und damit problematisch wird, ist die Gültigkeit der Behauptung vom Proponenten zu untermauern[49)]. Falls der Proponent hierzu nicht bereit oder in der Lage ist, kann seine Aussage keine Anerkennung (hier: als argumentationsrationale Proposition) gewinnen.

Zur Stützung einer Behauptung kommen entweder Belege oder Begründungen in Betracht. Während Belege die Wahrheit oder Bewährung von Aussagen durch entsprechende Erhebungsbefunde nachweisen[50)], leiten Begründungen die Behauptung aus bestimmten singulären (Daten) und regulären Aussagen (Regeln) - mehr oder weniger überzeugend - theoretisch ab[51)]. Auf welche Stützungsform der Proponent grundsätzlich zurückgreifen kann, richtet sich nach der Beschaffenheit der aufgestellten Behauptung. Wie bei der Erörterung der verschiedenen Aussagendimensionen bereits angeklungen ist, lassen sich sämtliche Arten von Aussagen und damit Behauptungen zwar prinzipiell begründen, nur bestimmte Propositionen aber auch belegen. Zu den nicht unmittelbar belegfähigen Aussagen gehören grundsätzlich die evaluativen, die zukunftsbezogenen singulären sowie die plausiblen und möglichen Aussagen[52)]. Damit lassen sich insbesondere auch Empfehlungen zur Bewältigung von Managementproblemen[53)] unmittelbar nur durch Begründungen untermauern.

Die im Rahmen von Begründungen anfallenden Aussagen über die behauptungsstützenden Daten und Regeln stellen ebenfalls Propositionen dar, deren Anspruch auf Geltung unter Umständen in Frage gestellt werden kann[54)]. Im Fall ihrer Problematisierung sind somit die Begründungsaussagen ihrerseits zu stützen. Sofern die fraglichen Begründungsaussagen belegtauglich sind, kommt für diesen Zweck zunächst grundsätzlich die Vorlage entsprechender Belege in Betracht. Mit Hilfe von Belegen lassen sich Begründungen gleichsam 'sättigen' und offene Argumentationen insoweit abschließen. Können die

---

47) Vgl. auch den schon oben (S. 180 f.) erörterten "claim" im TOULMIN-Schema sowie LORENZEN/SCHWEMMER 1973, S. 45 f.; WUNDERLICH 1974, S. 55; RESCHER 1977b, S. 4 ff.

48) Siehe auch WUNDERLICH 1974, S. 55; GÖTTERT/HERRLITZ 1977, S. 25.

49) Vgl. auch HABERMAS 1973, S. 220 f.; ders. 1981a, S. 26; TOULMIN/RIEKE/JANIK 1979, S. 6 und passim.

50) Hierzu eingehender S. 297 ff.

51) Siehe näher S. 304 ff.

52) Siehe oben, S. 212, 213, 279 f.

53) Siehe hierzu den sogleich folgenden Abschnitt (S. 291 ff.).

problematischen Begründungsaussagen hingegen nicht belegt werden, bleibt zur Stützung nur der Weg in eine weitere 'Begründungsrunde' offen.

Begründungen und Belege können somit im Zuge einer Argumentation gegebenenfalls auf mehreren Ebenen vorkommen. Dabei lassen sich die Begründungsaussagen einer Ebene und die zugehörigen, eventuell angeforderten und vorgelegten Belege jeweils als Module auffassen, aus denen eine mehrstufige Argumentation zur Untermauerung einer Behauptung aufgebaut werden kann[55]. Dieser Zusammenhang zwischen den drei grundlegenden Komponenten einer Argumentationsstruktur läßt sich für den Fall einer evaluativen Behauptung wie in Abb. 29 dargestellt veranschaulichen.

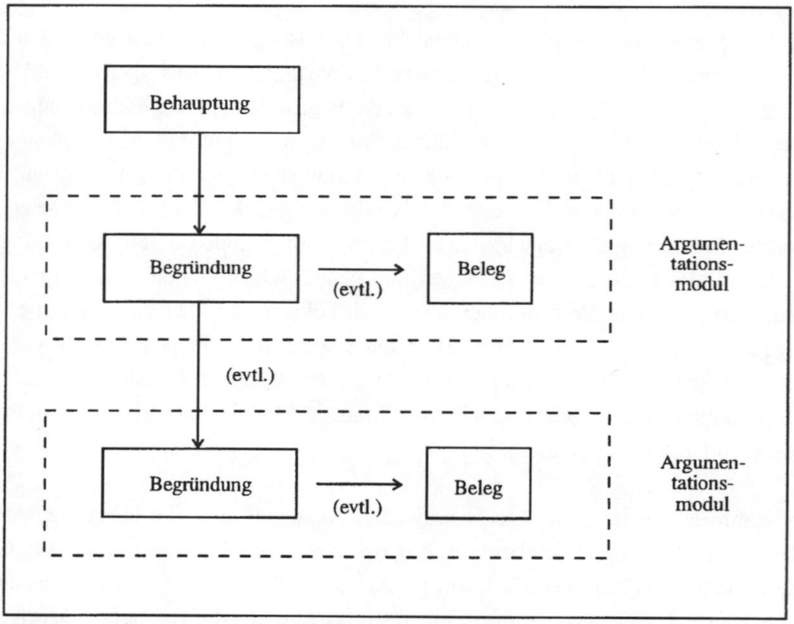

Abb. 29: Strukturkomponenten einer Argumentation mit evaluativer Behauptung

Sowohl die Anfangsaussage einer Argumentation als auch die - eventuell über mehrere Stufen eines Argumentationskomplexes verteilten - Begründungsaussagen lassen sich als Propositionen, die problematisiert werden können und dann zu stützen sind, grundsätzlich unter den Begriff der Behauptung subsumieren. Um einen festen terminologischen Referenzpunkt für die Rationalitätsmessung zu erhalten, soll der Behauptungsbegriff (im engeren meßinstrumentellen Sinne) in dieser Untersuchung allerdings für diejenige Pro-

54) Über Belege wird demgegenüber nicht weiter argumentiert. Sie sind vielmehr zu akzeptieren oder abzulehnen je nachdem, ob sie die Erfüllung der Wahrheits- bzw. Bewährungsmerkmale nachweisen oder nicht. Siehe hierzu näher S. 297 ff.

55) Die jeweilige Zusammenfassung von Begründungen und den zugehörigen Belegen zu einem Argumentationsmodul beruht auf einer meßinstrumentellen Überlegung. Danach ist es zweckmäßig, bei der Messung der Rationalität einer Problemlösung, die zu einem Gutteil von der Anzahl der durchlaufenen Argumentationsrunden abhängt, nicht zwischen von vornherein und erst nach Vorlage von Bele-

position reserviert werden, die den Gegenstand der Rationalbeurteilung bildet. Es handelt sich hierbei um die Anfangsaussage, die den Ausgangspunkt bzw. das Thema der Argumentation fixiert. Sie wird hier in ausführlicher Sprechweise als *Basisbehauptung* oder auch kurz als Behauptung bezeichnet, falls keine Verwechselungen zu befürchten sind. Die 'Behauptungen' im Rahmen der Begründungen hingegen sollen zumeist als *Begründungsaussagen* oder *Begründungspropositionen* angesprochen werden.

b) Manageriale Problemlösungsbehauptungen

aa) Ziel- und Handlungsempfehlungen als Basisbehauptungen

Unstrukturierte Managementprobleme entstehen, wenn Soll-Ist-Differenzen empfunden werden und zunächst keine präzisen Vorstellungen über deren Abbau herrschen. Dabei können sich die unzureichenden Problemeinsichten zum einen auf den angestrebten Soll- bzw. Folgezustand und zum anderen auf den Weg zur Überführung des unbefriedigenden Istzustands in den angestrebten Folgezustand beziehen[56]. Die Bewältigung unstrukturierter Probleme kann sich dementsprechend in zwei Varianten äußern. Sofern ausreichend präzise Zielvorstellungen bestehen, beschränkt sich die Bewältigung auf den Vorschlag bzw. die Auswahl[57] einer geeigneten Maßnahme zur Transformation des Ist- in den Folgezustand. Erweist sich hingegen auch der angestrebte Folgezustand als noch nicht ausreichend strukturiert, sind zunächst die Zielsetzungen näher zu definieren und anschließend die zielentsprechenden Transformationen auszuwählen.

Die skizzierten Entscheidungen über die Ziele und Maßnahmen der Problemlösung basieren aus argumentationstheoretischer Sicht auf Behauptungen. Diese lauten im Fall der vorgegebenen Zielsetzungen im Prinzip, daß eine bestimmte Transformationsmaßnahme im Vergleich zu der oder den übrigen Handlungsmöglichkeiten die relativ erfolgversprechendste Alternative darstellt. Derartige Behauptungen sollen im folgenden auch als *Handlungsempfehlungen*[58] bezeichnet werden. Analog behaupten *Zielempfehlungen* im Fall des noch nicht vorstrukturierten Folgezustands, daß ein bestimmtes Ziel(system) im Kreis der betrachteten alternativen Zielsetzungen besonders vorzugswürdig ist[59].

Die jeweilige Art der Bewältigung unstrukturierter Managementprobleme kommt somit letztlich in Ziel- und Handlungsempfehlungen zum Ausdruck. Diese Empfehlungen repräsentieren m. a. W. den Kern der Lösung eines Problems und bilden damit die Basisbehauptungen, deren Fundierung Gegenstand der Rationalitätsmessung ist und Auskunft

---

gen akzeptierten Begründungsaussagen zu differenzieren. Vgl. zum System der Rationalitätsstufen eingehend S. 496 ff.

56) Hierzu näher S. 41 ff.

57) Vom Aspekt der Maßnahmenrealisation wird im folgenden abstrahiert, da in dieser Schrift nur die Grundlagen einer Theorie der Entscheidungsvorbereitung erarbeitet werden sollen.

58) Synonym können auch die Termini *Mittel-*, *Alternativen-* oder *Transformationsempfehlungen* Verwendung finden.

über den Rationalgehalt der Problemlösung gibt[60]. Im folgenden werden diese managerialen Basisbehauptungen anhand der zuvor unterschiedenen Aussagendimensionen näher charakterisiert, um ihre für die Messung des Rationalgehalts relevanten Besonderheiten aufzuzeigen.

bb) Charakterisierung der Basisbehauptungen

Ziel- und Handlungsempfehlungen können aufgrund der weiten Fassung des Problembegriffs im Grundsatz sowohl singulärer als auch regulärer Natur sein, da Folgezustände und Transformationen entweder einmalig oder aber generell anzustreben bzw. auszuführen sein können. Singuläre Basisbehauptungen betreffen danach die Lösung isolierter - wenn auch eventuell hochkomplexer - Einzelprobleme, wie sie etwa Akquisitionen und Reorganisationen darstellen. Dabei zeichnen singuläre Zielempfehlungen die im betrachteten Einzelfall vorzugswürdigen Zielsetzungen aus und singuläre Handlungsempfehlungen die jeweils erfolgversprechendste Einzelmaßnahme. Reguläre Basisbehauptungen beziehen sich demgegenüber im wesentlichen auf die Festlegung von Politiken und strategischen Programmen, die bis auf Widerruf geltende generelle Ziel- und Handlungsempfehlungen enthalten[61]. Da die beiden Behauptungstypen gleichermaßen die Lösung unstrukturierter Probleme betreffen, bestehen zwischen ihnen in Hinblick auf die Rationalitätsmessung keine prinzipiellen Unterschiede. Das noch zu entwickelnde Meßinstrumentarium ist daher grundsätzlich sowohl bei singulären als auch bei regulären Empfehlungen einsetzbar. Zur Begrenzung des Umfangs dieser Arbeit stellen die folgenden expliziten Ausführungen allerdings die singulären Behauptungen zur Bewältigung von Einzelproblemen in den Vordergrund.

Ziel- und Handlungsempfehlungen haben jeweils evaluativen Charakter, wobei der Wertgehalt dieser beiden Behauptungen allerdings erheblich divergiert[62]. Handlungsempfehlungen beschränken als präskriptive Aussagen ihre Wertung auf die Übernahme des praktisch-rationalen Prinzips, Alternativen nach Maßgabe ihres Beitrags zur Realisierung gegebener Ziele zu beurteilen. Unter Orientierung an dieser Maxime zeichnen sie

---

59) Ergänzend sei angemerkt, daß selbstverständlich auch im Fall einer Ablehnung von Maßnahmen oder Zielvorstellungen formal eine Empfehlung - und zwar zugunsten der Null- oder einer anderen Alternative - ausgesprochen wird.

60) Die Fundierung einer Problemlösung ist folglich mit der Fundierung der entsprechenden Basisbehauptungen identisch bzw. kann an dieser abgelesen werden.

61) Vgl. zu den - im einzelnen recht heterogen verstandenen - Begriffen der betriebswirtschaftlichen Politiken, Strategien und Handlungsprogramme näher PORTER 1980, insb. S. xvi ff. und S. 127 ff.; ders. 1985, v. a. S. 1 f. und S. 11 ff.; KOCH 1982, S. 65 ff., 131 ff.; HINTERHUBER 1992, S. 7 ff.; BLEICHER 1991a, S. 54 f. Die Fixierung genereller Zielsetzungen und Handlungsprogramme steht nicht etwa im Widerspruch zur hier vorausgesetzten geringen (anfänglichen) Strukturierung von Problemen. Zum einen können diese Festlegungen wie die singulären Ziel- und Handlungsempfehlungen als Akt angesehen werden, der die Problemstrukturierung erst herbeiführt (siehe hierzu nochmals oben, S. 1 FN 3). Zum anderen können auch und gerade generelle Zielsetzungen und Handlungsprogramme noch (erhebliche) Entscheidungsspielräume offenlassen. Daß im übrigen der raum-zeitliche Geltungsbereich solcher regulärer (Empfehlungs-)Aussagen drastisch - nämlich auf den jeweiligen Planungshorizont einer individuellen Unternehmung - eingeschränkt ist, muß wohl kaum näher thematisiert werden.

gleichsam nur 'mechanisch' die erfolgversprechendste Alternative aus. Zielempfehlungen sind dagegen normative Aussagen, die nicht nur zu einem Auswahlprinzip, sondern zur Vorzugswürdigkeit inhaltlich unterschiedlicher Folgezustände wertend Stellung beziehen. Aufgrund dieser Differenzen im Wertgehalt wirft die Begründung normativer Basisbehauptungen (Zielempfehlungen) gewisse Besonderheiten im Vergleich zur Fundierung präskriptiver Behauptungen (Handlungsempfehlungen) auf, die unten näher zu erläutern und bei der Entwicklung des Meßinstruments in Rechnung zu stellen sind.

Ziel- und Handlungsempfehlungen beziehen sich gleichermaßen auf die Zukunft. Sie behaupten, daß bestimmte zukünftige Folgezustände vorzugswürdig sind und sich gewisse Handlungsalternativen in Zukunft als (besonders) erfolgreich erweisen werden. Aufgrund dieser temporalen Beschaffenheit managerialer Basisbehauptungen müssen die Begründungen letztlich die Form von Prognosen annehmen. Ferner lassen sich Managementempfehlungen über Ziele und Handlungen als Folge ihres evaluativen Charakters nicht direkt in der Kategorie der Zuverlässigkeit beurteilen. Die Fundierung von Basisbehauptungen bemißt sich vielmehr nach der kognitiven Qualität ihrer deskriptiven Basis, deren Bestimmung im einzelnen später thematisiert wird. Schließlich können, wie schon mehrfach betont, Empfehlungen über die zu ergreifenden Maßnahmen und ihre Untermauerung bei den hier interessierenden unstrukturierten Problemen, für die unstrittige und 'richtige' Lösungen nicht von vornherein bekannt sind, nicht ohne weiteres evident sein. Handlungsempfehlungen zur Bewältigung managerialer Problemstellungen müssen daher stets ausdrücklich ausgesprochen und untermauert werden, sofern ihr Anspruch auf Gültigkeit (bzw. Argumentationsrationalität) akzeptiert werden soll. Dabei kann der Geltungsanspruch - aufgrund des Wertungscharakters wie des Zukunftsbezugs - im ersten Schritt nur auf Begründungen gestützt werden, während unmittelbare Belege der Behauptungen ausgeschlossen sind[63].

cc) Präzision der Basisbehauptungen

Manageriale Basisbehauptungen können - wie jede Aussage - mehr oder weniger präzise formuliert sein. Präskriptive Problemlösungstheorien lassen im Grunde keinen Zweifel daran, daß Ziele und Handlungsalternativen - im Rahmen des Möglichen[64] - genau angegeben werden sollten[65]. Diese Forderung ergibt sich zwanglos aus der Funktion von Zielsetzungen und Maßnahmenentscheidungen. Ziele steuern die Aktivitäten der Infor-

62) Siehe hierzu auch schon oben, S. 198 f.

63) Auf der ersten Argumentationsstufe können allenfalls Belege der Begründungsaussagen vorkommen, vgl. nochmals S. 289 f.

64) Zu berücksichtigen ist selbstverständlich, daß die Möglichkeiten zur Präzisierung mit sinkendem Strukturierungsgrad eines Problems abnehmen. So muß namentlich bei regulären Basisbehauptungen, die generelle Ziel- und Handlungsempfehlungen aussprechen, die Umweltdynamik in Rechnung gestellt werden und daher ein gewisser Interpretations- und Handlungsspielraum offenbleiben. Auch können natürlich Motivationsüberlegungen die Einräumung einer gewissen Entscheidungsautonomie als vorteilhaft erscheinen lassen. Vgl. hierzu allgemein auch BRAUCHLIN 1984, S. 181, sowie speziell aus delegationstheoretischer Sicht FRESE 1988, S. 212 ff.; FRESE/v. WERDER 1993, S. 32 und S. 33 f.

mationsgewinnung und -verarbeitung im Entscheidungsprozeß, indem sie als Orientierungsmaßstäbe für die Generierung und Bewertung von Alternativen fungieren[66]. Sie können diese Steuerungswirkung um so eher entfalten, je präziser sie gefaßt sind. Maßnahmenentscheidungen zeichnen mit der ausgewählten Handlungsalternative den konkreten Weg zur Transformation des Ist- in den angestrebten Folgezustand vor[67]. Auch sie können ihrer Leitlinienfunktion für die tatsächlich vorzunehmenden Veränderungen der Realität bei wachsender Präzision wirkungsvoller gerecht werden.

Der präskriptiven Forderung nach möglichst weitgehender Präzision wird in der Praxis nach den Befunden der empirischen Entscheidungsforschung allerdings nicht immer[68] entsprochen. Dabei lassen sich mit dem lernprozessuralen und dem politischen Ansatz zwei verschiedene Argumentationslinien für die Erklärung dieser Abweichungen von der präskriptiven Präzisionsmaxime unterscheiden. Der lernprozessurale Erklärungsansatz konstatiert, daß praktische Entscheidungsprozesse zu unstrukturierten Problemen keineswegs von Anfang an durch klare Ziele gesteuert werden. Zu Prozeßbeginn existieren vielmehr oft nur vage Zielvorstellungen, die erst allmählich im Lichte der ebenfalls nur schrittweise präzisierten Alternativen genauer gefaßt werden[69]. Unklarheiten über die eigentlich erstrebenswerten Ziele und die offenstehenden Handlungsmöglichkeiten werden hier letztlich auf einen anfangs unzureichenden Informationsstand zurückgeführt. Sie bilden ein 'Provisorium', das im Zuge des als Lernvorgang verstandenen[70] Entscheidungsprozesses abgebaut wird.

Nach Auffassung des zweiten Erklärungsansatzes wird hingegen nicht aus 'informationeller Not' und lediglich in frühen Stadien eines Entscheidungsprozesses, sondern aus 'taktischer Tugend' und auch in den Beschlüssen selbst auf eine genauere Fixierung von Zielen und Handlungen verzichtet. Dieser Ansatz, der Problemlösungen als politische Prozesse interpretiert, verweist zur Begründung im Kern auf die konsensstiftende Kraft großer Interpretationsspielräume von Zielsetzungen und Handlungsvorgaben[71]. Je

---

65) Vgl. z. B. PATZAK 1982, S. 167; BRAUCHLIN 1984, S. 45, 181; KEPNER/TREGOE 1985, S. 90 f.; EISENFÜHR/WEBER 1986, S. 907; PROBST/GOMEZ 1989, S. 7 ff.; HAMEL 1989, Sp. 2303; SIEBEN/SCHILDBACH 1990, S. 16, 23; BAMBERG/COENENBERG 1991, S. 29 f.; NAGEL 1992, Sp. 2018.

66) Siehe für viele FRESE 1971a, S. 294 ff.; HEINEN 1966, S. 18 f.; SIEBEN/SCHILDBACH 1990, S. 15; BAMBERG/COENENBERG 1991, S. 29 f.

67) Siehe oben, S. 41 ff.

68) Es kann an dieser Stelle offenbleiben, ob vage Formulierungen in der Praxis tatsächlich so verbreitet sind, wie Beiträge über organisationale Entscheidungsprozesse (vgl. exemplarisch LINDBLOM 1959, S. 80 ff.) bisweilen vermuten lassen (skeptisch z. B. auch BRAUCHLIN 1984, S. 159). Fest steht zumindest, daß sich neben praktischen Beispielen mit unscharfen Empfehlungen durchaus auch Fälle finden lassen, in denen die Ziel- und Handlungsüberlegungen zu unstrukturierten Problemen ein beachtliches Maß an Präzision aufweisen. Vgl. z. B. die detaillierten Vorstellungen über die strategisch anzustrebende Kundennähe bei BENTHIEN 1989, S. 153 f.; v. DÖRNBERG 1989, S. 92 ff.; ERNST 1989, S. 127 f.; HEUSNER 1989, S. 112 f.; HILLERS 1989, S. 68 ff.; HILT/SCHWABE 1989, S. 28 f.; MALY/FRANK 1989, S. 140 f.; NILSSON/GRAPATIN 1989, S. 78 f.; SCHWEITZER 1989, S. 58 f.; TERRAHE 1989, S. 39.

69) Vgl. WITTE 1971, S. 384 ff.; HAMEL 1974, S. 13 ff.; HAUSCHILDT 1977a, S. 77 ff.; GEMÜNDEN 1981, S. 35, 195 m. w. N.

70) Vgl. GEMÜNDEN 1981, S. 35; HAUSCHILDT 1977a, S. 171 f.; HAMEL 1974, S. 69 ff.

unschärfer Ziele formuliert werden, desto eher können danach Interessengruppen mit konfligierenden Gruppenzielen sich in gemeinsamen Zielvereinbarungen wiederfinden und daher zu 'Kompromissen' bereit sein. Entsprechend sind vage Handlungsvorgaben konsensfähiger als präzise Maßnahmenentscheidungen, da sie größere Chancen bieten, Folgeentscheidungen zur Ausfüllung des Handlungsrahmens an Partikularinteressen auszurichten.

Gegenstand der vorliegenden Untersuchung ist die Rationalbeurteilung ausgearbeiteter Ziel- und Handlungsempfehlungen, wie sie in Entscheidungsvorschlägen bzw. den Grundlagen getroffener Beschlüsse zum Ausdruck kommen. Der Prozeß der Zielbildung und Alternativenentwicklung hingegen steht außerhalb des Untersuchungsinteresses, so daß das Phänomen anfänglich unpräziser Vorstellungen für unsere Zwecke ohne Bedeutung ist. Die These von der konsensorientierten Ambiguität praktischer Zielsetzungen und Maßnahmenentscheidungen wirft demgegenüber das Problem auf, ob sämtliche - auch noch so vagen - Ziel- und Handlungsvorgaben als Basisbehauptungen fungieren können, deren Rationalität meßbar ist. Anders gewendet lautet die Frage, ob bestimmte Mindestanforderungen an die Präzision von Basisbehauptungen zu stellen sind oder gar eine möglichst große Genauigkeit im Sinne der präskriptiven Problemlösungstheorie gefordert werden muß.

Den Schlüssel zur Beantwortung dieser Frage bildet der Begriff der Bewältigung eines Problems. Wie oben näher ausgeführt wurde, besteht eine Problemlösung in einer spezifischen Transformation eines unbefriedigenden Istzustandes in einen angestrebten Folgezustand. Merkmal der Problembewältigung ist folglich, daß ein bestimmter Folgezustand aus dem Kreis der möglichen Folgezustände ausgewählt und eine bestimmte Transformationsmaßnahme aus dem Bündel der offenstehenden Alternativen ergriffen wird. Ziel- und Handlungsempfehlungen, die eine Problembewältigung repräsentieren sollen, müssen daher zumindest so präzise sein, daß sie für den Adressaten eine merkliche Diskriminierung zwischen Folgezuständen und Handlungsalternativen erlauben. Ihre Präzision muß m. a. W. ausreichen, um zumindest grobe Steuerungswirkungen für die Generierung und Bewertung von Handlungsmöglichkeiten zu entfalten und die Grundzüge des Transformationsweges so deutlich zu skizzieren, daß andere Wege(klassen) ausgeschlossen sind. Dieses Mindestmaß an Genauigkeit, das hier als *problemlösungsnotwendige Präzision* bezeichnet werden soll[72], kann im Rahmen dieser Arbeit nicht im Detail expliziert, sondern nur exemplarisch illustriert werden. Es ist beispielsweise erreicht, wenn Ziele wie Gewinn, Wachstum, Flexibilität und Motivation formuliert und etwa die Akquisition eines bestimmten Unternehmens, die Einführung einer kundenorientierten Organisationsstruktur oder die Aufgabe eines verlustreichen Geschäftsfeldes vorgeschlagen werden. Diese Ziel- und Handlungsempfehlungen lassen durchaus noch Raum für

71) Siehe etwa LINDBLOM 1959, S. 81 f. und 83 f.; CYERT/MARCH 1963, S. 32; LUHMANN 1964, S. 101 f.; KIRSCH 1977c, S. 154 ff. Vgl. in diesem Zusammenhang auch WRAPP 1967, S. 94, wonach erfolgreiche Manager präzise Festlegungen in der Unternehmungsöffentlichkeit vermeiden, um Kursänderungen bei unvorhergesehenen Entwicklungen nicht zu erschweren.

72) Vgl. allgemein zur problemnotwendigen Genauigkeit von Aussagen auch nochmals S. 217 f. m. N.

detaillierende Interpretationen bzw. Anschlußentscheidungen, grenzen aber doch schon spürbar die anzustrebenden Folgezustände und durchzuführenden Maßnahmen ein.

Die problemlösungsnotwendige Präzision ist demgegenüber beispielsweise dann nicht ohne weiteres gegeben, wenn als generelles Ziel die «Steigerung des Nutzens der Unternehmung, seiner Mitglieder oder der Umwelt» propagiert und empfohlen wird, lediglich «nutzensteigernde Handlungen» vorzunehmen. Angesichts der Spannweite des Nutzenbegriffs und des breiten Spektrums der berücksichtigten Interessenträger lassen sich kaum Folgezustände und Handlungen ausdenken, die nicht bei irgendeiner Interpretationsvariante als nützlich anzusehen sind[73)]. Ohne weitere Präzisierungen stellen diese beiden Aussagen daher keine Problemlösungen, sondern Leerformeln dar[74)]. Die erforderlichen Präzisierungen müssen allerdings nicht vollumfänglich explizit erfolgen. Es genügt vielmehr, wenn erkennbar auf bereits detaillierter ausgearbeitete Kategorien Bezug genommen wird. Eine Empfehlung beispielsweise von «Handlungen, die im rechtlichen Unternehmensinteresse liegen» verweist auf die (immer noch weiten) Grenzen, die dem Handlungsspielraum durch die Literatur und Judikatur zur Auslegung des Unternehmensinteresses gezogen sind und zumindest extreme Folgezustände und Handlungen ausschließen[75)].

Die problemlösungsnotwendige Präzision stellt somit recht geringe Anforderungen an die Genauigkeit einer Basisbehauptung. Sie schließt im wesentlichen nur solche Aussagen aus, die auch unter Berücksichtigung des Hintergrundwissens[76)] aufgrund ihrer großen Interpretationsspielräume keinen nennenswerten Informationsgehalt haben bzw. Trivialitäten behaupten. Über derart inhaltsleere Aussagen kann nicht sinnvoll in eine Argumentation eingetreten werden, da sie sich nicht ernsthaft bezweifeln lassen[77)]. Problematisch kann eine Behauptung vielmehr nur werden, wenn sie im Lichte ausgeschlossener Ziel- und Handlungsalternativen Profil gewinnt. Gegebenenfalls muß daher das skizzierte Mindestmaß an Präzision zunächst erst durch Klärungen im Vorfeld der Argumentation herbeigeführt werden.

Über das problemlösungsnotwendige Mindestmaß hinaus werden allerdings keine weiteren Genauigkeitsanforderungen gestellt, so daß ganz unterschiedlich präzise Behauptun-

---

73) So kann die gleichzeitige Ruinierung von Unternehmung und Umwelt für ein Unternehmungsmitglied nutzbringend sein, das eine (perverse) Freude an Zerstörung empfindet.

74) Hiermit soll nicht gesagt werden, daß derartige Leerformeln in der politischen Unternehmungspraxis keinerlei Zweck erfüllen können. Sie lassen sich sogar als Lösungen eines Problems auffassen, wobei dieses Problem aber nicht mit dem eigentlichen bzw. ursprünglichen Problem der Vorgabe von Zielen wie Gewinn und Motivation und Handlungen wie Kauf oder Nicht-Kauf eines anderen Unternehmens identisch ist. Das durch Leerformeln 'gelöste' Problem besteht vielmehr darin, Harmonie zwischen widerstreitenden Interessengruppen herzustellen und offene Meinungsverschiedenheiten zu vermeiden. Das eigentliche Problem ist demgegenüber durch die Leerformel nicht gelöst, sondern nur vertagt.

75) Vgl. als Auswahl aus dem umfangreichen Schrifttum zum Unternehmensinteresse hier nur GROSSMANN 1980; BRINKMANN 1983; KOCH 1983; JÜRGENMEYER 1984; SCHMIDT-LEITHOFF 1989, S. 45 ff.

76) Hierzu gehören insbesondere auch die im Rahmen der Entscheidungsvorbereitung ausgeführten und den Rationalgutachtern bekannten näheren Beschreibungen der in Rede stehenden Ziele und Alternativen sowie die Empfehlungsbegründungen, siehe zu letzterem auch noch FN 79.

gen einer Rationalbeurteilung unterzogen werden können. Basisbehauptungen werden m. a. W. in ihrer jeweiligen Präzision[78] auf Rationalität überprüft, sofern sie nur die Mindestpräzision aufweisen. Da die Struktur der Rationalbeurteilung jenseits der Mindestgenauigkeit prinzipiell präzisionsunabhängig ist[79], wird hierdurch eine unnötige Einschränkung des Einsatzgebietes des zu entwickelnden Meßinstrumentariums vermieden.

2. Belege

Werden (deskriptive[80]) Aussagen, die den Geltungsanspruch der Wahrheit oder Bewährung erheben, in Zweifel gezogen, so läßt sich ihr Anspruch letztlich nur dann als gerechtfertigt aufrechterhalten, wenn hinreichende empirische Belege ihrer Gültigkeit präsentiert werden können. Theoretische Begründungen allein reichen demgegenüber nicht aus, um Zweifel an der Wahrheit oder Bewährung von Propositionen auszuräumen[81]. Sie werden darüber hinaus im folgenden auch nicht als Gültigkeitsbedingung vorausgesetzt[82]. Der Grund hierfür liegt zum einen darin, daß ohne die Akzeptierung irgendwelcher (hier: belegter) begründungsfreier Aussagen ein unendlicher Begründungsregreß droht und argumentationsrationale Problemlösungsfuncierungen bzw. Kommentierungen außer im Fall evidenter Begründungen daher keinen vernünftigen Abschluß finden können[83]. Zum anderen gibt es zweifelsohne Aussagen, die (im Sinne von Wahrheit oder Bewährung) zuverlässig, aber noch nicht abschließend[84] erklärbar

---

77) So ist gegen die Zielempfehlung der Nutzensteigerung nichts einzuwenden außer dem Vorwurf der Interpretationsoffenheit mit der in FN 73 angedeuteten eventuell verheerenden Konsequenz.

78) Das gilt speziell auch für die Genauigkeit der Modalisierung, siehe hierzu nochmals S. 218 FN 16.

79) Als ein gewisser Zusammenhang zwischen Präzision der Basisbehauptung und Rationalitätsmessung läßt sich allenfalls feststellen, daß der Proponent durch die Begründungs- und Belegpflichten, die zum Nachweis der (hohen) Argumentationsrationalität zu erfüllen sind, gleichsam prozeßimmanent tendenziell veranlaßt wird, eine zu Beginn unterlassene stärkere Präzisierung seiner Behauptung im Zuge der Argumentation nachzuholen. Wird beispielsweise die Einführung einer Kundenorganisation empfohlen und werden die positiven Auswirkungen dieser Reorganisation auf Dispositionsfähigkeit und Gewinn u. a. mit den konkreten strukturtypischen Kompetenz- und Kommunikationsregelungen erläutert, so wird mit diesen Begründungsaussagen auch die genaue Form der empfohlenen Organisationsstruktur mit ihren Detailausprägungen deutlicher.

80) Evaluative Aussagen sind - woran hier erinnert sei - nicht wahrheits- oder bewährungsfähig und kommen daher auch nicht für einen entsprechenden Beleg in Betracht.

81) Vgl. für den Fall der Überprüfung von Theorien auch KÖHLER 1966, S. 37; OPP 1976, S. 369; CHMIELEWICZ 1979, S. 100 ff.

82) Der Verzicht auf eine explizite Begründung darf nicht mit der Konsistenzforderung verwechselt werden, wonach keinerlei Anzeichen für eine Unvereinbarkeit der fraglichen Proposition mit anderen akzeptierten Aussagen vorliegen dürfen. Siehe sogleich (S. 300 f.).

83) Siehe hierzu näher S. 463 ff., sowie zur Motivation für die diesbezügliche Gleichbehandlung von wahren und bewährten Aussagen S. 302 f.

84) Es kommt hier also nicht auf irgendeine, bei entsprechender Zuverlässigkeit und ausreichender Phantasie stets mögliche (und plausibilitätsgenerierende) Begründung an, sondern auf eine unbezweifelbare, wahrheits- bzw. bewährungsverbürgende Erklärung.

sind[85]. Einen Ausschluß solcher Propositionen vom Zuverlässigkeitsstatus wahrer bzw. bewährter Aussagen erscheint aber weder notwendig noch sinnvoll.

Belege können durch die bekannten verschiedenen Verfahren der empirischen Erhebung von Daten gewonnen werden, die hier nicht im Detail dargestellt zu werden brauchen[86]. Sie werden für die weiteren Überlegungen zu den beiden Gruppen der direkten und der indirekten Erhebungen zusammengefaßt. Die direkten Erhebungen bestehen zur Hauptsache aus den eigenen sinnlichen Wahrnehmungen und instrumentellen Messungen[87] in der physischen und sozialen Welt. Sie sollen im folgenden aus sprachlichen Gründen insgesamt auch als *Beobachtungen* bezeichnet werden. Zu den indirekten Erhebungen zählen im wesentlichen die schriftlichen und mündlichen *Befragungen*[88].

Die Erarbeitung und Präsentation von Belegen werfen ihre eigene Zuverlässigkeitsproblematik auf, die in der methodologischen Literatur als 'Basisproblem' bekannt ist[89]. Dabei ist zwischen zwei Dimensionen dieser Komplikation zu unterscheiden. Die erste Problemdimension betrifft den Tatbestand, daß (auch) Erhebungsbefunde als Aussagen durch Abstraktionen geprägt sind und folglich vor allem keinen theoriefreien Zugang zur Realität gestatten[90]. Die unbestreitbare abstraktionsbedingte Prägung von Belegaussagen stellt nach den oben durchgeführten Untersuchungen zum Wahrheitsbegriff allerdings kein eigentliches Problem mehr dar, da Belege nur - aber immerhin auch - die Aufgabe haben, die Übereinstimmung zwischen einer fraglichen Proposition und der aus einer bestimmten Abstraktionsperspektive betrachteten bzw. erhobenen Realität nachzuweisen[91].

---

85) Dies trifft beispielsweise - zumindest soweit der Verfasser das als Laie auf diesem Gebiet beurteilen kann - für das Ozonloch zu, dessen (mehr oder weniger ausgedehnte) Existenz wohl unstrittig, dessen Erklärung aber noch nicht zweifelsfrei gelungen ist.

86) Vgl. näher SCHRADER/MALWITZ-SCHÜTTE/SELL 1971, S. 75 ff.; SCHMIDT 1980; REMITSCHKA 1992.

87) Im folgenden wird die eigene Durchführung der Erhebungsformen *Wahrnehmung* und *Messung* nicht stets ausdrücklich betont.

88) Die schriftlichen und mündlichen Befragungen können in zahlreichen Spielarten auftreten. So umfaßt die Untergruppe der mündlichen Befragungen z. B. auch die Informationsgewinnung im Rahmen von Verhandlungen. In Bezug auf die spezielle Erhebungsform der Dokumentenanalyse ist zu differenzieren, ob - wie namentlich bei Verträgen und Rechtsnormen - die Dokumentinhalte als solche den relevanten Gegenstand der (sozialen) Welt ausmachen, oder ob die Texte nur über Erhebungsergebnisse Dritter aus Beobachtung und Befragung informieren. Im ersten Fall wird das selbst durchgeführte Studium der Dokumente hier zur Beobachtung gerechnet und als *Dokumentenlektüre* bezeichnet. Im zweiten Fall stellt sie dagegen strenggenommen nur eine besondere Variante der (schriftlichen) Befragung dar. Zur Vermeidung von Mißverständnissen kann insoweit aber auch der Terminus *Dokumentenauswertung* Verwendung finden.

89) Siehe für viele KÖHLER 1966, S. 36 f.; LAY 1971, S. 50; STEGMÜLLER 1989, S. 445 ff.; ANDERSSON 1988, S. 93 ff.

90) Siehe hierzu v. a. POPPER 1989, S. 31 FN 1, S. 60 ff. und passim, sowie auch LAY 1971, S. 127 ff., insb. S. 138 f.; SCHURZ 1988b, S. 304 ff.; SCHNÄDELBACH 1989, S. 269.

91) Ein weiterer methodologischer Diskussionspunkt im Zusammenhang mit dem Basisproblem (bzw. der Korrespondenztheorie der Wahrheit) sei hier nur nachrichtlich skizziert, um die bisweilen doch beachtliche Kuriosität der philosophischen Auseinandersetzungen zu dokumentieren. Er betrifft das Phänomen, daß die Befunde von Realitätserhebungen konsequent durchdacht nur in Form von Aussagen artikuliert werden können, so daß nicht nur kein abstraktionsfreier, sondern - wenigstens im sozialen Kontext - auch kein sprachfreier Zugang zur Wirklichkeit möglich ist (so schon NEURATH

Die zweite Dimension des Basisproblems ist demgegenüber weitaus gravierender und bezieht sich auf die Möglichkeit unbewußter (Perzeptionsproblem) und bewußter (Wahrhaftigkeitsproblem) Täuschungen bei der Erhebung und Präsentation von Belegen. Um derartige Manipulationsrisiken möglichst auszuschalten, muß der Erhebungsvorgang zunächst so detailliert beschrieben werden oder evident sein, daß die Gewinnung der Belege gedanklich nachvollziehbar ist und im Zweifel tatsächlich nachvollzogen werden kann[92]. Dabei sind zur Vermeidung eventuell zu befürchtender sensoriell-affektiver Perzeptionsverzerrungen unter Umständen auch die 'Standardbedingungen' anzugeben, unter denen belegtaugliche Erhebungen zu erfolgen haben[93].

Selbst wenn Befunde den zuvor genannten Voraussetzungen genügen, ist unter dem Aspekt der Belegzuverlässigkeit jedoch noch ein prinzipielles Glaubwürdigkeitsgefälle zwischen den beiden Gruppen der direkten und der indirekten Erhebungen in Rechnung zu stellen. Beobachtungen können zwar - sofern Erhebungserlaubnisse eingeholt werden müssen - wie Befragungen nicht autonom, sondern nur unter Einschaltung Dritter durchgeführt werden. Sie bieten aber als direkte Erhebungsform für den Beobachter den Vorteil, die interessierenden Sachverhalte selbst 'in Augenschein'[94] nehmen zu können. Werden perzeptionelle Verzerrungen ausgeschlossen, zeichnen sich die gewonnenen Informationen aus der Sicht des Beobachters daher durch einen hohen Grad an Glaubwürdigkeit aus. Befragungen hingegen können nur Auskünfte über Sachverhalte aus den jeweiligen fremden 'individuellen Welten' geben, zu denen jeweils lediglich der Auskunftgeber allein einen exklusiven Zugang hat. Da die Wahrhaftigkeit der Auskunftgeber nicht prinzipiell unterstellt werden kann, besitzt die Befragung ein systematisches Verläßlichkeitshandikap gegenüber der Beobachtung[95]. Auf Befragungen beruhende Belege

---

1931, insb. S. 396 f.). Vor diesem Hintergrund wird der Einwand formuliert, daß gar keine Überprüfungen von Realität und Aussage, sondern nur von Aussagen mit Aussagen möglich sind. In einer Erwiderung auf SCHLICK treibt HEMPEL dieses Bedenken auf eine nahezu groteske Spitze. SCHLICK weist zur Verteidigung der Korrespondenztheorie darauf hin, daß man beispielsweise die Aussage in einem Baedecker "'Diese Kathedrale hat zwei Turmspitzen'" dadurch überprüfen kann, daß man sein Augenmerk auf das betreffende Bauwerk richtet und sich von der Wahrheit der Angabe des Reiseführers überzeugt (SCHLICK 1935, S. 66, Übersetzung durch v. W.). HEMPEL entgegnet hierauf, daß auf der empirischen (sprachunabhängigen) Ebene direkt nur das aus Druckerschwärze-Symbolen bestehende physische Objekt im Baedecker "'Diese Kathedrale hat zwei Turmspitzen'" mit einem anderem physischen Objekt, nämlich der 'realen' Kathedrale verglichen werden kann. Dieser Vergleich ergibt z. B., daß die Aussage mehr Teile (Wörter) enthält als die Kathedrale Türme (HEMPEL 1935b, S. 93 f., Übersetzung durch v. W.). Nach unserem Dafürhalten macht es aber durchaus Sinn, gleichwohl - zugegebenermaßen etwas vereinfachend - von einer Übereinstimmung zwischen Aussage und Realität zu sprechen, wenn eine fragliche Proposition behauptet, daß in der Realität in ihrer jeweils konturierten Form etwas der Fall ist, und eine Belegaussage nach entsprechender empirischer Erhebung bzw. Nachprüfung bestätigt, daß dies tatsächlich der Fall ist. Vgl. hierzu auch HEMPEL selbst (S. 94) sowie noch CHMIELEWICZ 1979, S. 159 und PUNTEL 1983, S. 182.

92) Vgl. auch KÖHLER 1966, S. 36 f. m. w. N.

93) Vgl. an dieser Stelle auch das von STEGMÜLLER 1970, S. 215 bei der Erörterung der Dispositionsprädikate gebrachte Beispiel, wonach die "*wirkliche*" Farbe eines Gegenstands im Regelfall "jene ist, die von einem Normalsichtigen (insbesondere also einem nicht Farbenblinden) bei hellem Tageslicht beobachtet wird." Siehe ferner SCHURZ 1988b, S. 309, 312 ff., sowie zur Notwendigkeit von Meßstandards allgemein auch CHURCHMAN 1962, S. 88 ff.

94) Bei zahlreichen Varianten der direkten Erhebung (z. B. Messungen mit gerätetechnischer Unterstützung) ist diese Formulierung natürlich nur im übertragenen Sinne zu verstehen.

95) Vgl. auch SCHMIDT 1980, Sp. 661. Zur Klarstellung: Das an dieser Stelle erörterte Problem betrifft die Verläßlichkeit der Befragungsergebnisse (m. a. W. also der Wahrhaftigkeit der vom Rationalsubjekt befragten Auskunftgeber wie etwa Kunden oder Mitarbeiter der Unternehmung) und nicht

können daher auch dann, wenn sie von Dritten nachvollzogen, also erneut erfragt worden sind, strenggenommen nur dafür bürgen, daß der Auskunftgeber die betreffende Proposition geäußert hat[96]. Der Inhalt der Proposition selbst kann dagegen durch eine Befragung allein zumindest nicht auf seine Wahrheit[97] hin überprüft werden[98]. Ob jemand tatsächlich zu seinen Aussagen steht, läßt sich vielmehr im wesentlichen lediglich an seinen aussagenkonformen oder aber eben aussagenwidersprechenden Handlungen feststellen[99] und damit *beobachten*. Infolgedessen werden in dieser Arbeit Aussagen über die individuelle Sphäre von Personen wie z. B. ihre Einstellungen, Meinungen und Präferenzen nur ausnahmsweise dann als wahr belegt angesehen, wenn sie durch entsprechende direkte Erhebungen, also Beobachtungen zweifelsfrei untermauert worden sind[100].

Der Gegenstand der erforderlichen Belege richtet sich im einzelnen nach dem jeweiligen Typ und dem erhobenen Geltungsanspruch der fraglichen Proposition[101]. Bei singulären Aussagen, die als wahr eingebracht werden (und damit nur vergangenheits- oder gegenwartsbezogen sein können[102]), ist lediglich zu belegen, daß sie realitätskonform im oben präzisierten Sinne sind[103]. Ein Beleg für die Konsequenzsicherheit ist zur Verifizierung singulärer Propositionen nicht gesondert erforderlich bzw. für die Implikation, daß der ausgesagte Sachverhalt erhoben werden kann, gleichbedeutend mit dem Beleg für die Korrespondenz von Aussage und Realität[104]. Die Konsistenz der fraglichen Proposition mit dem (gegebenenfalls revidierten) Bestand der übrigen akzeptierten Aussagen sowie ein Konsens der potentiellen Aussagenadressaten sind zwar für die Wahrheitsqualifikation erforderlich bzw. zu erwarten. Ein ausdrücklicher Beleg für die Erfüllung dieser beiden Wahrheitsmerkmale kann aber u. E. nicht sinnvoll eingefordert werden, da eine solche Forderung praktisch kaum überwindbare Barrieren aufstellen

---

etwa die Zuverlässigkeit der Mitteilungen des Rationalsubjekts über diese Befunde. Aus Sicht des Rationalgutachters stellen präsentierte Belege dagegen naturgemäß zunächst im Prinzip (zur Ausnahme der Dokumentenlektüre siehe FN 88) stets Ergebnisse seiner 'Befragung' des Rationalsubjekts dar. Stellen sich Zweifel an der Zuverläsigkeit dieser Befragungsergebnisse, also an der Kommentierung durch das Rationalsubjekt und damit dessen eigener Perzeption oder Wahrhaftigkeit ein, so sind die Auskünfte auf dem 'explizit beschriebenen oder evidenten' Weg (S. 299) nachzuprüfen.

96) Ein entsprechender Beleg kann durchaus einen beachtlichen Eigenwert haben, falls z. B. die fragliche Äußerung rechtsverbindlichen Charakter hat.

97) Einen Bewährungsbeleg können Befragungen dagegen liefern, sofern das Ausmaß der (mangelnden) Aufrichtigkeit aufgrund von Erfahrungswerten, Kontrollfragen etc. systematisch abgeschätzt werden kann.

98) Der Leser denke zur Veranschaulichung an Zeugenaussagen, die auch durch eine mehrfache Wiederholung allein noch nicht ihre Wahrheit erweisen.

99) Siehe hierzu noch näher S. 508 f., insb. FN 4.

100) An FN 97 wird noch einmal erinnert.

101) Zur Abhängigkeit der Überprüfungsweisen von der jeweiligen Erkenntnisart allgemein auch HEGSELMANN 1978b, Sp. 611; LENZEN 1980b, S. 658 ff.

102) Zukunftsbezogene Aussagen lassen sich dagegen aus Prinzip nicht belegen (und können daher auch nicht wahr oder bewährt sein), da die prognostizierten Sachverhalte noch nicht eingetreten sind und daher schlechterdings auch noch nicht erhoben werden können.

103) Vgl. zur Verifizierung singulärer Aussagen allgemein auch WEINGARTNER 1978, S. 163; LENZEN 1980b, S. 661.

würde[105]. Gefordert wird hier vielmehr, daß keinerlei Anzeichen für eine Widersprüchlichkeit bzw. einen vernünftigen, weil begründbaren Dissens vorliegen[106].

Im Fall regulärer Aussagen, die den Anspruch auf Wahrheit erheben, ergeben sich im Vergleich zu den beiden Wahrheitsmerkmalen Konsistenz und Konsens keine prinzipiellen Besonderheiten, so daß die entsprechenden Ausführungen hier analog gelten. Hingegen sind zur Realitätskonformität und zur Konsequenzsicherheit typusspezifische Überlegungen anzustellen. Regeln machen Aussagen über eine generelle Beziehung zwischen verschiedenen Phänomenen. Der wahre Regelcharakter einer solchen Proposition läßt sich daher nicht mit dem Befund einer einzelnen Realisierung der behaupteten Beziehung belegen. Die Wahrheit einer regulären Aussage kann vielmehr im Prinzip nicht ohne Nachweis der Konsequenzsicherheit untermauert werden[107]. Anders als bei den singulären Aussagen kann somit die Realitätskonformität im Fall der regulären Propositionen nur indirekt belegt werden. Dabei hängen die Beleganforderungen vor allem vom Zeitbezug der betrachteten Regelaussage ab. Zur Untermauerung von Propositionen, die die Wahrheit einer Regel (nur) für die Vergangenheit oder Gegenwart behaupten, muß im Prinzip[108] darauf verwiesen werden können, daß bislang zahlreiche voraussetzungsgemäße Situationen vorgelegen haben und in sämtlichen dieser Situationen die regelkonformen Konsequenzen eingetreten sind[109]. An Belege für Aussagen, die die Wahrheit einer Regel (auch) für die Zukunft behaupten, sind hingegen erheblich strengere An-

---

104) Siehe zur Veranschaulichung nochmals die Überprüfung der Existenzaussage über den Kölner Dom (hierzu S. 236 FN 130).

105) Vgl. zu den Schwierigkeiten des Beweises der Widerspruchsfreiheit bereits in den noch vergleichsweise beweiszugänglichen, da streng axiomatisierten Aussagensystemen der Mathematik LENZEN 1980b, S. 660, sowie zu den Grenzen computergestützter Konsistenztests nochmals S. 231, insb. FN 100. Die Probleme des Konsensnachweises liegen auf der Hand und bedürfen keines näheren Kommentars mehr (siehe auch oben S. 243 FN 178). Zur Abrundung sei noch darauf hingewiesen, daß mit dem Verzicht auf explizite Konsistenzbelege auch der ausdrückliche Nachweis der logisch-mathematisch formalen Wahrheit von (berechneten) Aussagen entfällt (und bei den hier betrachteten managerialen Problemstellungen auch ohne weiteres entfallen kann). Die 'rechnerische Richtigkeit' ist also anzunehmen, solange sich nicht - namentlich bei einem 'Nachrechnen' - Zweifel an der korrekten Berechnung einstellen. Vgl. zur analogen späteren Unterstellung der logischen Schlüssigkeit von Argumentationen (im Gegensatz zur problematisierten kognitiven Geltung der Schlußfolgerungen) S. 330 f.

106) Soll der Geltungsanspruch einer wahren Aussage unter dem Konsistenz- oder dem Konsensaspekt angegriffen werden, muß der Opponent m. a. W. also einen erfolgreichen Nachweis der Inkonsistenz bzw. des vernünftigen Dissenses führen. Vgl. zum argumentationstheoretischen Prinzip der Beweislastumkehr näher S. 460 m. N.

107) Vgl. allgemein zur Überprüfung regulärer Aussagen bzw. Hypothesen auch DIEDERICH 1978; CHMIELEWICZ 1979, S. 100 ff.; LENZEN 1980a; ders. 1980b, S. 661 ff.

108) Eine Ausnahme ergibt sich in den Fällen, in denen die Existenz der Regel auf menschlichen Festsetzungen beruht und verbindlich dokumentiert ist. So könnte die reguläre Aussage "Natürliche Personen mit Wohnsitz oder gewöhnlichem Aufenthalt im Inland sind unbeschränkt einkommensteuerpflichtig" selbst dann allein durch ihre Korrespondenz mit der zitierten Vorschrift des § 1 Abs. 1 Satz 1 EStG als wahr bestätigt werden, wenn bislang keine einzige natürliche Person ihren Wohnsitz oder gewöhnlichen Aufenthalt im Inland gehabt hätte und es daher noch zu keiner einzigen Realisierung der behaupteten Beziehung zwischen Domizil und Steuerpflicht gekommen wäre. Voraussetzung ist allerdings, daß die Regelimplikation wahrheitsfähig ist. Fixierte und verbindlich dokumentierte evaluative Aussagen können daher (auch) auf diese Weise nicht (hinsichtlich ihres Wertungscharakters, nicht als normdeskriptive Feststellungen!) auf ihre Wahrheit hin überprüft werden.

109) Unter diesen Bedingungen können durchaus auch Regularitäten des menschlichen Verhaltens und Handelns als bislang wahr belegt werden. Siehe S. 379 dieser Arbeit. Wie groß im übrigen die Zahl

forderungen zu stellen. Hier kann der Wahrheitsanspruch nur anerkannt werden, wenn die Aussagen zum einen bisher dem Fallgesetz gleich bestätigt wurden, ihre Implikationen also in unübersehbar vielen Fällen ohne Ausnahme stattgefunden haben, und zum anderen keinerlei vernünftige Anhaltspunkte für die Annahme etwaiger Regelabweichungen in der Zukunft vorliegen[110)].

Ein Bewährungsanspruch von Aussagen, der im Fall singulärer Propositionen wiederum nur für vergangenheits- oder gegenwartsbezogene Aussagen in Betracht kommt, ist auf Nachfrage analog mit Hilfe der durchgeführten Erhebungen zu belegen. Dabei ist neben der Dokumentation der jeweiligen Erhebung und der Präsentation der Erhebungsbefunde als solchen angesichts der oben aufgezeigten Verfahrensproblematik[111)] im Zweifel auch zu zeigen, daß die Erhebung nach dem zugänglichen statistischen Wissensstand methodisch vertretbar ist. Diese verfahrensbezogene Untermauerung des Bewährungsanspruchs wird im Kern aus entsprechenden Verweisen auf das einschlägige Fachschrifttum bestehen[112)]. Sofern jedoch - vor allem aufgrund von literarisch nicht abgedeckten Besonderheiten der betreffenden Situation - Interpretationen der Literaturlage, also Argumentationen erforderlich sind, um die Vertretbarkeit einsichtig zu machen, werden sie hier ebenfalls unter den Begriff der Bewährungsbelege subsumiert[113)].

Wie im Fall der wahren Aussagen stellen auch bei den bewährten Propositionen die Konsistenz und Konsensfähigkeit zwar eine Voraussetzung bzw. (vernünftigerweise anzunehmende) Begleiterscheinung der Qualifikation dar, die aus den schon genannten Gründen aber nicht explizit zu belegen ist[114)]. Vielmehr wird auch insoweit wiederum nur gefordert, daß keinerlei Anhaltspunkte für eine Inkonsistenz im oben präzisierten Sinne[115)] existieren. Ferner sei noch einmal hervorgehoben, daß auch für bewährte Aussagen im Zweifel nur ein Beleg, aber keine Begründung ihres Inhalts[116)] verlangt wird. Das Motiv für diese Festlegung ist darin zu sehen, daß sich wahre Aussagen im Rahmen der Fundierung unstrukturierter managerialer Problemlösungen nur vergleichsweise selten formulieren lassen[117)] und daher die bewährten Propositionen als nächst

---

der zu zitierenden Situationen konkret sein muß, ist letztlich eine Frage der Konvention, vgl. auch STÄHLIN 1973, S. 23.

110) Durch diese Forderung sind namentlich alle Humanregularitäten von der Zuverlässigkeitsstufe der dauerhaft-zukünftigen Wahrheit ausgeschlossen, siehe näher unten, S. 379 f.

111) Siehe S. 274.

112) Vgl. hierzu und zur sogleich angesprochenen Interpretationsnotwendigkeit die vergleichbare Situation des Nachweises der Zugehörigkeit einer Norm zum Bestand der akzeptablen Normen, die unten (S. 335 ff.) noch eingehend erörtert wird.

113) Zu trennen ist also streng zwischen der eventuellen Begründung der Vertretbarkeit des Erhebungsverfahrens, die hier noch zur Sphäre der Bewährungsbelege gezählt wird, und einer Begründung der bewährten Aussage als solcher, also der Aufdeckung der für ihren Inhalt sprechenden Argumente (z. B. der theoretischen Erklärung einer festgestellten empirischen Korrelation), die für die Bewährungsqualifikation nach unseren Festlegungen nicht erforderlich ist (zu letzterem schon oben, S. 297 f., sowie auch noch sogleich).

114) Siehe S. 301 f.

115) Siehe S. 277 f.

116) Also keine Begründung im eigentlichen Sinne, die jenseits der eventuellen argumentativen Stützung der methodischen Vertretbarkeit des Erhebungsverfahrens liegt, siehe auch nochmals FN 113.

zuverlässige Aussagen unter dem Gedanken des argumentationsrationalen Abschlusses von Problemlösungsbegründungen bzw. Kommentierungen gleichbehandelt werden sollen. Anderenfalls, d. h. bei der alleinigen Begründungsfreistellung wahrer Aussagen wären unter Umständen zahlreiche weitere Argumentationsrunden erforderlich, um die höchste Rationalitätsstufe der *qualifizierten Problemlösung* zu erreichen, die sämtlichen vernünftigen Fundierungsanforderungen bzw. hier speziell: Begründungsanforderungen genügt[118]. In Anbetracht der hohen Qualifikationsschwelle, die für bewährte Aussagen gilt und insbesondere jegliche Unverträglichkeit mit dem vorhandenen Hintergrundwissen ausschließt, erscheint diese Normierung des Meßinstrumentariums nicht nur zweckmäßig, sondern auch unproblematisch.

117) Siehe hierzu näher S. 376 ff.

118) Siehe S. 499 f.

3. Begründungen

a) Formalstruktur und Typen von Begründungen

aa) Formale Grundstruktur von Begründungen

Eine Aussage wird begründet, wenn ein Argument oder mehrere Argumente zur Stützung ihres Geltungsanspruchs vorgetragen werden. Dabei steigt die Überzeugungskraft einer Begründung mit der Stichhaltigkeit der Argumente. Um die Einflußfaktoren und Beurteilungsmöglichkeiten des argumentativen Potentials vorgebrachter Gründe (im Gliederungsabschnitt b) eingehender analysieren zu können, ist zunächst die formale Struktur eines Arguments bzw. Grundes offenzulegen.

Unabhängig von seinem materiellen Inhalt umfaßt jeder ausführlich formulierte *Grund* in seiner Formalstruktur zwei Komponenten. Ein Grund nennt danach zum einen charakteristische Merkmale des Phänomens, auf das die zu untermauernde Aussage Bezug nimmt. Diese 'Fakten des Einzelfalls', die in unserer Terminologie die Bezeichnung *Daten* erhalten sollen, werden in Form von singulären Aussagen beschrieben[1)]. Betrachtet sei zur Illustration die simple Behauptung, daß ein in der Hand gehaltener Stein in Kürze zu Boden fallen wird. Diese Prognose kann in einem ersten Teilschritt mit der Situationsbeschreibung gestützt werden, daß der Stein alsbald losgelassen wird.

Zum anderen erfordert die vollständige Angabe eines Grundes den Verweis auf eine[2)] (mehr oder weniger[3)]) allgemeingültige Übergangssregel oder kurz *Regel*, die eine Beziehung zwischen der geschilderten Situation und der zu begründenden Aussage herstellt. Diese in einem Argument enthaltene reguläre Aussage erlaubt m. a. W. den Schritt von den Daten zur fraglichen Behauptung[4)]. In unserem exemplarischen Prognosefall beispielsweise kann das Argument durch den Hinweis vervollständigt werden, daß losgelassene Steine nach dem Gravitationsgesetz regelmäßig zu Boden fallen.

Im Zuge einer Begründung wird somit eine behauptete Aussage - mehr oder weniger stringent[5)] - aus anderen singulären und regulären Propositionen abgeleitet bzw. 'systematisch' in einen Bestand vorhandener Erkenntnisse und eventuell angesetzter Werte eingebettet[6)]. Der Begründungsmechanismus besteht im Kern darin, die Behauptung als

---

1) Vgl. auch das Strukturelement der "grounds" im Argumentationsschema von TOULMIN/RIEKE/JANIK (hierzu m. N. oben, S. 181). Zu beachten ist, daß die "Gründe" im Sprachgebrauch der vorliegenden Arbeit sich jeweils aus Daten und Regeln zusammensetzen, und daher mit den "grounds" bei TOULMIN/RIEKE/JANIK, die lediglich mit unseren "Daten" korrespondieren (so ursprünglich auch TOULMIN 1975, S. 88 ff.), nicht deckungsgleich sind.

2) Argumente können nach unseren Festlegungen jeweils nur eine Regelaussage (aber mehrere Datenaussagen) enthalten, siehe S. 346 f.

3) Vgl. zur Relativität des Allgemeinheitsgrades regulärer Aussagen nochmals S. 195 f.

4) Vgl. auch die "warrants" im TOULMIN-Schema (hierzu S. 183 dieser Arbeit m. N.). Siehe zur formalen Struktur eines Arguments auch WUNDERLICH 1974, S. 66 ff; KOPPERSCHMIDT 1980, S. 84 ff., insb. S. 90; BUBNER 1986, S. 37, sowie die im folgenden zitierten Quellen, die den - in seinem Kern übereinstimmenden - Aufbau unterschiedlicher Begründungstypen herausarbeiten.

5) Die strenggenommen stets erforderlichen Abstufungen der Überzeugungskraft werden im folgenden zunächst aus Vereinfachungsgründen nicht immer explizit erwähnt.

'bloßen' Anwendungsfall (Instanz) eines generell gültigen Grundsatzes darzustellen, der angesichts der geschilderten Situation eingreift. Durch die Subsumtion der Behauptung unter eine durch die Daten als einschlägig ausgewiesene Regel wird folglich der Nachweis angetreten, daß der fragliche Aussageninhalt nicht ungewöhnlich-unglaubwürdig ist. So sprechen die beiden Aussagen über den alsbald losgelassenen Stein (Datum) und das Gravitationsgesetz (Regel) offensichtlich für die Gültigkeit der aufgestellten Behauptung, weil diese im Lichte des angeführten Situations- und Regelwissens nun ohne weiteres 'einleuchtet'[7].

Sowohl für die sogleich erfolgende detailliertere Normierung[8] von Begründungsstrukturen als auch bei der konkreten Rationalitätsmessung ist zu beachten, daß sich die Datenkomponente und die Regelkomponente in einem Argument nicht prinzipiell problemlos anhand des Inhalts oder der Art der Formulierung der Begründungsaussagen identifizieren lassen. Ein und dieselbe Aussage kann vielmehr je nach der Begründungsintention in einem Argument entweder als Datum oder als Regel fungieren[9]. So können beispielsweise durchaus auch Aussagen über das allgemeine Verhalten losgelassener Gegenstände die Rolle eines Datums in einer Begründung übernehmen. Ist beispielsweise die Behauptung zu stützen, das Fallgesetz sei nach den üblichen Gesetzesklassifikationen deterministischer Natur, so kann zur Begründung angeführt werden, daß unter den Schwerkraftbedingungen der Erde zumindest bislang alle losgelassenen Gegenstände zu Boden fallen (Datum), und daß ausnahmslos gültige Gesetzmäßigkeiten 'deterministisch' genannt werden (Regel). Analog zur Abgrenzung zwischen singulären und regulären Propositionen generell[10] kann die Trennung zwischen der Daten- und der Regelkomponente eines Grundes daher nur nach funktionalen Aspekten erfolgen. Zu prüfen ist folglich, ob eine betreffende Aussage als Datum gedacht ist oder als Regel den Argumentationsschritt von der Situationsschilderung zur Behauptung erlauben soll.

Im Zuge der argumentativen Fundierung managerialer Problemlösungen können verschiedene Aussagenarten vorkommen und jeweils durch unterschiedliche Fragenkategorien problematisiert werden. Die daraufhin zu gebenden Begründungen lassen sich zwar - wie im folgenden deutlich werden wird - einheitlich auf der formalen Ebene anhand der soeben isolierten Strukturelemente nachzeichnen. Jenseits dieser Basisstruktur weisen sie jedoch z. T. bestimmte Besonderheiten auf, die den Charakter der anzuführenden Daten und Regeln betreffen und eine Differenzierung zwischen verschiedenen Begründungsty-

---

6) Vgl. auch den Begriff der "Systematisierung", der auf HEMPEL zurückgeht und als allgemeiner Terminus die verschiedensten Formen (wissenschaftlicher) deskriptiver Argumentationen wie Erklärungen, Prognosen und Retrodiktionen bezeichnet (HEMPEL 1965, S. 174, 176; LENK 1972a, S. 18 FN 16; STEGMÜLLER 1983, S. 199 und passim).

7) Zum Mechanismus der Generierung von Überzeugungskraft durch (namentlich deskriptive) Begründungen noch näher S. 361 ff.

8) Da hier die Formalstrukturen potentiell überzeugungskräftiger Begründungen herausgearbeitet werden, haben die vorgestellten Strukturen letztlich normativen Charakter.

9) Vgl. zu dieser Problematik auch TOULMIN 1975, S. 90 f. und 96.

10) Siehe S. 196 f.

pen nahelegen. Dies gilt namentlich für die Rechtfertigung von Urteilen im Vergleich zur Stützung von Feststellungen. Die weitere Konkretisierung der Struktur von Begründungen soll daher im folgenden getrennt nach evaluativen und deskriptiven Aussagen vorgenommen werden.

bb) Begründung evaluativer Aussagen

a' Aufbereitung des Problems

Managementargumentationen der hier untersuchten Art beginnen entweder mit einer Handlungsempfehlung oder einer Zielempfehlung[11]. Eine Handlungsempfehlung kann etwa im Referenzbeispiel wie folgt lauten:

«Wir sollten eine kundenorientierte Organisationsstruktur einführen.»

Oder in anderen Worten z. B.:

«Die Einführung einer Kundenorganisation ist die beste der offenstehenden Organisationsmöglichkeiten.»

Als Zielempfehlung könnte beispielsweise die Aufforderung formuliert werden:

«Wir sollten einen angemessenen Gewinn anstreben.»

Oder in anderen Worten z. B.:

«Im Vergleich zu anderen Zielsetzungen ist die Verfolgung des Gewinnziels am besten.»

In beiden Fällen handelt es sich um evaluative Aussagen, die für die Bewältigung eines vorliegenden Managementproblems eine bestimmte Handlungsalternative bzw. Zielsetzung positiv bewerten. Solche Urteile können nun durch die Grund- oder Basisfrage nach dem *Warum?* herausgefordert werden. Im Beispiel wäre somit etwa zu hinterfragen, warum eine Kundenorganisation eingeführt und ein angemessener Gewinn angestrebt werden sollten, warum m. a. W. diese konkrete Handlung bzw. Zielsetzung als beste Alternative eingestuft wird. Diese Kategorie der Fragen nach der Rechtfertigung ausgesprochener Managementempfehlungen führt in die erkenntnistheoretisch-philosophisch hochkomplexe Problematik, ob sich Urteile überhaupt (argumentations-)rational begründen lassen. Das Kardinalproblem der Urteilsbegründungen, das z. B. auch in den Sozial- und Wirtschaftswissenschaften Gegenstand temperamentvoller Kontroversen

---

11) Damit keine Mißverständnisse aufkommen, sei hervorgehoben, daß reale Argumentationen in ihrem tatsächlichen Aufbau selbstverständlich nicht von vornherein der hier normierten Abfolge von Aussagen entsprechen müssen. Der mehr oder weniger unsystematisch entwickelte paraktische Aussagenkomplex kann vielmehr für Zwecke der Rationalitätsmessung erst - soweit dies nach seiner Fundierungsgüte möglich ist - in die hier herausgearbeitete 'Normalform' einer einleuchtenden Argumentation zu überführen sein.

ist[12], kann im Rahmen der vorliegenden Arbeit selbstverständlich nur in Grundzügen skizziert und lediglich einer Lösung zugeführt werden, die für unsere Zwecke ausreicht.

Urteile können - wie schon die Differenzierung zwischen präskriptiven Handlungsempfehlungen und normativen Zielempfehlungen erhellt - unterschiedlichen Charakter haben. Eine wichtige Grundklassifikation besteht in der Trennung zwischen außermoralischen und moralischen Urteilen[13]. Die Aussage z. B., daß ein bestimmter Wagen (etwa aufgrund seines eleganten Designs, seiner Zuverlässigkeit und Sicherheitsreserven) ein «gutes Auto» ist, verkörpert eine außermoralische Wertung. Moralische Urteile werden demgegenüber unter dem ethischen Aspekt einer gelungenen, menschenwürdigen Lebensbewältigung gefällt und zeichnen Phänomene als «gut» aus, die in diesem 'höheren' Sinne wertvoll sind[14]. Wenngleich nicht sämtliche managerialen Empfehlungen moralische Wertungen (intendiert) enthalten, vermag vor allem die metaethische[15] Auseinandersetzung um die Möglichkeit der Rechtfertigung moralischer Normen Aufschlüsse über die generelle Begründungsfähigkeit von Urteilen zu vermitteln. Die Metaethik behandelt gewissermaßen die 'schwierigsten' Wertungen, die im allgemeinen und bei managerialen Problemlösungen im besonderen zu treffen sein können. Auf diesem Gebiet gefundene Begründungsmöglichkeiten lassen sich daher auf 'einfachere' Urteile - mit den entsprechenden urteilsspezifischen Modifikationen - übertragen. Den weiteren Überlegungen soll daher ein kurzer Abriß metaethischer Grundpositionen vorangestellt werden.

b' Metaethische Grundpositionen

Die Moralphilosophie, die spätestens seit SOKRATES betrieben wird[16], hat ein breites Spektrum ethischer Theorien hervorgebracht. In Hinblick auf den hier interessierenden Aspekt der Begründbarkeit moralischer Normen sollen nur die beiden diesbezüglich extremen Gegenpositionen vorgestellt und aus ihrer Diskussion ein vermittelnder Standpunkt hergeleitet werden.

Die eine Extremposition besagt, daß (namentlich moralische) Urteile nicht über Tatsachen der Wirklichkeit informieren, sondern gefühlsmäßige Einstellungen zum Ausdruck bringen. Nach diesem Verständnis stellen beispielsweise Aussagen über die Auswirkun-

12) Siehe m. N. S. 200 dieser Arbeit.

13) Vgl. hierzu und zum folgenden FRANKENA 1981, S. 27 f.

14) Nach einer gebräuchlichen Begriffsfassung meint *Moral* den Bestand der gesellschaftlich verbindlichen Normen und *Ethik* die Wissenschaft von der Moral, vgl. nur RICKEN 1983, S. 14 f.; GUTMANN 1989, S. 325; LORENZEN 1989, S. 27. Für die Zwecke dieser Untersuchung können die Bezeichnungen moralisch und ethisch allerdings meist synonym Verwendung finden.

15) Im Gegensatz zur normativen Ethik, die konkrete Systeme materieller Normen thematisiert und u. a. selbst akzeptable Moralprinzipien inhaltlich zu formulieren sucht, tritt die Metaethik einen Schritt hinter die materiellen Normen zurück und behandelt formale Fragen wie etwa das Problem der Begründungsverfahren für moralische Regeln. Vgl. ALBERT 1961, S. 29 f.; RICKEN 1983, S. 15; RICH 1985, S. 22 ff.

16) Vgl. FRANKENA 1981, S. 17.

gen einer bestimmten Umweltschutzmaßnahme auf den Unternehmungsgewinn Tatsachenfeststellungen dar, da die Gewinnkonsequenzen (zumindest ex post) an der Realität überprüft werden können. Propositionen zur moralischen Qualität der betreffenden Maßnahme gelten dagegen nicht als Tatsachenaussagen, da empirisch nicht beobachtet werden kann, ob die umweltschützende Vorkehrung ethisch gut oder schlecht ist. Urteile sind als Folge ihrer mangelnden empirischen Verifizierbarkeit[17)] oder Falsifizierbarkeit[18)] somit nicht wahrheitsfähig und können daher letztlich auch nicht objektiv, d. h. interpersonell zwingend und unabhängig von individuellen Emotionen einsichtig gemacht werden. Diese Auffassung wird in *emotiven Ansätzen* der Ethik mehr oder weniger konsequent vertreten[19)]. Sie kann mit einer gewissen Vergröberung als kennzeichnend für das Wissenschaftsverständnis des logischen Positivismus bzw. Empirismus und des Kritischen Rationalismus[20)] angesehen werden[21)] und ist in den Wirtschaftswissenschaften (zumindest vordergründig[22)]) weit verbreitet[23)].

In diametralem Gegensatz zum Emotivismus steht die Auffassung des *Naturalismus*, der evaluative Aussagen auf deskriptive Feststellungen zurückführt[24)]. Nach dieser metaethischen Richtung lassen sich (auch) moralische Begriffe wie z. B. 'gut' mit Hilfe von deskriptiven Ausdrücken definieren. Infolgedessen können Urteile - mittelbar - ebenso wie rein deskriptive Feststellungen durch empirische Untersuchungen überprüft werden. Zu testen ist lediglich, ob das als gut bewertete Phänomen über die von der Definition vorausgesetzten Eigenschaften verfügt. Der Befund kann sodann zur interpersonell eindeutigen Stützung oder Ablehnung des fraglichen Urteils herangezogen werden. Wird beispielsweise der moralische Begriff 'gut' in hedonistischem Sinne als Eigenschaft definiert, Lust und Genuß zu bereiten, so muß im Einzelfall einer moralischen Be-

---

17) Im Fall singulärer Urteile.

18) Im Fall regulärer Urteile.

19) Vgl. RICKEN 1983, S. 30 ff.; ALEXY 1978, S. 60 ff.; FRANKENA 1981, S. 127 ff.

20) Vgl. zu diesen Richtungen hier nur RADNITZKY 1989d, S. 399 ff.; SCHNÄDELBACH 1989, S. 268 f.

21) Vgl. ALBERT 1961, S. 28; CHMIELEWICZ 1979, S. 216; STAEHLE 1973, S. 185; WILD 1975, Sp. 2671; SCHREYÖGG/STEINMANN 1980, Sp. 2397 f.; MONTEFIORE 1980, S. 704; STEINMANN/LÖHR 1989a, S. 5.

22) Wie wir später sehen werden, wird ungeachtet der teilweise vehement propagierten 'wertneutralen' Grundposition bei näherer Betrachtung heute kaum noch ernsthaft bestritten, daß wissenschaftliche bzw. objektive Erkenntnisse große Bedeutung für die Würdigung evaluativer Aussagen haben können. Vgl. in diesem Zusammenhang auch MEYER 1989, S. 27 f., sowie speziell für den Kritischen Rationalismus ABEL 1979, S. 216 ff.

23) Siehe neben den in FN 60 auf S. 201 zitierten Quellen hier nur zum einen noch die symptomatische Einschätzung des Arbeitskreises "Integrierte Unternehmungsplanung" der SG-DGfB: "Vor allem die Orientierung an außerökonomischen Werthaltungen begrenzt .. in der Praxis häufig die Möglichkeiten einer planvollen Bestimmung von Unternehmungszielen." (ARBEITSKREIS INTEGRIERTE UNTERNEHMUNGSPLANUNG 1991, S. 819 f.). Mit ähnlichem Tenor ferner auch HAMEL 1989, Sp. 2309, der die Planung von Unternehmungszielen in erster Linie als Problem der "Kreativität und Phantasie der zielsetzungsberechtigten Instanzen" ansieht.

24) Zum ethischen Naturalismus FRANKENA 1981, S. 117 ff.; ALEXY 1978, S. 54 ff.; RICKEN 1983, S. 47 ff.

urteilung nur untersucht werden, ob das moralisch zu würdigende Phänomen tatsächlich Genuß bereitet[25)].

Dem Emotivismus ist zuzugeben, daß evaluative und deskriptive Aussagen auf zwei prinzipiell verschiedenen Ebenen angesiedelt sind. Die empirische Feststellung bestimmter Eigenschaften an einem betrachteten Phänomen und die evaluative Stellungnahme zu diesem Befund können in ihrem Gehalt nicht ohne weiteres gleichgesetzt werden[26)]. Der Bedeutungssprung zwischen Feststellung und Urteil zeigt sich schon daran, daß in der naturalistischen Theorie Urteile inhaltlich den Feststellungen angenähert und ihre charakteristischen Besonderheiten damit eingeschliffen werden. Bei Lichte besehen wird nämlich die evaluative Aussage 'gut' auf das Urteil 'gut im Sinne der Definition' verkürzt. Es läßt sich jedoch stets fragen, wie ein Urteil bei Zugrundelegung anderer Moraldefinitionen ausfällt, und wie die jeweilige Wahl der Definitionsmerkmale moralischer Begriffe selbst zu rechtfertigen ist[27)]. Wird nun die Definitionsentscheidung - ganz im Sinne des naturalistischen Grundverständnisses - allein mit dem üblichen Sprachgebrauch begründet, so setzt sie sich (unabhängig vom Problem des ethischen Relativismus[28)]) dem Vorwurf eines 'naturalistischen Fehlschlusses' vom Sein auf das Sollen aus[29)]. Aufgrund der bekannten historischen Erfahrungen muß nicht näher ausgeführt werden, daß auch weithin geteilte Auffassungen (etwa von gleichgeschalteten Untertanen in Diktaturen) über die korrekte Definition moralischer Begriffe ethisch fragwürdig sein können[30)].

Auf der anderen Seite darf nicht übersehen werden, daß Urteile keineswegs allein durch einen emotionalen Aspekt gekennzeichnet sind, sondern einen zweidimensionalen Charakter aufweisen. Urteile beziehen sich auf deskriptiv beschreibbare Sachverhalte[31)], und Urteile haben häufig (und unter Umständen gravierende) praktische Konsequenzen, die sich deskriptiv beschreiben lassen. Infolgedessen ist für die Frage nach der Begründbarkeit evaluativer Aussagen zwischen der emotional-voluntativen und der kognitiven Dimension eines Urteils zu trennen[32)]. Die *emotional-voluntative Urteilsdimension*

25) Dabei kann die naturalistische Auffassung u. a. durch die Festlegung variiert werden, ob es auf den Genuß etwa einer von dem Phänomen konkret betroffenen Person oder z. B. der Mehrheit oder aller Menschen ankommt.

26) Vgl. hierzu auch MOORE 1968, S. 10 ff.; FRANKENA 1981, S. 118 ff.; ALEXY 1978, S. 58.

27) Siehe auch FRANKENA 1981, S. 120 ff.

28) Der ethische Relativismus behauptet die Kontextabhängigkeit moralischer Standpunkte und wirft damit das Zusatzproblem der - begründeten oder dogmatischen - Auswahl einer bestimmten Position als Definitionsgrundlage auf. Vgl. zum ethischen Relativismus, der in diversen Facetten auftritt und im Detail seine eigenen Schwierigkeiten hat, FRANKENA 1981, S. 132 ff.; RICKEN 1983, S. 29 f.; MEYER 1989, S. 25 f.

29) Zum (nicht ganz einheitlich verwendeten) Begriff der "naturalistic fallacy", der auf MOORE (siehe MOORE 1968, S. 10 und passim) zurückgeht, WIMMER 1980, S. 211 und passim; RICKEN 1983, S. 48.

30) Vgl. für viele auch FRANKENA 1981, S. 32.

31) Diese Formulierung darf nicht verwechselt werden mit der Aussage: 'Urteile beschreiben Sachverhalte.' So bezieht sich das Urteil 'Müller ist ein guter Mensch' auf die Person Müller und sein deskriptiv beschreibbares (moralisch relevantes) Handeln. Die im Urteil ausgedrückte moralische Qualität des Handelns als solche kann hingegen nicht deskriptiv beschrieben werden.

betrifft die Herausbildung und Artikulation positiver oder negativer Gefühle und stellt ein letztlich neurophysiologisch-psychologisch zu klärendes Phänomen dar. Sie ist es im Prinzip auch, die den Angriffspunkt für die gegen die wissenschaftliche Auseinandersetzung mit Wertungen häufig ins Feld geführte Argumentation bildet, daß die persönlichen Nutzenvorstellungen interpersonell nicht objektiv nachvollzogen und gemessen werden können[33)]. Die *kognitive Dimension* erfaßt demgegenüber das Bezugsobjekt der Gefühlsregungen sowie die Auswirkungen realisationswirksamer Gefühle. Sie bietet durchaus Ansatzpunkte für eine interpersonell nachvollziehbare Kritik bzw. Begründung von Urteilen. Es kann nämlich in jedem (auch moralischen) Fall untersucht werden, ob in Rede stehende Urteile angesichts der Merkmale der beurteilten Situation und/oder der eventuellen Urteilskonsequenzen im Lichte bestimmter (übergeordneter) Bewertungsmaßstäbe haltbar sind[34)]. Eine solche Analyse kann z. B. ergeben, daß sich der betrachtete Sachverhalt in Wirklichkeit ganz anders darstellt als ursprünglich angenommen wurde, und folglich ein Vorurteil oder Urteilsirrtum vorliegt[35)], oder daß die Situation zwar zutreffend erfaßt worden ist, die Implikationen des Urteils aber untragbar sind. Um diese prinzipielle Möglichkeit der Begründung und Kritik von Urteilen (mit ihren Grenzen) an einem drastischen Beispiel einsichtig zu machen: Ein leidenschaftlicher Mörder mag im Angesicht eines Kapitalverbrechens ein euphorisches Hochgefühl verspüren und daher ein positives Präferenzurteil für Straftaten abgeben. Die emotionale Gefühlsreaktion kann nun zwar nicht (argumentations-)rational 'widerlegt', sondern bestenfalls durch psychiatrische Verfahren therapiert werden. Hingegen läßt sich das Präferenzurteil des Verbrechers durchaus in objektiver Weise kritisieren[36)]. Legt man etwa die Erhaltung des gesellschaftlichen Friedens als Bewertungsmaßstab bzw. ethische Norm zugrunde, und geht man (aufgrund empirischer Erfahrungen und theoretischer Erwägungen) davon

---

32) Siehe auch die Aufspaltung von moralischen Meinungsverschiedenheiten in das 'disagreement in belief' und das 'disagreement in attitude' bei STEVENSON 1944, S. 2 ff., sowie die hiermit verwandte, ebenfalls sprachanalytisch geprägte Unterscheidung zwischen der "Phrastik" und der "Neustik" einer Aussage, die den Gegenstand (z. B. das Lügen) bzw. den Modus einer Aussage (z. B. als Imperativ: «Lüge nicht!» oder als moralisches Urteil: «Lügen ist verwerflich.») ausdrückt und auf HARE zurückgeht (siehe HARE 1952, S. 17 ff., sowie näher auch ALBERT 1961, S. 39 ff.; STEGMÜLLER 1989, S. 513 und S. 519 f.; ALEXY 1978, S. 84 ff.). Ganz in unserem Sinne ferner auch die Unterscheidung zwischen kognitiver Normenbegründung und sozialer Normendurchsetzung bei LÜBBE 1978, insb. S. 39 und 42 ff. Vgl. schließlich noch TOULMIN/RIECKE/JANIK 1979, S. 332.

33) Vgl. exemplarisch SCHNEIDER 1990, S. 880, 882. Siehe auch noch KOCH 1989, der den nutzentheoretischen Ansatz der Wohlfahrtsökonomik zur Zielkonfliktlösung mit diesem Argument kritisiert (S. 743 f.) und wie wir (siehe S. 431 ff. der vorliegenden Arbeit) für eine Konfliktlösung nach Maßgabe übergeordneter kognitiver Beurteilungskriterien (S. 742) plädiert.

34) Vgl. hierzu auch ALBERT 1968, S. 55 ff., insb. S. 73-79; CHMIELEWICZ 1979, S. 221 ff.; HABERMAS 1973, S. 242 ff.; ders. 1981a, S. 39 f. und 66 f.; SCHWEMMER 1975, S. 52 ff.; LÜBBE 1978, insb. S. 43 f. und 47; FRANKENA 1981, S. 129; RICKEN 1983, insb. S. 140-142; BEAUCHAMP 1988, S. 14-16, sowie speziell für die unternehmerische Zielbildung BRETZKE 1980, S. 78 ff.; KÜPPER 1988, S. 331 f.; SCHMIDT/SCHIRMEISTER 1989, Sp. 1483 f. Siehe ferner auch an dieser Stelle schon zur Differenzierung der Auffassung von Max WEBER S. 318 FN 74.

35) Zur Bedeutung der Situationsklärung für die Reduzierung ethischer Auffassungsunterschiede auch AYER 1970, S. 30 f.; STEVENSON 1944, S. 11 f.; FRANKENA 1981, S. 30 f. (z. B. S. 31: "ich glaube, daß Moralphilosophen die Bedeutung von Faktenkenntnis und begrifflicher Klarheit für die Lösung moralischer und sozialer Probleme nicht genug unterstreichen können"); ALEXY 1978, S. 246 FN 63; RICKEN 1983, S. 137; RAWLS 1975, S. 455 f. und 461; RICH 1985, S. 72 f.; BEAUCHAMP 1988, S. 14, sowie auch SCHNEIDER (1985, S. 133 f.; ders. 1990, S. 890), der im übrigen vehement gegen die wissenschaftliche Begründbarkeit unternehmensethischer Anforderungen Stellung bezieht (vgl. etwa ders. 1990, S. 880, 890 f.).

aus, daß die Freigabe von Kapitalverbrechen die Gesellschaftsordnung zerrüttet, so kann die verbrecherische Neigung ohne weiteres als ab*norm* nachgewiesen und verurteilt werden.

Als Zwischenergebnis läßt sich damit festhalten, daß Urteile und Feststellungen zwar auf der einen Seite divergierender Natur sind, da sich die evaluativen im Gegensatz zu den deskriptiven Aussagen nicht direkt empirisch überprüfen lassen. Diese artbezogenen Besonderheiten rechtfertigen aber andererseits nicht den Schluß des (strengen) Emotivismus, wonach Urteile einer objektiven Begründung oder Kritik aus Prinzip entzogen sind. Evaluative Aussagen können vielmehr als Propositionen aufgefaßt werden, die zwar (im Sinne unserer Wahrheitsdefinition) nicht wahrheitsfähig, gleichwohl aber objektiv diskutierbar sind. Dabei betrifft die Diskussion die kognitive Urteilsdimension und richtet sich auf die Frage, ob ein problematisch gewordenes Urteil im Lichte des situativen Kontextes und angesichts seiner Implikationen hinsichtlich übergeordneter Bewertungskriterien haltbar ist oder nicht.

c' Anschlußprobleme der Urteilsbegründung

a'' Verhältnis zwischen emotionaler und kognitiver Urteilsdimension

Die im voranstehenden Abschnitt herausgestellte vermittelnde Grundauffassung von der prinzipiellen Begründbarkeit evaluativer Aussagen wirft drei Anschlußfragen auf. Zunächst stellt sich die Frage nach dem Verhältnis zwischen der kognitiven und der emotionalen Dimension von Urteilen, konkret nach den Rückwirkungen argumentationsrationaler Urteilsbegründungen auf die gefühlsmäßigen Einstellungen zum betreffenden Phänomen[37)] und nach den Vorrangrelationen zwischen konfliktären Empfindungen und Vernunftüberlegungen. Wie bereits im Beispiel angeklungen ist, kann sicherlich nicht von einer streng kausalen Einflußbeziehung zwischen 'schlagenden' Argumenten und der Gefühlslage Urteilender ausgegangen werden. Die faktische Transformation überzeugungskräftiger Begründungen (im Sinne der hier noch weiter zu explizierenden Argumentationsrationalität) in Statusänderungen der emotional-voluntativen Befindlichkeit ist vielmehr ein komplexer physio-psychologischer Vorgang[38)]. Da die Erforschung dieses Transformationsprozesses außerhalb der Themenstellung dieser Schrift liegt[39)], kann und soll auf die angesprochenen Rückwirkungen im weiteren nicht näher eingegangen werden. Festhalten läßt sich allerdings in Anbetracht der Komplexität des Vorgangs

---

36) Vgl. ähnlich auch MOLITOR 1989, S. 95; KLIEMT 1987, S. 114.

37) Negative Auswirkungen der emotionalen auf die kognitive Dimension - etwa in Form verzerrter Situationsperzeptionen (siehe hierzu auch S. 224) - können demgegenüber nach unseren früheren Überlegungen (siehe v. a. S. 144) durch eine rationale Begründung und Kritik von Urteilen tendenziell abgebaut werden und sind daher hier nicht gesondert zu untersuchen.

38) So im Kern schon STEVENSON 1944, S. 113. Vgl. auch HABERMAS 1981a, S. 54.

39) Vgl. zu einem Versuch, den (angeblich) "zwanglosen Zwang des besseren Argumentes" (HABERMAS 1973, S. 240) unter Bezugnahme auf die Theorie von PIAGET über kognitive Schemata zu erklären, HABERMAS 1973, S. 244 ff.

(sowie aufgrund aller Lebenserfahrung), daß Urteile nicht selten zwar kognitiv wohlbegründet, gleichwohl aber emotional abgelehnt sein können et v. v.

Für die Behandlung derartiger Konfliktlagen bietet es sich an, zwischen internen und extern wirksamen Urteilen zu differenzieren[40)]. Dabei sind unter *internen Urteilen* evaluative Aussagen zu verstehen, die über die Sphäre des Urteilsträgers hinaus keine interessenrelevanten Konsequenzen nach sich ziehen, während extern wirksame oder kurz *externe Urteile* auch die Interessenlage Dritter berühren. Im Fall interner Urteile kann die Vorrangstellung zwischen der emotionalen und der kognitiven Dimension hier ohne weiteres offenbleiben bzw. dem individuellen Urteilsträger anheimgestellt werden. Über den nur intern wirksamen persönlichen Geschmack muß man m. a. W. nicht streiten. Bei externen Urteilen hingegen, wie sie u. a. für manageriale Handlungs- und Zielempfehlungen typisch sind, ist der argumentativen Komponente aufgrund und in dem Ausmaß unserer oben fundierten Erfolgsthese zugunsten der Rationalität die Priorität zu geben. Um es an einem überspitzten Beispiel zu verdeutlichen: Entscheidungsträgern, die etwa eine persönliche Neigung für Verluste oder die unbegrenzte Ausbeutung natürlicher Ressourcen hegen sollten, wäre im Zweifel zuzumuten, die (annahmegemäß argumentationsrational begründeten[41)]) Ziele eines angemessenen Gewinns und Umweltschutzes wider ihren Willen, aber nicht widerwillig zu verfolgen (oder die Profession zu wechseln)[42)]. Über extern relevanten persönlichen Geschmack kann somit durchaus gestritten werden.

b'' Letztbegründungsproblematik im managerialen Kontext

Die zweite, theoretisch ungleich schwerwiegendere und praktisch relevantere Anschlußfrage gilt der Herkunft der zur Urteilsbegründung notwendigen übergeordneten Bewertungsmaßstäbe. Sie mündet letztlich in die philosophische Problematik der Herleitung oder Rechtfertigung 'letzter Prinzipien' ein, die das eigentliche Kardinalproblem der Urteilsbegründung markiert[43)]. Damit sich unsere diesbezüglichen Überlegungen nicht im aporetischen Dickicht dieser Schwierigkeit verlieren, soll an dieser Stelle nun der Blick wieder stärker auf die Art der Urteile gelenkt werden, die für den managerialen Kontext charakteristisch sind. Zu diesem Zweck sei zunächst eine terminologische Sprachregelung für Beurteilungskriterien getroffen, die in einem hierarchischen Über- und Unterordnungsverhältnis zueinander stehen. Wie Abb. 30 ausweist, werden im wei-

---

40) Vgl. zum Folgenden auch MOLITOR 1989, S. 94 f.

41) Die Problematik, welche Normen Manager binden, wird sogleich thematisiert.

42) Siehe in diesem Zusammenhang auch nochmals unsere Überlegungen auf S. 131 f.

43) Vgl. MOLITOR 1989, S. 20; ULRICH 1986, S. 183, sowie auch NORMAN 1971, S. 4. Nicht selten wird auch die Auflösung von Normkonflikten als (weiteres) zentrales Begründungsproblem hervorgehoben (so schon MILL 1948, S. 23 f.; vgl. ferner TOULMIN/RIECKE/JANIK 1979, S. 316; SCHNEIDER 1990, S. 884). Sie läßt sich aber - wie unten (S. 431 ff.) gezeigt wird - auf die Rechtfertigung eines übergeordneten Prinzips zurückführen.

teren die Ebenen der Kardinalprinzipien, der Normen, der Unternehmungsziele und der Subziele unterschieden.

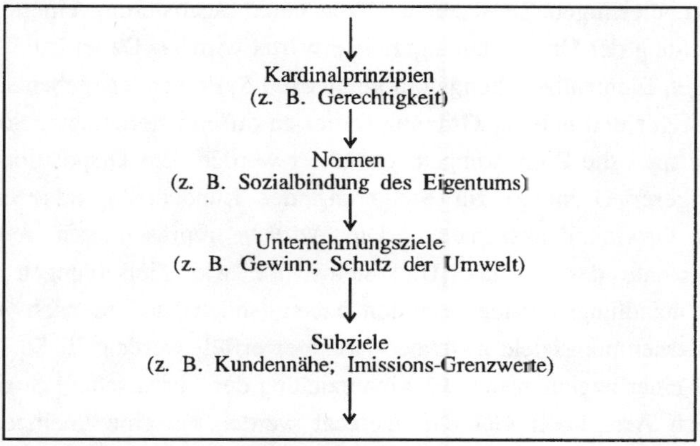

Abb. 30: Hierarchie von Beurteilungskriterien

Manageriale Zielsetzungen stellen nach den Überlegungen zum Integrationsmodell Systemelemente dar, deren Einflüsse auf andere Elemente des Systems (zunächst) nicht weiter thematisiert werden[44]. Dabei können grundsätzlich die unterschiedlichsten Systemelemente als Ziele für Problemstellungen gesetzt werden, so daß der Zielbegriff im Prinzip nur relativ verstanden werden kann[45]. Es existieren m. a. W. keine Systemelemente, die stets als Projektziele prädestiniert sind (und bei entsprechenden Zielempfehlungen zu begründen wären). Um aber gleichwohl für die terminologische Einordnung von Beurteilungskriterien einen festen Referenzpunkt zu erhalten, wird das für Unternehmungen in Marktwirtschaften unverzichtbare[46] (wenn auch keineswegs zwangsläufig einzige[47]) Gewinnziel zur Fixierung der Ebene der Unternehmungsziele herangezogen. Die *Unternehmungsziele* umfassen somit den Gewinn sowie alle übrigen Zielsetzungen, die ihm hierarchisch gleichgeordnet sind, also weder als Mittel zum (Gewinn-)Zweck untergeordnet noch als Kriterien der Gewinnbeurteilung übergeordnet werden[48]. In diesem Sinne ist beispielsweise der Umweltschutz dann und nur dann als Unternehmungsziel zu qualifizieren, wenn er als eigenständiges Beurteilungskriterium

---

44) Siehe S. 42 f.

45) Vgl. S. 43 m. w. N.

46) In diesem Sinne z. B. auch STEINMANN/LÖHR 1989a, S. 7; dies. 1988, S. 308.

47) Anders dagegen etwa FRIEDMAN 1970. Vgl. ferner auch zur Problematik ethischer unternehmerischer Verhaltensweisen unter Konkurrenzbedingungen RUH 1988; ULLMANN 1988; BHIDE/STEVENSON 1990.

48) Somit sind auch ethische Prinzipien auf der Ebene der Unternehmungsziele anzusiedeln, wenn sie gleichrangig mit dem Gewinnziel angesetzt werden.

neben dem Gewinn fungiert und weder - wie z. B. im Fall von Umweltschutzprodukten - der Gewinnerzielung[49)] noch zur permanenten Korrektur des Gewinnziels dient[50)].

Subziele heißen diejenigen Zielsetzungen, von deren Realisierung ein positiver Beitrag zur Verwirklichung der Unternehmungsziele erwartet wird[51)]. Dabei kann - entsprechend der mehrstufigen Elementbeziehungen in komplexen Systemen - gegebenenfalls zwischen Subzielen niedriger und höherer Ordnung weiter zu differenzieren sein. So könnten etwa im Referenzbeispiel die Zielsetzungen formuliert werden, die Dispositionsfähigkeit (als Subziel niedrigerer Ordnung) zur Steigerung der Kundennähe (als Subziel höherer Ordnung des Gewinns) auszubauen. Die *Normen* repräsentieren moralische oder rechtliche Elemente des In- und Umsystems, die wie Zielsetzungen eine (zumeist universelle[52)]) handlungsleitende Funktion haben (sollen) und je nach Art und Erreichung der Unternehmungsziele mehr oder weniger erfüllt werden[53)]. So kann beispielsweise das Ziel einer angemessenen Gewinnerzielung der (juristischen) Sozialbindung des Eigentums nach Art. 14 II GG eher gerecht werden als eine uneingeschränkte Gewinnmaximierung[54)]. Auch auf der Ebene der Normen ist unter Umständen zwischen Beurteilungskriterien verschiedener Rangordnung noch weiter zu unterschieden. Unter *Kardinalprinzipien* schließlich sollen moralisch-ethische Normen besonders großer Allgemeinheit und Dignität verstanden werden, wie sie etwa in den moralphilosophischen Entwürfen normativer Ethiken[55)] zu finden sind.

Betrachtet man vor diesem Hintergrund die Reichweite der Begründungsproblematik evaluativer Managementaussagen, so läßt sich zunächst feststellen, daß nach dem üblichen und in dieser Arbeit übernommenen Sprachgebrauch Handlungen in Hinblick auf Subziele oder Unternehmungsziele zu beurteilen sind[56)]. Sub- und Unternehmungsziele

49) Hier stellt die Gewährleistung des Umweltschutzes vielmehr eine Spezifikation im Pflichtenheft der entsprechenden Produkte dar. Daß durchaus auch profitabler Umweltschutz unternehmensethisch zu begrüßen sein kann, sei hier nur am Rande vermerkt (unglücklich ist daher die Beschränkung der Unternehmensethik auf eine reine "*Konfliktethik*", wie sie STEINMANN/LÖHR 1989a, S. 13 vorsehen; zur Kritik hieran auch ULRICH 1989a, S. 188).

50) Vgl. zu verschiedenen Einordnungsmöglichkeiten des Umweltschutzziels auch FRESE/KLOOCK 1989, S. 4 f. Zur Klarstellung sei vermerkt, daß der als Unternehmungsziel gleichgeordnete Umweltschutz durchaus situativ das Gewinnziel begrenzen kann. Um ein gleichgeordnetes (und nicht übergeordnetes) Unternehmungsziel handelt es sich aber nur dann, wenn eine Abwägung zwischen Gewinn und Umweltschutz in Hinblick auf ein übergeordnetes Beurteilungskriterium (Norm) erfolgt und nicht der Gewinn stets zugunsten des Umweltschutzes eingeschränkt wird.

51) Vgl. hierzu auch SIMON u. a. 1954, S. v f., 1; BERTHEL 1973, S. 4 ff.; FRESE 1971a, S. 293 ff.; ders. 1988, S. 448 ff.; HAUSCHILDT 1980, Sp. 2420.

52) Zum Begriff der *Normen* gehört nach üblichem Verständnis, daß sie jedermann binden (sollen), vgl. nur WIMMER 1980, S. 12 und passim.

53) Die Einordnung von Normen als Systemelementen mag zwar auf den ersten Blick ungewöhnlich erscheinen. Zu beachten ist aber, daß Normen den Zielsetzungen als Handlungsleitlinien funktional äquivalent sind und daher systemtheoretisch wie diese interpretiert werden können. Vgl. ferner auch die Einordnung der Rechts- und Gesellschaftsordnung als Umsystem bei BLEICHER 1979, S. 14, 16 ff.

54) So die h. M., vgl. nur MEYER-LANDRUT 1973, § 76 Anm. 9 ff.; HEFERMEHL 1973, § 76 Anm. 19 ff.; MERTENS, H.-J. 1989, § 76 Anm. 32 ff.; SCHMIDT-LEITHOFF 1989, S. 217, 220 f.

55) Siehe exemplarisch RICH 1985, S. 172 ff.

56) Vgl. nur BAMBERG/COENENBERG 1991, S. 25 ff.; HAMEL 1992, insb. Sp. 2638 ff.

bilden somit die Begründungskriterien für Handlungsempfehlungen und stellen zugleich den Gegenstand der managerialen (Projekt-)Zielempfehlungen dar. Werden nun diese Zielsetzungen ihrerseits problematisiert, die - im Rahmen der Handlungsempfehlungen durchtrennten - Beziehungen der Ziele zu anderen (nachgelagerten) Systemelementen also thematisiert, so sind je nach dem Status der hinterfragten Handlungsziele entweder Subziele höherer Ordnung[57)], Unternehmungsziele[58)] oder Normen[59)] als Kriterien zur Begründung heranzuziehen. Normen bilden damit den letzten (direkten) Bewertungsmaßstab für die Beurteilung managerialer Zielsetzungen. Da die Zielbeurteilung aber maßgeblich von den jeweils zugrundegelegten Normen abhängt, stellt sich hierbei die Frage nach der Wahl der Normen selbst und ihrer Begründung. Die Beantwortung dieser Frage ist im managerialen Kontext allerdings nur für den Bereich der moralischen Normen problematisch, da die geltenden Rechtsnormen von vornherein verbindlich sind.

Im Prinzip lassen sich zur Zielbegründung herangezogene Normen durch Obernormen verschiedener Rangordnung und diese durch Kardinalprinzipien begründen[60)]. Manageriale Zielempfehlungen könnten somit theoretisch bis hin zur Diskussion der 'ewigen' moralphilosophischen Fundamentalprobleme der Lebensbewältigung hinterfragt werden. Zu beachten ist jedoch die Rolle der Unternehmungsführung in marktwirtschaftlichen Wettbewerbsordnungen, wie sie im Grundsatz wohl unstrittig in der Betriebswirtschafts- und Managementlehre verstanden wird und z. B. in § 76 Abs. 1 AktG für den Vorstand der Aktiengesellschaft gesetzlich festgelegt ist. Die manageriale Aufgabe besteht danach nicht primär in einer permanenten Auseinandersetzung mit ethischen Grundlagenfragen, sondern im Kern darin, legitime Ziele für die Aktivitäten in der sozialgebundenen wirtschaftlichen Veranstaltung 'Unternehmung' zu formulieren und für ihre Erreichung Sorge zu tragen[61)]. Dabei existiert für die Aufgabenerfüllung ein Ermessensspielraum, der durch rechtliche und moralische Normen gegenüber den technologischen Möglichkeiten zwar (u. a. rechtsformspezifisch) eingeschränkt, aber gleichwohl nicht unerheblich ist (vgl. Abb. 31)[62)]. Damit keine Mißverständnisse entstehen: Die verantwortungsvolle Bewältigung unstrukturierter Managementprobleme erfordert - ganz unabhängig vom Menschenrecht des Managers auf ethische Reflexionen[63)] - in vielen Fällen auch

57) Zur Begründung von Subzielen niedriger Ordnung.

58) Zur Begründung von Subzielen höchster Ordnung.

59) Zur Begründung von Unternehmungszielen.

60) Siehe zur Begründung der Kardinalprinzipien und dem hierbei auftretenden Regreßproblem S. 317 ff.

61) Zur Zielsetzungsfunktion des Managements allgemein die in FN 67 auf S. 202 zitierten Quellen sowie speziell noch STEINMANN/LÖHR 1988, S. 307 FN 40, die die Diskussion "'letzter' Werte" nicht zur Thematik einer Unternehmensethik zählen.

62) Da die Einhaltung geltender Rechtsvorschriften grundsätzlich moralisch geboten und die ausnahmsweise Mißachtung moralisch untragbarer Gesetze im Recht selbst geregelt ist, ist der moralische Ermessensspielraum prinzipiell kleiner oder höchstens gleichgroß wie der rechtliche Ermessensspielraum. Vgl. zum Verhältnis von Moral und Recht näher STONE 1975, insb. S. 93 ff.; GERUM 1989, S. 136 ff.

63) So für den AG-Vorstand MERTENS, H.-J. 1989, § 76 Anm. 32: "In eine derartige Abwägung (bei der Ausübung des unternehmerischen Ermessens) dürfen auch eigene moralische und ethische Beweggründe einfließen, deren Verleugnung einem Vorstand unter den Gesichtspunkten von Menschenwürde und Gewissensfreiheit nicht zugemutet werden kann." (Klammerzusatz v. v. W.).

moralische Erwägungen. Dabei geht es jedoch nicht um eine permanente Problematisierung des gesellschaftlich vorzufindenden Bestands an Moral- und Rechtsnormen, sondern um die Frage, ob angedachte Managementproblemlösungen sich in dem von diesen Normen umgrenzten managerialen Ermessensspielraum bewegen und in diesem Sinne legitim bzw. vertretbar sind[64]. So ist eine Unternehmungsführung beispielsweise nicht gehalten, eine philosophisch zufriedenstellende Begründung für das Kardinalprinzip der Gerechtigkeit zu finden, wohl aber, bei Kündigungen in dem von § 1 Abs. 3 KSchG umrissenen Rahmen eine gerechte Auswahl der zu entlassenden Arbeitnehmer vorzunehmen.

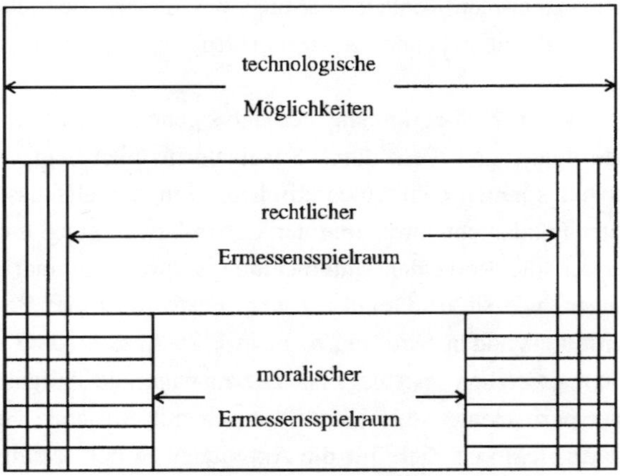

Abb. 31: Manageriale Ermessensspielräume

In Anbetracht dieser Aufgabenstellung der Unternehmungsführung kann sich die Messung der Argumentationsrationalität empfohlener Unternehmungsziele mit der Untersuchung begnügen, ob sich die Ziele im Rahmen des jeweiligen managerialen Ermessensspielraums bewegen. Um die Auswahl von Normen zu rechtfertigen, die zur Begründung von Unternehmungszielen herangezogen werden, muß somit nicht auf Obernormen und letztlich Kardinalprinzipien rekurriert werden. Zu zeigen ist vielmehr, daß die der Zielbegründung zugrundegelegten und von den Zielen erfüllten Normen vom Ermessensspielraum gedeckt sind und damit zum *Bestand der akzeptablen Normen* gehören[65]. Gelingt dieser Nachweis in Hinblick auf rechtliche Normen und kann die Normgerechtheit der empfohlenen Ziele (mehr oder weniger fundiert) einsichtig gemacht werden[66], so läßt sich die betreffende Zielempfehlung als (auf der entsprechenden Rationalitätsstufe) *begründet legal* einstufen. Können zudem auch moralische Normen überzeugend zur Zielrechtfertigung angerufen werden, so sind die fraglichen Unterneh-

64) Vgl. zum Ermessensspielraum der Unternehmungsleitung und seiner Ausfüllung auch - aus rechtlicher Sicht - SCHMIDT-LEITHOFF 1989, S. 4 f. und passim; SCHILLING 1973, § 93 Anm. 10; MERTENS, H.-J. 1989, § 76 Anm. 10 ff., sowie zu den "gesellschaftlichen Werten" als Begründungsleitlinien unternehmerischer Zielsetzungen ULRICH/PROBST 1988, S. 119.

65) Zur Struktur dieses Nachweises näher S. 335 ff.

66) Zur Struktur der Untermauerung der Normgerechtheit näher S. 333 ff.

mungsziele darüber hinaus auch als (mehr oder weniger) *begründet moralisch* zu qualifizieren[67].

Der Nachweis der Zugehörigkeit zielempfehlungsrelevanter Normen zum akzeptablen Normenbestand markiert als *manageriale Letztbegründung* den Endpunkt der argumentationsrationalen Zieldiskussion. Der Bestand der akzeptablen Normen fungiert gewissermaßen als normatives Pendant zum kognitiven Stand des zugänglichen Wissens und dient dazu, einen unendlichen Begründungsregreß im Rahmen der Bewältigung unstrukturierter Managementprobleme zu unterbinden[68]. Die eigentliche Problematik der Normenbegründung verlagert sich bei dieser Konzeption der Rationalitätsbeurteilung damit auf die Bestimmung des akzeptablen Normenbestands. Die beiden diesbezüglich zentralen, voneinander nicht unabhängigen Fragen lauten, welchen konkreten Inhalt die akzeptablen Normen haben (sollten), und wer zur Formulierung der Normeninhalte (zu) berufen ist. Sie lassen sich für den Bereich der Rechtsnormen durch den Hinweis auf die von Literatur und Judikatur interpretierten Gesetze und das parlamentarische Gesetzgebungsverfahren vergleichsweise einfach beantworten. Für die moralischen Normen fallen die Antworten dagegen ungleich schwerer, da hierfür nun zu klären wäre, welche Normen als ethisch akzeptabel gelten dürfen und wer hierüber zu befinden hat. Zusammen mit der moralphilosophischen Problematik der Letztbegründung von Normen ist dabei konkret vor allem die zur Diskussion um die Unternehmungsverfassung[69] analoge Frage angesprochen, welche Interessengruppen mit welchem moralischen Verbindlichkeitsanspruch an der Formulierung des akzeptablen Normenbestands mitwirken sollten[70]. Da eine sorgfältige Abhandlung dieser dornenreichen Thematik den Rahmen der vorliegenden Arbeit bei weitem sprengen würde[71], sind die Entwicklungsarbeiten am Meßinstrumentarium an dieser Stelle aufzuteilen. Das Thema der Feststellung, ob eine herangezogene Norm zum Bestand der akzeptablen Normen gerechnet werden darf, wie also m. a. W. der akzeptable Normenbestand im konkreten Einzelfall zu bestimmen ist, muß späteren Folgearbeiten zugewiesen werden. Insoweit können hier nur zwei grundsätzliche Bemerkungen über einen gangbaren Weg gemacht werden. Hingegen sollen die argu-

67) Um Irritationen zu vermeiden, sei bereits an dieser Stelle kurz auf die möglichen Begründungskonflikte eingegangen. Konflikte zwischen Unternehmungszielen sind argumentationsrational unter Orientierung an einer übergeordneten (akzeptablen) Norm zu bewältigen (siehe S. 431 ff.) Lassen sich dagegen mehrere, aber konfliktäre Normen zur Zielbegründung anführen, so ist zunächst zu prüfen, ob die fraglichen Normen auch für den betreffenden Fall (gleich) akzeptabel sind. Nur bei übereinstimmender Akzeptabilität liegt die Normauswahl für Zwecke der managerialen Zieldiskussion letztlich im Ermessen des Entscheidungsträgers (ansonsten können Normkonflikte selbstredend ebenfalls in Hinblick auf übergeordnete Normen oder Prinzipien rational aufgelöst werden).

68) Die Regreßgefahr stellt somit nicht, wie etwa BRETZKE 1980, S. 78 ff. (insb. S. 80) annimmt, ein unlösbares Problem der rationalen Zielbildung dar. Vgl. auch sogleich noch im Text.

69) Siehe z. B. STEINMANN/GERUM 1978, S. 53 ff.; WIEDEMANN 1980, S. 308 ff.

70) Aufgrund des letzten Endes gesellschaftsweiten Geltungsanspruchs moralischer Normen (siehe S. 314 FN 52) ist hier zwar auf den ersten Blick an die 'Allgemeinheit' zu denken. Bei näherem Hinsehen wird das Problem hierdurch aber nicht gelöst, da die Allgemeinheit in ihren moralischen Auffassungen heterogen sein wird und sich dann die Anschlußfrage stellt, ob sämtliche Moralvorstellungen gleichgewichtet oder etwa diejenigen bestimmter Gruppen (als 'ethische Eliten') bevorzugt werden. Im zweiten Fall ergibt sich dann wieder das Problem der Gruppenbestimmung.

mentationsrationalen Implikationen der Frage, ob die empfohlenen Unternehmungsziele der oder den vorausgesetzten Normen gerecht werden, in dieser Schrift näher behandelt werden.

Die erste Bemerkung zum Konstrukt des akzeptablen Normenbestands betrifft die Problematik eines möglichen unendlichen Regresses im Rahmen der Akzeptabilitätsbegründung. Wie gezeigt wurde, kann die Rechtfertigung von Normen mit Hilfe von Obernormen und letztlich Kardinalprinzipen erfolgen. Die Begründbarkeit der Kardinalprinzipien selbst hingegen wurde bislang offengelassen. Nun lassen sich Kardinalprinzipien durchaus ebenso wie andere Normen durch Rückgriff auf übergeordnete Beurteilungskriterien begründen. Die Trennung zwischen Normen und Kardinalprinzipien beruht jedoch auf der Überlegung, daß sämtliche Normen zwar prinzipiell auf die genannte Weise begründbar sind, aber nicht sämtliche Normen zur gleichen Zeit[72)]. Vor diesem Hintergrund sind die Kardinalprinzipien als diejenigen Grundsatzwertungen anzusehen, die zwar ebenfalls begründet werden könnten und somit keineswegs kritikimmun sind, die jedoch vorübergehend akzeptiert werden. Der drohende Regreß der Normenbegründung wird mithin dadurch unterbrochen, daß bestimmte Normen - eben die Kardinalprinzipien - bis auf weiteres, wenn auch nicht zwangsläufig auf Dauer als gegeben hingenommen werden[73)].

Die zweite Bemerkung knüpft an die Idee der Kardinalprinzipien unmittelbar an und betrifft ihre konkrete Identifizierung. Um die Durchbrechung des drohenden Regresses tatsächlich bewerkstelligen zu können, müssen letztlich Entscheidungen getroffen werden, welche moralischen Normen als vorläufig gültige Kardinalprinzipien zu akzeptieren und welche Kardinalprinzipien zu welchen Zeitpunkten zu problematisieren sind. Diese Entscheidungen können zwar wissenschaftlich durchaus unterstützt werden, indem die Modalitäten einer interpersonell nachvollziehbaren Entscheidungsbegründung herausgearbeitet und die Implikationen konkreter Entscheidungsalternativen aufgezeigt werden. Die Inhalte der Entscheidungen lassen sich aber letztlich nicht wissenschaftlich vorwegnehmen bzw. determinieren, ohne einem bestimmten Gesellschaftssegment - eben dem Wissenschaftsbetrieb - eine ethische Prärogative zuzubilligen[74)]. Lehnt man einen solchen Primat der Theorie vor der Praxis ab, so kann die wissenschaftliche Konkretisierung des Begriffs der akzeptablen Normen im Kern folglich nur darin bestehen, den Ver-

---

71) So erfordert schon die fundierte Auseinandersetzung mit den im Schrifttum bislang, wenn auch erst vereinzelt eingebrachten Vorschlägen (siehe z. B. ULRICH 1986: Offene Unternehmungsverfassung; STEINMANN/LÖHR 1989b: Ethikkommissionen) eine gesonderte Untersuchung.

72) Vgl. allgemein zur hier geteilten Auffassung, wonach jede (akzeptable) Aussage kritisierbar und begründbar ist, aber nicht jede zur gleichen Zeit, auch ALEXY 1978, S. 76; WOLFF 1986, S. 90 f.

73) Vgl. in diesem Zusammenhang auch RICH 1985, S. 102 f. Da auch die Kardinalprinzipien als grundsätzlich hinterfragbar und nur provisorisch nicht problematisierte Normen konzipiert sind, handelt es sich bei ihrer Setzung somit nicht um einen dogmatischen Begründungsabbruch im Sinne des 'Münchhausen-Trilemmas' von ALBERT 1968, S. 13 f.

74) Normen können somit zwar wissenschaftlich bzw. objektiv nachvollziehbar begründet, nicht aber ohne Wertung als verbindlich erklärt werden. Genau diese These dürfte wohl die eigentliche Intention des WEBERschen Wertfreiheitspostulates treffen, siehe den Katalog der einer wissenschaftlichen Behandlung zugänglichen Aspekte einer Wertdiskussion bei WEBER 1917, S. 58 ff., sowie ders. 1910,

fahrensweg zur - wissenschaftlich (durch Vermittlung von Wissen) begleiteten - Normenfindung in der Praxis aufzuzeigen[75)], und jeweils aktuelle Bestandsaufnahmen der auf diesem Wege praktisch gefundenen Normen zu leisten[76)]. Ein solcher prozeduraler Ansatz kennzeichnet beispielsweise die Theorien der Diskursethik, die in Deutschland vor allem von der Frankfurter Schule[77)] und der Erlanger Schule[78)] formuliert worden sind und gegenwärtig als dominierende Ausgangskonzeptionen unternehmensethischer Beiträge gelten darf[79)]. Ungeachtet aller Unterschiede im Detail zeigen diese metaethischen Theorien im Grundsatz übereinstimmend[80)] nur Regeln des vernünftigen moralischen Dialogs auf und stellen die konkrete Formulierung von Normen im Rahmen dieser Regeln der Konsensfindung unter den Diskursteilnehmern anheim[81)].

Die Bestimmung der Diskursregeln selbst ist natürlich - aufgrund der Regeleinflüsse auf die formulierten Normen - nicht ohne Wertungen möglich[82)]. Sie tritt im Vergleich zur materiellen Festlegung von Norminhalten im Wertungsgehalt aber immerhin gewissermaßen 'einen Schritt zurück'. Gleichwohl wirft die Formulierung der Regeln des moralischen Diskurses gravierende Probleme auf. Ohne in diese Thematik und damit in die Konkretisierung des akzeptablen Normenbestandes näher eintreten zu können[83)], läßt sich zumindest festhalten, daß die bislang vorgelegten diskursethischen Grundmodelle vor allem insoweit noch nicht zufriedenstellen können, als sie zur Bestimmung der Diskursteilnehmer auf das Konstrukt der idealen Kommunikationsgemeinschaft Bezug nehmen[84)]. Sie müssen damit - konzediertermaßen[85)] - unrealistisch bleiben. Dabei wird hier die Funktion dieses Konstrukts als einer regulativen Idee, die gleichsam als Idealnorm die Konstruktion vernünftiger Diskursbedingungen leiten soll, keineswegs verkannt, wie Befürworter der Diskursethik angesichts des Einwandes der Realitätsferne gerne argwöhnen[86)]. Wenn aber eine Diskursethik und eine diskurstheoretische Unternehmensethik praktisch wirksam werden sollen, so ist in der Frage der Berechtigung zur

---

S. 582 f.; ders. 1919, S. 584 ff., und LÜBBE 1978, S. 42 ff. In gleicher Richtung auch HEINEN/DIETEL 1976, S. 21 FN 63; SCHNEIDER 1985, S. 133 f.

75) Die Wissenschaft fungiert in dieser Konzeption somit einerseits als Berater der Praxis, ist - als Wissenschaftsbetrieb - andererseits aber auch (und nur) Teil der Praxis.

76) Die kritische Hinterfragung der vorfindlichen Normen gehört daneben - wie soeben erwähnt wurde - natürlich auch zum Aufgabenkatalog der Wissenschaft. Die Erfüllung dieser Aufgabe dient jedoch (bei Ablehnung des Primats) nicht unmittelbar der Konkretisierung des akzeptablen Normenbestands, sondern als Hilfestellung für die Normenfindung der Praxis (und schlägt sich in der sie begleitenden Wissensvermittlung nieder).

77) Siehe v. a. HABERMAS 1973, S. 238 ff.; ders. 1981a, S. 34 ff.; ders. 1983; APEL 1976a; ders. 1976b; ders. 1986.

78) Siehe namentlich LORENZEN/SCHWEMMER 1973, S. 107 ff.; SCHWEMMER 1970; ders. 1974.

79) Vgl. z. B. die Arbeiten der Forschergruppe um STEINMANN (STEINMANN/OPPENRIEDER 1985; STEINMANN/LÖHR 1988; dies. 1989a; dies. 1989b) sowie ULRICH 1983; ders. 1986; RÜEGG 1989, S. 234 ff.

80) So explizit LORENZEN 1989, S. 54.

81) Vgl. etwa STEINMANN/LÖHR 1989a, S. 12; ULRICH 1989b, S. 135.

82) Vgl. hierzu näher ALEXY 1978, S. 225 ff.

83) Siehe nochmals S. 317 f.

84) Hierzu näher oben, S. 241 ff. m. N.

Dialogteilnahme letztlich konkret 'Farbe zu bekennen'. Es ist m. a. W. - begründet - darzulegen, welche Individuen, Gruppen und Institutionen nach Ansicht des jeweiligen Vorschlags zur moralischen Meinungsbildung berufen sind[87]. Die demokratischen Prinzipien von Checks and Balances und Mehrheitsentscheidungen mögen insoweit vielleicht auch für Zwecke der 'öffentlichen Moral' als eine unter mehreren realistischen regulativen Ideen fruchtbar sein. Als Bestand der akzeptablen moralischen Normen käme danach etwa ein Moralkodex in Betracht, wie er - nach entsprechenden Diskussionen[88] - von der überwiegenden Mehrheit der Gesellschaft vertreten wird (und letztlich von der empirischen Sozialforschung zu erheben wäre)[89]. Daß sich diese Umschreibung des Bestands akzeptabler Moralnormen nur als Gedankenskizze versteht, sei zum Abschluß noch einmal ausdrücklich hervorgehoben. Bemerkenswert erscheint aber immerhin, daß ein realistisch ausgeformter Begriff des akzeptablen Normenbestands als Bezugspunkt für die Begründung managerialer Zielempfehlungen keine bloße Schimäre darstellt. Wie zahlreiche Zitate prominenter Manager belegen, werden zumindest sich abzeichnende Mehrheiten in der veröffentlichten Moral als 'Herausforderungen der Zeit' durchaus perzipiert[90]. Dabei spielt es für unsere Gedankenführung keine Rolle, ob sich die artikulierte Sensibilisierung letztlich nur in Lippenbekenntnissen erschöpft oder handlungswirksam wird. Entscheidend ist vielmehr, daß das Konstrukt des Moralkodexes hierdurch als eine Größe ausgewiesen wird, der von Seiten der Unternehmungspraxis die argumentative Existenzberechtigung nicht von vornherein abgesprochen wird. Oder anders gewendet: Falls sich die Praxis auf eine Diskussion der Unternehmungsziele einläßt, dann wohl am ehesten in Hinblick auf einen Bestand allgemein akzeptabler Normen.

c'' Strukturen evaluativer Argumente

Aus den bisherigen Untersuchungen zur Begründung evaluativer Aussagen kann das Zwischenresümee gezogen werden, daß

* nicht nur Handlungsempfehlungen, sondern auch Zielempfehlungen objektiv nachvollziehbar begründet werden können, und daß
* zur Begründung derartiger Empfehlungen nachzuweisen ist, daß die Urteile übergeordneten Beurteilungskriterien genügen.

Offengeblieben ist bislang jedoch die präzise formale Struktur solcher Urteilsbegründungen, die in diesem Abschnitt nun herausgearbeitet werden soll. Für diesen Zweck ist es

85) Siehe nochmals S. 243 FN 172 und 173.

86) Vgl. exemplarisch ULRICH 1989c, S. 169 f. gegen PRIDDAT 1989.

87) Auf die interessanten Parallelen zur Auslegungsproblematik unbestimmter Rechtsbegriffe wie etwa der "guten Sitten" (§ 138 I BGB) kann hier nur aufmerksam gemacht werden.

88) Insbesondere in den Medien.

89) Aufgrund der Diskussionsvoraussetzung und der prinzipiellen Kritisierbarkeit jeder faktisch akzeptierten Norm darf dieser Rekurs auf eine qualifizierte Mehrheitsmeinung keineswegs mit einem naturalistischen Ethikverständnis verwechselt werden.

fruchtbar, zunächst einen kurzen Blick auf die zentralen Theorien der Begründung ethischer Urteile zu werfen, die weder die prinzipielle Möglichkeit der Urteilsrechtfertigung im Sinne eines strengen Emotivismus leugnen noch dem Naturalismus zuneigen. Diese Begründungstheorien lassen sich im Kern in teleologische und deontologische Konzeptionen einteilen[91)].

(1) Teleologische vs. deontologische Urteilsbegründung

Teleologische Theorien beurteilen Handlungen[92)] allein unter einem einzigen, formalen Aspekt, der kurz als Kriterium der optimalen Konsequenzen bezeichnet werden kann[93)]. Eine Handlung ist danach (moralisch) um so besser, je stärker die wertvollen und je schwächer die verwerflichen Folgen ihrer Durchführung ausgeprägt sind. Wichtige Spielarten des teleologischen Ansatzes stellen dabei entweder auf die Handlungsfolgen für das einzelne Individuum (ethischer Egoismus[94)]) oder aber auf die Auswirkungen für das gesamte Wohl der Allgemeinheit (ethischer Universalismus bzw. Utilitarismus[95)]) ab. Die teleologische Sichtweise der Begründung ethischer Urteile steht strukturell den wirtschaftswissenschaftlichen Mittel-Zweck-Betrachtungen und speziell den nutzentheoretischen Analysen in der Entscheidungstheorie und Wohlfahrtsökonomik nahe[96)].

Das Konsequenzkriterium des teleologischen Ansatzes macht die moralische Qualität einer Handlung zu einer Funktion der außermoralischen Qualität der Handlungskonsequenzen[97)]. Es bildet damit ein bloß formales Beurteilungsmerkmal, da die Definition der maßgeblichen außermoralischen Qualitäten, mithin die Konkretisierung dessen, was als Bündel der wertvollen und verwerflichen Handlungsfolgen anzusehen und zu optimieren ist, außerhalb des Teleologiekonzepts geleistet werden muß und im Rahmen der teleologischen Beurteilung selbst hingenommen wird. Teleologische Urteilsbegründungen stehen daher für die verschiedensten materiellen Wertvorstellungen offen und verlangen für

90) Vgl. z. B. REUTER 1986, S. 212, 217; STRENGER 1989, S. 366; MAUCHER 1989, S. 374; GÜNTHER 1989, S. 175; MOHN 1990, S. 171 f., sowie die Studie von SCHLEGELMILCH 1990 und noch SCHOSER 1990, S. 109: "Ein ehrbarer Kaufmann steht im Wertegefüge seiner Zeit".

91) Vgl. TOULMIN 1950, S. 132; ALEXY 1978, S. 110 f.; FRANKENA 1981, S. 32; DeGEORGE 1986, S. 42; BEAUCHAMP 1988, S. 25; BRADY 1990, S. 36 f.

92) Im folgenden wird zur Entlastung des Textes zunächst nur von Handlungen gesprochen. Die teleologischen und deontologischen Überlegungen lassen sich aber - wie später deutlich wird - problemlos auf handlungswirksame Ziele übertragen.

93) Vgl. zu den teleologischen Konzeptionen im einzelnen BEAUCHAMP 1988, S. 25 ff.; WIMMER 1980, S. 324 ff.; FRANKENA 1981, S. 32 ff.; v. KUTSCHERA 1982, S. 63 ff.; ULRICH 1986, S. 180 ff.

94) Zu wichtigen Vertretern des ethischen Egoismus zählen neben EPIKUR z. B. HOBBES und NIETZSCHE (FRANKENA 1981, S. 34).

95) Zu den maßgeblichen frühen Utilitaristen in der Moralphilosophie gehören HUME, BENTHAM und MILL (BEAUCHAMP 1988, S. 25; FRANKENA 1981, S. 35; ULRICH 1986, S. 181).

96) Siehe zur Strukturverwandtschaft zwischen teleologischer Ethik und Ökonomie auch BIRNBACHER 1990, S. 65 ff., insb. S. 67: "Die Rationalität der utilitaristischen Ethik ist die Rationalität des Kalküls." Vgl. ferner auch noch ULRICH 1986, S. 181 ff.; BEAUCHAMP 1988, S. 34.

die moralische Auszeichnung einer Handlung nur den Nachweis, daß das Übergewicht der guten über die schlechten Konsequenzen möglichst groß ist. Zwar wird in konkreten Ethikentwürfen der teleologische Ansatz häufig mit bestimmten Werten wie etwa dem hedonistischen Vergnügen kombiniert[98)]. Eine starre Kopplung zwischen Teleologie und bestimmten Werttheorien existiert jedoch nicht. Zur vollständigen Begründung eines Urteils auf teleologischer Basis sind daher aufgrund des Formalcharakters dieses Ansatzes zunächst die als relevant erachteten positiven und negativen Werte konkret zu benennen und sodann die Optimierung ihres Saldos nachzuweisen.

In den Augen *deontologischer Theorien* ist das Konsequenzkriterium demgegenüber als Meßlatte der Moral entweder gar nicht oder nur neben anderen Kriterien geeignet[99)]. Nach dieser Auffassung richtet sich die moralische Qualität einer Handlung nicht oder wenigstens nicht primär nach der außermoralischen Güte ihrer Auswirkungen, sondern läßt sich zumindest auch anhand genuin moralischer, inhaltlich festgelegter Kriterien beurteilen. Hat etwa die Person P gelogen (oder jemanden bestochen), so kann ihr Verhalten auch ohne Ansehen der konkreten Konsequenzen ihrer Unaufrichtigkeit (Korruptheit) aus Sicht einer deontologischen Ethik verurteilt werden, da (und sofern) Lügen (Bestechung) als solches unmoralisch ist[100)]. Auch der deontologische Ansatz tritt in verschiedenen Varianten auf, wobei die Trennung von handlungs- und regeldeontologischen Theorien für unsere Zwecke besonders wichtig ist. Während sich nach handlungsdeontologischem Verständnis moralische Wertungen stets nur auf einen bestimmten Einzelfall beziehen und dabei nicht auf generelle Regeln berufen können[101)], sind Moralurteile nach Ansicht regeldeontologischer Konzeptionen aus allgemeinen Normen[102)] abzuleiten[103)]. Da die handlungsdeontologischen Theorien zumindest in ihren extremen Ausformungen letztlich keine (universellen) Bewertungskriterien für die Urteilsbegründung kennen[104)], werden im folgenden unter deontologischen Ansätzen nur die regeldeontologischen Konzepte verstanden.

Die in den Details weitverzweigten teleologischen und deontologischen Theorien müssen hier nicht abschließend diskutiert werden. Von Interesse ist im Rahmen der vorliegenden Arbeit vielmehr nur, ob die beiden Ansätze bezüglich der Begründungsstruktur evaluativer Aussagen tatsächlich so gravierende Differenzen aufweisen, wie die Literatur häufig

97) So auch FRANKENA 1981, S. 33. Vgl. zum folgenden ebenda sowie auch WIMMER 1980, S. 324.

98) So etwa in den Konzeptionen von BENTHAM und MILL, vgl. nur ULRICH 1986, S. 191.

99) Siehe zum deontologischen Ansatz in der Ethik FRANKENA 1981, S. 33 ff. und 43 ff. (hier insb. S. 34); v. KUTSCHERA 1982, S. 66 ff.; BEAUCHAMP 1988, S. 33 ff.

100) Daß Bestechungen - in vielen Staaten - auch juristisch verwerflich sind, spielt in diesem Zusammenhang keine Rolle.

101) Vgl. FRANKENA 1981, S. 43 ff.

102) In diesem Abschnitt ist der Begriff der Norm im Sinne der deontologischen Theorien weitergefaßt als im Text zu Abb. 30, und umschließt auch ethisch-moralische Regeln, die direkt zur Handlungsbeurteilung herangezogen werden (vgl. auch nochmals FN 92 auf S. 321).

103) Vgl. FRANKENA 1981, S. 46 ff. Als regeldeontologisch ist beispielsweise die Moralphilosophie von KANT anzusehen, die im kategorischen Imperativ letztlich eine einzige Grundregel formuliert. Siehe hierzu FRANKENA 1981, S. 49 ff.; BEAUCHAMP 1988, S. 37 ff., insb. S. 37.

annimmt[105], und welcher Ansatz als Grundlage für die Strukturbeschreibung gegebenenfalls geeigneter erscheint.

Deontologische Theorien sind - insoweit ohne Unterschied zum teleologischen Ansatz - nicht auf ganz bestimmte Inhalte der urteilsleitenden Regeln bzw. Normen abonniert. So ist beispielsweise durchaus auch ein deontologischer Entwurf denkbar, der Lügen (Bestechungen) als ethisch vertretbar ansieht und unsere Person P daher moralisch freisprechen würde. Im Gegensatz zur Teleologie, die als solche nur die Maxime der Saldooptimierung propagiert, müssen deontologische Urteilsbegründungen aber stets selbst materielle Wertvorstellungen (welchen Inhalts auch immer) artikulieren. Während sich der normative Eigenbeitrag teleologischer Begründungen auf die Übernahme der Optimierungsmaxime beschränkt und vom Optimum ungeachtet der optimierten Werte sozusagen mechanisch auf moralische Qualität schließt, muß die deontologische Rechtfertigung eines Urteils bereits eine materielle moralische Prämisse einführen. Um diesen Unterschied im Begründungsschema an einem Beispiel zu verdeutlichen: Die mangelnde Moral von P könnte teleologisch etwa durch die Aussagensequenz begründet werden, daß Ps Verhalten (Lügen bzw. Bestechen) mehr negative als positive Folgen hat, und daher (mangels Saldooptimierung) unmoralisch ist. Deontologisch könnte dieses Urteil hingegen durch die Aussagen abgeleitet werden, daß Lügen (Bestechen) unmoralisch ist, daß P gelogen und daß er mithin unmoralisch gehandelt hat[106]. Die deontologische Begründung ist der teleologischen Urteilsfindung somit gewissermaßen einen Wertungsschritt voraus, indem sie als Prämisse setzt (Lügen/Bestechen ist unmoralisch), was die Teleologie erst durch Bilanzierung der Handlungsfolgen ermittelt. Die Konsequenz dieses Unterschieds zeigt sich namentlich dann, wenn sich einerseits als Folge der jeweils zugrundegelegten Wertvorstellungen im teleologischen Kalkül ein Übergewicht der positiven Konsequenzen des Lügens (Bestechens) im Vergleich zum Nicht-Lügen (Nicht-Bestechen) einstellt, andererseits aber weiterhin Lügen (Bestechen) als in sich unmoralisch angesehen wird. Während der Teleologe in diesem Fall das Verhalten von P 'konsequenterweise' gutheißen muß, kann der Deontologe noch auf die vorausgesetzte Regel (Lügen/Bestechen ist unmoralisch) als 'ethische Brandmauer' zurückgreifen.

Die auf den ersten Blick nicht unwichtig erscheinenden Unterschiede zwischen den beiden Ansätzen verlieren allerdings bei näherem Hinsehen deutlich an Gewicht. Zunächst steht nichts im Wege, die abgelehnten Folgen des Lügens (der Bestechungen) - etwa die Existenz von Unwahrheiten und Vertrauensbrüchen in der Welt (bzw. die Verzerrung von Wettbewerbsverhältnissen) - als im Vergleich zu eventuellen positiven Auswirkungen durchschlagende Negativposten in das Bündel der relevanten Handlungskon-

104) FRANKENA 1981, S. 43.

105) Vgl. z. B. ETZIONI 1988, der den Utilitarismus ablehnt und seinen auf deontologischer Grundlage (siehe S. 12 f.) konzipierten Ansatz als "New Economics" (so der Untertitel seines Buches) apostrophiert. Vgl. ferner auch die oben (S. 123 ff.) erörterte Kritik am angeblich unethischen rationalen Zweck-Mittel-Denken sowie zur Notwendigkeit, die Gemeinsamkeiten und Unterschiede der beiden Ansätze eingehend zu analysieren, BEAUCHAMP 1988, S. 25.

106) Vgl. zu diesen Begründungsschemata allgemein auch TOULMIN 1950, S. 132; TOULMIN/RIEKE/JANIK 1979, S. 312 ff.; ALEXY 1978, S. 110 f. und 245 ff.

sequenzen aufzunehmen und das Verhalten von P somit auch in der teleologischen Begründungslogik unmittelbar zu verurteilen[107]. Wichtiger aber ist, daß die herausgestellten Unterschiede so nur für eine einmalige Anwendung der Begründungsschemata gelten und sich in einem Argumentationszyklus verwischen[108]. Zu beachten ist nämlich einerseits, daß die im teleologischen Fall zunächst hingenommenen Wertvorstellungen durchaus hinterfragbar und dann ihrerseits zu begründen sind. Dabei ist diese Begründung nun in Hinblick auf jeweils formulierte andere bzw. übergeordnete Konsequenzarten vorzunehmen. Die Bilanzierung der positiven und negativen Konsequenzen der Verfolgung der ursprünglichen Wertvorstellungen kann gegebenenfalls zu deren Verwerfung führen und somit per Revision der Bewertungskriterien auf die moralische Beurteilung der Handlung durchschlagen. Auf der anderen Seite können auch die deontologisch angesetzten Normen problematisiert werden. Ihre Beurteilung richtet sich dann nach dem Ausmaß, in dem sie bestimmten Obernormen gerecht werden.

Unabhängig von dem jeweils verwendeten Begründungsschema lassen sich folglich sowohl teleologische Urteile auf einer höheren Stufe erneut moralisch in Frage stellen als auch deontologisch empfohlene Normen kritisieren. Nach keinem der beiden Ansätze sind somit bestimmte Möglichkeiten der Begründung und Kritik[109] prinzipiell verschlossen. Der Unterschied reduziert sich vielmehr im Kern auf das jeweilige Stadium in einem Argumentationsprozeß, das bei Verwendung der beiden Schemata erreicht ist. Da die teleologische Begründung die Wertvorstellungen über die Art positiver und negativer Handlungskonsequenzen als gegeben hinnimmt und in diesem Sinne vergleichsweise wertungsarm ist, bleibt sie stets (aber auch nur) einen Schritt hinter der deontologischen Vorgehensweise zurück, die ihr Urteil aus einer materiellen moralischen Norm ableitet. Die Deontologie arbeitet durch den Ansatz von Normen gewissermaßen mit einer moralischen Heuristik, indem ohne Umweg über die Handlungskonsequenzen direkt von Regeln auf die Urteile geschlossen wird. Eine solche Heuristik ist aber strenggenommen nur dann (objektiv) vertretbar, wenn ihre 'Konsequenzen' für die Erfüllung von Obernormen insgesamt positiv zu beurteilen sind.

Wenngleich die Divergenzen zwischen einer teleologischen und einer deontologischen Beurteilung somit bei genauerer Betrachtung weniger gravierend sind, als es zunächst den Anschein hat, bietet sich das teleologische Schema doch als Leitkonzeption für die Strukturbeschreibung von Begründungen evaluativer Aussagen eher an. Deontologische Urteilsfindungen sind zwar elegant, da sie von bestimmten Moralnormen ausgehend direkt 'zur Sache' kommen. Die teleologische Methode ist insofern umständlicher. Sie fragt zunächst nach den als relevant angesehenen Konsequenzen und fällt ihr Urteil erst

---

107) Konkret z. B.: Das Vorkommen von Unwahrheiten und Vertrauensbrüchen (die Verzerrung von Wettbewerbsverhältnissen) ist schlecht (Wertvorstellung). Lügen (Bestechen) führt im Vergleich zum Nicht-Lügen (Nicht-Bestechen) stärker zum Vorkommen von Unwahrheiten und Vertrauensbrüchen (zur Verzerrung von Wettbewerbsverhältnissen), hat somit die negativeren Konsequenzen und ist daher unmoralisch.

108) Vgl. auch die Bemerkung von BEAUCHAMP 1988, S. 25, daß die Unverträglichkeit des teleologischen und des deontologischen Ansatzes bislang noch nicht nachgewiesen wurde.

nach Bestimmung des entsprechenden Wertsaldos. Die Teleologie ist damit allerdings auch ungleich aufschlußreicher, da sie im Vergleich zum deontologischen Schema bereits Bewertungskriterien auch für Normen offenlegt[110)] und Wissen über die diesbezüglichen Implikationen der normrelevanten Handlungen verarbeitet[111)]. Beim deontologischen Vorgehen wird Lügen (Bestechen) zunächst apodiktisch als verwerflich qualifiziert und das Verhalten von P bloß unter diese Norm subsumiert. Teleologisch wird hingegen analysiert, ob Nicht-Lügen oder Lügen (Nicht-Bestechen oder Bestechen) von P ein Bündel explizit ausgewiesener Wertvorstellungen optimiert, und sodann geurteilt, daß bei Hinnahme dieser Werte und Akzeptanz der teleologischen Bewertungsmaxime Ps Verhalten je nach Befund unmoralisch bzw. moralisch ist. Durch diesen stärkeren deskriptiven Unterbau kommt das teleologische Schema unserer Thematisierung der kognitiven Urteilsdimension entgegen.

(2) Begründung von Handlungsempfehlungen

Bei einer Übertragung der voranstehenden Ausführungen zur teleologischen Begründung von ethischen Urteilen auf evaluative Aussagen allgemein[112)] läßt sich konstatieren, daß Empfehlungen im Prinzip als (mehr oder weniger) begründet gelten dürfen, wenn (mehr oder weniger fundiert) nachgewiesen werden kann, daß die jeweils ausgezeichnete Alternative entweder als einzige oder vergleichsweise am ehesten das oder die zugrundegelegten Beurteilungskriterien erfüllt. Handlungsempfehlungen schlagen als praktisch-rationale Zweckmäßigkeitsurteile Maßnahmen nach dem Kriterium ihrer *Erfolgsträchtigkeit* vor, die aus der Abwägung von Ausmaß und Sicherheit der Zielbeiträge der einzelnen Alternativen resultiert[113)]. In der vergleichsweise komplexesten Empfehlungsituation mit Mehrfachzielsetzungen und mehreren Maßnahmekandidaten[114)] wären danach zur Begründung von Handlungsvorschlägen im einzelnen

---

109) Etwa in dem Sinne, daß teleologisch nicht zur moralischen Qualität des Lügens (von Bestechungen) selbst Stellung bezogen bzw. eine generelle deontologische Ächtung des Lügens (von Bestechungen) nicht diskutiert werden könnte.

110) Zu beachten ist nämlich, daß bei einer Universalisierung des Resultats der Handlungsbeurteilung («Ps Lügen ist unmoralisch») die entsprechende Norm («Lügen ist unmoralisch») ebenfalls teleologisch begründet ist.

111) Vgl. auch den Hinweis von ALEXY 1978, S. 111 auf die Kritikfunktion, die teleologischen im Vergleich zu deontologischen Argumentationen zukommt. Zur Orientierung sei im übrigen angemerkt, daß die Frage der konkreten - auch interpersonell nachvollziehbaren - Bestimmung der Implikationen noch eingehend (v. a. auf S. 343 ff.) erörtert wird.

112) Also auch auf außermoralische Wertungen.

113) Siehe S. 84 f.

114) Gemeint ist damit die Betrachtung mehrerer alternativer Maßnahmen neben der Nullalternative, da diese zumindest implizit stets zum Vergleich herangezogen wird.

(1) die Aussagen über das Ausmaß der Beiträge der einzelnen Alternativen zu den verschiedenen Zielsetzungen, kurz also über die zielbezogene Leistungsfähigkeit der Alternativen[115)],
(2) die Einschätzung der Sicherheit dieser Zielbeiträge,
(3) die jeweilige Abwägung von Sicherheit und Ausmaß der Zielbeiträge der Alternativen zur Ermittlung ihrer zielbezogenen Erfolgsträchtigkeit,
(4) die Aggregation der einzelnen zielbezogenen Erfolgsgrößen zum erwarteten Gesamterfolg jeder Alternaitve sowie
(5) der Vergleich der alternativenspezifischen Gesamterfolge und die Ermittlung der insgesamt erfolgversprechendsten Maßnahme[116)]

zu untermauern. Die Begründung einer Handlungsempfehlung erfordert daher strenggenommen nicht nur, das Zustandekommen (des Ausmaßes) der Zielbeiträge pro Alternative einsichtig zu machen. Vielmehr bieten ferner auch die Sicherheitseinstufung der alternativenspezifischen Folgen, die jeweilige Abwägung von Ausmaß und Sicherheit der Konsequenzen, die Aggregation der zielbezogenen Erfolgsgrößen, m. a. W. also die jeweilige Form der Zielkonfliktbewältigung, und die Vergleichsoperation potentielle Begründungsanlässe. Die mit den Punkten (2)-(5) verbundenen Argumentationsschritte sollen aber aus folgenden Gründen nicht bzw. noch nicht in eigenen Strukturschemata gesondert konzeptualisiert werden. Da an dieser Stelle fürs erste nur die Grundstruktur der argumentativen Stützung managerialer Empfehlungen herausgearbeitet werden soll, werden die Sonderprobleme der Begründung von Zielkonfliktlösungen [Schritt (4)] zunächst noch ausgeklammert und erst in einem späteren Untersuchungsabschnitt thematisiert[117)].

Die Abwägung von Zielbeitragsausmaß und -sicherheit bildet primär ein Thema der praktischen Rationalität[118)]. Sie erfordert im Kern die Formulierung und Anwendung einer geeigneten Vorschrift für die Gewichtung der beiden Konsequenzattribute. Die Fundierung der Abwägung verlangt daher im Prinzip 'nur' die Begründung der herangezogenen Gewichtungsvorschrift als solcher sowie den Nachweis, daß diese Vorschrift korrekt angewendet worden ist. Die Problematik dieser Fundierung liegt vor allem in der materiellen Rechtfertigung einer bestimmten Gewichtungsvorschrift, während die begründungstrukturellen Aspekte keine Besonderheiten im Vergleich zur 'normalen' Zielkonfliktlösungs-Fundierung aufwerfen. Da die Probleme der materiellen Formulierung entsprechender Gewichtungsvorschriften als praktisch-rationale Fragen nicht zum Unter-

---

115) Siehe S. 84.

116) Vgl. auch die strukturell verwandten Einzelschritte der entscheidungstheoretischen Bestimmung des Risikonutzens von Handlungsalternativen, auf die später (S. 423 f. m. N.) noch näher eingegangen wird.

117) Siehe S. 431 ff.

118) Vgl. auch oben, S. 85 und S. 86 f.

suchungsschwerpunkt dieser Arbeit gehören, soll dieser Abwägungsvorgang (3) und seine Begründung im folgenden grundsätzlich[119)] nicht weiter vertieft werden.

Sofern die nach Ausmaß und Sicherheit beschriebenen Konsequenzen der einzelnen Alternativen gemäß der herangezogenen Abwägungsvorschrift und über alle Zielsetzungen hinweg zur alternativenspezifischen Erfolgsträchtigkeit verdichtet worden sind, sind der Vergleich dieser Kenngrößen und die Ermittlung der erfolgversprechendsten Alternative (5) im Grundsatz trivial. Die auf der Basis vorliegender Erfolgsdaten vorgenommene reine Auszeichnung der erfolgversprechendsten Alternative bedarf daher praktisch kaum einer Begründung. Auf die explizite Normierung eines entsprechenden Argumentationsschritts kann folglich ohne weiteres verzichtet werden.

Die Begründung der Sicherheitseinschätzung (2) schließlich verlangt - analog zu derjenigen der Sicherheits-Ausmaß-Abwägung - im wesentlichen die Rechtfertigung der Wahl eines bestimmten Sicherheitsmaßstabes sowie den Nachweis der korrekten Anwendung dieser Meßlatte. Die Entwicklung eines solchen Maßstabes - in Form der Verläßlichkeitsstufen für Aussagen - bildet jedoch gerade einen Schwerpunkt der vorliegenden Untersuchung. Für diese Entwicklungsarbeiten ist es erforderlich, aber auch ausreichend, wenn die Struktur des Aussagensystems zur Stützung der Behauptungen über das Ausmaß der Zielbeiträge - mithin also die Struktur der 'eigentlichen' materiellen Begründung von Handlungsempfehlungen - offengelegt wird. Auf diese Weise wird das Meßobjekt präzisiert, auf welches das hier zu entwickelnde Instrumentarium für die Zuverlässigkeits- bzw. Rationalitätsmessung Anwendung finden kann. Anders formuliert informieren Begründungsaussagen für Handlungsempfehlungen nach unserer Konzeption lediglich über das Ausmaß der Zielbeiträge der vorgeschlagenen Alternative, also über die alternativenspezifische Leistungsfähigkeit, während die Sicherheit des tatsächlichen Eintritts dieser Zielbeiträge bzw. Konsequenzen[120)] an der Verläßlichkeit dieser Aussagen festgemacht wird[121)]. Der Übergang von den alternativenspezifischen Konsequenzaussagen über das jeweilige Zielbeitragsausmaß und von der Zuverlässigkeit dieser Aussagen zur Aussage über die Erfolgsträchtigkeit erfordert somit noch einen eigenen Schritt, der jedoch aus den genannten (Vereinfachungs-)Gründen hier vernachlässigt werden kann.

Um die Struktur der so verstandenen Empfehlungsbegründungen genauer fassen zu können, soll zunächst festgelegt werden, daß die Aussagen zu den einzelnen Zielbeiträgen der verschiedenen Alternativen jeweils ein Argument abgrenzen. Wird nur ein Bewer-

119) Eine Ausnahme gilt für die verwandte Problematik der Aggregation der Zuverlässigkeit und des Gewichts von Argumenten, auf die im Zusammenhang mit der - bislang kaum untersuchten - Bewältigung von Argumentkonflikten näher eingegangen wird (siehe S. 420 ff.).

120) Sofern im folgenden nicht ausdrücklich etwas anderes gesagt wird, ist daher mit dem Ausdruck *Konsequenz* nur das Ausmaß des Zielbeitrags (und nicht auch seine Zuverlässigkeit) gemeint.

121) Eine Konsequenzaussage der hier konzeptualisierten Art lautet demnach nicht etwa «Die Einführung der Kundenorganisation wird den Gewinn mit einem Plausibilitätswert von X erhöhen», sondern «Die Einführung der Kundenorganisation wird den Gewinn erhöhen», und kann einen Plausibilitätswert von z. B. X haben. Die modale Qualifizierung von Aussagen im Sinne des TOULMINschen Ar-

tungskriterium bzw. Ziel angesetzt und damit als beurteilungsrelevant erachtet, ist folglich zur Begründung einer Handlungsempfehlung jeweils nur ein Argument ins Treffen zu führen, das für die empfohlene Maßnahme bzw. gegen die verworfene(n) Alternative(n) spricht (*Ein-Argument-Fall*). Bei Mehrfachzielsetzungen hingegen ist die Empfehlung der vorgeschlagenen bzw. die Ablehnung der zurückgewiesenen Alternative(n) mit entsprechend vielen Argumenten zu begründen (*Mehr-Argument-Fall*). Da sich die Gründe bei Mehrfachzielsetzungen und Zielharmonie lediglich vervielfachen und die Besonderheiten der Zielkonflikte noch zurückgestellt werden sollen, konzentrieren sich die weiteren Analysen zur Vereinfachung auf den Ein-Argument-Fall. Eine zusätzliche Entlastung der Darstellung kann ferner dadurch vorgenommen werden, daß sich die Argumente für die als leistungsfähigste ausgezeichnete Maßnahme und für die zurückgewiesenen Alternativen nicht prinzipiell unterscheiden[122)]. Im folgenden soll daher - von einer positiven Entscheidung für eine bestimmte Aktivität ausgehend - im Regelfall explizit nur die Stützung der Handlungsempfehlung im engeren Sinne für die vorgeschlagene Maßnahme betrachtet werden. Die Untersuchungsergebnisse lassen sich problemlos auf die Begründung der Ablehnungsempfehlungen übertragen.

Betrachtet man die exemplarische Handlungsempfehlung der Einführung einer kundenorientierten Organisationsstruktur, so könnte die Warum-Frage nach der Empfehlungsbegründung[123)] umgangssprachlich beispielsweise mit dem Argument beantwortet werden, «weil sie den Gewinn der Unternehmung erhöht». Diese Rechtfertigung läßt sich nun auf teleologischer Basis ausführlich etwa wie folgt rekonstruieren:

«Die Einführung einer Kundenorganisation ist empfehlenswert, weil wir eine Gewinnsteigerung anstreben, weil die Kundenorganisation den Gewinn steigert und weil eine leistungsfähige Handlungsalternative zu empfehlen ist.»

Gibt man dieser Begründung die Form einer Schlußfolgerung, so kann sie etwa folgendermaßen angeschrieben werden:

«(1a) Unser Ziel heißt Steigerung des Gewinns.
(1b) Die Kundenorganisation steigert den Gewinn.
(2) Eine leistungsfähige Handlungsalternative ist zu empfehlen.
(3) Also ist die Kundenorganisation zur Durchführung zu empfehlen.»[124)]

---

gumentationsschemas (siehe S. 181) wird hier somit nicht zum Bestandteil der Aussagen selbst gemacht. Vgl. hierzu auch nochmals S. 218 FN 16.

122) Siehe hierzu auch die sogleich folgende FN 124.

123) Siehe S. 306.

124) Zur Abrundung sei an dieser Stelle auch ein Beispiel für die analoge Stützung einer Ablehnungsempfehlung gegeben: «(1a) Unser Ziel heißt Steigerung des Gewinns. (1b) Die bisherige Organisationsstruktur läßt den Gewinn schrumpfen. (2) Nur eine leistungsfähige Handlungsalternative ist zu empfehlen. (3) Also ist die Beibehaltung der bisherigen Organisationsstruktur abzulehnen.»

Abstrahiert man von dem konkreten Beispiel, so können die Strukturelemente eines Arguments zur Stützung einer Handlungsempfehlung in allgemeiner Form wie in Abb. 32 dargestellt werden. Das hier vorgeschlagene Begründungsschema für Handlungsempfehlungen stellt - wie schon die Existenz des teleologischen und des deontologischen Ansatzes erhellt - nicht die einzig mögliche Beschreibung der Rechtfertigungsstruktur dar. Im weiteren Verlauf dieser Arbeit wird aber deutlich werden, daß dieses Strukturschema für unsere Zwecke der Rationalitätsmessung zumindest durchaus geeignet ist.

(1a)	Schilderung des beurteilungsrelevanten (Sub- oder Unternehmungs-)Ziels	[deskriptives Kriteriendatum]
(1b)	Schilderung des Zielbeitrags der empfohlenen Handlungsalternative	[deskriptives Konsequenzdatum]
(2)	Bekenntnis zum Empfehlungskriterium der Leistungsfähigkeit	[teleologische Maxime]
(3)	Handlungsempfehlung	[evaluative Aussage]

Abb. 32: Struktur eines präskriptiven Arguments

Die Zielaussage wird in dem Argumentschema als singuläre Aussage interpretiert, da sie das in der jeweiligen Entscheidungssituation speziell zugrundegelegte Beurteilungskriterium beschreibt (*Kriteriendatum*). Ferner wird diese Proposition dem teleologischen Verständnis folgend als deskriptive Feststellung aufgefaßt, da sich das Argument auf die Handlungsqualität bei gegebener Zielsetzung beschränkt und zur Qualität des Ziels selbst nicht wertend Stellung bezieht. Es kann daher als präskriptives Argument im Sinne der bekannten Gegenüberstellung von präskriptiven und normativen Urteilen[125)] bezeichnet werden.

Die Aussage über den (zu erwartenden) Zielbeitrag charakterisiert die Leistungsfähigkeit der ausgezeichneten Alternative. Sie hat naturgemäß ebenfalls deskriptiven Charakter und bildet das *Konsequenzdatum*[126)] in einem präskriptiven Argument. Die Dateneigenschaft dieser Proposition beruht darauf, daß die Handlungsempfehlung für eine ganz bestimmte Problemsituation ausgesprochen wird und folglich nicht behauptet, daß eine Kundenorganisation stets den angenommenen Beitrag zum (hier: Gewinn-)Ziel leistet[127)]. Konsequenzaussagen können unterschiedlich präzise formuliert sein. Das Spektrum reicht von der bloßen Aussage, daß die empfohlene Alternative dem maßgebli-

125) Siehe S. 198 f. m. N.

126) Nachrichtlich sei an dieser Stelle schon angemerkt, daß dieses Datum später genauer auch als *globales Konsequenzdatum* bezeichnet werden wird (siehe S. 337 und 343).

127) Vgl. auch die Herleitung dieses Datums aus anderen Daten und Regeln im folgenden Gliederungsabschnitt.

chen (konkret benannten) Beurteilungskriterium gerecht wird[128)] bis zur exakten Angabe des Ausmaßes der mit dieser Alternative verbundenen Kriterienrealisation[129)].

Die zur Begründung von Handlungsempfehlungen übernommene teleologische Maxime fordert, das Empfehlungsurteil nach Maßgabe des größten Zielerreichungsbeitrags bzw. der größten Leistungsfähigkeit zu fällen[130)]. Die mit dieser Maxime angesprochene Leistungsfähigkeit bildet demnach das formale Kriterium zur Bewertung von Handlungsalternativen[131)] und ist von den materiellen Kriterien der Handlungsbeurteilung in Form der konkreten Zielsetzungen (in den jeweiligen Kriteriendaten) zu unterscheiden. Die teleologische Maxime bildet die Regelaussage eines präskriptiven Arguments[132)] und ist normativer Natur. Das Bekenntnis zu dieser Maxime erlaubt den wertmäßigen Sprung von den deskriptiven Feststellungen über das Ziel und den Zielbeitrag zur evaluativen Aussage, der nach den Gesetzen der deontischen Logik ohne normative Prämisse nicht zulässig ist[133)].

Die Handlungsempfehlung schließlich stellt eine Konklusion aus den übrigen Begründungsaussagen dar, wobei der Schlußschritt selbst durch die gestrichelte Linie in Abb. 32 symbolisiert ist. Die logischen Anforderungen des korrekten Schließens aus Prämissen fallen im Vergleich zu der Problematik, eine möglichst große Zuverlässigkeit der (deskriptiven) Prämissen zu erzielen, bei unstrukturierten Managementproblemen allerdings nicht ins Gewicht[134)]. Da die Argumentationsrationalität einer Begründung m. a. W. kaum an rein logischen Ableitungsfehlern - etwa der Art: «Die Kundenorganisation ist leistungsfähig, also ist die Kundenorganisation abzulehnen» - scheitern dürfte, wird die

---

128) Beispiel: «Die Kundenorganisation verspricht einen Gewinnanstieg.»

129) Beispiel: «Die Kundenorganisation verspricht einen Gewinnanstieg um X Mio. DM.»

130) Wie schon bei der Begriffsbestimmung der Argumentationsrationalität herausgestellt wurde, darf die Orientierung am 'größten' oder 'besten' Zielbeitrag nicht mit der Verfolgung des klassischen Maximierungsprinzips verwechselt werden. Siehe nochmals S. 76 f. Im übrigen sei noch einmal klargestellt, daß eine Aussage über die größte Leistungsfähigkeit strenggenommen natürlich einen entsprechenden Vergleich der Leistungsdaten sämtlicher in die Entscheidungsfindung einbezogener Alternativen voraussetzt und daher mit einem einzelnen evaluativen Argument der hier dargestellten Form nicht behauptet werden kann. Dementsprechend wird auch in der exemplarischen Schlußfolgerungs-Begründung im Text auf S. 328 unter (2) (wie in den später noch folgenden Argumentationsbeispielen auch) lediglich von 'einer leistungsfähigen' und nicht 'der leistungsfähigsten' Handlungsalternative gesprochen, die es zu empfehlen gilt. Die Aufnahme der teleologischen Maxime in das Strukturschema eines evaluativen Arguments stellt somit eine gewisse Verkürzung dar, die allein durch den oben begründeten Verzicht auf eine gesonderte Konzeptualisierung der Vergleichsoperation (siehe S. 327) motiviert ist. Diese Vereinfachung ist für unsere Zwecke aber völlig unschädlich und daher ohne weiteres akzeptabel.

131) Siehe nochmals S. 321.

132) Die Maxime kann in Wenn-Dann-Form etwa wie folgt formuliert werden: «Wenn eine Handlungsalternative den größten Zielbeitrag leistet, dann ist sie als leistungsfähigste Alternative zu empfehlen.» Aufgrund ihrer besonderen Stellung im Begründungsschema und bei der Rationalitätsmessung (siehe sogleich, S. 332) soll sie hier als *Maxime* sprachlich von den anderen Regeln abgehoben werden.

133) Vgl. zu dieser logischen Anforderung KIRSCH 1972, S. 173; KOPPERSCHMIDT 1973, S. 131; SCHANZ 1973, S. 593 f.; HOERSTER 1989, S. 233; RADNITZKY 1989c, S. 383.

134) Vgl. nochmals S. 170.

Schlüssigkeit[135)] der Argumentation im weiteren stets unterstellt, aber nicht weiter thematisiert.

Die Begründung für die Empfehlung der Kundenorganisation («weil sie den Gewinn der Unternehmung erhöht)» läßt sich nun im Fortgang der Argumentation auf drei verschiedene Weisen hinterfragen (vgl. Abb. 33).

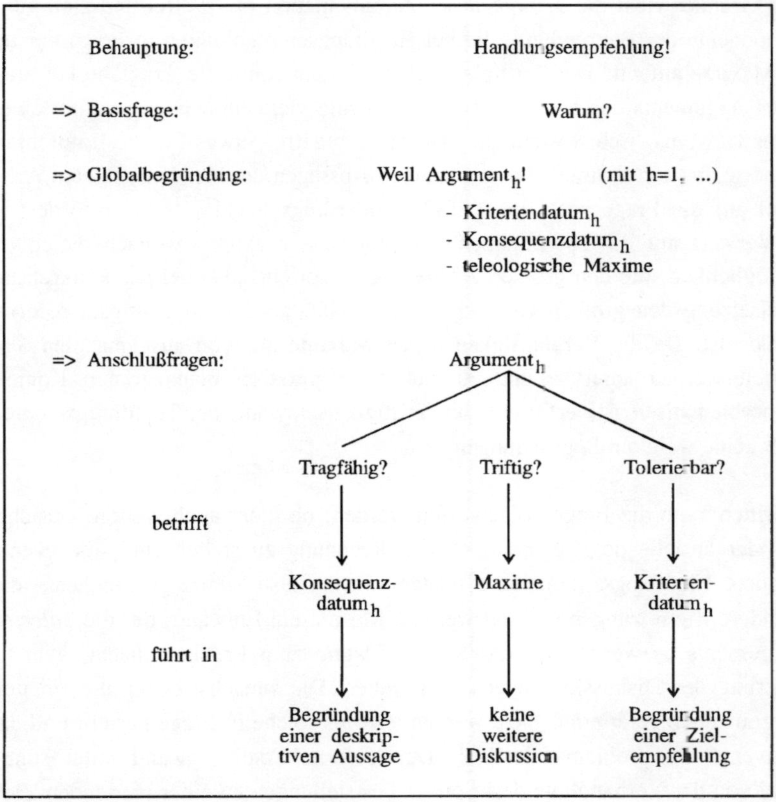

Abb. 33: Anschlußfragen an präskriptive Argumente

Zum ersten kann bezweifelt werden, daß die kundenorientierte Organisation tatsächlich eine Steigerung des Gewinns erwarten läßt. Diese Fragenkategorie betrifft nach unserem Begründungsschema das Konsequenzdatum der anfänglichen Begründung und problematisiert die *Tragfähigkeit* des vorgebrachten Arguments[136)]. Sofern - wie hier infolge des Zukunftsbezugs der Handlungskonsequenzen - die Zweifel an dem Datum nicht durch einen Beleg ausgeräumt werden können, ist diese Kategorie von Fragen durch eine weitere

135) Im Unterschied zur Gültigkeit bzw. Stichhaltigkeit, siehe S. 231 und S. 361 ff.

136) Vgl. hierzu und zum folgenden auch die Unterscheidung zwischen der Haltbarkeit und der Relevanz von Gründen bei NAESS 1975, S. 144, die Differenzierung zwischen dem "'initial' factor" und dem "'relational' factor" der Stichhaltigkeit eines Arguments bei WOODS/WALTON 1977, S. 307, sowie

Begründung zu beantworten, die nun das behauptete Datum aus bestimmten anderen Propositionen ableitet. Da es sich bei den Datenaussagen um deskriptive Feststellungen handelt, wird die Struktur ihre argumentativen Rechtfertigung erst weiter unten (bei der strukturellen Form deskriptiver Argumente) eingehender untersucht.

Zum zweiten kann die Anschlußfrage gestellt werden, warum die Steigerung des Gewinns als Argument überhaupt bedeutsam ist. Diese Frage nach der Relevanz des angeführten Grundes zieht die *Triftigkeit* der Argumentation in Zweifel und zielt auf die Regelkomponente der Begründung, die bei Handlungsempfehlungen in Form der teleologischen Maxime auftritt. Der Triftigkeitseinwand kann somit die Tragfähigkeit des vorgebrachten Arguments durchaus zugeben. Er möchte vielmehr wissen, warum eine Steigerung des Gewinns - selbst wenn sie tatsächlich zutrifft - etwas für die Empfehlung einer Kundenorganisation austrägt. Bei evaluativen Aussagen der hier betrachteten Art fällt die Antwort auf die Frage nach der Trifigkeit allerdings leicht[137)]. Sie erfordert lediglich einen Verweis auf die übernommene teleologische Maxime, wonach diejenige Handlungsmöglichkeit, die den größten Zielbeitrag verspricht, also bei der konkret unterstellten Zielsetzung den größten Gewinn erwarten läßt, als leistungsfähigste Alternative zu empfehlen ist. Da die Vernünftigkeit dieser Maxime nur von ausgemachten Skeptikern bezweifelt werden kann[138)] und zumindest im praktisch-managerialen Kontext wohl kaum problematisch ist, erfordert der Triftigkeitseinwand bei Handlungsempfehlungen folglich keine weiteren Begründungen.

Zum dritten kann die Frage aufgeworfen werden, ob nicht auch weitere Gesichtspunkte neben oder anstelle des Gewinnaspekts in Rechnung zu stellen sind, die eventuell für eine andere Handlungsalternative sprechen, warum also - kurz gesprochen - diese und nicht andere Zielsetzungen verfolgt werden. Mit diesem Einwand, der die *Tolerierbarkeit* des Arguments bezweifelt und das Kriteriendatum zum Problem macht, geht nun eine Verlagerung des Diskussionsgegenstands einher. Die zunächst deskriptiv (in präskriptiven Argumenten) referierten Ziele werden jetzt als solche in Frage gestellt und damit aus normativer Sicht problematisiert[139)]. Der Tolerierbarkeitseinwand leitet somit einen Wechsel von der Verhandlung deskriptiver Feststellungen zu einer wertenden Zieldiskussion ein. Die in dieser anderen Debatte zu liefernden Begründungen stellen folglich

---

die Beurteilungskriterien für Argumentationen bei JOHNSON/BLAIR 1983, S. 34; FISHER 1978, S. 379 f.

137) Anders dagegen bei deskriptiven Argumenten, siehe hierzu näher S. 350 ff.

138) Vgl. auch noch einmal S. 199 m. N.

139) Daneben könnte theoretisch noch die Frage gestellt werden, ob die angegebenen Ziele tatsächlich verfolgt werden, ob das Zieldatum also (deskriptiv) zuverlässig ist. Da die Probleme der Zielbildung in dieser Arbeit ausgeklammert sind und von gegebenen Zielen ausgegangen wird, dürfte der Beleg oder die Begründung der Zuverlässigkeit der Zielaussage im Normalfall kaum Schwierigkeiten bereiten. Die Frage nach der deskriptiven Gültigkeit der Zielaussage soll daher im weiteren nicht näher erörtert werden. Ein anderes Thema stellt hingegen das Problem dar, ob die benannten Ziele - im Sinne einer taktischen Begründung - bloß vorgeschoben sind. Hierbei geht es jedoch um die Wahrhaftigkeit der Begründung, die erst im Zusammenhang mit der praktischen Rationalitätsmessung anzusprechen ist.

Rechtfertigungen für Zielempfehlungen dar, deren Struktur im folgenden herausgearbeitet wird.

(3) Begründung von Zielempfehlungen

Im Referenzbeispiel könnte die Frage, warum die Steigerung des Gewinns als Unternehmungsziel empfohlen wird, etwa mit der Begründung beantwortet werden: «Weil Gewinn in einer Marktwirtschaft Existenzbedingung der Unternehmung ist»[140]. Analog zur argumentativen Untermauerung der Handlungsempfehlung kann diese exemplarische Rechtfertigung einer Unternehmungszielempfehlung in ausführlicher Schlußform[141] etwa folgendermaßen aufbereitet werden:

«(1a) Unsere Norm heißt Verträglichkeit mit der Marktwirtschaft.
(1b) Die Gewinnerzielung als Existenzbedingung der Unternehmung in der Marktwirtschaft entspricht den Anforderungen dieser Wirtschaftsordnung.
(2) Eine nützliche Zielsetzung ist zu empfehlen.
(3) Also ist die Verfolgung des Gewinnziels empfehlenswert.»

Abstrahiert man wiederum von dem konkreten Hintergrund des Beispiels, so läßt sich die folgende Grundstruktur der Rechtfertigung einer Zielempfehlung herausarbeiten (vgl. Abb. 34).

(1a)	Schilderung des/der beurteilungsrelevanten übergeordneten (Sub- oder Unternehmungs-)Ziels/Norm	[deskriptives Kriteriendatum]
(1b)	Schilderung des Oberziel- oder Normbeitrags der empfohlenen Zielsetzung	[deskriptives Konsequenzdatum]
(2)	Bekenntnis zum Empfehlungskriterium der Nützlichkeit	[teleologische Maxime]
(3)	Zielempfehlung	[evaluative Aussage]

Abb. 34: Struktur eines normativen Arguments

Da die Struktur von Argumenten zur Begründung von Zielempfehlungen mit der Argumentstruktur bei Handlungsempfehlungen im Prinzip übereinstimmt, genügen zur Erläuterung die folgenden ergänzenden Bemerkungen. Die hier betrachteten Gründe stützen

140) An die Vertagung der Problematik von Zielkonflikten (siehe S. 326) wird erinnert.

141) Die bei den Handlungsempfehlungen noch aufgeschriebene ausführlich-umgangssprachliche Begründung sei hier übersprungen.

evaluative Aussagen zur Nützlichkeit von Zielen und nicht wie präskriptive Argumente Urteile über die Leistungsfähigkeit von Handlungen bei gegebenen Zielsetzungen. Sie können daher in Abgrenzung zu jenen als normative Argumente angesprochen werden. Je nach der Rangordnung des empfohlenen Ziels sind als Beurteilungskriterien in normativen Argumenten entweder übergeordnete Subziele, Unternehmungsziele oder Normen anzugeben[142)]. Ferner gibt die Konsequenzaussage hier über die Nützlichkeit der empfohlenen (Ziel-)Alternative Auskunft, die sich analog zur Leistungsfähigkeit aus dem Ausmaß der Oberziel- bzw. Normerfüllung ergibt[143)]. Sie bildet wie diese ein formales Kriterium der Zielbeurteilung, das von den konkret angesetzten Oberzielen bzw. Normen als materiellen Beurteilungskriterien zu trennen ist. Im übrigen lassen sich die oben angestellten Überlegungen zum singulären Charakter der Kriterienaussage[144)] und der Konsequenzaussage sowie zur deskriptiven Natur dieser Propositionen entsprechend übertragen. Gleiches gilt auch für die Normativität und Rolle der teleologischen Maxime[145)] sowie für die untergeordnete Bedeutung des logischen Schlusses von den Prämissen auf die Konklusion in Form der Zielempfehlung.

Die Rechtfertigung einer Zielempfehlung kann abermals mit den nun schon bekannten Fragenkategorien bezüglich ihrer Tragfähigkeit, Triftigkeit und Tolerierbarkeit problematisiert werden, wobei nur in Hinblick auf die Tolerierbarkeitsdebatte gewisse Besonderheiten zu beachten sind (siehe Abb. 35). Zweifel an der Tragfähigkeit des Arguments - im konkreten Beispiel also die Frage, ob die Gewinnerzielung der vorausgesetzten Norm tatsächlich gerecht wird - greifen eine deskriptive (Datum-)Aussage an. Sie sind daher bei mangelnden Belegen[146)] mit einer Begründung zu beantworten, deren Struktur das Thema des nachfolgenden Untersuchungsabschnitts bildet.

Wird die Triftigkeit des vorgetragenen Grundes zum Diskussionsgegenstand erhoben, im Beispiel also nach der Relevanz der Erfüllung der Funktionsbedingungen der Marktwirtschaft für die ausgesprochene Zielempfehlung gefragt, so kann analog zur Reaktion im Fall der Handlungsempfehlungen[147)] auf die teleologische Maxime verwiesen werden, wonach diejenige Zielsetzung als nützlichste zu empfehlen ist, die dem angesetzten Beurteilungskriterium (Oberziel bzw. Norm) am besten gerecht wird[148)]. Nach unseren

---

142) Siehe S. 315.

143) Siehe wiederum bereits oben, S. 85, sowie eingehender unten, S. 362 ff.

144) Zur Vermeidung von Mißverständnissen sei vermerkt, daß Normen nach dem üblichen Begriffsverständnis zwar eine mehr oder weniger universelle Geltung beanspruchen (siehe S. 314 FN 52). Die Ziel- bzw. Normaussagen in der Begründung von Zielempfehlungen geben aber Auskunft über die der jeweiligen Empfehlung als Beurteilungskriterien zugrundegelegten Ziele bzw. Normen und werden daher als singuläre Propositionen aufgefaßt.

145) Auch FN 130 von S. 330 ist hier entsprechend zu beachten.

146) Die Belegbarkeit einer solchen Konsequenzaussage kommt z. B. dann in Betracht, wenn ein Ziel selbst Bestandteil des Norminhalts ist.

147) Siehe S. 332.

148) Ausführlich: «Wenn eine Zielsetzung ein Oberziel bzw. eine Norm am besten erfüllt, dann ist sie als nützlichstes Ziel zu empfehlen.»

voranstehenden Untersuchungen zur Rechtfertigung von Urteilen muß diese Maxime im Prinzip nicht weiter argumentativ untermauert werden.

Die kritische Prüfung der Tolerierbarkeit leitet über in die normative Diskussion der Beurteilungskriterien, wobei nun allerdings die eingangs erwähnten Besonderheiten eingreifen. Sofern - wie in unserem Beispiel - zur Begründung von Zielempfehlungen bereits Normen herangezogen worden sind, muß zur Antwort auf die Problematisierung der zugrundegelegten Beurteilungskriterien nun nicht auf Obernormen und letztlich Kardinalprinzipien zurückgegriffen werden[149)]. Nach den zur Reichweite managerialer Begründungspflichten angestellten Überlegungen[150)] reicht vielmehr der Nachweis, daß die herangezogenen Normen zum Bestand der akzeptablen Normen gehören. Dieser Nachweis läßt sich formal als (manageriale Letzt-)Begründung rekonstruieren, die das (in Folgearbeiten noch zu spezifizierende[151)]) Beurteilungskriterium «Zugehörigkeit zum akzeptablen Normenbestand» ansetzt, mit der Konsequenzaussage eben diese Zugehörigkeit der empfohlenen Norm feststellt und die herangezogene Norm aufgrund der Kriterienerfüllung gemäß der teleologischen Maxime als empfehlenswert ausweist. Wird die Konsequenzaussage angezweifelt, so ist zu ihrer Stützung nach Möglichkeit ein entsprechender Beleg zu präsentieren. Scheidet ein Beleg - vor allem als Folge vorgenommener Präzisierungen der Norm[152)] - aus, so ist die behauptete Akzeptanz ersatzweise zu begründen.

149) Vgl. zur Veranschaulichung bereits an dieser Stelle Abb. 44 (S. 364) sowie zur Problematik von eventuellen Normkonflikten nochmals S. 333 FN 140.

150) Siehe S. 314 ff.

151) Siehe S. 317 ff. Nachrichtlich sei noch angemerkt, daß diese Spezifizierung sich u. a. auch auf die Voraussetzungen erstrecken muß, unter denen Präzisierungen von bisher zu unbestimmten Normen (hierzu näher S. 436 f.) als akzeptabel gelten dürfen. Vgl. zu entsprechenden Prinzipien für den Bereich der juristischen Auslegung hier nur LARENZ 1991, insb. S. 312 ff. und ALEXY 1978, S. 288 ff.

152) Siehe ausführlicher S. 436 f.

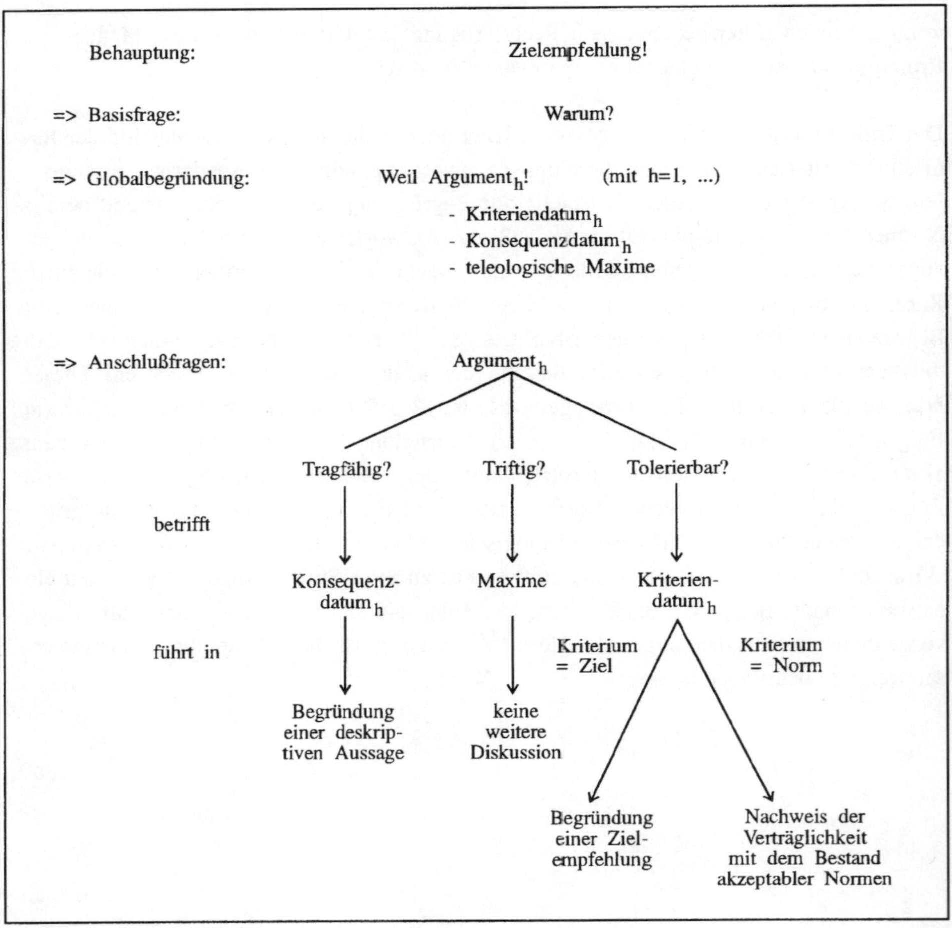

Abb. 35: Anschlußfragen an normative Argumente

Zur Klarstellung sei ausdrücklich auf den Unterschied zwischen der (managerialen Letzt) Begründung der angesetzten Norm durch ihre Zugehörigkeit zum akzeptablen Normenbestand und der (eventuellen) Begründung dieser Zugehörigkeit aufmerksam gemacht. Die erste Begründung ist evaluativer Natur und beurteilt die diskutierte Norm aufgrund ihrer Akzeptabilität positiv. Die einen fehlenden Beleg ersetzende Begründung der Konsequenzaussage (in der Letztbegründung), daß die ausgewählte Norm im Sinne des Beurteilungskriteriums akzeptabel ist, hat hingegen einen (intendiert[153]) deskriptiven Charakter. Auf eine Kurzformel gebracht, lautet der Unterschied zwischen den Be-

153) Voraussetzung für den deskriptiven Charakter der Konsequenzaussagenbegründung ist natürlich, daß das Beurteilungskriterium ausreichend spezifiziert ist. Da und solange diese Bedingung noch nicht erfüllt ist, sind Wertungseinflüsse in praktischen Begründungen der Akzeptabilitätsaussage selbstverständlich nicht ausgeschlossen. An dieser Stelle kommt es jedoch auf die argumentationstheoretische Rolle der betrachteten Begründungen an. Vgl. zur Problematik der praktischen Trennung von evaluativen und deskriptiven Aussagen auch noch einmal S. 212.

gründungen also: «gut, weil akzeptabel» vs. «akzeptabel, weil Akzeptabilitätsvoraussetzungen erfüllt».

Die Rechtfertigung des akzeptablen Normenbestands als solchem ist hingegen nicht mehr Sache der Bewältigung unstrukturierter Managementprobleme, so daß ihr Rationalgehalt auch außerhalb des Einsatzbereichs des hier zu entwickelnden Meßinstrumentariums liegt. Anders stellt sich die Begründungssituation hingegen dar, wenn noch keine Normen, sondern übergeordnete Subziele oder Unternehmungsziele als Beurteilungskriterien Verwendung gefunden haben. In diesem Fall, der die Empfehlung von (untergeordneten) Subzielen betrifft, ist zur Empfehlungsbegründung 'ganz normal' auf übergeordnete Beurteilungskriterien zu rekurrieren, bis die Ebene der Normen erreicht ist.

d'' Zusammenfassung

Die voranstehenden Analysen zur Begründungsstruktur evaluativer Aussagen lassen sich wie folgt zusammenfassen. Evaluative Argumente zur Begründung von Handlungs- und Zielempfehlungen nennen neben der teleologischen Maxime mit den (Sub- oder Unternehmungs-)Zielen (bei präskriptiven Argumenten für Handlungsempfehlungen) bzw. Zielen oder Normen (bei normativen Argumenten für Zielempfehlungen) die empfehlungsrelevanten materiellen Beurteilungskriterien und bringen mit den Konsequenzaussagen (mehr oder weniger präzise) zum Ausdruck, daß die empfohlene Alternative den Kriterien gerecht wird. Sie markieren mit den Beurteilungskriterien die zentralen Aspekte, auf die sich die jeweiligen Empfehlungen stützen, und stecken damit den groben Rahmen der Argumentation über die Bewältigung eines Managementproblems ab. Ihre Einbringung soll daher in dieser Arbeit als *Globalbegründung* einer managerialen Problemlösung bezeichnet werden. *Detailbegründungen* werden demgegenüber später die (nachgelagerten) Argumentationen genannt werden, die die evaluativen Aussagen über Handlungen bzw. Ziele nicht unmittelbar, sondern nur mittelbar durch Stützung deskriptiver Propositionen untermauern[154)].

Evaluative Argumente können jeweils bezüglich ihrer Tragfähigkeit, Triftigkeit und Tolerierbarkeit problematisiert werden, womit die Zuverlässigkeit des (globalen) Konsequenzdatums, die Vernünftigkeit der teleologischen Maxime bzw. die Nützlichkeit der angesetzten Beurteilungskriterien in Zweifel gezogen werden. Während die Tolerierbarkeitsfrage in eine (eventuell erneute) Zieldiskussion führt und die teleologische Maxime im managerialen Zusammenhang kaum eine Begründung erheischt, ist die Tragfähigkeit bei fehlenden Belegen durch deskriptive Argumente zu stützen, deren Struktur im folgenden herausgearbeitet wird.

---

154) Siehe S. 359.

cc) Begründung deskriptiver Aussagen

Nach der vorangegangenen Strukturanalyse der Rechtfertigung evaluativer Aussagen nennt eine vollständig ausformulierte Begründung von Handlungs- und Zielempfehlungen die teleologische Maxime sowie je nach Zahl der vorgebrachten Argumente ein Kriteriendatum und eine Konsequenzaussage oder mehrere Kriterien- und Konsequenzdaten. Während die teleologische Maxime prinzipiell keinen Anlaß für eine Folgediskussion gibt und die Problematisierung von Kriteriendaten in eine erstmalige[1)] oder erneute[2)] Zieldiskussion überleitet, erfordert die Infragestellung von Konsequenzdaten (bei mangelnden Belegen) Begründungen, die die Zuverlässigkeit von deskriptiven Aussagen untermauern. Die Struktur dieser Begründungsform wurde bislang noch offengelassen und ist nun im folgenden herauszuarbeiten.

a' Erkenntnistheoretische Systematisierungstypen: Erklärung, Prognose, Rekonstruktion

a'' Struktur von Erklärungen, Prognosen und Rekonstruktionen

Begründungen deskriptiver Feststellungen betreffen im Gegensatz zur Rechtfertigung von evaluativen Urteilen nicht den methodologischen Bereich der praktischen, sondern den der theoretischen Argumentation. In der Wissenschafts- und Erkenntnistheorie werden unter dem Oberbegriff der *Systematisierung* zahlreiche Typen theoretischer Argumentationen behandelt, die auf die Existenz gegenwärtiger, zukünftiger oder vergangener Phänomene schließen[3)]. Von Interesse sind dabei für unsere Zwecke vor allem die drei konkreten Formen der Erklärung bekannter, aber überraschender Tatsachen, der Prognose in der Zukunft liegender Geschehnisse[4)] und der Rekonstruktion[5)] bereits stattgefundener Ereignisse, deren Ablauf und Ausgang zunächst im Dunkeln liegt[6)]. Die Aufnahme der Erklärungen und Rekonstruktionen in den Katalog der relevanten Argumentationsformen mag zunächst überraschen, da sich die Konsequenzdaten managerialer Glo-

---

1) Falls sich die Argumentation zuvor im Status der Handlungsdiskussion befand.

2) Falls sich die Argumentation zuvor im Status einer (Sub-) Zieldiskussion befand.

3) Siehe STEGMÜLLER 1983, S. 199, sowie zum Begriff der (wissenschaftlichen) Systematisierung nochmals S. 304 FN 6.

4) Der Ausdruck *Prognose* meint zum einen die zukunftsbezogene (prognostische) Aussage («Der Stein wird zu Boden fallen») und zum anderen die argumentative Gedankenführung zur Ableitung dieser Aussage, wie sie etwa auf S. 304 f. skizziert worden ist (vgl. zur Doppeldeutigkeit nur HEMPEL 1977, S. 43 f.; KÜTTNER 1989, S. 275). Er ist an dieser Stelle als Bezeichnung einer Argumentform zu verstehen, kann im folgenden aber mitunter auch die Prognoseaussage bezeichnen. Durch diese doppelte Wortverwendung sind keine Mißverständnisse zu befürchten, da der jeweilige Kontext ausreichend Aufschluß über das Begriffsverständnis gibt.

5) Anstelle des Terminus *Rekonstruktion* ist in der epistemologischen Literatur der Ausdruck 'Retrodiktion' weit verbreitet (vgl. nur LENK 1972a, S. 33; STEGMÜLLER 1983, S. 202 und passim). Da dieser Begriff dort aber teilweise sehr speziell gefaßt wird, wird hier die Bezeichnung Rekonstruktion bevorzugt.

6) Weitere Argumentationstypen betreffen beispielsweise die Erklärung von Gesetzen (im Unterschied zur hier betrachteten Erklärung von Einzelereignissen), vgl. nur KÜTTNER/LENK 1989, S. 68. Siehe ferner zu einer umfassenden Klassifikation von Systematisierungsformen STEGMÜLLER 1983, S. 237 ff.

balbegründungen auf die Zukunft beziehen. Für die Begründung problematisch gewordener Aussagen über Handlungskonsequenzen und Zielimplikationen scheint daher auf den ersten Blick stets die Prognoseform angemessen zu sein. Bei näherem Hinsehen erweisen sich allerdings zum einen auch Rekonstruktionen als durchaus bedeutsam im Rahmen der Begründung von Konsequenzaussagen, da direkte Informationen über bereits geschehene Vorkommnisse für Dritte exklusiv- oder privilegiert-zugänglich und damit für das Rationalsubjekt verschlossen sein können. Zu denken ist nur an Strategieentscheidungen von Wettbewerbern, die bereits getroffen worden sind, aber (noch) geheimgehalten werden. Die Inhalte dieser Beschlüsse lassen sich für die eigene Entscheidungsfundierung allenfalls aus bestimmten Annahmen über den Strategiebildungsvorgang des Wettbewerbers erschließen. Zum anderen spielen Erklärungen bekannter Tatsachen bei Kommentierungen managerialer Problemlösungen zwar im Regelfall keine unmittelbare Rolle. Eine Notwendigkeit zur Begründung von Konsequenzaussagen ergibt sich im Prinzip vielmehr nur dann, wenn die behaupteten Konsequenzen nicht belegt werden können und folglich noch unbekannt bzw. nicht als bekannt akzeptiert sind. Insoweit ist aber zu beachten, daß Erklärungen den Prototyp einer deskriptiven Begründung bzw. Systematisierung abgeben[7]. Die Analyse ihrer Grundstruktur vermag daher ein geeignetes Fundament für die Freilegung der Strukturen von Prognosen und Rekonstruktionen zu legen.

Die mit Abstand bekanntesten Konzeptualisierungen der Erklärungsstruktur stammen ohne Zweifel von HEMPEL, der in Hinblick auf die Systematisierung von Einzelereignissen zwischen der deduktiv-nomologischen und der induktiv-statistischen Erklärung differenziert[8]. Das nach HEMPEL und OPPENHEIM benannte "H-O-Schema"[9] deduktiv-nomologischer Erklärungen, auf das wir uns hier zunächst beschränken wollen, bildet dabei gewissermaßen den Inbegriff einer wissenschaftlichen Erklärung[10]. Es besagt, daß das zu erklärende Phänomen - das Explanandum - aus zwei verschiedenen Arten von Prämissen abzuleiten ist, die gemeinsam das Explanans bilden. Bei den beiden Prämissentypen handelt es sich zum einen um nomologische Gesetzeshypothesen in Form

---

7) Für viele STEGMÜLLER 1983, S. 110.

8) Siehe als Vorläufer HEMPEL/OPPENHEIM 1948 sowie v. a. HEMPEL 1965, S. 229 ff., insb. S. 331 ff. bzw. HEMPEL 1977, und hierzu LENK 1972a, S. 14 ff.; STEGMÜLLER 1983, S. 110 ff.; SCHURZ 1988a; KÜTTNER/LENK 1989, sowie zu einem ähnlichen Erklärungsschema auch POPPER 1948, S. 50 ff., insb. S. 52. Vgl. ferner noch NAGEL 1961, S. 20 ff.

9) So z. B. STEGMÜLLER 1983, S. 113; ZIMMERLI 1989, S. 91.

10) Die induktiv-statistischen Erklärungen werden durch die bei unstrukturierten Managementproblemen erforderliche Lockerung der Systematisierungsanforderungen später miterfaßt, siehe S. 340 f.

deterministischer Wenn-Dann-Aussagen und zum anderen um singuläre Aussagen über die Rand- bzw. Antecedensbedingungen[11]. Symbolisiert man die Menge der zitierten Gesetzesaussagen mit G und die der angeführten Antecedensaussagen mit A, so läßt sich das auch als "Covering Law"-Modell bekannte[12] Schema wie folgt darstellen (vgl. Abb. 36)[13]:

(singuläre) Antecedensbedingungen A (nomologische) Gesetzeshypothesen G	} [Explanans]
zu erklärendes Phänomen	[Explanandum]

Abb. 36: H-O-Schema der deduktiv-nomologischen Erklärung

Nach der Grundüberlegung dieses Modells besteht ein Erklärungsvorgang darin, das Explanandum als ein Phänomen auszuweisen, das aufgrund der (in den Antecedensdaten belegten) Erfüllung der Wenn-Komponente der zitierten Gesetzeshypothese folgerichtig (wie in der Dann-Komponente angekündigt) eingetreten ist[14]. Das H-O-Schema, das in seiner Erklärungsidee dem oben allgemein erläuterten Begründungsmechanismus[15] entspricht, wurde im Laufe der erkenntnistheoretischen Diskussion durch Formulierung von Bedingungen für adäquate Erklärungen präzisiert, um anderenfalls mögliche Pseudoerklärungen auszuschließen[16]. Mit diesen Verfeinerungen ging allerdings auch eine erhebliche Einengung des Erklärungsbegriffs mit der Folge einher, daß nur wenige Begründungen die strengen Anforderungen einer deduktiv-nomologischen Erklärung im technischen Sinne erfüllen können[17]. Da namentlich manageriale Problemstellungen, für deren Lösung z. B. streng deterministische Gesetzeshypothesen kaum zur Verfügung

---

11) HEMPEL/OPPENHEIM 1948, S. 136 ff.

12) Siehe DRAY 1957, S. 1 und HEMPEL 1977, S. 124.

13) Vgl. HEMPEL/OPPENHEIM 1948, S. 138, sowie für viele KÜTTNER/LENK 1989, S. 69; STEGMÜLLER 1983, S. 124.

14) Siehe HEMPEL 1977, insb. S. 6, sowie auch STÄHLIN 1973, S. 25; BRETZKE 1975, S. 503 f.

15) Siehe S. 304 f.

16) Vgl. zu diesen "Adäquatheitsbedingungen" hier nur STEGMÜLLER 1983, S. 124 ff. und passim; KÜTTNER/LENK 1989, S. 69 ff. m. w. N., sowie zu einem Beispiel für eine Pseudoerklärung unten, S. 341 f.

17) Vgl. auch KÜTTNER/LENK 1989, S. 70.

stehen, ohnehin eine Lockerung der Begründungsanforderungen verlangen[18], soll diesen Spezifizierungen des Schemas hier nicht weiter nachgegangen werden.

Im Gegensatz zu Erklärungen, die eine bekannte Tatsache (Explanandum) auf einen Set von Antecedensdaten und Gesetzeshypothesen zurückzuführen suchen, leiten Prognosen und Rekonstruktionen ein zukünftiges bzw. bereits eingetretenes, aber (ebenfalls) unbekanntes Ereignis aus singulären und nomologischen Informationen ab[19]. Prognosen und Rekonstruktionen lassen sich folglich ebenso wie Erklärungen durch die drei Strukturkomponenten der Randbedingungen, der Gesetzesaussagen und der Konklusion kennzeichnen. Sie unterscheiden sich von den Erklärungen nur darin, welche Komponenten gegeben und welche gesucht sind, sowie untereinander in der zeitlichen Datierung der gesuchten Komponente. Während im Erklärungsfall das Explanandum bekannt ist und nach einem adäquaten Explanans geforscht wird, suchen Prognosen und Rekonstruktionen auf der Basis gegebener Prämissen nach der Konklusion. Dabei liegt das zu erschließende Ereignis bei Prognosen in der Zukunft, während Rekonstruktionen aus vorhandenen Informationen Rückschlüsse auf ein unbekanntes, aber vonstatten gegangenes Phänomen vornehmen.

b'' Strukturgleichheitsdiskussion

Die soeben skizzierte Auffassung von der strukturellen Identität der drei Systematisierungsformen, die als "Strukturgleichheitsthese" vor allem von POPPER[20] und HEMPEL/OPPENHEIM[21] vertreten wird, ist in der Literatur nicht ohne Widerspruch geblieben[22]. Die im einzelnen sehr zahlreichen[23] und vielschichtigen Einwände lassen sich zur Hauptsache auf den Umstand zurückführen, daß an Erklärungen strengere Anforderungen gestellt werden als an Prognosen (und Rekonstruktionen[24]). Um einen Eindruck vom Tenor der einschlägigen Diskussion zu vermitteln, soll eine typische Kritik an der Strukturgleichheitsthese exemplarisch vorgestellt werden[25]. Zu diesem Zweck sei angenommen, daß auf einen starken Fall des Barometers stets ein Sturm folgt und

18) In diesem Sinne auch BRETZKE 1975, S. 506 f. und 514 f. Vgl. ferner auch - für erfahrungswissenschaftliche Erklärungen allgemein - KÜTTNER/LENK 1989, S. 70, sowie näher unten, S. 343.

19) Vgl. zur Struktur von Prognosen und Rekonstuktionen bzw. Retrodiktionen im einzelnen SCHMIDT 1971, S. 80 ff.; LENK 1972a, S. 30 ff.; KNAPP 1978a, S. 14 ff.; STEGMÜLLER 1983, S. 122, 201 f.; KÜTTTNER 1989.

20) POPPER 1948, S. 53 f.

21) HEMPEL/OPPENHEIM 1948, S. 138; HEMPEL 1965, S. 364 ff., insb. S. 366 f.

22) Siehe zum Diskussionsüberblick LAY 1971, S. 246 ff.; LENK 1972a, S. 34 ff.; STEGMÜLLER 1983, S. 191 ff.; KÜTTNER 1989, S. 275 ff.

23) So behandelt etwa STEGMÜLLER 1983, S. 191 ff. mit dem Aussage-, Wahrheitswert-, Mannigfaltigkeits-, Ursachen-, Gesetzes-, Induktions-, Antizipations-, Deskriptions- und Notwendigkeitsargument (diese Auflistung auf S. 193) allein 9 verschiedene Einwendungen.

24) Die Strukturgleichheitsthese wird in der Literatur zumeist nur für die beiden Systematisierungstypen Erklärung und Prognose diskutiert. Zur Entlastung des Textes werden wir demfolgend die Rekonstruktion im weiteren nicht stets explizit erwähnen.

25) Von der Diskussion um die Strukturgleichheitsthese ist das viel tieferliegende *Induktionsproblem* der Prognose zu trennen, das als "HUMEsche Herausforderung" (so z. B. STEGMÜLLER 1973a, S. 76,

sich daher das nomologische Gesetz formulieren läßt: «Immer wenn das Barometer fällt, kommt ein Sturm auf»[26]. Wird nun ein Sinken des Barometers festgestellt (Randbedingung), so kann mit Hilfe dieses Gesetzes offensichtlich ohne weiteres das Aufkommen eines Sturms vorhergesagt werden. Weht umgekehrt über einer bestimmten Region ein starker Wind, so wäre bei Verwendung der zur Prognose herangezogenen Informationen seine Entstehung (Explanandum) durch den zuvor beobachteten Fall des Barometers zu 'erklären'. Schon nach dem üblichen Sprachverständnis handelt es sich bei dem Hinweis auf die Barometerreaktion aber ohne Zweifel nicht um eine adäquate Erklärung für das Zustandekommen eines Sturms, sondern um eine Pseudoerklärung.

So augenfällig die unterschiedliche Eignung der angenommenen Prämissen[27] für eine Prognose und eine Erklärung des Wettergeschehens ist, so simpel ist letzten Endes die Begründung dieser Diskrepanz. Nach dem Verständnis der Umgangs- wie der Fachsprache müssen adäquate Erklärungen die kausalen Ursachen des Explanandums nennen[28]. Prognosen können sich hingegen neben diesen sogenannten '*Seinsgründen*' auch auf '*Vernunftgründe*' stützen, die zwar ein vorherzusagendes Phänomen nicht ursächlich herbeiführen, aber gute Argumente für die Annahme seines Eintritts liefern[29]. Dabei ist vor allem an Indikatoren und Symptome zu denken, die nicht in einem kausalen Verhältnis, sondern 'nur' in einer festen (Sukzessions- oder Koexistenz-)Relation zu dem Prognoseereignis stehen. Da nun nach heute wohl gesicherter meteorologischer Erkenntnis der Fall des Barometers die Entstehung eines Sturms nicht verursacht, aber begleitet, steht einer Verwendung des 'Frühwarnindikators' Barometer zur Wetterprognose nichts Prinzipielles im Wege, während er zur Erklärung (der Ursache) eines Sturms nicht taugt.

Wie schon dieses Beispiel zeigt, sind somit gewisse Unterschiede zwischen Erklärungen und Prognosen durchaus nicht zu leugnen. Die nach dem Sprachgebrauch unbestreitbar verschieden strengen Anforderungen an die Informationsbasis der beiden Systematisierungstypen bedeuten allerdings nicht, daß Erklärungen und Prognosen (sowie Rekonstruktionen) aus divergierenden Strukturkomponenten bestehen. Erklärungen wie Vorhersagen müssen vielmehr gleichermaßen stets durch singuläre Aussagen einerseits und Gesetzeshypothesen andererseits untermauert werden[30]. Nicht die (singuläre und ge-

---

im Original nicht groß) seit alters her die Gemüter bewegt und von Erkenntnisskeptikern grundsätzlich gegen den kognitiven Wert regelgestützter Voraussagen ins Feld geführt wird. Es beruht im Kern auf der (unbestrittenen) These, daß aus noch so vielen übereinstimmenden Beobachtungen in der Vergangenheit («weiße Schwäne») nicht mit Sicherheit gefolgert werden kann, daß in Zukunft keine Änderungen der betrachteten Zusammenhänge («schwarzer Schwan») eintreten werden (zum Induktionsproblem näher STEGMÜLLER 1971; ders. 1973a, S. 75 ff.; TOULMIN 1975, S. 145 ff.; HEGSELMANN 1978a; ESSLER 1980a, S. 297 f.; WILL 1985; SCHURZ 1988b, S. 315 ff.; ANDERSSON 1989b, S. 152 f.; OBERMEIER 1989). Als Folge der argumentationsrationalen Leitmaxime, ungeachtet unvermeidlicher Irrtumsmöglichkeiten 'das Beste aus den vorhandenen Informationen zu machen', muß diesem philosophischen Einwand hier jedoch nicht näher nachgegangen werden.

26) Siehe zu diesem Beispiel SCRIVEN 1959, S. 480; GRÜNBAUM 1973, S. 309 ff.

27) Barometerfall als singuläre Information und Sukzessionsrelation zwischen Barometerfall und Sturm als nomologische Information.

28) Siehe hierzu und zum folgenden STEGMÜLLER 1983, S. 204 ff., insb. S. 209-214 und 231.

setzmäßige) Art der Aussagen, in denen die Erklärungs- bzw. Prognosegründe formuliert werden, sondern der (ausschließlich kausale vs. auch bloß indikatorielle) Charakter der Argumente einer Erklärung bzw. Prognose machen somit den Unterschied aus, der mit der Bezeichnung 'strukturell' in der Literatur eher unglücklich umschrieben ist.

Die Debatte zur Strukturgleichheitsthese kann und muß im Rahmen dieser Arbeit nicht weiter verfolgt werden. Für unsere Zwecke reicht vielmehr das Fazit aus, daß sich neben Erklärungen auch Prognosen und Rekonstruktionen - trotz aller Unterschiede im Detail - anhand der drei Strukturkomponenten singuläre Prämisse(n), reguläre Prämisse(n) und Konklusion beschreiben lassen. Hieraus folgt für die Struktur der Begründung deskriptiver Managementaussagen, daß jedes Argument zur Stützung einer Feststellung (der Konklusion) - sei es prognostischer, rekonstruktiver oder erklärender Natur - jeweils (mindestens) eine singuläre sowie eine reguläre Aussage anzuführen hat. Dabei müssen angesichts der geläufigen Kenntnislücken bei der Lösung unstrukturierter Managementprobleme die Anforderungen an die Zuverlässigkeit der Aussagen allerdings - namentlich im Vergleich zum spezifizierten Begriff der wissenschaftlichen (H-O-)Erklärung - liberal gehalten werden. Als Prämissen sind danach nicht nur wahre Randbedingungen und deterministische Gesetze zuzulassen[31)], sondern ersatzweise auch bloß bewährte oder gar nur plausible Aussagen. Die singulären und regulären Propositionen im Rahmen der Begründung managerialer Feststellungen bilden somit nicht (stets) Antecedensbedingungen und nomologische Gesetzeshypothesen im streng technischen Sinne (etwa des H-O-Schemas). Es handelt sich vielmehr um Aussagen unterschiedlicher Zuverlässigkeit und Geltungsreichweite, die oben näher beschrieben worden sind[32)] und wie bei den Begründungen managerialer Urteile neutraler als Daten und Regeln bezeichnet werden sollen.

b' Strukturen deskriptiver Argumente

a'' Begründung globaler Konsequenzaussagen

Konsequenzaussagen im Rahmen der Globalbegründungen von Empfehlungen, die hier spezifischer auch als *globale Konsequenzaussagen* bezeichnet werden sollen, informieren bei Handlungsempfehlungen über die Zielbeiträge von Alternativen (Handlungskonsequenzen) und bei Zielempfehlungen über die Implikationen der Realisierung von (untergeordneten) Subzielen bzw. Unternehmungszielen für die Erfüllung (übergeordneter) Subziele oder Unternehmungsziele bzw. Normen (Zielkonsequenzen). Argumente zur

29) Vgl. zur Bezeichnung von *Ursachen* als *Seins-* bzw. *Realgründen* und ihrer Abgrenzung von den *Vernunft-* oder *Erkenntnisgründen* SCHEFFLER 1964, S. 39; LENK 1972a, S. 36 f.; STEGMÜLLER 1983, S. 209 und passim.

30) Durch diese Bezugnahme auf Prämissen unterscheidet sich im übrigen die (wissenschaftliche) Prognose von der freiflottierenden Prophezeiung (so auch KÜTTNER 1989, S. 275; vgl. ferner noch BRETZKE 1975, S. 498).

31) Zur Voraussetzung der Wahrheit der Antecedensbedingungen und der Gesetze im H-O-Schema STEGMÜLLER 1983, S. 124, 126 ff.; KÜTTNER/LENK 1989, S. 69 f.

32) Siehe S. 214 ff. bzw. S. 192 ff.

Stützung von Aussagen über Zielkonsequenzen haben - wie für die Subzielkonsequenzen sogleich[33] und für die Unternehmungszielkonsequenzen (Normerfüllung) später[34] deutlich werden wird - im Prinzip die gleiche Struktur wie diejenigen zur Begründung von Handlungskonsequenzen. Schon aus Gründen der üblichen Sprachgewohnheiten[35] sowie angesichts gewisser Besonderheiten in den Begründungsdetails[36] ist es jedoch zweckmäßig, zwischen den Begründungen dieser beiden Konsequenzarten zu trennen. Um den Umfang der Ausführungen dieser Arbeit in vertretbaren Grenzen zu halten, soll im folgenden zunächst eine Konzentration auf den Bereich der Handlungskonsequenzen vorgenommen werden. Die Analyse der Struktur (und weiter der Überzeugungskraft) deskriptiver Begründungen erfolgt somit konkret primär nur vor dem Hintergrund der argumentativen Stützung von Aussagen über Handlungskonsequenzen. Die dabei erarbeiteten Untersuchungsergebnisse lassen sich ohne große Schwierigkeiten mutatis mutandis auch für die deskriptiven Begründungen von Zielkonsequenzaussagen formulieren. Die Spezialitäten solcher Begründungen werden in dieser Schrift explizit aber erst wieder im Zusammenhang mit der argumentationsrationalen Bewältigung von Zielkonflikten aufgegriffen werden[37]. Die Beschränkung auf diesen Themenkomplex ist um so weniger gravierend, als Zielsetzungen und ihre Begründungen ohnehin zur Hauptsache nur dann problematisch sind, wenn Ziele miteinander konfligieren.

Das Konsequenzdatum der exemplarischen Handlungsempfehlung im Referenzbeispiel besagt, daß die Einführung einer Kundenorganisation einen Gewinnanstieg verspricht. Wird dieses Datum angezweifelt, so ist die aufgestellte Behauptung zu begründen, da sich die Handlungskonsequenzen als zukünftig eintretende Ereignisse schlechterdings nicht belegen lassen. Eine entsprechende Begründung könnte umgangssprachlich beispielsweise lauten: «Weil sich die Wettbewerbssituation gewandelt hat und wir heute auf einem Käufermarkt operieren». Denkbar wäre aber auch eine Argumentation der folgenden Art: «Weil die Einführung einer Kundenorganisation die Nachfrage erhöht.» Die Struktur dieser beiden Argumente und ihre Unterschiede sollen im folgenden herausgearbeitet werden.

Nach den erkenntnistheoretischen Vorbereitungen im voranstehenden Gliederungsabschnitt ist durch die begründende 'Systematisierung' einer (deskriptiven Einzel-)Aussage nachzuweisen, daß sie im Lichte anderer singulärer und regulärer Propositionen (mehr oder weniger) glaubwürdig ist. Zur präzisen Beschreibung der argumentativen Stützung einer globalen Handlungskonsequenzaussage ist es fruchtbar, die singulären

---

33) Siehe S. 349. Daß dort von Subkonsequenzen und nicht von Subzielen gesprochen wird, ist im vorliegenden Zusammenhang ohne Bedeutung.

34) Im Rahmen der Auseinandersetzung mit der Mehrfachzielproblematik, siehe S. 431 ff.

35) Z. B. dürfte der im folgenden verwendete Ausdruck *Aktionsaussage*, der die Proposition über die Durchführung von Handlungen meint, zur Bezeichnung von (handlungsbedingten) Zielrealisationen gemeinhin als unpassend empfunden werden.

36) So sind häufig Unternehmungsziele (wie der Gewinn) als solche in ihren Begründungen evident und verlangen dann keine explizite Untermauerung. Siehe zur ganz anderen Situation bei Zielkonflikten sogleich im Text.

37) Siehe S. 431 ff.

Propositionen in die drei Kategorien der Aktionsaussage, der (aktionsunabhängigen) Situationsdaten und der Subkonsequenzdaten (als aktionsabhängigen Situationsdaten) einzuteilen. Die *Aktionsaussage*, die im Normalfall evident ist und in praktischen Argumentationen daher häufig nicht explizit formuliert werden wird, gibt (lediglich) Auskunft über die hypothetische Durchführung der empfohlenen Handlungsalternative[38]. Diese Aussage wird hier gesondert herausgestellt, da sie zum einen nicht Bestandteil jedes deskriptiven Arguments schlechthin ist, sondern nur zur Struktur von Gründen gehört, die auf die Handlungsdurchführung direkt Bezug nehmen[39]. Zum anderen ist die Behauptung über die Ergreifung einer Maßnahme - von Ausnahmen begründeter Zweifel an der (namentlich technologischen) Durchführbarkeit abgesehen - auf der einen Seite nur wenig problematisch, andererseits aufgrund ihres Zukunftsbezugs allerdings auch nicht belegbar. Ihre Vermengung mit den übrigen singulären Aussagen würde daher für die Einschätzung der Überzeugungskraft entsprechender Argumente[40] Komplikationen hervorrufen, die hier vermieden werden sollen.

Die *Situationsdaten* oder auch kurz *Daten* der Begründung einer Konsequenzaussage führen alle diejenigen Fakten an, die für die Beurteilung der Anwendbarkeit der Regel Bedeutung haben. Dabei können sich die Datenangaben auf Zustandsmerkmale der In- und Umwelt in der Gegenwart, Vergangenheit und Zukunft beziehen. Eine spezielle Variante von Situationsdaten, die infolge ihrer Bedeutung besonders hervorgehoben werden soll, bilden Feststellungen über einen durch die empfohlene Handlung hervorgerufenen zukünftigen 'Zwischenzustand' auf dem Weg zu dem Zielzustand, dessen Verwirklichung in der globalen Konsequenzaussage behauptet wird. Diese aktionsabhängigen Situationsdaten werden in der vorliegenden Arbeit in Anlehnung an den Begriff der Subziele als *Subkonsequenzdaten* bezeichnet und den anderen, *aktionsunabhängigen Situationsdaten* gegenübergestellt[41]. Argumente zugunsten globaler Konsequenzaussagen können ausschließlich aktionsunabhängige Situationsdaten, nur Subkonsequenzdaten oder aber Subkonsequenz- und andere Situationsdaten gemeinsam anführen. Während im ersten Fall die singulären Aussagen die Regelvoraussetzungen für den Übergang von der betrachteten Situation zum Zielzustand der Konsequenzaussage spezifizieren, nennen sie im zweiten Fall nur zukünftige Subkonsequenzen, deren (behaupteter) Eintritt die alleinige Regelbedingung für den Übergang vom Zwischen- zum Zielzustand darstellt. Werden schließlich Situations- und Subkonsequenzdaten zusammen angeführt, so werden hiermit neben der Realisierung der Subkonsequenzen noch weitere Bedingungen des Zwischen-

---

38) Im Beispiel etwa: «Angenommen, wir führen eine Kundenorganisation ein.»

39) Siehe hierzu den folgenden Gliederungsabschnitt.

40) Siehe insb. S. 370 ff. dieser Arbeit.

41) Obwohl Subkonsequenzen und Subziele nur die zwei verschiedenen Seiten der gleichen (Systemelement-)Medaille 'Zwischenergebnisse' darstellen, wird an dieser Stelle der Terminus Subkonsequenzen bevorzugt, da die Zwischenergebnisse hier nicht im eigentlichen Sinne einer Zielsetzung angestrebt, sondern nur als Mittel zum Zweck benutzt werden. Subziele dienen zwar ebenfalls einem gewissen Zweck - nämlich der mutmaßlichen Realisierung der Unternehmungsziele. Werden aber von vornherein Subzielsetzungen formuliert, so wird von diesen (Unternehmungsziel-)Implikationen - zumindest vorübergehend - abstrahiert. Die Realisation von Subzielen stellt folglich in den Augen des Entscheidungsträgers gewissermaßen einen Erfolg an sich dar.

zustands ausgewiesen, deren Verwirklichung für den regulären Schritt zum Zielzustand notwendig ist.

Welche Daten im einzelnen anzugeben sind, wird im Grundsatz durch die Wenn-Komponente der Regel gesteuert. Dabei gilt prinzipiell, daß die Situationsschilderung um so ausführlicher sein muß, je spezifischer die Anwendungsbedingungen der Regel ausgelegt sind. Mit diesem Prinzip sind allerdings zwei grundsätzliche Schwierigkeiten verbunden. Zum einen ist zu beachten, daß die Voraussetzungen der Anwendbarkeit einer Regel nie abschließend im Sinne einer totalen Auflistung benannt werden können. Aufgrund der Überkomplexität der Welt müssen vielmehr stets (zahllose) Bedingungen unerwähnt bleiben[42]. Bei den in der Wenn-Komponente angesprochenen Voraussetzungen kann es sich daher immer nur um 'kritische' Bedingungen handeln, deren Erfüllung für die Regelgeltung zentral ist und nicht ohne weiteres als gegeben unterstellt werden kann[43].

Zum zweiten muß der Umstand berücksichtigt werden, daß in praktischen Argumentationen - ganz wie in der knappen Weil-Form unserer exemplarischen Begründungen - häufig nicht explizit auf eine Regel Bezug genommen wird. Da solche elliptischen Argumentationen folglich die (kritischen) Anwendungsbedingungen der Regel gar nicht ausdrücklich formulieren, steht in derartigen Fällen eine Wenn-Komponente zur Vollständigkeitskontrolle der Situationsschilderung (zunächst) nicht zur Verfügung. Angesichts dieser Komplikationen wird daher hier unter dem Strukturgesichtspunkt lediglich die Kongruenz der Spezifizierung von Situationsbeschreibung und Wenn-Komponente gefordert. Diese Festlegung bedeutet für die Fälle, in denen Anwendungsbedingungen der Regel vom Proponenten explizit formuliert werden, daß im Situationsdatum die entsprechenden Fakten zu den zitierten Regelvoraussetzungen zu liefern sind. Werden Regeln und ihre Voraussetzungen hingegen nicht ausdrücklich genannt, so sind die tatsächlich angeführten Daten als Indikatoren zu verwenden, die anzeigen, welche Anwendungsvoraussetzungen der Proponent (vermutlich) als relevant erachtet. Demnach wäre im Fall unserer ersten exemplarischen Begründung beispielsweise aus dem alleinigen Hinweis auf den Käufermarkt zu folgern, daß der Proponent lediglich die Marktform als kritische Bedingung für die Regelanwendung ansieht. Ob die explizit erwähnten (oder aber zwanglos erschließbaren) Voraussetzungen tatsächlich die kritischen Regelbedingungen hinreichend vollständig widerspiegeln, betrifft demgegenüber den Substanzaspekt der Begründung, der weiter unten zu thematisieren ist[44].

In der Begründung globaler Konsequenzaussagen geben die regulären Propositionen (*Regeln*) an, welche (relevanten) Auswirkungen (= Dann-Komponente) Handlungsalternativen unter bestimmten Voraussetzungen (= Wenn-Komponente) zur Folge haben. An dieser Regelkomponente von Gründen wird für die weiteren Überlegungen die

42) Als Beispiel einer Bedingung, die im managerialen Kontext kaum einer Erwähnung bedarf, ist etwa an die Voraussetzung des Fortbestands des Universums zu denken.

43) Zu dieser Problematik auch NEUHAUSER 1967, S. 109, 117; LENK 1972a, S. 25; BRETZKE 1980, S. 163 m. w. N., sowie zur Bestimmung der 'kritischen' Bedingungen S. 445 f.

44) Siehe S. 445 ff.

Isolierung der einzelnen deskriptiven Argumente festgemacht. Jede Regelaussage formt demnach zusammen mit den zugehörigen singulären Propositionen jeweils ein Argument. Begründungen mit nur einer Regel markieren somit den deskriptiven Ein-Argument-Fall, während bei Anführung mehrerer Regeln der Mehr-Argument-Fall vorliegt[45].

Die Regel(n) in einer Begründung globaler Konsequenzaussagen repräsentieren das argumentationstheoretische Spiegelbild der Einflußbeziehungen in Partialmodellen, die die Implikationen aktiver Systemelemente - genauer: von Umweltfaktoren und Aktionsvariablen - auf die passiven Elemente beschreiben, m. a. W. also die (Schritte der) Überführung von Ist- in Folgezustände darlegen[46]. Entsprechend der weiten Fassung des Begriffs der Einflußbeziehungen in Partialmodellen können die Regeln im Grundsatz sehr unterschiedlicher Natur sein. Im Rahmen der Begründung globaler Konsequenzaussagen weisen sie allerdings die Besonderheit auf, daß sie durch die Thematisierung von Handlungseffekten (mehr oder weniger lockere[47]) Ursache-Wirkungsbeziehungen beschreiben und damit aktionsabhängig sind[48].

Veranschaulicht man die geschilderten Zusammenhänge anhand des Referenzbeispiels, so könnte die erste umgangssprachliche Begründung in vollständiger Form etwa wie folgt ausgeschrieben werden[49]:

«(0) Es wird angenommen, daß eine Kundenorganisation eingeführt wird.
(1) Die Wettbewerbssituation hat sich gewandelt. Wir operieren heute nicht mehr auf einem Verkäufermarkt, sondern auf einem Käufermarkt.
(2) Wenn man auf einem Käufermarkt operiert und eine Kundenorganisation einführt, dann steigt der Gewinn.
(3) Also wird bei Einführung einer Kundenorganisation der Gewinn steigen.»

Die zweite umgangssprachliche Argumentation läßt sich analog ausführlich beispielsweise folgendermaßen rekonstruieren:

---

45) Der Hintergrund dieser Form der Argumentabgrenzung wird unten (S. 383 f.) noch näher erörtert.

46) Siehe zum Partialmodellbegriff und zur Abbildung der Gesamttransformation des Ist- in den Zielzustand durch ein System vermaschter Partialmodelle S. 43 ff.

47) Vgl. zur Problematik des Kausalitätsbegriffs nochmals S. 45 FN 109.

48) Die Regeln bilden keine technologischen Aussagen im strengen Sinne, da letztere die Form haben: «Wenn X erreicht werden soll, muß Y durchgeführt werden» (vgl. nur SCHANZ 1975, S. 99). Sie stehen Technologien aber selbstverständlich nahe. Dabei wird nicht übersehen, daß die Destillation von Technologien aus Theorien mehr erfordert als eine bloß logische Operation im Sinne der 'tautologischen Transformation' theoretisch erkannter Ursache-Wirkungsbeziehungen in technologisch verwertbare Ziel-Mittel-Relationen. Siehe zu den gesonderten Problemen der Technologiegewinnung SZYPERSKI 1971a, S. 267; STÄHLIN 1973, S. 27 ff. und 81 ff.; KIRSCH 1977d, S. 172 ff.; NIENHÜSER 1989, insb. S. 41 ff.

49) Vgl. an dieser Stelle auch die allgemeinen Überlegungen von HEMPEL 1977, S. 33 ff. zum Zusammenhang zwischen umgangssprachlichen Weil-Erklärungen und dem H-O-Schema der wissenschaftlichen Erklärung.

«(0) Es wird angenommen, daß eine Kundenorganisation eingeführt wird.
(1) Die Einführung einer Kundenorganisation bewirkt eine Erhöhung der Nachfrage.
(2) Wenn sich die Nachfrage erhöht, dann steigt der Gewinn.
(3) Also wird bei Einführung einer Kundenorganisation der Gewinn steigen.»

Die Struktur dieser Gründe zur Stützung einer globalen Konsequenzaussage, die genereller als deskriptive aktionsabhängige Argumente angesprochen werden können, läßt sich in allgemeingültiger Form wie in Abb. 37 dargestellt angeben:

(0)	Annahme über die Durchführung einer Handlung	[deskriptive Aktionsaussage]
(1)	Schilderung der Situation	[deskriptives Datum]
(2)	Beschreibung des Übergangs	[deskriptive Regel]
(3)	Konklusion	[deskriptive Aussage]

Abb. 37: Struktur eines aktionsabhängigen deskriptiven Arguments

b'' Begründung von Datenaussagen und Regelaussagen

Analog zur Diskussion von Urteilsbegründungen bieten auch deskriptive Argumente Anlaß für Anschlußfragen. Da solche Argumente keine Zielaussagen beinhalten, kommen dabei allerdings nur die beiden Fragen nach der Tragfähigkeit und Triftigkeit in Betracht. Vernachlässigt man die nur ausnahmsweise relevante Hinterfragung der Aktionsaussage[50], so können die Begründungsanlässe bei deskriptiven Argumenten wie in Abb. 38 veranschaulicht werden:

50) Siehe S. 345.

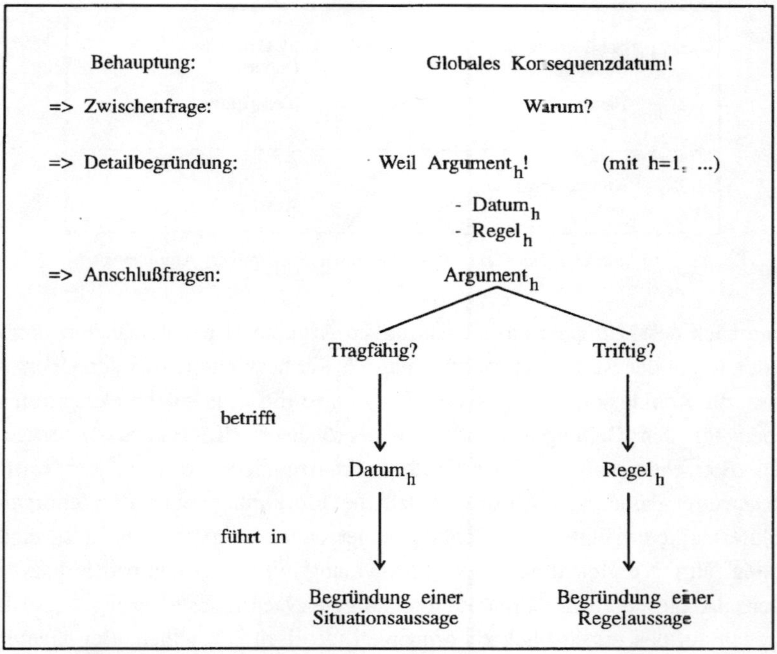

Abb. 38: Anschlußfragen an deskriptive Argumente

Eine Problematisierung der *Tragfähigkeit* des angeführten Grundes hinterfragt die Zuverlässigkeit des Situationsdatums des vorgebrachten Arguments. Sie zieht in unserem Beispiel in Zweifel, daß sich die Marktmacht tatsächlich von den Verkäufern auf die Abnehmer verlagert hat bzw. mit der kundenorientierten Reorganisation wirklich eine Nachfragesteigerung verbunden ist. Sofern die Datenaussagen nicht direkt durch Belege untermauert werden können, sind sie durch eine erneute Begründung zu stützen. Dabei stimmt die Struktur von Gründen für die Stützung von Subkonsequenzaussagen mit der Argumentstruktur bei der Begründung globaler Konsequenzaussagen überein.

Argumente zur Untermauerung von aktionsunabhängigen Situationsdaten hingegen unterscheiden sich in ihrer Struktur von Gründen, die zugunsten von (globalen oder Sub-) Konsequenzaussagen eingebracht werden, dadurch, daß sie keine Aktionsaussage enthalten (vgl. Abb. 39). Da zudem - anders als bei der Begründung eines (handlungsabhängigen) Konsequenzdatums - nicht unbedingt die Verursachung einer Situation aufgedeckt werden muß, brauchen im Rahmen der Begründung von aktionsunabhängigen Situationsaussagen die Regeln, die den argumentativen Schritt von den (neuen) Situationsdaten zur Konklusion[51] legitimieren, nicht zwangsläufig kausaler Natur zu sein. Insoweit können vielmehr auch entsprechende Hinweise auf verläßliche Indikatoren genügen[52].

51) Also der zu begründenden (alten) Situationsbehauptung.

52) Vgl. auch nochmals die Ausführungen auf S. 45 und S. 342 f.

(1)	Schilderung der Situation	[deskriptives Datum]
(2)	Beschreibung des Übergangs	[deskriptive Regel]
(3)	Konsequenzdatum	[deskriptive Aussage]

Abb. 39: Struktur eines aktionsunabhängigen deskriptiven Arguments

Die Frage nach der *Triftigkeit* eines deskriptiven Arguments problematisiert die Verläßlichkeit der Regel der Konsequenzbegründung[53]. Sie bezweifelt, daß der Übergang von den Daten zur Konklusion zu(ver)lässig ist, daß also die - als solche akzeptierten - Datenangaben für den Geltungsanspruch der begründeten (Konsequenz-)Aussage etwas austragen. Betrachtet man z. B. das Käufermarkt-Argument, so bringt der Triftigkeitseinwand Zweifel daran zum Ausdruck, daß die Einführung einer Kundenorganisation unter Käufermarktverhältnissen tatsächlich immer oder wenigstens häufig zu einem Gewinnanstieg führt. Vergleicht man diese Einwendung mit der Problematisierung der Subkonsequenzaussage über die reorganisationsbedingte Nachfragesteigerung[54], so könnten beide Fragen auf den ersten Blick als prinzipiell identisch erscheinen. Bei näherem Hinsehen zeigt sich jedoch, daß es sich nur scheinbar um eine Übereinstimmung handelt. Während die Tragfähigkeitsfrage an die Subkonsequenzaussage eine singuläre Nachfragesteigerung im betrachteten konkreten Fall anzweifelt, stellt der Triftigkeitseinwand die über den Einzelfall hinaus behauptete generelle Gültigkeit der Regularität in Abrede. Allerdings bestehen zwischen Propositionen über Subkonsequenzen und der Untermauerung von Regelaussagen enge Beziehungen, die sogleich deutlich werden.

Können - was in unserem Beispiel anzunehmen ist - keine stichhaltigen Belege für die behauptete Regularität geliefert werden[55], so ist eine erneute Begründung gefordert, die nun den Geltungsanspruch der Regelaussage (mehr oder weniger überzeugend) abstützt. Eine solche Regelbegründung darf nicht mit der (wissenschaftlichen) Erklärung von Gesetzen gleichgesetzt werden[56], die durch Ableitung aus allgemeineren Gesetzen und Theorien erfolgt. Im Fall der Triftigkeitsdebatte markiert die behauptete Regel nicht eine Gesetzmäßigkeit, die als gültig akzeptiert wird und 'lediglich' zur Klärung ihres Zustandekommens in einen größeren theoretischen Zusammenhang eingebettet werden soll. Vielmehr wird die Gültigkeit der Regel gerade bezweifelt, so daß Gründe vorzu-

---

53) Bei deskriptiven Argumenten zieht die Triftigkeitsfrage somit nicht die (normative) Vernünftigkeit (siehe S. 332), sondern die (kognitive) Zuverlässigkeit der Regelaussage in Zweifel.

54) Siehe S. 349.

55) Soweit uns bekannt ist, liegen bislang noch keine empirischen Studien mit statistisch gesicherten Befunden über einen regelmäßigen Zusammenhang zwischen Käufermarkt, Kundenorganisation und Gewinnanstieg vor. Vgl. aber immerhin speziell für die Lebensmittelbranche GAITANIDES/WESTPHAL/WIEGELS 1991 sowie branchenübergreifend noch die Fallstudien in FRESE/MALY (Hrsg.) 1989.

56) In Gegenüberstellung zur Erklärung von Einzelereignissen, siehe hierzu nochmals S. 338 FN 6.

bringen sind, die für die Annahme ihrer Geltung sprechen[57)]. Solche Gründe stellen ebenfalls deskriptive Argumente dar und setzen sich damit prinzipiell aus singulären und regulären Feststellungen zusammen. Dabei hängt es von der Art der begründeten Regularität (aktionsabhängige vs. aktionsunabhängige Beziehung) ab, ob auch Aussagen über Handlungen und Subkonsequenzen vorkommen oder nicht. Legt man zur Demonstration der ersten Möglichkeit[58)] wiederum das Käufermarkt-Argument für die Stützung der globalen Konsequenzaussage zugrunde, so besagt die argumentimmanente Regel, daß bei Einführung einer Kundenorganisation und Käufermarktverhältnissen der Gewinn steigt. Eine Begründung dieser Regularität könnte nun beispielsweise lauten, daß die Reorganisation den Gewinn deshalb steigert, «weil sie die Nachfrage erhöht». Dieses Argument ist in seinem Inhalt bereits von der Begründung der globalen Konsequenzaussage her bekannt und läßt sich ersichtlich auch in der oben dargelegten ausführlichen Strukturform[59)] beschreiben. Es dient an dieser Stelle aber nicht zur Stützung einer einzelfallbezogenen (Konsequenz-)Aussage, sondern zur Begründung einer regelhaften Beziehung. Diese Begründung erfolgt in der Weise, daß die Ursprungsregel durch die Anführung einer 'Zwischenetappe' (in Form des Subkonsequenzdatums) auf dem Weg von der Wenn-Komponente (Käufermarkt und Kundenorganisation) zur Dann-Komponente (Gewinnsteigerung) auf eine Teilregel zurückgeführt wird, die tendenziell zuverlässiger als die Ursprungsregel ist[60)]. So darf die Teilregel in unserem Beispiel «wenn Nachfrageerhöhung, dann Gewinnanstieg» in der Tendenz eine höhere Verläßlichkeit für sich beanspruchen als die Ursprungsregularität «wenn Käufermarkt und Kundenorganisation, dann Gewinnanstieg»[61)].

Der geschilderte Begründungsvorgang kann sich über mehrere Argumentationsebenen fortsetzen, indem z. B. bei akzeptierter Geltung der Teilregel das Subkonsequenzdatum

57) Man könnte zwar daran denken, die Gültigkeit von Regelaussagen dadurch zu begründen, daß man die Regeln als Spezialfälle allgemeinerer Regeln und Theorien ausweist. In Anbetracht der Theoriedefizite in den Sozialwissenschaften erscheinen derartige Deduktionen allerdings als grundsätzlich wenig vielversprechender Begründungsweg.

58) Die Begründung deskriptiver Regelaussagen soll hier aus Platzgründen nur für aktionsabhängige Regularitäten noch eingehender erörtert werden. Die Überlegungen lassen sich auf die Untermauerung aktionsunabhängiger Regeln mit den entsprechenden Änderungen problemlos übertragen.

59) Siehe S. 348.

60) Neben der Aktionsaussage, dem Subkonsequenzdatum und der Teilregel können Argumente zugunsten handlungsabhängiger Regularitäten durchaus auch noch Situationsdaten ins Feld führen, die - u. U. gemeinsam mit den bereits gemachten Situationsangaben - die Anwendungsvoraussetzungen der Teilregel weiter spezifizieren. Da es auf diese Angaben im vorliegenden Zusammenhang aber nicht ankommt, müssen sie im folgenden Text nicht jeweils miterwähnt werden.

61) Siehe hierzu sogleich im Text. Im übrigen sei zur Vermeidung von Irritationen klargestellt, daß im Fall der Begründung einer globalen Konsequenzaussage mit Hilfe von Subkonsequenzdaten selbstverständlich ebenfalls eine (ungenannte) Ursprungsregel direkt zu einer Teilregel reduziert wird und damit implizit auch eine erste Regelbegründung erfolgt. Im Unterschied zu den hier herausgestellten Argumentstrukturen könnte daher auch strikter getrennt werden zwischen der Begründung singulärer (Konsequenz-)Aussagen, die lediglich durch die Aktionsaussage sowie eventuelle aktionsunabhängige Situationsdaten die Erfüllung von Regelvoraussetzungen feststellt und die entsprechende Regel anführt, und der Begründung regulärer Aussagen durch Subkonsequenzangaben und Rückführung auf Teilregeln. Bei dieser Strukturfestlegung wären Begründungen von Konsequenzaussagen mittels Subkonsequenzen in zwei Begründungsschritte (1. Begründung der Konsequenzaussage; 2. Begründung der Regel der Konsequenzaussagenbegründung) aufzuspalten. Da hierdurch die Rekonstruktion von Argumentationen erheblich verkompliziert würde, wird das hier vorgeschlagene Situationsschema bevorzugt, wonach

problematisiert und sodann untermauert wird. So läßt sich beispielsweise die behauptete Nachfrageerhöhung etwa dergestalt begründen, daß die Kundenorganisation die Kundennähe der Unternehmungsaktivitäten verbessert (Subkonsequenzdatum) und eine Verbesserung der Kundennähe zu einer Nachfrageerhöhung führt (Teilregel). Eine mehrstufige Begründung zerlegt folglich die Ursprungsregel sukzessive in eine Abfolge von Teilregeln[62]. Diese Argumentationsweise läßt sich auch aus der oben erörterten problemlösungstheoretischen Perspektive erklären. Die Begründung einer Regel kann danach als Eintritt in eine Detailanalyse der hinterfragten Regularität aufgefaßt werden, die die regelhaften Zusammenhänge genauer durchleuchtet. Da Regelaussagen Beziehungen zwischen Systemelementen beschreiben, bedeutet ihre Problematisierung durch die Triftigkeitsfrage, daß diese Beziehungen nicht genau bekannt bzw. als bekannt akzeptiert sind, daß also Unsicherheit über die Elementzusammenhänge besteht. In derartigen Ungewißheitslagen bietet es sich zur Gewinnung von Zusatzeinsichten (bzw. zur Lieferung zusätzlicher Argumente) nach dem Gedanken der Problemzerlegung[63] an, in das Netzwerk der Beziehungen analytisch tiefer einzusteigen und gewissermaßen die 'Black-Box' zwischen Wenn- und Dann-Komponente der Ursprungsregel zu öffnen (vgl. Abb. 40). Gründe, die den Geltungsanspruch von Aussagen über Regelmäßigkeiten untermauern (sollen), führen somit detailliertere Partialmodelle und Modellkomplexe an, die vom ursprünglichen Modell überformt werden[64].

Argumente zur Stützung von Konsequenzaussagen aktionsunabhängige Situations- und/oder Subkonsequenzaussagen vorbringen können.

62) Vgl. in diesem Zusammenhang auch den Begriff der 'genetischen Erklärung' (hierzu HEMPEL 1977, S. 170 ff.; STEGMÜLLER 1983, S. 155 ff.), der eine Argumentationskette bezeichnet, bei der jeweils die Konklusionen vorgelagerter Teilbegründungen als Datum der nachfolgenden Begründungsschritte verwendet wird.

63) Siehe S. 25 und S. 46 f.

64) Der Stellenwert solcher Begründungen für die erkenntnistheoretische Qualität der Ursprungsregel wird unten (S. 394 ff.) noch ausführlich diskutiert werden.

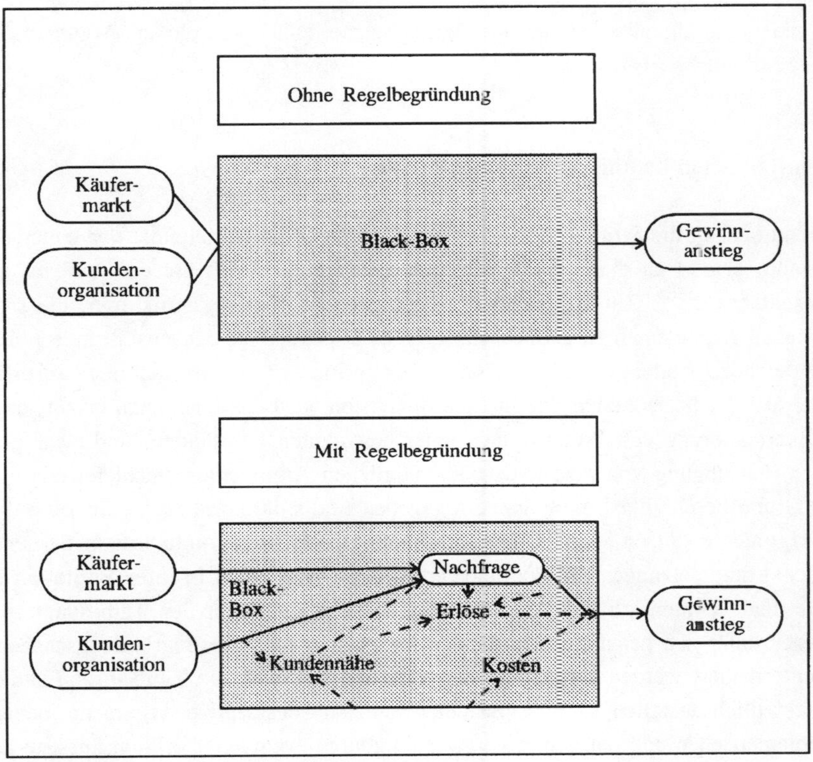

Abb. 40: Black-Box-Öffnung durch Regel-Begründung

Globale Konsequenzaussagen managerialer Empfehlungen werden durch Gründe gestützt, die (neben weniger problematischen Aktionsaussagen) aktionsunabhängige Situationsdaten und/oder Subkonsequenzdaten sowie je eine Regel anführen. Diese Daten- und Regelaussagen können problematisch sein und daher eine eigene Begründung erfordern, deren Aussagenstruktur soeben erörtert wurde. Leuchten nun die zugunsten von aktionsunabhängigen Situationsdaten, Subkonsequenzdaten und/oder Regularitäten gelieferten Argumente ganz oder teilweise nicht ein und lassen sich die Gedankenführungen nicht belegen, so sind die fraglichen Begründungsaussagen ihrerseits argumentativ zu untermauern. Dabei führt die Argumentation je nach Diskussionsgegenstand wieder (aktionsunabhängige Situations- oder Subkonsequenz-)Daten- und Regelaussagen ins Treffen, die eventuell ebenfalls eine eigene Stützung verlangen[65)]. Praktische Argumentationen können sich folglich über zahlreiche Begründungsebenen erstrecken und damit eine komplexe Struktur annehmen. Dabei erhöht sich die mögliche Komplexität noch dadurch, daß pro begründeter Aussage jeweils durchaus auch mehrere Gründe geltend gemacht werden können. Um eine systematische Auseinandersetzung mit solchen Begründungskomplexen zu ermöglichen, werden ihre Strukturen im folgenden näher

65) Das Problem der argumentationsrationalen Begrenzung von Begründungen wird in einem späteren Abschnitt dieser Untersuchung (S. 445 ff.) eingehend erörtert und - wie der Verfasser zumindest hofft - einer ersten zufriedenstellenden Lösung zugeführt.

analysiert und charakteristische Konfigurationsmerkmale komplexer Argumentationen herausgearbeitet.

c' Konfiguration komplexer Argumentationen

Während bislang die Struktur der einzelnen Argumente im Mittelpunkt der Untersuchungen stand, erfolgt an dieser Stelle nun eine eingehendere Analyse des Aufbaus ganzer Argumentationen[66]. Zur Beschreibung komplexer Begründungsstrukturen, die sich aus zahlreichen Argumenten zusammensetzen, ist es zweckmäßig, zunächst grundlegend zwischen der horizontalen und der vertikalen Dimension von Argumentationen zu differenzieren. Mit der horizontalen Begründungsdimension wird das Phänomen erfaßt, daß sich die Untermauerung von Propositionen unter bestimmten Umständen, und zwar genauer bei der Einbringung von plausiblen oder möglichen Argumenten, nicht jeweils nur auf einen Grund beschränken muß, sondern gegebenenfalls durchaus auch sinnvoll auf mehrere Argumente stützen kann[67]. Die Begründungsbasis kann folglich unter den entsprechenden Voraussetzungen pro begründeter Aussage zum einen in ihrer Breite variieren. Die vertikale Dimension von Argumentationen hingegen deckt den Tatbestand ab, daß Aussagen unter den genannten Umständen ferner über mehrere Begründungsebenen hinweg untermauert werden können, so daß zum anderen auch die Tiefe ihrer Fundierung unterschiedlich ausfallen kann[68]. Beachtet man, daß deskriptive Argumente neben der unproblematischen und daher hier vernachlässigbaren eventuellen Aktionsaussage Datenangaben sowie je eine Regelaussage beinhalten, so läßt sich ein horizontal und vertikal ausdifferenzierter Argumentationskomplex zur Begründung einer globalen Konsequenzaussage wie in Abb. 41 dargestellt veranschaulichen.

Der Rationalgehalt managerialer Problemlösungen hängt - wie die nachfolgenden Untersuchungen im einzelnen noch zeigen werden - u. a. von der jeweiligen Struktur der Argumentation ab, mit der die ausgesprochenen Handlungs- oder Zielempfehlungen detailbegründet wird. In Anbetracht des kaum begrenzten Variantenreichtums konkreter argumentativer Strukturen lassen sich diese Einflüsse nur mit Hilfe von Kenngrößen systematisch isolieren, die die wesentlichen rationalitätsrelevanten Struktureigenschaften von

66) Im argumentationstheoretischen Schrifttum werden komplexe Begründungsabläufe - u. a. im Rahmen der Analyse konkreter literarischer Beiträge - zwar mitunter näher beschrieben und untersucht (vgl. etwa v. SAVIGNY 1976, S. 28 ff., und für den Problemlösungs-Kontext VOSS/TYLER/YENGO 1983, S. 210 ff.; VOSS 1988, S. 83 ff.). Strukturuntersuchungen, die sich von konkreten Gedankenführungen lösen und allgemeingültige Prinzipien und Charakteristiken von Argumentkomplexen herausarbeiten, finden sich aber selten. Vgl. zu ersten, aber noch rudimentären Ansätzen in dieser Richtung etwa NAESS 1975, S. 140 ff.

67) Siehe näher S. 383 ff.

68) Vgl. bereits grundsätzlich oben (S. 188) sowie eingehend S. 366 ff.

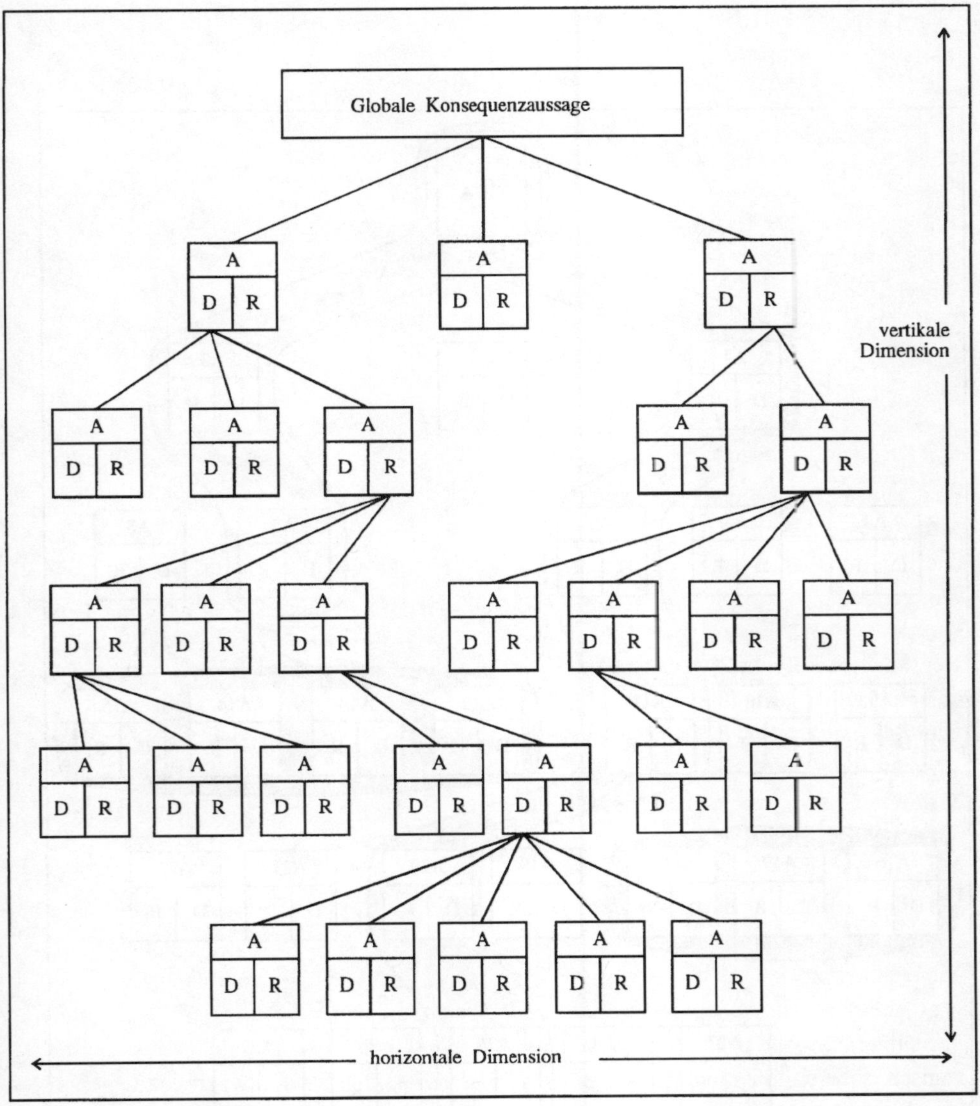

Legende: A = Argument D = Datum R = Regel

Abb. 41: Horizontale und vertikale Begründungsdimension

Begründungen erfassen und verdichten. Im folgenden werden vier Konfigurationsmerkmale vorgestellt, die sich für den genannten Zweck besonders eignen. Dabei handelt es sich um die Breite und dem Tiefgang einer einzelnen Begründung sowie das Breiten- und das Tiefenprofil einer Argumentation insgesamt (vgl. Abb. 42).

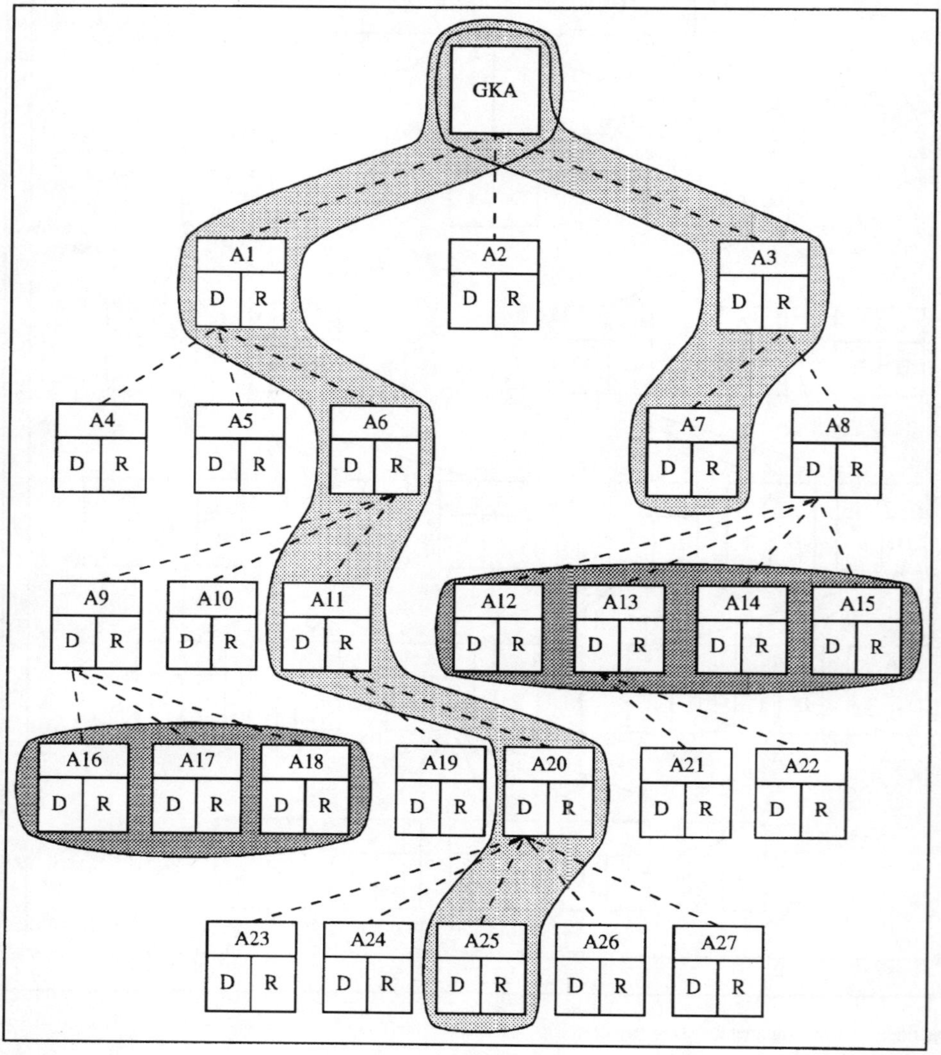

Legende: GKA = Globale Konsequenzaussage
A1 bis A27 = Argumente (durchnumeriert)
D = Datum
R = Regel

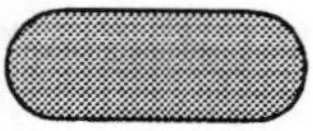 = Begründungsbreite

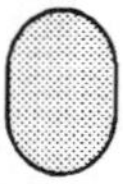 = Begründungstiefe

Abb. 42: Konfigurationsmerkmale einer Argumentation

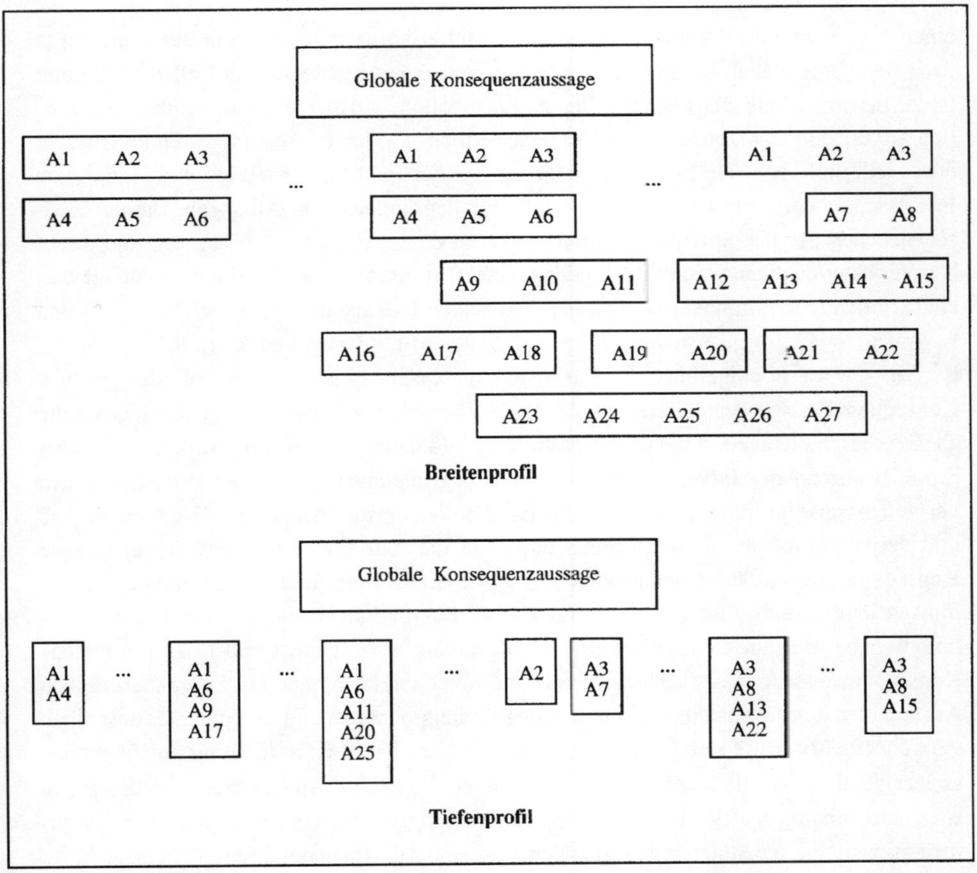

Abb. 42 (Fortsetzung)

Die *Breite einer Begründung* resultiert aus der Zahl der Argumente, die zur Stützung einer bestimmten Proposition auf der direkt nachgelagerten Begründungsebene ins Feld geführt werden. Diese Zahl wird im folgenden mit dem rechts tiefgestellten Index h gekennzeichnet, dessen Wertebereich von 1 bis l[69] läuft. Das Argument$_1$ bzw. das Argument$_l$ markieren demnach den ersten bzw. letzten Grund auf einer bestimmten Ebene der Argumentation, der zugunsten der direkt begründeten Aussage vorgetragen wird.

Analog zur horizontalen Begründungsbreite bringt der *Tiefgang einer Begründung* in der vertikalen Dimension zum Ausdruck, über wieviele Argumentationsebenen hinweg eine bestimmte Proposition untermauert wird. Dieser Tiefgang wird jeweils entlang eines Begründungsstranges gemessen, wobei ein *Begründungsstrang* die Argumentationslinie darstellt, die von der begründeten Proposition über je ein Argument pro Begründungsebene zur jeweils letzten Ebene führt. Da nicht sämtliche Aussagen auf den einzelnen Ebenen

69) Die Ziffer *1* und der Buchstabe *l* sind bei der hier gewählten Schriftart zwar nicht leicht zu unterscheiden; da aber wohl trotzdem kaum Mißverständnisse zu befürchten sind, sollen die ursprünglich vorgesehenen Symbole zur Erhaltung der Indizierungssystematik (h läuft von 1 bis l, i von 1 bis m, j von 1 bis n usw.) beibehalten werden.

einer Argumentation Begründungen erfahren und erfahren müssen, kann der Tiefgang je nach der betrachteten Argumentationslinie durchaus unterschiedlich ausfallen[70)]. Ferner ist zu beachten, daß die Ebene in der Argumentation, auf der eine begründete Proposition angesiedelt ist (Domizilebene), unterschiedlich sein kann. Anders gewendet ist nicht etwa lediglich der Tiefgang der Begründung der globalen Konsequenzaussage von Interesse, sondern durchaus auch die Tiefe der Begründung von Aussagen, die auf Zwischenebenen der Gesamtargumentation domizilieren[71)]. Um vor dem Hintergrund dieser Variationsmöglichkeiten die Begründungstiefe (für unsere Zwecke hinreichend genau) charakterisieren zu können, werden hier die beiden Indexpaare i (mit $i = 1, \ldots, m$) und i^* (mit $i^* = 1, \ldots, m^*$) sowie k (mit $k = 1, \ldots, o; o</=m$) und k^* (mit $k^* = 1, \ldots, o^*; o^*</=m^*$) eingeführt[72)]. Für das Indexpaar i und i^* bildet die globale Konsequenzaussage den Referenzpunkt der Ebenenzählung. Dabei bringt der Index i die Tiefe einer beliebigen Argumentationslinie zur Stützung dieser Proposition zum Ausdruck, während der Index i^* für denjenigen Begründungsstrang reserviert ist, der den vergleichsweise größten Tiefgang aufweist. Beträgt beispielsweise der Wert eines m 2 und derjenige von m^* 4, so bedeutet dies, daß die (auf Ebene 0 angesiedelte) globale Konsequenzaussage auf einer gewissen Argumentationslinie über 2 Begründungsebenen hinweg untermauert wird und der tiefgehendste Begründungsstrang bis zur 4. Argumentationsebene hinunterreicht. Als Folge der Kopplung der Indizes i und i^* an die globale Konsequenzaussage lassen sich diese beiden Größen zugleich auch zur Lokalisierung von Argumenten und argumentimmanenten Begründungsaussagen im Argumentationsaufbau verwenden. Mit Hilfe der links tiefgestellten Indizes i und i^* wird somit im folgenden angezeigt, daß sich die betreffenden $_i$Äußerungen[73)] (bzw. $_{i^*}$Äußerungen) auf der genau i-ten Begründungsebene (bzw. i^*-ten Begründungsebene der tiefgehendsten Argumentationslinie) zur Stützung der globalen Konsequenzaussage befinden.

Das Indexpaar k und k^* hingegen informiert über die Anzahl der tatsächlichen bzw. maximalen Argumentationsrunden, die zur Untermauerung von Aussagen einer beliebigen Domizilebene durchlaufen werden. Referenzpunkt der Indizes k und k^* ist somit diejenige Ebene im Begründungskomplex, der die gestützte Äußerung angehört. Hieraus folgt, daß k (bzw. k^*) und i (bzw. i^*) nur dann zusammenfallen, wenn es sich bei der begründeten Proposition um die globale Konsequenzaussage handelt.

Während die Breite und der Tiefgang der Begründung die Stützung je einer einzelnen Proposition betreffen und insofern jeweils lokale Charaktereigenschaften von Begründungskomplexen repräsentieren, beziehen sich die beiden anderen Konfigurationsmerkmale auf strukturelle Eigenschaften der Gesamtargumentation. Das *Breitenprofil* einer Argumentation kennzeichnet die Verteilung der Begründungsbreiten auf den einzelnen Ebenen und Strängen eines Argumentationskomplexes. Dabei ist zu beachten, daß die

70) Vgl. zur Veranschaulichung die in Abb. 42 hervorgehobenen Begründungsstränge.

71) Siehe hierzu noch näher S. 486 ff.

72) Siehe zur Illustration auch bereits Abb. 56 (S. 492).

Breite des einzelnen Begründungsstrangs auf den verschiedenen Ebenen, die hier als seine *Taillierung* bezeichnet werden soll, genau genommen nur unter Einbeziehung von (eventuellen) Nachbarsträngen bestimmt ist, da der einzelne Strang allein pro Ebene definitionsgemäß nur ein Argument enthält. Unter der Begründungsbreite einer Argumentationslinie auf der Ebene i ist daher die Breite der Begründung der zugehörigen $_{i-1}$Proposition zu verstehen, die auf der $_{i}$Ebene durch ein oder mehrere Argumente erfolgt. Diese Begründungsbreite wird der bzw. den einzelnen Argumentationslinie(n) zugerechnet, die über dieses bzw. diese $_{i}$Argument(e) mit der diskutierten $_{i-1}$Proposition verbunden sind[74].

Sind die Begründungen für die einzelnen Propositionen in der Argumentation auf einem Begründungsstrang oder sogar über alle Argumentationslinien hinweg in ihrer horizontalen Ausdehnung eher einheitlich (schmal oder breit) angelegt, so liegt ein tendenziell *homogenes Breitenprofil* vor. Werden demgegenüber - wie in Abb. 42 - bestimmte Aussagen sehr breit und andere nur schmal begründet, so ist das Breitenprofil dieser Argumentation in der Tendenz *heterogen*. Das *Tiefenprofil* eines Begründungskomplexes bildet das vertikale Pendant zum Breitenprofil der Argumentation. Es gibt an, ob die einzelnen Begründungsstränge, die die globale Konsequenzaussage stützen, eher gleichmäßig lang sind (*symmetrisches Tiefenprofil*) oder aber - wie wiederum in Abb. 42 - einen unterschiedlichen Tiefgang (*asymmetrisches Tiefenprofil*) aufweisen.

d' Zusammenfassung

Begründungen deskriptiver Aussagen fallen bei der Diskussion managerialer Handlungs- und Zielempfehlungen in Form der Fundierung von Konsequenz-, Situations- und Regelaussagen an. Diese Begründungen weisen eine übereinstimmende Grundstruktur mit einer Datenkomponente (einschließlich der eventuellen singulären Aktionsaussage) und einer Regelkomponente auf, wobei (nur) in Nuancen der Komponenten gewisse Unterschiede bestehen. Charakteristisch für die Begründung deskriptiver Aussagen zur Bewältigung von Managementproblemen insgesamt ist ihre Tendenz, 'tiefenanalytisch' in die Einzelheiten der Wirkungszusammenhänge von empfohlenen Handlungen und Zielen einzusteigen. Sie können daher in Gegenüberstellung zu den Globalbegründungen von Handlungs- und Zielempfehlungen innerhalb der managerialen Gesamtargumentation als *Detailbegründungen* bezeichnet werden. Der Zusammenhang zwischen Global- und Detailbegründungen ist zur Verdeutlichung in Abb. 43 anhand des Referenzbeispiels noch einmal graphisch dargestellt.

---

73) Argumente und Aussagen werden im folgenden auch zusammengefaßt als *Begründungsäußerungen* oder kurz *Äußerungen* bezeichnet.

74) Jede dieser Argumentationslinien weist damit auf dieser $_{i}$Ebene auch die gleiche Taillierung auf.

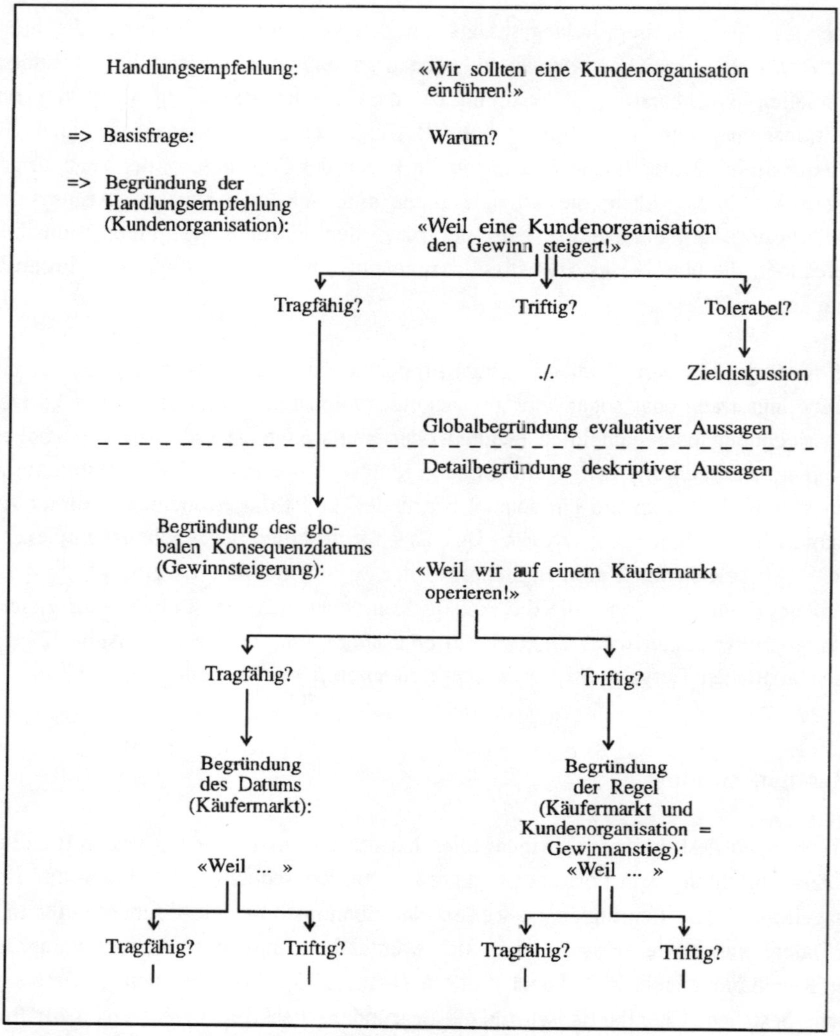

Abb. 43: Zusammenhang von Global- und Detailbegründung

b) Überzeugungskraft von Begründungen

aa) Grundlegung

a' Überblick

Begründungen sollen den Geltungsanspruch der (nicht als wahr oder bewährt belegbaren) begründeten Aussagen stützen, präziser formuliert also die Einschätzung der (allenfalls ex post feststellbaren) tatsächlichen Geltung bzw. Zuverlässigkeit der fraglichen Propositionen erlauben. Die in diesem Sinne verstandene kognitive Qualität von unterschiedlichen Begründungen, die hier als ihre (epistemische) *Überzeugungskraft* oder synonym *Stichhaltigkeit* bezeichnet werden soll, wäre idealerweise auf der Basis empirischer Befunde über den Zusammenhang zwischen verschiedenen (insbesondere eben Begründungs-)Charakteristiken von Entscheidungsvorbereitungen und dem unmittelbaren Fundierungserfolg herauszuarbeiten[1]. Da solche empirischen Erkenntnisse aber bislang - schon mangels des erforderlichen Meßinstrumentariums - fehlen, ist die Stichhaltigkeit von Begründungen ersatzweise an Merkmalen festzumachen, die aufgrund argumentations- und erkenntnistheoretischer Plausibilitätsüberlegungen als (mehr oder weniger geeignete) Indikatoren der tatsächlichen Gültigkeit der begründeten Propositionen ausgewiesen werden können. Die so bestimmte Stichhaltigkeit der Begründungen wird den entsprechend begründeten Aussagen als deren begründungsabhängige (ex ante) Zuverlässigkeit oder terminologisch exakter als deren *Verläßlichkeitswert* konzeptionell zugerechnet[2], und bestimmt den kognitiven *Erkenntniswert* der entsprechend begründeten Aussagen[3]. Die angesprochenen Determinanten der Überzeugungskraft von Begründungen werden im folgenden herausgearbeitet und auf ihre Bedeutung für den Erkenntniswert entsprechend begründeter Propositionen hin analysiert.

b' Strukturdeterminanten und Substanzdeterminanten der Überzeugungskraft

Argumentationen, die zur Fundierung von Aussagen tauglich sein sollen, müssen je nach Art der zu stützenden Behauptung in bestimmten Strukturen verlaufen, die soeben herausgearbeitet worden sind. Die explizite oder erschließbare[4] Erfüllung der jeweiligen Strukturvoraussetzungen bildet folglich eine notwendige Vorbedingung für die potentielle Stichhaltigkeit jeder Begründung. Das Thema der Überzeugungskraft von Begründungen erschöpft sich allerdings keineswegs in der Überprüfung ihrer strukturellen Adäquanz,

1) Vgl. nochmals S. 113 ff.

2) Sofern sich aus dem Kontext ausreichend klar ergibt, daß - wie im Rahmen dieser Arbeit überwiegend - die Ex-ante-Zuverlässigkeit von Aussagen gemeint ist, soll zur sprachlichen Vereinfachung aber auch bloß von der 'Zuverlässigkeit' und nicht stets technischer vom 'Verläßlichkeitswert' gesprochen werden. Analog wird im Fall der Ex-post-Zuverlässigkeit auch nicht immer der 'Ex-post'-Zusatz erwähnt, wenn der Sinnzusammenhang Mißverständnisse ausschließt.

3) Der Verläßlichkeitswert und der Erkenntniswert von Aussagen sind somit auseinanderzuhalten. Während der *Verläßlichkeitswert* letztlich eine begründungsabhängige Bezeichnung darstellt, die Propositionen je nach ihrer jeweiligen argumentativen Stützung verliehen wird (Beispiel: 'wahr-begründet'; 'plausibel-begründet'), kommt im *Erkenntniswert* einer Aussage das - beim jeweiligen Verläßlichkeitswert epistemisch zu erwartende - tatsächliche Ausmaß ihrer Geltung und ihrer Stützungskraft für andere Aussagen zum Ausdruck.

4) Siehe zur Evidenz von Aussagen nochmals S. 285 ff. sowie auch unten (insb. S. 463 ff.).

sondern beginnt zur Hauptsache erst jenseits derartiger Strukturtests im Bereich der Begründungssubstanz. Auch insoweit sind die erarbeiteten Formalschemata jedoch von großer Bedeutung, da sie neben der Formulierung struktureller Mindestanforderungen zugleich auch die grundsätzlichen Anknüpfungspunkte für die Stichhaltigkeitsbewertung von Argumentationen im eigentlichen Sinne vorzeichnen. Bei der Erörterung dieser Punkte ist es zweckmäßig, den aufgezeigten Strukturunterschieden folgend zwischen Begründungen evaluativer Urteile und deskriptiver Feststellungen zu trennen.

Zur Globalbegründung managerialer Handlungs- oder Zielempfehlungen können entweder ein oder mehrere evaluative Argumente ins Treffen geführt werden. Im Fall mehrerer Gründe ist danach zu unterscheiden, ob die hiermit geltend gemachten Beurteilungskriterien miteinander harmonieren oder nicht, ob also m. a. W. die empfohlene Alternative bezüglich aller Kriterien dominant ist oder nicht. Liegen Konflikte vor, ergeben sich gewisse Besonderheiten, die erst in einem späteren Stadium dieser Arbeit untersucht werden[5]. Im Harmoniefall spielt es demgegenüber keine prinzipielle Rolle, ob ein Argument oder mehrere Argumente zur Globalbegründung vorgetragen werden, da sich die für die Begründungsstichhaltigkeit entscheidenden Kernfragen nach der Argumenttolerierbarkeit und -tragfähigkeit[6] hier in beiden Fällen in grundsätzlich gleicher Weise stellen. Im folgenden soll daher nicht stets ausdrücklich zwischen dem evaluativen Ein- und Mehr-Argumentfall getrennt werden. Sofern die Rede von mehreren evaluativen Gründen ist, wird bis auf weiteres unterstellt, daß sie miteinander harmonieren.

Nach unseren Untersuchungsergebnissen enthalten evaluative Argumente die teleologische Maxime sowie Kriterienaussagen und Konsequenzaussagen. Die teleologische Maxime ist - zumindest im managerialen Zusammenhang - wenig problematisch und kann somit für die Stichhaltigkeitsbewertung gleichsam vor die Klammer gezogen werden[7]. Ferner wird die Gültigkeit der deskriptiven Feststellungen über die tatsächlich verfolgten Ziele wenigstens im Zeitpunkt der Rationalitätsmessung kaum mehr zweifelhaft sein[8]. Die Überzeugungskraft von Globalbegründungen managerialer Handlungs- und Zielempfehlungen richtet sich daher im Kern nach der normativen Tolerierbarkeit und der kognitiven Tragfähigkeit der vorgebrachten Argumente.

Die Frage nach der *Tolerierbarkeit* von Argumenten bezweifelt nach unserer Konzeption, daß (allein[9]) die angesetzten empfehlungsrelevanten Beurteilungskriterien nützlich sind. Sie führt in eine erstmalige oder erneute Zieldiskussion, in der die problematisierten Kriterien - unter Rückgriff auf Oberkriterien - argumentativ zu verteidigen sind (vgl.

5) Siehe S. 431 ff.

6) Siehe hierzu sogleich im Text.

7) Siehe S. 332 und S. 334 f.

8) Siehe S. 332 FN 139.

9) Da der Tolerierbarkeitseinwand somit auch auf die Zahl der Beurteilungskriterien zielen kann, umfaßt der Stichhaltigkeitsfaktor 'Tolerierbarkeit' auch den Tatbestand, daß die Überzeugungskraft von Globalbegründungen tendenziell mit der Zahl der evaluativen Pro-Argumente bzw. der Zahl der von der

Abb. 44). Inwieweit Argumente tolerabel sind, hängt somit von der Überzeugungskraft der Zielempfehlungsbegründungen ab. Nach den soeben angestellten Überlegungen richtet sich nun aber die Stichhaltigkeit dieser Begründungen ihrerseits ebenfalls nach der Tolerierbarkeit und Tragfähigkeit der angeführten Argumente. Heruntergebrochen auf die Ebene der argumentimmanenten Aussagen bedeutet dies, daß die Nützlichkeit der ursprünglich angesetzten Beurteilungskriterien demnach von der Nützlichkeit der Oberkriterien sowie der Zuverlässigkeit der globalen Konsequenzaussage[10)] abhängt, wonach die Verwirklichung der Ursprungskriterien für die Erfüllung der Oberkriterien nützlich ist[11)]. Da nun die Nützlichkeit der Oberkriterien im Zweifel ebenfalls (unter Ansatz wiederum übergeordneter Kriterien) zu begründen ist, erfordert die Bestimmung der normativen Güte von Argumenten einen rekursiven Prozeß. Sofern Kriterien nicht zwischenzeitlich akzeptiert werden, kommt dieser Prozeß erst dann zum Stillstand, wenn die Diskussionsebene der managerialen Letztbegründung erreicht ist. Auf dieser obersten Ebene der Zieldiskussion ist lediglich noch nachzuweisen, daß die auf der vorgelagerten Diskussionsebene als Beurteilungskriterien zugrundegelegten Normen zum Bestand der akzeptablen Normen gehören[12)]. Da das Kriterium auf der obersten Stufe («Zugehörigkeit zum akzeptablen Normenbestand») vorgegeben ist, hängt hier die Überzeugungskraft der Begründung nur noch von der Zuverlässigkeit der globalen Konsequenzaussage über die Kriterienerfüllung ab, konkret also von der Gültigkeit der Proposition über die Zugehörigkeit der fraglichen Normen zum akzeptablen Normenbestand. Die Tolerierbarkeit von Argumenten läßt sich damit erst dann bestimmen, wenn ausgehend von den ursprünglich problematisierten Zielen die gesamte Argumentationskette bezüglich der Sub- und/oder Unternehmungszielkonsequenzen bis hin zur Klärung der Zugehörigkeitsfrage durchlaufen worden ist. Dabei ist ein Argument als um so tolerabler anzusehen, je mehr das angeführte Ziel bzw. Kriterium unmittelbar oder mittelbar zur Erfüllung einer akzeptablen Norm beiträgt, je nützlicher es also in diesem Sinne ist. Danach wäre beispielsweise die Nützlichkeit des Subziels 'Kundennähe' in unserem Referenzfall am ausgeprägtesten, wenn - was tatsächlich natürlich z. T. nicht der Fall ist - (allein) die Erreichung dieses Subziels die vergleichsweise größte Nachfrageerhöhung bewirkt, wenn eine Nachfrageerhöhung am stärksten zum Gewinnanstieg beiträgt, das Unternehmungsziel 'Gewinn' mit der Marktwirtschaft am ehesten verträglich ist und die Norm 'Marktwirtschaftsverträglichkeit' zum Bestand der akzeptablen Normen gehört. Da das Ausmaß von Beiträgen zu Oberzielen und Normen durch globale Konsequenzaussagen beschrieben wird, bildet - vor dem Hintergrund und als Folge des fixierten Letztkriteriums[13)] - bei gegebenen Beitragsausmaßen deren Zuverlässigkeit folglich den entschei-

---

empfohlenen Alternative erfüllten Zielkriterien steigt. Da die Besonderheiten von Mehrfachzielsetzungen erst später ausführlich erörtert werden, soll hierauf an dieser Stelle nicht näher eingegangen werden.

10) Speziell zur Zuverlässigkeit der globalen Konsequenzaussage sogleich (S. 365).

11) Die Tolerierbarkeit von Argumenten darf somit nicht mit der Nützlichkeit von Zielen verwechselt werden. Ziele sind nützlich, wenn sie gegebenen Oberzielen oder Normen (in hohem Maße) gerecht werden. Argumente hingegen sind tolerabel, soweit die im Kriteriendatum angesetzten Ziele oder Normen nützlich sind. Siehe hierzu auch sogleich im Text.

12) Siehe nochmals S. 335 ff.

13) Zugehörigkeit zum akzeptablen Normenbestand.

denden Einflußfaktor der Nützlichkeitsbeurteilung von Zielen. Die Überzeugungskraft von Globalbegründungen läßt sich damit - sofern die Tolerabilitätsfrage vollständig aus-

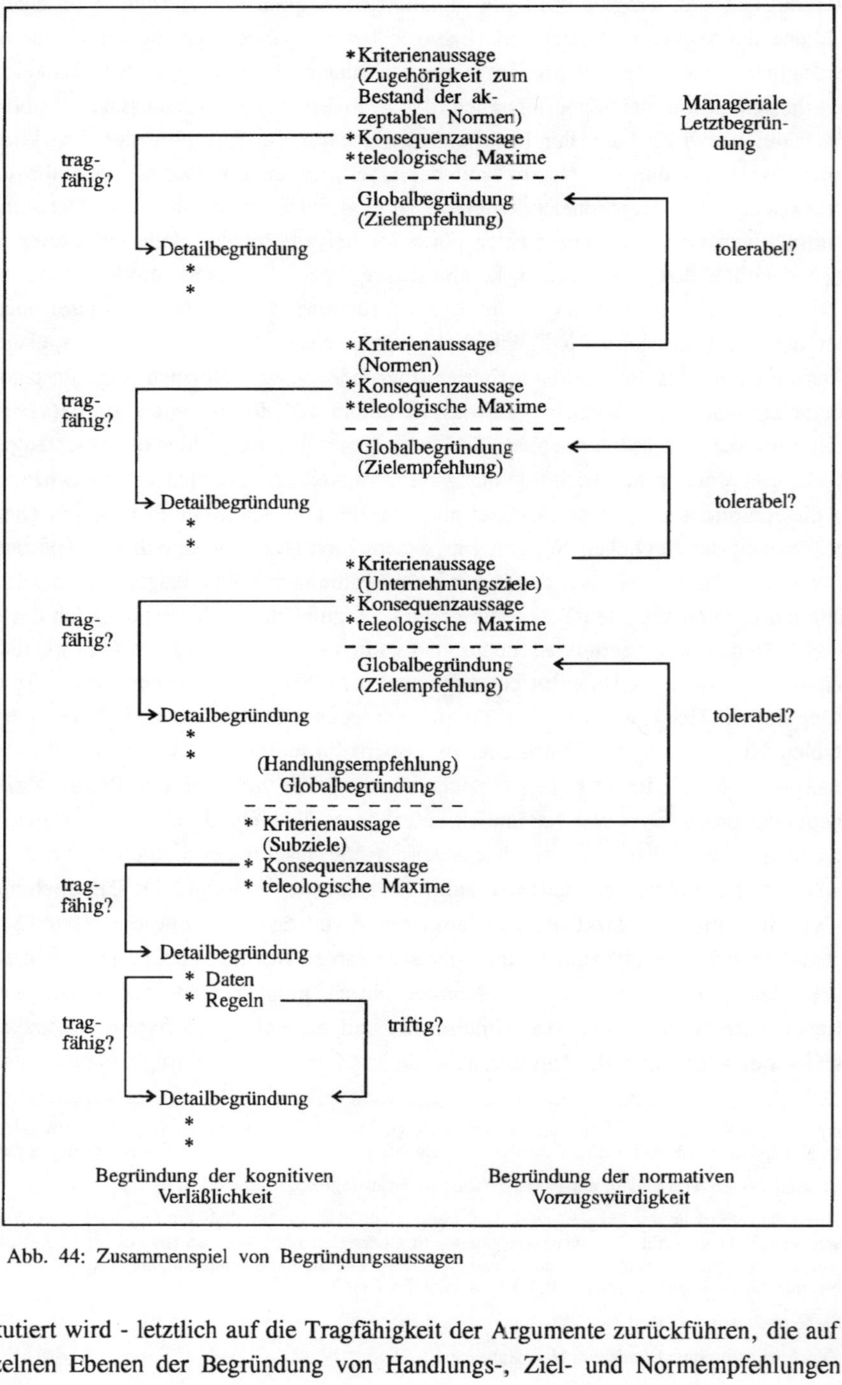

Abb. 44: Zusammenspiel von Begründungsaussagen

diskutiert wird - letztlich auf die Tragfähigkeit der Argumente zurückführen, die auf den einzelnen Ebenen der Begründung von Handlungs-, Ziel- und Normempfehlungen ins

Treffen geführt werden. Infolgedessen konzentrieren sich die weiteren Untersuchungen auf die Bestimmung der Tragfähigkeit evaluativer Argumente.

Die *Tragfähigkeit* evaluativer Argumente richtet sich nach der Güte ihrer jeweiligen globale Konsequenzaussage. Aus Sicht einer kognitiven Rationalitätskonzeption ist dabei unter der Aussagengüte naturgemäß die Zuverlässigkeit der Propositionen zu verstehen und nicht etwa ein besonders großes Ausmaß des behaupteten Zielbeitrags[14)]. Infolgedessen kann präziser formuliert werden, daß die Tragfähigkeit evaluativer Argumente von der Zuverlässigkeit der argumentimmanenten globalen Konsequenzaussage abhängt.

Akzeptable[15)] Aussagen lassen sich nach unserer bisherigen Verläßlichkeitsstufung in wahre, bewährte, plausible und theoretisch-mögliche Propositionen einteilen. Vor diesem Hintergrund kann folglich zunächst festgehalten werden, daß Urteile mit wahrem Konsequenzdatum im Vergleich zu solchen mit bloß bewährten Konsequenzdaten aus kognitiver Sicht[16)] überzeugender sind, und daß Urteile mit bewährten (plausiblen) Konsequenzaussagen stichhaltiger sind als solche mit plausiblen (möglichen) Aussagen über die zu erwartenden Konsequenzen. Die Bewertung der Überzeugungskraft von Begründungen für die hier thematisierten Managemententscheidungen ist allerdings weitaus diffiziler, als es nach dieser ersten Abstufung den Anschein hat. Zu beachten ist nämlich, daß unstrukturierte Managementprobleme vergleichsweise seltene und komplexe Aufgabenstellungen verkörpern, bei denen die Folgen der jeweiligen Aufgabenbewältigung nicht voll durchschaubar sind. Bei diesem Problemtyp können folglich nach Definition die globalen Konsequenzaussagen über die Handlungseffekte nicht im strengen Sinne wahr oder bewährt[17)], sondern allenfalls plausibel oder theoretisch-möglich sein. Soll nicht im Kern jede manageriale Problemlösungsbegründung lediglich undifferenziert als entweder (gleich) 'plausibel' oder bloß 'möglich' eingeordnet werden, so ist der Beurteilungsmaßstab für die Überzeugungskraft von Argumentationen folglich über die Bildung von vier groben Verläßlichkeitsstufen hinaus erheblich auszudifferenzieren.

Der im folgenden unterbreitete Vorschlag für die Verfeinerung der Stichhaltigkeitsbewertung von Begründungen evaluativer Managementaussagen geht von den beiden soeben erarbeiteten Erkenntnissen aus, daß das Ausmaß der Verläßlichkeit von Konsequenzaussagen entscheidend für die kognitive Überzeugungskraft der Globalbegründungen ist, und daß Konsequenzaussagen im Rahmen managerialer Globalbegründungen allenfalls plausibel sein können. Berücksichtigt man ferner, daß theoretisch-mögliche Aussagen durch eine Begründung[18)] zu (mehr oder weniger) plausiblen Propositionen

14) Aus der kognitiven Perspektive macht es somit für die Beurteilung der Argumentationsrationalität einer Problemlösung keinen grundsätzlichen Unterschied, ob die empfohlene Alternative etwa einen Zielbeitrag von 100 oder 200 erwarten läßt.

15) Sofern nicht ausdrücklich etwas anderes gesagt wird, sind im weiteren mit dem Terminus *Aussagen* stets *akzeptable Propositionen* gemeint.

16) Ob eine zuverlässige Konsequenzaussage tatsächlich überzeugt, ist hingegen eine andere (empirische) Frage, die im Rahmen dieser Untersuchung nicht abschließend zu erörtern ist, siehe auch schon S. 147 f.

17) Dies folgt auch schon aus dem Zukunftsbezug der globalen Handlungskonsequenzaussagen.

werden, so bietet der Plausibilitätsbegriff offensichtlich den geeigneten konzeptionellen Ansatzpunkt für die Ausdifferenzierung der Stichhaltigkeit von Globalbegründungen. Der Maßstab für die Bewertung der Überzeugungskraft von Globalbegründungen kann demzufolge verfeinert werden, indem eine weitere Abstufung der Plausibilität von Aussagen erfolgt.

Plausible Aussagen wurden oben als Propositionen beschrieben, deren Geltungsanspruch (auf Wahrheit oder Bewährung) nicht abschließend nachgewiesen oder widerlegt werden kann, sondern sich nur durch mehr oder weniger gute Gründe untermauern läßt. Der Verläßlichkeitswert plausibler Aussagen - die danach strenggenommen als begründet-plausible Propositionen zu bezeichnen wären[19] - variiert demnach mit der Überzeugungskraft der sie stützenden Argumente. Dabei handelt es sich um deskriptive Gründe, da die zu untermauernden (plausiblen) Aussagen ihrerseits deskriptiver Natur sind. Um die Plausibilität von Aussagen feiner abstufen zu können, ist folglich nach den Determinanten der Stichhaltigkeit deskriptiver Argumentationen zu fragen. Dieser Fragestellung soll im folgenden zunächst für den einfachen Fall fehlender Argumentkonflikte nachgegangen werden[20]

Deskriptive Begründungen verleihen Aussagen allgemein dadurch Überzeugungskraft, daß sie die fraglichen Propositionen in einen größeren Aussagenzusammenhang stellen und damit zeigen, daß diese Propositionen 'Sinn machen'[21]. Aussagen werden m. a. W. einleuchtend begründet, wenn und soweit angesichts des mehr oder weniger akzeptierten Wissens, das mit den Argumenten vorgetragen wird, ihre Falschheit nicht zu erwarten ist und folglich überraschend wäre. In Anbetracht der maßgeblichen Bedeutung des angeführten Wissens für die Stichhaltigkeit der Argumentation liegt es auf der Hand, daß Begründungen und begründete Propositionen (kognitiv) um so eher überzeugen, je höher die epistemische Qualität dieses Wissens ist. Die Überzeugungskraft von Argumentationen ist folglich in der Tendenz um so stärker anzusetzen, je höher zum einen die Zuverlässigkeit der Begründungsaussagen bzw. die Tragfähigkeit und Triftigkeit der zitierten Argumente ist.

---

18) Der ebenfalls mögliche Fall der Erarbeitung von Wahrheits- oder Bewährungsbelegen für anfangs theoretisch-mögliche Aussagen (siehe S. 216) kann hier außer Betracht bleiben.

19) Zur sprachlichen Vereinfachung soll hierauf allerdings zumeist verzichtet werden, wenn keine Unklarheiten drohen.

20) Wie die späteren Untersuchungen zur Bewältigung von Argumentkonflikten zeigen werden, können neben den beiden im folgenden herausgestellten Stichhaltigkeitsdeterminanten *Zuverlässigkeit* und *Zahl* der Begründungsaussagen im Konfliktfall auch das *Gewicht* der Gründe sowie die *Ausgewogenheit* der Berücksichtigung von Pro- und Contra-Argumenten für die Beurteilung der Überzeugungskraft von Begründungen eine Rolle spielen. Da es uns an dieser Stelle jedoch auf die Grundprinzipien der Stichhaltigkeitsbeurteilung ankommt, sollen diese Besonderheiten, die sich im Kern als Differenzierung des Anzahlaspekts auffassen lassen (siehe auch sogleich, S. 367 FN 24, und näher S. 412 ff.), fürs erste zurückgestellt werden.

21) Vgl. hierzu und zum Folgenden auch schon oben, S. 304 f., sowie PAP 1955, S. 156 f.; WILD 1974, S. 134 ff.; HEMPEL 1977, S. 6 f.; STÄHLIN 1973, S. 25 (für H-O-Erklärungen), BUBNER 1986, S. 37, und speziell zur Begründung plausibler Aussagen RESCHER 1976, S. 21 ff.; ders. 1987, insb. S. 19 ff.

Begründungsaussagen können wie jede deskriptive Proposition unterschiedlich zuverlässig sein, wobei neben der Wahrheit, Bewährung oder theoretischen Möglichkeit auch wiederum eine mehr oder weniger große Plausibilität in Betracht kommt. Da die Stärke dieser Plausibilität ihrerseits von der Überzeugungskraft der Argumentationen abhängt, die zur Stützung der betreffenden Begründungsaussagen dienen, kann auch die Bestimmung der Stichhaltigkeit von deskriptiven Begründungen und damit des Verläßlichkeitswertes begründeter Aussagen einen mehrstufigen Prozeß erfordern (siehe nochmals Abb. 44). Zur Beurteilung der Plausibilitätsstärke einer $_{i}$Proposition reicht es somit nicht immer aus, nur auf die (Zuverlässigkeit der) $_{i+1}$Argumente auf der direkt nachgelagerten Begründungsebene abzustellen. Beurteilungsrelevant sind vielmehr unter (Plausibilitäts-)Umständen auch die Argumente (und ihre Verläßlichkeiten) auf den nachfolgenden Diskussionsebenen. Die mit dieser mehrstufigen Bestimmung der Plausibilität von Aussagen im einzelnen verbundenen Fragen und namentlich die systematische Abstufung verschiedener (Plausibilitäts-)Verläßlichkeitswerte bilden den Untersuchungsgegenstand nachfolgender Gliederungsabschnitte.

Wahre und bewährte Argumente bestehen aus ausschließlich wahren bzw. bewährten und eventuell wahren Aussagen[22)]. Als Folge ihrer hohen Eigenzuverlässigkeit genügt ein Argument aus diesen beiden Güteklassen, um eine diskutierte Proposition überzeugend zu begründen[23)]. Demgegenüber verfügen Argumente, die ganz oder teilweise bloß aus plausiblen oder gar nur möglichen Daten- und Regelaussagen bestehen, für sich allein über eine weitaus geringere Überzeugungskraft. Im Unterschied zu den wahren und bewährten Argumenten bildet daher bei plausiblen und theoretisch-möglichen Begründungen auch die Anzahl der eingebrachten Argumente eine wesentliche Determinante der Stichhaltigkeit[24)]. Eine hohe Überzeugungskraft plausibler[25)] Begründungen erfordert somit nicht nur eine (unterhalb von Wahrheit oder Bewährung) möglichst hohe Zuverlässigkeit, sondern auch eine möglichst große Zahl der Stützungsargumente[26)]. Anders gewendet läßt sich der Verläßlichkeitswert plausibel-begründeter (plausibler) Aussagen somit tendenziell um so höher einschätzen, je besser sie sich in einen Kontext zuverlässiger und zahlreicher anderer Aussagen einfügen, je besser kurz gesprochen der 'Fit'

22) Siehe hierzu und zum Folgenden näher S. 384 f. und zur Veranschaulichung bereits an dieser Stelle Abb. 45 (S. 371) und Abb. 46 (S. 386).

23) So reichen beispielsweise für die in der Logik beliebte Begründung der Sterblichkeit von Sokrates die beiden Aussagen, daß Sokrates ein Mensch ist (Datum) und daß alle Menschen sterblich sind (Regel), vollkommen aus.

24) Sofern im Fall von Argumentkonflikten auch das Gewicht der Argumente sowie die Ausgewogenheit der Argumentation von Bedeutung ist (siehe S. 366 FN 20), ist die Forderung nach einer möglichst großen Anzahl von Argumenten genauer als Aufforderung zu lesen, zahlreiche gewichtige Gründe bzw. jeweils zahlreiche Pro- und Contra-Argumente zu liefern. Zur Entlastung des Testes soll auf eine entsprechende ausdrückliche Präzisierung allerdings meist verzichtet werden.

25) Bloß theoretisch-mögliche Begründungen sind schon aufgrund der geringen Verläßlichkeit ihrer Begründungsaussagen nur wenig stichhaltig und können daher unberücksichtigt bleiben.

26) Vgl. in diesem Zusammenhang auch die Idee von RESCHER und MANOR, einen formalen Plausibilitätsindex auf der Grundlage des Konstrukts eines "*maximal consistent subset* (m. c. s.)" von Aussagen aus einem Gesamtset von teils widersprüchlichen Propositionen zu entwickeln (siehe hierzu näher oben, S. 189 FN 99, und die Anwendung bei MITROFF/MASON/BARABBA 1982, S. 1395 ff.), sowie ferner die Gütekriterien der "Informations-Nachfrage-Breite" bzw. "Problemlösungsum-

zwischen fraglichen Aussagen und restlichem Wissen ist. Propositionen erweisen sich demnach bildlich gesprochen als um so plausibler, je haltbarer und engmaschiger das Netz der Begründungsaussagen geknüpft ist[27)].

Faßt man die bisherigen Untersuchungsergebnisse zusammen, so läßt sich festhalten, daß die Überzeugungskraft von Globalbegründungen managerialer Empfehlungen zur Problemlösung im Kern von der Tolerierbarkeit und Tragfähigkeit der evaluativen Argumente abhängt. Die Klärung der Tolerierbarkeit im Zuge der hierfür zu durchlaufenden weiteren Globalbegründungen kann dabei allerdings unter den genannten Bedingungen letztlich auf den Tragfähigkeitsaspekt zurückgeführt werden. Die Tragfähigkeit evaluativer Argumente äußert sich in der Zuverlässigkeit ihrer jeweiligen globalen Konsequenzaussage. Da die globalen Aussagen über Handlungskonsequenzen bei unstrukturierten Managementproblemen allenfalls (begründet-)plausibel sein können, ist die feiner nuancierte Bestimmung ihrer Verläßlichkeitsstärke nach der Stichhaltigkeit der Begründung vorzunehmen, die als argumentativer Unterbau zur Stützung der globalen Konsequenzaussage gegeben wird. Sie soll in dieser Arbeit auch als *deskriptive Basis* managerialer Handlungs- und Zielempfehlungen bezeichnet werden. Die Überzeugungskraft bzw. der *kognitive Gehalt* dieser deskriptiven Basis ergibt sich aus der Struktur und der Substanz der Argumentation, wobei die Substanz durch die Zuverlässigkeit und Zahl der Begründungsaussagen auf den einzelnen Argumentationsebenen determiniert wird.

Der bislang erst grob skizzierte Ansatz zur Einschätzung der Überzeugungskraft von Begründungen erfordert auf einer Reihe von Feldern noch nähere Ausarbeitungen, die Aufgabe der folgenden Abschnitte sind. Zum ersten wurde bisher erst die grundsätzliche Richtung aufgezeigt, die zur stärkeren Differenzierung der Verläßlichkeit, genauer: der Plausibilität von Aussagen einzuschlagen ist, die Differenzierung selbst aber noch nicht im einzelnen durchgeführt. Die hierzu erforderliche Herausarbeitung von Kategorien unterschiedlich stichhaltiger Argumente und verschieden verläßlicher Aussagen, die das Herzstück der Entwicklung des Instrumentariums zur Rationalitätsmessung darstellt, wird zweckmäßigerweise auf mehrere Gliederungspunkte verteilt[28)].

Zum zweiten ist der Frage nachzugehen, welcher Erkenntniswert Aussagen zukommt, die einer bestimmten Plausibilitätskategorie zuzuordnen sind. Plausible Aussagen beziehen ihre Verläßlichkeit aus den Gründen, die zu ihrer Stützung vorgetragen werden. Diese Argumente können zwar mehr oder weniger einleuchten, die eventuelle Falschheit der begründeten Aussage aber letztlich nicht ausschließen. Jeder Übergang auf eine weitere Detailbegründungsebene liefert folglich auch Einbruchstellen für Irrtümer. Ange-

---

sicht", die BRONNER/WITTE/WOSSIDLO 1972, S. 186 ff. bzw. GZUK 1975, S. 187, 293 ff. für das Informationsverhalten formulieren. Siehe zu weiteren Einzelheiten S. 383 ff.

27) Vgl. zur Metapher des Argumentationsnetzes auch RESCHER 1988, S. 84. Ein einfaches, aber illustratives Beispiel einer plausibilitätsgenerierenden Begründung findet sich bei RESCHER 1987, S. 28-30 (Rekonstruktion eines unleserlichen Wortteils aus Informationen über u. a. die restlichen erkennbaren Buchstaben des Wortes und die Landessprache des Textes).

28) Siehe den sogleich folgenden Abschnitt (S. 369 ff.) sowie S. 486 ff.

sichts der mit steigender Zahl von Argumentationsrunden (vordergründig) wachsenden Mittelbarkeit der Stützungsbeziehung zwischen begründeter Aussage und Begründungsaussagen und den damit zunehmenden Fehlermöglichkeiten wirft der vorgeschlagene Ansatz daher insbesondere das Problem auf, welche erkenntnistheoretische Qualität detailbegründete Propositionen eigentlich versprechen können. Es fragt sich also beispielsweise konkret, welchen Erkenntniswert eine wahre Daten- oder Regelaussage auf einer sehr niedrigen Ebene der Detailbegründung für die Plausibilität einer globalen Konsequenzaussage überhaupt noch hat, wenn sich die plausiblen Aussagen auf den Zwischenstufen als falsch herausstellen können. Dieser Frage geht Abschnitt bb) eingehender nach.

Bei der Erörterung der Stichhaltigkeit von Begründungen managerialer Empfehlungen wurden bislang ferner die Komplikationen ausgeklammert, die sich aus der Möglichkeit von Begründungskonflikten ergeben. Begründungskonflikte lassen sich in Konzeptkonflikte, Argumentkonflikte und Zielkonflikte einteilen. Die genaueren Hintergründe und Zusammenhänge dieser Konflikttypen, die Wege zu ihrer argumentationsrationalen Bewältigung und die Bedeutung derartiger Konfliktmöglichkeiten für die Stichhaltigkeitsbewertung von Begründungen sollen in Abschnitt cc) gesondert untersucht werden.

Die Überzeugungskraft deskriptiver Begründungen hängt von der Zuverlässigkeit und Zahl der Begründungsaussagen ab, wobei die Zuverlässigkeit plausibler und theoretisch-möglicher Propositionen durch Einstieg in weitere Argumentationsrunden tendenziell gesteigert werden kann. Vor diesem Hintergrund und angesichts der strenggenommen stets begrenzten Kapazität von Entscheidungsträgern stellt sich im Anschluß an die Klärung der Struktur und Stichhaltigkeitsdeterminanten von Argumentationen schließlich die Frage, wie sich Begründungen in ihrer Breite und Tiefe sinnvoll limitieren lassen. Entsprechende Vorschläge zur argumentationsrationalen Begrenzung von Begründungen werden in Abschnitt c) unterbreitet.

c' Zuverlässigkeit von Argumenten

a'' Güteklassen deskriptiver Argumente

Die Tragfähigkeit evaluativer Argumente in Globalbegründungen managerialer Empfehlungen kommt in der Zuverlässigkeit ihrer globalen Konsequenzaussage zum Ausdruck, die sich nach der Überzeugungskraft ihrer Detailbegründung richtet. Dabei bildet die Verläßlichkeit der angeführten Argumente eine wesentliche Determinante der Begründungsstichhaltigkeit, die ihrerseits von der Zuverlässigkeit der argumentimmanenten Begründungsaussagen beeinflußt wird. Um die Überzeugungskraft deskriptiver Begründungen (und damit den Verläßlichkeitswert der begründeten Aussagen) nuancierter bestimmen zu können, bietet es sich daher an, nach Maßgabe der Verläßlichkeit der Begründungsaussagen Klassen verschieden zuverlässiger Argumente herauszuarbeiten. Dabei ist es zweckmäßig, zwischen einer einstufigen und einer mehrstufigen Betrachtung zu trennen. Während im ersten Fall die Zuverlässigkeit von Äußerungen unter Ausblendung ihrer eventuellen eigenen argumentativen Stützung und somit nur rein nach ihrer 'Eigenverläßlichkeit' bemessen wird, finden im zweiten Fall auch die Verläßlichkeitsimplikationen nachgelagerter Argumentationsrunden Berücksichtigung.

Beschränkt man sich zunächst auf die einstufige Betrachtung, so kann anknüpfend an unsere schon durchgeführten Analysen festgehalten werden, daß zulässige[29)] Begründungsaussagen entweder als wahr, bewährt oder theoretisch-möglich einzuordnen sein können[30)]. Sofern Zweifel an der Wahrheit oder Bewährung von Aussagen bestehen, sind sie durch Belege auszuräumen, deren Präsentation nach unserer Abgrenzung der Argumentationsmodule noch zur gleichen Ebene wie die Aussagen- und Argumentformulierung zählt[31)]. Die Feststellung dieser Verläßlichkeitswerte erfordert daher nicht die Einbeziehung weiterer - ausdrücklicher oder evidenter - Begründungsebenen.

Läßt man die eventuelle Aktionsaussage deskriptiver Gründe als weitgehend unproblematische Proposition außer Betracht[32)], so kann die verläßlichkeitsorientierte Klassifizierung von Argumenten an der Zuverlässigkeit der jeweiligen Datenaussage(n) und der Regelaussage festgemacht werden. Da sich die Aussagen eines Argumentes in ihrer Verläßlichkeit unterscheiden können, ist hierzu allerdings ein Klassifizierungsprinzip erforderlich, das bei einem Verläßlichkeitsgefälle die für die Einordnung ausschlaggebende Aussage (genauer: Aussagenzuverlässigkeit) bestimmt. Für die Bildung von Argumentklassen[33)] eignet sich insofern der Grundsatz, die Klassifizierung nach dem 'schwächsten Glied' des Arguments vorzunehmen, also etwa ein Argument mit einer wahren Datenaussage und einer möglichen Regelaussage als möglichen Grund anzusprechen. Die Begründung für die Wahl dieses '*Niederstwertprinzips*' für die Verläßlichkeitseinordnung liegt darin, daß anderenfalls zahlreiche Argumente (nämlich dann, wenn sie wenigstens eine einzige wahre oder bewährte Proposition enthielten) als wahr oder bewährt zu bezeichnen wären, denen die im folgenden noch deutlich werdende begründungstheoretische Sonderstellung der (im Sinne der sogleich vorgestellten Klassenbildung) 'wirklich' wahren und bewährten Argumente gar nicht zukommt.

Der Übergang zur mehrstufigen Betrachtung eröffnet die Möglichkeit, auch plausible Begründungsaussagen in die Klassenbildung einzubeziehen. Wie oben dargelegt wurde, läßt sich die Plausibilität von Propositionen grundsätzlich nach der Überzeugungskraft ihrer eigenen Begründungen feiner abstufen. Da zur Durchführung dieser Abstufung aber noch eine Reihe von weiteren Vorarbeiten zu bewältigen sind[34)], kann an dieser Stelle

---

29) Von der Gruppe der zulässigen Aussagen bzw. Argumente sind die unzuverlässigen (falschen) Äußerungen zu unterscheiden, siehe nochmals S. 215.

30) Siehe S. 219 ff., S. 256 ff. und S. 279 ff.

31) Siehe S. 290.

32) Siehe S. 345.

33) Anders dagegen bei der Abstufung von Begründungsbreiten, siehe hierzu S. 385 f.

34) So sind insbesondere vorher noch die argumentationsrationalen Modalitäten der Bewältigung von Begründungskonflikten und der Begrenzung von Begründungen zu klären.

allerdings noch nicht auf differenziertere Plausibilitätswerte Bezug genommen werden[35]. Vielmehr kann vorerst nur pauschal von 'plausiblen Aussagen' ausgegangen werden.

Berücksichtigt man die potentiellen Verläßlichkeitswerte von Begründungsaussagen, so lassen sich unter Heranziehung des genannten Klassifizierungsprinzips deskriptive Argumente in die vier kognitiven Güteklassen der wahren, bewährten, plausiblen und möglichen Argumente einteilen (vgl. Abb. 45). Dabei beinhalten *wahre Argumente* ausschließlich wahre (Daten- und Regel-)Aussagen, während *bewährte Argumente* entweder nur aus bewährten oder teils aus bewährten und teils aus wahren Propositionen bestehen. *Plausible Argumente* setzen sich entweder allein aus plausiblen Aussagen zusammen oder führen neben plausiblen zum Teil auch bewährte und/oder wahre Propositionen ins Treffen. *Mögliche Argumente* schließlich beinhalten zumindest teilweise bloß theoretisch-mögliche und daneben eventuell plausible, bewährte und/oder wahre Aussagen.

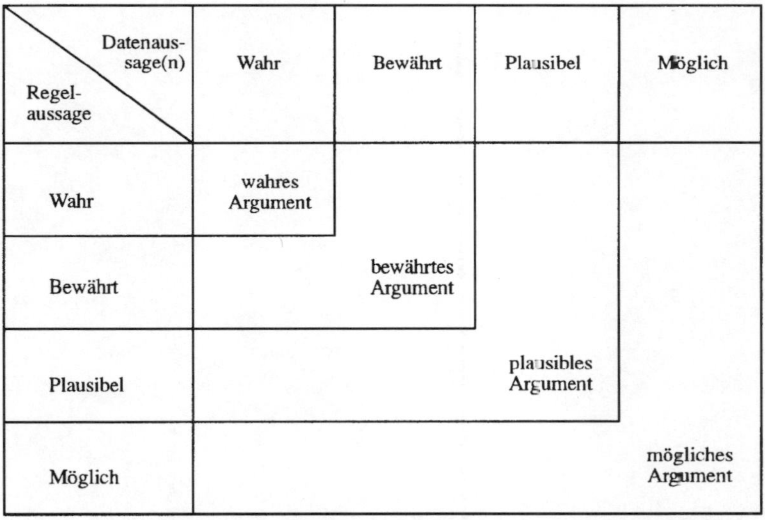

Abb. 45: Aussagenqualität wahrer, bewährter, plausibler und möglicher Argumente

Die hier vorgeschlagene Einteilung der Güteklassen von Argumenten wird sich an vielen Stellen dieser Untersuchung als zweckmäßig erweisen, ist aber gleichwohl noch recht grob. Zu denken ist nur an zwei Gründe, die einmal ausschließlich bloß theoretisch-mögliche und im anderen Fall teils mögliche und teils wahre Aussagen enthalten, beidesmal aber als nur mögliche Argumente einzustufen sind. Um eine stärkere Differenzierung zu erlauben, soll im weiteren - sofern erforderlich - auch von *partiellwahren*, *partiellbewährten*, *partiellplausiblen* und *partiellmöglichen* Argumenten gesprochen werden, wenn die betreffenden Gründe teilweise wahre, bewährte, plausible bzw. mögliche Aussagen anführen. Daneben kann - wie an dieser Stelle schon hervorgehoben sei - auf der

35) Siehe insoweit S. 486 ff.

Grundlage der späteren Untersuchungen die Klasse der plausiblen Argumente noch erheblich feiner unterteilt werden[36].

36) Siehe insb. S. 488 FN 13.

b'' Argumentationstheoretisch mögliche Güteklassen bei unstrukturierten Managementproblemen

Im voranstehenden Abschnitt wurden zunächst auf einer rein erkenntnistheoretischen Grundlage (erste) Klassen unterschiedlich zuverlässiger Gründe gebildet. Die anschließenden Untersuchungen gehen nun der Frage nach, Argumente welcher Güteklassen im Rahmen der Begründung managerialer Problemlösungsbegründungen grundsätzlich in Betracht kommen können. Zu unterscheiden ist dabei zwischen der argumentationstheoretischen und der faktischen Möglichkeit, Argumente mit einer bestimmten (hohen) kognitiven Qualität einzubringen. Die sogleich erörterten theoretischen Argumentationsmöglichkeiten hängen (lediglich) von den charakteristischen Merkmalen des Problemtyps ab, der hier als unstrukturiert bezeichnet wird. Die im sodann folgenden Abschnitt untersuchten faktischen Möglichkeiten hingegen richten sich nach dem konkreten Begründungspotential in Rede stehender unstrukturierter Probleme, m. a. W. also nach dem jeweiligen Stand des zugänglichen Wissens.

Globalbegründungen von Basisbehauptungen managerialer Problemlösungen berichten mit den jeweiligen Konsequenzaussagen über die erwarteten Zielbeiträge der empfohlenen Alternative. Globale Konsequenzaussagen stellen somit zukunftsbezogene Propositionen dar, die als Folge der noch nicht eingetretenen Konsequenzen[1)] nicht belegbar sind und schon aus diesem Grund nicht wahr oder bewährt im Sinne unserer begrifflichen Voraussetzungen sein können. Die mangelnde Wahrheits- oder Bewährungsfähigkeit von Konsequenzaussagen evaluativer Argumente ist allerdings kein Merkmal, das sich für eine aussagefähige Typisierung einer bestimmten (und zwar unstrukturierten) Problemgattung eignet. Die fehlende Belegbarkeit der globalen Konsequenzaussage kennzeichnet vielmehr sämtliche zukunftsbezogenen Bewertungen und damit auch Urteile, die über Lösungen für voll beherrschbare und daher strukturierte Probleme ergehen[2)]. Infolgedessen stellt die hier vorgeschlagene Begriffsfassung nicht auf die (fehlende) Belegbarkeit der globalen Konsequenzaussage ab, sondern auf die mögliche Qualität der zu ihrer Stützung zitierbaren Gründe.

Unstrukturierte Managementprobleme zeichnen sich nach dem üblichen Verständnis durch ihre Komplexität aus und wiederholen sich in ihren jeweiligen spezifischen Ausprägungen kaum oder allenfalls nur selten[3)]. Vor diesem Hintergrund kann ihr Spezifikum aus argumentationstheoretisch-kognitiver Sicht darin gesehen werden, daß zur Un-

1) Zu beachten ist, daß die globale Konsequenzaussage hier in der Fassung betrachtet wird, wie sie zum ursprünglichen Äußerungszeitpunkt vor der tatsächlichen Durchführung der empfohlenen Maßnahme formuliert wurde bzw. formuliert werden konnte. Auch im Fall einer ex post angestellten Beurteilung der Argumentationsrationalität (siehe S. 91 f.) behält die obige Feststellung über die mangelnde Belegbarkeit globaler Konsequenzaussagen somit ihre Gültigkeit.

2) Zur Veranschaulichung sei das folgende, bewußt einfach gehaltene Urteil betrachtet: «Zur Lösung des Problems, den in der Hand gehaltenen Stein möglichst rasch zu Boden zu bringen, ist Alternative A (Stein loslassen) besser geeignet als Alternative B (Stein in die Höhe werfen), weil der Stein bei A schneller auf dem Boden liegen wird». Daß der Stein tatsächlich schneller auf dem Boden liegen wird (Konsequenzaussage), läßt sich im Prognosezeitpunkt zwar noch nicht belegen, aber wahr-begründen, siehe hierzu näher S. 387 FN 65.

termauerung der entsprechenden globalen Konsequenzaussagen zwar eventuell wahre oder bewährte Datenangaben möglich sind, aber keine wahren oder bewährten Regularitäten benannt werden können. Unstrukturierte Managementprobleme werden daher in dieser Arbeit als Problemstellungen definiert, bei denen die Argumente auf der ersten Ebene der Detailbegründung der globalen Aussage(n) über die Handlungskonsequenz(en) - also die ${}_{1}$Argumente - schon infolge der fehlenden Wahrheit oder Bewährung der argumentimmanenten Regelaussagen allenfalls plausibel sind[4]. Die ${}_{1}$Argumente können demnach im Fall unstrukturierter Managementprobleme wahre, bewährte, plausible oder theoretisch-mögliche ${}_{1}$Datenaussagen beinhalten, aber nur plausible und/oder mögliche ${}_{1}$Regelaussagen.

Für die Analyse der theoretischen Argumentationsmöglichkeiten bei unstrukturierten Managementproblemen auf der zweiten Ebene der Detailbegründung ist die Frage, ob auch hier bestimmte Argumentqualitäten noch ausgeschlossen sind, von der Fragestellung zu trennen, ob auf der zweiten Begründungsebene unter Umständen auch schon die ausschließliche Lieferung hochwertiger, d. h. wahrer oder bewährter[5] Gründe in Betracht kommen kann. Da Datenaussagen bereits auf der ersten Detailbegründungsebene wahr oder bewährt sein können, sind auch ohne weiteres wahre oder bewährte ${}_{2}$Argumente zur Stützung anfangs bloß theoretisch-möglicher ${}_{1}$Datenaussagen denkbar. Hingegen ist weit weniger offensichtlich, ob eventuell auch sämtliche ${}_{2}$Argumente auf der zweiten Ebene wahr oder bewährt sein können. Geht man von dem - argumentationstheoretisch günstigsten - Fall aus, daß sich alle ${}_{1}$Datenaussagen auf der ersten Ebene der Detailbegründung als wahr oder bewährt belegen lassen[6], so sind auf der zweiten Detailbegründungsebene lediglich die zunächst nur theoretisch-möglichen ${}_{1}$Regelaussagen argumentativ zu stützen. Da die ${}_{1}$Regularitäten aktionsabhängig sind, enthalten ihre Stützungsgründe u. a. auch Subkonsequenzaussagen[7]. Diese Propositionen machen Angaben über zukünftige Zwischenwirkungen der empfohlenen Handlung und lassen sich daher nicht belegen. ${}_{2}$Argumente zur Begründung von ${}_{1}$Regelaussagen können folglich bei unstrukturierten Managementproblemen ebenfalls höchstens plausibel sein. Dabei beruht die argumentationstheoretische Unmöglichkeit höherwertiger Gründe nun aber allein auf der zur Belegunfähigkeit der globalen Konsequenzaussage analogen mangelnden Belegbarkeit der (singulären) ${}_{2}$Subkonsequenzaussagen. Für die

---

3) Siehe zu den Charakteristiken unstukturierter Managementprobleme näher S. 134 und S. 377 f. m. N.

4) Diese Begriffsfassung entspricht im Prinzip den gängigen Problemtypologien, die meist eine Zweiteilung (strukturiert - unstrukturiert) oder Dreiteilung der Probleme (etwa wohl-strukturiert - semistrukturiert - schlecht-strukturiert) vornehmen, führt aber mit dem argumentationstheoretisch fundierten Kriterium der lieferbaren Qualität von Gründen ein präzises Merkmal für die Problemabgrenzung ein. Vgl. zur Typisierung von Problemen mit Unterschieden in Details neben den in FN 1 auf S. 1 genannten Quellen z. B. noch KEEN/SCOTT MORTON 1978, S. 93 ff.; BRAUCHLIN 1984, S. 24 ff.; KIRSCH 1984, S. 190 ff.

5) Da wahre Argumente bei unstrukturierten Managementproblemen namentlich auf den oberen Begründungsebenen eher selten vorkommen werden und bewährte Gründe dort zumeist das Maximum der möglichen Zuverlässigkeit darstellen (siehe im nächsten Abschnitt S. 379 ff.), werden die wahren und bewährten Argumente hier gemeinsam betrachtet. Vgl. auch zur später explizierten Gruppe der *maximal-verläßlichen* Argumente näher S. 490.

6) Es sei daran erinnert, daß die ex ante nie belegbare (singuläre) Aktionsaussage nicht zu den Datenaussagen im Sinne unseres Argumentstrukturschemas zählt (siehe S. 344 f.)

$_2$Regelaussagen (sowie die aktionsunabhängigen Situationsaussagen) in Stützungsargumenten für $_1$Regeln wird hingegen durch die festgelegten Definitionsmerkmale unstrukturierter Managementprobleme und die Logik der Begründungsstrukturen die Wahrheit oder Bewährung nicht ausgeschlossen. Hieraus folgt, daß im wiederum günstigsten Fall maximaler Aussagenverläßlichkeiten auf der dritten Ebene der Detailbegründung mit Hilfe von $_3$Argumenten lediglich noch die $_2$Subkonsequenzaussagen zu untermauern sind. Dabei kommen nun durchaus auch wahre oder bewährte $_3$Argumente in Betracht. Bedingung solch stichhaltiger $_3$Detailbegründungen ist lediglich, daß entsprechende wahre oder bewährte Regeln bekannt und die Regelvoraussetzungen bzw. Daten schon eingetreten sind. Da sämtliche Datenaussagen mit Ausnahme von Subkonsequenzangaben bereits auf der ersten Ebene der Detailbegründung und Regelaussagen ab der zweiten Detailbegründungsebene wahr oder bewährt sein können, und sich eine Stützung von Subkonsequenzaussagen argumentationstheoretisch durchaus (neben der ausgeklammerten Aktionsaussage) ausschließlich auf aktionsunabhängige Situationsaussagen und auf Regelaussagen gründen läßt, sind solche Begründungskonstellationen ohne weiteres denkbar[8)].

Als Resümee läßt sich somit festhalten, daß bei unstrukturierten Managementproblemen zwar auch schon auf der zweiten Ebene der Detailbegründung teilweise (zur Stützung von $_1$Situationsaussagen) die Lieferung von Gründen sämtlicher Güteklassen argumentationstheoretisch möglich ist, erst ab der dritten Detailbegründungsebene aber die ausschließliche Einbringung wahrer oder bewährter Argumente in Betracht kommt. Ob allerdings wahre oder bewährte Argumente auch tatsächlich auf dieser Begründungsebene angeführt werden können, hängt von den faktischen Begründungsmöglichkeiten ab[9)].

Unstrukturierte Managementprobleme zeichnen sich somit nach unserer Definition neben ihrem Zukunftsbezug (lediglich) dadurch aus, daß auf der ersten Ebene der Detailbegründung keine wahren oder bewährten, sondern bloß plausible oder theoretisch-mögliche Regelaussagen vorkommen können, und daher auch erst ab der dritten Begründungsebene rein wahre oder bewährte Argumentationen möglich sind. Diese aus der Problemdefinition und der Logik der argumentativen Strukturen abgeleiteten Möglichkeiten dekken nun eine große Bandbreite faktischer Begründungspotentiale ab, da je nach Problem wahre oder bewährte Argumente teils schon auf der zweiten[10)] bzw. dritten[11)] Begrün-

---

7) Siehe S. 347 und S. 351.

8) Zur Klarstellung sei ausdrücklich darauf aufmerksam gemacht, daß Regelaussagen in Stützungsargumenten für Subkonsequenzaussagen zwar aktionsabhängig sind; sofern sie aber als wahr oder bewährt belegbar und daher nicht ihrerseits (u. a. mit Subsub-Konsequenzaussagen) zu begründen sind, stellt sich das Problem erneuter unbelegbarer Subkonsequenzaussagen nicht mehr. Ferner soll noch angemerkt werden, daß das im methodologischen Schrifttum herausgestellte Prognosedilemma, wonach die Ableitung von handlungsbeeinflußten zukünftigen Zuständen auf der Grundlage von Ursache-Wirkungsbeziehungen in einen unendlichen Regreß führen muß, weil die Entstehung der Wirkungsursachen ihrerseits zu prognostizieren sei (vgl. WILD 1970, S. 562 ff., und hierzu auch SCHMIDT 1971, S. 170 ff.; BRETZKE 1980, S. 154 ff.), wie hier durch die Herausnahme der Aktionsaussage aus den Begründungspflichten durchaus zufriedenstellend aufgelöst werden kann (siehe zur Diskussion verschiedener Strategien zur pragmatischen Bewältigung dieses Dilemmas auch WILD selbst, S. 567 ff. sowie SCHMIDT 1971, S. 170 ff.).

9) Siehe insoweit den nächsten Gliederungsabschnitt.

dungsebene, teils aber auch erst in viel späteren Begründungsrunden (oder überhaupt nicht[12])) tatsächlich zur Verfügung stehen können. Dabei gilt im Prinzip, daß Problemstellungen als um so weniger 'unstrukturiert' anzusehen sind, je schneller Argumente der obersten Güteklassen vorgetragen werden können. Umgekehrt ist folglich der Strukturmangel von Problemen um so ausgeprägter, je größer die Zahl der erforderlichen Begründungsrunden ist, bis sich hochgradig überzeugende Argumente ins Feld führen lassen. Jenseits der Grenze zu den vollständig strukturierten Problemstellungen existiert nach unserer argumentationstheoretischen Konzeption somit ein breites Spektrum mehr oder weniger unstrukturierter Probleme.

Ab welchen Begründungsebenen Argumente der oberen Güteklassen bei Problemstellungen faktisch vorgebracht werden können, die man gemeinhin mit dem Begriff der hochkomplexen, durch Beispiele wie Akquisitionen von Tochtergesellschaften und grundlegenden Reorganisationen illustrierten Managementprobleme verbindet, ist eine Frage des Einzelfalls. Sie läßt sich ohne eine konkrete, den Stand des zugänglichen Wissens auslotende Problemanalyse nicht beantworten[13]). Bereits vor dem Hintergrund unseres Referenzbeispiels darf allerdings begründet angenommen werden, daß bei derartigen Problemstellungen z. B. wahre oder bewährte Gründe regelmäßig erst (weit) unterhalb der argumentationstheoretisch möglichen Ebene vorkommen werden[14]). Es stellt sich daher die Frage, ob die Definition unstrukturierter Managementprobleme nicht enger gefaßt und etwa auf Problemstellungen beschränkt werden sollte, bei denen Argumente der oberen Güteklassen erst auf der vierten, fünften oder noch tieferen Begründungsebenen faktisch möglich sind. Eine solche Grenzziehung könnte ohne Willkür allerdings erst nach einer Analyse der faktischen Begründungspotentiale eines repräsentativen Querschnitts hochkomplexer Probleme erfolgen. Da sie zudem den Einsatzbereich unseres Instrumentariums für die Rationalitätsmessung unnötig beschneiden würde, soll hiervon Abstand genommen werden.

c'' Faktisch mögliche Güteklassen bei unstrukturierten Managementproblemen

Im Gegensatz zur argumentationstheoretischen ist mit der faktischen Möglichkeit bestimmter Güteklassen von Gründen die Frage angesprochen, zur Lieferung welcher Argumentqualitäten Manager in der Praxis überhaupt imstande sein können. Konkreter formuliert ist somit fraglich, ob Rationalsubjekte bei der Bewältigung unstrukturierter Probleme nach dem heute möglichen Stand des zugänglichen Wissens prinzipiell in der Lage sein können, wenn schon nicht auf der ersten Ebene der Detailbegründung[15]), so

---

10) Bei der Untermauerung von $_1$Datenaussagen.

11) Bei der Untermauerung von $_1$Regelaussagen.

12) Diese Feststellung wird auf S. 488 noch näher begründet.

13) Vgl. auch den anschließenden Untersuchungsabschnitt c''.

14) So kann beispielsweise die $_3$Regelaussage über die nachfragesteigernde Wirkung der Kundennähe (S. 352) keineswegs als wahr oder bewährt gelten.

doch auf nachgelagerten Begründungsebenen etwa wahre oder bewährte Argumente vorzubringen. Da es hier nicht darum gehen kann, die Rationalitätspotentiale für spezifische Einzelprobleme auszuloten, ist diese Frage auf einer abstrakteren Ebene anzusiedeln. Einen geeigneten Ausgangspunkt für ihre Beantwortung bildet die bekannte wissenschaftstheoretische Gegenüberstellung von Natur- und Sozialwissenschaften.

Methodologisch wie fachwissenschaftlich ist heftig umstritten, inwieweit sich in den Sozialwissenschaften im allgemeinen und in der Management- und Betriebswirtschaftslehre im besonderen Aussagen formulieren lassen, die hinsichtlich ihrer Zuverlässigkeit naturwissenschaftlichen Erkenntnissen vergleichbar sind[16)]. Da nach unseren oben durchgeführten Untersuchungen wahre Datenaussagen im qualifizierten Sinne der Wahrheitsdefinition durchaus auch im managerialen (und damit sozialwissenschaftlich relevanten) Bereich vorkommen können[17)], ist im folgenden vor allem die faktisch mögliche Zuverlässigkeit sozialwissenschaftlicher[18)] Regelaussagen zu sondieren.

Die Schwierigkeiten, die der Aufdeckung streng nomologischer, raum-zeitlich (nahezu[19)]) unbegrenzt gültiger Gesetzmäßigkeiten sozialer Phänomene entgegenstehen, sind hinlänglich bekannt und sollen daher hier nur kurz in Erinnerung gerufen werden[20)]. Zu den wichtigsten Kenntnisbarrieren zählen die letztlich unüberschaubare Vielzahl von Einflußfaktoren sozialer Phänomene (Multikausalität) sowie die Dynamik und gelegentliche Zirkularität der Einflußbeziehungen. Eine besondere Stellung nehmen dabei die menschlichen Verhaltensweisen ein. Sie unterscheiden sich zum einen häufig zwischen (Gruppen von) Personen (Varietät). Zum anderen können sie sich aufgrund der Willensfreiheit des Menschen auch dann noch schlagartig ändern, wenn sie über lange Zeiträume hinweg als traditionelles Routineverhalten gesetzmäßigen Charakter gehabt haben (Reflexivität)[21)]. Die bekannte Erscheinung sich selbst erfüllender oder zerstörender Prognosen bildet unter vielen anderen nur einen besonders prominenten Anwendungsfall der Änderung zuvor unreflektierter Verhaltensmuster, die ins Bewußtsein gelangt sind. Die hiermit nur angerissenen Eigenheiten sozialer Phänomene, die insgesamt ihre Komplexität ausmachen[22)], bewirken insbesondere, daß kontrollierte Sozialexperi-

15) Diese Möglichkeit scheidet aufgrund der Definition unstrukturierter Managementprobleme aus.

16) Siehe hierzu B. ABEL 1983a, S. 43 ff.; ders. 1983b, insb. S. 8 ff.; BAYER/STÖLTING 1989, S. 303 ff.; NEUHAUSER 1967, insb. S. 107-112; CLEVER 1980; PAWLOWSKI 1980; BEHRENS 1983, S. 82 ff.; GRUNWALD 1983, sowie speziell zum Streit um die Unterscheidung der Methoden des 'Erklärens' und des 'Verstehens' die auf S. 165 in FN 72 angegebenen Quellen sowie unten, S. 380, insb. FN 38.

17) Siehe S. 251 ff.

18) Da manageriale Problemstellungen auf sozial- und wirtschaftswissenschaftliche Erkenntnisse zurückgreifen können, muß hier nicht immer ausdrücklich zwischen managerialen und wissenschaftlichen Aussagen unterschieden werden.

19) Zur zwangsläufigen Beschränkung auf das Universum oben, S. 194.

20) Vgl. näher BARTEL 1990, insb. S. 56 ff.; HILL 1984, S. 3 ff.; STAUDT 1979, S. 43 ff.; ELSCHEN 1982, insb. S. 143 ff.; ULRICH/PROBST 1988, S. 36 ff.; NEUHAUSER 1967, S. 107 ff.

21) Vgl. speziell zur Reflexivität des Menschen KIRSCH 1984, S. 245 ff.; BAYER/STÖLTING 1989, S. 303.

22) Zum Komplexitätsbegriff dieser Arbeit S. 134 FN 6.

mente unter Laborbedingungen wie in den Naturwissenschaften so gut wie ausgeschlossen bzw. nur unter Verzerrung der sozialen Wirklichkeit möglich sind[23)].

Es ist hier nicht der Ort zu untersuchen, in welchem Maße die Erkenntnisbedingungen und bisherigen Erkenntnisse der Naturwissenschaften tatsächlich so ideal sind, wie dies von sozialwissenschaftlicher Seite häufig propagiert wird[24)]. Denkt man allein an die Komplexität klimatischer oder medizinischer Vorgänge, die einer experimentellen Herbeiführung 'reproduzierbarer Effekte'[25)] ebenfalls teilweise nur sehr bedingt zugänglich sind[26)], so darf mit guten Gründen angenommen werden, daß die Dignität naturwissenschaftlicher Einsichten von Außenstehenden häufig bei weitem überschätzt wird[27)]. Die Rede von der "chronischen Unreife der Sozialwissenschaften"[28)] setzt daher einen unnötig resignativen Akzent, der die vorhandenen Erkenntnispotentiale auf diesem (noch vergleichsweise jungen) Gebiet vermutlich ebenso verkennt wie der unbestreitbar geniale GALILEI seinerzeit die Möglichkeit, die Ursache des Falls zufriedenstellend zu klären[29)].

Ebensowenig ist allerdings ernsthaft zu bezweifeln, daß die Naturwissenschaften in der Tendenz relativ günstige Erkenntnisbedingungen haben, und daß die von der Managementlehre bislang erarbeiteten Forschungsergebnisse an kontextfreier Gültigkeit zumindest mit den physikalischen Invarivanzen und Naturkonstanten nicht vergleichbar sind. Aus diesem Befund darf jedoch keineswegs sofort der Schluß gezogen werden, daß nachgelagerte Detailbegründungen managerialer Problemlösungen zwangsläufig auf wahre oder bewährte Regelaussagen verzichten müssen. Abgesehen davon, daß auch im Rahmen managerialer Argumentationen naturwissenschaftliche Erkenntnisse durchaus eine Rolle spielen können, sind bei der Auslotung der faktischen Möglichkeiten relativ zuverlässiger Regelaussagen vielmehr zunächst vor allem zwei Aspekte zu bedenken. Zum einen ist zu berücksichtigen, daß die von den Einflußfaktoren sozialer Phänomene ausgehenden Wirkungen von vornherein teils sehr wichtig, teils aber auch wenig merklich sein und sich unter Umständen gegenseitig kompensieren können. Zudem lassen sich mitunter auch durch aktive Maßnahmen externe Einflüsse abschotten und anfangs unkontrollierte Verhaltensweisen stabilisieren. Zu denken ist nur an die Verkopplung von

23) Vgl. nur v. BECKERATH/KLOTEN/KUHN 1965, S. 310; NEUHAUSER 1967, S. 109; WILD 1975, Sp. 2668 f.; CLEVER 1980, S. 722.

24) Vgl. zur wissenschaftstheoretischen Vorbildfunktion namentlich der Physik JANICH 1978, S. 191; SCHEIBE 1980, S. 472.

25) So die Voraussetzung der Hypothesenprüfung bei POPPER (siehe z. B. POPPER 1989, S. 19, 54 FN *1 und passim).

26) Vgl. auch WEINGARTNER 1978, S. 124 FN 127 und S. 164, wonach es aufgrund der Historizität jedes Ereignisses strenggenommen selbst in der Physik keine Wiederholbarkeit von Experimenten unter völlig identischen Bedingungen gibt.

27) So auch HELMER/RESCHER 1960, S. 30; KÖHLER 1976a, S. 158. Vgl. auch TOPITSCH 1972, S. 65.

28) KIRSCH 1984, S. 14 und passim.

29) Mit Bezug auf die seinerzeitigen diversen Erklärungsversuche äußert GALILEI 1954, S. 166 die Ansicht: "Now, all these fantasies, and others too, ought to be examined; but it is not really worth while."

Unternehmungen durch strategische Allianzen[30] und personelle Verflechtungen (Interlocking Directorates)[31] sowie die vertragliche Bindung von individuellen Handlungsträgern des In- und Umsystems. Der Einsatz solcher Instrumente einer "verhandelten Umwelt"[32] vermag zwar unerwartete Einflüsse und abrupte Einflußänderungen nicht gänzlich aufzuheben, aber doch erheblich einzudämmen[33]. Die theoretisch gegebene Vernetzung sämtlicher Aspekte der Welt schließt es daher nicht aus Prinzip aus, unter Vernachlässigung von unwesentlichen, kompensierten oder stabilisierten Einflußfaktoren Regeln zu formulieren, die innerhalb gewisser Toleranzgrenzen zuverlässig sind. Voraussetzung ist insoweit lediglich, daß die Isolierung der wichtigen und durchschlagenden unter den zahllosen Einflußfaktoren gelingt[34].

Zu beachten ist ferner, daß das Interesse im managerialen Zusammenhang nicht auf allgemeingültige Einsichten als solche gerichtet ist, sondern auf die möglichst fundierte Zweckmäßigkeit von Handlungs- und Zielempfehlungen. Rationale Lösungen unstrukturierter Managementprobleme sind daher keineswegs auf Kenntnisse räumlich und zeitlich (nahezu) unbeschränkter Gesetzmäßigkeiten angewiesen. Analog zu den raum-zeitlich relativierten Quasigesetzen, mit denen sich die Sozialwissenschaften zumeist begnügen müssen (und nicht selten können), reicht es für manageriale Zwecke vielmehr durchaus aus, wenn die Gültigkeit der angeführten Regularitäten bis zum lokalen und temporalen Problem- bzw. Argumentationshorizont gewährleistet ist[35]. Dementsprechend können Regelaussagen im Rahmen der Begründung von Managementempfehlungen bereits dann als wahr bzw. bewährt angesehen werden, wenn sie für das behandelte Problem und innerhalb des Problemlösungszeitraums dem Fallgesetz gleich stets bzw. mit bewährungstauglicher Zuverlässigkeit gelten.

Analysiert man nun vor diesem Hintergrund die in Betracht kommenden Zuverlässigkeitswerte managerialer Regelaussagen, so ist zu konstatieren, daß neben naturwissenschaftlichen Gesetzesaussagen auch Propositionen über soziale Regularitäten prinzipiell wahr sein können, sofern sie nur vergangene oder gegenwärtige Phänomene betreffen. Zu denken ist beispielsweise an Aussagen über bislang geltende und ohne Ausnahme angewendete Rechtsnormen. Zukunftsbezogene Propositionen über gesetzmäßige soziale

30) Vgl. hierzu stellvertretend die Beiträge in BACKHAUS/PILTZ (Hrsg.) 1990.

31) Vgl. hierzu ALBACH/KLESS 1982; EBKE 1990; DECHER 1990, S. 19.

32) CYERT/MARCH 1963, S. 119: "negotiated environment".

33) Siehe hierzu neben CYERT/MARCH auch THOMPSON 1967, S. 34 ff., sowie in gleichem Sinne ferner SILVERMAN 1970, S. 137 f. Nur am Rande sei bemerkt, daß z. B. auch die gesamte transaktionsökonomische Diskussion um die 'Hierarchie' (im Vergleich zum 'Markt') und ähnlich die Überlegungen der Agency-Theorie nur vor dem Hintergrund der Annahme einer (weisungs- bzw. anreizgeborenen) Verhaltensstabilisierung verständlich ist. Vgl. zur Transaktionskosten-Theorie bzw. zur Agency-Theorie hier nur COASE 1937; WILLIAMSON 1975; ders. 1986 bzw. ALCHIAN/DEMSETZ 1972; JENSEN/MECKLING 1976; LAUX 1979a; ders. 1989, sowie zum Überblick FRESE 1992a, S. 203 ff. und 220 ff.; SCHMIDT 1992; EISENHARDT 1989; HARTMANN-WENDELS 1992.

34) Vgl. hierzu näher S. 447 ff.

35) Vgl. auch nochmals FN 31 auf S. 196 und die dort angegebene Literatur.

Zusammenhänge hingegen können im strengen Sinne unserer Wahrheitsdefinition kaum wahr sein. Die Möglichkeit von Modifikationen in Handlungs- und Verhaltensmustern ist selbst bei tiefster Verwurzelung aufgrund der Willensfreiheit des Menschen stets gegeben[36] und kann daher vernünftigerweise nicht ignoriert werden. Änderungen von Regelmäßigkeiten, die dem menschlichen Zugriff unterliegen, lassen sich somit zwar eventuell reduzieren, letztlich aber nicht vollständig ausschließen. Dies gilt z. B. auch für vertragliche Bindungen und juristische Gesetzesvorschriften, die unter Inkaufnahme entsprechender Sanktionen gebrochen bzw. zumindest mit Wirkung für die Zukunft revidiert werden können. Für Regelaussagen über soziale Phänomene mit Zukunftsbezug stellt daher von vornherein die - wenn auch eventuell an Wahrheit grenzende - Bewährung die höchste Ebene der faktisch möglichen Zuverlässigkeit dar.

Bewährte Regelaussagen können in managerialen Problemlösungsbegründungen zum einen wiederum als Propositionen über naturwissenschaftlich-technische Gesetzmäßigkeiten sowie vergangene oder derzeitige soziale Zusammenhänge vorkommen. Erinnert sei insoweit nur an den Bereich der Qualitätskontrolle, in dem statistisch getestete Hypothesen über (auch verhaltensbeeinflußte) Fehlerhäufigkeiten eine bedeutsame (und erfolgreiche) Rolle spielen. Zum anderen sind aber ohne Zweifel auch bewährte Aussagen über zukünftige soziale Regularitäten nicht prinzipiell unmöglich[37]. Die Gültigkeit dieser Feststellung läßt sich bereits durch ein einfaches Beispiel einsichtig machen. Es mag vielleicht etwas konstruiert wirken, ist dafür aber um so augenfälliger. Betrachtet sei die z. B. für die Automobilindustrie interessante Aussage: «Wenn eine Ampel auf Rot steht, dann halten Autofahrer in der - deutlichen - Mehrheit aller Fälle (zumindest in Deutschland) mit Absicht an.» Wie die allgemeine Lebenserfahrung belegt, hat diese Regel bislang eine außerordentlich breite empirische Stützung erfahren. Da sich zudem mit dem Überlebenstrieb und der Furcht vor staatlichen Sanktionen ohne weiteres eine theoretische Erklärung[38] dieses Zusammenhangs geben läßt, kann diese Regularität als bewährt angesehen und davon ausgegangen werden, daß sie auch in der überschaubaren Zukunft Bestand haben wird. Jeder Automobilhersteller kann daher ganz unabhängig von den einschlägigen rechtlichen Konstruktionsvorschriften mit gutem, genauer: bewährtem Grund entsprechende Bremsvorrichtungen in seine Produkte einbauen.

In welchem Umfang bewährtes manageriales Regelwissen heute schon faktisch zur Verfügung steht, ist letztlich eine empirische Frage, die im Rahmen der vorliegenden Schrift

---

36) Vgl. hierzu auch KIRSCH 1984, S. 757.

37) Siehe in diesem Zusammenhang auch REBER 1981, S. 111; SCHANZ 1988, S. 30, 60 ff.

38) In den Worten der Erklärens-Verstehens-Kontroverse (siehe m. N. S. 165 f.) handelt es sich strenggenommen um ein 'Verstehen' dieser Verhaltensweise der Autofahrer. Schon an diesem Beispiel läßt sich folglich auch zeigen, daß die beiden Erkenntnismethoden *Erklären* und *Verstehen* keineswegs in den so oft und mit Nachdruck behaupteten Gegensatz gebracht werden müssen. Liegen Erkenntnisse über (mehr oder weniger stabile) Handlungsmotive (hier 'Überleben' und 'Sanktionsfurcht') und aus diesen Motiven folgende Verhaltensweisen vor, so lassen sich auf dieser Grundlage zwanglos Regularitäten formulieren, die zur Verhaltens -'Erklärung' herangezogen werden können (hier: «Wenn jemand überleben will und Sanktionen fürchtet, dann beabsichtigt er, vor roten Ampeln anzuhalten. Die Ampel stand auf Rot. Die betreffenden Autofahrer wollten überleben und Sanktionen vermeiden. Deshalb haben sie angehalten»).

nicht vollständig ausgeleuchtet werden kann und muß. An dieser Stelle soll lediglich darauf aufmerksam gemacht werden, daß Unternehmungen unter Umständen durchaus erheblich zuverlässigere Einblicke in die Wirkungszusammenhänge ihrer jeweiligen Problemstellungen gewinnen können als die universitäre Forschung, die einem höheren Allgemeingültigkeitsanspruch verpflichtet ist und zugleich häufig einen erschwerten Zugang zum empirischen Material hat[39)]. In Unternehmungen können bestimmte (soziale) Phänomene häufig massenhaft auftreten. Zu denken ist beispielsweise an Unternehmungen mit einer großen Zahl von Abnehmern und/oder Arbeitnehmern, in deren Einzugsbereich sich eine enorme Menge von Käufer- und Mitarbeiterverhaltensweisen realisiert. Um sich die Dimensionen zu vergegenwärtigen, muß man sich nur vor Augen halten, daß etwa die Tengelmann-Gruppe über rund 5.000 Filialen verfügt[40)] und eine Reihe von Großunternehmungen in Deutschland jeweils mehrere 100.000 Menschen beschäftigt.

Vor dem Hintergrund des somit außerordentlich mächtigen Umfangs potentieller Stichproben über das Käufer- oder Mitarbeiterverhalten sind nun die Kapazitäten der modernen Informations- und Kommunikationstechnologien in Rechnung zu stellen[41)]. Mit Hilfe dieser Technologien können heute Informationen in einem Umfang gewonnen und verarbeitet werden, der vor einigen Jahren noch als unrealistisch gelten mußte[42)]. Neben der Möglichkeit zuverlässigerer Datenaussagen[43)] erlauben es diese Informationskapazitäten Unternehmungen eher oder gar erstmalig, auf geeigneten, also durch erschließbare Massenphänomene gekennzeichneten Feldern großzahlige empirische Erhebungen

---

39) Daß als Folge hiervon Probleme, die in der Praxis durchaus (beachtlich) rational gelöst werden können, in der Literatur mitunter als schlecht-strukturiert gelten und daher dem 'unternehmerischen Fingerspitzengefühl' überlassen werden, sei hier nur am Rande vermerkt. Vgl. z. B. für Preisentscheidungen einerseits noch KOCH 1982, S. 183 ["...bleibt dem Geschäftsbereich in der Regel nichts anderes übrig, als das Marketing-Mix durch erfahrungsgestützte Probierentscheidungen (trial and error) festzulegen. Gestützt auf die mit dem bisheren Marketing-Mix gemachten Erfahrungen und im Vertrauen auf Marktgespür und die Fähigkeit, mit etwaigen Schieflagen fertig zu werden, wird das Marketing-Mix weitgehend intuitiv festgelegt."] und andererseits die sogleich angesprochene Scannerdaten-gestützte empirische Fundierung absatzwirtschaftlicher Entscheidungen. Vgl. im übrigen auch allgemein zum Gedanken des organisationalen Lernens den Überblick bei REBER 1992 und das Konzept der "geplanten Evolution" von KIRSCH 1984, S. 499 ff., insb. S. 626.

40) Siehe o. V. 1988c.

41) Wie eingangs näher ausgeführt wurde (siehe S. 8 f.), ließ sich beim bisherigen Stand der Forschung, d. h. ohne ein Instrumentarium zur Messung der Rationalität von Problemlösungen, nicht differenziert beurteilen, in welchem Maße die modernen Technologien die Lösung unstrukturierter Managementprobleme unterstützen können. Unsere Entwicklungsarbeiten an dem geplanten Meßinstrumentarium haben mittlerweile ergeben, daß sich die kognitive Rationalität von Problemlösungen nach der Struktur und Substanz ihrer deskriptiven Basis richtet, wobei die Zuverlässigkeit der Begründungsaussagen eine maßgebliche Stichhaltigkeitsdeterminante darstellt. Auf dieser Grundlage ist mit der an dieser Stelle vorgenommenen Einschätzung der Potentiale der neuen Technologien für eine Steigerung der Zuverlässigkeit einzelner (singulärer wie regulärer) Aussagen nun ein erster systematischer Schritt zur Beurteilung der potentiellen technologischen Unterstützung managerialer Problemlösungen möglich, der allerdings die Gesamtthematik der Potentialbewertung bei weitem noch nicht abdeckt.

42) Vgl. auch FRESE/v. WERDER 1989, S. 9 f.; dies. 1992, Sp. 376 ff.

43) Zu denken ist insbesondere an die Nutzung interner oder externer Datenbanken, siehe hierzu HOFHANSEL/vom KOLKE 1988; KOCH/FENDT 1988; MACIEJEWSKI 1988; SCHERFF 1988; v. WIETERSHEIM 1988.

zur Herausarbeitung von Regularitäten (und Erkennung eventueller Änderungstrends) durchzuführen, deren Gültigkeit zumindest für den Bereich der individuellen Unternehmung statistisch abgesichert ist. Besonders markante Beispiele hierfür finden sich bislang vor allem auf dem Gebiet des (Konsumgüter-)Marketing. Namentlich in den USA werden seit einigen Jahren z. B. von Handelshäusern über Scanner-Kassen enorme Datenmengen erhoben und mit ihrer Hilfe die Marktreaktionen auf absatzpolitische Maßnahmen wie Preisänderungen[44)], Regalbelegungen[45)] und Gestaltungen von Coupons[46)] ermittelt. Die hierbei gewonnenen Erfahrungen werden sodann - wenn man den Praxisberichten Glauben schenken darf - bei der Verbesserung der Marketingaktionen erfolgreich umgesetzt. So konnte beispielsweise Safeway, eine der großen US-amerikanischen Supermarktketten, einer journalistischen Meldung zufolge durch die Scannerdaten-gestützte iterative Ermittlung des optimalen Absatzpreises für Orangensaft den Gewinn um 1 Mio. $ pro Jahr steigern[47)].

Der potentiell enorme Stichprobenumfang und die technologischen Möglichkeiten zur Erschließung dieser Informationsquellen können somit wenigstens Großunternehmungen nicht selten Aussagen über soziale Regularitäten erlauben, die zumindest für den Bereich der jeweiligen Unternehmung als bewährt gelten dürfen. Dabei ist - wie bereits angedeutet wurde - nicht nur an marktbezogene, sondern beispielsweise auch an mitarbeiterbezogene Erhebungen zu denken. Sie werden in der Praxis zunehmend durchgeführt[48)] und können führungs- wie motivationstheoretisch aufschlußreiche Erkenntnisse liefern. Insgesamt läßt sich folglich begründet annehmen, daß bewährte Regelaussagen im managerialen Zusammenhang durchaus nicht zwangsläufig nur eine zu vernachlässigende Rolle spielen müssen.

Zusammenfassend ist somit festzuhalten, daß auch im managerialen Kontext durchaus wahre und bewährte Regelaussagen und damit wahre bzw. bewährte Argumente faktisch möglich sein können. Abgesehen von problemrelevanten naturwissenschaftlichen Zusammenhängen werden dabei jedoch wahre Argumente vergleichsweise selten, bewährte Gründe hingegen häufiger in Betracht kommen.

---

44) Vgl. SIMON, H. 1987, S. 67 ff.; SIMON/KUCHER 1988, S. 180 f.

45) Siehe hierzu DYER 1980, S. 101 ff.; SIMON/KUCHER/SEBASTIAN 1982, S. 571, sowie auch das von WIELAND 1979 vorgestellte Modell.

46) Coupons stellen im hier gemeinten Zusammenhang Wertgutscheine dar und gehören in den USA zu den wichtigsten absatzpolitischen Instrumenten des Einzelhandels. Vgl. zur technologiegestützten Bewertung ihrer Marketingeffizienz LITTLE 1990, S. 13 ff., insb. S. 16-18.

47) Siehe o. V. 1980, S. 194, sowie auch SIMON/KUCHER/SEBASTIAN 1982, S. 569, und zum Einsatz von Scanner-Systemen ferner noch KÖHLER 1986, S. 114 ff.; HAUSER 1988, S. 321; o. V. 1988a; o. V. 1988b; ZENTES 1988, S. 64 ff.

48) ACKERMANN 1986; DOMSCH/SCHNEBLE 1988; BOESL/BRÜNNECKE 1988; HUNSDIEK 1988; MACIEJEWSKI 1988; MISCHE 1988.

d' Zahl von Argumenten

Bei der Herausarbeitung der Formalstruktur deskriptiver Gründe wurde festgelegt, daß die einzelnen Argumente einer Begründungsebene anhand der Regelaussagen gegeneinander abgegrenzt werden. Jede Regelaussage macht demnach zusammen mit den zugehörigen Datenpropositionen jeweils ein Argument aus. Der Hintergrund dieser Normierung wurde bislang noch offengelassen und soll nun im folgenden zunächst geklärt werden.

Regeln nennen in der Wenn-Komponente ihre Anwendungsvoraussetzungen[49]. Diese Voraussetzungen können nun unterschiedlich präzise spezifiziert sein. Legt man als Maßstab die Anzahl der genannten Anwendungsvoraussetzungen zugrunde, m. a. W. also die Zahl der Einflußfaktoren der Dann-Komponente, so lassen sich insoweit uni-, bi- und multifaktorielle Regeln unterscheiden. Beispiele bilden etwa die Regeln «Wenn die Kundennähe zunimmt, dann steigt der Gewinn» (unifaktoriell), «Wenn die Kundennähe zunimmt und ein Käufermarkt vorliegt, dann steigt der Gewinn» (bifaktoriell) sowie «Wenn die Kundennähe zunimmt, ein Käufermarkt vorliegt und die Konjunktur sich nicht verschlechtert, dann steigt der Gewinn» (multifaktoriell). Aufgrund der möglichen Multifaktorialität[50] von Regeln können somit nicht nur bei Einbringung mehrerer Argumente, sondern gegebenenfalls auch im Ein-Argumentfall mehrere Einflußfaktoren der zu begründenden Aussage angesprochen werden. Für die Identifizierung der einzelnen Argumente ist somit nicht primär die Zahl der thematisierten Einflußfaktoren entscheidend. Der Argumentabgrenzung liegt vielmehr der Gedanke zugrunde, Einflußfaktoren solange zu einem einzigen Argument zu zählen, wie sie (merklich[51]) miteinander zusammenhängen und gleichsam 'in einem Atemzug der Regelaussage' genannt werden. Sofern einzelne oder Gruppen von Einflußfaktoren hingegen voneinander (weitgehend) unabhängig und damit in verschiedenen (uni- bzw. bi- oder multifaktoriellen) Regeln angesiedelt sind, markieren sie mehrere Argumente. Danach handelt es sich beispielsweise nur um ein einziges Argument, wenn zur Begründung der erwarteten Gewinnsteigerung bei Einführung einer Kundenorganisation darauf verwiesen wird, daß die Unternehmung auf einem Käufermarkt operiert und eine Reorganisation die Kundennähe erhöht. Die beiden angeführten Einflußfaktoren (Käufermarkt; Kundennähe) hängen hier zusammen, da die gewinnsteigernde Wirkung der Kundennähe nach der angesetzten (bifaktoriellen) Regel Käufermarktverhältnisse voraussetzt und folglich nicht losgelöst von der Marktform gilt. Demgegenüber sind z. B. zwei Argumente gegeben, wenn die Empfehlung damit begründet wird, daß eine kundenorientierte Organisation die Kosten senkt und die Kundennähe erhöht, und zwischen beiden Organisationskonsequenzen keine wesentlichen Beziehungen existieren. Zu denken ist beispielsweise daran, daß die

49) Siehe S. 346.

50) Der geläufigere Ausdruck *Multikausalität* soll hier vermieden werden, da Regeln nicht nur über Kausalbeziehungen berichten können, vgl. S. 347.

51) Als Folge der Überkomplexität der Welt, in der letztlich alles in irgendeiner Beziehung miteinander zusammenhängt (siehe S. 225 m. N.), kann es hier nur auf eine bedeutsame Abhängigkeit ankommen. Vgl. auch zur analogen Identifizierung der kritischen Einflußfaktoren eines Problems im Kreis aller potentiellen Faktoren S. 447 ff.

Kostensenkung auf geringere interne Abstimmungserfordernisse zurückzuführen ist und sich die Erhöhung der Kundennähe in kompetenteren Problemlösungen niederschlägt (und nicht etwa in sinkenden Preisen durch Weitergabe der Kostensenkungen).

Wie schon die gewisse Vagheit der Begriffe des 'merklichen Zusammenhangs' und der 'weitgehenden Unabhängigkeit' von Einflußfaktoren anzeigt, ist die Grenzziehung zwischen einzelnen Argumenten nicht vollkommen starr, und muß im Zweifel nach den ausdrücklichen oder erkennbaren Begründungsintentionen des Proponenten vorgenommen werden[52]. Das erläuterte Abgrenzungsprinzip hat im Kern einen praktischen Hintergrund und basiert auf der Beobachtung, daß in komplexen realen Argumentationen zumeist mehrere, voneinander 'ziemlich' unabhängige Begründungskomplexe geformt werden. Die insgesamt betrachteten Einflußfaktoren des durch die begründete Proposition ausgedrückten Phänomens werden somit teilweise voneinander isoliert und (häufig implizit) über die Wenn-Komponente von verschiedenen Regeln erfaßt. Diese Vorgehensweise kommt besonders augenfällig in der Erstellung von Vorteils-Nachteils-Katalogen[53] zum Ausdruck[54].

Die Bildung derartiger argumentativer Teilkomplexe kann zwar innerhalb eines gewissen Spielraums variiert werden, indem z. B. vorher getrennt behandelte Einflußfaktoren in einer oder einigen wenigen (dann komplexeren) Regelaussagen zusammengefaßt werden[55]. Dabei wächst dann mit sinkender Zahl der Argumente die Komplexität der (Wenn-Komponente der) Regularitäten ceteris paribus zunehmend an. Abgesehen von der praktischen Unhandlichkeit derart komplexer Argumente findet eine (sinnvolle) Integration aber zumindest dort ihre Grenze, wo tatsächlich keine relevanten Beziehungen zwischen den Einflußfaktoren bestehen oder - wie bei unstrukturierten Managementproblemen häufig - zumindest nicht bekannt sind[56].

Begründungen können (bei mehrstufiger Betrachtung) prinzipiell aus wahren, bewährten, plausiblen und theoretisch-möglichen Argumenten bestehen. Infolge der Anforderungen an die Wahrheit oder Bewährung von Propositionen allgemein und von Regularitäten im

---

52) So existieren im voranstehenden Beispiel letztlich deshalb keine Beziehungen zwischen Kosten und Kundennähe, weil eine Preissenkung vom Proponenten (annahmegemäß) nicht in Betracht gezogen wird.

53) Daß Vor- und Nachteile zunächst Ziel(beitrags)kategorien darstellen, ist an dieser Stelle unerheblich, da ihre Auflistung bei Unterstellung einer gemeinsamen Oberzielsetzung durchaus als Katalog deskriptiver Argumente interpretiert werden kann (vgl. auch S. 437 ff).

54) Nur am Rande sei angemerkt, daß die Bildung von isolierten Begründungskomplexen durchaus auch taktisch motiviert sein und dem Ziel von Proponent wie Opponent dienen kann, ihre konträren Positionen jeweils 'in sich rund' und ohne eigene Relativierung (wie in der 'vorsichtigeren' Regel der sogleich folgenden Fußnote) zu präsentieren.

55) So könnte beispielsweise bei der Empfehlungsbegründung für die Kundenorganisation anstelle der Abwägung des Kundennähe- und des Kostenarguments etwa auch die folgende Regel formuliert und verwendet werden: «Wenn Käufermarktverhältnisse und kundenorientierte Reorganisation und keine überproportionale Kostensteigerung, dann Gewinnsteigerung».

56) Vgl. hierzu auch sogleich (S. 385).

besonderen ist pro gestützter Aussage neben einem wahren bzw. bewährten Grund kein Raum für weitere stichhaltige Argumente. Die generellen Anforderungen verlangen im hier interessierenden Zusammenhang, daß ernstzunehmende Anhaltspunkte für eine mangelnde Wahrheit oder Bewährung fehlen[57)], so daß schon deshalb überzeugende Contra-Argumente ausgeschlossen sind[58)]. Die Wahrheit oder Bewährung von Regelaussagen bedingt darüber hinaus, daß in der Wenn-Komponente sämtliche Voraussetzungen aufgeführt werden, die für den (deterministischen bzw. stochastischen) Eintritt des Dann-Ereignisses kritisch sind, da nur dann bei Erfüllung der Anwendungsvoraussetzungen die avisierten Phänomene stets bzw. mit bewährungstauglicher Zuverlässigkeit zu verzeichnen sind[59)]. Zusätzliche Argumente würden daher bei wahren oder bewährten Gründen nichts anderes als irrelevante Regelspezifizierungen darstellen[60)]. *Wahre Begründungen* und *bewährte Begründungen* bestehen daher pro gestützter Aussage nur aus je einem wahren bzw. bewährten Argument (vgl. Abb. 46).

Anders als wahre und bewährte Argumente können plausible, theoretisch-mögliche sowie plausible und mögliche Gründe gemischt nach unseren argumentationstheoretischen Überlegungen durchaus nebeneinander vorkommen. Diese Möglichkeit ist letztlich Ausdruck des im Vergleich zu den wahren und bewährten Begründungen fragmentarischen Charakters der eingebrachten Kenntnisse, die mehr oder weniger voneinander isolierte Problemaspekte beleuchten[61)]. Argumentationen, die ausschließlich plausible bzw. theoretisch-mögliche Gründe ins Feld führen, können zwanglos als plausible bzw. mögliche Begründungen bezeichnet werden. Hingegen stellt sich im Fall gemischter Argumentationen analog zur Klassenbildung der Einzelargumente die Frage, welche Kategorie von Gründen für die Einordnung der Gesamtbegründung den Ausschlag geben soll. Im Gegensatz zum Klassifizierungsprinzip der Argumente bietet es sich bei den Begründungsbegriffen an, jeweils auf das 'stärkste Glied' der Argumentation abzustellen. Da die

57) Siehe S. 256 und S. 277 f.

58) Vgl. auch die sogleich folgende Fußnote.

59) Liegen vor der endgültigen Formulierung der argumentimmanenten Regularität gegenläufige Regelaussagen vor (so daß auf ihrer Grundlage konfliktäre Argumente gebildet werden könnten), müssen die Contra-Regeln somit (erfolgreich) in die endgültige Regularität integriert werden, wenn diese wahr oder bewährt sein soll. So lassen sich z. B. die beiden plausiblen Regeln «Wenn Erlössteigerung, dann Gewinnerhöhung» und «Wenn Kostensteigerung, dann Gewinnsenkung» (siehe S. 283) in die (auf absehbare Zeit bzw. quasi-)wahre Regularität «Wenn Erlössteigerung größer als Kostensteigerung, dann Gewinnerhöhung» zusammenführen. Geht man für Veranschaulichungszwecke von der Fiktion aus, daß eine Kundenorganisation stets die Erlöse stärker als die Kosten steigert, so könnten analog etwa die beiden konfliktären Argumente «Reorganisationsbedingte Gewinnerhöhung, weil Erlössteigerung» vs. «Reorganisationsbedingte Gewinnsenkung, weil Kostensteigerung» in das (nur lt. Prämisse) wahre Argument «Reorganisationsbedingte Gewinnsteigerung, weil Erlössteigerung größer als Kostensteigerung» überführt werden.

60) Anknüpfend an unser Beispiel in der voranstehenden Fußnote könnte z. B. zur Argumentation «Reorganisationsbedingte Gewinnsteigerung, weil Erlössteigerung größer als Kostensteigerung und Konjunkturverbesserung» die irrelevant spezifizierte Regel formuliert werden: «Wenn Erlössteigerung größer als Kostensteigerung und Konjunkturverbesserung, dann Gewinnerhöhung.» Zur Verdeutlichung sei schließlich noch bemerkt, daß wahre und bewährte Gründe selbstverständlich durch Argumente gestützt werden können, die dann aber auf einer anderen Begründungsebene liegen (und nach unseren Festlegungen nicht explizit erforderlich sind, vgl. nochmals S. 297 f.). Namentlich Plausibilitätsüberlegungen zur Erklärung und Absicherung statistischer Regularitäten (siehe S. 277 FN 165) stehen somit nicht neben, sondern unterhalb bewährter Argumente.

Stichhaltigkeit von Begründungen durch zusätzliche Argumente in der Tendenz nur steigen kann, selbst wenn sie bloß theoretisch-möglich sind, wäre es nicht sachgerecht, Argumentationen mit eventuell nur wenigen plausiblen Gründen als plausibel und solche, die zusätzlich auch mögliche Argumente anführen, lediglich als theoretisch-möglich anzusprechen. Infolgedessen sollen Argumentationen (pro diskutierter Proposition), die ausschließlich oder zumindest auch plausible Gründe enthalten, als *plausible Begründungen* eingestuft werden, während *theoretisch-mögliche* oder kurz *mögliche Begründungen* allein aus theoretisch-möglichen Argumenten bestehen.

Güteklasse der Begründung \ Klassenmerkmale	Zahl der Argumente	Zuverlässigkeit der Argumente
Wahre Begründung	1	wahr
Bewährte Begründung	1	bewährt
Plausible Begründung	h (mit h = 1, ..., l)	nur plausibel oder teils plausibel/ teils möglich
Mögliche Begründung	h (mit h = 1, ..., l)	nur möglich

Abb. 46: Zahl und Zuverlässigkeit der Argumente in wahren, bewährten, plausiblen und möglichen Begründungen

Anhand der herausgearbeiteten Grundkategorien unterschiedlich stichhaltiger Argumentationen läßt sich nun die Verläßlichkeit plausibler Propositionen in einer ersten Differenzierung feiner abstufen[62]. Danach können Aussagen, die durch wahre, bewährte, plausible oder mögliche Begründungen gestützt werden, als *wahr-begründete*, *bewährt-begründete*, *plausibel-begründete* und *möglich-begründete Propositionen* eingeordnet werden. Der spezifische Erkenntniswert dieser Aussagenkategorien wird im anschließenden Gliederungsabschnitt bb) eingehender analysiert werden. An dieser Stelle ist zunächst nur der Hinweis wichtig, daß es sich bei sämtlichen Kategorien um plausible

61) Vgl. zur kognitiven Bedeutung einer größeren Zahl von Argumenten auch schon S. 367 f. sowie ausführlicher sogleich (S. 392 ff.).

62) Siehe zur weiteren Verfeinerung dieser Verläßlichkeitsabstufung, die erst in einem späteren Untersuchungsstadium möglich ist, S. 486 ff.

Propositionen im Sinne unserer Zuverlässigkeitsabstufung handelt[63]. Aussagen sind nach unseren Festlegungen nur dann als wahr oder bewährt zu klassifizieren, wenn für Zweifelsfälle entsprechende Belege ihrer Gültigkeit präsentiert werden können. Hieraus folgt im Umkehrschluß generell, daß Propositionen, deren Wahrheit oder Bewährung nicht belegbar ist, bei mangelnder Evidenz ihrer Plausibilität zu Diskussionsbeginn allenfalls[64] als theoretisch-möglich einzuordnen sind, und durch Begründungen gleich welcher Stichhaltigkeit lediglich zu plausiblen Aussagen 'befördert' werden können[65].

Wahren Begründungen allein wird somit im Rahmen unserer Kategorienbildung nicht die "wahrheitserhaltende"[66] Überzeugungskraft zugesprochen, die die formale Logik mit der einwandfreien Deduktion einer Konklusion aus wahren Prämissen verbindet[67]. Entsprechend führen bewährte Begründungen auch nicht zur Bewährung der begründeten Aussagen[68]. Die (begriffs-)systemkonforme Einordnung wahr-begründeter bzw. bewährt-begründeter, aber unbelegbarer Aussagen als plausible Propositionen stellt gewissermaßen eine Maßnahme der erkenntnistheoretischen Vorsicht dar[69]. Sie hat allerdings keine überaus gravierenden Konsequenzen, da diese Aussagen - wie wir unten sehen werden - natürlich den höchsten bzw. zweithöchsten kognitiven Gehalt unter allen plausiblen Propositionen besitzen.

Die Anzahl der zur Gewährleistung einer hohen Argumentationsrationalität pro diskutierter Proposition einzubringenden Argumente wurde für den Fall wahrer und bewährter Begründungen bereits herausgearbeitet und liegt mit jeweils 1 fest. In Hinblick auf die plausiblen und möglichen Begründungen wurde dagegen bislang erst festgestellt, daß die Begründungsstichhaltigkeit in der Tendenz mit der Zahl der vorgetragenen Argumente steigt[70]. Der mit einer wachsenden Anzahl von Argumenten verbundene tendenzielle

63) Bei ausführlicher, aber unnötig aufwendiger Terminologie wäre somit von wahr-begründet plausiblen, bewährt-begründet plausiblen, plausibel-begründet plausiblen und möglich-begründet plausiblen Aussagen zu sprechen. Siehe hierzu auch S. 366 FN 19.

64) Und zwar unter der Minimalvoraussetzung ihrer qualifizierten Verträglichkeit mit dem Stand des zugänglichen Wissens, siehe S. 279 f.

65) Um die wahre Begründung einer anfangs bloß theoretisch-möglichen Aussage an einem - zugegebenermaßen etwas konstruierten - Beispiel zu veranschaulichen, sei die folgende Prognose betrachtet: «In Kürze wird der zuvor in der Hand gehaltene und dann losgelassene Stein auf dem Boden liegen.». Die Gültigkeit dieser Proposition läßt sich solange nicht belegen, wie der Stein noch im Fallen begriffen ist. Sie könnte während dieser Zeitspanne aber etwa wie folgt wahr begründet werden: «Der zuvor in der Hand gehaltene Stein wurde losgelassen (wahres Datum). Wenn ein in der Hand gehaltener Stein losgelassen wird, dann liegt er in Kürze auf dem Boden (wahre Regel). Also wird der Stein in Kürze auf dem Boden liegen.»

66) ESSLER/MARTINEZ CRUZADO 1983, S. 1 (Flexion geändert, im Original kursiv).

67) Vgl. nur ebenda, S. 1 f., sowie ANDERSSON 1989a, S. 24 f.; LORENZ 1973, S. 228.

68) Vgl. in diesem Zusammenhang auch die Unterscheidung von CARNAP zwischen der "statistischen Wahrscheinlichkeit" von Schlußprämissen und der "induktiven Wahrscheinlichkeit" hieraus gezogener Konklusionen [vgl. CARNAP 1945; ders. 1949; CARNAP/STEGMÜLLER 1959, Zitat auf S. 21 (Flexion geändert), und hierzu HEMPEL 1977, S. 65; STEGMÜLLER 1983, S. 801 ff.], sowie die - im einzelnen allerdings sehr unterschiedliche - Differenzierung zwischen der "Wahrscheinlichkeitshypothese" und der "Hypothesenwahrscheinlichkeit" bei POPPER (siehe S. 275 FN 156 m. N.).

69) Siehe näher S. 389 f.

70) Siehe S. 367 f.

Stichhaltigkeitszuwachs, dessen epistemische Qualität im nächsten Abschnitt noch eingehender untersucht wird[71], wirft allerdings zwei prinzipielle Fragen auf. Zum einen ist analog zur Verläßlichkeit von Einzelargumenten zu klären, wie die Breite einer Begründung zur differenzierteren Einschätzung der Plausibilität der begründeten Proposition sinnvoll abgestuft werden kann. Zum zweiten stellt sich angesichts der Überkomplexität der Welt und der hieraus resultierenden unüberschaubar großen Vielzahl potentieller Argumente die Frage nach der argumentationsrationalen Begrenzung der Begründungsbreite. Die Beantwortung dieser beiden Fragestellungen wird im weiteren Verlauf der Arbeit nach Durchführung der hierfür erforderlichen Voruntersuchungen schrittweise erfolgen[72].

---

71) Siehe S. 392 ff.

72) Siehe v. a. S. 447 ff. und S. 479 ff.

bb) Erkenntniswert detailbegründeter (plausibler) Aussagen

Globale Konsequenzaussagen managerialer Handlungsempfehlungen, die eine Detailbegründung erfahren, stellen plausible Propositionen dar. Um die unterschiedliche Überzeugungskraft plausibilitätsgenerierender Detailbegründungen differenzierter bestimmen zu können, wurden im voranstehenden Abschnitt zunächst mit den wahren, bewährten, plausiblen und möglichen Gründen vier (erste) Güteklassen von Argumenten unterschieden. Sodann wurde untersucht, welche Kategorien von Gründen unter Beachtung der Definition unstrukturierter Managementprobleme nach der Logik der Begründungsstrukturen auf den verschiedenen Ebenen einer Detailbegründung vorkommen können, und inwieweit die Lieferung von Argumenten der oberen Güteklassen nach den derzeitigen sozialwissenschaftlichen Erkenntnispotentialen faktisch möglich sein kann. Die Überlegungen haben ergeben, daß bei unstrukturierten Managementproblemen zwar auf der ersten Ebene der Detailbegründung nur plausible oder mögliche Gründe in Betracht kommen, für die nachgelagerten Begründungsebenen aber auch die anderen Kategorien nicht ausgeschlossen sind. Im folgenden ist nun der Erkenntniswert zu klären, den die Vorbringung der verschiedenen Argumentqualitäten im Rahmen einstufiger und mehrstufiger Begründungen beanspruchen kann. Dabei soll unter dem *Erkenntniswert* von Argumenten bzw. Aussagen das Ausmaß an Ex-post-Zuverlässigkeit verstanden werden, das Äußerungen mit einem bestimmten Ex-ante-Verläßlichkeitswert aufgrund epistemischer Erwägungen zugesprochen werden kann[1)]

a' Erkenntniswert wahr-begründeter und bewährt-begründeter Aussagen

Wahre Argumente bestehen - abgesehen von der eventuellen hypothetischen Aktionsaussage - lediglich aus wahren Datenaussagen und wahren Regelaussagen[2)]. Ähnlich wie die wahrheitskonservierende Deduktion der formalen Logik, bei der sich die Wahrheit der Prämissen auf den Wahrheitswert der Konklusion überträgt[3)], verleihen wahre Argumente der begründeten Proposition zweifelsohne eine hohe Zuverlässigkeit. Sie kann von keiner anderen Argumentkategorie übertroffen werden, so daß wahr-begründete Aussagen den höchsten Plausibilitätswert aller plausiblen Propositionen aufweisen. Diese Aussagen sind allerdings gleichwohl nicht als wahr einzustufen, da bzw. sofern sich ihr Geltungsanspruch - wie namentlich bei zukunftsbezogenen Propositionen - nicht belegen läßt. Das Motiv für diese 'Vorsichtsmaßnahme' bei der Konzipierung der Verläßlichkeitswerte ergibt sich (neben der nicht gesicherten Wahrheit einer eventuellen Aktionsaussage) aus der mangelnden Verifizierbarkeit von Regelaussagen. Selbst wenn eine Regularität die Voraussetzungen der Wahrheitsqualifikation erfüllt, also bislang stets und in zahllosen Fällen Gültigkeit hatte und kein Grund für die Vermutung einer Regelände-

1) Zur Unterscheidung zwischen der Ex-ante- und der Ex-post-Zuverlässigkeit S. 113 ff.

2) Siehe S. 371.

3) Vgl. hierzu m. N. S. 169 f., hier insb. FN 107. Die Lieferung wahrer Argumente im Sinne unserer Terminologie ist nicht (stets) mit einer logischen Deduktion gleichzusetzen, da die Schlußprämissen unter Umständen die hypothetische Aktionsaussage enthalten.

rung besteht, kann ihre Mutation für die Zukunft nicht gänzlich ausgeschlossen werden[4].

Bewährte Argumente kombinieren wahre Daten und bewährte Regeln, bewährte Daten und wahre Regeln oder bewährte Daten und bewährte Regeln[5]. Im Vergleich zu den wahr-begründeten Aussagen weisen bewährt-begründete Propositionen aus zwei Gründen ein prinzipielles Verläßlichkeitshandikap auf[6]. Zum einen beruhen bewährte Daten- und Regelaussagen auf Stichprobenbefunden und können deshalb nicht die Zuverlässigkeit wahrer (gegebenenfalls auch deskriptiv-statistischer) Propositionen für sich beanspruchen. Zum anderen ist zu beachten, daß - abgesehen vom Ausnahmefall der stichprobenbasierten deterministischen Gesetzesaussage[7] - bewährte Regularitäten stochastischer Natur sind und daher nicht in allen Fällen gelten, sondern nur in einem bestimmten Prozentsatz aller Fälle. Konklusionen auf der Grundlage bewährter Aussagen werden somit durch den kognitiven Gehalt der Prämissen nicht voll gedeckt. Sie stellen vielmehr 'nur'[8] induktive Ableitungen dar, die über den Informationsgehalt der Daten und Regeln 'zuverlässigkeitserweiternd'[9] hinausgehen[10]. Infolgedessen sind bewährt-begründete Aussagen nicht nur wie wahr-begründete Propositionen mit einem bloß theoretisch-denkbaren, sondern einem höchst realen Irrtumsrisiko behaftet. Legt man etwa die Regel «Wenn ein Preis gesenkt wird, dann steigt (nach einer erfolgreich getesteten Hypothese) bei rund 75% aller Kunden die Kaufneigung» zugrunde, so kann ein nach einer Preissenkung zufällig ausgewählter Kunde bekanntlich durchaus eine unveränderte Kaufneigung verspüren[11]. Aber auch die Prognose, daß 75% der gesamten Kundschaft in ihrer Kaufneigung auf die Preissenkung reagieren werden, kann sich als Folge des aus ihrer Stichprobenherkunft herrührenden Unsicherheitsmoments der Regelaussage im nachhinein als verfehlt herausstellen. Die Unternehmung kann bei der (Stichproben-) Untersuchung durchaus auch 'per Zufall' auf unrepräsentativ viele Kunden getroffen sein, die ungewöhnlich preisunempfindlich sind.

---

4) Siehe nochmals S. 237 f.

5) Siehe S. 371. Die eventuelle zusätzliche hypothetische Aussage über die geplante Vornahme einer Handlung oder die angenommene Zielverwirklichung wird im weiteren zur Entlastung des Textes nicht mehr gesondert erwähnt.

6) Vgl. auch schon die eingehenden Überlegungen zur Rationalbedeutung bewährter Aussagen auf S. 257 ff. dieser Schrift, sowie speziell zum Paradoxon ihrer eventuellen Mehrdeutigkeit auch noch unten, S. 410 ff.

7) Die aufgrund ihrer Stichprobenbasierung (nur) als bewährt einzustufen ist, jedoch - als deterministische Regel - die ausnahmslose Geltung der Wenn-Dann-Beziehung propagiert, siehe S. 275 ff.

8) Angesichts der unter realen Problemlösungsbedingungen kaum vorhandenen Chance, deduktive Ableitungen zu vollziehen, ist das *nur* durchaus zu relativieren.

9) In Anlehnung an den Begriff der 'wahrheitserweiternden' induktiven Schlußfolgerung als Pendant zur 'wahrheitserhaltenden' Deduktion der Logik, siehe ESSLER/MARTINEZ CRUZADO 1983, S. 1 f.

10) Vgl. zur induktiven Schlußfolgerung, deren Probleme schon HUME intensiv beschäftigt haben (siehe S. 341 FN 25 m. N.), CARNAP 1945; ders. 1962, S. 161 ff.; CARNAP/STEGMÜLLER 1959; HEMPEL 1977, S. 60 ff.; STEGMÜLLER 1973b, insb. S. 279 ff.; ders. 1983, S. 774 ff.; ESSLER 1980a; HEGSELMANN 1978a; ANDERSSON 1989b.

11) Vgl. allgemein zur Möglichkeit des Unwahrscheinlichen auch oben, S. 258 m. N. in FN 47.

Vor dem Hintergrund der (meist) stochastischen Natur bewährter Regularitäten gewinnt bei ihrer argumentativen Verwendung die oben eingeführte Unterscheidung zwischen bloß konfidenzbewährten und auch konsequenzbewährten regulären Propositionen Bedeutung[12]. Als taugliche Regeln bewährter Begründungen von Propositionen über Einzelereignisse kommen von vornherein nur konsequenzbewährte Regularaussagen (mit einem Wahrscheinlichkeitswert von $p \geq 0{,}5 + a$) in Betracht, da bei niedrigeren Werten die Falschheit der Konklusion wahrscheinlicher als ihre Richtigkeit ist[13]. So kann in unserem Beispiel die Vorhersage, daß ein zufällig bestimmter Kunde seine Kaufneigung nach der Preissenkung erhöht haben wird, überhaupt nur dann als vernünftig (und damit bewährt-begründet) angesehen werden, wenn die generelle Wahrscheinlichkeit einer Kaufneigungssteigerung größer als 0,5 ist. Hingegen eignen sich Regeln, die zwar konfidenzbewährt, nicht aber zugleich auch konsequenzbewährt sind, lediglich zur argumentativen Stützung von Aussagen über Massenereignisse. Läge z. B. die Wahrscheinlichkeit einer Erhöhung der Kaufneigung bei 0,3, so könnte die entsprechende (konfidenzbewährte) Regel durchaus - aber auch nur - zu der Vorhersage verwendet werden, daß nach der Preissenkung rund 30% der Kunden stärker kaufgeneigt sein werden[14].

Bei Aussagen auf der Basis bewährter Begründungen besteht somit nicht nur eine theoretische, sondern eine durchaus realistische Möglichkeit, daß sich der tatsächliche Realitätsverlauf auch ganz anders als prognostiziert oder rekonstruiert darstellt. Wie oben bereits näher ausgeführt wurde, sind die real zu erwartenden Fehlschläge (im Vergleich mit den sogleich zu erörternden bloß plausibel-begründeten Aussagen) allerdings relativ unwahrscheinlich sowie methodisch abschätzbar[15].

b' Erkenntniswert möglich-begründeter und plausibel-begründeter Aussagen

Theoretisch-mögliche Argumente enthalten zumindest eine bloß theoretisch-mögliche Aussage, können daneben allerdings auch plausible, bewährte und/oder wahre Propositionen anführen. Analog beinhalten plausible Argumente neben eventuellen bewährten und/oder wahren Aussagen wenigstens eine lediglich plausible Proposition. Nach unseren durchgeführten Untersuchungen gilt in der Tendenz, daß die Überzeugungskraft von Argumenten - als Determinante des Verläßlichkeitswertes der begründeten Proposition - von der Zuverlässigkeit der argumentimmanenten Aussagen abhängt. Bei der Stichhaltigkeitsbeurteilung von plausiblen und namentlich möglichen Argumenten ist daher strenggenommen nach der spezifischen Verläßlichkeitsmischung der betrachteten Gründe zu differenzieren, die aus den jeweiligen Zuverlässigkeitswerten der Daten- und Regelaussagen resultiert. Um die Untersuchung in vertretbaren Grenzen zu halten, sollen im fol-

---

12) Siehe S. 277.

13) Siehe ausführlicher schon oben, S. 267 ff.

14) Bei entsprechender Preiselastizität könnte die Kaufneigungsänderung der 30% der Kunden durchaus ausreichen, um den Umsatz insgesamt zu steigern. Konfidenzbewährt begründete Prognosen sind daher alles andere als uninformativ (vgl. auch das Beispiel aus der Qualitätskontrolle auf S. 269).

15) Siehe auch noch einmal S. 259 und S. 271.

genden jedoch nicht sämtliche möglichen Kombinationen unterschiedlich zuverlässiger Begründungsaussagen schematisch 'durchdekliniert', sondern vielmehr nur prinzipiellere Überlegungen zum Erkenntniswert möglicher und plausibler Begründungen angestellt werden. Da die Zuverlässigkeit wahrer oder bewährter Aussagen und deren Stichhaltigkeitsimplikationen bereits ausführlich erörtert worden sind, kann insoweit auf die obigen Untersuchungen verwiesen werden[16)] und an dieser Stelle eine Konzentration auf die möglichen und plausiblen Begründungsaussagen erfolgen.

Theoretisch-mögliche $_{i}$Aussagen erfahren weder einen Gültigkeitsbeleg noch eine argumentative Stützung. Sie können vielmehr für sich lediglich in Anspruch nehmen, mit dem restlichen Stand des zugänglichen Wissens im oben näher spezifizierten Sinne verträglich zu sein. Dementsprechend niedrig ist auch der Plausibilitätswert von $_{i-1}$Propositionen, die mit theoretisch-möglichen $_{i}$Argumenten begründet werden. Der vergleichsweise geringe Erkenntniswert theoretisch-möglicher Argumente zeigt sich nicht zuletzt darin, daß sich bei ausreichender Phantasie letztlich jede (allerdings wenigstens mögliche) Aussage (theoretisch-möglich) begründen läßt[17)].

Während der kognitive Gehalt wahrer, bewährter und möglicher Begründungsaussagen (innerhalb bestimmter Toleranzen[18)]) im Kern festliegt, richtet sich die Zuverlässigkeit plausibler argumentimmanenter $_{i}$Propositionen nach der Stichhaltigkeit iher eigenen $_{i+1}$Begründung. Wie oben bereits herausgearbeitet wurde, steigt tendenziell mit der Überzeugungskraft einer Argumentation auch die Plausibilität der begründeten Proposition. Offengelassen wurde bislang allerdings, auf welche Weise genau und inwieweit dieser Plausibilitätstransfer vonstatten geht. Diese Frage soll im folgenden verhandelt werden, wobei sich eine Trennung zwischen dem Stichhaltigkeitseinfluß der Zahl und der Zuverlässigkeit der Argumente anbietet.

Plausible und insbesondere bloß mögliche Argumente sind vergleichsweise unzuverlässig und entfalten daher einzeln eine vergleichsweise geringe Überzeugungskraft. Vor diesem Hintergrund wurde oben die These formuliert, daß die Stichhaltigkeit plausibilitätsgenerierender Begründungen im Fall plausibler und möglicher Argumentationen tendenziell mit der Zahl der Argumente steigt, die für die Gültigkeit der begründeten Proposition sprechen. Dieser Tendenzannahme liegt der schon angesprochene Gedanke zugrunde, durch ein engmaschiges Netz von Begründungsaussagen das Überraschungsmoment bei einer eventuellen Falschheit der fraglichen Proposition zu erhöhen[19)]. Anders gewendet soll mit einer großen Zahl von ('Ersatz'-)Gründen kognitive Vorsorge[20)] für den Fall getroffen werden, daß bestimmte Argumente sich im nachhinein als fehlerhaft[21)]

16) Siehe S. 214 ff. bzw. S. 256 ff. und S. 389 ff.

17) Siehe hierzu S. 215 FN 9 sowie auch zur Möglichkeit paralleler konsistenter, aber miteinander unvereinbarer Aussagensysteme S. 231 ff.

18) Diese Einschränkung gilt namentlich für die bewährten Propositionen, da der Bewährungsbegriff angesichts der zahlreich zu treffenden methodischen Entscheidungen (siehe S. 271 ff.) eine gewisse Bandbreite aufweist.

19) Siehe auch schon oben, S. 367 f.

herausstellen. Aufgrund dieser Funktion zusätzlicher Argumente als Auffangnetz bei brüchigen Begründungen kommt ohne Zweifel z. B. auch tatsächlich Handlungsempfehlungen in der Praxis eine um so größere Überzeugungswirkung zu, je länger die Liste der Vorteile der empfohlenen Alternative ist[22]. Zu denken ist ferner z. B. an die (letztlich auf kollektiver Lebenserfahrung gründende) tief verankerte Bereitschaft, deskriptive Aussagen um so eher zu akzeptieren, je mehr Indizien für ihre Geltung vorliegen[23].

Mit dieser positiven Würdigung einer großen und wachsenden Anzahl von Stützungsargumenten unterscheidet sich die argumentationsrationale Stichhaltigkeitsbeurteilung von Begründungen deutlich von einer rein entscheidungstheoretischen Perspektive. Aus Sicht der Entscheidungsrationalität genügt bei Ausblendung von Zielkonflikten[24] im Prinzip bereits die vergleichsweise beste Erreichung eines einzigen Ziels (bzw. ein einziges Pro-Argument) für die Fixierung des zu treffenden Beschlusses. Die relativ größte Realisation weiterer Zielkriterien durch (bzw. zusätzliche Pro-Gründe für) die dominante Alternative können den Entschluß hier bei der praktisch-rationalen Betrachtung nicht mehr inhaltlich verändern. Demgegenüber können Zusatzargumente eine Entscheidung aber durchaus kognitiv bestärken (sowie Entscheidungsträger psychologisch entlasten[25]). Wird z. B. bei Realisierung der Kundenorganisation eine gewinnsteigernde Erhöhung der Kundennähe mit $p > 0{,}5$ erwartet und liegen keine Gegenargumente vor, so wäre bei entsprechender (etwa neutraler) Risikopräferenz die Reorganisation stets rationale Wahl. Diese praktisch-rationale Einschätzung ist ganz unabhängig davon, ob etwa zusätzlich noch eine Kostensenkung (mit $p > 0{,}5$) prognostiziert wird, und ob sich im nachhinein die Erwartungen über die Entwicklung der Kundennähe und Kosten als richtig oder falsch erweisen. Aus argumentationsrationaler Perspektive ist eine Begründung dagegen als stichhaltiger anzusehen, die neben der Kundennähe auch das Argument der Kosten für eine Gewinnprognose in Feld führt. Diese Bewertung beruht letztlich auf dem Gedanken der 'kognitiven Sicherheitsreserve': Selbst wenn die Kundenorganisation ex post nicht zu der erhofften Erhöhung der Kundennähe führt[26] oder Kundennähe (auch auf Käufermärkten) keinen positiven Gewinnanstieg bewirkt[27], kann man (zur kognitiv-rationalen Rechtfertigung der Entscheidung) immer noch darauf hinweisen, daß ferner auch eine Chance bestand (und sich eventuell verwirklicht hat), durch die Senkung der Kosten einen Gewinnanstieg zu verzeichnen.

---

20) Also nicht aus rein rhetorischen Erwägungen!

21) Hier natürlich - wie zur Ausschaltung von Mißverständnissen noch einmal betont sei - nicht im Sinne fehlender (logischer) Schlüssigkeit, sondern mangelnder Tragfähigkeit und/oder Triftigkeit.

22) Siehe zum Zusammenhang zwischen evaluativen und deskriptiven Argumenten nochmals S. 384 FN 53.

23) Siehe speziell zum juristischen Indizienbeweis LARENZ 1991, S. 305 f.

24) Vgl. zum Erkenntniswert einer großen Argumentzahl bei Begründungskonflikten S. 430 f., insb. FN 37.

25) Vgl. für zusätzliche Informationen allgemein auch WITTE 1975, Sp. 1917 f.

26) Das Argument sich also im nachhinein als nicht tragfähig erweist.

27) Das Argument sich also im nachhinein als nicht triftig erweist.

Als Zwischenresümee läßt sich somit festhalten, daß die Plausibilität argumentimmanenter ${}_{i}$Propositionen (und damit die Überzeugungskraft plausibler ${}_{i}$Argumente sowie letztlich der Verläßlichkeitswert plausibel-begründeter Aussagen) grundsätzlich um so höher anzusetzen ist, je breiter die ${}_{i}$Propositionen im Fall ihrer plausiblen oder möglichen ${}_{i+1}$Begründung gestützt werden. Neben der Argumentanzahl (bei plausiblen oder möglichen ${}_{i+1}$Begründungen) ist allerdings auch die Zuverlässigkeit ihrer ${}_{i+1}$Stützungsgründe für die Einschätzung der Plausibilität von ${}_{i}$Begründungsaussagen relevant. Nach unseren schon durchgeführten Untersuchungen kann dabei der Plausibilitätswert bei wahren oder bewährten ${}_{i+1}$Stützungsgründen einerseits und möglichen ${}_{i}$Argumenten auf der anderen Seite als relativ hoch bzw. niedrig gelten. Im Fall ihrerseits plausibler ${}_{i+1}$Stützungsgründe hingegen schwankt die Plausibilität der ${}_{i}$Begründungsaussage mit der (Zahl und) Plausibilität dieser ${}_{i+1}$Gründe. Da die Plausibilität der ${}_{i+1}$Gründe ihrerseits von der Stichhaltigkeit der entsprechenden ${}_{i+2}$Begründungen abhängt und ${}_{i+2}$Begründungen wiederum plausible Argumente einbringen können, richtet sich folglich die Verläßlichkeit von ${}_{i}$Aussagen - wie bereits festgestellt wurde[28)] - unter (Plausibilitäts-)Umständen tendenziell auch nach der Tiefe ihrer Begründung. Im folgenden soll nun der generelle Erkenntniswert tiefgestaffelter Begründungen genauer herausgearbeitet werden[29)].

Eine angemessene Würdigung des kognitiven Gehalts mehrstufiger Argumentationen hat zunächst in Rechnung zu stellen, daß sich die Plausibilitätsgenerierung durch zuverlässige und (gegebenenfalls) zahlreiche Stützungsgründe auf jeder einzelnen Begründungsebene wiederholt. Akzeptiert man, daß einstufige Begründungen einen epistemischen Wert haben, dann ist dieser Wert auch jeweils jedem (einstufigen) Argumentationsschritt im Rahmen tiefgestaffelter Begründungskomplexe beizumessen. Mehrstufige Argumentationen machen damit bereits durch bloße 'Addition' der Erkenntniswerte der einzelnen Begründungsebenen kognitiv Sinn. Jede Begründungsaussage wird gewissermaßen durch ihre eigene Untermauerung (mehr oder weniger) plausibel und verleiht damit der begründeten Proposition im Vergleich mit einer bloß theoretisch-möglichen Aussage einen erhöhten Verläßlichkeitswert. Mit dieser eher mechanischen Übertragung des Vorgangs der Plausibilitätsgenerierung auf jede einzelne Ebene einer mehrstufigen Begründung ist der kognitive Gehalt tiefgestaffelter Argumentationen allerdings erst vordergründig ausgeleuchtet, wie die anschließenden Überlegungen deutlich machen werden.

Im Rahmen der Globalbegründung einer Handlungsempfehlung wird der Katalog der empfehlungsrelevanten Beurteilungskriterien (Zieldaten) genannt und behauptet, daß die vorgeschlagene Alternative diesen Kriterien am besten gerecht wird (globale Konsequenzdaten). Globalbegründungen geben somit Auskunft über das erwartete Ergebnis der Durchführung der empfohlenen Maßnahme bzw. Zustandstransformation. In unserem Referenzbeispiel etwa lautet die exemplarische Konsequenzaussage, daß die Einführung einer Kundenorganisation für die betrachtete Unternehmung die größte Gewinnsteigerung

28) Siehe S. 367.

29) Vgl. zum Problemaufriß nochmals S. 368 f.

verspricht. Erfolgt eine Problematisierung der Konsequenzaussage, so wird der Transformationsvorgang auf der ersten Ebene der Detailbegründung mehr oder weniger grob beschrieben. Dabei besteht die Vorgangsbeschreibung in der Einbettung des Handlungsergebnisses in einen systematischen Zusammenhang singulärer und regulärer Aussagen. Die Konsequenzen werden m. a. W. als Folge bestimmter Situationsmerkmale und der sie regierenden Regularitäten einsichtig gemacht. So wird in dem (stark vereinfachten) Referenzbeispiel die Gewinnsteigerung bei der ersten Begründungsvariante aus der Käufermarktsituation sowie der Regel hergeleitet, daß eine kundenorientierte Reorganisation unter Käufermarktverhältnissen den Gewinn besonders stark erhöht[30)]. Die Pointe aller weiteren Detailbegründungen besteht nun darin, daß sie die ursprüngliche Schilderung der Situation und der Regularität(en) zunehmend verfeinern. Sie untermauern damit die Behauptung der $_1$Detailbegründung über die situative Anwendbarkeit sowie generelle Gültigkeit der angeführten Regel(n).

Bei der Interpretation dieses Fundierungsprozesses ist eine Trennung zwischen der Detailbegründung von (aktionsunabhängigen) Situationsdaten und von Regelaussagen zweckmäßig. Eine argumentative Stützung von $_1$Situationsaussagen untermauert die Tragfähigkeit der $_1$Argumente und ist erforderlich, falls der Geltungsanspruch dieser Propositionen nicht belegt werden kann. Sie erfolgt dadurch, daß die Situationsdaten ihrerseits aus singulären und regulären Propositionen systematisch abgeleitet werden[31)]. Da auch die singulären Aussagen der $_2$Detailbegründung nicht zwangsläufig belegbar sind und daher unsicher sein können, kann sich diese Begründung von Situationsdaten über mehrere Argumentationsebenen fortsetzen. Ihr Sinn liegt insgesamt in dem Nachweis, daß die Situationsaussage(n) der $_1$Detailbegründung nicht bloß theoretisch-möglich sind, sondern angesichts zahlreicher Gründe bzw. 'Indizien' beachtlich plausibel. Betrachtet man zur Veranschaulichung das Referenzbeispiel, so könnte die $_2$Begründung des $_1$Situationsdatums (Käufermarkt) z. B. lauten, daß ein Überangebot an Produkten herrscht ($_2$Situationsdatum) und bei einem Angebotsüberhang die Käufer regelmäßig an Einfluß gewinnen ($_2$Regelaussage)[32)]. Diese Begründung soll zeigen, daß die Annahme von Käufermarktverhältnissen keineswegs 'aus der Luft gegriffen', sondern vor dem Hintergrund des Nachfragedefizits durchaus einleuchtend ist. Diese Plausibilität (der $_1$Situationsaussage) kann die $_2$Detailbegründung allerdings nur dann generieren, wenn (u. a.[33)]) die Behauptung über den Angebotsüberhang ihrerseits überzeugend ist. Kann sie nicht belegt werden, so steht und fällt der Plausibilitätsanspruch der

---

30) Siehe S. 344 und 347.

31) Vgl. zur Begründung von aktionsunabhängigen Situationsaussagen nochmals S. 349 f.

32) Zu beachten ist, daß die $_2$Aussagen hier nicht als Definition des Käufermarktes gedacht sind, sondern der Begründung seiner Existenz dienen. Sollte (nach Ansicht des Proponenten) der Käufermarkt durch den Angebotsüberhang definiert werden, so läge keine $_2$Begründung, sondern eine klärende Präzisierung der $_1$Situationsaussage vor. Eine Untermauerung der $_1$Situationsaussage könnte dann gegebenenfalls auch durch Belege der Erfüllung der Definitionsmerkmale erfolgen.

33) Daneben muß auch die angeführte $_2$Regel zuverlässig sein. An dieser Stelle interessiert jedoch allein die Zuverlässigkeit der Situationsaussagen.

$_{1}$Situationsaussage über den Käufermarkt (u. a.[34]) mit der Stichhaltigkeit der $_{3}$Detailbegründung für die $_{2}$Situationsaussage über das Nachfragedefizit.

Die Begründung von $_{1}$Regelaussagen gilt der Triftigkeit der $_{1}$Argumente und kommt analog für Regeln in Betracht, die sich nicht als wahr oder bewährt belegen lassen. Wie oben schon angerissen wurde[35], nehmen Regelbegründungen eine Detailanalyse der fraglichen Regularität vor. Sie öffnen in der Modellsprechweise die 'Black-Box', die den Wirkungsmechanismus der Handlung, also die Beziehung zwischen den aktiven und passiven Systemelementen umgibt[36]. Die Zerlegung der Ursprungsregel[37] in Teilregeln[38] entspricht einer zentralen Problemlösungsheuristik[39] und beruht auf der erkenntnistheoretischen Überlegung, daß ein in Einzelschritte zerlegter Wirkungszusammenhang besser verstehbar ist und daher auch durch zuverlässigere Aussagen beschrieben werden kann[40]. Dieser detaillierungsbedingte Erkenntnisgewinn resultiert im einzelnen aus zwei Effekten der Zerlegung. Zum einen wird der vergleichsweise unsichere, in seiner Wahrheit oder Bewährung (schon angesichts ungenügender Häufigkeiten) nicht belegbare ursprüngliche Wenn-Dann-Zusammenhang zwischen Handlung, Situation und Handlungskonsequenzen auf eine Abfolge bereits besser bekannter Teilzusammenhänge zurückgeführt[41]. Vergleicht man etwa die Ursprungsregel «Wenn Käufermarkt und Kundenorganisation, dann Gewinnsteigerung» mit der Teilregel «Wenn Nachfragesteigerung, dann Gewinnsteigerung», so ist der tendenziell höhere Plausibilitätswert der Teilregel offensichtlich[42]. Die Begründung hierfür liegt darin, daß zwischen Nachfragesteigerung und Gewinnsteigerung ein deutlich 'engerer Zusammenhang' besteht als zwischen Käufermarkt, Kundenorganisation und Gewinnlage. Zudem kommt der Nachfrage-Gewinn-Zusammenhang in der Realität vergleichsweise häufiger vor und kann daher hinsichtlich seiner Gültigkeit eingehender studiert werden[43].

---

34) Siehe die vorhergehende Fußnote.

35) Siehe S. 350 ff.

36) Siehe nochmals Abb. 40, S. 353.

37) Z. B.: «Wenn Käufermarkt und Kundenorganisation, dann Gewinnsteigerung».

38) Z. B.: «Wenn Käufermarkt und Kundenorganisation, dann Nachfragesteigerung»; «Wenn Nachfragesteigerung, dann Gewinnanstieg».

39) Siehe m. N. oben, S. 25 f.

40) Auf diese Überlegung lassen sich beispielsweise im Grunde genommen auch die Konzepte des 'Inkrementalismus' von LINDBLOM (LINDBLOM 1959; ders. 1965, S. 143 ff.) sowie der 'adaptiven Rationalität' von CYERT und MARCH (CYERT/MARCH 1963, S. 99 ff.; vgl. auch oben S. 53 f.) zurückführen, die angesichts der schweren Durchschaubarkeit komplexer Probleme eine "'Strategie der kleinen Schritte'" (FRESE 1971a, S. 290) propagieren.

41) Vgl. auch die problemlösungstheoretische Begründung für die Zerlegung unstrukturierter Aufgaben, die oben (S. 25 f., 46 ff. und 77 f.) näher erörtert worden ist.

42) Um Mißverständnissen entgegenzuwirken, sei noch einmal darauf aufmerksam gemacht, daß die genannte Teilregel nicht etwa wahr ist (siehe näher S. 283). Der Gewinn hängt neben den Erlösen auch von den Kosten ab, so daß trotz Nachfragesteigerung insgesamt auch ein Gewinnrückgang stattfinden kann.

43) Auf den Vergleich von Regeln, die unterschiedlich 'enge' Zusammenhänge beschreiben und damit verschieden weite Begründungsschritte erlauben, wird auch unten (S. 512 ff.) noch eingegangen.

Zum anderen werden nach dem Strukturschema der Regelbegründung neben der Teilregel mitunter auch singuläre Propositionen über aktionsunabhängige Situationsmerkmale vorgetragen[44]. Diese Aussagen informieren über Anwendungsvoraussetzungen der betreffenden Teilregeln. Sie präzisieren hiermit zugleich indirekt auch den Geltungsbereich der Ursprungsregel und lassen deren Gültigkeitsanspruch um so plausibler erscheinen, je überzeugender die Erfüllung der Regelvoraussetzungen dargetan werden kann. Eine ausführlichere Detailbegründung der $_1$Regel im Reorganisationsfall beispielsweise könnte noch darauf hinweisen, daß die Stück-Deckungsbeiträge der Produkte der betrachteten Unternehmung positiv sind (und die Teilregelaussage entsprechend erweitern)[45]. Gelingt ein Beleg oder eine überzeugende $_3$Begründung dieser Feststellung, so trägt dies zur Plausibilität der ursprünglichen Konsequenzaussage über die gewinnsteigernde Wirkung der Kundenorganisation bei. Zumindest der durchaus denkbare Fall eines Gewinnrückgangs trotz Nachfragesteigerung als Folge negativer Deckungsbeiträge ist dann ausgeschlossen.

Analog zur argumentativen Stützung der $_1$Situationsaussagen lassen somit Detailbegründungen der ursprünglich angeführten Regularität - sowohl durch deren Zerlegung als auch durch die flankierende Situationsspezifizierung - erkennen, daß die $_1$Regelaussagen nicht bloß Produkt theoretisch-möglicher Spekulationen sind. Detailbegründete $_1$Regelaussagen erweisen sich vielmehr als vernünftig 'durchdacht'. Sie können im Lichte des zu Rate gezogenen Wissens (über Teilregeln und die vorliegende Situation) daher einen höheren Geltungsanspruch erheben als völlig unbegründete, lediglich nicht widerlegbare theoretisch-mögliche Propositionen.

Insgesamt läßt sich somit konstatieren, daß die auf nachgelagerten Argumentationsebenen stattfindenden Begründungen das von der $_1$Detailbegründung (nur) in seiner Grobstruktur angelegte Netz von Begründungsaussagen stetig enger knüpfen. Sie weisen damit die (über das Konsequenzdatum der Globalbegründung hergestellte) Beziehung zwischen empfohlener Handlung und erwarteten Handlungskonsequenzen als zunehmend 'haltbar' aus. Dabei darf, wie ausdrücklich hervorgehoben werden soll, eine mit der Zahl der Argumentationsrunden größer werdende Begründungstiefe namentlich bei Regelbegründungen nicht mit einer zwangsläufig wachsenden Entfernung zwischen Begründungsaussagen und begründeten Aussagen verwechselt werden. Detailbegründungen, die 'entlang der Wirkungskette' argumentieren und damit eine in diesem Sinne verstandene *Normalform* aufweisen, füllen vielmehr im Gegenteil die 'kognitive Lücke' zwischen Handlung und Handlungskonsequenz aus (vgl. Abb. 47). Propositionen nachgelagerter Argumentationsebenen haben folglich keineswegs stets nur einen losen Konnex mit der begründeten globalen Konsequenzaussage.

Allerdings kann kein Zweifel darüber bestehen, daß tiefgestaffelte Detailbegründungen zahlreiche Einbruchstellen für Irrtümer aufweisen. Dabei besteht die besondere Proble-

44) Vgl. S. 351.

45) Also: «Wenn Nachfragesteigerung und positiver Stück-Deckungsbeitrag, dann Gewinnanstieg».

matik mehrstufiger Begründungen darin, daß bereits durch die mangelnde Tragfähigkeit oder Triftigkeit einzelner Gründe ganze Argumentationsketten unterbrochen werden können. Führt beispielsweise die Einführung kundenorientierter Strukturen tatsächlich nicht

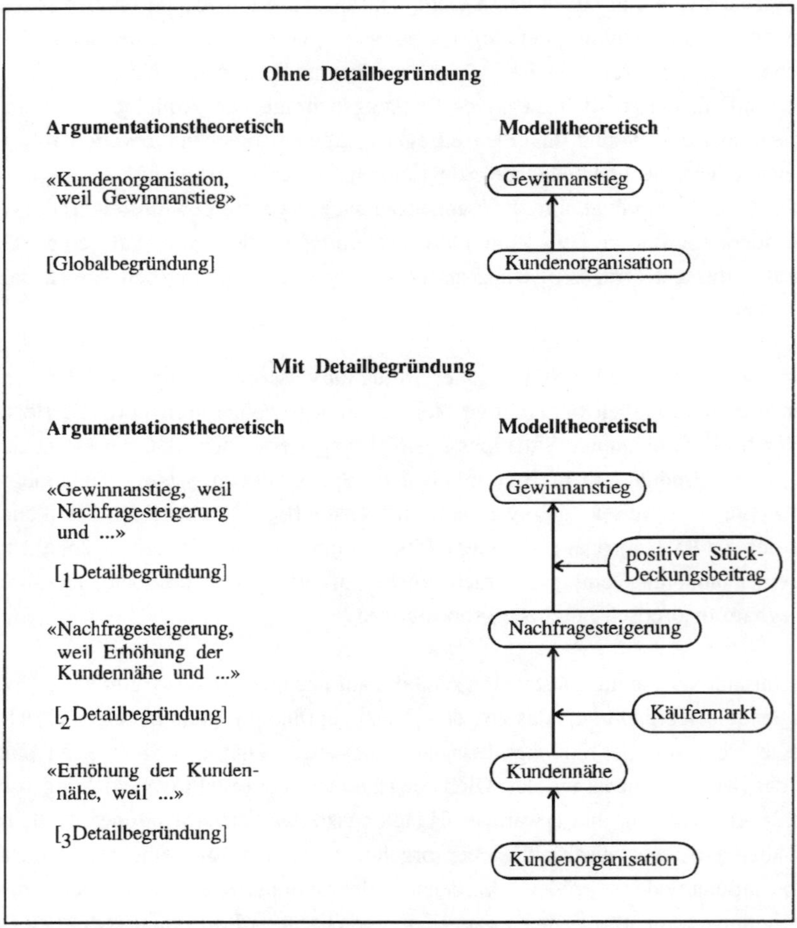

Abb. 47: Begründungstiefe und Distanz zwischen Begründungsaussagen und begründeten Aussagen

zu einer Erhöhung der Kundennähe der Unternehmungsaktivitäten, so wird die Tragfähigkeit des hierauf[46] aufbauenden Arguments der Nachfragesteigerung ebenfalls erschüttert. Bevor aufgrund dieser nicht auszuschließenden Irrtumsmöglichkeiten die gesamte Idee mehrstufiger Detailbegründungen verworfen wird, ist jedoch zu kalkulieren, welche kognitive Stützung die globale Konsequenzaussage einer managerialen Empfehlung ohne mehrstufige Argumentationen erfährt. Zu beachten ist m. a. W., daß bei un-

46) Zu beachten ist, daß die Nachfragesteigerung allerdings auch noch aus anderen Gründen als der Erhöhung der Kundennähe abgeleitet sein könnte. Diese Zusatzgründe würden dann als 'kognitive Sicherheitsreserve' (siehe S. 393) fungieren. In Anbetracht dieser Möglichkeit wurde oben auch die Metapher vom 'Begründungsnetz' derjenigen der 'Begründungskette' vorgezogen.

strukturierten Managementproblemen nicht der Erkenntniswert mehrstufig-begründeter (plausibler) Konsequenzaussagen mit dem kognitiven Gehalt wahrer oder bewährter Propositionen, sondern mit dem Erkenntniswert unbegründeter oder bloß möglich-begründeter Konsequenzaussagen verglichen werden muß. Bei diesem Vergleich schneiden die mehrstufig-begründeten Propositionen vor allem aus den folgenden vier Gründen besser ab als die lediglich theoretisch-möglichen oder möglich-begründeten Aussagen.

Zunächst wird duch die widerspruchsfreie Einbettung der fraglichen Proposition in das vorhandene (mehr oder weniger zuverlässige) Wissen ihre mutmaßliche Gültigkeit im Sinne der bereits erläuterten Plausibilitätsgenerierung erhöht. Eine tatsächliche Ungültigkeit der Aussage darf somit als um so frappierender angesehen werden, je besser diese Einbettung gelingt[47)]. Mehrstufige Begründungen folgen damit - anders als die unbegründete Formulierung bloß theoretisch-möglicher Propositionen - der grundlegenden Maxime der kognitiven Rationalität, 'das Beste aus den verfügbaren Informationen zu machen'.

Ferner decken explizite mehrstufige Argumentationen die Überlegungen auf, die der globalen Konsequenzaussage zugrundeliegen. Sie lassen hierdurch zugleich auch die möglichen Schwachstellen der Argumentation und damit der Globalbegründung sowie der Empfehlung selbst deutlich zu Tage treten. Durch die jeweilige Beurteilung der Tragfähigkeit und Triftigkeit der einzelnen vorgetragenen Gründe lassen sich so die vorhandenen Risiken der Entscheidung besser abschätzen. Dieser Möglichkeit zur Risikoeinschätzung kommt gerade bei (strategischen) Beschlüssen mit weitreichenden Konsequenzen eine große Bedeutung zu.

In engem Zusammenhang mit der Risikoabschätzung steht ein dritter Vorteil, der mehrstufig-begründeten Konsequenzaussagen zu eigen sein kann. Detailbegründungen der Ursprungsregularität machen u. a. auch Aussagen über Subkonsequenzen. Subkonsequenzen lassen sich als Zwischenschritte auf dem Weg zur Realisierung der 'eigentlichen' Handlungskonsequenzen begreifen. Sie können daher - namentlich bei Entscheidungen, die sich über längere Zeiträume auswirken - als 'Meilensteine' der Planungskontrolle dienen[48)]. Eine mangelhafte Erreichung dieser Meilensteine läßt die Realisierung der letztlich interessierenden Konsequenzen der eingeleiteten Maßnahme unwahrscheinlich werden und bietet daher einen begründeten Anlaß für Handlungskorrekturen.

Schließlich ist eine Eigenschaft mehrstufiger Begründungen in Rechnung zu stellen, die kurz als Operationalisierungseffekt bezeichnet werden kann. Im Zuge von Detailbegründungen werden Aussagen häufig präzisiert und theoretische Konstrukte in empirisch beobachtbare Begriffe überführt. Die Propositionen erhalten dadurch zum einen klarere Bedeutungskonturen und werden zum anderen einer empirischen Überprüfung (und damit

47) Vgl. hierzu m. N. oben, S. 304 f. und S. 366 ff.

48) Siehe zur strategischen Kontrolle allgemein KÖHLER 1976c, hier v. a. S. 310-312; SCHREYÖGG/STEINMANN 1985, insb. S. 401 ff.; FRESE/MENSCHING/v. WERDER 1987, S. 187 ff.; HASSELBERG 1989, insb. S. 48 ff.; LÜTKE SCHWIENHORST 1989, v. a. S. 127 ff.

eventuellen Belegbarkeit) eher zugänglich. Die Subkonsequenzaussage über die organisationsbedingte Erhöhung der Kundennähe[49] beispielsweise läßt sich ihrerseits letztlich nur dann überzeugend detailbegründen, wenn u. a. die Kundenorganisation näher beschrieben[50] und das Konstrukt 'Kundennähe' erläutert[51] wird. Wie bei jeder Operationalisierung geht mit diesen Präzisierungen auf der einen Seite zwar eine gewisse Bedeutungsverschiebung einher[52], der andererseits aber die Vorteile einer besseren interpersonellen Nachvollziehbarkeit (und eventuellen empirischen Bestätigung) der betreffenden Aussagen gegenüberstehen. Diese Präzisierungsvorteile sind besonders in den Fällen von Bedeutung, in denen die interessierenden Handlungskonsequenzen nicht - wie der Gewinn in unserem Referenzbeispiel - von vornherein (weitgehend) operational definiert sind, sondern mehr oder weniger vage Subziele wie eben Kundennähe oder auch Innovationsfähigkeit, Flexibilität, Umweltverträglichkeit und Mitarbeiterzufriedenheit als oberste (thematisierte) Zielgrößen angesetzt werden. Wird etwa das Ziel der Mitarbeiterzufriedenheit in Form der Reduktion von Fehlzeiten und Fluktuationsraten operationalisiert, so können entsprechende Regelaussagen[53] zwar nur den bescheideneren Anspruch erheben, eine Beziehung zwischen bestimmten Maßnahmen und dem Fehlzeiten- sowie Fluktuationsprofil (und nicht der Mitarbeiterzufriedenheit insgesamt) herzustellen. Sie sind dann aber auch in ihrer Gültigkeit gegebenenfalls leichter nachzuvollziehen und nachzuweisen[54].

Der erkenntnistheoretische Wert detail-begründeter Propositionen im Vergleich zu bloß theoretisch-möglichen Aussagen dürfte somit im Prinzip kaum zweifelhaft sein. Die hier vorgenommene Konzeptualisierung von Detailbegründungen mit ihrer eventuellen Mehrstufigkeit könnte allerdings noch mit der Frage problematisiert werden, warum Begründungen managerialer Empfehlungen eigentlich nach unserer Konzeption <u>stufen</u>weise erfolgen (sollen) und nicht die gesamten problemrelevanten Kenntnisse gewissermaßen 'auf Anhieb' vollständig präsentieren.

Die mehrstufig angelegte Struktur von Detailbegründungen ist ersichtlich dem Ablauf verbaler Diskurse nachempfunden, in denen Argumentationen durch Rede und Gegenrede sukzessive entfaltet werden. Sie kann daher zunächst ein hohes Maß an Anschaulichkeit für sich beanspruchen. Die Frage nach der Erkenntnisfunktion der Mehrstufigkeit als solcher ist damit allerdings nicht abschließend beantwortet, zumal bei schriftli-

---

49) Siehe S. 352.

50) Etwa in Hinblick auf die strukturtypischen Kompetenz- und Kommunikationsregelungen, vgl. hierzu näher FRESE/v. WERDER 1989, S. 19 ff., sowie auch GAITANIDES/WESTPHAL/WIEGELS 1991, S. 17 ff., 121 ff.

51) Siehe zu verschiedenen Subkriterien der Kundennähe hier nur FRESE/v. WERDER 1989, S. 19, sowie auf der Grundlage empirischer Befunde v. WERDER/GEMÜNDEN 1989, S. 168 ff.

52) Siehe S. 228.

53) Etwa: «Wenn Maßnahme M, dann Reduzierung der Fehlzeiten um X und der Fluktuation um Y».

54) Daß durch die Operationalisierung Interpretationsspielräume abgebaut werden, die nach Aussage organisationssoziologischer Beiträge einem (vordergründigen) Konsens zwischen konfligierenden Interessengruppen förderlich sein können (vgl. S. 294 f. m. N.), mag zutreffen, ist aus Sicht einer argumentationsrationalen Problemlösung aber gerade gewollt. Scheinkompromisse, die wesentliche Interes-

chen Problemlösungsbegründungen sämtliche Argumente des Proponenten 'auf dem Tisch liegen' und bei fehlender Gelegenheit zur Nachfrage nicht ergänzt werden können. Die mehrstufige Auslegung der Begründungsstruktur hat vielmehr zur Hauptsache die Aufgabe, verbal ebenso wie schriftlich geäußerte Begründungsaussagen in einen argumentationstheoretisch geordneten Zusammenhang zu bringen und so einer Rationalbeurteilung zugänglich zu machen[55]. Dabei dient die Überführung der faktisch vorfindbaren Argumentationen in die hier konzeptualisierte, unter Umständen mehrstufige Form primär dem Zweck, die jeweiligen Stützungsbeziehungen zwischen den einzelnen Begründungsaussagen herauszufiltern. Nur wenn diese Beziehungen aufgedeckt werden, läßt sich die Tragfähigkeit und Triftigkeit der einzelnen Argumente überhaupt differenzierter beurteilen. Bei einer für praktische Begründungen keineswegs untypischen Einteilung der Aussagen in solche zur 'Ist-Aufnahme der Situation' und solche zu den 'Vorteilen der vorgeschlagenen Handlungsalternative'[56] könnte beispielsweise die Argumentation in unserem Referenzfall wie folgt lauten:

«Unsere Ausgangslage stellt sich wie folgt dar: Wir operieren auf einem Käufermarkt, und es herrscht ein Überangebot an Produkten. Die Stück-Deckungsbeiträge unserer Produkte sind aber wenigstens positiv. Die Einführung einer kundenorientierten Organisationsstruktur hätte nun die folgenden Vorteile: Sie würde die Nachfrage steigern, die Kundennähe der Unternehmungsaktivitäten erhöhen und insgesamt zu der angestrebten Verbesserung der Gewinnsituation führen.»

Obwohl diese Begründungsaussagen in früheren Teilen unserer Untersuchung bereits argumentationstheoretisch sortiert worden sind, und es sich darüber hinaus um eine ausgesprochen simple Argumentation handelt, dürfte bei dieser Darstellungsform die Identifizierung etwa der Propositionen, die für die Tragfähigkeit und Triftigkeit des Arguments von der Nachfragesteigerung maßgeblich sind, schon nicht mehr ganz leicht fallen[57]. Zu bedenken ist nun ferner, daß fundierte praktische Begründungen von Lösungen unstrukturierter Managementprobleme schnell sehr umfangreich werden können und zumeist elliptisch formuliert sind, also nicht sämtliche mitgedachten Daten und Regeln ausdrücklich erwähnen. Vor diesem Hintergrund ist der Transparenzvorteil, der mit einer

---

sengegensätze nur vernebeln, dürften kaum dauerhaft Bestand haben, wenn die Interessengruppen das Unternehmungsgeschehen wirkungsvoll beeinflussen (und beeinträchtigen) können.

55) Vgl. auch NAESS 1975, S. 143; GÖTTERT 1978, S. 74, die Nachzeichnung argumentativer Gedankenführungen in Lyrikinterpretationen durch Argumentationsdiagramme bei v. SAVIGNY 1976, S. 28 ff., insb. S. 35, 39 und 44, sowie die Rekonstruktion von Überlegungen zur Lösung unstrukturierter Probleme bei VOSS/TYLER/YENGO 1983, S. 214 ff.; VOSS 1988, S. 83 ff.

56) Vgl. nur die bekannten Phasen(zyklus)modelle der Problemlösungsmethodik und hierzu KRÜGER 1992, Sp. 1579 ff.; NAGEL 1992, Sp. 2016 ff.; SCHMIDT 1989, S. 40 ff.

57) Die Tragfähigkeit des Arguments wird dadurch untermauert, daß nach den Begründungsaussagen die Reorganisation die Kundennähe erhöht und eine erhöhte Kundennähe unter Käufermarktverhältnissen eben zu einer gesteigerten Nachfrage führt. Die Triftigkeit ergibt sich hingegen daraus, daß der Stück-Deckungsbeitrag positiv ist und ein Nachfragezuwachs unter dieser Voraussetzung den Gewinn positiv beeinflußt. Siehe auch nochmals Abb. 47.

argumentationstheoretischen Strukturierung der Begründungsaussagen verbunden ist, kaum zu überschätzen.

cc) Begründungskonflikte

Die bisherigen Untersuchungen haben teils ausdrücklich, teils stillschweigend Begründungskonflikte ausgeklammert und damit ausschließlich Situationen betrachtet, in denen jede einzelne Aussage der Gesamtargumentation die ausgesprochene Empfehlung zugunsten einer bestimmten Handlungs- oder Zielalternative stützt. Die vollkommen konfliktfreie Argumentationssituation stellt bei unstrukturierten Managementproblemen allerdings einen Idealfall dar, der praktisch kaum vorkommen wird[1)]. In Anbetracht des Strukturmangels dieser Kategorie von Problemen ist es so gut wie ausgeschlossen, daß keine ernsthaften Überlegungen angestellt werden können, die gegen die vorgeschlagene Alternative und ihre (einseitige) Begründung sprechen. Argumentationen zur Fundierung einer bestimmten unstrukturierten Problemlösung sind folglich in der Praxis grundsätzlich durch Begründungskonflikte gekennzeichnet[2)].

Begründungskonflikte lassen sich in drei Typen einteilen, die hier als Konzeptkonflikte, Argumentkonflikte und Zielkonflikte bezeichnet werden sollen. Konzeptkonflikte resultieren daraus, daß im Rahmen der Bewältigung unstrukturierter Managementprobleme Argumente aus ganz unterschiedlichen theoretischen Perspektiven vorgebracht werden können. Sie markieren somit divergierende Auffassungen über die in das Modell der Problemlösung aufzunehmenden Parameter und Parameterbeziehungen sowie die Operationalisierung theoretischer Modellkonstrukte[3)]. Konzeptkonflikte lassen sich, wie die anschließenden Untersuchungen zeigen werden, im Kern entweder auf die Problematik der Begrenzung der Begründungsbreite oder aber auf Konflikte zwischen Argumenten zurückführen. Sie werden hier jedoch gesondert behandelt, da sie in der Literatur - unter dem Stichwort der 'theoretischen Prägung jeder Problemlösung' - einen wichtigen Stellenwert haben. Bei Argumentkonflikten geht es um die relative Stichhaltigkeit von (unstrittig relevanten) Gründen, die die Zuverlässigkeit der diskutierten Proposition teils stützen und teils erschüttern. Zielkonflikte schließlich zeichnen sich dadurch aus, daß die betrachteten Alternativen verschiedenen Zielsetzungen in unterschiedlichem Ausmaß gerecht werden. Der Charakter dieser Konflikttypen, ihr Zusammenhang und die Möglichkeiten ihrer argumentationsrationalen Bewältigung werden im folgenden näher analysiert.

---

1) Da unstrukturierte Managementprobleme in dieser Arbeit als Problemstellungen definiert sind, deren jeweilige Lösungen nicht mit wahren oder bewährten Argumenten begründet werden können, ist die Verwirklichung dieses Idealfalls nicht bereits nach Definition ausgeschlossen. Es ist vielmehr letztlich eine empirische Frage, ob bei einem unstrukturierten Problem im Sinne unserer Begriffsbildung Begründungskonflikte auftreten oder nicht.

2) So werden denn auch unvereinbare Weltanschauungen und konfliktäre Zielsetzungen der relevanten Interessengruppen im Schrifttum häufig zu den hervorstechenden Eigenschaften unstrukturierter Probleme gerechnet, vgl. nur LINDBLOM 1959, S. 81; KIRSCH 1981a, S. 664; MITROFF/MASON/BARABBA 1982, S. 1391; HILL 1984, S. 9 f.

3) Da die folgenden konzeptbezogenen Überlegungen im Grundsatz für die Modellierung und die Operationalisierung gleichermaßen gelten, konzentrieren sich die weiteren expliziten Ausführungen aus Gründen des Umfangs auf die vergleichsweise gravierendere Problematik der Modellierung.

a' Konzeptkonflikte

Jede Auseinandersetzung mit einer managerialen Problemstellung erfolgt explizit oder implizit auf der Grundlage einer bestimmten Konzeptualisierung des Problems, die die (angeblich) relevanten Problemaspekte - genauer: die Problemparameter und Parameterbeziehungen - hervorhebt[4)]. Die Entwicklung einer konkreten Problemkonzeptualisierung kann als Vorgang angesehen werden, der vor einem Hintergrund allgemeinerer Theorien[5)] (von Wissenschaft und Praxis) abläuft und Komponenten einer oder mehrerer Theorie(n) auf die spezifischen Besonderheiten des jeweiligen Managementproblems zuschneidet[6)]. Analysiert man den gegenwärtigen Entwicklungsstand der Managementforschung, so zeigt sich das Bild eines ausgesprochenen Pluralismus von Theorien, die in ihren Aussagen über ein bestimmtes Thema z. T. erheblich voneinander abweichen[7)]. Allein im Bereich der Organisationstheorie als dem theoretischen Umfeld unseres Referenzbeispiels lassen sich mit den entscheidungsorientierten, evolutionstheoretischen, interpretativen, situativen, systemtheoretischen, transaktionsökonomischen und verhaltensorientierten Ansätzen[8)] derzeit (mindestens) 7 konkurrierende Hauptströmungen nachweisen. Diese Richtungen unterscheiden sich schon in der Beantwortung der Frage, ob und inwieweit Reorganisationen überhaupt planvoll vorbereitet und durchgeführt werden können, z. T. diametral[9)]. So gehen z. B. die entscheidungslogischen und (teilweise) die verhaltensorientierten Ansätze im Prinzip von der Möglichkeit (wenigstens begrenzt-)rationaler Organisationsmaßnahmen aus[10)]. Demgegenüber sind Organisationsstrukturen nach evolutionstheoretischer und (anfänglicher) situativer Auffassung im Kern Produkt einer ökologischen Selektion bzw. Anpassung an ihren Kontext und damit weitgehend umwelt- bzw. situationsdeterminiert[11)].

In Anbetracht des gegenwärtig herrschenden und für die absehbare Zukunft zu erwartenden Theorienpluralismus bedarf es keiner näheren Erläuterung, daß unstrukturierte Managementprobleme grundsätzlich aus der Perspektive verschiedener Theorien konzeptualisiert werden können, und ihre Bewältigung je nach der gewählten theoretischen Basis

---

4) Vgl. zum Konzeptualisierungsbegriff S. 248 sowie zum 'theoretischen Filter' jeder Problembewältigung S. 227 und S. 298 m. N. Die Theorievermitteltheit gilt im übrigen für die Bewältigung strukturierter wie unstrukturierter Managementprobleme gleichermaßen. Bei strukturierten Problemstellungen sind lediglich die relevanten Aspekte bis ins Detail festgelegt und unstrittig.

5) Vgl. zum Theoriebegriff dieser Arbeit, der von konkreten Problemstellungen unabhängige konzeptionelle Entwürfe unterschiedlicher Abstraktionsstufen und Reichweiten wie Fundamentaltheorien, theoretische Ansätze und Bezugsrahmen umfaßt, S. 227 m. N.

6) Siehe auch schon S. 248 f., sowie auch die Ausführungen zur Entwicklung von Technologien bei STÄHLIN 1973, insb. S. 100 ff.

7) Zum Überblick KOONTZ 1961; ders. 1980; STAEHLE 1991, S. 21 ff.

8) Vgl. FRESE 1992a; ders. 1992b; LAUX 1992; SCHREYÖGG 1992b; KIESER 1992; ders. (Hrsg.) 1993; WOLLNIK 1992; DLUGOS/DOROW 1992; SCHÜLER 1992; EBERS 1992; LEHMANN 1992; SCHMIDT 1992.

9) Vgl. auch FRESE 1992a, S. 359.

10) Vgl. exemplarisch FRESE 1988, S. 615 und LAUX 1992, Sp. 1733-1735 bzw. SCHANZ 1982, S. 1 f., 49.

11) Vgl. für den evolutionstheoretischen Ansatz z. B. HANNAN/FREEMAN 1984, S. 149, sowie für die situative Richtung exemplarisch PUGH u. a. 1969, S. 91 f., und hierzu FRESE 1992b, Sp. 1708 ff.

ganz unterschiedlich ausfallen kann. Rationalsubjekte, die unstrukturierte Problemstellungen zu lösen haben, befinden sich daher regelmäßig in dem *Konzeptkonflikt*, aus einer Menge rivalisierender Möglichkeiten der Problemkonzeptualisierung eine bestimmte Variante auswählen zu müssen. Für die Begründung managerialer Empfehlungen und ihre Rationalbeurteilung ergibt sich dementsprechend die Schwierigkeit, daß problembezogene Argumentationen einen ganz unterschiedlichen theoretischen Hintergrund haben können und daher ein Urteil über die Angemessenheit einer Problemkonzeptualisierung zu fällen ist. Der argumentationsrationale Umgang mit solchen konzeptionellen Konfliktlagen wird im folgenden eingehender analysiert. Zur sprachlichen Entlastung des Textes soll dabei nicht stets strikt zwischen den zugrundeliegenden Theorien und den hierauf aufbauenden problemspezifischen Konzeptualisierungsvarianten unterschieden werden[12].

Die Vorstellung managerialer, in Hinblick auf ihre Argumentationsrationalität zu beurteilender Problemlösungen ist an zwei grundlegende Voraussetzungen gebunden. Sie impliziert, daß die Bewältigung unstrukturierter Managementprobleme nicht vollständig umweltdeterminiert, sondern einer gewissen Gestaltung zugänglich ist, und daß rationale Gestaltungsüberlegungen in bestimmten Grenzen möglich und zweckmäßig sind. Sowohl die These von der Existenz eines managerialen Gestaltungsspielraums als auch die Erfolgshypothesen zugunsten rationaler Problemlösungen können in Übereinstimmung mit einem Großteil der Literatur und mit guten Gründen vertreten werden[13]. Akzeptiert man diese Basisannahmen, so bietet sich eine erste Möglichkeit unmittelbar an, um den Kreis der für eine Konzeptualisierung in Betracht zu ziehenden Ansätze[14] einzuschränken. Als fruchtbare theoretische Grundlage managerialer Problemlösungen scheiden danach offensichtlich zunächst diejenigen Konzeptionen aus, die die Möglichkeit und Zweckmäßigkeit einer (argumentations-)rationalen Gestaltung gänzlich verneinen. Entscheidungsträger, die die Idee einer intendiert planvollen Problembewältigung verfolgen, können durch solche Ansätze zwar eventuell für die Komplikationen einer Umsetzung dieser Idee sensibilisiert werden, naturgemäß aber keine konkrete Problemlösungsunterstützung erfahren. Die Schwierigkeit der Theorieauswahl besteht somit von vornherein nur in Hinblick auf Konzeptionen, die eine (in gewissen Grenzen) rationale Gestaltbarkeit des Unternehmungsgeschehens im Grundsatz bejahen und durch Herausstellung der

12) So wird namentlich häufig auch dann nur von der Auswahl von Theorien gesprochen, wenn es strenggenommen um die Auswahl der auf Basis bestimmter Theorien oder Theoriekomponenten entwickelten Konzeptualisierungsvarianten geht.

13) Vgl. für die Spielraum-These hier nur die eingehende Diskussion bei SCHREYÖGG 1984, S. 5 ff., und für die Erfolgshypothesen S. 113 ff. der vorliegenden Schrift.

14) In Betracht kommen prinzipiell alle Ansätze aus dem Bestand des zugänglichen Wissens. Welchen Reifegrad eine Theorie erreicht haben muß, um zu diesem Wissensstand zu zählen, muß an dieser Stelle nicht im einzelnen ausgelotet werden. Die Problematik der Identifizierung potentiell bedeutsamer Konzepte bzw. Argumente zur Problemlösung wird erst unten (S. 453 ff.) aufgegriffen und durch Formulierung eines konkreteren Relevanzkriteriums angegangen.

wesentlichen Problemzusammenhänge zu fördern suchen. Diese Richtungen sollen im folgenden als *gestaltungsorientierte Ansätze* bezeichnet werden.

Mit dieser Problemeingrenzung durch Selektion der gestaltungsorientierten Ansätze ist das Thema der Bestimmung der angemessenen theoretischen Grundlage managerialer Entscheidungen allerdings noch keineswegs abgeschlossen. Vielmehr gilt die oben getroffene Feststellung über die Existenz zahlreicher und verschiedenartiger Theorien zweifelsohne ebenfalls - wenn auch eingeschränkter - für den engeren Bereich der gestaltungsorientierten Ansätze[15]. Die Konzeptualisierungsschwierigkeiten bei der Bewältigung unstrukturierter Managementprobleme lassen sich jedoch noch durch einen zweiten, wiederum vergleichsweise unproblematischen Schritt weiter reduzieren. Zu beachten ist nämlich, daß die Verschiedenartigkeit von theoretischen Ansätzen nicht zwangsläufig auch ihre mangelnde Vereinbarkeit oder 'Inkommensurabilität' bedeutet[16]. Die sich auf den ersten Blick darstellende Theorienvielfalt kann bei näherem Hinsehen vielmehr durchaus zumindest teilweise auch bloß auf terminologischen Spezialitäten und vermeidbaren Einseitigkeiten beruhen[17]. Der Konzeptpluralismus läßt sich folglich insoweit durchaus zurückführen, indem die theoriespezifischen Begriffe 'übersetzt'[18] und die kompatiblen Theorieelemente in einem gemeinsamen, erweiterten konzeptionellen Rahmen integriert werden[19]. In welchem Ausmaß eine solche Zusammenführung zunächst verschiedenartiger theoretischer Ansätze bei unstrukturierten Managementproblemen tatsächlich möglich ist, kann zwar nur eine eingehende Auseinandersetzung mit diversen konkreten Konzeptionen erweisen. Der Tatbestand der Möglichkeit einer Synthese oder wenigstens Annäherung von Konzepten, auf den es hier allein ankommt, läßt sich aber

---

15) Vgl. nur exemplarisch die beiden entscheidungslogischen Organisationsansätze von FRESE einerseits und LAUX/LIERRMANN andererseits. Während im Ansatz von FRESE als grundlegende Gestaltungsparameter die Regelung der 'Kompetenzverteilung' und 'Kommunikationsbeziehungen' sowie flankierende Motivationsmaßnahmen fungieren (siehe FRESE 1988, S. 165 ff., 200 f.), thematisieren LAUX und LIERMANN als organisatorische Basisvariablen die Einräumung bzw. den Entzug von 'Verfügungsmöglichkeiten über Ressourcen', die Vorgabe von 'Verhaltensnormen' und die Durchführung 'ergänzender Maßnahmen' (siehe LAUX/LIERMANN 1990, S. 165).

16) Die 'Inkommensurabilität der menschlichen Sprachspiele' wird - im Anschluß an WITTGENSTEIN - in der Literatur z. T. stark betont und als besondere Schwierigkeit unstrukturierter (Management-) Probleme herausgestellt. Vgl. z. B. KIRSCH 1981a, S. 656 ff.

17) Insoweit hat sich kaum etwas geändert seit den Tagen des Soziologen WARD, der 1904 für sein Fach beklagte, es gebe "geradezu eine Neigung, alle Versuche zur Synthese zu verdammen. Keiner will irgend etwas, das von anderen geleistet ist, anerkennen. Es existiert ein Geist von intensivem Individualismus; keine Neigung besteht, die Wahrheit, die zu Tage gefördert ist, sich anzueignen" (WARD 1904, S. 2).

18) Daß die Übersetzung nicht immer ein einfacher Vorgang ist, sondern u. U. nur nach einem gründlichen Studium der Gesamtphilosophie des fraglichen Ansatzes geleistet werden kann, wird nicht bestritten. Infolgedessen können im übrigen auch gleiche Worte in unterschiedlichen Ansätzen ganz divergierende Bedeutungen haben. Ein Beispiel aus dem Bereich der vergleichsweise (siehe S. 377 ff.) zuverlässigeren Naturwissenschaften bildet der Begriff des Elektrons, der in der Quantenmechanik ganz anders als in der klassischen Physik interpretiert wird (vgl. STEGMÜLLER 1970, S. 265 f., 276 f. und passim).

19) So auch KIRSCH (1984, S. 129, 169 f., 603 ff.), der hinsichtlich der Übersetzungs- und Integrationspotentiale allerdings recht skeptisch bleibt. Vgl. auch die originellen, auf die Existenz von Common Sense und natürlichen Sprachen (wie Deutsch, Englisch usw.) rekurrierenden Überlegungen von KEKES 1976, S. 100 ff. zu den Grenzen der Inkommensurabilität von Lebensformen und Sprachspielen (ähnlich für die Charakterisierung theorieneutraler Beobachtungsbegriffe SCHURZ 1988b, S. 304 ff.), sowie ganz in unserem Sinne auch POPPER 1970, S. 56.

schon exemplarisch anhand der durchgeführten Entwicklung des Integrationsmodells der managerialen Problembewältigung[20] belegen.

Die Integrationsmöglichkeit wirft allerdings ein gravierendes Anschlußproblem auf. Die Ineinanderführung diverser Konzeptionen in einen größeren konzeptionellen Rahmen bedeutet im Grunde genommen nichts anderes als die Berücksichtigung zusätzlicher Argumente bei der Problemlösung und damit eine Erweiterung der Begründungsbasis. Wie oben bereits herausgearbeitet wurde, stößt die im Prinzip rationalitätsförderliche Ausdehnung der Zahl einbezogener Argumente jedoch an eine praktische Grenze, da auf der einen Seite strenggenommen sämtliche Realitätsaspekte miteinander in Beziehung stehen und andererseits die kognitiven Kapazitäten (projiziert auf diese Vernetzung) stets begrenzt sind[21]. Es ergibt sich daher das praktische Problem, in welchem Umfang die Integration zu betreiben ist. Diese Problematik entspricht letztlich der Frage nach der argumentationsrationalen Begrenzung der Begründungsbreite und ist daher später im Zusammenhang mit den diesbezüglichen Untersuchungen zu behandeln[22].

Die Pluralität theoretischer Ansätze kann durch Selektion und Integration zwar eventuell erheblich reduziert werden. Sie läßt sich jedoch nicht vollständig abbauen, soweit Konzepte tatsächlich in Widerspruch zueinander stehen. Konzeptionen oder gewisse Teile von ihnen sind, wie soeben erläutert wurde, nicht schon dann miteinander unvereinbar, wenn sie jeweils unterschiedliche Parameter als problemrelevant ansehen, da insoweit noch die geschilderten Integrationsmöglichkeiten in Rechnung zu stellen sind. Sie befinden sich vielmehr erst dann in einem antinomischen Gegensatz, wenn die Relevanz konträrer Parameter behauptet wird oder die Verlaufsrichtung von Parameterbeziehungen umstritten ist. Ein echter Theoriekonflikt in diesem Sinne läge danach etwa vor, wenn ein Ansatz A zur organisatorischen Gestaltung mikropolitische Prozesse[23] als besonders gewinnförderlich und ein Ansatz B solche Phänomene als dysfunktional einschätzen würde. Solche Konfliktsituationen bilden neben der Begrenzungsfrage die zweite wesentliche Herausforderung bei der Bestimmung der theoretischen Basis einer managerialen Problemlösung. Sie ist im Sinne der argumentationsrationalen Grundidee durch eine begründete Auswahl zu bewältigen.

Problemkonzeptualisierungen stellen mehr oder weniger theorienahe Konturierungen von Transformationszusammenhängen im selektierten Realitätsausschnitt dar. Infolgedessen können die gängigen Kriterien der Evaluation von Theorien durchaus einen gewissen Anhaltspunkt für die Konkretisierung des Begriffs zweckmäßiger Konzepte bieten[24]. Kataloge derartiger Prüfmerkmale umfassen z. B. den Grad an Präzision, Klarheit und Einfachheit, die logische Konsistenz, die Brauchbarkeit für Erklärungen und Prognosen, die intersubjektive Nachprüfbarkeit und empirische Bestätigung sowie die "organisatori-

---

20) Siehe S. 31 ff.

21) Siehe S. 225.

22) Siehe S. 447 ff.

23) Siehe hierzu S. 62 f. m. N. in FN 64.

sche Kraft", den "Grad der Kühnheit" und die "Schönheit und Eleganz" der jeweiligen Aussagensysteme[25]. Zu beachten ist allerdings, daß es im managerialen Kontext weniger auf wissenschaftsästhetische Aspekte wie etwa die 'Schönheit und Eleganz' ankommt, sondern vielmehr auf den pragmatischen Erfolg der Problembewältigung[26]. Konzeptualisierungen unstrukturierter Managementprobleme können daher zunächst allgemein als zweckmäßig oder *fruchtbar* qualifiziert werden, sofern die auf ihrer Basis getroffenen Entscheidungen eine möglichst gesicherte und weitgehende[27] Realisierung der gesetzten Ziele (und Normen) gestatten. Danach wäre in unserem Beispiel Theorie A zugrunde zu legen, wenn der Problemlösungserfolg bei Unterstellung einer Gewinnträchtigkeit mikropolitischer Phänomene größer wäre als bei Annahme ihrer Kontraproduktivität, anderenfalls hingegen Ansatz B.

Das tatsächliche Unterstützungspotential theoretischer Ansätze wird allerdings im Einzelfall[28] allenfalls[29] nach Abschluß der Problembewältigung sichtbar, so daß die Konzeptfruchtbarkeit im Grunde genommen auch erst im nachhinein beurteilt werden kann[30]. Sie läßt sich jedoch anhand ihrer Bestimmungsgrößen indirekt auch schon ex ante abschätzen[31]. Akzeptiert man die These vom tendenziellen Erfolgsvorteil kognitiv fundierter Problemlösungen, so kann die Stichhaltigkeit der Konzeptbegründungen als (heuristischer) Indikator ihrer Fruchtbarkeit herangezogen werden[32]. Dabei zeigt sich die Stichhaltigkeit von Konzeptualisierungen in der Überzeugungskraft der Propositionen, mit denen die Konzeptaussagen (im engeren Sinne), die die als problemrelevant erachteten Parameter und Parameterbeziehungen benennen, untermauert werden. Die

---

24) Vgl. auch BRETZKE 1978a, S. 239.

25) STEGMÜLLER 1970, S. 373 (im Original kursiv). Vgl. zur Theoriebewertung ferner auch POPPER 1989, S. 7 f.; SCHRADER/MALWITZ-SCHÜTTE/SELL 1971, S. 224 f.; PÄHLER 1986, S. 88 ff., insb. S. 91 f.

26) Vgl. zum Anpassungsbedarf der wissenschaftstheoretischen Beurteilungskriterien an die Bewertung von Entscheidungsmodellen auch BRETZKE 1978a, S. 239, und zur Zweckmäßigkeit bzw. Fruchtbarkeit als Beurteilungskriterium für Modelle bzw. Konzepte ders. 1980, S. 55, 196; LITTLE 1970, S. B-482; BÄUERLE 1989, S. 185, sowie in diesem Sinne auch STÄHLIN 1973, S. 104.

27) Auf das Problem der Aggregation von Zuverlässigkeit und Ausmaß der Zielerreichung wird unten (S. 420 ff. i. V. m. S. 437 ff.) noch näher eingegangen werden.

28) Zu unterscheiden hiervon ist die bisherige Ergiebigkeit theoretischer Ansätze bei der Auseinandersetzung mit vergleichbaren Problemstellungen, die durchaus ein Indiz für die Zweckmäßigkeit bzw. Stichhaltigkeit einer Konzeption bieten kann. Siehe hierzu auch die sogleich folgende FN 32.

29) Nämlich nur insoweit, wie sich der alternative Problemlösungserfolg, der sich bei anderer theoretischer Fundierung eingestellt hätte, abschätzen und zum Vergleich heranziehen läßt.

30) Vgl. hierzu für die Modellbeurteilung auch SCHNEEWEISS 1984, S. 482 f., sowie für die analoge Erfolgsbeurteilung rationaler Problemlösungen nochmals S. 113 ff.

31) Ganz analog also zur Beurteilung der Argumentationsrationalität einer Problemlösung anhand der kognitiven Struktur- und Substanzbewertung der Entscheidungsvorbereitung.

32) In diesem Sinne können auch die 'stichhaltigkeitsnahen' Theorievergleichskriterien der logischen Konsistenz, der Erklärungs- und Prognosekraft sowie der empirischen Bewährung (siehe S. 407) als Indizien der Konzeptfruchtbarkeit interpretiert werden. Vgl. in diesem Zusammenhang auch noch den Begriff der Wahrheitsähnlichkeit ("Verisimilitude") von POPPER (siehe POPPER 1972, S. 228 ff.; ders. 1984, S. 47 ff.) für den komparativen Wahrheitsvergleich von Theorien, der im Kern auf das jeweilige Verhältnis von wahren zu falschen Konsequenzen der beurteilten Theorien abstellt. Das Verisimilitude-Konzept ist in den (v. a. mengentheoretisch-technischen) Details allerdings erheblichen Einwänden ausgesetzt und muß daher an dieser Stelle nicht eingehender erörtert werden. Vgl. zum Überblick hier nur PÄHLER 1986, S. 174 ff.; ders. 1989a, S. 21, jeweils m. w. N.

Konzeptstichhaltigkeit ist damit praktisch nach der *Zuverlässigkeit und Zahl der konzeptimmanenten Argumente* zu bemessen.

Bei konfliktären Konzeptualisierungen stehen sich konzeptimmanente Argumentationen gegenüber, die jeweils widerstreitende Konzeptaussagen (über die Relevanz unvereinbarer Parameter oder unterschiedliche Einflußweisen von Parametern) stützen. Diese Konfliktsituationen sind nach der voranstehenden Analyse zugunsten derjenigen Argumentation und damit Konzeption aufzulösen, der die vergleichsweise größere Stichhaltigkeit zugesprochen werden kann. Antinomische Konzeptkonflikte erweisen sich damit als ein Spezialfall von Argumentkonflikten. Ihre Bewältigung im einzelnen und namentlich die Beurteilung der komparativen Überzeugungskraft von Argumenten kann daher nach den Grundsätzen erfolgen, die im nächsten Abschnitt herausgearbeitet werden.

Die Bestimmung der theoretischen Basis managerialer Problemlösungen kann - so läßt sich das Fazit ziehen - somit grundsätzlich in einem Prozeß erfolgen, der zunächst durch Selektion den Kreis der insgesamt in Betracht kommenden Konzeptionen auf die gestaltungsorientierten Ansätze eingrenzt. Sodann ist zu ermitteln, ob die unterschiedlichen Konzeptionen nur verschiedene, jedoch miteinander verträgliche Parameter und Parameterbeziehungen als problemrelevant ansehen oder aber unvereinbare Aussagen über Problemaspekte und ihre Beziehungen treffen. Im ersten Fall besteht die prinzipielle Möglichkeit zur Integration der Ansätze, wobei sich die Anschlußfrage nach dem notwendigen und hinreichenden Integrationsumfang stellt. Sie führt zur Problematik der Begrenzung der Begründungsbreite. Im zweiten Fall hingegen liegen antinomische Konzeptkonflikte vor, die sich nicht ohne weiteres harmonisieren lassen. Das Konzeptualisierungsproblem mündet hier in das Thema der Argumentkonflikte ein, deren Untersuchung wir uns nun zuwenden.

b' Argumentkonflikte

a'' Abgrenzung von Argumentkonflikten

Argumentkonflikte liegen vor, wenn nicht alle vorgetragenen oder genauer: vorzutragenden Gründe für bzw. gegen die fragliche Proposition sprechen, sondern deren Geltungsanspruch z. T. untermauern und z. T. untergraben. Dabei kann von ernsthaften Argumentkonflikten nur dann gesprochen werden, falls nicht eine der beiden Pro- oder Contra-Positionen der anderen Auffassung von vornherein an Überzeugungskraft unterlegen ist. Solche Konflikte können daher strenggenommen nur zwischen plausiblen und/oder möglichen Gründen vorkommen. Argumente dieser beiden Güteklassen weisen eine vergleichsweise geringe individuelle Stichhaltigkeit auf und können sich daher zunächst durchaus sinnvoll gegenseitig den jeweiligen Geltungsanspruch streitig machen. Dies gilt auch für Konflikte zwischen plausiblen und bloß theoretisch-möglichen Gründen, da hier die geringere Zuverlässigkeit der letzteren durch ein höheres Argumentgewicht[33] kompensiert werden kann. Wahre und bewährte Argumente hingegen beruhen auf wahren bzw. bewährten und eventuell wahren Daten- und Regelaussagen. Die Wahrheits- und Bewährungsqualifikation von Aussagen setzt u. a. jeweils voraus, daß die Propositionen mit dem restlichen Stand des zugänglichen Wissens konsistent und keine Anhaltspunkte erkennbar sind, die ihren Anspruch auf Gültigkeit fraglich erscheinen lassen[34]. Erfüllen die Begründungsaussagen diese Bedingungen und handelt es sich somit bei den vorgebrachten Argumenten tatsächlich um wahre oder bewährte Gründe, so entbehren die eventuellen Gegenargumente (definitionsgemäß) einer nennenswerten Stichhaltigkeit. So könnte zwar etwa gegen die Begründung der Prognose, daß der losgelassene Stein in Kürze auf dem Boden liegen wird[35], das (ebenfalls prognostische) Argument angebracht werden, daß das Universum (und mit ihm der Stein und Boden) noch während des Falls zu existieren aufhört. Sofern aber der - theoretisch nicht auszuschließende - Eintritt der kosmischen Katastrophe nicht seinerseits überzeugend begründet wird, kann dieses Gegenargument die Pro-Begründung kaum ernsthaft erschüttern. Weisen die Contra-Gründe hingegen ein gewisses Maß an Plausibilität auf[36], so können die angegriffenen Argumente umgekehrt keine Wahrheit oder Bewährung beanspruchen.

Die Feststellung, daß ernsthafte Konflikte (u. a.) zwischen bewährten Argumenten nicht vorliegen können, scheint in Widerspruch zu stehen zur Problematik der 'Mehrdeutigkeit statistischer Systematisierungen', die schon kurz angerissen wurde und nun an dieser Stelle wieder aufzugreifen ist. Wie oben geschildert, besteht die Mehrdeutigkeitskomplikation darin, daß auf der Grundlage von unterschiedlichen, für sich aber nicht miteinander unvereinbaren statistischen Aussagen konträre Schlußfolgerungen mit einer gleich hohen Plausibilität gezogen werden können[37]. Diese Komplikation tritt ein, wenn ein betrachtetes Phänomen zu verschiedenen statistischen Bezugsklassen gehört, die jeweils durch divergierende Häufigkeiten bzw. Wahrscheinlichkeiten charakterisiert sind[38]. Der grundsätzliche Lösungsansatz der Literatur zur Bewältigung dieser Problematik, der in den Details allerdings mit erheblichen Schwierigkeiten verbunden ist, besteht darin, Schlußfolgerungen diejenige statistische Information zugrunde zu legen, die für die jeweils 'engste' (bereits vorliegende oder erst zu bildende) Bezugsklasse gilt[39]. So wäre im Beispiel die Konfession von Petersen auf der Basis einer Information über die prozentuale Verteilung von Katholiken und Nicht-Katholiken unter den nach Lourdes pilgernden Schweden zu rekonstruieren[40]. Steht die erforderliche Information über die

33) Siehe hierzu sogleich, S. 414 f.

34) Siehe S. 256 (für wahre Aussagen) und S. 277 f. (für bewährte Aussagen).

35) Siehe S. 387 FN 65.

36) Die präzisere Herausarbeitung der zur Erschütterung einer vermeintlichen Wahrheit oder Bewährung von Aussagen erforderlichen Mindestplausibilität kann an dieser Stelle offenbleiben und ist in Anschlußarbeiten zur vorliegenden Untersuchung zu leisten.

37) Siehe S. 258 f.

38) Vgl. STEGMÜLLER 1983, S. 815 f. Im obigen Beispiel etwa gehört Petersen einmal zur Klasse der Schweden (mit einem rund 98%-Anteil von Nicht-Katholiken) und einmal zur Klasse der Lourdespilger (mit einem rund 98%-Anteil von Katholiken).

engste Bezugsklasse nicht zur Verfügung, so ist eine statistisch fundierte Rekonstruktion oder Prognose der fraglichen Eigenschaften des betrachteten Phänomens nicht möglich[41].

Analysiert man die Mehrdeutigkeitskomplikation und ihre Literaturlösung in Hinblick auf die Art der möglichen Argumentkonflikte, so zeigt sich, daß bei Lichte besehen entweder gar kein Konflikt existiert oder aber Widersprüche zwischen bloß plausiblen und nicht bewährten Gründen vorliegen. Bei Vorhandensein der erforderlichen statistischen Information über die enge Bezugsklasse ist die Argumentation auf dieser und nur dieser Basis zu vollziehen. Sie führt zu einer Konklusion, die außer im Fall der Gleichwahrscheinlichkeit eindeutig (wenn auch aufgrund der Natur statistischer Aussagen eventuell falsch) ist[42]. Mit der Überwindung der Mehrdeutigkeitskomplikation ist in diesem Fall somit auch eventuellen Argumentkonflikten die Grundlage entzogen.

Sind die geforderten Wahrscheinlichkeiten der maßgeblichen Bezugsklasse hingegen nicht bekannt, so wecken die vorhandenen und teilweise divergierenden Informationen berechtigte Zweifel an der Bewährung der statistischen Regelaussagen im Sinne unserer Verläßlichkeitseinstufung. Die Information über Petersens Lourdesreise bietet in Verbindung mit dem Befund des großen Anteils von Katholiken unter den Pilgern einen beachtlichen Anhaltspunkt dafür, daß die Aussage über die regelmäßig nicht-katholische Konfession der Schweden in diesem besonderen Einzelfall möglicherweise nicht zutrifft bzw. einschlägig ist[43]. Nach unseren begrifflichen Festlegungen setzt die Bewährungsqualifikation einer Proposition aber voraus, daß keine ernsthaften Indizien gegen ihre Gültigkeit sprechen[44]. Die Aussage «Wenn jemand ein Schwede ist, dann ist er in rund 98% aller Fälle nicht-katholisch» kann folglich nicht als bewährte Grundlage für die Rekonstruktion des Glaubensbekenntnisses von Petersen gelten. Analog erschüttert in entgegengesetzter Richtung das Wissen um Petersens Nationalität und die regelmäßige Konfession der

---

39) Siehe zu diesem Ansatz und seinen Problemen im einzelnen als Vorläufer CARNAP 1962, S. 211 f., sowie insb. HEMPEL 1977, S. 79 ff.; ESSLER 1973, S. 46 ff.; STEGMÜLLER 1983, S. 807 ff. und 968-971; SCHURZ 1988b, S. 301; HOWSON 1988, S. 121; KÜTTNER 1989, S. 276.

40) Die maßgebliche Bezugsklasse wären also nicht die Schweden oder die Lourdespilger, sondern die nach Lourdes pilgernden Schweden. Vgl. mit anderen Beispielen auch STEGMÜLLER 1983, S. 815 und 968 f.

41) Vgl. auch STEGMÜLLER 1983, S. 819 und 969.

42) Beispiel: «Petersen ist Schwede und nach Lourdes gepilgert (Datum). Wenn jemand Schwede und nach Lourdes gepilgert ist, dann ist er mit $p = 0{,}8$ Katholik (Regel). Also ist Petersen wahrscheinlich Katholik.» Zur Verdeutlichung sei noch darauf hingewiesen, daß die betrachteten statistischen Informationen (z. B. «rund 98% aller Schweden sind nicht-katholisch») hier als Regelaussagen («wenn jemand Schwede ist, dann ist er in rund 98% aller Fälle nicht-katholisch») formuliert sind. Erklärungs- und Prognosekraft haben diese Regularitäten allerdings strenggenommen nur dann, wenn es sich nicht um akzidentelle Aussagen handelt, wenn sie also nicht auf einer Totalerhebung der Grundgesamtheit beruhen, bei der u. a. auch Petersens Konfession bekannt geworden ist (siehe nochmals S. 193 ff.).

43) Um Mißverständnisse zu vermeiden: Die Regelaussage mag für sich genommen durchaus in dem Sinne zutreffen, daß in der Tat rund 98% aller Schweden nicht-katholisch sind. Die Bewährungsqualifikation ist jedoch an strengere Bedingungen geknüpft, siehe sogleich im Text.

44) Siehe S. 277 f.

Schweden den Bewährungsanspruch der Pilger-Konfessions-Regel[45]) für die konkrete Situation.

Sofern Regelaussagen - zumindest in einem konkreten Fall - nicht als bewährt gelten dürfen, sind auch die hierauf aufbauenden Begründungen[46]) nicht besonders triftig. Sie stellen ihrerseits keine bewährten, sondern bloß plausible Argumente dar. Werden sie zugunsten konträrer Konklusionen bzw. für und gegen eine bestimmte Proposition ins Feld geführt, so liegen folglich Konflikte zwischen plausiblen Gründen vor. Diese Konflikte und die Möglichkeiten ihrer Bewältigung werden im folgenden näher untersucht.

b'' Bewältigung von Argumentkonflikten

(1) Grundansatz: Konfliktbewältigung nach Maßgabe der Stichhaltigkeit

Konfliktäre Argumente - so wurde gesagt - sprechen teils für und teils gegen die diskutierte Proposition. Mit der Argumentantinomie und der Argumentkonkurrenz lassen sich zwei prinzipielle Konfliktformen unterscheiden. *Antinomische Argumente* thematisieren den gleichen Grund bzw. Modellparameter, verneinen aber die vom jeweils anderen Argument behaupteten Aussagen. Dabei können zum einen Meinungsverschiedenheiten über Datenaussagen bestehen. Zum anderen kann die Einflußrichtung der Regularität sowie im Fall funktionaler Regelaussagen, bei denen die Wertausprägungen der Dann-Komponente von den Werten der Wenn-Komponente abhängen, auch der genaue Funktionsverlauf umstritten sein. Argumentantinomien liegen beispielsweise in den folgenden Fällen vor[47]):

P: «Die Kundenorganisation wird den Unternehmungsgewinn steigern, weil sie die Kundennähe erhöht (Datum) und eine Erhöhung der Kundennähe den Gewinn erheblich steigert (Regel).»

O: «Die Kundenorganisation wird den Unternehmungsgewinn nicht steigern, weil sie die Kundennähe nicht erhöht (Datum) und/oder weil selbst eine starke Erhöhung der Kundennähe den Gewinn nicht nennenswert steigert (Regel).»

Konkurrierende Argumente führen demgegenüber jeweils andere Gründe an, die den Geltungsanspruch der diskutierten Proposition einerseits stützen und andererseits unterminieren. In unserem Referenzfall könnte eine Argumentkonkurrenz beispielsweise wie folgt lauten[48]):

---

45) Ausführlich: «Wenn jemand nach Lourdes pilgert, dann ist er in rund 98% aller Fälle ein Katholik.»

46) Im Beispiel: «Petersen ist nicht-katholisch, weil Petersen Schwede ist (und rund 98% aller Schweden nicht-katholisch sind)» bzw. «Petersen ist katholisch, weil Petersen nach Lourdes gepilgert ist (und rund 98% aller Lourdespilger katholisch sind)».

47) Die Buchstaben P und O stehen für Proponent und Opponent.

48) Um Mißverständnisse zu vermeiden, sei darauf hingewiesen, daß es sich hier nicht etwa um (Sub-) Zielkonflikte handelt. Das im Beispiel allein interessierende Ziel ist die Gewinnsteigerung. Die Aus-

P: «Die Kundenorganisation wird den Unternehmungsgewinn steigern, weil sie die Kundennähe erhöht.»

O: «Die Kundenorganisation wird den Unternehmungsgewinn senken, weil sie die Kosten erhöht.»

Im Fall von Argumentkonkurrenzen können durchaus jeweils mehrere Pro- und Contra-Gründe ins Feld geführt werden. Selbst bei noch so vielen Einzelargumenten stehen sich in der Diskussion einer Proposition aber letzten Endes nur zwei Positionen gegenüber, die einmal für und einmal gegen die fragliche Aussage sprechen. Analysiert man das Verhältnis dieser beiden konträren Standpunkte näher, so zeigt sich, daß die - bisher und auch im folgenden zur sprachlichen Vereinfachung verwendete - Formel von der 'diskutierten Proposition', deren Geltungsanspruch durch Pro-Argumente bestärkt und durch Contra-Argumente geschwächt wird, nicht ganz exakt ist. Zu trennen ist strenggenommen vielmehr zunächst zwischen den beiden Situationen vor und nach der Lösung argumentativer Konflikte. Vor der Konfliktlösung stützen die konfliktären Argumente jeweils getrennte, aber konträre Propositionen[49]. Diskutiert wird somit genaugenommen nicht ein und dieselbe Proposition, sondern lediglich ein durch verschiedene Propositionen unterschiedlich beschriebener Sachverhalt[50]. Nach der Konfliktlösung liegt zwar eine einzige Proposition vor, die entweder einem der ursprünglichen Standpunkte vollumfänglich entspricht oder aus einer 'Saldierung' der konträren Positionen[51] hervorgegangen ist. In der Begründung dieser Aussage wird die unterlegene Position aber entweder vollständig zurückgewiesen[52] oder in ihrer Bedeutung relativiert[53], so daß die nachgewiesenermaßen fehlende oder wenigstens nicht ausreichend bedeutsame Intervention der mit den ursprünglichen Contra-Argumenten angesprochenen Phänomene ihren Geltungsanspruch im Endeffekt ebenfalls stützt. Argumente sprechen damit konsequent durchdacht stets nur für bestimmte Propositionen[54]. In Fällen argumentativer Konflikte wäre daher bei strenger Terminologie etwa von 'Argumenten, die für die Contra-Proposition etwas austragen' zu sprechen und anzugeben, ob die Situation vor oder nach Konfliktlösung betrachtet wird. Da und soweit aber keine Mißverständnisse zu befürchten sind, werden im weiteren die sprachlich weitaus handlichere Wendung von

---

sagen über die Subkonsequenzen der Kundenorganisation (Erhöhung von Kundennähe und Kosten) dienen daher ausschließlich der Stützung der deskriptiven Aussage über die Gewinnkonsequenzen einer Kundenorganisation. Die gleichwohl vorhandene offensichtliche Verwandtschaft von Argument- und Zielkonflikten deutet allerdings bereits an, daß die Bewältigung beider Konfliktarten auf die gleichen Prinzipien zurückgreifen kann, siehe näher S. 437 ff.

49) Beispiel: «Der Gewinn <u>wird steigen</u>, weil ...» vs. «Der Gewinn <u>wird nicht steigen</u> (bzw. <u>sinken</u>), weil ...».

50) Im Beispiel der vorherigen Fußnote etwa: Die 'Gewinnentwicklung'.

51) Lauten die konträren Positionen etwa «Der Gewinn wird um 50 steigen, weil die Erlöse um 50 wachsen» vs. «Der Gewinn wird um 10 sinken, weil die Kosten um 10 wachsen», so wäre nach Saldierung die Aussage zu formulieren: «Der Gewinn wird um 40 steigen, weil ...».

52) Z. B.: «Der Gewinn wird steigen, weil die Erlöse wachsen und die Kosten konstant bleiben.»

53) Z. B.: «Der Gewinn wird steigen, weil die Erlöse (mit 50) stark und die Kosten (mit 10) nur geringfügig wachsen.»

den 'Argumenten für und gegen die diskutierte Proposition' verwendet und die soeben erfolgten Präzisierungen dabei mitgedacht.

Das Ergebnis der Bewältigung von Argumentkonflikten äußert sich, wie gerade schon angeklungen ist, entweder in der vollständigen Annahme oder Verwerfung der Gültigkeit einer der konträren Positionen oder in der Zusammenführung der widerstreitenden Standpunkte durch Modifikation der ursprünglichen Behauptungen zu einer Kompromißproposition. Aus argumentationsrationaler Perspektive kann der grundsätzliche Ansatz zu dieser Konfliktbewältigung (analog zum Vorgehen bei jeder anderen Problemlösung auch) offenbar nur darin bestehen, eine begründete Entscheidung darüber zu fällen, welche Position die vergleichsweise größere Überzeugungskraft besitzt und daher entweder allein oder überwiegend zu akzeptieren ist. Als (formales[55)]) Beurteilungskriterium der konfliktauflösenden Entscheidung kann damit die *komparative Stichhaltigkeit* der widerstreitenden Argumente angesetzt werden.

Im Vergleich zu unseren bisherigen Untersuchungen zur Überzeugungskraft von Begründungen macht die Beurteilung der komparativen Stichhaltigkeit bei Argumentkonflikten eine gewisse Erweiterung der Perspektive erforderlich. Die Stichhaltigkeit von Argumenten wurde bislang nach dem epistemischen Gehalt der Begründungspropositionen bemessen, wobei der materielle Inhalt der Daten- und Regelaussagen nicht weiter thematisiert, sondern als gegeben angenommen wurde. Im argumentativen Konfliktfall reicht die Stichhaltigkeitseinschätzung allein nach epistemischen Kriterien jedoch häufig nicht mehr aus. Vielmehr ist unter Umständen zusätzlich auch eine pragmatische Komponente einzuführen, die den materiellen Inhalt der Aussagen in Rechnung stellt. Diese Notwendigkeit ergibt sich dann, wenn der durch die umstrittene Proposition ausgedrückte Sachverhalt von mehreren Einflußfaktoren abhängt, und in Abhängigkeit von den jeweiligen Faktorausprägungen graduell beeinflußt wird[56)]. Geht man beispielsweise davon aus, daß der Unternehmungsgewinn sowohl vom Niveau der Kundennähe als auch von der Höhe der Kosten determiniert wird, so läßt sich unser exemplarischer Argumentkonflikt nur dann lösen, wenn (u. a.) das mit der Kundenorganisation verbundene Ausmaß der Kundennähe und Kosten sowie der jeweilige Beitrag dieser Kundennähe- und Kostenwerte zum Gewinn bekannt sind. Steigen etwa durch die Reorganisation die Kundennähe erheblich und die Kosten nur geringfügig an, und ist ein starker Gewinnbeitrag jeder Kundennäheeinheit zu erwarten, so hat das Kostenargument ein ersichtlich niedrigeres 'Gewicht' als im umgekehrten Fall, in dem eine bloß marginale Verbesserung der

54) Dementsprechend kann auch rein sprachlich Contra-Argumenten im Grunde genommen keine positive 'Stichhaltigkeit' oder gar 'Überzeugungskraft' für, sondern allenfalls eine 'Problematisierungskraft' gegen die angegriffene (diskutierte) Proposition zugesprochen werden.

55) Die jeweils gestützten Propositionen hingegen bilden gewissermaßen die materiellen Beurteilungskriterien, an denen die Stichhaltigkeit der zugehörigen Argumente zu bemessen ist. Zur Unterscheidung zwischen formalen und materiellen Kriterien von Urteilen S. 330 und S. 334.

56) Bei Begründungen, die keine multifaktoriell-funktionalen Zusammenhänge anführen, kann dagegen nicht von Argumentgewichten im Sinne der nachfolgenden Untersuchungen gesprochen werden. Die Bewältigung von Argumentkonflikten kann sich hier allein nach der Zuverlässigkeit der Begründungsaussagen richten. Von den nachfolgenden Ausführungen sind daher insoweit nur die Analysen zur Aggregation von Daten- und Regelzuverlässigkeiten und zum Vergleich der Gesamtzuverlässigkeit von Argumenten (vgl. S. 420 ff.) von Bedeutung.

Kundennähe bei explodierenden Kosten angenommen wird. Neben diesem pragmatischen Stichhaltigkeitsaspekt des materiellen Gewichts der Begründungsaussagen bleibt die epistemische Komponente der Überzeugungskraft in Form der Aussagenzuverlässigkeit natürlich weiterhin von Bedeutung. Es macht eben einen Unterschied, ob behauptete Daten und Regeln z. B. wahr, bewährt oder nur Ergebnis plausibler Überlegungen sind.

Der pragmatische Zusatzaspekt der Überzeugungskraft von Argumenten läßt sich konzeptionell durch eine entsprechende Erweiterung der Begriffe der Tragfähigkeit und Triftigkeit von Gründen einfangen (siehe Abb. 48). Die Tragfähigkeit eines Arguments hängt danach im Konfliktfall nicht nur von der Zuverlässigkeit der argumentimmanenten Datenaussagen ab, sondern gegebenenfalls auch von der materiellen Ausprägung der Daten bzw. dem *Datengewicht*. Analog richtet sich die Triftigkeit neben der Verläßlichkeit der Regelaussagen unter Umständen auch nach dem Funktionsverlauf oder genauer: dem Steigungsmaß der Funktion. Da im Rahmen unstrukturierter Managementprobleme häufig keine präzisen numerischen Funktionen bekannt sein werden[57], soll es hier zur Vermeidung einer zu großen terminologischen Nähe zur Mathematik kurz *Regelgewicht* heißen[58].

Stichhaltigkeit	Datendimension (Tragfähigkeit)	Regeldimension (Triftigkeit)
epistemische Dimension	Daten-zuverlässigkeit	Regel-zuverlässigkeit
pragmatische Dimension	Daten-gewicht	Regel-gewicht

Abb. 48: Dimensionen und Kriterien der Argumentstichhaltigkeit

Als Folge der Abhängigkeit der Überzeugungskraft von Gründen von den soeben herausgearbeiteten, verschiedenen Bestimmungsgrößen sieht sich die Stichhaltigkeitsbeurteilung bei Argumentkonflikten nun im einzelnen zwei prinzipiellen Schwierigkeiten gegenüber, die im Fall der Argumentharmonie nicht oder zumindest nicht immer auftreten. Sie sollen hier als Kenntnis- und als Amalgamationsprobleme bezeichnet und im folgenden näher erörtert werden.

57) Vgl. hierzu auch die folgenden Ausführungen auf S. 417 ff.

58) Vgl. zu den Motiven für die Trennung des Daten- und Regelgewichts eines Arguments und zur Ermittlung seines Gesamtgewichts eingehender S. 428 f.

(2) Kenntnisprobleme der Konfliktbewältigung

Sofern die zu begründende Proposition keine (mehr oder weniger) präzisen Wertangaben enthält[59], muß die Begründung im Harmoniefall auch nicht die konkreten Werte (ordinal oder kardinal) meßbarer Daten (Datengewichte) sowie den genauen Verlauf der funktionalen Wenn-Dann-Beziehung (Regelgewicht) benennen. Es genügt in diesem Fall vielmehr zur Untermauerung der Proposition, wenn das Argument sie aus qualitativen[60] Datenaussagen[61] und Regelaussagen zur bloßen Einflußrichtung der Wenn-Dann-Beziehung[62] herleitet. Schon hierdurch wird gezeigt, daß der Übergang von den Situationsmerkmalen zur Konklusion 'regelmäßig' gerechtfertigt ist. Liegen dagegen Konflikte zwischen Argumenten vor, die konträre Einflüsse auf den fraglichen Sachverhalt behaupten, so reichen qualitative Begründungsaussagen auch dann nicht aus, wenn der Sachverhalt selbst keine Angaben zu Werten umfaßt. Ohne Kenntnis des jeweiligen Ausmaßes der Einflüsse läßt sich der Einflußsaldo nicht bestimmen und damit auch nicht, ob die behauptete Aussage zutrifft oder nicht. So kann eben - wie oben bereits angesprochen wurde - auch die bloß qualitative Proposition über den reorganisationsbedingten «Gewinnanstieg» (und nicht den «Gewinnanstieg in Höhe von G») bei Gewinnwirksamkeit von Kundennähe und Kosten nur dann untermauert (oder erschüttert) werden, wenn einsichtig gemacht werden kann, daß der positive Gewinnbeitrag der Kundennähe den negativen Gewinnbeitrag der Kosten übersteigt (bzw. unterschreitet).

Da mit der Präzision von Aussagen in der Tendenz auch die kognitiven Anforderungen der Aussagenformulierung steigen, erfordert die Konfliktlösung die Bewältigung zusätzlicher Erkenntnis- und Informationsprobleme. Die erste Komplikation resultiert aus der Sperrigkeit von Größen, die nicht (bereits[63]) in komparativen oder quantitativen Begriffen expliziert worden sind, gegenüber Versuchen ihrer ordinalen oder kardinalen Messung[64]. Während das Phänomen 'Kosten' beispielsweise durch die entwickelten Kostentheorien schon seit langem (wenn auch mit theoriespezifischen Unterschieden in den Details) metrisiert ist[65], hat das Konstrukt 'Kundennähe' - soweit ersichtlich -

---

59) Also z. B. nur ein «Gewinnanstieg» durch Einführung der Kundenorganisation prognostiziert wird und nicht ein «Gewinnanstieg in Höhe von G».

60) Da bei sauberer Klassenbildung und ausreichender Operationalisierung sämtliche Phänomene (einer endlichen Menge) zumindest auf einer Nominalskala meßbar sind (siehe zur qualitativen Messung mit Hilfe von Nominalskalen statt vieler MENGES 1982, S. 94), ist die Trennung zwischen 'meßbaren' und 'nicht-meßbaren' Größen ohne jeweilige Skalennennung strenggenommen wenig aussagefähig. Zum einen sollen daher Phänomene, die allenfalls nominalskaliert meßbar sind, als *qualitative* oder *klassifikatorische Größen*, ordinal meßbare Phänomene als *komparative* oder *topologische Größen* und kardinal meßbare Sachverhalte als *quantitative* oder *metrische Größen* bezeichnet werden (vgl. auch die Unterscheidung entsprechender Arten von Begriffen bei STEGMÜLLER 1970, S. 15 ff.; ähnlich ESSLER 1971, S. 64 ff.). Zum anderen sollen - sofern nicht ausdrücklich etwas anderes gesagt wird - unter *meßbaren Größen* nur Phänomene verstanden werden, deren Messung anhand einer Ordinal- oder Kardinalskala erfolgen kann. Vgl. zum Ganzen auch S. 468 f.

61) Beispiel: «Die Kundenorganisation erhöht die Kundennähe der Unternehmung.»

62) Beispiel: «Wenn die Kundennähe erhöht wird, dann ergibt sich ein positiver Einfluß auf den Gewinn.»

63) Vgl. zur Frage, ob alle Phänomene in einer komparativ oder quantitativ meßbaren Form beschrieben werden können, oder ob bestimmte Größen aus Prinzip nicht ordinal oder höherwertig meßbar sind, S. 469.

bisher weder eine allgemein akzeptierte komparative, geschweige denn eine quantitative Begriffsfassung erhalten. Soweit Konstrukte bislang erst in qualitativen Begriffen formuliert sind, muß daher eine Weiterentwicklung der qualitativen zu komparativen (oder gar quantitativen) Begriffen mit zumindest groben Abstufungen und eine entsprechende Operationalisierung der Konstrukte über empirisch beobachtbare Indikatoren erfolgen[66]. Ein Beispiel bildet die - natürlich sehr restriktive und lediglich Demonstrationszwecken dienende - Rückführung der Kundennähe auf die Zeitspanne, die eine Bearbeitung von Kundenaufträgen erfordert[67].

Zum zweiten erfordert die konkrete Gewichtsbestimmung vergleichsweise detailliertere Einblicke in die Problemzusammenhänge. Während sich qualitative Aussagen zur Situation und zur tendenziellen Einflußrichtung von Bestimmungsfaktoren noch relativ einfach und zuverlässig begründen oder sogar belegen lassen, stellen Aussagen über Daten- oder Regelgewichte prinzipiell erheblich höhere Anforderungen an die Fundierung[68]. So können beispielsweise die beiden Behauptungen, daß die Einführung einer Kundenorganisation die Kundennähe der Unternehmungsaktivitäten tendenziell erhöhen wird, und daß eine erhöhte Kundennähe sich regelmäßig positiv auf den Gewinn auswirkt, verhältnismäßig schnell plausibel gemacht werden. Akzeptiert man (zur Vereinfachung) die Operationalisierung der Kundennähe über den Zeitbedarf der Auftragsbearbeitung, so ist zu diesem Zweck etwa lediglich darzulegen, daß sich durch die Bündelung von Informationen, Know-how und Kompetenzen in der Hand der einzelnen Kundenmanager Rückfragen und Abstimmungen mit anderen Organisationseinheiten erübrigen[69] und damit die Bearbeitungszeiten verkürzen, bzw. daß kurze Bearbeitungszeiten grundsätzlich einen Vorteil für Kunden darstellen und Kunden ihre Nachfrage bei vorteilhaften Angeboten

---

64) Vgl. zu den bekannten Problemen namentlich der 'Quantifizierung' allgemein auch schon SZYPERSKI 1962, insb. S. 54 ff., 116 f., sowie ZAHN 1973, S. 606, 612; KNAPP 1978b, S. 201 ff.

65) Vgl. zur metrisierenden Funktion der Theorie(n) des Rechnungswesens auch SCHNEIDER 1985, S. 146, 402 ff. und 414 ff.

66) Die Weiterentwicklung qualitativer Begriffe zu komparativen oder quantitativen Begriffen ist somit - was in der Literatur nicht immer mit der erforderlichen Klarheit herausgestellt wird - von der Begriffsoperationalisierung zu unterscheiden. Bei der Einführung komparativer oder quantitativer Begriffe wird ein bestimmter Objektbereich gedanklich soweit durchdrungen, daß die einzelnen Objekte des Bereichs in eine Größer/Kleiner- oder Gleichordnung gebracht (und bei quantitativen Begriffen auch die Abstände zwischen verschiedenen Objekten angegeben) werden können. Ein Beispiel bildet die Einführung eines komparativen Begriffs der Argumentationsrationalität in dieser Schrift (siehe allgemein zur Bildung komparativer und quantitativer Begriffe STEGMÜLLER 1970, S. 27 ff.; ESSLER 1971, S. 64 ff., sowie auch unten, S. 468 ff.). Durch eine Operationalisierung hingegen werden - qualitative, komparative oder quantitative - Begriffe einer theoretischen Sprache mit Hilfe von empirisch beobachtbaren Begriffen (Indikatoren) in die Beobachtungssprache übersetzt und damit einer konkreten (nominalen, ordinalen bzw. kardinalen) Messung zugänglich gemacht (vgl. zu diesem Operationalisierungsverständnis oben, S. 228 m. N.). Die Einführung von komparativen und quantitativen Begriffen und die Operationalisierung fallen demnach nur insoweit zusammen, als bei der Begriffsbildung bereits empirisch beobachtbare Indikatoren Verwendung finden. Um den Unterschied an einem Beispiel zu veranschaulichen: Der schon mehrfach angesprochene Begriff der 'Mitarbeiterzufriedenheit' läßt sich zwar etwa durch die Fluktuations- und die Abwesenheitsrate operationalisieren, wird durch diese Indikatoren aber schon deshalb nicht metrisiert, da zur Einführung eines quantitativen Begriffs der Mitarbeiterzufriedenheit u. a. das Verhältnis zwischen der Fluktuations- und der Abwesenheitsrate zu klären wäre.

67) Siehe zu diesem Merkmal und weiteren Indikatoren der Kundennähe FRESE/v. WERDER 1989, S. 19; v. WERDER/GEMÜNDEN 1989, S. 168 ff.

68) Vgl. in diesem Zusammenhang allgemein auch HEMPEL 1977, S. 133 f.

tendenziell erhöhen[70]. Die Begründung von Aussagen über das Ausmaß der Erhöhung der Kundennähe bzw. der durchschnittlichen Verkürzung der Bearbeitungszeiten sowie das Ausmaß des positiven Einflusses dieser Zeitverkürzung auf den Gewinn erfordert demgegenüber bei mangelnden Belegen eine sehr viel aufwendigere Argumentation. In Hinblick auf die erwartete Reduzierung der Bearbeitungszeiten wären hierzu u. a. die Zahl und Dauer der bisher erforderlichen Rückfragen und Abstimmungen darzulegen. Um den positiven Gewinnbeitrag abzuleiten, der aus der begründet angenommenen Zeitverkürzung um (rund) Z Zeiteinheiten resultiert, könnte etwa argumentiert werden, daß eine bestimmte Anzahl potentieller Kunden einen zeitkritischen Bedarf hat, daß eine bestimmte Quote dieses Kundensegments ihren Lieferanten wechseln wird, wenn die Unternehmung eine um Z verkürzte Bearbeitungszeit garantiert, und daß der durchschnittliche Bedarf dieser Neukunden ca. P Produkteinheiten beträgt[71].

Die Angabe von Daten- und Regelgewichten kann sich somit als ein durchaus diffiziles Unterfangen erweisen. Dabei ist zu berücksichtigen, daß nicht nur die Gewichtsangaben selbst oft nicht belegt, sondern nur begründet werden können. Vielmehr werden sich bei unstrukturierten Managementproblemen häufig auch die Begründungsaussagen über mehrere Argumentationsstufen hinweg kaum durch Belege, sondern nur durch detailliertere Begründungen untermauern lassen. Festzuhalten ist gleichwohl, daß es auch bei anfänglich und angeblich bloß qualitativen Phänomenen nicht aus Prinzip generell ausgeschlossen ist, vernünftige Aussagen über (eine Bandbreite für) interessierende Gewichtswerte zu treffen[72]. Den Zugang zur (mehr oder weniger präzisen) Ermittlung der Werte sowie zur (mehr oder weniger überzeugenden) Stützung der diesbezüglichen Wertaussagen eröffnen - wie bei jeder fundierten Behandlung einer nicht-trivialen Thematik - detaillierte Analysen der Problemzusammenhänge[73] und die entsprechenden Detailbegründungen. Wenngleich zahlreiche Phänomene beim gegenwärtigen und auf absehbare Zeit zu erwartenden Stand des Wissens nicht exakt quantifiziert werden können[74], lassen

---

69) Siehe näher FRESE/v. WERDER 1989, S. 19 f.

70) Vgl. zu den Theorien über das Käuferverhalten hier nur MEFFERT 1986, S. 138 ff.; KOPPELMANN 1991, S. 27 ff. Da es an dieser Stelle nur auf den relativen Unterschied der Fundierungsprobleme qualitativer und quantitativer Aussagen ankommt, muß das Niveau der Stichhaltigkeit dieser Begründungen nicht weiter hinterfragt werden.

71) Daß die Überzeugungskraft derartiger Begründungen durch die Präsentation entsprechender Belege (z. B. aus Stichprobenerhebungen) steigt und gesteigert werden kann, sei hier nur am Rande bemerkt. Siehe nochmals die letzte Bemerkung in der vorhergehenden Fußnote sowie zum Problemkreis der Stichhaltigkeit der Fundierung von Angaben über Daten- und Regelgewichte auch sogleich im Text.

72) Im Ergebnis ganz in unserem Sinne auch KÖHLER 1976c, S. 309-312 (für die Formulierung von Plangrößen im Rahmen strategischer Kontrollen); DeGEORGE 1986, S. 53 (selbst für die Abschätzung moralischer Handlungsfolgen); MEYER/BOONE 1987, S. 281 ff. und FRESE/v. WERDER 1992, Sp. 384 (zur Möglichkeit, mit Hilfe von Detailanalysen auch die sogenannten 'weichen' Konsequenzen des Einsatzes von Informationstechnologien abzuschätzen).

73) Im Beispiel also v. a. die Untersuchung der Bestimmungsgrößen der Kundennähe und der Kaufentscheidungen der Kunden.

74) So auch ESSLER 1971, S. 66 f.; STEGMÜLLER 1970, S. 27.

sich somit häufig wie gezeigt zumindest die Größenordnungen der Werte argumentationsrational, wenn auch sicher nicht immer zutreffend, abschätzen[75]. Daß bereits solche groben Vorstellungen über Daten- und Regelgewichte eine beachtliche Hilfestellung bei der Bewältigung von Argumentkonflikten bieten können, wird im folgenden deutlich werden.

---

75) An die Grundidee der Argumentationsrationalität, nicht einem praktisch uneinlösbaren Ideal der vollkommenen Problemkenntnis nachzujagen, sondern 'das Beste aus den verfügbaren Informationen zu machen' (siehe S. 96 m. N.), sei an dieser Stelle noch einmal erinnert.

(3) Amalgamationsprobleme der Konfliktbewältigung

Die zweite prinzipielle Schwierigkeit für eine an der Überzeugungskraft orientierte Abwägung konfliktärer Argumente resultiert aus der Frage, welcher Anteil den vier Bestimmungsfaktoren der Stichhaltigkeit[1] an der gesamten Überzeugungskraft eines Arguments jeweils zukommt, bzw. wie die einzelnen Ausprägungen dieser Stichhaltigkeitsmerkmale zu aggregieren sind. Die Beantwortung dieser Frage ist für alle diejenigen Fälle von Bedeutung, in denen ein Argument bzw. die Argumente einer (Pro oder Contra) Position nicht (ausnahmsweise) hinsichtlich sämtlicher vier Kriterien dominant sind[2]. Konzentriert man sich auf den Konflikt zweier Argumente[3], so können - wie Abb. 49 veranschaulicht - im einzelnen 6 prinzipiell verschiedene Typen konfliktbeteiligter Gründe unterschieden werden, die in jeweils typspezifischer Weise hinsichtlich der Erfüllung der vier Kriterien überlegen bzw. unterlegen sind und z. T. mehrere Untertypen umfassen[4].

Abgesehen von den dominierenden Argumenten lassen sich Gründe zunächst schematisch danach einteilen, ob sie bezüglich eines einzigen Kriteriums dem Gegenargument unterlegen sind, oder ob sie in Hinblick auf zwei Stichhaltigkeitsmerkmale Nachteile aufweisen[5]. Eine solche Unterscheidung hat für sich allein genommen allerdings nur eine geringe Aussagekraft. Zur Herausarbeitung markanter Typen bietet es sich vielmehr an, die Argumente nach den jeweiligen Stichhaltigkeitsdimensionen zu sortieren, bei denen sie vergleichsweise gut bzw. schlecht abschneiden. Danach können alle Argumente, die zumindest hinsichtlich der Daten- und der Regelzuverlässigkeit Vorteile aufweisen (und eventuell daten- oder regelgewichtiger sind), zur Gruppe der *epistemisch überlegenen* oder *zuverlässigeren Argumente* zusammengefaßt werden. Umgekehrt bilden alle Argumente, die wenigstens sowohl daten- als auch regelgewichtiger (sowie eventuell daten- oder regelzuverlässiger) sind, die Gruppe der *pragmatisch überlegenen* oder *gewichtigeren Argumente*. Die restlichen Konstellationen mit Argumenten, die bei zwei Kriterien Schwächen haben, lassen sich sodann danach einteilen, ob diese Kriterien übereinstimmend die Daten- bzw. Regeldimension betreffen, oder ob derartige Gemeinsamkeiten der schwächer erfüllten Kriterien nicht vorhanden sind. Argumente, die im Vergleich zu ihren Gegenargumenten zuverlässigere und gewichtigere Datenaussagen, aber unzuverläs-

1) Nämlich Datenzuverlässigkeit, Datengewicht, Regelzuverlässigkeit und Regelgewicht, vgl. nochmals Abb. 48.

2) Auch dominante Argumente können im übrigen im hier betrachteten Zusammenhang allenfalls plausibel sein, da anderenfalls nach unserer Terminologie gar keine echten Argumentkonflikte vorliegen, siehe nochmals S. 409 f.

3) Sofern beide Seiten mehrere Pro- bzw. Contra-Argumente vorbringen, gelten die nachfolgenden Überlegungen analog für die beiden konträren Positionen. Vgl. zur Reduktion der eingebrachten Argumente auf letztlich höchstens zwei Standpunkte näher S. 413.

4) Das Symbol '+' in Abb. 49 bezeichnet die Kriterien, bei denen das in der Vorspalte aufgeführte Argument überlegen oder zumindest gleich gut wie das Gegenargument ist, während das Symbol '-' eine entsprechende Unterlegenheit anzeigt.

5) Die Konstellationen, in denen ein Argument bei drei oder gar vier Kriterien unterlegen ist, müssen hier nicht gesondert herausgestellt werden, da sie das Pendant zur Situation des 1-Kriterium-Nachteils bzw. zum Fall der Argumentdominanz bilden. Die entsprechenden Argumenttypen sind daher auch in Abb. 49 nicht gesondert ausgewiesen.

sigere und ungewichtigere Regelaussagen enthalten, sind *tragfähiger*, jedoch weniger *triftig* als diese und umgekehrt[6]. Gründe schließlich, die entweder in Hinblick auf das Datengewicht und die Regelzuverlässigkeit oder aber die Datenzuverlässigkeit und das Regelgewicht schwach sind, werden hier als *heterogene Argumente* bezeichnet.

Stichhaltigkeitskriterien / Argumenttyp	Datenzuverlässigkeit	Datengewicht	Regelzuverlässigkeit	Regelgewicht
dominantes Argument	+	+	+	+
zuverlässigeres Argument	+	+	+	−
	+	−	+	+
	+	−	+	−
gewichtigeres Argument	+	+	−	+
	−	+	+	+
	−	+	−	+
tragfähigeres Argument	+	+	−	−
triftigeres Argument	−	−	+	+
heterogenes Argument	+	−	−	+
	−	+	+	−

Abb. 49: Typen konfliktbeteiligter Argumente

Neben den Konfliktfällen mit einem dominanten Argument (*dominierter Konflikt*), in denen die geringe komparative Überzeugungskraft des inferioren Arguments auf der Hand liegt, können auch Konflikte mit Gegenargumenten als relativ unproblematisch eingestuft werden, die nur in Hinblick auf ein Stichhaltigkeitsmerkmal überlegen sind (*quasi-dominierter Konflikt*). Argumenten, die bei drei der vier Kriterien besser abschneiden, wird in der Regel die vergleichsweise größere Überzeugungskraft beizumessen sein. Um die Darstellung nicht zu überfrachten, sollen sich die weiteren Analysen daher auf die gravierenderen Konfliktlagen konzentrieren, in denen Argumente jeweils bei zwei Kriterien Vorteile und bei den anderen beiden Merkmalen Nachteile aufweisen.

6) Für die Argumente, die nur bei einem Kriterium relativ schlecht abschneiden, könnte im Prinzip auch anstelle ihrer Klassifizierung nach den Kriterien Zuverlässigkeit und Gewicht eine Zuordnung nach Maßgabe der Daten- und Regeldimension zu den tragfähigeren bzw. triftigeren Argumenten erfolgen. Die weiteren Untersuchungen werden aber zeigen, daß der Gegensatz zwischen Zuverlässigkeit und Gewicht bedeutsamer sowie eher lösbar ist, so daß die hier vorgenommene Einteilung zweckmäßiger ist.

Die Untersuchungsergebnisse lassen sich ohne Schwierigkeiten auf die Stichhaltigkeitsbeurteilung bei quasi-dominierten Konflikten übertragen.

Legt man die herausgearbeiteten Argumenttypen mit der genannten Ausklammerung der Untertypen mit nur einem Kriteriennachteil zugrunde, so können 3 charakteristische Situ-

Situationsbezeichnung	konträre Positionen
epistemisch-pragmatischer Konflikt	zuverlässigere Argumente vs. gewichtigere Argumente
Daten-Regel-Konflikt	tragfähigere Argumente vs. triftigere Argumente
heterogener Konflikt	heterogene Argumente vs. heterogene Argumente

Abb. 50: Situationstypen argumentativer Konflikte

ationen argumentativer Konflikte unterschieden werden, in denen sich (1) zuverlässigere und gewichtigere, (2) tragfähigere und triftigere sowie (3) heterogene Argumente gegenüberstehen (siehe Abb. 50).

Die Beantwortung der Frage nach der relativen Stichhaltigkeit der konträren Argumente in den herausgearbeiteten Konfliktsituationen fällt alles andere als leicht. Die hierbei auftretenden Komplikationen lassen sich offensichtlich als Probleme einer Mehrfachzielsetzung interpretieren, da die diversen Argumente - genauer: ihre Stichhaltigkeit - in Hinblick auf verschiedene Unterkriterien beurteilt werden. Dabei weist namentlich der Konflikt zwischen der Zuverlässigkeit und dem Gewicht von Argumenten Parallelen auf zu einer Problematik, die in der Entscheidungstheorie prominent ist und den Trade-off zwischen der Sicherheit und dem Ausmaß der Zielerreichung betrifft[7)]. Der Unterschied besteht im Kern darin, daß es entscheidungstheoretisch um die praktisch-rationale Erfolgsbeurteilung unterschiedlich riskanter Handlungsalternativen mit je verschiedenen Ergebnisausprägungen geht, während hier die Abstufung der kognitiven Stichhaltigkeit unterschiedlich zuverlässiger Argumente mit jeweils divergierenden Gewichten zur Debatte steht. Die Problemstruktur ist jedoch in beiden Fällen gleichgelagert, da jeweils zwischen einem epistemischen Vorteil (Sicherheit der Zielerreichung bzw. Verläßlichkeit der Aussagen) und einem pragmatischen Vorteil (Ausmaß der Zielerreichung bzw.

7) Vgl. näher MAG 1977, S. 60 ff.; BAMBERG/COENENBERG 1991, S. 70 ff.; WEBER 1990, S. 21 ff.; WEBER/CAMERER 1987, sowie auch schon oben (S. 86 ff.).

Gewicht der Aussagen) zu wählen ist. Ein kurzer Blick auf die entscheidungstheoretischen Problemlösungen kann daher fruchtbar sein.

Die in der (präskriptiven) Entscheidungstheorie vorherrschende, wenn auch nicht unumstrittene[8] Lösung des Trade-off-Problems zwischen Sicherheit und Ausmaß der Zielerreichung bildet nach wie vor die auf BERNOULLI zurückgehende und erstmals von v. NEUMANN und MORGENSTERN axiomatisierte Risikonutzentheorie[9]. Nach dieser Theorie sind die Ergebnisausprägungen der alternativen Handlungen zunächst mit Hilfe einer Nutzenfunktion in Nutzengrößen zu transformieren und die Nutzenwerte sodann mit den Wahrscheinlichkeiten des Ergebniseintritts zu gewichten. Das Resultat dieser Operation ergibt den Risikonutzen jeder Handlung, der zwischen den einzelnen Alternativen vergleichbar ist und daher eine rationale Auswahl gestattet. Die Bewältigung des Zielkonflikts erfolgt somit grundsätzlich dadurch, daß die Beiträge der alternativen Handlungen zu den Zielen Sicherheit und Ausmaß in einem übergeordneten Konstrukt (Risikonutzen) aggregiert werden.

Der entscheidungstheoretische Ansatz zur Konfliktlösung greift demnach ebenfalls mit dem Konstrukt 'Risikonutzen' auf ein übergeordnetes Kriterium zurück, das in seiner Beurteilungsfunktion dem hier eingeführten Bewertungskriterium der 'komparativen Stichhaltigkeit' entspricht. Eine unmittelbare Übernahme des nutzentheoretischen Konfliktlösungsmodells der Entscheidungstheorie insgesamt scheidet aber für unsere Zwecke vor allem aus zwei Gründen aus. Zum einen kann die Zuverlässigkeit von Aussagen als Folge der eingeführten Verläßlichkeitsabstufungen zwar ordinal, nicht aber wie die von der Risikonutzentheorie geforderten Eintrittswahrscheinlichkeiten bereits kardinal gemessen werden[10]. Eine Zuordnung numerischer Größen zu den Verläßlichkeitsstufen wäre daher ohne weitere Vorarbeiten zur Metrisierung mehr oder weniger willkürlich. Zum zweiten überläßt das Nutzenmodell die Formulierung der maßgeblichen Risiko- und Höhenpräferenzen[11] ganz dem Entscheidungsträger[12]. Nehmen beispielsweise 'Spielernaturen' mit Blick auf beträchtliche Gewinnchancen das Risiko ruinöser Verluste in Kauf, so kann ihr Verhalten danach gleichwohl als (praktisch-)rational gelten, wenn nur die axiomatischen Anforderungen an die Nutzenfunktion[13] erfüllt sind und die Alternativenauswahl dem (höchsten) Risikonutzen folgt[14]. Geht man davon aus, daß

8) Siehe näher WEBER/CAMERER 1987 und WEBER 1990, insb. S. 92 ff.

9) Siehe BERNOULLI 1738 bzw. v. NEUMANN/MORGENSTERN 1947 sowie statt vieler BAMBERG/COENENBERG 1991, S. 73 f.; WEBER 1990, S. 2 und 22 m. w. M.

10) Die kardinale Meßbarkeit wird allerdings - bei rein subjektiven Wahrscheinlichkeiten - durch die letztlich mangelnde interpersonelle Überprüfbarkeit der Ziffernzuordnung erkauft. Vgl. auch nochmals S. 5 FN 30 und S. 264.

11) Siehe zur Problematik des Verhältnisses dieser beiden Präferenzarten näher hier nur WILHELM 1986 m. w. N.

12) Vgl. nur BAMBERG/COENENBERG 1991, S. 73 ("subjektive Nutzenbewertung ... durch den Entscheidungsträger"); WEBER 1990, S. 22 ("Präferenz des Entscheiders").

13) Nach HERSTEIN/MILNOR 1953, S. 293 'vollständige Ordnung', 'Stetigkeit' und 'Unabhängigkeit'. Vgl. hierzu und zu Nachweisen über vergleichbare Axiomatisierungen MacCRIMMON/LARSSON 1979, S. 337 ff.; WEBER 1990, S. 23 ff.

zumindest im managerialen Kontext gewisse untere und obere Grenzen der (zulässigen) Risikoneigung etabliert sind[15], so kann das insofern neutrale (bzw. zu liberale) Nutzenmodell nicht als Basis für die Stichhaltigkeitsbeurteilung konträrer Argumente dienen. Zur weiteren Konkretisierung des Kriteriums der komparativen Stichhaltigkeit ist vielmehr eine akzeptable Regel zu formulieren, die den Rahmen für die Aggregation der Zuverlässigkeit und des Gewichts von Begründungsaussagen fixiert. Akzeptiert man die These von der prinzipiellen Existenz einer gewissen Bandbreite tolerabler managerialer Risikoeinstellungen, so muß diese Regel im Kern die Grenzwerte der mindestens zu tragenden und der höchstens tragbaren Risiken sowie die akzeptablen Austauschrelationen zwischen Zuverlässigkeit und Gewicht innerhalb dieser Grenzen normieren.

Als Quelle einer solchen Normierung bieten sich zunächst[16] vor allem die Management-Usancen an, wie sie von 'sorgfältigen und verantwortungsbewußten Entscheidungsträgern' gepflegt werden und in verschiedenen Rechtsnormen als verbindlich erklärt sind[17]. Die bindenden Usancen sind allerdings bislang erst wenig spezifiziert worden[18] und zudem beispielsweise je nach Rechtsform der Unternehmung z. T. unterschiedlich streng[19]. Ihr Inhalt läßt sich daher gegenwärtig nur in einer relativ abstrakten Formulierung erfassen. Unter Berücksichtigung dieser Vorgaben kann aber die Essenz der herrschenden Meinung zum Problem der verantwortungsbewußt-sorgfältigen Risikoeinstellung auf die Formel von der 'angemessenen Abwägung von Chancen und Risiken' gebracht werden[20]. Für die Lösung epistemisch-pragmatischer Argumentkonflikte läßt sich hieraus die Forderung ableiten, die Zuverlässigkeit und das Gewicht konträrer Argumente *angemessen abzuwägen* oder kurz eine *ausgewogene* Stichhaltigkeitsbeurteilung vorzunehmen.

Die Ausgewogenheitsbedingung ist von einer Erfüllung der zuvor genannten Anforderungen an eine Aggregationsregel selbstverständlich auch dann noch weit entfernt, wenn die einschlägigen Aussagen der Literatur zur Präzisierung der verbindlichen Managementusancen hier mitbedacht werden. Eine detaillierte Begriffsexplikation kann allerdings erst in späteren Forschungsarbeiten erfolgen, da die Aufarbeitung des Schrifttums

---

14) Vgl. in diesem Zusammenhang auch ULRICH 1986, S. 216 f., sowie zu unterschiedlichen Verläufen von Nutzenfunktionen statt vieler BAMBERG/COENENBERG 1991, S. 79 ff.

15) Siehe für den Vorstand der AG § 93 Abs. 1 Satz 1 AktG und hierzu HEFERMEHL 1973, § 93 Anm. 10; MERTENS, H.-J. 1989, § 93 Anm. 48 f., sowie auch die höchstrichterliche Entscheidung BGH v. 4.7.1977 - II ZR 150/75, a. a. O., S. 81.

16) Im Sinne einer Orientierung am Bestand der akzeptablen Normen (siehe S. 316 f.). Erkenntnis- und entscheidungstheoretische Überlegungen zur späteren weiteren Fundierung der Normierung werden unten (S. 425 f.) noch angestellt werden.

17) Vgl. z. B. §§ 346, 347 HGB; § 43 Abs. 1 GmbHG; § 93 Abs. 1 AktG; § 34 Abs. 1 GenG.

18) Dies gilt namentlich für die hier interessierende Abwägung der Zuverlässigkeit und des Gewichts von konträren Argumenten, die - soweit wir sehen - bislang noch nicht ausführlich erörtert worden ist.

19) Vgl. z. B. zu den Unterschieden zwischen den Haftungsmaßstäben für den 'normalen' Kaufmann nach § 347 HGB und für Vorstandsmitglieder einer AG nach § 93 Abs. 1 Satz 1 AktG HEFERMEHL 1973, § 93 Anm. 12; SCHILLING 1973, § 93 Anm. 9; MERTENS, H.-J. 1989, § 93 Anm. 98.

20) In diesen Sinne etwa SAAGE 1967, S. 228; HEFERMEHL 1973, § 93 Anm. 10; MERTENS, H.-J. 1989, § 93 Anm. 48 f.

und die hiernach zu leistenden Weiterentwicklungen den Rahmen der vorliegenden Schrift bei weitem sprengen würden. Insoweit müssen daher an dieser Stelle einige Gedankenskizzen über mögliche Ansätze zur Präzisierung genügen.

Das Leitprinzip der Ausgewogenheitsregel lautet, daß auf der einen Seite unstrukturierte Managementprobleme nicht grundsätzlich ohne Risiko bewältigt werden können und andererseits va banque-Entscheidungen um so weniger akzeptabel sind, je größer die Bedeutung der von einem Fehlschlag betroffenen Interessen(-gruppen) ist[21]. Für die Einschätzung der Zuverlässigkeit einer diskutierten Proposition, die ja letztlich den Zweck der Stichhaltigkeitsbeurteilung konträrer Argumente bildet, folgt aus diesem Grundgedanken konkret, daß der Verläßlichkeitswert tendenziell um so niedriger anzusetzen ist, je höher das Gewicht des unzuverlässigeren Gegenarguments ist. Kann etwa gegen das (hier unterstelltermaßen verläßlichere) Kundennähe-Argument die (wenn auch nur mit einer relativ geringen Zuverlässigkeit) begründete Prognose einer enormen Kostenexplosion durch Einführung der Kundenorganisation ins Feld geführt werden, so ist die Gefahr eines insgesamt negativen Gewinnsaldos der Reorganisation auch unter Berücksichtigung der verbleibenden Restunsicherheit dieser Kostenschätzung schlicht größer als bei der Erwartung einer allenfalls moderaten Kostensteigerung. Selbst wenn sich die Prognose des enormen Anstiegs im nachhinein nicht voll bestätigen sollte, bleibt in der Tendenz noch genügend (Kosten-)'Masse' übrig, um den Organisationserfolg nachhaltig zu beeinträchtigen. Demzufolge ist die Zuverlässigkeit der diskutierten Proposition «Die Kundenorganisation wird den Unternehmungsgewinn steigern» im Fall der gewichtigen Kostenprognose auch angesichts deren relativer Unzuverlässigkeit allenfalls als niedrig anzusehen oder eventuell sogar abzulehnen.

Ein wichtiges Detailproblem im Zusammenhang mit der Abwägung zuverlässigerer Gründe mit gewichtigeren Argumenten liegt in der Frage, ob die vergleichsweise gewichtigeren Argumente eine bestimmte Mindestzuverlässigkeit aufweisen müssen, um eine nennenswerte Stichhaltigkeit für sich beanspruchen zu können[22]. Würde z. B. eine gewaltige Erlössteigerung durch Einführung der Kundenorganisation prognostiziert, ohne daß hierfür gute Gründe präsentiert werden (können), so wäre das (hier jetzt angenommen zuverlässigere) Gegenargument einer nicht unerheblichen reorganisationsbedingten Kostenerhöhung offensichtlich ungleich ernster zu nehmen, als wenn die überproportionalen Erlöserwartungen beachtlich plausibel gemacht werden können. Die Beantwortung der aufgeworfenen Frage wird mit dem jeweiligen Argumentgewicht variieren und u. a. auch davon abhängen, ob im Irrtumsfall zur Hauptsache nur das Ausbleiben positiver Handlungsfolgen[23] oder aber der Eintritt gewichtiger negativer Konsequenzen zu befürchten ist[24]. Ferner ist darauf hinzuweisen, daß als Spezifikation der oben angeregten empirischen Analysen der durchschnittlichen Erfolgsimplikationen ver-

21) Ganz in diesem Sinne z. B. auch MERTENS, H.-J. 1989, § 93 Anm. 48 f.

22) Diese Fragestellung wird im Zusammenhang mit der Bildung der Detailstufen der Argumentationsrationalität noch einmal aufgegriffen werden und vertieft. Siehe S. 500 f.

23) Z. B.: Keine erhebliche Erlössteigerung bei unveränderten Kosten.

schiedener Rationalitätsstufen managerialer Problemlösungen[25)] letztlich Untersuchungen darüber anzustellen sind, ab welcher Verläßlichkeitsstufe Argumente in einem zufriedenstellenden Ausmaß auch tatsächlich zutreffen. Entsprechende Befunde können wertvolle heuristische Anhaltspunkte für die Normierung von Mindestzuverlässigkeiten sowie Austauschverhältnissen zwischen Verläßlichkeit und Gewicht von Argumenten bieten.

Mit diesen knappen Überlegungen müssen wir uns an dieser Stelle begnügen. Festzuhalten ist, daß nach der hier skizzierten Konzeption der argumentationsrationalen Stichhaltigkeitsbeurteilung in epistemisch-pragmatischen Konfliktfällen weder der Zuverlässigkeit noch dem Gewicht von Argumenten generell der Vorrang einzuräumen ist. Vielmehr ist in jedem Einzelfall die Entscheidung über die komparative Stichhaltigkeit der widerstreitenden Argumente unter "ausgewogener" Berücksichtigung ihrer jeweiligen epistemischen und pragmatischen Prävalenzen zu treffen. Die weitere Ausarbeitung dieses Konzepts muß aus Gründen des Umfangs späteren Forschungsarbeiten vorbehalten bleiben.

Während die epistemisch-pragmatische Konfliktlage im entscheidungstheoretischen Problem des Trade-off zwischen Sicherheit und Ausmaß der Zielerreichung noch eine Parallele findet und die Überlegungen zu ihrer Bewältigung von der dort geführten Diskussion profitieren können, ist die Konfrontation tragfähigerer Gründe mit triftigeren Argumenten - soweit ersichtlich - im Schrifttum bislang noch kaum thematisiert worden[26)]. Um diesen ungewohnten Konflikttyp zu veranschaulichen, sei das folgende Beispiel gegeben:

P: «Die Einführung der Kundenorganisation wird den Unternehmungsgewinn steigern, da wir - wie eine eingehende Marktuntersuchung ergeben hat - auf einem ausgeprägten Käufermarkt operieren (Datum) und kundenorientierte Strukturen bei Käufermarktverhältnissen vermutlich zu einem Gewinnanstieg um E führen (Regel).»

O: «Die Einführung der Kundenorganisation wird den Unternehmungsgewinn senken, da die Reorganisation vermutlich die Kosten um K erhöht (Datum) und erhöhte Kosten bekanntlich den Gewinn senken (Regel).»

---

24) Z. B.: Keine erhebliche Erlössteigerung bei beachtlich gestiegenen Kosten. Vgl. zu dem bekannten Phänomen der unterschiedlichen Gewichtungen von Verlust- und Gewinnaussichten, das in der Praxis beispielsweise bei der Versicherung gegen äußerst seltene, aber existenzgefährdende Risiken eine bedeutende Rolle spielt, schon FRIEDMAN/SAVAGE 1948 sowie BAMBERG/COENENBERG 1991, S. 81 f.

25) Siehe S. 119 ff. und S. 361.

26) So finden sich auch bei NAESS 1975, der mit der "Haltbarkeit" und "Relevanz" von Argumenten eine ähnliche Unterscheidung trifft wie die zwischen Tragfähigkeit und Triftigkeit und sich noch vergleichsweise intensiv mit Argumentkonflikten auseinandersetzt, keine Ausführungen zur Problematik, daß haltbarere auf relevantere Argumente treffen können. Er stellt in diesem Zusammenhang lediglich fest, daß Argumente - um berücksichtigt zu werden - um so weniger haltbar (bzw. relevant) sein müssen, je relevanter (bzw. haltbarer) sie sind (NAESS 1975, S. 147).

In diesem Beispiel haben die Begründungsaussagen (annahmegemäß) die folgenden relativen Zuverlässigkeits- und Gewichtseigenschaften. Die Datenaussage des Proponenten darf als wahr gelten, da ihre Gültigkeit mit Hilfe der Befunde der durchgeführten Marktstudie belegt werden kann[27]. Hingegen beruht die Datenaussage des Opponenten zunächst nur auf einer Vermutung und ist daher weniger zuverlässig. Sie kann zwar durch nachfolgende Detailbegründungen weiter fundiert werden, als zukunftsbezogene Proposition jedoch allenfalls plausibel sein und daher die Verläßlichkeitsstufe der Käufermarktfeststellung nicht erreichen. Das Gewicht der beiden Datenaussagen läßt sich naturgemäß nicht ohne weiteres direkt vergleichen, da die geschilderten Phänomene (Käufermarkt; Kosten) verschiedenartige Größen repräsentieren. Eine tendenzielle Gewichtseinschätzung ist jedoch möglich, wenn die tatsächlichen Datenwerte jeweils zu den maximalen[28] oder zumindest als groß angesehenen Werten der betreffenden Sachverhalte in Beziehung gesetzt werden. Danach weist die Datenaussage des Proponenten ein vergleichsweise hohes Gewicht auf, da die erhobenen Käufermarktmerkmale sehr ausgeprägt sind. Die Datenaussage des Opponenten kann dagegen kein sonderliches Gewicht beanspruchen, sofern der Kostenbetrag K nur einen geringen Bruchteil des Gesamtkostenblocks der Unternehmung repräsentiert.

Die Regelaussage des Proponenten ist weder besonders zuverlässig noch gewichtig. Der mutmaßliche positive Einfluß der Einführung einer Kundenorganisation unter Käufermarktbedingungen auf den Gewinn kann zwar ebenfalls - wie in dieser Untersuchung schon wiederholt angerissen wurde - detaillierter begründet werden. Im Vergleich zur Kosten-Gewinn-Beziehung weist diese Regularität gleichwohl ein grundsätzliches Verläßlichkeitshandikap auf, da der Gewinn von steigenden Kosten definitionsgemäß negativ beeinflußt wird[29]. Das komparative Regelgewicht des Kostenarguments schließlich ist dann größer, sofern (wie hier unterstellt) die Käufermarkt/Kundenorganisation-Gewinn-Beziehung flacher verläuft als die Kosten-Gewinn-Beziehung. Das Kostenargument ist m. a. W. also regelgewichtiger, da im Beispiel der Gewinnbeitrag der Kundenorganisation mit steigendem Käufermarktniveau (in absoluten Werten) unterhalb des Gewinnbeitrags von Kostenänderungen bleibt[30]. Zur Vermeidung von Irritationen sei an dieser Stelle noch einmal ausdrücklich betont, daß die mitunter mathematische Sprechweise und die vereinfachten Beispiele nicht den Eindruck erwecken dürfen, als würden die Erkenntnisbarrieren unstrukturierter Managementprobleme hier aus den Augen verloren. Selbst für nachgelagerte Begründungsstufen vertreten wir keineswegs die Ansicht, daß die angesprochenen Funktionsverläufe stets exakt und mit höchster Verläßlichkeit be-

---

27) Unterstellt ist hierbei, daß die Marktstudie nicht nur stichprobenartig angelegt war und die Aussagen daher nur als bewährt einzustufen sind.

28) Sofern eine Skala mit einem unteren und oberen Endpunkt existiert. Als fiktives Beispiel könnte etwa an eine Skala gedacht werden, auf der die Käufermarktintensität zwischen 0 und 1 eingeordnet werden kann.

29) Die Kosten-Gewinn-Beziehung ist allerdings, wie auf S. 283 f. eingehend dargelegt wurde, nur eine plausible und keine bewährte oder gar wahre Regularität.

30) Fiktives Beispiel: Mit jeder zusätzlichen Käufermarkteinheit ist ein positiver Gewinnbeitrag in Höhe von 0,5 Gewinneinheiten verbunden, mit jeder zusätzlichen Kosteneinheit definitionsgemäß ein negativer Gewinnbeitrag von 1 Geldeinheit. Zur Vereinfachung ist im übrigen unterstellt, daß die Ge-

stimmbar sind. Wie oben näher ausgeführt wurde, ist es jedoch auch bei komplexen und noch nicht quantifizierten Regularitäten häufig nicht ausgeschlossen, durch Detailanalysen bzw. Detailbegründungen zumindest grobe Eindrücke von der Intensität des Zusammenhangs zwischen den Ausprägungen der Wenn-Komponente und der Dann-Komponente zu gewinnen und zu vermitteln[31]. Besteht diese Möglichkeit faktisch jedoch nicht, so ist im Umkehrschluß zu folgern, daß die betreffende Regelaussage auch keine besondere Überzeugungskraft für sich reklamieren kann. Es vermag aus argumentationsrationaler Sicht eben schlechterdings nicht einzuleuchten, warum einem Argument im Wettstreit mit regelgewichtigeren Gegenargumenten überhaupt eine gewisse Stichhaltigkeit zugesprochen werden sollte, wenn sich für sein behauptetes eigenes Regelgewicht nicht einmal (einige) gute Gründe ins Treffen führen lassen.

Einen prinzipiellen Zugang zur Bewältigung von Tragfähigkeits-Triftigkeits-Konflikten vermittelt nun die Überlegung, das jeweilige Gesamtgewicht der konträren Argumente sowie ihre jeweilige Gesamtverläßlichkeit aus dem Gewicht bzw. der Zuverlässigkeit der entsprechenden Daten- und Regelaussagen zu ermitteln. Erweist sich danach eine Position als epistemisch und pragmatisch überlegen, so liegt ihr komparativer Stichhaltigkeitsvorteil auf der Hand. Anderenfalls ist der entstandene Konflikt zwischen Zuverlässigkeit und Gewicht nach den bereits oben beschriebenen Grundsätzen zu lösen[32]. Die Aggregation des Daten- und des Regelgewichts eines Arguments zu seinem Gesamtgewicht sowie der Zuverlässigkeit der Daten- und Regelaussagen zur Verläßlichkeit insgesamt ist allerdings alles andere als komplikationsfrei. Als Gesamtgewicht eines Arguments ist der Beitrag zum begründeten Sachverhalt anzusehen, der sich aus dem Datenwert und dem Steigungsmaß der Wenn-Dann-Beziehung (Regelgewicht) ergibt. Da und sofern bei unstrukturierten Managementproblemen insbesondere über das Steigungsmaß des öfteren nur grobe Vorstellungen existieren werden, ist eine exakte Gewichtsbestimmung im Sinne des 'Einsetzens' von Datenwerten in eine numerische Funktion häufig nicht durchführbar. Es verbleibt unter diesen Umständen nur die Möglichkeit, das Gesamtgewicht in der Tendenz um so höher anzusetzen, je größer der Datenwert und/oder das Steigungsmaß der Wenn-Dann-Beziehung nach den angestellten Plausibilitätsüberlegungen ausfällt. In dieser Schwierigkeit der Gesamtgewichtsbestimmung liegt auch die tiefere Begründung für unsere explizite Trennung zwischen dem Daten- und dem Regelgewicht. Ist beispielsweise bereits der Datenwert relativ bescheiden, so liegt es selbst

---

winnwirkungen der Kundenorganisation nur vom Käufermarktniveau und nicht auch von den Detailausprägungen der kundenorientierten Struktur abhängen.

31) Siehe S. 418 f.

32) Theoretisch ist auch der Fall nicht ausgeschlossen, daß sich die konträren Argumente nach der Aggregation als gleich zuverlässig und gleich gewichtig darstellen. Bei dieser Konstellation, die in der Praxis eine ganz seltene Ausnahmesituation verkörpern dürfte, kann aus argumentationsrationaler Sicht nur eine Enthaltung zur Stichhaltigkeitsfrage gerechtfertigt werden. Vgl. auch die analoge Situation im 'Petersen-Fall' der einander paralysierenden statistischen Argumente (S. 258 f.) und zum Enthaltungsgebot dort STEGMÜLLER 1983, S. 819 und 969.

ohne Kenntnis des genauen Steigungsmaßes nahe, davon auszugehen, daß auch das Gesamtgewicht des Arguments tendenziell recht niedrig liegt et v. v.[33].

Die Aggregation der Daten- und der Regelverläßlichkeit kann ebenfalls nur über eine Hilfsoperation erfolgen, da und solange die exakte Verknüpfung (etwa 'Addition') der verschiedenen Zuverlässigkeitsstufen allgemein und in Abhängigkeit vom Aussagentyp im besonderen nicht geklärt ist. Die hier vorgeschlagene Ersatzlösung, die als *epistemisches Maximin-Prinzip*[34] bezeichnet werden soll, sieht vor, dasjenige Argument als insgesamt zuverlässiger einzustufen, dessen unzuverlässigste Aussage verläßlicher als die unzuverlässigste Aussage des Gegenarguments ist. Dieses Prinzip zeichnet somit das Argument mit der relativ höchsten Minimalzuverlässigkeit seiner Aussagen als vergleichsweise stichhaltiger aus und verfolgt damit das Anliegen, eine gewisse Mindestverläßlichkeit aller Begründungsaussagen des relativ überzeugenderen Arguments zu gewährleisten. Hintergrund ist dabei die Überlegung, daß eine noch so hohe Zuverlässigkeit der einen (Daten- oder Regel-)Komponente eines Arguments nur wenig Überzeugungskraft besitzt, wenn die andere (Regel- oder Daten-)Komponente in hohem Maße unzuverlässig ist[35].

Kehrt man vor diesem Hintergrund zu unserem exemplarischen Tragfähigkeits-Triftigkeits-Konflikt zurück, so lassen sich folgende Urteile zur Stichhaltigkeit der beteiligten Argumente treffen. Sofern der erwartete Gewinnanstieg E (deutlich) kleiner als der negative Gewinnbeitrag K ist, kommt dem Kostenargument das größere Gesamtgewicht zu. Falls zusätzlich die Kostenschätzung des Opponenten[36] noch (deutlich) zuverlässiger als die Regelaussage des Proponenten zum Zusammenhang zwischen Käufermarkt, Kundenorganisation und Gewinn ist, so ist das Kostenargument zugleich auch epistemisch überlegen. Unter diesen Voraussetzungen wäre somit der Einwand des Opponenten insgesamt als überzeugender anzusehen. Übersteigt demgegenüber E (deutlich) K und die Zuverlässigkeit der Käufermarkt/Kundenorganisation-Gewinn-Beziehung (deutlich) diejenige der Kostenschätzung, so ist das Argument des Proponenten sowohl gewichtiger als auch verläßlicher und damit insgesamt stichhaltiger als das oppositionelle Bedenken. Ist schließlich bei $E > K$ (bzw. $E < K$) die Regelaussage des Proponenten weniger zuverlässig (bzw. zuverlässiger) als die Datenaussage des Opponenten, so weist das Argument des Proponenten (Opponenten) insgesamt das größere Gewicht und die geringere Verläßlichkeit auf. In diesen Fällen epistemisch-pragmatischer Konflikte ist die

---

33) Exakter formuliert kann beispielsweise von hohen Datengewichten allerdings nur auf ein relativ (im Vergleich zu niedrigen Datengewichten), nicht aber auch absolut hohes Gesamtgewicht geschlossen werden, da bekanntlich bei flacher Steigung einer Funktion auch hohe Werte der unabhängigen Variablen zu recht niedrigen Werten der abhängigen Variablen führen.

34) In Anlehnung an das Maximin-Prinzip der entscheidungstheoretischen Zielkonfliktlösung, siehe hierzu statt vieler BAMBERG/COENENBERG 1991, S. 107. Vgl. auch im kognitiven Zusammenhang die - allerdings anders gelagerte - Verwendung des Maximin-Gedankens bei RESCHER 1976, S. 61.

35) So kann das Kostenargument epistemisch trotz der hohen Plausibilität seiner Regelaussage nur wenig überzeugen, wenn die Schätzung der reorganisationsbedingten Kosten selbst nur auf vagen Vermutungen beruht.

36) Als die vergleichsweise unzuverlässigere Aussage des Kostenarguments.

Stichhaltigkeitsbeurteilung an der oben eingeführten Regel der angemessenen Abwägung von Gewicht und Zuverlässigkeit der konträren Argumente auszurichten.

Nach den soeben erarbeiteten Grundsätzen, das Gesamtgewicht und die Gesamtverläßlichkeit der konträren Argumente zu ermitteln und hieraus eventuell entstehende epistemisch-pragmatische Konflikte ausgewogen zu bewältigen, sind schließlich auch Widersprüche zwischen heterogenen Argumenten sowie Kontroversen zu entscheiden, bei denen die Pro- und Contra-Positionen jeweils durch mehrere Gründe untermauert werden. Diese Konstellationen sollen hier im einzelnen aus Gründen des Umfangs nicht näher analysiert werden, da die Kernprinzipien sich wiederholen und die Ausarbeitung der Details in späteren Anschlußuntersuchungen erfolgen kann.

(4) Zusammenfassung

Als Fazit der voranstehenden Überlegungen ist festzuhalten, daß die Bewältigung von Argumentkonflikten in der vorliegenden Arbeit zwar selbstverständlich nicht schon in allen ihren Facetten ausgeleuchtet worden ist und werden konnte. Immerhin konnten aber die Problematik argumentativer Kontroversen transparenter gemacht und grundsätzlich gangbare Wege zur argumentationsrationalen Konfliktbewältigung aufgezeigt werden. Mit der Lokalisierung des Konfliktstoffs in den vier Stichhaltigkeitsmerkmalen Datenzuverlässigkeit und Datengewicht sowie Regelzuverlässigkeit und Regelgewicht wurden zugleich die Ansatzpunkte für seine Handhabung herausgearbeitet. In Konfliktsituationen ist danach zunächst zu bestimmen, wie datenzuverlässig, datengewichtig, regelzuverlässig und regelgewichtig die beteiligten Argumente sind. Je nach dem sich hieraus abzeichnenden Situationstyp ist sodann gegebenenfalls das Gesamtgewicht sowie die Gesamtverläßlichkeit der konträren Standpunkte zu ermitteln und/oder zu entscheiden, welcher Auffassung nach der angemessenen Abwägung von Gewicht und Zuverlässigkeit der Vorzug zu geben ist. Durch diese Vorgehensweise wird zum einen der Spielraum für subjektive Stichhaltigkeitsbeurteilungen zumindest erheblich eingeschränkt. Ferner wird hierdurch auf einer recht detaillierten Ebene auch offenkundig, wenn der zu fällende Beschluß über die Argumentstichhaltigkeit (und damit letztlich auch die Handlungsempfehlung) nur wenig eindeutig begründbar ist. Dieser Ausweis von Ambiguität stellt im Gegensatz zu einer in der Entscheidungstheorie nicht selten vertretenen Auffassung aus argumentationsrationaler Sicht durchaus einen Vorteil dar. Durch Argumentkonflikte kann das Rationalsubjekt zwar in der praktisch-rationalen Frage unschlüssig werden, welche Alternative gewählt werden soll. Auf der anderen Seite kann es sich jedoch in kognitiv-rationaler Hinsicht darin bestärkt fühlen, daß die Problemlösung zumindest nicht einseitig-voreingenommen untermauert und damit von vornherein nur wenig fundiert ist[37]. Argumentkonflikte können somit kurz gesprochen Rationalsubjekte praktisch-rational verunsichern, kognitiv-rational dagegen beruhigen.

c' Zielkonflikte

a'' Grundansatz: Konfliktlösung nach Maßgabe der Nützlichkeit

Zielsetzungsprobleme bilden nach den meisten Definitionen eines der zentralen begriffskonstituierenden Merkmale unstrukturierter Managementprobleme[38]. In der Tendenz werden die Komplikationen als um so gravierender eingestuft, je ranghöher die betreffenden Ziele sind. Dabei nehmen in der gegenwärtig aktuellen Diskussion um die 'Unternehmungsethik' namentlich Friktionen zwischen dem Gewinnziel und der Verfolgung ethischer Prinzipien eine prominente Stellung ein[39]. Solche ethisch unterlegten Zielprobleme können zwar grundsätzlich auch für unser Referenzbeispiel konstruiert werden[40]. Um die folgenden Überlegungen aber eingängiger veranschaulichen zu können, soll an dieser Stelle zur Illustration nicht auf den Reorganisationsfall, sondern ein plastischeres Beispiel zurückgegriffen werden. Betrachtet sei die Grundsatzfrage, ob und wie sich der Betrieb von Spielbanken rechtfertigen läßt. Die Zielproblematik dieser Frage beruhe darauf, daß das Spielbankengeschäft auf der einen Seite in hohem Maße profitabel ist, andererseits aber unter Umständen auch labile Persönlichkeiten zu einer existenzgefährdenden Spielleidenschaft verleiten kann. So werden einer Zeitungsmeldung zufolge die deutschen Casinos in 1991 bei einem Umsatz von über 30 Mrd. DM einen Gewinn von mehr als 1 Mrd. DM erwirtschaftet haben[41]. Wie weiter berichtet wird, verlieren die rund 5 Mio. jährlichen Besucher im Durchschnitt weniger als 200 DM. Dabei sind nach einer Allensbach-Studie 80% von ihnen nur als Gelegenheitsspieler einzuordnen. Unter den restlichen Besuchern finden sich allerdings immerhin ca. 50.000 Personen, die "regelmäßig, nach System oder Sucht"[42] spielen[43]. Konkretisiert man das Zielsetzungsproblem dieses

---

37) Diese notwendige Differenzierung des (praktisch-rationalen vs. kognitiv-rationalen) Maßstabes der Modellbeurteilung übersieht z. B. BÄUERLE 1989, S. 179, wenn er es als Nachteil einer zunehmenden Komplexität von Entscheidungsmodellen ansieht, daß "sich die Rangfolge der zur Auswahl stehenden Handlungsmöglichkeiten im Zuge der Modellerweiterung mehrfach ändern" kann. Ähnlich wie BÄUERLE auch BRETZKE 1980, S. 201. Vgl. aber in der Tendenz wie hier, wenn auch speziell im Zusammenhang mit Wahrscheinlichkeitsaussagen, bereits KEYNES 1921, S. 71 und GÄRDENFORS 1979, S. 176 ff. (mit dem Hinweis, daß das Problem der Bestimmung des einer Entscheidung zugrundegelegten "'weight of evidence'" bislang noch ungeklärt ist, siehe ebenda, S. 179).

38) Für viele LINDBLOM 1959, S. 81; HILL 1984, S. 9 f.

39) Vgl. exemplarisch STEINMANN/LÖHR 1989a, S. 7 f., sowie zur Ethikdiskussion hier nur die Beiträge in HESSE (Hrsg.) 1988; GUTMANN/SCHÜLLER (Hrsg.) 1989; SEIFERT/PFRIEM (Hrsg.) 1989; STEINMANN/LÖHR (Hrsg.) 1989.

40) Zu denken wäre etwa an den Einwand, daß eine Organisationsstruktur mit erfolgsverantwortlichen Kundenmanagern die Gefahr in sich birgt, daß aus monetären Motiven die Aufklärung der Abnehmer über Risiken der Produkte hintangestellt wird. Vgl. ganz in diesem Sinne zur Befürchtung eines Konflikts zwischen Marketingzielen und der produkthaftungsrechtlichen Instruktionsverpflichtung aus Sicht der Praxis die empirischen Befunde bei v. WERDER/KLINKENBERG/FRESE 1990, S. 70.

41) WEIMER 1991.

42) Ebenda.

43) Siehe zur gesellschaftspolitischen (Ziel-)Brisanz der Spielbanken auch die hitzigen Debatten ("Hölle ... von sittlichem Verderb"; "Sündengeld"; "Eiterbeulen der Gesellschaft"), die um einen 1952 eingebrachten Gesetzentwurf zum Verbot öffentlicher Spielbanken geführt wurden [Plenarprotokoll des

Beispiels schlagwortartig, so geht es folglich im Kern um die Spannungen zwischen dem Gewinnziel (hier: zur Hauptsache der öffentlichen Hand) und dem Fürsorgeziel, Mitbürger keinen Spielsuchtgefahren auszusetzen.

Bei der Thematisierung von Zielkonflikten sind nun zunächst grundlegend die beiden Fragen auseinanderzuhalten, ob bestimmte Zielsetzungen überhaupt verfolgt werden sollen, und welche von verschiedenen Handlungsalternativen bei Mehrfachzielsetzungen und jeweils unterschiedlichen Zielbeiträgen rationalerweise zu wählen ist. Der erste Problemkomplex betrifft die Frage nach der generellen Vorzugswürdigkeit bzw. Nützlichkeit von Zielen, die bereits oben erörtert worden ist. Ihre Beantwortung erfordert danach eine Zieldiskussion, in der durch eine Globalbegründung zu zeigen ist, daß die empfohlenen Ziele einer übergeordneten Zielsetzung bzw. Norm gerecht werden[44)]. Formuliert man für unser Beispiel etwa die (Art. 14 Abs. 2 GG nur nachempfundene[45)]) Norm, «die beachtlichen Interessen Dritter bei der Entfaltung gewinnorientierter Aktivitäten angemessen zu berücksichtigen», so wäre - bei der gegebenen Evidenz der Normverträglichkeit des Gewinnziels - im Zweifel darzulegen, daß der Schutz erwachsener Personen vor Spielsuchtgefahren unter die "beachtlichen Interessen Dritter" zu subsumieren (bzw. nicht subsumierbar) ist. Im Rahmen dieses Subsumtionsvorgangs können (und werden) selbstverständlich häufig wiederum Meinungsverschiedenheiten auftreten. Hierbei handelt es sich jedoch entweder um Argumentkonflikte innerhalb deskriptiver Detailbegründungen[46)] oder aber um neuerliche Tolerierbarkeitsprobleme, soweit zur Entscheidung von Auslegungsfragen weitere normative Wertungen eingeführt[47)] und problematisiert werden.

Der zweite Fragenkomplex hingegen markiert die Zielkonflikte im engeren Sinne der präskriptiven Entscheidungstheorie[48)] und auch dieser Schrift. Die Problematik stellt sich immer dann, wenn Handlungsalternativen verschiedene - als solche nützliche - Zielsetzungen in jeweils unterschiedlichem Ausmaß erfüllen. Geht man für die Zwecke unseres Beispiels davon aus, daß sowohl das Gewinnziel als auch das Fürsorgeziel toleriert werden, so trägt die Alternative «Weiterführung von Spielbanken» in hohem Maße zur Gewinnerzielung bei, während zugleich 50.000 gefährdete Spieler in Kauf zu nehmen sind. Umgekehrt ist die Alternative «Schließung von Spielbanken» mit einem hohen Ge-

---

Bundestages der 193. Sitzung der 1. Wahlperiode am 14.2.1952, DEUTSCHER BUNDESTAG 1952, S. 8287 (1. Zitat), S. 8288 (2. Zitat) und S. 8289 (3. Zitat)]. Vgl. ferner noch SCHMIDT 1991, S. T 2.

44) Siehe S. 333 ff. sowie auch Abb. 44 (S. 364).

45) Es sei ausdrücklich betont, daß unser Beispiel allein der Veranschaulichung dient und keineswegs zu den juristischen Fragen Stellung genommen werden soll, ob Art. 14 GG an dieser Stelle einschlägig und wie das Spielbankgeschäft de lege lata und de lege ferenda rechtlich zu werten ist. Im Zweifel könnte die Nützlichkeit der exemplarischen Norm selbst problematisiert werden, worauf ihre Zugehörigkeit zum Bestand der akzeptablen Normen nachzuweisen wäre. Siehe zur Bedeutung von Art. 14 GG für die Verantwortung der Unternehmungsleitung ausführlich die rechtswissenschaftliche Schrift von SCHMIDT-LEITHOFF 1989.

46) Zu denken ist etwa an Kontroversen über den 'tatsächlichen Willen des Normgebers'.

47) Die übergeordnete Norm also m. a. W. weiter spezifiziert wird. Siehe hierzu auch sogleich im Text.

winnausfall, aber auch einer Rückführung der Suchtgefahren verbunden[49]. Da folglich keine der Alternativen dominant ist, wird die Alternativenauswahl zum Problem.

Untersuchungen über die Möglichkeiten der rationalen Bewältigung von Zielkonflikten nehmen im entscheidungstheoretischen Schrifttum einen festen und prominenten Platz ein[50]. Die entwickelten Verfahren lassen sich grob den beiden Klassen der Aufstellung einer Zielrangordnung und der Einführung von Zielgewichten zuordnen[51]. Bei den vergleichsweise einfacheren *Zielrangordnungsverfahren* der Konflikthandhabung werden die einzelnen Ziele in eine bestimmte Reihenfolge gebracht und die Alternativen danach beurteilt, inwieweit sie dem ranghöchsten, dann gegebenenfalls dem zweitwichtigsten Ziel usw. gerecht werden und eventuelle Nebenbedingungen einhalten[52]. Dabei werden durch einige rudimentäre Verfahrensformen wie etwa die Unterdrückung der Zielsetzungen mit Ausnahme des Vorrangziels[53] nach unserer Problemeinteilung keine Zielkonflikte (mehr) gelöst, sondern Zieldiskussionen zugunsten einer einzigen Zielsetzung beendet.

Die anspruchsvolleren verschiedenen Lösungen der *Zielgewichtung* lassen sich ungeachtet ihrer jeweiligen Besonderheiten in den Details ebenfalls im Kern auf ein einheitliches Grundprinzip zurückführen. Danach sind gemäß den Präferenzvorstellungen des Entscheidungsträgers die einzelnen Zielbeiträge jeder Alternative als Teilnutzengrößen auszudrücken, den Zielen jeweils spezifische Gewichte zuzuordnen und sodann die gewichteten Teilnutzen pro Alternative zu ihrem Gesamtnutzen zu aggregieren[54].

Die unmittelbare Anlehnung an das entscheidungstheoretische Modell der Konfliktlösung durch Zielgewichtung scheidet für Zwecke der Argumentationsrationalität ähnlich wie die Übernahme des Risikonutzenkonzepts zur Bewältigung von Argumentkonflikten[55] aus. Der Hauptgrund liegt hier wie dort darin, daß die persönlichen Präferenzen des Entscheidungsträgers die nicht weiter hinterfragte, allein maßgebliche Instanz der Zielgewichtung darstellen, und die Alternativenwahl daher in hohem Maße durch ein subjektives Moment geprägt wird. So kann in unserem Beispiel je nach der individuellen Einstellung des Entscheidungsträgers entweder dem Gewinnziel oder dem Fürsorgestreben

48) Vgl. nur KEENEY/RAIFFA 1976, S. 1 ff.; MAG 1977, S. 32; BÜRKLE 1984, S. 430; BAMBERG/COENENBERG 1991, S. 27.

49) Daß unser Beispiel auch hinsichtlich der einbezogenen Handlungskonsequenzen drastisch vereinfacht, indem es etwa die Auswirkungen auf Arbeitsplätze sowie die mögliche Substitution der Spielsucht durch andere (eventuell noch gefährlichere) Leidenschaften vernachlässigt, ist selbstverständlich, sei hier aber noch einmal ausdrücklich betont.

50) Vgl. statt vieler BAMBERG/COENENBERG 1991, S. 43 mit zahlreichen Quellenangaben in FN 1.

51) Siehe zu dieser Einteilung MAG 1977, S. 37, und zu vergleichbaren Klassifikationen SIEBEN/SCHILDBACH 1990, S. 48 ff.; BAMBERG/COENENBERG 1991, S. 49 ff.

52) Vgl. MAG 1977, S. 38 ff.; BAMBERG/COENENBERG 1991, S. 50 f.; SIEBEN/SCHILDBACH 1990, S. 49 f.

53) Siehe BAMBERG/COENENBERG 1991, S. 50.

54) Siehe z. B. MAG 1977, S. 37 f.; BAMBERG/COENENBERG 1991, S. 49 f.; SIEBEN/SCHILDBACH 1990, S. 50; v. NITZSCH/WEBER 1991, S. 971; WEBER 1992, insb. Sp. 1436.

ein mit Abstand größeres Gewicht beizumessen und damit einmal die «Weiterführung» und das andere Mal die «Schließung» der Spielbanken als optimale Alternative einzustufen sein. Die Alternativenwahl erhält so aus Sicht Dritter einen gewissen Anstrich von Beliebigkeit, die erst jenseits der Präferenzartikulation durch die (meist) axiomatisch gelenkte Abbildung und Umformung der individuellen Vorlieben in den Teilnutzen- und Aggregationsfunktionen suspendiert wird. Die argumentationsrationale Konfliktlösung muß daher zunächst einen Schritt hinter die entscheidungstheoretisch behandelte Problematik der formalen Präferenzverarbeitung[56)] zurücktreten und die Fundierung der artikulierten Präferenzen zum Thema erheben. Erst auf überzeugend begründete Präferenzen ist dann anschließend gegebenenfalls das Instrumentarium der Entscheidungstheorie anzuwenden[57)]. Die Grundzüge einer solchen Konzeption der argumentationsrationalen Zielkonfliktlösung sollen im folgenden näher umrissen werden.

Die Bewältigung von Zielkonflikten kann in die beiden Schritte der Gewichtung der verschiedenen Ziele als solchen (Zielgewichtung i. e. S.) und der Gewichtung der konträren Konsequenzen, die die einzelnen Alternativen bezüglich dieser Ziele nach sich ziehen (Konsequenzgewichtung), aufgespalten werden[58)]. Beide Gewichtungsentscheidungen lassen sich als spezielle Varianten von Zielempfehlungen auffassen. Im Gegensatz zu den bislang behandelten Zielsetzungsempfehlungen schlagen *Zielgewichtungen* aber nicht nur vor, daß bestimmte Ziele verfolgt werden sollen, sondern fällen vielmehr auch ein Urteil über ihre relative Nützlichkeit bzw. die anzustrebende relative Intensität der Zielverfolgung. Vor dem Hintergrund der Zielgewichtungsempfehlungen stufen *Konsequenzgewichtungen* sodann die relative Bedeutung ein, die den divergierenden Handlungsfolgen beizumessen ist. Mit der Identifizierung von Ziel- und Konsequenzgewichtungen als Empfehlungen liegt der grundsätzliche Ansatzpunkt zur argumentationsrationalen Bewältigung von Zielkonflikten offen. Wie jede evaluative Aussage lassen sich die Gewichtungsurteile (nur, aber eben auch) durch den Nachweis begründen, daß die vorgeschlagenen Ziel- und Konsequenzbewertungen einem übergeordneten Beurteilungskriterium gerecht werden[59)]. Struktur und Inhalt dieser (Global-)Begründungen werden im weiteren eingehender analysiert.

Eine argumentationsrationale Gewichtung von Zielsetzungen verlangt im Grundsatz, daß den einzelnen Zielen ein relatives Gewicht zugesprochen wird, das dem Ausmaß[60)] des jeweiligen Beitrags einer verwirklichten Einheit der Ziele zur Realisierung einer höheren

---

55) Siehe S. 423 f.

56) In diesem Sinne auch EISENFÜHR 1978, S. 436.

57) Auch an dieser Stelle zeigt sich somit erneut, daß unsere Untersuchungen zur Theorie einer argumentationsrationalen Entscheidungsvorbereitung nicht konträr zur herkömmlichen Entscheidungstheorie verlaufen, sondern diese vielmehr ergänzen.

58) Vgl. zur Illustration auch schon an dieser Stelle Abb. 51 (S. 438 ff.).

59) Ganz in diesem Sinne auch die Gewichtung organisatorischer Subziele oder Effizienzkriterien nach Maßgabe der Unternehmungsstrategie, die somit die Funktion der übergeordneten Zielsetzung ausübt, bei FRESE/v. WERDER 1989, S. 8. Ähnlich wie hier ferner allgemein auch KOCH 1989, S. 742.

60) Der Sicherheitsaspekt der Oberzielbeiträge wird auch hier 'vor die Klammer' gezogen und an der Zuverlässigkeit der Aussagen über die Oberzielbeiträge festgemacht. Vgl. hierzu S. 327.

Zielsetzung oder Norm entspricht[61]. Die Gewichtung ist m. a. W. so vorzunehmen, daß sie die *relative Nützlichkeit* der Verwirklichung der Subziele für die Oberzielerreichung[62] zum Ausdruck bringt. Eine solche Zielgewichtung könnte im Spielbankbeispiel etwa konkret lauten, daß die Realisierung einer Einheit des Fürsorgeziels (1 geschützte Person) für die Verwirklichung des relevanten Oberziels[63] um den Faktor 10 nützlicher ist als die Realisation einer Einheit des Gewinnziels (1000 DM)[64]. Die (relative) Nützlichkeit fungiert somit - wie bei Zielempfehlungen generell[65] - auch bei der Zielgewichtung als formales Beurteilungskriterium.

Im Gegensatz zu den Zielgewichtungen bewerten Konsequenzgewichtungen nicht die einzelne Subzieleinheit. Sie geben vielmehr Urteile ab über die relative Nützlichkeit der mit den einzelnen Alternativen verbundenen Subzielrealisationen insgesamt. Dabei erfolgt die Nützlichkeitseinschätzung ebenfalls unter Berücksichtigung des Ausmaßes der Subzielbeiträge sowie in Hinblick auf die übergeordnete Zielsetzung oder Norm, indem die Subzielrealisationswerte mit den empfohlenen Subzielgewichten kombiniert werden. Geht man etwa im Spielbankbeispiel von Subzielbeiträgen der «Weiterführung» bzw. «Schließung» in Höhe von 1 Mio. bzw. 0 Gewinneinheiten[66] und 50.000 bzw. 0 spielsuchtgefährdeten Personen aus, und gewichtet man jede Einheit der Subziele «Gewinn» und «Fürsorge» mit den Faktoren 1 bzw. 10, so würde die argumentationsrationale Konsequenzgewichtung die Folgen der Weiterführung (mit 1 Mio > 500.000) als nützlicher bewerten. Da sich der Unterschied zwischen Ziel- und Konsequenzgewichtungen somit auf die zusätzliche Einbeziehung des Ausmaßes der Subzielverwirklichung durch die zur Auswahl stehenden Alternativen beschränkt, konzentrieren sich die weiteren Überlegungen zunächst auf die Thematik der Zielgewichtungen[67].

Zielgewichtungen stellen evaluative (genauer: normative) Aussagen dar, die mit der Basisfrage «Warum?» angezweifelt werden können. In unserem Beispiel könnte etwa gefragt werden, warum die Gewichtung nicht 'fürsorglicher' festgelegt wird, indem z. B. jede geschützte Person mit dem Faktor 100 oder gar 1.000 bewertet wird. Sofern eine Problematisierung erfolgt, ist die Gewichtungsempfehlung nach unseren soeben durchgeführten Untersuchungen in einer Globalbegründung zu untermauern, die einsichtig macht, daß die vorgenommene Gewichtung der relativen Nützlichkeit der konfliktären Ziele entspricht[68]. Genauer betrachtet ist ein bestimmtes Oberziel[69] als materielles

61) Zum Prinzip der Abwägung bei Zielkonflikten allgemein auch RICKEN 1983, S. 139 und 140 ff.; RAWLS 1975, S. 454 ff.

62) Zwischen Oberziel und Norm soll im folgenden zur sprachlichen Vereinfachung nicht stets differenziert werden.

63) Vgl. zur konkreten Formulierung des entsprechenden Oberziels S. 432.

64) Diese Form der Zielgewichtung entspricht inhaltlich der Nennung eines Trade-offs zwischen den Oberzielbeiträgen der Subziele, bei der das Austauschverhältnis der Zahl gleichnützlicher Einheiten der Subziele (im Beispiel: 10 Gewinneinheiten = 1 Fürsorgeeinheit) angegeben wird. Vgl. zur Trade-off-Methode und weiteren Verfahren der Zielgewichtung hier nur WEBER 1992, Sp. 1442 f. m. w. N.

65) Siehe S. 334.

66) Entspricht 1 Mrd. DM bzw. 0 DM Gewinn.

67) Das Thema der Konsequenzgewichtungen wird unten (S. 437 ff.) noch einmal aufgegriffen werden.

Beurteilungskriterium anzusetzten und mit der Konsequenzaussage zum Ausdruck zu bringen, daß die diversen Subziele zu diesem Oberziel in dem Verhältnis der empfohlenen Gewichtung beitragen. Eine solche Globalbegründung bietet wiederum Anlaß für zwei mögliche Anschlußfragen. Zum einen kann bezweifelt werden, daß das angesetzte Oberziel nützlich und damit die Argumentation tolerabel ist. Die argumentationsrationale Antwort auf diesen Zweifel erfordert eine weitere Globalbegründung, in der die Nützlichkeit dieses Oberziels unter Berufung auf ein wiederum übergeordnetes Beurteilungskriterium einsichtig zu machen ist. Dieser Prozeß kann sich solange fortsetzen, bis die Normebene erreicht ist. Nach unserer Konzeption der managerialen Letztbegründung ist sodann lediglich noch darzulegen, daß die zugrundegelegten Normen zum Bestand der akzeptablen Normen gehören[70)]. Zum zweiten kann die Tragfähigkeit der Globalbegründung der Zielgewichtung und damit ihre Konsequenzaussage hinterfragt werden. Da die Konsequenzaussage eine deskriptive Proposition darstellt (bzw. darstellen sollte[71)]), erfolgt ihre Untermauerung in einer - eventuell mehrstufigen - Detailbegründung, sofern sie nicht belegt werden kann[72)].

Illustriert man diese Begründungsabläufe am Beispiel der Spielbankentscheidung, so könnte die empfohlene Zielgewichtung «Faktor 1 bzw. 10 für eine Gewinn- bzw. Fürsorgeeinheit» durch Bezugnahme auf das Kriterium der «angemessenen Berücksichtigung beachtlicher Drittinteressen bei der Entfaltung gewinnorientierter Aktivitäten» globalbegründet werden. Um die Auswirkungen jeder Einheit der Subziele «Gewinn» und «Fürsorge» auf den Erfüllungsgrad dieses Oberziels - wenigstens grob - bestimmen zu können, muß das Kriterium zunächst präzisiert werden. Eine Kriterienspezifizierung kann grundsätzlich entweder durch Orientierung an einschlägigen Äußerungen von Kommentatoren des Kriteriums gewonnen werden ('Auslegung')[73)] oder aber allein auf Präzisierungen des Proponenten beruhen. Sie könnte im Beispiel etwa ihren Niederschlag in der Formel finden, daß beachtliche Drittinteressen dann angemessen berücksichtigt sind, wenn auf vergleichsweise geringfügige Gewinne zur Wahrung gravierender Drittinteressen verzichtet wird bzw. bei Erzielung beträchtlicher Gewinne nur relativ harmlose Interessenbeeinträchtigungen in Kauf zu nehmen sind[74)], wobei im Zweifel nach dem

---

68) In dieser Begründungsverpflichtung kommt letztlich der Unterschied zwischen der oberzielabhängig-argumentationsrationalen und der präferenzabhängig-entscheidungstheoretischen Zielgewichtung zum Ausdruck.

69) Genauer: Der 'relative Beitrag zu einem bestimmten Oberziel', siehe auch Abb. 51 (hier S. 439).

70) Siehe S. 312 ff., insb. S. 316 f., sowie zum Rationalgehalt dieser Form der Diskussionsbeendigung auch S. 443 f.

71) Siehe hierzu auch S. 437.

72) Der einfachste Fall der Belegbarkeit liegt natürlich dann vor, wenn das Beurteilungskriterium selbst das empfohlene Austauschverhältnis als expliziten Kriterienbestandteil enthält, vgl. auch nochmals S. 334 FN 146.

73) Vgl. für den Bereich der Rechtsnormen nur LARENZ 1991, S. 312 ff., sowie exemplarisch zu den durchaus vorhandenen Konkretisierungsmöglichkeiten selbst einer so unbestimmten Generalklausel wie der Sozialbindung des Eigentums nach Art. 14 Abs. 2 GG SCHMIDT-LEITHOFF 1989, S. 213 (zusammenfassend): "Vorstehende Überlegungen geben eine Vielzahl von Orientierungspunkten, so daß es unrichtig erscheint, von einer jeglicher Bestimmbarkeit unzugänglichen Weite der Sozialbindung zu sprechen."

'Gefühl aller gerecht und billig Denkenden'[75] zu bestimmen ist, ob die Gewinne als «geringfügig» bzw. «beträchtlich» und die Interessenbeeinträchtigungen als «gravierend» oder «harmlos» anzusehen sind. Die exemplarische Konsequenzaussage der Globalbegründung könnte dann lauten, daß der Oberzielbeitrag einer geschützten Person nach dem Urteil der 'gerecht und billig Denkenden' (10 mal) schwerer wiegt als derjenige einer Gewinneinheit (also von je 1.000 DM Gewinn).

Das angesetzte Beurteilungskriterium und namentlich seine - von bereits vorhandenen Auslegungen übernommene oder selbst formulierte - Präzisierung könnten nun offensichtlich als problematisch eingeschätzt werden. Dabei könnte etwa konkret z. B. in Zweifel gezogen werden, daß die Wahl des 'Gefühls aller gerecht und billig Denkenden' zum Referenzmaßstab tolerabel ist. Da das Beurteilungskriterium jedoch bereits auf der Ebene der Normen (oberhalb der Unternehmungsziele «Gewinn» und «Fürsorge») angesiedelt ist, wäre im Problematisierungsfall nur noch zu zeigen, daß das Kriterium einschließlich seiner Konkretisierung zum akzeptablen Normenbestand gehört[76].

Wird dagegen die Konsequenzaussage hinterfragt und kann kein Beleg ihrer Zuverlässigkeit[77] geliefert werden, so wäre in der Detailbegründung darzutun, welche Gründe für die Annahmen über die tatsächliche Anschauung der gerecht und billig Denkenden gelten. Damit keine Mißverständnisse entstehen, sei noch einmal betont, daß die Daten- und Regelaussagen in Detailbegründungen der globalen Konsequenzaussage von Zielgewichtungsbegründungen deskriptiver Natur sind und Feststellungen über empirische Phänomene treffen (sollen)[78]. Dies setzt natürlich voraus, daß das Kriterium so ausreichend spezifiziert ist, daß die Bestimmung der Kriterienerfüllung bei unterschiedlichen Realisationswerten der Subziele ohne (nennenswerten) Spielraum für Wertungen möglich ist. Sofern einem Kriterium die erforderliche Präzision (anfangs) fehlt, ist die Präzisierung, wie bereits hervorgehoben, vom Proponenten vorzunehmen und auf Nachfrage - im Rahmen einer evaluativen Ziel- bzw. Normdiskussion - zu begründen.

b'' Beziehungen zwischen Argument- und Zielkonflikten

Der hier eingebrachte Vorschlag zur argumentationsrationalen Bewältigung von Zielkonflikten weist offensichtlich enge Beziehungen auf zur Lösung argumentativer Konflikte. Die Parallelen werden besonders dadurch deutlich, daß - wie im folgenden an unserem

---

74) Vgl. zu einer sinnverwandten allgemeinen ethischen "Wertvorzugsregel" auch AUER 1987, S. 52 (Flexion geändert).

75) In Anlehnung an die übliche Formel zur Begriffsbestimmung der "guten Sitten" nach § 138 BGB (vgl. für alle HEINRICHS 1993, § 138 Anm. 2). Alternativ könnte etwa auch an Konstrukte wie etwa die "Verkehrsanschauung" (vgl. § 16 UWG) gedacht werden. Siehe zur Problematik der Festlegung des Referenzmaßstabs auch sogleich im Text.

76) Vgl. auch noch einmal S. 335 und dort insb. FN 151.

77) Zu denken ist v. a. an die Befunde einer entsprechenden Stichprobenerhebung.

78) Vgl. speziell für die Regelaussage auch noch S. 441 FN 83.

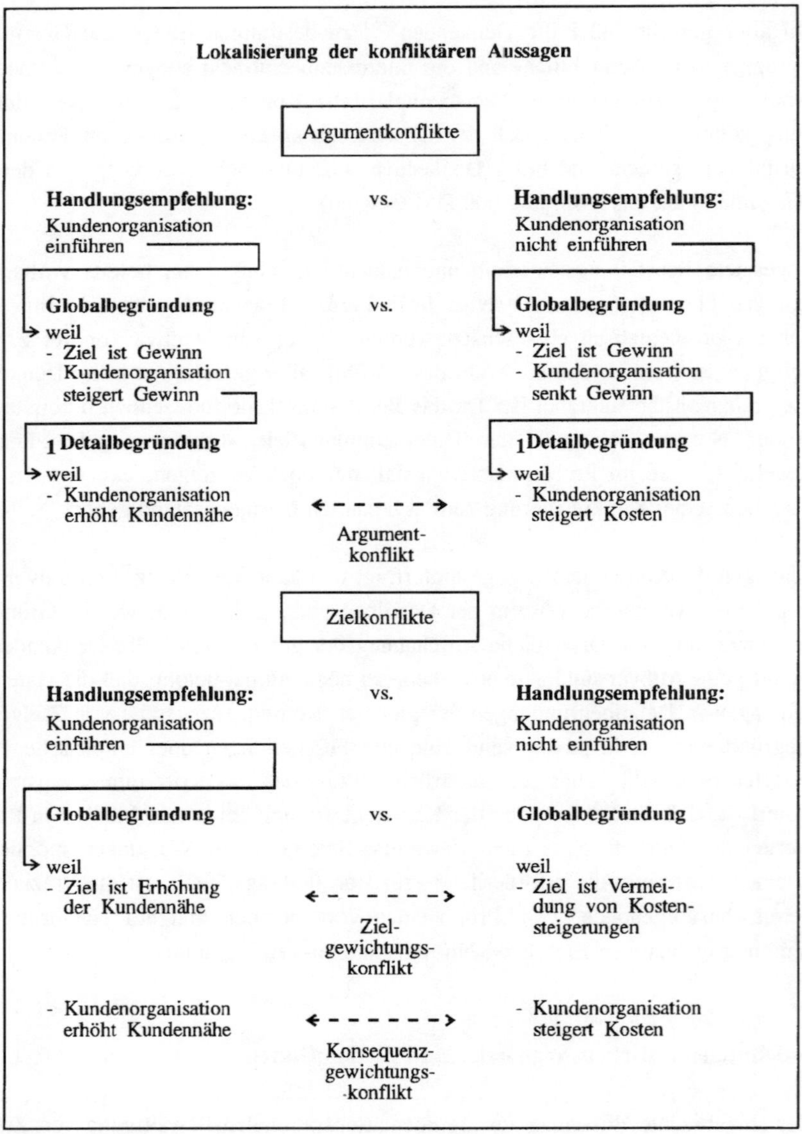

Abb. 51: Gegenüberstellung von Argument- und Zielkonflikten und ihrer argumentationsrationalen Bewältigung

Referenzbeispiel gezeigt werden soll - Zielkonflikte in Argumentkonflikte überführt werden können und teilweise[79)] umgekehrt (vgl. Abb. 51).

79) Eine Überführung von Argumentkonflikten in Zielkonflikte ist dann nicht sinnvoll möglich, wenn die mit den diskutierten Propositionen beschriebenen Sachverhalte (etwa die gegenwärtigen Marktverhältnisse) nicht als Ziele angestrebt werden können.

Struktur der konfliktlösenden Empfehlungen

Argumentkonflikte

Zustimmungsempfehlung: Kundennähe-Argument sollte gebilligt werden!

Globalbegründung:
weil
- Beurteilung gem. Begründungspotential für Gewinnentwicklung [materielles Kriteriendatum]
- Kundennähe-Argument hat größeres Begründungspotential für Gewinnentwicklung [Konsequenzdatum]
- Bekenntnis zum Empfehlungskriterium der komparativen Stichhaltigkeit [teleologische Maxime]

[1] Detailbegründung
weil
- Datengewicht$_{Ku}$ = 10; Datengewicht$_{Ko}$ = 50
- Regelgewicht$_{Ku}$ = 15; Regelgewicht$_{Ko}$ = 1
[Daten]
- Wenn Multiplikation der Aussagengewichte, dann zutreffende Amalgamation von Daten- und Regelgewichten
[Regel]

Also Stichhaltigkeit$_{Ku}$ (150) > Stichhaltigkeit$_{Ko}$ (50)

Zielkonflikte

Zielgewichtungsempfehlung: Eine Einheit des Kundennäheziels sollte (im Verhältnis 15:1) stärker als eine Einheit des Kostenziels gewichtet werden!

Globalbegründung
weil
- Beurteilung gem. relativem Beitrag zum Oberziel Gewinn [materielles Kriteriendatum]
- Eine Kundennähe-Einheit hat einen (im Verhältnis 15:1) stärkeren relativen Gewinnbeitrag als eine Kosteneinheit [Konsequenzdatum]
- Bekenntnis zum Empfehlungskriterium der relativen Nützlichkeit [teleologische Maxime]

[1] Detailbegründung
weil
- Ausmaß des Gewinnbeitrags jeder Kundennähe-Einheit = 15
- Ausmaß des Gewinnbeitrags jeder Kosteneinheit = 1
[Daten]
- Wenn Vergleich der einzelnen Oberzielbeiträge, dann ergibt sich relatives Oberzielbeitragsverhältnis
[Regel]

Also Oberzielbeitrag$_{Ku}$ (15) > Oberzielbeitrag$_{Ko}$ (1)

Abb. 51 (Fortsetzung 1)

Konsequenzgewichtungsempfehlung: Die Kundennähekonsequenzen sollten stärker als die Kostenkonsequenzen gewichtet werden!

Globalbegründung:
weil
- Beurteilung gem. relativem Beitrag zum Oberziel Gewinn [materielles Kriteriendatum]
- Die Kundennähekonsequenzen haben größeren Gewinnbeitrag als die Kostenkonsequenzen [Konsequenzdatum]
- Bekenntnis zum Empfehlungskriterium der relativen Nützlichkeit [teleologische Maxime]

1 Detailbegründung
weil
- Ausmaß der Kundennäheänderung = 10 KE
- Ausmaß der Kostenänderung = 50 K
- Kundennähegewichtungsfaktor = 15
- Kostengewichtungsfaktor = 1
  [Daten]
- Wenn Multiplikation von Subzielrealisationswerten und Subzielgewichtungsfaktoren, dann ergibt sich relativer Oberzielbeitrag
  [Regel]

- -

Also Oberzielbeitrag der Kundennähekonsequenzen (150) >
Oberzielbeitrag der Kostenkonsequenzen (50)

Abb. 51 (Fortsetzung 2)

Betrachtet man die beiden Argumentationen «Die Kundenorganisation wird den Gewinn steigern, weil sie die Kundennähe erhöht» und «Die Kundenorganisation wird den Gewinn senken, weil sie die Kosten erhöht», so liegt ein Argumentkonflikt (im Rahmen der Detailbegründung einer deskriptiven Konsequenzaussage über die Gewinneffekte der Durchführung einer Reorganisation) vor[80]. Zu seiner Bewältigung ist die komparative Stichhaltigkeit des Kundennähe- und des Kostenarguments zu beurteilen, die sich grundsätzlich aus der ausgewogenen Berücksichtigung der Zuverlässigkeit und des Gewichts der (Aussagen über die) Gewinnbeiträge von Kundennähe und Kosten ergibt. Da es uns hier aber ausschließlich auf die Demonstration der Parallelen zwischen der Auflösung von Argumentkonflikten und derjenigen von Zielkonflikten ankommt und bei den letzteren der Zuverlässigkeitsaspekt ausgeklammert ist[81], soll die komparative Stichhaltigkeit an dieser Stelle jedoch vereinfachend nur nach den Aussagengewichten bemessen werden.

Würde danach etwa das Kundennähe-Argument als stichhaltiger beurteilt, so könnte die Globalbegründung der Zustimmungsempfehlung folglich lauten, daß das Begründungspotential bezüglich der Gewinnentwicklung als materielles Beurteilungskriterium fungiert

80) Zwischen den beiden Globalbegründungen («Kundenorganisation einführen, weil Gewinnsteigerung» vs. «Kundenorganisation nicht einführen, weil anderenfalls Gewinnsenkung») liegt dagegen kein Argumentkonflikt, sondern ein Handlungskonflikt vor, m. a. W. also ein Entscheidungs- und kein Entscheidungsvorbereitungskonflikt hinsichtlich des zu lösenden Managementproblems. Siehe auch FN 84.

81) Siehe S. 434 FN 60.

und das Kundennähe-Argument diesem Kriterium eher entspricht (also stichhaltiger ist) als das Kostenargument. Als Detailbegründung dieser Konsequenzaussage könnte etwa angeführt werden, daß die Reorganisation zu einer Erhöhung der Kundennähe um 10 Einheiten KE ($Datengewicht_{Ku}$ = 10) führt, und jede Erhöhung um 1 KE einen positiven Gewinnbeitrag in Höhe von 15 GB ($Regelgewicht_{Ku}$ = 15) bewirkt, während die veranschlagte Kostenerhöhung 50 K beträgt ($Datengewicht_{Ko}$ = 50) und jede Kostensteigerung um 1 K einen negativen Gewinnbeitrag von 1 GB leistet ($Regelgewicht_{Ko}$ = 1). Wird neben diesen Datenaussagen[82)] die Regel formuliert, daß das Gewicht von Propositionen dann zutreffend aggregiert wird, wenn die Aussagengewichte miteinander multipliziert werden[83)], so wäre die Stichhaltigkeit des Kundennähe-Arguments mit 150 und die des Kostenarguments mit 50 zu veranschlagen[84)]. Die Zahlenwerte dieses Beispiels sind natürlich rein fiktiv gewählt und dienen allein dem Zweck, den Vergleich zwischen der Bewältigung von Argument- und Zielkonflikten anschaulich zu gestalten[85)].

Bedenkt man, daß betriebswirtschaftliche Handlungsempfehlungen häufig nicht unter Bezugnahme auf Unternehmungsziele (wie z. B. Gewinn), sondern untergeordnete Subziele begründet werden[86)], so könnten in unserem Referenzbeispiel durchaus auch eine Erhöhung der Kundennähe und eine Reduzierung oder wenigstens nicht übermäßige Steigerung der Kosten als selbständige (Sub-)Ziele angesetzt werden. In diesem Fall würden zwischen dem Kundennähe- und dem Kostenziel ein Zielgewichtungskonflikt und zwischen der prognostizierten Erhöhung der Kundennähe und dem erwarteten Kostenanstieg bei Einführung der Kundenorganisation ein Konsequenzgewichtungskonflikt im Rahmen der Handlungsempfehlung entstehen. Zu seiner Bewältigung wäre ein übergeordnetes Beurteilungskriterium - etwa der Unternehmungsgewinn - einzuführen, die Gewichtung der Oberzielbeiträge der Subziele 'Kundennähe' und 'Kosten' vorzunehmen und auf dieser Basis die komparative Bedeutung der Zielkonsequenzen der Reorganisation zu bestimmen. Legt man die zum Argumentkonflikt gemachten Angaben zugrunde, so wäre eine Gewichtung jeder Einheit der Subziele Kundennähe und Kosten mit den Faktoren 15 bzw. 1 zu empfehlen sowie die Bedeutung der Kundennäheerhöhung um 10

---

82) Datenaussagen in Hinblick auf die Detailbegründung der Konsequenzaussage zur Stichhaltigkeit!

83) Diese Regel bildet eine (vereinfachende) Konkretisierung der auf S. 428 f. angestellten Überlegungen zur Gewichtsamalgamation dar. Zu beachten ist im übrigen, daß die Regel an dieser Stelle, also in der Detailbegründung, deskriptiver Natur ist und eine Feststellung über die 'regelmäßige' Präzisierung des in der Globalbegründung angesetzten Beurteilungskriteriums der komparativen Stichhaltigkeit trifft.

84) Nachrichtlich sei vermerkt, daß die Stichhaltigkeit der stützenden Argumente nur etwas über die Zuverlässigkeit der gestützten Proposition («Gewinnsteigerung») und nicht auch etwas über das Ausmaß der zu erwartenden Gewinnsteigerung aussagt. Dies erhellt schon daraus, daß die endgültige Gewinnprognose eine Saldierung des positiven Gewinnbeitrags der Kundennähe und des negativen Beitrags der Kosten vorzunehmen hätte. Infolgedessen ist mit der Bewältigung des Argumentkonflikts auch noch keineswegs die Lösung des praktisch-rationalen Konflikts der Handlungsauswahl determiniert. Diese Entscheidung über die Durchführung oder Unterlassung der Reorganisation ist vielmehr ihrerseits unter ausgewogener Berücksichtigung der Zuverlässigkeit und des (saldierten) Ausmaßes des prognostizierten Gewinns zu treffen.

85) Im übrigen ist zu beachten, daß sich entsprechende Werte in der Praxis zwar häufig nicht exakt ermitteln, jedoch - wie auf S. 418 f. näher ausgeführt wurde - zumindest in ihren Größenordnungen durchaus begründen lassen (bzw. lassen müssen, sofern von argumentationsrationalen Konfliktlösungen gesprochen werden soll).

KE mit 10 x 15 = 150 und der Kostensteigerung um 50 K mit 50 x 1 = 50 zu veranschlagen.

Dieses Beispiel zeigt augenfällig die strukturelle Verwandtschaft der argumentationsrationalen Auseinandersetzung mit Ziel- und Argumentkonflikten. Der formale Unterschied zwischen den beiden Konfliktsituationen besteht zur Hauptsache lediglich darin, daß Argumentkonflikte in Detailbegründungen deskriptiver Aussagen und Zielkonflikte in Globalbegründungen evaluativer Handlungs- oder Zielempfehlungen auftreten, und daß bei Argumentkonflikten die übergeordnete Größe (als materielles Kriterium der Stichhaltigkeitsbeurteilung) bereits eingeführt ist (im Beispiel: Gewinn), während sie bei Zielkonflikten (als materielles Kriterium der Ziel- und Konsequenzgewichtung) erst noch formuliert werden muß[87]. Ferner werden Argumentkonflikte nach der komparativen Stichhaltigkeit der Argumente entschieden, während die Bewältigung von Zielkonflikten nach der relativen Nützlichkeit vorzunehmen ist. Dabei entspricht die Zielgewichtung strukturell der Bestimmung der Triftigkeit im Fall der Argumentkonfliktlösung, stellt allerdings im Gegensatz zu jener eine normative Aussage dar. Dieser Unterschied trägt aber nicht sehr weit, da die Gewichtungsempfehlung nach Maßgabe der (deskriptiv festzustellenden) Oberzielbeiträge der Subziele ausgesprochen wird und die Stichhaltigkeitsempfehlung selbst ebenfalls evaluativer Natur ist. Zur Abrundung sei schließlich darauf hingewiesen, daß auch in Hinblick auf die eventuelle Fundierung der deskriptiven Aussagen (im Rahmen von Detailbegründungen) keine strukturellen Differenzen bestehen.

In Anbetracht der aufgezeigten Strukturverwandtschaft der Lösungen von Argument- und Zielkonflikten läßt sich feststellen, daß es letztlich sekundär ist, ob ein Begründungskonflikt aus konträren Argumenten oder Zielen resultiert. Wichtiger für das Ausmaß der mit der Konfliktlösung verbundenen Komplikationen ist vielmehr, inwieweit die relativen Einflüsse der aktiven auf die passiven Modellparameter bekannt sind[88]. Dabei gilt keineswegs, daß diese Kenntnisse bei Zielkonflikten stets geringer sein müssen als bei Argumentkonflikten. Wäre etwa in unserem Spielbankbeispiel die Gewichtung der Subziele im Beurteilungskriterium bereits exakt formuliert, so könnte die Konsequenzgewichtung zwischen der Gewinnerwartung von 1 Mrd. DM und den 50.000 spielsuchtgefährdeten Personen sehr viel zuverlässiger (nämlich per Beleg[89]) erfolgen als die Abwägung des Gewinnbeitrags der Kundennähe- und Kostensteigerung bei Einführung der Kundenorganisation. Der Grund hierfür liegt schlicht darin, daß die Zielgewichtung für die Subziele (im spezifizierten Oberziel) auf einer menschlichen Setzung beruht[90], während der

---

86) Siehe zum effizienztheoretischen Hintergrund des Rückgriffs auf Subziele SIMON u. a. 1954, S. v f., 1; FRESE 1988, S. 448 f.; FRESE/v. WERDER 1993, S. 18 ff.

87) Die Unterschiede in der Konzeptualisierung, die den Zuverlässigkeitsaspekt bei den Argumentkonflikten einbezieht und bei den Zielkonflikten ausklammert, sind dagegen nicht grundsätzlicher Natur. Sie beruhen vielmehr allein darauf, daß aus Gründen des Untersuchungsumfangs lediglich die Bewältigung von Argumentkonflikten, die im Schrifttum bislang eine ungleich geringere Beachtung erfahren hat als die Zielkonfliktlösung und für unser Thema der Argumentationsrationalität zentral ist, vollständig durchkonzeptualisiert worden ist.

88) Konkreter also die Beziehungen zwischen den durch die Argumente bzw. Subziele ausgedrückten Phänomenen und dem mit der diskutierten Proposition bzw. dem Oberziel angesprochenen Sachverhalt.

Gewinnbeitrag der Kundennähe von einer (noch) nicht voll verstandenen Kausalkette abhängt. Allerdings darf natürlich nicht übersehen werden, daß gerade ethische Normen häufig nur wenig spezifiziert sind und keine konkreten Angaben über Subzielgewichtungen machen. Mit der Vagheit der Oberkriterien steigen dann selbstredend auch die Schwierigkeiten der Zielgewichtung an.

c'' Zusammenfassung

Zieht man ein Resümee der durchgeführten Zielkonfliktanalyse, so läßt sich konstatieren, daß zwar auch bezüglich der Gewichtung konfliktärer Ziele und Handlungskonsequenzen noch nicht allen Einzelheiten nachgegangen werden konnte, jedoch immerhin die Grundrichtung einer argumentationsrationalen Konfliktbewältigung aufgezeigt worden ist. Empfehlungen zur Ziel- und Konsequenzgewichtung sind danach in Hinblick auf eine übergeordnete Zielsetzung oder Norm und auf der Grundlage von Aussagen über die relative Oberzielerreichung bzw. Nützlichkeit zu begründen. Dabei beziehen sich diese Aussagen im Fall der Zielgewichtung auf das Ausmaß der relativen Oberzielbeiträge pro verwirklichter Einheit der diversen Subziele und bei der Konsequenzgewichtung auf das Ausmaß der relativen Oberzielbeiträge durch die mit den verschiedenen Alternativen verbundenen Subzielrealisationen insgesamt. Diese Angaben werden bei unstrukturierten Managementproblemen zwar selbstverständlich häufig nicht vollkommen exakt zur Verfügung stehen. Mit Hilfe von Detailanalysen und Detailbegründungen lassen sich jedoch zumindest grobe Vorstellungen über die entsprechenden Größenordnungen entwickeln und stützen, die den Konfliktstoff merklich einschränken können[91)]. Daß die Erarbeitung und Offenlegung derartiger Sachinformationen selbst in hochbrisanten gesellschaftspolitischen Auseinandersetzungen eine (zumindest vorübergehend) 'befriedende' Wirkung haben kann, deuten Praxisberichte wie etwa die folgende Meldung zum Asylthema an[92)]:

"SPD und FDP registrierten die Darlegung des Innenministeriums, nur etwa acht Prozent der Asylbewerber meldeten sich an den Grenzen oder Flughäfen. Damit seien Forderungen erledigt, anhand von Länderlisten Asylbewerber aus bestimmten Staaten ohne weitere Prüfung abzuweisen."

Das der Zielkonfliktlösung zugrundegelegte materielle Beurteilungskriterium einschließlich seiner Spezifizierung ist nicht sakrosankt, sondern kann durchaus problematisiert werden. Es ist dann in neuerlichen Zieldiskussionen gegebenenfalls solange zu begrün-

89) Siehe nochmals S. 436 FN 72.

90) Die allerdings ihrerseits zu begründen sein und begründet werden kann.

91) Vgl. zur Bedeutung von Sachinformationen für die Entschärfung von Zielkonflikten selbst auf ethischer Ebene nochmals die in FN 35 auf S. 310 zitierten Quellen.

92) O. V. 1991. Zur Klarstellung sei darauf hingewiesen, daß es infolge der Relativität von Zweck-Mittel-Beziehungen (siehe oben S. 43) letztlich unerheblich ist, ob das umstrittene Phänomen dieses Beispiels

den, bis die Ebene der managerialen Letztbegründung erreicht und nur noch zu zeigen ist, daß die gewählte Norm zum akzeptablen Normenbestand gehört. Diese Modalität der Diskussionsbeendigung darf keineswegs den Anschein erwecken, als sei die Normwahl selbst einer Begründung prinzipiell nicht zugänglich. Sie trägt vielmehr lediglich der insoweit begrenzten Aufgabenstellung managerialer Entscheidungsträger Rechnung[93]. Dabei ist zu beachten, daß diese Entscheidungsträger nach dem hier zugrundegelegten Verständnis bei der Wahl einer (einschlägigen) Norm aus dem Bestand der akzeptablen Normen zwar im Prinzip frei sind. Diese Freiheit darf jedoch nicht mit einer undurchsichtigen Beliebigkeit der Auflösung von Zielkonflikten verwechselt werden. Zum einen wird die Grundsatzentscheidung über die Norm und ihre Präzisierung artikuliert und damit transparent. Zum anderen können auf dieser normativen Basis (selbst) Konflikte zwischen dem Gewinnziel und ethischen Prinzipien begründet bewältigt werden. Das Ermessen ist somit auch auf der Ebene der Unternehmungsziele gewissermaßen noch um einen Argumentationsschritt (auf die Normebene) zurückgeschoben. Die Bedeutung dieses Rationalitätszuwachses läßt sich an unserem Beispiel anschaulich verdeutlichen. So macht es zwar nicht für die letztlich zu treffende Entscheidung, wohl aber für ihre interpersonelle Nachvollziehbarkeit und Akzeptabilität durchaus einen Unterschied, ob die Weiterführung von Spielbanken aus Gewinnmotiven 'um jeden Preis'[94] oder nur bei angemessener Berücksichtigung der Drittinteressen empfohlen wird. Um es noch am Referenzfall zu veranschaulichen: Nach dem entscheidungstheoretischen Konfliktlösungsansatz wäre - bei Erfüllung der formalen axiomatischen Voraussetzungen - letztlich auch eine Gewichtung des Kundennähe- und des Kostenziels als rational anzusehen, bei der eine verschwindend geringe Ausdehnung der Kundennähe stärker als eine drastische Kostensteigerung gewichtet würde. Aus argumentationsrationaler Perspektive wäre eine solche Gewichtungsempfehlung hingegen als unbegründet einzustufen, sofern nicht - wenigstens mit einer gewissen Mindestplausibilität - einsichtig gemacht werden könnte, daß die beiden Subziele in dieser (extremen) Relation zu einem Oberziel (wie dem Gewinn) beitragen.

("Abweisung") als Ziel (aufgrund der entsprechenden Forderung) oder Alternative (aufgrund des Handlungscharakters des Phänomens) interpretiert wird.

93) Siehe nochmals S. 314 ff.

94) Also etwa auch bei einem Jahresgewinn von 100.000 DM und 1 Mio. Spielsüchtigen.

c) Begrenzung von Begründungen

aa) Begrenzungsprobleme

Nach der Grundmaxime der Argumentationsrationalität sind Handlungs- und Zielempfehlungen im Prinzip möglichst weitgehend zu fundieren. Eine Untermauerung kann allerdings unter praktischen Problemlösungsbedingungen selbstredend nicht endlos betrieben werden, so daß sich die Frage nach dem (argumentationsrationalen[1]) Abschluß der Fundierung bzw. Kommentierung stellt[2]). Entsprechend der Differenzierung zwischen der normativen Tolerierbarkeit und der deskriptiven Tragfähigkeit der Globalbegründungen von Empfehlungen lassen sich zunächst zwei prinzipiell verschiedene Schlußpunkte unterscheiden. Wie oben bereits herausgearbeitet wurde, können die Runden der Tolerierbarkeits- bzw. Zieldiskussion dann zum Abschluß kommen, wenn die Ebene der managerialen Letztbegründung erreicht und nur noch zu zeigen ist, daß eine Norm aus dem Bestand der akzeptablen Normen gewählt wurde[3]. Die Beendigung der Untermauerung der Tragfähigkeit der globalen Konsequenzaussagen in Form der Detailbegründungen wurde demgegenüber noch nicht eingehender thematisiert und ist im folgenden nun zu erörtern. Auch insofern lassen sich wiederum zwei Abschlußprobleme trennen, die hier kurz als Probleme der Begrenzung der Begründungsbreite und der Begründungstiefe bezeichnet werden sollen. Diese beiden Problemkreise können jeweils in Form zweier komplementärer Fragen formuliert werden. Sie lauten, unter welchen Voraussetzungen Proponenten ihre Begründungen hinreichend breit und tiefgehend angelegt haben bzw., unter welchen Bedingungen Opponenten aus argumentationsrationaler Sicht noch legitimiert sein können, präsentierte Detailbegründungen zu problematisieren.

Die Komplikation der *Begrenzung der Begründungsbreite* kann als Teil der Konzeptualisierungsproblematik einer managerialen Problemlösung eingeordnet werden und schlägt sich auf zwei Ebenen nieder. Definiert man die Konzeptualisierung wie hier als die Herausstellung der problemrelevanten Parameter einschließlich ihrer Beziehungen[4], so ergibt sich die Frage, welche Parameter aus dem Kreis der letztlich unbegrenzten Zahl potentiell relevanter Problemaspekte[5] konkret anzusetzen sind. In die argumentationstheoretische Sprechweise übertragen läßt sich diese Fragestellung in die beiden Teilfragen aufspalten, welche Argumente aus dem Fundus aller potentiellen Gründe pro gestützter Proposition[6] anzuführen und welche der strenggenommen ebenfalls zahllosen Voraussetzungen pro angeführter (argumentimmanenter) Regel zu nennen sind[7]. Bei dieser

---

1) Es sei noch einmal daran erinnert, daß die Kostenaspekte der Fundierung bei der Ausmessung des kognitiven Rationalitätsspielraums weitgehend ausgeblendet sind (siehe S. 96 ff.) und es daher hier um die aus Sicht der zusätzlichen Erkenntnisgewinnung sinnvolle Begrenzung der Begründung geht.

2) Vgl. in diesem Zusammenhang auch die Forderung nach einer "Stopregel" für Planungsdialoge bei KIRSCH/BAMBERGER 1976, S. 350 f., 355 f. (wörtliches Zitat auf S. 355).

3) Siehe S. 362 ff.

4) Siehe nochmals S. 248 und S. 404.

5) Zur Überkomplexität der Welt in diesem Sinne näher oben, S. 225 m. N.

Differenzierung ist allerdings zu beachten, daß die Trennung zwischen den Argumenten pro begründeter Proposition einerseits und den Voraussetzungen pro argumentimmanenter Regel andererseits einen praktischen Hintergrund hat und die Unterscheidung der beiden Ebenen daher nicht absolut fixiert, sondern relativer Natur ist[8]. Die Relativität der Trennung kommt vor allem darin augenfällig zum Ausdruck, daß sich Aussagen über Problemparameter in gewissen Grenzen wahlweise entweder durch Integration in dann komplexere Regularitäten zu wenigen Argumenten bündeln oder aber durch Isolierung in einer größeren Zahl von Gründen erfassen lassen. Infolgedessen kann die Abgrenzung der in die Wenn-Komponente aufzunehmenden Anwendungsbedingungen von Regeln somit im Grundsatz den gleichen Prinzipien folgen wie die Begrenzung der Zahl von Argumenten pro begründeter Proposition[9]. Die weiteren Untersuchungen können sich daher auf die Limitierung der Argumente konzentrieren und verzichten aus Platzgründen auf eine explizite Übertragung der angestellten Überlegungen auf die Begrenzung der Spezifizierung von Regelvoraussetzungen.

In Hinblick auf die Abgrenzung der problemrelevanten (und damit rationalitätsnotwendigen) Argumente sind - wie hier zur Erleichterung der Orientierung noch einmal in Erinnerung gerufen werden soll - zwei Situationen auseinanderzuhalten[10]. Zum einen können Parameter und Parameterbeziehungen sich bereits im Blickfeld der Problemmodellierung befinden, aber miteinander unverträglich bzw. in ihrer Einflußrichtung umstritten sein. In diesem Fall ist eine Entscheidung zu treffen, welche der widerstreitenden Positionen den Ausschlag geben soll bzw. welcher von unvereinbaren Parametern oder Einflüssen anzusetzen ist. Angesprochen ist hiermit das Thema der konzeptionellen Argumentkonflikte, die bereits oben abgehandelt worden sind. Zum anderen ist jede Konzeptualisierung mit der Frage konfrontiert, wieviele miteinander vereinbare Parameter in die Modellierung einzubeziehen bzw. wieviele Argumente ins Feld zu führen sind, damit ein bestimmtes Rationalniveau der Problemlösung erreicht wird[11]. Die Identifizierung

---

6) Auf den strenggenommen stets erforderlichen Zusatz, wonach das Konfigurationsmerkmal der *Begründungsbreite* jeweils pro begründeter Aussage zu verstehen ist (siehe S. 357), wird im folgenden zur Vereinfachung häufig verzichtet.

7) Siehe zum Problemaufriß auch nochmals S. 346 (für den Umfang der zu nennenden Regelvoraussetzungen) und S. 369 (für die Zahl der Argumente).

8) Näher hierzu und zum Folgenden S. 383 f.

9) So wird denn auch die sogleich vorgestellte Kernidee, die Begrenzung der Begründungsbreite nach Maßgabe des Wissensstandes vorzunehmen, in ähnlichem Sinne im Schrifttum für die Spezifizierung von Modellvoraussetzungen verwendet, vgl. im Anschluß von v. BECKERATH/KLOTEN/KUHN 1965, S. 321, NEUHAUSER 1967, S. 117: "Da es weitgehend unmöglich ist, jeweils alle Bedingungen, unter denen ökonomische Vorgänge ablaufen, empirisch zu ermitteln, begnügt man sich in der wissenschaftlichen Praxis heute meist damit, in die Aussagensysteme jene Prämissen aufzunehmen, die nach übereinstimmender Meinung der Theoretiker realitätsnah und ausreichend für den Aufbau wirtschaftstheoretischer Systeme sind" (Unterstreichung durch v. W.).

10) Siehe näher S. 407.

11) Um den Unterschied zwischen den Problemlagen der Argumentkonflikte und der Relevanzdiskussion noch an einem Beispiel zu verdeutlichen: Im Fall des oben (S. 412) behandelten antinomischen Argumentkonflikts über die Kundennähe steht die Problemrelevanz dieses Aspekts in dem Sinne außer Frage, daß die Auswirkungen einer Reorganisation auf die Kundennähe der Unternehmungsaktivitäten sowie die Konsequenzen einer eventuell geänderten Kundennähe für die Ertragslage zumindest zu prüfen sind. Der Streit geht hier vielmehr darum, ob sich eine Reorganisation (bzw. Kundennähesteigerung) tatsächlich positiv auf die Kundennähe (Ertragslage) auswirkt. Selbst wenn diese Prüfung (bzw.

derjenigen Argumente, die unter allen potentiell in Betracht kommenden Gründen eine so ausreichende Bedeutung aufweisen, um (rationalerweise) auch tatsächlich Berücksichtigung zu finden, steht im Mittelpunkt der folgenden Auseinandersetzung mit der Begrenzung der Begründungsbreite.

Die *Begrenzung der Begründungstiefe* bildet gewissermaßen das Gegenstück zur managerialen Letztbegründung. Sie betrifft im Unterschied zu Limitierung der Breite nicht nur eine Begründungsebene, sondern die Fundierung einer Proposition über mehrere Ebenen von Detailbegründungen hinweg. Die Begrenzungsfrage lautet hier konkret, nach welchen 'Stoppkriterien' entschieden werden kann, ob zur Anhebung der Argumentationsrationalität noch in eine weitere Argumentationsrunde einzusteigen ist oder nicht.

Der hier vorgeschlagene Ansatz zur Begrenzung der Breite und Tiefe von Argumentationen beruht grundlegend auf dem Gedanken, den Stand des zugänglichen Wissens zum Beurteilungsmaßstab der Limitierung zu wählen. Der je nach dem Situationstyp der Rationalitätsmessung ausschlaggebende Wissensstand[12)] bildet somit gewissermaßen das Pendant zum Bestand der akzeptablen Normen, der die Begrenzung von Globalbegründungen steuert. Nach diesem Wissen ist im Einzelfall zu entscheiden, ob Detailbegründungen eine vernünftige Breite aufweisen und hinreichend tief angelegt sind. Dieser Grundgedanke wird im folgenden für die beiden Begrenzungsprobleme eingehender ausgeführt.

bb) Begrenzung der Begründungsbreite

Detailbegründungen stellen das argumentationstheoretische Spiegelbild modellgestützter Problemanalysen dar[13)]. Die Frage nach der rationalitätsnotwendigen Zahl von Argumenten auf den einzelnen Ebenen einer Detailbegründung ist daher eng verwandt mit dem Thema, welche Elemente und Beziehungen bei der Bildung von Problemlösungsmodellen berücksichtigt werden sollten. Angesichts dieser thematischen Parallelen liegt es nahe, zunächst die mögliche Hilfestellung modelltheoretischer Beiträge für die (vernünftige) Begrenzung der Begründungsbreite zu untersuchen.

Die Problematik der richtigen Modellkomplexität zählt zu den größten Schwierigkeiten der Modellierung schlechthin. Sie wird in der (formal ausgerichteten) Literatur häufig im Kern allenfalls durch den lapidaren Hinweis auf die insoweit erforderlichen Erfahrungen und Entscheidungen des Modellkonstrukteurs 'bewältigt'[14)]. Eine eingehendere

---

die Konfliktlösung) zu dem Ergebnis gelangen sollte, daß die Kundennähe den Gewinn doch nicht steigert, ist die Zuverlässigkeit der begründeten Proposition (über die Konsequenzen einer Reorganisation) hierdurch gestärkt, da ein (nach allgemein-zugänglichem Wissen, siehe hierzu unten) relevanter Organisationsaspekt nicht von vornherein vernachlässigkt worden ist. Eine Relevanzdiskussion hingegen würde um die Frage geführt werden, ob das Kundennähe-Phänomen im Zusammenhang mit Reorganisationen überhaupt zu thematisieren ist.

12) Also entweder der Stand des allgemein-, allgemein- und privilegiert- oder allgemein-, privilegiert- und exklusiv-zugänglichen Wissens, vgl. nochmals S. 93 ff. und dort insb. Abb. 16.

Auseinandersetzung mit dieser Thematik findet sich allerdings in Arbeiten, die das Modellbildungsproblem teils eher entscheidungstheoretisch-algorithmisch und teils eher heuristisch auf der Grundlage der Problemlösungstheorie oder der Erkenntnistheorie angehen. Die Kernaussagen dieser Beiträge sollen im folgenden kurz skizziert werden.

a' Entscheidungstheoretische Modellierung

Aus entscheidungstheoretischer Perspektive stellt sich die Frage nach der optimalen Komplexität von Modellen als normales Wahlproblem dar, das lediglich als Meta-Entscheidungsaufgabe der eigentlichen Sachentscheidung vorgeschaltet und 'mit den Bordmitteln der Entscheidungstheorie' zu lösen ist. Dabei stehen mit der Simulation und der marginalanalytischen Vorgehensweise zwei Ansätze zur Bestimmung der "Optimalkomplexion"[15)] im Mittelpunkt[16)]. Bei der Simulation werden die jeweiligen Kosten und Nutzen sämtlicher Modellalternativen ermittelt und das Modell mit der maximalen Nutzen-Kosten-Differenz als optimale Alternative ausgewählt[17)]. Im Fall der Marginalanalyse wird demgegenüber ein Modell beliebiger Komplexität zum Ausgangspunkt genommen und die Veränderung der Grenzkosten und des Grenznutzens einer zunehmenden Detaillierung oder Vergröberung des Modells studiert. Das Modell der optimalen Komplexität ist dann an dem Punkt gefunden, an dem die Grenzkosten gleich dem Grenznutzen sind[18)].

Sowohl die Simulation als auch die marginalanalytische Suche nach der Optimalkomplexion von Modellen ist mit gravierenden Schwierigkeiten verbunden, die in der Literatur schon hinlänglich aufgedeckt worden sind und daher hier nur stichwortartig in Erinnerung gerufen werden müssen. Die diskutierten Probleme umfassen vor allem praktische, logische und ökonomische Komplikationen. Zunächst sind die Informationsanforderungen einer exakten Bestimmung der optimalen Modellkomplexität in der Praxis unerfüllbar[19)]. Dies folgt für die Simulation allein schon daraus, daß aufgrund der Weltvernetzung bereits die vollständige Beschreibung eines einfachen Phänomens unmöglich ist und

---

13) Vgl. hierzu auch nochmals S. 45 ff. und S. 352.

14) Vgl. exemplarisch FORRESTER 1961, S. 60 f.; ACKOFF/RIVETT 1966, S. 20 ff., hier insb. S. 21 und 30 f.; GRIEM 1968, S. 86; ANSOFF 1969, S. 125; RIVETT 1972, S. 6, 11; LAAGER 1978, S. 20, 65, 80 ff.; NAGEL 1976, S. 13 ff., insb. S. 20 (für die Grenzziehung des Systems); BITZ 1977, S. 417 und S. 430 m. z. w. N.; GOLLNICK/THIEL 1980, S. 13; CZERANOWSKY 1980, S. 54; BRAUCHLIN 1984, S. 121, 147; KLEIN 1989, S. 149 f.

15) So z. B. im Buchtitel von ZENTES 1976.

16) Daneben werden auch Irrelevanz- bzw. Separationstheoreme diskutiert, die präzise Bedingungen für die optimumsunschädliche isolierte Lösbarkeit von Teilproblemen formulieren, aufgrund ihrer rigiden Prämissen aber - zumindest gegenwärtig und bei unstrukturierten Managementproblemen - nicht praktisch weiterführen. Siehe zum Überblick hier nur BÄUERLE 1989, S. 183 ff., sowie auch BITZ 1977, S. 100 ff.

17) Vgl. z. B. ZENTES 1976, S. 45 f., 228 und passim, sowie auch BÄUERLE 1989, S. 181 f.

18) Vgl. z. B. KERN 1962, S. 178; TEICHMANN 1972, insb. S. 539, sowie auch BÄUERLE 1989, S. 182 f. m. w. N.

19) So auch BITZ 1977, S. 404, 417 m. z. w. N. in FN 1; BÄUERLE 1989, S. 182 f.

daher die Alternative des Modells maximaler Komplexität gar nicht formuliert werden kann. Aber auch die Marginalanalyse erfordert Informationen über die Kosten und den Nutzen von Komplexitätsvariationen, die zumindest bei unstrukturierten Problemen definitionsgemäß nicht vollständig zur Verfügung stehen.

Der Meta-Kalkül muß somit in der Praxis zwangsläufig vereinfacht werden. Hieraus resultiert jedoch das Anschlußproblem, bis zu welchem Grade die Vereinfachung reichen soll. Es stellt sich also m. a. W. die Frage nach der Optimalkomplexion des Meta-Modells selbst. Das entscheidungstheoretische Programm zur Bestimmung der optimalen Komplexität des Sachentscheidungs-Modells führt somit bei konsequenter Umsetzung in einen unendlichen Regreß[20]. Es kann folglich auch aufgrund dieses logischen Dilemmas nicht strikt durchgehalten werden.

Schließlich ist zu bedenken, daß die Lösung des Meta-Entscheidungsproblems Informationen über den Nutzen der Modellanwendung erfordert und daher die Lösungen des Sachentscheidungsproblems bei den verschiedenen betrachteten Modellkomplexionen selbst voraussetzt. Im Zuge der Meta-Entscheidungsfindung per Siumulation fällt somit u. a. auch die Sachentscheidung bei größtmöglicher Komplexion an. Eine nachträgliche Vereinfachung des Modells bei Kenntnis dieser Entscheidung bringt dann aber keinen Vorteil mehr, da die Entscheidungsqualität bei Modellvergröberungen (nach den Annahmen) nicht verbessert werden kann und die Kosten für die Formulierung und Anwendung des komplexeren Modells bereits angefallen sind[21]. Von Ausnahmefällen abgesehen[22] erweist sich eine genaue Metaentscheidung über die optimale Modellkomplexität folglich insoweit auch ökonomisch als wenig sinnvoll[23].

Insgesamt kann folglich mit der heute wohl kaum noch bestrittenen Ansicht im Schrifttum festgehalten werden, daß der Versuch einer exakten entscheidungstheoretischen Bestimmung des optimalen Komplexitätsgrads von Modellen im Einzelfall zumindest bei unstrukturierten Entscheidungsproblemen in eine Sackgasse führt[24]. Zu den schon aufgezeigten Komplikationen dieses Ansatzes kommt dabei noch die für unser Thema be-

20) So schon HAX/LAUX 1972, S. 329. Vgl. auch ZENTES 1976, S. 249; BITZ 1977, S. 427 f.; BRETZKE 1978b, S. 137.

21) Daneben sind auch Kosten für die Formulierung und Anwendung der alternativen Modelle geringerer Komplexität entstanden. Auch von dieser Seite her stellt sich die Frage nach dem Kosten-Nutzen-Verhältnis des Meta-Entscheidungsprozesses, die letztendlich wiederum in einen infiniten Regreß führt, vgl. auch BITZ 1977, S. 427.

22) Z. B. einer repräsentativen Metaentscheidung für eine Klasse verwandter repetitiver Sachentscheidungen, vgl. hierzu ZENTES 1976, S. 250 f.; SCHMIDT 1983a, S. 423 f. Um Irritationen entgegenzuwirken, sei angemerkt, daß unsere oben angestellten Überlegungen zur empirischen Bestimmung des generellen Fundierungserfolgs (S. 119 ff.) zwar im Prinzip in die gleiche Richtung zielen. Dabei ist jedoch (zumindest noch auf lange Sicht) nicht an eine exakte entscheidungstheoretische Optimierung, sondern an die Gewinnung empirischer Anhaltspunkte über den fundierungsbedingten Erfolg als Heuristiken für die Fundierungsentscheidung im Einzelfall gedacht.

23) Vgl. auch ZENTES 1976, S. 245 f.; BITZ 1977, S. 423, 425; SCHMIDT 1983a, S. 422; BÄUERLE 1989, S. 183.

24) Siehe BITZ 1977, S. 428 ff. m. z. w. N. zum älteren Schrifttum; BRETZKE 1978b, insb. S. 137; BARTELS 1986, S. 16; BÄUERLE 1989, S. 181 ff.

deutsame Einschränkung hinzu, daß als Nutzen einer Modelldetaillierung lediglich ergebnisverbessernde Änderungen der Sachentscheidungen[25], nicht aber auch epistemische Bestärkungen dieser Entscheidungen anerkannt werden. Die Frage nach der aus kognitiver Sicht erforderlichen Modellkomplexität bzw. Argumentationsbreite wird folglich insoweit schon vom Ansatz her nicht gestellt.

b' Problemlösungs- und erkenntnistheoretische Modellierung

Aufgrund der Problematik exakter Verfahren, die im vorhergehenden Abschnitt nachgezeichnet wurde, kann die Festlegung der Modellkomplexität prinzipiell nur auf heuristischer Grundlage erfolgen[26]. Innerhalb der Konzepte zur heuristischen Modellbildung lassen sich nun wiederum zwei verschiedene Stoßrichtungen unterscheiden, die kurz problemlösungstheoretischer und erkenntnistheoretischer Modellierungsansatz genannt werden können.

Der *problemlösungstheoretische Ansatz* der Modellbildung geht im Kern von der Vorstellung aus, daß eine Problemstellung unter Berücksichtigung der Komplexitätsproblematik in einem möglichst adäquaten[27] Modell abgebildet werden soll. Zu diesem Zweck werden neben (und mit) den Konstruktionsbestandteilen von Modellen Ansatzpunkte für Modellvereinfachungen aufgezeigt[28] und Analysen über zweckmäßige Modellierungsverfahren angestellt. Dabei reichen die methodischen Untersuchungen von der Erarbeitung mehr oder weniger tiefschürfender praktischer Tips für die Formulierung brauchbarer Modelle bis hin zu systematischen Tests alternativer Vereinfachungsstrategien[29].

Die *erkenntnistheoretische Auseinandersetzung* mit der Modellierungsproblematik setzt erheblich tiefer an. Sie kritisiert zunächst grundlegend den abbildungstheoretischen Standpunkt der beiden zuvor erörterten Ansätze, der - ganz im Sinne der Korrespondenztheorie der Wahrheit - unterstellt, daß 'draußen in der Welt' objektiv gegebene Probleme existieren, die es im Zuge des Modellierungsvorgangs lediglich vereinfachend zu reproduzieren gelte[30]. Der erkenntnistheoretische Ansatz stellt hiergegen die Auffas-

---

25) So explizit z. B. BITZ 1977, S. 424. Vgl. ferner auch SCHMIDT 1983a, S. 420.

26) Für viele BARTELS 1986, S. 16; BÄUERLE 1989, S. 175.

27) Häufig als Forderung nach 'isomorphen' oder 'homomorphen' Modellen spezifiziert, vgl. z. B. KOSIOL 1961, S. 321, und zur Problematik dieser Forderung BITZ 1977, S. 399 f.

28) Vgl. z. B. LAAGER 1978, S. 82 ff.; FISCHER 1981, S. 234 ff.; BARTELS 1986, S. 21 ff.

29) Siehe exemplarisch BARTELS 1986.

30) Vgl. hierzu und zum folgenden namentlich BRETZKE 1978a, S. 219 f., 225 f.; ders. 1980, insb. S. 23 ff. (v. a. S. 35, 40), sowie auch DINKELBACH 1973, S. 161; KÖHLER 1975, Sp. 2706 f.; BITZ 1977, S. 57 f.; BÄUERLE 1989, S. 179. Siehe ferner auch aus der Pespektive des interpretativen Managementansatzes PONDY/MITROFF 1979, S. 28; MORGAN 1980, S. 608 ff.; PFEFFER 1981, S. 9 ff.; SMIRCICH 1983a, S. 353; dies. 1985, insb. S. 63; GIOIA 1986, S. 51.

sung, daß ein voraussetzungsfreier Realitätszugang unmöglich und jede Problemwahrnehmung daher theorie- und sprachvermittelt ist[31]. Aus dieser ontologischen Grundposition heraus wird dann die Modellbildung nicht mehr als passiver Kopierprozeß begriffen, sondern als schöpferischer Konstruktionsakt verstanden. Modelle dienen danach nicht primär nur der Beschreibung von Problemen in handlicher Form, vielmehr werden Probleme durch die Modellierung erst konturiert. Der abbildungstheoretische Versuch einer 'richtigen' Modellrepräsentation 'des' zu lösenden Problems geht folglich von falschen Voraussetzungen aus und führt daher als Methode auch in die Irre. Vereinfachungen stellen nicht wie dort angenommen prinzipielle Defekte von Modellen dar, sondern die Handlungsfähigkeit in einer überkomplexen Welt überhaupt erst her[32].

Gibt man mit der erkenntnistheoretischen Position das Streben nach 'originalgetreuen' Problemmodellierungen als Leitmaxime auf, so sind andere Beurteilungskriterien der Modellbildung zu formulieren. Anderenfalls kann die schöpferische Problemkonturierung zu einer frei flottierenden 'Wirklichkeitskonstruktion' entarten, die nicht bestimmte Realitätsausschnitte durch Problematisierung hervorhebt[33], sondern von der Realität gänzlich abhebt. Im Gegensatz zum Zungenschlag nicht weniger Arbeiten des interpretativen Paradigmas[34] bemühen sich insbesondere Untersuchungen von BRETZKE darum, die Möglichkeiten vernünftiger Modellbildung bei fehlenden Referenzoriginalen grundlegender auszuloten[35]. BRETZKE unterscheidet mit der Deutung, der Zielbildung, der Entscheidungsfeldbildung und der Erwartungsbildung vier Teiloperationen der Problemdefinition und diskutiert (u. a.) auf einer profunden erkenntnis- und wissenschaftstheoretischen Basis, welchen Beitrag ausgewählte Unterstützungsmethoden zur rationalen Bewältigung dieser Operationen leisten können[36]. Beispiele der behandelten konkreten Verfahren bilden etwa die dialektische Debatte zur Vermeidung einseitiger Deutungsmuster[37], Kreativitätstechniken zur Erschließung von Handlungsalternativen[38] sowie die Verwendung von Kausalgesetzen, ökonometrisch parametrisierten und subjektiv geschätzten Wirkungsfunktionen zur Bildung rationaler Zielrealisationserwartungen[39].

---

31) Vgl. allgemein auch schon im Zusammenhang mit der Korrespondenztheorie der Wahrheit oben, S. 225 ff.

32) Vgl. auch BÄUERLE 1989, S. 180. Die Funktion von Modellen, durch Komplexitätsreduktion Entscheidungsfähigkeit herzustellen, ist allerdings in der Literatur auch schon früh in Beiträgen herausgearbeitet worden, die sich nicht dezidiert als erkenntnistheoretische Arbeiten verstehen, siehe stellvertretend FRESE 1971a, S. 288 ff.; BITZ 1977, S. 52 ff., beide m. w. N.

33) Siehe nochmals S. 255 f. und dort insb. Abb. 28.

34) Vgl. exemplarisch SMIRCICH/MORGAN 1982, S. 262, die unterschiedliche Situationsinterpretationen bzw. Problemsichten als 'Gegen-Wirklichkeiten' ("'counter-realities'") hochstilisieren.

35) Siehe v. a. BRETZKE 1980 sowie noch ders. 1978a; ders. 1978b.

36) Siehe BRETZKE 1980, S. 39 f. und 40 ff.

37) Siehe BRETZKE 1980, S. 55-59, sowie zur dialektischen Diskussion hier nur MASON 1969; MITROFF 1971 und auch unten, S. 459 FN 70.

38) Siehe BRETZKE 1980, S. 118-120.

39) Siehe ebenda, S. 159-193.

Die Untersuchungen von BRETZKE sehen die Lösung des Problems der Modellformulierung weder in der algorithmischen Optimierung noch in der heuristisch geleiteten Realitätsabbildung, sondern letztlich in der vernünftigen Begründung der jeweiligen Problemdefinitionen[40]. Sie bewegen sich mit der Begründungsforderung folglich durchaus auf der Linie, die in der vorliegenden Schrift mit Blick auf die Bewältigung unstrukturierter Managementprobleme insgesamt verfolgt wird. Allerdings werden von BRETZKE nicht generelle Prinzipien und Abstufungen von Begründungen (und Problemlösungsfundierungen) herausgearbeitet, sondern insoweit kasuistisch[41] Methoden analysiert, deren Einsatz Problemdefinitionen verobjektivieren und damit entsprechende Begründungen ermöglichen kann. Da diesen Analysen jedoch kein Instrument für eine abgestufte Bestimmung der Überzeugungskraft von Argumentationen zur Verfügung steht, müssen ihre Ergebnisse über das allgemeine Plädoyer für eine Auflockerung der Rationalitätsanforderungen an Problemdefinitionen[42] hinaus aber wenig griffig bleiben[43]. Dieses Defizit zeigt sich denn auch mit aller Konsequenz in BRETZKEs Ausführungen zur Beurteilung von Modellierungsalternativen für konkrete Problemstellungen. Die Essenz seiner Überlegungen besteht in der Formulierung eines Bewertungskriteriums und in der prinzipiellen Charakterisierung der Struktur des Bewertungsprozesses. Problemdefinitionen sind demzufolge danach zu beurteilen, ob sie fruchtbare Fragen verkörpern[44], und können sich nur im argumentativen Vergleich mit alternativen Definitionen als relativ vernünftig (oder unvernünftig) erweisen[45]. Im übrigen bleibt im Kern nur die Zuflucht zu der eher sibyllinischen Aufforderung, "das Unbestimmte zum Maß des Bestimmten zu machen"[46].

Als Fazit unseres notgedrungen knappen Durchgangs durch Modellierungskonzepte der Literatur läßt sich feststellen, daß weder der entscheidungstheoretische Ansatz noch die aus problemlösungs- und erkenntnistheoretischer Perspektive angelegten Beiträge für das Problem der Bestimmung des Detaillierungsgrades von Modellen eine zugleich konzeptionell befriedigende und praktikable Lösung anbieten. Wegweisend ist aber immerhin der (namentlich erkenntnistheoretische) Gedanke, Modellierungsvorschläge als alternative Problemsichten zu begreifen, die mehr oder weniger gut begründbar sind. Von diesem Ausgangspunkt her sollen im folgenden die Grundzüge der argumentationsrationalen

---

40) Vgl. ebenda, S. 39 f., 55, 241 f. und passim, sowie auch ders. 1978a, S. 238-240.

41) Dieses Attribut ist nicht polemisch gemeint und soll die verdienstvollen Arbeiten von BRETZKE nicht abwerten.

42) Vgl. z. B. BRETZKE 1980, S. 40 und passim.

43) Vgl. auch die Selbsteinschätzung seiner Forschungsresultate (BRETZKE 1980, S. 243).

44) BRETZKE 1980, S. 196.

45) Ebenda, S. 197.

46) Ebenda, S. 197, ähnlich auch S. 36. Zur Klarstellung: Mit dem "Unbestimmten" ist hier - wenn wir BRETZKE richtig verstehen - die Realität vor Problemkonturierung und mit dem "Bestimmten" die jeweilige Problemdefinition gemeint.

Beurteilung[47] und Begrenzung der Modellierung bzw. Begründungsbreite entwickelt werden.

c' Argumentationsrationale Modellierung und Begrenzung der Begründungsbreite

a'' Kernprobleme und Grundansatz

Mit der Modellierung bzw. Konzeptualisierung eines (Management-)Problems werden die Parameter und Parameterbeziehungen (bzw. Systemelemente und Elementbeziehungen bzw. Argumente) herausgestellt, die die innerhalb des selektierten Realitätsausschnitts als relevant erachteten Problemzusammenhänge näher beschreiben. Liegen mehrere verschiedene Konzeptualisierungen vor, die (teilweise oder vollständig) unterschiedliche, allerdings nicht unverträgliche Problemaspekte betonen, so sind die diversen Parameter nach dem Integrationsgedanken im Prinzip in einer erweiterten Konzeption zusammenzuführen[48]. Zu beachten ist jedoch, daß infolge der kognitiven Restriktionen, die angesichts der Überkomplexität der Realität stets eingreifen, nicht alle potentiell in Betracht kommenden Problemaspekte erfaßt werden können, sondern nur diejenigen Parameter bzw. Argumente, die von merklicher Bedeutung und in diesem Sinne tatsächlich relevant sind. Dabei können Argumente dann als *problemrelevant* gelten, wenn der Inhalt und/oder die Zuverlässigkeit der diskutierten Proposition in nennenswerter Weise davon beeinflußt wird, ob den betreffenden Gründen Rechnung getragen wird oder nicht. Eine solche nennenswerte Beeinflussung liegt vor, wenn der Aussageninhalt über die Präzisionstoleranzschwelle des Rationalsubjekts[49] hinaus geändert wird oder die Einstufung der Zuverlässigkeit auf der (im Detail noch zu erarbeitenden) Verläßlichkeitsskala zu wechseln ist.

Im Zweifel ist somit eine Entscheidung darüber zu treffen, ob bestimmte potentielle Aspekte des zu lösenden Problems tatsächlich thematisiert und damit in die Form eines Arguments gekleidet bzw. in die Problemkonzeptualisierung aufgenommen werden sollen. Zur Wahl stehen dabei letztlich unterschiedlich mächtige Konzeptintegrationsalternativen, die die fraglichen Problemaspekte entweder berücksichtigen oder vernachlässigen. Diese Alternativen sind strenggenommen nach Maßgabe ihrer Fruchtbarkeit zu bewerten, also nach ihrer Fähigkeit, eine möglichst verläßliche und ausgeprägte Zielerreichung der Problemlösung zu fördern. Da sich diese Fruchtbarkeit allerdings ex ante nicht unmittelbar einschätzen läßt, wurde oben die Stichhaltigkeit der alternativen Konzeptionen als Indikator der Konzeptfruchtbarkeit gewählt. Aus argumentationsrationaler Perspektive ist demnach der Beschluß über die zu wählende Alternative im Prinzip nach der

47) Da sich das sogleich ausgearbeitete Begrenzungsprinzip nur vor dem Hintergrund des kognitiven Gehalts von Zusatzargumenten verstehen läßt, sind bereits an dieser Stelle neben der Begrenzung auch die Grundzüge der Beurteilung der Begründungsbreite zu thematisieren. Die detaillierte Stufenbildung der Breitenbeurteilung erfolgt allerdings erst auf S. 479 ff. dieser Arbeit.

48) Siehe zum Ganzen ausführlicher S. 404 ff.

49) Vgl. hierzu S. 217 f. und S. 293 ff., insb. S. 297.

Überzeugungskraft der jeweiligen Begründungen der einzelnen Konzept(integrations)-varianten zu fällen, genauer also nach der Zuverlässigkeit und Zahl der Argumente, die für bzw. gegen die Relevanz der in Rede stehenden Problemaspekte sprechen.

Ein unmittelbarer konkreter Stichhaltigkeitsvergleich von Relevanzbegründungen ist nun allerdings aus (mindestens) 3 Gründen problematisch bzw. wenig praktikabel. Im Gegensatz zur früher behandelten Problematik der 'normalen' Argumentkonflikte, die durch Abwägung (von Zuverlässigkeit, Gewicht und Zahl) der tatsächlich präsentierten Pro- und Contra-Argumente zu bewältigen ist, kann eine Auseinandersetzung über die erforderliche Zahl von Argumenten zum ersten ohne besondere Vorkehrungen in einen infiniten Begründungsregreß führen. Auch die Argumentationen, die für und gegen die Problemlösungsrelevanz bestimmter Aspekte sprechen, können und sollen selbst wiederum nicht sämtliche, sondern nur bedeutsame Gründe anführen. Infolgedessen kann sich auf der Ebene der Diskussion der Problemlösungsrelevanz eines Parameters[50)] ebenfalls die Relevanzfrage (nach Bedeutung bestimmter Argumente im Rahmen der Problemlösungsrelevanz-Begründung) stellen. Auch diese Diskussion wäre ihrerseits nach der Stichhaltigkeit der Argumentationen zu entscheiden, die für und gegen die Relevanz bestimmter Aspekte für die Untermauerung der Problemlösungsrelevanz von Parametern bzw. Argumenten ins Feld geführt werden. Dieser Begründungsprozeß kann sich offensichtlich ohne Ende fortsetzen[51)].

Unterstellt man die Möglichkeit einer sinnvollen Unterbindung des Begründungsregresses[52)], so ist zum zweiten zu bedenken, daß die Diskussion über die Relevanz bestimmter Problemaspekte letztlich nur dann entschieden werden kann, wenn die tatsächlichen Implikationen des diskutierten Arguments für den Inhalt und Verläßlichkeitswert der fraglichen Proposition, m. a. W. also seine Tragfähigkeit und Triftigkeit konkret ermittelt werden. Eine Bestimmung dieser Größen bedeutet aber nichts anderes, als daß der mit dem diskutierten Argument angesprochene Problemaspekt im Endeffekt thematisiert, also als relevant behandelt und in die Begründungsbasis der fraglichen Proposition aufgenommen worden ist. Die Relevanzdiskussion wird damit irrelevant[53)].

Das dritte Problem schließlich besteht darin, daß angesichts der Überkomplexität der Welt eine Relevanzdiskussion theoretisch für unzählige potentielle Aspekt eines Problems in Betracht gezogen werden kann. Die Durchführung aller dieser Diskussionen, nach den soeben angestellten Überlegungen also genau genommen die Berücksichtigung sämtlicher

---

50) Als Metaebene zur Ebene der Problemlösungsbegründung.

51) Analog zum Regreßrisiko der entscheidungstheoretischen Bestimmung der Optimalkomplexion von Modellen, siehe S. 449.

52) Siehe zur hier vorgeschlagenen Lösung sogleich, S. 455 ff.

53) Auch insofern läßt sich eine Problemanalogie ziehen zur entscheidungstheoretischen Modelloptimierung, die bei Simulationen u. a. auch das maximal-komplexe Modell entwirft und die Betrachtung weniger komplexer Modelle damit im Regelfall überflüssig macht (siehe S. 449).

Problemaspekte in der Begründungsbasis, scheitert aber an den genannten Kapazitätsgrenzen.

Die Ursache der aufgezeigten Regreßgefahr wie auch der grenzenlosen Weite möglicher Gegenstände einer Relevanzdiskussion liegt letzten Endes darin, daß der Beurteilung der Relevanz von Argumenten bzw. des kognitiven Wertes einer bestimmten Argumentanzahl[54] und der Beurteilung von Begründungen bislang übereinstimmend lediglich das allgemeine Kriterium der Stichhaltigkeit zugrundegelegt wurde. Dieses Kriterium verlangt im Konfliktfall die angemessene Abwägung von Zuverlässigkeit, Gewicht und Zahl der Argumente, ist in Hinblick auf den Anzahlaspekt aber noch nicht auf einen (abgestuften) Sollmaßstab bezogen. Für die Bestimmung der zu fordernden Zahl an Argumenten ist daher ein autonomes bzw. ein durch eine entsprechende Relativierung konkretisiertes Beurteilungskriterium erforderlich, daß die Relevanzeinschätzung von einer konkreten Begründungsverpflichtung freistellt und als Leitprinzip für die Identifizierung relevanter Problemaspekte fungiert[55]. Aufgrund der kognitiven Ausrichtung der Stichhaltigkeitsbewertung von Argumentationen bietet es sich an, den jeweils einschlägigen Stand des zugänglichen Wissens zur Richtschnur der Relevanzbeurteilung zu wählen und die Berücksichtigung von Argumenten bzw. Parametern zu fordern, die nach diesem Wissensstand für das betreffende Problem von Bedeutung sind. In einer ersten Annäherung sind Begründungen unter dem Aspekt ihrer Breite danach als um so überzeugender einzustufen, je umfassender sie die nach zugänglichem Wissen als problemrelevant geltenden Aspekte in Rechnung stellen. Dabei ist die maximal-rationale Begründungsbreite dann erreicht, wenn alle Gründe in die Überlegungen einfließen, die nach zugänglichem Wissen Relevanz beanspruchen dürfen. Dieses Bewertungsprinzip wird im folgenden näher ausgearbeitet.

b'' Relevanzbeurteilung nach dem Stand des zugänglichen Wissens

Um das soeben angerissene Prinzip für die Bewertung und Begrenzung der Breite von Begründungen weiter zu verfeinern, sollen die möglichen Gründe in drei (grobe) Qualitätskategorien mit den Bezeichnungen Mußargumente, Sollargumente und Kannargumente eingeteilt werden. Nach unseren früheren Untersuchungen bilden die wahren und bewährten Gründe die vergleichsweise zuverlässigsten Argumente[56]. Alle Argumente dieser beiden Güteklassen, die nach dem Stand des aktuellen externen Wissens[57] problemrelevant sind, bilden die Klasse der *Mußargumente* (vgl. Abb. 52). Unter den

54) Als Problem der Konzeptualisierung bzw. der Begründungsbreite.

55) Zur Abrundung sei erwähnt, daß hierin der tiefere Grund für die Differenzierung zwischen der *Relevanz* von Argumenten (als Problem der Begründungsbreite) und der *Stichhaltigkeit* von relevanten Argumenten (als Thema der Argumentkonflikte) liegt, die in dieser Arbeit vorgenommen wird.

56) Siehe S. 369 ff.

57) Es sei daran erinnert, daß mit dem Begriff des *externen Wissens* je nach Begutachtungssituation das allgemein-zugängliche Wissen (bei unprivilegierten Fremdbeurteilungen) oder das allgemein- und das privilegiert-zugängliche Wissen (bei Fremdbeurteilungen mit entsprechenden Zugangsprivilegien) gemeint ist. Unter dem *internen Wissen* hingegen ist stets das exklusiv-zugängliche Wissen sowie ge-

Sollargumenten werden sodann die übrigen Gründe verstanden, die nach dem externen Wissensstand für das betreffende Problem von Bedeutung sind[58]. Als *Kannargumente* schließlich sollen alle restlichen Gründe eingeordnet werden, die der Proponent zur Stützung einer Aussage vorträgt. Hierbei kann es sich prinzipiell um Gründe sämtlicher Güteklassen aus dem Bestand der internen Erkenntnisse des Rationalsubjekts handeln. Konkret ist vor allem an solche Gründe zu denken, die auf die Besonderheiten einer konkreten Unternehmung zugeschnitten sind und über das extern bekannte Maß hinaus spezifizierte Aussagen für z. B. bestimmte Branchen, Regionen und Produkte enthalten[59].

Sektoren des Wissens / Verläßlichkeit der Argumente	externes Wissen	internes Wissen
Güteklasse 1-2 (wahr; bewährt)	Mußargumente	Kann-argumente
Güteklasse 3-4 (plausibel; möglich)	Sollargumente	

Abb. 52: Muß-, Soll- und Kannargumente

Argumente werden in dieser Arbeit als *problemrelevant nach allgemein-zugänglichem Wissen* eingestuft, wenn sie auf Veranstaltungen (wie Tagungen, Kongressen und Messen) und im Schrifttum von Wissenschaft und Praxis im Zusammenhang mit dem ausgewählten Thema mit nennenswerter Intensität erörtert werden[60]. Analog ist die *Pro-*

gebenenfalls - nämlich bei fehlenden Zugangsprivilegien des Rationalgutachters - das privilegiert-zugängliche Wissen zu verstehen. Siehe S. 93 f.

58) Zu den Sollargumenten zählen damit z. B. auch diejenigen Gründe, die laut externem Wissen nach Ausschöpfung der vorhandenen Fundierungspotentiale wahr oder bewährt sein können.

59) Vgl. allgemein zu den im Vergleich selbst mit der Wissenschaft detaillierteren Einblicken der einzelnen Unternehmung in ihr eigenes Geschäft S. 381 f., sowie auch zur Branchen- und Unternehmungsindividualität von 'kritischen Erfolgsfaktoren' DANIEL 1961, S. 116; ANTHONY/DEARDEN/VANCIL 1972, S. 155; ROCKART 1979, S. 85 ff.

60) Die präzise Explikation der erforderlichen (lebhaften) Diskussionsintensität stellt selbstverständlich noch eine nicht unerhebliche Herausforderung dar, die jedoch späteren Folgearbeiten vorbehalten bleiben kann. Daß unsere Definition problemrelevanter Argumente nicht prinzipiell unpraktikabel ist, sei hier lediglich durch eine Analogie untermauert. Wie der erfahrene Leser bestätigen wird, bereitet es 'Insidern' zumeist kaum größere Schwierigkeiten, innerhalb bestimmter Toleranzgrenzen die jeweils aktuellen 'Hot Topics' bestimmter wissenschaftlicher oder praktischer Gebiete zu benennen. Im übrigen sei noch einmal daran erinnert, daß Argumente, die nur vereinzelt sowie nicht in prominenten, relativ leicht erschließbaren Quellen publiziert worden sind und noch nicht in nennenswertem Umfang Eingang in die Diskussion gefunden haben, zwar theoretisch allgemein zugänglich sind. Sie werden hier aber wegen ihrer praktischen Zugangsbarrieren nicht zu dem Stand des allgemein-zugänglichen Wissens gezählt, sondern - sofern sie dem Rationalsubjekt bekannt sind - zum privilegierten Wissensstand (vgl. S. 93 FN 132).

blemrelevanz von Argumenten *nach dem Stand des privilegiert-zugänglichen Wissens* zu bejahen, wenn sie nach Ansicht der (Mehrheit der) Kenntnisträger mit entsprechenden Zugangsprivilegien für die betrachtete Problemstellung von Bedeutung sind.

Eine intensive Auseinandersetzung mit den betreffenden Argumenten in der öffentlichen und veröffentlichten Diskussion[61)] bedeutet nichts anderes, als daß die fraglichen Gründe nach Auffassung der Diskussionsteilnehmer den Inhalt und die Zuverlässigkeit der zu begründenden Aussagen tangieren, da sie in dem thematisierten Zusammenhang in einem bestimmten Ausmaß[62)] tragfähig und triftig sind[63)]. Noch genauer läßt sich diese Relevanzeinschätzung unter Rückgriff auf die Mikrostruktur von Argumenten dergestalt beschreiben, daß nach allgemein-zugänglichem Erkenntnisstand die zu begründende Aussage in der Dann-Komponente der argumentimmanenten Regeln erwähnt ist, daß die von den Regeln behaupteten Wenn-Dann-Beziehungen mit einem gewissen Maß an Zuverlässigkeit und gegebenenfalls Gewicht gelten, und daß - ebenfalls mit einer bestimmten Verläßlichkeit - die in der Wenn-Komponente der Regeln genannten Voraussetzungen in Fällen wie den diskutierten zumindest prima facie (ausreichend gewichtig) erfüllt sind[64)]. So ist beispielsweise das Phänomen «Kundennähe» für die Detailbegründung der Gewinnkonsequenzen einer kundenorientierten Reorganisation nach dem gegenwärtigen Stand des allgemein-zugänglichen Wissens relevant, da (genauer: sofern) es auf der Regel «Wenn die Kundennähe zunimmt, dann steigt der Gewinn» beruht, die eine Beziehung zwischen Kundennähe und Gewinnsituation herstellt, da sich die Gültigkeit dieser Regel zumindest für bestimmte Käufermarktverhältnisse plausibel begründen läßt, und sofern mit guten Gründen davon ausgegangen werden kann, daß eine Kundenorganisation die Kundennähe der betreffenden Unternehmung erhöht.

Vor dem Hintergrund dieser Kategoriebildung läßt sich nun das zuvor formulierte Prinzip der Stichhaltigkeitsbeurteilung von Argumentationen in einem weiteren Schritt wie folgt präziser fassen. Soweit Mußargumente existieren, können Begründungen nach hier

---

61) Die folgenden Ausführungen lassen sich mutatis mutandis auf die nach privilegiertem Wissen relevanten Gründe übertragen. Die weiteren Untersuchungen können sich daher aus Platzgründen auf die explizite Erörterung der nach allgemein-zugänglichem Wissensstand problemrelevanten Argumente konzentrieren.

62) Die genauere Bestimmung der Tragfähigkeit und Triftigkeit von Argumenten, die nach allgemein-zugänglichem Wissen problemrelevant sind, ist eine empirische Aufgabe. Sie setzt zum einen das noch in der Entwicklung befindliche Meßinstrumentarium für die Stichhaltigkeit von Begründungen voraus. Zum anderen hängen die Tragfähigkeiten und Triftigkeiten von der Überzeugungskraft der jeweiligen Begründungen der Argumente ab, die allgemein als problemrelevant gelten, so daß generelle Aussagen insoweit zumindest gegenwärtig nicht möglich sind.

63) Analog sind in der Modellsprechweise Parameter dann als problemrelevant anzusehen, wenn ihre Ausprägungen nach allgemeinem Wissen die Merkmalsausprägungen der passiven Systemelemente beeinflussen können.

64) Da die Einschätzung der tatsächlichen Anwendbarkeit einer Regel mitunter sehr detaillierte Situationsinformationen verlangt, soll mit dem prima facie-Zusatz eine gewisse 'Grauzone der Relevanz' eingerichtet werden. Als irrelevant sind danach unter dem Tragfähigkeitsaspekt nur Argumente anzusehen, bei denen die mangelnde Erfüllung der Wenn-Komponente der argumentimmanenten Regeln ohne große Schwierigkeiten allgemein erkennbar ist. Die Liberalität dieser Relevanzdefinition ist deshalb unschädlich, weil es dem Proponenten nach unseren späteren Festlegungen unbenommen bleibt, die auf den ersten Blick bzw. für Außenstehende nicht ohne weiteres ersichtliche fehlende Erfüllung der Regelvoraussetzungen zu belegen oder zu begründen. Siehe hierzu unten, S. 458 und S. 461.

vertretener Ansicht nur dann für sich Überzeugungskraft beanspruchen, wenn sie diesen qualitativ hochwertigen Gründen auch Rechnung tragen. Für den Fall fehlender Mußargumente sollen hingegen keine konkreten Mindestanforderungen an die Begründungsbreite gestellt werden. Vielmehr wird der - später noch zu differenzierende[65] - Bewertungsgrundsatz vorgeschlagen, daß die Stichhaltigkeit von Begründungen zwar auch nach der Anzahl der vorgebrachten Kannargumente, vor allem aber nach der Zahl der einbezogenen Sollargumente beurteilt wird. Die argumentationsrationale Grenze der Begründungsbreite erreicht die Untermauerung einer Proposition danach bereits schon dann, wenn sie sämtliche Sollargumente berücksichtigt. Wichtig für das Verständnis dieses Bewertungs- und Begrenzungsprinzips ist, daß die hiernach geforderte *Berücksichtigung* bestimmter Problemaspekte keineswegs besagt, daß den entsprechenden Argumenten im Einzelfall auch stets zu *folgen* ist[66]. Wie bereits oben angerissen wurde[67], können sich relevante Argumente im hier verstandenen Sinne bei näherem Hinsehen durchaus als wenig tragfähig oder triftig erweisen, indem etwa die Anwendungsvoraussetzungen entgegen dem ersten Anschein doch nicht erfüllt oder (bei Sollargumenten) die Regularitäten zumindest in dem betreffenden Fall weniger streng als allgemein angenommen sind. Eine Relevanzqualifikation stellt somit lediglich eine Vorauslese dar und bedeutet gewissermaßen nur die Aufnahme der ausgezeichneten Problemaspekte in den Kreis potentiell stichhaltiger Begründungskandidaten, die einer intensiveren Prüfung zu unterziehen sind.

Wie jeder Normierung haftet natürlich auch dem hier unterbreiteten Bewertungsvorschlag ein konventionalistisches Element an, das sich letztlich im praktischen Einsatz bewähren muß. Es kann vorab allerdings entweder willkürlich oder aber begründet ausgewählt sein. Da die Abgrenzung von Rationalitätsstufen einschließlich der Darlegung der hierfür maßgeblichen Überlegungen im einzelnen unten erfolgt, sollen an dieser Stelle nur einige wesentlichen Eigenschaften des hier empfohlenen Beurteilungsgrundsatzes hervorgehoben werden. Das Prinzip beruht insgesamt auf dem Grundgedanken, den heuristischen Wert des allgemein-zugänglichen Wissens für die Begrenzung von Konzeptualisierungen bzw. Argumentationen auszuschöpfen. Zwar sind ohne Zweifel selbst Konzepte aus dem Bestand des allgemein akzeptierten Wissens[68] nicht mit einer vollkommenen Stichhaltigkeitsgarantie ausgestattet. Die Wissenschaftsgeschichte legt mit den zahlreichen Beispielen lange anerkannter, schließlich aber doch verworfener Theorien hierfür beredt Zeugnis ab. Denkt man aber allein an die üblicherweise stattfindende kritische Problematisierung jeder präsentierten (ernstzunehmenden) Konzeption in der

65) Siehe S. 479 ff.

66) A fortiori sagt eine bejahte Relevanz auch nicht etwa darüber etwas aus, ob das betreffende Argument für oder gegen die diskutierte Proposition spricht.

67) Siehe insb. FN 64.

68) Das allgemein akzeptierte Wissen ist eine Teilmenge des allgemein-zugänglichen Wissens und letztlich ein empirisches Phänomen. Es kann hier als 'Begriff mit verschwommenen Rändern' verwendet werden und erfordert daher keine ins Einzelne gehende Explikation. Zur Vermeidung von Mißverständnissen sei aber zumindest darauf hingewiesen, daß das allgemein akzeptierte Wissen schon deshalb nicht (zwingend) mit den (Muß-)Argumenten der genannten beiden Güteklassen im allgemein-

veröffentlichten (namentlich wissenschaftlichen) Diskussion sowie an die trotz KUHN[69] wohl zumindest in Grenzen kaum bestreitbare Akkumulation von Erkenntnissen über die Zeit im 'kollektiven Gedächtnis', so kann die heuristische Kraft des allgemeinzugänglichen Wissensstandes als Erfahrungsspeicher und Quelle für Anregungen ebensowenig zweifelhaft sein[70].

Im einzelnen stellt der Bewertungsvorschlag mit der Minimalforderung nach Berücksichtigung der Mußargumente sicher, daß Entscheidungsfindungen nur dann als argumentationsrational ausgezeichnet werden, wenn sie den zuverlässigsten Komponenten des allgemein-zugänglichen Wissens zumindest Rechnung tragen. Die Forderung nach Beachtung der als Mußargumente einzuschätzenden Gesichtspunkte einer Problembewältigung erscheint dabei angesichts ihres Erkenntniswertes um so eher gerechtfertigt, als die Anzahl solcher Gründe bei unstrukturierten Managementproblemen vergleichsweise gering und die gestellte Anforderung folglich nur wenig restriktiv sein wird[71].

Während die Relevanz von Mußargumenten vergleichsweise unproblematisch zu erkennen sein dürfte, kommt der lebhaften öffentlichen und veröffentlichten Diskussion bei den Sollargumenten die herausragende Rolle als Relevanzindikator zu. Der Tatbestand, daß die betreffenden Argumente im Zusammenhang mit vergleichbaren (Typen von) Problemstellungen häufig herangezogen werden, darf unter Berücksichtigung des soeben erläuterten heuristischen Gehalts des Allgemeinwissens als wichtiges Indiz gewertet werden, daß die entsprechenden Gesichtspunkte unter allen potentiellen Problemaspekten eine herausgehobene Bedeutung haben.

Die prinzipiell positive Würdigung zahlreich vorgebrachter Kannargumente für die Stichhaltigkeit von Begründungen entspricht dem oben erörterten Charakteristikum plausibler Propositionen, generell mit der Zahl 'passender' Begründungsaussagen an Überzeugungskraft zu gewinnen[72]. Die Festlegung, daß die maximal-rationale Begrün-

---

zugänglichen Wissensstand identisch ist, weil eventuell auch Gründe anderer Güteklassen faktisch allgemein akzeptiert sein können. Siehe auch nochmals FN 60.

69) KUHN vertritt bekanntlich im Gegensatz zum herkömmlichen Akkumulationsmodell des Wissenschaftsfortschritts die einflußreiche These von den Paradigmawechseln, die nicht zu additiv vermehrten Erkenntnissen, sondern neuartigen Betrachtungsperspektiven führen (siehe KUHN 1976, und hierzu STEGMÜLLER 1987, S. 279 ff.).

70) Vgl. auch den heuristischen Wert, den nach BITZ 1977, S. 92 "die von der betriebswirtschaftlichen Theorie seit langem herausgearbeitete Aufgliederung des gesamten Betriebsprozesses in verschiedene Teilfunktionen, wie sie sich auch in den Bezeichnungen entsprechender theoretischer Modelle (z. B. Lagerhaltungs-, Produktions-, Absatz-, Investitionsmodelle) oder in der Ordnung und Präsentation des Lehrstoffes einschlägiger Lehrbücher und Vorlesungsprogramme niederschlagen" für die sachliche Begrenzung von Modellen hat. Die Forderung nach Berücksichtigung des allgemein-zugänglichen Wissens liegt im übrigen auch auf der Linie der geläufigen dialektischen Methoden, mit denen verschiedene 'Weltsichten' in eine Problemlösung eingebracht werden sollen, um ihre Ausgewogenheit zu fördern. Vgl. z. B. den "Devil's Advocat Approach" (hierzu MASON 1969, S. B-407 f.; HERBERT/ESTES 1977; COSIER 1981, insb. S. 646 f.; SCHWENK 1988, S. 85 ff.) oder die - auch von juristischer Seite übernommene (siehe SCHMIDT-LEITHOFF 1989, S. 251 ff.) - betriebswirtschaftliche Empfehlung, eine "dritte Alternative" zu berücksichtigen (hierzu HAUSCHILDT 1983a, S. 111 f.).

dungsbreite allerdings auch ohne Einbringung von Kannargumenten erreicht werden kann, beruht auf einem prominenten Gedanken der Argumentationstheorie, der unter Bezeichnungen wie 'Trägheitsprinzip'[73], "burden of proof"[74] und "Argumentationslastregeln"[75] bekannt ist[76]. Dieser Gedanke besagt im Kern, daß die Infragestellung einer Behauptung ohne zureichende Begründung ihrer Problematisierung mutwilliger Skeptizismus und daher in vernünftigen Diskursen unzulässig ist[77]. Auf die Problematisierung der Begründungsbreite übertragen impliziert diese Maxime, daß die Vernachlässigung eines Arguments[78] sinnvoll nur dann gerügt werden kann, wenn sich die Zweckmäßigkeit seiner Berücksichtigung vom Opponenten bzw. Rationalgutachter auch einsichtig machen läßt.

Nach unserer Klassifizierung repräsentieren neben den Mußargumenten nur die Sollargumente Themenaspekte, für deren Relevanz der externe[79] Rationalgutachter ohne weiteres einen plausiblen Grund anführen kann. Er lautet, daß diese Argumente im konkreten Problemlösungsfall deshalb (vermutlich) von Bedeutung sind, weil sie nach dem Stand des externen Wissens als relevant für Probleme dieser Art gelten[80], und bezieht seine Plausibilität aus dem oben begründeten heuristischen Wert des externen Wissens[81]. Soll gegen das genannte Argumentationsprinzip, das wir im Einklang mit dem Schrifttum als durchaus sinnvoll erachten, nicht verstoßen werden, so folgt hieraus aber im Umkehrschluß, daß sich die Lieferung von Kannargumenten praktisch nicht begründet einfordern läßt (vgl. Abb. 53). Der Rationalgutachter kann nur aus dem Fundus des externen Wissens schöpfen, der die internen (Relevanz-)Erkenntnisse des Rational-

71) Über die tatsächliche Restriktionswirkung können natürlich nur eingehendere empirische Untersuchungen Aufschluß geben, die wiederum Anschlußarbeiten zu dieser Schrift vorbehalten bleiben müssen. Vgl. in diesem Zusammenhang auch noch einmal S. 376 ff.

72) Siehe v. a. S. 392 ff.

73) Zur "inertie" in Argumentationen PERELMAN/OLBRECHTS-TYTECA 1976, S. 142 ff. und passim.

74) RESCHER 1977b, S. 25; TOULMIN/RIEKE/JANIK 1979, S. 122.

75) ALEXY 1978, S. 216 f., 242 ff. (Zitat z. B. auf S. 242).

76) Vgl. ferner auch den "pragmatischen Begründungsbegriff" (für Normen) bei HEGSELMANN 1979, S. 173 ff., sowie auch schon AUSTIN 1961, hier insb. S. 50, 52.

77) Dieses Beweislastprinzip kann durchaus nicht nur bei einer Rationalbegutachtung durch Dritte zur Anwendung gelangen, sondern auch im Rahmen von Eigenbeurteilungen gleichermaßen für die 'Eigenkritik' von Bedeutung sein.

78) M. a. W. also die implizite Behauptung des Proponenten, daß das fragliche Argument irrelevant wäre.

79) Die folgenden Überlegungen gelten nur für die Rationalbegutachtung durch Dritte. Nachrichtlich sei noch angemerkt, daß auch die terminologische Entscheidung, von 'Muß-', 'Soll-' und 'Kann'-Argumenten zu sprechen, primär die Situation der Drittbeurteilung vor Augen hat. Nach der argumentationsrationalen Grundmaxime 'sollte' das Rationalsubjekt selbstredend auch Kannargumente liefern und ihre Vernachlässigung im Zuge der Eigenkritik 'bemängeln'.

80) Zu beachten ist, daß der Opponent mit dem Verweis auf die öffentliche (und u. U. die von privilegierten Kenntnisträgern geführte) Diskussion nur eine eher formale Relevanzbegründung zu liefern hat und hierdurch die potentielle Regreßgefahr (siehe S. 454 f.) vermieden wird.

81) Diese Begründung kann der Proponent - wie schon erwähnt - gegebenenfalls widerlegen, wenn er aufgrund seiner exklusiv-zugänglichen und eventuell (bei allgemein-externer Begutachtung) privilegiert-zugänglichen Erkenntnisse 'besser weiß', daß das fragliche Argument tatsächlich irrelevant ist.

subjekts nach Definition nicht umfaßt[82]. Infolgedessen lassen sich Kannargumente im Lieferungsfall zwar durchaus als zusätzliches Überzeugungspotential honorieren[83]. Die

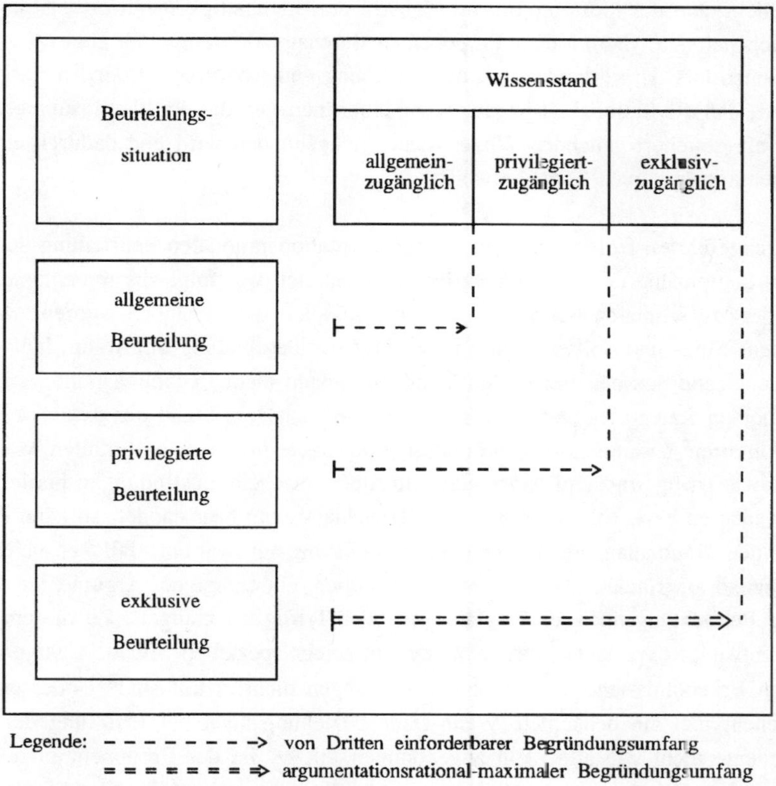

Abb. 53: Einforderbare und maximale Begründung

Kritik der 'zu schmalen Begründung' im Rahmen der Rationalitätsmessung ist hingegen nur dann gerechtfertigt, wenn und soweit sich die Themenrelevanz der angeblich ver-

82) Ergänzend sei vermerkt, daß sich ferner auch die Berücksichtigung von Argumenten nicht einfordern läßt, deren Relevanz nicht nach externem Wissen, wohl aber nach den 'persönlichen Erkenntnissen' des (nicht mit dem Rationalsubjekt identischen) Rationalgutachters begründet werden könnte. Zu beachten ist, daß der 'Stand des zugänglichen Wissens' den Maßstab der Argumentationsrationalität abgibt. Dieser Wissensstand umfaßt je nach Beurteilungssituation neben den allgemein-zugänglichen Erkenntnissen die privilegiert-zugänglichen sowie die exklusiv-zugänglichen Kenntnisse des Rationalsubjekts. Die mangelnde Berücksichtigung von Argumenten aus einem Wissensfundus, zu dem nur der Rationalgutachter einen privilegierten oder exklusiven Zugang hat, kann daher nicht rationalitätsschädlich sein.

83) Zwar kann und wird in dieser Arbeit im Grundsatz der gesamte zugängliche Wissensstand des Rationalsubjekts (einschließlich seiner privilegiert-zugänglichen und exklusiv-zugänglichen Kenntnisse) zum Maßstab der Rationalbeurteilung gemacht werden (siehe schon S. 94 sowie unten, S. 466 FN 99). Bei der praktischen Umsetzung dieser Maxime im konkreten Meßfall muß somit aber realistischerweise zwischen den theoretisch normierten und den je nach Beurteilungssituation begründet einforderbaren Anforderungen differenziert werden.

nachlässigten Aspekte nicht nur postulieren[84], sondern (ohne Regreßgefahr) auch untermauern läßt, und es sich folglich um ignorierte Muß- oder Sollargumente handelt.

Schließlich kann der hier empfohlene Maßstab der Stichhaltigkeitsbewertung für sich in Anspruch nehmen, daß er dem Proponenten durchaus Freiräume für innovative Argumentationen läßt. Er verhindert mit der Zulassung und Honorierung der Kannargumente dezidiert, daß die Rationalitätsbegutachtung einer managerialen Problemlösung etwa starr an den als gesichert geltenden Wissensstand rückgebunden wird und dadurch einen immanenten konservativen 'Bias' aufweist.

Die durchgeführten Untersuchungen zur argumentationsrationalen Beurteilung und insbesondere Begrenzung der Begründungsbreite lassen sich wie folgt zusammenfassen. Eine Kritik der 'zu schmalen Begründung' kann prinzipiell dann erhoben werden, wenn der Proponent Muß- und Sollargumente in seiner Detailbegründung unerwähnt läßt und daher anscheinend den entsprechenden Problemaspekten nicht Rechnung trägt. Argumente dieser beiden Kategorien stellen Gründe dar, die nach dem Stand des externen Wissens im diskutierten Zusammenhang zumindest prima facie in einem bestimmten Maße tragfähig sowie triftig sind und daher bei rationalen Entscheidungsfindungen berücksichtigt werden müssen bzw. sollten. Wird ihre Vernachlässigung beanstandet, so kann der Proponent den Rationalanspruch seiner Problemlösung nur wahren, falls er belegt oder überzeugend begründet, daß es den vermeintlich einschlägigen Argumenten bei genauerer Betrachtung doch an Tragfähigkeit oder Triftigkeit mangelt. Zu diesem Zweck hat er entweder darzulegen, daß zumindest in seiner speziellen Situation entgegen dem externen Erkenntnisstand die Regelvoraussetzungen nicht erfüllt sind[85] oder einsichtig zu machen, daß die behauptete Wenn-Dann-Beziehung auch bei Erfüllung der Wenn-Komponente nicht wie allgemein angenommen gilt[86]. Ist der Proponent in der Lage, entsprechende Belege zu präsentieren, so kann über die mangelnde Tragfähigkeit bzw. Triftigkeit der fraglichen Argumente kein (vernünftiger) Dissens mehr bestehen. Führt der Proponent hingegen eine Begründung an, so ist die Überzeugungskraft der für die Tragfähigkeit und Triftigkeit sprechenden Überlegungen aus dem Fundus des externen Wissens mit der Stichhaltigkeit seiner Gründe nach den allgemeinen Grundsätzen der Bewältigung von Argumentkonflikten abzuwägen. Ein infiniter Begründungsregreß droht dabei nicht mehr, da die Zahl der zu präsentierenden Gründe des Opponenten durch den Stand des externen Wissens und die Anzahl der Argumente des Proponenten durch dessen Erkenntnisse determiniert sind.

---

84) Was bei ausreichender Phantasie immer möglich ist.

85) Also beispielsweise gar keine Käufermarktverhältnisse vorliegen und/oder die Einführung der Kundenorganisation gar nicht mit einer Steigerung der Kundennähe verbunden ist.

86) Also selbst auf Käufermärkten und bei gesteigerter Kundennähe kein oder nur ein marginaler Gewinnanstieg zu verzeichnen ist.

cc) Begrenzung der Begründungstiefe

Im Gegensatz zur jeweiligen Begründungsbreite auf den einzelnen Ebenen einer Detailbegründung betrifft das Begrenzungsproblem der Begründungstiefe die Limitierung der Argumentationsrunden. Konkret geht es dabei um die Frage, bis zu welcher Begründungsebene eine zusätzliche Untermauerung fraglicher Propositionen aus Sicht der Argumentationsrationalität Sinn macht und folglich von einem Rationalgutachter vernünftigerweise eingefordert werden kann.

Den Ausgangspunkt für den hier unterbreiteten Vorschlag zur Beantwortung dieser Fragestellung bildet die Überlegung, daß der Übergang auf eine tiefere $_{i+1}$Detailbegründungsebene im Prinzip dann nicht mehr sinnvoll erscheinen kann, wenn die $_{i+1}$Aussagen für die Einschätzung der Zuverlässigkeit der auf der vorgelagerten Begründungsebene gelieferten $_i$Aussagen (und damit auch der Verläßlichkeit der ursprünglich fraglichen Proposition[87]) keinen originären Informationswert mehr haben. Diese Bedingung für einen hinreichenden Tiefgang von Detailbegründungen kann zum einen dadurch eintreten, daß die $_i$Aussagen bereits eine hohe Verläßlichkeit aufweisen[88]. Zum zweiten kann auch im Fall weniger zuverlässiger $_i$Aussagen dann von einem fehlenden Informationsgehalt expliziter $_{i+1}$Begründungsaussagen des Proponenten ausgegangen werden, wenn der Inhalt dieser Aussagen vom kundigen Rationalgutachter problemlos selbst erschlossen werden kann. Die Zuverlässigkeit der $_i$Propositionen sowie die Evidenz ihrer eigenen Begründungen bilden mithin die beiden grundlegenden Kriterien der argumentationsrationalen Tiefenlimitierung. Dabei fungiert als Maßstab der Verläßlichkeits- und Evidenzbeurteilung der je nach der vorliegenden Situation der Rationalitätsmessung einschlägige Stand des zugänglichen Wissens. Im Fall der Eigenbeurteilung sind somit die gesamten (allgemein-, privilegiert- und exklusiv-zugänglichen) Kenntnisse des Rationalsubjekts von Bedeutung, während bei privilegierten Drittbeurteilungen nur das (allgemein- und privilegiert-zugängliche) Wissen eines Rationalgutachters mit entsprechenden Zugangsprivilegien und bei Beurteilungen durch unprivilegierte Dritte lediglich das allgemein-zugängliche Wissen ausschlaggebend ist.

In Hinblick auf die Präzisierung der 'hohen' Zuverlässigkeit von $_i$Aussagen, die die Voraussetzungen der ersten Begrenzungsvariante erfüllt, bereiten die wahren Aussagen keine Einordnungsschwierigkeiten. Als Propositionen der höchsten Verläßlichkeitskategorie erfordern diese Aussagen im Zweifel nur Belege, aus argumentationsrationalem Blickwinkel aber keine weiteren Begründungen. Bezüglich der Kategorie der bewährten Aussagen ist hingegen zu beachten, daß aktuell-bewährte Propositionen unter Umständen durch entsprechende Erhebungen in wahre Aussagen transformierbar und damit potenti-

87) Letztlich also der globalen Konsequenzaussage.

88) Diese Feststellung ist verwandt mit dem problemlösungstheoretischen Prinzip, Aufgabenstellungen solange zu zerlegen, bis Teilaufgaben vorliegen, für deren Bewältigung Lösungen bereits bekannt sind (vgl. S. 25).

ell-wahr sein können[89]. Zu denken ist namentlich an Propositionen über Phänomene, für die alternativ Stichproben- oder Totalerhebungen in Betracht kommen.

Aktuell-bewährte Aussagen, die nicht potentiell-wahr sind, lassen sich auch durch Begründungen in ihrem Zuverlässigkeitswert nicht weiter steigern[90]. Im Fall fehlender potentieller Wahrheit können bewährte Aussagen daher ohne weiteres ebenfalls als Propositionen mit ausreichend hoher Zuverlässigkeit qualifiziert werden, bei denen der Eintritt in eine weitere Argumentationsrunde entbehrlich ist und allenfalls die Vorlage der Bewährungsbelege verlangt werden kann. Bei aktuell-bewährten, aber potentiell-wahren Propositionen könnte demgegenüber fraglich erscheinen, ob die präsentierte Verläßlichkeit der Aussagen bereits als ausreichend hoch anzusehen ist. Bei Lichte besehen zeigt sich allerdings, daß das eventuelle Wahrheitspotential bewährter Aussagen für die Frage der Tiefenbegrenzung[91] unerheblich ist. Der Zuverlässigkeitssprung von der Bewährung zur Wahrheit kann nur durch Erarbeitung entsprechender Wahrheitsbelege und nicht durch zusätzliche Detailbegründungen bewerkstelligt werden. Infolgedessen weisen Argumentationen auch insoweit einen genügenden Tiefgang auf, als aktuell-bewährte, aber potentiell-wahre Aussagen vorgetragen werden.

Argumentationen kann es damit überhaupt nur dann an Tiefgang fehlen, sofern sich die Gültigkeit der auf der (vorerst) letzten Begründungsebene der einzelnen Argumentationslinien vorgebrachten $_{i}$Aussagen - entweder aufgrund fehlender Wahrheits- oder Bewährungspotentiale oder infolge mangelnder Potentialausschöpfung - nicht belegen läßt. Eine explizite Begründung auch solcher $_{i}$Aussagen muß allerdings nicht immer notwendig sein. Die weitere argumentative Untermauerung kann sich vielmehr unter Umständen teils als überflüssig und jenseits der unnötigen Begründung als argumentationsrational nicht einforderbar erweisen. Sofern $_{i+1}$Begründungsaussagen für die fragliche $_{i}$Proposition im Bestand des externen Wissens enthalten und damit evident sind, kann auf eine ausdrückliche Untermauerung durch den Proponenten aus diskussionsökonomischen Gründen offensichtlich verzichtet werden. Insofern können sich nämlich zumindest experte Rationalgutachter, die mit dem betreffenden Wissensstand vertraut sind, die entsprechenden Begründungen durchaus 'selbst geben'[92]. Der von der auch praxisgerechten Zweckmäßigkeit dieser Normierung nicht sogleich überzeugte Leser stelle sich nur eine Aufsichtsratssitzung vor, in der die positiven Gewinneffekte eines geplanten Kostensenkungsprogramms bezweifelt werden. Eine seriöse Diskussion wird hier aller Voraussicht nach nur über die Frage geführt werden, ob und in welchem Ausmaß das Pro-

---

89) Siehe hierzu oben, S. 216.

90) Zur Vermeidung von Mißverständnissen sei angemerkt, daß statistische Befunde, die sich zwanglos erklären lassen, selbstverständlich eine größere Glaubwürdigkeit haben als 'unerklärliche' (also unbegründete und gar unbegründbare) Erhebungsergebnisse (siehe auch S. 277 FN 165). An dieser Stelle sind jedoch mit den 'bewährten' Aussagen im Sinne der oben eingeführten Zuverlässigkeitsabstufung diejenigen Propositionen angesprochen, deren Verläßlichkeitseinordnung, genauer: Bewährungsqualifikation allein von der Präsentation entsprechender Belege abhängt und deshalb durch Begründungen nicht mehr gesteigert werden kann.

91) Anders dagegen für die Frage der Rationalitätsbeurteilung, siehe hierzu näher S. 490.

92) Siehe zum Evidenzaspekt von Aussagen auch nochmals S. 285 ff.

gramm tatsächlich eine Absenkung der Kosten bewirken wird, ob also die Voraussetzung der Regel «Wenn Kostensenkung, dann ceteris paribus Gewinnsteigerung» vorliegt oder nicht. Die Frage nach der isolierten[93] Gültigkeit des regulären negativen Zusammenhangs zwischen Kosten und Gewinn hingegen dürfte kaum ernstgenommen werden, sondern je nach den gepflegten Umgangsformen einen mehr oder weniger milden Hinweis auf den anerkannten Stand der Betriebswirtschaftslehre oder aber bloßes Kopfschütteln hervorrufen.

Denkbar ist nun, daß der Stand des externen Wissens keine Anhaltspunkte dafür bietet, daß der Zuverlässigkeitswert der betreffenden Proposition durch eine über die evidenten Begründungsaussagen hinausgehende[94] argumentative Stützung noch gesteigert werden kann und der Proponent somit das vorhandene Begründungspotential noch nicht voll ausgeschöpft hat. In diesem Fall kann - wiederum als Ausfluß der argumentationstheoretischen 'Beweislastumkehr' - analog zur Einbeziehung zusätzlicher Problemaspekte[95] auch ein Übergang auf eine tiefer gelegene Ebene der Detailbegründung nicht überzeugend verlangt werden. Eine Kritik der 'zu flachen Argumentation' ließe sich hier nur willkürlich artikulieren, aber nicht ihrerseits untermauern. Um die Weite stichhaltiger Begründungsforderungen richtig einzuschätzen, ist zu beachten, daß zu den externen Kenntnissen auch das (allgemein- und gegebenenfalls privilegiert-zugängliche) generell-methodische Wissen um die prinzipiellen Fundierungsmöglichkeiten von Aussagen gehört. Gibt der Proponent beispielsweise eine Prognose über die zukünftige Kostenentwicklung ohne nähere Erläuterungen ab, so ist diese Voraussage im Regelfall als bloß theoretisch-möglich einzustufen, da der gegenwärtige Stand der Betriebswirtschaftslehre durchaus Verfahren zur einflußgrößengestützten Kostenplanung kennt[96] (und aufgrund der Situationsabhängigkeit der Kosteneinflüsse die Prognosebegründungen durch Externe nicht ohne weiteres nachvollziehbar sind).

Propositionen des Rationalsubjekts, die infolge einer nach dem 'Common Sense' der Experten auf dem betreffenden Gebiet offenkundigen Begründung einen gewissen Plausibilitätsanspruch erheben dürfen und nicht nach externem (generellen Fundierungs-) Wissen durch Zusatzbegründungen[97] noch verläßlicher werden können, sollen im weiteren *evident-plausible* oder kurz *^{e}plausible Aussagen* heißen[98]. Als zweite Variante der

93) Zu unterscheiden ist hiervon selbstverständlich die Frage nach weiteren Gewinneinflußfaktoren und damit (wiederum) nach der Situationsangemessenheit der herangezogenen (plausiblen) Regel.

94) Die Existenz evidenter Begründungen ist Voraussetzung für eine Freistellung von Aussagen von einer weiteren argumentativen Untermauerung. Sofern für unbelegbare $_{i}$Aussagen keinerlei Begründungen evident sind, kann nämlich stets der Einwand einer zu flachen Argumentation erhoben werden, da nach externem Wissen prinzipiell jede (nicht vollkommen aus der Luft gegriffene) Proposition begründbar ist (siehe S. 215). Liegen aber evidente Begründungen vor, so kann der Proponent darauf verweisen, daß mit ihnen dem Satz von der prinzipiellen Begründbarkeit Genüge getan ist.

95) Als Thema der Begründungsbreite, siehe S. 460 ff.

96) Vgl. statt vieler MÄNNEL 1981, S. 133 ff.; BUSSE v. COLBE/LASSMANN 1988, S. 209 ff.; KILGER 1988, S. 135 ff.; KLOOCK/SIEBEN/SCHILDBACH 1991, S. 186 ff.

97) Eine eventuelle Verläßlichkeitssteigerung durch Erarbeitung von Belegen bleibt hiervon unberührt, tangiert die Begründungsbefreiung aber nicht.

Tiefenlimitierung dürfen Argumentationen damit auch insofern als ausreichend tief angelegt gelten, als sie evident-plausible Propositionen enthalten. Im Unterschied zu wahren und (nicht potentiell-wahren) bewährten ¡Aussagen können evident-plausible Propositionen zwar nach den internen Kenntnissen des Rationalsubjekts einen größeren Verläßlichkeitswert aufweisen, als dies aus externer Sicht den Anschein hat. Mangels Argumenten ist ein Rationalgutachter jedoch nicht mehr in der Lage, einen stichhaltigen Einwand der unzureichenden Begründungstiefe zu erheben. Der Proponent kann demnach zwar von sich aus im Lichte seiner internen Erkenntnisse über die nach externem Wissen maximal einforderbare Begründungstiefe hinausgehen und damit das Rationalniveau seiner Problemlösung heben. Er kann hierzu aber im konkreten Einzelfall von Dritten nicht auf argumentationsrationale Weise angehalten werden[99)].

Als Zwischenergebnis unserer Überlegungen zur argumentationsrationalen Begrenzung der Begründungstiefe läßt sich festhalten, daß wahre, bewährte und evident-plausible Propositionen keine ausdrückliche argumentative Untermauerung durch das Rationalsubjekt verlangen. Sie sollen daher im weiteren zusammen als *begründungsbefreite Aussagen* bezeichnet und den *begründungsheischenden Aussagen* gegenübergestellt werden. Bei den letzteren handelt es sich um anfangs bloß theoretisch-mögliche Propositionen, die weder aktuell (sowie eventuell auch nicht potentiell) auf Nachfrage als wahr oder bewährt belegbar noch in ihrer Begründung evident sind. Das grundlegende Stoppkriterium für die Tiefenbegrenzung von Argumentationen läßt sich damit kurz wie folgt formulieren: Begründungen weisen pro diskutierter Proposition einen hinreichenden Tiefgang auf und erreichen damit die Zahl der rational *maximal-einforderbaren Argumentationsrunden*, sofern auf den jeweils untersten Ebenen der zur diskutierten Proposition führenden Argumentationslinien nur noch begründungsbefreite Aussagen im hier explizierten Sinne getroffen werden. Sie können insgesamt als ausreichend tiefgehend gelten, sobald die Propositionen auf der untersten Ebene aller Argumentationsstränge von einer weiteren Begründung freigestellt sind. Umgekehrt ist demzufolge die Kritik einer 'zu flachen Argumentation' pro diskutierter Proposition bzw. insgesamt gerechtfertigt, solange noch begründungsheischende Aussagen auf den untersten Ebenen der entsprechenden bzw. irgendwelcher Argumentationslinien vorliegen.

Mit Blick auf die im anschließenden Untersuchungsabschnitt behandelte Messung der Argumentationsrationalität von Problemlösungen sei zur Abrundung schon an dieser Stelle darauf hingewiesen, daß das Etikett einer 'ausreichend tiefgehenden' Argumen-

---

98) Die Kategorie der evident-plausiblen Aussagen und insbesondere die Frage ihres präzisen Verläßlichkeitswertes wird später (S. 488 f.) noch eingehender erörtert werden.

99) Analog zur Begrenzung der Begründungsbreite gilt somit auch für die Tiefenlimitierung von Begründungen, daß entsprechend der argumentationsrationalen Maxime einer möglichst weitgehenden Ausnutzung zugänglicher Kenntnisse theoretisch auch das nur dem Rationalsubjekt zur Verfügung stehende (interne) Wissen in die Fundierung und Kommentierung von Problemlösungen einzubringen ist. Hier wie dort ist aber auch gleichermaßen zu beachten, daß Rationalgutachter, die mit dem Rationalsubjekt nicht identisch sind, letztlich nicht überprüfen können, wie weit dieses interne Wissen reicht. Im Rahmen von (allgemeinen oder privilegierten) Drittbeurteilungen kann die Orientierung des Rationalsubjekts an seinen insgesamt verfügbaren Kenntnissen somit zwar gefordert, für den internen

tation im soeben erläuterten Sinne (ganz abgesehen vom Aspekt der Begründungsbreite) keineswegs zwangsläufig auch eine maximale Ausschöpfung der vorhandenen Fundierungspotentiale signalisiert. Wie bereits kurz angesprochen wurde, kann bei aktuell möglichen, plausiblen und bewährten Aussagen die Möglichkeit einer Zuverlässigkeitsanhebung durch Erarbeitung von Bewährungs- bzw. Wahrheitsbelegen sowie bei aktuell möglichen und plausiblen Propositionen eine Plausibilitätssteigerung durch (noch) detailliertere Begründungen bestehen. Die Freistellung aktuell evident-plausibler und bewährter Aussagen von obligatorischen weiteren Begründungen verkennt diese Möglichkeiten nicht. Sie rührt vielmehr von dem Tatbestand her, daß eine Zuverlässigkeitssteigerung entweder nur durch Präsentation von Belegen gelingen kann, die noch die gleiche Argumentationsebene betrifft[100], oder aber (bei evident-plausiblen Aussagen) mit Hilfe von Begründungen, die der Rationalgutachter wie ausgeführt nicht begründet einfordern kann. Begründungsbefreite Aussagen werden dementsprechend unten auch nur dann als *maximal-verläßliche Äußerungen* eingestuft werden, wenn der aktuelle auch dem größtmöglichen potentiellen Zuverlässigkeitswert entspricht[101]. In diesem Fall allerdings gibt ein hinreichender Tiefgang zugleich auch Auskunft über die insoweit vollständige Ausschöpfung der Fundierungsmöglichkeiten.

Kenntniskomplex letztendlich aber nur insofern gemessen werden, als das Rationalsubjekt entsprechende Belege oder Argumente liefert.

100) Siehe S. 289 f.

101) Vgl. S. 490 und S. 492 f.

C. Rationalitätsmessung

I. Meßtheoretische Grundlagen

1. Rationalgehaltsbestimmung als ordinale Messung

In den voranstehenden Untersuchungsabschnitten dieses Kapitels wurden die strukturellen Anforderungen an die Fundierung bzw. Kommentierung unstukturierter Problemlösungen sowie die Determinanten der Fundierungssubstanz analysiert. Einen Schwerpunkt bildete dabei die Untersuchung der Überzeugungskraft von Begründungen, die die Verläßlichkeit der begründeten Aussagen beeinflußt. Diese argumentationstheoretischen Vorbereitungen haben die Grundlagen geschaffen, um nun die Abstufung der Fundierung unterschiedlich intensiver Entscheidungsvorbereitungen in Angriff zu nehmen, m. a. W. also das Instrumentarium für die Bestimmung des Rationalgehalts managerialer Problemlösungen konkret zu entwickeln.

Rationalgehaltsbestimmungen stellen Meßvorgänge dar. Unter einer Messung wird allgemein eine Operation verstanden, bei der empirischen Phänomenen eine bestimmte (numerische) Größe zugewiesen wird[1]. Sie setzt gewisse Regeln der Größenzuordnung voraus und weist je nach der meßtheoretischen Reife der verwendeten Skala (Skalenniveau) einen unterschiedlichen Informationswert auf[2]. Nach einer groben Einteilung lassen sich dabei grundlegend Nominalskalen, Ordinal- und Kardinalskalen unterscheiden. Während Nominalskalen nur die Feststellung qualitativer Unterschiede oder Übereinstimmungen der untersuchten Phänomene erlauben, kann mit Hilfe von Ordinalskalen auch die Reihen- oder Rangfolge unterschiedlicher Phänomene bestimmt werden. Im Gegensatz zur Gruppe der Kardinalskalen, die die Intervall- und die Verhältnisskalen umfaßt, können hierbei jedoch keine präzisen Angaben über das Ausmaß der Unterschiede zwischen den Phänomenen und ihren Abstand zum Nullpunkt gemacht werden. Erst die Verwendung von Kardinalskalen gestattet daher auch die volle Ausschöpfung und Übertragung des Wissens über das mathematische Verhalten numerischer Größen auf die betrachteten empirischen Sachverhalte[3] und gibt damit der Zahlenzuordnung im Zuge des Meßvorgangs den tieferen Sinn[4].

Vom Akt der Messung streng zu unterscheiden ist die Bildung der Skalen selbst, die die Meßbarkeit der betrachteten Phänomene erst herstellt und im Fall der Kardinalskalen als *Metrisierung* bezeichnet wird[5]. Die Skalenbildung, die in der Sprechweise der Theorie der Begriffsformen aus der Einführung und Explikation qualitativer (klassifikatorischer),

1) Siehe BUNGE 1967, S. 194; SUPPES 1980, S. 415; MASON/SWANSON 1979, S. 72; MENGES 1982, S. 93.

2) Vgl. hierzu und zum Folgenden STEVENS 1962, S. 24 ff.; SUPPES/ZINNES 1967, S. 4 ff.; WETZEL 1971, S. 19 ff.; CLAUSS/EBNER 1977, S. 25 ff.; WITTE 1980, Sp. 616; MENGES 1982, S. 93 ff.; BAYER 1989, S. 38.

3) Zu dieser Grundidee der (numerischen) Messung STEGMÜLLER 1970, S. 48; MASON/SWANSON 1979, S. 72; SUPPES 1980, S. 415 f.; MENGES 1982, S. 93.

4) Ist beispielsweise ein Phänomen (wie etwa die 'Länge') verhältnisskaliert meßbar, so kann aus zwei Meßwerten durch Addition ein dritter Wert ermittelt - genauer: berechnet - werden.

5) Vgl. STEGMÜLLER 1970, S. 46; ESSLER 1971, insb. S. 69.

topologischer (komparativer) oder quantitativer (metrischer) Phänomenbegriffe besteht[6], ist vor dem Hintergrund der soeben erläuterten Unterschiede zwischen den verschiedenen Skalen naturgemäß um so anspruchsvoller, je höher das angestrebte Skalenniveau ausfällt. Nach einer im wissenschaftstheoretischen Schrifttum diskutierten These ist nun die Möglichkeit der Metrisierung keineswegs auf bestimmte Erkenntnisbereiche (wie z. B. die Physik) beschränkt, sondern steht im Prinzip für sämtliche Phänomene offen. Die bislang unstreitig auf vielen Gebieten aktuell fehlenden Voraussetzungen zur kardinalen Messung bringen danach nur die gegenwärtig noch unvollkommenen Erkenntnisse über die betreffenden Sachverhalte zum Ausdruck[7]. Im Rahmen unserer Themenstellung muß in eine vertiefte Auseinandersetzung mit dieser Auffassung jedoch nicht eingetreten werden[8]. In Anbetracht des gegenwärtig rudimentären Forschungsstandes über die Rationalabstufung managerialer Problemlösungen, von dem die vorliegende Arbeit ausgehen muß, kann der Versuch einer - materiell-objektiven[9] - Quantifizierung der Problemlösungsrationalität zumindest heute nur als ein Programm angesehen werden, das von vornherein zum Scheitern verurteilt wäre. Realistisch ist daher allein die Formulierung (der Umrisse) eines komparativen Begriffs der Argumentationsrationalität, der eine ordinale Messung des Rationalgehalts zuläßt.

Die Konstruktion einer (Ordinal-)Skala unterliegt gewissen meßtheoretischen Anforderungen. Da es in dieser Arbeit beim derzeitigen Stand der Forschung nur um die Einbringung eines ersten Konstruktionsvorschlags und nicht um technische Feinheiten gehen kann, muß den Details der mathematischen Meßtheorie hier zwar nicht im einzelnen nachgegangen werden. Um eine hinreichende Funktionstüchtigkeit des entwickelten Meßinstuments zu gewährleisten, sind aber zumindest die Hauptanforderungen an die Skalenkonstruktion herauszuarbeiten und bei der Instrumententwicklung zu beachten.

Im Kern besteht die Bildung einer ordinalen Skala aus der Erstellung einer Ordnung für sämtliche Objekte des betrachteten Bereichs[10]. Diese Ordnung muß zum einen angeben, unter welchen Voraussetzungen Objekte des Bereichs in Hinblick auf die interessierende Meßeigenschaft miteinander übereinstimmen. Durch diese "Koinzidenzrelation"[11] wird

---

6) Zur Begriffsbildung CARNAP 1962, S. 8 ff.; STEGMÜLLER 1970, S. 15 ff.; ESSLER 1971, S. 64 ff.; HEMPEL 1974, insb. S. 51 ff., und zum Zusammenhang zwischen Begriffsformen und Skalenarten anschaulich CHMIELEWICZ 1979, S. 66 ff.

7) Vgl. ESSLER 1971, S. 65 ff.; STEGMÜLLER 1970, S. 16 ff.

8) An einem Beispiel sei allerdings veranschaulicht, daß diese These keineswegs ab ovo unhaltbar ist. Das Phänomene 'Farbe' mit den Ausprägungen rot, grün, gelb, blau usw. ist wohl zweifelsohne nach landläufiger Vorstellung einer kardinalen Messung verschlossen. Eine Quanitifizierung farblicher Eigenschaften ist aber gleichwohl - über die verschiedenen Schwingungsfrequenzen der farbspezifischen elektromagnetischen Wellen - durchaus möglich. Siehe hierzu auch SCHÄFER 1973, S. 1146; STEGMÜLLER 1970, S. 318.

9) Anders läge der Fall dagegen bei einer bloß formalen Metrisierung wie bei den quantitativen Begriffen der Wahrscheinlichkeit (siehe S. 266 f.), des Plausibilitätsindexes (siehe S. 189 FN 99) oder des Nutzens (siehe S. 423), die hier aber aus den schon genannten Gründen (siehe S. 5 FN 30) nicht beabsichtigt ist.

10) Vgl. hierzu und zum folgenden v. a. die bei STEGMÜLLER 1970, insb. S. 29-31 erläuterten Regeln für die Bildung komparativer Begriffe, sowie auch BUNGE 1967, S. 197 f.; CHMIELEWICZ 1979, S. 67 ff., insb. S. 70.

der Gesamtbereich der Objekte erschöpfend in Objektklassen zerlegt, die einander ausschließen[12]. Zum anderen muß die Ordnung bestimmen, wann ein Bereichsobjekt einem anderen hinsichtlich der Meßeigenschaft unterlegen bzw. überlegen ist. Mit dieser "Vorgängerrelation"[13] werden zugleich die gebildeten Klassen in eine eindeutige Rangfolge gebracht. Eine Ordinalskala ist demnach im Grundsatz (erst dann) korrekt konstruiert, wenn sämtliche Objekte des Bereichs einer Klasse zugeordnet und untereinander mit dem Ergebnis ihrer Koinzidenz oder Vorrangstellung verglichen werden können.

Überträgt man diese allgemeinen Überlegungen auf unser Meßproblem, so wird der betrachtete Bereich durch die Gesamtheit der denkbaren Entscheidungsvorbereitungen zur Lösung unstrukturierter Managementprobleme definiert. Diese Fundierungsmöglichkeiten oder auch kurz Problemlösungen[14] bilden die Objekte und sind in Hinblick auf ihren Rationalgehalt in eine Ordnung zu bringen[15]. Die Zerlegung des gesamten Objektbereichs in disjunkte und nach ihrem Rang gestaffelte Klassen erfolgt durch das System der *Rationalitätsstufen*, das im folgenden erarbeitet wird und das Kontinuum zwischen der (Klasse der) vollständig unrationalen und der (Klasse der) vollkommen argumentationsrationalen Problemlösung erschöpfend abdeckt[16]. Dieses Stufensystem stellt folglich die Skala dar und dient als Sollmaßstab, an dem sodann der tatsächliche Rationalgehalt konkreter Problemlösungen gemessen werden kann. Dabei manifestiert sich die - zum Eintauchen des Thermometers ins Wasser analoge[17] - Meßoperation als solche im Fall der Rationalitätsmessung in der Subsumtion der rationalrelevanten Merkmale der jeweiligen Lösung unter die noch zu formulierenden Merkmale einer möglichst hohen Klasse bzw. Rationalstufe. Der Meßvorgang besteht folglich m. a. W. im Einzelfall aus der Analyse, welchen Stufenanforderungen die begutachtete Problemlösung gerade noch gerecht wird, so daß sie das Rationalniveau der betreffenden Stufe für sich beanspruchen kann. Die einschlägigen Koinzidenz- und Vorgängerrelationen lauten demnach im Prinzip[18], daß zwei konkrete Problemlösungen dann in ihrem rationalen Gehalt übereinstimmen, wenn sie nach Subsumtion die Anforderungen der gleichen Rationalitätsstufe

---

11) STEGMÜLLER 1970, S. 29.

12) Ebenda, S. 31.

13) Ebenda, S. 29.

14) Zur Entlastung des Textes wird hier, woran noch einmal erinnert sei, häufig anstatt von der 'Entscheidungsvorbereitung/Fundierung/Kommentierung von Problemlösungen' nur von 'Problemlösungen' gesprochen (vgl. auch S. 86 FN 103).

15) Vgl. auch schon S. 152 f.

16) Im Unterschied zu den allgemeineren und synonym verwendeten Begriffen des *Rationalniveaus* und *Rationalgehalts* von Problemlösungen sind mit den *Rationalitätsstufen* somit im folgenden spezieller die unten gebildeten Haupt- und Detailstufen der Argumentationsrationalität gemeint.

17) Siehe FN 15.

18) Dieses Prinzip ist durch die Stufenbildung - insbesondere also die Formulierung der einzelnen Stufenmerkmale - noch zu konkretisieren.

erfüllen, und daß eine Lösung dann vergleichsweise fundierter ist, wenn sie höheren Anforderungen gerecht wird[19].

Bevor auf der Grundlage dieser meßtheoretischen Überlegungen in den anschließenden Untersuchungsabschnitten die Abgrenzung der Rationalitätsstufen im einzelnen erfolgen kann, sind für das Verständnis der Stufenbildung noch drei prinzipielle Vorbemerkungen zu machen. Zunächst ist darauf hinzuweisen, daß im folgenden aus Gründen des Umfangs die Abstufung der Fundierung von Handlungs- und Zielempfehlungen nur für den Aspekt der Tragfähigkeit der globalen Konsequenzaussagen vorgenommen werden kann, nicht aber auch für die Tolerierbarkeit der angesetzten Beurteilungskriterien[20]. Die untersuchungsleitende Frage der Bildung der Rationalitätsstufen lautet somit, wie die Fundierung der Aussagen über die Erfüllung gegebener Beurteilungskriterien (Subziele, Unternehmungsziele, Normen) durch die vorgeschlagene (Handlungs- oder Ziel-)Alternative differenziert gemessen werden kann. Im Vordergrund der expliziten Ausführungen[21] steht dabei die Rationalgehaltsbestimmung für die Konsequenzaussagen von Handlungsempfehlungen, während auf die gelegentlichen Besonderheiten bei Zielempfehlungen aus Gründen des Umfangs zumeist nur in den Anmerkungen ausdrücklich eingegangen werden soll.

Der Rationalgehalt von Problemlösungen wird damit hier vorläufig im Kern nur an ihrer deskriptiven Basis festgemacht. Die Bestimmung der Lösungsrationalität nach Maßgabe der Frage, ob und in welchem Umfang die Beurteilungskriterien eine Begründung erfahren haben, m. a. W. also ob und wieviele Runden von Globalbegründungen (analog zu den Detailbegründungsrunden) durchlaufen worden sind, muß demgegenüber späteren Folgeuntersuchungen vorbehalten bleiben. Diese Konzentration, die aus Platzgründen unumgänglich ist, bedeutet keineswegs eine Ausgrenzung von Zieldiskussionen aus dem Einsatzbereich des zu entwickelnden Meßinstrumentariums. Da die Globalbegründung von Zielempfehlungen genauso wie diejenige von Handlungsempfehlungen (u. a.) einen Tragfähigkeitsaspekt aufweist[22], eignet sich dieses Instrument vielmehr im Grundsatz durchaus auch zur Messung der Argumentationsrationalität von Aussagen über die Erfüllung übergeordneter Kriterien im Rahmen normativer Zieldiskussionen. Die vorzunehmende Begrenzung der Untersuchung ist im übrigen um so weniger gravierend, als die Strukturen für die Begründung von Zielen und der Mechanismus zur Zielkonfliktbewältigung in dieser Schrift bereits herausgearbeitet worden sind.

Mit der zweiten Vorbemerkung sei der Tatbestand hervorgehoben, daß bei der Konstruktion von Meßskalen und damit auch im Zuge der nachfolgenden Abgrenzung der

---

19) Vgl. auch die exemplarische Formulierung der Koinzidenz- und Vorgängerrelationen für den Fall der Gewichtsmessung bei STEGMÜLLER 1970, S. 34.

20) Die Triftigkeit globaler Konsequenzaussagen ist (im Gegensatz zur Triftigkeit deskriptiver Argumente) wie oben ausgeführt im Kern unproblematisch (siehe S. 332 und 334), und kann daher hier von vornherein außer Betracht bleiben.

21) Vgl. zu den schon aus Gründen der üblichen Sprachgewohnheiten zweckmäßigen Trennung zwischen der Fundierung von Handlungs- und Zielempfehlungen nochmals S. 343 f.

Rationalitätsstufen ein Spielraum existiert, wie fein oder grob die Skaleneinteilung bzw. Stufenbildung erfolgt[23]. Jede Skala ist daher schon aus diesem Grund (auch) durch ein Moment der Konvention geprägt, deren Zweckmäßigkeit erst durch ihre Bewährung im praktischen Meßeinsatz bestätigt (oder verworfen) werden kann. Das unten entwickelte System der Rationalitätsstufen ist daher nur als ein erster Vorschlag der Rationalgehaltsabstufung aufzufassen, dessen Eignung in späteren Untersuchungen an konkreten Problemlösungen systematisch zu testen ist und im Lichte der Testergebnisse in den Details durchaus noch zu modifizieren sein kann. Sein Leitgedanke für die Einstellung des Feinheitsgrades der Abstufung besagt, daß die Notwendigkeit einer noch beherrschbaren Komplexität des Meßinstrumentariums (Handlichkeit) mit der Anforderung auszutarieren ist, eine hinreichend aussagekräftige und differenzierte Rationalgehaltsbestimmung (Diskriminierungsfähigkeit) zu ermöglichen.

Zum dritten ist zu beachten, daß durch die hier vorgeschlagene Form der Rationalitätsmessung trotz der Verwendung des Meßbegriffs den einzelnen Stufen und damit auch den konkreten Problemlösungen nicht primär rationalitätsabhängige Zahlen zugeordnet werden sollen. Der jeweilige Rationalgehalt wird vielmehr vor allem durch verbale Attribute gekennzeichnet werden, die weitaus informativer und anschaulicher sind als reine Ziffern. Diese Vorgehensweise, die allerdings ein recht komplexes terminologisches System voraussetzt, schränkt die Aussagekraft der ordinalen Messung keineswegs ein. Wie oben schon erwähnt wurde, ermöglicht die Zahlenzuordnung erst bei kardinalskalierten Messungen eine nennenswerte Transformation von mathematischem Wissen in Erkenntnisse über die betrachteten Phänomene[24].

2. Divergente Breite-Tiefe-Mischungen: Problem und Lösungsansatz

Die im vorherigen Abschnitt herausgestellte Anforderung an Ordinalskalen, den Vergleich sämtlicher Objekte des betrachteten Bereichs (Problemlösungen) zu ermöglichen, wirft für die Messung der Argumentationsrationalität ein gravierendes Problem auf. Nach unseren früheren Untersuchungen schlägt sich die Überzeugungskraft von Begründungen (als wesentlicher Determinante der Problemlösungsrationalität) in zwei Dimensionen nieder, nämlich der Breite und der Tiefe der Argumentation. Konkrete Begründungen managerialer Problemlösungen können nun offensichtlich jeweils sowohl unterschiedlich breit als auch verschieden tief angelegt sein. Es stellt sich damit die Frage, wie die Unterschiede in der argumentativen Breite und Tiefe bei der Skalenbildung zu behandeln sind, wie also m. a. W. z. B. breitere, aber flachere mit schmaleren, aber tiefergehenden Argumentationen verglichen und in eine entweder Gleich- oder Rangordnung gebracht werden können. Das ganze Ausmaß dieser meßtheoretischen Komplikation zeigt sich besonders dann, wenn man die potentielle Komplexität konkreter

---

22) Vgl. oben, S. 334.

23) Vgl. allgemein zur Sensitivität als Charakteristikum von Maßgrößen (neben ihrer Validität und Reliabilität) hier nur MASON/SWANSON (Hrsg.) 1981, S. 38.

Argumentationen in Rechnung stellt, die jeweils mehrere Argumentationslinien umfassen und sich über etliche Begründungsebenen erstrecken können[25]. Die Frage des Breite-Tiefe-Trade-offs kann sich somit unter Umständen für zahlreiche Begründungsstränge und auf jeder Begründungsebene stellen.

Zur Bewältigung dieser Meßschwierigkeit kommen mehrere Vorgehensweisen in Betracht[26]. Zum ersten kann die konkret zu begutachtende Problemlösung hinsichtlich der jeweiligen Begründungsbreiten pro diskutierter Proposition sowie des Tiefgangs der einzelnen Argumentationslinien untersucht und jeweils auf getrennten Skalen für die Breite und Tiefe der Begründung eingeordnet werden. Bereits diese Rationalitätsanalyse kann, wie auch unser späteres Demonstrationsbeispiel (einer ausgefeilteren Vorgehensweise) noch anschaulich zeigen wird, wertvolle Einblicke in das Ausmaß der Fundierung einer Problemlösungsempfehlung eröffnen. Dabei lassen sich auch alternative Problemlösungen insoweit vergleichen, als sie bei übereinstimmender Breite (Tiefe) eine unterschiedliche Tiefe (Breite) aufweisen. Demnach wäre beispielsweise eine Empfehlungsbegründung, die eine übergeordnete Aussage bei identischem Tiefgang mit einer größeren Zahl von Gründen stützt als eine Vergleichsbegründung, insoweit fundierter. Das geschilderte Verfahren leidet allerdings an dem Mangel, daß die ceteris paribus-Bedingung ansonsten identischer Begründungsbreiten bzw. Begründungstiefen vermutlich eher selten oder bloß für kleine Teilausschnitte praktischer Argumentationen erfüllt sein wird. Da eine Zusammenführung des Breiten- und Tiefenaspekts zu einem Gesamtindex der Rationalität nicht erfolgt, wären die somit zumeist anstehenden Vergleiche zwischen Problemlösungsfundierungen mit unterschiedlichen Breite- und Tiefe-Mischungen folglich ausgeschlossen. Die Aufgabe der Rationalgehaltsmessung wäre daher noch recht unvollkommen gelöst.

Eine konzeptionell zufriedenstellende Bewältigung des Trade-off-Problems zwischen der Breite und Tiefe von Argumentationen kann - wie jede (argumentations-)rationale Konfliktlösung - letztlich nur in einer begründeten Abwägung liegen. Eine solche Vorgehensweise setzt ein formales[27] Beurteilungskriterium zur Bestimmung des Abwägungszwecks voraus und kann durch eine 'zweckmäßige' Aggregation der jeweiligen Breite- und Tiefemerkmale von Argumentationen zu einer gemeinsamen Rationalitäts-Kenngröße zum Ausdruck gebracht werden. Die Grundzüge dieses Verfahrens sollen im folgenden näher umrissen werden. Die Ausführungen können aus Platzgründen allerdings nur eine bescheidene Zielsetzung verfolgen. Sie sollen den Weg zu einer systematischen (theore-

---

24) Vgl. S. 468.

25) Siehe hierzu S. 354 ff.

26) Neben den im folgenden näher diskutierten Lösungsmöglichkeiten könnte ferner etwa auch daran gedacht werden, analog zum Meßkonzept der Aston-Gruppe für die Erhebung des organisatorischen (De)zentralisationsgrads von Unternehmungen, die ebenfalls mit einer Tiefendimension (Zahl der Hierarchieebenen) und einer Breitendimension (Zahl der Organisationseinheiten pro Hierarchieebenenausschnitt) konfrontiert ist, eine Normierung von Argumentationen auf eine Normalform mit einer Standardtiefe und -breite vorzunehmen. Aufgrund der offensichtlichen Mängel dieser Behelfslösung soll dieser Gedanke hier aber nicht weiter verfolgt werden. Vgl. zum Aston-Maß etwa KLATZKY 1970, S. 143; NEGANDHI/REIMANN 1973, S. 207, 213, und zur Kritik FRESE 1988, S. 229 f.

27) Zur Unterscheidung zwischen formalen und materiellen Beurteilungskriterien S. 330.

tischen und empirischen) Bestimmung zweckmäßiger Trade-offs zwischen argumentativen Breiten und Tiefen vorzeichnen - und im übrigen durch Aufzeigen der Komplexität dieses Programms unsere spätere Wertung stützen, daß seine Ausarbeitung im Detail Anschlußarbeiten zu dieser Untersuchung vorbehalten bleiben muß.

Detailbegründungen sollen letztlich Rationalgutachter in die Lage versetzen, die Zuverlässigkeit fraglicher Propositionen möglichst zutreffend einschätzen zu können[28)]. Infolgedessen ist der Rationalgehalt von Detailbegründungen mit unterschiedlichen Breiten- und Tiefenprofilen im Prinzip nach Maßgabe ihrer Eignung für erfolgreiche Verläßlichkeitseinschätzungen zu beurteilen. Trifft beispielsweise die Einschätzung bei breiten, aber flachen Begründungen (im Durchschnitt aller Begründungsfälle) ex post häufiger zu als bei schmalen, aber tiefgehenden Argumentationen, so wäre danach breiten Argumentationen ein entsprechend höherer Rationalgehalt zuzusprechen. Da die Einschätzungseignung einer Begründung aus den oben dargelegten Gründen indirekt anhand der struktur- und substanzabhängigen Überzeugungskraft zu bestimmen ist[29)], läßt sich der (Rational-)Vergleich von Argumentationen mit divergierenden Breite-Tiefe-Mischungen analog zur Entscheidung von Argumentkonflikten grundsätzlich an ihrer *komparativen Stichhaltigkeit* festmachen.

Die Bestimmung der komparativen Stichhaltigkeit von Argumentationen mit unterschiedlichen Breiten- und Tiefenprofilen kann von der Überlegung ausgehen, daß ein bestimmter Tiefgang einer Argumentationslinie tendenziell um so kognitiv wertvoller ist, je breiter die Begründungen auf den einzelnen Ebenen dieser Linie angelegt sind[30)]. Umgekehrt kann danach selbst tiefgehenden Begründungssträngen in der Tendenz nur ein verhältnismäßig geringer Erkenntniswert zugesprochen werden, wenn die Argumentationen auf den einzelnen Ebenen dieser Stränge vergleichsweise schmal ausfallen[31)]. Vor diesem Hintergrund liegt es nahe, einem Argumentationsstrang für jede Ebene, auf der die maximal-rationale[32)] Begründungsbreite erreicht ist (vollbreite Argumentation), einen bestimmten 'ungekürzten' Stichhaltigkeitswert beizumessen, und jedes Zurückbleiben der tatsächlichen Begründungsbreite hinter der vollbreiten Argumentation pro betroffener Ebene durch einen Stichhaltigkeits-Abschlag zu sanktionieren. Faßt man die gegebenenfalls so gewichteten *Ebenen-Stichhaltigkeitswerte* pro Begründungsstrang zusammen, ermittelt man diese *Begründungsstrang-Stichhaltigkeit* für alle Argumentationslinien und aggregiert man schließlich die strangspezifischen Stichhaltigkeitswerte aller Linien, so läßt sich eine Kenngröße für die komparative Überzeugungskraft der betreffenden Argumentation insgesamt mit ihren charakteristischen Begründungsbreiten und

---

28) In diesem Sinne werden Aussagen denn auch nach unserer Konzeption als um so zuverlässiger eingestuft, je überzeugender die für ihre Gültigkeit sprechenden Detailbegründungen sind. Wie oben ausgeführt wurde, können sich aber (begründet-)plausible und selbst bewährte Propositionen durchaus im nachhinein als tatsächlich falsch herausstellen.

29) Siehe S. 361.

30) Siehe zum Begriff der Breite bzw. Taillierung einer Argumentationslinie nochmals S. 359.

31) Diese Überlegung wird unten (S. 477 ff.) noch zu einer strengeren These verschärft und dann näher begründet.

-tiefen angeben. Diese Ist-Stichhaltigkeit kann prinzipiell mit den Istwerten anderer konkreter Argumentationen verglichen oder aber der Soll-Stichhaltigkeit gegenübergestellt werden, die sich bei vollbreiter Begründung auf den einzelnen Ebenen und ausreichendem Tiefgang der einzelnen Begründungsstränge ergibt[33].

Das soeben skizzierte prinzipielle Vorgehen sei an einem Beispiel veranschaulicht, daß allerdings ausschließlich Illustrationszwecken dient und - wie anschließend noch näher herausgearbeitet wird - zahlreiche Vereinfachungen enthält. Ermittelt wird der vom Breiten- und Tiefenprofil abhängige Stichhaltigkeitswert einer Ist-Argumentation vor dem Hintergrund einer Soll-Argumentation, die auf allen Begründungsebenen vollbreit angelegt ist und ausnahmslos ausreichend tiefgehende Begründungsstränge aufweist (vgl. Abb. 54[34]). Ordnet man jeder vollbreiten Argumentation auf einer Begründungsebene einen Stichhaltigkeitswert von 1 zu, ermittelt man durch Gegenüberstellung der Ist-Zahl und der Soll-Zahl der Argumente pro diskutierter Proposition den Abschlag bzw. Gewichtungsfaktor für die Stichhaltigkeit pro Ebene und Begründungsstrang, und addiert man die gewogenen Werte jeder Ebene für jeden Strang und über alle Argumentationslinien hinweg auf, so ergäbe sich ein komparativer Stichhaltigkeitswert von 18,51[35]. Dieser Wert entspricht (18,51:108=) 17,14% des Soll-Stichhaltigkeitswertes.

Die dargelegte Form der Bewältigung des Trade-off-Problems hat in struktureller Hinsicht durchaus ihre Vorbilder. Zu denken ist nur an die seit langem eingeführte Bestimmung des Risikonutzens von Handlungen[36] und die oben erörterte Ermittlung der komparativen Stichhaltigkeit konfliktärer Argumente[37]. Der entscheidende Dreh- und Angelpunkt dieser Vorgehensweise liegt vielmehr in der Bemessung der 'ungekürzten' Stichhaltigkeitswerte vollbreiter Argumentationen und der Abschläge bei Breitenmängeln, sowie der Festlegung der Modalitäten der Aggregation der gewogenen Ebenen-Stichhaltigkeit pro Strang zur Argumentationslinien-Stichhaltigkeit und der einzelnen Linien-Stichhaltigkeitswerte zur komparativen Stichhaltigkeit der Argumentation insgesamt. So wurde denn auch in dem voranstehenden Illustrationsbeispiel lediglich vereinfachend u. a. angenommen, daß

* nur die Zahl und nicht gegebenenfalls auch das Gewicht der Ist- und Sollgründe bei der Ermittlung der Gewichtungsfaktoren zu berücksichtigen ist,

---

32) Siehe bereits S. 458 und S. 461 f., sowie näher S. 481 ff.

33) Vergleiche zwischen den Rationalgehalten verschiedener Argumentationen haben im Detail allerdings ihre eigenen Schwierigkeiten, auf die unten (S. 512 ff.) noch ausführlich eingegangen wird.

34) Die unterstrichenen Buchstaben in dieser Abb. kennzeichnen diejenigen Argumente der Soll-Argumentation, die in der Ist-Argumentation enthalten sind.

35) Ausführliches Berechnungsbeispiel für den 6. Soll- bzw. 1. Ist-Begründungsstrang, der über die Argumente A1, A12, A122 und A1221 führt: 0,5 [2:4] x 1 [1. Ebene] + 0,5 [2:4] x 1 [2. Ebene] + 0,5 [1:2] x 1 [3. Ebene] + 1 [2:2] x 1 [4. Ebene] = 2,5.

36) Siehe S. 423 m. N.

37) Vgl. S. 424 ff. und S. 437 ff.

	Ebenen der Detailbegründung				
	1	2	3	4	Strang-Nr.
globale Konsequenzaussage	A1	A11	A111	A1111	1
				A1112	2
			A112		3
		A12	A121	A1211	4
				A1212	5
			A122	A1221	6
				A1222	7
		A13	A131	A1311	8
				A1312	9
			A132		10
			A133		11
		A14	A141		12
	A2	A21	A211	A2111	13
			A212		14
			A213	A2131	15
		A22	A221	A2211	16
				A2212	17
				A2213	18
			A222		19
	A3	A31	A311	A3111	20
			A312		21
		A32	A321		22
		A33	A331		23
	A4	A41	A411	A4111	24
				A4112	25
			A412		26
		A42	A421	A4211	27
				A4212	28
		A43			29
		A44	A441	A4411	30

Legende: A = Argument (durchnumeriert)

Abb. 54: Beispiel einer Ist- und einer Soll-Argumentation

* es unerheblich ist, ob es sich bei den diskutierten Propositionen um Daten- oder Regelaussagen handelt,
* der ungekürzte Stichhaltigkeitswert vollbreiter Argumentationslinien unabhängig von der Position der betreffenden Ebene in der Begründungshierarchie stets mit 1 angesetzt werden kann und
* eine einfache Addition der gewogenen Ebenenwerte sachgerecht ist.

Diese Annahmen sind ohne eingehendere Stützung recht spekulativ - genauer: mangels Evidenz bloß theoretisch-möglich.

Aussagen über die Implikationen unterschiedlicher Breiten und Tiefen von Begründungen für die (Einschätzung der) Zuverlässigkeit begründeter Propositionen haben deskriptiven Charakter und sind zur Untermauerung ihres Geltungsanspruchs entweder zu belegen oder zu begründen. Ein für Belege erforderliches empirisches Wissen[38] über die breiten- und tiefenabhängigen Zuverlässigkeitsimplikationen steht derzeit allerdings - schon mangels der erst in dieser Arbeit entwickelten konzeptionellen Kategorien - nicht zur Verfügung[39]. Es lassen sich daher gegenwärtig insoweit allenfalls Plausibilitätsüberlegungen anstellen. Da die abschließende Auseinandersetzung mit der Trade-off-Problematik den Rahmen der vorliegenden Schrift, die die Herausarbeitung der Grundzüge einer Theorie der abgestuften Entscheidungsvorbereitung zur Aufgabe hat, bei weitem sprengen würde, können im folgenden nur erste Schritte auf dem vorgezeichneten Begründungsweg getan und eine vorläufige Lösung zur Rationalbeurteilung bei divergierenden Breite-Tiefe-Mischungen präsentiert werden.

Die komparative Stichhaltigkeit unterschiedlicher Breiten und Tiefgänge von Argumentationen ist im Prinzip nach Maßgabe der Fähigkeit der jeweiligen Begründungsbreiten und -tiefen zu beurteilen, als Indikator erfolgreicher Einschätzungen der Zuverlässigkeit der begründeten Proposition zu dienen. Grundlegend für die hier vorgeschlagene Festlegung des Austauschverhältnisses von argumentativer Breite und Tiefe ist nun der Gedanke, daß der Breite einer Begründung dabei im Zweifel eine gewisse Vorrangstellung zukommt. Die oben getroffene Feststellung eines tendenziell positiven Zusammenhangs zwischen der Argumentationsbreite auf den einzelnen Ebenen eines Begründungsstrangs und der Stichhaltigkeit dieser Argumentationslinie läßt sich danach u. E. zu der Hypothese verschärfen, daß noch so tiefgehende Begründungsstränge keinen nennenswerten kognitiven Gehalt für sich reklamieren dürfen, wenn die Argumentationen auf den einzelnen Ebenen zu schmal sind. Diese These findet ihre Stütze in dem Tatbestand, daß der Erkenntniswert von Argumenten mit wachsender relativer Tiefe bzw. zunehmendem Abstand ihrer Domizilebene zur ursprünglich interessierenden Proposition tendenziell spezieller ('lokaler') wird[40]. Umgekehrt sind dementsprechend Argumente für die Gesamtbeurteilung der Zuverlässigkeit einer Proposition in der Tendenz um so wichtiger, je unmittelbarer ihre Stützungsbeziehung zur Proposition ist. Die Außerachtlassung von Gründen wiegt insbesondere dann schwer, wenn es sich um Contra-Argumente handelt, die nach externem Wissen auf der Begründungsebene direkt unterhalb der fraglichen Aussage zu beachten sind. Sie können erhebliche Zweifel an der Verläßlichkeit dieser

---

38) Die Abhängigkeit der Einführung fruchtbarer (komparativer) Begriffe von der Verfügbarkeit entsprechender empirischer Erkenntnisse allgemein betont dezidiert auch STEGMÜLLER 1970, S. 17 f., 30 und 34 f.

39) Zur Abrundung sei angemerkt, daß Erkenntnisse zur komparativen heuristischen Kraft der problemlösungstheoretisch prominenten 'Breite-Zuerst-Strategie' und 'Tiefe-Zuerst-Strategie' (siehe statt vieler NEWELL/SIMON 1972, S. 124, 146 f. und passim; HARMON/KING 1987, S. 64 f.), selbst wenn sie als gesichert angesehen werden könnten, für unsere Zwecke nicht weiterführen. Es handelt sich hierbei um Strategien für das Auffinden konkreter Lösungen, während es an dieser Stelle um die Beurteilung der Zuverlässigkeit von Aussagen geht.

40) Siehe hierzu auch S. 351 ff. und S. 394 ff.

Proposition wecken, die sich auch durch eine tiefschürfende Untermauerung selektiv vorgebrachter Pro-Argumente nur selten (über-)kompensieren lassen werden. Ein exemplarischer Hinweis auf den Fall betriebswirtschaftlicher Reorganisationsüberlegungen unter Vernachlässigung der Kostenkonsequenzen dürfte hier zur Veranschaulichung genügen. Bildlich gesprochen vermögen demzufolge auch noch so partiell engmaschige, weil tiefgestaffelte Begründungen bestimmter Aspekte Löcher nicht zu stopfen, die an anderen Stellen im Netzwerk der Begründungsaussagen durch Vernachlässigung zentraler Argumente aufgerissen werden.

Folgt man der These vom tendenziellen Erkenntniswertvorsprung der Begründungsbreite, so bietet es sich an, die beiden Dimensionen der argumentativen Breite und Tiefe durch Formulierung gewisser Mindestanforderungen an die Begründungsbreite miteinander zu verkoppeln[41)]. Der Übergang auf eine nachgelagerte $_{i+1}$Argumentationsebene hat nach dieser Vorgehensweise nur dann eine Höherstufung der Stichhaltigkeit einer Argumentationslinie bzw. des Rationalniveaus der Problemlösung zur Folge, wenn die geforderte Mindestbreite auf der $_{i}$Ebene dieses Begründungsstrangs bzw. aller Stränge erreicht ist. In den Kategorien der zuvor diskutierten Gewichtungslösung läßt sich diese Form der Bewältigung des Breite-Tiefe-Probems so interpretieren, daß der $_{i}$Detailbegründungsebene für den Übergang auf eine höhere Rationalitätsstufe erst dann ein von Null verschiedener Wert beigemessen wird, wenn alle Argumentationslinien auf dieser Ebene die geforderte Mindestbreite aufweisen.

Das Einziehen der Mindestbreiten-Restriktion ermöglicht eine erste Bildung disjunkter Rationalitätsklassen, die eine Ordnung konkreter Problemlösungen nach Maßgabe ihres rationalen Gehalts gestattet[42)]. Diese Klassenbildung ist auf der einen Seite in dem Sinne robust, als die Einordnung jenseits der Frage der Mindestbreite unabhängig von divergierenden Breite-Tiefe-Mischungen ist. Werden die Mindestanforderungen an die Argumentationsbreite zwar auf der $_{i}$Ebene, nicht aber auf der $_{i+1}$Ebene erfüllt, so bleibt es unabhängig von dem eventuellen Tiefgang einzelner Begründungsstränge bei der Einstufung auf dem der $_{i}$Ebene entsprechenden Rationalniveau. Liegen die geforderten Mindestbreiten auf der $_{i+1}$Ebene dagegen vor, so erfolgt eine entsprechende Höherstufung des Rationalniveaus ohne Ansehen der genauen Tiefen der Argumentationslinien sowie der eventuell über die Mindestanforderungen hinausgehenden $_{i+1}$Argumentationsbreiten.

Dem Vorteil der Robustheit der Klassenbildung steht auf der anderen Seite allerdings der Nachteil einer noch fehlenden Feinabstufung innerhalb der einzelnen Klassen gegenüber. Dieser Nachteil wiegt vor allem deshalb schwer, weil Problemlösungen der Praxis - wie schon eine überschlägige Durchsicht realer Problemlösungsbegründungen zeigt[43)] - nicht

---

41) Analog zur Handhabung von Zielkonflikten mit Hilfe von Nebenbedingungen, vgl. hierzu statt vieler nur MAG 1977, S. 39.

42) Zu dieser Klassenbildung im einzelnen ausführlich S. 496 ff.

43) Vgl. etwa die Praxisberichte in FRESE/MALY (Hrsg.) 1989 und FRESE/MALY/v. WERDER (Hrsg.) 1993, sowie auch das konkret analysierte Beispiel in Abschnitt IV. 2.

selten hinter den (unten näher spezifizierten) Mindestanforderungen an die Begründungsbreite zurückbleiben werden. Die mehr oder weniger rigorosen (Breiten-) Voraussetzungen einer Höherstufung haben damit zur Konsequenz, daß praktischen Lösungen auf der Grundlage der bislang skizzierten Klassenbildung vermutlich recht häufig sehr schnell ein nur niedriges Rationalniveau zu bescheinigen und eine differenziertere Beurteilung ihres Rationalgehalts somit noch nicht möglich ist.

Um das noch vorhandene Meßdefizit der groben Rationalitätsstufen zumindest ansatzweise abzubauen, sollen im folgenden neben der Ausarbeitung der bislang erst in ihren Umrissen skizzierten Klassenbildung unter Formulierung von Mindestbreiten-Anforderungen auch Anhaltspunkte für eine feinere klasseninterne Beurteilung des Rationalgehalts herausgearbeitet werden. Die diesbezüglichen Überlegungen greifen im Kern auf Abstufungen der Begründungsbreite pro diskutierter Proposition und der Tiefe der einzelnen Begründungsstränge im Sinne der anfangs erörterten isolierten Breiten- und Tiefenmessung[44] zurück, die im sogleich anschließenden Untersuchungsabschnitt erarbeitet werden.

II. Dimensionsinterne Rationalgehaltsbestimmung

1. Abstufung der Begründungsbreite

Die Abstufung unterschiedlich breiter Argumentationen je diskutierter Proposition kann an die schon vorgenommene Unterscheidung von Muß-, Soll- und Kannargumenten[45] anknüpfen. Zu beachten ist allerdings, daß die Einführung dieser Kategorien zur Hauptsache mit Blick auf die argumentationsrationale Begrenzung (und nicht Abstufung) der Begründungsbreite erfolgt ist. Sie trägt neben dem Aspekt der Aussagengüte[46] vor allem der Frage Rechnung, ob die Berücksichtigung der Argumente aus externer Sicht begründet eingefordert werden kann oder nicht[47]. Für eine Stufenbildung hingegen, die den unterschiedlichen Rationalgehalt verschiedener Begründungsbreiten widerspiegeln soll, sind mit der Zahl der einbezogenen Argumente und ihrer Ausgewogenheit (mindestens[48]) zwei weitere Bestimmungsgrößen der Rationalität einzukalkulieren. Dabei meint die *Ausgewogenheit der Begründungsbreite*, daß nicht nur ausschließlich oder zumindest überwiegend Gründe angeführt werden, die entweder für oder gegen die Gültigkeit der

---

44) Siehe S. 473.

45) Siehe S. 455 f.

46) Dies gilt für die Trennung von Muß- und Sollargumenten.

47) Dies gilt für die Gegenüberstellung von Muß- und Sollargumenten einerseits und Kannargumenten andererseits.

48) Daneben könnte beispielsweise daran gedacht werden, gegebenenfalls auch das Gewicht der beteiligten Argumente als explizites Kriterium der Breitenabstufung heranzuziehen. Da das Argumentgewicht aber nur bei graduell beeinflußten Phänomenen eine Rolle spielt (siehe S. 414, insb. FN 56), durch die Bedingung der Relevanz nach externem Wissen für solche Fälle eine gewisse Mindestbedeutung der (Soll-)Argumente gewährleistet ist (siehe S. 457) und die Untersuchung in vertretbaren Grenzen gehalten werden muß, kann und soll auf diese weitere Differenzierung jedoch verzichtet werden.

diskutierten Proposition sprechen (einseitige Argumentation), sondern Pro- und Contra-Argumente gleichermaßen Berücksichtigung finden (ausgeglichene Argumentation)[49].

Bei isolierter Betrachtung liegt es auf der Hand, daß der Rationalgehalt einer Begründung (bei fehlenden Mußargumenten[50]) mit der Zahl der thematisierten Soll- und (plausiblen oder möglichen[51]) Kannargumente tendenziell zunimmt, und in der Tendenz um so größer ist, je ausgeglichener die insgesamt relevanten Pro- und Contra-Gründe in der tatsächlichen Argumentation vertreten sind[52]. Die eigentliche Komplikation der Breitenstufung stellt sich erst dadurch ein, daß die Ausprägungen konkreter Begründungen hinsichtlich dieser Merkmale nicht streng korrelieren müssen und infolgedessen ein Trade-off zwischen dem Charakter, der Zahl und der Ausgeglichenheit der Argumente zu fixieren ist. Konkret muß beispielsweise bestimmbar sein, ob die Berücksichtigung zahlreicher Soll-, aber weniger Kannargumente rationaler als die Einbeziehung weniger Soll- und vieler Kannargumente ist, und ob die Auflistung einer großen Zahl von Pro-Argumenten den größeren Rationalgehalt beanspruchen kann als die Abwägung einer geringen Anzahl von Gründen, die den Geltungsanspruch der diskutierten Proposition teils stützen und teils erschüttern.

Argumentationen dienen im Rahmen von Detailbegründungen dem Zweck, die Zuverlässigkeit der jeweils diskutierten Proposition möglichst zutreffend einschätzen zu können. Die Festlegung der genannten Austauschverhältnisse ist daher im Prinzip (wiederum[53]) parallel zu der (relativen) Eignung der drei Merkmale[54] vorzunehmen, als Indikator erfolgreicher Verläßlichkeitseinschätzungen zu fungieren. Erweisen sich somit beispielsweise die Einschätzungen bei großzahligen, aber einseitigen Begründungen regelmäßig als weniger erfolgreich als bei ausgeglichenen, wenn auch zahlenmäßig kargen Argumentationen, so wäre der Ausgewogenheit ein entsprechend höherer Stellenwert bei der Stufenbildung einzuräumen. Derartige Trade-off-Bestimmungen erfor-

---

49) Vgl. allgemein zur Forderung nach Ausgewogenheit der beschafften und verarbeiteten Informationen in Entscheidungsprozessen auch ROSENSTOCK 1963, S. 40; GRIEM 1968, S. 57; GZUK 1975, S. 188 ff. und 301 ff.

50) Sind dagegen Mußargumente bekannt, so stellt sich die Frage der Breitenabstufung nicht, vgl. schon oben, S. 457 f. und sogleich im Text.

51) Für wahre oder bewährte Kannargumente hingegen gilt wie bei den (wahren oder bewährten) Mußargumenten, daß ihre Einbringung für andere stichhaltige Gründe keinen Platz mehr läßt und daher eine vollbreite Begründung bedeutet. Sofern im folgenden nicht ausdrücklich der Wahrheits- oder Bewährungszusatz verwendet wird, ist unterstellt, daß die angesprochenen Kannargumente bloß plausibel oder theoretisch-möglich sind.

52) Der hohe Rationalgehalt einer Begründung, der in der Berücksichtigung auch zahlreicher Contra-Argumente zum Ausdruck kommt (und sich in einer entsprechend hohen Verläßlichkeitseinstufung der begründeten Proposition niederschlägt), darf nicht mit dem Tatbestand verwechselt werden, daß mit zunehmender Zahl ernstzunehmender Gegengründe das Risiko der tatsächlichen Falschheit der diskutierten Proposition naturgemäß tendenziell steigt. Ist eine Aussage nach expliziter Abwägung bedeutsamer Gegengründe aber letztlich zu akzeptieren, so kann ihre Zuverlässigkeit ungeachtet dieses Risikos aus kognitiv-rationaler Sicht nur höher angesetzt werden als diejenige einer Aussage, die unter Vernachlässigung der Contra-Argumente einseitig durch ausgewählte Pro-Gründe untermauert wird. Vgl. in diesem Zusammenhang zum Verhältnis zwischen der praktisch-rationalen Verunsicherung und der kognitiv-rationalen Beruhigung durch Gegenargumente auch nochmals S. 430 f.

53) Siehe zum analogen Vorgehen bei der Bestimmung des Austauschverhältnisses zwischen der Begründungsbreite und -tiefe S. 477.

dern jedoch abermals ein erhebliches Maß an empirischem Wissen über die Indikatorpotentiale der genannten Kriterien, das gegenwärtig nicht verfügbar ist und daher durch provisorische Plausibilitätsüberlegungen ersetzt werden muß.

Sofern wahre oder bewährte Gründe zur Stützung oder Untergrabung einer diskutierten Proposition bekannt sind, lassen sich (definitionsgemäß) keine anderen stichhaltigen Argumente anführen[55]. Da folglich pro Aussage nur ein (wahres oder bewährtes) Argument überzeugend vorgetragen werden kann, stellt sich insoweit das Problem der Anzahl oder Ausgewogenheit der angeführten Gründe nicht. Falls wahre oder bewährte Argumente nach dem externen Wissensstand zur Verfügung stehen, können Begründungen

Begründungsmerkmale	Breite	Mindestbreite	Breitenstufe
Vernachlässigung von Mußargumenten	Ungenügend	Nein	U
Wenige einseitige Argumente	Minimalbreit	Nein	M
Einige einseitige Argumente	Partiellbreit	Nein	P
Wenige Argumente bei fehlenden Konflikten <u>oder</u> Einige ausgeglichene Argumente	Schmal	Ja	S
Viele (ausgeglichene) Argumente	Breit	Ja	B
Wahre oder bewährte Argumente <u>oder</u> Alle Sollargumente und evtl. zusätzlich (andere) Kannargumente	Vollbreit	Ja	V

Abb. 55: Stufen der Argumentationsbreite

vielmehr schlechterdings nur dann als rational angesehen werden, wenn sie dem jeweiligen Mußargument Rechnung tragen[56]. Als erste Normierung zur Breitenabstufung kann daher festgehalten werden, daß Begründungen, die nicht die relevanten Mußargumente einbeziehen (und damit automatisch einseitig sind), eine völlig *ungenügende* Breite aufweisen (vgl. Abb. 55). Finden die einschlägigen Mußargumente dagegen Berücksichtigung (oder werden wahre oder bewährte Kannargumente ins Treffen geführt), so

54) Charakter; Zahl; Ausgewogenheit.

55) Siehe S. 384 f.

56) Siehe auch schon oben, S. 457 f. und S. 480.

sind die entsprechenden Begründungen (zwangsläufig ausgeglichen und) als hinreichend breit (genauer: *vollbreit*) einzustufen.

Während die (als Folge der hohen Aussagenzuverlässigkeit) herausgehobene Stellung der Mußargumente eine vergleichsweise eindeutige Einordnung erlaubt, bereitet das im Fall fehlender wahrer oder bewährter Gründe relevante Rationalverhältnis von Soll- und Kannargumenten größere Schwierigkeiten. Da Kannargumente internes Spezialwissen offenbaren, können sie unter Umständen besonders tragfähig und triftig sein und die Verläßlichkeitseinschätzung der diskutierten Proposition erheblich beeinflussen[57]. Ein im Vergleich hohes Indikatorpotential wohnt Kannargumenten allerdings nicht zwangsläufig inne. Ob die Präsentation je eines Soll- oder Kannarguments mehr über die Zuverlässigkeit der fraglichen Proposition aussagt und damit als rationaler einzustufen ist, hängt vielmehr vom jeweiligen Einzelfall ab, so daß insoweit keine generelle Normierung möglich ist. Ferner muß beachtet werden, daß sich die Berücksichtigung von Kannargumenten vom externen Rationalgutachter nicht einfordern läßt und im Rahmen der externen Rationalitätsmessung daher nicht bestimmt werden kann, ob und in welchem Ausmaß an sich einschlägige Argumente dieser Kategorie außer Acht gelassen worden sind. Vor diesem Hintergrund erscheint es am zweckmäßigsten zu sein, bei der Stufenbildung nicht zwischen Soll- und (plausiblen oder möglichen) Kanngründen zu differenzieren, sondern beide Argumentkategorien in Hinblick auf die beiden anderen Kriterien der Zahl und Ausgeglichenheit im Prinzip gleich zu behandeln. Werden plausible oder mögliche Kannargumente vorgetragen, so erhöht sich damit entsprechend die Anzahl der Gründe und eventuell die Ausgeglichenheit der Begründung, während die Argumentationsbreite bei fehlenden Kanngründen allein nach der Zahl und Ausgewogenheit der Sollargumente zu bemessen ist.

Mit diesen Vorentscheidungen reduziert sich das Trade-off-Problem im Kern auf die Beziehungen zwischen der Anzahl und der Ausgewogenheit der (Soll- und/oder Kann-) Argumente. Für diese beiden Merkmale der Begründungsbreite sollen im folgenden 4 (kleinzahlig; mittelzahlig; großzahlig; vollzählig) bzw. 2 (einseitig; ausgeglichen) Ausprägungen eingeführt werden, die beim gegenwärtigen Forschungsstand allerdings nur recht grob charakterisiert werden können. Von *kleinzahligen Begründungen* soll gesprochen werden, wenn im Vergleich zur Gesamtmenge der Sollargumente nur wenige (Soll- und/oder Kann-)Gründe ins Treffen geführt werden[58]. *Mittelzahlige* bzw. *großzahlige Begründungen* liegen dagegen vor, wenn - wiederum verglichen mit der Sollzahl - einige respektive viele Argumente Berücksichtigung finden, während *vollzählige Begründungen* allen Sollargumenten Rechnung tragen und eventuell noch zusätzlich Kannargumente anführen. Die nähere Explikation der Begriffe 'wenige', 'einige' und 'viele' in unserem Zusammenhang erfordert noch weitere Folgeuntersuchungen[59], so

---

57) Vgl. auch zur Widerlegung von Sollargumenten durch interne Kenntnisse, also Kannargumente, nochmals S. 462.

58) Zur Verdeutlichung sei erwähnt, daß diese Stufe (bei nicht vorhandenen Mußargumenten) nach unten abschließend ist, da keine Begründung mehr vorliegt, wenn nicht wenigstens ein Grund vorgetragen wird.

daß etwa die Angabe fester Prozentsätze[60] gegenwärtig in hohem Maße willkürlich wäre. Infolgedessen muß auf eine allgemeingültige Präzisierung insoweit zunächst noch verzichtet und die Einordnung einzelfallbezogen im Lichte der konkreten Argumentationssituation vorgenommen werden.

Einseitige Begründungen zeichnen sich dadurch aus, daß die tatsächlich eingebrachten Argumente deutlich häufiger für bzw. gegen die diskutierte Proposition sprechen, als dies der Verteilung der Pro- und Contra-Gründe in der Gesamtheit der Sollargumente entspricht. Demgegenüber liegen *ausgeglichene Begründungen* vor, wenn die Pro- und die Contra-Positionen der Sollgesamtheit in der tatsächlichen Argumentation repräsentativ vertreten sind. Wenngleich die Repräsentativitätsbedingung im Grenzfall auch dann erfüllt sein kann, wenn nur je ein Pro- und Contra-Argument ins Treffen geführt werden, soll für die weiteren Untersuchungen davon ausgegangen werden, daß eine argumentative Ausgeglichenheit die Einbringung mindestens einiger Gründe erfordert. Umgekehrt wird ferner die Erfüllung der Ausgeglichenheitsvoraussetzung angenommen, sofern eine Begründung viele Argumente umfaßt[61].

Um die Verläßlichkeit einer diskutierten Proposition im Rahmen des Möglichen zutreffend einschätzen und diesbezügliche Argumentkonflikte möglichst ausgewogen bewältigen zu können, sind bei fehlenden Mußargumenten strenggenommen sämtliche Sollargumente in die Begründungsbasis einzubeziehen. Eine Breitenabstufung, die allein auf die Erfüllung dieser Voraussetzung einer *vollbreiten Argumentation* abstellen würde[62], wäre allerdings zu rigoros. Wie oben schon angedeutet wurde, hätte eine solche Stufenbildung angesichts der realiter vermutlich recht häufigen Vernachlässigung von Sollargumenten zur Konsequenz, daß praktischen Problemlösungen insoweit zu schnell ein einheitlich niedriges Rationalniveau zu attestieren wäre. Infolgedessen muß ein Mittelweg beschritten werden, der eine Abstufung des Rationalgehalts auch jenseits der vollzählig-ausgeglichenen Begründung erlaubt. Dabei ist grundlegend zwischen der Abstufung von Begründungen zu trennen, die eine (für die spätere Einordnung auf der Skala der Rationalitätsstufen relevante) gewisse *Mindestbreite* erreichen bzw. verfehlen.

Geht man davon aus, daß noch so viele Argumente zugunsten (zu Lasten) einer Proposition ernsthafte Zweifel an ihrer Verläßlichkeit (Unzuverlässigkeit) nicht ausräumen können, wenn (gravierende) Gegenargumente bekannt, aber nicht berücksichtigt sind[63],

---

59) Siehe nochmals S. 480 f.

60) Aufgrund der Relativierung auf den jeweiligen Gesamtbestand der Sollargumente scheidet eine Abgrenzung nach Maßgabe absoluter Argumentzahlen von vornherein aus.

61) Der Ausgewogenheitsaspekt kann damit gewissermaßen als eines von mehreren präzisierenden Merkmalen des Begriffs 'vieler' Argumente angesehen werden. Begründungen, die wichtige Gegenargumente außer Acht lassen, führen damit allenfalls einige, aber - im Vergleich zum Gesamtkreis der potentiellen Gründe - noch nicht viele Argumente an.

62) Also etwa nur die beiden Stufen 'breit genug' (bei erfüllter Voraussetzung) und 'zu schmal' (bei unerfüllter Voraussetzung) kennen würde.

63) Ganz in diesem Sinne auch die Problemlösungsmethoden, die - etwa durch einen 'Devil's Advocat' oder eine '3. Alternative' die Einbringung zusätzlicher Problemperspektiven sicherzustellen suchen. Vgl. näher oben, S. 459 FN 70 m. N.

so ist dem Kriterium der Ausgewogenheit im Zweifel der Vorrang einzuräumen. Für den Fall mangelnder Mußargumente bietet sich damit die folgende Festlegung an. Enthält der Bestand der Sollargumente konfliktäre Gründe und gibt eine Argumentation einer bestimmten Position unausgewogen den Vorzug, so kann sie unabhängig davon, ob sie nur wenige oder immerhin einige der relevanten Problemaspekte thematisiert, nicht als hinreichend rational gelten. Neben Begründungen, die von Mußargumenten absehen, weisen daher auch klein- oder mittelzahlige, aber einseitige Argumentationen eine unzureichende Breite auf. Diese Argumentationen, die - ebenso wie die Begründungen ohne Mußargumente - die für die Rationalitätseinstufung von Problemlösungen insgesamt ausschlaggebende Mindestbreite verfehlen, lassen sich nach der Zahl ihrer Gründe feinabstufen in *minimalbreite* und *partiellbreite* Begründungen, die nur wenige bzw. einige Argumente beinhalten. Als Prototyp ist etwa an die schon früher angesprochenen Problemlösungsüberlegungen zu denken, die die Kostenwirkungen diskutierter Maßnahmen zur Gewinnsteigerung außer Acht lassen.

In Begründungssituationen, in denen keine Contra-Argumente extern bekannt sind, vermögen offensichtlich auch schon wenige Gründe eine Proposition zu stützen. Ferner können auch Begründungen, die im Konfliktfall wenigstens einige Argumente in einer ausgeglichenen Pro/Contra-Relation zur Geltung bringen, nach unseren voranstehenden Darlegungen zum erforderlichen Differenzierungspotential der Stufenbildung nicht ohne weiteres von der Hand gewiesen werden. Sie sollen daher als Argumentationen eingeordnet werden, die zwar *schmal*, aber gleichwohl gerade hinreichend breit sind, um eine eventuelle Höherstufung des Rationalgehalts der Problemlösung zu erlauben. Im Anschluß hieran lassen sich Begründungen, die viele Argumente berücksichtigen (und damit definitionsgemäß bei existierenden Konflikten die Ausgeglichenheitsbedingung erfüllen), als *breite* Argumentationen ansprechen. Begründungen schließlich, die allen Sollargumenten Beachtung schenken und eventuell noch ergänzend Kannargumente ins Feld führen, sollen wie die Begründungen mit Mußargumenten als *vollbreit* eingeordnet werden.

Die soeben erfolgte Bildung von Klassen unterschiedlicher Begründungsbreiten wurde mit Blick auf die Frage vorgenommen, inwieweit sich die Verläßlichkeit diskutierter Propositionen je nach Breite einer Begründung einschätzen läßt und welcher Stichhaltigkeitswert demzufolge den einzelnen Argumentationsbreiten zugesprochen werden kann. Akzeptiert man die beiden der Klassenbildung zugrundegelegten Thesen, wonach der Ausgeglichenheit einer Begründung im Zweifel eine Vorrangstellung zukommt und der Erkenntniswert tendenziell mit der Zahl der vorgebrachten Gründe steigt, so kann festgestellt werden, daß der kognitive Gehalt von der ungenügenden über die minimalbreite, die partiellbreite, die schmale und die breite Begründung bis hin zur vollbreiten Argumentation kontinuierlich ansteigt. Dabei lassen sich die genauen Abstände zwischen diesen Stufen allerdings (noch) nicht angeben, so daß lediglich eine ordinale Abstufung vorliegt.

Der unterschiedliche kognitive Gehalt der einzelnen Breitestufen kann - anknüpfend an unsere Überlegungen zur Ermittlung der komparativen Stichhaltigkeit von Argumentationen[64] - durch eine entsprechende Relativierung bzw. Gewichtung des Verläßlichkeitswertes der begründeten Proposition sowie der Stichhaltigkeit der Argumentationslinien, die zu dieser Proposition führen, für die betreffende Ebene zum Ausdruck gebracht werden. Da eine überzeugende Zuordnung quantitativer Größen zum gegenwärtigen Zeitpunkt noch ausscheidet[65], soll diese Relativierung für die weiteren Untersuchungen durch eine Buchstabenindizierung erfolgen. Die verwendeten Symbole, die im einzelnen Abb. 55 entnommen werden können, folgen der ordinalen Ordnung der herausgearbeiteten Breitestufen und stehen als Platzhalter für die später (vor allem auch empirisch) zu ermittelnden Quantitäten. Mit ihrer Hilfe lassen sich beispielsweise $_i$Propositionen, die auf der Ebene i+1 mit einigen, aber einseitigen Argumenten begründet werden, als $(P)_1$begründete $_i$Propositionen einordnen[66]. Analog können etwa Argumentationslinien, die über 3 Begründungsebenen laufen und auf der ersten, zweiten bzw. dritten Ebene Teil einer schmalen, minimalbreiten bzw. vollbreiten Begründung sind, in ihrer linienspezifischen Stichhaltigkeit als (SMV)-Begründungsstränge charakterisiert werden.

64) Siehe S. 474 ff.

65) Vgl. insb. S. 480 f.

66) Siehe zur Terminologie der Verläßlichkeitswerte näher den sogleich folgenden Gliederungsabschnitt.

2. Abstufung der Begründungstiefe

a) Verläßlichkeitswerte von Aussagen

Das argumentationsrationale Niveau von (z. B. globalen Konsequenz-)Aussagen richtet sich grundsätzlich danach, in welchem Umfang das Fundierungspotential dieser Aussage nachvollziehbar ausgeschöpft worden ist[1)]. Da sich die Fundierung einer Aussage in ihrer Zuverlässigkeit niederschlägt[2)], sind zur Vorbereitung der anschließenden Abstufung des (isolierten) Rationalgehalts unterschiedlich tiefgehender Begründungsstränge einer Argumentation zunächst die tiefenabhängigen Verläßlichkeitswerte von Propositionen detaillierter herauszuarbeiten. Dabei kann an die bereits durchgeführten Untersuchungen angeknüpft werden, die zu einer Unterscheidung von wahren, bewährten, plausiblen sowie möglichen Propositionen und einer ersten Feinabstufung der plausiblen Propositionen in wahr-begründete, bewährt-begründete, plausibel-begründete und möglich-begründete Aussagen geführt haben[3)]. Diese Einteilung von Zuverlässigkeitsstufen ist nun durch eine Einbeziehung des genaueren kognitiven Wertes verschieden tief angelegter Begründungsstränge weiter auszudifferenzieren.

Die Stichhaltigkeit einer Argumentationslinie hängt - wie unsere frühere Analyse ergeben hat - von der Begründungsbreite pro Argumentationsebene sowie der Zahl der Ebenen ab, die sie durchläuft[4)]. Dabei ist die Breite in dem Sinne an die Zuverlässigkeit der Argumente gekoppelt, daß pro Ebene nur ein wahrer oder bewährter Grund vorliegen kann bzw. eine Mehrzahl von Argumenten nur dann in Betracht kommt, wenn es sich um allenfalls plausible oder mögliche Gründe handelt. Ferner besteht auch zwischen der Zahl der Ebenen, also dem Tiefgang, und der Argumentzuverlässigkeit insofern eine Beziehung, als auf wahre, bewährte und evident-plausible Argumente keine weitere Begründungsrunde mehr folgt und folgen muß[5)]. Auf den Zwischenebenen einer Argumentationslinie können m. a. W. keine wahren, bewährten oder evident-plausiblen Gründe (als begründungsbefreite Argumente) vorkommen; denkbar sind lediglich plausible Argumente sowie Gründe mit z. T. plausiblen und z. T. bloß theoretisch-möglichen (sowie eventuell noch bewährten und/oder wahren) Aussagen, die nach dem Niederstwertprinzip der Verläßlichkeitseinstufung als mögliche (partiellplausible) Argumente anzusprechen sind[6)]. Die letzte Ebene von Begründungssträngen hingegen kann nur wahre, bewährte,

---

1) Siehe zum Begriff der Argumentationsrationalität zusammenfassend S. 103.

2) Siehe S. 368. Der Rationalgehalt einer Aussage ist somit - woran an dieser Stelle erinnert sei - von ihrem Verläßlichkeitswert (und dieser von ihrem Erkenntniswert) zu trennen. Während der Verläßlichkeitswert als 'Bezeichnung' konzeptionell aus der Überzeugungskraft der tatsächlichen Untermauerung resultiert (und der Erkenntniswert die kognitive Bedeutung einer bestimmten Aussagenverläßlichkeit - etwa für die Einschätzung der Zuverlässigkeit einer mit dieser Aussage begründeten anderen Proposition - bezeichnet), richtet sich der Rationalgehalt nach der Relation zwischen tatsächlicher und möglicher Fundierung bzw. Zuverlässigkeit.

3) Siehe S. 214 ff. und S. 386 f.

4) Siehe S. 367 ff. und S. 474 ff.

5) Zur Begrenzung der Begründungstiefe S. 463 ff.

6) Siehe S. 370 und S. 371.

evident-plausible oder mögliche (nicht partiellplausible) Argumente umfassen, nicht aber die ihrerseits wieder explizit gestützten ganz oder teilweise plausiblen Gründe.

Aufgrund der geschilderten Zusammenhänge läßt sich die Stichhaltigkeit von Argumentationslinien durch Angaben zur Begründungsbreite auf den einzelnen Ebenen, zur Ebenenzahl und zur Zuverlässigkeit der auf der letzten Ebene vorgebrachten Argumente näher charakterisieren[7]. Damit kann auch der vom kognitiven Gehalt der einzelnen Begründungsstränge abhängige *linienspezifische Verläßlichkeitswert* begründeter Aussagen durch diesbezügliche Vermerke entsprechend spezifiziert werden. Zweckmäßig ist dabei eine Unterscheidung zwischen Aussagen, die nur auf einer einzigen Begründungsebene untermauert werden, und solchen Propositionen, deren Stützung sich über mehrere Ebenen erstreckt. Im ersten Fall kommen als Zuverlässigkeit der Argumente auf der 'letzten' (= ersten und einzigen) Ebene nur die Wahrheit, die Bewährung, die evidente Plausibilität und die theoretische Möglichkeit in Betracht. Zieht man die oben eingeführten Indizes i und k für die Domizilebene der begründeten Proposition bzw. die Zahl der durchlaufenen Begründungsrunden[8] sowie die Buchstabensymbole für die Begründungsbreite[9] heran, so lassen sich danach (zunächst theoretisch-mögliche[10]) $_{i}$Aussagen, die nur auf der nächsten Ebene fundiert werden (k=1), nicht nur undifferenziert als plausible Aussagen einordnen, sondern präziser je nachdem als $_{1}$wahr-begründete, $_{1}$bewährt-begründete, (M/P/S/B/V)$_{1}{}^{e}$plausibel-begründete oder (M/P/S/B/V)$_{1}$möglich-begründete plausible $_{i}$Aussagen. Da begründete (unbelegte) Propositionen stets plausibel sind und ferner die Indizierung der Verläßlichkeitsattribute (mit dem Index k) darauf hinweist, daß die betreffenden $_{i}$Aussagen mit entsprechenden Argumenten <u>begründet</u> werden und nicht etwa selbst wahr, bewährt, ^{e}plausibel bzw. möglich sind, kann der Plausibilitätszusatz auch weggelassen sowie vereinfacht von $_{1}$wahren, $_{1}$bewährten, (M/P/S/B/V)$_{1}{}^{e}$plausiblen oder (M/P/S/B/V)$_{1}$möglichen $_{i}$Aussagen gesprochen werden. Während im Fall der $_{1}$wahren und der $_{1}$bewährten Aussagen mit der einen (einzigen) Argumentationslinie bereits die gesamte argumentative Stützung der betreffenden Propositionen zum Ausdruck gebracht wird, bezieht sich der Verläßlichkeitswert bei $_{1}{}^{e}$plausiblen und $_{1}$möglichen Aussagen jeweils nur auf einen Begründungsstrang von eventuell mehreren Argumentationslinien. Strenggenommen ist daher der Verläßlichkeitswert dieser Propositionen so zu lesen, daß es sich um *insoweit* $_{1}{}^{e}$*plausible* bzw. *insoweit* $_{1}$*mögliche Aussagen* handelt[11]. Zur Vereinfachung kann und soll auf entsprechende Zusätze jedoch zumeist verzichtet werden.

---

7) Da für die Gründe auf den Zwischenebenen ohnehin nur die Verläßlichkeitswerte eines plausiblen oder partiellplausiblen Arguments in Frage kommen, soll zur Vereinfachung auf eine noch spezifischere Charakterisierung nach Maßgabe auch der Zwischenargument-Zuverlässigkeiten verzichtet werden.

8) Siehe S. 358.

9) Siehe S. 484 f.

10) Wahre und bewährte Propositionen müssen nicht weiter begründet, sondern im Zweifel nur (auf der gleichen Ebene) belegt werden, so daß sie hier nicht weiter behandelt zu werden brauchen.

11) Insgesamt $_{1}{}^{e}$plausible bzw. $_{1}$mögliche Aussagen lägen dagegen nach unseren früheren Festlegungen dann vor, wenn mindestens ein evident-plausibles Argument und eventuell zusätzlich auch theoretisch-

Analog lassen sich ${}_{i}$Aussagen, die über k Argumentationebenen hinweg und auf der letzten Ebene wahr, bewährt, ^{e}plausibel bzw. möglich begründet werden, bezüglich der einzelnen Begründungsstränge als ${}_{k}$wahre, ${}_{k}$bewährte, ${}_{k}^{e}$plausible bzw. ${}_{k}$mögliche ${}_{i}$Aussagen einordnen. Wie oben schon erläutert wurde, kann dabei die jeweilige Breite auf den einzelnen Begründungsebene durch je ein Buchstabensymbol zum Ausdruck gebracht werden[12]. Die Zuweisung des Verläßlichkeitswertes einer $(BSMP)_{4}$möglichen ${}_{i}$Aussage beispielsweise bedeutet danach, daß die fragliche Proposition auf der ersten Begründungsebene $i+1$ breit, auf der zweiten Ebene $i+2$ schmal, auf der dritten Ebene $i+3$ minimalbreit und auf der vierten Ebene $i+4$ partiellbreit gestützt wird, wobei das Argument auf der Abschlußebene dieses Begründungsstrangs möglich ist.

Mit Hilfe der eingeführten linienspezifischen Verläßlichkeitswerte lassen sich an dieser Stelle nun auch die evident-plausiblen Aussagen näher charakterisieren[13]. Sie stellen Propositionen dar, die über eine oder mehrere Ebenen und Begründungsstränge hinweg gestützt (genauer: begründbar) sind, wobei die Stützungsgründe aber problemlos nach externem Wissen erschlossen werden sowie auf der letzten Ebene jeder Argumentationslinie nur noch wahr oder bewährt sein können[14]. Die argumentationstheoretische Notwendigkeit[15] der Wahrheit oder Bewährung der letzten (erschließbaren) Stützungsgründe resultiert aus der Überlegung, daß sich jede Proposition - zwar nicht zur gleichen Zeit, aber sukzessiv - zumindest theoretisch-möglich begründen läßt und daher nur die belegbare Wahrheit oder Bewährung einer Aussage den ansonsten unendlichen Begründungsregreß verhindern kann. Dieser Gedanke bedeutet nicht, daß manageriale Problemlösungsbegründungen bei tiefgestaffelten Begründungen zwingend zu wahren oder bewährten Argumenten auf der letzten Fundierungsstufe gelangen müssen. Die Erklärung hierfür liegt schlicht darin, daß Kommentierungen bei evidenter Plausibilität von Argumenten rational beendet weden können (und damit die Ebene der wahren oder bewährten Propositionen nicht immer erreichen müssen).

Im Prinzip läßt sich durchaus auch die Zuverlässigkeit evident-plausibler Aussagen nach den zuvor erarbeiteten Regeln genauer bestimmen, indem pro Begründungsstrang die

---

mögliche Gründe bzw. ausschließlich mögliche Argumente auf der ${}_{i+1}$Ebene eingebracht werden, siehe S. 385 f.

12) Siehe nochmals S. 484 f.

13) Auf der Grundlage der vorangegangenen Untersuchungen können ferner auch die linienspezifischen Verläßlichkeitswerte von Argumenten problemlos entwickelt (und damit die Güteklasse der plausiblen Gründe - siehe S. 371 f. - weiter differenziert werden). Zu beachten ist nur das Niedertswertprinzip (S. 370) sowie ferner, daß (direkte) Argumente um genau eine Begründungsebene niedriger als die begründeten Aussagen domizilieren und - unter (Plausibilitäts-)Umständen - dementsprechend auch eine um eine Ebene geringere Stützung erfahren, so daß der Index i um 1 zu erhöhen und der Index k um 1 zu vermindern ist. Eine ausdrückliche Entwicklung aller linienspezifischen Argument-Verläßlichkeitswerte ist für unsere Zwecke aber entbehrlich.

14) So stellen etwa auch Aussagen, deren wahre oder bewährte Begründung auf der direkt nachgelagerten Ebene evident ist, evident-plausible (nicht: ${}_{1}^{e}$plausibel-begründete) oder genauer: evident ${}_{1}$wahre bzw. ${}_{1}$bewährte Aussagen dar. Evidenz ist demzufolge keineswegs auf Plausibilität beschränkt. Zu beachten ist nur der Unterschied zwischen (eventuell evident) wahren bzw. bewährten und evident wahr- bzw. evident bewährt-begründeten, also evident-plausiblen Äußerungen.

15) Damit keine Mißverständnisse entstehen, sei noch einmal betont, daß 'Evidenz' hier keineswegs im philosophischen Sinne der begründungsfreien, offenkundigen Wahrheit bestimmter letzter Sätze

Ebene der letzten wahren oder bewährten Stützungsgründe ermittelt und die Breite jeder Begründungsebene angegeben wird. Auf eine solche Spezifizierung des Verläßlichkeitswertes evident-plausibler Aussagen kann jedoch zur Vereinfachung im Normalfall verzichtet werden[16]. Zur Würdigung des Rationalgehalts managerialer Problemlösungen reicht vielmehr insoweit regelmäßig die Information aus, daß das Allgemeinwissen[17] ausgeschöpft worden ist. Die präzise Kenntnis des Zuverlässigkeitswertes dieses Wissens hat dagegen für eine Rationalbeurteilung nur sekundäre Bedeutung[18].

b) Tiefenstufen

Die zuvor herausgearbeiteten (linienspezifischen) Verläßlichkeitswerte von Aussagen hängen vom kognitiven Gehalt der entsprechenden Begründungsstränge ab und werden gewissermaßen schematisch aus der Stichhaltigkeit dieser Stränge abgeleitet. Das Rationalniveau einer Ausssage richtet sich demgegenüber nach dem Ausmaß, in dem ein bestimmter Verläßlichkeitswert der diesbezüglich maximal möglichen Zuverlässigkeit der Proposition nahekommt. Die im folgenden entwickelten Abstufungen dieses linienspezifischen Rationalgehalts von Aussagen sollen in der vorliegenden Arbeit als *Tiefenstufen* bezeichnet werden. Sie beziehen sich (als dimensionsinternes Maß) jeweils nur auf eine Argumentationslinie und dürfen daher nicht mit den erst später erarbeiteten Rationalitätsstufen verwechselt werden, die für die (dimensionsübergreifende) Messung des argumentationsrationalen Gehalts von Problemlösungen insgesamt bestimmt sind.

Der Rationalgehalt von Aussagen stellt im Kern überhaupt nur deshalb eine sinnvolle eigenständige Kategorie neben dem Verläßlichkeitswert dar, weil - z. B. aus Kostengründen - auf eine Inanspruchnahme oder gar Erweiterung des zugänglichen Wissens verzichtet werden und der tatsächliche Verläßlichkeitswert einer Proposition somit hinter der potentiell möglichen Zuverlässigkeit zurückbleiben kann[19]. Wie oben näher ausgeführt wurde, können beispielsweise (ernst zu nehmende) theoretisch-mögliche Aussagen stets durch Begründungen in plausible Propositionen überführt werden und unter Umständen plausible (bzw. bewährte) Aussagen durch Erarbeitung von Belegen (bzw. besseren Belegen) noch in bewährte (bzw. wahre) Propositionen überführbar sein. Die mangelnde

(Axiome) verstanden wird (siehe näher S. 285 f. m. N.), mit der im Text erörterten Notwendigkeit vielmehr nur eine Konsequenz unserer argumentationstheoretischen Überlegungen angesprochen ist.

16) In diesem Zusammenhang sei daran erinnert, daß die 'problemlose Erschließbarkeit' im Sinne unseres Evidenzbegriffs keineswegs bedeutet, daß die entsprechenden Begründungen jedermann schnell und mühelos präsent sind. Gemeint ist vielmehr lediglich, daß sie (eventuell nur) für Experten auf dem Stand des externen Wissens ohne (nennenswerte) Interpretationsspielräume erkennbar sind, wobei mehr oder weniger aufwendige Recherchen (bis an die Grenze der Erschließung 'exotischer' Quellen, siehe S. 287) durchaus erforderlich sein können.

17) Genauer: Das allgemein-zugängliche und u. U. das privilegiert-zugängliche externe Wissen.

18) Sie ist eher für eine Einschätzung der Erfolgsaussichten der empfohlenen Problemlösung interessant.

19) Zur Erinnerung: Der Stand des zugänglichen Wissens zerfällt in das schon vorhandene aktuelle Wissen und das noch zu erarbeitende potentielle Wissen, wobei das aktuelle Wissen dem Rationalsubjekt bereits bekannt oder noch unbekannt sein kann (und das potentielle Wissen - nicht das Wissen um die Fundierungspotentiale - ihm naturgemäß zunächst stets unbekannt ist). Siehe im einzelnen S. 95.

Ausschöpfung dieser Potentiale läßt sich aber - anders als die Nutzung des bereits bekannten Wissens - eventuell durchaus mit dem anfallenden Ausschöpfungsaufwand rechtfertigen und kann daher nicht sofort als unrational abqualifiziert werden[20]. Vielmehr bietet es sich an, als eine erste grobe Abstufung des Rationalgehalts von Aussagen zwischen qualifizierten und akzeptablen Propositionen zu differenzieren. *Qualifizierte Aussagen* schöpfen die vorhandenen Fundierungspotentiale vollständig aus, so daß ihr tatsächlicher Verläßlichkeitswert auch der maximal möglichen Zuverlässigkeit entspricht. *Akzeptable Aussagen* hingegen werden ohne die Nutzung sämtlicher Fundierungsmöglichkeiten formuliert, sind aber zumindest nach aktuellem zugänglichem Wissensstand nicht falsch.

Für die weitere Detaillierung dieser Unterscheidung und damit die Bildung der eigentlichen Tiefenstufen ist nun zunächst eine Besonderheit zu beachten, die aus dem Charakter unstrukturierter Managementprobleme bzw. den ins Auge gefaßten Einsatzfeldern des Meßinstrumentariums resultiert. Unstrukturierte Probleme zeichnen sich nach dem Verständnis dieser Arbeit im Kern (lediglich) dadurch aus, daß wahre und bewährte $_1$Regelaussagen zur Stützung der Feststellungen über die (globalen) Konsequenzen der jeweils empfohlenen Handlungsalternative nicht möglich sind[21]. Sie decken bei dieser Definition ein breites Problemspektrum ab und können daher einen mehr oder weniger großen Strukturmangel aufweisen[22]. Ein Indikator für das Ausmaß der Strukturdefizite kann in der Anzahl der Argumentationsrunden je Begründungsstrang gesehen werden, die zur Erreichung der *Qualifizierungsebene* erforderlich sind, auf der nach externem Wissen erstmals Gründe zitiert werden können, die wahr, bewährt oder evident-plausibel[23] sind und in ihrem Verläßlichkeitswert nicht weiter angehoben werden können[24]. Sie sollen im weiteren als *maximal-verläßliche Argumente* bezeichnet werden[25]. Da nun die Zahl der erforderlichen Argumentationsrunden mit dem Strukturgehalt der zu bewäl-

20) Zur Klarstellung sei angemerkt, daß Argumentationen nach unseren Überlegungen zur Begründungsbreite zwar den extern bekannten Mußargumenten Rechnung zu tragen haben, um als stichhaltig und damit rational gelten zu können (siehe S. 457 f.). Da Mußargumente aber nur aus aktuell wahren oder bewährten Aussagen bestehen, bedeutet diese Forderung jeoch nicht, daß - weniger, aber immer noch argumentationsrationale - Begründungen nicht hinter dem potentiell wahren oder bewährten Wissen zurückbleiben können. Anders gewendet bewirkt die Einforderung der Berücksichtigung von Mußargumenten, daß eine mangelnde Ausschöpfung des zugänglichen Wissens - abgesehen von dem Fall der Vernachlässigung der dem Rationalsubjekt bereits tatsächlich zur Verfügung stehenden Kenntnisse - nur dann vollkommen rationalitätsschädlich ist, wenn Argumente vorgebracht werden könnten, die zur Gänze aus aktuell wahren oder bewährten Daten- und Regelaussagen bestehen.

21) Siehe S. 373 f.

22) M. a. W. kann der Stand des zugänglichen Wissens je nach Problem unterschiedlich groß sein. Vgl. zum Problembezug des zugänglichen Wissensstandes auch nochmals S. 98.

23) Entsprechend unserer Terminologie für Argumente (siehe S. 370) enthalten evident-plausible Gründe evident-plausible sowie eventuell bewährte und/oder wahre Aussagen.

24) Der letzte Zusatz gilt nur für die bewährten und die evident-plausiblen Argumente, da die Zuverlässigkeit wahrer Gründe nach externem Wissen stets nicht mehr gesteigert werden kann.

25) Zu beachten ist somit, daß zwar alle maximal-verläßlichen Argumente entweder wahr, bewährt oder evident-plausibel sind, nicht aber alle wahren, bewährten oder evident-plausiblen (kurz also alle begründungsbefreiten) Argumente auch maximal-verläßlich. Wahre, bewährte und evident-plausible Argumente können vielmehr auch (erst) unterhalb der Qualifizierungsebene zitiert werden. Ferner gilt, daß die maximal-verläßlichen Äußerungen nur eine Teilmenge der qualifizierten Äußerungen bilden.

tigenden Probleme variiert, kann ein universell einsetzbares, d. h. für unterschiedlich-unstrukturierte Problemstellungen geeignetes Meßinstrumentarium keine vollkommen starre Skala verwenden. Wie sogleich noch deutlicher werden wird, ist vielmehr die Zahl der qualifizierungserforderlichen Argumentationsrunden pro Begründungsstrang zur Justierung des Meßinstrumentariums heranzuziehen. Der Grund hierfür liegt darin, daß Begründungen unterhalb der Qualifizierungsebene, die nichts anderes als ein Zurückbleiben hinter den maximalen Fundierungsmöglichkeiten signalisieren, aus dem Blickwinkel der Argumentationsrationalität anders zu würdigen sind als Begründungen oberhalb und bis zur Qualifizierungsebene.

Um der erläuterten Notwendigkeit einer Skalenflexibilisierung zu entsprechen, werden an dieser Stelle die drei weiteren Indexpaare j (mit $j = 1,\ldots, n$) und j^* (mit $j^* = 1,\ldots, n^*$), q (mit $q = 1,\ldots, r$ und $r = o-m+n$) und q^* (mit $q^* = 1,\ldots, r^*$ und $r^* = o^*-m^*+n^*$) sowie p (mit $p = 1,\ldots, s$ und $s = m-n$) und p^* (mit $p^* = 1,\ldots, s^*$ und $s^* = m^*-n^*$) eingeführt (vgl. Abb. 56). Das Indexpaar j und j^* hat wie das Paar i und i^* seinen Referenzpunkt in der globalen Konsequenzaussage[26] und betrifft die von der ersten Detailbegründungsebene ab berechnete Zahl der qualifizierungserforderlichen Argumentationsrunden pro Begründungsstrang. Dabei bezeichnen j und j^* eine Zwischenebene auf einem beliebigen Begründungsstrang bzw. dem Strang mit dem größten Tiefgang und n bzw. n^* die (Ebenenzahl der jeweiligen) Qualifizierungsebene. Das Indexpaar q und q^* betrifft ebenfalls eine Anzahl qualifizierungserforderlicher Argumentationsrunden, wobei sein Referenzpunkt jedoch die (oberhalb der Qualifizierungsebene gelegene) Domizilebene i der jeweils gestützten Proposition ist. Im übrigen stehen q und q^* analog für eine Ebene zwischen dieser Domizilebene und der Qualifizierungsebene und die (aus $o-m+n$ bzw. $o^*-m^*+n^*$ zu berechnenden[27]) Ausdrücke r bzw. r^* für die Zahl der ab der Domizilebene zur Erreichung der Qualifizierungsebene noch erforderlichen Begründungsrunden auf einer beliebigen bzw. der tiefgehendsten Argumentationslinie. Die Indizes p bzw. p^* schließlich bezeichnen - als Zusätze zu den Größen n bzw. n^* und r bzw. r^* (in der Form n.p und r.p) - eine Begründungsebene unterhalb der Qualifizierungsebene auf einem beliebigen bzw. dem tiefsten Begründungsstrang, wobei sich der maximale Wert s (s^*) aus der Differenz zwischen der Zahl m (m^*) der tatsächlich durchlaufenen und der Zahl n (n^*) der qualifizierungserforderlichen Argumentationsrunden ergibt. Wird die Anzahl der qualifizierungserforderlichen Runden tatsächlich nicht erreicht, entfallen mit den Begründungsebenen unterhalb der Qualifizierungsebene naturgemäß auch die Werte für p bzw. p^*.

Wie sogleich deutlich werden wird, umfaßt die Klasse der qualifizierten Aussagen auch die diversen qualifiziert-plausiblen Propositionen.

26) Siehe S. 358.

27) Die Größe o bezieht sich auf den Index k, der von 1 bis o läuft, siehe S. 358.

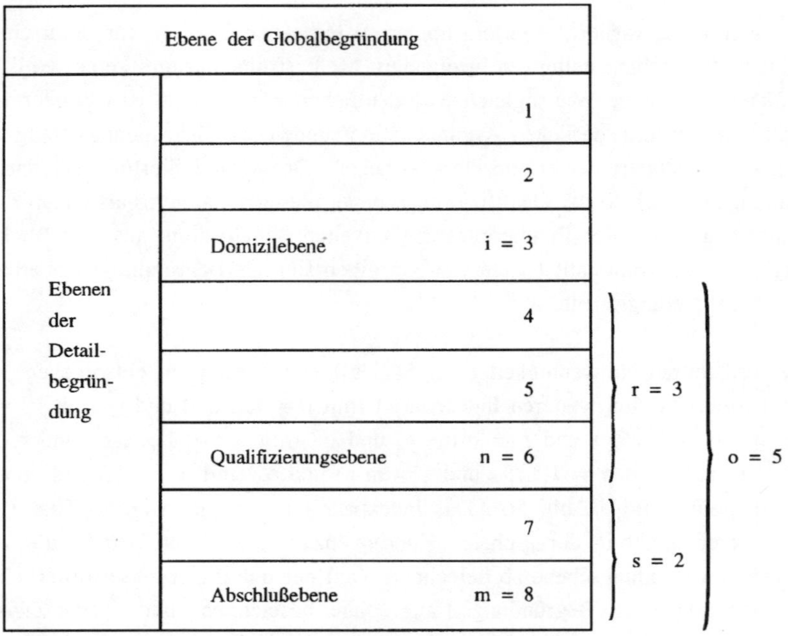

Abb. 56: Indizierung der Begründungsebenen (exemplarisch für $m > n$, $i = 3$, $m = 8$ und $n = 6$)

Mit Hilfe der eingeführten Indizes lassen sich die beiden Klassen der qualifizierten und der akzeptablen Aussagen nun wie folgt weiter ausdifferenzieren (vgl. Abb. 57). Propositionen einer Domizilebene i, deren Begründungsstränge die Qualifizierungsebene nicht erreichen und daher auf ihrer Abschlußebene je nur ein mögliches Argument enthalten, sind bloß mehr oder weniger akzeptabel und können in ihrem linienspezifischen Verläßlichkeitswert nach den schon oben dargelegten Grundsätzen als $_{1}$mögliche bis $_{k}$mögliche $_{i}$Aussagen (mit $k < r$) eingeordnet werden[28]. Erreichen Argumentationslinien hingegen die Qualifizierungsebene, so ist danach zu trennen, ob sie auf dieser Ebene tatsächlich die maximal-verläßlichen Argumente einbringen oder nicht. Da die begründeten Propositionen im ersten Fall insoweit die Qualifizierungsbedingung erfüllen, können sie als $_{r}$qualifiziert-plausible $_{i}$Aussagen oder genauer als $_{r}$wahre, $_{r}$bewährte bzw. $_{r}^{e}$plausible $_{i}$Aussagen angesprochen werden. Sie füllen gemeinsam mit den auf der Qualifizierungsebene selbst vorgetragenen maximal-verläßlichen, also wahren, bewährten oder evident-plausiblen Aussagen[29] die Klasse der qualifizierten Propositionen aus.

28) Auf die Spezifizierung der Argumentationsbreite auf den einzelnen Ebenen des betreffenden Begründungsstranges soll hier und im folgenden zur Vereinfachung verzichtet werden.

29) Siehe zur nicht umkehrbaren Beziehung zwischen maximaler Verläßlichkeit auf der einen Seite und Wahrheit, Bewährung sowie evidenter Plausibilität andererseits nochmals FN 25 auf S. 490.

Verläßlichkeitswerte		Tiefenstufen
Qualifizierte Aussagen	**maximal-verläßliche Aussagen**	Tqual
	wahre Aussagen	
	bewährte Aussagen	
	^{e}plausible Aussagen	
	qualifiziert-plausible Aussagen	
	${}_{1}$qualifizierte Aussagen	
	${}_{1}$wahre Aussagen	
	${}_{1}$bewährte Aussagen	
	${}_{1}{}^{e}$plausible Aussagen	
	.	
	.	
	${}_{r}$qualifizierte Aussagen	
	${}_{r}$wahre Aussagen	
	${}_{r}$bewährte Aussagen	
	${}_{r}{}^{e}$plausible Aussagen	
Akzeptable Aussagen	**einfach-plausible Aussagen**	Tr.s
	${}_{r.s}$wahre Aussagen	
	${}_{r.s}$bewährte Aussagen	
	${}_{r.s}{}^{e}$plausible Aussagen	
	${}_{r.s}$mögliche Aussagen	
	.	.
	.	.
	${}_{r.1}$wahre Aussagen	Tr.1
	${}_{r.1}$bewährte Aussagen	
	${}_{r.1}{}^{e}$plausible Aussagen	
	${}_{r.1}$mögliche Aussagen	
	${}_{r.0}$mögliche Aussagen	Tr.0
	.	.
	.	.
	${}_{k}$mögliche Aussagen	Tk
	.	.
	.	.
	${}_{1}$mögliche Aussagen	T1
	mögliche Aussagen	T0

Abb. 57: Linienspezifische Verläßlichkeitswerte und Tiefenstufen von Aussagen (ohne Breitenspezifizierung)

Werden auf der Qualifizierungsebene dagegen nicht die maximal-verläßlichen Argumente vorgebracht, sondern nur theoretisch-mögliche oder mehr oder weniger plausible Gründe, so handelt es sich bei den begründeten Propositionen weiterhin bloß um akzeptable Aussagen. Ihnen können mittels des Index p je nach der Anzahl der eventuellen Stützungsrunden für die auf der Qualifizierungsebene angeführten Gründe und der Zuverlässigkeit der Argumente auf der Abschlußebene die linienspezifischen Verläßlichkeitswerte ${}_{r.0}$möglicher[30)] oder ${}_{r.s}$möglicher, ${}_{r.s}{}^{e}$plausibler, ${}_{r.s}$bewährter bzw.

30) Sofern die Qualifizierungsebene der Abschlußebene entspricht.

$_{r.s}$wahrer $_i$Aussagen[31]) zugesprochen werden. Zu beachten ist, daß auch $_{r.s}{}^{e}$plausible, $_{r.s}$bewährte und selbst $_{r.s}$wahre $_i$Aussagen nicht qualifiziert sind, da bei ihrer Untermauerung (auf der Qualifizierungsebene) nicht sämtliche Fundierungspotentiale ausgeschöpft worden sind.

Die in Abb. 57 zusammengestellten linienspezifischen Verläßlichkeitswerte sind zwar weitgehend, aber nicht vollständig nach der abnehmenden Zuverlässigkeit angeordnet. Die (zwangsläufige) monotone Verläßlichkeitsabnahme der entsprechenden Äußerungen 'von oben nach unten' ist vielmehr zum einen durch die diversen evident-plausiblen Aussagen unterbrochen, die unter Umständen auch weniger zuverlässig sein können als Äußerungen mit Verläßlichkeitswerten, die in der Abb. später folgen. So übersteigt ohne Zweifel z. B. der kognitive Gehalt einer ($_1$wahren) $_i$Aussage mit wahrer Begründung denjenigen einer ^{e}plausiblen $_i$Aussage, deren Stützungsargumente ab der ersten $_{(i+1)}$Begründungsebene problemlos erschließbar, aber erst auf der fünften $_{(i+5)}$Ebene wahr oder bewährt sind. Ferner ist beispielsweise auch keineswegs ausgemacht, daß die Zuverlässigkeit einer $_1$wahren $_i$Aussage wirklich stets geringer als die einer bewährten $_i$Aussage einzuschätzen ist. Die auf den ersten Blick vielleicht problematisch erscheinende fehlende starre Rangfolge zwischen einigen Verläßlichkeitswerten erweist sich allerdings bei näherem Hinsehen als völlig harmlos. Wie sich sogleich zeigen wird, besteht bei der Rationalitätsmessung keine Notwendigkeit eines Vergleichs von Äußerungen mit Verläßlichkeitswerten, deren Verhältnis zueinander fraglich ist.

Nach dem Leitgedanken der Argumentationsrationalität bildet die nachvollziehbare Ausschöpfung des zugänglichen Wissensstandes den grundlegenden Orientierungspunkt für die Bestimmung und Abstufung des Rationalgehalts der (managerialen) Entscheidungsvorbereitung[32]). Dies bedeutet, daß nicht die einem allwissenden Dämon LAPLACEscher Fiktion[33]) offenstehende Aussagenverläßlichkeit als Sollgröße der Argumentationsrationalität fungiert, sondern die dem Menschen (Manager) kognitiv-mögliche[34]) Zuverlässigkeit. Der tragende Grundgedanke hierfür läßt sich anschaulich mit der (vor allem juristisch[35])) berühmten Formel umschreiben: Ultra posse nemo obligatur.

Aus der genannten Grundorientierung lassen sich nun zwei prinzipielle Implikationen für die Rationalitätsmessung allgemein und für die hier anstehende Bildung der Tiefenstufen im besonderen ableiten. Zum einen kann es im Grundsatz als unerheblich für die Bestimmung des Rationalgehalts angesehen werden, ob Belege und Begründungen von Aussagen im Rahmen der Kommentierung explizit präsentiert werden oder aber problemlos

---

31) Sofern auf der Abschlußebene unterhalb der Qualifizierungsebene mögliche, evident-plausible, bewährte oder wahre Argumente eingebracht werden.

32) Siehe näher S. 85 ff.

33) Siehe S. 70.

34) Die Informationskosten sind dabei weitgehend ausgeklammert und finden erst bei der Effizienzbeurteilung unterschiedlich rationaler Problemlösungen Berücksichtigung. Siehe S. 96 f.

35) Vgl. aber z. B. auch ähnlich das moralphilosophische "Brücken-Prinzip" von ALBERT 1968, S. 76: "*Sollen impliziert Können*".

von Dritten erschließbar sind. In beiden Fällen bereitet die Feststellung, daß und inwieweit der Stand des zugänglichen Wissens ausgeschöpft worden ist, keine (prinzipiellen[36]) Schwierigkeiten. Infolgedessen ist z. B. einer ($_{1}$wahren) Aussage, die ausdrücklich wahr begründet wird, und einer (^{e}plausiblen) Proposition, deren wahre Begründung evident ist, der gleiche argumentationsrationale Gehalt beizumessen.

Ferner ist ein bedeutsamer Unterschied zwischen qualifizierten Aussagen auf der einen Seite und akzeptablen Propositionen andererseits zu beachten. Qualifizierte Aussagen schöpfen den Stand des aktuell und potentiell zugänglichen Wissens nach Definition vollständig aus und können bei einem bestimmten Inhalt nur alternativ entweder wahr, bewährt, ^{e}plausibel oder (verschieden) qualifiziert-plausibel sein. Die genannten Verläßlichkeitswerte schließen sich somit pro Aussage gegenseitig aus. So kann beispielsweise eine effektiv wahre Aussage über einen bestimmten Sachverhalt nicht rationalitätsförderlich zu einer bloß bewährten Proposition mit gleichem Inhalt zurückgestuft und eine bloß bewährte Aussage bei unverändertem und unveränderbarem Wissen nicht in eine wahre Aussage überführt werden. Aufgrund der insoweit fehlenden Optionen macht es folglich keinen Sinn, den Rationalgehalt von Äußerungen danach abzustufen, ob eine bestimmte qualifizierte Aussage wahr, bewährt, ^{e}plausibel oder in einem bestimmten Ausmaß qualifiziert-plausibel ist. Zwar liegt der Verläßlichkeitswert etwa von wahren Aussagen höher als der von bewährten und ^{e}plausiblen Propositionen[37]. Ist aber nach zugänglichem Wissen nur eine bewährte (oder ^{e}plausible) Aussage über einen bestimmten Sachverhalt möglich, so hat eine Problemlösung, die auf dieser (lediglich bewährten oder plausiblen) Proposition aufbaut, insoweit alle zugänglichen Kenntnispotentiale genutzt.

Im Gegensatz hierzu bleiben akzeptable Aussagen hinter dem Stand des potentiell zugänglichen Wissens zurück. Sie bieten damit Raum für weitere Begründungen oder unter Umständen auch Erhebungen, und können folglich durch zusätzliche Detailanalysen und ihre Offenlegung von theoretisch-möglichen (oder plausiblen) Propositionen in (höher) plausible oder gar bewährte oder wahre Aussagen transformiert werden. Dabei kann der Plausibilitätswert durch eine unterschiedlich intensive Einbettung der zuvor bloß möglichen (oder weniger plausiblen) Aussagen in den Bestand des (restlichen) zugänglichen Wissens variiert[38] bzw. eventuell durch eine entsprechende Dosierung der Erhebungsintensität für die Bewährung oder Wahrheit einer Aussage optiert werden[39]. Da insoweit folglich eine zuverlässigkeitswirksame Wahlmöglichkeit bezüglich der Ausschöpfung des zugänglichen Wissensbestandes existiert, stehen die akzeptablen Aussagen im Mittelpunkt der folgenden Abstufung der Begründungstiefe. Sie werden dabei in Hin-

36) Der mit der Feststellung verbundene Aufwand kann natürlich erheblich sein und sich bei den beiden Formen unterscheiden. Ferner kann für Grenzfälle auch nicht immer die letzte Unsicherheit über die vom Proponenten angestellten Überlegungen ausgeschlossen werden. Vgl. hierzu auch unten, S. 508 f. und S. 516.

37) Zum weniger eindeutigen Zuverlässigkeitsverhältnis zwischen bewährten und evident-plausiblen Aussagen vgl. nochmals S. 494.

38) Zur Plausibilitätsgenerierung durch Begründung S. 366 ff.

blick auf ihre einzelnen Begründungsstränge der Tendenz nach um so argumentationsrationaler eingestuft, je höher ihr linienspezifischer Verläßlichkeitswert durch tiefgehende Begründungen geschraubt wird.

Auf der Grundlage der durchgeführten Untersuchungen können nun im einzelnen die in Abb. 57 bereits ausgewiesenen Tiefenstufen für die Bestimmung des linienspezifischen Rationalgehalts von Aussagen unterschieden werden, die einen von oben nach unten abnehmenden Gehalt an Argumentationsrationalität repräsentieren. Die Stufenbildung resultiert aus der erläuterten gemeinsamen Zuordnung der qualifizierten Aussagen zur höchsten Tiefenstufe Tqual und sieht im übrigen je eine Tiefenstufe pro Begründungsebene bei den akzeptablen Aussagen vor. Dabei folgt die Bezeichnung der akzeptablen Tiefenstufen dem Index der Verläßlichkeitswerte der zugehörigen Propositionen.

III. Dimensionsübergreifende Rationalgehaltsbestimmung: Bildung der Rationalitätsstufen

1. Hauptstufen rationaldifferenter Problemlösungen

Während die zuvor gebildeten Breiten- und Tiefenstufen der isolierten Bestimmung des Rationalgehalts unterschiedlicher Begründungsbreiten pro diskutierter Proposition bzw. von Begründungssträngen mit verschiedenen Tiefgängen dienen, wird im folgenden das Instrumentarium für die dimensionsübergreifende Messung der Rationalität von Managementempfehlungen entwickelt, das den Breiten- und den Tiefenaspekt zusammenführt. Das in dieser Arbeit vorgestellte System der Rationalitätsstufen managerialer Problemlösungen sieht die Bildung von 4 Hauptstufen der Lösungsrationalität und die weitere Feinabstufung eines dieser Skalenabschnitte vor. Die Sonderbehandlung der einen Hauptstufe erklärt sich daraus, daß das betreffende Rationalniveau sowohl aus dem Blickwinkel der Argumentationsrationalität von besonderem Interesse als auch vermutlich typisch für einen Großteil der Problemlösungen in der Managementpraxis ist. Zur differenzierteren Rationalgehaltsbestimmung empfiehlt sich daher insoweit eine feinere Skalierung.

Im einzelnen werden als *Hauptstufen* der mehr oder weniger argumentationsrationalen Bewältigung von unstrukturierten Managementproblemen die unbegründete Problemlösung, die globalbegründete Problemlösung, die detailbegründete Problemlösung und die qualifiziert-begründete Problemlösung unterschieden. Dabei erfährt die Klasse der detailbegründeten Problemlösungen nach Maßgabe der jeweils erreichten Begründungsebene die angesprochene und im nächsten Gliederungsabschnitt eingehender behandelte Feinabstufung (vgl. Abb. 58).

---

39) Erinnert sei an die Alternative, Massenphänomene durch Stichproben- oder Vollerhebungen zu analysieren.

Rationalitätsstufen		Rationalgehalt
Unbegründete Problemlösung		Null (unrational)
Globalbegründete Problemlösung		Niedrig (schwach-rational)
Detailbegründete Problemlösung	$_{0}$begründete Problemlösung	Mittel (mäßig-rational)
	...	
	$_{a}$begründete Problemlösung	bis
	...	
	$_{n*}$begründete Problemlösung	Hoch (hoch-rational)
Qualifizierte Problemlösung		Maximal (voll-rational)

Abb. 58: Hauptstufen der Argumentationsrationalität von Problemlösungen

Unbegründete Problemlösungen bestehen lediglich aus der Behauptung, daß eine bestimmte Handlungsalternative positiv zu beurteilen ist. Da die Rechtfertigung solcher Empfehlungen bei unstrukturierten Managementproblemen (definitionsgemäß) nicht evident sein kann[40)] und durch das Fehlen jeglicher Argumentation 'indiskutabel' ist, kann ihr argumentationsrationaler Gehalt naturgemäß nur gleich Null gesetzt werden. Solche begründungsfreien, aber nicht begründungsbefreiten Problemlösungen begrenzen somit als ein Eckpol das Kontinuum der mehr oder weniger rationalen Entscheidungsfundierung.

Im Fall *globalbegründeter* oder kurz *globaler Problemlösungen* werden die ausgesprochenen Handlungsempfehlungen durch Aussagen über die positiven Konsequenzen der vorgeschlagenen Alternative für die Verwirklichung bestimmter Ziele untermauert, die globalen Konsequenzaussagen selbst allerdings nicht gestützt. Durch die Globalbegründung werden somit zur Hauptsache (nur) die Kriterien transparent, an denen sich die Alternativenbewertung orientiert. Dabei können sowohl ein als auch mehrere Beurteilungskriterien angegeben werden[41)]. Ferner können die globalen Konsequenzaussagen unterschiedlich präzise formuliert sein, indem entweder bloß ausgesagt wird, daß die empfohlene Alternative den maßgeblichen (konkret benannten materiellen) Beurtei-

---

40) Begründungen für Zielempfehlungen können hingegen (anders als regelmäßig Begründungen für Zielkonfliktlösungs-Empfehlungen) u. U. durchaus evident sein. Zu denken ist nur an die offensichtliche Begründung für das Gewinnziel unter marktwirtschaftlichen Verhältnissen.

41) Zur Rationalbeurteilung der Bewältigung von Zielkonflikten bei Mehrfachzielsetzungen sogleich (S. 498 f.).

lungskriterien am besten gerecht wird, oder das Ausmaß der mit dieser Alternative verbundenen Kriterienrealisation mehr oder weniger exakt angegeben wird[42].

Globale Konsequenzaussagen über die Auswirkungen von Maßnahmen sind bei den hier betrachteten unstrukturierten managerialen Problemen weder belegbar noch in ihrer Begründung evident. Ihre Tragfähigkeit kann daher ohne eine ausdrückliche argumentative Stützung strenggenommen nicht eingeschätzt werden. Bedenkt man aber, daß Globalbegründungen immerhin die empfehlungsleitenden Beurteilungskriterien offenlegen, so ist ihnen ein Informationswert nicht gänzlich abzusprechen. Globalbegründeten Problemlösungen kann daher ein gewisser - wenn auch schwacher - Rationalgehalt beigemessen werden.

Detailbegründete Problemlösungen liegen vor, wenn globale Konsequenzaussagen nicht nur artikuliert, sondern auch durch Begründungen fundiert werden, und die vorgetragenen Argumente nicht maximal-verläßlich sind. Dabei ist im Fall von Mehrfachzielsetzungen und damit entsprechend mehreren globalen Konsequenzaussagen strenggenommen von einer *insgesamt* detailbegründeten Problemlösung zu sprechen, falls sämtliche globalen Konsequenzaussagen eine Detailbegründung erfahren, bei einer selektiven Untermauerung bloß einer oder einiger Konsequenzaussage(n) dagegen nur von einer *insoweit* detailbegründeten Lösung. Zur Entlastung des Textes soll diese Fallunterscheidung im weiteren aber nicht stets ausdrücklich durchgehalten werden, so daß die Zusätze 'insgesamt' bzw. 'insoweit' implizit mitzudenken sind.

In früheren Teilen dieser Untersuchung wurde eingehend herausgearbeitet, daß und warum mit der Zahl der Argumentationsebenen die Überzeugungskraft von Begründungen und mit der Begründungsstichhaltigkeit die Plausibilität der begründeten (Konsequenz-)Aussagen tendenziell steigt[43]. Hierauf aufbauend kann nun der Rationalgehalt detailbegründeter Problemlösungen im Prinzip um so höher angesetzt werden, je größer die Zahl der durchlaufenen Begründungsrunden ist. Die genaue Abgrenzung der argumentationsebenenabhängigen Detailstufen im einzelnen stellt sich allerdings insbesondere aufgrund der schon thematisierten Komplikation unterschiedlicher Breite-Tiefe-Mischungen von Argumentationen als ein recht diffiziles Unterfangen dar. Sie wird daher erst anschließend in einem gesonderten Untersuchungsabschnitt in Angriff genommen werden. An dieser Stelle soll vielmehr zunächst noch auf einen bedeutsamen Zusammenhang zwischen global- und detailbegründeten Probemlösungen bei Existenz von Zielkonflikten eingegangen werden.

Zur Globalbegründung von Problemlösungen können wie ausgeführt auch mehrere evaluative Argumente und damit globale Konsequenzaussagen formuliert werden. Diese Aussagen können unter Umständen durchaus Beurteilungskriterien betreffen, zwischen denen Zielkonflikte vorliegen. Da Zielkonflikte und ihre Bewältigung den Aspekt der

---

42) Vgl. nochmals S. 329 f.

Tolerabilität von Empfehlungen betreffen[44] und die Abstufung des Rationalgehalts von Problemlösungen in dieser Schrift zunächst nur in Hinblick auf den Tragfähigkeitsaspekt vorgenommen wird[45], ist eine argumentative Stützung der gewählten Zielgewichtung für den Übergang von der globalbegründeten zur detailbegründeten Problemlösung nicht erforderlich. Die Rationalitätsstufe der detailbegründeten Lösung kann vielmehr auch allein durch eine Untermauerung der (Konsequenz-)Aussage über das erwartete Ausmaß der - in einer bestimmten Relation gewichteten - Zielbeiträge der empfohlenen Maßnahme erreicht werden. Erfolgt jedoch eine Begründung der Zielkonfliktlösung, so wird hierdurch allerdings - als Folge und Ausdruck der bereits oben herausgearbeiteten Zusammenhänge zwischen Ziel- und Argumentkonflikten[46] - die zuvor bloß globalbegründete Problemlösung leicht in eine detailbegründete Lösung überführbar. Die argumentationsrationale Begründung von Ziel- bzw. Konsequenzgewichtungen erfordert die Bezugnahme auf ein übergeordnetes (materielles) Beurteilungskriterium und die (neue) globale Konsequenzaussage, daß jede Einheit der mit den ursprünglichen globalen Konsequenzaussagen angesprochenen Größen pro Einheit im angesetzten Verhältnis zur Erreichung dieses Kriteriums beiträgt bzw., daß die gewählte Gewichtung der Handlungskonsequenzen den vergleichsweise größten Oberzielbeitrag erwarten läßt[47]. Durch die Einführung des übergeordneten Beurteilungskriteriums und die neue Konsequenzaussage wird die ursprüngliche Globalbegründung gewissermaßen um eine Begründungsebene zurückgestuft und - bei entsprechender Umformung ihrer zuvor evaluativen Argumentstruktur in die Struktur deskriptiver Gründe - als erste Ebene der Detailbegründung etabliert. Wird beispielsweise die Einführung einer Kundenorganisation mit der anfänglichen Globalbegründung empfohlen, «weil sie die Kundennähe um Ku steigert» und «weil sie die Kosten (nur) um Ko erhöht», so kann die Globalbegründung zur Stützung der Konsequenzgewichtung unter Rückgriff auf das übergeordnete Gewinnziel etwa lauten, daß die Anhebung des Gewinns durch die Steigerung der Kundennähe um Ku nicht durch die erhöhten Kosten aufgezehrt wird. Diese Argumentation aus alter und neuer Globalbegründung läßt sich aber leicht etwa in die folgende Kurzfassung einer detailbegründeten Handlungsempfehlung transformieren: Empfehlung einer Kundenorganisation, «weil Gewinnsteigerung» (Globalbegründung) und Detailbegründung der Gewinnsteigerung, «weil Ku» und «weil (nur) Ko». In Anbetracht dieser Zusammenhänge kann strenggenommen von globalbegründeten Problemlösungen im Fall mehrerer Konsequenzaussagen nur dann gesprochen werden, wenn ein übergeordnetes Beurteilungskriterium nicht evident ist[48].

Die Hauptstufe der *qualifiziert-begründeten* oder kurz *qualifizierten Problemlösung* schließlich zeichnet sich dadurch aus, daß auf der letzten Ebene jeder Argumentationsli-

43) Siehe v. a. S. 366 ff., S. 391 ff. und S. 486 ff.

44) Siehe S. 434.

45) Siehe S. 471.

46) Siehe S. 437 ff. sowie zur Beziehung zwischen Global- und Detailbegründungen im hier interessierenden Kontext auch S. 504 f.

47) Siehe S. 434 f.

nie das maximal-verläßliche Argument ins Feld geführt wird, die dort eingebrachten Gründe also entweder als wahr oder bewährt belegt bzw. belegbar oder evident-plausibel sind. Dabei ist als Zusatzbedingung für den Fall eventueller Argumentkonflikte zwischen ^{e}plausiblen Gründen eine rationale Konfliktbewältigung erforderlich[49]. Diese Stufe verkörpert naturgemäß die Form der Problembewältigung mit dem höchsten Rationalgehalt (bezüglich der globalen Konsequenzaussage), und schließt das Kontinuum der mehr oder weniger fundierten Auseinandersetzung mit unstrukturierten Managementaufgaben nach oben hin ab.

2. Feinabstufung detailbegründeter Problemlösungen

a) Detailstufen rationaldifferenter Problemlösungen

Die Feinabstufung des Rationalgehalts detailbegründeter Problemlösungen bereitet vor allem deshalb Schwierigkeiten, weil die Breiten- und Tiefenprofile von Begründungen divergieren können und damit eine Trade-off-Komplikation auftritt. Der zentrale Ansatzpunkt zur (vorläufigen) Bewältigung dieser Problematik kann nach den schon durchgeführten grundlegenden Untersuchungen in der Formulierung gewisser Mindestanforderungen an die Begründungsbreite gesehen werden, die die Einbringung einer hinreichenden Zahl relevanter Problemaspekte sicherstellt[50]. Problemaspekte bzw. Argumente können allerdings in Widerstreit miteinander liegen. Als Ausfluß und Erweiterung der Forderung nach einer bestimmten Mindestbreite der Begründung ist daher nicht immer nur allein die Thematisierung, sondern im Konfliktfall auch die fundierte Abwägung konträrer Argumente als Vorbedingung eines hohen Rationalgehalts von Problemlösungen anzusetzen.

Die argumentationsrationale Bewältigung von Konflikten zwischen konträren Gründen erfolgt u. a. nach Maßgabe der Zuverlässigkeit der Argumente[51]. Die Zuverlässigkeit von Argumenten aber kann durch das Ausmaß der Fundierungsanstrengungen in gewissen Grenzen dosiert werden. Es fragt sich daher, ob für den Fall vorliegender Argumentkonflikte auch gewisse Mindestanforderungen an die Verläßlichkeit der zu wägenden Gründe gestellt werden sollten. Bei der Analyse dieser Fragestellung ist zu beachten, daß der Verzicht auf eine gewisse Mindestverläßlichkeit konsequent durchdacht nichts anderes als die Zulässigkeit bedeutet, auch bloß theoretisch-mögliche Begründungsaussagen zu formulieren und damit eine kaum begrenzte Fülle von Behauptungen aufzustellen. In unserem schon wiederholt zitierten Beispiel betriebswirtschaftlicher Überlegungen

---

48) Beispiel: Empfehlung einer kundenorientierten Reorganisation, «weil die Kundenorganisation die Kundennähe erheblich steigert» und «weil sie die Mitarbeitermotivation nur geringfügig beeinträchtigt». In diesem Beispiel ist keineswegs ohne weiteres klar, ob die Mitarbeitermotivation als Subziel zum Gewinn oder als eigenständiges Unternehmungsziel angesetzt wird. Während im ersten Fall der Gewinn als gemeinsames Oberziel dienen würde, wäre im zweiten Fall die Gewichtung der beiden Unternehmungsziele (Gewinn; Motivation) in Hinblick auf eine übergeordnete Norm vorzunehmen.

49) Vgl. hierzu noch näher sogleich.

50) Siehe S. 472 ff., hier insb. S. 477 f.

unter Vernachlässigung der Kostendimension könnte demnach der Makel einer zu schmalen Begründung durch die bloße Behauptung behoben werden, daß «die geplante Maßnahme ferner die Kosten kaum erhöht». Im Vergleich zum Harmoniefall hat der geringe Erkenntniswert bloß möglicher Begründungsaussagen im Fall argumentativer Konflikte erheblich gravierendere Implikationen, da nicht nur die (nicht konkret bestrittene[52]) Verläßlichkeit der fraglichen Proposition eine bloß geringfügige Stützung erfährt, sondern relevante Zweifel an der Gültigkeit der Proposition zurückgewiesen werden. Vor diesem Hintergrund kann die gestellte Frage daher nur bejaht und für den Konfliktfall eine bestimmte *Mindestverläßlichkeit* der abzuwägenden Gründe gefordert werden. Die Festlegung eines solchen Grenzwertes kann allerdings beim gegenwärtigen Forschungsstand nur tentativ sein und - wie oben schon betont wurde - erst auf der Grundlage insbesondere auch empirischer Folgeuntersuchungen fundierter vorgenommen werden[53]. Bereits an dieser Stelle läßt sich allerdings darauf hinweisen, daß in Konfliktlagen die Wahrheit oder Bewährung von Argumenten von vornherein ausscheiden[54]. Ferner würden zu hohe Anforderungen an die Plausibilität der abzuwägenden $_{i}$Gründe mit eventuellen Forderungen nach einer Mindestbreite und einer rationalen Konfliktbewältigung auf der Ebene ihrer $_{i+1}$Begründungen das Problem der Mindestzuverlässigkeit dort erneut aufwerfen. Infolgedessen soll es hier als ausreichend angesehen werden, wenn die Stützung der abzuwägenden Argumente - genauer: ihrer jeweiligen Daten- und Regelaussagen - durch wenigstens einen (möglichen) Grund erfolgt. Mit dieser *Minimalplausibilität* wird wenigstens gewährleistet, daß potentielle Gegenargumente nicht bloß erwähnt, sondern auch mit einer gewissen Ernsthaftigkeit erwogen werden.

Die Argumentationsaspekte der Mindestbreite und der eventuellen Konflikthandhabung bilden damit die wesentlichen Determinanten, die die folgende Bildung der Detailstufen bestimmen. Die generelle Abgrenzung der Stufen (wie auch die Stufenermittlung im Einzelfall) erfolgt dementsprechend in mehreren Schritten (vgl. Abb. 59).

Im ersten Schritt ist die zu begutachtende konkrete Argumentation 'von oben nach unten' daraufhin zu untersuchen, ob auf den einzelnen Begründungsebenen die geforderte Mindestbreite der Argumentation erreicht ist. Diese Analyse ist auf der ersten Ebene der Detailbegründung naturgemäß nur einmal und auf allen weiteren Ebenen jeweils parallel für sämtliche Begründungen der auf der Vorebene angesiedelten Propositionen durchzuführen. Sie dient der Feststellung, ob die relevanten Problemaspekte überhaupt in ausreichender Zahl und Ausgeglichenheit Berücksichtigung gefunden haben. Diese Bedingung ist nach den gebildeten Breitenstufen dann erfüllt, wenn die einzelnen Argumentationen wenigstens schmal im oben präzisierten Sinne oder aber breit oder vollbreit

---

51) Siehe S. 412 ff., hier insb. S. 425 f.

52) Zu beachten ist, daß der Harmoniefall nur dann gegeben ist, wenn nach externem Wissen keine Contra-Argumente bekannt sind.

53) Siehe S. 425 f.

54) Neben wahren bzw. bewährten Argumenten ist pro Begründungsebene und Proposition kein Platz für stichhaltige Gründe, siehe S. 384 f.

sind[55]. Ebenen, die dieser Voraussetzung (für alle diskutierten Propositionen) genügen, sollen *potentiell anrechenbare Argumentationsebenen* heißen.

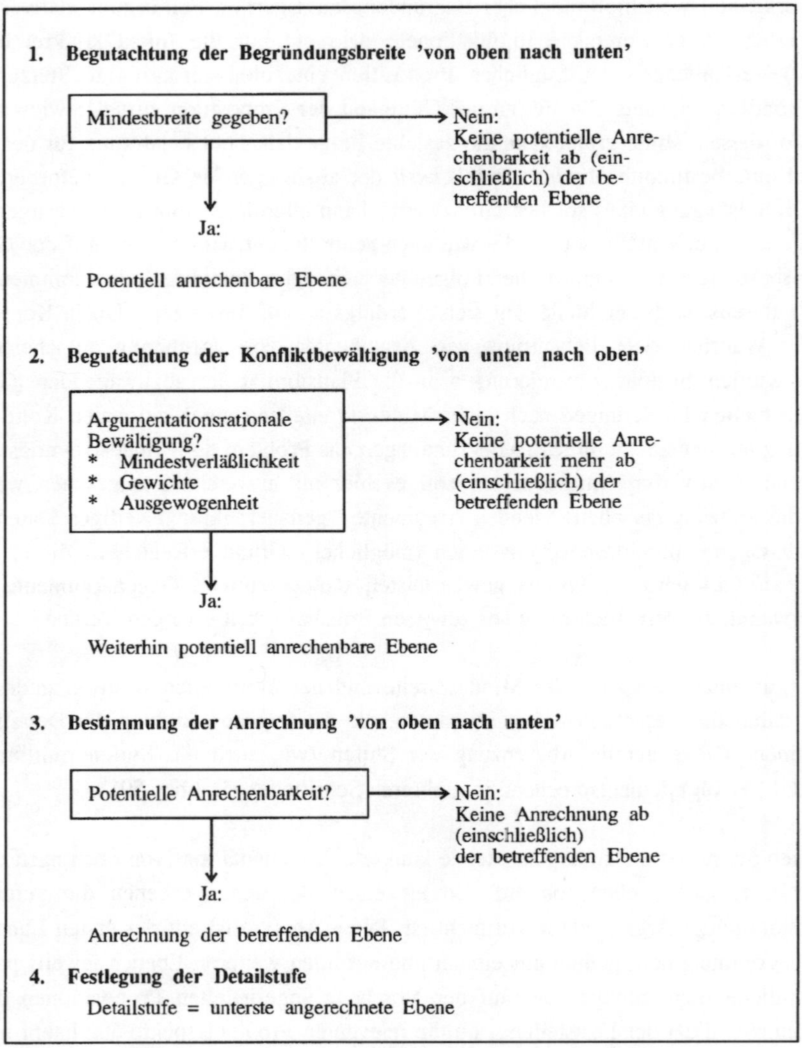

Abb. 59: Generelle Abgrenzung und Einzelfall-Ermittlung der Detailstufen

Die Begutachtung der Begründungsbreite kommt entweder spätestens dann zum Abschluß, wenn die Qualifizierungsebene mit dem größten Tiefgang n^* erreicht ist. Da eventuelle Begründungen unterhalb dieser Ebene einen geringeren Rationalgehalt aufweisen als Argumentationen bis zur Qualifizierungsebene n^*[56], sollen sie hier nicht für eine

55) Siehe S. 479 ff. und Abb. 55 (S. 481).

56) Siehe S. 491 ff.

Höherstufung angerechnet, sondern nur bei der stufeninternen Rationalitätsmessung[57] berücksichtigt werden. Die Breitenanalyse kann zum anderen beendet werden, sobald die geforderte Mindestbreite an einer Stelle nicht mehr erreicht ist. Nach der oben erläuterten These von der Vorrangstellung der Argumentationsbreite können in diesem Fall Begründungen auf nachgelagerten Ebenen keinen Übergang auf eine höhere Detailstufe der Argumentationsrationalität mehr bewirken, so daß die betreffende und alle nachfolgenden Ebene(n) insoweit *nicht mehr anrechenbar* sind.

Im zweiten Schritt ist - von der untersten potentiell anrechenbaren Argumentationsebene an bis zur obersten Detailbegründungsebene aufsteigend - zu analysieren, ob eventuelle Argumentkonflikte nach den oben entwickelten Grundsätzen rational bewältigt worden sind. Das rekursive Vorgehen 'von unten nach oben' ist vor dem Hintergrund zu sehen, daß zur Einschätzung der konfliktlösungsrelevanten Zuverlässigkeit von Argumenten auch deren Begründungsunterbau in Rechnung zu stellen ist. Die Konflikthandhabung auf höheren Argumentationsebenen kann daher erst nach einer Analyse der Begründungen auf den niedrigeren Ebenen beurteilt werden.

Die rationale Bewältigung von Argumentkonflikten verlangt im einzelnen das Vorliegen oder die Herstellung der zuvor präzisierten Mindestverläßlichkeit der konträren Argumente, die eventuelle Angabe der Daten- und Regelgewichte sowie die angemessene Abwägung von Zuverlässigkeit und Gewicht der widerstreitenden Gründe. Sofern diese Bedingungen für alle Begründungen auf einer Argumentationsebene erfüllt sind, verbleibt die betreffende Ebene weiterhin im Status einer potentiell anrechenbaren Argumentationsebene. Anderenfalls fällt sie aus dem Kreis der Ebenen mit potentieller Anrechenbarkeit heraus.

Der dritte Schritt ist wiederum von oben nach unten zu vollziehen und dient der Feststellung, welche der potentiell anrechenbaren Argumentationsebenen tatsächlich stufenwirksam auf den Rationalgehalt der Problemlösung angerechnet werden kann. Argumentationsebenen lassen sich tatsächlich anrechnen, wenn sie selbst und alle höher positionierten Ebenen potentiell anrechenbar sind, die Linie der potentiellen Anrechenbarkeit somit nicht unterbrochen ist. Dementsprechend entfällt die Anrechnung, sobald - von der ersten Detailbegründungsebene ausgehend - erstmals eine Ebene erreicht wird, die nach den beiden vorangegangenen Prüfschritten nicht potentiell anrechenbar ist. Diese Ebene sowie alle tiefer angesiedelten (für sich eventuell durchaus potentiell anrechenbaren) Ebenen scheiden somit für eine Höherstufung aus.

Der vierte Schritt schließlich besteht aus der Festlegung der jeweiligen Detailstufen, die einer bestimmten Anzahl angerechneter Argumentationsebenen entsprechen. Diese Stufenbildung kann in Analogie zu der Abgrenzung von Tiefenstufen erfolgen und sich terminologisch an die Bezeichnungen der linienspezifischen Verläßlichkeitswerte von Aussagen anlehnen, da das Rationalniveau von Problemlösungen hier nach der Fundierung

57) Siehe unten, S. 506 f.

der zugehörigen globalen Konsequenzaussage(n) bemessen wird. Entsprechend der Tiefenstufenbildung sei zunächst festgelegt, daß mit jeder zusätzlich angerechneten Argumentationsebene der Übergang auf eine jeweils höhere Detailstufe stattfindet[58]. Ferner wird zur Nummerierung der Detailstufen der Index a eingeführt, der die Zahl der angerechneten Argumentationsebenen bezeichnet und von $a = 0,\ldots, n^*$ läuft. Unter Verwendung dieses Indexes kann nun die Spanne zwischen den beiden Hauptstufen der globalen und der qualifizierten Problemlösung mit den Detailstufen der $_0$detailbegründeten, $_1$detailbegründeten, ..., $_a$detailbegründeten, ..., $_{n^*}$detailbegründeten Problemlösungen ausgefüllt und - nach zunehmendem Rationalgehalt - abgestuft werden[59]. Die Detailstufe der *$_0$detailbegründeten* oder kurz *$_0$begründeten Problemlösungen*, die in dieser Arbeit auch als *partiell-detailbegründet* oder *partiellbegründet* bezeichnet werden sollen, ist für diejenigen Lösungen reserviert, die auf der einen Seite infolge einer gewissen Detailfundierung nicht mehr der Klasse bloß globalbegründeter Problemlösungen zuzuordnen sind, andererseits aber auch noch nicht die Anforderungen der $_1$Detailbegründung erfüllen. Dabei liegt eine *$_1$detailbegründete* oder kurz *$_1$begründete Problemlösung* vor, wenn lediglich eine Argumentationsebene, und zwar die erste Ebene der Detailbegründung, angerechnet werden kann. Dementsprechend zeichnen sich *$_a$begründete Problemlösungen* dadurch aus, daß insgesamt a Argumentationsebenen für die Stützung der betreffenden globalen Konsequenzaussage und damit (insoweit) den Rationalgehalt der Problembewältigung angerechnet werden können.

Bei *$_{n^*}$begründeten Problemlösungen* schließlich sind die Argumentationsebenen bis hinunter zur tiefsten Qualifizierungsebene n^* tatsächlich anrechenbar, die noch strengeren Bedingungen der qualifizierten Problemlösung aber nicht erfüllt. Solche Rationaldifferenzen zwischen $_{n^*}$begründeten und qualifizierten Problemlösungen sind deshalb möglich, weil die für die Anrechnung einer Begründungsebene geforderte Mindestbreite nicht zwangsläufig eine Einbeziehung aller evident-plausiblen Argumente verlangt. So können im Fall der Argumentharmonie durchaus auch bloß mögliche Gründe zur Erfüllung der Breitenanforderung genügen[60]. Erst wenn auf jeder Abschlußebene sämtlicher Begründungsstränge (und damit auch auf der Ebene n^*) ausschließlich maximal-verläßliche Argumente vorgebracht (sowie eventuelle Argumentkonflikte rational gelöst) werden, geht die $_{n^*}$begründete Problemlösung in die $_{n^*}$qualifiziert-begründete oder kurz qualifizierte Problemlösung über.

In Hinblick auf das Verhältnis zwischen detailbegründeten und qualifizierten Problemlösungen ist ferner zu beachten, daß umgekehrt unter Umständen durchaus auch Lösungen, deren globale Konsequenzaussage(n) nur auf einer einzigen Begründungsebene untermauert werden, als qualifiziert einzustufen sein können. Die Definition unstrukturierter Managementprobleme schließt lediglich aus, daß globale Konsequenzaussagen wahr, bewährt oder evident-plausibel sowie $_1$wahr- oder $_1$bewährt-begründet sind. Sie müssen

58) Vgl. zur entsprechenden Normierung bei der Bildung der Tiefenstufen S. 496.

59) Siehe auch nochmals Abb. 58, S. 497.

daher zumindest auf der ersten Detailbegründungsebene tatsächlich explizit untermauert werden, sofern die entsprechenden Problemlösungen rationaler als globalbegründet einzustufen sein sollen. Die Zahl m bzw. a der tatsächlich durchlaufenen bzw. angerechneten Argumentationsrunden muß daher mindestens 1 betragen. Der gleiche Mindestwert gilt auch für die Ebenenzahl der Qualifizierungsebene mit dem größten Tiefgang n^*, da Begründungen bei diesem Problemtyp frühestens ab der zweiten Detailbegründungsebene evident sein können. In Anbetracht der aber eben immerhin auch möglichen Evidenz von $_2$Begründungen können die $_1$Begründungsaussagen selbst bei unstrukturierten Problemen wenn auch nicht sämtlich wahr oder bewährt[61], so doch wenigstens als evident-plausible Propositionen maximal-verläßlich sein. Die Zahlen a und n^* können folglich bereits für die erste Detailbegründungsebene zusammenfallen, so daß auch Problemlösungen mit nur einer Detailbegründungsebene gegebenenfalls - d. h. bei vergleichsweise reichstrukturierten (aber immer noch unstrukturierten) Problemstellungen - schon qualifiziert sein können. In Hinblick auf das System der Rationalitätsstufen und seine Terminologie ist daher zu beachten, daß unter der Bedingung eines entsprechend geringen Strukturmangels für Problemlösungen auch nur eine Einstufung als entweder unbegründet oder globalbegründet oder direkt qualifiziert-begründet in Betracht kommen kann. Strenggenommen wäre daher etwa von den Hauptstufen der (noch) 'nicht-qualifiziert-detailbegründeten' und der 'qualifiziert-detailbegründeten' Problemlösungen zu sprechen. Da aber keine Mißverständnisse zu befürchten sind, soll hierauf zur sprachlichen Vereinfachung verzichtet werden.

Die soeben abgegrenzten Detailstufen der Argumentationsrationalität stellen ab der Stufe der $_1$Begründung zweifelsohne nicht unerhebliche Anforderungen an die Fundierung einer Problemlösung. Sofern die Anforderungen einer höheren Detailstufe nicht vollständig erfüllt werden und die begutachtete Lösung daher einer niedrigeren Detailstufe zuzuordnen ist, fallen bei einer ausschließlichen Rationalitätsmessung anhand dieser Stufen sämtliche punktuellen Fundierungsanstrengungen, die über die Anforderungen dieser zugewiesenen Detailstufe hinweg unternommen worden sind, gewissermaßen 'unter den Tisch'[62]. Um diese Teile der Fundierung, die angesichts der hohen Stufenanforderungen durchaus einen beachtlichen argumentationsrationalen Gehalt aufweisen können, ebenfalls zu erfassen und das Meßinstrumentation insoweit noch zu verfeinern, werden im folgenden Überlegungen zu einer näheren Charakterisierung des stufeninternen Rationalgehalts angestellt.

60) Vgl. S. 484.

61) Dies gilt für die $_1$Regelaussagen, siehe nochmals S. 374.

62) Vgl. zur Robustheit der Stufenbildung auch schon die Ausführungen auf S. 478 f.

b) Stufeninterne Rationalgehaltsbestimmung

Durch die Einordnung einer managerialen Problemlösung auf der Skala der herausgearbeiteten Detailstufen der Argumentationsrationalität kann ihr Rationalgehalt für denjenigen Begründungskomplex aus der Gesamtfundierung, der den jeweiligen stufencharakteristischen Anforderungen entspricht, bereits mit einer einzigen Kenngröße angegeben werden. Gegenstand der stufeninternen Bestimmung der Lösungsrationalität müssen daher nur die überschießenden Teile der Fundierungsanstrengungen sein, die über die Anforderungen der zugewiesenen Stufe hinausgehen, zur Erreichung einer höheren Detailstufe - oder im Grenzfall der bloß partiellbegründeten Problemlösung auch zur Erreichung der Stufe einer $_1$begründeten Lösung - aber nicht ausreichen. Die Messung der Argumentationsrationalität mit Hilfe der Detailstufen ist durch die stufeninterne Rationalitätsbestimmung folglich lediglich zu ergänzen und nicht zu ersetzen.

Die Fundierung einer Problemlösung kann die Anforderungen einer bestimmten Detailstufe (oder der Hauptstufe globaler Lösungen[63]) dadurch übertreffen, daß sie auf den einzelnen Begründungsebenen breiter als gefordert angelegt ist und/oder Begründungsstränge aufweist, die über die angerechneten Argumentationsebenen hinausreichen. Um die Fundierungsüberschüsse zum Ausdruck bringen und so die Argumentationsrationalität der betreffenden Lösung differenzierter beurteilen zu können, kann daher an die oben gebildeten Breiten- und Tiefenstufen angeknüpft werden. Da sämtliche Fundierungsanstrengungen im Endeffekt der Stützung der globalen Konsequenzaussage(n) dienen, ist zur Erfassung der über die Anforderungen einer bestimmten Detailstufe hinausgehenden Teile der Fundierung lediglich der Rationalgehalt sämtlicher Argumentationslinien, die breiter als erforderlich oder tiefer als angerechnet sind, mit Hilfe dieser beiden Maße zu charakterisieren und der bzw. den globalen Konsequenzaussage(n) zuzurechnen. Zur Veranschaulichung dieser Überlegungen sei als Beispiel eine partiellbegründete Problemlösung betrachtet, bei der auf der ersten Detailbegründungsebene nur zwei (und damit wenige) einseitige Argumente A1 und A2 eingebracht werden, und die Datenaussage des Grundes A1 auf der zweiten Ebene durch einige ausgeglichene mögliche (A11, A12) bzw. evident-plausible (A13) Argumente sowie die Regelaussage von A2 durch ein bewährtes Argument (A21) eine Stützung erfährt. Die Argumentation ist hier somit auf der ersten Ebene minimalbreit (Breitenstufe M)[64] und auf der zweiten Ebene für A1 schmal (Breitenstufe S) und für A2 vollbreit (Breitenstufe V) angelegt. Ferner sind in Anbetracht der jeweiligen Tiefgänge und Verläßlichkeiten der Abschlußargumente die vier Begründungsstränge den Tiefenstufen T2 (Argumentationslinie A1-A11), T2 (A1-A12), Tqual (A1-A13) und Tqual (A2-A21) zuzuweisen. Die betrachtete Problemlösung läßt sich damit nicht nur pauschal als partiellbegründet einordnen, sondern differenzierter als (MS)T2, (MS)T2, (MS)Tqual, (MV) Tqual partiellbegründete Lösung.

---

63) Auf die Sonderstellung der partiellbegründeten Problemlösungen soll im folgenden zur Vereinfachung nicht immer ausdrücklich hingewiesen werden.

Die beschriebene stufeninterne Bestimmung des Rationalgehalts von Problemlösungen ist ohne Zweifel namentlich bei komplexen Argumentationen ein aufwendiges Unterfangen. Zu beachten ist allerdings, daß auch zur Bestimmung des komparativen Stichhaltigkeitswertes von Argumentationen nach dem oben dargelegten Gewichtungsverfahren als der konzeptionell zufriedenstellendsten Form der Rationalitätsmessung die jeweiligen Begründungsbreiten pro Ebene und die Tiefen der einzelnen Begründungsstränge zu analysieren sind[65]. Die Aufwendigkeit der soeben dargelegten Bestimmung des stufeninternen Rationalgehalts beschränkt sind daher genaugenommen nur auf die Art der Darstellung der festgestellten Begründungs- bzw. Rationalitätsmerkmale durch eine Liste linienspezifischer Breite- und Tiefegrößen. Sie resultiert daraus, daß die Modalitäten der Aggregation dieser Größen pro Argumentationslinie und über die verschiedenen Linien hinweg noch nicht abschließend geklärt sind und daher eine Verdichtung der Listeninformationen zu einer einzigen Kenngröße (wie dem komparativen Stichhaltigkeitswert) daher noch nicht erfolgen kann. Die Auflistung der einzelnen Argumentationsbreiten und -tiefen stellt somit eine (ohnehin notwendige) Zwischenetappe auf dem Weg zur letztlich kardinalen Messung der Argumentationsrationalität dar und läßt sich lediglich solange nicht weiter komprimieren, bis die Aggregationsprobleme befriedigend gelöst worden sind.

64) Da somit schon auf der ersten Detailbegründungsebene die erforderliche Mindestbreite nicht erreicht wird, ist die Problemlösung insgesamt nur als partiellbegründet einzustufen.

65) Siehe S. 474 ff.

IV. Diskussion des Meßinstrumentariums und Anwendungsbeispiel

1. Diskussion

Als Ergebnis der durchgeführten Untersuchungen dieser Schrift liegt nun das Instrumentarium zur ordinalen Messung der Argumentationsrationalität von (Handlungs-)Empfehlungen zur Bewältigung unstrukturierter Managementprobleme vor. Es findet seinen augenfälligsten Ausdruck in der entwickelten Skala der Haupt- und Detailstufen der Rationalität, den herausgearbeiteten zugehörigen Prinzipien, die die Einordnung einer konkreten Problemlösung auf dem Rationalniveau einer bestimmten Stufe leiten, sowie den Grundsätzen der stufeninternen Rationalgehaltsbestimmung. Im folgenden sollen nun abschließend wichtige Aspekte der praktischen Verwendung dieses Meßinstrumentariums angesprochen, der Aussagegehalt des mit seiner Hilfe gemessenen Rationalniveaus diskutiert und der Instrumenteinsatz an einem konkreten Beispiel (vereinfacht) illustriert werden.

Die Bestimmung des Rationalniveaus, auf dem sich eine bestimmte Fundierung bzw. Problemlösung bewegt, erfolgt durch die schon angesprochene Analyse, welchen Fundierungsanforderungen die begutachtete Problemlösung gerade noch gerecht wird[1)]. Maßgebend sind dabei die (Struktur und Substanz der) Begründungsaussagen, die entweder vom Rationalsubjekt im Rahmen der Kommentierung explizit artikuliert wurden oder aber evident sind. Die Orientierung der Rationalitätsmessung an diesen Aussagen ist strenggenommen mit zwei Annahmen verbunden. Zum einen wird unterstellt, daß evidente Kenntnisse auch tatsächlich in die jeweilige Entscheidungsvorbereitung Eingang gefunden haben und sich die Problemlösung folglich nicht durch eine 'glückliche Fügung' im Lichte dieses Wissens rationaler darstellt, als sie tatsächlich fundiert worden ist. Anders gewendet wird die Begründbarkeit der Entscheidungsempfehlung auf der Basis evidenter Erkenntnisse dem Rationalsubjekt auch dann zugute gehalten, wenn sie effektiv gar nicht geprüft worden ist[2)]. Die zweite Annahme betrifft hingegen die artikulierten Begründungen und geht davon aus, daß sie authentisch und nicht taktischer Natur sind. Sie setzt folglich die Wahrhaftigkeit des Rationalsubjekts voraus[3)].

Die beiden Prämissen müssen in der Realität ohne Zweifel nicht immer erfüllt sein. Das Meßinstrument ist damit aber gleichwohl weit weniger wirklichkeitsfremd, als es auf den ersten Blick den Anschein haben könnte. Abgesehen davon, daß angesichts des versperrten Zutritts des Rationalgutachters zum 'Inneren' des Rationalitätssubjekts Annahmen letztlich unvermeidlich sind, läßt sich hierfür vor allem folgende Begründung geben. Mit zunehmender Komplexität der Fundierung sinkt zum einen tendenziell die Wahrscheinlichkeit, daß Problemlösungen nur zufällig mit evidenten Erkenntnissen konform gehen. Je differenzierter die explizit artikulierten Begründungsaussagen bereits

1) Vgl. näher S. 470 f.

2) Die Frage, welche Erkenntnisse ein Rationalsubjekt tatsächlich berücksichtigt hat, ist - bei Vereinbarkeit der Problemlösung mit den Kenntnissen - zwar letztendlich nicht für die (rationalitätsbedingten) Erfolgsaussichten der empfohlenen Lösung von Interesse, wohl aber z. B. für die Beurteilung des Rationalverhaltens von Entscheidungs(vorbereitungs)trägern (siehe S. 9 f.).

sind, desto stärker wird der Spielraum für eine Fehlinterpretation der vom Proponenten implizit mitberücksichtigten Problemaspekte folglich eingeschränkt. Zum anderen wird es bei wachsender Fundierungskomplexität in der Tendenz immer schwieriger, in sich noch konsistente taktische Begründungsaussagen überzeugend vorzuschieben[4]. Vor diesem Hintergrund läßt sich konstatieren, daß die Gefahr einer Fehlmessung mit dem hier vorgeschlagenen Meßinstrument systemgerecht um so geringer ist, je höher das gemessene Rationalniveau ausfällt. Kann eine betrachtete Problemlösung aufgrund ihrer intensiven Fundierung einer vergleichsweise hohen Rationalitätsstufe zugeordnet werden, so dürften die Möglichkeiten bloß zufälliger Übereinstimmungen mit evidenten Kenntnissen und die taktischer Begründungsaussagen selten und in Kauf zu nehmen sein. Werden Problemlösungen dagegen kaum oder gar nicht detailbegründet und ist die Gefahr von Überinterpretationen und/oder taktischen Kommentierungen daher größer, so wird der entsprechenden Lösung folgerichtig von vornherein auch nur ein niedriger Rationalgehalt bescheinigt. Dies gilt namentlich für die bloß global-begründeten Problemlösungen, die für taktische Begründungen - in Form der Verschleierung der 'wahren' Zielsetzungen durch vorgeschobene Ziele[5] - am ehesten anfällig sind[6].

Nach den durchgeführten Untersuchungen dieser Schrift ist zur Bestimmung der Rationalitätsstufe sowie des stufeninternen Rationalgehalts einer Problemlösung im einzelnen namentlich zu analysieren,

* welche Begründungsbreiten die Argumentationslinien auf den einzelnen Begründungsebenen aufweisen[7],
* welchen Tiefgang die diversen Begründungsstränge und welche Zuverlässigkeit die Argumente auf den jeweiligen Abschlußebenen aufweisen[8] und
* ob eventuelle Argumentkonflikte rational gehandhabt worden sind[9].

Um eine Rationalitätsmessung mit Hilfe der aufgeführten Operationen vornehmen zu können, ist die zu lösende Problemstellung vom Rationalgutachter soweit selbständig zu durchdenken, wie die betrachtete Fundierung reicht[10]. Nur auf diese Weise lassen sich die Kernfragen nach der Breite und Tiefe der Argumentation zutreffend beantworten, da

---

3) Vgl. zur Wahrhaftigkeitsproblematik näher S. 148 f.

4) Insoweit muß nur an die einschlägigen Erfahrungen in der forensischen Praxis erinnert werden. Im übrigen kann die Wahrhaftigkeit zunächst durch eine Analyse der Interessenlage des Rationalsubjekts und die Würdigung der Aussagen im Lichte der eigenen Erfahrungen des Rationalgutachters eingeschätzt werden (siehe oben, S. 166). Ferner ist als Wahrhaftigkeitstest an die Möglichkeit zu denken, die Konsistenz von Begründungsaussagen auch im Zeitablauf zu prüfen und die Konformität von Aussagen und Handlungen zu kontrollieren (hierzu auch HABERMAS 1973, S. 221; ALEXY 1978, S. 142). Diese Möglichkeit steht im Zeitpunkt einer Rationalitätsmessung allerdings häufig nicht offen.

5) Vgl. nochmals oben, S. 54 f. und S. 294 f.

6) Wird nämlich die Ziel<u>erreichung</u> durch die empfohlene Lösung nicht (detail-)begründet, so kann ein weites Spektrum tolerabler Ziele als handlungsleitend propagiert werden.

7) Siehe S. 479 ff.

8) Siehe S. 486 ff.

9) Siehe hierzu sowie zum Ganzen S. 500 ff.

diese Kategorien unter Bezugnahme auf den Stand des zugänglichen Wissens gebildet worden sind[11]. Ein 'Durchdenken' bedeutet allerdings nicht, daß im Zuge der Rationalitätsmessung eine eigenständige Problemlösung erarbeitet werden muß. Vielmehr ist lediglich (aber auch immerhin) im Lichte des maßgeblichen Wissensstandes zu überlegen, in welchem Ausmaß das zugängliche Wissen ausgeschöpft worden ist. Je nach Meßsituation sind dabei nur die allgemein-zugänglichen, auch die privilegiert-zugänglichen und eventuell noch die exklusiven Kenntnisse zugrundezulegen[12]. Wird beispielsweise eine Maßnahme zur Gewinnsteigerung vorgeschlagen und dabei die Kostenkomponente völlig außer Acht gelassen, so hätte demnach der Rationalgutachter die Kosten nicht etwa konkret zu ermitteln[13], sondern nur die Vernachlässigung eines nach allgemeiner Auffassung relevanten Problemaspekts bzw. (Soll-)Arguments festzustellen (und zu bemängeln).

Angesichts der Auslegung des Meßinstrumentariums kann der Rationalgehalt konkreter Empfehlungen zur Bewältigung von Managementproblemen entweder innerhalb einer bestimmten Detailstufe (stufeninterne Rationalgehaltserhöhung) oder mit der Folge einer Höherstufung (stufenverändernde Rationalgehaltserhöhung) gesteigert werden. Eine *stufeninterne Erhöhung des Rationalgehalts* liegt vor, solange die Verbreiterung und/oder Vertiefung von Begründungen die Zahl der anzurechnenden Argumentationsebenen nicht erhöht. Eine *stufenverändernde Erhöhung des Rationalgehalts* im Sinne der Anhebung des Rationalitätsniveaus von einer $_a$begründeten auf eine $_{a+1}$begründete Problemlösung ist dagegen zu verzeichnen, sobald die zusätzlichen Fundierungsanstrengungen den oben präzisierten Voraussetzungen für die Anrechnung einer weiteren Argumentationsebene genügen. Die Identifizierung der Rationalitätsstufe einer betrachteten Problemlösung ist somit nur das markante Endergebnis der Rationalitätsmessung, das erst in Verbindung mit den übrigen Informationen, die im Rahmen der Meßoperation anfallen wie insbesondere der ergänzenden Charakterisierung eines eventuellen stufeninternen Rationalgehalts, seine volle Aussagekraft entfaltet[14]. Sie erlaubt eine ordinale Beurteilung der Lösungsrationalität, die mit der Stufenhöhe tendenziell ansteigt. Demzufolge kann konkreten Problemlösungen, die tatsächlich unbegründet, global-, detail- oder qualifiziert-begründet sind, ein fehlendes, niedriges, mäßig bis hohes bzw. maximales Rationalniveau beigemessen werden[15]. Ferner lassen sich auch innerhalb der Hauptstufe detailbegründeter Problemlösungen rivalisierende Lösungsvorschläge zu einem bestimmten Managementproblem, die sich auf unterschiedlichen Detailstufen bewegen, in ihrem Rationalgehalt der Tendenz nach vergleichen. Da hier die Qualifizierungsebene n^* problemspezifisch

10) Genauer also bis einschließlich zu den von der Ebene m^* der betrachteten Lösung aus erschließbaren evidenten Aussagen.

11) So kann z. B. die Frage, ob eine Aussage evident-plausibel ist, trivialerweise nur bei Kenntnis des zugänglichen Wissens entschieden werden.

12) Siehe S. 93 ff.

13) Hierzu sind unprivilegierte Externe auch meist gar nicht in der Lage.

14) Vgl. zu den Anhaltspunkten zur Gesamtbeurteilung des rationalen Gehalts von Problemlösungen, die schon ein stark vereinfachtes überschlägiges Rationalgutachten vermitteln kann, auch das Anwendungsbeispiel im nächsten Abschnitt.

fixiert und identisch (wenn auch eventuell unbekannt) ist, können insoweit $_{a+1}$begründete Vorschläge tendenziell als argumentationsrationaler eingestuft werden als $_a$begründete Empfehlungen.

Die Bestimmung der Rationalitätsstufe reicht hingegen aufgrund der Skalencharakteristik zum einen nicht aus, um den Abstand zwischen dem tatsächlich erreichten und dem maximal möglichen (qualifizierten) Rationalniveau genauer angeben zu können. Derartige Rationalitätsurteile sind vielmehr erst möglich, wenn die zu lösende Problemstellung im Rahmen der Begutachtung nicht nur bis zur tatsächlichen Begründungsebene m^*, sondern bis zur tiefsten Qualifizierungsebene n^* durchdacht wird[16)]. Nur bei Kenntnis der konkreten Zahl n^* läßt sich bei einem bestimmten Problem präziser[17)] einschätzen, ob die gewählte tatsächliche Detailstufe in Relation zu den Rationalitätspotentialen ein eher niedriges oder hohes Rationalniveau repräsentiert.

Auf der Grundlage der Stufenbestimmung allein lassen sich ferner auch keine Rationalvergleiche zwischen Lösungen für Probleme mit divergierendem Strukturierungsgrad anzustellen[18)]. Solche Vergleiche erfordern vielmehr die Bestimmung von Rationalitätsgraden der Problemlösungen, bei denen die jeweils tatsächlich erreichte Detailstufe der jeweiligen tiefsten Qualifizierungsebene gegenübergestellt wird. Die Ermittlung solcher Rationalitätsgrade ist bei der vergleichenden Begutachtung von Lösungen für unterschiedliche Probleme mit je spezifischem n^* deshalb unentbehrlich, weil hier nur eine Verhältnis-Kenngröße Auskunft darüber geben kann, ob die Relationen zwischen tatsächlichem und potentiellem Rationalniveau eher gleich oder unterschiedlich ausfallen. Sie setzt allerdings nicht nur eine wie hier erarbeitete ordinale, sondern eine verhältnisskalierte Meßbarkeit voraus. Eine Gegenüberstellung der lösungsspezifischen Zahlen a und n^* kann somit noch nicht als eine Rationalitätsgrad-Bestimmung im strengen Sinne gelten.

Der stufeninterne Rationalgehalt von Problemlösungen schließlich läßt sich aufgrund der herausgearbeiteten und noch nicht abschließend bewältigten Aggregationsproblematik zwar noch nicht durchgängig vergleichen. Gleichwohl sind aber auch insoweit schon einige lokale Vergleiche möglich. Mit Hilfe der Breitenstufen können zunächst divergierende Begründungen einer bestimmten Proposition hinsichtlich ihrer Argumentationsbreite verglichen werden. Da die Breitenstufen unter Einschluß eines festen Sollmaßstabs (für die Zahl und Ausgeglichenheit der Gründe) gebildet wurden, erlauben sie darüber hinaus auch - allerdings wiederum nur im ordinalen Rahmen - eine tendenzielle vergleichende Einschätzung der Argumentationsbreite von Begründungen unterschiedlicher Propositionen.

---

15) Siehe nochmals S. 496 ff. und insb. Abb. 58 (S. 497).

16) Hierbei ist $m^* < n^*$ unterstellt.

17) Allerdings natürlich immer noch nicht etwa kardinal.

18) Solche Vergleiche können z. B. wiederum dann von Interesse sein, wenn von den konkreten Problemen unabhängige Grundmuster des Rationalverhalten heausgearbeitet werden sollen.

Stufeninterne Rationalvergleiche der Begründungstiefe sind indessen gegenwärtig erst unter recht einschränkenden Bedingungen möglich, da mit der Bildung der Tiefenstufen eine weniger strenge Normierung einhergegangen ist. Zum einen tritt hier das Problem der variablen Qualifizierungsebenen (in Form der jeweiligen Zahlen n) entsprechend auf, so daß Tiefenvergleiche zunächst analog[19)] nur für Begründungsstränge gezogen werden können, die zur selben Proposition führen. Als weitere Vergleichsvoraussetzung ist darüber hinaus strenggenommen auch zu fordern, daß sich die diversen Begründungen lediglich 'additiv' unterscheiden. Hiermit ist gemeint, daß - ausgehend vom kürzesten Begründungsstrang im Kreis der Vergleichskandidaten - jede jeweils tiefere Argumentationslinie eine Begründungsebene der jeweils nach ihrem Tiefgang vorangehenden kürzeren Linie hinzufügt. Additiv-alternative Begründungsstränge bringen also m. a. W. gemeinsame Argumente in der gleichen Reihenfolge vor.

Die Additivitäts-Bedingung ist nun recht einschneidend, da praktische Argumentationen in unterschiedlichen Bahnen verlaufen und pro Ebene verschieden weite Begründungsschritte unternehmen können. Sie können daher unterschiedliche Problemaspekte sowie Problemaspekte in unterschiedlicher Reihenfolge thematisieren[20)]. Diese Verschiedenheiten sind tendenziell um so ausgeprägter, je fragmentarischer die einzelnen Argumentationen sind, während die Gesamtbestände der Begründungsaussagen bei zunehmender Argumentationsdichte konvergieren[21)].

Betrachtet man exemplarisch die Empfehlung aus unserem Referenzbeispiel, eine Kundenorganisation zur Steigerung des Gewinns einzuführen, so kann die globale Konsequenzaussage über die reorganisationsbedingte Gewinnsteigerung z. B. mit der Begründung «weil eine Kundenorganisation die Nachfrage erhöht» gestützt werden, aber auch mit dem Argument «weil eine Kundenorganisation die Kundennähe erhöht»[22)]. Die $_1$Detailbegründung stellt somit im ersten Fall (Argumentation α) auf den Nachfrageeffekt und im zweiten Fall (Argumentation ß) auf den Kundennäheeffekt ab. Würden die ausdrücklichen Problemlösungskommentierungen mit diesen Argumenten beendet, so

19) Zur Voraussetzung der Problemidentität beim Stufenvergleich ganzer Lösungen, siehe S. 510 f.

20) Diese Feststellung steht nicht etwa im Widerspruch zur Normierung der Begründungsbreite, die mit den Muß- und Sollargumenten den Kreis der jeweils zu betrachtenden Problemaspekte abgrenzt. Die durch Muß- oder Sollargumente angesprochenen Aspekte beziehen sich jeweils auf die Aspekt-Aggregationsebene, die durch die Argumente des Proponenten vorgegeben wird. Führt der Proponent zur Stützung einer Gewinnprognose etwa das Ertragsargument an, so bildet die Aufwandssseite ein weiteres Sollargument. Bewegt sich der Proponent hingegen auf einer tieferen Aggregationsstufe von Gewinneinflußfaktoren (wie z. B. der Kundennähe), so bezeichnen die Sollargumente entsprechend auch die weiteren relevanten Faktoren auf diesem Level. Ob aber der Proponent seine Begründung mit dem Ertrags- oder dem Kundennähe-Argument beginnt, ist durch das Meßinstrumentarium nicht normiert und Gegenstand der hier angestellten Überlegungen.

21) Zur Veranschaulichung ist auch hier das Bild vom Netz der Begründungsaussagen hilfreich, das von unterschiedlichen Punkten ausgehend immer enger geknüpft werden kann.

22) Vgl. zur Möglichkeit unterschiedlich angelegter Begründungen auch schon oben, S. 344.

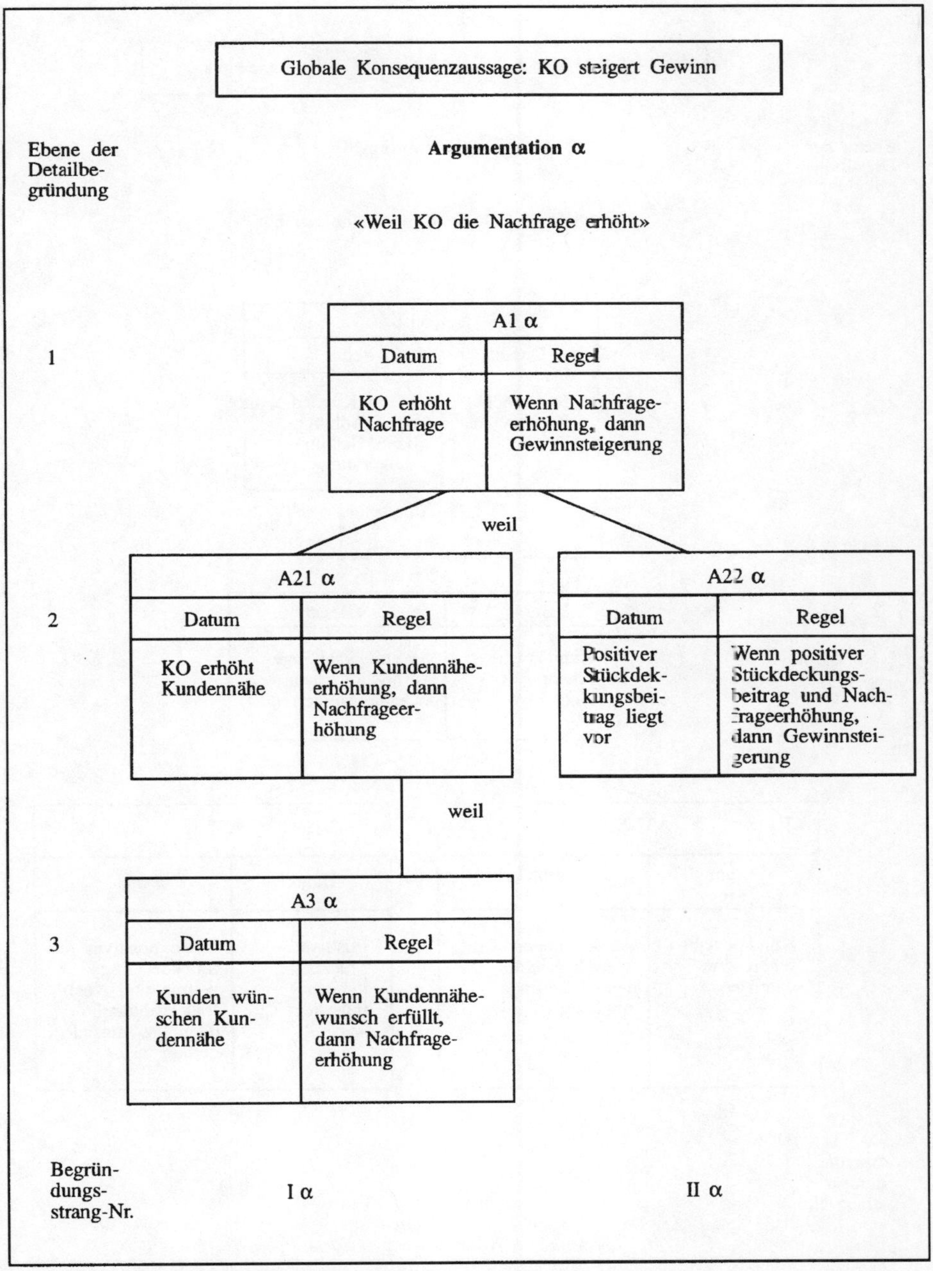

Legende: KO = Kundenorganisation; A = Argument (durchnumeriert)

Abb. 60: Verlaufsunterschiede von Begründungen

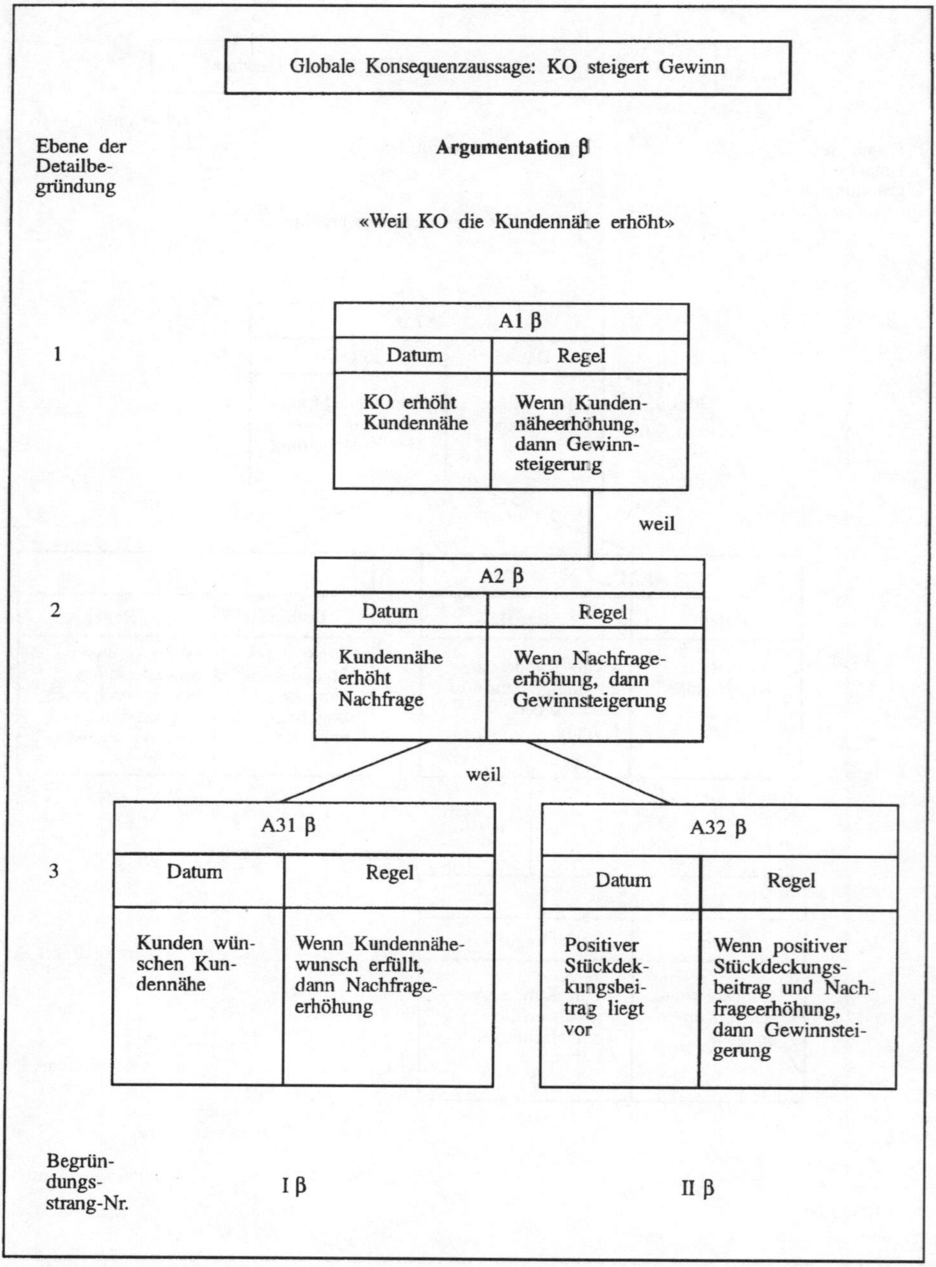

Legende: KO = Kundenorganisation; A = Argument (durchnumeriert)
Abb. 60 (Fortsetzung)

wären die linienspezifischen Verläßlichkeitswerte und Tiefenstufen der globalen Konsequenzaussage unter Berücksichtigung dieser expliziten sowie der evidenten Begründungsaussagen zu bestimmen. Da eine exakte Ermittlung dieser Größen für die hier allein beabsichtigten Demonstrationszwecke entbehrlich ist[23], sei bloß exemplarisch davon ausgegangen, daß insgesamt die in Abb. 60 aufgeführten expliziten und erschließbaren Aussagen der Tiefenbeurteilung zugrundezulegen sind.

Untersucht man die Zuverlässigkeiten der Begründungsaussagen auf den jeweils untersten Ebenen der Begründungsstränge, die die Verläßlichkeit der Abschlußargumente bestimmen und damit die linienspezifischen Verläßlichkeitswerte der begründeten Proposition (globale Konsequenzaussage) beeinflussen[24], so zeigt sich für Argumentation α (bzw. ß), daß die Datenaussagen der Argumente A3α (A31ß) und A22α (A32ß) sowie die Regelaussage von A3α (A31ß) bloß theoretisch-möglich sind, während die Regelaussage von A22α (A32ß) zumindest als bewährt gelten darf[25]. Die beiden Datenaussagen sind jeweils bloß möglich, da sie als Prognosen[26] nicht belegbar und keine Begründungen dafür offensichtlich sind, daß in dem konkreten Einzelfall tatsächlich die Kunden an einer betonten Kundennähe Interesse haben bzw. die Stückdeckungsbeiträge positiv ausfallen. Ebenso existieren keine ohne weiteres erschließbaren (Begründungs-) Anhaltspunkte dafür, daß neben der Kundennähe (im engeren Sinne der Lieferbereitschaft und Variantenflexibilität beispielsweise) nicht auch weitere Einflußfaktoren wie namentlich der Preis das Nachfrageverhalten beeinflussen und die Regelaussage A3α (A31ß) daher zuverlässiger als bloß möglich ist. Die Regel A22α (A32ß) schließlich kann für sich eine außerordentlich hohe Bewährung in Anspruch nehmen, da sie (bis auf weiteres[27]) definitorisch gültig ist[28].

Da die Argumente A3α und A22α (A31ß und A32ß) als Abschlußargumente der beiden Begründungsstränge Iα und IIα (Iß und IIß) jeweils mindestens eine mögliche Aussage enthalten, sind sie nach dem Niederstwertprinzip der Verläßlichkeit[29] als mögliche Gründe anzusprechen. Stellt man nun die Zahl der jeweiligen Argumentationsrunden in

23) Für eine solche Ermittlung wäre eine eingehende Aufarbeitung des zugänglichen Wissens erforderlich, was den Rahmen der hier verfolgten Zwecke sprengt.

24) Siehe nochmals S. 487.

25) Ergänzend sei angemerkt, daß auch die Datenaussage des Arguments A21α (A1ß) über die kundennäheförderlichen Wirkungen der Kundenorganisation ohne weitere ausdrückliche Begründung lediglich möglich ist. Da sich in der Literatur bislang nicht einmal eine einheitliche Auffassung über die Formen der Kundenorganisation herausgebildet hat (vgl. nur die ausdrückliche Abgrenzung bei GAITANIDES/WESTPHAL/WIEGELS 1991, S. 124 FN 22, von den von FRESE/v. WERDER 1989, S. 20 f. vorgeschlagenen Typen), sind naturgemäß auch die Wirkungsmechanismen nicht ohne weiteres evident, aus denen die Kundennäheerhöhung in dem vorliegenden Einzelfall abgeleitet werden könnte.

26) Zu beachten ist, daß die Kundenorganisation in der Zukunft wirksam werden soll und daher die dann vorliegenden Kundenpräferenzen bzw. Preis-Stückkosten-Relationen maßgeblich sind.

27) Da die Gewinndefinition allerdings 'von Menschenhand' und daher nicht den Fallgesetzen gleich unverrückbar ist, soll sie hier nicht als wahr qualifiziert werden. Vgl. auch nochmals oben, S. 379 f.

28) Zur Abrundung sei ferner noch darauf aufmerksam gemacht, daß Abb. 60 auch den schon erörterten Tatbestand verdeutlicht, daß Propositionen je nach Verlauf bzw. Intention einer Argumentation Daten- oder Regelcharakter haben können (siehe hierzu S. 305). So wird in dem dargestellten Beispiel der Zusammenhang zwischen Kundennähe und Nachfrage bei Argumentation α als Regel (A21α) und bei ß als Datum (A2ß) in die Begründung eingebracht. Bei α wird somit eine regelmäßige Nachfrageerhöhung durch Anhebung der Kundennähe generell behauptet, während bei ß eine Nachfrageerhöhung durch Anhebung der Kundennähe in dem betrachteten (Reorganisations-)Einzelfall gemeint ist.

29) Siehe S. 370.

Rechnung, so lassen sich die globalen Konsequenzaussagen der Argumentationen α und ß in ihren linienspezifischen Verläßlichkeitswerten (unter vereinfachender Ausklammerung des Breiteaspekts) als $_3$mögliche, $_2$mögliche Propositionen ($_3$mögliche, $_3$mögliche Propositionen) charakterisieren. Da die einzelnen Begründungsstränge noch nicht bis zur jeweiligen Qualifizierungsebene hinunterreichen, kann ihr Rationalgehalt damit auf den Tiefenstufen T3 und T2 (T3 und T3) eingeordnet werden.

Die begutachtete, natürlich in hohem Maße vereinfachte beispielhafte Argumentation läßt erkennen, daß den globalen Konsequenzaussagen als Folge der unterschiedlichen Argumentationsverläufe trotz insgesamt übereinstimmender Begründungsaussagen zum Teil verschiedene Tiefenstufen der Rationalität zu bescheinigen sind. Dieser Befund unterstreicht die oben getroffene Feststellung, daß Tiefenvergleiche gegenwärtig genaugenommen erst zwischen 'additiv' unterschiedlichen Begründungssträngen sinnvoll möglich sind. Würde etwa die Datenaussage A3α über die Kundenwünsche auf einer weiteren (Nicht-Qualifizierungs-)Ebene möglich begründet, so könnte die Problemlösung α ohne weiteres als insoweit T4 partiellbegründete Lösung eingestuft werden.

Ein Vergleich des (stufeninternen) Rationalgehalts der Problemlösungen α und ß - etwa hinsichtlich der Argumentationslinien IIα und IIß - hingegen ist nur bedingt aussagefähig. Zwar läßt sich immerhin konstatieren, daß die Anrechnung eines größeren Tiefgangs für Argumentation ß durchaus nicht systemwidrig ist. Eine nähere Analyse der beiden Begründungen zeigt nämlich, daß das Nachfrageargument eher an der Oberfläche bleibt, während das Kundennäheargument vergleichsweise stärker ins Detail geht. Legt man eine Argumentationskette zugrunde, die wie in Abb. 47[30)] den Wirkungsbeziehungen folgt, so greift Argument ß in seinen ausdrücklichen Aussagen gewissermaßen um eine Begründungsebene weiter als Argument α, da es den evidenten Zwischenschritt über die Nachfragesteigerung ausläßt. Argument α hingegen unternimmt in diesem Sinne einen kleineren expliziten Begründungsschritt (auf Ebene 1), da es ausdrücklich zunächst nur den Nachfrageaspekt ins Feld führt. Wenngleich explizite und evidente Aussagen aus dem Blickwinkel der Argumentationsrationalität prinzipiell ebenbürtig zu behandeln sind[31)], ist die höhere Tiefenstufe für Argument ß zumindest nicht widersinnig, da die mit der Evidenzbeurteilung letztlich immer verbundenen Unsicherheiten (über die tatsächlichen Überlegungen des Proponenten) bei ausdrücklichen Propositionen entfallen.

Gleichwohl kann aber das Kundennähe-Argument aufgrund der einen höheren Tiefenstufe nicht unbedingt als rationaler angesehen werden als das Nachfrage-Argument. Die eingeschränkte direkte Vergleichbarkeit der beiden Gründe zeigt sich schon daran, daß das Nachfrage-Argument intuitiv triftiger, aber weniger tragfähig erscheint als das Kundennähe-Argument. Eine tatsächliche Nachfragesteigerung wird im Durchschnitt eher eine Gewinnsteigerung zur Folge haben als eine Erhöhung der Kundennähe, während die Einführung einer Kundenorganisation vermutlich häufiger die Kundennähe als (auch) die Nachfrage anheben wird. Die Ursache dieser Tragfähigkeits-Triftigkeits-Divergenz läßt

30) Siehe S. 398.

sich mit Hilfe unserer argumentationstheoretischen Kategorien auch präzise lokalisieren. Sie liegt darin, daß die Untermauerung der Prognose einer reorganisationsbedingten Nachfragesteigerung (Datenaussage A1α bzw. Datenaussage A2ß) mit der Kundennähe nur einen von zahlreichen weiteren relevanten Einflußfaktoren der Nachfrage berücksichtigt und folglich eine Reihe von (insbesondere auch konträren) Sollargumenten außer Acht läßt. Und dieses Defizit der zu schmalen Begründungsbreite betrifft beim Nachfrage-Argument eben (direkt) die Datenaussage und damit seine Tragfähigkeit, während es beim Kundennähe-Argument (mittelbar) die Stützung der Regelaussage und folglich seine Triftigkeit berührt[32]. Mit Hilfe der vorgesehenen Breitenspezifizierungen der Tiefenstufen[33] lassen sich diese Unterschiede auch durchaus zum Ausdruck, aber (noch) nicht in eine ordinale Rangfolge bringen.

Um einwandfreie Tiefenvergleiche auch zwischen nicht-additiven Argumentationslinien zu ermöglichen, müssen letztlich die beschriebenen Gewichtungs- und Aggregationsprobleme der komparativen Stichhaltigkeit von Begründungssträngen und Argumentationen bewältigt werden[34]. Hierfür sind vor allem auch empirische Untersuchungen zum Zusammenhang zwischen den verschiedenen Argumentationscharakteristiken und dem Einschätzungserfolg der Zuverlässigkeitsbeurteilung von (globalen Konsequenz-)Aussagen erforderlich. Derartige Befunde können im übrigen auch durchaus zu einer Modifizierung der hier hilfsweise vorgeschlagenen Kopplung der Breite- und Tiefedimension über die Mindestbreite[35] Anlaß geben. Solange die Ergebnisse entsprechender, durch die in dieser Schrift erarbeiteten Kategorien vorbereiteter Forschungen aber noch ausstehen, kann auf die angestellten Plausibilitätsüberlegungen verwiesen werden, die für die vorgeschlagene Konzeption sprechen. Auch für unsere Arbeit plädieren wir auf Anwendung des Grundsatzes, daß nur (gegenwärtig) Mögliches zumutbar ist.

2. Anwendungsbeispiel

Um einen noch konkreteren Eindruck von der praktischen Verwendung des hier entwickelten Instrumentariums zur Rationalitätsmessung zu vermitteln, soll der Instrumenteinsatz im folgenden noch an einem Beispiel veranschaulicht werden, das sich nicht wie unser Referenzfall auf eine fiktive Argumentation stützt, sondern auf tatsächliche Überlegungen aus der Praxis. Sie entstammen zwei Presseberichten über Begründungen einer derzeit aktuellen Managemententscheidung. Es handelt sich um die Übernahme der

31) Siehe S. 494 f.

32) Unter Heranziehung der in Abb. 47 (S. 398) gezeigten Argumentation entlang der Wirkungskette läßt sich diese Tragfähigkeits-Triftigkeits-Divergenz bildlich auch wie folgt klarmachen: Das Nachfrage-Argument steht dem Ziel (Gewinn) gewissermaßen näher als das Kundennähe-Argument und weist daher insoweit weniger Spielraum für Irrtümer auf, ist demgegenüber aber von der empfohlenen Maßnahme (Kundenorganisation) weiter entfernt mit der Folge, daß hier größere Interventionsmöglichkeiten für Störfaktoren bestehen.

33) Siehe S. 487.

34) Vgl. im einzelnen nochmals S. 472 ff.

35) Siehe S. 477 f.

Hoesch AG durch Krupp, die ohne Zweifel ein unstrukturiertes Managementproblem repräsentiert. Um jedem Mißverständnis von vornherein entgegenzutreten, sei zunächst ausdrücklich betont, daß es uns hier nicht um eine Beurteilung des wirklichen Rationalgehalts dieser Entscheidung geht und gehen kann. Analog zur Vorbereitung von Empfehlungen zur Lösung von unstrukturierten Managementproblemen stellt auch die Rationalbegutachtung präsentierter Lösungsvorschläge ein aufwendiges Unterfangen dar, das bei Problemen der genannten Komplexität und Größenordnung eine umfangreiche Arbeit füllt und den Rahmen dieser Schrift bei weitem sprengen würde. Infolgedessen kann hier nur eine ganz überschlägige Beurteilung des argumentationsrationalen Gehalts der betreffenden Problemlösung erfolgen, die zahlreiche Teiloperationen einer gründlichen Begutachtung allenfalls anreißen kann. Zudem ist natürlich zu berücksichtigen, daß auf der Basis von Presseveröffentlichungen allein nur eine allgemein-externe Beurteilung durchgeführt werden kann, die keinerlei Zugang zum privilegierten[36)] (sowie exklusiven) Wissen der beteiligten Entscheidungsträger hat. Die Zugrundelegung der in den beiden Meldungen zitierten Begründungen der Fusion dient vielmehr allein dem Zweck, das Beispiel 'mit Leben zu füllen' und zugleich zu demonstrieren, daß unser Meßinstrumentarium nicht nur zur Einschätzung des Rationalgehalts fiktiv konstruierter Begründungen geeignet ist, sondern auch zur Rationalitätsbestimmung real vorkommender Argumentationen[37)].

Die den beiden Zeitungsmeldungen[38)] zu entnehmenden Argumentationen, die im weiteren kurz Krupp I und Krupp II genannt werden sollen, lassen sich in ihren entscheidenden Passagen wie in Abb. 61 und 62 wiedergeben. Zu diesen Darstellungen ist anzumerken, daß mit einer Ausnahme[39)] nur die expliziten Begründungsaussagen aufgenommen worden sind. Die evidenten Begründungsaussagen sollen dagegen an dieser Stelle nur bei der Prüfung der Frage berücksichtigt werden, ob die ausdrücklichen Aussagen eventuell evident-plausibel im technischen Sinne des Meßinstrumentariums sind[40)]. Diese Vereinfachung, die zur Begrenzung des Beispielumfangs unverzichtbar ist, schränkt die Aussagefähigkeit der folgenden Überlegungen nicht nennenswert ein, da sie für beide Argumentationen gleichermaßen gilt und damit den Vergleich des relativen Rationalgehalts kaum beeinträchtigt. Ferner ist darauf hinzuweisen, daß namentlich Argumentation I einen gewissen Interpretationsspielraum bezüglich der exakten Begründungszusammenhänge eröffnet[41)] und die argumentativen Strukturen daher in bestimmten Details eventuell auch anders nachgezeichnet werden könnten. Dieser Tatbestand, der im übrigen bei einer Möglichkeit zur 'Nachfrage' ausgeräumt werden könnte, hat für unsere reinen

---

36) Anders als beispielsweise (vermutlich) die "als Gutachterin zu Rate gezogene Beratungsgesellschaft Roland Berger & Partner" (Js. 1992a, S. 21, Flexion geändert).

37) Aufgrund dieser Zielsetzung konnte auch ohne weiteres davon Abstand genommen werden, in anderen Quellen weitere Begründungsinformationen zu recherchieren.

38) Js. 1991; Js. 1992a.

39) Sie betrifft bei Krupp I das offensichtlich (auch) verfolgte Gewinnziel.

40) Siehe S. 465.

Illustrationszwecke aber keine Bedeutung und muß daher nicht weiter thematisiert werden[42)]. Als letzte Vorbemerkung sei darauf hingewiesen, daß die expliziten Argumente - in Anbetracht der meist zum betriebswirtschaftlichen Allgemeingut zählenden Regularitäten[43)] nicht überraschend - ausschließlich der Stützung von Datenaussagen dienen[44)]. Schon deshalb ist daher eine genauere Spezifizierung der Stützungsbeziehungen danach, ob jeweils das Datum oder die Regel der begründeten Argumente untermauert werden[45)], an dieser Stelle entbehrlich.

Basisbehauptung: «Übernahme ist vorteilhaft!»

Globalbegründung	Detailbegründungsebene 1	2	. . .
Weil A1:	Gewinnsteigerung		
	Weil A11:	Verdopplung der Umsatzvolumina bestimmter Geschäftsfelder	
	Weil A12:	Kosteneinsparungen	
		Weil A121:	Einsparungen von Investitionen
		Weil A122:	Zusammenlegung von Vertriebsorganisationen, Ingenieurbüros, Niederlassungen
		Weil A123:	Gemeinsame Forschungs- und Entwicklungsarbeiten
		Weil A124:	Größere Stückzahlen und Fertigungslose
		Weil A125:	Einsparung in Verwaltungs- und Zentralbereichen
	Weil A13:	Höhere Wertschöpfung im Handel	
	Weil A14:	Stärkung der Marktposition bei Automobilzulieferungen	
	Weil A15:	Übernahme wesentlicher Entwicklungsarbeiten für Autohersteller	
Weil A2:	Angemessene Berücksichtigung der Standortinteressen		
	Weil A21:	Keine Gefährdung der metallurgischen Standorte Bochum und Dortmund	

Abb. 61: Argumentationsstruktur in Krupp I

41) So wird z. B. nicht recht klar, ob die veranschlagten Synergieeffekte in der Fördertechnik in Höhe von jährlich 30 bis 50 Mio. DM in den zuvor allgemeiner prognostizierten Kosteneinsparungen enthalten sind.

42) Am Rande sei noch angemerkt, daß die Originalterminologie auch dann übernommen worden ist, wenn sie vom Sprachgebrauch der 'reinen Lehre' abweicht. So sind etwa die in Krupp II mit Argument A121 angeführten "Deckungsbeitragsverluste" strenggenommen keine "Struktur<u>kosten</u>" (Unterstreichung durch v. W.), sondern Ertrags- bzw. Leistungsminderungen.

43) Eine Ausnahme gilt im Prinzip nur für die Regel von Argument A21 (siehe hierzu näher S. 522) sowie ferner für die Regel von Argument A11 in Krupp I, da die Verdopplung der Umsatzvolumina durch die Zusammenfassung der parallelen Geschäftsfelder von Hoesch und Krupp noch keine Gewinnsteigerung über den addierten Gewinn der beiden Unternehmen hinaus bedeuten muß.

44) Für die Argumente auf der ersten Detailbegründungsebene besteht auch keine andere Möglichkeit, da sie stets die singuläre globale Konsequenzaussage untermauern.

45) So wie in Abb. 60 (S. 513 f.).

Basisbehauptung: «Übernahme ist vorteilhaft!»

Globalbegründung	Detailbegründungsebene 1	2	3	. . .

Weil A1: Gewinnsteigerung um 1,53 Mrd. DM
    Weil A11: Synergieeffekte in Höhe von 1,795 Mrd.
        Weil A111: Einsparungen von Sach- und Materialkosten (ca. 718 Mio.)
            Weil A1111: Günstigere Einkaufskonditionen
        Weil A112: Einsparungen von Personalkosten (ca. 600 Mio.)
            Weil A1121: Stillegung eines Stahlwerkes
            Weil A1122: Personaleinsparungen im Handel
        Weil A113: Einsparungen von Kapitalkosten (ca. 330 Mio.)
            Weil A1131: Unterlassung von Investitionen bei Oberflächenveredelung (ca. 290 Mio.)
            Weil A1132: Wegfall von Betriebsvermögen
    Weil A12: Strukturkosten in Höhe von 266 Mio.
        Weil A121: u. a. Deckungsbeitragsverluste bei Autofedern (ca. 125 Mio.)

Abb. 62: Argumentationsstruktur in Krupp II

Analysiert man zunächst den Rationalgehalt der Begründung Krupp I, so fallen mit Hilfe unseres meßinstrumentellen Beurteilungsrasters auch schon bei einer überschlägigen Begutachtung insbesondere zwei zentrale Argumentationscharakteristiken auf. In Hinblick auf die Begründungsbreite ist vor allem bemerkenswert, daß auf der ersten Ebene der Detailbegründung zwar zahlreiche Argumente ins Feld geführt werden, die jedoch ausnahmslos für die geplante Übernahme sprechen. Akquisitionen sind aber keineswegs derart unproblematisch, daß sich nicht auch wichtige Gegenargumente anführen ließen. So werden denn auch in der einschlägigen Literatur eine Vielzahl von Schwierigkeiten diskutiert, die den Erfolg von Übernahmen beeinträchtigen oder verhindern können[46)]. Exemplarisch sei an dieser Stelle nur zum einen an die Gefahr der mangelnden Beweglichkeit großer Organisationseinheiten erinnert. Sie bildet den Hintergrund der gerade gegenwärtig aktuellen Maßnahmen zur Bildung kleinerer Einheiten durch Geschäftssegmentierung, die zwar die Flexibilität tendenziell erhöht, zugleich aber auch die Ausnutzung von Synergiepotentialen erschwert[47)]. Zum anderen ist auf die Friktionen hinzuweisen, die aus den unterschiedlichen Organisationskulturen der zu integrierenden Unternehmen resultieren und etwa in Form von Widerständen und Reibungsverlusten ihren Ausdruck finden können[48)]. Daß solche Komplikationen durchaus auch praktische Be-

46) Vgl. als Auswahl aus der neuesten Literatur COENENBERG/SAUTTER 1988; SIEBEN/SIELAFF (Hrsg.) 1989 ; BLEX/MARCHAL 1990; FREUND 1991; BÜHNER 1990.

47) Vgl. näher FRESE 1993.

48) Vgl. auch SIEBEN/SIELAFF (Hrsg.) 1989, S. 44 ("Das gravierendste Problem ist wohl die mit der Akquisition notwendig werdende 'kulturelle' Verbindung des erworbenen mit dem erwerbenden

deutung haben können, findet eine starke Stütze in den bemerkenswert übereinstimmenden empirischen Befunden, wonach der (deutlichen) Mehrzahl aller Akquisitionsprojekte auf Dauer kein Erfolg beschieden ist[49].

Die angesprochenen Akquisitionsschwierigkeiten können bei genauerer argumentationsstruktureller Betrachtung einmal die Realisierung der explizit veranschlagten Ertragskomponenten[50] und Kosteneinsparungen beeinträchtigen oder ganz verhindern. Zum anderen können sie aber auch zu Ertragseinbrüchen und Kostensteigerungen in Bereichen führen, die nicht ausdrücklich angesprochen worden sind. Der erste Fall stellt die Tragfähigkeit der tatsächlich angeführten $_1$Argumente in Frage und wird weiter unten noch einmal aufgegriffen werden. Im zweiten Fall hingegen handelt es sich um Problemaspekte, die auf der gleichen Ebene wie die mit den expliziten $_1$Argumenten angesprochenen Gesichtspunkte liegen und die Zuverlässigkeit der globalen Konsequenzaussage über die Gewinnsteigerung direkt in Zweifel ziehen. Die betreffenden Gründe sind (in Anbetracht der Literaturlage) unbestreitbar relevant, wenn auch selbstverständlich nicht zwingend durchschlagend, und stellen folglich Sollargumente dar. Da sie nicht thematisiert worden sind, kann die analysierte Begründung letztlich nur als unausgewogen eingeordnet werden. Es ist zwar durchaus denkbar, daß die fraglichen Gegengründe bei der Entscheidungsvorbereitung tatsächlich abgewogen worden sind und die Zeitungsmeldungen nur über die im Endeffekt als wirklich stichhaltig angesehenen Argumente berichten. Da die verfügbaren Informationen schon hierfür aber keine Anhaltspunkte bieten, läßt sich a fortiori dieser Abwägungsvorgang zumindest nicht nachvollziehen, so daß sein argumentationsrationaler Gehalt gleich Null ist.

Die ausdrücklichen Detailbegründungen von Krupp I gehen bezüglich des Standortziels bis zur ersten Ebene und hinsichtlich des Gewinnziels bis zur zweiten Ebene hinunter. Zerlegt man Argument A_{21} in seine Begründungsaussagen, so lautet dieser Grund ausführlich «weil die Standorte Bochum und Dortmund beibehalten werden (Datum) und die Beibehaltung von Standorten eine angemessene Berücksichtigung ihrer Interessen bewirkt (Regel)». Die Datenaussage kann als zukunftsgerichtete Proposition zwar nicht belegt werden und daher weder wahr noch bewährt sein; die Beibehaltung der Standorte ist aber zumindest theoretisch-möglich, da sie als Handlungsalternative der Letztentscheidung des Rationalsubjekts unterliegt. Beachtet man allerdings, daß Standortentscheidungen in hohem Maße von ökonomischen Faktoren gesteuert werden und konkrete Informationen über die Ausprägung dieser Faktoren im betrachteten Fusionsfall nicht zugänglich sind, so kann das Standortdatum - bei der hier allein möglichen unprivilegierten Begutachtung

---

Unternehmen."). Ähnlich REINEKE 1989, S. 82 f.; FREUND 1991, S. 496 ("Kultur-Schock" als "Vernichter des Akquisitionserfolges"); KRYSTEK 1992, S. 540 f. In diesem Zusammenhang sei mehr anekdotisch darauf hingewiesen, daß der Mythos der 'Kruppianer' industriegeschichtlich vermutlich eines der frühesten Beispiele starker Unternehmenskulturen darstellt.

49) Vgl. PORTER 1987, S. 30 f.; COENENBERG/SAUTTER 1988, S. 692; BÜHNER 1990, S. 1290; BLEICHER 1991a, S. 347, 351 f.; FREUND 1991, S. 491; CRONOS 1991, S. 1477; STEIN 1992, S. 4 f.

50) Also die Beibehaltung (und in diesem Sinne "Verdopplung" der Umsatzvolumina bestimmter Geschäftsfelder sowie die mit den Argumenten A13 bis A15 angedeuteten Verbesserungen der Ertragskraft.

- kaum als evident-plausibel eingeschätzt werden. Bloß theoretisch-möglich ist ferner auch die Regelaussage, da das Ziel nur wenig operationalisiert ist. Zudem ist zu beachten, daß die ebenfalls zielrelevante Dislozierung der Verwaltungsstandorte noch offen[51)] und die Begründung daher insoweit unvollständig ist.

Der Verläßlichkeitswert einer bloß theoretischen Möglichkeit ist ferner auch den Argumenten auf der jeweils letzten Ebene jeder Begründungslinie zur Stützung der globalen Konsequenzaussage über die Gewinnsteigerung[52)] beizumessen. Die angesprochenen Komplikationen von Akquisitionen schließen als relevante Gegenargumente zunächst die Wahrheit oder Bewährung dieser Gründe aus. Darüber hinaus stehen sie aber auch einem Geltungsanspruch der fraglichen Argumente auf evidente Plausibilität entgegen.

Da (schon) die Breite der $_1$Begründungen der beiden globalen Konsequenzaussagen wie gezeigt zu schmal ist, kann die analysierte Übernahmeempfehlung (in der hier zugänglichen Fundierungsform!) insgesamt nur als partiell-detailbegründete Problemlösung im Sinne unserer Haupt- und Detailstufenskala eingeordnet werden. Sie weist allerdings in Anbetracht der gelieferten Detailbegründungen einen nicht zu vernachlässigenden stufeninternen Rationalgehalt auf, der sich im einzelnen durch die linienspezifischen Tiefenstufen der verschiedenen Begründungsstränge sowie deren Spezifizierung durch entsprechende Breitenangaben pro Begründungsebene zum Ausdruck bringen läßt. So können etwa die fünf tiefsten Argumentationslinien, die vom Argument A1 über A12 zu den Gründen A121, A122, A123, A124 und A125 führen, die jeweilige Qualifizierungsebene noch nicht erreichen und jeweils mögliche[53)] Abschlußargumente haben, der Tiefenstufe T2 zugewiesen werden. Wenn auch die Ebenenzahl der problemspezifischen Qualifizierungsebene n^* hier weder erarbeitet worden noch von vornherein bekannt ist, ist dieser Tiefgang auf der einen Seite (vermutlich) als relativ flach einzuschätzen. Andererseits macht das Praxisbeispiel aber immerhin deutlich, daß die Idee mehrfach gestufter Detailbegründungen keineswegs unrealistisch ist.

Im Gegensatz zur Argumentation Krupp I führt die Detailbegründung von Krupp II auf der ersten Ebene neben dem Komplex der Vorteile (Synergieeffekte) auch einen Nachteil (Strukturkosten) der Übernahme an. Ferner erstreckt sie sich nicht nur bis zur zweiten, sondern immerhin bis zur dritten Begründungsebene. Analysiert man die Breite der $_1$Begründung näher, so zeigt sich jedoch auch hier eine gewisse, allerdings anders gelagerte Unausgewogenheit der Argumentation. Mit Ausnahme der angesetzten Dekkungsbeitragsverluste im Autofedern-Geschäft[54)] wird lediglich die Kostenseite und damit nur der eine[55)] Einflußfaktor des Gewinns thematisiert. Die eventuellen positiven[56)]

51) "Die Standorte der Hauptverwaltungen der neuen Führungsgesellschaften sollen nach gemeinsamen Beratungen festgelegt werden. Dabei soll eine regional ausgewogene Zuordnung angestrebt werden, die auf die Interessen der bisherigen Verwaltungsstandorte angemessen Rücksicht nimmt." Js. 1991.

52) Konkret also den Argumenten A11, A121, A122, A123, A124, A125, A13, A14 und A15.

53) Ohne Berücksichtigung eventueller evidenter Begründungsaussagen unterhalb der Schwelle der Evidenz-Plausibilität, siehe nochmals S. 518.

54) Sie sind der Zeitungsmeldung zufolge offensichtlich den "Strukturkosten" zugeschlagen worden.

oder negativen[57)] Implikationen der Übernahme für die Ertragssituation hingegen sind somit - soweit ersichtlich[58)] - weitgehend ausgeblendet. Die "ermittelten Schätzungen über die durch eine Fusion zu erwartenden Vor- und Nachteile"[59)] berühren bei näherem Hinsehen folglich zur Hauptsache nur die übernahmebedingten Kostensenkungs- und Kostensteigerungseffekte. Die $_1$Begründung von Krupp II trägt somit den ertragsbezogenen Sollargumenten nicht hinreichend Rechnung.

In Hinblick auf den Tiefgang von Krupp II wurde bereits konstatiert, daß die Argumentation im Vergleich zu Krupp I um eine Ebene fundierter angelegt ist. Wie schon bei Krupp I muß zwar auch hier auf eine eingehendere Analyse der Verläßlichkeitswerte (einschließlich der Begründungsbreiten pro diskutierter Proposition) aus Platzmangel verzichtet werden. Als Grundtendenz kann aber festgehalten werden, daß die Argumente am Ende jedes Begründungsstranges durchaus möglich sind, jedoch zumindest die konkrete Höhe der jeweils veranschlagten Beträge auch nicht evident-plausibel stützen. So tragen günstigere Einkaufskonditionen zwar nach allgemeinem Wissensstand zur Einsparung von Sach- und Materialkosten bei[60)]. Ob die Vergünstigungen aber tatsächlich so umfangreich ausfallen, daß Kosteneinsparungen in Höhe von ca. 718 Mio. DM erwartet werden dürfen, kann - wenigstens ohne privilegiertes Wissen - nicht ohne weiteres nachvollzogen werden.

Die Begründung der behaupteten Synergieeffekte erfaßt mit den Argumenten A111 bis A113 im wesentlichen die zentralen Kostenarten[61)] und kann demnach als breit gelten. Sie verleiht dementsprechend dem Synergieargument (A11) auch schon eine Plausibilität, die merklich höher liegt als die des entsprechenden Kostenarguments (A12) in Krupp I. Insgesamt kann aber auch die Argumentation Krupp II aufgrund der zu schmalen $_1$Begründung lediglich als partiellbegründete Problemlösung angesprochen werden. Dabei ist der stufeninterne Rationalgehalt aber immerhin so groß, daß alle Begründungsstränge außer der Linie A1-A12-A121 auf der Tiefenstufe T3[62)] eingeordnet werden können.

---

55) Bezogen auf die Gewinndefinition Ertrag ./. Aufwand bzw. Leistung ./. Kosten.

56) Durch Verbundeffekte, vgl. zu Beispielen die mit den Argumenten A11 und A13 bis A15 in Krupp I angeführten Vorteile.

57) Durch die angerissenen Akquisitionskomplikationen.

58) Da die Strukturkosten nicht im Detail näher aufgeschlüsselt sind, kann nicht ausgeschlossen werden, daß hierin neben den Umsatz- und Deckungsbeitragseinbußen bei Autofedern noch weitere Ertragsminderungen erfaßt sind.

59) Js. 1992a

60) Im Gegensatz zum Einsparungsbeitrag hängt die Frage, ob tatsächlich auch Einsparungen bei den Sach- und Materialkosten insgesamt angenommen werden können, vom Verhalten der übrigen Einflußfaktoren dieser Kosten (bzw. den entsprechenden Sollargumenten) ab. Vgl. auch nochmals S. 283 f.

61) Siehe hierzu KLOOCK/SIEBEN/SCHILDBACH 1991, S. 67 ff.; HUMMEL/MÄNNEL 1986, S. 132 ff.

62) Aufgrund des Tiefgangs bis zur 3. Detailbegründungsebene, der Nicht-Erreichung der Qualifizierungsebene und der Möglichkeit der Abschlußargumente.

Beim Vergleich der beiden Argumentationen fällt schließlich auf, daß Krupp I mit dem Gewinn und der Standortverträglichkeit zwei Ziele verfolgt und so gut wie keine quantitativen Aussagen trifft, während Krupp II von einer monovariablen Zielsetzung ausgeht und die erwartete Gewinnsteigerung (globale Konsequenzaussage) sowie Subkonsequenzen in erheblichem Umfang quantifiziert. Die Argumentationscharakteristik von Krupp I mit dem Verzicht auf die Formulierung einer Oberzielsetzung (mit den Subzielen Gewinn und Standortverträglichkeit) und auf eine Quantifizierung der Fusionsfolgen unterstreicht zum einen, daß nur Zielkonflikte die Benennung eines Oberziels erfordern[63]. Sie entspricht zum anderen exakt unserer oben getroffenen Feststellung, daß bei fehlenden (hier: vernachlässigten) Argumentkonflikten und Wertangaben in der begründeten Aussage auf die Angabe von Daten- und Regelwerten verzichtet werden kann[64]. Ferner zeigen die Wertangaben in Krupp II, daß in der Praxis zumindest die Größenordnungen erwarteter Konsequenzen durchaus konkret angesetzt werden können und angesetzt werden. Problematisch und mit Hilfe unseres Meßinstrumentariums zu prüfen ist lediglich, mit welchem Rationalgehalt dies geschieht.

Da die Rationalbegutachtung realer Managemententscheidungen eine durchaus sensitive Angelegenheit ist, sollen zum Abschluß noch einmal die Beurteilungsgrenzen und die begrenzte (Illustrations-)Zielsetzung der vorangegangenen Überlegungen ausdrücklich betont werden. Schon durch die Zusammenführung von Krupp I und II zu einer einzigen, entsprechend fundierteren Argumentation würde sich in Teilaspekten ein anderes Bild ergeben. Darüber hinaus ist natürlich namentlich der sehr begrenzte Informationsstand einer bloß allgemein-externen Beurteilung zu beachten. Bei einer Rationalitätsmessung mit Zugangsprivilegien, wie sie etwa der als "Gutachterin"[65] (sic!) beauftragten Unternehmungsberatung eingeräumt worden sein dürften, kann den Wertansätzen auch durchaus zu bescheinigen sein, "daß sie im allgemeinen vorsichtig gewählt worden seien"[66]. <u>Nur</u> wenn das hier analysierte Material tatsächlich sämtliche Einzelheiten der durchgeführten Entscheidungsvorbereitung offenlegen würde, wäre die (noch sorgfältiger und detaillierter auszuarbeitende) Grundaussage über den noch vergleichsweise geringen Rationalgehalt der Lösungsempfehlung korrekt. <u>Nur</u> in diesem Fall wäre dann allerdings auch die Richtung aufgezeigt, in der Überwachungsorgane die Fusion hinterfragen könnten, um ihre Vorteilhaftigkeit noch weiter zu eruieren. Daß "die Arbeitsgruppen beider Gesellschaften.., soweit dies möglich ist, den Nachweis erbracht (haben), daß die Fusion wirtschaftlich sinnvoll ist"[67] und sich "eine grundsätzliche Opposition kaum

---

63) Vgl. S. 362.

64) Siehe S. 416.

65) Js. 1992a.

66) Ebenda.

67) Js. 1992b (Klammerzusatz v. v. W.) unter offensichtlicher Bezugnahme auf Js. 1992a, wie aus dem Verweis auf die jährlich wiederkehrenden Kostenvorteile in Höhe von ca. 460 Mio. DM geschlossen werden kann.

noch rechtfertigen"[68]) läßt, kann auf der Grundlage des vorliegenden Materials zumindest nicht zugegeben werden.

4. Kapitel: Zusammenfassung und Ausblick

Läßt man zum Zweck einer kurzen Zusammenfassung den zentralen Gedankengang der vorliegenden Untersuchung Revue passieren, so sind zunächst die beiden grundlegenden Schritte festzuhalten, mit denen das gewählte Thema der Messung der Managementrationalität angegangen worden ist. Der erste Untersuchungsschritt war der prinzipiellen Auseinandersetzung mit dem Konstrukt Rationalität gewidmet und führte zu einer - an 6 Dimensionen festgemachten - Explikation des hier zugrundegelegten Begriffs der Argumentationsrationalität. Dieser Begriff ist primär kognitiv angelegt und beurteilt Lösungen unstrukturierter Managementprobleme vor allem nach der epistemischen Güte ihrer Vorbereitung. Argumentationsrationale manageriale Problemlösungen sind danach im Kern als bewußte Entscheidungen über Projekthandlungen und Projektziele definiert, die - gemessen am Stand des zugänglichen Wissens - fundiert vorbereitet und getroffen sowie bei Bedarf authentisch kommentiert werden. Die Analyse der wesentlichen Einwände, die in der Literatur gegen den Rationalgedanken als solchen ins Feld geführt werden, konnte zeigen, daß ein solches Rationalitätsverständnis im Kontext der Unternehmungsführung sowohl konzeptionell haltbar als auch praktikabel ist.

Im zweiten Untersuchungsschritt wurde sodann der bis dahin qualitative Begriff der Argumentationsrationalität zu einem komparativen Begriff ausgearbeitet und so das angestrebte ordinale Meßinstrumentarium entwickelt. Es erlaubt zum einen die Abstufung der Spanne zwischen der vollkommen unrationalen und der vollkommen argumentationsrationalen Bewältigung unstrukturierter Managementaufgaben und damit die Überwindung der pauschalen Dichotomie zwischen 'rationalen' und 'nicht-rationalen', namentlich intuitiven Lösungen, die in der Literatur bislang vorherrscht und u. E. wenig fruchtbar ist. Zum anderen gestattet das Instrumentarium die Bestimmung des Rationalniveaus konkreter Problemlösungen.

Der Kerngedanke der Abstufung besagt, daß Lösungen unstrukturierter Managementprobleme in der Tendenz als um so fundierter gelten dürfen, je größer die Zuverlässigkeit und Zahl der Argumente ist, mit denen die jeweiligen Handlungs- und Zielempfehlungen untermauert werden. Dabei kommt es für die Überzeugungskraft der Begründungen im praktisch häufigen Fall von Argumentkonflikten neben der reinen Anzahl auch auf die Ausgewogenheit und das Gewicht der vorgebrachten Gründe an.

Für die Würdigung der Zuverlässigkeit und der Zahl vorgebrachter Argumente bildet letztlich der Stand des je nach Begutachtungssituation zugänglichen Wissens den entscheidenden Referenzpunkt. Sofern geltend gemachte Argumente mit Blick auf diesen

68) Ebenda, wobei hier eine Opposition durch die Arbeitnehmervertreter von Hoesch gemeint ist.

Wissensstand noch nicht maximal-verläßlich sind, kann ihre Zuverlässigkeit, genauer: Plausibilität, durch den Eintritt in weitere Begründungsrunden gesteigert werden, der zu mehrstufigen Argumentationskomplexen führt. Die kognitive Qualität der Zahl der Argumente bzw. Begründungsbreite je Argumentationsebene hängt davon ab, inwieweit den relevanten Muß- oder Sollargumenten Rechnung getragen wird und eventuell zusätzliche Kannargumente eingebracht werden.

Vor dem Hintergrund der herausgearbeiteten, an dieser Stelle naturgemäß nur überschlägig skizzierten Determinanten der Fundierungsgüte wurden - aus Gründen des Umfangs nur für den Bereich der Handlungsempfehlungen explizit ausgeführt - mit der unbegründeten, der globalbegründeten, der detailbegründeten und der qualifizierten Problemlösung 4 Hauptstufen der Argumentationsrationalität gebildet und für die - mit Abstand bedeutsamste - Stufe der detailbegründeten Problemlösung weitere Verfeinerungen des Meßinstrumentariums eingeführt. Die beiden Extrempole, die das Kontinuum der mehr oder weniger argumentationsrationalen Problemlösungen abschließen, lassen sich kurz wie folgt charakterisieren: Im Fall der unbegründeten Problemlösung wird lediglich die Behauptung aufgestellt, daß eine bestimmte Handlung erfolgversprechend ist. Dieses Urteil erfährt allerdings keinerlei argumentative Stützung. Demgegenüber liegen qualifizierte Problemlösungen dann vor, wenn die Zahl der Argumente je Begründungsebene die jeweils geforderte Mindestbreite der Argumentation gewährleistet und die Gründe auf der untersten Ebene jedes Argumentationsstrangs maximal-verläßlich sind.

Der Grundgedanke der Rationalitätsmessung, den kognitiven Gehalt der Fundierung anhand der Zuverlässigkeit und Zahl der zur Empfehlungskommentierung eingebrachten Argumente zu bestimmen, liegt ohne Zweifel auf der Linie des Common Sense. Die Ergebnisse der hier vorgelegten Untersuchung könnten daher - auf eine solch knappe Formel zugespitzt - als nur wenig überraschend empfunden werden. Zu beachten ist aber, daß die detailliertere Ausarbeitung dieses Gedankens mit erheblichen Grundlagenproblemen konfrontiert ist. Erinnert sei beispielhaft nur an

* die auch, aber nicht nur philosophisch bis heute umstrittene Wahrheits- und Rechtfertigungsproblematik der Rationalitätsidee,
* die Werturteilsdiskussion,
* die Einführung differenzierter Verläßlichkeitswerte von Aussagen,
* die Schwierigkeiten der Bewältigung von Begründungskonflikten, die in den drei Formen der Konzept-, Argument- und Zielkonflikte in Erscheinung treten können,
* die Meßkomplikation divergierender Breite-Tiefe-Mischungen und
* die Herausforderungen, die eine verünftige Begrenzung der Breite und des Tiefgangs von Argumentationen an den Entwurf einer Theorie der abgestuften Entscheidungsvorbereitung stellen.

Ohne eine sorgfältige Auseinandersetzung mit diesen und weiteren 'Detail-'Fragen im Rahmen eines geschlossenen Konzepts, die diese Schrift begonnen, wenn auch selbstredend noch nicht zum endgültigen Abschluß gebracht hat, läuft ein Ansatz zur Messung der Fundierung unstrukturierter Managemententscheidungen ernsthaft Gefahr, von vornherein als naiv diskreditiert zu werden. Dies gilt um so mehr, als im methodologischen wie im betriebswirtschaftlichen Schrifttum gravierende Vorbehalte gegenüber der Möglichkeit und Sinnhaftigkeit einer rationalen Bewältigung komplexer Managementaufgaben artikuliert werden. A fortiori sieht sich der Versuch einer Rationalitätsmessung, namentlich in seiner besonders sensitiven Ausprägung der 'Prüfung der Geschäftsführung' einer beachtlichen Skepsis der Literatur gegenüber[69], die sicher bis zu einem gewissen Grade, aber eben auch nur bis zu einem gewissen Grade berechtigt ist. Vor diesem Hintergrund besehen sind die Notwendigkeit ebenso wie der Wert einer ihrerseits fundierten Grundlegung einer (ersten) geschlossenen Meßkonzeption zur abgestuften Beurteilung managerialer Entscheidungsvorbereitungen nach Ansicht des Verfassers nicht gering zu schätzen.

Der erarbeitete Ansatz zur Rationalitätsmessung bietet die Basis für zahlreiche Folgeuntersuchungen, die bereits im einleitenden Kapitel dieser Arbeit angesprochen worden sind und hier nur noch einmal stichwortartig in Erinnerung gerufen werden sollen. Interessante Anwendungsmöglichkeiten des Meßinstruments ergeben sich danach beispielsweise im Zusammenhang mit

* einer differenzierteren Ausmessung des Unterstützungspotentials der modernen Informations- und Kommunikationstechnologien für die rationale Bewältigung unstrukturierter Managemententscheidungen,
* einer delegationstheoretischen Analyse der Aufgaben, die eine Unternehmungsleitung sich selbst vorbehalten sollte bzw. auf nachgelagerte Einheiten übertragen kann,
* einer Untersuchung der Unterschiede im Rationalverhalten managerialer Entscheidungsträger und ihrer Einflußfaktoren sowie
* einer Konkretisierung von 'Grundsätzen ordnungsmäßiger Unternehmungsführung'.

Betrachtet man exemplarisch die zuletzt angeführte Aufgabe der substantiierten Ausarbeitung von Grundsätzen ordnungsmäßiger Unternehmungsführung, die uns in Anbetracht der oben erörterten Gründe als besonders dringlich erscheint, so wären hierfür vor allem zum einen die bislang vorliegenden, wenn auch spärlichen Äußerungen der rechtlichen Literatur und Judikatur daraufhin zu analysieren, welches Rationalniveau manageriale Problemlösungen nach derzeit vorherrschender juristischer Auffassung mindestens (und vielleicht auch höchstens) aufweisen sollten. Bei einer überschlägigen Durchsicht scheinen zwar Formulierungen an prominenter rechtswissenschaftlicher Stelle, wonach beim unternehmerischen Handeln "alle nur möglichen wissenschaftlichen Erkenntnisse zur Standortbestimmung genutzt werden" müssen[70] und "alle unternehmensrelevanten

---

69) So vertritt beispielsweise ein bekannter betriebswirtschaftlicher Kommentar zur "Prüfung der Ordnungsmäßigkeit der Geschäftsführung" (so der Titel) folgende Auffassung: "Wir können uns der Meinung Leffsons nur bedingt anschließen, daß sich aus den im betrieblichen Schrifttum entwickelten Regeln oder Grundsätzen für einzelne Sachverhalte Normen entwickeln lassen, die bei der Prüfung zu verwenden sind. Der subjektive Anteil bei der Konstruktion solcher Normen ist selbst bei ausgezeichneten wissenschaftlichen Kenntnissen des Prüfers unvermeidlich groß. Sie können keinen Verbindlichkeitscharakter haben." (POTTHOFF 1982, S. 19). Vgl. zur Problematik der Geschäftsführungsprüfung

Umstände auch außerhalb der Gesellschaft zu beobachten" sind[71], auf eine Forderung nach qualifizierter Problemlösung im Sinne unserer Rationalitätsstufen hinzudeuten. Erst eine eingehendere Analyse der einschlägigen Auslegungen kann allerdings näheren Aufschluß darüber geben, ob die herrschende Meinung gegenwärtig tatsächlich so hohe Anforderungen an die Güte der Entscheidungsvorbereitung stellt. Zum zweiten wäre zu untersuchen, welcher argumentationsrationale Gehalt managerialer Problemlösungen - gegebenenfalls situationsabhängig differenziert - aus betriebswirtschaftlicher Sicht zweckmäßig erscheint, und inwieweit daher unter Umständen das zur Zeit rechtlich eingeforderte Rationalniveau de lege ferenda (nach oben oder unten) modifiziert werden sollte. Akzeptiert man im Grundsatz die oben begründete Erfolgshypothese zugunsten (wenigstens flankierender) analytischer Entscheidungsvorbereitungen, so wird es hierbei angesichts der Tragweite wichtiger Weichenstellungen der Unternehmungsführung auf der einen Seite und der zu vermutenden Fundierungskosten andererseits vor allem darauf ankommen, die Stufe der Argumentationsrationalität zu finden, die (im Durchschnitt) ausreichend effektiv im Sinne der Sicherung des Problemlösungserfolgs ist, ohne das Zeit- und Ressourcenbudget der Praxis zu überfordern, die also kurz gesprochen weder zu anspruchslos noch überzogen ist. Während die Bestandsaufnahme der bislang vorliegenden juristischen Äußerungen zur managerialen Sorgfaltspflicht und ihre Interpretation in Hinblick auf das derzeit von der herrschenden Ansicht vorgeschriebene Rationalniveau ohne weiteres in Angriff genommen werden können, ist die Antwort auf die zweite Frage nach der zweckmäßigen Rationalitätsstufe zwar noch auf die vorherige Erarbeitung genauerer (auch empirischer) Erkenntnisse über die stufenabhängige Effektivität der Fundierung und ihren jeweiligen Zeit- und Ressourcenbedarf angewiesen. Auch für diese Effizienzanalysen hat die vorliegende Schrift jedoch mit den herausgearbeiteten grundlegenden Kategorien bereits ein erstes Stück des Fundaments zu legen versucht.

---

ferner näher SAAGE 1965, insb. S. 146 ff.; BRETZKE 1974; SIEBEN/BRETZKE/RAULWING 1976, hier v. a. S. 187 ff.; KOFLER 1985, insb. S. 114 ff.

70) SCHMIDT-LEITHOFF 1989, S. 252 (Unterstreichung durch v. W.).

71) HÜBNER 1992, S. 9 (Unterstreichung durch v. W.).

LITERATURVERZEICHNIS

ABEL, B. 1979: Kritischer Rationalismus und das Wertfreiheitsprinzip. In: Wissenschaftstheoretische Grundfragen der Wirtschaftswissenschaften, hrsg. v. H. Raffée und B. Abel. München, S. 215-234.

ABEL, B. 1983a: Grundlagen der Erklärung menschlichen Handelns. Tübingen.

ABEL, B. 1983b: Ein eigenständiges kulturwissenschaftliches Fachverständnis in der Betriebswirtschaftslehre: Muß das sein? In: Paradigmawechsel in der Betriebswirtschaftslehre? Hrsg. v. W. F. Fischer-Winkelmann. Spardorf, S. 1-30.

ABEL, Th. 1953: The Operation Called *Verstehen*. In: Readings in the Philosophy of Science, hrsg. v. H. Feigl und M. Brodbeck. New York, S. 677-687.

ABEL, Th. 1975: Verstehen I and Verstehen II. In: Theory and Decision (6), S. 99-102.

ACHAM, K. 1983: Philosophie der Sozialwissenschaften. Freiburg-München.

ACKERMANN, K.-F. 1986: Mitarbeiterbefragung als Instrument partizipativer Entlohnungspolitik. In: BFuP (38), S. 28-42.

ACKOFF, R. L. 1967: Management Misinformation Systems. In: MS (14), S. B-147-B-156.

ACKOFF, R. L. 1971: Towards a System of Systems Concepts. In: MS (17), S. 661-671.

ACKOFF, R. L./RIVETT, P. 1966: Industrielle Unternehmensforschung. Wien-München (dt. Übersetzung v.: A Manager's Guide to Operations Research).

ADORNO, Th. W. u. a. 1984: Der Positivismusstreit in der deutschen Soziologie. 11. Aufl., Darmstadt-Neuwied.

AGOR, W. H. 1984: Intuitive Management. Englewood Cliffs, NJ.

AGOR, W. H. 1986: The Logic of Intuitive Decision Making. New York-Westport, CT-London.

AHLBORN, H.-U. 1975: Kommunikation und Lernprozesse. Stuttgart u. a.

ALBACH, H./KLESS, H.-P. 1982: Personelle Verflechtungen bei deutschen Industrieaktiengesellschaften. In: ZfB (52), S. 959-977.

ALBERT, H. 1961: Ethik und Meta-Ethik. In: Archiv für Philosophie (11), S. 28-63.

ALBERT, H. 1964: Probleme der Theoriebildung. In: Theorie und Realität, hrsg. v. H. Albert. Tübingen, S. 3-70.

ALBERT, H. 1967a: Werturteil und Wertbasis: Das Werturteilsproblem im Lichte der logischen Analyse. In: H. Albert: Marktsoziologie und Entscheidungslogik. Neuwied a. Rhein-Berlin, S. 92-130.

ALBERT, H. 1967b: Nationalökonomie und Sozialphilosophie: Zur Kritik des Normativismus in den Sozialwissenschaften. In: H. Albert: Marktsoziologie und Entscheidungslogik. Neuwied a. Rhein-Berlin, S. 140-174.

ALBERT, H. 1968: Traktat über kritische Vernunft. Tübingen.

ALBERT, H. 1972a: Theorie und Prognose in den Sozialwissenschaften. In: Logik der Sozialwissenschaften, hrsg. v. E. Topitsch. 8. Aufl., Köln, S. 126-143.

ALBERT, H. 1972b: Wertfreiheit als methodisches Prinzip. In: Logik der Sozialwissenschaften, hrsg. v. E. Topitsch. 8. Aufl., Köln, S. 181-210.

ALBERT, H. 1972c: Theorien in den Sozialwissenschaften. In: Theorie und Realität, hrsg. v. H. Albert. 2. Aufl., Tübingen, S. 3-25.

ALBERT, H. 1976: Wissenschaftstheorie. In: HWB. 4. Aufl., hrsg. v. E. Grochla und W. Wittmann. Stuttgart 1974-1976, Sp. 4674-4692.

ALBERT, H. 1989: Kritischer Rationalismus. In: Handlexikon zur Wissenschaftstheorie, hrsg. v. H. Seiffert und G. Radnitzky. München, S. 177-182.

ALBERT, H./TOPITSCH, E. (Hrsg.) 1971: Werturteilsstreit. Darmstadt.

ALCHIAN, A. A./DEMSETZ, H. 1972: Production, Information Costs, and Economic Organization. In: The American Economic Review (62), S. 777-795.

ALEXY, R. 1978: Theorie der juristischen Argumentation. Frankfurt a. M.

ALLAIRE, Y./FIRSIROTU, M. E. 1984: Theories of Organizational Culture. In: Organization Studies (5), S. 193-226.

ALLAIS, M. 1953: Le Comportement de l'Homme rationnel devant le Risque: Critique des Postulats et Axiomes de l'Ecole Americaine. In: Econometrica (21), S. 503-546.

ALTER, St. 1980: Decision Support Systems: Current Practice and Continuing Challenges. Reading, MA u. a.

ALTROGGE, G. 1975: Möglichkeiten und Problematik der Bewertung von (Zusatz-) Informationen mit Hilfe der Bayes-Analyse. In: ZfB (45), S. 821-846.

ANDERSEN, Th. A. u. a. 1959: Planning for Diversification Through Merger. In: California Management Review (1), Heft 4, S. 24-35.

ANDERSSON, G. 1988: Kritik und Wissenschaftsgeschichte. Tübingen.

ANDERSSON, G. 1989a: Deduktion. In: Handlexikon zur Wissenschaftstheorie, hrsg. v. H. Seiffert und G. Radnitzky. München, S. 24-27.

ANDERSSON, G. 1989b: Induktion. In: Handlexikon zur Wissenschaftstheorie, hrsg. v. H. Seiffert und G. Radnitzky. München, S. 150-153.

ANDERSSON, G. 1989c: Wahr und falsch; Wahrheit. In: Handlexikon zur Wissenschaftstheorie, hrsg. v. H. Seiffert und G. Radnitzky. München, S. 369-375.

ANSOFF, H. I. 1965: The Firm of the Future. In: HBR (43), Heft 5, S. 162-178.

ANSOFF, H. I. 1969: Managerial Problem-Solving. In: Management Science in Planning and Control, hrsg. v. J. Blood jr. New York, S. 107-136.

ANTAKI, Ch. (Hrsg.) 1988: Analysing Everyday Explanation. London u. a.

ANTHONY, R. N./DEARDEN, J./VANCIL, R. F. 1972: Management Control Systems. 2. Aufl., Homewood, IL-Georgetown, Ontario.

APEL, K.-O. 1976a: Das Apriori der Kommunikationsgemeinschft und die Grundlagen der Ethik. In: K.-O. Apel: Transformation der Philosophie. Bd. 2. Frankfurt a. M., S. 358-435.

APEL, K.-O. 1976b: Sprechakttheorie und transzendentale Sprachpragmatik zur Frage ethischer Normen. In: Sprachpragmatik und Philosophie, hrsg. v. K.-O. Apel. Frankfurt a. M., S. 10-173.

APEL, K.-O. 1979: Die Erklären:Verstehen-Kontroverse in transzendentalpragmatischer Sicht. Frankfurt a. M.

APEL, K.-O. 1986: Grenzen der Diskursethik? In: Zeitschrift für philosophische Forschung (40), S. 3-31.

APEL, K.-O. 1989: Begründung. In: Handlexikon zur Wissenschaftstheorie, hrsg. v. H. Seiffert und G. Radnitzky. München, S. 14-19.

AQVIST, L. 1984: Deontic Logic. In: Handbook of Philosophical Logic. Bd. 2, hrsg. v. D. Gabbay und F. Guenthner. Dordrecht-Boston-Lancaster, S. 605-714.

ARBEITSKREIS "INTEGRIERTE UNTERNEHMUNGSPLANUNG" der Schmalenbach-Gesellschaft-Deutsche Gesellschaft für Betriebswirtschaft e. V. 1991: Grenzen der Planung. In: ZfbF (43), S. 811-829.

ARGYRIS, Ch. 1985: Strategy, Change and Defensive Routines. Boston u. a.

ARMSTRONG, J. S. 1986: The Ombudsman: Research on Forecasting: A Quarter-Century Review, 1960-1984. In: Interfaces (16), Heft 1, S. 89-109.

ARROW, K. J. 1963: Social Choice and Individual Values. 2. Aufl., New York-London-Sydney.

ASHBY, W. R. 1961: An Introduction to Cybernetics. London.

AUDI, R. 1985: Rationalization and Rationality. In: Synthese (65), S. 159-184.

AUER, A. 1987: Wirtschaftsethische Aspekte des Umweltschutzes. In: Umwelt und Gewissen, hrsg. v. der Arbeitsgemeinschaft Christlicher Unternehmer in der Bundesrepublik Deutschland und der Vereinigung Christlicher Unternehmer der Schweiz. Düsseldorf, S. 46-68.

AUSTIN, J. L. 1961: Other Minds. In: J. L. Austin: Philosophical Papers. Oxford, S. 44-84.

AUSTIN, J. L. 1972: Zur Theorie der Sprechakte. Stuttgart (dt. Übersetzung v.: How to Do Things with Words).

AYER, A. J. 1970: Sprache, Wahrheit und Logik. Stuttgart (dt. Übersetzung v.: Language, Truth and Logic).

AYER, A. J. 1977: Wahrheit. In: Wahrheitstheorien, hrsg. v. G. Skirbekk. Frankfurt a. M., S. 276-299 (dt. Übersetzung v.: Truth).

BACKHAUS, K./PILTZ, K. (Hrsg.) 1990: Strategische Allianzen. Sonderheft 27/1990 der ZfbF.

BÄUERLE, P. 1989: Entscheidungsmodelle. In: ZfB (59), S. 175-192.

BAIER, K. 1974: Der Standpunkt der Moral. Düsseldorf (dt. Übersetzung v.: The Moral Point of View).

BALOTTI, R. F./FINKELSTEIN, J. A. 1990: The Delaware Law of Corporations and Business Organizations. 2. Aufl., Englewood Cliffs, NJ, Loseblatt.

BAMBERG, G./BAUR, F. 1991: Statistik. 7. Aufl., München-Wien.

BAMBERG, G./COENENBERG, A. G. 1991: Betriebswirtschaftliche Entscheidungslehre. 6. Aufl., München.

BAMBERG, G./COENENBERG, A. G./KLEINE-DOEPKE, R. 1976: Zur entscheidungsorientierten Bewertung von Informationen. In: ZfbF (28), S. 30-42.

BARNARD, Ch. I. 1938: The Functions of the Executive. Cambridge, MA.

BARTEL, R. 1990: Charakteristik, Methodik und wissenschaftsmethodische Probleme der Wirtschaftswissenschaften. In: Wirtschaftswissenschaftliches Studium (19), S. 54-59.

BARTELS, S. 1986: Entwicklung und Beurteilung von Aggregationsstrategien für lineare Entscheidungsmodelle. Frankfurt a. M.-Bern-New York.

BARTLEY, W. W. III. 1989: Rationalität. In: Handlexikon zur Wissenschaftstheorie, hrsg. v. H. Seiffert und G. Radnitzky. München, S. 282-287.

BARTMANN, D. 1989: Wird der Vorstand zum Regierungssprecher seines Computers? In: Informationstechnologie und strategische Führung, hrsg. v. K. Spremann und E. Zur. Wiesbaden, S. 325-336.

BASS, B. M. 1985: Leadership and Performance Beyond Expectations. New York-London.

BAUSCH, K.-H./GROSSE, S. (Hrsg.) 1985: Praktische Rhetorik. Mannheim.

BAYER, O. 1989: Empirische Methoden in den Sozialwissenschaften. In: Handlexikon zur Wissenschaftstheorie, hrsg. v. H. Seiffert und G. Radnitzky. München, S. 37-45.

BAYER, O./STÖLTING, E. 1989: Sozialwissenschaften. In: Handlexikon zur Wissenschaftstheorie, hrsg. v. H. Seiffert und G. Radnitzky. München, S. 302-312.

BAZERMAN, M. H. 1986: Judgment in Managerial Decision Making. New York u. a.

BEAUCHAMP, T. L. 1988: Ethical Theory and Its Application to Business. In: Ethical Theory and Business, hrsg. v. T. L. Beauchamp und N. E. Bowie. 3. Aufl., Englewood Cliffs, NJ, S. 1-55.

BECHTLER, Th. W. 1986: Management und Intuition. In: Management und Intuition, hrsg. v. Th. W. Bechtler. Zürich, S. 19-37.

BECHTLER, Th. W. (Hrsg.) 1986: Management und Intuition. Zürich.

BECKER, G. S. 1974: A Theory of Social Interactions. In: Journal of Political Economy (82), S. 1063-1093.

BECKERMANN, A. 1972: Die realistischen Voraussetzungen der Konsenstheorie von J. Habermas. In: Zeitschrift für allgemeine Wissenschaftstheorie (3), S. 63-80.

v. BECKERATH, E./KLOTEN, N./KUHN, H. 1965: Wirtschaftswissenschaft: Methodenlehre. In: HdSW, hrsg. v. E. v. Beckerath u. a. Stuttgart-Tübingen-Göttingen 1956-1968, S. 288-328.

BEER, St. 1966: Decision and Control. London-New York-Sydney.

BEER, St. 1967: Management Science. London.

BEHRENS, G. 1983: Grenzen der empirischen, verhaltenswissenschaftlichen Betriebswirtschaftslehre. In: Paradigmawechsel in der Betriebswirtschaftslehre? Hrsg. v. W. F. Fischer-Winkelmann. Spardorf, S. 80-100.

BENDIXEN, P./KEMMLER, H. W. 1972: Planung. Berlin-New York.

BENTHIEN, U. 1989: Kundenorientierung bei der Deutsche Unilever GmbH. In: Kundennähe durch moderne Informationstechnologien, hrsg. v. E. Frese und W. Maly. Sonderheft 25/1989 der ZfbF, S. 151-165.

BERK, U. 1979: Konstruktive Argumentationstheorie. Stuttgart-Bad Cannstatt.

BERKEMANN, J. 1974: Zum Prinzip der Widerspruchsfreiheit in der deontischen Logik. In: Normenlogik, hrsg. v. H. Lenk. Pullach b. München, S. 166-197.

BERNOULLI, D. 1738: Specimen Theoriae Novae de Mensura Sortis. In: Commentarii Academiae Scientiarum Imperialis Petropolitanae (5), S. 175-192 [engl. Übersetzung: Exposition of a New Theory on the Measurement of Risk. In: Econometrica 1954 (22), S. 23-36].

v. BERTALANFFY, L. 1949: Zu einer allgemeinen Systemlehre. In: Biologia Generalis (19), S. 114-129.

BERTHEL, J. 1973: Zielorientierte Unternehmungssteuerung. Stuttgart.

BGH v. 4.7.1977-II ZR 150/75. In: Die Aktiengesellschaft 1978 (23), S. 79-83.

BHIDE, A./STEVENSON, H. H. 1990: Why Be Honest if Honesty Doesn't Pay. In: HBR (68), Heft 5, S. 121-129.

BIDLINGMAIER, J. 1964: Unternehmerziele und Unternehmerstrategien. Wiesbaden.

BIDLINGMAIER, J. 1968: Zielkonflikte und Zielkompromisse im unternehmerischen Entscheidungsprozeß. Wiesbaden.

BIEDERMANN, Ch./MÜLLER, W. R. 1988: Rationalität(en) in der Führung? In: Die Unternehmung (42), S. 263-274.

BIRNBACHER, D. 1990: Der Utilitarismus und die Ökonomie. In: Sozialphilosophische Grundlagen ökonomischen Handelns, hrsg. v. B. Biervert, K. Held und J. Wieland. Frankfurt a. M., S. 65-85.

BISHOP, J. W. jr. 1978: Understanding D&O Insurance Policies. In: HBR (56), Heft 2, S. 20-34 und 184.

BITZ, M. 1975: Modelle zur Informationsbewertung. In: ZfB (45), S. 521-546.

BITZ, M. 1977: Die Strukturierung ökonomischer Entscheidungsmodelle. Wiesbaden.

BJORN-ANDERSEN, N. 1984: Management Use of New Office Technology. In: The Managerial Challenge of New Office Technology, hrsg. v. H. J. Otway und M. Peltu. London u. a., S. 99-124.

BLAIR, J. A./JOHNSON, R. H. (Hrsg.) 1980: Informal Logic. Iverness, CA.

BLATTBERG, R. C./HOCH, St. J. 1990: Database Models and Managerial Intuition: 50% Model + 50% Manager. In: MS (36), S. 887-899.

BLEICHER, K. 1979: Unternehmungsentwicklung und organisatorische Gestaltung. Stuttgart-New York.

BLEICHER, K. 1991a: Das Konzept Integriertes Management. Frankfurt a. M.-New York.

BLEICHER, K. 1991b: Organisation. 2. Aufl., Wiesbaden.

BLEICHER, K./PAUL, H. 1986: Das amerikanische Board-Modell im Vergleich zur deutschen Vorstands-/Aufsichtsratsverfassung. In: DBW (46), S. 263-288.

BLEX, W./MARCHAL, G. 1990: Risiken im Akquisitionsprozeß. In: BFuP (42), S. 85-103.

BOCHENSKI, I. M./MENNE, A. 1973: Grundriß der Logistik. 4. Aufl., Paderborn.

BÖHME, G./van den DAELE, W./KROHN, W. 1973: Die Finalisierung der Wissenschaft. In: Zeitschrift für Soziologie (2), S. 128-144.

BOESL, P./BRÜNNECKE, K. 1988: Open Line - eine Mitarbeiterbefragung der Hewlett-Packard GmbH. In: Personalführung (o. Jg.), S. 966-969.

BÖSSMANN, E. 1968: Die Vorteile der Entscheidungstheorie für die unternehmerische Praxis. In: Zeitschrift für die gesamte Staatswissenschaft (124), S. 233-248.

BORCH, K. H. 1969: Wirtschaftliches Verhalten bei Unsicherheit. Wien-München.

BOSETZKY, H. 1977: Machiavellismus, Machtkumulation und Mikropolitik. In: ZFO (46), S. 121-125.

BRADY, F. N. 1990: Ethical Managing. New York-London.

BRAUCHLIN, E. 1984: Problemlösungs- und Entscheidungsmethodik. 2. Aufl., Bern-Stuttgart.

BRAUN, G. E. 1979: Zum Praxisbezug in der Betriebswirtschaftslehre in wissenschaftstheoretischer Sicht. In: ZfbF (31), S. 468-486.

BRAYBROOKE, D./LINDBLOM, Ch. E. 1963: A Strategy of Decision. New York.

BRETZKE, W.-R. 1974: Zur Frage der Überprüfbarkeit von Prognosen im Geschäftsbericht. In: WPg (27), S. 292-296.

BRETZKE, W.-R. 1975: Möglichkeiten und Grenzen einer wissenschaftlichen Lösung praktischer Prognoseprobleme. In: BFuP (27), S. 496-515.

BRETZKE, W.-R. 1977: Das ökonomische Konzept der Handlungsrationalität - totaler Anspruch auf vernunftbegründete Entscheidungen oder regulative Idee einer intentionalen Vernunft? In: BFuP (29), S. 260-265.

BRETZKE, W.-R. 1978a: Die Entwicklung von Kriterien für die Konstruktion und Beurteilung betriebswirtschaftlicher Entscheidungsmodelle als Aufgabe einer betriebswirtschaftlichen Methodenlehre. In: Betriebswirtschaftslehre als normative Handlungswissenschaft, hrsg. v. H. Steinmann. Wiesbaden, S. 217-244.

BRETZKE, W.-R. 1978b: Die Formulierung von Entscheidungsproblemen als Entscheidungsproblem. In: DBW (38), S. 135-143.

BRETZKE, W.-R. 1980: Der Problembezug von Entscheidungsmodellen. Tübingen.

BRINKMANN, T. 1983: Unternehmensinteresse und Unternehmensrechtsstruktur. Frankfurt a. M.-Bern.

BRINKMANN, W. 1988: Schnelle Entscheidungen und hohe Transparenz. In: Office Management (o. Jg.), Heft 11, S. 26-27.

BRONNER, R./WITTE, E./WOSSIDLO, P. R. 1972: Betriebswirtschaftliche Experimente zum Informations-Verhalten in Entscheidungs-Prozessen. In: Das Informationsverhalten in Entscheidungsprozessen, hrsg. v. E. Witte. Tübingen, S. 165-203.

BROWN, H. I. 1988: Rationality. London-New York.

BUBNER, R. 1986: Über Argumente in der Philosophie. In: Neue Hefte für Philosophie (26), S. 34-54.

BÜCHEL, A. 1976: Einleitung und Übersicht. In: Systems Engineering, hrsg. v. W. F. Daenzer. Köln-Zürich 1976/77, S. 4-9.

BÜCHEL, W. 1989: Naturwissenschaften. In: Handlexikon zur Wissenschaftstheorie, hrsg. v. H. Seiffert und G. Radnitzky. München, S. 222-231.

BÜHLER, K. 1934: Sprachtheorie. Jena.

BÜHNER, R. 1990: Der Jahresabschlußerfolg von Unternehmenszusammenschlüssen. In: ZfB (60), S. 1275-1294.

BÜRKLE, R. 1984: Modellgestützte Bewältigung zielinduzierter Konflikte in Unternehmungsentscheidungen. In: ZfB (54), S. 430-447.

BULL, R./SEGERBERG, K. 1984: Basic Modal Logic. In: Handbook of Philosophical Logic. Bd. 2, hrsg. v. D. Gabbay und F. Guenthner. Dordrecht-Boston-Lancaster, S. 1-88.

BUNGE, M. 1967: Scientific Research II. Berlin-Heidelberg-New York.

BUNGE, M. 1987: Kausalität, Geschichte und Probleme. Tübingen (dt. Übersetzung v.: Causality: The Place of the Causal Principle in Modern Science).

BURCK, G. 1964: Management Will Never Be the Same Again. In: Fortune (70), Heft 8/2, S. 124-126 und S. 199-204.

BURNS, J. M. 1978: Leadership. New York u. a.

BURRELL, G./MORGAN, G. 1979: Sociological Paradigms and Organisational Analysis. London.

BUSSE v. COLBE, W./LASSMANN, G. 1988: Betriebswirtschaftstheorie. Bd. 1. 4. Aufl., Berlin u. a.

BUZZELL, R. D. 1988: Marketing im Jahr 1995: Ein Szenario für die Zukunft. In: Marketing im Zeitalter der "Compunications" (dt. Übersetzung v.: Marketing in an Electronic Age), hrsg. v. R. D. Buzzell. Wiesbaden, S. 1-10.

CARLSON, S. 1951: Executive Behaviour. Stockholm.

CARNAP, R. 1945: On Inductive Logic. In: Philosophy of Science (12), S. 72-97.

CARNAP, R. 1949: The Two Concepts of Probability. In: Readings in Philosophical Analysis, hrsg. v. H. Feigl und W. Sellars. New York, S. 330-348.

CARNAP, R. 1950: Empiricism, Semantics, and Ontology. In: Revue Internationale de Philosophie (4), S. 20-40.

CARNAP, R. 1958: Beobachtungssprache und theoretische Sprache. In: Dialectica (12), S. 236-248.

CARNAP, R. 1960a: Einführung in die symbolische Logik. 2. Aufl., Wien.

CARNAP, R. 1960b: Theoretische Begriffe der Wissenschaft. In: Zeitschrift für philosophische Forschung (14), S. 209-233 (1. Teil) und S. 571-598 (2. Teil).

CARNAP, R. 1962: Logical Foundations of Probability. 2. Aufl., London.

CARNAP, R. 1977: Die alte und die neue Logik. In: Wahrheitstheorien, hrsg. v. G. Skirbekk. Frankfurt a. M., S. 73-88.

CARNAP, R./STEGMÜLLER, W. 1959: Induktive Logik und Wahrscheinlichkeit. Wien.

CARTER, E. E. 1971: The Behavioral Theory of the Firm and Top-Level Corporate Decisions. In: ASQ (16), S. 413-428.

CHALMERS, A. F. 1986: Wege der Wissenschaft. Berlin u. a. (dt. Übersetzung v.: What is This Thing Called Science?).

CHERNIAK, Ch. 1981: Minimal Rationality. In: Mind (90), S. 161-183.

CHERNIAK, Ch. 1986: Minimal Rationality. Cambridge, MA-London.

CHMIELEWICZ, K. 1978: Anmerkungen zur Konstruktiven Wissenschaftstheorie und Betriebswirtschaftslehre. In: Betriebswirtschaftslehre als normative Handlungswissenschaft, hrsg. v. H. Steinmann. Wiesbaden, S. 145-159.

CHMIELEWICZ, K. 1979: Forschungskonzeptionen der Wirtschaftswissenschaft. 2. Aufl., Stuttgart.

CHURCHMAN, C. W. 1962: Why Measure? In: Measurement, hrsg. v. C. W. Churchman und Ph. Ratoosh. New York-London, S. 83-94.

CHURCHMAN, C. W. 1970: The Role of Weltanschauung in Problem Solving and Inquiry. In: Theoretical Approaches to Non-Numerical Problem Solving, hrsg. v. R. B. Banerji und M. D. Mesarovic. Berlin-Heidelberg-New York, S. 141-151.

CHURCHMAN, C. W. 1973: Philosophie des Managements. Freiburg (dt. Übersetzung v.: Challenge to Reason).

CLARK, D. L. 1985: Emerging Paradigms in Organizational Theory and Research. In: Organizational Theory and Inquiry, hrsg. v. Y. S. Lincoln. Beverly Hills-London-New Delhi, S. 43-78.

CLARK, R. Ch. 1986: Corporate Law. Boston-Toronto.

CLAUSS, G./EBNER, H. 1977: Grundlagen der Statistik für Psychologen, Pädagogen und Soziologen. 2. Aufl., Thun-Frankfurt a. M.

CLEVER, P. 1980: Wirtschaftswissenschaft, Wissenschaftstheoretische Probleme der. In: Handbuch wissenschaftstheoretischer Begriffe, hrsg. v. J. Speck i. V. m. K. Acham u. a. Göttingen, S. 721-726.

COASE, R. H. 1937: The Nature of the Firm. In: Economica (4), S. 386-405.

COENENBERG, A. G./SAUTTER, M. T. 1988: Strategische und finanzielle Bewertung von Unternehmensakquisitionen. In: DBW (48), S. 691-710.

COHEN, M. D./MARCH, J. G./OLSEN, J. P. 1972: A Garbage Can Model of Organizational Choice. In: ASQ (17), S. 1-25.

COHEN, P. S. 1980: Rationalität. In: Handbuch wissenschaftstheoretischer Begriffe, hrsg. v. J. Speck i. V. m. K. Acham u. a. Göttingen, S. 531-537.

CONARD, A. F. 1987: Die Überwachung des Unternehmensmanagements. In: ZGR (16), S. 180-218.

COOLEY, J. C. 1959: On Mr. Toulmin's Revolution in Logic. In: The Journal of Philosophy (56), S. 297-319.

COOMANN, H. 1983: Die Kohärenztheorie der Wahrheit. Frankfurt a. M.-Bern-New York.

COSIER, R. A. 1981: Dialectical Inquiry in Strategic Planning: A Case of Premature Acceptance? In: Academy of Management Review (6), S. 643-648.

CRAMÉR, H. 1946: Mathematical Methods of Statistics. Princeton.

CRONOS, W. 1991: Unternehmensakquisitionen aus der Sicht des Shareholder Value. In: DB (44), S. 1477-1478.

CROZIER, M./FRIEDBERG, E. 1979: Macht und Organisation. Königstein, Ts. (dt. Übersetzung v.: L' Acteur et le Système).

CYERT, R. M./DILL, W. R./MARCH, J. G. 1958: The Role of Expectations in Business Decision Making. In: ASQ (3), S. 307-340.

CYERT, R. M./MARCH, J. G. 1963: A Behavioral Theory of the Firm. Englewood Cliffs, NJ.

CZERANOWSKY, G. 1980: Grundsätzliche Überlegungen bei der Auswahl adäquater Modellformulierungen. In: ZfB (50), S. 53-58.

DACHLER, H.-P. 1985: Allgemeine Betriebswirtschafts- und Managementlehre im Kreuzfeuer verschiedener sozialwissenschaftlicher Perspektiven. In: Betriebswirtschaftslehre als Management- und Führungslehre, hrsg. v. R. Wunderer. Stuttgart, S. 203-235.

DAFT, R. L./WEICK, K. E. 1984: Toward a Model of Organizations as Interpretation Systems. In: Academy of Management Review (9), S. 284-295.

DANDRIDGE, Th. C./MITROFF, I./JOYCE, W. F. 1980: Organizational Symbolism: A Topic to Expand Organizational Analysis. In: Academy of Management Review (5), S. 77-82.

DANIEL, D. R. 1961: Management Information Crisis. In: HBR (39), Heft 5, S. 111-121.

DAVIS, D. 1984: Computers and Top Management. In: Sloan Management Review (25), Heft 3, S. 63-67.

DAY, R. H. 1975: Adaptive Processes and Economic Theory. In: Adaptive Economic Models, hrsg. v. R. H. Day und Th. Groves. New York-San Francisco-London, S. 1-38.

DEARDEN, J. 1983: Will the Computer Change the Job of Top Management? In: Sloan Management Review (25), Heft 1, S. 57-60.

DECHER, Ch. E. 1990: Personelle Verflechtungen im Aktienkonzern. Heidelberg.

DELAWARE SUPREME COURT 1985: Smith vs. Van Gorkom. In: Atlantic Reporter. Second Series. Bd. 488 A. 2d. Cases Argued and Determined in the Courts of Connecticut, Delaware, District of Columbia, Maine, Maryland, New Hampshire, New Jersey, Pennsylvania, Rhode Island, Vermont. St. Paul, MN, S. 858-899.

DELBRÜCK, M. 1986: Wahrheit und Wirklichkeit. Hamburg-Zürich (dt. Übersetzung v.: Mind from Matter?).

DELFMANN, W. 1989a: Das Netzwerkprinzip als Grundlage integrierter Unternehmensführung. In: Der Integrationsgedanke in der Betriebswirtschaftslehre. FS für H. Koch, hrsg. v. W. Delfmann. Wiesbaden, S. 87-113.

DELFMANN, W. 1989b: Pläne, Gestaltungsvarianten der. In: HWPlan, hrsg. v. N. Szyperski mit Unterstützung v. U. Winand. Stuttgart, Sp. 1370-1380.

DEUTSCHER BUNDESTAG 1952: Verhandlungen des Deutschen Bundestages. I. Wahlperiode 1949. Stenographische Berichte. Bd. 10 von der 182. Sitzung am 9. Januar 1952 bis zur 197. Sitzung am 29. Februar 1952. Bonn.

DIEDERICH, W. 1978: Bestätigung/Bewährung. In: Wissenschaftstheoretisches Lexikon, hrsg. v. E. Braun und H. Radermacher. Graz-Wien-Köln, Sp. 96-99.

DIEMER, A./SEIFFERT, H. 1989a: Systematik der Wissenschaften. In: Handlexikon zur Wissenschaftstheorie, hrsg. v. H. Seiffert und G. Radnitzky. München, S. 344-351.

DIEMER, A./SEIFFERT, H. 1989b: Wissenschaft. In: Handlexikon zur Wissenschaftstheorie, hrsg. v. H. Seiffert und G. Radnitzky. München, S. 391-399.

DIERKES, M. 1988: Unternehmenskultur und Unternehmensführung. In: ZfB (58), S. 554-575.

DILL, P. 1986: Unternehmenskultur. Bonn.

DILLER, H. 1991: Entwicklungstrends und Forschungsfelder der Marketingorganisation. In: Marketing ZFP (13), S. 156-163.

DILTHEY, W. 1982: Ideen über eine beschreibende und zergliedernde Psychologie. In: W. Dilthey: Gesammelte Schriften. Bd. 5. 7. Aufl., Stuttgart, S. 139-240.

DINKELBACH, W. 1973: Modell - ein isomorphes Abbild der Wirklichkeit? In: Modell- und computer-gestützte Unternehmungsplanung, hrsg. v. E. Grochla und N. Szyperski. Wiesbaden, S. 151-162.

DLUGOS, G./DOROW, W. 1992: Organisationstheorie, konfliktorientierte. In: HWO. 3. Aufl., hrsg. v. E. Frese. Stuttgart, Sp. 1797-1805.

v. DÖRNBERG, E. A. 1989: Kundenorientierung bei der Deutsche Lufthansa AG. In: Kundennähe durch moderne Informationstechnologien, hrsg. v. E. Frese und W. Maly. Sonderheft 25/1989 der ZfbF, S. 89-109.

DÖRNER, D. 1976: Problemlösen als Informationsverarbeitung. Stuttgart u. a.

DÖRNER, D. 1983a: Realitätsausschnitt und Realitätsbereich. In: Lohhausen. Vom Umgang mit Unbestimmtheit und Komplexität, hrsg. v. D. Dörner u. a. Bern-Stuttgart-Wien, S. 26-32.

DÖRNER, D. 1983b: Die Anforderungen der Zielfindung. In: Lohhausen. Vom Umgang mit Unbestimmtheit und Komplexität, hrsg. v. D. Dörner u. a. Bern-Stuttgart-Wien, S. 37-48.

DOKTOR, R. H./HAMILTON, W. F. 1973: Cognitive Style and the Acceptance of Management Science Recommendations. In: MS (19), S. 884-894.

DOMSCH, M./SCHNEBLE, A. 1988: Mitarbeiterbefragung. In: Personalführung (o. Jg.), S. 938-945.

DOSE, St. 1975: Die Rechtsstellung der Vorstandsmitglieder einer Aktiengesellschaft. 3. Aufl., Köln.

DRAY, W. 1957: Laws and Explanation in History. Oxford.

DREYER, A. 1974: Scoring-Modelle bei Mehrfachzielsetzungen. In: ZfB (44), S. 255-274.

DREYFUS, H. L./DREYFUS, St. E./ATHANASIOU, T. 1986: Mind over Machine. New York.

DRIVER, M. J./MOCK, Th. J. 1975: Human Information Processing, Decision Style Theory, and Accounting Information Systems. In: The Accounting Review (50), S. 490-508.

DRUKARCZYK, J. 1974: Zum Problem der Bestimmung des Wertes von Informationen. In: ZfB (44), S. 1-18.

DÜLFER, E. (Hrsg.) 1988: Organisationskultur. Stuttgart.

DUNCAN, W. J. 1989: Great Ideas in Management. San Francisco-London.

DURKHEIM, É. 1968: Les Règles de la Méthode sociologique. 17. Aufl., Paris.

DYER, L. W. 1980: In-Store Research at Publix: Scanning the Selling Power of Merchandising. In: Progressive Grocer (59), Heft 11, S. 98-106.

EBERS, M. 1985: Organisationskultur: Ein neues Forschungsprogramm? Wiesbaden.

EBERS, M. 1992: Organisationstheorie, situative. In: HWO. 3. Aufl., hrsg. v. E. Frese. Stuttgart, Sp. 1817-1838.

EBKE, W. F. 1990: Interlocking Directorates. In: ZGR (19), S. 50-106.

ECKARDT, U. 1974: Kommentierungen in: Aktiengesetz. Kommentar v. E. Geßler u. a. München 1973-1991.

ECO, U. 1987: Semiotik. München (dt. Übersetzung v.: A Theory of Semiotics).

EHRENBERG, A. S. Ch. 1976: Das Reduzieren der Zahlen. Köln (dt. Übersetzung v.: Data Reduction).

EICHHORN, W. 1979: Modelle und Theorien in den Wirtschaftswissenschaften. In: Wissenschaftstheoretische Grundfragen der Wirtschaftswissenschaften, hrsg. v. H. Raffée und B. Abel. München, S. 60-104.

EINHORN, H. J./HOGARTH, R. M. 1978: Confidence in Judgment: Persistence of the Illusion of Validity. In: Psychological Review (85), S. 395-416.

EISENFÜHR, F. 1978: Die Wissenschaft vom vernünftigen Handeln. In: DBW (38), S. 435-448.

EISENFÜHR, F./WEBER, M. 1986: Zielstrukturierung: ein kritischer Schritt im Entscheidungsprozeß. In: ZfbF (38), S. 907-929.

EISENHARDT, K. M. 1989: Agency Theory: An Assessment and Review. In: Academy of Management Review (14), S. 57-74.

EL SAWY, O. A. 1985: Personal Information Systems for Strategic Scanning in Turbulent Environments: Can the CEO Go On-Line? In: MIS Quarterly (9), Heft 1, S. 53-60.

ELSCHEN, R. 1982: Betriebswirtschaftslehre und Verhaltenswissenschaften. Thun-Frankfurt a. M.

ELSTER, J. 1983: Sour Grapes. Cambridge u. a.

EMERY, J. C. 1969: Organizational Planning and Control Systems. London.

EMERY, F. E./TRIST, E. L. 1960: Socio-Technical Systems. In: Management Sciences. Bd. 2, hrsg. v. C. W. Churchman und M. Verhulst. Oxford u. a., S. 83-97.

ERNST, E. 1989: Moderne Informationstechnologie im Versandhandel der Quelle. In: Kundennähe durch moderne Informationstechnologien, hrsg. v. E. Frese und W. Maly. Sonderheft 25/1989 der ZfbF, S. 125-137.

ESSER, J. 1970: Vorverständnis und Methodenwahl in der Rechtsfindung. Frankfurt a. M.

ESSLER, W. K. 1970: Wissenschaftstheorie I. Freiburg-München.

ESSLER, W. K. 1971: Wissenschaftstheorie II. Freiburg-München.

ESSLER, W. K. 1973: Wissenschaftstheorie III. Freiburg-München.

ESSLER, W. K. 1979: Wissenschaftstheorie IV. Freiburg-München.

ESSLER, W. K. 1980a: Induktion. In: Handbuch wissenschaftstheoretischer Begriffe, hrsg. v. J. Speck i. V. m. K. Acham u. a. Göttingen, S. 297-307.

ESSLER, W. K. 1980b: Wahrscheinlichkeit. In: Handbuch wissenschaftstheoretischer Begriffe, hrsg. v. J. Speck i. V. m. K. Acham u. a. Göttingen, S. 690-700.

ESSLER, W. K./BRENDEL, E./MARTINEZ CRUZADO, R. F. 1987: Grundzüge der Logik. Bd. 2. 3. Aufl., Frankfurt a. M.

ESSLER, W. K./MARTINEZ CRUZADO, R. F. 1983: Grundzüge der Logik. Bd. 1. 3. Aufl., Frankfurt a. M.

ETZIONI, A. 1983: A Management Computer for the President. In: Technology Review (86), Heft 1, S. 38-45.

ETZIONI, A. 1988: The Moral Dimension. New York-London.

ETZIONI, A. 1990: Entscheiden in einer unübersichtlichen Welt. In: Harvard Manager (12), Heft 1, S. 21-26.

EUL-BISCHOFF, M. 1987: Computergestützte Problemstrukturierung. Bergisch Gladbach-Köln.

FEIGL, H. 1953: Notes on Causality. In: Readings in the Philosophy of Science, hrsg. v. H. Feigl und M. Brodbeck. New York, S. 408-418.

FELDMAN, M. S./MARCH, J. G. 1981: Information in Organizations as Signal and Symbol. In: ASQ (26), S. 171-186.

FELGENTREU, K.-U./KRASEMANN, H./MESSING, J. 1989: Entwicklungsstrategien. In: Handbuch der Modernen Datenverarbeitung 1989 (26), Heft 147, S. 35-43.

FESTINGER, L. 1962: A Theory of Cognitive Dissonance. Stanford, CA.

FEYERABEND, P. 1976: Wider den Methodenzwang. Frankfurt a. M. (dt. Übersetzung v.: Against Method).

FEYERABEND, P. 1983: Wider den Methodenzwang. 2. Aufl., Frankfurt a. M.

FEYERABEND, P. 1989a: Erkenntnistheorie, anarchische. In: Handlexikon zur Wissenschaftstheorie, hrsg. v. H. Seiffert und G. Radnitzky. München, S. 58-60.

FEYERABEND, P. 1989b: Rationalismus. In: Handlexikon zur Wissenschaftstheorie, hrsg. v. H. Seiffert und G. Radnitzky. München, S. 280-282.

de FINETTI, B. 1937: La Prévision: Ses Lois logiques, ses Sources subjectives. In: Annales de L' Institut Henri Poincaré (7), S. 1-68.

FINK, W. F. 1987: Kognitive Stile, Informationsverhalten und Effizienz in komplexen betrieblichen Beurteilungsprozessen. Frankfurt a. M. u. a.

FISCHER, J. 1981: Heuristische Investitionsplanung. Berlin.

FISCHER-WINKELMANN, W. F. 1974: Plädoyer gegen die Einbeziehung kryptonormativer Aussagen in die Betriebswirtschaftslehre. In: ZfbF (26), S. 53-62.

FISCHHOFF, B. 1975: Hindsight ≠ Foresight: The Effect of Outcome Knowledge on Judgment under Uncertainty. In: Journal of Experimental Psychology: Human Perception and Performance (1), Heft 3, S. 288-299.

FISHBURN, P. C. 1989: Foundations of Decision Analysis: Along the Way. In: MS (35), S. 387-405.

FISHER, W. R. 1978: Toward a Logic of Good Reasons. In: The Quarterly Journal of Speech (64), S. 376-384.

FLEISCHER, M. 1984: Wahrheit und Wahrheitsgrund. Berlin-New York.

FOGELIN, R. J. 1978: Understanding Arguments. New York u. a.

FOLEY, R. 1987: The Theory of Epistemic Rationality. Cambridge, MA-London.

FORRESTER, J. W. 1961: Industrial Dynamics. New York-London.

FRANK, U. 1988: Expertensysteme: Neue Automatisierungspotentiale im Büro- und Verwaltungsbereich? Wiesbaden.

FRANKENA, W. K. 1981: Analytische Ethik. 3. Aufl., München (dt. Übersetzung v.: Ethics).

FRANZEN, W. 1982: Die Bedeutung von "wahr" und "Wahrheit". Freiburg-München.

FRESE, E. 1968: Kontrolle und Unternehmungsführung. Wiesbaden.

FRESE, E. 1971a: Heuristische Entscheidungsstrategien der Unternehmungsführung. In: ZfbF (23), S. 283-307.

FRESE, E. 1971b: Ziele als Führungsinstrumente. In: ZFO (40), S. 227-238.

FRESE, E. 1988: Grundlagen der Organisation. 4. Aufl., Wiesbaden (5. Aufl. 1993).

FRESE, E. 1992a: Organisationstheorie. 2. Aufl., Wiesbaden.

FRESE, E. 1992b: Organisationstheorie. In: HWO. 3. Aufl., hrsg. v. E. Frese. Stuttgart, Sp. 1706-1733.

FRESE, E. 1993: Geschäftssegmentierung als organisatorisches Konzept. Unveröffentlichtes Manuskript. Köln.

FRESE, E./KLOOCK, J. 1989: Internes Rechnungswesen und Organisation aus der Sicht des Umweltschutzes. In: BFuP (41), S. 1-29.

FRESE, E., unter Mitarbeit v. H. MENSCHING und A. v. WERDER 1987: Unternehmungsführung. Landsberg a. Lech.

FRESE, E./v. WERDER, A. 1989: Kundenorientierung als organisatorische Gestaltungsoption der Informationstechnologie. In: Kundennähe durch moderne Informationstechnologien, hrsg. v. E. Frese und W. Maly. Sonderheft 25/1989 der ZfbF, S. 1-26.

FRESE, E./v. WERDER, A. 1992: Bürokommunikation. In: HWO. 3. Aufl., hrsg. v. E. Frese. Stuttgart, Sp. 374-390.

FRESE, E./v. WERDER, A. 1993: Zentralbereiche. In: Zentralbereiche, hrsg. v. E. Frese, W. Maly und A. v. Werder. Stuttgart, S. 1-50.

FRESE, E./MALY, W. (Hrsg.) 1989: Kundennähe durch moderne Informationstechnologien. Sonderheft 25/1989 der ZfbF.

FRESE, E./MALY, W./v. WERDER, A. (Hrsg.) 1993: Zentralbereiche. Stuttgart.

FREUND, W. 1991: Die Integration übernommener Unternehmen. In: DBW (51), S. 491-498.

FREY, D. 1981: Informationssuche und Informationsbewertung bei Entscheidungen. Bern-Stuttgart-Wien.

FRIEDMAN, M. 1970: The Social Responsibility of Business Is to Increase Its Profits. In: New York Times Magazine v. 13.9.1970 (wiederabgedruckt in: Ethical Theory and Business, hrsg. v. T. L. Beauchamp und N. E. Bowie. 3. Aufl., Englewood Cliffs, NJ 1988, S. 87-91).

FRIEDMAN, M./SAVAGE, L. J. 1948: The Utility Analysis of Choices Involving Risk. In: The Journal of Political Economy (56), S. 279-304.

FRIEND, D. 1986: Executive Information Systems: Successes and Failures, Insights and Misconceptions. In: Journal of Information Systems Management (3), Heft 4, S. 31-36.

FRIEND, D. 1987: Why Electronic Systems Will Replace Paper Reports. In: EDP Analyzer (25), Heft 4, S. 13-14.

FROST, P. J. u. a. 1985: Organizational Culture. Beverly Hills-London-New Delhi.

FUCHS, H. 1969: Systemtheorie. In: HWO. 1. Aufl., hrsg. v. E. Grochla. Stuttgart, Sp. 1618-1630.

GABBAY, D./GUENTHNER, F. (Hrsg.) 1983/89: Handbook of Philosophical Logic. Dordrecht u. a. 1983-1989.

GADAMER, H.-G. 1975: Wahrheit und Methode. 4. Aufl., Tübingen.

GÄFGEN, G. 1973: Rechtfertigung, Relevanz und Erfahrung. In: Soziologie. FS für R. König, hrsg. v. G. Albrecht, H. Daheim und F. Sack. Opladen, S. 453-467.

GÄFGEN, G. 1974: Theorie der wirtschaftlichen Entscheidung. 3. Aufl., Tübingen.

GÄRDENFORS, P. 1979: Forecasts, Decisions and Uncertain Probabilities. In: Erkenntnis (14), S. 159-181.

GAGSCH, S. 1980: Subsystembildung. In: HWO. 2. Aufl., hrsg. v. E. Grochla. Stuttgart, Sp. 2156-2171.

GAITANIDES, M./WESTPHAL, J./WIEGELS, I. 1991: Zum Erfolg von Strategie und Struktur des Kundenmanagements. In: ZFO (60), S. 15-21 (1. Teil) und S. 121-124 (2. Teil).

GALILEI, G. 1954: Two New Sciences. New York.

GALTUNG, J. 1978: Methodologie und Ideologie. Bd. 1. Frankfurt a. M. (dt. Übersetzung v.: Methodology and Ideology).

GEACH, P. T. 1976: Reason and Argument. Oxford.

GEIER, M. u. a. 1977: Zur Rekonstruktion von Argumentationsschemata. In: Linguistische Berichte (47), S. 55-78.

GEIGER, Th. 1953: Ideologie und Wahrheit. Stuttgart-Wien.

GEISSNER, H. 1977: Das handlungstheoretische Interesse an Rhetorik oder: Das rhetorische Interesse an gesellschaftlichem Handeln. In: Rhetorik, hrsg. v. H. F. Plett. München, S. 230-251.

GELDSETZER, L. 1989: Hermeneutik. In: Handlexikon zur Wissenschaftstheorie, hrsg. v. H. Seiffert und G. Radnitzky. München, S. 127-138.

GEMÜNDEN, H. G. 1981: Innovationsmarketing. Tübingen.

GEMÜNDEN, H. G. 1986: Informationsverhalten und Effizienz. Unveröffentlichte Habilitationsschrift Kiel.

GEMÜNDEN, H. G. 1992: Informationsverhalten. In: HWO. 3. Aufl., hrsg. v. E. Frese. Stuttgart, Sp. 1010-1029.

DeGEORGE, R. T. 1986: Business Ethics. 2. Aufl., New York-London.

GERUM, E. 1989: Unternehmensethik und Unternehmensverfassung. In: Unternehmensethik, hrsg. v. H. Steinmann und A. Löhr. Stuttgart, S. 131-142.

GETHMANN, C. F. 1973: Realität. In: Handbuch philosophischer Grundbegriffe, hrsg. v. H. Krings, H. M. Baumgartner und Ch. Wild. München 1973-1974, S. 1168-1187.

GETHMANN, C. F. 1978a: Rationalität. In: Wissenschaftstheoretisches Lexikon, hrsg. v. E. Braun und H. Radermacher. Graz-Wien-Köln, Sp. 474-482.

GETHMANN, C. F. 1978b: Wahrheit. In: Wissenschaftstheoretisches Lexikon, hrsg. v. E. Braun und H. Radermacher. Graz-Wien-Köln, Sp. 645-648.

GIOIA, D. A. 1986: Symbols, Scripts, and Sensemaking. In: The Thinking Organization, hrsg. v. H. P. Sims jr. u. a. San Francisco-London, S. 49-74.

GIOIA, D. A./SIMS, H. P. jr. 1986: Introduction: Social Cognition in Organizations. In: The Thinking Organization, hrsg. v. H. P. Sims jr. u. a. San Francisco-London, S. 1-19.

GLASER, H. 1980: Informationswert. In: HWO. 2. Aufl., hrsg. v. E. Grochla. Stuttgart, Sp. 933-941.

GLÖCKL, J. 1978: Statistik. In: Wissenschaftstheoretisches Lexikon, hrsg. v. E. Braun und H. Radermacher. Graz-Wien-Köln, Sp. 561-563.

GMÜNDER, U. 1985: Kritische Theorie. Stuttgart.

GOERDELER, R. 1987: Das Audit Committee in den USA. In: ZGR (16), S. 219-232.

GÖTTERT, K.-H. 1978: Argumentation. Tübingen.

GÖTTERT, K.-H./HERRLITZ, W. 1977: Linguistische Propädeutik. Bd. 1. Tübingen.

GOLLNICK, H./THIEL, N. 1980: Ökonometrie. Stuttgart.

GOMEZ, P./MALIK, F./OELLER, K.-H. 1975: Systemmethodik. Bern.

GOODMAN, N. 1947: The Problem of Counterfactual Conditionals. In: The Journal of Philosophy (44), S. 113-128.

GOODMAN, N. 1975: Tatsache, Fiktion, Voraussage. Frankfurt a. M. (dt. Übersetzung v.: Fact, Fiction, and Forecast).

GRANDORI, A. 1984: A Prescriptive Contingency View of Organizational Decision Making. In: ASQ (29), S. 192-209.

GRAY, B./BOUGON, M. G./DONNELLON, A. 1985: Organizations as Constructions and Destructions of Meaning. In: Journal of Management (11), S. 83-98.

GREENLEY, G. E. 1986: Does Strategic Planning Improve Company Performance? In: Long Range Planning (19), Heft 2, S. 101-109.

GREINKE, H. 1986: Entscheidungsverlauf und Entscheidungseffizienz. Krefeld.

GREWENDORF, G. 1975: Argumentation und Interpretation. Kronberg, Ts.

GREWENDORF, G./MEGGLE, G. (Hrsg.) 1974: Linguistik und Philosophie. Frankfurt a. M.

GRIEM, H. 1968: Der Prozeß der Unternehmungsentscheidung bei unvollkommener Information. Berlin.

GROCHLA, E. 1966: Automation und Organisation. Wiesbaden.

GROCHLA, E. 1978: Einführung in die Organisationstheorie. Stuttgart.

GROCHLA, E. 1980: Organisationstheorie. In: HWO. 2. Aufl., hrsg. v. E. Grochla. Stuttgart, Sp. 1795-1814.

GROCHLA, E./LEHMANN, H. 1980: Systemtheorie und Organisation. In: HWO. 2. Aufl., hrsg. v. E. Grochla. Stuttgart, Sp. 2204-2216.

GRÖSCHNER, R. 1982: Dialogik und Jurisprudenz. Tübingen.

GROSSMANN, A. 1980: Unternehmensziele im Aktienrecht. Köln u. a.

GROTZ-MARTIN, S. 1983: Informations-Qualität und Informations-Akzeptanz. In: J. Hauschildt u. a.: Entscheidungen der Geschäftsführung. Tübingen, S. 144-173.

GRÜN, O./HAMEL, W./WITTE, E. 1972: Felduntersuchungen zur Struktur von Informations- und Entscheidungs-Prozessen. In: Das Informationsverhalten in Entscheidungsprozessen, hrsg. v. E. Witte. Tübingen, S. 111-164.

GRÜNBAUM, A. 1973: Philosophical Problems of Space and Time. 2. Aufl., Dordrecht, Holland-Boston.

GRÜNIG, R. 1990: Verfahren zur Überprüfung und Verbesserung von Planungskonzepten. Bern-Stuttgart.

GRUNWALD, W. 1983: Zur Krise der verhaltenswissenschaftlichen Betriebswirtschaftslehre. In: Paradigmawechsel in der Betriebswirtschaftslehre? Hrsg. v. W. F. Fischer-Winkelmann. Spardorf, S. 102-122.

GÜNTHER, K. 1989: Die Ethik der Unternehmensführung aus unternehmenspolitischer Sicht. In: Wirtschaftsethik und ökologische Wirtschaftsforschung, hrsg. v. E. K. Seifert und R. Pfriem. Bern-Stuttgart, S. 175-181.

GUTENBERG, E. 1976: Grundlagen der Betriebswirtschaftslehre. Bd. 1. 22. Aufl., Berlin-Heidelberg-New York.

GUTMANN, G. 1989: Ethische Grundlagen und Implikationen der ordnungspolitischen Konzeption "Soziale Marktwirtschaft". In: Ethik und Ordnungsfragen der Wirtschaft, hrsg. v. G. Gutmann und A. Schüller. Baden-Baden, S. 323-355.

GUTMANN, G./SCHÜLLER, A. (Hrsg.) 1989: Ethik und Ordnungsfragen der Wirtschaft. Baden-Baden.

GZUK, R. 1975: Messung der Effizienz von Entscheidungen. Tübingen.

HABERFELLNER, R. 1973: Systems Engineering (SE). In: ZFO (42), S. 373-386.

HABERFELLNER, R. 1976: Vorgehensmodell des Systems Engineering. In: Systems Engineering, hrsg. v. W. F. Daenzer. Köln-Zürich 1976/77, S. 26-51.

HABERFELLNER, R. 1992: Projektmanagement. In: HWO. 3. Aufl., hrsg. v. E. Frese. Stuttgart, Sp. 2090-2102.

HABERMAS, J. 1971: Vorbereitende Bemerkungen zu einer Theorie der kommunikativen Kompetenz. In: Theorie der Gesellschaft oder Sozialtechnologie - Was leistet die Systemforschung? Hrsg. v. J. Habermas und N. Luhmann. Frankfurt a. M., S. 101-141.

HABERMAS, J. 1973: Wahrheitstheorien. In: Wirklichkeit und Reflexion. FS für W. Schulz, hrsg. v. H. Fahrenbach. Pfullingen, S. 211-265 (unter dem Titel: "Zur Logik des theoretischen und praktischen Diskurses" auszugsweise wiederabgedruckt in: Rehabilitierung der praktischen Philosophie. Bd. 2, hrsg. v. M. Riedel. Freiburg, S. 381-402).

HABERMAS, J. 1977: Zur Logik der Sozialwissenschaften. 4. Aufl., Frankfurt a. M.

HABERMAS, J. 1981a: Theorie des kommunikativen Handelns. Bd. 1. Frankfurt a. M.

HABERMAS, J. 1981b: Theorie des kommunikativen Handelns. Bd. 2. Frankfurt a. M.

HABERMAS, J. 1983: Diskursethik - Notizen zu einem Begründungsprogramm. In: J. Habermas: Moralbewußtsein und kommunikatives Handeln. Frankfurt a. M., S. 53-125.

HAHN, D. 1985: Planungs- und Kontrollrechnung - PuK. 3. Aufl., Wiesbaden.

HAHN, D. 1992: Planung, Organisation der. In: HWO. 3. Aufl., hrsg. v. E. Frese. Stuttgart, Sp. 1978-1993.

HAHN, D./KLAUSMANN, W. 1989: Entwicklung der betriebswirtschaftlichen Planung. In: HWPlan, hrsg. v. N. Szyperski mit Unterstützung v. U. Winand. Stuttgart, Sp. 406-420.

HAHN, R./MEDER, N. 1978: Gesetz. In: Wissenschaftstheoretisches Lexikon, hrsg. v. E. Braun und H. Radermacher. Graz-Wien-Köln, Sp. 217-218.

HALBERSTAM, D. 1972: The Best and the Brightest. New York.

HAMBLIN, C. L. 1970: Fallacies. London.

HAMEL, W. 1974: Zieländerungen im Entscheidungsprozeß. Tübingen.

HAMEL, W. 1989: Zielplanung. In: HWPlan, hrsg. v. N. Szyperski mit Unterstützung v. U. Winand. Stuttgart, Sp. 2302-2316.

HAMEL, W. 1992: Zielsysteme. In: HWO. 3. Aufl., hrsg. v. E. Frese. Stuttgart, Sp. 2634-2652.

HAMMER, R. M. 1985: Unternehmungsplanung. 2. Aufl., München-Wien.

HANNAN, M. T./FREEMAN, J. 1977: The Population Ecology of Organizations. In: American Journal of Sociology (82), S. 929-964.

HANNAN, M. T./FREEMAN, J. 1984: Structural Inertia and Organizational Change. In: American Sociological Review (49), S. 149-164.

HANSSMANN, F. 1985: Einführung in die Systemforschung. 2. Aufl., München.

HARE, R. M. 1952: The Language of Morals. Oxford.

HARE, R. M. 1973: Freiheit und Vernunft. Düsseldorf (dt. Übersetzung v.: Freedom and Reason).

HARMON, P./KING, D. 1987: Expertensysteme in der Praxis. 2. Aufl., München-Wien.

HARTFELDER, D. 1984: Management als Sinnvermittlung? In: Die Unternehmung (38), S. 373-395.

HARTFIEL, G. 1968: Wirtschaftliche und soziale Rationalität. Stuttgart.

HARTMANN-WENDELS, Th. 1992: Agency Theorie. In: HWO. 3. Aufl., hrsg. v. E. Frese. Stuttgart, Sp. 72-79.

HARTUNG, J./ELPELT, B./KLÖSENER, K.-H. 1986: Statistik. 5. Aufl., München-Wien.

HASSELBERG, F. 1989: Strategische Kontrolle im Rahmen strategischer Unternehmensführung. Frankfurt a. M. u. a.

HAUSCHILDT, J. 1973: Die Struktur von Zielen in Entscheidungsprozessen. In: ZfbF (25), S. 709-738.

HAUSCHILDT, J. 1977a: Entscheidungsziele. Tübingen.

HAUSCHILDT, J. 1977b: Analytische Handlungstheorie und empirische Theorie der Unternehmung - konvergierende Ansätze einer Theorie der Betriebswirtschaftslehre? In: Empirische und handlungstheoretische Forschungskonzeptionen in der Betriebswirtschaftslehre, hrsg. v. R. Köhler. Stuttgart, S. 181-186.

HAUSCHILDT, J. 1980: Zielsysteme. In: HWO. 2. Aufl., hrsg. v. E. Grochla. Stuttgart, Sp. 2419-2430.

HAUSCHILDT, J. 1983a: Alternativenzahl und Effizienz von Entscheidungen. In: ZfbF (35), S. 94-112.

HAUSCHILDT, J. 1983b: Die Fragen dieses Forschungsprojektes. In: J. Hauschildt u. a.: Entscheidungen der Geschäftsführung. Tübingen, S. 1-10.

HAUSER, J. R. 1988: Die bevorstehende Revolution in der Marketingtheorie. In: Marketing im Zeitalter der "Compunications" (dt. Übersetzung v.: Marketing in an Electronic Age), hrsg. v. R. D. Buzzell. Wiesbaden, S. 320-342.

HAX, H. 1965: Die Koordination von Entscheidungen. Köln u. a.

HAX, H. 1974: Entscheidungsmodelle in der Unternehmung. Reinbek b. Hamburg.

HAX, H./LAUX, H. 1972: Flexible Planung. In: ZfbF (24), S. 318-340.

v. HAYEK, F. A. 1972: Die Theorie komplexer Phänomene. Tübingen.

HECKMANN, H.-D. 1981: Was ist Wahrheit? Heidelberg.

HEFERMEHL, W. 1973: Kommentierungen in: Aktiengesetz. Kommentar v. E. Geßler u. a. München 1973-1991.

HEGSELMANN, R. 1978a: Induktion. In: Wissenschaftstheoretisches Lexikon, hrsg. v. E. Braun und H. Radermacher. Graz-Wien-Köln, Sp. 265-267.

HEGSELMANN, R. 1978b: Überprüfung. In: Wissenschaftstheoretisches Lexikon, hrsg. v. E. Braun und H. Radermacher. Graz-Wien-Köln, Sp. 610-611.

HEGSELMANN, R. 1979: Normativität und Rationalität. Frankfurt a. M.-New York.

HEIDEGGER, M. 1986: Sein und Zeit. 16. Aufl., Tübingen.

HEILMANN, H. 1987: Computerunterstützung für das Management. In: Handbuch der Modernen Datenverarbeitung 1987 (24), Heft 138, S. 3-18.

HEINEN, E. 1966: Das Zielsystem der Unternehmung. Wiesbaden.

HEINEN, E. 1969: Zum Wissenschaftsprogramm der entscheidungsorientierten Betriebswirtschaftslehre. In: ZfB (39), S. 207-220.

HEINEN, E. 1971: Der entscheidungsorientierte Ansatz der Betriebswirtschaftslehre. In: ZfB (41), S. 429-444.

HEINEN, E./DIETEL, B. 1976: Zur "Wertfreiheit" in der Betriebswirtschaftslehre. In: ZfB (46), S. 1-26 (1. Teil) und S. 101-122 (2. Teil).

HEINEN, E. u. a. 1987: Unternehmenskultur. München-Wien.

HEINRICHS, H. 1993: Kommentierungen in: Palandt. Kommentar zum Bürgerlichen Gesetzbuch, bearbeitet v. P. Bassenge u. a. 52. Aufl., München.

HEISENBERG, W. 1969: Der Teil und das Ganze. München.

HELMER, O./RESCHER, N. 1960: On the Epistemology of the Inexact Sciences. In: MS (6), S. 25-52.

HEMPEL, C. G. 1935a: On the Logical Positivists' Theory of Truth. In: Analysis (2), Heft 4, S. 49-59.

HEMPEL, C. G. 1935b: Some Remarks on 'Facts' and Propositions. In: Analysis (2), Heft 6, S. 93-96.

HEMPEL, C. G. 1965: Aspects of Scientific Explanation and Other Essays in the Philosophy of Science. New York-London.

HEMPEL, C. G. 1974: Grundzüge der Begriffsbildung in der empirischen Wissenschaft. Düsseldorf 1974 (dt. Übersetzung v.: Fundamentals of Concept Formation in Empirical Science).

HEMPEL, C. G. 1977: Aspekte wissenschaftlicher Erklärung. Berlin-New York (auszugsweise dt. Übersetzung v.: Aspects of Scientific Explanation and Other Essays in the Philosophy of Science).

HEMPEL, C. G./OPPENHEIM, P. 1948: Studies in the Logic of Explanation. In: Philosophy of Science (15), S. 135-175.

HENN, R./KISCHKA, P. 1979: Statistik: Theorie und Anwendungen in den Wirtschaftswissenschaften. Bd. 1. Königstein, Ts.

HENN, R./KISCHKA, P. 1981: Statistik: Theorie und Anwendungen in den Wirtschaftswissenschaften. Bd. 2. Königstein, Ts.

HERBERT, Th. T./ESTES, R. W. 1977: Improving Executive Decisions by Formalizing Dissent: The Corporate Devil's Advocate. In: Academy of Management Review (2), S. 662-667.

HERSTEIN, I. N./MILNOR, J. 1953: An Axiomatic Approach to Measurable Utility. In: Econometrica (21), S. 291-297.

HESSE, H. (Hrsg.) 1988: Wirtschaftswissenschaft und Ethik. Berlin.

HEUSNER, H.-W. 1989: Kundenorientierung durch Informations- und Kommunikationstechnologien der Mannesmann Handel AG. In: Kundennähe durch moderne Informationstechnologien, hrsg. v. E. Frese und W. Maly. Sonderheft 25/1989 der ZfbF, S. 111-123.

HICKSON, D. J. u. a. 1986: Top Decisions. San Francisco-London.

HILL, W. 1984: Auf der Suche nach einem neuen Rationalitätsverständnis der Führung. Basel.

HILLERS, H. H. 1989: Kundennähe durch Informationstechnologie bei der ICO Gesellschaft für Industrie-Cooperation m.b.H. In: Kundennähe durch moderne Informationstechnologien, hrsg. v. E. Frese und W. Maly. Sonderheft 25/1989 der ZfbF, S. 67-75.

HILT, H./SCHWABE, H. 1989: Der Einsatz der neuen Informations- und Kommunikationstechnologien bei der Deutschen BP AG. In: Kundennähe durch moderne Informationstechnologien, hrsg. v. E. Frese und W. Maly. Sonderheft 25/1989 der ZfbF, S. 27-34.

HINTERHUBER, H. H. 1992: Strategische Unternehmungsführung I. 5. Aufl., Berlin-New York.

HINTIKKA, J. 1972: Unknown Probabilities, Bayesianism, and de Finetti's Representation Theorem. In: Boston Studies in the Philosophy of Science (8), hrsg. v. R. C. Buck und R. S. Cohen. Dordrecht, S. 325-341.

HOCHKEPPEL, W. 1989: Pragmatismus. In: Handlexikon zur Wissenschaftstheorie, hrsg. v. H. Seiffert und G. Radnitzky. München, S. 270-274.

HÖFFE, O. 1976: Kritische Überlegungen zur Konsensustheorie der Wahrheit (Habermas). In: Philosophisches Jahrbuch (83), S. 313-332.

HOERSTER, N. 1989: Norm. In: Handlexikon zur Wissenschaftstheorie, hrsg. v. H. Seiffert und G. Radnitzky. München, S. 231-234.

HOFHANSEL, H. G./vom KOLKE, E. G. 1988: Datenbanken, Datenbankproduzenten und Datenbankanbieter am Online-Markt. In: Handbuch der Modernen Datenverarbeitung (25), Heft 141, S. 19-32.

HOLLEIS, W. 1987: Unternehmenskultur und moderne Psyche. Frankfurt a. M.-New York.

HOMANN, K. u. a. 1988: Wirtschaftswissenschaft und Ethik. In: Wirtschaftswissenschaft und Ethik, hrsg. v. H. Hesse. Berlin, S. 9-33.

HOMBURG, Ch. 1991: Modellgestützte Unternehmensplanung. Wiesbaden.

HOWSON, C. 1988: On a Recent Argument for the Impossibility of a Statistical Explanation of Single Events, and a Defence of a Modified Form of Hempel's Theory of Statistical Explanation. In: Erkenntnis (29), S. 113-124.

HUBER, G. P. 1984: The Nature and Design of Post-Industrial Organizations. In: MS (30), S. 928-951.

HUBER, G. P. 1990: A Theory of the Effects of Advanced Information Technologies on Organizational Design, Intelligence, and Decision Making. In: Academy of Management Review (15), S. 47-71.

HÜBNER, U. 1992: Managerhaftung. München.

v. HUMBOLDT, W. 1836: Über die Verschiedenheit des menschlichen Sprachbaues und ihren Einfluß auf die geistige Entwickelung des Menschengeschlechts. Berlin.

HUME, D. 1978: Ein Traktat über die menschliche Natur. Bd. 1. Hamburg (dt. Übersetzung v.: A Treatise of Human Nature).

HUMMEL, S./MÄNNEL, W. 1986: Kostenrechnung 1. 4. Aufl., Wiesbaden.

HUNDT, S./LIEBAU, E. 1972: Zum Verhältnis von Theorie und Praxis - Gegen ein beschränktes Selbstverständnis der Betriebswirtschaftslehre als "Unternehmerwissenschaft". In: Wissenschaftstheorie und Betriebswirtschaftslehre, hrsg. v. G. Dlugos, G. Eberlein und H. Steinmann. Düsseldorf, S. 221-241.

HUNSDIEK, D. 1988: Instrumente der Personalführung bei Bertelsmann: Mitarbeiterbefragung und Mitarbeitergespräch. In: Personalführung (o. Jg.), S. 958-965.

HURST, D. K. 1984: Of Boxes, Bubbles, and Effective Management. In: HBR (62), Heft 3, S. 78-88.

HUSCHKE, H. 1987: Veränderungen in der Unternehmensführung durch die Informations- und Kommunikationstechnologien. In: io Management Zeitschrift (56), Heft 2, S. 69-72.

HUSSERL, E. 1950: Cartesianische Meditationen und Pariser Vorträge. Haag.

ISENBERG, D. J. 1984: How Senior Managers Think. In: HBR (62), Heft 6, S. 81-90.

ISENBERG, D. J. 1986: The Structure and Process of Understanding. In: The Thinking Organization, hrsg. v. H. P. Sims jr. u. a. San Francisco-London, S. 238-262.

IYER, R. K./ADAMS, C. R. 1987: Key Features for Problem Framing Decision Support. In: Proceedings of the Eighth International Conference on Information Systems v. 6.-9.12. 1987 in Pittsburgh, Pennsylvania. O. Hrsg. Baltimore, S. 403-412.

JAMES, W. 1928: Pragmatism. New York u. a.

JAMMER, M. 1989: Gesetz. In: Handlexikon zur Wissenschaftstheorie, hrsg. v. H. Seiffert und G. Radnitzky. München, S. 112-118.

JANICH, P. 1978: Möglichkeiten und Grenzen quantitativer Methoden. In: Quantitative Ansätze in der Betriebswirtschaftslehre, hrsg. v. H. Müller-Merbach. München, S. 191-198.

JANIS, I. L. 1972: Victims of Groupthink. Boston u. a.

JANIS, I. L. 1989: Crucial Decisions. New York-London.

JARASS, H. D. 1987: Der rechtliche Stellenwert technischer und wissenschaftlicher Standards. In: Neue Juristische Wochenschrift (40), S. 1225-1231.

JAVIDAN, M. 1985: Where Planning Fails. In: Long Range Planning (18), Heft 5, S. 89-96.

JELINEK, M./SMIRCICH, L./HIRSCH, P. 1983: Introduction: A Code of Many Colors. In: ASQ (28), S. 331-338.

JENSEN, M. C./MECKLING, W. H. 1976: Theory of the Firm: Managerial Behavior, Agency Costs and Ownership Structure. In: Journal of Financial Economics (3), S. 305-360.

JOHNSON, R. H./BLAIR, J. A. 1980a: The Recent Development of Informal Logic. In: Informal Logic, hrsg. v. J. A. Blair und R. H. Johnson. Inverness, CA, S. 3-28.

JOHNSON, R. H./BLAIR, J. A. 1980b: A Bibliography of Recent Work in Informal Logic. In: Informal Logic, hrsg. v. J. A. Blair und R. H. Johnson. Inverness, CA, S. 163-172.

JOHNSON, R. H./BLAIR, J. A. 1983: Logical Self-Defense. 2. Aufl., Toronto u. a.

Js. 1991: Krupp will die Fusion mit Hoesch schnell realisieren. In: FAZ v. 9.11.1991, S. 15.

Js. 1992a: Gewerkschaften stellen Bedingungen zur Fusion von Krupp und Hoesch. In: FAZ v. 11.2.1992, S. 21.

Js. 1992b: Die Fusion von Krupp und Hoesch rückt näher. In: FAZ v. 14.2.1992, S. 18.

JÜRGENMEYER, M. 1984: Das Unternehmensinteresse. Heidelberg.

KAHLE, E. 1988: Unternehmensführung und Unternehmenskultur. In: ZfB (58), S. 1228-1241.

KAHNEMAN, D./SLOVIC, P./TVERSKY, A. (Hrsg.) 1982: Judgment under Uncertainty: Heuristics and Biases. Cambridge u. a.

KALBFLEISCH, J. G. 1979: Die Prüfung statistischer Hypothesen. In: Handwörterbuch der Mathematischen Wirtschaftswissenschaften. Bd. 2, hrsg. v. G. Menges. Wiesbaden, S. 141-152.

KAMBARTEL, F. 1974: Moralisches Argumentieren. In: Praktische Philosophie und konstruktive Wissenschaftstheorie, hrsg. v. F. Kambartel. Frankfurt a. M., S. 54-72.

KAMBARTEL, F. 1976: Vernunft, nicht-dogmatisch verstanden. In: F. Kambartel: Theorie und Begründung. Frankfurt a. M., S. 76-91.

KAMBARTEL, F. 1978: Ist rationale Ökonomie als empirisch-quantitative Wissenschaft möglich? In: Die Betriebswirtschaftslehre als normative Handlungswissenschaft, hrsg. v. H. Steinmann. Wiesbaden, S. 57-70.

KAMLAH, W./LORENZEN, P. 1967: Logische Propädeutik. Mannheim.

KANITSCHEIDER, B. 1975: Der Gesetzesbegriff in der Kosmologie. In: Philosophie und Physik, hrsg. v. R. Haller und J. Götschl. Braunschweig, S. 113-131.

KANITSCHEIDER, B. 1980: Gesetz in Natur- und Geisteswissenschaften. In: Handbuch wissenschaftstheoretischer Begriffe, hrsg. v. J. Speck i. V. m. K. Acham u. a. Göttingen, S. 258-268.

KAPPLER, E. 1976: Zum Theorie-Praxis-Verhältnis einer noch zu entwickelnden kritischen Theorie der Betriebswirtschaftspolitik. In: Zum Praxisbezug der Betriebswirtschaftslehre in wissenschaftstheoretischer Sicht, hrsg. v. H. Ulrich. Bern-Stuttgart, S. 107-133.

KARP, D. 1963: Das Wesen der vergleichenden Reklame. Diss. Köln.

KAST, F. E./ROSENZWEIG, J. E. 1979: Organization and Management. 3. Aufl., New York u. a.

KEEN, P. G. W. 1987: Decision Support Systems: The Next Decade. In: Decision Support Systems (3), S. 253-265.

KEEN, P. G. W./SCOTT MORTON, M. S. 1978: Decision Support Systems: An Organizational Perspective. Reading, MA u. a.

KEENEY, R. L./RAIFFA, H. 1976: Decisions with Multiple Objectives: Preferences and Value Tradeoffs. New York u. a.

KEKES, J. 1976: A Justification of Rationality. Albany, NY.

KEPNER, Ch. H./TREGOE, B. B. 1985: Entscheidungen vorbereiten und richtig treffen. 3. Aufl., Landsberg a. Lech.

KERN, M. 1979: Klassische Erkenntnistheorien und moderne Wissenschaftslehre. In: Wissenschaftstheoretische Grundfragen der Wirtschaftswissenschaften, hrsg. v. H. Raffée und B. Abel. München, S. 11-27.

KERN, W. 1962: Gestaltungsmöglichkeit und Anwendungsbereich betriebswirtschaftlicher Planungsmodelle. In: ZfhF (14), S. 167-179.

KEUTH, H. 1978: Realität und Wahrheit. Tübingen.

KEUTH, H. 1989: Wissenschaft und Werturteil. Tübingen.

KEYNES, J. M. 1921: A Treatise on Probability. London.

KIECHEL, W. III. 1983: Why Executives Don't Compute. In: Fortune (108), Heft 10, S. 241-246.

KIESER, A. 1984: Wie "rational" kann man strategische Planung betreiben? In: Strategische Unternehmensführung und Rechnungslegung, hrsg. v. E. Gaugler, O. H. Jacobs und A. Kieser. Stuttgart, S. 31-44.

KIESER, A. 1992: Organisationstheorie, evolutionsorientierte. In: HWO. 3. Aufl., hrsg. v. E. Frese. Stuttgart, Sp. 1758-1777.

KIESER, A. (Hrsg.) 1993: Organisationstheorien. Stuttgart-Berlin-Köln.

KILGER, W. 1988: Flexible Plankostenrechnung und Deckungsbeitragsrechnung. 9. Aufl., Wiesbaden.

KILMANN, R. H. u. a. 1986: Gaining Control of the Corporate Culture. San Francisco-London.

KIM, J./COURTNEY, J. F. 1988: A Survey of Knowledge Acquisition Techniques and Their Relevance to Managerial Problem Domains. In: Decision Support Systems (4), S. 269-284.

KIMBERLY, J. R. 1981: Appraising Organization Design Theories. In: Perspectives on Organization Design and Behavior, hrsg. v. A. H. van de Ven und W. F. Joyce. New York u. a., S. 419-425.

KINGSTON, P. L. 1981: Generic Decision Support Systems. In: Managerial Planning (o. Jg.), März/April, S. 7-11.

KIRCHGÄSSNER, G. 1989: Konstruktivismus. In: Handlexikon zur Wissenschaftstheorie, hrsg. v. H. Seiffert und G. Radnitzky. München, S. 164-168.

KIRCHGÄSSNER, G. 1991: Homo oeconomicus. Tübingen.

KIRSCH, W. 1969: Die Unternehmungsziele in organisationstheoretischer Sicht. In: ZfbF (21), S. 665-675.

KIRSCH, W. 1972: Die entscheidungs- und systemorientierte Betriebswirtschaftslehre. In: Wissenschaftstheorie und Betriebswirtschaftslehre, hrsg. v. G. Dlugos, G. Eberlein und H. Steinmann. Düsseldorf, S. 153-184.

KIRSCH, W. 1977a: Einführung in die Theorie der Entscheidungsprozesse. Bd. 1. 2. Aufl., Wiesbaden.

KIRSCH, W. 1977b: Einführung in die Theorie der Entscheidungsprozesse. Bd. 2. 2. Aufl., Wiesbaden.

KIRSCH, W. 1977c: Einführung in die Theorie der Entscheidungsprozesse. Bd. 3. 2. Aufl., Wiesbaden.

KIRSCH, W. 1977d: Die Betriebswirtschaftslehre als Führungslehre. München.

KIRSCH, W. 1981a: Aspekte einer Lehre von der Führung. In: ZfB (51), S. 656-671.

KIRSCH, W. 1981b: Funktionen der Führung. In: Die Führung des Betriebes. FS für C. Sandig, hrsg. v. M. N. Geist und R. Köhler. Stuttgart, S. 27-41.

KIRSCH, W. 1984: Wissenschaftliche Unternehmensführung oder Freiheit vor der Wissenschaft? 2 HBd. München.

KIRSCH, W. 1988: Die Handhabung von Entscheidungsproblemen. 3. Aufl., Herrsching.

KIRSCH, W./BAMBERGER, I. 1976: Strategische Unternehmensplanung, Rationalität und Philosophien der politischen Planung. In: ZfB (46), S. 341-356.

KLATZKY, S. R. 1970: Automation, Size, and the Locus of Decision Making: The Cascade Effect. In: The Journal of Business (43), S. 141-151.

KLEIN, H. K. 1971: Heuristische Entscheidungsmodelle. Wiesbaden.

KLEIN, St. 1989: Theorie der Unternehmungsplanung. Stuttgart.

KLEINKNECHT, R. 1989: Wissenschaftliche Philosophie, philosophisches Wissen und Philosophieunterricht. In: Zeitschrift für Didaktik der Philosophie (11), S. 18-31.

KLEITER, G. D. 1980: Statistik. In: Handbuch wissenschaftstheoretischer Begriffe, hrsg. v. J. Speck i. V. m. K. Acham u. a. Göttingen, S. 604-608.

KLIEMT, H. 1987: Ökonomik und Ethik. In: Wirtschaftswissenschaftliches Studium (16), S. 113-118.

KLIX, F. 1976: Information und Verhalten. 3. Aufl., Bern-Stuttgart-Wien.

KLOOCK, J./SIEBEN, G./SCHILDBACH, Th. 1991: Kosten- und Leistungsrechnung. 6. Aufl., Düsseldorf.

KNAPP, H. G. 1978a: Logik der Prognose. Freiburg-München.

KNAPP, H.-G. 1978b: Zur Semantik quantitativer Modelle. In: Quantitative Ansätze in der Betriebswirtschaftslehre, hrsg. v. H. Müller-Merbach. München, S. 199-213.

KOCH, A./FENDT, H. 1988: Systematische Online-Recherche in Patentdatenbanken zur Erschließung von Markt-, Produkt- und Firmeninformationen. In: Handbuch der Modernen Datenverarbeitung (25), Heft 141, S. 80-95.

KOCH, H. 1974a: Die betriebswirtschaftliche Theorie als spezielle Handlungstheorie. In: ZfbF (26), S. 73-95.

KOCH, H. 1974b: Gegenstand, Struktur und Kriterien der betriebswirtschaftlichen Entscheidungsanalytik. In: ZfbF (26), S. 301-334.

KOCH, H. 1982: Integrierte Unternehmensplanung. Wiesbaden.

KOCH, H. 1989: Unternehmerische Entscheidungen und ethische Normen. In: ZfbF (41), S. 739-753.

KOCH, W. 1983: Das Unternehmensinteresse als Verhaltensmaßstab der Aufsichtsratsmitglieder im mitbestimmten Aufsichtsrat einer Aktiengesellschaft. Frankfurt a. M.-Bern-New York.

KÖHLER, R. 1966: Theoretische Systeme der Betriebswirtschaftslehre im Lichte der neueren Wissenschaftslogik. Stuttgart.

KÖHLER, R. 1972: Das Informationsverhalten im Entscheidungsprozeß vor der Markteinführung eines neuen Artikels. Wiesbaden.

KÖHLER, R. 1975: Modelle. In: HWB. 4. Aufl., hrsg. v. E. Grochla und W. Wittmann. Stuttgart 1974-1976, Sp. 2701-2716.

KÖHLER, R. 1976a: "Inexakte Methoden" in der Betriebswirtschaftslehre. In: Zum Praxisbezug der Betriebswirtschaftslehre in wissenschaftstheoretischer Sicht, hrsg. v. H. ULRICH. Bern-Stuttgart, S. 153-169.

KÖHLER, R. 1976b: Theoretische und technologische Forschung in der Betriebswirtschaftslehre. In: ZfbF (28), S. 302-318.

KÖHLER, R. 1976c: Die Kontrolle strategischer Pläne als betriebswirtschaftspolitisches Problem. In: ZfB (46), S. 301-318.

KÖHLER, R. 1986: Entwicklungsperspektiven der Marktforschung aus der Sicht des strategischen Managements. In: Zukunftsaspekte der anwendungsorientierten Betriebswirtschaftslehre. FS für E. Grochla, hrsg. v. E. Gaugler, H. G. Meissner und N. Thom. Stuttgart, S. 111-138.

KÖHLER, R. 1989: Planungstechniken, Einsatzbedingungen von. In: HWPlan, hrsg. v. N. Szyperski mit Unterstützung v. U. Winand. Stuttgart, Sp. 1528-1541.

KÖHLER, R. 1991: Beiträge zum Marketing-Management. 2. Aufl., Stuttgart.

KÖHLER, R./UEBELE, H. 1981: Einsatzbedingungen von Planungs- und Entscheidungstechniken. In: Der praktische Nutzen empirischer Forschung, hrsg. v. E. Witte. Tübingen, S. 115-158.

KOERTGE, N. 1989: Wissenschaftsethik. In: Handlexikon zur Wissenschaftstheorie, hrsg. v. H. Seiffert und G. Radnitzky. München, S. 405-410.

KOFLER, H. 1985: Die Prüfung der Geschäftsführung. Wien.

KOHLHASE, J. 1980: Über einige Arten und Abarten der Argumentation. In: Linguistische Berichte 1980 (70), S. 27-37.

KOLMOGOROFF, A. 1933: Grundbegriffe der Wahrscheinlichkeitsrechnung. Berlin.

KOONTZ, H. 1961: The Management Theory Jungle. In: Academy of Management Journal (4), S. 174-188.

KOONTZ, H. 1980: The Management Theory Jungle Revisited. In: Academy of Management Review (5), Heft 2, S. 175-187.

KOPPELMANN, U. 1991: Marketing. 3. Aufl., Düsseldorf.

KOPPERSCHMIDT, J. 1973: Allgemeine Rhetorik. Stuttgart u. a.

KOPPERSCHMIDT, J. 1980: Argumentation. Stuttgart u. a.

KOSIOL, E. 1961: Modellanalyse als Grundlage unternehmerischer Entscheidungen. In: ZfhF (13), S. 318-334.

KOSIOL, E. 1964: Betriebswirtschaftslehre und Unternehmensforschung. In: ZfB (34), S. 743-762.

KOSIOL, E./SZYPERSKI, N./CHMIELEWICZ, K. 1972: Zum Standort der Systemforschung im Rahmen der Wissenschaften (einschließlich ihrer Beziehungen zur Organisations-, Automations- und Unternehmensforschung). In: Organisation als System, hrsg. v. K. Bleicher. Wiesbaden, S. 65-97.

KOSLOWSKI, P. 1988: Prinzipien der Ethischen Ökonomie. Tübingen.

KOTTER, J. P. 1982a: The General Managers. New York-London.

KOTTER, J. P. 1982b: What Effective General Managers Really Do. In: HBR (60), Heft 6, S. 156-167.

KREIKEBAUM, H. 1987: Strategische Unternehmensplanung. 2. Aufl., Stuttgart u. a.

KREISEL, G. 1980: Modell. In: Handbuch wissenschaftstheoretischer Begriffe, hrsg. v. J. Speck i. V. m. K. Acham u. a. Göttingen, S. 437-440.

KREISER, L./GOTTWALD, S./STELZNER, W. (Hrsg.) 1988: Nichtklassische Logik. Berlin.

KREYSZIG, E. 1977: Statistische Methoden und ihre Anwendungen. 6. Aufl., Göttingen.

KRÖBER, G. 1968: Gesetz und Prognose. In: Der Gesetzesbegriff in der Philosophie und den Einzelwissenschaften, hrsg. v. G. Kröber. Berlin, S. 179-205.

KROEBER-RIEL, W. 1974: Ideologische Komponenten der entscheidungsorientierten Betriebswirtschaftslehre. In: Forschungslogik der Sozialwissenschaften, hrsg. v. G. Eberlein, W. Kroeber-Riel und W. Leinfellner. Düsseldorf, S. 285-303.

KRÖGER, J. 1981: Der Normativismus in der Betriebswirtschaftslehre. Stuttgart.

KRÜGER, W. 1984: Organisation der Unternehmung. Stuttgart u. a.

KRÜGER, W. 1992: Organisationsmethodik. In: HWO. 3. Aufl., hrsg. v. E. Frese. Stuttgart, Sp. 1572-1589.

KRÜGER, W./v. WERDER, A. 1993: Zentralbereiche. In: Zentralbereiche, hrsg. v. E. Frese, W. Maly und A. v. Werder. Stuttgart, S. 235-285.

KRYSTEK, U. 1992: Unternehmungskultur und Akquisition. In: ZfB (62), S. 539-565.

KUBICEK, H./KIESER, A. 1980: Organisationsforschung, Vergleichende. In: HWO. 2. Aufl., hrsg. v. E. Grochla. Stuttgart, Sp. 1533-1557.

KÜPPER, H.-U. 1988: Verantwortung in der Wirtschaftswissenschaft. In: ZfbF (40), S. 318-339.

KÜPPER, W./ORTMANN, G. 1986: Mikropolitik in Organisationen. In: DBW (46), S. 590-602.

KÜPPER, W./ORTMANN, G. (Hrsg.) 1988: Mikropolitik. Opladen.

KÜTTNER, M. 1989: Prognose, Voraussage. In: Handlexikon zur Wissenschaftstheorie, hrsg. v. H. Seiffert und G. Radnitzky. München, S. 275-280.

KÜTTNER, M./LENK, H. 1989: Erklärung. In: Handlexikon zur Wissenschaftstheorie, hrsg. v. H. Seiffert und G. Radnitzky. München, S. 68-72.

KUHLMANN, W. 1989: Argumentation und Transzendentalpragmatik. In: Zeitschrift für Didaktik der Philosophie (11), S. 3-10.

KUHN, Th. S. 1976: Die Struktur wissenschaftlicher Revolutionen. Frankfurt a. M. (dt. Übersetzung v.: The Structure of Scientific Revolutions).

KURKE, L. B./ALDRICH, H. E. 1983: Mintzberg was Right!: A Replication and Extension of the Nature of Managerial Work. In: MS (29), S. 975-984.

v. KUTSCHERA, F. 1982: Grundlagen der Ethik. Berlin-New York.

LAAGER, F. 1978: Entscheidungsmodelle. Zürich-Köln.

LAKATOS, I. 1970: Falsification and the Methodology of Scientific Research Programmes. In: Criticism and the Growth of Knowledge, hrsg. v. I. Lakatos und A. Musgrave. Cambridge, S. 91-195.

LANGE, G. (Hrsg.) 1976: Breviarium Rhetoricum. 6. Aufl., Bayreuth.

LARENZ, K. 1991: Methodenlehre der Rechtswissenschaft. 6. Aufl., Berlin u. a.

LAUDAN, L. 1984: Science and Values. Berkeley-Los Angeles-London.

LAUX, H. 1979a: Grundfragen der Organisation. Berlin-Heidelberg-New York.

LAUX, H. 1979b: Der Einsatz von Entscheidungsgremien. Berlin-Heidelberg-New York.

LAUX, H. 1989: Die Steuerung von Entscheidungsprozessen bei Informationsasymmetrie und Zielkonflikt als Gegenstand der neueren betriebswirtschaftlichen Organisationstheorie. In: Zeitschrift für Wirtschafts- und Sozialwissenschaften (109), S. 513-583.

LAUX, H. 1991: Entscheidungstheorie 1. 2. Aufl., Berlin u. a.

LAUX, H. 1992: Organisationstheorie, entscheidungslogisch orientierte. In: HWO. 3. Aufl., hrsg. v. E. Frese. Stuttgart, Sp. 1733-1745.

LAUX, H./LIERMANN, F. 1990: Grundlagen der Organisation. Berlin u. a.

LAY, R. 1971: Grundzüge einer komplexen Wissenschaftstheorie. Bd. 1. Frankfurt a. M.

LAY, R. 1990: Die Macht der Moral. Düsseldorf-Wien-New York.

LEDERMAN, L. L. 1984: Foresight Activities in the U.S.A.: Time for a Re-Assessment? In: Long Range Planning (17), Heft 3, S. 41-50.

LEHMANN, H. 1992: Organisationstheorie, systemtheoretisch-kybernetisch orientierte. In: HWO. 3. Aufl., hrsg. v. E. Frese. Stuttgart, Sp. 1838-1853.

LEMMERMANN, H. 1962: Lehrbuch der Rhetorik. München-Wien.

LENK, H. 1972a: Erklärung und Voraussage in der Diskussion über das Problem ihrer Strukturidentität. In: H. Lenk: Erklärung, Prognose, Planung. Freiburg, S. 13-44.

LENK, H. 1972b: Prolegomena zur Wissenschaftstheorie der Planung. In: H. Lenk: Erklärung, Prognose, Planung. Freiburg, S. 63-94.

LENK, H. 1972c: Bemerkungen zu einer "praktischen" Rehabilitierung der praktischen Philosophie aufgrund der Planungsdiskussion. In: Rehabilitierung der praktischen Philosophie. Bd. 1, hrsg. v. M. Riedel. Freiburg, S. 559-575.

LENK, H. 1982: Zur Sozialphilosophie der Technik. Frankfurt a. M.

LENK, H. 1989: Szientismus. In: Handlexikon zur Wissenschaftstheorie, hrsg. v. H. Seiffert und G. Radnitzky. München, S. 352-358.

LENZ, R. T./LYLES, M. A. 1985: Paralysis by Analysis: Is Your Planning System Becoming Too Rational? In: Long Range Planning (18), Heft 4, S. 64-72.

LENZEN, W. 1980a: Bewährung. In: Handbuch wissenschaftstheoretischer Begriffe, hrsg. v. J. Speck i. V. m. K. Acham u. a. Göttingen, S. 81-90.

LENZEN, W. 1980b: Überprüfung. In: Handbuch wissenschaftstheoretischer Begriffe, hrsg. v. J. Speck i. V. m. K. Acham u. a. Göttingen, S. 658-666.

LESERER, M. 1980: Grundlagen der Ökonometrie. Göttingen.

LICHTENBERG, H.-G. 1989: Logik. In: Handlexikon zur Wissenschaftstheorie, hrsg. v. H. Seiffert und G. Radnitzky. München, S. 189-198.

LINCOLN, Y. S. (Hrsg.) 1985: Organizational Theory and Inquiry. Beverly Hills-London-New Delhi.

LINDBLOM, Ch. E. 1959: The Science of "Muddling Through". In: Public Administration Review (19), S. 79-88.

LINDBLOM, Ch. E. 1965: The Intelligence of Democracy. New York-London.

LINGENFELDER, M./SCHNEIDER, W. 1991: Die Kundenzufriedenheit. In: Marketing ZFP (13), S. 109-119.

LITTLE, J. D. C. 1970: Models and Managers: The Concept of a Decision Calculus. In: MS (16), S. B-466-B-485.

LITTLE, J. D. C. 1979: Decision Support Systems for Marketing Managers. In: Journal of Marketing (43), Heft 3, S. 9-26.

LITTLE, J. D. C. 1990: Information Technology in Marketing. Working Paper 1860-87 der Sloan School of Management des M.I.T. Cambridge, MA.

LOITLSBERGER, E. 1971: Metaökonomische Wertvorstellungen und Rechtsordnungen als Determinanten betriebswirtschaftlicher Theorie. In: Wissenschaftsprogramm und Ausbildungsziele der Betriebswirtschaftslehre, hrsg. v. G. v. Kortzfleisch. Berlin, S. 79-99.

LORENZ, K. 1972: Der dialogische Wahrheitsbegriff. In: Neue Hefte für Philosophie (12), S. 111-123.

LORENZ, K. 1973: Beweis. In: Handbuch philosophischer Grundbegriffe, hrsg. v. H. Krings, H. M. Baumgartner und Ch. Wild. München 1973-1974, S. 220-232.

LORENZEN, P. 1962: Metamathematik. Mannheim.

LORENZEN, P. 1968: Methodisches Denken. Frankfurt a. M.

LORENZEN, P. 1974: Konstruktive Wissenschaftstheorie. Frankfurt a. Main.

LORENZEN, P. 1987: Lehrbuch der konstruktiven Wissenschaftstheorie. Mannheim-Wien-Zürich.

LORENZEN, P. 1989: Philosophische Fundierungsprobleme einer Wirtschafts- und Unternehmensethik. In: Unternehmensethik, hrsg. v. H. Steinmann und A. Löhr. Stuttgart, S. 25-57.

LORENZEN, P./SCHWEMMER, O. 1973: Konstruktive Logik, Ethik und Wissenschaftstheorie. Mannheim-Wien-Zürich.

LORSCH, J. W./MacIVER, E. 1989: Pawns or Potentates. The Reality of America's Corporate Boards. Boston, MA.

LOUIS, M. R. 1981: A Cultural Perspective on Organizations: The Need for and Consequences of Viewing Organizations as Culture-Bearing Milieux. In: Human Systems Management (2), S. 246-258.

LUCAS, H. C. jr. 1975: Why Information Systems Fail. New York-London.

LÜBBE, H. 1978: Sind Normen methodisch begründbar? In: Transzendentalphilosophische Normenbegründungen, hrsg. v. W. Oelmüller. Paderborn, S. 38-49.

LÜTKE SCHWIENHORST, R. 1989: Strategische Kontrolle. Wiesbaden.

LUHMANN, N. 1964: Funktionen und Folgen formaler Organisation. Berlin.

LUHMANN, N. 1968: Zweckbegriff und Systemrationalität. Tübingen.

LUTTER, M. 1984: Information und Vertraulichkeit im Aufsichtsrat. 2. Aufl., Köln u. a.

MacCRIMMON, K. R./LARSSON, St. 1979: Utility Theory: Axioms versus 'Paradoxes'. In: Expected Utility Hypotheses and the Allais Paradox, hrsg. v. M. Allais und O. Hagen. Dordrecht-Boston-London, S. 333-409.

MACIEJEWSKI, B. 1988: Mitarbeiterbefragungen in der KKB Bank. In: Personalführung (o. Jg.), S. 970-972.

MACIEJEWSKI, P. G. 1987: Verändert die neue Bürotechnik die Entscheidungsprozesse? In: Office Management (o. Jg.), Heft 3, S. 38-42.

MÄNNEL, W. 1981: Kostenrechnung 2. 2. Aufl., Wiesbaden.

MAG, W. 1977: Entscheidung und Information. München.

MAJER, U. 1978: Wahrscheinlichkeit. In: Wissenschaftstheoretisches Lexikon, hrsg. v. E. Braun und H. Radermacher. Graz-Wien-Köln, Sp. 651-654.

MALY, W./FRANK, H. 1989: Kundennähe durch Informationstechnologie - Erfahrungen im Bereich Medizinische Technik der Siemens AG. In: Kundennähe durch moderne Informationstechnologien, hrsg. v. E. Frese und W. Maly. Sonderheft 25/1989 der ZfbF, S. 139-149.

MANN, L./JANIS, I. 1982: Conflict Theory of Decision Making and the Expectancy-Value Approach. In: Expectations and Actions: Expectancy-Value Models in Psychology, hrsg. v. N. T. Feather. Hillsdale, NJ, S. 341-364.

MANS, D. 1989: Von Managern und Menschen: Über normative Grenzen unserer Ersetzbarkeit durch Computer. In: DBW (49), S. 257-259.

MARCH, J. G. 1978: Bounded Rationality, Ambiguity, and the Engineering of Choice. In: The Bell Journal of Economics (9), S. 587-608.

MARCH, J. G./SIMON, H. A., unter Mitarbeit v. H. GUETZKOW 1958: Organizations. New York-London.

MARSCHAK, J. 1954: Towards an Economic Theory of Organization and Information. In: Decision Processes, hrsg. v. R. M. Thrall, C. H. Coombs und R. L. Davis. New York-London, S. 187-220.

MARSCHAK, J. 1959: Efficient and Viable Organizational Forms. In: Modern Organization Theory, hrsg. v. M. Haire. New York-London, S. 307-320.

MARSCHAK, J. 1963: The Payoff-Relevant Description of States and Acts. In: Econometrica (31), S. 719-725.

MARSCHAK, J./RADNER, R. 1972: Economic Theory of Teams. New Haven-London.

MARTIN, A. 1989: Die empirische Forschung in der Betriebswirtschaftslehre. Stuttgart.

MASON, R. O. 1969: A Dialectical Approach to Strategic Planning. In: MS (15), S. B-403-B-414.

MASON, R. O. 1981: Basic Concepts for Designing Management Information Systems. In: Measurement for Management Decision, hrsg. v. R. O. Mason und E. B. Swanson. Reading, MA u. a., S. 81-95.

MASON, R. O./MITROFF, I. I. 1981: Challenging Strategic Planning Assumptions. New York u. a.

MASON, R. O./SWANSON, E. B. 1979: Measurement for Management Decision: A Perspective. In: California Management Review (21), Heft 3, S. 70-81.

MASON, R. O./SWANSON, E. B. (Hrsg.) 1981: Measurement for Management Decision. Reading, MA u. a.

MATTAR, E. P. III./HILSON, J. F. 1979: Exposure of Corporate Directors: An Overview of Indemnification and Liability Insurance. In: The Journal of Risk and Insurance (46), S. 411-424.

MATTESSICH, R. 1969: Neue erkenntnistheoretische Probleme der Betriebswirtschaftslehre. In: Betriebswirtschaftliche Forschung in internationaler Sicht, hrsg. v. H. Kloidt. Berlin, S. 17-32.

MAUCHER, H. 1989: Ethik zwischen Gewinn und Wettbewerb. In: Unternehmensethik, hrsg. v. H. Steinmann und A. Löhr. Stuttgart, S. 373-381.

MAYNTZ, R. 1958: Die soziale Organisation des Industriebetriebes. Stuttgart.

McCall, M. W. jr./KAPLAN, R. E. 1985: Whatever it Takes. Decision Makers at Work. Englewood Cliffs, NJ.

McCASKEY, M. B. 1982: The Executive Challenge. Marshfield, MA u. a.

McGINNIS, M. A. 1984: The Key to Strategic Planning: Integrating Analysis and Intuition. In: Sloan Management Review (26), Heft 1, S. 45-52.

McKELVEY, B./ALDRICH, H. 1983: Populations, Natural Selection, and Applied Organizational Science. In: ASQ (28), S. 101-128.

McKENNEY, J. L./KEEN, P. G. W. 1974: How Managers' Minds Work. In: HBR (52), Heft 3, S. 79-90.

MEFFERT, H. 1986: Marketing. 7. Aufl., Wiesbaden.

MENGES, G. 1982: Die Statistik. Wiesbaden.

MENNE, A. 1974: Was ist Wahrheit? In: Ratio (16), S. 62-68.

MENSCHING, G. 1987: Von der Objektivität des Arguments. In: Zeitschrift für Didaktik der Philosophie (9), S. 135-144.

MERTENS, H.-J. 1989: Kommentierungen in: Kölner Kommentar zum Aktiengesetz, hrsg. v. W. Zöllner. 2. Aufl., Köln u. a. 1987-1991.

MERTENS, P. 1989: Für eine realistische Beurteilung betrieblicher Expertensysteme. In: DBW (49), S. 259-262.

MERTON, R. K. 1951: Social Theory and Social Structure. Glencoe, IL.

MERTON, R. K. 1967: On Theoretical Sociology. New York-London.

METZING, D. W. 1975: Formen kommunikationswissenschaftlicher Argumentationsanalyse. Hamburg.

MEYER, J. W./ROWAN, B. 1977: Institutionalized Organizations: Formal Structure as Myth and Ceremony. In: American Journal of Sociology (83), S. 340-363.

MEYER, N. D./BOONE, M. E. 1987: The Information Edge. New York u. a.

MEYER, W. 1989: Ethik, Erkenntnis und Ökonomie. In: Ethik und Ordnungsfragen der Wirtschaft, hrsg. v. G. Gutmann und A. Schüller. Baden-Baden, S. 23-46.

MEYER-LANDRUT, J. 1973: Kommentierungen in: Großkommentar zum Aktiengesetz. 3. Aufl. v. C. H. Barz u. a. Berlin-New York 1970-1975.

MILL, J. St. 1948: Utilitarianism, Liberty, and Representative Government. London-New York.

MILLING, P. 1982: Entscheidungen bei unscharfen Prämissen. In: ZfB (52), S. 716-734.

MINSKY, M. 1963: Steps Toward Artificial Intelligence. In: Computers and Thought, hrsg. v. E. A. Feigenbaum und J. Feldman. New York u. a., S. 406-450.

MINTZBERG, H. 1971: Managerial Work: Analysis from Observation. In: MS (18), S. B-97-B-110.

MINTZBERG, H. 1972: The Myths of MIS. In: California Management Review (15), Heft 1, S. 92-97.

MINTZBERG, H. 1973: The Nature of Managerial Work. New York u. a.

MINTZBERG, H. 1975: The Manager's Job: Folklore and Fact. In: HBR (53), Heft 4, S. 49-61.

MINTZBERG, H. 1976: Planning on the Left Side and Managing on the Right. In: HBR (54), Heft 4, S. 49-58.

MINTZBERG, H. 1989: Mintzberg on Management. New York-London.

MINTZBERG, H./RAISINGHANI, D./THÉORET, A. 1976: The Structure of "Unstructured" Decision Processes. In: ASQ (21), S. 246-275.

MISCHE, J. 1988: Mehr als eine Hilfe der Personalarbeit: Die Hoechst-Mitarbeiterbefragung. In: Personalführung (o. Jg.), S. 950-957.

v. MISES, R. 1951: Wahrscheinlichkeit, Statistik und Wahrheit. 3. Aufl., Wien.

MITROFF, I. I. 1971: A Communication Model of Dialectical Inquiring Systems. In: MS (17), S. B-634-B-648.

MITROFF, I. I./BETZ, F. 1972: Dialectical Decision Theory: A Meta-Theory of Decision-Making. In: MS (19), S. 11-24.

MITROFF, I. I./EMSHOFF, J. R./KILMANN, R. H. 1979: Assumptional Analysis: A Methodology for Strategic Problem Solving. In: MS (25), S. 583-593.

MITROFF, I. I./MASON, R. O. 1980: Structuring III-Structured Policy Issues: Further Explorations in a Methodology for Messy Problems. In: Strategic Management Journal (1), S. 331-342.

MITROFF, I. I./MASON, R. O./BARABBA, V. P. 1982: Policy as Argument. In: MS (28), S. 1391-1404.

MOHN, R. 1990: Wertekonsens als Grundlage der Arbeitnehmer-Arbeitgeber-Beziehung. In: Werte in Wirtschaft und Gesellschaft, hrsg. v. R. Biskup. Bern-Stuttgart, S. 167-177.

MOLITOR, B. 1989: Wirtschaftsethik. München.

MONTEFIORE, A. 1980: Wertfreiheit. Werturteilsstreit. In: Handbuch wissenschaftstheoretischer Begriffe, hrsg. v. J. Speck i. V. m. K. Acham u. a. Göttingen, S. 703-713.

MOORE, G. E. 1968: Principia Ethica. Cambridge.

MORGAN, G. 1980: Paradigms, Metaphors, and Puzzle Solving in Organization Theory. In: ASQ (25), S. 605-622.

MORRIS, Ch. W. 1975: Grundlagen der Zeichentheorie. In: Ch. W. Morris: Grundlagen der Zeichentheorie; Ästhetik und Zeichentheorie. 2. Aufl., München (dt. Übersetzung v.: Foundations of the Theory of Signs und v.: Esthetics and the Theory of Signs), S. 15-88.

MRASEK, V. 1992: Kettenreaktion im Schutzschild der Erde. In: Kölner Stadt-Anzeiger v. 10.7.1992, S. 21.

MÜLLER, S. 1973: Gesetz: In: Handbuch philosophischer Grundbegriffe, hrsg. v. H. Krings, H. M. Baumgartner und Ch. Wild. München 1973-1974, S. 569-584.

MÜLLER, U. 1989: Wie ist ästhetisches Argumentieren möglich? In: Philosophisches Jahrbuch (96), S. 151-156.

MÜLLER-MERBACH, H. 1983: Schönheitsfehler der Betriebswirtschaftslehre. In: ZfB (53), S. 811-830.

MÜLLER-MERBACH, H. 1989: Komprehensive Informationssysteme und Allgemeine Betriebswirtschaftslehre. In: ZfB (59), S. 1023-1045.

MÜRI, P. 1990: Intuition und Inspiration als dritte Führungsdimension. In: io Management Zeitschrift (59), Heft 1, S. 67-70 (1. Teil) und Heft 2, S. 73-75 (2. Teil).

MURDICK, R. G./MUNSON, J. C. 1986: MIS. Concepts and Design. 2. Aufl., Englewood Cliffs, NJ.

MUSGRAVE, A. 1989a: Objektivismus. In: Handlexikon zur Wissenschaftstheorie, hrsg. v. H. Seiffert und G. Radnitzky. München, S. 234-236.

MUSGRAVE, A. 1989b: Wissen. In: Handlexikon zur Wissenschaftstheorie, hrsg. v. H. Seiffert und G. Radnitzky. München, S. 387-390.

MYRDAL, G. 1933: Das Zweck-Mittel-Denken in der Nationalökonomie. In: Zeitschrift für Nationalökonomie (4), S. 305-329.

MYRDAL, G. 1975: Das Wertproblem in der Sozialwissenschaft. 2. Aufl., Bonn-Bad Godesberg.

NAESS, A. 1975: Kommunikation und Argumentation. Kronberg, Ts. (dt. Übersetzung v.: En del elementaere logiske emner).

NAGEL, E. 1961: The Structure of Science. London.

NAGEL, P. 1976: Systemdenken. In: Systems Engineering, hrsg. v. W. F. Daenzer. Köln-Zürich 1976/77, S. 10-25.

NAGEL, P. 1992: Problemanalyse und -lösung, Techniken der. In: HWO. 3. Aufl., hrsg. v. E. Frese. Stuttgart, Sp. 2014-2024.

NATHANSON, St. 1985: The Ideal of Rationality. Atlantic Highlands, NJ.

NAYLOR, Th. H. 1982: Decision Support Systems or Whatever Happened to M.I.S.? In: Interfaces (12), Heft 4, S. 92-94.

NEGANDHI, A. R./REIMANN, B. C. 1973: Task Environment, Decentralization and Organizational Effectiveness. In: Human Relations (26), S. 203-214.

NEISSER, U. 1976: Cognition and Reality. San Francisco.

NEUBERGER, O. 1987: Moden und Mythen der Führung. In: HWFü, hrsg. v. A. Kieser, G. Reber und R. Wunderer. Stuttgart, Sp. 1495-1510.

NEUBERGER, O. 1992: Arbeitszufriedenheit. In: HWO. 3. Aufl., hrsg. v. E. Frese. Stuttgart, Sp. 198-208.

NEUBERGER, O./KOMPA, A. 1987: Wir, Die Firma. Der Kult um die Unternehmenskultur. Weinheim-Basel.

NEUHAUSER, G. 1967: Grundfragen wirtschaftswissenschaftlicher Methodik. In: Methoden der Sozialwissenschaften, hrsg. v. M. Thiel. München-Wien, S. 95-130.

v. NEUMANN, J./MORGENSTERN, O. 1947: Theory of Games and Economic Behavior. 2. Aufl., Princeton.

NEURATH, O. 1931: Soziologie im Physikalismus. In: Erkenntnis (2), S. 393-431.

NEURATH, O. 1933: Protokollsätze. In: Erkenntnis (3), S. 204-214.

NEURATH, O. 1934: Radikaler Physikalismus und "Wirkliche Welt". In: Erkenntnis (4), S. 346-362.

NEWELL, A./SHAW, J. C./SIMON, H. A. 1957: Empirical Explorations of the Logic Theory Machine: A Case Study in Heuristic. In: Proceedings of the Western Joint Computer Conference v. 26.-28.2. 1957 in Los Angeles, hrsg. v. The Institute of Radio Engineers. New York, S. 218-230.

NEWELL, A./SIMON, H. A. 1972: Human Problem Solving. Englewood Cliffs, NJ.

NEYMAN, J./PEARSON, E. S. 1933a: The Testing of Statistical Hypotheses in Relation to Probabilities a priori. In: Proceedings of the Cambridge Philosophical Society (29), S. 492-510.

NEYMAN, J./PEARSON, E. S. 1933b: On the Problem of the Most Efficient Tests of Statistical Hypotheses. In: Philosophical Transactions of the Royal Society of London Series A (231), S. 289-337.

NICKLISCH, F. 1983: Funktion und Bedeutung technischer Standards in der Rechtsordnung. In: BB (38), S. 261-269.

zur NIEDEN, M. 1972: Zur Anwendbarkeit von Informationswertrechnungen. In: ZfB (42), S. 493-512.

NIENHÜSER, W. 1989: Die praktische Nutzung theoretischer Erkenntnisse in der Betriebswirtschaftslehre. Stuttgart.

NILSSON, R./GRAPATIN, L. 1989: Kundenorientierung durch Informations- und Kommunikationstechnologien bei KHD. In: Kundennähe durch moderne Informationstechnologien, hrsg. v. E. Frese und W. Maly. Sonderheft 25/1989 der ZfbF, S. 77-87.

v. NITZSCH, R./WEBER, M. 1991: Bandbreiten-Effekte bei der Bestimmung von Zielgewichten. In: ZfbF (43), S. 971-986.

NORD, W. R. 1985: Can Organizational Culture Be Managed? In: Organizational Culture, hrsg. v. P. J. Frost u. a. Berverly Hills-London-New Delhi, S. 187-196.

NORMAN, R. 1971: Reasons for Actions. Oxford.

NUTT, P. C. 1984: Types of Organizational Decision Processes. In: ASQ (29), S. 414-450.

NUTT, P. C. 1989: Making Tough Decisions. San Francisco-London.

OBERMEIER, O.-P. 1989: Poppers "negative Lösung" des Induktionsproblems und die hieraus resultierenden Folgelasten. In: Karl R. Popper und die Philosophie des Kritischen Rationalismus. FS für K. R. Popper, hrsg. v. K. Salamun. Amsterdam-Atlanta, GA, S. 65-82.

OLBRECHTS-TYTECA, L./GRIFFIN-COLLART, E. 1979: Bibliographie de Chaim Perelman. In: Revue Internationale de Philosophie (33), S. 325-342.

OLSON, W. 1986: The D & O Insurance Disaster. In: Across the Board (23), Heft 4, S. 38-42.

O'NEILL, J. (Hrsg.) 1973: Modes of Individualism and Collectivism. London.

OPP, K.-D. 1976: Methodologie der Sozialwissenschaften. Reinbek b. Hamburg.

ORTH, E. W. 1989: Phänomenologie. In: Handlexikon zur Wissenschaftstheorie, hrsg. v. H. Seiffert und G. Radnitzky. München, S. 242-254.

OTWAY, H. J./PELTU, M. 1984: The Challenge of New Managerial Roles. In: The Managerial Challenge of New Office Technology, hrsg. v. H. J. Otway und M. Peltu. London u. a., S. 1-16.

OUCHI, W. G. 1981: Theory Z. How American Business Can Meet the Japanese Challenge. Reading, MA u. a.

o. V. 1980: Tastsinn. In: Capital (o. Jg.), Heft 10, S. 194.

o. V. 1981: Privatpiloten. Der tödliche Entscheidungsfehler: Weiterflug bei schlechtem Wetter. In: Flugsicherheitsmitteilungen, hrsg. v. Luftfahrt-Bundesamt. Braunschweig, Nr. 3.

o. V. 1983: How Computers Remake the Manager's Job. In: Business Week v. 25. 4. 1983, S. 48-50.

o. V. 1986: Daimler-Benz AG Stuttgart. Geschäftsbericht und Jahresabschluß 1985. Stuttgart.

o. V. 1987: USA/Aufsichtsräte. In: Handelsblatt v. 10.6. 1987, S. 22.

o. V. 1988a: Scanner-Systeme/Erste Erfahrungswerte aus den USA. In: Handelsblatt v. 19.9.1988, S. 14.

o. V. 1988b: Die Ladenkasse, die auch das Warenlager steuert. In: Impulse (o. Jg.), Heft 2, S. 142-145.

o. V. 1988c: Tengelmann-Gruppe/Haub kritisiert überhöhte Preise bei Unternehmensaufkäufen. In: Handelsblatt v. 22.12.1988, S. 15.

o. V. 1991: Die Asylverfahren sollen verkürzt werden. In: FAZ v. 9.10.1991, S. 1-2.

PÄHLER, K. 1986: Qualitätsmerkmale wissenschaftlicher Theorien. Tübingen.

PÄHLER, K. 1989a: Bewährung, Gehalt, Verisimilitude. In: Handlexikon zur Wissenschaftstheorie, hrsg. v. H. Seiffert und G. Radnitzky. München, S. 20-22.

PÄHLER, K. 1989b: Wahrscheinlichkeit. In: Handlexikon zur Wissenschaftstheorie, hrsg. v. H. Seiffert und G. Radnitzky. München, S. 376-381.

PALMER, St. E. 1978: Visuelle Wahrnehmung und Wissen: Notizen zu einem Modell der sensorisch-kognitiven Interaktion. In: Strukturen des Wissens (dt. Übersetzung v.: Explorations in Cognition), hrsg. v. D. A. Norman und D. E. Rumelhart. Stuttgart, S. 281-307.

PAP, A. 1955: Analytische Erkenntnistheorie. Wien.

PARSONS, T. 1964: Anmerkungen des Übersetzers zu Max Weber: The Theory of Social and Economic Organization. New York-London.

PATZAK, G. 1982: Systemtechnik. Berlin-Heidelberg-New York.

PATZIG, G. 1974: Schluss. In: Handbuch philosophischer Grundbegriffe, hrsg. v. H. Krings, H. M. Baumgartner und Ch. Wild. München 1973-1974, S. 1251-1260.

PAWLOWSKI, T. 1980: Sozialwissenschaften, Wissenschaftstheoretische Probleme der. In: Handbuch wissenschaftstheoretischer Begriffe, hrsg. v. J. Speck i. V. m. K. Acham u. a. Göttingen, S. 582-592.

PEISL, A./LÜTTGE, B. 1975: Konzeption und Organisation der Unternehmensplanung der Siemens AG. In: ZfbF (27), S. 349-365.

PERELMAN, Ch. 1979a: Logik und Argumentation. Königstein, Ts. (dt. Übersetzung v.: Logique et Argumentation).

PERELMAN, Ch. 1979b: Juristische Logik als Argumentationslehre. Freiburg-München (dt. Übersetzung v.: Logique Juridique).

PERELMAN, Ch. 1980: Das Reich der Rhetorik. München (dt. Übersetzung v.: L' Empire Rhétorique).

PERELMAN, Ch./OLBRECHTS-TYTECA, L. 1976: Traité de l'argumentation. 3. Aufl., Brüssel.

PERROW, Ch. 1978: Demystifying Organizations. In: The Management of Human Services, hrsg. v. R. C. Sarri und Y. Hasenfeld. New York, S. 105-120.

PETERS, Th. J./WATERMAN, R. H. jr. 1984: Auf der Suche nach Spitzenleistungen. 6. Aufl., Landsberg a. Lech (dt. Übersetzung v.: In Search of Excellence).

PETTIGREW, A. M. 1979: On Studying Organizational Cultures. In: ASQ (24), S. 570-581.

PFEFFER, J. 1978: The Ambiguity of Leadership. In: Leadership, hrsg. v. M. W. McCall jr. und M. M. Lombardo. Durham, NC, S. 13-34.

PFEFFER, J. 1981: Management as Symbolic Action: The Creation and Maintenance of Organizational Paradigms. In: Research in Organizational Behavior. Bd. 3, hrsg. v. L. L. Cummings und B. M. Staw. Greenwich, CT, S. 1-52.

PFOHL, H.-Ch. 1977: Problemorientierte Entscheidungsfindung in Organisationen. Berlin-New York.

PFOHL, H.-Ch./RÜRUP, B. (Hrsg.) 1977: Wirtschaftliche Meßprobleme. Köln.

PHILLIPS, L. D. 1984: Decision Support for Managers. In: The Managerial Challenge of New Office Technology, hrsg. v. H. J. Otway und M. Peltu. London u. a., S. 80-98.

PICOT, A. 1988: Produktionsfaktor Nr. 1: Information. In: Siemens-Zeitschrift (62), Heft 4, S. 4-7.

PICOT, A. 1990: Der Produktionsfaktor Information in der Unternehmensführung. In: Information Management (5), Heft 1, S. 6-14.

PICOT, A./LANGE, B. 1979: Synoptische versus inkrementale Gestaltung des strategischen Planungsprozesses. In: ZfbF (31), S. 569-596.

PINKAL, M. 1980: Semantische Vagheit: Phänomene und Theorien. In: Linguistische Berichte 1980 (70), S. 1-26 (1. Teil) und 1981 (72), S. 1-26 (2. Teil).

POENSGEN, O. H./HORT, H. 1981: Die situativen Einflüsse auf die unternehmerische Planung. In: ZfB (51), S. 3-32.

POLANYI, M. 1958: Personal Knowledge. London.

POLANYI, M. 1985: Implizites Wissen. Frankfurt a. M. (dt. Übersetzung v.: The Tacit Dimension).

PONDY, L. R./MITROFF, I. I. 1979: Beyond Open System Models of Organization. In: Research in Organizational Behavior. Bd. 1, hrsg. v. B. M. Staw. Greenwich, CT, S. 3-39.

PONDY, L. R. u. a. (Hrsg.) 1983: Organizational Symbolism. Greenwich, CT-London.

POPPER, K. 1933: Ein Kriterium des empirischen Charakters theoretischer Systeme. In: Erkenntnis (3), S. 426-427.

POPPER, K. R. 1948: Naturgesetze und theoretische Systeme. In: Gesetz und Wirklichkeit, hrsg. v. S. Moser. Innsbruck-Wien.

POPPER, K. R. 1957: The Propensity Interpretation of the Calculus of Probability, and the Quantum Theory. In: Observation and Interpretation, hrsg. v. S. Körner unter Mitarbeit v. M. H. L. Pryce. London, S. 65-70.

POPPER, K. 1970: Normal Science and Its Dangers. In: Criticism and the Growth of Knowledge, hrsg. v. I. Lakatos und A. Musgrave. Cambridge, S. 51-58.

POPPER, K. R. 1972: Conjectures and Refutations. 4. Aufl., London.

POPPER, K. R. 1984: Objektive Erkenntnis. 4. Aufl., Hamburg (dt. Übersetzung v.: Objective Knowledge).

POPPER, K. R. 1989: Logik der Forschung. 9. Aufl., Tübingen.

POPPER, K. R. 1992a: Die offene Gesellschaft und ihre Feinde. Bd. 1. 7. Aufl., Tübingen (dt. Übersetzung v.: The Open Society and Its Enemies).

POPPER, K. R. 1992b: Die offene Gesellschaft und ihre Feinde. Bd. 2. 7. Aufl., Tübingen (dt. Übersetzung v.: The Open Society and Its Enemies).

PORTER, M. E. 1980: Competitive Strategy. New York-London.

PORTER, M. E. 1985: Competitive Advantage. New York-London.

PORTER, M. E. 1987: Diversifikation - Konzerne ohne Konzept. In: Harvard Manager (9), Heft 4, S. 30-49.

POSER, H. 1989: Mathematik. In: Handlexikon zur Wissenschaftstheorie, hrsg. v. H. Seiffert und G. Radnitzky. München, S. 206-214.

POTTHOFF, E. 1982: Prüfung der Ordnungsmäßigkeit der Geschäftsführung. Stuttgart u. a.

PRIDDAT, B. P. 1989: Transformation der ökonomischen Vernunft? In: Wirtschaftsethik und ökologische Wirtschaftsforschung, hrsg. v. E. K. Seifert und R. Pfriem. Bern-Stuttgart, S. 151-164.

PROBST, A. R./VALICEK, A. 1986: Management Support Systems. In: Die Unternehmung (40), S. 180-193.

PROBST, A. R./VALICEK, A./BECKER, M. 1986: Management-Support-Systeme. In: io Management Zeitschrift (55), S. 161-163 (1. Teil) und S. 224-227 (2. Teil).

PROBST, G. J. B./GOMEZ, P. 1989: Die Methodik des vernetzten Denkens zur Lösung komplexer Probleme. In: Vernetztes Denken, hrsg. v. G. J. B. Probst und P. Gomez. Wiesbaden, S. 1-18.

PROBST, G. J. B./GOMEZ, P. (Hrsg.) 1989: Vernetztes Denken. Wiesbaden.

PUGH, D. S. u. a. 1969: The Context of Organization Structures. In: ASQ (14), S. 91-114.

PUNTEL, L. B. 1974: Wahrheit. In: Handbuch philosophischer Grundbegriffe, hrsg. v. H. Krings, H. M. Baumgartner und Ch. Wild. München 1973-1974, S. 1649-1668.

PUNTEL, L. B. 1983: Wahrheitstheorien in der neueren Philosophie. 2. Aufl., Darmstadt.

PUPPE, F. 1989: Wissensrepräsentationen und Inferenzstrategien. In: Handbuch der Modernen Datenverarbeitung (26), Heft 147, S. 27-34.

PUTZO, H. 1993: Kommentierungen zum Gesetz über den Widerruf von Haustürgeschäften und ähnlichen Geschäften in: Palandt. Kommentar zum Bürgerlichen Gesetzbuch, bearbeitet v. P. Bassenge u. a. 52. Aufl., München.

PUTZ-OSTERLOH, W. 1985: Selbstreflexionen, Testintelligenz und interindividuelle Unterschiede bei der Bewältigung komplexer Probleme. In: Sprache und Kognition (4), S. 203-216.

PUTZ-OSTERLOH, W. 1992: Entscheidungsverhalten. In: HWO. 3. Aufl., hrsg. v. E. Frese. Stuttgart, Sp. 585-599.

QUINE, W. V. 1986: Philosophy of Logic. 2. Aufl., Cambridge, MA-London.

QUINN, R. E. 1989: Beyond Rational Management. San Francisco-London.

RADNITZKY, G. 1989a: Definition. In: Handlexikon zur Wissenschaftstheorie, hrsg. v. H. Seiffert und G. Radnitzky. München, S. 27-33.

RADNITZKY, G. 1989b: Explikation. In: Handlexikon zur Wissenschaftstheorie, hrsg. v. H. Seiffert und G. Radnitzky. München, S. 73-80.

RADNITZKY, G. 1989c: Wert. In: Handlexikon zur Wissenschaftstheorie, hrsg. v. H. Seiffert und G. Radnitzky. München, S. 381-387.

RADNITZKY, G. 1989d: Wissenschaftlichkeit. In: Handlexikon zur Wissenschaftstheorie, hrsg. v. H. Seiffert und G. Radnitzky. München, S. 399-405.

RADNITZKY, G. 1989e: Wissenschaftstheorie, Methodologie. In: Handlexikon zur Wissenschaftstheorie, hrsg. v. H. Seiffert und G. Radnitzky. München, S. 463-471.

RAFFÉE, H./ABEL, B. 1979: Aufgaben und aktuelle Tendenzen der Wissenschaftstheorie in den Wirtschaftswissenschaften. In: Wissenschaftstheoretische Grundfragen der Wirtschaftswissenschaften, hrsg. v. H. Raffée und B. Abel. München, S. 1-10.

RAFFÉE, H./SPECHT, G. 1974: Basiswerturteile der Marketing-Wissenschaft. In: ZfbF (26), S. 373-396.

RAIFFA, H. 1973: Einführung in die Entscheidungstheorie. München-Wien (dt. Übersetzung v.: Decision Analysis).

RAMSEY, F. P. 1926: Truth and Probability. Unveröffentlichtes Manuskript, abgedruckt in: F. P. Ramsey: The Foundations of Mathematics and Other Logical Essays. London 1965, S. 156-198.

RANSON, St./HININGS, B./GREENWOOD, R. 1980: The Structuring of Organizational Structures. In: ASQ (25), S. 1-17.

RAUTENBERG, W. 1979: Klassische und nichtklassische Aussagenlogik. Braunschweig-Wiesbaden.

RAWLS, J. 1975: Eine Theorie der Gerechtigkeit. Frankfurt a. M. (dt. Übersetzung v.: A Theory of Justice).

REASON, J. 1987: A Preliminary Classification of Mistakes. In: New Technology and Human Error, hrsg. v. J. Rasmussen, K. Duncan und J. Leplat. Chichester, S. 15-22.

REBER, G. 1981: Gleichförmiges vs. ungleichförmiges Verhalten: Das Problem der transsituationalen Konsistenz des personalen Verhaltens. In: Die Führung des Betriebes, hrsg. v. M. N. Geist und R. Köhler. Stuttgart, S. 107-130.

REBER, G. 1992: Lernen, organisationales. In: HWO. 3. Aufl., hrsg. v. E. Frese. Stuttgart, Sp. 1240-1255.

REDEL, W. 1982: Kollegienmanagement. Bern-Stuttgart.

REHBERG, J. 1973: Wert und Kosten von Informationen. Frankfurt a. M.-Zürich.

REICHENBACH, H. 1938: Experience and Predicition. Chicago.

REICHENBACH, H. 1949: The Theory of Probability. 2. Aufl., Berkeley-Los Angeles-London.

van REIJEN, W. 1984: Philosophie als Kritik. Königstein, Ts.

REINEKE, R.-D. 1989: Akkulturation von Auslandsakquisitionen. Wiesbaden.

REMITSCHKA, R. 1992: Erhebungstechniken. In: HWO. 3. Aufl., hrsg. v. E. Frese. Stuttgart, Sp. 599-611.

RESCHER, N. 1973: The Coherence Theory of Truth. Oxford.

RESCHER, N. 1976: Plausible Reasoning. Assen-Amsterdam.

RESCHER, N. 1977a: Methodological Pragmatism. Oxford.

RESCHER, N. 1977b: Dialectics. Albany.

RESCHER, N. 1987: Induktion. München-Wien (dt. Übersetzung v.: Induction).

RESCHER, N. 1988: Rationality. Oxford.

RESCHER, N./MANOR, R. 1970: On Inference from Inconsistent Premisses. In: Theory and Decision (1), S. 179-217.

REUTER, E. 1986: Über Macht und Ohnmacht des Geistes. In: E. Reuter: Vom Geist der Wirtschaft. Stuttgart, S. 205-222.

RICH, A. 1985: Wirtschaftsethik. Bd. 1. 2. Aufl., Gütersloh.

RICKEN, F. 1983: Allgemeine Ethik. Stuttgart u. a.

RICOEUR, P. 1975: La Métaphore vive. Paris.

RIEDEL, M. (Hrsg.) 1972: Rehabilitierung der praktischen Philosophie. Bd. 1. Freiburg.

RIEDEL, M. (Hrsg.) 1974: Rehabilitierung der praktischen Philosophie. Bd. 2. Freiburg.

RIEPER, B. 1979: Hierarchische betriebliche Systeme. Wiesbaden.

RISSE, W. 1969: Hilfswissenschaften der betriebswirtschaftlichen Organisationslehre. In: HWO. 1. Aufl., hrsg. v. E. Grochla. Stuttgart, Sp. 683-694.

RIVETT, P. 1972: Principles of Model Building. London u. a.

ROCKART, J. F. 1979: Chief Executives Define Their Own Data Needs. In: HBR (57), Heft 2, S. 81-93.

ROCKART, J. F./DeLONG, D. W. 1988: Executive Support Systems. Homewood, IL.

ROCKART, J. F./TREACY, M. E. 1982: The CEO Goes On-Line. In: HBR (60), Heft 1, S. 82-88.

RODI, F. 1989: Semiotik. In: Handlexikon zur Wissenschaftstheorie, hrsg. v. H. Seiffert und G. Radnitzky. München, S. 296-301.

RÖD, W. 1989: Erkenntnistheorie. In: Handlexikon zur Wissenschaftstheorie, hrsg. v. H. Seiffert und G. Radnitzky. München, S. 52-57.

ROSENSTOCK, H. A. 1963: Die Entscheidung im Unternehmungsgeschehen. Bern.

ROSENTHAL, K. 1983: Paradigmawechsel in der Betriebswirtschaftslehre: die Wiederkehr des immer Gleichen. In: Paradigmawechsel in der Betriebswirtschaftslehre? Hrsg. v. W. F. Fischer-Winkelmann. Spardorf, S. 412-439.

ROWAN, R. 1989: Spitzenleistungen durch intuitives Management. Düsseldorf.

ROWE, A. J./MASON, R. O. 1987: Managing with Style. San Francisco-London.

RÜEGG, J. 1989: Unternehmensentwicklung im Spannungsfeld von Komplexität und Ethik. Bern-Stuttgart.

RÜHL, G. 1980: Arbeitszufriedenheit. In: HWO. 2. Aufl., hrsg. v. E. Grochla. Stuttgart, Sp. 162-179.

RÜHLI, E. 1989a: Funktionen der Planung. In: HWPlan, hrsg. v. N. Szyperski mit Unterstützung v. U. Winand. Stuttgart, Sp. 566-578.

RÜHLI, E. 1989b: Entscheidungsorientierter Ansatz und Allgemeine Betriebswirtschaftslehre. In: Die Betriebswirtschaftslehre im Spannungsfeld zwischen Generalisierung und Spezialisierung. FS für E. Heinen, hrsg. v. W. Kirsch und A. Picot. Wiesbaden, S. 99-117.

RUH, H. 1988: Unternehmungspolitik und Ethik. In: Ethik und Unternehmensführung, hrsg. v. Ch. Lattmann. Heidelberg, S. 79-95.

RUNGGALDIER, E. 1990: Analytische Sprachphilosophie. Stuttgart-Berlin-Köln.

RUSSELL, B. (o. J.): Das menschliche Wissen. Darmstadt (dt. Übersetzung v.: Human Knowledge).

RUSSELL, B. 1977a: William James. In: Wahrheitstheorien, hrsg. v. G. Skirbekk. Frankfurt a. M., S. 59-62 (dt. Übersetzung v.: William James).

RUSSELL, B. 1977b: Wahrheit und Falschheit. In: Wahrheitstheorien, hrsg. v. G. Skirbekk. Frankfurt a. M., S. 63-72 (dt. Übersetzung v.: Truth and Falsehood).

SAAGE, G. 1965: Die Prüfung der Geschäftsführung. Stuttgart.

SAAGE, G. 1967: Die Durchführung der Geschäftsführungsprüfung. In: WPg (20), S. 225-233.

SAAGE, G. 1983: Geschäftsführungsprüfung. In: HWRev, hrsg. v. A. G. Coenenberg und K. v. Wysocki. Stuttgart, Sp. 472-484.

SALANCIK, G. R./MEINDL, J. R. 1984: Corporate Attributions as Strategic Illusions of Management Control. In: ASQ (29), S. 238-254.

SALERNO, L. M. 1985: What Happened to the Computer Revolution? In: HBR (63), Heft 6, S. 129-138.

SALIGER, E. 1990: Entscheidungstheoretische Planung. Wiesbaden.

SANDNER, K. 1988: "... von Mythen und Märchen, Kulturpflege und Sinn-Management" - Organisationskultur als Gegenstand der Organisationsforschung. In: DBW (48), S. 651-670.

SAVAGE, L. J. 1962: Subjective Probability and Statistical Practice. In: The Foundations of Statistical Inference, hrsg. v. L. J. Savage. London-New York, S. 9-35.

v. SAVIGNY, E. 1969: Einführung. In: Philosophie und normale Sprache, hrsg. v. E. v. Savigny. Freiburg-München, S. 7-18.

v. SAVIGNY, E. 1976: Argumentation in der Literaturwissenschaft. München.

v. SAVIGNY, E. 1984: Grundkurs im logischen Schließen. 2. Aufl.. Göttingen.

SCHÄFER, L. 1973: Quantität. In: Handbuch philosophischer Grundbegriffe, hrsg. v. H. Krings, H. M. Baumgartner und Ch. Wild. München 1973-1974, S. 1146-1154.

SCHAFFITZEL, W. 1982: Das entscheidungstheoretische Rationalitätskonzept in der Betriebswirtschaftslehre. München.

SCHANZ, G. 1973: Wider das Selbstverständnis der Betriebswirtschaftslehre als "praktisch-normative" Disziplin. In: ZfB (43), S. 585-602.

SCHANZ, G. 1975: Einführung in die Methodologie der Betriebswirtschaftslehre. Köln.

SCHANZ, G. 1977: Grundlagen der verhaltenstheoretischen Betriebswirtschaftslehre. Tübingen.

SCHANZ, G. 1979a: Überblick. In: Betriebswirtschaftliche Gesetze, Effekte und Prinzipien, hrsg. v. G. Schanz. München, S. 1-8.

SCHANZ, G. 1979b: Ökonomische Theorie als sozialwissenschaftliches Paradigma? In: Soziale Welt (30), S. 257-274.

SCHANZ, G. 1982: Organisationsgestaltung. München.

SCHANZ, G. 1988: Erkennen und Gestalten. Stuttgart.

SCHAUENBERG, B. 1992: Entscheidungsregeln, kollektive. In: HWO. 3. Aufl., hrsg. v. E. Frese. Stuttgart, Sp. 566-575.

SCHECKER, M. (Hrsg.) 1977: Theorie der Argumentation. Tübingen.

SCHEDLBAUER, H. 1981: Die Ordnungsmäßigkeit der Geschäftsführung als Gegenstand von periodischen Routine- und Sonderprüfungen. In: DBW (41), S. 537-551.

SCHEDLBAUER, H. 1984: Sonderprüfungen. Stuttgart.

SCHEFFCZYK, L. 1989: Vorwort. In: Rationalität, hrsg. v. L. SCHEFFCZYK. Freiburg-München, S. 9-10.

SCHEFFCZYK, L. (Hrsg.) 1989: Rationalität. Freiburg-München.

SCHEFFLER, I. 1964: The Anatomy of Inquiry. London.

SCHEIBE, E. 1980: Physik, Wissenschaftstheoretische Probleme der. In: Handbuch wissenschaftstheoretischer Begriffe, hrsg. v. J. Speck i. V. m. K. Acham u. a. Göttingen, S. 470-480.

SCHEIN, E. H. 1975: Wie vollziehen sich Veränderungen? In: Änderung des Sozialverhaltens (dt. Übersetzung v.: The Planning of Change), hrsg. v. W. G. Bennis, K. D. Benne und R. Chin. Stuttgart, S. 128-139.

SCHEIN, E. H. 1985: Organizational Culture and Leadership. San Francisco-Washington-London.

SCHEIT, H. 1987: Wahrheit, Diskurs, Demokratie. Freiburg-München.

SCHERFF, J. 1988: Information Retrieval mit Online-Datenbanken. In: Handbuch der Modernen Datenverarbeitung (25), Heft 141, S. 3-18.

SCHIFF, S. 1988: D & O Outlook Brightening. In: Insurance Review (49), Heft 5, S. 55-58.

SCHILLING, W. 1973: Kommentierungen in: Großkommentar zum Aktiengesetz. 3. Aufl. v. C. H. Barz u. a. Berlin-New York 1970-1975.

SCHINDEL, V. 1979: Entscheidungsorientierte Interpretationen des Informationswertes und ihre jeweilige Eignung zur Beurteilung von Informationsbeschaffungsmaßnahmen. In: ZfB (49), S. 39-55.

SCHIRN, M. 1975: Identität und Synonymie. Stuttgart-Bad Cannstatt.

SCHLEGELMILCH, B. B. 1990: Die Kodifizierung ethischer Grundsätze in europäischen Unternehmen: eine empirische Untersuchung. In: DBW (50), S. 365-374.

SCHLICK, M. 1934: Über das Fundament der Erkenntnis. In: Erkenntnis (4), S. 79-99.

SCHLICK, M. 1935: Facts and Propositions. In: Analysis (2), Heft 5, S. 65-70.

SCHLICKSUPP, H. 1977: Kreative Ideenfindung in der Unternehmung. Berlin-New York.

SCHLUCHTER, W. 1979: Die Entwicklung des okzidentalen Rationalismus. Tübingen.

SCHLÜTER, H. 1975: Grundkurs der Rhetorik. 2. Aufl., München.

SCHMIDT, B. 1991: Das Glück des kleinen Mannes bestimmt heute der Computer. In: FAZ v. 30.12.1991, S. T1-T2.

SCHMIDT, G. 1980: Erhebungstechniken. In: HWO. 2. Aufl., hrsg. v. E. Grochla. Stuttgart, Sp. 660-672.

SCHMIDT, G. 1989: Methode und Techniken der Organisation. 8. Aufl., Gießen.

SCHMIDT, R.-B./SCHIRMEISTER, R. 1989: Planungsrationalität. In: HWPlan, hrsg. v. N. Szyperski mit Unterstützung v. U. Winand. Stuttgart, Sp. 1477-1487.

SCHMIDT, R. H. 1983a: Zur Lösbarkeit von Vorentscheidungsproblemen. In: Operations Research Proceedings 1982, hrsg. v. W. Bühler. Berlin-Heidelberg-New York, S. 417-425.

SCHMIDT, R. H. 1983b: Lehren, Rationalität und Leitbilder; zu Dieter Schneiders "Geschichte betriebswirtschaftlicher Theorie". In: ZfbF (35), S. 503-525.

SCHMIDT, R. H. 1992: Organisationstheorie, transaktionskostenorientierte. In: HWO. 3. Aufl., hrsg. v. E. Frese. Stuttgart, Sp. 1854-1865.

SCHMIDT, U. 1971: Zum Prognoseproblem in der Wirtschaftswissenschaft. Dagersheim.

SCHMIDT-LEITHOFF, Ch. 1989: Die Verantwortung der Unternehmensleitung. Tübingen.

SCHMITZ, P./LENZ, A./NÖCKER, C. 1989: Dialogbeitrag zum Artikel von Ulrich Frank: "Expertensysteme: Ein erfolgversprechender Ansatz zur Automatisierung dispositiver Tätigkeiten?". In: DBW (49), S. 262-264.

SCHNÄDELBACH, H. 1989: Positivismus. In: Handlexikon zur Wissenschaftstheorie, hrsg. v. H. Seiffert und G. Radnitzky. München, S. 267-269.

SCHNEEWEISS, Ch. 1984: Elemente einer Theorie betriebswirtschaftlicher Modellbildung. In: ZfB (54), S. 480-504.

SCHNEEWEISS, H. 1978: Ökonometrie. 3. Aufl., Würzburg-Wien.

SCHNEIDER, D. 1979: Meßbarkeitsstufen subjektiver Wahrscheinlichkeiten als Erscheinungsformen der Ungewißheit. In: ZfbF (31), S. 89-122.

SCHNEIDER, D. 1985: Allgemeine Betriebswirtschaftslehre. 2. Aufl., München-Wien.

SCHNEIDER, D. 1990: Unternehmensethik und Gewinnprinzip in der Betriebswirtschaftslehre. In: ZfbF (42), S. 869-891.

SCHNEIDER, U. H. 1988: Kommentierungen in: Scholz. Kommentar zum GmbH-Gesetz, bearbeitet v. G. Crezelius u. a. 7. Aufl., Köln 1986-1988.

SCHNUTENHAUS, O. R. 1961: Absatzpolitik und Unternehmungsführung. Freiburg i. Brsg.

SCHÖPF, A. 1973a: Gewissheit. In: Handbuch philosophischer Grundbegriffe, hrsg. v. H. Krings, H. M. Baumgartner und Ch. Wild. München 1973-1974, S. 585-596.

SCHÖPF, A. 1973b: Kausalität. In: Handbuch philosophischer Grundbegriffe, hrsg. v. H. Krings, H. M. Baumgartner und Ch. Wild. München 1973-1974, S. 779-798.

SCHOLL, W. 1992: Informationspathologien. In: HWO. 3. Aufl., hrsg. v. E. Frese. Stuttgart, Sp. 900-912.

SCHOLZ, Ch. 1988: Organisationskultur: Zwischen Schein und Wirklichkeit. In: ZfbF (40), S. 243-272.

SCHOLZ, Ch. 1992: Effektivität und Effizienz, organisatorische. In: HWO. 3. Aufl., hrsg. v. E. Frese. Stuttgart, Sp. 533-552.

SCHOSER, F. 1990: Der ehrbare Kaufmann. In: Werte in Wirtschaft und Gesellschaft, hrsg. v. R. Biskup. Bern-Stuttgart, S. 99-111.

SCHRADER, A., unter Mitarbeit v. M. MALWITZ-SCHÜTTE und J. Sell 1971: Einführung in die empirische Sozialforschung. Stuttgart u. a.

SCHREYÖGG, G. 1984: Unternehmensstrategie. Berlin-New York.

SCHREYÖGG, G. 1985: Mythen in Organisationen. In: Die ganzheitlich-verstehende Betrachtung der sozialen Leistungsordnung. FS für J. Kolbinger, hrsg. v. W. Bühler u. a. Wien-New York, S. 153-163.

SCHREYÖGG, G. 1989a: Zu den problematischen Konsequenzen starker Unternehmenskulturen. In: ZfbF (41), S. 94-113.

SCHREYÖGG, G. 1989b: Implementation einer Unternehmensethik in Planungs- und Entscheidungsprozessen. In: Unternehmensethik, hrsg. v. H. Steinmann und A. Löhr. Stuttgart, S. 247-258.

SCHREYÖGG, G. 1992a: Organisationskultur. In: HWO. 3. Aufl., hrsg. v. E. Frese. Stuttgart, Sp. 1525-1537.

SCHREYÖGG, G. 1992b: Organisationstheorie, entscheidungsprozeßorientierte. In: HWO. 3. Aufl., hrsg. v. E. Frese. Stuttgart, Sp. 1746-1757.

SCHREYÖGG, G./HÜBL, G. 1992: Manager in Aktion: Ergebnisse einer Beobachtungsstudie in mittelständischen Unternehmen. In: ZFO (61), S. 82-89.

SCHREYÖGG, G./STEINMANN, H. 1980: Wissenschaftstheorie. In: HWO. 2. Aufl., hrsg. v. E. Grochla. Stuttgart, Sp. 2394-2404.

SCHREYÖGG, G./STEINMANN, H. 1985: Strategische Kontrolle. In: ZfbF (37), S. 391-410.

SCHÜLER, W. 1992: Organisationstheorie, mathematische Ansätze der. In: HWO. 3. Aufl., hrsg. v. E. Frese. Stuttgart, Sp. 1806-1817.

SCHÜTZE, R. 1992: Kundenzufriedenheit. Wiesbaden.

SCHURZ, G. 1988a: Einleitung: 40 Jahre nach Hempel-Oppenheim. In: Erklären und Verstehen in der Wissenschaft, hrsg. v. G. Schurz. München, S. 11-30.

SCHURZ, G. 1988b: Kontext, Erfahrung, Induktion: Antworten der pragmatischen Wissenschaftstheorie auf drei Herausforderungen. In: Philosophia naturalis (25), S. 296-336.

SCHWEITZER, M. 1989: Kundennähe durch Electronic Banking bei der Dresdner Bank AG. In: Kundennähe durch moderne Informationstechnologien, hrsg. v. E. Frese und W. Maly. Sonderheft 25/1989 der ZfbF, S. 57-65.

SCHWEITZER, M./v. WERDER, A. 1993: Zentralbereiche und Organisation von Teilfunktionen bei der Dresdner Bank AG. In: Zentralbereiche, hrsg. v. E. Frese, W. Maly und A. v. Werder. Stuttgart, S. 121-138.

SCHWEMMER, O. 1970: Philosophie der Praxis. Diss. Erlangen-Nürnberg.

SCHWEMMER, O. 1974: Grundlagen einer normativen Ethik. In: Praktische Philosophie und konstruktive Wissenschaftstheorie, hrsg. v. F. Kambartel. Frankfurt a. M., S. 73-95.

SCHWEMMER, O. 1975: Begründen und Erklären. In: Methodologische Probleme einer normativ-kritischen Gesellschaftstheorie, hrsg. v. J. Mittelstraß. Frankfurt a. M., S. 43-87.

SCHWEMMER, O. 1976: Theorie der rationalen Erklärung. München.

SCHWENK, Ch. R. 1985: Management Illusions and Biases: Their Impact on Strategic Decisions. In: Long Range Planning (18), Heft 5, S. 74-80.

SCHWENK, Ch. R. 1988: The Essence of Strategic Decision Making. Lexington, MA-Toronto.

SCRIVEN, M. 1959: Explanation and Prediction in Evolutionary Theory. In: Science (130), S. 477-482.

SCRIVEN, M. 1976: Reasoning. New York u. a.

SEARLE, J. R. 1990: Ausdruck und Bedeutung. 2. Aufl., Frankfurt a. M. (dt. Übersetzung v.: Expression and Meaning).

SEEL, M. 1987: Was ist ein ästhetisches Argument? In: Philosophisches Jahrbuch (94), S. 42-63.

SEIDEL, E. 1992: Gremienorganisation. In: HWO. 3. Aufl., hrsg. v. E. Frese. Stuttgart, Sp. 714-724.

SEIFERT, E. K./PFRIEM, R. (Hrsg.) 1989: Wirtschaftsethik und ökologische Wirtschaftsforschung. Bern-Stuttgart.

SEIFFERT, H. 1983a: Einführung in die Wissenschaftstheorie. Bd. 1. 10. Aufl., München.

SEIFFERT, H. 1983b: Einführung in die Wissenschaftstheorie. Bd. 2. 8. Aufl., München.

SEIFFERT, H. 1989a: Einleitung: Das Verhältnis von Philosophie und Wissenschaftstheorie. In: Handlexikon zur Wissenschaftstheorie, hrsg. v. H. Seiffert und G. Radnitzky. München, S. 1-4.

SEIFFERT, H. 1989b: Sprache, allgemein und philosophisch. In: Handlexikon zur Wissenschaftstheorie, hrsg. v. H. Seiffert und G. Radnitzky. München, S. 313-316.

SELLARS, W. 1977: Wahrheit und "Korrespondenz". In: Wahrheitstheorien, hrsg. v. G. Skirbekk. Frankfurt a. M., S. 300-336 (dt. Übersetzung v.: Truth and "Correspondence").

SEYFFERT, R. 1962: Werbung. In: HWB. 3. Aufl., hrsg. v. H. Seischab und K. Schwantag. Stuttgart 1956-1962, Sp. 6265-6284.

SHARDA, R./BARR, St. H./McDONNELL, J. C. 1988: Decision Support System Effectiveness: A Review and an Empirical Test. In: MS (34), S. 139-159.

SIEBEN, G./BRETZKE, W.-R./RAULWING, H. 1976: Zur Problematik einer Prüfung von Managementleistungen. In: BFuP (28), S. 181-201.

SIEBEN, G./SCHILDBACH, Th. 1990: Betriebswirtschaftliche Entscheidungstheorie. 3. Aufl., Düsseldorf.

SIEBEN, G./SIELAFF, M. (Hrsg.) 1989: Unternehmensakquisition. Stuttgart.

SIKORA, K. 1989: Systemgrenzen und Planung. In: HWPlan, hrsg. v. N. Szyperski mit Unterstützung v. U. Winand. Stuttgart, Sp. 1953-1970.

SILVERMAN, D. 1970: The Theory of Organisations. London.

SIMON, H. A. 1955: A Behavioral Model of Rational Choice. In: Quarterly Journal of Economics (69), S. 99-118.

SIMON, H. A. 1956: Rational Choice and the Structure of the Environment. In: Psychological Review (63), Heft 2, S. 129-138.

SIMON, H. A. 1957: Models of Man. New York-London.

SIMON, H. A. 1960: The New Science of Management Decision. New York.

SIMON, H. A. 1964: Rationality. In: A Dictionary of the Social Sciences, hrsg. v. J. Gould und W. L. Kolb. Glencoe, IL, S. 573-574.

SIMON, H. A. 1965a: Administrative Behavior. 2. Aufl., New York-London.

SIMON, H. A. 1965b: The Architecture of Complexity. In: General Systems (10), S. 63-76.

SIMON, H. A. 1973: The Structure of Ill Stuctured Problems. In: Artificial Intelligence (4), S. 181-201.

SIMON, H. A. 1976: From Substantive to Procedural Rationality. In: Method and Appraisal in Economics, hrsg. v. S. J. Latsis. Cambridge u. a., S. 129-148.

SIMON, H. A. 1977: The New Science of Management Decision. 3. Aufl., Englewood Cliffs, NJ.

SIMON, H. A. 1978: Rationality as Process and as Product of Thought. In: The American Economic Review (68), Heft 2, S. 1-16.

SIMON, H. A. 1979: Rational Decision Making in Business Organizations. In: The American Economic Review (69), Heft 4, S. 493-513.

SIMON, H. A. 1982: Models of Bounded Rationality. Bd. 2. Cambridge, MA-London.

SIMON, H. A. 1987: Making Management Decisions: The Role of Intuition and Emotion. In: Academy of Management Executive (1), S. 57-64.

SIMON, H. A./NEWELL, A. 1958: Heuristic Problem Solving: The Next Advance in Operations Research. In: Operations Research (6), Heft 1, S. 1-10.

SIMON, H. A. u. a. 1954: Centralization vs. Decentralization in Organizing the Controller's Department. New York.

SIMON, H. 1987: Entscheidungsunterstützung mit Scanner-Daten. In: H. Simon, unter Mitarbeit v. J. Buthmann und I. Hollmann: Marketing im technologischen Umbruch. Stuttgart, S. 63-75.

SIMON, H./KUCHER, E. 1988: Die Bestimmung empirischer Preisabsatzfunktionen. In: ZfB (58), S. 171-183.

SIMON, H./KUCHER, E./SEBASTIAN, K.-H. 1982: Scanner-Daten in Marktforschung und Marketingentscheidung. In: ZfB (52), S. 555-579.

SIMON-SCHAEFER, R. 1989a: Dialektik. In: Handlexikon zur Wissenschaftstheorie, hrsg. v. H. Seiffert und G. Radnitzky. München, S. 33-36.

SIMON-SCHAEFER, R. 1989b: Kritische Theorie. In: Handlexikon zur Wissenschaftstheorie, hrsg. v. H. Seiffert und G. Radnitzky. München, S. 172-177.

SIMS, H. P. jr. u. a. (Hrsg.) 1986: The Thinking Organization. San Francisco-London.

SKIRBEKK, G. 1977: Einleitung. In: Wahrheitstheorien, hrsg. v. G. Skirbekk. Frankfurt a. M., S. 8-34.

SKIRBEKK, G. (Hrsg.) 1977: Wahrheitstheorien. Frankfurt a. M.

SMIRCICH, L. 1983a: Concepts of Culture and Organizational Analysis. In: ASQ (28), S. 339-358.

SMIRCICH, L. 1983b: Organizations as Shared Meanings. In: Organizational Symbolism, hrsg. v. L. R. Pondy u. a. Greenwich, CT-London, S. 55-65.

SMIRCICH, L. 1985: Is the Concept of Culture a Paradigm for Understanding Organizations and Ourselves? In: Organizational Culture, hrsg. v. P. J. Frost u. a. Beverly Hills-London-New Delhi, S. 55-72.

SMIRCICH, L./MORGAN, G. 1982: Leadership: The Management of Meaning. In: The Journal of Applied Behavioral Science (18), S. 257-273.

SNEED, J. D. 1979: The Logical Structure of Mathematical Physics. 2. Aufl., Dordrecht-Boston-London.

SOAMES, S. 1989: Presupposition. In: Handbook of Philosophical Logic. Bd. 4, hrsg. v. D. Gabbay und F. Guenthner. Dordrecht-Boston-London, S. 553-616.

SOMBART, W. 1930: Die drei Nationalökonomien. München-Leipzig.

SPAEMANN, R. 1989: Kausalität. In: Handlexikon zur Wissenschaftstheorie, hrsg. v. H. Seiffert und G. Radnitzky. München, S. 160-163.

SPIELBERGER, D. 1984: US-Produkt-Haftpflicht/Flut von Klagen gegen Hersteller. In: Handelsblatt v. 4.4.1984, S. 9.

STACHOWIAK, H. 1973: Allgemeine Modelltheorie. Wien-New York.

STACHOWIAK, H. 1989: Erkenntnistheorie, neopragmatische. In: Handlexikon zur Wissenschaftstheorie, hrsg. v. H. Seiffert und G. Radnitzky. München, S. 64-68.

STAEHLE, W. H. 1973: Plädoyer für die Einbeziehung normativer Aussagen in die Betriebswirtschaftslehre. In: ZfbF (25), S. 184-197.

STAEHLE, W. H. 1991: Management. 6. Aufl., München.

STÄHLIN, W. 1973: Theoretische und technologische Forschung in der Betriebswirtschaftslehre. Stuttgart.

STÄUDEL, Th. 1983: Entscheidungsverhalten aus präskriptiver und deskriptiver Sicht. In: Lohhausen. Vom Umgang mit Unbestimmtheit und Komplexität, hrsg. v. D. Dörner u. a. Bern-Stuttgart-Wien, S. 54-100.

STAFFELBACH, B. 1988: Plädoyer für eine Management-Ethik. In: Ethik und Unternehmensführung, hrsg. v. Ch. Lattmann. Heidelberg, S. 32-58.

STAGNER, R. 1969: Corporate Decision Making: An Empirical Study. In: Journal of Applied Psychology (53), S. 1-13.

STALNAKER, R. 1973: Presuppositions. In: Journal of Philosophical Logic (2), S. 447-457.

STARBUCK, W. H. 1983: Organizations as Action Generators. In: American Sociological Review (48), S. 91-102.

STAUDT, E. 1979: Planung als "Stückwerktechnologie". Göttingen.

STEFFENHAGEN, H. 1991: Marketing. 2. Aufl., Stuttgart-Berlin-Köln.

STEGMÜLLER, W. 1967: Einheit und Problematik der wissenschaftlichen Welterkenntnis. München.

STEGMÜLLER, W. 1970: Probleme und Resultate der Wissenschaftstheorie und Analytischen Philosophie. Bd. 2, 1. HBd. Berlin-Heidelberg-New York.

STEGMÜLLER, W. 1971: Das Problem der Induktion: Humes Herausforderung und moderne Antworten. In: Neue Aspekte der Wissenschaftstheorie, hrsg. v. H. Lenk. Braunschweig, S. 13-74.

STEGMÜLLER, W. 1973a: Probleme und Resultate der Wissenschaftstheorie und Analytischen Philosophie. Bd. 4, 1. HBd. Berlin-Heidelberg-New York.

STEGMÜLLER, W. 1973b: Probleme und Resultate der Wissenschaftstheorie und Analytischen Philosophie. Bd. 4, 2. HBd. Berlin-Heidelberg-New York.

STEGMÜLLER, W. 1973c: Probleme und Resultate der Wissenschaftstheorie und Analytischen Philosophie. Bd. 2, 2. HBd. Berlin-Heidelberg-New York.

STEGMÜLLER, W. 1979: Hauptströmungen der Gegenwartsphilosophie. Bd. 2. 6. Aufl., Stuttgart.

STEGMÜLLER, W. 1980: Neue Wege der Wissenschaftsphilosophie. Berlin-Heidelberg-New York.

STEGMÜLLER, W. 1983: Probleme und Resultate der Wissenschaftstheorie und Analytischen Philosophie. Bd. 1. 2. Aufl., Berlin-Heidelberg-New York.

STEGMÜLLER, W. 1987: Hauptströmungen der Gegenwartsphilosophie. Bd. 3. 8. Aufl., Stuttgart.

STEGMÜLLER, W. 1989: Hauptströmungen der Gegenwartsphilosophie. Bd. 1. 7. Aufl., Stuttgart.

STEIN, H.-G. 1992: Eröffnung und Einführung. In: Unternehmensakquisitionen, hrsg. v. G. Sieben und H.-G. Stein. Stuttgart, S. 1-5.

STEINMANN, H. 1978: Die Betriebswirtschaftslehre als normative Handlungswissenschaft. In: Betriebswirtschaftslehre als normative Handlungswissenschaft, hrsg. v. H. Steinmann. Wiesbaden, S. 73-102.

STEINMANN, H. 1985: Zum Element des Politischen in der Unternehmung. In: Die ganzheitlich-verstehende Betrachtung der sozialen Leistungsordnung. FS für J. Kolbinger, hrsg. v. W. Bühler u. a. Wien-New York, S. 223-242.

STEINMANN, H./GERUM, E. 1978: Reform der Unternehmensverfassung. Köln u. a.

STEINMANN, H./LÖHR, A. 1988: Unternehmensethik - eine "realistische Idee". In: ZfbF (40), S. 299-317.

STEINMANN, H./LÖHR, A. 1989a: Einleitung: Grundfragen und Problembestände einer Unternehmensethik. In: Unternehmensethik, hrsg. v. H. Steinmann und A. Löhr. Stuttgart, S. 3-21.

STEINMANN, H./LÖHR, A. 1989b: Der Beitrag der Unternehmensethik zur interessenpluralistischen Legitimation der Unternehmensführung. In: Unternehmensverfassung in der privaten und öffentlichen Wirtschaft. FS für E. Potthoff, hrsg. v. P. Eichhorn. Baden-Baden, S. 105-117.

STEINMANN, H./OPPENRIEDER, B. 1985: Brauchen wir eine Unternehmensethik? In: DBW (45), S. 170-183.

STEINMANN, H. u. a. 1976: Zu methodologischen Grundlagenproblemen der Betriebswirtschaftslehre. In: ZfB (46), S. 821-831.

STEINMANN, H./LÖHR, A. (Hrsg.) 1989: Unternehmensethik. Stuttgart.

STEVENS, S. S. 1962: Measurement, Psychophysics, and Utility. In: Measurement, hrsg. v. C. W. Churchman und Ph. Ratoosh. New York-London, S. 18-63.

STEVENSON, Ch. L. 1944: Ethics and Language. New Haven-London.

STIGLER, G. J./BECKER, G. S. 1977: De Gustibus Non Est Disputandum. In: The American Economic Review (67), S. 76-90.

STONE, Ch. D. 1975: Where the Law Ends. New York u. a.

STRASSER, P. 1980: Wirklichkeitskonstruktion und Rationalität. Freiburg-München.

STRENGER, H. J. 1989: Unternehmensethische Grundsätze in der chemischen Industrie. In: Unternehmensethik, hrsg. v. H. Steinmann und A. Löhr. Stuttgart, S. 365-372.

STÜBEN, P. E. 1981: Die Struktur und Funktion transzendentaler Argumentationsfiguren. Frankfurt a. M.-Bern.

STÜDEMANN, K. 1990: Allgemeine Betriebswirtschaftslehre. 2. Aufl., München-Wien.

SUPPES, P. 1973: New Foundations of Objective Probability: Axioms for Propensities. In: Logic, Methodology and Philosophy of Science IV, hrsg. v. P. Suppes u. a. Amsterdam-London-New York, S. 515-529.

SUPPES, P. 1980: Messung. In: Handbuch wissenschaftstheoretischer Begriffe, hrsg. v. J. Speck i. V. m. K. Acham u. a. Göttingen, S. 415-423.

SUPPES, P./ZINNES, J. L. 1967: Basic Measurement Theory. In: Handbook of Mathematical Psychology, hrsg. v. R. D. Luce, R. R. Bush und E. Galanter. Bd. 1. New York-London-Sydney, S. 1-76.

SWANN, W. B. jr. 1985: The Self as Architect of Social Reality. In: The Self and Social Life, hrsg. v. B. R. Schlenker. New York u. a., S. 100-125.

SZYPERSKI, N. 1962: Zur Problematik der quantitativen Terminologie in der Betriebswirtschaftslehre. Berlin.

SZYPERSKI, N. 1971a: Zur wissenschaftsprogrammatischen und forschungsstrategischen Orientierung der Betriebswirtschaftslehre. In: ZfbF (23), S. 261-282.

SZYPERSKI, N. 1971b: Das Setzen von Zielen - Primäre Aufgabe der Unternehmungsleitung. In: ZfB (41), S. 639-670.

SZYPERSKI, N./WINAND, U. 1974: Entscheidungstheorie. Stuttgart.

TARSKI, A. 1972: Die semantische Konzeption der Wahrheit und die Grundlagen der Semantik (dt. Übersetzung v.: The Semantic Conception of Truth and the Foundations of Semantics). In: Zur Philosophie der idealen Sprache, hrsg. v. J. Sinnreich. München, S. 53-100.

TEICHMANN, H. 1971: Die Bestimmung der optimalen Information. In: ZfB (41), S. 745-774.

TEICHMANN, H. 1972: Die optimale Komplexion des Entscheidungskalküls. In: ZfbF (24), S. 519-539.

TERRAHE, R. 1989: Kundenorientierung durch Informations- und Kommunikationstechnologien bei der Colonia Versicherung AG. In: Kundennähe durch moderne Informationstechnologien, hrsg. v. E. Frese und W. Maly. Sonderheft 25/1989 der ZfbF, S. 35-55.

THEISEN, M. R. 1987: Die Überwachung der Unternehmungsführung. Stuttgart.

THEISEN, M. R. 1991: Grundsätze einer ordnungsmäßigen Informationsversorgung des Aufsichtsrates. Stuttgart.

THEISEN, M. R. 1992: Geschäftsführungsprüfung. In: HWRev, hrsg. v. A. G. Coenenberg und K. v. Wysocki. 2. Aufl., Stuttgart, Sp. 649-663.

THIEL, Ch. 1989: Anfang. In: Handlexikon zur Wissenschaftstheorie, hrsg. v. H. Seiffert und G. Radnitzky. München, S. 7-9.

THOMPSON, J. D. 1964: Decision-Making, the Firm, and the Market. In: New Perspectives in Organization Research, hrsg. v. W. W. Cooper, H. J. Leavitt und M. W. Shelly II. New York-London-Sydney, S. 334-348.

THOMPSON, J. D. 1967: Organizations in Action. New York u. a.

TIETZEL, M. 1981: Die Rationalitätsannahme in den Wirtschaftswissenschaften oder Der homo oeconomicus und seine Verwandten. In: Jahrbuch für Sozialwissenschaft (32), S. 115-138.

TONGE, F. M. 1961: The Use of Heuristic Programming in Management Science. In: MS (7), S. 231-237.

TOPITSCH, E. 1972: Das Verhältnis zwischen Sozial- und Naturwissenschaften. In: Logik der Sozialwissenschaften, hrsg. v. E. Topitsch. 8. Aufl., Köln, S. 57-71.

TOULMIN, St. E. 1950: An Examination of the Place of Reason in Ethics. Cambridge.

TOULMIN, St. E. 1958: The Uses of Argument. Cambridge 1958.

TOULMIN, St. 1975: Der Gebrauch von Argumenten. Kronberg, Ts. (dt. Übersetzung v.: The Uses of Argument).

TOULMIN, St. 1986: Die Verleumdung der Rhetorik. In: Neue Hefte für Philosophie (26), S. 55-68.

TOULMIN, St./RIEKE, R./JANIK, A. 1979: An Introduction to Reasoning. New York-London.

TRENKLE, Th. 1983: Organisation der Vorstandsentscheidung. Frankfurt a. M.-Bern-New York.

TRUX, W. 1985: Strategisches Management und Quantitative Verfahren. In: Strategische Planung (1), S. 55-69.

TRUX, W./KIRSCH, W. 1979: Strategisches Management oder Die Möglichkeit einer "wissenschaftlichen" Unternehmensführung. In: DBW (39), S. 215-235.

TÜRK, K. 1989: Neuere Entwicklungen in der Organisationsforschung. Stuttgart.

TVERSKY, A./KAHNEMAN, D. 1974: Judgment under Uncertainty: Heuristics and Biases. In: Science (185), S. 1124-1131.

ULLMANN, A. A. 1988: "Lohnt" sich soziale Verantwortung? In: ZfB (58), S. 908-926.

ULRICH, H. 1970: Die Unternehmung als produktives soziales System. 2. Aufl., Bern-Stuttgart.

ULRICH, H./PROBST, G. J. B. 1988: Anleitung zum ganzheitlichen Denken und Handeln. Bern-Stuttgart.

ULRICH, P. 1983: Konsensus-Management: Die zweite Dimension rationaler Unternehmensführung. In: BFuP (35), S. 70-84.

ULRICH, P. 1986: Transformation der ökonomischen Vernunft. Bern-Stuttgart.

ULRICH, P. 1989a: Unternehmensethik - Führungsinstrument oder Grundlagenreflexion? In: Unternehmensethik, hrsg. v. H. Steinmann und A. Löhr. Stuttgart, S. 179-200.

ULRICH, P. 1989b: Lassen sich Ökonomie und Ökologie wirtschaftsethisch versöhnen? In: Wirtschaftsethik und ökologische Wirtschaftsforschung, hrsg. v. E. K. Seifert und R. Pfriem. Bern-Stuttgart, S. 129-149.

ULRICH, P. 1989c: Rückfragen zur Geschichte von der "ethischen Katze und dem heissen ökonomischen Brei". In: Wirtschaftsethik und ökologische Wirtschaftsforschung, hrsg. v. E. K. Seifert und R. Pfriem. Bern-Stuttgart, S. 165-172.

URQUHART, A. 1986: Many-Valued Logic. In: Handbook of Philosophical Logic. Bd. 3, hrsg. v. D. Gabbay und F. Guenthner. Dordrecht u. a., S. 71-116.

VANBERG, V. 1975: Die zwei Soziologien. Tübingen.

VENKATRAMAN, N./RAMANUJAM, V. 1987: Planning System Success: A Conceptualization and an Operational Model. In: MS (33), S. 687-705.

VÖLZING, P.-L. 1979: Begründen, Erklären, Argumentieren. Heidelberg.

VÖLZING, P.-L. 1980: Argumentation. In: Zeitschrift für Literaturwissenschaft und Linguistik (10), Heft 38/39, S. 204-235.

VOSS, J. F. 1988: Problem Solving and Reasoning in Ill-Structured Domains. In: Analysing Everyday Explanation, hrsg. v. Ch. Antaki. London u. a., S. 74-93.

VOSS, J. F./TYLER, S. W./YENGO, L. A. 1983: Individual Differences in the Solving of Social Science Problems. In: Individual Differences in Cognition. Bd. 1, hrsg. v. R. F. Dillon und R. R. Schmeck. New York u. a., S. 205-232.

WAGNER, G. R. 1981: Decision Support Systems: The Real Substance. In: Interfaces (11), Heft 2, S. 77-86.

WALLACE, R. E. 1988: Output Planning: Giving Managers What They Really Need. In: Journal of Information Systems Management (3), Heft 1, S. 61-62.

WALTHER, E. 1979: Allgemeine Zeichenlehre. 2. Aufl., Stuttgart.

WARD, L. F. 1904: Soziologie von heute. Innsbruck.

WATSON, H. J./HILL, M. M. 1983: Decision Support Systems or What Didn't Happen with MIS. In: Interfaces (13), Heft 5, S. 81-88.

WATZLAWICK, P. 1982: Wie wirklich ist die Wirklichkeit? 9. Aufl., München.

WEBER, Martin 1983: Entscheidungen bei Mehrfachzielen. Wiesbaden.

WEBER, Martin 1990: Risikoentscheidungskalküle in der Finanzierungstheorie. Stuttgart.

WEBER, Martin 1992: Nutzwertanalyse. In: HWO. 3. Aufl., hrsg. v. E. Frese. Stuttgart, Sp. 1435-1448.

WEBER, Martin/CAMERER, C. 1987: Recent Developments in Modelling Preferences under Risk. In: OR Spektrum (9), S. 129-151.

WEBER, Max 1904: Die "Objektivität" sozialwissenschaftlicher und sozialpolitischer Erkenntnis. In: Archiv für Sozialwissenschaft und Sozialpolitik (19), S. 22-87.

WEBER, Max 1910: Diskussionsbeitrag. In: Verhandlungen des Vereins für Socialpolitik in Wien 1909 (132). Leipzig, S. 580-585.

WEBER, Max 1917: Der Sinn der "Wertfreiheit" der soziologischen und ökonomischen Wissenschaften. In: Logos (7), S. 40-88.

WEBER, Max 1919: Wissenschaft als Beruf. Vortrag aus dem Jahre 1919, abgedruckt in: Max Weber: Gesammelte Aufsätze zur Wissenschaftslehre. 2. Aufl., Tübingen 1951, S. 566-597.

WEBER, Max 1980: Wirtschaft und Gesellschaft. 5. Aufl., Tübingen.

WEBER, W./MAYRHOFER, W. 1988: Organisationskultur. In: DBW (48), S. 555-566.

WEICK, K. E. 1979a: The Social Psychology of Organizing. 2. Aufl., Reading, MA u. a.

WEICK, K. E. 1979b: Cognitive Processes in Organizations. In: Research in Organizational Behavior. Bd. 1, hrsg. v. B. M. Staw. Greenwich, CT, S. 41-74.

WEICK, K. E./BOUGON, M. G. 1986: Organizations as Cognitive Maps. In: The Thinking Organization, hrsg. v. H. P. Sims jr. u. a. San Francisco-London, S. 102-135.

WEIMER, W. 1991: Zwischen Westerland und Wiessee rollt die Kugel. In: FAZ v. 27.8.1991, S. 20.

WEINGARTNER, P. 1965: Kann man von Definitionen sagen, daß sie wahr oder falsch sind? In: Ratio (7), S. 55-82.

WEINGARTNER, P. 1978: Wissenschaftstheorie I. 2. Aufl., Stuttgart-Bad Cannstatt.

WEINGARTNER, P. 1980: Wahrheit. In: Handbuch wissenschaftstheoretischer Begriffe, hrsg. v. J. Speck i. V. m. K. Acham u. a. Göttingen, S. 680-689.

WEINGARTNER, P./DORN, G. 1980: Wissenschaften, Einteilung der. In: Handbuch wissenschaftstheoretischer Begriffe, hrsg. v. J. Speck i. V. m. K. Acham u. a. Göttingen, S. 757-761.

v. WEIZSÄCKER, C. F. 1957: Die Verantwortung der Wissenschaft im Atomzeitalter. Göttingen.

WELGE, M. K./FESSMANN, K.-D. 1980: Effizienz, organisatorische. In: HWO. 2. Aufl., hrsg. v. E. Grochla. Stuttgart, Sp. 577-592.

WELGE, M. K., unter Mitarbeit v. D. Rüth 1985: Unternehmungsführung. Bd. 1. Stuttgart.

WELGE, M. K./RÜTH, D. 1989: Empirische Studien zur Planungseffizienz. In: HW-Plan, hrsg. v. N. Szyperski mit Unterstützung v. U. Winand. Stuttgart, Sp. 348-360.

WENDORFF, H.-D. 1988: Produktionsfaktor Information in neuer Qualität. In: Office Management (o. Jg.), Heft 5, S. 32-34.

WENZEL, F. 1975: Entscheidungsorientierte Informationsbewertung. Opladen.

v. WERDER, A. 1986: Organisationsstruktur und Rechtsnorm. Wiesbaden.

v. WERDER, A. 1987: Organisation der Unternehmungsleitung und Haftung des Top-Managements. In: DB (40), S. 2265-2273.

v. WERDER, A. 1992: Recht und Organisation. In: HWO. 3. Aufl., hrsg. v. E. Frese. Stuttgart, Sp. 2168-2184.

v. WERDER, A./GEMÜNDEN, H. G. 1989: Kundennähe und Informationstechnologie. In: Kundennähe durch moderne Informationstechnologien, hrsg. v. E. Frese und W. Maly. Sonderheft 25/1989 der ZfbF, S. 167-190.

v. WERDER, A./KLINKENBERG, U./FRESE, E. 1990: Produkthaftungs-Management. Stuttgart.

WETZEL, W. 1971: Statistische Grundausbildung für Wirtschaftswissenschaftler. Bd. 1. Berlin-New York.

WETZEL, W. 1973: Statistische Grundausbildung für Wirtschaftswissenschaftler. Bd. 2. Berlin-New York.

WHEATON, R. G. 1959: Aufgabengliederung und Übertragung von Vollmacht und Verantwortlichkeit. In: ZfB (29), S. 18-28.

WHORF, B. L. 1963: Sprache, Denken, Wirklichkeit. Reinbek b. Hamburg (dt. Übersetzung v.: Language, Thought and Reality).

WHYTE, G. 1989: Groupthink Reconsidered. In: Academy of Management Review (14), S. 40-56.

WIEDEMANN, H. 1980: Gesellschaftsrecht. München.

WIELAND, H. J. 1979: Computergestützte Regalplanung. In: Elektronische Rechenanlagen (21), S. 147-151.

WIENER, P. P. 1951: Method in Russell's Work on Leibniz. In: The Philosophy of Bertrand Russell, hrsg. v. P. A. Schilpp. 3. Aufl., New York, S. 257-276.

v. WIETERSHEIM, B. 1988: Die Nutzung von Online-Datenbanken in der Bundesrepublik Deutschland. In: Handbuch der Modernen Datenverarbeitung (25), Heft 141, S. 71-79.

WILD, J. 1970: Probleme der theoretischen Deduktion von Prognosen. In: Zeitschrift für die gesamte Staatswissenschaft (126), S. 553-576.

WILD, J. 1971: Zur Problematik der Nutzenbewertung von Informationen. In: ZfB (41), S. 315-334.

WILD, J. 1974: Grundlagen der Unternehmungsplanung. Reinbek b. Hamburg.

WILD, J. 1975: Methodenprobleme in der Betriebswirtschaftslehre. In: HWB. 4. Aufl., hrsg. v. E. Grochla und W. Wittmann. Stuttgart 1974-1976, Sp. 2654-2677.

WILD, J. 1976: Theorienbildung, betriebswirtschaftliche. In: HWB. 4. Aufl., hrsg. v. E. Grochla und W. Wittmann. Stuttgart 1974-1976, Sp. 3889-3910.

WILHELM, J. 1986: Zum Verhältnis von Höhenpräferenz und Risikopräferenz. In: ZfbF (38), S. 467-492.

WILL, U. 1985: Induktion und Rechtfertigung. Frankfurt a. M.

WILLIAMS, B. 1978: Der Begriff der Moral. Stuttgart (dt. Übersetzung v.: Morality).

WILLIAMSON, O. E. 1975: Markets and Hierarchies: Analysis and Antitrust Implications. New York-London.

WILLIAMSON, O. E. 1986: Economic Organization. Brighton, Sussex.

WIMMER, R. 1980: Universalisierung in der Ethik. Frankfurt a. M.

v. WINTERFELDT, D. 1988: Expert Systems and Behavioral Decision Research. In: Decision Support Systems (4), S. 461-471.

WISWEDE, G. 1992: Gruppen und Gruppenstrukturen. In: HWO. 3. Aufl., hrsg. v. E. Frese. Stuttgart, Sp. 735-754.

WITTE, E. 1968: Phasen-Theorem und Organisation komplexer Entscheidungsverläufe. In: ZfbF (20), S. 625-647.

WITTE, E. 1971: Organisatorische Barrieren im Entscheidungsprozeß zu Infrastrukturobjekten. In: Grundfragen der Infrastrukturplanung für wachsende Wirtschaften, hrsg. v. H. Arndt und D. Swatek. Berlin, S. 381-398.

WITTE, E. 1972: Das Informations-Verhalten in Entscheidungsprozessen. In: Das Informationsverhalten in Entscheidungsprozessen, hrsg. v. E. Witte. Tübingen, S. 1-88.

WITTE, E. 1975: Informationsverhalten. In: HWB. 4. Aufl., hrsg. v. E. Grochla und W. Wittmann. Stuttgart 1974-1976, Sp. 1915-1924.

WITTE, E. 1980: Empirische Organisationsforschung, Methodik der. In: HWO. 2. Aufl., hrsg. v. E. Grochla. Stuttgart, Sp. 614-623.

WITTE, E. 1988: Informationsverhalten. In: Innovative Entscheidungsprozesse, hrsg. v. E. Witte, J. Hauschildt und O. Grün. Tübingen, S. 227-240.

WITTE, E. 1992: Entscheidungsprozesse. In: HWO. 3. Aufl., hrsg. v. E. Frese. Stuttgart, Sp. 552-565.

WITTE, E. H. 1980: Signifikanztest und statistische Inferenz. Stuttgart.

WITTE, Th. 1979: Heuristisches Planen. Wiesbaden.

WITTGENSTEIN, L. 1977: Philosophische Untersuchungen. Frankfurt a. M.

WITTMANN, W. 1959: Unternehmung und unvollkommene Information. Köln-Opladen.

WÖHE, G. 1959: Methodologische Grundprobleme der Betriebswirtschaftslehre. Meisenheim a. Glan.

WÖHE, G. 1975: Einführung in die Allgemeine Betriebswirtschaftslehre. 11. Aufl., München.

WÖHE, G. 1990: Entwicklungstendenzen der Allgemeinen Betriebswirtschaftslehre im letzten Drittel unseres Jahrhunderts. In: DBW (50), S. 223-235.

WOLFF, M. 1986: Der Satz vom Grund, oder: Was ist philosophische Argumentation? In: Neue Hefte für Philosophie (26), S. 89-114.

WOLLNIK, M. 1992: Organisationstheorie, interpretative. In: HWO. 3. Aufl., hrsg. v. E. Frese. Stuttgart, Sp. 1778-1797.

WOODS, J./WALTON, D. 1977: Towards a Theory of Argument. In: Metaphilosophy (8), S. 298-315.

WRAPP, H. E. 1967: Good Managers Don't Make Policy Decisions. In: HBR (45), Heft 5, S. 91-99.

WREDE, M. 1989: Die Sprache als Gegenstand der wissenschaftlichen und philosophischen Forschung. In: Actualitas omnium actuum. FS für H. Beck, hrsg. v. E. Schadel. Frankfurt a. M. u. a., S. 523-534.

v. WRIGHT, G. H. 1974a: Erklären und Verstehen. Frankfurt a. M. (dt. Übersetzung v.: Explanation and Understanding).

v. WRIGHT, G. H. 1974b: Normenlogik. In: Normenlogik, hrsg. v. H. Lenk. Pullach b. München, S. 25-38.

v. WRIGHT, G. H. 1979: Norm und Handlung. Königstein, Ts. (dt. Übersetzung v.: Norm and Action).

WUCHTERL, K. 1987: Methoden der Gegenwartsphilosophie. 2. Aufl., Bern-Stuttgart.

WUNDERLICH, D. 1974: Grundlagen der Linguistik. Reinbek b. Hamburg.

WUNDERLICH, D. 1989: Sprache, linguistisch. In: Handlexikon zur Wissenschaftstheorie, hrsg. v. H. Seiffert und G. Radnitzky. München, S. 316-325.

YOO, S./DIGMAN, L. A. 1987: Decision Support System: A New Tool for Strategic Management. In: Long Range Planning (20), Heft 2, S. 114-124.

ZACHARIAS, Ch. 1988: Struktur und Nutzen einer Argumentationslehre für die Betriebswirtschaftslehre. Arbeitsbericht Nr. 80 des Seminars für Allgemeine Betriebswirtschaftslehre und Betriebswirtschaftliche Planung der Universität zu Köln.

ZADEH, L. A. 1965: Fuzzy Sets. In: Information and Control (8), S. 338-353.

ZAHN, E. 1973: Zur Anwendung mathematischer Modelle bei der strategischen Planung. In: Modell- und computer-gestützte Unternehmungsplanung, hrsg. v. E. Grochla und N. Szyperski. Wiesbaden, S. 597-619.

ZANGEMEISTER, Ch. 1971: Nutzwertanalyse in der Systemtechnik. 2. Aufl., München.

v. ZELEWSKI, St. 1985: Das Leistungspotential der Künstlichen Intelligenz. 3 Bd. Bonn.

ZELEWSKI, St. 1991: Praktische Rationalität - eine forschungsprogrammatische Neuausrichtung der betriebswirtschaftlichen Planungslehre? In: BFuP (43), S. 61-92.

ZENTES, J. 1976: Die Optimalkomplexion von Entscheidungsmodellen. Köln u. a.

ZENTES, J. 1988: Nutzeffekte von Warenwirtschaftssystemen im Handel. In: Information Management (3), Heft 4, S. 58-67.

ZIMAN, J. 1982: Wie zuverlässig ist wissenschaftliche Erkenntnis? Braunschweig-Wiesbaden. (dt. Übersetzung v.: Reliable Knowledge).

ZIMMERLI, W. Ch. 1989: Geisteswissenschaften. In: Handlexikon zur Wissenschaftstheorie, hrsg. v. H. Seiffert und G. Radnitzky. München, S. 88-99.

ZIMMERMANN, H.-J. 1975: Optimale Entscheidungen bei unscharfen Problembeschreibungen. In: ZfbF (27), S. 785-795.

ZIMMERMANN, H.-J. 1979: Zur Darstellung und Lösung schlecht strukturierter Entscheidungsprobleme. In: Das Wirtschaftsstudium (8), S. 72-77 (1. Teil) und S. 125-129 (2. Teil).

ZIMMERMANN, H.-J. 1981: Zum Nutzen empirischer Untersuchungen für normative Modelle der Entscheidungsfällung. In: Der praktische Nutzen empirischer Forschung, hrsg. v. E. Witte. Tübingen, S. 271-303.

ZWICKER, E. 1978: Grenzen und Möglichkeiten einer empirisch fundierten betriebswirtschaftlichen Theorie. In: Betriebswirtschaftslehre als normative Handlungswissenschaft, hrsg. v. H. Steinmann. Wiesbaden, S. 259-290.

STICHWORTVERZEICHNIS

A

D

E

F

G

V

W

Z

Leistungs-beurteilung unter der Lupe

Fred G. Becker
Grundlagen betrieblicher Leistungsbeur-teilungen
Leistungsverständnis und -prinzip, Beurteilungsproblematik und Verfahrensprobleme
Betriebswirtschaftliche Abhandlungen, Band 88
2., durchgesehene Auflage 1994.
383 Seiten. Kartoniert, DM 89,–/öS 694,–/ sFr 89,–
ISBN 3-7910-0787-4

Betriebe führen aus verschiedenen Gründen Beurteilungen über die Leistungen ihrer Mitarbeiter durch. Solche Leistungsbeurteilungen sollen u.a. Aufschluß über individuelle Stärken und Schwächen geben, personalpolitische Entscheidungen hinsichtlich Karriereplanung und Entgeltdifferenzierung fundieren, der Organisationsdiagnose dienen usw. Die Grundannahmen dieser Beurteilungen werden einer kritischen Analyse unterzogen.

Sachliche Ziele dieser Arbeit sind

- die systematische Diskussion der verschiedenen Leistungsverständnisse und die Definition der menschlichen Leistung aus betriebswirtschaftlicher Sicht,
- die Prüfung des der Leistungsbeurteilung zugrundeliegenden Leistungsprinzips in seiner Gültigkeit für den Betrieb,
- die systematisierende Diskussion der Grundlagen der Leistungsbeurteilung sowie deren Möglichkeiten und Grenzen,
- die kritische Diskussion der Verfahren der Leistungsbeurteilung hinsichtlich ihrer Aussagekraft.

Schäffer-Poeschel Verlag
Postfach 10 32 41
70028 Stuttgart
Tel. (07 11) 2 29 02-0
Fax (07 11) 2 29 02 90

SCHÄFFER POESCHEL